CHARTES DE COMMUNES

ET D'AFFRANCHISSEMENTS

CHARTES
DE
COMMUNES
ET D'AFFRANCHISSEMENTS
EN BOURGOGNE
PUBLIÉES

AVEC LES ENCOURAGEMENTS DU CONSEIL GÉNÉRAL DE LA CÔTE-D'OR

ET SOUS LES AUSPICES

de l'Académie impériale des Sciences, Arts et Belles-Lettres de Dijon

PAR M. Jⁿ GARNIER

CONSERVATEUR DES ARCHIVES DU DÉPARTEMENT DE LA CÔTE-D'OR
CORRESPONDANT DU MINISTÈRE DE L'INSTRUCTION PUBLIQUE
MEMBRE DE L'ACADÉMIE DE DIJON

TOME DEUXIÈME

DIJON
IMPRIMERIE J.-E. RABUTOT, PLACE SAINT-JEAN

MDCCCLXVIII

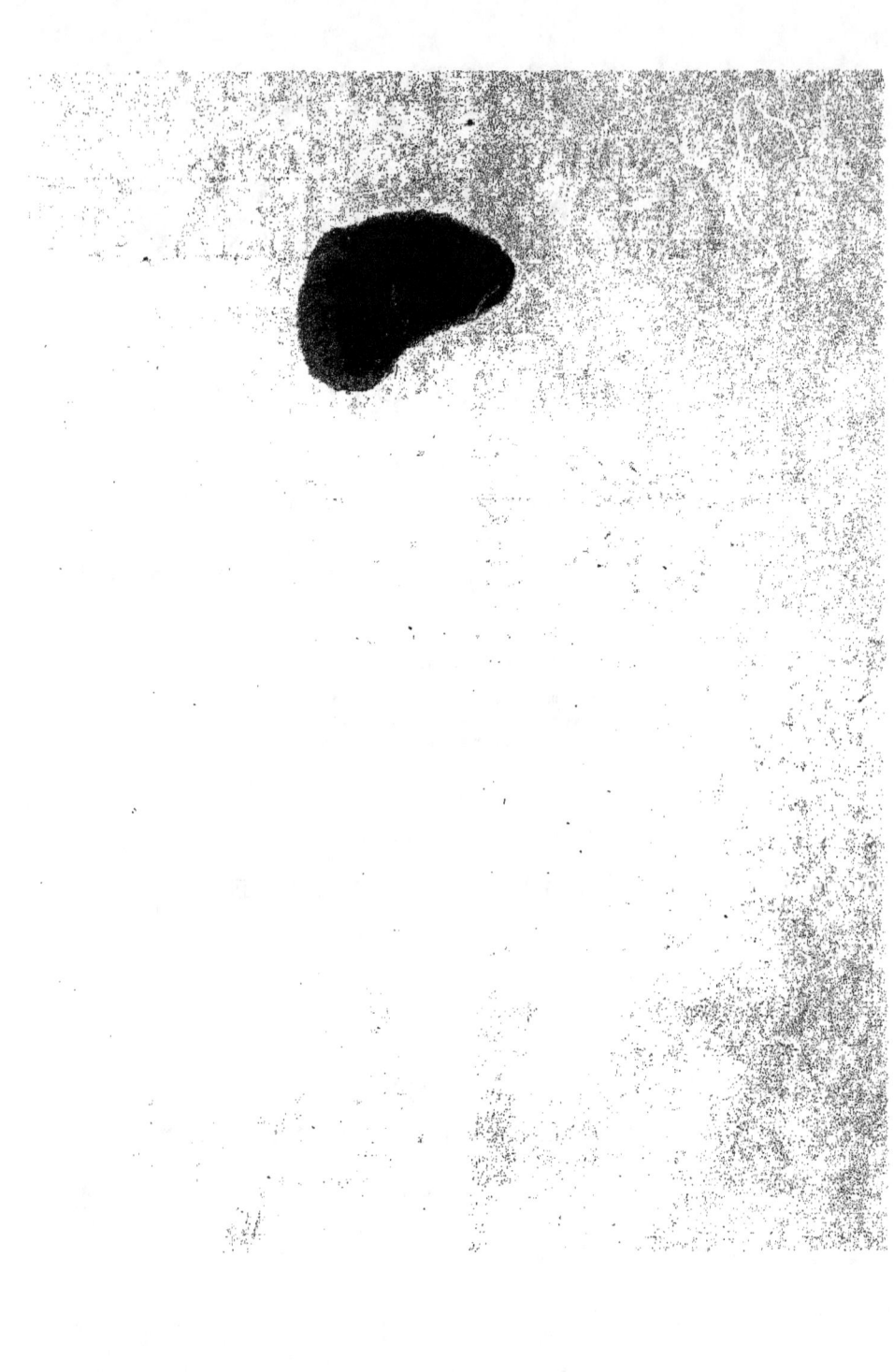

SOMMAIRE DES CHARTES

CONTENUES DANS LE ... IÈME VOLUME

Ville de Saulieu.

CCLXVI.	1225, mars	Charte de franchises octroyée par Guy, évêque d'Autun.	2
CCLXVII.	1225, mars	Ratification de cette charte par le chapitre de la cathédrale d'Autun.	2
CCLXVIII.	1251, avril	Autre confirmation, par Ansel, évêque d'Autun.	3
CCLXIX.	1335-36, janvier	Autre par Gérard, évêque d'Autun.	4
CCLXX.	1284, avril	Autre par Jacques, évêque d'Autun.	5
CCLXXI.	1287-88, janvier	Autre par Hugues, évêque d'Autun.	6

Ville de Saint-Jean-de-Losne.

CCLXXII.	1227, juillet	Charte de commune octroyée aux habitants de Saint-Jean-de-Losne par Alix de Vergy, duchesse régente de Bourgogne.	7
CCLXXIII.	1252, juillet	Nouvelle charte de commune octroyée par Hugues IV, duc de Bourgogne.	10
CCLXXIV.	1361-62, janvier	Confirmation des deux précédentes chartes par Jean, roi France.	12
CCLXXV.	1363, juin	*Vidimus* et confirmation de la charte du duc Hugues IV, par Jean, roi de France.	12
CCLXXVI.	1415, 5 août	Mandement du duc Jean-sans-Peur qui autorise les habitants de Saint-Jean-de-Losne à élire de nouveaux échevins.	14
CCLXXVII.	1566, 14 août	Arrêt du conseil d'Etat qui conserve aux habitants de Saint-Jean-de-Losne les fruits et émoluments du greffe de la justice civile, nonobstant que la connaissance en ait été enlevée aux échevins pour être attribuée aux affaires du bailliage.	15
CCLXXVIII.	1595, juin	Confirmation des priviléges de la ville de Saint-Jean-de-Losne par le roi Henri IV.	16
CCLXXIX.	1636, décembre	Lettres patentes du roi Louis XIII qui confirment les priviléges et exemptent de taille les habitants de Saint-Jean-de-Losne, en récompense de leur belle conduite lors du siége mis devant leur ville par une armée impériale.	17
CCLXXX.	1637, mars	Privilége de franc-fief accordé par le roi Louis XIII aux habitants de Saint-Jean-de-Losne.	19

CCLXXXI.	1640, 21 avril...	Arrêt du conseil d'Etat qui maintient les habitants de Saint-Jean-de-Losne en possession des priviléges et exemptions qui leur ont été accordés par les lettres patentes du mois de décembre 1636............	22
CCLXXXII.	1643, août.......	Confirmation des priviléges de la ville de Saint-Jean-de-Losne par le roi Louis XIV................	24
CCLXXXIII.	1716, mai.......	Autre par le roi Louis XV................	25

Ville d'Auxonne.

CCLXXXIV.	1229........	Charte de commune octroyée aux habitants d'Auxonne par Etienne, comte de Bourgogne; Jean, comte de Chalon, et la comtesse Agnès................	28
CCLXXXV.	1300, juin......	Déclaration du duc Robert II sur la solde donnée aux hommes de commune, mandés à l'ost ou à la chevauchée................	33
CCLXXXVI.	1313, août..... 1350, 3 mai.....	Confirmation par Jean de France, duc de Normandie, d'une charte de Hugues V, duc de Bourgogne, au sujet d'un impôt irrégulièrement levé sur la ville d'Auxonne.	33
CLXXXVII.	1361-62, janvier..	Confirmation des priviléges de la commune d'Auxonne par Jean, roi de France................	35
CCLXXXVIII.	1362, 28 septembre.	Lettres patentes de Jean, roi de France, portant constitution de la mairie d'Auxonne................	38
CCLXXXIX.	1404, 9 juillet....	Confirmation des priviléges de la ville d'Auxonne par Jean-sans-Peur, duc de Bourgogne................	40
CCXC.	1427-28, 3 mars..	Autre par le duc Philippe-le-Bon................	41
CCXCI.	1459, 29 mai.....	Arrêt du grand conseil de Bourgogne qui règle les débats survenus entre le procureur ducal au bailliage de Dijon et les maire et échevins d'Auxonne, au sujet des droits respectifs du duc et de la commune................	43
CCXCII.	1459, 27 septembre.	Déclaration du duc Philippe-le-Bon sur la sentence précédente................	47
CCXCIII.	1473-74, 19 janvier.	Confirmation des priviléges d'Auxonne par Charles, duc de Bourgogne, et autorisation de se servir d'une trompette armoyée aux armes de la ville pour les publications..	54
CCXCIV.	1477, 11 septembre.	Ordonnance de Maximilien, archiduc d'Autriche, et de Marie, duchesse de Bourgogne, sa femme, qui remettent aux habitants d'Auxonne la garde de leur ville.....	56
CCXCV.	1479, 4 juin.....	Capitulation accordée aux habitants d'Auxonne par Charles d'Amboise, gouverneur de Bourgogne et de Champagne................	58
CCXCVI.	1479, août.....	Confirmation de la capitulation précédente par le roi Louis XI................	62
CCXCVII.	1498, juin......	Confirmation des franchises de la ville d'Auxonne par le roi Louis XII, et octroi à ses magistrats du privilége de franc-flef, et lettres de surannation de ces lettres....	63
CCXCVIII.	1514, février....	Confirmation des franchises, libertés et priviléges de franc-flef de la ville d'Auxonne par le roi François 1er, et lettres de surannation à la suite................	66
CCXCIX.	1521, 11 septembre.	Confirmation par le roi François 1er du droit de franc-flef primitivement accordé aux officiers municipaux d'Auxonne, et extension de ce droit à tous les habitants de la ville................	68

CCC.	1536, 25 septembre.	Mandement du roi François Ier au Parlement de Dijon de lever tout empêchement apporté à l'exercice des droits de justice de la mairie d'Auxonne et de son procureur syndic.	71
CCCI.	1547, février	Confirmation des priviléges d'Auxonne par le roi Henri II.	72
CCCII.	1559, mars	Autre par le roi François II.	73
CCCIII.	1574, 14 janvier	Mandement du roi Charles IX qui réintègre les maire et échevins d'Auxonne dans l'exercice de la juridiction de la police, qui leur avait été enlevée par les édits d'Amboise de janvier 1572 et de Paris du 28 juillet de la même année	75
CCCIV.	1575, septembre	Confirmation des priviléges de la ville d'Auxonne par le roi Henri III, et réintégration des magistrats dans l'exercice de la justice municipale.	76
CCCV.	1595, avril	Lettres d'abolition accordées par Henri IV à Claude de Bauffremont, baron de Sennecey, gouverneur, aux maire, échevins et habitants d'Auxonne, pour la part qu'ils avaient prise aux troubles de la Ligue, et confirmation des priviléges, franchises, etc., de cette ville.	78
CCCVI.	1615, avril	Confirmation des priviléges d'Auxonne par le roi Louis XIII.	85
CCCVII.	1636, avril	Autre nouvelle confirmation par le même.	86
CCCVIII.	1644, mai	Autre par le roi Louis XIV.	87
CCCIX.	1719, avril	Autre par Louis XV, roi de France.	88
CCCX.	1778, avril	Autre par le roi Louis XVI	91

Chagny (Saône-et-Loire).

	1224, septembre	Analyse de la charte accordée par Eudes de Montagu.	94

Montréal (Yonne).

	1228, août	Analyse de la charte accordée par Ansérie de Montréal.	95

Ville de Montbard.

CCCXI.	1231, avril	Charte de commune octroyée aux habitants de Montbard par Hugues IV, duc de Bourgogne.	96
CCCXII.	1201.	Charte d'affranchissement de la mainmorte, octroyée par le duc Eudes III aux habitants de Montbard.	102
CCCXIII.	1209.	Charte du duc Eudes III, qui accorde le banvin aux habitants.	103
CCCXIV.	1232-33, 3 janvier	Promesse de sauvegarde faite par Robert, archevêque de Lyon, à la commune.	103
CCCXV.	1232-33, 3 janvier	Autre de Guy, évêque d'Autun, à la commune de Montbard.	104
CCCXVI.	1373, juillet	Sentence du bailli d'Auxois qui renvoie le maire de Montbard des fins d'une plainte en abus de justice, portée contre lui par le procureur du duc audit bailliage	104
CCCXVII.	1376, 12 août	Déclaration du duc Philippe-le-Hardi au sujet des priviléges de la commune.	109
CCCXVIII.	1404-05, 13 janvier.	Confirmation des priviléges par Jean-sans-Peur, duc de Bourgogne.	111
CCCXIX.	1442, 14 mai	Arrêt du conseil ducal qui maintient les habitants dans la possession de leurs droits de justice sur le territoire, contrairement aux prétentions de l'abbé de Fontenay.	112

CCCXX. 1446-47, 28 mars. . Charte d'affranchissement des habitants de Seloichey-les-Montbard par le duc Philippe-le-Bon 114
CCCXXI. 1492, 24 avril. . . . Lettre de Philippe, marquis de Hochberg, seigneur de Monbard, qui décharge pendant huit ans les habitants de l'imposition des marcs, moyennant une redevance annuelle de 300 livres 116
CCCXXII. 1517, mars . . . . . Confirmation des priviléges de la ville par le roi François Ier. . . . .
CCCXXIII. 1644, 2 juillet. . . . Arrêt du conseil d'Etat qui renvoie [Guillaume Colle, procureur du roi au grenier à sel de Montbard, des poursuites et condamnations prononcées contre lui, à requête des officiers municipaux dudit lieu, et ordonne l'élection de ces magistrats suivant les règlements et usages de la province. 118
CCCXXIV. 1646, 17 novembre. Arrêt du Parlement de Dijon qui ordonne que, nonobstant l'absence du maire, il sera procédé a l'élection des échevins. 126

Echevronne et Changey.

CCCXXV. 1231, octobre. . . . Charte de reconnaissance des franchises des habitants d'Echevronne par Alix, duchesse de Bourgogne 127
CCCXXVI. 1265, mars; 1362, Confirmation de la charte d'Echevronne par Hugues IV, octobre. duc de Bourgogne, et Jean, roi de France. 130

Ville de Noyers (Yonne).

1231, 1232 . . . . . Sommaire des chartes de franchises accordées par Miles IV et Miles V, sires de Noyers 131

Bourgogne (Duché de).

CCCXXVII. 1232, novembre . . Déclaration du duc Hugues IV, qui fait connaître à quelle condition les hommes taillables pouvaient quitter la terre de leurs seigneurs. 132

La Roche Pot.

CCCXXVIII. 1233, avril . . . . . Charte de franchises accordée par Hugues, seigneur de La Roche, aux habitants de La Roche-Pot. 133

Ville d'Arnay-le-Duc, Sivry et Chassenay.

CCCXXIX. 1233, 24 avril. . . . Charte de franchises octroyée par le duc Hugues aux habitants de la ville d'Arnay-le-Duc et des villages de Sivry et Chassenay. 137
CCCXXX. 1364, 19 octobre . . Charte d'affranchissement des hommes du prieuré de Saint-Jacques d'Arnay, par l'abbé, le couvent de Saint-Bénigne et le prieur du lieu 139
         1375, 5 décembre. . Confirmation de cette charte par Geoffroy, évêque d'Autun. 141
         1447, octobre. . . . Ratification de cette même charte par l'abbé et le couvent de Saint-Bénigne 142
CCCXXXI. 1633, 10 juin. . . . Arrêt du Parlement de Dijon qui prescrit l'exécution de ceux précédemment rendus, concernant l'élection des magistrats municipaux 143

Verdun-sur-le-Doubs (Saône-et-Loire).

1234, septembre . . Analyse de la charte de franchises accordée par Guy, sire de Verdun. 144

Argilly.

CCCXXXII.	1234, décembre...	Charte de commune accordée par le duc Hugues IV aux habitants d'Argilly.	146
CCCXXXIII.	1521, juin.....	Confirmation des priviléges d'Argilly par le roi François Ier.	149

Bagnot.

CCCXXXIV.	1234, février .... 1320, 7 mai.	Charte de commune octroyée par Hugues IV, duc de Bourgogne, aux habitants de Bagnot, et confirmée par son petit-fils, le duc Eudes IV	151

Marigny-le-Cahouet.

CCCXXXV.	1235, 1345, juillet; 1353, mai; 1444, 27 novembre.	Charte de franchises des habitants de Marigny-le-Cahouet par Eudes, sire de Montagu, et Elisabeth de Courtenay, sa femme. — Confirmation de cette charte par Odard de Montagu. — Autre par Guillaume de Montagu, après transaction avec les habitants au sujet de l'assiette de la prestation des 5,000 sols, exigée par la charte. — Autre par Pierre de la Baume, Marie de Beauvoir, dame de Ragny, et ses enfants mineurs, seigneurs en partie de Marigny, après transaction ayant pour but de soustraire les fiefs mouvants de la terre à cette même prestation.	153

Bourgogne (Duché de).

CCCXXXVI.	1235-36, 24 février.	Déclaration de Hugues IV, duc de Bourgogne, au sujet de droits que prétendait l'abbaye de Saint-Bénigne sur les hommes qui quittaient ses domaines.	167

Ville de Flavigny.

CCCXXXVII.	1236, mars	Charte passée en présence de Guy, évêque d'Autun, par laquelle Nicolas, abbé, le prieur et les religieux de Flavigny, vendent aux habitants du lieu la mainmorte et le banvin qu'ils leur avaient déjà engagés, les prestations de bienvenue ou nouvel avénement, de voyage en cour de Rome, et la permission aux veuves de convoler en secondes noces	169
CCCXXXVIII.	1241, juin.....	Autorisation donnée par le pape Grégoire IX aux abbé et couvent de Flavigny de vendre le droit de mainmorte aux habitants du lieu	172
CCCXXXIX.	1241, décembre...	Ratification de la charte de l'abbé Nicolas par Ansel, doyen, et le Chapitre d'Autun	173
	1241-42, janvier ..	Autre par Aymery, archevêque de Lyon	174
CCCXL.	1247, janvier....	Sentence de Hugues IV, duc de Bourgogne, qui, moyennant une nouvelle somme de 4.000 livres, maintient les habitants de Flavigny en possession des priviléges qui leur avaient été vendus.	174
CCCXLI.	1367-8, 21 mars ..	Permission accordée par le duc Philippe-le-Hardi aux habitants de lever des octrois, pour en employer le produit à restreindre l'enceinte fortifiée de la ville	176
CCCXLII.	1380, 1er septembre.	Arrêt du Parlement de Paris qui déboute les habitants de leurs prétentions de continuer à s'avouer hommes du duc de Bourgogne, depuis la cession de sa part de seigneurie à l'abbaye	178

CCCXLIII.	1572, 12 avril. . . .	Arrêt du Parlement qui règle le débat survenu entre l'abbé de Flavigny et les habitants, au sujet des élections municipales, de la tenue et de la présidence des assemblées . 180

Aisey-le-Duc et Chemin-d'Aisey.

CCCXLIV.	1237, octobre. . . .	Charte de commune octroyée par Hugues IV, duc de Bourgogne, aux habitants d'Aisey et Chemin d'Aisey. 182

Marsannay-la-Côte.

CCCXLV.	1238, mai.	Charte de franchises octroyée aux habitants de Marsannay-la-Côte par Jocerand Gros, seigneur de Brancion 184

Digoine (Saône-et-Loire).

	1238, juillet.	Analyse de la charte accordée par Guillaume, sire de Digoine 188

Montaigu.

	1241, 21 juillet . . .	Analyse de la charte accordée par Eudes, sire de Montaigu 189

Ahuy.

CCCXLVI.	1242, 25 mai. . . .	Déclaration du duc Hugues IV au sujet des habitants d'Ahuy, de Quetigny et d'autres villages appartenant à l'abbaye de Saint-Etienne de Dijon, qui, retirés au château de Talant, prétendaient conserver les biens qu'ils avaient dans ces villages. 190
CCCXLVII.	1331, 3 décembre; 1332, 29 mai.	Arrêt du Parlement de Paris qui homologue la transaction sur procès entre l'abbaye de Saint-Etienne de Dijon et les habitants d'Ahuy, au sujet des tailles, des redevances, de la justice et des droits seigneuriaux 193
CCCXLVIII.	1350, 14 mars et 11 avril.	Autre entre les mêmes, au sujet de la justice et du ban de vendanges. 202

Ville de Seurre.

CCCXLIX.	1245, février	Charte d'affranchissement concédée aux habitants de Seurre par Hugues d'Antigny, seigneur de Pagny et de Seurre 207
CCCL.	1271, juin.	Confirmation des franchises de Seurre par Philippe de Vienne, seigneur de Pagny 210
CCCLI.	1274, septembre . .	Déclaration d'Alix, comtesse de Vienne, et de Philippe, son fils, au sujet d'un aide accordé par les habitants de Seurre. 211
CCCLII.	1278, mai.	Charte de commune de la ville de Seurre, octroyée par Philippe de Vienne. 212
CCCLIII.	1278, 24 septembre.	Quittance donnée par Philippe de Vienne, seigneur de Seurre, aux habitants du lieu, des 4,000 livres, prix de la charte de commune. 226
CCCLIV.	1330, juin.	Quittance de la somme de 300 livres donnée à la commune de Seurre par Guillaume de Vienne, seigneur de Saint-Georges 228
CCCLV.	1341, 6 juin	Confirmation des priviléges de Seurre, par Guillaume de Vienne, seigneur de Saint-Georges 229

CCCLVI.	1341, 13 juin. . . .	« Esclercissement fait despuis auxditcts habitants de Seurre par messires Guillaume de Vienne, chevalier, seigneur du dict Seurre, dont la teneur s'en suyt ».	231
CCCLVII.	1365, 1er juillet; 1378, 15 novembre.	Lettres de sauvegarde accordées par le duc Philippe-le-Bon à la ville de Seurre, et signifiées à Hugues de Vienne.	236
CCCLVIII.	1381, 2 décembre.	Protestation de la commune de Seurre contre la saisie de de la mairie, ordonnée par le duc de Bourgogne. . . .	239
CCCLIX.	1389, 10 avril. . . .	Confirmation des priviléges de Seurre par Guillaume de Vienne, donataire de son frère Hugues, sire de Sainte-Croix	240
CCCLX.	1418-19, 31 mars. .	Déclaration de Guillaume de Vienne, sire de Saint-Georges, sur les priviléges de la ville de Seurre	244
CCCLXI.	1419, 23 août. . . .	Main-levée par Guillaume de Vienne, seigneur de Saint-Georges, de la saisie de la mairie et de la justice de Seurre.	246
CCCLXII.	1435-36, 16 février.	Lettres de nouvelleté obtenues du duc Philippe-le-Bon par les habitants de Seurre, contre les entreprises de leur seigneur et de ses officiers contre les priviléges et la justice de la ville	246
CCCLXIII.	1437-38, 21 janvier.	Confirmation des priviléges de Seurre par Guillaume de Vienne, seigneur de Saint-Georges.	251
CCCLXIV.	1448-49, 26 janvier.	Mandement du duc Philippe-le-Bon qui prescrit une enquête dans la cause entre son procureur et la commune de Seurre, au sujet de l'exercice de la justice municipale	252
CCCLXV.	1484, 16 juillet. . .	Lettre du roi Charles VIII, qui maintient les habitants de Seurre dans l'exercice de leurs droits de justice	254
CCCLXVI.	1518, 14 avril. . . .	Confirmation des priviléges de la ville de Seurre par le roi François Ier	256
CCCLXVII.	1575, mai.	Lettres du roi Henri III qui rétablit la justice municipale de Seurre, supprimée par l'ordonnance de Moulins . . .	257

Saulx-le-Duc et Poiseul.

CCCLXVIII.	1246, avril; 1285, octobre; 1315, 10 novembre; 1363, juin; 1371, décembre.	Charte des franchises accordées aux habitants de Saulx-le-Duc par Jacques, sire de Saulx, accrues et étendues aux habitants de Poiseuil par Guillaume, son fils, confirmées et augmentées par Eudes IV, duc de Bourgogne; Jean, roi de France, et Philippe-le-Hardi, duc de Bourgogne.	260

Ville de Vitteaux.

CCCLXIX.	1474, 25 août. . . .	Jugement de Charles, duc de Bourgogne, qui homologue la transaction conclue entre Charles de Chalon, comte de Joigny, seigneur de Vitteaux, et les habitants, au sujet de leurs droits réciproques.	273

Couchey.

CCCLXX.	1252, mars; 1253, janvier.	Vidimus et confirmation, par le duc Hugues IV, des promesses d'affranchissement et de la permission d'élire deux prud'hommes pour la gestion des affaires de l'église et de la commune, accordées par Humbert Le Pitois à ses hommes de Couchey.	277
CCCLXXI.	1270, 20 juin. . . .	Transaction entre J. de Montigny, seigneur de Couchey; Alix, sa femme, et les habitants du lieu, au sujet de leurs droits respectifs.	281

CCCLXXII.	1386, 13 juin....	Arrêt du conseil ducal qui, nonobstant leur charte de commune, condamne les habitants de Couchey à l'entière exécution des droits et redevances exigés par leurs seigneurs 285
CCCLXXIII.	1415, 12 juin....	Lettres par lesquelles Jehan Le Pitois, écuyer, et Jehan de Saulx, chevalier, coseigneurs de Couchey, accordent aux habitants du lieu le droit d'acquérir des biens pour la dotation de l'église, et de pouvoir, en cas d'abscence du seigneur et des officiers, s'assembler pour délibérer de leurs affaires, sans être obligés d'attendre leur permission... 294

Ville de Chalon.

Analyse de la charte accordée par le duc Hugues IV.... 297

Pontailler.

CCCLXXIV.	1257, avril.....	Charte de commune octroyée aux habitants de Pontailler par Guillaume de Champlitte, vicomte de Dijon, sire du lieu, et approuvée par Guillaume, son fils; Hugues IV, duc de Bourgogne; l'archevêque de Besançon, l'évêque de Langres; Hugues et Alix, comte et comtesse de Bourgogne, et Guy de Vergy, sire de Mirebeau, sénéchal de Bourgogne.. 299
CCCLXXV.	1517-18, février..	Confirmation des privilèges des habitants de Pontailler par le roi François Ier.............................. 305
CCCLXXVI.	1562, juillet....	Confirmation des privilèges de la ville de Pontailler par le roi Charles IX.................................... 307

Molême.

CCCLXXVII.	1260, septembre..	Charte d'affranchissement accordée aux habitants de Molesme par l'abbé, et ratifiée par Guy, évêque de Langres. 308

Chaussin (Saône-et-Loire).

1260, septembre.. Analyse de la charte accordée par Simon de La Marche.. 314

Villy-en-Auxois.

CCCLXXVIII.	1264, juin......	Charte d'affranchissement des habitants de Villy-en-Auxois accordée par le duc Hugues IV, et Jean, sire de Chateauvilain.. 317

Salmaise.

CCCLXXIX.	1265, mai......	Charte de franchises accordée par Etienne de Mont-Saint-Jean, sire de Salmaise, aux habitants du lieu...... 318
CCCLXXX.	1318, 14 octobre..	Confirmation de la charte de Salmaise par Eudes IV, duc de Bourgogne.. 324

Saint-Thibault.

CCCLXXXI.	1265, 1er novembre.	Charte de franchises octroyée par Huguenin de Thil, seigneur de Saint-Beury, aux habitants du lieu...... 325

Sagy (Saône-et-Loire).

1266......... Analyse de la charte octroyée par Amédée de Savoie et Sybille, sa femme............................. 328

Fresnes.

CCCLXXXII.	1272.........	Charte d'affranchissement accordée par l'abbaye de Fontenay aux habitants de Fresnes............. 330

Chanceaux.

CCCLXXXIII. 1272, octobre.... Transaction passée devant Hugues IV, duc de Bourgogne, entre l'abbé et le couvent de Flavigny et les habitants de Chanceaux, au sujet de leurs droits et de leurs priviléges. 334

Ampilly-le-Sec.

CCCLXXXIV. 1274, avril ..... Charte de franchises accordée aux habitants d'Ampilly-le-Sec par Geoffroy de Joinville. 338

Ampilly-les-Bordes.

CCCLXXXV. 1265, mai. ..... Engagement souscrit par les habitants d'Ampilly-les-Bordes envers l'abbaye de Flavigny, d'acquitter les obligations qui leur ont été imposées, pour l'abonnement de la taille, la suppression du droit de gîte et le désaveu 344

CCCLXXXVI. 1599, 7 novembre. . Contrat d'affranchissement des habitants d'Ampilly-les-Bordes par André Millotet, chambrier de l'abbaye de Flavigny. 346

Tart (Les).

CCCLXXXVII. 1275, mars ..... Confirmation par Jean, seigneur de Tart, en présence de Robert, duc de Bourgogne, de la charte de franchise octroyée par Jean de Montréal, son père, aux habitants de Tart-la-Ville (le Haut) et Tart-le-Château (le Bas).... 350

Ville de Semur.

CCCLXXXVIII. 1276, 7 mai..... Charte de commune octroyée aux habitants de Semur par Robert II, duc de Bourgogne 356

CCCLXXXIX. 1262, août et octobre. Charte d'affranchissement des hommes du prieuré de Notre-Dame de Semur par le prieur Hervier, et reconnaissance en forme donnée par ces hommes 364

CCCXC. 1331, 18 juin.... Injonction du duc Eudes IV au maire de Semur, de jurer la conservation des priviléges de la commune, lors de son entrée en charge 368

CCCXCI. 1334, 21 septembre. Confirmation des priviléges des habitants de Semur par le duc Eudes IV 369

CCCXCII. 1385, 27 juillet... Déclaration de Nicolas de Toulon, chancelier de Bourgogne, portant que la justice exercée par lui hors les limites du donjon de Semur ne pourra préjudicier en rien aux priviléges de la commune 370

CCCXCIII. 1517-18, février. . Confirmation des priviléges de la ville de Semur par le roi François Ier 371

CCCXCIV. 1543, août ..... Edit du roi François Ier contenant création et érection en office de la mairie de Semur, qui était auparavant annuelle. 372

CCCXCV. 1548, mars ..... Confirmation des priviléges de la ville de Semur par Henri II, roi de France. 374

CCCLCVI. 1561, juin. ..... Confirmation des priviléges de la ville par le roi Charles IX. 375

CCCXCVII. 1575, 23 janvier; 5 Arrêt d'homologation, par le Parlement de Dijon, du réglement arrêté par les magistrats municipaux de Semur pour l'élection du maire 377

CCCXCVIII. 1574, 14 août ... Homologation, par le Parlement, de l'aliénation viagère de la mairie de Semur, faite par la commune au sieur Charles Blanot. 382

| CCCXCIX. | 1578, 12 février... | Confirmation, par le roi Henri III, de l'aliénation de la mairie faite au sieur Blanot. | 384 |
| CCCC. | 1623, décembre... | Ordonnance de Louis XIII qui réunit la mairie de Semur au corps et communauté de cette ville. | 386 |

Villargoix.

| CCCCI. | 1279, août | Charte d'affranchissement d'une partie du village de Villargoix par Hugues de Mimeure, écuyer. | 389 |
| CCCCII. | 1614, 10 février | Contrat d'affranchissement des habitants de Villargoix par Guy de Sivry, seigneur du lieu. | 393 |

Labergement-le-Duc.

| CCCCIII. | 1285, avril | Charte de franchise accordée par Robert II, duc de Bourgogne, aux habitants de Labergement | 395 |

Leffond (Haute-Marne).

| | 1285, mai | Analyse de la charte de Simon de Châteanvilain et de Guillaume, prieur de Mormant. | 397 |

La Marche-sur-Saône et Mercey.

CCCCIV.	1286, mai.	Charte de commune octroyée aux habitants de la Marche-sur-Saône par Simon, sire de La Marche, et de Chaussin, du consentement du duc de Bourgogne, et sous la garantie des évêques de Langres et de Chalon.	399
CCCCV.	1441, 1ᵉʳ septembre.	Confirmation des privilèges de La Marche par Hélion de Grantson.	406
CCCCVI.	1486, 6 avril	Confirmation des privilèges de La Marche par Louis Allemand et Jeanne de Grantson, sa femme	408
CCCCVII.	1497, 29 juin	Confirmation des privilèges des habitants de La Marche et de Mercey par Jacques de Chalant et sa femme, seigneurs du lieu.	409
CCCCVIII.	1506, 15 octobre	Confirmation des privilèges de La Marche par François de Vienne, seigneur du lieu.	410
CCCCIX.	1534, 26 mars	Confirmation des privilèges des habitants de La Marche et de Mercey par François de Vienne, baron du lieu.	411

Laignes.

| | 1291. | Notice | 412 |

Chaignay.

| CCCCX. | 1291-92, février | Charte d'affranchissement des habitants de Chaignay par Hugues, abbé de Saint-Bénigne de Dijon | 413 |

Véronnes-les-Grandes et Véronnes-les-Petites.

| CCCCXI. | 1294, juillet. | Charte d'affranchissement accordée par Guillaume de Tilchâtel, seigneur de Bourbonne, aux habitants des Véronnes. | 416 |
| CCCCXII. | 1294-95, janvier | Charte d'affranchissement octroyée aux habitants des Véronnes par Philippe-le-Bel, roi de France, et la reine Jeanne de Navarre, comtesse de Champagne. | 416 |

Forléans.

| CCCCXIII. | 1297, avril. | Charte d'affranchissement d'une partie des habitants de Forléans, par Robert II, duc de Bourgogne | 422 |

Ville d'Is-sur-Tille.

CCCCXIV. 1310, février . . . . Charte de confirmation et de reconnaissance des priviléges et franchises de la ville d'Is-sur-Tille octroyée par Humbert, sire de Rougemont et de Tilchâtel; Isabelle de Rochefort, sa femme; Thibaut, leur fils, Jeannette, femme de Thibaut, et Isabelle, sa sœur, fille de Guy, sire de Tilchâtel, et de ladite Isabelle de Rochefort. 423

CCCCXV. 1312-13, janvier . . Ordonnance de Philippe-le-Bel, roi de France, qui, moyennant une cession de terrain, une part de la justice et des redevances, prend la commune d'Is-sur-Tille sous sa garde et y établit un tabellion et un marché. . . . 429

CCCCXVI. 1369-1418. . . . . . Statuts municipaux de la ville d'Is-sur-Tille. 435

Saint-Phillbert-sous-Gevrey.

CCCCXVII. 1314, 14 octobre . . Transaction entre l'abbaye de Saint-Etienne de Dijon et ses hommes de Saint-Philibert, au sujet de la taille, qui demeure abonnée, et de l'usage dans les bois 442

La terre de Saint-Seine-l'Abbaye.

CCCCXVIII. 1323-24, 17 mars . . Charte d'affranchissement donnée par Jean de Jaucourt, abbé, et les religieux de Saint-Seine, aux habitants de la terre dite de Saint-Seine, comprenant les communes de Saint-Seine, Baulme-la-Roche, Bligny-le-Sec, Champagny, Francheville, Frénois, La Margelle, Léry, Moloy, Panges, Pellerey, Poncey, Saint-Hélier, Saint-Martin-du-Mont, Saint-Mesmin, Saint-Seine, Turcey, Vaux et Villotte. 447

Larçon, commune de Salives.

CCCCXIX. 1330-31, février. . . Charte d'affranchissement des habitants de Larçon, par l'abbaye d'Oigny 460

CCCCXX. 1522-23, 14 mars . . Contrat d'affranchissement des habitants du hameau de Larçon, par l'abbé d'Oigny 462

Pourlans (Saône-et-Loire).

1332, juillet. . . . . Analyse de la charte de Jean de Vienne 465

Flagey-les-Gilly.

CCCCXXI. 1332-33, 1 janvier; *Vidimus* et confirmation, par le duc Philippe-le-Bon, de la
1436, 26 juin. charte de commune accordée par le duc Eudes IV aux habitants de Flagey. 466

CCCCXXII. 1456, 30 juin . . . . Sentence du bailli de Dijon, qui maintient les echevins de Flagey dans l'exercice de leur justice contre les prétentions du prévôt de Vosne 473

CCCCXXIII. 1610, juin. . . . . . Confirmation des priviléges du village de Flagey, par le roi Louis XIII 475

Meuvy et Bassoncourt (Haute-Marne).

1333, juin. . . . . . Analyse de la charte de Jean, sire de Choiseuil, et Gauthier, son fils. 477

Grancey-le-Château.

CCCCXXIV. 1340, juillet. . . . . Charte de franchise accordée par Eudes, sire de Grancey, aux habitants du lieu. 479

Marey-sur-Tille.

CCCCXXV. 1347, 13 mai, 1409, Charte d'affranchissement des habitants de Marey-sur-Tille
10 avril, 1425, mai. par Eudes de Marey, seigneur en partie du lieu; confirmée par Yolande de Bar, dame de Grancey; Jeanne de Grancey, dame de Châteauvilain, sa fille, et Philippe-le-Bon, duc de Bourgogne 485

Pouilly-en-Auxois, Bellenot et Velard.

1360? . . . . Notice. 488

Busseaut.

CCCCXXVI. 1361-62, février. . . Lettres du roi Jean, qui accorde aux habitants de Busseaut une diminution des tailles et l'affranchissement de la mainmorte 489

Duesme.

CCCCXXVII. 1368-69, janvier . . Charte de Philippe-le-Hardi, duc de Bourgogne, qui fixe à 20 francs les tailles dues par les habitants de Duesme. . 491

CCCCXXVIII. 1487-88, janvier . . Confirmation de la charte précédente par Charles VIII. . . 493

Marcilly-les-Vitteaux.

CCCCXXIX. 1384, décembre. . . Charte d'affranchissement octroyée par Philippe-le-Hardi, duc de Bourgogne, aux habitants de Marcilly-les-Vitteaux. 494

Massingy-les-Semur.

CCCCXXX. 1397, août . . . . . Charte d'affranchissement des habitants de Massingy-les-Semur, par Philibert de Montagu, seigneur de Couches et de Massingy. 496

Vellerot et Saint-Pierre-en-Vaux.

CCCCXXXI. 1399, décembre. . . Charte de franchises accordées aux habitants de Vellerot, par J. Peaudoye, écuyer, et Guillemette de Viécourt, sa femme 501

CCCCXXXII. 1486-87, 12 février . Confirmation de la charte de franchises de Vellerot, par Claude Peaudoye, écuyer, et Alix de Thoisy, sa femme; et ratification par leur suzerain, Georges de La Trémouille-Jonvelle, seigneur de Dracy-Saint-Loup 505

Les Bordes-de-Verdun (Saône-et-Loire).

1408, août. . . . . Analyse de la charte de Jean, duc de Bourgogne 512

Saunières et La Barre (Saône-et-Loire).

1408, août. . . . . Analyse de la charte du duc Jean-sans-Peur 512

Villaines-en-Duesmois.

CCCCXXXIII. 1409, mars. . . . . Charte d'affranchissement octroyée aux habitants par Jean-sans-Peur, duc de Bourgogne. 513

Vandenesse.

CCCCXXXIV. 1419, 31 mai, 1421- Charte d'affranchissement des habitants, accordée par Gui
22, mars. de Châteauneuf et le commandeur de Beaune, seigneurs du lieu; et confirmation de cette charte par Philippe-le-Bon, duc de Bourgogne. 517

Ciel-lez-Verdun et Saint-Maurice-en-Rivière (Saône-et-Loire).

1420. . . . . Analyse de la charte donnée par Humbert de Luyrieux, seigneur de la Cueille 522

Chailly.

1421. . . . . Notice 523

Vaurois, commune de Bremur.

CCCCXXXV. 1422, juillet. . . . . Charte d'affranchissement des habitants, par le duc Philippe-le-Bon 524

Puits.

CCCCXXXVI. 1423, 31 mars ; 1428, juillet. Charte d'affranchissement des habitants, par Guillaume de Grantson, et confirmation de cette charte par Philippe-le-Bon, duc de Bourgogne 526

Blacy et Angely (Yonne).

1431, mai. . . . . . Analyse de la charte octroyée par le duc Philippe-le-Bon. 530

Nuits-sous-Ravières (Yonne).

1431-32, mars. . . . Analyse de la charte octroyée par le duc Philippe-le-Bon. 530

Sarry et Soulangy (Yonne).

1431-32, mars. . . . Analyse de la charte octroyée par le duc Philippe-le-Bon. 531

Montot et Perrigny, commune d'Annay-la-Côte (Yonne).

1432, avril . . . . . Analyse de la charte octroyée par le duc Philippe-le-Bon. 532

Villiers-les-Hauts (Yonne).

1432, 10 mai. . . . Analyse de la charte octroyée par le duc Philippe-le-Bon. 532

La Villotte, hameau de Sombernon.

CCCCXXXVII. 1432-33, 25 mars. . Charte d'affranchissement des habitants, par l'abbaye de Saint-Bénigne de Dijon 533

Perrigny-lez-Dijon.

CCCCXXXVIII. 1433, 21 décembre ; 1433-34, janvier. Charte d'affranchissement accordée aux habitants par Matthieu Regnault, seigneur du lieu, et approbation par le duc Philippe-le-Bon 536

Athée.

CCCCXXXIX. 1436, avril . . . . . Charte d'affranchissement des habitants, appartenant au chapitre de la Sainte-Chapelle de Dijon 541

Brazey, Alserey et Saint-Usage.

CCCCXL. 1436, septembre . . Charte d'abonnement de la taille, octroyée par le duc Philippe-le-Bon 545

Tholey-le-Désert.

CCCCXLI. 1439, 8 juillet. . . . Charte d'affranchissement des habitants, appartenant à la commanderie de Bure 549

Trouhaut.

1440. . . . . Notice 552

Noyers-la-Ville, Cours, Jouancy, Annay-la-Rivière, Perrigny, Arton, Molay et Fresne (Yonne).

1441, 7 octobre . . Analyse de la charte 553

Saint-Euphrône.

CCCCXLII.   1442, 18 mai. . . . Charte d'affranchissement octroyée par le duc Philippe-
le-Bon, ... 554

Luxerois, commune de Saulx-le-Duc.

CCCCXLIII.   1442, 6 juillet. . . . Affranchissement des habitants par le même. 556

Franxault.

CCCCXLIV.   1442, 16 juillet . . . Charte d'affranchissement octroyée par le même. 559

Cesséy-les-Vitteaux.

CCCCXLV.   1442, 16 juillet . . . Charte d'affranchissement octroyée par le même. 562

Pluvault, Pluvet, Longeault, Beire-le-Fort, Collonges.

CCCCXLVI.   1442, 5 décembre. . Charte d'affranchissement octroyée par le même. 565
CCCCXLVII. 1492, juillet. . . . . Confirmation par le roi Charles VIII des lettres d'affranchissement accordées par Guy de Rochefort aux habi-
tants des mêmes villages 568

Vernot.

CCCCXLVIII. 1443, 11 août. . . . Charte d'affranchissement octroyée par Philippe-le-Bon,
duc de Bourgogne. 570

Annoux (Yonne).

1446, 14 novembre. Analyse de la charte d'affranchissement 572

Epoisses, Epoisotte, Coroubles, Toutry, Torcy et Pouligny, Menetreux, Vic-de-Chassenay, Chassenay et Monetoy.

CCCCXLIX.   1448, 7 juin; 1449, Vidimus et confirmation, par Philippe-le-Bon, duc de
21 octobre.   Bourgogne, de la charte d'affranchissement accordée
par Claude de Montagu aux habitants de la terre d'E-
poisses. 573
CCCCL.   1537, 27 novembre. Lettres de Jeanne de Hochberg, duchesse de Longueville,
qui confirme la charte précédente, en étend l'effet à tous
les habitants d'Epoisses indistinctement, abolit le droit
d'affouage, et accorde le droit d'acquérir et de posséder
dans toute sa terre 583

Perrigny-sur-l'Ognon.

CCCCLI.   1448, 7 septembre. . Erection de l'échevinage par Philippe-le-Bon, duc de
Bourgogne. 589
CCCCLII.   1548, avril . . . . . Confirmation, par le roi Henri II, des priviléges des habi-
tants de Perrigny, Soissons et Vielverge 590

Prey-les-Marcilly-les-Avallon (Yonne).

1449-50, 15 février. Analyse de la charte. 592

Irouer (Yonne).

1451, 1er avril. . . . Analyse de la charte. 592

Fresne-Saint-Mammès (Haute-Saône).

1454, 29 avril. . . . Analyse de la charte. 593

Sombernon.

CCCCLIII.   1454, 29 décembre, Charte de franchises accordée par Guillaume, sire de Bauf-
1454-55, 28 janv.   fremont, et confirmation par le duc Philippe-le-Bon. 594

Varois et Chaignot.

CCCCLIV.   1456-57, 30 mars. . Charte d'affranchissement accordée par les abbé et couvent de Saint-Bénigne de Dijon 599

Vieuxchâteau, Courcelles-Fremoy, Monthertault, Fremoy, Champmorlain, Valeney.

CCCCLV.   1457, 15 août; 1458, 22 septembre.   *Vidimus* et confirmation par Philippe-le-Bon, duc de Bourgogne, de la charte d'affranchissement octroyée par Bertrandon de la Broquière aux habitants de la châtellenie. 604

Talmay.

CCCCLVI.   1457-58, 18 février. Transaction entre Guillaume de Pontailler et les habitants, au sujet de leurs droits réciproques 610

CCCCVLII.   1547, 5 septembre. Lettres par lesquelles Claude de Pontailler, seigneur de Talmay, autorise les habitants : 1° à élire chaque année un conseil de douze prud'hommes pour assister les échevins dans l'administration des affaires communales; 2° à mettre les bois communaux en ban. Il interdit la vente et le transport de ces bois, et concède une portion de terre pour le passage du bétail. 618

CCCCLVIII.   1599, 10 janvier . . Traité entre Jean-Louis de Pontailler, seigneur de Talmay, et les habitants du lieu, portant exemption du droit de *rut du bâton*, moyennant 300 écus, et à condition que chaque étranger qui voudra se fixer à Talmay paiera 3 écus 623

Prissey.

CCCCLIX.   1479, 10 octobre. . Contrat d'affranchissement des habitants par Charles de Bauffremont, Anne Pot, sa femme, et Loyse de Saulx, fille d'Anne Pot et femme d'Étienne de Poiseuil 627

Island-le-Saussois (Yonne).

1479, 26 octobre. . Analyse de la charte. 631

Rouelles (Haute-Marne).

1479, 28 décembre. Analyse de la charte. 633

Richebourg (Haute-Marne).

1483, 16 mai. . . . Analyse de la charte. 633

Chevigny et Charentois, commune de Millery.

CCCCLX.   1484, 20 avril. . . Transaction entre Thibaut du Plessis, seigneur du lieu, et les habitants, pour l'affranchissement de la mainmorte. 633

1489, 29 avril. . . Ratification du contrat par Philippe de Hochberg, seigneur d'Epoisses, suzerain du fief de Chevigny. 637

Grignon (Rue Creuse de).

CCCCLXI.   1491, 11 juillet. . . Charte d'affranchissement des habitants par Bernard de Chalon, seigneur de Grignon et de Seigny. 639

Lanthes.

1491 . . . . Notice historique 643

Arceau.

1494. . . . . Notice historique 644

Bussy-le-Grand.

CCCCLXII. 1494, 19 novembre. Charte d'affranchissement des habitants par Antoine de Rochefort, chevalier; Louise Gérard, sa femme; Jean de Rochefort, écuyer, seigneur de Châtillon-en-Bazois, bailli de la Montagne, et Jeanne de Rochefort, sa femme . . . 645

CCCCLXIII. 1495, avril . . . . . Confirmation de cette charte par le roi Charles VIII 649
Lettres de surannation pour l'enregistrement de cette confirmation 651

Baronnie de Couches (Saône-et-Loire).

1496. . . . . Analyse de la reconnaissance des droits des habitants par les seigneurs 653

CHARTES DE COMMUNES

ET D'AFFRANCHISSEMENTS

EN BOURGOGNE

SAULIEU

Cette ville, l'une des plus anciennes de la Bourgogne, puisqu'elle fut évangélisée au IIe siècle par saint Andoche, compagnon de saint Bénigne, qui y souffrit le martyre, figure encore parmi les localités gallo-romaines inscrites dans l'Itinéraire d'Antonin et sur la Table de Peutinger.

Après la chute de l'empire romain, Saulieu demeura sous la dépendance des évêques d'Autun, qui y exercèrent des droits analogues à ceux des évêques de Langres sur la ville de Dijon. Une abbaye s'étant élevée sur le tombeau de saint Andoche, ils en conservèrent la direction suprême. Puis, au commencement du XIIe siècle, c'est-à-dire en pleine féodalité, quand le monastère fut converti en collégiale, ils réunirent à leur siége la manse abbatiale, et avec elle le *dominium*, la justice, les biens attachés à la dignité, et prirent le titre de comtes de Saulieu. Cependant, bien que cette annexion eût été consentie par les rois de France, les ducs de Bourgogne ne reconnurent jamais les évêques comme maîtres absolus de Saulieu, et, après de longs débats, ceux-ci furent contraints de leur abandonner la garde de la ville.

Cet antagonisme prolongé fut favorable aux Sedélociens, qui, échappés par la protection des évêques à la domination barbare, avaient sauvé du naufrage les restes des anciennes franchises municipales. La mainmorte, qui régnait autour d'eux, ne franchit jamais les limites du territoire, et les prétentions hautement avouées du duc de Bourgogne pour la garde, empêchèrent les évêques, non seulement d'aggraver une condition déjà bien précaire, mais, quand le mouvement communal se fut bien dessiné, les détermina à améliorer cette condition, dans tout ce qui était compatible, selon la coutume de l'Église, avec l'intégrité de leurs droits et leurs intérêts.

L'échevinage de Saulieu, qui doit être contemporain de la charte de 1225, fut remplacé en 1697 par une mairie. Cette ville députait aux Etats de Bourgogne; elle était le chef-lieu d'un des siéges du bailliage d'Auxois et d'une justice consulaire.

CCLXVI

Charte de franchises octroyée par Gui, évêque d'Autun, aux habitants de Saulieu.

1225 (mars).

Ego Guido (1) Dei gratia Eduensis episcopus, universis presentem cartulam inspecturis, notum facimus quod salva justicia nostra, censibus, costumis et omnibus aliis redditibus nobis retentis, villam nostram Sedelocum videlicet ab omni exactione et tallia quittavimus imperpetuum, sub tali condicione, quod singulis annis die dominice qua cantatur *Letare Jherusalem*, una queque familia que solvendo fuerit, reddet nobis vel certo mandato nostro apud Sedelocum quindecim solidos monete currentis. Ille vero familie que dictos quindecim solidos solvere non poterunt ad respectum et bonam consideracionem nostram vel mandati nostri tauxabuntur. Si vero contigerit homines nostros vel eorum res capi pro debito nostro, tenemur penitus facere liberari (2). Et hec omnia supra dicta bona fide tenere promittimus et observare. Ut hoc autem ratum et inconcussum habeatur in posterum presentes litteras in testimonium et munimen sigillo nostro fecimus roborari. Actum anno gracie millesimo ducentesimo vicesimo quinto, mense marcio.

Original : Archives de la ville de Saulieu, *Priviléges et franchises de la Commune*.

CCLXVII

Ratification, par le Chapitre de la cathédrale d'Autun, de la charte de franchise accordée aux habitants de Saulieu.

1225 (mars).

Ego Ansellus decanus (3) cum universo capitulo Eduensis ecclesie, notum facimus universis presentem cartulam inspecturis, quod venerabilis in Christo

---

(1) Voir t. I, note page 42.
(2) Imité du § 43 de la charte de Dijon. (Voir t. I, p. 13.)
(3) Anselin de Pommard.

pater Guido Dei gratia Eduensis episcopus de communi assensu nostro (1) in villa sua de Sedcloco franchisiam stabilivit, super qua dicte ville litteras suas patentes tradidit et concessit. Quarum tenor talis est :

Ego Guido Dei gratia, etc. . . . .

Nos siquidem dictam franchisiam ratam habemus et gratam et eam concedimus et laudamus et ad majorem hujus rei noticiam et testimonium presenti cartule sigilli nostri apposuimus firmamentum. Actum est hoc apud Eduam anno dominice Incarnationis M° CC° XX° V°, mense marcio.

Original : Archives de la ville de Saulieu, *Priviléges et franchises de la commune.*

CCLXVIII

Confirmation de la franchise de Saulieu par Ansel, évêque d'Autun.

1251 (avril).

Nos Ansellus (2) Dei gratia Eduensis episcopus universis presentem cartulam inspecturis, notum facimus quod venerabilis in Christo pater Guido Dei gratia Eduensis episcopus de communi assensu nostro tunc decano Eduensi cum universo ejusdem loci capitulo in villa sua de Sedeloco, franchisiam stabilivit, super qua dicte ville litteras suas patentes tradidit et concessit. Quarum tenor talis est :

Ego Guido Dei gratia Eduensis episcopus. . . . .

Nos vero dictus Ansellus nunc divina Providentia episcopus institutus, dictam franchisiam ratam habentes et gratiam eam concedentes et laudantes quod in litteris prefatorum Guidonis predecessoris nostri et Capituli Eduensis plenius continetur auctoritate nostra duximus confirmandum, supra dicta omnia bona fide tenenda promittentes et observanda. Et ad majorem hujus rei noticiam et testimonium presenti cartule sigilli nostri apposuimus firmamentum. Actum est

---

(1) De même que les seigneurs ne pouvaient disposer de leurs fiefs ou de partie de leurs fiefs sans l'aveu du suzerain, de même la concession faite par les évêques ou par les chefs des congrégations religieuses, d'une partie du patrimoine de leur église, n'avait de valeur qu'autant qu'elle était ratifiée par le chapitre ou convent.

(2) Anselin de Pommard, doyen du Chapitre d'Autun, succéda en 1245 à l'évêque Guy de Vergy, et administra cette église jusqu'à sa mort, arrivée le 1 avril 1253. (*Gall. christ.*, IV.)

hoc apud Tullionem (1), anno dominice Incarnationis millesimo ducentesimo quinquagesimo primo, mense aprilis.

Original: Archives de la ville de Saulieu, *Priviléges et franchises de la Commune*.

CCLXIX

Confirmation de la franchise de Saulieu par Gérard, évêque d'Autun.

1355-56 (janvier).

Girardus (2) Dei gratia Eduensis episcopus universis presentem cartulam inspecturis, notum facimus quod venerabilis in Christo pater Guido Dei gratia Eduensis episcopus de communi assensu Ansello tunc diacono Eduensi cum universo ejusdem loci capitulo in villa sua de Sedeloco franchisiam stabilivit, super qua dicte ville litteras suas patentes tradidit et concessit. Quarum tenor talis est :

Ego Guido Dei gratia episcopus Eduensis. . . . .

Hanc vero dictam franchisiam Ansellus antecessor noster divina Providentia tunc episcopus Eduensis institutus, ratam habuit et gratam eam concessit et laudavit quod in litteris prefatorum Guidonis predecessoris sui et Capituli Eduensis plenius continetur auctoritate sua duxit confirmandum, supra dicta omnia bona fide tenenda promisit et observanda. Et ad majorem hujus rei noticiam et testimonium presenti cartule sigilli sui apposuit firmamentum. Actum fuit hoc apud Tullionem anno dominice Incarnationis M° CC° quinquagesimo primo, mense aprilis.

Nos vero dictus Girardus nunc divina Providentia episcopus Eduensis institutus dictam franchisiam ratam habentes et gratam eam concedentes et laudantes quod in litteris prefatorum Guidonis episcopi Eduensis et Capituli Eduensis Anselli episcopi Eduensis antecessoris nostri plenius continetur auctoritate nostra duximus confirmandum, supra dicta omnia bona fide tenenda promittentes et observanda. Et ad majorem hujus rei noticiam et testimonium pre-

(1) Touillon, canton de Daigneux (Côte-d'Or), dont la seigneurie appartenait aux évêques d'Autun, qui y avaient un château.
(2) Girard de la Roche ou de Beauvoir succéda en 1253 à l'évêque Anselin, et gouverna le diocèse jusqu'en l'année 1276.

senti cartule sigilli nostri apposuimus firmamentum. Actum est apud Eduam anno dominice Incarnationis M° CC° quinquagesimo quinto, mense januario.

Original : Archives de la ville de Saulieu, *Priviléges et franchises de la commune.*

CCLXX

Confirmation de la charte de Saulieu, par Jacques, évêque d'Autun.

1284 (avril).

Nos Jacobus (1) Dei gratia Eduensis episcopus universis presentem cartulam inspecturis, notum facimus quod venerabilis in Christo pater Guido Dei gratia Eduensis episcopus de communi assensu Ausello tunc decano Eduense cum universo ejusdem loci Capituli in villa sua de Sedeloco, etc. . . . .

Hanc autem franchisiam Girardus antecessor noster divina Providentia tunc episcopus Eduensis intitutus ratam habuit et gratam eam concessit et laudavit quod in litteris prefatorum Guidonis et Anselli predecessorum suorum et Capituli Eduensis plenius continetur auctoritate sua duxit confirmandum, supra dicta omnia bona fide tenenda promisit et observanda. Et ad majorem hujus rei noticiam et testimonium presenti cartule sigilli sui apposuit firmamentum. Actum fuit apud Eduam anno dominice Incarnationis M° CC° quinquagesimo, quinto mense januarii.

Nos vero dictus Jacobus nunc divina Providentia episcopus Eduensis institutus, dictam franchisiam ratam habentes et gratam eam concedentes et laudantes quod in litteris prefatorum Guidonis episcopi Eduensis et Capituli Eduensis et Anselli episcopus Eduensis et Girardi episcopi Eduensis antecessoris nostri plenius continetur, auctoritate nostra duximus confirmandum, supra dicta omnia bona fide tenenda promittentes et observanda. Et ad majorem hujus rei noticiam et testimonium presenti cartule sigilli nostri apposuimus firmamentum.

Actum apud Thoseyum (2), est hoc anno dominice Incarnationis millesimo ducentesimo octogesimo quarto, mense aprilis.

Original : Archives de la ville de Saulieu, *Priviléges et franchises de la commune.*

(1) Jacques de Beauvoir, 59e évêque d'Autun, nommé en 1277, mort en 1286.
(2) Thoisy-la-Berchère, canton de Saulieu (Côte-d'Or), résidence favorite des anciens évêques d'Autun, qui a vendirent en 1557.

CCLXXI

Confirmation de la franchise de Saulieu, par Hugues, évêque d'Autun.

1287-88 (janvier).

Nos Hugo (1) Dei gratia Eduensis episcopus universis presentem cartulam inspecturis notum facimus quod venerabilis in Christo pater Guido Dei gratia Eduensis episcopus. . . . .

Hanc autem franchisiam, Jacobus antecessor noster divina Providentia tum Eduensis episcopus institutus ratam habuit et gratam eam concessit et laudavit quod in litteris prefatorum Guidonis episcopi Eduensis et Capituli Eduensis et Anselli episcopi Eduensis et Gerardi episcopi Eduensis predecessorum suorum, plenius continetur auctoritate sua duxit confirmandum, supra dicte omnia bona fide tenenda promisit et observanda. Et ad majorem hujus rei noticiam et testimonium presenti cartule sigilli sui apposuit firmamentum. Actum fuit hoc apud Thoseyum (2) anno dominice Incarnationis m° cc° octogesimo quarto, mense aprilis.

Nos vero dictus Hugo nunc divina Providentia episcopus Eduensis institutus dictam franchisiam ratam habentes, gratam eam concedentes et laudantes quod in litteris prefatorum Guidonis episcopi Eduensis et Capituli Eduensis et Anselli episcopi Eduensis et Gerardi episcopi Eduensis et Jacobi episcopi Eduensis antecessoris nostri plenius continetur auctoritate nostra duximus confirmandum, supra dicta omnia bona fide tenenda promittentes et observanda. Et ad majorem hujus rei noticiam et testimonium presenti cartule sigilli nostri apposuimus firmamentum. Actum est hoc apud Thoiseyum anno dominice Incarnationis m° cc° octogesimo septimo, mense januarii.

Original : Archives de la ville de Saulieu, *Priviléges et franchises de la Commune.*

(1) Hugues d'Arcy, 60e évêque d'Autun, nommé en 1286, mort en 1296.
(2) Thoisy-la-Berchère.

SAINT-JEAN-DE-LOSNE

Ancienne bourgade gallo-romaine de la cité des Lingons, dont elle fermait la frontière du côté des Eduens, séparée du pays des Séquanes par la Saône, et à cheval sur la voie romaine qui menait de Dijon à Tavaux, Saint-Jean-de-Losne fut dès cette époque une position militaire de premier ordre, que les maîtres du pays, quels qu'ils fussent, ne délaissèrent jamais. Au moyen âge, avant que nos ducs n'eussent acquis Pontailler et Auxonne, c'était le seul point par lequel ils pussent pénétrer en Franche-Comté, et jusqu'à la réunion de cette province, Saint-Jean-de-Losne, considéré comme clef de France, portait un ardillon dans ses armoiries. Aussi *castrum* ou *oppidum*, Saint-Jean formait-il contraste avec Losne, *Laudona*, situé à l'autre bout du pont qui les reliait, où depuis le VIIe siècle s'élevait une abbaye qui, au XIIe, s'absorba dans la puissante Congrégation de Cluny.

Or, à une époque où les armées permanentes n'existaient point, les places fortes n'avaient d'autres défenseurs que ceux qui les habitaient, et, quand le mouvement communal se fut franchement dessiné, l'intérêt et la politique du souverain lui conseillèrent d'assurer la fidélité des gardiens par des franchises et des priviléges. C'est ce que comprit Alix de Vergy, veuve du duc Eudes III, quand elle eut à défendre la tutelle de son fils Hugues IV contre les prétentions des barons. Dès 1227, elle érigea Saint-Jean-de-Losne en commune. Cette création fut ratifiée par son fils, et quand les Etats furent définitivement constitués, la ville de Saint-Jean-de-Losne prit rang parmi celles qui y députaient. Plus tard, enfin, lors de la création des siéges particuliers des grands bailliages, elle obtint un de ces siéges, et mérita les faveurs dont elle fut l'objet par le courage qu'elle déploya durant les guerres de la Ligue et surtout lors de l'invasion de la Bourgogne par l'armée impériale.

CCLXXII

Charte de commune octroyée aux habitants de Saint-Jean-de-Losne, par Alix de Vergy, duchesse régente de Bourgogne.

1227 (juillet).

Ego Alaids (1) ducissa Burgundie notum facio presentibus et futuris quod ego concessi habitatoribus castri mei Sancti Johannis (2) talem libertatem (3).

---

(1) Alix de Vergy, veuve du duc Eudes III, administrait le duché depuis 1218, en qualité de mère et tutrice de son fils Hugues IV.

(2) Cette désignation de *Castrum Sancti Johannis*, sans l'accompagnement ordinaire de *Laudonâ*, a déconcerté Secousse, qui, en insérant cette charte et les deux suivantes dans son Recueil des Ordonnances (IV, 486), et trouvant plusieurs Saint-Jean en Bourgogne, ne sut auquel les attribuer.

(3) Bien que le nom de la ville de Dijon soit fréquemment répété dans cette charte, elle n'en est pas moins

— 8 —

1. In primis ut eligant quatuor homines qui jurent fidelitatem castri et habitantium in eo et talem habeant potestatem et juridictionem in castro Sancti Johannis et in appenditiis suis qualem habent apud Divionem Maior et jurati communie Divionis, salva tamen castri libertate (1), et illi quatuor jurati possunt mutari per singulos annos in festo beati Johannis Baptiste et alii constitui (2).

2. De proclamatione (3) duodecim denarios persolvet super quem injuria reperietur, et illi duodecim denarii erunt quatuor scabinorum (4).

3. Qui de pugno vel palma percusserit, si inde clamor exierit, quinque solidos solvet ; si clamor non exierit, nichil. Qui sanguinem fecerit, si clamor exierit decem solidos persolvet ; si clamor non exierit, nichil (5).

4. Alia jura secundum bonam consuetudinem Divionis conservabuntur (6). De pedagiis (7), de vantis (8), et de aliis bonis consuetudinibus que tenentur in villa Divionis, eis libertatem concedo (9).

5. De vineis suis, talem sibi concedo libertatem quod si custodes meos circa Divionem posuero quando vinee parate erunt ad vendemiandum, libere potuerunt vendemiare (10).

6. De nemoribus vero meis, concedo eis quicquid ad omne opus suum eis in

la reproduction littérale, sauf trois articles, de celle du château de Talant (n° CCXXIII, t. I, p. 499), avec lequel, du reste, Saint-Jean-de-Losne offrait beaucoup d'analogie, comme place forte. Seulement, cette imitation a été poussée si loin qu'elle attribue à Saint-Jean-de-Losne, dont le territoire propre ne dépassa jamais les murailles, une juridiction sur le ban de vendanges, là où n'existait point de vignes, et des usages dans des bois, où le duc n'eut jamais l'ombre d'un droit.

Ce début de la charte de Saint-Jean-de-Losne et la clôture sont, sauf le nom d'*Alays ducissa* substitué à celui de Odo *dux*, et la date qui a changé, absolument identiques à ceux de la charte de Talant.

(1) Allusion, non point, comme l'avance Secousse, aux privilèges et aux libertés du château, mais aux libertés antérieures des habitants du château. C'est l'équivalent de la phrase qu'on lit au début des chartes de Dijon et de Beaune : *Salva libertate quam prius habebant*.

(2) Reproduction littérale du § 1 de la charte de Talant.

(3) Proclamation prend ici l'acception de *clamor*, *claim*, plainte en justice.

(4) Reproduction littérale du § 2 de la charte de Talant.

(5)   Id.   § 3   id.
(6)   Id.   § 4   id.

(7) « Monseigneur le Duc prant ou pourtal de Soones des denrées montans et avalans qui doivent le péage. Ouquel montaige (montée) et avalaige (descente), Mgr prent la moitié qui est des droits de la prévôté, la quarte partie à la chancellerie de Brazey, et la quarte partie aux fermiers. Excepté le droit des grans navois et gouvernaulx (bateaux mus par un gouvernail) qui doivent une fois l'an 4 sols à Mgr reçus par le prévôt. » (Terrier de 1416.)

Afin d'assurer les droits du péage du portal (port), les ponteniers, dit le même terrier, ne devaient « passer ne repasser aucunes personnes, denrées ou autres choses quelxconques, depuis le souloy mussant (soleil couchant) jusques au lendemain le souloy levant, » et les navois (bateaux) devaient être enchaînés et la clef remise au prévôt, sous peine, en cas d'infraction, de 65 sols d'amende.

(8) Les droits de vente se percevaient sur les marchandises amenées au marché ou à la foire qui se tenait le mardi après l'Assomption, « au département, » de celle de Losne. Ce jour-là, sur les trois à quatre heures de l'après-midi, le prévôt, les échevins et les bourgeois, tous à cheval, se rendaient sur le portail, où, en en leur présence, les échevins faisaient crier la foire, qui durait deux jours.

(9) Reproduction littérale du § 5 de la charte de Talant.
(10)   Id.   § 6   id.

castro Sancti Johannis necesse fuerit secundum usus et consuetudines, que usque nunc habuerunt (1).

7. Volo autem ut illi quos in actractu castri mei Sancti Johannis retinui vel retinuero liberi sint cum omnibus rebus suis (2).

8. Si quis autem exterior de manentibus in dicto castro, jus recipiat et faciat in castro coram quatuor electis (3).

9. Item. Prepositus meus de Sancto Johanne (4) nullam habebit potestatem vel juridicionem in hominibus ibidem manentibus vel in rebus eorum, neque alii prepositi nostri vel ballivi, nisi per quatuor electos (5).

10. Quicumque in castro refugere voluerit vel potuerit nisi latro vel homicida fuerit, liber et securus erit in castro cum omnibus rebus suis (6).

11. Et quicumque in castro edifficaverit de edificio voluntatem suam facere poterit, salva censa nostra (7).

12. Concessi eciam habitatoribus castri mei Sancti Johannes ut liberi sint ab omnibus tailliis, exactionibus, questionibus et missionibus, excepto quod quisque de quaque pertica mansi sui de lato annuatim decem solidos persolvet (8). Et ab omnibus exercitibus meis immunes erunt (9).

13. Item si animalia vel pecora in foresto deprehensa fuerint quodlibet animal sex denarios persolvet; preter oves quarum queque duos denarios dabit, et

---

(1) Reproduction littérale du § 7 de la charte de Talant, sauf la fin.
(2) Id. § 8 id.
(3) Id. § 9 id.
(4) Dans tous les lieux où on érigeait des communes avec attribution de justice, l'autorité des anciens prévôts en était d'autant amoindrie. A Dijon notamment, où ces droits étaient des plus étendus, le prévôt était devenu un simple officier de police judiciaire. Celui de Saint-Jean-de-Losne, maintenu à côté d'un échevinage qui ne jouissait pas de priviléges aussi considérables, continua d'avoir comme par le passé son auditoire aux halles, où il tenait « ses jours généraux à sa volonté, » (terrier de 1416), pour le jugement des « claims, » et des causes des hommes de sa prévôté, laquelle comprenait Bonnencontre, Charrey, Magny, Aubigny, Bessey, la paroisse d'Arconcey ou d'Esbarres, Trouhans, Echenon, Maison-Dieu et Chaugey. Il percevait les amendes adjugées par la justice de l'échevinage, avait la police des grands chemins et l'exécution des criminels.
(5) Reproduction littérale du § 10 de la charte de Talant.
(6) id. § 11 id.
(7) Id. § 12 id.
(8) Ainsi qu'à Talant, le rôle des censitaires du droit de perche de chaque maison ou enclos bordant la rue était dressé non par rue, mais par rang de maison. Le terrier de 1416 en comptait vingt-trois.
En 1435, la Chambre des Comptes ayant ordonné au prévôt de procéder à une nouvelle dismensuration des meix et maisons sujets au droit de perche, en se servant de la perche de 15 petits pieds, usitée pour Talant, les échevins de Saint-Jean-de-Losne réclamèrent vivement contre cette nouveauté et prouvèrent qu'on avait toujours usé à cet effet de la perche de 20 pieds. Ils obtinrent gain de cause et furent maintenus dans leurs prétentions par un arrêt conservé aux Archives (Fonds de la Chambre des Comptes. Affaires des communes. Ville de Saint-Jean-de-Losne).
(9) Reproduction littérale du § 14 de la charte de Talant.

dampnum, ad considerationem quatuor electorum, illi cui factum fuerit restituetur (1).

14. Et sciendum quod justiciam latronis, adulterii et homicide retinui eorum, videlicet qui in castro Sancti Johannis et ballivia ejus probati fuerint vel convicti (2).

Ego autem ducissa Burgundie, hujus modi constitutiones, libertates et immunitates firmiter et inviolabiliter observandas sicut in presenti carta continetur juravi. Volo autem ut quicumque successor meus in ducatu fuerit hoc idem confirmet et juret. Carta ista (3) emendata et confirmata fuit et sigillo meo roborata ad petitionem hominum meorum de Sancto Johanne. Actum anno Domini millesimo ducentesimo vicesimo septimo, mense julio.

Imprimé dans les *Ordonnances des Rois de France*, IV, 336.

CCLXXIII

Nouvelle charte de commune octroyée aux habitants de Saint-Jean-de-Losne, par Hugues IV. duc de Bourgogne.

1252 (juillet).

In nomine Domini, amen. Nos Hugo, dux Burgundie, notum facio universis presentibus et futuris quod nos concessimus habitatoribus castri nostri Sancti Johannis talem libertatem.

1. *Comme le précédent.*
2. *Id.*
3. *Id.*
4. *Id.*   *Au lieu de* concedo, *lisez* concedimus.
5. *Id.*   *Au lieu de* concedo, *lisez* concedimus; meos, nostros; posuero, posuerimus.
6. De nemoribus vero nostris quo tempore confectionis presentium litterarum

---

(1) Reproduction littérale du § 16 de la charte de Talant.
(2)   Id.   § 18   id.
(3) Secousse observe qu'il y avait apparemment une charte plus ancienne, qui fut changée dans quelques points par celle-ci.

habebamus in quibus uti consueverunt salvo jure alterius, concedimus eis quicquid ad omne opus suum eis in castro Sancti Johannis necesse fuerit.

7. Volumus autem ut illi qui retenti sunt in attractu castri Sancti Johannis et illi qui retenti fuerint, liberi sint cum omnibus rebus suis ; ita tamen quod unusquisque qui de cetero retentus fuerit, persolvet quatuor solidos de intragio, de quibus duodecim denarii erunt dictorum electorum et tres solidos erunt nostri (1).

8. *Comme dans le précédent, en ajoutant, après* electis, *le mot* in dicto castro.

9. *Id., sauf le mot* noster, *substitué au mot* meus.

10. *Id.*

11. *Id.*

12. Concessimus eciam habitatoribus castri Sancti Johannis ut liberi sint ab omnibus tailliis, exactionibus, questionibus et missionibus, excepto quod quisque de quaque pertica mansi sui de lato, annuatim decem solidos persolvet. Et est sciendum quod ipsi habitatores debent venire in nostro exercitu et chivalchia nostro quocienscumque et quandocumque a nobis vel mandato nostro fuerunt requisiti (2).

13. *Même que le précédent en changeant* forefacto *par* foresto.

14. *Id. en supprimant le mot* est, *qui précède* sciendum.

Nos autem Hugo, dux Burgundie supra dictus, hujusmodi constitutum, libertates et immunitates firmiter et inviolabiliter observandas bona fide juravimus sicut in presenti carta continetur. Volentes autem ut quicumque successor noster in ducatu fuerit, hoc idem confirmitet et juret. In cujus rei testimonium et memoriam ad requisitionem dictorum hominum presenti carte sigillum nostrum apposuimus. Actum anno ab incarnatione Domini nostri Jhesu Christi millesimo cc° quinquagesimo secundo mense julio.

Archives de la Côte-d'Or. Chambre des comptes de Dijon, B 541. Terrier de Saint-Jean-de-Losne, 1416, f° 183. — Imprimé dans les *Ordonnances des Rois de France*, IV, 387.

---

(1) Moyennant cette redevance, qui était à peu près l'équivalent de la taxe par perche des petites maisons de la ville, tout étranger pouvait s'avouer bourgeois de Saint-Jean-de-Losne, sans pour cela être obligé à résidence. Il en était de même pour l'habitant qui quittait la commune. Dans l'un comme dans l'autre cas, ils jouissaient des franchises consacrées par la charte, et ne différaient des autres bourgeois que par la qualification de *defforains* que leur donne le terrier de 1416.

(2) Plus heureux que Saint-Jean-de-Losne, Talant fut maintenu dans cette exemption du service militaire, si lourd et si onéreux pour les communes.

CCLXXIV

Confirmation des deux précédentes chartes, par Jean, roi de France.

1361-62 (janvier).

Johannes, Dei gratia Francorum rex, notum facimus universis tam presentibus quam futuris, nos infrascriptas vidisse litteras tenorem qui sequitur continentes :

Ego Alaids, ducissa Burgundie..... (*Voir n° CCLXXII.*)

In nomine Domini, amen. Nos Hugo, dux Burgundie..... (*Voir n° CCLXXIII.*)

Nos autem litteras supra scriptas, omniaque alia et singula in eisdem contenta rata habentes et grata, ea volumus, laudamus, ratifficamus, approbamus ac de speciali gratia nostra que auctoritate regia quathenus ipsis prefatis habitatores predicti castri nostri Sancti Johannis usi sunt, tenore presencium confirmamus. Quod ut perpetue firmitatis robur obtineat nostrum presentibus litteris fecimus apponi sigillum : nostro in aliis et alieno in omnibus jure salvo. Datum et actum apud Belnam. Anno Domini millesimo trecentesimo sexagesimo primo mense januarii.

Per Regem ad relationem Consilii, J. DONHEM.

Imprimé dans les *Ordonnances des Rois de France*, IV, 386.

CCLXXV

Vidimus et confirmation de la charte du duc Hugues IV, par Jean, roi de France.

1363 (juin).

Johannes, Dei gratia Francorum rex. Notum facimus universis presentibus et futuris, nos transsumptum seu transcriptum infra scriptarum litterarum ac ipsas in parte consumptas vidisse formam que sequitur continentes :

In nomine Domini, amen, anno incarnationis ejusdem Domini millesimo trecentesimo tricesimo sexto, mense januarii, Ego Guido de Marreyo, notarius curie domini ducis Burgundie apud Sanctum Johannem juxta Laudonam, notum facio universis quod ego vidi et diligenter inspexi ac de verbo ad verbum legi quasdam litteras sanas et integras sigilli et scriptura non rasas non abolitas nec in aliquo parte sui viciatas, formam que sequitur continentes :

In nomine Domini, amen. Nos Hugo, dux Burgundie.... (*Voir n° CCLXXIII.*)

In cujus visionis testimonium sigillum curie domini ducis Burgundie isti transcripto rogavi et obtinui apponi. Actum et datum presentibus domino Humberto monaco et sacrista de Laudona, domino Jacobo rotarii de Domo Dei, Philiberto et Johanne filio mei Guidonis notarii predicti, testibus ad hoc vocatis et rogatis.

Et quia per inimicos regni nostri dicta villa nostra extitit combusta et penitus spoliata taliter quod originale litterarum predictarum una cum aliis rebus dicte ville incendio positum et omnino destitutum institit, prout tam per fide dignos per inspectionem dicti originalis in majori parte ut premittitur consumpti seu combusti nobis constitit et sumus plenarie informati, dictas litteras et vidimus vulgariter nominatas ac si originale predictum in rerum natura existeret et omnia et singula in eisdem litteris contenta rata habentes et grata ea volumus, laudamus et approbamus et de nostra gracia speciali, certa sciencia, auctoritate regia et plenitudine potestates tenore presentium confirmamus et tantam fidem seu robur eisdem sicut et originali predicto adhiberi et pareri volumus et jubemus gracia et auctoritate supra dictis. Mandantes custodi seu gubernatori ducatus nostri Burgundie nec non baillivo Divionensi ceterisque justiciariis et officiariis regni nostri modernis et futuris ac eorum loca tenentibus et eorum cuilibet ut ad eum pertinuerit quatenus habitatoribus castri Sancti Johannis predicti nostris presentibus confirmatione pariter et gracia uti pacifice faciant et gaudere nil in contrarium actemptantes seu atemptari permittentes quoquomodo. Quod ut firmum et stabile permaneat in futurum nostrum hiis presentibus fecimus apponi sigillum, nostro in aliis et alieno in omnibus jure salvo. Datum in castro nostro de Talento prope Divionem, anno Domini millesimo ccc° sexagesimo tercio mense junii.

Par le Roy à la relation du Conseil ouquel estoient messire G. de Foucourt et maistre Jehan Chalemart.   ROUGEMONT.

Archives de la Côte-d'Or. Chambre des comptes de Dijon, B 541. Terrier de la châtellenie de Saint-Jean-de-Losne dressé en 1416, folio 183.

CCLXXVI

Mandement du duc Jean-sans-Peur, qui autorise les habitants de Saint-Jean-de-Losne à élire de nouveaux échevins.

1415 (5 août).

Jehan, duc de Bourgoingne, conte de Flandres, d'Artois et de Bourgoingne, palatin, seigneur de Salins et de Malines. A nostre bailly de Dijon ou son lieutenant au siége de Saint Jehan de Losne, salut. Receue avons l'umble supplication de nos amez les habitans de Saint Jouhan de Loone, contenant que comme naguères et avant la Saint Jehan Baptiste darrerement passée, pour aucunes causes à ce nous mouvans, eussions fait mectre leur eschevinaige en nostre main. Et depuis la dicte feste, par l'advis et deliberation de nostre Conseil l'en ayons fait lever et tout le dit empeschement que mis y estoit de par nous. Et pour occasion de laquelle main mise lesdiz habitans n'ont esleuz aucuns eschevins en la dite ville le dit jour de Saint Jehan Baptiste darrier passé, pour ce que audit jour le dit eschevinaige estoit encore en nostre dite main. Laquelle élection estoit et est nécessaire de faire pour la garde de la justice du dit lieu. Mais ilz ne les ont osé et ne oseroient faire ne eslire, pour ce que le dit jour de Saint Jehan est passé, sans nostre congé et licence; ainsi comme ilz dient, requérans très humblement iceulx. Pourquoy, nous, ces choses considérées et sur ycelles eu l'advis et délibération des gens de nostre Conseil, avons donné et octroyé, donnons et octroyons par ces présentes audiz supplians congé et licence ou dit cas que à tel jour que leur ordonnerez, ilz se puissent assembler pour eslire entreulx et mectre telz eschevins en ladite ville que bon leur semblera, qui aient telle et semblable puissance comme de esleuz et mis avoient esté ledit jour de Saint Jehan darrier passé, pour faire ce que audit eschevinaige appartient et acoustumé est de faire en tel cas. Si vous mandons que nostre dit don et octroy vous faites, souffrez et laissiez lesdiz supplians joir et user paisiblement ainsi que pareillement qu'ilz faisoient par avant ledit empeschement et quelxconques lettres subrectices impétrées ou à impétrer ad ce contraires. Donné en nostre ville de Dijon le v⁰ jour d'aoust l'an de grâce mil cccc et quinze.

Par monseigneur le Duc, a vostre relacion. J. DE SAULS.

Original : Archives de la ville de Saint-Jean-de-Losne, *Priviléges et franchises de la Commune*.

CCLXXVII

Arrêt du Conseil d'Etat qui conserve aux habitants de Saint-Jean-de-Losne les fruits et émoluments du greffe de la justice civile, nonobstant que la connaissance en ait été enlevée aux échevins pour être attribuée aux officiers du bailliage.

1566 (14 août).

Charles, par la grâce de Dieu, roi de France, au bailly de Dijon ou son lieutenant à Saint Jehan de Losne, salut. Noz bien amez les manans et habitans dudict Saint Jehan de Losne nous ont faict remonstrer que de tout temps et antienneté les eschevins de ladicte ville avoient accoustumé cognoistre de toutes causes tant civiles, criminelles que de la police et admodier par chacun an le greffe desdites jurisdictions à certaine somme de deniers qui leur estoit propre et qu'ils employoient aux affaires commungs de la dicte ville. Touteffois d'autant que par nostre edict dernierement faict à Molins, nous avons ordonné que toutes causes civiles seroient doresnavant traictées et décidées par devant noz bailliz et seneschaulx et le greffe d'icelle exercé avec celluy des bailliaiges et seneschaussées, lesdicts exposans demeurent frustrez du revenu de leur dict greffe qui leur estoit patrimonial (1). A quoy ilz nous ont très humblement supplié et requis leur pourveoir. Nous à ces causes désirans subvenir à noz subjectz selon l'exigence des cas, vous mandons, commectons et tres expressément enjoignons que s'il vous appert sommairement que les fruits et revenuz dudit greffe de ladicte ville fust et appartint ausdicts eschevins, en ce cas contraignez et faictes contraindre le greffier du bailliage dudict Saint Jehan de Losne à recevoir celluy qui sera cy après nommé par lesdicts eschevins pour exercer avec lui le greffe pour le regard des causes et matières, dont lesdicts eschevins avoient accoustumé cognoistre et en prendre les fruits et émolumens, si mieulx il n'ayme les recompenser de la valleur d'iceulx selon l'estimation et évaluation qui sera par vous faict partyes ouyes. Et ce par toutes voyes et manières deues et raisonables. Nonobstant oppositions, ou appellations quelzconques pour lesquelles ne voulons estre aucunement différé. Car tel est nostre plaisir. Donné à Vignay le xxiiii*

---

(1) Cependant les Etats du duché ayant à plusieurs reprises vivement réclamé contre la mesure de l'Edit de Moulins, qui privait les communes d'un droit acquis à titre onéreux, l'autorité royale revint sur cette décision, et les villes, notamment Saint-Jean-de-Losne, recouvrèrent leur ancienne juridiction.

jour d'aoust l'an de grâce mil cinq cens soixante six et de nostre règne le sixieme.

Par le Roy en son Conseil,
BONAUD.

Original : Archives de la ville de Saint-Jean-de-Losne, *Priviléges et franchises de la Commune.*

CCLXXVIII

Confirmation des priviléges de la ville de Saint-Jean-de-Losne, par le roi Henri IV.

1595 (juin).

Henry, par la grâce de Dieu, roy de France et de Navarre, à tous présens et advenir, salut. Scavoir faisons, nous avons receu l'humble supplication de noz chers et bien amez les habitans de nostre ville de Sainct Jehan de Losne, contenant que noz prédecesseurs roys de louable mémoire que Dieu absolve, comme aussi les Ducs de Bourgogne leur auroient donné, continué et affirmé plusieurs previleges, exemptions et immunitez, entre autres que les quatre eschevins qu'eslisent les diz habitans chacung an au jour et feste Sainct Jehan Baptiste auroient et leur estoit attribué pareil et semblable pouvoir en la dite ville, comme à le Maire de nostre ville de Dijon, tant en l'administration de la justice que de la police. Lesquelz priviléges ont esté confirmez par nosdiz prédecesseurs, mesmes par le feu Roy dernier décédé nostre très honnoré sieur et frère, que Dieu absolve. Et par ce moyen en ont les diz supplians tousjours bien et deliument jouy et usé, jouissent et usent encores de présent, mesmes de ladite justice et police et sy bien administré les affaires de la dite ville que, durant tous les troubles, elle seroit tousjours demeurée ferme soubz nostre obéissance et povoir. Que, à l'occasion du décedz de nostre feu sieur et frère, ilz pourroient estre empeschez à la continuation de la jouissance de leurs diz priviléges, nostre plaisir soit les faire confirmer, mesmes l'administration de la dite police et justice. Nous, pour les mesmes causes qui ont meu nozdiz prédecesseurs roys à octroyer et confirmer lesditz priviléges ausdiz supplians, voulans qu'ilz en jouissent en considération de leurs services et de l'affection qu'ilz ont tousjours portée au bien et advencement de noz affaires. Tesmoigner par tous debvoirs de fidelz subjectz, n'ayans en ce espargné leurs personnes et biens, et affin de leur accroistre le moyen de continuer, à iceulx habitans de Sainct Jehan de Losne, pour ces causes et autres en ce nous mouvans, avons continué, confirmé et approuvé, continuons, confirmons et approuvons tous et chacungs lesdiz previléges à eulx octroyés et confirmez par nosditz prédécesseurs. Et iceulx, partant que besoing est ou seroit de nouveau concedé et octroyé, pour par eulx et leurs successeurs, en jouir et uzer doresnavant plainement, paisiblement et perpétuellement, ainsi et par la mesme forme et manière qu'ilz en ont cy devant bien et dehument jouy et usé, jouissent et usent encores de présent. Si donnons en mandement à noz amez et féaulx conseillers les gens tenant nostre cour de Parlement à Dijon, bailly dudit lieu ou son lieutenant audit Sainct Jean de Loosne, et autres noz justiciers et officiers qu'il appartiendra, que de nostre présente continuation, confirmation et contenu cydessus, ilz facent lesdiz habitans jouir et user plainement, paisiblement et perpétuellement, sans leur faire mettre ou donner, ne souffrir leur estre fait, mis ou donné aucungs troubles, destourbier ni empeschement au contraire. Lequel si fait, mis ou donné leur avoit esté ou estoit, l'ostent ou facent oster et mettre au premier estat et dehu. Car tel est nostre plaisir. Et affin que ce soit chose ferme et stable à tousjours, nous avons fait mettre nostre scel à ces dites présentes, saufz en autres choses nostre droit et l'autruy en toutes. Donné à Dijon ou mois de juin l'an de grâce mil cinq cens quatre vingt quinze et de nostre regne le sixieme. — *Signé sur le reply* : Par le Roy, FAYET.

Archives du greffe de la Cour impériale de Dijon. Parlement de Dijon. Registre d'enregistrement des édits, arrêts et lettres patentes. Registre XI, f° 66.

CCLXXIX

Lettres patentes du roi Louis XIII, qui confirment les priviléges et exemptent de taille les habitants de Saint-Jean-de-Losne, en récompense de leur belle conduite lors du siége mis devant leur ville par une armée impériale.

1636 (décembre).

Louis, par la grâce de Dieu, roy de France et de Navarre, à tous présens et avenir, salut. Noz chers et bien amez les habitans de nostre ville de Saint Jean de Laone, ayans faict paroistre ce que peult le zèle, la fidélité et la valeur des subjectz affectionnez envers leur Prince et leur patrie, en contraignant une grande armée impériale, composée des principales forces d'Allemagne, où le général Gallas estoit en personne, assisté du duc Charles (1) et de ses troupes, de lever le siége, qu'elle avoit mis devant la dicte ville et par une constance et résolution exemplaire pour tous les Français, aydé à repousser avec une très notable perte d'hommes, d'artillerie et de toutes sortes de munitions de guerre, les ennemis qui estoient entrés en nostre dite province (2). Nous avons résolu de recongnoistre dignement le mérite des dictz habitans de Sainct Jean de Losne, en leur accordant une grâce convenable à des actions sy importantes et signallées, et de laisser à la postérité de ceux qui nous ont si fidèlement et courageusement servy une marque considerable de contentement parfaict que nous en avons receu. Savoir faisons que nous, pour ces causes et autres bonnes considérations à ce nous mouvans, de l'advis de nostre Conseil et de nostre parfaite science, plaine puissance et auctorité royale, avons dict et déclaré, disons et déclarons par ces présentes, signées de nostre main, que nostre vouloir et intention est que tous et chacun les habitans de nostre dicte ville et faubourgs de Sainct Jean de Losne, soient à l'advenir francs, quictes et exemptz, comme dèz à présent nous les affranchissons, quictons et exemptons de toutes tailles, taillon, creues des prévostz des mareschaulx et tous autres subsides et impositions quelxconques, qui s'imposeront en nostre royaulme en la generalité de Bourgogne. Et leur avons en outre continué et confirmé et en tant que de besoing de nouveau accordé tous les priviléges, octroys, affranchissemens et exemptions, dont jouissent les villes franches de nostre royaulme, avec le droit de mairie et eschevinaige et autres droictz de corps de ville, pour estre composé de tel nombre d'officiers qu'ilz adviseront en estre à l'instar et en la mesme maniere que la meilleure ville de nostre royaume, nonobstant que lesdiz droictz ne soyent plus particulièrement exprimez, et toutes oppositions, lettres, règlemens, editz à ce contraires, ausquelles nous avons desrogé et desrogeons par ceste présente. Si donnons en mandement à noz amez et féaux les gens tenant nostre cour de Parlement à Dijon (3) et le Bureau des Trésoriers de France à Dijon, et tous autres noz justiciers qu'il appartiendra, que ces présentes ilz fassent lire, publier et régistrer et du contenu en icelle jouir et user plainement, paisiblement et perpétuellement les diz habi-

---

(1) Charles, duc de Lorraine.
(2) Au nombre de 60,000 hommes.
(3) La chancellerie ayant omis de mentionner la Chambre des Comptes parmi les officiers qui devaient enregistrer ces lettres, le Roi rectifia cet oubli par un mandement spécial, adressé à cette Cour souveraine le 25 septembre 1637.

— 19 —

tans de Sainct Jean de Losne sans y contrevenir ny permettre qu'il y soit contrevenu en aucune manière. Car tel est nostre plaisir. Et affin que ce soit chose ferme et stable à tousjours, nous avons faict mettre nostre scel à ces dictes présentes, sauf en autres choses nostre droit et l'autruy en toutes, Donné à Saint Germain en Laye, au mois de décembre, l'an de grâce mil vi^c trente six et de nostre règne le vingt septiesme.

LOUIS.

Par le Roy, SUBLET (1).

Archives de la Côte-d'Or. Chambre des Comptes de Dijon, B 43. Registre d'enregistrement des édits et lettres patentes, f° 319.

CCLXXX

Privilége de franc-fief accordé par le roi Louis XIII aux habitants de Saint-Jean-de-Losne.

1637 (mars).

Louis, par la grâce de Dieu, roy de France et de Navarre, à tous présens et advenir, salut. Noz chers et bien amez les habitans de nostre ville de Sainct Jean de Losne en nostre province de Bourgongne, nous ont faict dire et remonstrer que par noz lettres patentes du mois de décembre dernier, nous en aurions exemptez et affranchis de toutes tailles, taillons et autres impôz quelsconques qui se pourront faire en nostre royaume et en la généralité de nostre dict païs de Bourgongne et confirmé en outre tous les privileges, octroys, affranchissement et dont jouissent les autres villes franches de nostre royaume, selon qu'il est plus au long porté par les dits lettres, et ce en considération de la fidelité qu'ils ont tesmoignés à nostre service et à leur patrie, sur l'occasion du siège que fut mis depuis naguères par l'armée imperialle conduite par Gallas devant la ditte ville où tous les dictz habitans ont faict paroistre en repoussant les ennemis, commes ils ont faict avec notables pertes de leurs hommes et de leur artillerie, et qui est de leur courage et générosité et bien que telle grâce et affranchissement

---

(1) La ville de Saint-Jean-de Losne jouit de ces immunités jusqu'à la Révolution française, et c'est cette charte si glorieusement gagnée, que ses députés déposèrent sur l'autel de la patrie dans la célèbre nuit du 4 août 1789.

qu'ils ont receu de nous, en recongnoissance d'une action tant advantageuse au bien de nostre Estat et à la conservacion de la dite province, leur soit grandement favorable, sy est ce que dans leurs grandes nécessitez causées par les grandes et extraordinaires charges que la dite ville doict porter, qui n'est composée que de deux cent feux, la pluspart ruynez tant par la rigueur du dit siége et par la contagion qui s'y est mise depuis, que par les moyens des gens de guerre qui y ont esté il y a trente ans et plus en garnison comme ilz sont encore de présent pour la conserver et déffendre des entreprises de ceux du comté de Bourgongne dont elle est limitrophe, ne se peult restablir ny supporter les dites charges, subjections du guet et de la garde qu'ilz sont obligez de faire nuict et jour, pour esviter les surprises des ennemis, payer et acquicter leur dites debtes qui montent à plus de six vingt mil livres, sans que quelques uns des lieux circonvoisins ou de la province y viennent faire leur demeure, affin d'acroistre le nombre des dits habitans ; pour à quoy les convier davantage, ilz nous auroient très humblement faict suplier de leur accorder pareilles exemptions pour le droit de francz fiefs et nouveaux acquetz, dont jouissent noz villes de Dijon, Beaune, Chalon, Auxonne et à leur octroyer à ceste fin noz lettres sur ce nécessaires. Scavoir faisons que nous pour ces causes et autre bonnes et grandes considérations à ce nous mouvans, désirant autant qu'il nous est possible favorablement traicter les dits habitans, et leur tesmoigner par de nouvelles grâces le ressentement qui nous demeure de leur bonne conduite et les obliger d'autant plus à demeurer dans l'obéissance, fidélité inviolable qu'ils ont tousjours faict paroistre à nostre service. Nous de nostre grâce speciale, plaine puissance et auctorité royale, avons dict et declaré, disons et déclarons par ces présentes signées de nostre main, voulons et nous plaist que tous les Maire (1) et eschevins, bourgeois, manans et habitans de la dite ville de Sainct Jean de Losne, parroisses et faubourgs d'icelles qui y sont à présent et y seront au temps avenir demeurant et résidans, soient et demeurent à tousjours et perpétuellement francs et quictes et exempts du fruict, contribution et paiement de nos ditz droictz de francs fiefz et nouveaux acquestz, sans qu'en vertu de nos lettres, mandemens, commissions, declarations et arrestz que sur ce nous pourrions cy après octroyer, iceux supliants ny leurs successeurs soient ne puissent estre aucunement molestez, contrainctz ne contribuables à nous de paier ny à nos successeurs Roys aucunes finances ny autres choses quelconques, et de ce nous les avons af-

---

(1) La chancellerie a fait ici erreur : il n'y avait point encore de maire à Saint-Jean-de-Losne.

franchi, quicté et exempté, affranchissons, quictons et exemptons par ces présentes, par lesquelles nous avons permis et accordé d'habondant de nostre grâce et autres que dessus aux dictz habitans et leurs successeurs que cy à présent résident et demeurent en la dicte ville, parroisse et faubourgs, qu'ils puissent et leur soit loisible tous et chacuns leurs heritages, cens, rentes, revenus seigneuraux, justices hautes, moyennes et basses, mixtes et autres droictures, et les tenir et posséder, tant par eux que par leurs dictz successeurs, tout ainsy que font et peuvent faire les personnes nobles de nostre royaume tenans noblement suivant et ainsy qu'il a esté octroyé par lettres patentes du feu roy François premier aux dictes villes de Dijon, Beaune, Chalon et Auxonne, sans préjudicier toutesfois des droictz et debvoirs dehuz aux seigneurs féodaux, desquels seront tenus les choses qu'ilz acquéreront. Sy donnons en mandement à noz amez et féaulx les gens tenant nostre cour du Parlement des Aides de Dijon, Chambre de noz Comptes, bailly du dict lieu et à tous autres nos officiers qu'il appartiendra chacuns en droict soy, que nostre présente grâce, exemption, octroy, congé, permission et contenu cy dessus, ilz fassent enregistrer, souffrent et laissent jouir et user les ditz suplians et leurs successeurs habitans de la dicte ville plainement, paisiblement et perpétuellement, sans en ce leur faire mettre ou donner, ne souffrir leur estre faict, mis ou donné aucuns troubles; destourbier ou empeschement au contraire ny pour le temps à venir. Lequel sy faict, mis ou donné leur estoit, ils fassent mettre incontenant au premier estat et deub. Car tel est nostre plaisir. Et affin que ce soit chose ferme et stable à tousjours, nous avons faict mettre nostre scel aux dictes présentes sauf en autres choses nostre droict et [l']autruy en toutes. Donné à Saint Germain en Laye le xxiiie jour de mars, l'an de grâce mil six cent trente sept et de nostre regne le vingt septième.

LOUIS.
Par le Roy, PHELIPEAUX.

Arrêt d'enregistrement par la Chambre des Comptes, à la date du 10 février 1638.
Archives de la Côte-d'Or. Chambre des Comptes de Dijon, B 42. Registre d'enregistrement des édits et lettres patentes, f° 320, v°.

CCLXXXI

Arrêt du Conseil d'Etat, qui maintient les habitants de Saint-Jean-de-Losne en possession des privilèges et exemptions qui leur ont été accordés par les lettres patentes du mois de décembre 1636.

1640 (21 avril).

Extrait des régistres du Conseil d'Estat.

Sur la requeste présentée au Roy en son Conseil par les eschevins de la ville, paroisse et fauxbourgs de Saint Jean de Losne, contenant qu'encores qu'en considération de leur fidelité, valeur et courage tesmoigné lors du siége mis devant la dite ville par l'armée impérialle, commandée par le général Galas, lequel ils auroient aydé à repousser, avec une notable perte d'hommes et d'artillerie, il auroit pleu à sa Majesté par ses lettres patentes du mois de décembre mil six cent trente six, leur accorder l'exemption et affranchissement de toutes tailles, taillon, creues des prevostz des mareschaux et de tous autres subsides et impositions quelconques, qui s'imposent en son royaume et particulièrement en la généralité de Bourgogne, et oultre ce, octroyer tous telz privileges, affranchissements et exemptions, dont jouissent les villes franches de ce royaume, avec le droict de mairie, d'eschevinage et de corps de ville pour estre composé de tel nombre d'officiers qu'ilz trouveroient bon estre à l'instar des bonnes villes de cest Estat, et que par arrest du Conseil de sa Majesté du xxviie septembre mil six cens trente huit, sur les empêchements à eux donnez par les Esleuz des trois Estats du pays de Bourgogne en l'exécution de ses dites lettres, sa dite Majesté ayt ordonné que les supplians jouiroient des susdites exemptions; qu'ils seroient deschargez des sommes à quoy ilz auroient esté imposez par lesditz Estatz ez années mil six cent trente sept et mil six cent trente huit, et ce qui en auroit esté par eux payé, rendu et restitué par les mesmes voyes qu'ilz auroient esté contrains, à la charge que les sommes ez quelles ilz ont esté imposez seront rejettées sur les autres contribuables desditz Estatz, en sorte que le fondz de sa Majesté n'en fust aucunement diminué, et deffenses ausditz Estatz de plus à l'advenir les imposer pour quelque cause et occasion que ce soit, à peine de trois mil livres et de tous despens, dommages et interestz. Neantmoins au préjudice de ce, lesditz Estatz ne délaissent de comprendre les supplianz ez rooles des deniers qui se levent sur les subjetz de sa Majesté et au mespris des susdites lettres patentes et arrest de son conseil. Requérans les ditz supplians, attendu que depuis et auparavant ledit siége, ils sont entrez en de grandz debetz, tant pour la conservation de la dite ville, fortification d'icelle que autres charges qu'ilz ont supportées pour la nourriture et entretennement des gens de guerre qui ont tenu garnison en la dite ville, passage de nos armées d'Italie, Provence, Languedoc et du comté de Bourgogne, et embarquement de plusieurs trouppes sur la rivière de Saône, qui montent, suivant l'estat veriffié par les sieurs trésoriers de France, à Dijon, le vii mars dernier, à la somme de cent un mil huict cens cinq livres onze solz, dont ilz ne peuvent s'acquitter et moins subsister si ce n'est par l'effect de bénéfice de la grâce qu'il a pleust à sa Majesté de leur accorder. Qu'il plaise à sa dite Majesté, conformément aux susdites lettres et arrest de son Conseil, ordoner que les supplians jouiront de l'affranchissement de touttes tailles, taillon, creues et autres subsides et impositions quelconques, avec déffenses ausditz Esleuz desditz Estatz de plus à l'advenir les comprendre ez roolles des taxes qui se font sur ses subjectz dudit pays de Bourgogne, à peine d'en respondre en leurs propres et privez noms, et de tous despens, dommages et interestz, et que ce qui se trouvera avoir esté payé par les supplians leur sera rendu par les mesmes voyes qu'ilz y ont esté contrains, sauf ausditz Esleuz de rejetter sur le général de la province les cottes desditz supplians. Veu lesdites lettres patentes dudit mois de décembre mil six cent trente six, par lesquelles sa dite Majesté exempte et affranchy lesdits supplians de touttes les susdites tailles, taillon, creues des prevostz, des maréchaux, et tous autres subsides et impositions quelconques, avec octroy des priviléges, affranchissements, exemptions, droict de mairie, d'eschevinage et de corps de ville dont jouissent les villes franches de son royaume, le dit arrest du conseil confirmatif d'iceux dudit jour xxvi⁰ septembre mil six cent trente huit, ensemble l'estat des debtes desdits supplians, vériffié par lesdits trésoriers de France à Dijon ledit jour viie mars dernier. La dite requeste, ouy sur ce le rapport du commissaire à ce depputé et tout considéré: Le Roy, en son Conseil, a ordonné et ordonne que les supplians jouiront des grâces et exemptions du payement des tailles, taillon à eux accordez par sa Majesté, faict inhibitions et déffenses aux Esleuz du dit pays d'y comprendre ladite ville de Saint Jean de Losne, et que ce qu'ilz ont payé pour la dite taille et taillon leur sera imputé sur les deniers, ausquels ils seront cottisez modérément pour la subsistance.

Fait au Conseil d'Estat du Roy tenu à Paris le vingt unième jour d'avril mil six cens quarante. Signé : DE BORDEAUX.

Original: Archives de la ville de Saint-Jean-de-Losne, *Priviléges et franchises de la Commune.*

CCLXXXII

Confirmation des priviléges de la ville de Saint-Jean-de-Losne, par le roi Louis XIV.

1643 (août).

Louis, par la grâce de Dieu, roy de France et de Navarre, à tous présents et advenir, salut. Noz chers et bien amez les habitans de nostre ville de Saint Jean de Laone nous ont fait remontrer que le feu Roy, nostre très honoré seigneur et père, leur avoit par ses lettres patentes des mois de décembre mil six cent trente six et mars mil six cent trente sept cy attachées soubz le contrescel de nostre chancellerie, donné et octroié les affranchissemens, exemptions, libertéz et privilleges y mentionnés, en considération de la fidelité, courage et generosité qu'ils ont fait paroistre en plusieurs occasions remarquables, singulièrement lors du siége qui fut mis devant la dite ville par l'armée impérialle, commandée par le général Gallas. En exécution des quelles lettres les exposants auroient obtenus divers arrestz du Conseil et Parlement de Dijon, des xxv septembre mil six cent trente huit, xxi apvril, iv° aoust mil six cent quarante, xvi° mars mil six cent quarante un, aussi cy attachées, par lesquelz ilz ont esté maintenus en la jouissance des grâces, affranchissements, exemptions, libertéz et privilleges portés par lesdites lettres, mais craignant qu'à l'advenir les Esleus des trois Estatz de nostre duché de Bourgogne ou autres voulsissent les y troubler de nouveau pour n'avoir pris noz lettres de confirmation depuis notre advenement à la couronne ou autre pretexte, ilz nous ont très humblement fait supplier les leur vouloir accorder. A ces causes, désirant favorablement traiter les dits exposans, leur témoigner le ressentiment que nous avons de leurs services passés et les obliger de les continuer à l'advenir, nous avons, de l'advis de la Reyne régente nostre très honorée dame et mère et de nostre grâce spéciale, pleine puissance et auctorité roïale confirmé et continué, confirmons et continuons par ces présentes, signées de nostre main, tous et un chacun, les privilleges, franchises, libertés, exemptions, concessions et grâces accordés aux dits exposans par lesdites lettres et arrests, pour en jouïr et user ainsy qu'ilz ont bien et deuement fait et jouissent et usent encore de présent, quoy qu'ilz ne soient cy particulièrement exprimés. Si donnons en mandement à noz améz et féaulx conseillers, les gens tenant nostre cour de Parlement, Chambre de noz Comptes à Dijon et autres noz officiers qu'il appartiendra chacun en droit soy, que ces dites présentes ilz facent enrégistrer et du contenu en icelles jouir et user lesditz exposans, pleinement et paisiblement, sans souffrir ny permettre qu'il y soit contrevenu par les ditz Esleus ny autres en aucune manière que ce soit. Car tel est nostre plaisir, nonobstant toutes choses à ce contraires. Et affin que ce soit chose ferme et stable à tousjours, nous y avons fait mettre nostre scel.

Donné à Paris au mois de aoust l'an de grâce mil six cent quarante trois et de nostre règne le premier.

LOUIS.

Par le Roy, la Reyne Régente sa mère presente, PHELYPEAUX.

Original : Archives de la ville de Saint-Jean-de-Losne, *Priviléges et franchises de la commune.*

CCLXXXIII

Confirmation des priviléges de la ville de Saint-Jean-de-Losne, par le roi Louis XV.

1716 (mai).

Louis, par la grâce de Dieu, roy de France et de Navarre, à tous présens et avenir, salut. Nos chers et bien amez les habitans de nostre ville de Saint Jean-de Laône nous ont très humblement fait remontrer que Louis treize notre très honoré seigneur et trésayeul par ses lettres patentes des mois de decembre mil six cent trente six et mars mil six cent trente sept cy attachées sous le contre scel de notre chancellerie, leur auroit donné et octroié les affranchissements, exemptions, libertéz et privileges y mentionnéz, en considération de la fidelité, courage et générosité qu'ils avoient fait paroitre en plusieurs occasions importantes et particulièrement lors du siége qui fut mis devant la dite ville par l'armée impérialle commandée par le général Galas, en exécution desquelles lettres les exposants avoient obtenue diverses arrêts tant en notre Conseil, qu'en notre Parlement de Dijon les vingt cinq septembre mil six cent trente huit, vingt un avril, quatre aoust mil six cent quarante et seize mars mil six cent quarante un. aussy cy attachez sous notre contrescel, par lesquels ils ont été maintenus dans la jouissance des grâces, affranchissemens, exemptions, libertéz, privileges portés par les dites lettres que le feu roy Louis quatorze notre très honoré seigneur et bizayeul, sensible au zele et aux services signalez des dits habitans, avoit confirmés par ses lettres patentes du mois de decembre mil six cent quarunte trois, pareillement attachées sous notre contrescel ; et comme ilz avoient sujets de craindre d'être troublés dans la jouissance des dits privileges par les Eslus des trois Estats de notre duché de Bourgogne ou par autres, sy depuis notre avénement à la Couronne, ils n'avoient aussy nos lettre de confirmation, c'est par cette juste considération qu'ils nous ont supplié de les leur accorder. A ces causes, voulant favorablement traitter les dits habitans par les mêmes motifs qu'ont eu les Roys nos prédécesseurs ; nous avons de l'avis de notre très cher et très amé oncle le duc d'Orléans régent, de notre très cher et très amé cousin le duc de Bourbon, de nostre très cher et très amé oncle le duc du Mayne, de notre très cher et très amé oncle le comte de Toulouze et autres pairs de France, grands et notables personnages de notre royaume et de notre grâce speciale, pleine puissance et autorité royale confirmé et continué, confirmons et continuons de par ces présentes, signées de notre main, tous et un chacun les privileges, franchises, libertés, exemptions, concessions et grâces accordées ausdits habitans par les dites lettres et arrêts pour en jouir et user ainsy qu'ils ont bien et dehuement fait, jouissent et usent encore à présent, quoy qu'ils ne soient icy particulièrement exprimés. Sy donnons en mandement à nos amez et féaulx conseillers les gens tenans nostre cour de Parlement, Chambre des Comptes à Dijon et autres nos officiers qu'il appartiendra chacun en droit soy, que ces présentes ils fassent enrégistrer et du contenu en icelles jouir et user les dits habitans pleinement et paisiblement sans souffrir n'y permettre qu'il y soit contrevenu par les dits Eslus ny autres en aucune manière que ce soit. Car tel est nostre plaisir, nonobstant toutes choses à ce contraires. Et affin que ce soit chose ferme et stable à tousjours, nous avons fait mettre notre scel à ces dites présentes. Données à Paris au mois de may l'an de grâce mil sept cent seize et de notre regne le premier.

LOUIS.

Par le Roy, le duc d'Orléans Régent, présent, PHELYPEAUX.

Visa.   VOISIN.

Enregistré au Parlement de Dijon, le 17 février 1717.
Original : Archives de la ville de Saint-Jean-de-Losne, *Priviléges et franchises de la Commune.*

VILLE D'AUXONNE

La ville d'Auxonne dépendait, avant la Révolution, du diocèse de Besançon, dont la circonscription embrassait presque tout le territoire de l'ancienne Séquanie.

Elle apparait pour la première fois en 600 parmi les localités données par Amalgaire, duc de la Basse-Bourgogne, pour la dotation de l'abbaye qu'il fondait à la source de la rivière de Bèze. Toutefois, il paraît que les religieux ne la conservèrent pas longtemps, puisqu'à la fin du IXe siècle, Agilmar, évêque de Clermont, donna son territoire aux moines de Saint-Vivant, qu'il établissait au comté d'Amaous, et dont le monastère, presque aussitôt détruit par les Normands, fut transféré par le comte Manassès sous les murs de son château de Vergy.

Après l'annexion du royaume de Bourgogne à l'empire germanique (934), Auxonne, qui faisait toujours partie de l'ancien comté d'Amaous, possédé par la maison de Vienne, passa sous la domination des comtes de Bourgogne, par le mariage d'Etiennette, héritière de cette maison, avec Guillaume I (1057-1087). Il en sortit, moins de cinquante ans après, pour former, avec les comtés de Vienne et de Mâcon, le patrimoine de Guillaume, frère du comte Rainaud, qui fut la tige de la maison de Chalon.

Guillaume, qui avait apprécié les avantages militaires et commerciaux de la position d'Auxonne, alors bourgade inconnue appartenant au grand-prieur de Saint-Vivant, n'hésita point à la reprendre de lui en fief, afin de l'agrandir et de la fortifier (1135). Aussi devint-elle la principale place de ses possessions d'Outre-Saône et dut à cette situation l'avantage de donner son nom à ce nouveau comté, qui avait remplacé l'antique *pagus Amavorum*, et qui de l'embouchure de l'Ognon s'étendait le long de la rive gauche de la Saône jusqu'au pied du Revermont.

Le comté d'Auxonne, qui séparait ainsi les comtes de Bourgogne, sujets de l'Empire, des ducs de Bourgogne, vassaux des rois de France, eut une existence quasi-indépendante, jusqu'en 1197, qu'Etienne II reconnut le duc Eudes III comme son suzerain. Jean de Chalon, son fils, l'ayant échangé en 1237 avec Hugues IV, duc de Bourgogne, contre les terres de Bracon, Ornans, Vuillafans, etc., celui-ci le réunit au duché, dont il suivit dès lors toutes les destinées.

CCLXXXIV

Charte de commune (1) octroyée aux habitants d'Auxonne, par Etienne, comte de Bourgogne, Jean, comte de Chalon, et la comtesse Agnès.

1229.

Je Estienes cuens de Borgogne (2), et je Jehanz cuens de Chalon (3), et je Agnès femme le conte Estevenon (4) façons savoir à toz cels qui verront ceste chartre que nos avons mis Auxone et cels qui en la vile habiteront à tex costumes et tel franchise.

1. Li mes en li buef (5) paieront lor cense de la saint Michie (6).
2. Chascune maignie (7) de la vile doit doner chascun an V solz (8) à noz et à cels qui après nos tanront (9) la vile et se mes remaint vuiz (10) danz les forte-

---

(1) L'original de cette charte étant perdu, et la ville d'Auxonne n'en possédant plus qu'un *vidimus* du XIVe siècle, nous avons, à défaut du texte original, choisi pour leçon, non les copies imprimées (voir à la fin de la charte), toutes fautives et postérieures d'ailleurs à ce *vidimus*, mais la transcription insérée vers 1350 dans le Grand-Cartulaire de la Chambre des Comptes, conservé aux Archives du département.

(2) Etienne II, comte de Bourgogne et d'Auxonne, seigneur de Rochefort et d'Oiselet, fils du comte Etienne I et de Judith de Lorraine, succéda à son père vers 1188. Il épousa en premières noces Béatrix, comtesse de Chalon, dont il eut, entr'autres enfants, Jean de Chalon, sire de Salins. Il mourut le 6 mars 1240.

(3) Jean de Bourgogne, comte de Chalon, sire de Salins, fils du précédent, mort le 30 septembre 1267 échangea les comtés de Chalon et d'Auxonne avec Hugues IV, contre des terres en Franche-Comté.

(4) Agnès, fille de Robert, comte de Dreux, et d'Yolande de Coucy, fut la seconde femme du comte Etienne II. Elle mourut le 19 septembre 1258.

(5) Le meix et le bœuf, c'est-à-dire toute propriété assez considérable pour nécessiter le travail d'un bœuf.

(6) Cette redevance fut appelée plus tard *frestage*, parce qu'elle s'évaluait d'après le nombre des frestres, c'est-à-dire des travées du comble de la maison. La frette et le châit sont synonymes. On les retrouve dans presque tous les terriers de Bourgogne.

Le frestage d'Auxonne ne demeura pas longtemps en la possession des comtes d'Auxonne, car, en 1236, sept ans après l'affranchissement de la ville, Etienne le donna au prieuré de Saint-Vivant, pour l'indemniser des maux qu'il lui avait fait supporter. Celui-ci en jouit jusqu'en 1604 ; à cette époque, le chambrier, dans la prébende duquel les revenus d'Auxonne étaient tombés, le comprit parmi les autres droits qu'il céda à la ville, moyennant une rente annuelle de 150 livres. (Archives de la Côte-d'Or. Fonds du Grand-Prieuré de Saint-Vivant.)

(7) Ménage, feu, famille.

(8) Bien que le nom de la monnaie ne soit pas exprimé dans la charte, les documents postérieurs qui s'y rattachent, témoignent qu'il s'agit ici de la monnaie estevenante, d'un usage général en Franche-Comté. Suivant Dom Grapin, *Recherches sur les anciennes monnaies du comté de Bourgogne*, la livre estevenante était bien inférieure à la monnaie tournoise, puisque 20 sols de cette livre valaient seulement 14 sols 9 deniers et 7/9 de denier de la livre tournois.

Par conséquent, les 5 sols de la prestation imposée aux habitants d'Auxonne valaient 3 sols 8 deniers 4/9 de denier tournois, et les 15 sols « por acheter viandes, » 11 sols 1 denier 1/9 de denier.

(9) Tiendront, posséderont.

(10) Remaint vuide, reste vide, n'est point habité.

reces, ausiment (1) pae v solz com cil i avoit maignie. Et quant ceste cense de ces cinquaint (2) sols sera receue, le somme doit estre compée (3) et à tant comme ele montera.

3. Li home de la vile nos doivent doner chascun an por achater viandes et ce doit estre levez en tel manière entre lor et igalé (4) que cil qui plus en paiera n'an paiera plus de xv sols et ce nos ont il doné communément de lor espoigné gré (5) et sans force faire.

4. Cil que vanront en la vile avec nos et à notre cost, paieront la nuit un denier de foin por chascun chevaul et se il i est nuit et jor deux deniers (6).

5. Li curtilaige de la vile (7) sont seur en tel maniere que l'an ne puet riens prandre de par nos, se par achat non; i ces doues choses dou foin et dou curtilaige sont senz créance; mas que pour lou gaige randant, tant que cil qui le veut en ait son grance (8). Et que ce brisera à li costera LX solz (9).

6. A cels qui vendent à détail, comme cil que achatent por revendre avons nos XL jors de créance en tel manière que cel qui rendront les denrées doivent avoir bon gaige et bone sehurté et après les XL jors, cil qui auront tel gaiges les porront vandre sens totes acusons (10), se il ne sont paié (11).

7. Se aucuns de cels d'Auxone estoit pris por le dete coneue dou seignor de

(1) Semblablement.
(2) Cinq.
(3) Compter.
(4) Egalée, répartie également.
(5) Plein gré, bonne volonté.
(6) Ce paragraphe concerne le droit de gîte que le comte exerçait sur les habitants d'Auxonne, tant pour lui que pour les gens de sa suite, et qu'il exprime par ces mots : « avec nos et à nostre cost, » et non court, comme l'imprime Secousse.
(7) Par curtilage, on entendait tout ce qui se récoltait dans un jardin.
(8) Paiement d'une chose achetée à crédit.
(9) Ce paragraphe est consacré au droit de prise, que le comte interdit en ce qui concerne le curtilage et le foin, qu'on ne pourra prendre à crédit, sinon en donnant des gages. L'infraction de cette défense est punie de 60 sois d'amende.
(10) Acusons, c'est-à-dire sans réclamation possible, sans qu'on puisse s'en plaindre.
(11) Secousse, dans son commentaire sur ces deux paragraphes, fait remarquer qu'il y a une différence entre celui chez qui on prend à crédit des denrées qui sont de son crû et celui chez qui on prend au même titre des denrées qu'il a été obligé d'acheter pour les revendre. Le terme que l'on aura pour payer le premier n'est pas marqué, et il n'est pas dit que faute de paiement il pourra vendre les gages qu'on lui aura donnés, tandis que pour le second, si on ne le paie pas dans le terme de quarante jours, il lui est loisible de vendre ces gages.

Cette différence est fondée en raison, ajoute-t-il : le premier, dans le jardin duquel on a pris des denrées, n'ayant rien déboursé, peut attendre plus longtemps son paiement; mais il est juste que le second, qui a acheté des denrées pour les revendre, et qui a déboursé de l'argent pour les payer, en soit payé à son tour dans un terme préfix, et puisse, faute de paiement, vendre les gages qu'on lui a donnés.

la vile; li sires le doit reambre (1) de ses deniers ou des cinquain (2) sols qui li home de la vile li doivent chascun an (3).

8. Se beste est prise en domaige de blé ou de pré par eschapée, cil cui li beste sera, doit rendre le domaige et la pergie (4) que monte à IIII deniers, se ce est chevaux, et se ce est beste armelaine (5) II deniers, se ce est pors I denier. Se ele i est menée, cel cui ele est, doit rendre lou domaige et la pergie et la loi qui monte s'il est jors III sols, et s'il est nuiz LXV sols.

9. Cel qui fera domaige de la cloison de la vile et de la cloison des curtiz et des curtilaiges et des fruiz et des aubres, se il le fait à esciant, il doit amender le domaige à sa loi qui monte à III solz s'il est jors, se il est nuiz lxv solz (6) et s'il n'est faiz à esciant, cil qui lou fait amende lou domaige senz loi et se il est anfens, li peres ou li mere amendent lou domaige et li tant (7) de l'anfance est jusques à XIIII ans et li lois des anfanz (8) quelque forfait quil facent, sera jugié au regart des IIII prodomes (9) qui doivent estre esleu chacun an por les prodomes (10) de la vile.

10. Cil IIII prodomes qui seront appelé conseilliers (11), auront tel puissance que par lor consoil doivent estre faiz li jugemenz de la vile et à lor regart doit li prevoz (12) lever les lois et les amendes (13) et il doivent jurer que il, a bone foi, à lor esciant, jugeront ne por seignor ne por dame, ne por amor ne por ayne ne

---

(1) Reambre, indemniser du dommage. (Voir t. I, p. 376.)
(2) Cinq.
(3) Imité du § 43 de la charte de commune de Dijon. (Voir t. I, p. 13.)
(4) Pargie, amende des délits commis par les animaux. (Voir t. I, p. 333 et 339.)
(5) Les bêtes à laine. Dans la plupart des protocoles des notaires de Bourgogne aux XIVe et XVe siècles, les moutons sont appelés *armellins, harmellains*, etc.
(6) L'amende de 65 sols punit également, dans la charte de commune de Dijon, tous les délits commis la nuit dans la campagne. (Voir t. I, p. 10, § 27.)
(7) Temps, durée.
(8) C'est-à-dire l'amende à laquelle les enfants pourront être condamnés.
(9) Prud'hommes. Ce sont les jurés des chartes de commune de Dijon et de Beaune.
(10) Ici le mot prud'homme s'applique à ceux des habitants qui, ayant juré la commune et contribuant aux charges publiques, jouissaient des franchises et des libertés concédées par la charte.
(11) Le mot d'échevin prévalut bientôt.
(12) De même que, dans les autres communes du duché, le prévôt, qui était à Auxonne le principal officier du comte, perdit toute l'autorité directe qu'il avait sur les habitants, et ne fut plus que l'exécuteur des sentences de la justice municipale.
Après l'acquisition du comté d'Auxonne, en 1237, le ressort de la prévôté d'Auxonne, qui comprenait seulement la ville d'Auxonne, les villages de Labergement, Flammerans, Billey, Flagey et Villers-Rotin, s'étendit au-delà de la Saône; le duc grossit son ressort des villages des Maillys, Tillenay, Pont, Champdôtre, Tréclun, Soirans, Pluvet, Pluvault, Longeault, Collonges, Premières, Longchamp, Magny, Montarlot, Poncey, Athée et Villers-les-Pots. Dans tous ces villages, et jusqu'à l'institution définitive des baillis, ce prévôt exerça tous les droits d'administration et de justice.
(13) Le prévôt rendait chaque année un compte particulier de ces amendes à la Chambre de Dijon. (Voir Archives départementales de la Côte-d'Or. B 2892 et suivants.)

lairont à dire le droit ne la raison (1) et cil IIII doivent estre esleu chascun an au los (2) dou plus de la vile et qui sus aucun de ces IIII metra la main ne fora vilenie, il devroit an tel loi com sil estoit fait à meisme le preost (3).

11. Li preot doit faire sairement et feauté au prior de Vergi que il en bone foi li gardera et rendra ses droiz (4).

12. Se aucuns des homes d'Auxone vuet home de fors qui se dotoit mener en la vile por aucun affaire, il doit querre lou conduit au preost et es conses; et qui sor lou conduit à ces li faroit outraige, il paierait la loi au regart des conses (5).

13. Li marchiez sera conduz (6) lou lundi tote jors à bien et à foi vers totes genz et nus ni sera gaigiez por la dete son seignor, mas que par la soe (7) de ce coneue et par celi l'on puet l'an bien gaigier (8).

14. Cel qui san iront d'Auxone ester (9) autre part, si il san vont por lou forfait que li Sires ou li préoz lor face et li Sires ou li préoz ne lor vuet amender au regart des consoilliers et des autres prodomes; il poent laisser lor héritaige cui lor plaira, mas que il demoroit à Auxone ou vendre et se il s'en vont autrement, li héritaiges remaint au seignor (10).

---

(1) L'absence de toute réserve en faveur de la justice seigneuriale, témoigne qu'en cette circonstance le comte Etienne se montra plus libéral que le duc de Bourgogne.

(2) A la louange, ou du consentement.

(3) Les Coutumes de Châtillon (t. I, p. 399) renferment une clause relative à cette injure.

(4) La suzeraineté d'Auxonne appartenait au grand-prieuré de Saint-Vivant, dans la dotation duquel Agilmar, évêque de Clermont, avait compris son territoire. Guillaume, comte de Mâcon, s'était reconnu son vassal en 1135, de même que le duc Eudes III en 1197, lorsque le comte Etienne lui fit foi et hommage, et son fils Hugues IV, après l'échange de 1237.

Le prévôt d'Auxonne était donc constitué, par la charte de commune, le représentant du duc vis-à-vis le grand-prieur, et le gardien des priviléges et des droits qu'il avait conservés dans cette ville.

(5) Secousse, qui avait de mauvaises leçons sous les yeux, n'a pas compris le sens de ce paragraphe, qu'il traduit ainsi : « Si un habitant d'Auxonne veut faire sortir de la ville un estranger qui espéroit pouvoir y demeurer quelque temps pour ses affaires, cet estranger demandera un sauf-conduit, etc. » Nous pensons, au contraire, qu'il faut lire : « Si aucun des hommes d'Auxonne veut introduire en ville un étranger pour ses affaires, il doit demander un sauf-conduit au prévôt et aux conseillers, et quiconque, au vu de ce sauf-conduit, l'enfreindra, il paiera l'amende selon le jugement des conseillers. »

(6) C'est-à-dire que le seigneur prenait sous sa sauvegarde, dans toute l'étendue de sa juridiction, ceux qui se rendaient au marché pour vendre ou pour acheter.

(7) Sienne propre.

(8) La fin de ce paragraphe témoigne de l'esprit libéral qui présida à la rédaction de la charte d'Auxonne; car, si jusqu'à la fin du XVI⁰ siècle, et nous en possédons de nombreux exemples, on saisissait et on emprisonnait tout étranger pour les dettes contractées par la communauté du lieu qu'il habitait, à plus forte raison ne se faisait-on pas scrupule, à une époque antérieure, où il n'y avait d'autre garantie que la force, d'employer le même moyen envers de pauvres hommes de corps, sinon des serfs, qu'on dépouillait, quand on ne les laissait point pourrir dans les prisons jusqu'à ce qu'il plût à leur seigneur de les délivrer en payant sa dette.

(9) Demeurer.

(10) Cette restriction, qu'on retrouvera du reste dans plusieurs autres chartes, avait pour but de conserver les propriétés du territoire d'Auxonne entre les mains des seuls habitants de cette ville, et d'éviter qu'elles ne passassent en la possession de forains, qui en auraient ainsi bénéficié sans supporter leur part des charges communes.

15. Li estrange qui novelement seront herbergië à Auxone, ce que il conquerront, porront laissier ou vandre à lor plaisir [à] celui cui il voudront qui demorra en la vile. Se cil qui san irent praignent congré dou seigner ou dou préost, il doivent estre conduit dou seigner en bone foi un jor et une nuit (1).

16. Li Sires doit avoir lou banc à Auxone tot lou mois d'aoust (2).

17. Li home d'Auxone doivent au seigner l'ost et sa chevauchie (3) et lou charroi en la chevauchie, et fors de la chevauchie ne doivent lou charroi en tel manière que li Sires ne le poet mener si loing de la vile, que il ne peust repairier lou jor mesme à la vile (4).

18. De ces covens (5) sont fors mis li hoir et li tenement Guillaume Soz denier et li Mareschaux et lor hoir et lor tenement et Picos (6).

19. Por ces covanz ne remaint il mie, que cil qui estoient accensi devant ceste chartre au Conte et à la Contesse ne paieroient lor cense qui estoit devant ce accordée (7).

20. Ces covens et ceste franchise avons nos juré à garder et à tenir en bone foi toz jors mais et nos suwes enloié (8) et nos et noz terres en la main l'Arcevesque (9) en tel manière que se nos brisiens aucune foiz ces covenz et nos amender ne lou voliens dedanz les xL jors (10) que l'arcevesque noz admonesteroit, il nos porroit escumenier et mettre notre terre in entredit (11) et de ce lor devons noz doner les lettres l'arcevesque pendans.

En tesmoignaige de ceste chose et por ce que ce soit ferme chose et estable à toz jors mais, nous avons pendus noz seaus en ceste chartre et ce fu fait l'année de l'incarnation Nostre Seigner mill cc et xxix.

Archives de la Côte-d'Or. Chambre des Comptes de Dijon, B 10423. Grand Cartulaire de la Chambre des Comptes (XIIIe siècle), fol. 124. Archives de la ville d'Auxonne. *Vidimus* du XIVe siècle. — Imprimé dans : Jurain, *Histoire des antiquités et prérogatives de la ville et du comté d'Auxonne*. Dijon, 1611. p. 28 ; Pérard, p. 412, et *Ordonn. des Rois de France*, IV, 392.

(1) Ce paragraphe est la confirmation du précédent, pour ce qui concerne les étrangers établis momentanément à Auxone.
(2) Il s'agit ici du *banvin*, c'est-à-dire du droit qu'avait le seigneur de vendre exclusivement du vin en détail à une époque ou durant un temps déterminé. (Cf. Coutumes de Châtillon, I, 390.)
(3) Cf. la charte de commune de Dijon, t. I, p. 41, § 33. — A Auxonne, ce service, déjà si lourd, était encore aggravé du charroi militaire. Quant à l'autre, il rentrait dans la catégorie des corvées.
(4) Le mot *repairier* n'a point, comme le dit Secousse, l'acception de rapatrier ; il dérive de *repaire*, demeure. Il signifie, dans ce cas, que le comte ne pouvait pas emmener un convoi si loin que les conducteurs ne pussent regagner leur domicile le jour même de leur départ.
(5) Conventions.
(6) La charte de Rouvres (t. I, p. 461) renferme aussi des exceptions semblables.
(7) Ce paragraphe conservait aux censitaires du comte ou de la comtesse, c'est-à-dire à ceux dont les prestations avaient été fixées, les avantages dont ils jouissaient avant l'octroi de cette charte.
(8) Lié.
(9) De Besançon.
(10) C'est le délai consigné dans la charte de Dijon. (Voir t. I, p. 12, § 87.)
(11) Excommunier et mettre la terre en interdit.

CCLXXXV

Déclaration du duc Robert II sur la solde donnée aux hommes de commune, mandés à l'ost ou à la chevauchée.

1300 (juin).

Nous Robert, duc de Borgoigne, faisons savoir à touz que se il avient que nous mandons notre commune d'Auxone en ost ou en chevauchie, nous lo paierons gaiges en la manières que nous havons acostumé de paier à noz autres communes de Borgoigne. Et se il avient que nous li mandons, que ele nous envoit certain numbre de homes à armes ou de sergens ou de aubelestiers, le premier jour que il viendront lai ou notre mandemenz sera, nous ne leur baillerons ne devons bailler nuls gaiges. Et dès le premier jour que il viendront en avant, nous lor paierons lor gaiges; c'est à savoir à l'ome à chevaul trois sols, à l'aubelestier quatorze deniers et au sergent à arc, à lance doze deniers de la monoie corrant es leux ou nous chevaucherons, ou se il nous plait, nous lor baillerons vivres et forraiges soffisamment, les diz gaiges retenuz à nous. Doné à Dijon, souz notre seaul en tesmoig de ceu, l'an de grace mil et trois cens ou mois de junet.

Original : Archives de la ville d'Auxonne, *Priviléges et franchises de la commune*.

CCLXXXVI

Confirmation, par Jean de France, duc de Normandie, d'une charte de Hugues V., duc de Bourgogne, au sujet d'un impôt irrégulièrement levé sur la ville d'Auxonne.

1313 (août), 1350 (3 mai).

Jehan ainsné, filz du roy de France, duc de Normandie et de Guyenne, conte de Poitou, d'Anjou et du Maine. Savoir faisons à tous présens et avenir. Nous avons veu unes lettres saines et entieres seellées du grand scel de feu nostre très chier et féal oncle Hugues, jadis duc de Bourgoingne, contenanz la teneur qui s'ensuit :

Nous Hugues, duc de Bourgoingne, faisons savoir à touz que comme nous aïent faite queste (1) sur noz bourgois de nostre ville d'Auxonne, teste pour teste, sur un chascun singulièrement pour nostre nouvele chevalerie (2). Laquelle queste li dit noz bourgois d'Auxonne disient que il n'estoient tenu dou faire, fors que tuit ensemble par voie de communauté. Laquelle queste ne fu onques faite ny acoustumée à f[aire] en la dite ville d'Auxonne si comme il dient. Nous voulons et octroyons et confermons, pour nous et pour noz successeurs, que y ne leur tournoit à préjudice ou temps avenir, chose que nous y aiens faite pour ceste dite queste. Et se il avenoit que queste se feist autreffoiz en nostre dite ville nous voulons et octroions que li quatre preudommes de la dite ville la facent et puissent faire, appellez ceuls qui seront à appeller, et que leur us et leurs bonnes coustumes, leurs franchises et leurs previleges leur soient saulx et gardez entièrement ou temps avenir. Et promectons en bonne foy, pour nous et pour noz hoirs, les choses dessus dictes tenir, garder et accomplir fermement es habitans de nostre dicte ville d'Auxonne. Et que nous ne vendrons en contre les choses dessus dictes, ne consentirons que aultres y viengnent pour nous, sauf à nous et es nostre ressort, notre souveraineté, notre baronnie, nostre justice et le droit d'autruy. En tesmoing de ce nous avons faict mectre nostre grant scel en ces lettres donnés à Auxonne le dimenche après la saint Bartholomier l'an de grâce mil trois cens et trèze ou moys d'aoust.

Lesquelles lettres et toutes les choses contenues en icelles nous aïanz le bail de ladite duchié de Bourgoingne, louons, gréons, ratiffions, approuvons et par la teneur de ces présentes lettres, de grâce especial et de certaine science, en tant comme à nous puet et doit toucher et appartenir, confermons. Sauf nostre droit en ce et l'autruy en toutes choses. En tesmoing de ce nous avons fais mectre nostre scel à ces lettres. Donné à Auxonne, l'an de grâce mil ccc et cinquante, le IIIe jour du mois de may.

Par Monseigneur le Duc, J. A. Jellon.

Vidimus donné le 3 septembre 1421, par H. Lambert, clerc-coadjuteur au tabellionnage d'Auxonne. — Archives de la Côte-d'Or. Chambre des comptes de Dijon. Affaires des communes. B 11472. — Imprimé dans Jurain, p. 39.

(1) Impôt.
(2) En vertu du droit d'*indire*, dont la nouvelle chevalerie était un des quatre cas. La commune, exerçant la totale justice sur son territoire, se prétendait par conséquent exempte de ce droit.

CCLXXXVII

Confirmation de la charte et des priviléges de la commune d'Auxonne, par Jean, roi de France.

1361-62 (janvier).

Johannes Dei gratia Francorum Rex, ad perpetuam rei memoriam. Regalis magnificentie et si cunctos sue majestati subditos, favoribus graciosis honorare decreverit rite tamen censuit illos copiosioribus graciis et honoribus ac franchisiis et libertatibus debitis venustrare quos novit fuisse et esse ac fieri sperat regii culminis futuros ac fervidos et perpetuo zelatores. Cum itaque ducatus Burgundie jure successionis clare memorie Plilippi nuper ducis Burgundie filii nostri carissimi ad nos deventus existat et ad causam ac ratione successionis predicte, villa, prepositura, ressortum et pertinencia de Auxone ad nos noscantur pertinere ; et propter hoc burgenses et habitatores dicte ville de Auxone nostri fideles et dilecti ad nos tanquam eorum immediate, et, post Deum superiorem dominum, accedentes, nobis suppliciter exposcerint ut eorum privilegia, libertates et franchisias de quibus predecessorum nostrorum olim dominorum dicte ville temporibus gavisi fuerunt atque usi eisdem graciose dignaremur confirmatione roborari : notum facimus tam presentibus quam futuris, quod nos visis quibusdam litteris de sigillis bone memorie Stephani Burgundie et Johannis Cabilonis quondam comitum et tunc dominorum dicte ville de Auxone roboratis : quarum tenor sequitur in hec verba :

Je Estienes cuens de Borgogne..... (voir n° CCLXXXIV).

Et nichilominus quia fuimus et sumus plenarie informati, multorum habita super hoc relatione fide digna, quod prefati burgenses et habitatores dicte ville nostre de dictis privilegiis libertatibus et franchisiis in prefatis litteris super transcriptis plenius declaratis et aliis inferius exprimendis usi fuerunt hactenus et gavisi, patientibus et non contradicentibus predecessoribus nostris eorum dominis supra dictis, videlicet modo et forma predictis et sequentibus in hunc modum.

Scilicet quod prepositus dicte ville de Auxone et quatuor homines hactenus consiliarii vel consules scabini nunc vocati, debent singulis annis duos servientes constituere in villa predicta.

Item quod quolibet anno in die festi nativitatis Beati Johannis Baptiste quatuor scabini predicti de consilio et assensu habitatorum dicte ville seu majoris et sanioris partis eorumdem eligi debent. Qui toto anno usque fuerit revolutus habent et habere debent potestatem omnimodam faciendi judicia criminalia et civilia universa ac communiam dicte ville ad cornetum seu businam proclamationem vel campanam evocandi quociens eorum fuerit voluntatis, pro commodo tamen domini et communitatis dicti loci (1). Et hujusmosi communitatis sic vocata et super hujusmodi evocatione seu super litigiis debitis communibus, raparationibus aut aliis necessitatibus pro communi commodo dicte ville per dictos electos scabinos ordinatos scabini ipsi possent et debent pro custibus (2) et expensis inde faciendis super communitate predicta et singulis personis ejusdem taillias vel collectas imponere quociens expedietur easque levare et ad usus hujusmodi facere converti, dicte communitati vel ex ea super hoc eligendis, exinde compotum reddendo debitum et legalem.

Item explectum justicie sic in dicta villa fieri consuevit, videlicet quod de clamore per illum vel ab illo qui invenietur culpabilis duodecim denarii nobis quociens casus advenit exsolvuntur (3). Negatum nichil debet. Percutiens alterum, si inde clamor exierit, tres solidos exsolvi consuevit (4). Effusor sanguinis cum clamore, septem solidis. Percussor de pede cum clamore, septem solidis. Et pro deffectu de non comparando ad diem infra quindenam et extra octavam duos solidos exsolvuntur. Mulieres vero nisi mediam emendam solum delinquendo in premissis solvunt.

Item talis moneta qualem dominus dicte ville pro revenutis suis dicte ville recipiet et recepit et non alio cursu debet habere in eadem.

Item quatuor scabini predicti pro toto anno in quo electi fuerunt (5) de universis tailliis custibus servitutibus et misiis dicte ville liberi esse debent; redditibus tamen et jure domini duntaxat exceptis (6).

Item dominus dicte ville habitatores ejusdem invitos et nisi eisdem vadia conferat convenenencia vel eorum faciat expensas in exercitu et equitacione quibuscumque nec eciam extra ducatum Burgundie abire cogere debet (7).

---

(1) Cf. le § 16 de la charte de Dijon, t. I, p. 8.
(2) *Custus*, coût, dépense.
(3) Imité du § 2 de la charte de Talant, t. I, p. 498.
(4) A Talant, § 3 de la charte, la peine était de 5 sols, et de 10 pour l'effusion de sang.
(5) Cf. le § 36 de la charte de Dijon, t. I, p. 12.
(6) Les maires de Dijon et de Beaune jouissaient aussi de cette exemption, qui s'étendit bientôt aux échevins.
(7) Cf. ce § au § 17 de la charte de commune.

Item quilibet habitatorum dicte ville, alter eorumdem vadiare potest (1) et qui vadio hujusmodi recurserit (2), si iude clamor exierit duos solidos nobis solvit.

Item assignacio matrimonii in matrimonio facta valere debet et firmiter observari (3).

Item dominus dicte ville in primo adventu suo ad eamdem jurare tenetur in ecclesia Beate Marie ejusdem ville privilegia, libertates, et franchisias legitimas eorumdem perpetuo observare et facere penitus observari.

Nos igitur de predictis omnibus et singulis plenarie informati, ut prefertur, attendentes nichilominus dilectionem fervidam ac fidei puritatem et perfectam constanciam, quas Burgenses et habitatores predicti apud nos et predecessores nostros tam reges Francie quam duces Burgundie, olim dicte ville, et ad regnum et ducatum hujusmodi ac subditorum nostrorum eorumdem hactenus semper habuerunt et nunc habere cognoscimus et habituros credimus in futurum. Quia eciam pro financie et nomine financie octociens centum florenis auri de Florencia boni auri et legitimi ponderis, quos habuimus et recepimus propter hoc de eisdem, de quibus florenis burgenses et habitatores predictos presentes et futuros quittamus ac eciam quietos et immunes teneri volumus et jubemus; absque eo quod proinde nobis seu successoribus nostris dominis dicte ville aliqualem aliam financiam de cetero solvere teneantur seu ad hoc cogi possint vel valeant qualicumque in futurum: sperantes nichilominus et firmissime tenentes ipsos ad nostram et regni ac subditorum nostrorum dilectionem et amorem forcius animati dum per nos juxta eorum vota, fuerunt graciose persecuti, dictas litteras supratranscriptas una cum privilegiis, usibus, libertatibus et franchisiis in eodem et post tenorem eorumdem in presentibus declaratis, nec non vero universas et singulas alias franchisias, libertates et usagia quecumque de quibus et in quantum de ipsis hactenus usi fuerunt; licet in dictis litteris supra scriptis et nostris presentibus, minime exprimantur; dum tamen exinde nobis et successoribus nostris et dominis dicte ville, ullum prejudicium aliter quam superius est expressum valeat generari in futurum, ea laudamus, ratifficamus, approbamus et de nostris auctoritate regia, certa sciencia et nostre regie potestatis plenitudine et de speciali gratia confirmamus tenore presentium litterarum. Nos et successores nostros predictos ad prestandum juramentum et faciendum, tenendum, complendum et firmiter observandum omnia et singula predicta prout superius sunt

---

(1) Saisir, prendre des gages.
(2) Littéralement *ira à la rescousse*, c'est-à-dire emploiera la violence pour les recouvrer.
(3) Assignal du douaire constitué à la femme par le contrat de mariage. (Voir anciens styles, dans Bouhier. I, 156.)

expressa specialiter volumus adstringi et expresse illigari : ex uberiori gratia volentes et expresse precipientes et mandantes universis justiciariis et officiariis nostris presentibus et futuris ut ad quemlibet eorum pertinuerit, quatinus dictos habitatores et burgenses presentes et futuri contra tenorem privilegiorum, usagiorum, franchisiarum et libertatum hujus modi nulla tenus impediant vel molestent ; sed eos de eisdem uti et gaudere faciant et permittant juxta presencium et dictarum litterarum super transcriptarum seriem et tenorem absque eo quod originale dictarum litterarum supertranscriptarum de cetero qualiter cumque faciant exhiberi : sed presentibus totaliter super omnibus et singulis contentis in eisdem adhibeant promptam fidem, non obstante quod super eisdem aut aliquibus eorumdem per carissimam consortem nostram reginam vel ejus procuratorem fuerint perturbati. Quod ut perpetue stabilitatis robur obtineat presentes litteras sigilli nostri impressione fecimus communiri, nostro in aliis et alieno omnibus jure salvo. Actum in castro nostro de Rouvres, anno domini millesimo CCC° sexagesimo primo, mense januarii.

Per Regem, MELLON.

Collacio sit, MELLON. — Contenta.

Vidimus donnés le 3 septembre 1421, par H. Lambert, coadjuteur au tabellionnage d'Auxonne, et le 13 août 1478, par Pingret et Bourdon, notaires royaux audit lieu. — Archives de la Côte-d'Or. Chambre des Comptes de Dijon. Affaires des communes. B 11472. — Imprimé dans les *Ordonnances des Rois de France*, IV, 392.

CCLXXXVIII

Lettres patentes de Jean, roi de France, portant constitution de la mairie d'Auxonne.

1362 (28 septembre).

Jehan, par la grâce de Dieu, roy de France, à touz ceulx qui ces présentes lettres verront, salut. Savoir faisons, que comme noz bien amez les habitans et communaulté de nostre ville d'Auxonne oultre Saône nous ont fait signiffier que, comme par certaines chartres et priviléges à iceulx habitans octroyez par les anciens seigneurs noz devanciers d'icelle ville, et depuis par nous confirmées, les diz habitans aient puissance et auctorité de faire et eslire, par eulx ou la plus grant et seine partie d'iceulz, quatre eschevins, chacun an une fois, telz comme bon leur semble. C'est assavoir au jour de la feste Saint Jehan Baptiste. Lesquelz ont et doivent avoir puissance de congnoistre de tous jugemens et cas criminelz et civilz quelz que ilz soient qui eschieent ou pevent eschoir en]la dite ville, par quelque manière ou par quelconque cause ou condition que ce soit. Parmy ce que de par nous y a esté et est en icelle ville ordonné et estably ung prévost, lequel, à nostre prouffit, reçoit les amendes jugées par iceulx eschevins. Et avec ce, met à exécution tous les jugemens, quelz que ilz soient, faiz en icelle ville, par iceulx eschevins. Et comme les diz eschevins soient divisez et particuliers en telle manière, que aucune fois ilz ne se puent ne scavent comment eulx assembler pour faire lesditz jugemens et aultres choses qui par eulx appartiennent estre faites à nostre prouffit et l'onneur d'eulx, pour ce qu'ilz n'ont à qui ilz se puissent retraire pour faire les choses dessus dictes, et aient grant désir et voulenté de avoir en ladite ville avec lesditz quatre eschevins ung preudomme portant nom de maire, qui soit chacun an estably par iceulx eschevins et par la plus grant et seine partie des habitans de ladite ville et communaulté. Lequel ait, avec iceulx eschevins an telz congnoissance et jugement, comme dessus est dit. Supplians que sur ce leur veuillons octroyer nostre assentement et grâce. Pourquoi, nous, au cas dessusdit, inclinans à leur supplication et en considération à ce que dit est, et aussi à la bonne amour et affection que les diz habitans ont eue à nous et ont encore; à iceulx habitans avons octroyé et octroyons, de notre grâce especial, puissance de faire et constituer en ladite ville ung Maire et icelluy chacun an renouveller par iceulx habitans et eschevins et par la plus grant et saine partie desdiz habitans, tant pour le prouffit de nous, le bien de la chose publique, comme pour eulx relever des perplexitez dessus dites. Lequel ait avec lesdiz quatre eschevins puissance et auctorité de congnoistre de tous jugemens et de tous cas criminelz et civilz qui adviennent, pevent ou pourront advenir en ladite ville d'Auxonne, par quelque manière ou cause que ce soit, en la manière que ont lesdiz eschevins, sans ce que nostre dit prévost les puisse en aucune menere molester ne empescher au contraire. Mais expressement lui defendons, que contre ce que dit est, ne les empesche, moleste, ne seuffre estre molestez ou empeschez, sur peine de encourre nostre dicte indignation. Lequel Maire, qui ainsi par iceulx habitans et eschevins sera fait, sera tenu, en présence desdiz eschevins et habitans, de jurer et tenir et garder nostre droit, les priviléges, statuz et chartres d'iceulx, et que iceulx ne enfraindra, ne ira au contraire comment que ce soit. Touteffois que il sera nouvellement Maire instituez, et ampliant nostre dite grâce à iceulx habitans et communaulté, avons octroyé et octroyons par ces présentes, congié et licence de faire ung scel, soubz lequel sera scellé tout ce qui par iceulx maire et eschevins sera sentencié ou jugié en ladite ville. Pourquoi, nous mandons, commandons et estroictement enjoignons au gouverneur de nostre duchié de Bourgoigne et à tous les autres justiciers, officiers et subgetz de nostre dit duchié, ou à leurs lieuxtenans et à chacun d'eulx si comme à luy appartiendra, que de nostre présente grâce et octroy, facent en laissant lesdiz habitans et eschevins joyr et user paisiblement, sans eulx empescher ou molester, ou souffrir estre empeschiez ou molestez en aucune manière au contraire. Saichant que se, par eulx ou aucuns d'eulx, le contraire estoit en aucune maniere fait, il nous en desplairoit forment et les en punirions griefvement. Toutesfois, nostre entente n'est pas que nostre présente grâce et octroy soit aux chartres et priviléges des diz habitans en aucune manière préjudiciable, aincoys voulons iceulx demourer en leur force et vertu. Et voulons que lesdiz habitans et communaulté en joyssent et usent paisiblement selon leur forme et teneur. Car ainsi nous plaist il estre fait. Et auxdiz habitans et communaulté l'avons octroyé et octroyons de grâce espécial par ces présentes, nonobstant quelzconques ordonnances, mandemens ou deffenses faictes ou à faire à ce contraires. En tesmoing de laquelle chose, nous avons fait mectre nostre scel à ces présentes lettres données à Troyes, le XXVIIIe jour de septembre de l'an de grâce mil trois cent soixante doux.

Par le Roy, à la relation du Conseil,
P. DE VERGNY.

Vidimus donné le 7 avril 1363, sous le scel d'Othe Gauthier, prêtre, gouverneur du tabellionnage d'Auxonne. Archives de la Côte-d'Or. Chambre des Comptes de Dijon. Affaires des communes B 11472.

CCLXXXIX

Confirmation des priviléges de la ville d'Auxonne, par Jean-sans-Peur, duc de Bourgogne.

1404 (9 juillet).

Jehan, duc de Bourgoingne, comte de Nevers et baron de Donzi, savoir faisons, à tous présens et avenir, que les libertez, franchises, immunitez, chartes, previléges et confirmations d'icelles, données et octroyés par noz prédécesseurs ducs de Bourgoingne, aux Maïeur, eschevins, commune et habitans de nostre ville d'Auxonne, si comme en leurs chartres et previléges elles sont escriptes. Nous avons aujourd'hui louées et confermées, louons et confermons par ces présentes, et promectons les tenir et garder fermement, et par noz officiers faire tenir et garder, sens enfraindre et sens jamais par nous ne par aultre, venir faire, ne souffrir venir au contraire. Et avecques ce voulons que noz héritiers et successeurs quant ilz venront premièrement au gouvernement dudit duché, les jurent en l'église dudit lieu, ainsi que esdiz previléges est plus à plain contenu, se requis en sont. Et pour ce que à nostre première venue audit lieu d'Auxonne, où naguères nous avons esté, nous, pour l'absence de nostre conseil avons, différé de jurer les dictes libertez, franchises, immunitez, chartres, previléges et confirmations d'icelles, donnéez et octroyez ausdits Maïeur, eschevins et habitans par noz diz prédécesseurs ducs de Bourgoingne en ladite église. Nous voulons que ce ne tourne en aucun préjudice de leurs previléges (1). Et promectons de les jurer la première foiz que nous yrons audit lieu, se requis en sommes. Et afin que ce soit ferme chose et estable à tousjours, nous avons fait mettre à ces présentes nostre scel, duquel nous, avant le trespas de feu nostre très redoubté seigneur et père, cui Dieu pardoint, usions et de présent usons. Donné à Dijon, le xi° jour de juillet l'an de grâce mil quatre cens et quatre.

Par monseigneur le Duc, J. LENGRET.

Original : Archives de la ville d'Auxonne, *Priviléges et franchises de la commune.*

CCXC

Confirmation des priviléges de la ville d'Auxonne par le duc Philippe-le-Bon.

1427-28 (3 mars).

Phelippe, duc de Bourgoingne, conte de Flandres, d'Artois et de Bourgoingne, palatin, seigneur de Salins et de Malines, savoir faisons, à tous présens et avenir que les libertez, franchises, immunités, chartes, previlleiges et confirma-

---

(1) Cf. la charte semblable octroyée à la ville de Dijon, n° LXX, t. I, p. 89.

cions d'icelles (1) donneés et ouctroyez par nos predecesseurs ducs de Bourgoingne, dont Dieu vueille avoir les âmes, à nos bien amez les Maïeur, eschevins, commune et habitans de notre ville d'Auxonne, si comme en leurs chartres, previlleiges elles sont escriptes, nous avons aujourd'hui, en l'église parroichiale de notre dicte ville jurées, louéés et confermés, jurons, louhons et confermons, par ces présentes, ainsi que ont fait nosdiz predecesseurs au temps passé, et promectons les tenir et garder fermement et par nos officiers faire tenir et garder sans enfreindre et sans jamais par nous ne par autre venir faire, ne souffrir venir au contraire. Et avec ce voulons que nos héritiers et successeurs quant ils venront premièrement au gouvernement dudit duché, les jurent en la dicte église ainsi que esdiz previlleiges est plus à plain contenu si requis en sont. Et pareillement nous ont juré et promis les diz Maïeur, eschevins, commune et habitans d'icelle notre ville, d'estre nos bons, loyaulz et obéissans subjects, de garder de leur povoir nos droicts, seigneuries et noblesses et de paier nos rentes et revenus qu'ils nous doivent. Et afin que ce soit ferme chouse et estable à tousjourmais, nous avons fait mectre notre scel à ces presentes. Donné en notre ville d'Auxonne, le troisième jour de mars l'an de grâce mil quatre cens vingt et sept.

Ainsi signé : Par monseigneur le Duc, Q. MENARD.

Archives de la ville d'Auxonne. Cartulaire appelé *Transumpt*, rédigé en 1536, sous l'autorité de Chrétien Macheco, conseiller au Parlement, et P. Fournier, secrétaire du roi à la chancellerie, commissaires à ce délégues par le Roi, folio 17, recto.

---

(1) Neuf années avant l'obtention de ces lettres, Philippe avait ordonné qu'il fût forgé et monnayé, tant en la monnaie d'Auxonne qu'en celle de Saint-Laurent et de Cuisery, 6,000 marcs d'argent fin, afin d'en appliquer le produit à rétablir la ville d'Auxonne, dont les deux tiers avaient été brûlés au mois de mars 1418. La ville commençait à se rebâtir quand, au mois de septembre 1424, « un feu de meschief qui se print en la « dite ville, tant et si impétueusement que de mémoire d'omme le pareil n'avoit esté vu ne advenu en Bour- « gogne, » l'anéantit de nouveau. Philippe vint encore une fois au secours des malheureux Auxonnois. Par ses lettres des 23 décembre 1414 et 15 février 1424-25, il les autorisa à prendre dans les forêts ducales tout le bois nécessaire pour rebâtir leurs maisons, et les offranchit pendant dix ans des censes et rentes auxquels ils étaient tenus envers lui.

CCXCI

Arrêt du Grand-Conseil de Bourgogne, qui règle les débats survenus entre le procureur ducal au bailliage de Dijon et les Maire et échevins d'Auxonne, au sujet des droits respectifs du Duc et de la commune.

1459 (29 mai).

Phelippe, par la grâce de Dieu, duc de Bourgoingne, de Lothier, de Brabant et de Lembourg, comte de Flandres, d'Artois, de Bourgoingne, palatin de Haynnau, de Hollande, de Zéllande et de Namur, marquis du Sainct Empire, seigneur de Frise, de Salins et de Malines. A tous ceulx que ces présentes lettres verront, salut. Comme à la requeste et au pourchas de nostre procureur au bailliage de Dijon, nos bien amez les Maïeur, eschevins, habitans et communauté de nostre ville d'Auxonne oultre Saône eussent esté adjournez et traiz en cause pardevant noz amez et feaulx conseillers les commissaires par nous ordonnez derrenièrement en noz pays de Bourgoingne, Charrollais, Masconnais, Aucerrois et autres nos pays à l'environ, pardevant lesquelz se fust meuz et introduiz procès, entre nostre dict procureur, pour nous demandeur d'une part, et les diz Maïeur, eschevins, habitans et communaulté de nostre dicte ville d'Auxonne, deffendeurs, d'autre part. Sur ce que nostre dit procureur maintenoit les dicts déffendeurs avoir fait et commis plusieurs faultes, abuz et entreprinses, soubz umbre de leurs previleges et autrement, à l'encontre de nous et de noz droiz, justice, haulteur et seigneurie. Ouquel procès, tant et si avant eust esté procédé que les dictes parties oyes en tout qu'elles ont voulu dire, proposer et conclure, d'une part et d'autre. C'est assavoir nostre dit procureur en demandant et les dessus diz de nostre dicte ville d'Auxonne en deffendant, et icelles parties ont produit et exhibé previleges, lectres, enquestes, tiltres et tous enseignemens dont ilz se sont voulu aider, icelui procès a esté instruit, mis en droit et en estat de juger, et ce fait, nos diz commissaires considérans que ledit procès touchoit grandement à noz droiz, haulteur, justice, prééminence, seigneurie et nostre demaine et aussi les droiz, franchises et libertez de nostre dicte ville d'Auxonne, oient ledit procès avecques leur advis sur icelui, joinct certaine requeste baillée de la partie desdiz deffendeurs, ensemble les dictes parties renvoyé par devers nous et les gens de nostre grand conseil estans lez nous, en assignant jour à icelles parties, mesmement ausdiz deffendeurs à estre et comparoir pardevant nous ou nostre dict conseil quelque part que nous soyons, au vendredi après le dimanche que l'en chante en saincte eglise *Jubilate*, derrenierement passé, pour sur icelui procès oyr droit ou autrement, icelles parties appoinctées ainsi qu'il plairoit à nous et à nostre dit conseil et que raison donroit. Savoir faisons, que comparées audit jour ou autre déppendant d'icelui pardevant nostre dit conseil, nous estans en ceste nostre ville de Brouxelles, nostre procureur général pour nous, d'une part, Amiot Regnart, Mayeur ; Gérart Robot, bourgeois ; Perrenot Friant, notaire publicque et Jehan Chaigne, procureur, suffisamment fondé, comme il est apparu, des eschevins, bourgois, manans et communauté de nostre dicte ville d'Auxonne, d'autre part, et veu et visité ledit procès et rapport sur icelui en nostre dit conseil, avons, par délibération d'icelui nostre conseil et pour aucunes considérations à ce nous mouvans, sans plus avant procéder au jugement ou décision d'icelui procès, ordonez et deputez aucuns de nostre dict conseil pour parler et communiquer avec les diz Maïeur, procureur et autres dessus nommez de nostre dicte ville, envoiez et estans par de ça pour ceste cause, sur les poins contenuz et déclairez au dit procès et pour lesquelz ilz avoient esté traiz en cause pardevant nos diz commissaires en noz pays par de là, comme dit est dessus. Par lesquelz noz conseillers et deputez, de par nous, oyez les dessus nommez de nostre dicte ville d'Auxonne et tout ce qu'ilz ont voulu dire sur les poins et articles proposez et mis en avant contre eulx par nostre dict procureur. Et les choses débatues d'une part et d'autre, et de tout fait rapport à nous et à nostre dict conseil. Avons, par grant advis et meure délibération, sur les poins et articles dessus diz, ordené et déclairé, ordonnons et déclairons les choses qui s'en suivent.

C'est assavoir que, au regart de la consc ou taille que doivent les meix, tant dedans la forteresse de nostre dicte ville comme dehors en la banlieue d'icelle, on paiera doresenavant pour chacun meix soit vuite soit plain dedans icelle forteresse, cinq sols estevenans ; pour plusieurs meix joincts en ung sans fraude soient vuitz ou plains on ne paiera que cinq solz seulement, et se en ung meix sont divers feux on paiera pour chacun feu cinq solz. Et quant ung meix sera divisé en plusieurs pour chacun d'iceulx procédens de la dicte division, on paiera aussi cinq solz soient vuiz soient plains, et tant en nostre dicte ville d'Auxonne comme en la banlieue d'icelle. Reservé que des meix vuiz, non édifiez dehors nostre dicte ville on ne paiera point les diz cinq solz (1).

(1) Cf. les § 1 et 2 de la charte de commune.

Et au regard de la taille de quinze solz, lesdiz Mayeur, eschevins, habitans et communaulté de nostre dicte ville, seront tenuz de icelle paier pour nous et à nostre prouffit, au terme et par la forme et manière qu'ilz ont accoustumé par cidevant et de toute ancienneté (1).

Et au regard des gens d'église, nobles, monnoyers et autres qui se veullent exempter des choses dessus dictes, ilz seront constrains à paier par arrest de leurs meix et maisons, selon la teneur de certaines noz autres lectres octroyées en terme de justice, le jour de la date de ces présentes.

Et en tant qu'il touche les amendes et lois, qui sont et seront adjugés à nous et à nostre prouffit, par lesdiz Mayeur et eschevins de nostre dicte ville d'Auxonne, l'exécution en sera faicte par les sergens, par le commandement de nostre prevost dudict lieu, sans requérir iceulx Mayeur et eschevins. Et de toutes sentences données et à donner à requeste de partie, l'exécution s'en fera ainsi que d'ancienneté a esté acoustumé (2).

Et au regard du sieige du prévost dudit lieu, actendu qu'il est nostre officier et nommé es priviléges de nostre dicte ville en plusieurs lieux, et en considération à certaines délibération et appoinctement sur ce faiz par noz amez et feaulx les gens de nostre conseil et de noz comptes en nostre ville de Dijon, il aura son sieige au bancq du scribe, hault ou bas, et de quelque cousté que bon lui semblera. Et quant à bailler les asseuremens à ceulx qui se doubteront et requerront es mectes (3) de l'eschevinaige de nostre dicte ville d'Auxonne, les diz Mayeur et eschevins les donront.

Et quant à l'article faisant mencion de ceulx qui s'en yront de nostre dicte ville d'Auxonne demourer autre part où il est dit que se ilz s'en vont pour tort que le seigneur ou le prevost leur face, etc., lesdiz de nostre ville d'Auxonne en joyront ainsi qu'ilz ont fait par cidevant d'ancienneté (4).

Et seront les sergens instituez par le prévost, Mayeur et eschevins dudict lieu d'Auxonne selon le contenu du privilége que ont lesdiz d'Auxonne (5). Et les robes et livrées ou devises d'iceulx sergens ordenées par prevost, Mayeur et eschevins ensemble.

Et pourront les diz Mayeur et eschevins tenir leurs jours qu'ilz appellent jours extraordinaires toutes et quanteffoiz et ainsi qu'il leur plaira et que les cas le

---

(1) Id., le § 3 de la charte de commune.
(2) Id., le § 10.
(3) *Meta*, limite.
(4) Cf. le § 14 de la charte.
(5) C'est-à-dire conformément à l'ordonnance royale du mois de janvier 1361-62 (N° CCLXXVII).

requerront, pourvu que le clerc soit toujours présent. Et au regard des jours ordinaires, ilz les tiendront en temps deu et convenable es lieux et en la manière acoustumez et eulx tenans lesdiz jours assigneront le jour certain qu'ilz tiendront les jours ordinaires lors à venir, afin que les parties sachent à quel jour elles auront à faire.

Et pourront lesdiz Mayeur et eschevins de nostre dicte ville d'Auxonne, faire statuz et ordenances pour le bien et bonne police de nostre dicte ville et pour les entretenir et garder mectre et indire amendes desquelles nous et noz successeurs seigneurs de la dicte ville aurons la moitié et ceux qui dénonceront et rapporteront les délinquans, l'autre moitié tant comme il nous plaira.

Et en tant qu'il touche les droiz de la halle, appellez hallaiges et aussi des poix à peser denrées, les habitans de nostre dite ville joyront et useront desdiz poix jusques à vint et cinq livres pesant tant seulement et au dessoubz, ainsi qu'ilz ont fait ou temps.

Et au regard de l'article faisant mencion de la modération des amendes, par lequel article nostre dict procureur maintenoit que lesdiz Mayeur et eschevins ne povoient ne devoient limiter les amendes pour les forfaictures commises ou bois de Crochieres, tauxées à soixante cinq solz, ne aussi autres quelxconques amendes tauxées et déclairées par lesdiz privileiges et statuz de ladicte ville ; nous voulons et déclairons que ilz ne pourront modérer les dictes amendes, mais ilz pourront toutes autres amendes non limitées et tauxées, modérer selon l'exigence des cas et la qualité des personnes.

Et au regard de la propriété dudit bois de Trochieres, de laquelle propriété nostre dict procureur à fait demande, nous avons absolz et absolvons lesdiz d'Auxonne d'icelle demande et sur ce imposons silence perpétuel à nostre dict procureur.

Et en tant que touche l'institution des messiers et forestiers et des seremens qu'ilz doivent faire, nous ordonnons et déclairons qu'il en soit fait doresenavant comme il a esté acoustumé d'ancienneté, lesquelz messiers et forestiers feront leurs rappors au clerc de la maierie dudit lieu d'Auxonne pour les enregistrer et valoir contrerole contre ledict prevost. Auquel prevost ledit clerc de la maierie laissera les diz rapports par escript et par déclaration toutes et quanteffoiz qu'il les requerra afin de lever les amendes à nostre prouffit.

Et tendront lesdiz de nostre ville d'Auxonne les foires et marchiez d'icelle es places et lieux accoustumez d'ancienneté.

Et au regard de l'article par lequel lesdiz Mayeur et eschevins dient que audict lieu d'Auxonne et banlieue d'icelle, aucuns autres sergens que ceulx de la dicte ville ny doivent exploicter, nous voulons et déclairons qu'il en soit fait doresenavant ainsi que parcidevant a esté acoustumé.

Et au regart de plusieurs autres cas contenuz en la demande de nostre dit procureur et dont il faisoit poursuite à l'encontre de ceulx de nostre dicte ville d'Auxonne, desquelz cas aucune déclaration n'est faicte en ces présentes, nous avons déclairé et déclairons les dessus diz de nostre dicte ville d'Auxonne en estre quictes et absolz et sur iceulx imposons silence perpétuel à nostre dit procureur moyennant et parmy que les dessus diz de nostre dicte ville d'Auxonne seront tenuz rendre et paier pour nous, pour une fois, la somme de douze cens francs monnoie royale, à nostre amé et féal conseiller et receveur général de toutes noz finances Guiot Duchamp, qui en fera recepte à nostre prouffit et en baillera sa lettre aux dessus diz de nostre dicte ville d'Auxonne et sans ce que nous entendons par ce que dit est en autre chose préjudicier aux privileiges et chartres de nostre dicte ville d'Auxonne dont cy devant est faicte mention, ni à leurs autres chartres, privileiges, franchises, libertez, coustumes et usances raisonnables, lesquelles nous avons ratiffiez, approuvé et conferrmé et en tant que les diz de nostre dicte ville d'Auxonne en ont deuement usé, ratifions, approuvons et confermons, par ces présentes, ausquelles en tesmoing de ce nous avons fait mectre nostre scel secret. Donné en nostre ville de Brouxelles, le xxviie jour de may l'an de grâce mil quatre cens cinquante neuf.

Ainsi signé : par Monseigneur le Duc, en son conseil où l'evesque de Toul, le sire de Goux, le juge de Besançon, l'arcediacre d'Avalon et autres dudict conseil étoient, J. Milet.

Original : Archives de la ville d'Auxonne, *Priviléges et franchises de la commune.* — Archives de la Côte-d'Or. Chambre des comptes de Dijon, B 10423. Grand cartulaire de la Chambre des Comptes, folio 320.

CCXCII

Déclaration du duc Philippe-le-Bon sur la sentence précédente.

1459 (27 septembre).

Phelippe, par la grâce de Dieu, duc de Bourgoingne, de Lothier, de Brabant et de Lembourg, conte de Flandres, d'Artois, de Bourgoingne, palatin de Haynnau,

de Hollande, de Zéllande et de Namur, marquis du Saint-Empire, seigneur de
Frise, de Salins et de Malines, et tous ceulx qui ces présentes lectres verront salut. Comme noz bien amez les Maire, eschevins et habitans de nostre ville
d'Auxonne, noz aient ou mois de juing derrenièrement passé fait exposer que
paravant ilz avoient envoié pardevers nous leurs deputez et commis pour oyr
droit sur certain procès qui avoit esté meuz pardevant nos amez et féaulx conseillers, les commissaires ordenez de par nous en noz pays de Bourgoingne et
autres de par deça, entre nostre procureur ou bailliaige de Dijon, demandeur
d'une part, et ses dictz exposans d'autre, touchant les preveleiges des dictz exposans et sur plusieurs faulxes, abuz et entreprinses que nostre dict procureur
maintenoit avoir esté par eulx faicttes et commises soubz umbre de leurs dictz
preveleiges et autrement à l'encontre de nous et de noz droiz, justice et seigneurie sur lequel procès n'ait esté autrement procédé pardevers nous, mais pour
aucunes causes et considerations nous mouvans, ayant fait députer et ordener
aucuns de nostre conseil pour parler et communiquer avecques les dicts exposans
ou leurs députez sur les points contenuz et declairiez ou dict procès, pour lesquelz ilz avoient esté tenuz en cause pardevant nos dictz commissaires et après
ce que ceulx de nostre dict conseil ordonnez à ce et les deputez de nostre dicte
ville ont parlé et communiqué ensemble et que ceulx d'icelle nostre ville ont
esté ouyz en tout et qu'ilz ont voulu dire sur les peines et articles proposez et mis
avant contre eulx par nostre dict procureur, et que les choses ont esté débatues
d'une part et d'autre et que de tout rapport a esté fait à nous et à nostre dict
conseil nous ayons par bonne et meure délibération ordené et declairié sur les
poins et articles dessus dictz selon ce que noz autres lectres patentes données le
xxvij^{me} jour de mai derrièrement passé le contiennent plus à plain, lesquelles noz
lectres veues et adressées par les dictz députés de nostre dicte ville d'Auxonne, ilz
nous ont fait dire et remontrer qu'ilz n'avoient pas ainsi pourparlé, entendu ne
accordé en plusieurs poins et articles comme noz dictes lectres contiennent et
pour ce ne les povoient recevoir ne accepter; requérans avoir appoinctement
ainsi qu'ilz avoient accordé ou que le dict procès fust mis en delay jusque à la
saint Michiel prochainement venant pendant lequel temps les dictz deputez de
nostre dicte ville pourroient parler et avoir advis avecques les autres habitans
d'icelle nostre ville d'Auxonne et savoir à eulx se ilz vouldroient accepter ou non
le dict appoinctement ainsi qu'il est escript en nos dictes autres lectres. Lequel
délay eussions octroyé et par l'advis et délibération de nostre dict conseil
ordené et appoincté que le dict procès et la matière dont il dependoit seroient

tenuz en surcéance jusques au dict jour saint Michiel et ou cas que les dictz habitans feroient difficulté de recevoir noz dictes lectres, se trairoient pardevant noz amez et féaulx les gens de nostre conseil et des comptes en nostre ville de Dijon, pour estre par eulx ouyz sur leurs difficultez ; ausquels gens de nostre conseil et des comptes, ayons mandé que appellez avec eulx nos dictz commissaires ordonnez en nos dicts pays pardelà, nostre bailly de Dijon et nostre dict procureur, ilz receussent ce que les dictz habitans vouldroient bailler et les ouyssent en ce qu'ilz vouldroient dire sur les difficultez par eulx prétendues et ce fait renvoiassent tout pardevers nous, ensemble leurs advis, pour en estre par nous ordonné et appointié au surplus comme il appartiendroit par raison. Pardevant lesquelz gens de nostre conseil et des comptes soient comparuz les dicts habitans de nostre dicte ville d'Auxonne ou leurs deputez et leur aient fait et baillée par escript les remonstrances qui s'ensuivent, c'est assavoir que pour avoir déclaration de leurs previleiges et usances qui en aucuns poins estoient obscurs et doubteux et pour lesquelz ilz avoient esté à la requeste de nostre procureur traiz en cause comme dit est dessus, et afin qu'ilz demeurassent en paix et que sur les poins contenuz en leurs dictez previleges et usances, ilz ne fussent doresenavans troublez par nous, ne par noz officiers ; ilz ont accordé nous paier la somme de douze cents francs monnoye royal à nostre prouffit en ce comprins deux cens escus du pris de treize gros et demy dicte monnoye la pièce, qu'ilz ont paiez et en quoy ils ont esté condempnez par nos dictz commissaires ordonnez en nostre dict pays pardelà, et avecques ce ilz paient annuellement à nostre prouffit pour certaine taille appellée la taille des quinze solz la somme de quatorze vins livres estevenans, combien que par les dicts previleiges, ilz ne doivent de la dicte taille que autant que montent par an les feux de nostre dicte ville d'Auxonne qui ne valent que de sept à huit vins livres estevenans, en quoy nous avons prouffit à la charge des dictz habitans de la moitié ou environ. Et que en nos dictes autres lectres par nous octroiées sont declairiez et contenuz plusieurs poins, dont les aucuns sont obscures et pourroit l'on cy après fonder sur iceulx autres interprétacions et entendemens que nous, ne les dictz exposans n'entendons à présent, dont se pourroient de rechief ensuir procès et différens à la charge d'iceulx exposans et sont nostre prouffit ; requérans les dictz poins et articles obscurs estre plus amplement déclairez selon les advis de nos dictz gens de conseil et des comptes et pour les causes qui s'ensuivent.

Et premièrement l'article faisant mention de ceulx qui s'en yront de nostre dicte ville d'Auxonne demourer autre part, ou il est dit, que se ilz s'envont pour tort que le seigneur ou le prevost leur fait, etc., iceulx de nostre dicte ville d'Auxonne joyront ainsi qu'ilz ont fait pardevant d'ancienneté, surquoy ilz dient que pour le temps avenir, l'ordonnance ancienne comment ilz ont jouy seroit difficile à prouver, requérans qu'il soit dict et declairé que ceulx qui s'en yront de nostre dicte ville d'Auxonne demourer autre part joyront de leurs héritaiges qu'ilz auront en la dicte ville, finaige et territoire d'Auxonne ainsi que se ilz estoient présens et résidens au dict lieu et comme ilz sont de présent et ont acoustumé de faire le temps passé.

Et quant à l'article de l'institution des sergens de la mairie du dict lieu d'Auxonne et des devises de leurs robes ou il est dit que les dictz sergens seront instituez et les devises de leurs robes ordonées par les prevost, Maieur et eschevins du dict lieu ensemble ; les ditz exposans requièrent qu'il soit déclairé que les dictz sergens soient nommez et éleuz à leur créacion par les dicts prévost, Mayeur et eschevins ensemble et au surplus que les dictz Mayeur et eschevins recoivent leurs sergens et ordonnent les devises de leurs robes ainsi que faire se doit, considéré qu'ilz sont juges ordinaires du dict lieu et que le dict office de prévost se baille souvent à ferme à gens de petit estat et inhabiles à ce faire.

Et quant à l'article faisans mencion des statutz et ordonnances touchant le bien et bonne police de nostre dicte ville et les peines et amendes pour ce indites par les dictz Mayeur et eschevins, ou il est dict tant qu'il nous plaira, requièrent que ces motz soient ostez, pour ce que combien que faire statuz, indire peine pour la cause dessus dicte leur appartiengne et ait appartenu parcedevant comme juges ordinaires pour le bien publique et bonne police de la dicte ville ; neantmoins pourroit advenir que par la dicte limitacion contenue en ces mots tant comme il nous plaira, on les vouldroit ou temps avenir forclorre de ce que dit est, qui doit estre chose perpétuelle.

Et au regart de l'article touchant le droiz de la halle appellez hallaiges et aussi les poix à peser denrées, ou il est dit et declairés que les habitans de nostre dicte ville joyront et useront des dictz poix jusques à vint et cinq livres pesant tant seulement et audessoubz, ainsi qu'ilz ont fait ou temps passé, dient les ditz exposans que par inadvertence ou autrement n'est faicte aucune déclaracion comment on usera des dictz hallaiges, requérant que declaracion en soit faicte selon ce qu'il a esté trouvé par le dit procès ou que on lieve doresenavant les dictz hallaiges, ainsi comme on la acoustumé ou temps passé, car se ce point demouroit à déclairer, ce seroit plus tost nostre dommaige que autrement.

Et quant à l'article faisant mencion de la modéracion des amendes par lequel ainsi que nos dictes autres lectres le contiennent, nostre dict procureur maintenoit que les dictz Mayeur et eschevins ne povoient ne devoient limiter les amendes pour les forfaictures commises ou bois de Crocheres, tauxées à soixante cinq solz, ne aussi autres amendes quelxconques tauxées et declairées par les previleiges et statuz de nostre dicte ville, et pour ce avons voulu et déclairé que les dictz Mayeur et eschevins ne pourront modérer les dictez amendes ; mais ilz pourront toutes autres amendes non limitées ne tauxées, modérer selon l'exigence des cas et qualité des personnes. Dient les dictz exposans en toute révérence et humilité que nostre dit procureur ne feit oncques poursuites ne demandes contre eulx, telle quelle est contenue et narrée ou dict article en nos dictes autres lectres et qu'il est vray que icelui nostre procureur a escript contre eulx en sa demande touchant la modéracion du dict article ce qui s'ensuit : « c'est assavoir jà soit ce que les dictz Maieur et eschevins après leur sentence « donnée contre aucuns delinquans en jugant l'ameude ne s'en doivent plus en- « tremectre néantmoins de leur auctorité ilz ont par plusieurs foiz moderées et « ramenées après la dicte sentence donnée les amendes par eulx adjugées sans « en parler au prevost ne autres noz officiers » ; parquoy appert que nostre dict procureur confesse assez que les dictz Maieur et eschevins en proferant leurs sentences ont peu modérer les amendes par eulx adjugées et plus avant ne requèrent les dictz exposans, car après leurs dictez sentences, ilz ne s'en sont voulu ne vouldroient entremectre, requierans pour iceulx exposans que actendu que les dictz Maieur et eschevins comme juges ordinaires de par nous deputez en nostre dicte ville d'Auxonne à cause de leur office et par previleige et usance ancienne ont peu et ont pouvoir et auctorité de modérer toutes amendes en proférant leurs sentences comme font tous autres juges en noz pays de Bourgoingne. Il soit par nous déclairé expressement que les ditz Maieur et eschevins en proférant leurs sentences puissent modérer toutes amendes selon l'exigence des cas et la qualité des personnes ainsi qu'ilz ont fait et peu faire par cidevant ; car autrement se on vouloit forclorre les dictz Maieur et eschevins de la dicte modération ce seroit leur oster la puissance et auctorité qu'ilz ont par les moyens dessus dictz et se seroit contre l'article contenu en leurs previleiges de l'eschevinaige ou il est dit : sil quatre preudommes qui seront appellez conseiller, auront telle « puissance que par leur conseil doivent estre faiz les jugemens de la ville et à « leur regart doit ly prevost lever les lois et les amendes et y doivent jurer que « de bonne foy ilz jugeront et ne lairront pour quelque cause que ce soit à faire « droit et raison ; » pourquoy appert assez que les jugemens en nostre dicte ville d'Auxonne doivent estre faiz par le conseil et regart des dictz eschevins qui est assez à entendre que selon que ilz voyent au cas appartenu, ilz pevent modérer les amendes et ne seroit pas raison, mais seroit sous le dit article et bonne équité de condempner une personne pour les cas declairez ou dit previleige ne pour autres à plus grant somme que sa faculté ne pourroit bonnement supporter et aussi ne fait riens à leur prouffit ce qui est déclairé en noz dictes autres lectres que ilz pourront modérer toutes amendes non tauxées ; car il n'echiet que taux et déclaracion seulement.

Par lesquelz nos gens de conseil et des comptes appellez avec eulx en nostre dicte ville de Dijon nos dictz commissaires bailly et procureur et plusieurs autres nos conseillers au dict lieu, veues les dictes remonstrances, les appoinctemens contenuz en nos dictes autres lectres patentes avecques les previleiges des dessus dicts de nostre dicte ville d'Auxonne et tout visité et débatu bien amplement tout ce que dit est a esté renvoié par devers nous avecques les advis et oppinions en quoy ilz sont sur ce demourez pour en faire et ordonner au surplus ainsi qu'il nous semblera estre à faire de raison. Savoir faisons que le tout veu en nostre conseil estant lez nous en ensuivant les dicts adviz et pour les causes contenues en iceulx, avons par bonne et meure délibération de conseil du regart des dits articles sur lesquelz les dits exposans de nostre ditte ville d'Auxonne font difficulté et ont fait les dictes remonstrances, voulu et déclairé, voulons et déclairons que ilz joyront d'iceulx articles ainsi que cy après est contenu :

C'est assavoir de l'article faisant mention d'iceulx qui s'en yront de nostre dicte ville d'Auxonne demourer autre par ou il est dit que se ilz s'envont pour tort que le seigneur ou le prevost leur fait, etc., ilz joyront ainsi qu'ilz ont fait parcedevant et d'ancienneté et que ceulx d'icelle nostre ville qui yront demourer hors joyront de leurs biens et héritaiges qu'ilz avoient en nostre dicte ville, finaige et territoire d'icelle ainsi que s'ilz estoient présens et résidens au dit lieu et comme ilz font de présens et ont accoustumé de faire ou temps passé nonobstant le contenu ou dict previleige.

Et en tant que touche l'article des statuz et ordonnances pour le bien et bonne police de nostre dicte ville, les dictz Mayeur et eschevins d'icelle pourront à tousjours faire iceulx statuz et ordonnances et pour les entretenir et garder mectre et indire amendes desquelles nous et noz successeurs seigneurs de la dicte ville d'Auxonne puissent aucunement déroguer ou préjudicier à noz droictures et prérogatives.

Et au regart des droiz de la halle appellez hallaiges et aussi des poix à peser denrées, les habitans de nostré dicte ville joyront et useront des dicts poix jusques à vint cinq livres pesant tant seulement et audessoubz et si joyront aussi des dicts hallaiges, ainsi que en ont fait ou temps passé.

Et quant à ce qui touche l'article faisant mencion de la modéracion des amendes, etc., les diz Mayeur et eschevins en joyront selon ce qu'il est contenu en nos dictez autres lectres au regart des amendes tauxées et declairées par les dictz previlleges anciens de nostre dicte ville d'Auxonne. Mais au regart des amendes pour les forfaictures commises ou bois de Crocherres et de toutes autres amendes non limitées ne tauxées par les dictz privilleiges, les dessus dicts de nostre dicte ville d'Auxonne les pourront arbitrer et limiter selon l'exigence des cas et la qualité et faculté des personnes.

Et pour ce que les prevostz et forestiers de nostre dicte ville d'Auxonne se sont plusieurs foiz doluz et complains des grans fraiz et despens qu'il leur convient souventesfoiz faire pour la prinse des delinquans et mesusans es dictz bois de Crochieres et pour les exécucions des amendes des dictz bois, pour la prinse et exécucion desquelles choses, leur convient souvent avoir menés gens en grant nombre pour leur seurté et pour eviter les oultraiges que leur pourroient faire les estrangiers des seigneuries voisines et autres y estre les plus fort, lesquelles choses se faisoient à noz fraiz. Nous ces choses considérées avons octroyé et délaissés, octroions et délaissons aux dessus dictz de nostre dicte ville d'Auxonne prendre et avoir le tiers des dictes amendes des forfaictures es dictz bois de Crochieres qui nous appartenoient entièrement. Parmy ce que ilz supporteront tous fraiz, missions et despens des prinses et exécutions dessus dictes, nos dictes autres lectres et tout le contenu en icelles.

Quant à l'article touchant l'institucion des sergens et autrement reservé au regart des articles dont déclaracion est faite par ces présentes demourans en leur force et vertu pour avoir et sortir quant à ce leur plain effest et moyennant la dicte somme de douze cent francs monnoye royale à nous accordée par les dictz exposans laquelle ilz seront tenuz paier promptement au receveur général de noz finances qui leur en baillera sa lectre et en fera recepte à nostre prouffit déduit et rabatu sur icelle la dicte somme de deux cens escus du dict pris de seize gros et demy dicte monnoye la pièce par eulx paiée et en quoy ilz avoient esté condempnez par nos dicts conseillers les commissaires ordonnez de par nous en nos dicts pays de Bourgoingne. Si donnons en mandement à nos amez et féaulx conseillers les commis sur les fait de noz domaines et finances, les dicts gens de nostre conseil et des comptes à Dijon les commissaires dessus dicts ordonnez en nos dicts pays de par de là, à nostre dict bailly de Dijon et à tous noz autres bailliz, justiciers et officiers de nos dicts duché et conté de Bourgoingne ou à leurs lieuxtenant et à chacuns d'eulx et comme à lui appartiendra que les dictz exposans, Maieur, eschevins et habitans de nostre dicte ville d'Auxonne facent, seuffrent et laissent joir et user plainement et paisiblement, de nostre présente voulenté et declaracion ensemble du contenu en noz autres lectres patentes dont dessus est faitte mencion selon ce que declairé est par ces présentes sans troubles ou empeschement ne souffrir, troubler ou empescher les dessus dicts de nostre dicte ville d'Auxonne ores ou pour le temps avenir en aucune manière au contraire. En tesmoing de ce nous avons fait mectre nostre scel secret à ces présentes. Donné en nostre ville de Bruxelles le xxvime jour de septembre l'an de grâce mil cccc cinquante neuf.

Par Monseigneur le Duc l'evesque de Toul, le Mareschal de Bourgoingne, le juge de Besancon et autres du conseil présens, J. MILET.

Original : Archives de la ville d'Auxonne, *Priviléges et franchises de la Commune*. — Archives de la Côte-d'Or. Chambre des Comptes de Dijon. B 10423. Grand cartulaire de Bourgogne, folio 323.

CCXCIII

Confirmation des priviléges d'Auxonne, par Charles, duc de Bourgogne, et autorisation de se servir d'une trompette armoyée aux armes de la ville, pour les publications.

1473-74 (19 janvier).

Charles, par la grâce de Dieu, duc de Bourgoingne, de Lothier, de Brabant, de Lembourg, de Lucembourg et de Gheldres, conte de Flandres, d'Artois, de Bourgoingne, palatin de Haynnau, de Hollande, de Zéellande, de Namur et de Zuytphen, marquiz du Saint-Empire, seigneur de Frise, de Salins et de Malines. Savoir faisons à tous présens et avenir que les libertez, franchises, immunitez, chartres, previleges et confirmacions d'icelles données et octroiées par noz prédécesseurs ducs de Bourgoingne, dont Dieu vueille avoir les ames, à noz bien amez les Maieur et eschevins, commune et habitans de nostre ville d'Auxonne se comme en leurs chartres et previleges elles sont escriptes et que deuement ilz en ont pardevant joy et usé. Nous avons aujourd'huy en l'église paroichiale de nostre dicte ville jurées, louhées et confermées, jurons, louhons et confermons par ces présentes, ainsi que ont fait nos dicts prédécesseurs ou temps passé et promectons les tenir et garder fermement et par noz officiers faire tenir et garder sans enfraindre et sans jamais par nous ne par autre faire ne souffrir faire ou aler au contraire, se avant que comme dit est, les diz Maieur, eschevins, commune et habitans du dit Auxonne en ont deuement joy et usé parcidevant. Et avec ce voulons que nos héritiers et successeurs quant ilz viendront premièrement au gouvernement du dit duchié les jurent en la dicte église ainsi que esdiz previleges est plus à plain contenu se requiz en sont. Et pareillement nous ont juré et promis les dits Maieur, eschevins, commune et habitans d'icelle nostre ville d'estre noz bons, loyaulx et obéissans subgez, de garder à leur povoir noz droiz, seigneuries et noblesses, de payer noz rentes et revenues qu'ilz nous doivent et de obéir à tous noz bons commandemens et nous servir envers et contre tous ceulx qui pevent vuivre et morir. Et pour ce que iceulx Maieur, eschevins, commune et habitans de nostre dicte ville d'Auxonne, nous ont ce dit jourd'uy fait remonstrer que jusques à présent, ilz n'ont accoustumé ne usé de faire les cris et publicacions qui se font par leur ordonnance et commandement en icelle nostre ville que au son d'un cornet et non de trompe ou trompette, en nous suppliant très humblement leur octroier que au lieu du dit cornet, ilz puissent doresenavant avoir une trompette garnie de bannière de soye ermoyée aux armes de nostre dicte ville pour faire les dicts cris et publications. Nous inclinant favorablement à leur dicte supplicacion leur avons accordé et octroié, accordons et octroions et de grâce spéciale par ces présentes, donnons congié et licence que sans mesprendre ne pour ce encourir envers nous ou noz successeurs en aucun dangier, ilz puissent doresenavant avoir en nostre dicte ville une trompette garnye de bannyere de soye armoyée aux armes de nostre dicte ville d'Auxonne pour ou lieu du dit cornet faire à tous icelle trompette les cris et publicacions dont dessus est faite mencion tout ainsi et ce cas qu'ilz se faisoient parcidevant du dit cornet. Et afin que ce soit chose ferme et estable à tousjours nous avons fait mectre nostre seel à ces présentes, sauf en autres choses nostre droit et l'autruy en toutes.

Donné en nostre dicte ville d'Auxonne, le xix⁰ jour de janvier, l'an de grâce mil quatre cent soixante et treize.

Par monseigneur le Duc,   Gros.

Original : Archives de la ville d'Auxonne, *Privilèges et franchises de la commune.*

CCXCIV

Ordonnance de Maximilien, archiduc d'Autriche, et de Marie, duchesse de Bourgogne, sa femme, qui remettent aux habitants d'Auxonne la garde de leur ville.

1477 (11 septembre).

Maximilien (1) et Marie (2), par la grâce de Dieu, duc et duchesse d'Austeriche, de Bourgoingne, de Lothier, de Brabant, de Lembourg, de Lucambourg et de Gheldres, conte et contesse de Flandres, d'Artois, de Bourgoingne, palatin et palatine de Haynnau, de Hollande, de Zeelande, de Namur et de Zuytphen, marquis et marquise du Saint-Empire, seigneur et dame de Frise, de Salins et de Malines. A tous ceulx qui ces présentes lectres verront salut. Comme les Mayeur et eschevins de nostre ville d'Auxonne qu'est la chief ville de noste conté dudit Auxonne, clef et principal passaige de noz duchié et conté de Bourgoingne, aient en tout le temps passé la garde de la dicte ville que adez leur a esté recommandée par feuz de très exellantes mémoires noz prédécesseurs que Dieu absoille. Laquelle ilz ont bien soigneusement et continuelement gardée et entretenue comme ceulx à qui la chose touche en l'obéyssance de nos ditz prédécesseurs et de nous jusques à présent, tellement que par eulx aucun dommaige ne inconveniant n'en est advenu à la ditte ville, ne à nos dit pays de Bourgoingne, ains très grant et inestimable prouffit et à nous, car par leur bonne garde et tenue de la dicte ville à l'encontre des François, noz ennemiz, qui depuis le trespas de feu nostre très chier seigneur et père que Dieu absoille, sont entrez en noz diz pays de Bourgoingne à grant puissance d'armes qui ont mis et reduitz en leur obeyssance la pluspart d'iceulx nos dits pays, ladicte ville et les habitans d'icelle tousjours demeurans soubs la nostre (3) ; iceulx noz pays pourront estre par nous facilement reconquestez, reduitz et réunis en nostre dicte obeyssance et

---

(1) Maximilien d'Autriche, fils de l'empereur Frédéric III, avait épousé le 20 août 1477 la princesse Marie, fille unique et héritière de Charles, duc de Bourgogne, dont il eut deux enfants, Philippe le Beau, père de l'empereur Charles-Quint, et l'archiduchesse Marguerite. Il monta sur le trône impérial en 1493, et mourut à Vels le 12 janvier 1519.

(2) Marie, fille de Charles, duc de Bourgogne, et d'Isabelle de Bourbon, née à Bruxelles le 13 février 1457, mourut à Bruges le 27 mars 1481.

(3) Claude de Vaudrey, sire de l'Aigle, chevalier, ancien bailli de la Montagne, n'ayant pas voulu reconnaître l'autorité du roi Louis XI, s'était jeté dans Auxonne avec ses partisans, et, nonobstant les entreprises de Craon, gouverneur de Bourgogne, il était parvenu à le conserver à la princesse Marie.

subgection. Savoir faisons, que nous, ces choses considérées et actendu que sumes assez certiorez de la grande loyaulté que lesditz Mayeur, eschevins et tous les manans et habitans de nostre dicte ville d'Auxonne ont gardé et gardent journelment envers nous, et des grans fraiz et interestz qu'ilz ont soubstenuz et soubstiennent pour la réparation et garde de la dicte ville et pour nous bien et loyalment servir, comme noz bons et loyaulx subgectz, eu, sur ce, préhalablement l'advis des gens de nostre grant conseil, estant lez nous. A iceulx Mayeur, eschevins et habitans d'Auxonne, avons accordé et octroié, accordons et octroions de grâce espécial, par ces présentes que dores en avant ilz aient la garde de nostre dicte ville d'Auxonne ainsi et par la manière qu'ilz l'ont eue du temps de noz prédécesseurs, et qu'ilz ne soient contraings de prendre garnison ou gens de guerre, sinon telz et en tel nombre que sera advisé par le capitaine d'icelle nostre ville et par eulx, pour le bien, prouffit et utilité de nostre avant dicte ville et avec ce que quant aucunes gens de guerre ou de compaignie qu'ilz soient vouldront passer par la dicte ville, qu'ilz y passent en tel nombre et compagnie que ledit capitaine ou les ditz d'Auxonne verront estre expedient pour la seurté d'icelle et autrement non. Sy donnons en mandement à noz lieuxtenans, gouverneurs, mareschaulx, president, baillis et autres justiciers et officiers en nosditz pays de Bourgoingne, présens et advenir cui ce peut et pourra touchier et regarder, leurs lieuxtenans et à chascun d'eulx en droit soy et si comme il appartiendra que de nostre présente déclaration et ordonnance et de tout le contenu en ces présentes, ilz facent, souffrent et en laissent lesdiz d'Auxonne pleinement et paisiblement joyr et user, sans leur faire mectre ou donner, ne souffrir estre fait, mis ou donné quelconque destourbier ou empeschement au contraire. Car ainsi nous plaist il estre fait. En tesmoing desquelles choses, nous avons fait mectre le seel de nous Duc dessus dit à ces présentes. Donné en nostre ville de Bruges le unzieme jour du mois de septembre, l'an de grâce mil quatre cens soixante et dix sept.

Par monseigneur le Duc et madame la Duchesse, en leur conseil, DE CHACHOIN.

Original : Archives de la ville d'Auxonne, *Priviléges et franchises de la commune.*

CCXCV

Capitulation accordée aux habitants d'Auxonne, par Charles d'Amboise, gouverneur de Bourgogne et de Champagne.

1479 (4 juin).

Charles d'Amboise, conte de Brienne, seigneur de Chaumont, gouverneur et lieutenant général pour le Roy, nostre sire, des duchié et contez de Bourgoingne et Champaigne (1), à tous ceulx qui ces présentes lectres verront salut. Comme nous, estans présentement au siege devant la ville d'Auxonne avec l'armée du Roy, nostre dit seigneur, que nous a ordonné amener et conduire pour reddurire et mectre en son obéissance sa conté de Bourgoingne, la dicte ville d'Auxonne et autres places indeuement détenues et occupées par ses ennemis et adversaires, rebelles et désobeissans : les gens d'église, gens de guerre, capitaines, nobles, bourgeois et autres gens retraits en la dicte ville, nous ayent requis parlementer à nous pour parvenir à reddurire et mectre en l'obéissance dudit seigneur la dicte ville d'Auxonne par traictié et voye amiable, affin de éviter l'effusion du sanc humain qui pourroit estre, se icelle ville estoit prinse par assault ou autrement par force d'armes. Nous, désirans de tout nostre cuer en l'onneur et révérence de Dieu, nostre créateur, auteur de paix et de la glorieuse Vierge Marie, sa benoîte mère, evicter de tout nostre povoir l'effusion dudit sanc humain et les maulx qui à l'occasion de ce pourroient venir : par l'advis et délibération des gens du conseil du Roy, nostre dit sire, seigneurs, capitaines et chiefz de guerre estans en ceste présente armée ; avons, par le povoir à nous donné et commis par ledit seigneur, fait, passé et accordé avec les dictes gens d'église, gens de guerre, capitaines, nobles, bourgeois, habitans et autres gens retraitz en la dicte ville d'Auxonne les traictiez, appoinctement et composition, dont la teneur des articles accordez s'en suit :

---

(1) Il avait succédé à Craon, dont l'inhabilité et la convoitise avaient compromis le succès des armes du roi en Bourgogne. D'Amboise venait à peine de reconstituer son armée, que la rupture de la trève par l'Archiduc, et la surprise de plusieurs villes du comté, l'obligèrent à entrer en campagne. Il reprit Saulieu, Semur, Châtillon, Flavigny, battit le sire de Quingey au passage de la Saône, succès qui détermina la reddition de Beaune après six semaines de siége ; de telle sorte que, quand fut signée la trève, le duché était, sauf Auxonne, entièrement recouvré. L'année suivante, quand les hostilités furent reprises, d'Amboise passa la Saône à son tour, surprit Dole par une ruse de guerre, et se rabattit ensuite sur Auxonne, qui, privée de son gouverneur Claude de Vaudrey, fait prisonnier quelque temps avant, n'osa soutenir un siége, et, déterminée par son Maire, signa cette capitulation.

S'il advient que la ville d'Auxonne soit mise en l'obéissance du Roy, requérent tous les capitaines, gens d'armes, gens d'église, nobles, bourgeois, habitans et autres gens retraits en la dicte ville, les articles cy après escriptz leur estre passez et asseurez en la meilleure forme et manière que possible sera.

Premièrement que le seigneur de Gevrey, son frère, le seigneur d'Essoye, Jehan d'Andelot, capitaine de la dicte ville d'Auxonne (1), tous les nobles gens d'armes soudoyers et non soudoyers, dames, damoiselles, bourgeois, marchands, marchandes et autres habitans, tant dudit Auxonne que des duchié et conté de Bourgoingne, ou conté dudit Auxonne et ressort de Saint Laurent, de quelque estat ou condition qu'ilz soient, qui se vouldront départir de la dicte ville d'Auxonne, s'en yront et partiront leurs corps et tous leurs biens saulx, à pied, à cheval ou autrement, ainsi que bon leur semblera. Et pour ce faire auront terme quarante jours, et emmeneront leurs ditz biens à une fois ou plusieurs où il leur plaira, tant par eaue que par terre et tant à charroy, à cheval que autrement, et pendant le dit temps pourront aler et venir seurement, pourveu que durant le dit temps de xl jours, ilz ne feront, diront ou pourchasseront chose que soit préjudiciable au Roy ne à ses pays et subgectz.

Item que le seigneur de La Marche (2), ma Dame sa femme, ma Damoiselle leur fille et toutes autres manières de gens, tant d'église, nobles que autres de quelque estat ou condition qu'ilz soient et quelque party qu'ilz aient tenuz, qui se sont tirez ou retraitz en la dite ville d'Auxonne, demeurront en icelle se bon leur semble et joyront de leurs biens quelque part qu'ilz soient assis, tant en la dicte ville d'Auxonne que es duchié et contez de Bourgoingne et dudit Auxonne oudit ressort de Saint Laurent que ailleurs, sans en avoir aucune mainlevée du Roy ne d'aultres, et s'ilz s'en veullent départir, ilz le pourront faire touteffois qu'il leur plaira, sans que pour ce leur soit donné aucun destourbier ou empeschement en corps ne en biens en quelque manière que ce soit, pourveu qu'ilz n'yront point demeurer en party contraire.

Item que tous les habitans dudit Auxonne, tant d'église, nobles, bourgeois, marchans et autres quelx qu'ilz soient, ensemble leurs femmes, enffans, familles et héritiers, pourront demeurer en la dicte ville d'Auxonne, se bon leur semble en leur estre et saulx de corps et de tous leurs biens quelx qu'ilz soient à eulx appartenant, tant en général que en particulier, nonobstant quelconque commise

---

(1) Il avait été écuyer d'écurie du duc Philippe-le-Bon. (La Barre, II, 236.)
(2) Hélion de Grantson.

donnations ou autres empeschement que cy devant en soient ou pourraient estre fait cy après, et dès maintenant l'on leur en fait main levée.

Item que toutes les franchises, libertez, previleges et usances de la dicte ville, données ausdiz d'Auxonne, et toutes lectres de don à eulx fait jusques à ores, tant à perpétuité que à temps, leur seront entretenues et gardées, par effect et d'iceulx joyront lesdiz d'Auxonne en commun et à perpétuité, ainsi qu'ilz ont fait par cy devant, sans en ce leur donner quelconque empeschement, reservé que le roy ou nous, comme son lieutenant, pourrons mectre gens d'armes deans la ville hault et bas en tel nombre qu'il lui plaira pour les entretenir, comme à Dijon.

Item que Messire Anthoine de Roussillon, seigneur de Savigny et de la Pommeroye, joyra et possédera ses terres, possessions et seigneuries paisiblement et sans nulle difficulté ainsi comme il fasoit avant la présente division si et en tant que tenir si vouldra ou ses enffans saucuns si vouloient tenir, et en absence d'iceulx, Messire Anthoine ou ses enfans, en joyra dame Marguerite de Saint-Soingne sa femme, aussi paisiblement et sans empeschement quelconque et avec ce lui sont et seront saulx tous les biens meubles estans en la dicte ville d'Auxonne à son dit mary et à elle appartenant, pour en disposer à sa voulenté.

Item que ces choses moyennant, les diz habitans d'Auxonne feront le serment au Roy et demeurront en son obéissance.

Item que Monseigneur le gouverneur sera tenu et jurera solempnement devant le précieux corps de Nostre Seigneur, de tenir et entretenir tous les articles et traictiers dessus dit et de les faire consentir et ratiffier par le Roy.

Item demeurront toutes les personnes que sont dedans la dicte ville qui ont esté prins ou party du Roy, sains et saulx et sans paier aucune rançon ou despens.

Item que toute artillerie demeurra pour la garde de la ville.

Item que au *vidimus* ou coppie des présentes, sera adjousté foiz comme à l'original.

Item que la vesve de Philippe de Chaumergis et ses enffans joyront et possèderont toutes leurs chevances qu'elle avoit ou duchié de Bourgoingne, ensemble du douaire qu'elle a sur les biens dudit Philippe et paroillement sera fait ainsi pour la vesve de feu Thierry de Charmes (1).

Savoir faisons que tous les articles cy dessus escripts et le contenu en iceulx

---

(1) Philippe de Chaumergis et Thierry de Charmes avaient succombé dans la lutte, en défendant les droits de la princesse Marie.

nous promectons sur nostre foy et honneur, entretenir et garder de point en point, et entretenir les diz d'Auxonne en leurs libertez, usances, dons, priviieges et franchises, tout ainsi et par la forme et manière qu'il est contenu esditz articles sans en riens y contrevenir, faire ne souffrir y contrevenir en quelque manière que ce soit. Lesquelles libertez, usances, dons, previleges et franchises, nous, par le povoir que dessus, confirmons, approuvons et ratiffions par ces dictes présentes, et de leur en faire baillier, se mestier est, par le Roy nostre dit seigneur lectres de ratiffication, confirmation et approbation toutes et quateffois qu'ilz nous en requerront. Et de nostre plus habondant puissance, nous leur avons quicté, remis et pardonné, et par ces présentes quictons, remectons et pardonnons toute offence, crime de lese majesté et autres crimes en quoy ilz pourroient estre encouruz envers le roy, nostre dit seigneur, à l'occasion des différends qui ont esté par cy-devant, sans ce que aucune chose leur en puisse estre reprochée ne demandée oires ne pour le temps advenir en quelque manière que ce soit ou puisse estre; et en imposons sillance à son procureur général présent et à advenir et à tous autres. Si donnons en mandement à tous les justiciers, officiers et subgectz du Roy, nostre dit seigneur, que du contenu en ces dites présentes, ilz facent, seuffrent et laissent lesditz habitans d'Auxonne et retraitz en icelle, joyr et user plainement et paisiblement, sans en ce leur mectre ou souffrir mectre en quelque manière que ce soit aucun empeschement au contraire. Car ainsi nous plaist il estre fait. Et pour ce que on pourroit avoir affaire de ces dictes présentes en plusieurs et divers lieux, nous voulons que au *vidimus* d'icelles, fait soubz le seel réel ou authentique, foy soit adjoustée comme au présent original. En tesmoing de ce, nous avons fait mectre nostre seel à ces dictes présentes données en l'ost devant la dicte ville d'Auxonne le quatriesme jour de juing, l'an mil quatre cens soixante dix neuf.

Par Monseigneur le conte, gouverneur d'Amboize et lieutenant général, Monseigneur le conte Daulphin, Messires de ——— le prothonotaire de Clugny, de Richebourg, de Bressuyre et autres présens,   J. MAUROY (1).

Original : Archives de la ville d'Auxonne, *Privilèges et franchises de la commune.*

---

(1) Le 12 juin suivant, les gens d'église, nobles, maire, échevins, bourgeois, manants et habitants, assemblés à l'église Notre-Dame, devant Charles d'Amboise, qu'assistait le protonotaire de Clugny, prêtèrent serment de fidélité au roi et le reconnurent comme leur naturel et souverain seigneur. Acte en fut dressé par J. Coutaud, d'Auxonne, prêtre du diocèse de Besançon, notaire public, en présence de Louis d'Amboise, évêque d'Alby; de Jacques de Richebourg, chevalier; de J. Gillan, seigneur de Port-Mauvoisin, lieutenant du gouverneur; des curés de Menotey, Flammerans et Pointre; de Claude de Champdivers, d'Alexandre d'Engoulevant, et de J. de Florence, écuyers. (Archives de la Côte-d'Or. Chambre des comptes de Dijon, B 496.)

CCXCVI

Confirmation de la capitulation précédente, par le roi Louis XI.

1479 (août).

Loys, par la grâce de Dieu, roy de France, savoir faisons à tous présens et avenir, que, comme nostre amé et féal cousin conseiller et chambellan le sire de Chaumont nostre lieutenant et gouverneur de noz pays, duchié et contez de Bourgoingne et Champaigne, en faisant la conqueste et réduysant en nostre obéissance nostre ville et conté d'Auxonne. Après qu'il s'est trouvé en siege devant nostre dicte ville d'Auxonne, ait pourparlé, traictié et appoinctié avec les Maire, eschevins, bourgois et autres habitans d'icelle nostre dicte ville. Et à iceulx promis, passé et accordé plusieurs choses. Et entre autres nommément ait promis nous faire avoir icellui traictié et appoinctement par lui fait agréable et le nous faire confirmer et ratiffier, ainsi que plus applain appert par le contenu d'icellui traictié duquel la teneur s'ensuit.

Charles d'Amboise, comte de Brienne, seigneur de Chaumont, gouverneur et lieutenant général pour le Roy nostre sire en son duché, etc.

Parquoy nous, en obtempérant à la requeste à nous faicte par noz chiers et bien amez lesditz Maire, eschevins, bourgeois et autres habitans de nostre dicte ville d'Auxonne. Et désirant entretenir de tout nostre povoir tout ce que par nostre dit cousin, conseiller et chambellan le sire de Chaumont leur a esté promis, passé et accordé par le dit traictié cy dessus escript et inceré sans riens y innover, avons le dit traictié, appointement et tout le contenu en icellui loué, ratiffié, confermé et approuvé et par la teneur de ces présentes, de grâce espécial, pleine puissance et auctorité royal, louons, ratiffions, confermons et approuvons, pour en joyr par lesdit Maire, eschevins, bourgeois et habitans de nostre dicte ville d'Auxonne en leurs successeurs à tousjours perpétuellement, plainement et paisiblement. Si donnons en mandement par ces dictes présentes à noz amez et féaulx les gens de noz comptes à Dijon et général de noz finances en Bourgoingne, au bailly dudit Dijon et à tous noz autres justiciers et officiers, ou à leurs lieuxtenans présens et avenir et à chascun d'eulx si comme à lui appartiendra, que de noz présens grâce, ratiffication et confirmation et de tout le contenu ou dit traictié et appointement cy dessus incorporé, ilz facent, seuffrent et laissent lesdits Maire, eschevins, bourgeois et habitans de nostre dicte ville d'Auxonne et leurs dits successeurs, joyr et user à tousjours perpétuellement, plainement et paisiblement, sans leur faire mectre ou donner, ne souffrir estre fait, mis ou donné, ores ne pour le temps advenir aucun destourbier ou empeschement au contraire. Car ainsi nous plaist il et voulons estre fait. Et affin que ce soit chose ferme et estable à tousjours, nous avons fait mectre nostre seel à ces dites présentes, sauf en autres choses nostre droit et l'autruy en toutes.

Donné à Dijon ou moys d'aoust l'an de grâce mil cccc soixante dix neuf et de nostre regne le dixneufviesme.

Par le roy à la relacion de l'evesque d'Alby, à ce commis, BRINON.

Original : Archives de la ville d'Auxonne, *Priviléges et franchises de la Commune.*

CCXCVII

Confirmation des franchises de la ville d'Auxonne par le roi Louis XII, octroi à ses magistrats du privilége de franc-fief, et lettres de surannation de ces lettres.

1498 (juin).

Loys, par la grâce de Dieu, roy de France, savoir faisous à tous présens et avenir. Nous avons receue l'umble supplication de noz chiers et bien amez les Maire, eschevins, bourgeois, manans et habitans de nostre ville d'Auxonne, contenant que, par noz prédécesseurs roys de France et ducz de Bourgoingne, leur ont esté donnez et octroyez plusieurs beaulx et grans previlleiges, coustumes, usaiges, libertez, franchises et exemptions que leur furent et ont esté confermez par feu nostre très chier seigneur et frère le roy Charles, que Dieu pardoint, et d'iceulx ont tousjours joy et encores font de présent paisiblement et sans aucun contredit. Lesquelz supplians qui, après le trespas de nostre dit feu seigneur et frère, ont envoyé devers nous leurs depputez et commis pour nous rendre l'obéissance et subjection qu'ilz nous doivent et sont tenuz faire. Nous ont supplié et requis que nostre plaisir soit leur conformer iceulx previlleiges, usaiges, coustumes, libertez, franchises et exemptions. Et en oultre, affin que les diz Maire et eschevins aient plus désir et affection de songneusement et déligemment vaquer et entendre à la garde, seurté et déffense de la dicte ville et d'accepter lesdiz offices de Maire et eschevins où il ny a aucuns gaiges. Pourquoy plusieurs font difficulté de iceulx accepter pour les fraiz, mises et despenses qu'il y avient faire et ne pevent entendre à leurs affaires particuliers; nostre plaisir soit leur octroyer que, durant le temps qu'ilz seront en leurs offices, ilz puissent et leur loise et chascun d'eulx acquérir et achepter tous et chascuns les héritaiges, rentes, censes, revenues, seigneuries, justices haultes, moïennes et basses, mixtes et autres droictures, et iceulx tenir, posseder comme font et pevent faire les gens nobles, vivans noblement et sur ce leur impartir noz grâce et libéralité. Pour ce est il que nous, considérans la bonne, grande et ferme leaulté que lesdiz supplians ont de toute ancienneté eue et démonstrée par effect à nozdiz prédécesseurs roys et à la couronne de France, sans y avoir espargné corps et biens. Voullans par ce les favorablement traicter et iceulx entretenir en leurs previlleiges, libertez et franchises et pour autres considérations ad ce nous mouvans, à iceulx supplians avons confirmé, ratiffié, loué et approuvé et par ces présentes, de nostre certaine science, grâce espécial, plaine puissance et auctorité royal, confirmons, louons, ratiffions et approuvons tous et chascuns lesdiz previlleiges, coustumes, usaiges, franchises, libertez et exemptions à eulx concedez et octroiez par nos diz prédécesseurs, dont ilz pourroient faire et feront apparoir, et tant et si avant que ilz ont par cydevant et d'ancienneté deuement et justement joy et usé. Et avecques ce, nous, en oultre avons octroié et octroions, de nostre plus ample grâce, ausdiz supplians que les diz Maire et eschevins de la dicte ville et leurs successeurs esdiz offices, puissent et leur loise et à chascun d'eulx, durant le temps qu'ilz seront en iceulx offices, acquérir et achepter tous et chascuns héritaiges, rentes, censes, revenues, seigneuries, justices haultes, moïennes et basses, mixtes et autres droictures et iceulx tenir et posséder tant par eulx que leurs héritiers et successeurs, et tout ainsi que font et pevent faire gens nobles vivans noblement. Pourveu touteffoiz qu'ils en feront les services et devoirs à ce nécéssaires et accoustumez envers les seigneurs féodaulx, desquelz seront tenuz les choses qu'ilz acquerront; sans que, en ce, on leur puisse mectre ou donner, ne à leurs diz hoirs et successeurs aucun destourbier ou empeschement au contraire en quelque manière que ce soit. Si donnons en mandement par ces mesmes présentes, à noz amez et féaulx les gens de nostre court de Parlement de Bourgoingne, au bailly de Dijon et à tous noz autres justiciers ou leurs lieuxtenans, présens et avenir et à chascun d'eulx, si comme à lui appartiendra, que de noz présens grâce, ratification, approbation, confirmation et nouvel octroy, ilz facent, seuffrent et laissent les diz supplians et leurs successeurs joïr et user plainement, sans leur faire mectre ou donner, ne souffrir estre fait, mis ou donné, ores ne pour le temps advenir aucun arrest, destourbier ou empeschement au contraire en quelque manière que ce soit. Lequel se fait mis ou donné leur estoit, l'ostent et mectent, ou facent oster et mectre incontinant et sans délay à plaine délivrance et au premier estat et deu. Et pour ce que de ces présentes l'on pourra avoir à besongner en plusieurs et divers lieux, nous voulons que au *vidimus* d'icelles, fait soubz seel royal, foy soit adjoustée, comme à ce présent original. Et affin que ce soit chose ferme et estable à tousjours, nous avons fait mectre nostre seel à ces dictes présentes, sauf en autres choses nostre droit et l'autruy en toutes. Donné à Compiegne en Valloys, ou moys de juing, l'an de grâce mil cccc quatre vingt dix huit et de nostre regne le premier.

Par le roy, vous l'évesque de Rouen et le seigneur de Baudricourt, mareschal de Bourgoingne et autres présens, D. COTEREAU.

1499-1500 (13 mars).

Loys, par la grâce de Dieu, roy de France, à noz amez et féaulz conseillers les gens de nostre court et Parlement de Bourgoingne, au bailly de Dijon et à tous noz autres justiciers ou leurs lieuxtenans, salut et dilection. Receu avons l'umble supplication de noz chiers et bien amez les Maire et eschevins, bourgeois, manans et habitans de nostre ville d'Auxonne, contenant que dès le mois de juing de l'an mil quatre cens quatre vingt et dix huit, ilz obtindrent noz lettres de chartre cy atachées, soubz le contre scel de nostre chancellerie à vous adreçans. Lesquelles ilz ne vous ont encores présentées pour les empeschemens qu'ilz ont euz, aussi qu'ilz ne povoient recouvrer leurs dictes lettres, parce qu'elles estoient demourées pardevers l'audiencier de nostre chancellerie, qui les avoit portées en la ville de Paris. Et doubtent les diz supplians que fissiez difficulté les recevoir à vous presenter les dictes lettres, parce que l'an d'icelles est expiré et qu'elles sont surannées de dix mois ou environ. Nous humblement requérans sur ce leur pourveoir de nostre grâce. Pourquoy, nous, ces choses considérées, désirans subvenir ausdiz supplians en leurs affaires, vous mandons et pour ce que nos dictes lettres sont à vous adreçans, enjoignons par ces présentes et à chascun de vous, si comme à luy appartiendra, que vous recevez lesdiz supplians, et lesquelz nous voulons par vous estre receuz de grâce espécial par ces présentes à vous présenter nos dictes lettres cy attachées, comme dit est. et d'icelles requérir la publication, vérification et entérinement, tout ainsi que s'ilz les vous eussent presentées dedans l'an d'icelles. Car ainsi nous plaist il estre fait, nonobstant que, comme dit est, les dites lettres soient surannées et qu'elles ne vous aient esté présentées dedans l'an d'icelles, dont, en tant que besoing seroit, nous avons relevez et relevons lesdiz supplians de grâce espécial par ces présentes. Donné à Dijon le xiiie jours de mars l'an de grâce mil cccc quatre vingt dix neuf et de nostre regne le second.

Par le roy à la relacion du conseil, Imys.

Originaux : Archives de la ville d'Auxonne, *Priviléges et franchises de la commune.*

CCXCVIII

Confirmation des franchises, libertés et priviléges de franc-fiefs de la ville d'Auxonne, par le roi François Ier, et lettres de surannation à la suite.

1514 (février).

François, par la grâce de Dieu, roy de France, savoir faisons à tous présens et à venir, que nous, voulans et désirans favorablement traicter noz chers et bien amez les Maire, eschevins, bourgeois et habitans de nostre ville d'Auxonne, et leur entretenir les previleges, grâces, coustumes, franchises, exemptions et libertez qui leur ont esté donnez et concedez par feux noz prédécesseurs roys, et dernièrement confermez par feu nostre très cher seigneur et beaupère le roy Loys, dernier decedé, que Dieu absoille, ainsi qu'il appert par ses lettres cy attachées soubz nostre contre scel, tant en faveur de la bonne, vraye et entiere fidélité, loyaulté et obéissance que lesdiz habitans ont tousjours eue et portée à nosdiz prédécesseurs, comme bons et loyaulx subjectz de la couronne de France. Espérans que envers nous ilz continueront de bien en mieulx. A iceulx, pour ces causes et autres à ce nous mouvans, avons confermé, loué, ratiffié et approuvé, confermons, louons, ratiffions et approuvons, de nostre grâce especial, plaine puissance et auctorité royal par ces présentes, tous et chascuns les diz previleges, coustumes, usaiges, franchises, libertez et exemptions, à eulx concedez, donnez et octroiez par noz diz prédécesseurs, dont ilz ont deuement et justement joy et joissent. Et, en oultre, leur avons octroyé et octroyons de nostre présente grâce, que lesdiz Maire et eschevins de la dicte ville ou leurs successeurs esdiz offices puissent et leur loise et chascun d'eulx durant le temps qu'ilz seront en iceulx offices, acquérir et acheter tous et chascuns héritaiges, rentes, censes, revenues, seigneuries, justices, haultes, moyennes et basses, mixtes et autres droictures, et iceulx tenir et posséder, tant par eulx que leurs héritiers et successeurs, et tout ainsi que font et peuvent faire les gens nobles, vivans noblement. Pourveu touteffoiz qu'ilz en feront les services et devoirs à ce nécessaires et accoustumez envers les seigneurs féodaulx, desquelz seront tenuz les choses qu'ilz acquerront. Pour d'iceulx previleges et choses dessus dictes joïr et user par les diz Maire et eschevins, bourgeois, manans et habitans de nostre dicte ville d'Auxonne, tout ainsi et si avant qu'ilz en ont cydevant deuement et justement joy et usé et joissent et usent encores de présent, sans que, en ce, on leur puisse mectre ou donner aucun destourbier ou empeschement au contraire, en quelque manière que ce soit. Si donnons en mandement par ces mesmes présentes à noz amez et féaulx les gens de nostre court de Parlement de Bourgoigne, au bailly de Dijon et à tous nos autres justiciers et officiers ou à leurs lieuxtenans présens et à venir et à chascun d'eulx, si comme à luy appartiendra, que de noz présens grâce, ratification, approbation, confirmation et octroy, ilz facent, seuffrent et laissent les diz supplians et leurs successeurs, joïr et user plainement et paisiblement, sans leur faire mectre ou donner, ne souffrir estre fait, mis ou donné, ores ne pour le temps à venir, aucun arrest, destourbier ou empeschement au contraire. Lequel si faict, mis ou donné leur estoit, le mectent ou facent mectre incontinant à plaine délivrance et au premier estat et deu. Et pour ce que de ces présentes on pourra avoir à besoigner en plusieurs lieux, nous voulons que au *vidimus* d'icelles faict soubz scel royal, foy soit adjustée comme à ce présent original. Et afin que ce soit chose ferme et estable à toujours, nous avons fait mectre nostre scel à ces dictes présentes, sauf en autres choses nostre droit et l'autruy en toutes. Donné à Paris ou mois de février, l'an de grâce mil cinq cens et quatorze et de nostre regne le premier.

Par le roy,   Gédoyn.

1517 (28 novembre).

François, par la grâce de Dieu, roy de France, à noz amez et féaulx conseillers les gens de nostre court de Parlement de Bourgongne, au bailly de Dijon et à tous noz autres justiciers ou à leurs lieuxtenans, salut et dilection. Receu avons l'umble supplication de noz chers et bien amez les Maire, eschevins, bourgeois, manans et habitans de nostre ville d'Auxonne, contenant que, dès le moys de fevrier l'an mil cinq cens et quatorze, ilz obtindrent noz lettres de chartre, cy attachées, soubz le contre scel de nostre chancellerie, à vous adreçans, lesquelles ilz ne vous ont encores presentées obstant les empeschemens qu'ilz ont euz et doubtent les diz supplians que fissiez difficulté les recevoir à vous présenter les dictes lettres, parce que l'an d'icelles est expiré et qu'elles sont surannées d'un an environ; nous humblement requérans sur ce leur pourveoir de nostre grâce. Pourquoy, nous, ces choses considérées, désirans subvenir ausdiz supplians en leurs affaires, vous mandons, et pour ce que noz dictes lettres sont à vous adreçans, enjoignons par ces présentes et à chascun de vous, si comme à lui appartiendra, que vous recevez les diz supplians et lesquelz nous voulons par vous estre receuz de grâce espécial, par ces présentes, à vous présenter noz dictes lettres cy attachées, comme dit est, et d'icelles requérir la publication, vérifficcation et entérinement, tout aussi que s'ilz les vous eussent presentées dedans l'an d'icelles. Car ainsi nous plaist il estre fait, non obstant que, comme dit est, les dictes lettres soient surannées d'un an environ et qu'elles ne vous ayent esté presentées dedans l'an d'icelles, dont, en tant que besoing seroit, nous avons relevez et relevons les diz supplians de grâce espécial par ces présentes. Donné à Tours le xxviii° jour de novembre, l'an de grâce mil cinq cens et dix sept et de nostre règne le troysieme.

   Par le roy, à la relacion du conseil,   GUYOT.

 Enregistré au bailliage de Dijon, le 5 mai 1519. Arrêt d'enregistrement à la Chambre des Comptes, le 10 juin suivant.
 Originaux : Archives de la ville d'Auxonne, *Priviléges et franchises de la Commune.*

CCXCIX

Confirmation, par le roi François Ier, du droit de franc-fief primitivement accordé aux officiers municipaux d'Auxonne, et extension de ce droit à tous les habitants de la ville.

1521 (11 septembre).

François, par la grâce de Dieu, roy de France, savoir faisons à tous présens et avenir, nous avoir reçeu l'umble supplicacion de noz chers et bien amez les

Mayeur, eschevins, bourgeois, manans et habitans de notre ville d'Auxonne, contenant que lesditz habitans d'icelle nostre dite ville, laquelle est située et assise en pays de frontières et limitrophe, et de petite estendue, ont supporté, enduré et souffert l'espace de quarante ans et plus plusieurs grandes, grosses, inestimables charges, fraiz, mises et despenses, tant par le fait de noz gens de guerre estant journellement en garnison en la dite ville, que à l'occasion des stérilitez des temps passés et mortalités, autres nécessitez qui depuis le dit temps ont régné et eu cours, tellement que la pluspart d'iceux habitans supplians sont decedez et retirez ailleurs, aussi absentez, parce que chacun jour leur convenoit faire guet de nuit sur la muraille de nostre dite ville et ne leur estoit possible endurer, souffrir ne supporter telles peynes, travaux et subjections. A ceste cause et que plusieurs gens ont par ci devant crainct et différé, craignent et diffèrent encore à présent au moyen des dites charges d'eulx venir habiter, demourer et résider en nostre dite ville ; iceux supplians nous ont fait très humblement supplier et requérir que ayant par nous regart à la dite scituacion de nostre dite ville, ausdites grosses charges et à ce qu'elle se puisse plus facilement ressourdre, repopuler et augmenter ; notre bon plaisir soit les exempter et tenir quittes et exempts du faict de contribution et paiement de noz droiz de francs fiefz et nouveaux acquestz et avec ce leur octroyer et permettre de povoir achacter et acquérir cens, rentes, terres, seigneuries et autres choses féodalles sans nous en payer aucune finance et sur ce noz graces et liberalitez leur impartir. Pourquoy, nous ces choses considerées, inclinant libérallement à la supplication et requeste des dits Mayeur, eschevins, bourgeois, manans et habitans de nostre dite ville d'Auxonne supplians, en faveur mesmement de la bonne, grande et ferme loyaulté et obéissance qu'ilz ont tousjours de toute ancienneté démonstré par effet avoir eue envers noz prédécesseurs roys et nous, sans y avoir espargné corps et biens ; à iceulx supplians pour ces causes et affin que ung chascun eut de plus en plus couraige et occasion de venir soy habituer, résider et demourer en nostre dite ville, et autres bonnes considéracions à ce nous mouvans, avons octroyé et octroyons, voulons et nous plaist, de nostre certaine science, grâce spéciale, plaine puissance et auctorité royale, par ces présentes, qu'ilz et leurs successeurs, Mayeur, eschevins, bourgeois, manans et habitans de nostre dite ville d'Auxonne qui sont ores et seront ou temps avenir demourans et résidans en icelle soient et demeurent tousjours perpétuellement francs, quittes et exempts du fait, contribution et paiement de nozditz droitz des ditz francs fiefs et nouveaux acquestz, sans que en vertu de nos lettres, mandemens et commission que sur ce nous avons par cy devant octroyés et que pourions ci après octroyer, iceulx supplians ne leurs ditz successeurs soient ne puissent estre aucunement molestez, contraincts ne contribuables à nous en payer ne à noz successeurs Roys aucune finance ne autre chose quelconques. Et de ce les avons affranchiz, quitez et exemptez, affranchissons, quitons et exemptons par ces dites présentes signées de nostre main, par lesquelles oultre et d'abondant avons aux ditz Mayeur, eschevins, bourgeois, manans et habitans de nostre ville d'Auxonne tant en général que particulier et à leurs ditz successeur qui cy après demoureront et résideront en icelle, donné et octroyé, donnons et octroyons de nostre grâce et autorité congé, licence et permission qu'ilz puissent et leur loise acquérir et achetter tous et chacun héritaiges, cens, rentes et revenues, seigneuries, justices haultes, moyennes et basses, mixtes et autres droictures et iceux tenir et posseder tant par eulx que leurs héritiers et successeurs, tout ainsy que font et pevent faire les gens nobles de nostre royaume, vivans noblement et que ce semblable avons puis naguère octroyés à ceulx de nostre bonne ville de Dijon, sans prendre toutesvoies les droitz et devoirs deuz aux seigneurs féodaulx, desquels seront tenus les choses qu'ilz acquerront et sans que en ce leur soit donné cy après aucun destourbier ou empeschement au contraire, en quelque manière que ce soit ou puisse estre. Si donnons en mandement par ces mesmes présentes, à noz amez et féaulx, les gens tenant nostre court de Parlement de Bourgongne, de noz Comptes audit païs, bailli de Dijon, et à tous noz autres justiciers et officiers ou à leurs lieutenans présens et avenir et à chacun d'eulx si comme à luy appartiendra, que de noz présentes grâce, exemptions, octroy, congé, permission et contenu cy dessus, ilz facent, souffrent et laissent les ditz supplians et leurs successeurs joyr et user plainement, paisiblement et perpétuellement, sans en ce leur mettre ou donner, ne souffrir estre fait, mis ou donné ores ne pour le temps avenir aucun destourbier ou empeschement au contraire. Le quel si fait, mis ou donné leur avoit esté ou estoit, l'ostent et mettent ou facent oster et mettre incontinant et sans delay à plain délivrance et au premier estat et deu. Car tel est nostre plaisir. Et affin que ce soit chose ferme et estable à tousjours, nous avons fait mettre nostre scel à ces dites présentes, sauf en autres choses notre droit et l'autruy en toutes. Donné au Vergey ou mois de juing, l'an de grâce mil cinq cens vingt ung et de nostre regne le septieme.

                                                               FRANÇOIS.

Par le roy, l'evesque de Senlys, et autres présens.   ROBERTET.

                Visa. Contentor.   DESLANDES.

Scellées du grand sceau en cire verte dont il ne reste que les lacs de soie rouge et verte pendants.

Arrêt d'entérinement par la Chambre des Comptes, 23 juillet 1521. Enregistrement par le Bailliage de Dijon, même date.
Original : Archives de la ville d'Auxonne, *Priviléges et franchises de la Commune.*

CCC

Mandement du roi François Ier au Parlement de Dijon de lever tout empêchement apporté à l'exercice des droits de justice de la mairie d'Auxonne et de son procureur syndic.

1536 (25 septembre).

François, par la grâce de Dieu, roy de France, a noz amez et féaux conseillers, les gens tenans nostre court de Parlement à Dijon, et au bailli de Dijon ou à son lieutenant, salut et dilection. Receu avons l'humble supplicacion de notre bien amé Hugues David, contenant que par les Maieur et eschevins de la ville et commune d'Auxonne, juges ordinaires au dit lieu et par les conseillers d'icelle ville, il a esté institué, estably et ordonné procureur de la dite ville, lequel estat et office s'estend en la justice et jurisdicion haute, moyenne et basse de la dite mayrie d'Auxonne, finaige, territoire et banlieue d'icelle, tenue et exercée par les Mayeur et eschevins de la dite ville, lesquelz en première instance ont la congnoissance de par nous de toutes matières tant civilles que criminelles advenues en icelle et nous appartiennent toutes les amandes, forfaictures et adjudications adjugez par lesditz Mayre et eschevins, desquelz cas le dit suppliant fait la poursuite ainsi qu'il est tenu faire pour le devoir de son estat et office. Et jaçoit ce que comme dit est, la dite jurisdicion de la dite mairie soit exercée de par nous, et que lesdites amandes nous soient adjugées, néantmoins lorsqu'il y a appellacions interjetées tant en la ditte ville de Dijon que en nostre court de Parlement, noz procureurs esditz jours font reffus prandre la cause et deffence pour ledit exposant, combien qu'il soit question de noz droitz et que la dite jurisdicion soit exercée de par nous comme dit est; nous humblement requerrant le dit suppliant sur ce pourvoir de nostre grâce, provision et remede convenable. Pour ce est il que nous ces choses considérées, voulans les droiz de nous et de justice estre gardez et observez, vous mandons et commettons par ces présentes et à chacun de vous sur ce requis en droit soy et si comme il appartiendra que appelez respectivement noz ditz procureurs : s'il vous appert que lesdites amandes et adjudications de ladite jurisdicion de la dite mayrie d'Auxonne nous appartiennent et soit ladite jurisdicion exercée de par nous, vous en ce cas ordonnez et enjoingnez de par nous sur grans peines à nous à appliquer que des causes d'appel et autres qui seront dévolues desdits Maire et eschevins d'Auxonne esditz bailliage et court de Parlement, esquelles ledit procureur fera partie, et qui concerneront noz interestz, pourveu qu'il n'y ait aucun abbus, ilz aient à prandre la charge esdites cours pour le dit suppliant procureur de la dite mairie et jurisdicion d'icelle et à ce faire et souffrir les contraingnez respectivement par toutes voies et manières deues et raisonnables, et tout ainsi que par noz autres pouvoirs ressortissens esdites cours. Car ainsi nous plaist il estre fait. Fait à Dijon, le xxv° jour de septembre, l'an de grâce mil cinq cens trente six et de nostre règne le vingt deuxieme.

Par le roy, à la relation du conseil.   DESLANDES.

Arrêt d'enregistrement par le Parlement à la date du 23 janvier 1536. Entérinement par le Bailliage le 24 janvier suivant.
Original : Archives de la ville d'Auxonne, *Priviléges et franchises de la Commune*.

CCCI

Confirmation des priviléges d'Auxonne, par le roi Henri II.

1547 (février).

Henry, par la grâce de Dieu, roy de France, scavoir faisons à tous présens et advenir, nous avons receue l'humble supplication de noz chers et bien amez les Maire, eschevins, bourgeois, manans et habitans de nostre ville d'Auxonne, contenant que par feuz noz prédécesseurs les roys de France que Dieu absoille, leurs ont esté donnéz et octroyéz de ancienneté, plusieurs beaulx et notables previlleges, grâces, coustumes, franchises, exemptions et libertez, dont ilz feront apparoir quant mestier sera, desquels ils ont tousjours deuement joy et usé comme font encore de présent; mais ils doubtent que cy après, on les voulust troubler et empescher en la joyssance d'iceulx, si par nous ne leur estoient confirmez, approuvez. Nous humblement requérant sur ce leur impartir nostre grâce et liberalité. Pour ce est il que nous inclinans libérallement à la supplicacion et requeste des dictz supplians en faveur et considération de la bonne et vraye loyaulté et obéissance qu'ilz ont tousjours portés à noz dictz predecesseurs et à la couronne de France, et espérons que cy après ilz continueront envers nous de bien en myeulx. Pour ces causes et autres à ce nous mouvans, tous et chacun les dictz previlleges, coustumes, franchises, exemptions et libertez ausdictz supplians et à leurs prédécesseurs octroyez et concedez par noz dictz prédécesseurs et tout le contenu en iceulx avons confermez, ratiffiez et approuvéz et par ces présentes de nostre grâce spécial, plaine puissance et auctorité royal, confirmons, ratiffions et approuvons par ces présentes, pour en joir et user par les dictz supplians, leurs hoirs et successeurs, tant et si avant qu'ilz en ont par cidevant deuement et présentement joy et usé, joyssent et usent de présent. Sy donnons en mandement par ces mesmes présentes à noz amez et féaux les gens de nostre court de Parlement, de noz Comptes et bailli de Dijon et à tous noz autres justiciers et officiers ou leurs lieulx tenans présens et advenir et à chacun d'eux si comme à luy appartiendra, que de noz présentes grâce, ratiffication et confirmation, ils facent, seuffrent et laissent les dictz supplians et leurs successeurs joyr et user pleinement et paisiblement, sans leur mectre ou donner, ne soffrir estre mis ou donné aucun destourbier ou empeschement. Lequel si faict, mis ou donné leur estoit, l'ostent ou facent oster et mettre tantost et sans delay au premier estat et deu. Et pour ce que des présentes l'on pourra avoir affaire en plusieurs et divers lieux, nous voulons que au *vidimus* d'icelles faict soubz seel royal, foy soit adjoustée comme à ces presentes. Car tel est nostre plaisir. Et affin que ce soit chose ferme et stable à tousjours, nous avons faict mectre nostre seel à ces dictes présentes, sauf en aultres choses nostre droict et l'autrui en toutes. Donné à Fontainebleau, au moys de febvrier, l'an de grâce mil cinq cens quarante sept et de nostre regne le premier.

    Par le roy, Lepicart.   Visa contentor.   Lepicart.

Enregistré au Parlement le 13 février 1548.
Original : Archives de la ville d'Auxonne, *Priviléges et franchises de la Commune*.

CCCII

Confirmation des priviléges de la ville d'Auxonne par le roi François II.

1559 (mars).

François, par la grâce de Dieu, roy de France, scavoir faisons à tous présens et advenir, nous avoir receu l'humble supplicacion de noz chers et bien amez les Maïeur, eschevins, bourgeois, manans et habitans de nostre ville d'Auxonne, contenant que par noz prédécesseurs roys de France et par les ducz de Bourgongne, leur ont esté donnez et octroiez plusieurs beaulx droictz, previleiges, exemptions, franchises et libertez, la confirmation desquelz faicte par le feu roy nostre très honoré seigneur et père que Dieu absolve est cy attachée soubz le contre seel de nostre chancellerie et dont ilz sont en ancienne possession et paisible joissance. Touteffois ilz doubtent que s'ilz n'avoient noz lectres de confirmation pour nostre nouvel advénement à la couronne, l'on leur voulsist donner empeschement, nous humblement requérant sur ce leur pourveoir et impartir nostre grâce. Pourquoy nous ces choses considérées, inclinans à la supplication et requeste des ditz supplians, tous et chacuns les previleiges, droictz, exemptions, franchises et libertez à eulx donnez et octroiez par noz dictz prédécesseurs roys et par les dictz ducz, leur avons louez, confirmez, ratiffiez et approuvez, et par la teneur de ces présentes de nostre grâce spécial, plaine puissance et auctorité royal, louons, confirmons, ratiffions et approuvons par ces présentes pour en joïr et user par les dictz supplians et leurs successeurs plainement et paisiblement, tant et si avant et par la mesme forme et manière qu'ilz en ont par cy devant deuement joy et usé et qu'ilz joissent et usent encores de présent. Si donnons en mandement par ces dictez présentes à nos amez et féaux les gens tenant nostre court de Parlement à Dijon et au bailly du dict lieu et à tous noz autres justiciers et officiers ou leurs lieutenans présens et advenir et à chacun d'eulx si comme à luy appartiendra, que de noz présentes grâce, confirmation, ratiffication, et approbation, ilz facent, souffrent et laissent les dictz supplians et leurs successeurs joïr et user plainement et paisiblement, sans leur mettre ou donner, ne souffrir estre faict, mis ou donné aucun trouble, destourbier ne empeschement au contraire, lequel se faict, mis ou donné leur avoit esté ou estoit, ilz le mectent ou facent mectre incontinant à plaine et entière délivrance. Et afin que ce soit chose ferme et stable à tousjours, nous avons faict mectre nostre seel à ces dictez présentes, sauf en autres choses nostre droict et l'autruy en toutes. Donné à Amboyse au moys de mars, l'an de grâce mil cinq cens cinquante neuf et de nostre regne le premier.   DUMESNIL.

Par le roy,   BURGENSIS.   Visa contentor. BOYER.

Original : Archives de la ville d'Auxonne, *Priviléges et franchises de la commune.*

CCCIII

Mandement du roi Charles IX, qui réintègre les Maire et échevins d'Auxonne dans l'exercice de a juridiction et de la police, qui leur avait été enlevée par les édits d'Amboise de janvier 1572, et de Paris du 28 juillet de la même année.

1574 (14 janvier).

Charles, par la grâce de Dieu, roy de France, à noz améz et féaux les gens tenant notre court de Parlement à Dijon, bailly du dit lieu ou son lieutenant à Auxonne et tous autres noz juges et officiers qu'il appartiendra. Noz chers et bien amez les Mayeur et eschevins de nostre dite ville d'Auxonne nous ont en nostre conseil fait remonstrer que par priviléges de noz prédécesseurs, confirmez par nous, ilz ont tousjours eu la totale juridiction en nostre dite ville et le gouvernement et intendance du fait de police, avec la justice civile et criminelle et pouvoir de faire statutz, réglemens, et mettre taux aux vivres. A quoy ilz ont tousjours tenu la main, distribué les charges à chacun des eschevins dont elle est composée en nombre suffisant, qui sont éleuz chacun an et jugé les faultes et abus en faisant les visitations par la ville; de manière que le bon ordre qu'ilz ont tenu a esté loué en nostre dite ville, conservée en nostre obéissance pour le fidelle devoir qu'ilz ont rendu à l'administration des affaires d'icelle. En la quelle police, ilz ont esté continuez jusques au réglement par nous fait à Amboise, au moys de janvier cinq cens soixante douze et pourveue à toutes les nécessitez publiques de la dite ville selon les occurrences et saisons. Au moyen duquel réglement ilz sont venus comme en mépris au peuple, et l'establissement premier de nostre dite ville perverty au grand préjudice desdits habitans, n'aïans les ditz exposans rien eu en plus grand soyn et recommandation que la bonne administration de la dite police. En contemplation de quoy ilz nous ont très humblement requis les conserver en icelle et leur en laisser la totale charge pour la continuer ainsi qu'ilz avoient acoustumé auparavant, sans que aucun puisse estre eleu, s'il n'est du corps de leur eschevinage, à tout le moins leur permettre juger de la dite police jusques à vingt livres parisis, nonobstant l'appel et sans préjudice d'iceluy et sans appel jusques à quarante sols parisis suivant le dit réglement et ainsi que nous avons cy devant accordé à plusieurs autres villes ds nostre royaume. Pour ces causes et considérations, et en la fàveur de la fidelité et obéissance que les ditz Mayeur et eschevins ont de tout temps porté à noz prédécesseurs et nous, pour les réduire à leur première forme et manière de vivre, au soulagement de nostre peuple; avons par ces présentes déclairé et ordonné, déclairons et ordonnons que par le dit réglement fait à Amboise au moys de janvier cinq cens soixante douze, nous n'avons entendu comprendre nostre dite ville d'Auxonne ne innover aucune chose en l'exercice de la police, jurisdiction d'icelle appartenant aux Mayeur et eschevins; voulons et nous plaist qu'ilz y soient maintenuz et conservés pour en joyr ainsy que cy devant ilz ont fait auparavant le dit réglement, et que les délinquans ou contrevenans à la dite police leur soient renvoiez es cas de nostre dite ordonnance. Enjoignant aus dits Mayeur et eschevins d'Auxonne de faire garder diligemment noz éditz et ordonnances sur le fait des vivres et y mettre taux suivant lesdites ordonnances. Si vous mandons et enjoignons, vériffier ces présentes noz lettres de déclaration de noz vouloir et intention, les faire lire et enrégistrer et du contenu joyr lesdits Mayeur et eschevins d'Auxonne, sans permettre que aucun empeschement leur soit mis ny donné au contraire, lequel si mis ou donné leur estoit, vous ferés oster et mettre incontinant au premier estat, nonobstant et sans vous arrester audit réglement donné à Amboise et quelzconques esditz, mandements, deffences et lettres à ce contraires, ausquelz et aux dérogatoires des dérogatoires d'iceulx nous avons de notre grâce spéciale dérogé et dérogeons. Donné à Saint-Germain-en-Laye le xive jour de janvier, l'an de grâce mil cinq soixante quatorze, et de nostre regne le quatorziesme.

   Par le roy en son conseil.   VERDIN.

Enregistré au Parlement le 4 mars 1574.
Original : Archives de la ville d'Auxonne, *Priviléges et franchises de la commune.*

CCCIV

Confirmation des priviléges de la ville d'Auxonne par le roi Henri III, et réintégration des magistrats dans l'exercice de la justice municipale.

1575 (septembre).

Henry, par la grâce de Dieu, roy de France et de Pologne, à tous présens et advenir. Nos chers et bien amez les Maire et eschevins, procureur et habitans de nostre ville d'Auxonne, nous ont faict entendre que nos prédécesseurs Roys, considérans que la dite ville est sur l'entrée de nostre royaume et l'une des principales clefz ou boulevart d'icellui, pour establir ung ordre et police en icelle, ainsi que les autres de nostre duché et pour autres bonnes considérations, leur auroient concédé et octroyé plusieurs beaux privileges, droictz, franchises, exemptions et libertez, entre autres d'exercer la justice civile et criminelle et de la police en la dicte ville, ce que le feu Roy dernier décédé, nostre très cher seigneur et frère, que Dieu absolve, leur auroit confirmé par ses lettres données au mois de décembre mil cinq cens soixante, cy attachées soubz nostre contre scel. En vertu desquelles lesdiz exposans auroient tousjours joy desdiz privileges et pouvoirs, mesmes exercer ladicte justice civile, criminelle et de la police en ladite ville sans aucun empeschement, sinon depuis l'année mil cinq cens soixante six, que notre dit seigneur et frère, en l'assemblée faicte à Molins pour le reiglement de la justice, auroit interdit la cognoissance et jurisdiction des causes civiles aux Maires, eschevins, consulz et administrateurs des villes de ce royaume. Depuis lequel temps ilz se sont deportez de l'exercice de ladicte justice civile, comme les autres villes de nostre dit païs. Lesquelles touteffois ont depuis esté exceptées du contenu en la dicte ordonnance, remises et restituées en leurs droictz et en l'exercice de ladicte justice civile comme auparavant. Laquelle a par lesdiz exposans esté acheptée anciennement, et depuis tenue à tiltre onéreux; dont partant ilz ne doibvent estre spoliez ni faicts de pire condition que ceux de Dijon, Beaune, Ostun, Seurre, Talen et autres. Considéré mesmes que ladicte ville d'Auxonne est petite, en laquelle y a pluralité d'eschevins qui peuvent facilement entendre à la police, avec l'exercice de ladicte justice civile et criminelle, au soulagement et moindre foulle du peuple. Et si la seulle police leur restoit à exercer, elle ne les pourroit occuper que ung jour ou deux la semaine au plus et demeureroient la plus part du temps inutiles et sans occupation et exercice. Requérant à ceste cause leur vouloir confirmer leurs anciens privileges, exemptions et franchises, et en ce faisant les remettre et restituer en l'exercice des dictes justices civile et criminelle et de la police, pour en joyr ainsi que cy devant ilz ont faicts et leurs successeurs, jusques à la dicte ordonnance. Et sur le tout leur octroier noz lettres nécessaires. Savoir faisons que, pour les considérations susdictes, de noz grâce spéciale, plaine puissance et auctorité royale, avons les diz privileges, droictz, libertez et exemptions octroiez ausdiz habitans d'Auxonne par nos prédécesseurs, continuez, confirmez et approuvez, continuons et approuvous par ces dictes présentes. Voulons et nous plaist que eulx et leurs successeurs en joïssent et usent entièrement, mesmes desdictes justices civile et criminelle et de la police en la forme et manière que leurs diz prédécesseurs et eulx en ont par cy devant deuement et paisiblement joy et usé, joissoient et usoient avant et lors des dictes ordonnances de Molins et joissent encores de présent, tant en la forme de leurs élections que prestations de serment. Si donnons en mandement à nos amez et féaux les gens tenans nostre Court de Parlement de Dijon et à tous autres noz juges et officiers qu'il appartiendra, que de nostre présente grâce, confirmation et approbation, ilz facent et laissent lesdiz Maire, eschevins et habitans d'Auxonne joyr et user plainement, paisiblement et perpétuellement, mesmes de ladicte justice civile avec la criminelle et de la police, faisant cesser leurs empeschemens au contraire qui, à l'occasion de ladicte ordonnance de Molins leur pourroient estre mis ou donné, de laquelle, pour l'effect des présentes, de noz grâce et auctorité susdictes, les avons exceptez et reservez, exceptons et réservons, et à icelle, en tant que besoing seroit, sans y préjudicier en autres choses derogé et dérogeons. Car tel est nostre plaisir. En tesmoing de quoy, nous avons fait mettre nostre scel à ces dictes présentes. Donné à Paris au moys de septembre, l'an de grâce mil cinq cens soixante quinze, et de nostre règne le deuxième.

Par le Roy en son Conseil, BRULART.

Arrêt d'enregistrement par le Parlement, à la date du 5 décembre 1575. Arrêt d'entérinement par la Chambre des Comptes de Dijon, en date du 30 juillet 1578. Arrêt d'enregistrement par le Bureau des Finances, en date du 4 janvier 1576.

Original : Archives de la ville d'Auxonne, *Priviléges et franchises de la Commune*.

CCCV

Lettres d'abolition accordées par Henri IV à Claude de Bauffremont, baron de Sennecey, gouverneur, aux Maire, échevins et habitans d'Auxonne, pour la part qu'ils avaient prise aux troubles de la Ligue, et confirmation des priviléges, franchises, etc., de cette ville.

1595 (avril).

Henry, par la grâce de Dieu, roy de France et de Navare, à tous présens et advenir, salut. Tout ainsy que durant les altérations suscitées en nostre Estat, il s'est trouvé des hommes agitez de si violentes passions, qu'il en est survenu des ruynes misérables et déplorables. Aussy s'en est il veu de si généreulx que, quoy qu'on leur ayt voulu persuader qu'il fust question de la religion de laquelle ilz sont très affectionnez, ce prétexte, toutefois, ne les a peu destourner de l'affection naturelle qu'ilz doivent au bien de ce royaulme. Ains par toutes leurs actions ont essayé de servir au publicq d'icelluy et à y establir la paix tant désirée et nécessaire, en quoy ces derniers ont vrayement mérité d'estre à jamais tenus et reputez pures gens d'honneur, dignes de louanges et grandes recommandations. Entre lesquelz nostre amé et féal messire Claude de Bauffremont, baron de Senecey, chevalier de nostre ordre et gouverneur pour nous en noz ville et chasteau d'Auxonne (1), devra estre nombré et mis au rang des plus recommandables, pour avoir fait paroistre, avec le zèle de la vraye religion, qu'il n'a jamais eu aultre inclination que celle que doit avoir un gentilhomme de sa qualité, bon et naturel François. Car encor, que pour la nourriture que par longues années il avoit prinse auprès du duc de Mayenne et ses frères, leur portant pour ceste cause beaucoup de respect, il se fust par ce moyen laissé conduire et couler au prétendu party de la Ligue, il les ayt secourus, assistez; il s'est neantmoings déporté de telle sorte que, sans se départir de son naturel devoir, il a, par tous les moyens dont il s'est peu adviser, essayé de procurer ung vray repos en cest Estat. Et en sont les preuves sy certaines, notoires et manifestes, qu'on ne peult dire qu'il y ayt en rien manqué, principalement quant il a esté question de le persuader audit duc de Mayenne, car en ceste seule considération, il fist plusieurs voyages devers luy. Oultre lesquelz, il entreprist encor en plain yvert, nonobstant l'incommodité et indisposition de sa personne, congneue d'un chascun, ce grand et pénible voyage de Rome, pour le seul désir qu'il avoit de proffiter à la France (2), avec tant d'autres actions et considérations regardans ce mesme subject, qu'on ne peult que autre l'ayt devancé en une si louable affection. Et s'il n'a en tout et partout proffité, comme il espéroit, la faulte ne vient de luy, ains de ceulx qui ont traversé et empesché l'effect de ses bonnes intentions. Et ce qui rend sa conduite encores plus louable, il s'est déporté au gouvernement de ladicte ville d'Auxonne, avec une sy modeste et réglée auctorité

---

(1) Claude de Bauffremont, baron de Sennecey, embrassa dans le principe avec beaucoup d'ardeur le parti de la Ligue. Pourvu par Mayenne du commandement de la ville et du comté d'Auxonne ; mais, brouillé avec le duc de Nemours, il prévit bientôt la chute d'un parti qui cherchait avant tout à s'appuyer sur l'étranger. Toutefois, trop fier pour accepter les ordres des chefs royalistes qui l'entouraient, il résolut de se maintenir neutre entre les deux partis et parvint, à force d'adresse et d'habileté, à faire respecter sa nouvelle position. C'est du reste ce que le préambule de ces lettres fait ressortir avec beaucoup de vérité. Aussi en fut-il récompensé par le brevet de lieutenant-général du gouverneur, qu'il obtint au détriment de Guillaume de Saulx-Tavannes, qui dès le principe était resté quand même le défenseur de la cause royale en Bourgogne.

(2) Le Journal du conseiller Breunot renferme des détails très curieux sur ces négociations.

que, sans forcer personne, ains favorisant à tous noz subjectz et serviteurs indifferamment, il s'est justement acquis la bienvaillance d'un chascun, soit pour la seure retraicte par luy accordée en nostre dicte ville d'Auxonne à noz diz subjectz et serviteurs qui l'en ont voulu requérir pour y vivre paisiblement, soit pour le charitable secours qu'ilz ont receu de luy en diverses occasions. A raison de quoy, jugeant le service d'une telle personne tant utile et nécéssaire au restablissement de cest Estat; nous avons eu fort agréable, par toutes les ouvertures, grâces et faveurs que l'on pouvoit désirer de nous, de luy donner occasion de se remettre en nostre obéissance, et, par ce moyen, de nous servir de luy. Et, de sa part, n'estant esloigné de nostre volonté, après avoir par quelque temps différé, pour avoir pendant icelluy le moyen de tesmoigner audit duc de Mayenne son affection et luy faire cognoistre ce qui estoit de son devoir envers nous, qui est le but et la fin à laquelle il a tousjours vizé, comme à celle qui pouvoit apporter ung bien et repos général en nostre royaulme. Voyant finablement sa résolution destournée d'ung si salutaire conseil par divers artiffices de ceulx qui désirent la ruyne de cest Estat, et qu'il ne pouvoit plus proffiter en ceste action génerale et si nécessaire; il s'est luy mesme du tout résolu de nous servir et faire en son particulier ce que le naturel devoir lui commandait. A l'effect de quoy, après avoir accordé une cessation d'armes avec nostre cher et bien amé conseiller le sieur de Biron, mareschal de France, nostre lieutenant général en nostre armée, a requis nostre amé et féal Jehan de la Croix, sieur de Villiers les Potz, Labergement, conseiller au Conseil, secrétaire de la feue Royne, nostre très honorée dame et belle mère, et Maire de nostre dicte ville d'Auxonne, de nous venir trouver de sa part; pour nous ayant faict la déclaration des choses comme elles sont passées, nous faire aussy, comme il a faict en son nom, en vertu de son instruction signée de luy, le dernier jour de mars dernier passé, les submissions que doit le subject à son Roy, prince naturel et légitime, et se remettre avec ladicte ville et chasteau d'Auxonne, dont il a esté légitimement pourveu par le feu Roy, nostre très honoré seigneur et frère. Ensemble tout ce qui dépend de luy en nostre libre disposition, et de faire, ayant receu nostre commandement, en tout et par tout ce que aurons pour agréable. Et oultre ce que dessus, nous a ledit de La Croix, au nom de noz chers et bien amez les Maire, eschevins, manans et habitans de nostre dicte ville d'Auxonne, faict les mesmes et semblables submissions, avec la recongnoissance et offre de continuation d'obéyssance, à quoy ils sont naturellement tenus et obligez envers nous. Ce que ayant accepté et grandement loué, recevant, pour ceste cause, ledit sieur de

Senecey, ensemble lesdiz Maire, eschevins, manans et habitans de nostre dicte ville d'Auxonne en noz bonnes grâces. Nous les avons et chascun d'eux, tenus et reputez, tenons et réputons pour noz bons, fidelz et loyaulx subjectz. Et en ces considérations, de nostre propre mouvement, certaine science, plaine puissance et auctorité royale, avons, en leur faveur et pour les gratifier, dict, statué, déclaré et ordonné, disons, statuons,-déclarons, ordonnons et nous plaist ce qui s'ensuit :

Assavoir qu'il ne sera jamais rien imputé aux ungs ny aux autres de ce qu'ilz ont esté en ville et place qui a tenu le party de la Ligue, ny du retardement de nous faire les submissions nécessaires, pour ce que nous savons très bien que cela s'est faict soubz bonnes et grandes considérations regardant le bien général de nostre service. Au moyen de quoy les en avons et chascun d'eulx deschargé et deschargeons, soit en général ou en particulier. Mesmement de tout ce que ledit sieur de Senecey peult avoir faict ou faict faire, tant en levée et enrollemens de gens de guerre par ses commissions, tailles et impositions sur le peuple, conduicte et exploit d'artillerye, fortifications et démolitions de places, establissement et levée de péage, tant par la rivière de Saonne que par terre, sur les denrées et marchandises qui y ont passé et repassé et généralement de toutes autres actions de quelque qualité qu'elles ayent esté, encor qu'elles ne soyent cy particulièrement exprimées; dont aussi nous les quictons et deschargeons, sans qu'il en puisse estre à jamais rien demandé ou imputé, ny faict aucune recherche restitution, reddition de compte, ny autrement en quelque sorte que ce soit. Imposant à cest effect silence perpétuel à noz procureurs généraux, présens et advenir et à tous autres.

Et particulièrement avons advoué, approuvé et eu pour agréable la composition faicte par ledit sieur de Senecey avec nostre amé et féal le sieur Colonnel Alphonse d'Ornano (1) de la rençon à cause de sa prison de guerre où il a esté détenu au chasteau dudit Auxonne, et entendons que les deniers d'icelle rençon luy demeurent comme propres et à luy appartenant, sans qu'il soit tenu d'en rendre ny payer à qui que ce soit autre chose que ce qu'il en a jà payé; nonobstant tous jugementz sur ce faictz et à faire, dont nous avons entièrement deschargé ledit sieur de Senecey.

Et pour luy faire congnoistre le contentement que nous avons de sa conduicte au gouvernement desdictes ville et chasteau d'Auxonne et la volonté que nous

---

(1) Commandant des armes royales en Lyonnais, Forez et Dauphiné.

avons de nous servir de luy et de ses enfans, nous lui avons, en tant que besoing seroyt, confirmé et confirmons la cappitainerye et gouvernement desdictes ville et chasteau d'Auxonne, dont il a esté, comme il est légitimement pourveu et par les voyes ordinaires, pour les tenir et en jouir ainsy qu'il a faict jusques à présent. Et voulons que Henry de Bauffremont, son fils aisné, en soit aussy pourveu, comme nous l'en pourvoyons à la survivance de son dit père, pour y commander l'un en l'absence de l'autre, sans qu'il soit tenu en prendre et obtenir autre provision que ces présentes, en faisant par luy neantmoings le serment en tel cas accoustumé.

Et en ce qui touche les Maire, eschevins, manans et habitans de nostre dicte ville d'Auxonne, nous leur avons, par ces mesmes présentes, confirmé et confirmons tous et chascun leurs privileges, franchises, libertez et immunitez, pour en jouir ainsy qu'ilz ont bien et deuement faict par le passé, sans aucune diminution.

Et quant aux dons et octrois dont ils jouissent par les bienfaictz des Roys nos prédécesseurs, nous leur avons continué et prolongé, continuons et prolongeons pour neuf années entières et conséqutives, qui commenceront le premier jour de janvier prochain mil cinq cens quatrevingt seize, leur quictant et remettant les levées qu'ilz en ont faictes et feront de toutes les années précédentes, jusques au dernier jour de décembre prochain. Encor que pour quelque temps ilz n'en ayent obtenu de nous les provisions nécéssaires, ce qui ne leur pourra nuyre ne préjudicier.

Et pour leur donner meilleur moyen de fournir aux fortiffications et réparations et emparemens de nostre dicte ville, leur avons accordé et accordons que, au lieu de six sols huict deniers tournois qu'ilz ont accoustumez de prendre pour chascune queue de vin entrant et passant par ladicte ville et banlieue d'icelle, ilz puissent lever diz sols tournois pour queue. Pour le millier de fert, dont ilz ne souloient prendre que trois solz quatre deniers tournois, la somme de diz solz tournois. Et pour chascune pinte de sel qui se vend en greniers d'Auxonne et Mirebeau, la somme de deux deniers tournois, à la manière accoustumée, et ce pour les dictes neuf années seulement.

Aussy qu'ilz jouissent comme dessus et durant le temps susdit de l'affranchissement de la taille des quatorze vingtz livres estevenans et moictyé du péage à nous appartenant avec ladicte ville pour l'autre moictyé, selon qu'ilz en ont tousjours jouy par cy devant.

Et en ce qui touche le remboursement par eux prétendu de la somme de douze mille escus à eulx arbitrée par le feu Roy, nostre dit seigneur et frère, par plusieurs déclarations, arrestz et jugementz pour les despences par eux supportées à la garde de nostre dicte ville d'Auxonne en l'année mil cinq cens quatre vingtz six, et douze cens escus en l'année mil cinq cens quatre vingtz neuf, avec les arrérages et interestz des dictes sommes. Nous, recongnoissant la pauvreté et nécessité de nostre peuple, avons retardé et recullé, retardons et recullons le payement de ladicte somme de douze mil escus pour estre faict en années mil v^c iiii^{xx} seize et quatre vingtz dix sept, par les quartiers d'icelles esgallement, et estre ladicte somme imposée sur tous les contribuables aux tailles en nostre dit duché de Bourgongne et païs qui en déppendent par noz très chers et bien amez les Esleuz des gens des trois Estatz, et icelle somme fournye et baillée à iceulx habitans ou pour eux au receveur de leurs deniers commungs par ses simples quictances suivant les arrestz.

Et au regard des arrérages et intéréstz de ladicte somme, de tout le passé jusques au dernier jour de décembre prochain. Nous, pour bonnes et grandes considérations, les avons restrainctz et limitez, restraignons et limitons à la somme de deux mil escus pour une fois et de ladicte somme, ensemble de celle de douze cens escus par eux fournye en ladicte année mil v^c iiii^{xx} neuf, et six cens escus pour les arrérages d'icelle de six années, le tout montant et revenant à la somme de trois mil huict cens escus. Nous voulons et ordonnons que, par lesdiz Esleux des gens desdiz Estatz en soit faicte taille et imposition avec les autres deniers qui seront par eux imposez sur le corps desdiz Estatz en quartiers de juillet et octobre de la présente année esgallement, et ladite somme payée au receveur desdiz deniers commungs, ainsy que dessus.

Et affin de leur tesmoigner de plus en plus nostre bonne affection, nous avons quicté et remis, quictons et remettons à tous noz officiers establis en nostre dicte ville d'Auxonne, ensemble à tous ceulx, lesquelz durant ces guerres si sont reffugiez pour y vivre en seureté, la finance qu'on leur pourroit demander pour la confirmation de leurs diz offices par nostre advenement à la coronne. Et sy voulons qu'ilz jouissent et reçoivent tous les gaiges et droictz à eux deubz à cause desdiz offices, lesquelz ilz n'ont peu recevoir à quelque somme qu'ilz puissent monter et revenir.

Voulons pareillement que les curez, prestres, chappellains et autres bénéficiers du ressort du comté dudit Auxonne, jouissent des priviléges et immunitez à eux accordées par les Roys noz prédécesseurs. Mesmes qu'ilz soient quictes ainsy que nous les quictons de toutes subventions, décymes et impositions à eux demandées et jectées sur eux, en payant seulement la somme à laquelle ilz sont reglez et doivent porter à l'advenement de chascun Roy à la coronne, avec révocation de toutes commissions, arrestz, jugementz et exécution d'iceulx faicte et à faire. Le tout selon qu'ilz en ont bien et deuement jouy.

Et pour ne laisser rien en arrière de l'asseurance qui doit estre baillée, tant auxdicts sieur de Senecey, Maire, eschevins, manans et habitans de nostre dicte ville d'Auxonne, que autres personnes cy dessus de tout ce qui leur est accordé, nous leur avons et à chascun d'eulx promis et juré, promettons et jurons, en foy et parolle de Roy, que nous ferons le tout entretenir, effectuer et accomplir inviolablement en tous ses points et articles selon sa forme et teneur et ne permettrons que par aucun traicté, accord ou accident que puissent survenir, il soit fait, entreprins ny ordonné au contraire.

Si donnons en mandement à noz amez et féaulx conseillers les gens tenans nostre Cour de Parlement de Bourgogne, establys à... (1), Chambre de noz comptes, Esleuz des gens des trois Estatz dudit païs, bailly de Dijon ou son lieutenant audit Auxonne, et à tous noz autres justiciers, officiers et subjectz qu'il appartiendra, que ces présentes ils facent lire, publier et enregistrer et tout ce qui y est contenu garder et faire garder, observer et entretenir de poinct en poinct selon sa forme et teneur, contraignant à ce faire, souffrir et obéir tous ceulx qu'il appartiendra et qui pour ce seront à contraindre, par toutes voyes deues et raisonnables. Nonobstant oppositions, appellations quelconques, eedictz, déclarations, arrestz, jugementz, mandementz, deffences et lettres à ce contraires, pour lesquelles ne sera aucunement différé de passer oultre. Et y avons, pour ce regard, dérogé et dérogeons, ensemble à toutes les dérogatoires y contenues. Car tel est nostre plaisir. Et affin que ce soit chose ferme et stable à tousjours, nous avons faict mettre nostre scel à ces dictes présentes, signées de nostre main, sauf en autres choses nostre droict et l'autruy en toutes. Donné à Paris au moys de apvril l'an de grâce mil cinq cens quatre vingtz quinze et de nostre règne le sixième.

HENRY.

Visa. Par le Roy, POTIER.

Arrêt d'enregistrement par le Parlement de Semur, à la date du 24 mai 1595.
Original : Archives de la ville d'Auxonne, *Priviléges et franchises de la Commune.*

(1) Le lieu est resté en blanc. Le Parlement royaliste était alors à Semur.

CCCVI

Confirmation des priviléges d'Auxonne, par le roi Louis XIII.

1615 (avril).

Louis, par la grâce de Dieu, roy de France et de Navarre, à tous présens et à venir. Nos chers et bien amez les Maire et eschevins, manans et habitans de nostre ville d'Auxonne, nous ont fait remonstrer que les anciens ducs de Bourgongne et Roys nos prédécesseurs, considérans la situation de la dicte ville frontière et l'une des plus importantes de nostre royaume, leur ont concédé et octroyé plusieurs beaux, droitz, priviléges, exemptions, franchises et libertés, la justice civile et criminelle et de la police en icelle et dépendances, que leur auroient esté confirmés de temps en temps, mesme par le feu roy Henry le Grand, nostre très honoré père et seigneur, que Dieu absolve, en l'année mil v^e quatre vingt quinze, et desquelz ilz sont en bonne et paisible possession et jouissance; néantmoins ilz craignent que pour ce qu'ils n'ont obtenu nostre confirmacion depuis nostre advenement à la couronne, on les y voulust cy après troubler et empescher, s'il ne leur estoit par nous pourvu de nos grâces qu'ils nous ont très humblement supplié et requis. Nous, à ces causes inclinans libérallement à la supplicacion et requeste des dictz habitans, pour les mesmes raisons et considérations qui ont meu nos dictz prédécesseurs, de leur donner et octroyer leurs dictz priviléges, exemptions, franchises, libertés et droictz, iceux de nos grâces spécialles, pleine puissance et auctorité royale, leur avons approuvé, continué et confirmé, approuvons, continuons et confirmons pour en jouyr par eux et leurs successeurs plainement et paisiblement, tout ainsy en la forme et manière qu'il est contenu et déclaré es lesctres qui leur en ont esté expédiées et qu'ilz en ont bien et deuement jouy et usé, jouissent et usent encores du présent. Si donnons en mandement par ces présentes à nos amez et féaux les gens tenans nostre cour de Parlement de Dijon et tous nos autres justiciers et officiers qu'il appartiendra, que de nos présentes grâces, confirmation et approbation, ils facent, souffrent et laissent les ditz Maire, eschevins et habitans de nostre dicte ville d'Auxonne et leurs successeurs jouyr et user plainement et paisiblement, sans leur faire ne souffrir leur estre fait ores ne pour l'advenir aucun trouble, destourbier ou empeschement au contraire; lequel si fait estoit, ilz le mettent ou façant mettre incontinent et sans délay au premier estat et deu. Car tel est nostre plaisir. Et affin que ce soit chose ferme et stable à tousjours, nous avons fait mettre nostre scel à ces présentes, sauf en aultre chose nostre droict et l'autruy en toutes. Donné à Paris, au mois d'apvril, l'an de grâce mil six cens quinze, et de nostre règne le cinquiesme.

Par le Roy, DE VIGY.

Original : Archives de la ville d'Auxonne, *Priviléges et franchises de la Commune.*

CCCVII

Nouvelle confirmation des priviléges d'Auxonne, par le roi Louis XIII.

1636 (avril).

Louis, par la grâce de Dieu, roy de France et de Navarre, à tous présens et à venir, salut. Les Roys nos prédécesseurs ayant de temps en temps confirmé les priviléges par eux et les Ducz de Bourgongne accordez aux Maire, eschevins et habitans de nostre ville d'Auxonne, particulièrement pour l'administration de la justice civile, criminelle et de la police, de l'exemption des francz-fiefz et nouveaux acquestz et aultres, nous aurions par noz lectres patentes du mois d'avril mil six cent quinze cy attachées, soubs le contrescel de nostre chancellerye, pareillement confirmé les dictz priviléges, mais d'aultant que les ditz Maire et eschevins ont négligé de poursuivre la vérification dans l'année de l'obtention d'icelles, ilz craingnent qui leur en soit fait difficulté. C'est pourquoy ilz nous auroient très humblement supliez leur voulloir sur ce pourveoir. A ces causes, voullans favorablement traicter les dictz Maire, eschevins et habitans de nostre dicte ville d'Auxonne, en considération de leur fidélité et affection qu'ilz ont jusques à présent tesmoingnée au service de nostre couronne, nous avons en tant que besoing seroit de nouveau confirmé les dicts privilléges, voullons qu'ilz en jouissent à l'advenir tout ainsy qu'ilz ont bien et deuement faict par cy devant, sans qu'il leur soit donné aucun trouble et empeschement pour n'avoir présenté nos dictes lectres du mois d'avril mil six cens quinze à nostre cour du Parlement de Dijon dans l'année de l'obtention d'icelles, dont nous les avons de nostre grâce spécialle relevé et dispensé par ces présentes, nonobstant toutes choses à ce contraires, ausquelles nous avons desrogé et desrogeons. Sy donnons en mandement à nos amez et féaux conseillers les gens tenant nostre dite cour du Parlement à Dijon, que nostre lectre de confirmation du mois d'avril mil six cens quinze et ces dictes présentes ils ayent à vériffier purement et simplement et faire jouir les suplians de l'effect et contenu en icelles, ainsy qu'ils ont bien et deuement faict par le passé. Car tel est nostre plaisir. Et affin que ce soit chose ferme et stable à tousjours, nous avons faict mettre nostre seel à ces dictes présentes. Donné à Chantilly, au mois d'avril, l'an de grâce mil six cens trente six, et de nostre règne le vingt sixiesme.

LOUIS.

Par le Roy, PHELYPEAUX.

Original : Archives de la ville d'Auxonne, *Priviléges et franchises de la commune.*

CCCVIII

Confirmation des priviléges de la ville d'Auxonne, par le roi Louis XIV.

1644 (mai).

Louis, par la grâce de Dieu, roy de France et de Navarre, à tous présens et à venir, salut. Nos chers et bien amez les Maire, eschevins, manans et habitans de nostre ville d'Auxonne, nous ont faict remontrer que nos prédécesseurs Roys ayans mis en considération la situation de la dicte ville et importance d'icelle, comme l'une des frontières de nostre royaume, leur ont accordé et octroyé plusieurs beaux droits, priviléges, exemptions, franchises et immunités, avec la justice civile et criminelle, de la police en icelle et leurs deppendances, lesquelles leur auroient esté confirmé de temps en temps, mesme par le feu Roy, nostre très honoré seigneur et père, en l'année mil six cens quinze, dont ilz ont tousjours paisiblement jouy; mais par ce que depuis nostre advénement à la couronne, ilz n'en ont obtenu aucunes lettres de confirmation de nous, ilz craignent d'y estre troublés à l'advenir, s'il ne leur estoit pourveu de nos lettres sur ce nécessaires, qu'ils nous auroient humblement requis leur vouloir octroyer. A ces causes, inclinant à la dite supplication, nous, pour les mesmes raisons et considérations sus dites, avons, de l'advis de la Reyne régente nostre très honorée dame et mère, et de nostre grâce spéciaille, plaine puissance et authorité royalle, ausdits Maire, eschevins et habitants de la dite ville d'Auxonne, approuvé, continué et confirmé, approuvons, continuons et confirmons tous et chascuns les dicts priviléges, exemptions, franchises, libertez et droictz à eux concédez, pour en jouir eux et leurs successeurs plainement, paisiblement et à tousjours, conformément aus dites concessions tout ainsy qu'ils en ont bien et deuement jouy, et qu'ils en jouissent et usent encores à présent, à la charge de payer la finance à laquelle ils seront taxez pour le droict de coufirmation à cause de nostre advenement à la couronne. Sy donnons en mandement à nos amez et féaux conseillers les gens tenans nos cour de Parlement de Dijon et à tous nos autres justiciers et officiers qu'il appartiendra, que de nos présentes lettres de confirmacion et de tout le contenu cy dessus ils facent, souffrent et laissent jouir et user les supplians et leurs successeurs sans aucun trouble ny empeschement. Car tel est nostre plaisir. Et affin que ce soit chose ferme et stable à tousjours nous avons faict mettre nostre scel à ces dictes présentes, sauf en autre nostre droict et l'autruy en touttes. Donné à Paris, au moys de may, l'an de grâce mil six cens quarante quatre, et de nostre règne le deuxiesme.

LOUIS.

Par le Roy, la Reyne régente sa mère présente, PHELYPEAUX.

Originaux : Archives de la ville d'Auxonne, *Priviléges et franchises de la Commune.*

CCCIX

Confirmation des priviléges de la ville d'Auxonne, par Louis XV, roi de France.

1719 (avril).

Louis, par la grâce de Dieu, roy de France et de Navarre, à tous présens et à venir, salut. Nos chers et bien amez les Maire, eschevins et habitans de nostre ville d'Auxonne, nous ont fait remontrer qu'ils ont jusques icy jouy paisiblement de plusieurs droits et priviléges, franchises, exemptions et immunitez à eux concédés par les Ducs de Bourgogne et nos prédécesseurs Roys, entre autres de l'exemption de l'imposition foraine, de la domaniale resve (1), transport et autres

---

(1) Droit sur le transport des marchandises par eau.

charges et subsides sur les marchandises et denrées qui sortent du royaume et qui y entrent, tant en faveur des exposants que des étrangers négocians en la mesme ville, soit que les marchandises y ayent esté fabriquées ou qu'elles s'y vendent seulement ; le droit de faire exercer la justice civile, criminelle et de police entre les habitans de la ville et banlieue par leurs Maire et échevins, mesme sur les bois des Crochères qui appartiennent en toute propriété aux exposants et de veiller seuls à la police et conservation des mesmes bois des Crochères et de ceux de Germiney et la Feuillée qui leur appartiennent aussy en toute propriété, avec la justice haute, moyenne et basse, et à l'exclusion de tous juges des eaux et forests : ces trois bois dans une mesme contenance et qui n'en composent qu'un seul, estant destinés et indispensablement nécessaires pour l'entretien d'un grand pont sur la rivière de Saône, d'une levée ou chaussée d'une demi lieue de long qui en contient les eaux et facilite la sortie des habitans, de quatre autres ponts sur les avenues de la mesme ville, et des escluses et fortifications d'une place de guerre très importante à notre état, mesme pour la construction des maisons et édifices des habitans. Outre différents autres priviléges et franchises dont ils ont toujours usé avec beaucoup de circonspection et sans abus, possédés à titre onéreux, confirmez dans tous les temps par les Ducs de Bourgogne et les Roys nos prédécesseurs, par rapport à l'attachement et à la fidélité inviolable des exposans à notre service, tels que sont les droits et d'avoir des poids, mesures, foires et marchez, et de posséder des terres et seigneuries nobles sans payer aucun droit de franc fief, ainsi que le tout est justifié par les lettres patentes de Jean, duc de Bourgogne, du 10 juillet 1404; de Philippe, aussy duc de Bourgogne, des 27 mai et 27 septembre 1459 ; par la capitulation de la ville d'Auxonne réduite sous l'obéissance de Louis XI le 4 juin 1479, et par les lettres patentes de ratification du même Roy du mois d'aoust de la même année ; par Louis XII, au mois de juin 1498; par François premier, au mois de février 1514, may 1530 et novembre 1543 ; par Henry II, au mois de février et mars 1547 et juillet 1553; par autres lettres patentes de François II, du mois de mars 1559 ; par Charles IX au mois d'aoust 1561. may 1562, octobre 1571 et février 1574 ; par Henry III, au mois de septembre 1575 ; par Henry IV, au mois d'avril 1595 ; par Louis XIII, au mois d'avril 1615 ; et par Louis XIV, au mois de may 1644, dans tous lesquels droits, priviléges, franchises et exemptions, les exposans ayant esté quelques fois troublez, ils y ont tousjours esté maintenus par différends arrests de notre Conseil, des 29 may 1604, 26 juillet 1689, 6 octobre 1693 et 18 may 1694, rendus contradictoirement avec les adjudicataires de nos fermes générales qui s'opposoient à la jouissance de l'exemption de l'imposition foraine, domaniale, reve, transports et autres subsides sur toutes sortes de marchandises qui se fabriquent ou se vendent dans la même ville, soit qu'elles entrent ou qu'elles sortent de notre royaume, et encore par un autre arrest de notre Conseil d'Etat, du 31 aoust 1677, portant que les exposans jouiront des bois des Crochères comme ils en avaient toujours jouy, avec deffenses aux officiers de la maitrise de Dijon et à tous autres de troubler les exposans dans la jouissance des mêmes bois ny d'en prendre connaissance, à peine de tous dépens, dommages et interests. Cependant, comme les exposans n'ont pas encore obtenu de lettres de confirmation depuis notre avénement, ils apréhendent d'y estre troublés s'il n'y est par nous pourveu.

A ces causes, voulant favorablement traiter lesdits Mayeur, eschevins et habitans, par les mesmes considérations qui ont meues les Ducs de Bourgogne et les Roys nos prédécesseurs, de leur donner et accorder les priviléges, exemptions, franchises, libertés et droits cy dessus mentionnez, de notre grâce spéciale, pleine puissance et autorité royale, et de l'avis de notre très cher et très amé oncle le duc d'Orléans, régent; de notre très cher et très amé oncle le duc de Chartres, premier prince de notre sang; de notre très cher et très amé cousin le duc de Bourbon; de notre très cher et très amé cousin le prince de Conty, premier de notre sang; de notre très cher et très amé oncle le comte de Toulouze, prince legitimé, et autres pairs de France, grands et notables personnages de notre royaume, et après avoir examiné en notre Conseil les titres cy dessus mentionnez, cy attachez sous le contre scel de notre chancellerie, nous avons, tous les dits priviléges, exemptions, franchises, libertés, droits et immunitez, approuvé, continué et confirmé, approuvons, continuons et confirmons, par ces présentes signées de notre main, pour en jouir par eux et leurs successeurs plainement et paisiblement, tout ainsy en la forme et manière qu'il est contenu et déclaré es lettres patentes qui leur ont été expédiées, et comme ils en ont bien et deuement jouy et usé jusqu'au décès du feu Roy, jouissent et usent encore à présent. Si donnons en mandement à nos amez et féaux les gens tenant notre cour de Parlement à Dijon, et à tous nos autres officiers et justiciers qu'il appartiendra, que de nos présentes grâces, confirmation et aprobation ils fassent, souffrent et laissent jouir et user pleinement et paisiblement les dits Mayeur, échevins et habitans d'Auxonne, sans leur faire ny souffrir leur estre fait aucun trouble ou empeschement. Car tel est notre plaisir. Et affin que ce soit chose ferme et stable à toujours, nous avons fait mettre notre scel à ces présentes.

Données à Paris, au mois d'aoust, l'an de grâce mil sept cent dix neuf, et de notre règne le quatrième.

LOUIS.

Par le Roy, le Duc d'Orléans, régent, présent,   PHELYPPEAUX.

Visa :   M. DE ROYER D'ARGENSON.

Pour confirmation de priviléges aux Maire, échevins et habitans de la ville d'Auxonne,   PHELYPPEAUX.

Original^e: Archives de la ville d'Auxonne, *Priviléges et franchises de la commune.*

CCCX

Confirmation des priviléges de la ville d'Auxonne par le roi Louis XVI.

1778 (avril).

Louis, par la grâce de Dieu, roi de France et de Navarre, à tous présents et à venir, salut. Nos chers et bien amez les Maire, échevins et habitans de la ville d'Auxonne nous ont représenté qu'ils jouissent de plusieurs droits, priviléges, franchises, exemptions et immunités à eux concédés par les ducs de Bourgogne et nos prédécesseurs Roys, entre autres de l'exemption de l'imposition foraine, de la domaniale, resves, transport et autres charges et subsides sur les marchandises et denrées qui sortent du royaume et y entrent, tant en faveur des exposans que des étrangers négocians en la même ville, soit que les marchandises y aient été fabriquées ou qu'elles s'y vendent seulement ; le droit de faire exercer la justice civile, criminelle et de police entre les habitans de la ville et banlieue par leurs Maire et échevins, même sur les bois des Crochères, qui appartiennent en toute propriété aux exposans, et de veiller seuls à la police et conservation des dits bois des Crochères et de ceux de Germiney et la Feuillée, qui leur appartiennent aussi en toute propriété, avec la justice haute, moyenne et basse, et ce à l'exclusion de tous juges des eaux et forêts ; ces trois bois dans une même continence et qui n'en composent qu'un seul, étant destinés et indispensablement nécessaires pour l'entretien du grand pont sur la rivière de Saône d'une levée et chaussée d'une demi lieue de long, qui en contient les eaux et facilite la sortie des habitans, de quatre autres ponts sur les avenues de la même ville, et des écluses et fortifications d'une place de guerre très importante à notre

Etat, même pour la construction des maisons et édifices des habitans, outre différents autres priviléges et franchises dont ils ont toujours usé avec beaucoup de circonspection et sans abus, possédés à titre onereux et confirmés dans tous les temps par les Ducs de Bourgogne et les Roys nos prédécesseurs, par rapport à l'attachement et fidélité inviolable des exposans à notre service, tels que sont les droits d'avoir des poids et mesures, foires et marchés, ainsi que le tout est justifié par les lettres patentes de Jean, duc de Bourgogne, du dix juillet quatorze cent quatre; de Philippe, aussi duc de Bourgogne, des vingt-sept mai et vingt-sept septembre quatorze cent cinquante-neuf; par la capitulation de la ville d'Auxonne, réduite sous l'obéissance de Louis XI le quatre juin quatorze cent soixante et dix-neuf, et par les lettres patentes de ratifications du même Roy, du mois d'août de la même année; par Louis XII, au mois de juin quatorze cent quatre-vingt-dix-huit; par François I, au mois de février quinze cent quatorze, mai quinze cent trente et novembre quinze cent quarante-trois; par Henri II, aux mois de février et mars quinze cent quarante-sept et juillet quinze cent cinquante-trois; par autres lettres patentes de François II, du mois de mars quinze cent cinquante-neuf; par Charles IX, aux mois d'août quinze cent soixante-un, mai quinze cent soixante-deux, octobre quinze cent soixante-onze, et février quinze cent soixante-quatorze; par Henri III, au mois de septembre quinze cent soixante-quinze; par Henri IV, au mois d'avril quinze cent quatre-vingt quinze; par Louis XIII, au mois d'avril seize cent quinze; par Louis XIV, au mois de mai seize cent quarante-quatre; et par le feu Roy notre très honoré seigneur et aïeul, par ses lettres patentes du mois d'août mil sept cent dix-neuf, dans lesquels priviléges ils ont été maintenus, notamment par un arrêt du Conseil du trente-un août seize cent soixante-dix-sept, portant que les exposans jouiront des bois des Crochères comme ils en avaient toujours joui, avec défense aux officiers de la maîtrise de Dijon et à tous autres de les troubler dans la jouissance des dits bois, ni d'en prendre connaissance, à peine de tous dépens, dommages et intérêts. Cependant, comme les exposans n'ont pas encore obtenu de lettres de confirmation depuis notre avénement au trône, ils appréhendent d'y être troublés s'il n'y est pas par nous pourvu. A ces causes, désirant favorablement traiter les exposans, de l'avis de notre Conseil, qui a vu les dites lettres de confirmation du mois d'août mil sept cent dix-neuf, ci attachées sous le contrescel de notre chancellerie, nous avons approuvé, continué et confirmé par ces présentes signées de notre main, approuvons, continuons et confirmons les dits priviléges, exemptions, franchises, libertés, droits et immunités, pour en jouir par eux et leurs successeurs paisiblement, à la charge néanmoins par eux, par rapport à l'exemption de tous droits de traite sur les marchandises et denrées que les négocians de la ville d'Auxonne envoient à l'étranger, ou qu'ils en tirent, de se conformer exactement à ce qui est prescrit à ce sujet par les arrêts des vingt-deux mars mil sept cent trente-cinq et quinze février mil sept cent cinquante-sept, dont le premier maintient les habitans de la dite ville dans leurs priviléges et exemptions, aux exceptions et conditions y portées, et le second confirme et explique l'étendue des dits priviléges et exemptions, dont les dits habitans doivent jouir en ce qui concerne les droits des cinq grosses fermes. N'entendons au surplus que les dits habitans d'Auxonne puissent, en vertu de leurs priviléges et de la confirmation que nous leur accordons, prétendre être affranchis du droit de franc-fief auquel ils continueront d'être assujettis en conformité de l'article six de la déclaration du premier juin mil sept cent soixante et onze. Si donnons en mandement à nos amez et féaux conseillers les gens tenant notre cour de Parlement de Bourgogne à Dijon, et autres nos officiers et justiciers qu'il appartiendra, que ces présentes ils aient à enregistrer, et du contenu en icelles fassent, souffrent et laissent jouir et user pleinement et paisiblement les dits Maire, échevins et habitans d'Auxonne, sans leur faire ni souffrir leur être fait aucun trouble ou empêchement. Car tel est notre plaisir. Et afin que ce soit chose ferme et stable à toujours, nous avons fait mettre notre scel à ces dites présentes. Donné à Versailles, au mois d'août, l'an de grâce mil sept cent soixante et dix-huit, et de notre règne le cinquième.

LOUIS.

Par le Roy, AMELOT.

Visa. HUE DE MIROMENIL.

Enregistré au greffe du Parlement, en exécution de l'arrêt du 27 janvier 1779.
CHAMBAIN.

Original : Archives de la ville d'Auxonne, *Priviléges et franchises de la Commune.*

CHAGNY (SAONE-ET-LOIRE)

Ce bourg, qui dépendait jadis du bailliage de Chalon, fut jusqu'à la Révolution le centre d'une baronnie créée en faveur d'Alexandre de Bourgogne, fils du duc Eudes III. Son fils Eudes I, seigneur de Montagu, et sa femme Elisabeth de Courtenay, accordèrent en septembre 1224, aux habitants de Chagny, une charte de franchises dont voici les principales dispositions :

Les hommes et les femmes de Chagny, demeurant dans les limites du territoire du bourg, sont affranchis, à l'exception des vassaux et censitaires.

Si un homme de Chagny est arrêté dans l'étendue de ces limites ou au-delà, le seigneur doit le réclamer et le faire mettre en liberté.

Chaque feu de Chagny devra par an au seigneur 20 sols payables la veille de la Saint-Barthélemy, et une corvée en valeur de 12 deniers au mois de juin. — Si, pour cause d'indigence, un bourgeois se trouve dans l'impossibilité d'acquitter cette prestation, le prévôt ou le sergent, assisté de deux prudhommes voisins du réclamant, feront une estimation de ses biens et on l'en déchargera d'autant.

Quiconque voudra être admis dans la franchise paiera un droit d'entrage de 20 sols.

Le Banvin du seigneur durera 7 jours, qui commenceront la veille de l'Assomption.

Le seigneur jouira d'un crédit de 40 jours, à l'expiration desquels, s'il n'a point payé, on ne sera plus obligé, jusqu'à ce qu'il ait payé, de lui faire crédit sur autre chose. — Si un habitant cache sa marchandise de peur de la donner à crédit au seigneur, il sera condamné à l'amende. — Si les officiers du seigneur nient qu'on leur ait fait crédit, celui qui prétend l'avoir fait devra le prouver par témoins : de même que les officiers qu'ils ont payé ce qu'ils ont pris à crédit, mais, dit la charte, *sine bello et duello*.

Les bourgeois doivent au seigneur l'host et la chevauchée, tant pour ses propres affaires que pour la défense du duché de Bourgogne. Ils doivent donc suivre le prévôt, mais sans dépasser les limites de la châtellenie. Ils ont la faculté de se faire remplacer. Toute infraction est punie de 7 sols d'amende.

Le seigneur a le droit d'indire aux quatre cas; mais les habitants ne peuvent y être contraints.

Le seigneur jure sur l'Evangile la conservation de ces priviléges, et promet de les faire jurer à ses successeurs lors de leur prise de possession.

Les amendes sont ainsi fixées : le clain, 7 sols payés par le plaignant s'il ne justifie de sa plainte, ou l'accusé s'il ne se disculpe; le coup, 7 sols; le sang, 65 sols. La connaissance des cas de rapt et de vol appartient au seigneur.

Cette charte est mise sous la sauvegarde de l'évêque de Chalon et de l'archevêque de Lyon, qui, en cas d'infraction dénoncée par les habitants, devront dans les 40 jours sommer le seigneur de rétablir les choses sous peine d'interdit. — Sept chevaliers s'en portent aussi garants et promettent dans le même cas de tenir les habitants en sûreté jusqu'à pleine satisfaction.

Tout bourgeois qui aura négligé de se rendre à l'host et à la chevauchée et qui n'aura point fourni de remplaçant, paiera 7 sols d'amende. En outre, il sera tenu d'indemniser celui que le prévôt, de l'avis de deux prud'hommes, aura choisi pour le remplacer à l'armée, de tout le temps qu'il y aura passé.

Donné à Chagny, le jeudi avant la Saint-Michel, en septembre 1224.

Confirmation de cette charte par le duc Robert II, moyennant la somme de 650 livres, en septembre 1272.

Confirmation par le roi Jean, en janvier 1361.

Imprimé dans les *Ordonnances des Rois de France*, IV, 373.

MONTRÉAL (YONNE)

Montréal était le chef-lieu d'une des baronnies les plus considérables du duché de Bourgogne. Au mois d'août 1228, Anséric, VIIe du nom, accorda aux habitants les franchises dont nous donnons ici la substance.

Anséric, seigneur de Montréal, accorde à ses hommes et femmes dudit lieu la même liberté et la même coutume dont jouissent les habitants de Vézelay. Il promet de n'exiger d'eux ni droit de fourche, de râteau et de trousse de foin, sauf cependant les trois corvées annuelles qui devront lui être faites par quiconque possédera un attelage, savoir : une en vendange, une pour amener ses foins, et l'autre à sa volonté.

Il leur accorde des droits d'usage dans les eaux, sauf celles mises en ban, puis dans ses bois de Veauce et de Charbonne faire du bois mort pour leur chauffage, du bois vert pour le merrain et la bâtisse, à la charge d'en prévenir lui ou son prévôt.

Il leur interdit le droit d'admettre parmi eux les hommes ou les vassaux de son fief, à l'exception des trois énoncés dans la charte.

Il les maintient en possession de tous ces droits, sauf ses bans (probablement le banvin) en mars et en août, de même que les coutumes des Ouches.

Le seigneur se réserve la connaissance du crime de vol et d'homicide.

Les habitants devront assister le prévôt dans la garde du château.

Anséric jure et fait jurer à son oncle André la conservation de cette charte, promet de la sceller de son sceau et la met sous la sauvegarde de Hugues, son oncle, évêque de Langres. Il prie également l'évêque d'Autun et l'archevêque de Lyon de lancer sur lui une sentence d'excommunication dans le cas où il viendrait à l'enfreindre.

Imprimé page 241 de l'*Histoire de la seigneurie de Montréal en Auxois*, par Ernest Petit. Auxerre, Perriquet, 1865, 1 vol. in-8°.

VILLE DE MONTBARD

Aussi loin que remontent les documents conservés dans nos Archives, on trouve la baronnie de Montbard (*Mons Barri* et non *Mons Bardorum*) possédée par une puissante maison, issue selon les uns, alliée selon les autres, à la famille ducale de Bourgogne. La branche aînée des Montbard s'étant éteinte dans la seconde moitié du XIIe siècle, la baronnie échut aux Ducs et grossit leurs possessions entre l'Auxois et le pays de la Montagne. Aussi, au lieu de l'inféoder, ils la convertirent en châtellenie et la soumirent à l'autorité d'un de ces prévôts dont les immixtions et les entreprises sur les juridictions seigneuriales préparèrent la voie que les baillis leurs successeurs parcoururent avec tant de succès au profit de l'autorité suzeraine. Hugues III était investi de la terre de Montbard en 1189, Eudes III, son fils, décida Milon, comte de Bar-sur-Seine, suzerain des anciens seigneurs, à lui en céder la mouvance. Désormais maître absolu du domaine, sauf toutefois l'hommage à l'évêque de Langres, son premier soin fut de s'attacher les habitants de Montbard en les affranchissant du joug de la mainmorte (voir charte n° CCCXII), en attendant que son héritier Hugues IV complétât le bienfait en leur accordant le droit de s'administrer eux-mêmes. C'est grâce à ces priviléges que Montbard dût de figurer jusqu'à la Révolution au nombre des villes de la *Grande-Roue*, qui choisissaient tour à tour les Elus de la Chambre du Tiers-Etat. Quant au domaine seigneurial, après la mort du duc Charles, Louis XI en gratifia Philippe de Hochberg, maréchal de Bourgogne, dont les héritiers le transmirent, toujours par engagement, à la maison de Nemours, après laquelle il échut à diverses familles, et en dernier lieu au grand naturaliste Buffon.

CCCXI

Charte de commune octroyée aux habitants de Montbard par Hugues IV, duc de Bourgogne.

1231 (avril).

In nomine sancte et individue Trinitatis, amen. Noverint universi presentes et futuri, quod ego Hugo dux Burgundie, dedi et concessi hominibus meis de Montebarro, communiam et libertatem habendam in perpetuum, ad formam communie et libertatis Divionis; salvis suis bonis usibus (1).

1. Alter alteri recte secundum suam opinionem auxiliabitur, et nullatinus patietur quod aliquis alicui eorum auferat aliquid vel de rebus suis aliquid capiat (2).

---

(1) Montbard ayant été affranchi de la mainmorte en 1201, cette phrase : *salvis suis bonis usibus*, qui remplace ici le *salva libertate* des chartes de Dijon et de Beaune, n'a pas l'importance qu'elle a pour ces deux villes dont elle consacrait les franchises préexistantes.

(2) Les articles 1 à 6 de la charte sont la reproduction exacte, sauf le nom de lieu, des six premiers paragraphes de la charte de Dijon. (Voir I, 5.)

2. Crediditio de pane et vino, et aliis victualibus, fiet michi apud Montembarri quindecin diebus, et si infra predictum terminum credita non reddidero, nichil amplius michi credant, donec credita persolvantur.

3. Si quis sacramentum alicui facere debuerit, et ante adramitionem sacramenti se in negotium suum iturum esse dixerit, propter illud faciendum de itinere suo non remanebit, nec ideo incidet; sed postquam redierit si convenienter submonitus fuerit, sacramentum faciet.

4. Si decanus Montisbarri (1) aliquem implacitaverit, nisi clamor ante venerit, vel forisfactum apparuerit, non ei respondebit, si tamen testem contra quem acusatus fuerit se defendere non possit emendabit.

5. Si quis aliquam injuriam fecerit homini qui hanc communiam juraverit, et clamor ad juratos inde venerit, si ipsum hominem qui injuriam fecit capere potuerint, de corpore suo vindictam capient; nisi forisfactum emendaverit illi cui illatum fuerit, secundum judicium illorum qui communiam custodierint.

6. Et si ille qui forisfactum fecit, ad aliquod receptaculum perrexerit, et homines communie ad receptaculum transmiserint, et domino receptaculi, vel primatibus ipsius loci questionem fecerint ut de eorum inimico faciant eis rectitudinem : si facere voluerit rectitudinem, capient. Quod si facere noluerit, homines communie auxiliatores erunt faciendi vindictam, de corpore et de pecunia ipsius qui forisfactum fecit, et hominum ipsius receptaculi.

7. Si mercator in istam villam ad mercandum venerit, et aliquis ei aliquid fecerit injurie infra villam Montisbarri, si jurati inde clamorem audierint, et mercator in ista villa eum invenerit, homines communie ad vindictam faciendam super hoc recte, secundum opinionem suam auxilium prestabunt ; nisi mercator ille de hostibus dicte communie fuerit. Et si ad aliquod receptaculum ille adversarius perrexerit, si mercator vel jurati ad eum miserint, et ille satisfecerit mercatori secundum judicium juratorum communie, vel probare et ostendere poterit se illud forisfactum non fecisse, communie sufficet. Quod si facere noluerit, si postmodum intra villam Montisbarri capi poterit, de eo vindictam facient jurati (2).

---

(1) Le doyen de Montbard était un dignitaire de l'abbaye de Moutier-Saint-Jean, qui prenait rang après l'abbé et le prévôt et résidait au couvent. Le doyenné de Moutier-Saint-Jean dépendait de l'archidiaconné de Tonnerre, au diocèse de Langres. Il comprenait dans sa juridiction les paroisses de Moutier-Saint-Jean, Montbard, Anstrude (Bierry), Corrombles, Corsaint, Courtangy, Epoisses, Fain, Montbertault, Montigny, Montsat, Nogent, Pouligny, Saint-Germain-les-Senailly, Saint-Remy, Torcy, Toutry, Villaines-les-Prevôtes et Viserny.

(2) Les articles 7, 8, 10, 11, 12 et 13 sont la reproduction littérale des semblables articles de celle de Dijon, sauf l'art. 9 qui en offre une variante. (Voir 1, 5.)

II.   13

8. Nemo preter me et senescallum meum [poterit] conducere in villam Montisbarri hominem qui forisfactum fecit homini qui hanc communiam juravit, nisi forisfactum emendare venerit secundum judicium illorum qui communiam servant.

9. Pecuniam illam quam homines crediderunt qui sunt de communia, antequam communiam jurassent, si rehahere non poterunt postquam inde justum clamorem fecerint, querent quoquomodo possint quod creditam pecuniam rehabeant. Pro illa vero pecunia quam crediderunt, postquam hanc communiam juraverint, nullum hominem capient nisi sit debitor vel fidejussor.

10. Si extraneus homo panem suum vel vinum in villam Montisbarri, causa securitatis, adduxerit, si postea inter dominum ejus et homines communie discordia emerserit, quindecim dies habebit vendendi panem et vinum in ea villa, et defferendi nummos, et aliam pecuniam suam, preter panem et vinum; nisi ille forisfactum fecerit, vel fuerit cum illis qui forisfactum fecerunt.

11. Nemo de villa predicta, qui hanc communiam juraverit, credet peccuniam suam vel commodabit hostibus communie, quamdiu guerra durabit : et si quis probatus fuerit aliquid credidisse hostibus communie, justicia de eo fiet ad judicium juratorum communie.

12. Si aliquando homines communie contra hostes suos exierint, nullus de communia loquetur cum hostibus communie, nisi licentia custodum communie.

13. Ad hoc homines statuti jurabunt, quod neminem propter amorem seu propter odium deportabunt, vel gravabunt, et quod rectum judicium facient secundum suam existimationem. Omnes alii jurabunt quod idem judicium, quod predicti super eos facient, et patientur et concedent, nisi probare poterunt quod de censu proprio persolvere nequeunt.

14. Universi homines mei Montisbarri communiam jurabunt, qui vero jurare noluerit, illi qui juraverunt de domo ipsius, et de pecunia ejus justiciam facient (1).

15. Si quis autem de communia aliquid forefecerit, et per juratos emendare noluerit, homines communie exinde facient justiciam.

16. Si quis ad sonum factum pro congreganda communia non venerit, duodecim denarios emendabit.

17. Nullus infra villam Montisbarri aliquem poterit capere, nisi Major et jurati, quandiu de eo justiciam facere voluerint.

---

(1) Les articles 14, 15, 16, 17, 18, sont la reproduction exacte des mêmes articles de la charte de Dijon.

18. Si quis de communia vel ipsa communia michi aliquid forefecerit, oportet ut in prioratu sancti Thome Montisbarri veniat (1), et ego, per Majorem communie, ad judicium juratorum de eo vel de ea justiciam capient nec eos extra predictum prioratum vel placitare vel cartam monstrare compellere potero.

19. Si aliquis fregerit bannum vindemiarum, emendatio erit super Majorem et super juratos ; emendatio illa erit mea.

20. Si autem dissensio aliqua postmodum emerserit, scilicet de judicio sive de aliquo quod non sit in hac carta prenotatum, secundum cognitionem et testimonium juratorum communie Divionis emendabitur nec proinde in me forefecisse reputabitur (2).

21. De justicia vero et forefactis meis ita statutum est : de sanguine violenter facto, si clamor inde fiat et probatio, septem solidis emendabitur, et vulneratus habebit quindecim solidos.

22. Si compositio de duello, ante ictum vel post ictum, fiat, sexaginta quinque solidos et sex denarios habebo. Si duellum victum fuerit, in dispositione mea erit (3).

23. De juisio fiet sicut et de duello.

24. Si homo de communia deprehensus in furto, et comprobatus fuerit, in dispositione mea erit de eo (4).

25. De multro in dispositione mea et arbitrio meo, et qui multrum fecerit preposito meo tradetur, si Major inde posse habuerit, nec de cetero recipietur in communia nisi assensu juratorum (5).

26. Infractio castri sexaginta quinque solidis emendabitur.

27. De forisfacto fructum, in dispositione Majoris et juratorum erit ; nisi de nocte fiat, sexaginta quinque solidis emendabitur.

28. De raptu erit in dispositione mea et arbitrio meo, si mulier tantum clamaverit quod a legitimis hominibus audita fuerit qui hoc probare possent.

29. Infractio cheminii sexaginta quinque solidis emendabitur.

---

(1) Ce prieuré, érigé en 1189 par le duc Hugues III, dans un faubourg de Montbard, près de l'emplacement occupé plus tard par le couvent des Ursulines, dépendait de l'abbaye de Moutier-Saint-Jean. La chapelle servit jusqu'à la Révolution pour les assemblées générales des habitants et l'élection des magistrats municipaux. Vendue en l'an II, on l'a convertie en remise et écurie.

(2) Les articles 20, 21, sont la reproduction des mêmes articles de la charte de Dijon.

(3) Le Duc se montre ici plus rigoureux que son aïeul Hugues III, en ce sens qu'il se réserve de statuer sur le sort du vaincu, tandis qu'à Dijon celui-ci en était quitte pour l'amende de 65 sols.

(4) Il en est de même pour la punition du vol. A Dijon, la justice ducale n'intervenait qu'en cas de récidive, tandis qu'à Montbard celle de la ville est complétement évincée de la connaissance de ce crime.

(5) Les art. 25, 26, 27, 28, 29 sont, à peu de chose près, la reproduction des mêmes articles de la charte de Dijon.

30. Si autem aliquis pedagium vel ventas extra villam Montisbarri absque consensu pedigiarii vel ventarii potaverit, sexaginta quinque solidos persolvet, si tamen comprobatus fuerit (1).

31. Sciendum vero, quod omnia ad hiis que in hac carta continentur in dispositione Majoris et juratorum sunt (2).

32. Si ego communiam pro exercitu meo commonuero, mecum ibunt, vel cum senescallo meo, vel cum constabulario meo, infra regnum Francie, secundum posse suum, rationabiliter, et mecum ibunt quadraginta diebus. Si vero aliquod castrum infra ducatum meum obsedero, tunc mecum erunt per voluntatem meam. Sciendum quod homines communie receptabiles famulos in exercitum meum pro ipsis mittere possunt.

33. Communia potest retinere homines, cujuscumque territorii sint, in villa Montisbarri, secundum consuetudines et usagium patris mei et predecessorum meorum.

34. Preterea rex Francie Ludovicus, ad petitionem meam, hanc communiam manutenendam promisit, ita quod si ab institutis hujus communie resilirem, emendari communie faciet, reddendo capitale, secundum judicium curie sue, infra quadraginta dies ex quo clamor ad eum inde pervenerit.

35. Archiepiscopus vero Lugdunensis, Eduensis, Lingonensis, Cabilonensis episcopi, hanc communiam ad petitionem meam manu tenendam promiserunt; taliter, quod si ego vel alius, de quo posse habeam, instituta communie que in presenti carta continentur infregerimus, ex quo inde ad eos clamor pervenerit, ipsa quoque infractio per Majorem communie, vel per alium loco Majoris, si major secure ire non poterit, et per duos alios de juratis communie quos Major juramento firmaverit esse legitimos, fuerit comprobata. Archiepiscopus, et episcopi, ut ipsam infractionem emendem, reddendo capitale, per se vel per nuncios suos infra regnum Francie me submonebunt. Si vero post monitionem suam ipsam infractionem infra quatuordecim dies non emendavero, totam terram meam interdicto subponent, preter Montembarri et usque ad satisfactionem facient emendare.

36. Et sciendum, quod ego, vel uxor mea, vel heredes mei, commendatos vel talliabilem hominem infra Montembarri habere non possumus.

37. Preterea si homo de communia pro debito meo bene et fideliter cognito,

---

(1) Reproduction du § 31 de la charte de Dijon.
(2) Les art. 31, 32, 33, 34, 35, 36, 37 sont la reproduction à peu près identique, sauf bien entendu les noms de lieu et de personnes, des art. 32, 33, 35, 37, 38, 39, 43 de la charte de Dijon (I, 10.)

captus fuerit, vel aliquid amiserit de meis redditibus Montisbarri vel de censa mea, si redditus non sufficient redimentur vel quod amisit.

38. Concessi etiam eis, quod si prepositus Montisbarri (1) aliquid acceperit de rebus hominum communie, reddet sine omne placito quantum ille homo probaverit, si legitimus a Majore communie testificatus fuerit (2).

39. Sciendum etiam, quod pro permissione hujus communie, reddent michi, vel mandato meo, vel preposito meo homines mei de hac communia, annuatim, quinquaginta marcas talis argenti quale mercatores in nundinis dabunt inter se et recipient, reddendas apud Montembarri die Martis ante Ramos Palmarum vel in Sabbato Magno Pasche apud Barrum.

40. Si vero tunc non reddiderint, deinceps possum vadiare; dictior ejusdem ville Montisbarri non pagabit michi per annum de censa quinquaginta marcharum quam michi debent annuatim nisi unam marcham argenti, et iidem homines sic tenentur mihi facere valere annuatim Montisbarri quinquaginta marchas argenti, levando a dictiori unam marcham argenti (3).

41. Si autem levando a dictiori unam marcham argenti annuatim dicta summa quinquaginta marcharum non posset levari de predicta villa, manentes in eadem villa tenentur supplere quod deerit a predicta summa. Et si levando a ditiori unam marcham argenti, villa antedicta plusquam quinquaginta marchas argenti valuerit, quod plus valebit meum erit.

42. Major vero et scabini, post electionem Majoris, quolibet anno jurabunt, quod facient michi valere villam Montisbarri quantum poterunt, bona fide, ultra summam predictam quinquaginta marcharum argenti, levando unam marcham argenti annuatim a dictiori tandummodo, sicut predictum est, et credetur eidem Majori et scabinis super hoc quod exinde fecerint per juramentum predictum nec ultra poterunt a me super hoc in aliquo molestari.

43. Sub prenominatis itaque constitutionibus, omnes homines meos, quicum-

---

(1) Le prévôt de Montbard étendait sa juridiction sur les villages et paroisses de : Arrans, Benoisey, Buffon, Chantdoiseau, Courcelles-sous-Grignon, Etais, Fain, Fresne, Grignon, Lantilly, Marmagne, Menetreux-le-Pitois, Montigny, Montfort, Nesle, Nogent, Planay, Puits, Quincerot, Saint-Remy, Saint-Germain-les-Senailly, Seigny, Senailly, Venarey, Verdonnet.

(2) Ces articles 38 et 39 sont la reproduction des art. 44 et 45 de la charte de Dijon (I, 13).

(3) Cette clause et les deux suivantes sont reproduites dans des termes à peu près semblables dans le texte de la charte des marcs de la ville de Dijon (n° XXXVI, I, p. 39. Voir aussi la note qui accompagne cette charte). Seulement, comme la charte de commune de Montbard (avril 1231) précède de sept mois le règlement des marcs de Dijon, daté du 31 octobre suivant, il semble que le duc Hugues IV ait voulu essayer à Montbard, et dans le but d'assurer davantage le paiement de cette sorte de prestation, les dispositions nouvelles qu'il imposa la même annnée et la suivante aux deux puissantes communes de Dijon et de Beaune. (Voir I, 214.)

que in predicta communia fuerint quittos et immunes a tallia in perpetuum esse concedo (1).

44. Concessi etiam hominibus meis de Montebarri, totum attractum et quicquid acquiram in dicta villa Montisbarri (2).

45. Hanc autem communiam et libertatem, et has pactiones juravi tenendas et irrefragabiliter observandas, et sigilli mei impressione muniri, salvo quidem jure meo et ecclesiarum et militum, et salvis omnibus hiis que habebant ecclesie et milites in hominibus suis, in tempore patris mei, et ante communiam qui in predicta villa aliquod juris habent (3).

Actum anno gratie millesimo ducentesimo tricesimo primo, mense aprilis.

Original : Archives de la ville de Montbard, *Priviléges et franchises de la Commune.* — Imprimé dans Pérard, p. 419.

CCCXII

Charte d'affranchissement de la mainmorte, octroyée par le duc Eudes III aux habitants de Montbard.

1201.

Ego Odo dux Burgundie, notum facio presentibus et futuris me dedisse et in perpetuum concessisse hominibus meis de Montebarro et heredibus ipsorum manum mortuam (4) quam in ipsos habebam. Quod ut ratum habeatur presentem cartam sigillo meo confirmavi. Actum est hoc anno incarnati Verbi millesimo ducentesimo primo.

Vidimus reçu le 12 décembre 1446, par Philippe Genay, notaire du duc de Bourgogne à Montbard. — Archives de la Côte-d'Or. Chambre des Comptes de Dijon. B 11,476. Affaires des communes. — Imprimé dans Pérard, page 422.

---

(1) Reproduction littérale du § 46 de la charte de Dijon.
(2) Ce § 44 complète le § 33, qui traite déjà du droit d'attrait. Quant à l'abandon que fait le Duc de tout ce qu'il peut acquérir à Montbard, il doit s'entendre non des meubles et immeubles, mais des droits sur les habitants,
(3) Imitation du § 47 de la charte de Dijon, sauf la phrase terminale « absque captione hominum, » dont l'absence témoigne des restrictions que les Ducs mettaient déjà aux franchises et surtout à la justice des communes qu'ils érigeaient.(Voir I, 14.)
(4) C'est la première charte d'affranchissement de mainmorte proprement dite édictée par nos Ducs.

CCCXIII

Charte du duc Eudes III, qui accorde le Banvin aux habitants de Montbard.

1209.

Ego Odo dux Burgundie, notum facio presentibus et futuris me dedisse et in perpetuum libere concessisse hominibus meis de Montbar bannum meum quod in eadem villa habebam super vinis vendendis. Quod ut ratum habeatur presens scriptum sigillo meo confirmavi. Actum est hoc anno incarnati Verbi millesimo ducentesimo nono.

Original : Archives de la ville de Montbard, *Priviléges et franchises de la commune.* — Imprimé dans Pérard, page 422.

CCCXIV

Promesse de sauvegarde faite par Robert, archevêque de Lyon, à la commune de Montbard.

1232-33 (3 janvier).

Nos Robertus Dei gratiâ prime Lugdunensis ecclesie archiepiscopus (1) notum facimus universis presentes litteras inspecturis quod si dux Burgundie veniret contra franchesiam quam dedit communie Montisbarri sicut in suis litteris quas eidem communie dedit plenius continetur, pro qua servanda dicta communia promisit eidem dare annuatim quinquaginta marchas argenti, ita quod dicior de Montebarro debet dare unam marcham argenti et si plus levatum fuerit in dicto castro totum ducis erit. Insuper dux terram suam subposuit jurisdictioni nostre ; quod nos si post monitionem nostram non emendaret infra quindecim dies dicte communie super hoc quod resilierit a dicta franchesia, eam possimus subponere interdicti : et nos ad ipsius ducis preces et peticionem de hoc exequendo dicte communie dedimus has nostras litteras sigillo nostro munitas in signum et testimonium hujus rei. Datum anno Domini M° CC° XXX° secundo die lune ante apparicionem Domini.

Archives de la ville de Montbard. Cartulaire des priviléges de la commune, p. 13.

(1) Robert d'Auvergne. (Voir I, p. 41, en note.)

CCCXV

Promesse de sauvegarde de Guy, évêque d'Autun, à la commune de Montbard.

1232-33 (3 janvier).

Guido, Dei gratia Eduensis episcopus (1), omnibus presentes litteras inspecturis salutem in Domino. Notum facimus quod si dux Burgundie veniret contra franchesiam quam dedit communie Montisbarri sicut in suis litteris quas eidem communie dedit plenius continetur, pro qua servanda dicta communia promisit eidem dare annuatim quinquaginta marchas argenti, ita quod dicior de Montebarro debet dare unam marcham argenti et si plus levatum fuerit in dicto castro, secundum considerationem Majoris et eschabinorum communie, totum ducis erit. Insuper dux terram suam subposuit jurisdictioni nostre, quod nos si post monitionem nostram non emendaret infra quindecim dies dicte communie super hoc quod resilierit a dicta franchesia eam possimus subponere interdicti, et nos ad ipsius ducis preces et peticionem de hoc exequendo dicte communie dedimus has nostras litteras sigillo nostro munitas in signum et testimonium hujus rei. Datum anno Domini M° CC° XXX° secundo, die lune ante apparitionem Domini.

Archives de la ville de Montbard. Cartulaire des priviléges, page 11.

CCCXVI

Sentence du bailli d'Auxois qui renvoie le Maire de Montbard des fins d'une plainte en abus de justice portée contre lui par le procureur du duc audit bailliage.

1373 (juillet).

A tous ceulx qui verront et orront ces présentes lectres. Nous Guillaume de Clugney, clerc licenciey en lois, bailly d'Auxois, faisons savoir que comme en nostre assise de Montbart qui en qui fut par nous tenue le mardy après les

---

(1) Guy de Vergy. (Voir I, 42.)

feux (1) l'an mil cccLx et neuf, maistres Andriere Daifoy, procureur par nom de procureur de monseigneur le duc d'une part et Guiot de Fontenes, procureur par nom de procureur des Mayeur, eschevins et commune de Montbart d'autre part, se comparoissant en jugement pardevant nous li ungs encontre l'autre, esquelx et de leurs consentemenz nous assignesmes journée à nostre assise du dict lieu, au lungdy après la quinzene de Pasques Charnelx après ensuigvant ; aprier (2) decay et delay leurs faiz proposez de boiche en jugement pardevant nous qui dehument bailler par escript à certain temps ensuigvant. Lesquelx faiz chascune des dictes parties mit en ny à sa partie adverse entant comme il leur estient et sont contraires et recevaubles en faisant sur ce litiscontestation (3), et en ont aultrement sur ce le plait (4).

Lequelx procureur de mon dict seigneur bailli ses diz faiz par escript par la manière qui s'ensuit. affin que par vous honeste, saige et discrette personne, monsieur le bailly d'Auxois ou vostre lieutenant en vostre siege de Montbar soit dit, déclairé et prononcié par le bon jugement de vostre court : les Maire, escheviz et procureur des habitans de la commune de la ville de Montbar, par nom de procureur des diz habitans touz ensemble, avoir commis déliz pugnisaubles et yceulx Maire, escheviz et procureur avoir perdue leur dicte mairie, ycelle estre commise et acquise à monseigneur le duc de Bourgongne et en oultre yceulx Maire, escheviz et procureur, par nom que dessus estre amandables arbitrairement à monseigneur le duc, laquelle jusques à la somme de dix mille deniers d'our, appellez frans, du cours du roy de France de bon or et just pois ; mais elle paier et randre à maistres Andriers Daifoy, procureur de monseigneur le duc par nom de procureur, heu consideration à la qualité et énormité du délit et à toutes autres fins dehues et proffitaubles au dict procureur par nom que dessus. Dit et proposé entant à prierposer (5) et met en avant par son serment le diz procureur de monseigneur le duc, par nom de procureur contre les diz Maire, escheviz et procureur de la dicte ville de Montbar, par nom de procureur d'eulx les faiz, raisons et articles qui s'ensuigvent (6).

(1) Dimanche des Bordes, 1ᵉʳ dimanche de Carême.
(2) Produire.
(3) Matière de procès.
(4) « Et en ont aultrement sur ce le plait, » c'est-à-dire : et en sont venus à plaider.
(5) Proposer, produire en justice.
(6) Cette immixtion des officiers du Duc dans l'exercice de la justice municipale, en dehors des cas d'appel et toujours sous le prétexte justifié parfois d'abus et d'excès, cette immixtion, disons-nous, n'était pas nouvelle. Elle remontait au règne de Robert II, mais elle prit sous celui de Philippe le Hardi une action de plus en plus marquée, grâce à la participation de ce prince aux affaires du royaume, laquelle donnait à sa volonté une influence presque irrésistible, et dont les officiers profitèrent pour accroître leur autorité ou leurs attri-

Premièrement que jà pieçay (1) c'est assavoir en l'an mil CCCLX et huict, environ la feste de Toussaincts, les Maire, escheviz, bourgois et habitans de la dicte ville de Montbar ensint (2) comme habitans d'icelle ville, fierent pranre par le sergent de leur commune de Montbar, ung appellé Gibelins fils maistre Etienne Graind'orge, lequelx Gibelins fut pris en l'ostel de Marie la Barbiere de Montbar en son celier pour vin qu'il ambloit (3) à la dicte Barbier en présent mesfait (4).

Item, que le dict Gibelin ensint pris par le commandement des diz Maire, escheviz et habitans, fut menez en la prison de la commune de la ville de Montbar.

Item, que le dict Gibelin estans en la dicte prison, par collussion des diz parans et amis charnelx du dict Gibelin, par proffit fait ausdiz Maire, escheviz et habitans, le detenèrent en prison par l'espace de cinq mois ou environ, senz ce que il li omessient (5) aucune voie de justice, ne que il li demandissient riens par question ne autrement, j'ay soit ce que le diz déliz et meffaiz fait criminelx et capitez comme le larrecins que commis avoit et pene capitele s'en deust en suir par la costume et usaige notoire de la duchié de Bourgoigne et dou Reaulme de France.

Item, que le jeudy après le diemenge que l'on chante en sainte esglise *Oculi mei*, environ hoire de complies en l'année dessus diz, senz que le dit Maire, escheviz et habitans heussiens mis aucune garde pour garder le dit Gibelin et pour leur culpe dempnable, le dit Gibelin se pandit entre deux traveaulx de la dicte prison, senz ce que aucuns l'oist (6), ensint fut trouvez mort et ociz et par leur culpe et déffaut de garde, laquelle il estoient tenu faire.

Item, que de raison escripte, toutes et quantes fois que aucuns à garde de prison pour sa culpe ou barat (7) le prisonnier qu'il ay en garde pérille ou evade de la prison, ilz doit estre privez de son office et aministracion et doit estre pugniz selon la qualitey du déliz par le seigneur souverain.

---

butions aux dépens des justices inférieures. On a vu ses effets en ce qui concerne les communes de Dijon (tome I, n° XLVIII, LI, LIII, LXII, LXV, LXVI et LXIX) et de Beaune (tome I, n° CXLIII et CLI). Or si ces deux villes, malgré toute l'énergie qu'elles déployèrent dans la lutte, ne parvinrent point à conserver l'intégrité de leurs droits de justice; faut-il s'étonner si les prétentions de plus en plus envahissantes des baillis réduisirent les juridictions des autres communes aux proportions d'une justice toute subalterne.

(1) Naguères, il y a quelque temps.
(2) Ainsi.
(3) Volait.
(4) Flagrant délit.
(5) Omissent.
(6) L'ouït, l'entendit.
(7) Malversation.

Item, que le dit Gibelin enfin mort et ocy, les diz Maire, escheviz et habitans l'ont fait mettre en terre senz ce qu'il en aient fait justice, en commettant abuz de justice, de laquelle deussient avoir faite par raison escripte, à laquelle s'acorde toute costume de païs.

Item, que de raison escripte, toutes fois que aucuns maulfaiteurs est pris et mis en prison pour cas criminel et il se ocit, l'on le doit pugnir ensuite comme il avait le fait cognehu pardevant le juge en sa vie et le juge qui fait le contraire commet abus de justice, pert sa justice, se point en ay, son office, dignité, administration, touz droiz et prouffiz d'icelle.

Item, que par la costume général et notoire de Bourgoigne, où sont faiz li délit dessus nommey, touz larcins qui montent oultre la somme de cinq soulz sont tenuz capitez (1) ensint comme il est en nostre cas présent.

Item, par la costume général et notoire du duchié de Bourgoigne ou sont faiz le diz déliz et fut la ville de Montbar, toutes et quantes fois aucuns juges commet abus de justice, il est amandable arbitrairement au seigneur soverain et avec ce pert si comme dessus est dit sa dite justice.

Item, que les chouses dessus dictes sont notoire à Montbar et es autres lieux voisins, les ont cogneheus et confessées les dessus diz Maire, escheviz et habitans plusieurs fois estre vraies tant en sa présence comme en l'absence dudit procureur. Pourquoy conclut le diz procureur de monseigneur le duc par nom de procureur, contre les diz Maire, escheviz et procureur de la dicte ville et commune de Montbar, par nom de procureur, touz ensamble requiert et demande à vous que vous jugiez, sentanciez et prononciez à la fin et es fins cidessus comprises et sur une chascunne d'icelle et la dicte somme demandée par la cause dessus dicte, vostre loyale tauxacion procédant et sur ce qui chiet en droit, vous demande en droit, si cognoissent et confessent les chouses dessus dictes estre vraies et se il les nient, lediz procureur de monseigneur le duc s'offre du prouver ou de vous enformer ce seulement, qui suffira à avoir sentansacion (2) et ce plus ne sestioient en implorant vostre office, là ou il fait à implorer et les coustumes et usaiges notoires dessus allegués laissés en vostre discrécion et office.

Et lediz procureur pour nom de procureur des diz de Montbar, bailla auxi ses diz faiz, afin de absolucion pour et à son proffit en nostre assise dudit lundy. Le dit procureur par nom que dessus, comparurent en jugement pardevant Jehan le

---

(1) C'est-à-dire entraînant la peine capitale.
(2) Sentence.

Maul, nostre lieutenant quand ad ce, esquelx et de leurs consentemenz, journée fut assignée à nostre assise dudict lieu au mardy après la Madelene, à publier deçay et delay qui publier pouvoit les témoins et les attestacions des témoins d'une partie etd'autre, dont dehue diligence apparoit estre faite, qui devient estre examinés par Oudot le Guay, demeurant à Semur, juré de nostre court ; lequelx fut de nous commis à examiner les dis témoins et par escript et à nous appointer ou envoyer enclouux féaublement (1) soubz son scel, ce que fait et treuvez en seroit et li donesmes puissance de appeller ou faire appeller pardevant li les diz temoins, pour adverses appelant, pour les rehoir (2) jurer et pour répondre tout présens et précisement à chacun article de l'entanciacion (3) de sa partie adverse ; plusieurs journées assignées à publier ; publication faite par novel journée assignée à dire, les dictes parties aient riens dit ; mas ont volu ou droit sur ce qui en estoit fait conclus et renoncé d'une partie et d'autre en la dicte cause ; plusieurs journées assignées à ou droit finaublement et darrièrement au jourd'huy c'est assavoir le mercredy après la feste de la Madelene, secont jour de nostre assise de Montbar qui enqui comancea le mardy précédant, auquel mercredy, ledit procureurs par noms que dessus estant et comparoissans en jugement pardevant nous et à nous requérans à grant instance que nous leur deissiens droit en la dicte cause, et nous vehu et deligemment regardé et visité le dict procès et demené de la cause, oy et entendu déligemment tout ce que les dictes parties ont voulu dire et proposer ; consideré tout ce qui fait à considérer ou dict procès ; ehu sur ce conseil et délibéracion avec les saiges et prudomes et du conseil d'iceux usenz en cette partie, Dieu aiens tant seulement devant les yeux du cuer. En nom du Pere et du Fils et du Saint-Esprit, amen ✠, disons et prononceons et à droit et par nostre sentence diffinite que le diz procureur de monseigneur le duc par nom que dessus n'ay prouvez en contre le dit procureur par nom de procureur des diz Mayeur, escheviz et commune de Montbar, aucune chouse qui li deyve suffire à la fin à quoy et tant. Pourquoy nous avons absolu et absolons ledit procureur par nom de procureur des ditz Mayeur, echeviz et commune des cas compris et articles et sentantacion du dit procureur par nom de monseigneur le duc et mettons sillence perpétuel au dit procureur de monseigneur le duc, de li plus en poursuigre et nous laisons des dépans et pour cause. En témoing de laquelle chouse nous avons mis le grant

---

(1) Bien et dûment renfermé.
(2) Faire la contre-enquête.
(3) Mémoires, faits allégués.

seel de nostre dit bailliaige en ces présentes lettres qui furent faites et données le dit mercredy, l'an de grâce mil trois cens soixante et treze. LEGUAY.

Original : Archives de la ville de Montbard, *Priviléges et franchises de la commune.*

CCCXVII

Déclaration du duc Philippe-le-Hardi au sujet des priviléges de la commune de Montbard.

1376 (12 août).

Phelippe, fils du Roy de France, duc de Bourgoingne, à tous ceulx qui ces lettres verront et ourront, salut. Savoir faisons que, de grâce espécial et en remunération de pluseurs services bons et agréables que nous ont fait par pluseurs fois, font continuelement et espérons que encoir facent les habitans de Montbar, dont nous sommes bien contens. Et pour la somme de cinq cens frans d'or qu'ils nous ont paiez : en esclarcissant et interprétant clerement aucunes doubtes et obscurtez, qui par avanture sont ou pourroient estre sur l'entendement d'aucuns poins ou d'aucunes clauses des privileges ou chartres de la commune dudit Montbar. Voulons et octroions, pour nous et pour noz successeurs dux de Bourgoingne, ou ceulx qui de nous auront cause à notre ditte commune et en interprétant les dictes clauses et poins et estant les dits doubtes et obscuritez. Déclarons par la teneur de ces présentes lettres, notre dite commune avoir et devoir avoir perpétuelement, en tout et par tout le belle (1) de nostre chastel du dict Montbar la justice et tout l'exercité et prouffit de justice, tel et en la manière que ycelle commune ou li Maire et eschevins de la dite commune l'ont ou ont accoustumé de avoir en la ville et fors de nostre dit chastel de Montbar. Excepté en et sur noz officiers et familiers, qui ne sont ou seront bourgois et habitans de la dite ville de Montbar, ou demourans au dit belle. Et contient le dit belle, quant à ceste présente déclaration, tout le dit chastel, excepté le doingeon qu'est dèz la porte dessoubz les greniers qui sont entre la maison du curey et la maison accoustumée à demeurer nostre chastellain aultrement du belle et se extant de long le dit dongeon jusques à la tour de l'Aubépin pardevers le couhart de la dite ville.

(1) Enceinte fortifiée en avant de la porte du château.

Item, nostre main, comme souveraine, mise par nous ou par nos justiciers, et la main de noz prédécesseurs et de leurs officiers, pour les débas de nous ou de noz gens ou de nostre procureur, d'une part; et la dite commune, de leur procureur ou des ditz Maire et eschevins, d'autre part; en la justice de noz héritaiges et des héritaiges des églises et des nobles, seront les dits héritaiges en la ville de Montbar ou en finaige d'icelle; nous levons et ostons au prouffit de la dite commune, et iceulx héritaiges justiceront et pourront justicer en la forme et manière qu'ilz ont accoustumé de justicier es aultres héritaiges des dits ville et finaige.

Item, les habitans et bourgois de la dite ville et commune de Montbar pranront pour leurs nécessitez et pourront pranre de cy en avant, à tousjours mais, quand il leur plaira, sans aucunes emendes es chemins communs, terre, laive (1), areigne (2), pierres et aultres chouses en tel manière que cil qui se fera, reamplira et mettra le lieu en estat souffisant, et avec ce laissera chemin convenable jusques ad ce que le troux ou fossé que fait auront soit reampliz et mis en estat soffisant et convenable.

Item, ne povons ni ne pourrons de cy en avant acquérir possession ne prescription contre les poins des previlaiges de la dite commune ne elle contre nous.

Item, voulons et octroions aux habitans de la dite commune qu'ils aient et puissent faire seel de commune (3), ensint comme ceulx de la commune de Dijon.

Item, tous les bons usaiges, parcours, les franchises, libertez, justices, possessions et saisine, et tous les poins des chartres de la dite commune et des habitans de nostre dite ville de Montbar. Nous, pour nous et pour noz successeurs, confirmons, approuvons et ratiffions, aggréons et louons, par la teneur de ces présentes, de grâce spéciale, se mestier est, et mandons à tous noz officiers et justiciers, qui sont ou seront pour le temps à venir, que, contre la teneur de ces présentes, ne empeschent aucunement les dits habitans de Montbar, mais les en seuffrent joyr et user paisiblement sans contredit. Promectons en bonne foy à nostre dite commune, soubz l'obligation de nous et de noz hoirs et successeurs et de tous noz biens, meubles et non meubles, présens et advenir, toutes les

---

(1) Laves.
(2) Arène, sable.
(3) Ce sceau, dont un exemplaire unique existe encore appendu à une procuration donnée par la commune en 1463, était orbiculaire et d'un diamètre de 70 millimètres. Il représentait le Maire assis dans la chaire municipale, entouré des six échevins également assis. Au-dessus et à droite du Maire, l'écu aux armes du Duc, et à gauche celui de la commune formé de deux bars adossés.

chouses dessus dittes et une chacune d'icelles par soy tenir, garder et maintenir fermes et estables perpétuelement, sans faire ou venir par nous ou par aultres, taisiblement ou en appert en aucune manière au contraire, et que ce soit ferme chose à tousjours, nous avons fait mectre le petit seel de nostre court en absence de nostre secret à ces présentes lettres, sauf en autre chouse nostre droit et l'autrui en toutes. Ce fut fait à Beaulne, le douziesme jour du mois d'août, l'an de grâce mil trois cens sexante et seze.

Par Monseigneur le Duc,   Jacques du Val.

Original : Archives de la ville de Montbard, *Priviléges et franchises de la commune.* — Imprimé dans Pérard, p. 422.

CCCXVIII

Confirmation des priviléges de Montbard par Jean-sans-Peur, duc de Bourgogne.

1404-05 (13 janvier).

Jehan, duc de Bourgoingne, conte de Nevers, baron de Donzy, à tous présens et avenir. Nous avoir fait veoir par aucuns des gens de nostre conseil certaines lettres desquelles la teneur sensuit.

In nomine sancte et individue Trinitatis..... (*Voir pièce* n° CCCXI.)

Item, Ego Odo, dux Burgundie..... (*Voir pièce* n° CCCXII.)

Lesquelles lettres dessus transcriptes et tout le contenu en icelles ayans aggréable. Nous, à l'umble supplication de noz bien amez les Mayeur et eschevins de nostre dicte ville de Montbar, nommez esdictes lettres, avons loué, gréé, ratiffié et approuvé, louons, gréons, ratiffions et approuvons par la teneur de ces présentes lettres, de grâce espéciale, confirmons, se mestier est. Et [afin] que ce soit ferme chouse et estable à toujours, nous avons fait mettre nostre scel à ces présentes lettres duquel nous usons avant le trespas de nostre très redoubtée Dame et mère cui Dieu absoille, sauf en autres chouses nostre droit et l'autrui en toutes. Donné en nostre dite ville de Montbar, le xiii° jour de janvier, l'an de grâce mil quatre cent et quatre.

Ainsi signé : Par monseigneur le duc,   J. de Saulx.

Archives de la Côte-d'Or. Chambre des Comptes de Dijon. Affaires des communes. B 11476.

CCCXIX

Arrêt du Conseil ducal qui maintient les habitants de Montbard dans la possession de leurs droits de justice sur le territoire, contrairement aux prétentions de l'abbé de Fontenay.

1442 (14 mai).

Phelippe, par la grâce de Dieu, duc de Bourgoingne, de Lothier, de Brabant et de Lembourg, conte de Flandres, d'Artois, de Bourgoingne, palatin de Hainnau, de Hollande, de Zellande et de Namur, marquis du Saint-Empire, seigneur de Frise, de Salins et de Malines. Au premier nostre sergent qui sur ce sera requis, salut. Receu avons humble supplication des manans et habitans de nostre ville de Montbar, contenant que comme iceulx suppliant aient justice en toute leur marcrie (1) et banlieue en laquelle ilz ont droit de tonsure de bois, de peschier, chassier, labourer et toutes autres choses appartenans en justice esquelx labouraiges nous competent et appartiennent les dismes de blez et de vins avec le curé du dit Montbard. Aussi nous compétent et appartiennent toutes espaves et confiscations survenans en toute la justice des dits suppliant de laquelle justice et drois d'icelle ont joy et usé les dits suppliant de si long temps qu'il n'est mémoire de contraire ne du commencement, sans ce que onques homme y meist aucun empeschement jusques naguère que l'abbé de Fontenay qu'est à présent depuis demi an ença envoia deux de ses religieux, l'un appellé Damp Jehan de Baigneulx et l'autre Damp Jehan de Coulmiers en ung bois qui est près du Cailler (2) en la justice des dits suppliant et illec sans sergent executèrent et prinrent les coigniées des charetons du dit Montbard qui illec prenoient bois à chauffer et les emportèrent à leur abbaye; aussi le dict à présent abbé despuis quinze jours ença se transporta en sa compagnie ung sien nepveu et ung religieux en une perrière qui est en la combe qui vient de Creuchey (3) au dit Montbard laquelle est es dits suppliant et en leur justice et de toute encienneté et mesmement depuis deux cens ans en ça y ont prinses toutes les pierres ou la plus grant partie des maisons faites au dit Montbard, sans aucun contredit ou empeschement, lequel abbé en sa personne sans sergent comme dessus exécuta et osta les marteaulx de Perrin et Poincot, massons, qui tiroient pierres en la dite perrière pour ceulx du dit

---

(1) Mairie.
(2) Ferme dépendant de la commune d'Arrans.
(3) Cruchy, hameau dépendant de la commune de Saint-Remy.

Montbard et leur fist plegier (1) l'amende pour son dit nepveu, lesquelx explois le dit abbé a fait faire pour cuidier (2) approprier à lui plusieurs terres estans es limitacions des lieulx dessus diz; esquelles a plusieurs beaulx labouraiges où il veult dire et maintenir les dits dimes à lui appartenir et aussi toutes espaves et confiscations venant en iceulx, lesquelx nous competent et appartiennent sans nul contredit, comme il se monstrera tout clèrement : lesquelx explois et choses dessus diz le dit abbé de Fontenay a fait et fait faire de sa voulenté en troublant et empeschant les dits supplians en leur possession et saisine contre raison indeuement et de nouvel et ou trèsgrant grief, intérest, préjudice et dommaige des dits supplians et de nous aussi et plus seroient, si par nous n'estoit sur ce pourveu de nostre convenable remede si comme dient les dits supplians, requérans humblement icelui. Pour ce est il que nous les choses dessus dites considérées, mandons et commectons par ces présentes que à la requeste des dits supplians tu te transportes sur les lieulx des bois et perriere dont dessus est faite mention pour tous autres lieulx contempcieux, et illec appellés pardevant toy le dit abbé de Fontenay et autres qui seront à appeller, maintieng et garde de par nous les dits supplians en possession et saisine des bois et perriere dessus desclarez et en fay à plain joïr et user les dits supplians, en faisans cesser tous troubles et empeschemens à ce contraires et en cas d'opposition ou débat la chose contencieuse en cas de nouvelleté prise et mise en nostre main, la nouvelleté ostée et deffaite et rétablissement fait premièrement et avant toute euvre s'il y chiet, ainsi qu'il appartiendra, adjourne les opposans ou faisant ledit débat à comparoir à certain et compétent jour ou jour. pardevant noz amez et feaulx maistre Estienne Armenier, president de noz Parlemens et les autres gens de nostre conseil résidens en cette nostre ville de Dijon, pour dire et débatre les causes de leurs dites opposition ou débat, repondre aus dits supplians et aussi à nostre procureur se partie se y veult faire sur les choses dessus dites et leurs déppendances ; lors plus à plain à déclarer se mestier fait, procéder et aler avant en oultre selon raison en certifiant souffisamment nos diz président et gens de conseil de tout ce qui fait et besoingnié y auraz, ausquelx nous mandons et pour ce que pardevant eulx les parties fineront aisément de bon et notable conseil et y pourront avoir plus briefve et sommaire expédition que ailleurs, commectons par la teneur de cestes que sur tout entre les parties icelles oyes, facent et administrent sommairement et de

---

(1) Cautionner.
(2) Penser.

plain de jour à autre et sans long procès bon et brief droit et acomplissement de justice, car ainsi nous plaist il et le voulons estre fait nonobstant quelxconques lettres subreptices impetrées ou à impetrer à ce contraires. Donné en nostre ville de Dijon, le xiiij° jour de mai, l'an de grace mille quatre cent quarante deux.

 Par monseigneur le duc à la relacion du conseil,   J. Gros.

Original : Archives de la ville de Montbard, *Privilèges et franchises de la Commune*.

CCCXX

Charte d'affranchissement des habitants de Seloichey-les-Montbard, par le duc Philippe-le-Bon.

1446-47 (28 mars).

Phelippe, par la grâce de Dieu, duc de Bourgoingne, de Lothier, de Brabant, de Lembourg, conte de Flandres, d'Artois, de Bourgoingne, palatin de Haynau, de Hollande, de Zélande et de Namur, marquis du Saint Empire, seigneur de Frise, de Salins et de Malines. Savoir faisons à tous présens et avenir, nous avoir esté humblement et piteusement exposé de la partie de noz pouvres subgez et hommes de mainmorte qui souloient demourer et résider en nostre ville de Seloichey emprès Montbar, en la rue d'Amont appellée la rue de Serve, que tant à l'occasion des guerres et mortalitez qui ont régné ou pays depuis quarante ans en çà, et pour les grans charges et servitutes dont les habitans de la dicte rue Serve estoient chargiez; ilz se sont tous entièrement absentez et départiz de la dite rue et sont alez demourer autre part, où bon leur a semblé, et depuis deux ans en çà ou environ ne demoure aucune personne en la dite rue Serve. Parquoy la plus grant partie des maisons sont destruittes et en voye de brief cheoir et aler du tout en ruyne et désolation par deffault de habitation; pareillement que sont allés de la rue du Four, à présent appelée la rue Perdue au dit lieu de Seloichey, où il ne demoura personne passé à quarante ans, les habitans de laquelle rue du Four estoient de mainmorte et chargiez de dix livres digennois par an, comme sont ceux de la dite rue Serve. Lesquelles dix livres digennois sont perdues et de nulle valeur en la dicte rue du Four et aussi seront en la dicte rue Serve si elle n'est habitée, qui seroit non seulement la désercion et ruyne totale d'icelle rue et des héritaiges des diz exposans estans situez en icelle, mais aussi en notre grant dommaige et préjudice, se sur ce n'estoit par nous pourveu de gracieux et convenable remède. Pourquoy, nous, après information faicte sur les choses dessus dictes, par notre commandement et ordonnance, et icelle veue et visitée par noz amez et féaulx les gens de noz comptes à Dijon, euz leurs advis sur ce qui leur a semblé estre à faire pour le bien et prouffit de nous et des dits exposans, et afin que la dicte rue Serve se puist repeupler et estre habitée. Avons tous ceulx qui retourneront et demourront en la dicte rue Serve de Seloichey, de nostre grâce espécial, plaine puissance et auctorité, affranchis et affranchissons de la dicte mainmorte, et les avons oudit cas quictez et deschargiez, quictons et deschargeons par ces présentes, voulans et leur octroyans que d'icelle mainmorte les habitans qui retourneront et demourront doresenavant en la dicte rue Serve de Seloichey soient francs, quictes et deschargiez de la dicte mainmorte perpétuellement et à tousjours (1). Si donnons en mandement à nos dictes gens des Comptes de Dijon, à nostre bailli d'Auxois, à nostre chastellain de Montbar et à tous noz autres justiciers et officiers, ou à leurs lieuxtenans présens et avenir et à chacun d'eulx, si comme à lui apartiendra, que les habitans qui retourneront et demourront doresenavant en la dicte rue Serve de Seloichey, facent, seuffrent et laissent jouir et user de ceste nostre présente grâce, octroy et affranchissement de mainmorte, plainement et paisiblement, perpétuellement et à tousjours, sans pour ce les travailler ou molester ou leurs successeurs et postérité demourans en la dicte rue Serve, ores ou pour le temps à venir, en aucune manière au contraire, et se mestier est, facent publier ces présentes en nostre dicte ville de Montbar et autres lieux de nostre dict bailliage d'Auxois, où besoin sera, en manière que la chose puisse venir à la congnoissance de ceulx ausquelz ce touche et qu'il apartiendra. Et afin que ce soit ferme chose et estable à tousjours, nous avons faict mectre nostre scel à ces présentes, sauf en autres choses nostre droict et l'autruy en toutes: Donné en la ville de Bruges, le xxviiie jour de mars, l'an de grâce mil quatre cens quarante six, avant Pasques.

Par Monseigneur le Duc, vous l'évesque de Tournay et le sire de Croy présens,
J. Milet.   Visa.

Vidimus reçu le 12 juin 1448, par Monot et Delagrange. — Archives de la Côte-d'Or. Chambre des Comptes de Dijon. B 11,476. Affaires des communes. Ville de Montbard.

(1) Cette charte n'eut point le résultat que le Duc en attendait, par la raison que ceux des habitants de Seloichey réfugiés à Montbard, et désormais émancipés, préférèrent y rester plutôt que de rebâtir leurs maisons sur un territoire aussi aride que stérile. Seloichey continua donc à décroître, et, les guerres de la fin du XVe siècle aidant, il finit par disparaître. En 1543, le rôle des feux n'en faisait plus mention. Aujourd'hui cette partie du territoire de Montbard s'appelle les Larrys-Seloichey; elle est en nature de broussailles, cerisaies et cultures. Elle est à 1 kilomètre nord-ouest de Montbard, près d'un écart qui porte le nom de Saint-Pierre.

CCCXXI

Lettres de Philippe, marquis de Hochberg, seigneur de Montbard, qui décharge pendant huit ans les habitants de l'imposition des marcs, moyennant une redevance annuelle de 300 livres.

1492 (24 avril).

Philippe, marquis de Hochberg, conte de Neufchastel, seigneur de Roxthelin, de Sainct George, de Montbar et de Saincte Croix, grant chambellan du roy nostre sire et mareschal de Bourgoingne. A nostre chastellain et receveur de Montbar, présent et avenir, salut. Pour ce que furent très nobles et très excellans monarques, messeigneurs les ducs de Bourgoingne derriers trespassez que Dieu absoille, noz prédécesseurs seigneurs du dit Montbar ont toujours par cidevant par leurs lettres patentes et pour les considérations raisonnables desclarées es dites lettres, quicté et remyz à noz bien amez les Mayeur, eschevins et habitans de nostre dite seignorie de Montbar et aultres tenans et possédans heritaiges en la justice, finaige et territoire du dit Montbar sur cinquante marcs d'argent qu'ilz leur devoient et nous doibvent à présent chascun an, la somme de soixante dix francs pour accroissance, oultre la somme cy après desclarée des dits cinquante marcs d'argent, lesquelz nos dits prédécesseurs ont voulu que d'iceulx cinquante marcs d'argent en leur payant chacung an la somme de trois cent francs ilz fussent certaine espace de temps quictes et paisible sans fournir pour la dite accroissance ne aultrement plus avant des dits III^c frans dont ils ont joy et usé paisiblement de leurs dites lettres sorty plain effect ainsi que par la vérification sera veu comme ils disent. A ceste cause en ayant regard aux considérations que dessus, mesmement que depuis l'octroy de nos dits prédécesseurs, les dits habitans d'icelle seignorie de Montbar et autres dessus dit y ayant des héritaiges n'ont guères fructiffiés, mais eu plusieurs pertes et dommaiges au moien des guerres et divisions que cy devant ont eu cours qui en à la destruction, travail et grande folle des dits habitans et aultres, voulans par ce les solaiger, aider et survenir libéralement, affin qu'ilz se puissent remectre sus en meilleur valeur. Pour la singulière affection qu'avons à eulx, avons accordé, permys et octroyé, accordons, permectons et octroyons par ces présentes de nostre plaine puissance aus dits

---

(1) Ce prince, marié à Marie de Savoie, avait reçu en don de Louis XI la châtellenie de Montbard, que leur fille porta dans la maison de Longueville.

Mayeur, eschevins et aultres dessus dits, que pour le temps et terme de huit ans commancant le dernier jour de décembre mil quatre cens quatrevings et huit dernier passé qui furent expirées avant noz lectres signées de nostre secretaire maistre Jacques Monot, iceulx Mayeur, eschevins et habitans et aultres comme dit est demourront quictez, francs et paisibles des dits cinquante marcs d'argent qu'ilz nous doivent et devront chacung an durant le dit terme, en nous faisant et payant chacung an seulement la somme de trois cens francs; moyennant laquelle somme de IIIe frans, ilz sont et demeureront quictes des dits LXX frans que leur pourrions demander pour la dite accroissance d'iceulx cinquante marcs oultre les dits IIIe frans. Et ce sans préjudice de noz droitz en ce ne aultres choses. Si vous mandons et à chacung de vous commandons et enjoignons que les dits Mayeur, eschevins et aultres ayant et tenant héritaiges en la dite justice, finaige, et territoire du dit vous faites soffrez et laissez joïr et user plainement et paisiblement du contenu en nostre présent octroy le dit temps et terme de huit ans, ces présentes non vallables iceulx huit ans passez et revoluz. Et en rappourtant ces dites présentes, *vidimus* ou coppie comme il appartient vous en tenons et tiendrons quictes et deschargés. A tous nos ditz officiers auditeurs et gens de noz Comptez ausquelz mandons ainsi le faire sans difficulté en nous payant comme dit est la dite somme IIIe frans chacung an durant les dits huit ans, nonobstant toutes lectres à ce contraires empetrées et à empétrer. Donné à Espoisses le XXIIIe jour d'avril l'an mil CCCC IIII^{xx} et douze, après Pasques.   P. DE HOCHBERG.

Par monseigneur le marquis, grant chambellan du roy, maréchal de Bourgogne.
BENELLE.

Original : Archives de la ville de Montbard, *Priviléges et franchises de la commune.*

CCCXXII

Confirmation des priviléges de la ville de Montbard, par le roi François Ier.

1517 (mars).

François, par la grâce de Dieu, roy de France, savoir faisons à tous présens et avenir que nous inclinans à la supplicacion et requeste de noz chers et bien amez les manans et habitans de la ville de Montbart ou bailliage d'Auxois, tous et chacuns les previlleges, octroy, franchises et libertez à eux octroyez par noz prédécesseurs, leur avons confirmez, louez, ratiffiez et approuvez et par la teneur de ces présentes de notre grâce espécial, plaine puissance et auctorité royal, louons, confirmons, ratiffions et approuvons, pour en joïr et user par les diz supplians et leurs successeurs, tant et si avant qu'ilz en ont par cy devant deuement et justement joy et usé et qu'ilz en joïssent et usent de présent. Si donnons en mandement par ces dites présentes à noz amez et féaulx conseillers les gens tenans notre court de Parlement et de noz Comptes à Dijon, au bailly d'Auxois et à touz noz autres justiciers et officiers ou à leurs lieuxtenans présens et advenir et à chacun d'eulx sur ce requis et si comme à luy appartiendra, que de noz présens grâce, confirmation, ratificacion et approbation, ilz facent, seuffrent et laissent les dits supplians et leurs successeurs joïr et user plainement et paisiblement, sans leur faire mectre ou donner ne souffrir estre faict, mis ou donné ores ne pour le temps advenir aucun trouble, destourbier ne empeschement au contraire, lequel si faict, mis ou donné leur avoit esté ou estoit, leur mectent ou facent mectre incontenent et sans délay à pleine délivrance. Et affin que ce soit chose ferme et estable à tousjours, nous avons faict mectre notre scel à ces dites présentes, sauf en autres choses notre droict et l'autruy en toutes. Donné à Amboise ou moys de mars, l'an de grâce mil cinq cens et dix sept et de notre regne le quatryesme.

Par le roi à la relation du conseil. DESLANDES.

Originaux : Archives de la ville de Montbard, *Priviléges et franchises de la Commune*.

CCCXXIII

Arrêt du Conseil d'Etat qui renvoie Guillaume Colle, procureur du roi au grenier à sel de Montbard, des poursuites et condamnations prononcées contre lui, à requête des officiers municipaux dudit lien, et ordonne l'élection de ces magistrats suivant les règlements et usages de la province.

1644 (2 juillet).

Extraict des registres du Conseil d'Estat.

Entre maistre Guillaume Colle, procureur du roy au grenier à sel de Montbar, Jacques Daubenton, chastelain, Hugues Blaizot, grenetier, Claude Fanon, cy devant eschevin de la dite ville, Jean Daubanton, notaire royal, et autres, faisans la plus seine et meilleure partie des habitans du dit Montbar denommez au procès verbal d'assemblée faite pardevant le lieutenant général d'Auxois, du 12 avril 1643, demandeurs en requestes des 13 et 20 juin et 14 aoust au dit an, suivant les arrests du conseil intervenus sur icelles les dits jours. Et en requeste verballe incerée dans l'appoinctement de réglement rendu entre les parties, le 18 fevrier dernier 1644, aux fins de cassation de l'arrest du Parlement de Bourgongne du premier du dit mois de fevrier, et de toute la procédure faite en conséquence d'une part : et les Maire, eschevins et procureur syndic de la dite ville de Montbar, Nicolas Bigarne, Pierre Ladrée et Jean Salomon, fermiers de l'octroy de la dite ville, deffendeurs d'autre ; et entre le dit Colle, en son nom, demandeur aux fins de deux requestes jointes au procès suivant les arrests du conseil intervenus sur icelles, les 10 novembre 1643 et 5 janvier dernier d'une part : et Chrestien Guilleminot, cy devant Mayeur du dit Montbar, Jacques Canat, ancien eschevin et garde des Evangiles, Chrestien Depoisses, eschevin, et Jacques Bigarne, procureur syndic du dit Montbar, Louis Briois et Lazare Lequeux, huissier au Parlement de Bourgongne, Michel Treuvé, sergent royal à Noyers, inthimez en leurs noms, et les dits Bigarne, Ladrée et Salomon, fermiers du dit octroy, deffendeurs d'autre, et encore le dit Colle, demandeur et requérant le profit des deffaux par luy levez au greffe du conseil, les 17 mars, 30 may et 8 juin derniers d'une part, et le procureur général au dit Parlement de Bourgongne, deffendeur et deffaillant d'autre.

Veu au conseil du roy la dite requeste du 13 juin 1643, aux fins de rapport de l'arrest du conseil du 24 octobre 1641 et lettres patentes du trentiesme du dit mois et an pour la levée des droits par le bled, vin et viande et autres denrées qui se vendent en la dicte ville de Montbar et révocation de l'octroy porté par iceux, comme poursuivy sans délibération libre et consentement général des habitans sur pretextes supposez et à la foulle des plus misérables, sauf, après la vérification des debtes et le compte rendu par les administrateurs, estre pourveu par quelque autre moyen plus convenable. Arrest du conseil du dit jour intervenu sur la dite requeste, portant que les dits Maire et eschevins seront assignez aux fins d'icelle, pour parties ouyes estre ordonné ce que de raison. Exploict d'assignation donnée en consequence le 4 juillet en suivant. Autre arrest du conseil du 20 juin au dit an portant que les informations et procédures criminelles faites au Parlement de Bourgongne et sur les lieux, à la requeste des dits Maire et eschevins et fermiers de l'octroy contre ledit Colle et consorts, pour raison de l'assemblée contenue au procès verbal du 12 avril, et délibération faite en consequence, seroient apportées au greffe du conseil, et ce pendant surcéance de toutes contrainctes et poursuites faites allencontre d'eux : exploicts de signification des 4 et 7 de juillet au dit an. Autre arrest du dit conseil du 14 aoust en suivant, par lequel sur l'appel interjetté par les demandeurs de l'ordonnance du garde des Evangiles et eschevins du dit Montbar du 24 juin au dit an, portant nomination des nommez Louis Vossin et André Taphinon pour scrutateurs et prendre les voix de l'eslection qui estoit à faire des officiers de ville du dit Montbar, a esté converty en opposition, et le tout joint (1) à l'instance principalle pendante au conseil, tant sur la cassation des procédures criminelles que revocation de l'octroy, ce pendant que la provision il seroit pardevant le plus prochain juge royal des lieux non suspect, procédé à l'eslection des Maire et eschevins du dit Montbar en la manière accoustumée, conformément aux arrests et usages de la Province : deffences au dit Parlement de Bourgongne d'en cognoistre et de faire aucune poursuitte contre le dit Colle et consors, au préjudice de la surceance portée par l'arrest du 20 juin, à peine de cassation des procédures et de tous despens, dommages et interests, main levée des saisies de leurs biens, et les commissaires deschargez. Exploicts de signification du dit arrest du 27 du dit mois

(1) Le 24 juin 1643, la commune de Montbard étant assemblée en la chapelle du prieuré de Saint-Thomas pour entendre le compte-rendu de la gestion des affaires municipales par la magistrature sortante, représentée par Chrétien Guilleminot, controleur au grenier à sel, maire ; Jacques Canat, garde des Evangiles ; Cl. Robelin, P. Bigarne, P. Thevenet, Bernard de Jailly et Chrétien Dépoisses, échevins, et procéda ensuite à l'élection de nouveaux magistrats, demande fut faite à Jacques Canat, échevin et garde des Evangiles, de s'entourer pour cette élection de « controleurs » non suspects, parmi les notables qui ne devaient accepter aucune charge cette année. C'est pourquoi il désigna pour scrutateurs Louis Vaussin, grenetier du grenier à sel, André Taphinon, notaire, Nic. Monchenet, tanneur, et Georges Godin, drapier.

A l'appel des noms de Vaussin et Taphinon, Me Guillaume Colle protesta, au nom des habitants contre le choix de deux personnages qu'il accusait d'avoir déserté la ville lors de l'arrivée de M. de Langeron ; d'être cause des dettes qui écrasaient la ville et pour lesquelles procès avait été intenté contre eux au Parlement de Paris. Il se plaignit qu'on n'eût pas préféré pour scrutateurs Hugues Blaisot et Jeannin, qui avaient déclaré vouloir n'accepter aucune fonction. Toutefois, pour ne point retarder l'élection, il consentit à ce que Vaussin et Taphinon fussent admis, mais avec Blaisot et Jeannin. Ajoutant, cependant, qu'il y avait un moyen certain de rendre l'élection moins suspecte que ces procédures dirigées par certains magistrats contre des habitants au Conseil du roi et au Parlement de Paris, c'était de faire présider la séance par le plus prochain juge royal, le tout sous peine de nullité et d'intérêts et dépens contre les auteurs.

Répliquant à G. Colle, le syndic Jacques Bigarne maintint le choix de Vaussin et de Taphinon, traita de mensongers les faits invoqués contre eux, accusa Blaisot et Jeannin de brigues, déclara ce dernier incapable d'exercer une charge publique comme poursuivi pour crime, conclut aux fins du garde des Evangiles, protesta contre l'empêchement apporté par Colle à l'exercice des priviléges de la ville, avec menaces de lui en faire supporter personnellement les conséquences, et demanda lecture du registre des délibérations.

Colle ne voulut pas rester sous le coup des accusations du syndic ; il déclara fausses et calomnieuses les raisons invoquées contre Blaisot et Jeannin. Il établit que, outre leurs propres déclarations, ils n'étaient point dans la condition pour accepter la magistrature, combatlit le choix de Monchenet, beau-frère du syndic, de Godin, beau-frère d'un échevin, insista de nouveau pour que le choix des controleurs fût attribué au plus prochain juge royal, et dans le cas contraire persista dans ses protestations.

Le garde des Evangiles donna acte à l'un et à l'autre de leurs protestations, et maintint le choix qu'il avait fait de Vaussin et de Taphinon. Mais Colle ayant protesté de plus fort et interjeté appel de cette décision, le garde des Evangiles n'osa passer outre, et, par « révérence » dudit appel, il leva la séance et ajourna l'élection.

d'aoust et 12 septembre en suivant; le dict arrest du Parlement de Dijon du premier de février dernier, par lequel est ordonné que sur l'appel de la dite ordonnance du garde des Evangiles et eschevins du 24 juin 1643, les parties auront audience au premier jour, cependant deffences de procéder à l'eslection des Maire et eschevins, et au lieutenant général de la chancellerie de Semur de se transporter audit Montbar pour cest effect. Arrest du 10 novembre 1643, par lequel sur la requeste du dit Colle, aux fins de rapport d'autre arrest du conseil obtenu sur requeste par le procureur général du dit Parlement, le 14 aoust, et cassation requise de toutes les procédures extraordinaires faictes au dit Parlement et sur les lieux, ensemble sur la cassation d'autre arrest du dit Parlement de Bourgongne du 2 du dit mois d'aoust: auroit esté ordonné que les parties seroient sommairement ouyes et le tout joint aux instances d'entre les parties pendantes au conseil en exécution des arrêts des 13 et 20 juin et 14 aoust pour leur estre fait droict, surçoiront cependant toutes contraintes contre le dit Colle, et autres denommez au procès verbal, du 12 avril 1643; et sans s'arrester à l'arrest du dit Parlement du 12 aoust au dit an, est ordonné que le dit arrest du conseil du quatorze du dit mois seroit executé pour le regard de l'élection des dits magistrats selon sa forme et teneur. A cette fin, le lieutenant général de la chancellerie de Semur commis, et ce qui seroit par lui ordonné, exécuté, nonobstant oppositions ou appellations quelconques, deffences au Parlement d'en connoistre. Signification du dit arrest du 29 du dit mois et an, le dit arrest du conseil du 14 aoust, sur la requeste du dit procureur général, portant que l'instruction criminelle faite au dit Parlement, seroit continuée jusques à arrest deffinitif exclusivement pour le tout rapporté et veu au conseil, estre ordonné ce que de raison. Arrest du dit Parlement du 12 du dit mois d'aoust, par lequel le dit Colle auroit esté déclaré decheu de son appel de l'ordonnance du garde des Evangilles et eschevins du 24 juin, et condamné à l'amende et aux despens. Autre arrest du 5 janvier dernier par lequel la requeste du dit Colle, afin de rapport de celuy du 14 aoust 1643, obtenu par le dit procureur général, et de cassation de toute la procédure criminelle fait au Parlement de Bourgongne à l'encontre de luy au préjudice des arrests et deffences du conseil: tant à la requestre des Maire et eschevins, fermiers de l'octroy, huissiers du Parlement de Bourgongne, que du procureur général d'iceluy, ensemble de l'arrest de condamnation de mort rendu à l'encontre du dit Colle par deffaut et contumace au dit Parlement, le 1er décembre au dit an. Procèz verbal d'exécution faite en figure et tout ce qui s'en est ensuivy, a esté joint aux instances pendantes au dit conseil entre les parties pour leur estre fait droit : cependant deffences à tous huissiers de mettre le dit arrest de condamnation de mort à exécution contre le dit Colle, n'y d'attenter à sa personne et biens, à son procureur général d'en faire aucunes poursuittes et au dit Parlement de Dijon d'en cognoistre, jusques à ce qu'autrement par Sa Majesté en aye esté ordonné, à peine de nullité, prise à partie, cassation de procédures, dommages et interests du dit Colle, et à luy permis faire inthimer qui bon luy sembleroit. Exploicts de significations et assignations des 22 et 28 du dit mois et an, la dite requeste verbale incerée au dit appointement de réglement du 18 fevrier dernier, afin de cassation de l'arrest du dit Parlement de Dijon, du 1er du dit mois, les dits deffaults levez au greffe du conseil, par le dit Colle contre le dit procureur général sur les assignations et réassignations à luy données des 17 mars, 30 may et 8 juin derniers. Les dits exploits d'assignations et réassignations des derniers de fevrier et 20 avril derniers, le dit arrest du conseil du 24 octobre 1641 et lettres patentes de l'octroy dont est question du 30 du dit mois et an. Procèz verbal de l'assemblée des dits Maire et eschevins pour l'obtention du dit octroy du 20 janvier 1641. Acte de délivrance et adjudication d'iceluy faite au dit Bigarne Ladrée et Salomon du 5 may 1642. Procédures faites au Parlement et sur les lieux contre plusieurs habitans du dit Montbart pour la levée des deniers du dit octroy, devoirs et reglemens intervenus sur icelles, le dit procès verbal d'assemblée du 12 avril 1643, fait pardevant le lieutenant général d'Auxois, afin de parvenir à la révocation du dit octroy. Autre procès verbal d'assemblée des dits habitans pour le fait de l'eslection de leurs magistrats, sur lequel est l'ordonnance du garde des Evangiles et eschevins pour le fait des scrutateurs du dit jour 24 juin ; autre procès verbal d'assemblée des dits habitans du 6 septembre au dit an, sur un projet d'accommodation d'entre les parties du 20 aoust precédent. Autre projet d'accommodation escrit en forme de réglement et arrest fait entre le dit Colle et le syndic des habitans pour la tenue de l'assemblée et forme de l'eslection des officiers de ville, en exécution des arrests intervenus entre les parties du 28 du dit mois de septembre. Exploict de commandement du 20 novembre au dit an, fait au dit Colle par Jacquin, huissier au dit Parlement de Bourgongne, pour le payement de l'amende portée par l'arrest du dit Parlement du 12 aoust, contenant la réponce qu'il en estoit deschargé par les arrests du conseil auparavant intervenus. Procès verbal du lieutenant général de la chancellerie du dit Semur sur l'exécution des arrests du conseil des 14 aoust et 10 novembre pour le fait de l'eslection des magistrats le premier et second fevrier dernier. Arrest du Parlement de Bourgongne du 9 juin 1592 ;

21 mars 1615; 29 juillet 1622; 25 juin 1632; 2 aoust 1634 et 22 septembre en suivant, intervenus sur la forme des eslections des officiers de ville du dit Montbar et tenue de leur assemblée. Estat des debtes contractées par les dits Maire et eschevins du dit Montbar pour la communauté, signé Bigarne, syndic, du 20 aoust au dit an. Arrest du dit conseil du 7 janvier 1642, rendu entre messire Christophle Duplessis, seigneur et baron du dit Montbar, et les Maire et eschevins de la dite ville portant renvoy de tous les différends d'entre les parties et autres, concernans les droits de la dite seigneurie en la première chambre des enquestes du Parlement de Paris avec attribution de juridiction à icelle et interdiction au Parlement de Bourgongne. Arrest de retention donné en conséquence du dit renvoye en la première chambre des enquestes du 29 mars 1642. Exploicts d'assignations données à la requeste du dit seigneur de Montbar aus dits Maire et eschevins en la dite chambre des enquestes et autres parties, pour rendre compte de leur administration et maniment des deniers communs et revenus de l'hospital du dit Montbar du 26 mars 1643. Lettres patentes de continuation de l'ancien octroy pour neuf ans à la dite ville de Montbar de cinq solz pour minot de sel rendu et debité au grenier à sel du dit Montbar, et vingt sols sur queue de vin entrant et se consommant en la dite ville, pour estre employés aux réparations des ponts et chaussées d'icelle du 28 avril 1632. Arrest de vérification et ordonnance des trésoriers de France sur les dites lettres. Comptes rendus en la chambre des Comptes de Bourgongne par les dits Maire et eschevins des deniers du dit octroy. Autre compte des deniers de la continuation du dit octroy pour trois ans finis en 1639. Procès verbal d'assemblée de la dite ville du 24 decembre 1636, pour la vente et aliénation des pâtis communaux d'icelle, et employ des deniers en provenans à l'acquit des charges de la communauté. Ordonnance des dits Maire et eschevins pour la visitation des ruynes et dégradations survenues aux murailles et fermeture de la dite ville, du 28 novembre 1640. Procès verbal de l'estat des dites réparations du 18 decembre en suivant. Certificat des officiers du grenier à sel du dit Montbar, que les dits habitans ne recoivent plus les cinq sols pour minot de sel depuis l'an 1636. Estat des charges et debtes de la dite ville presenté aux tresoriers de France, pour avoir leur advis sur l'octroy dont est question. Advis des trésoriers de France pour le dict octroy. Lettres patentes du 24 avril 1637 pour l'octroy accordé à la ville de Semur. Arrest du conseil du 27 fevrier 1641, pour l'octroy accordé à la ville d'Auxerre. Information faite de l'ordonnance du Parlement de Bourgongne sur la plainte des Maire et eschevins du dit Montbar et fermiers de l'octroy, par le sieur Milliere, conseiller au dit Par-

lement contre le dit Colle et consorts, pour raison de l'assemblée faite pardevant le lieutenant général d'Auxois, contenue au procès verbal du 12 avril, des 8 et 9 juin au dit an. Décret d'adjournement personnel à l'encontre d'eux du dit Parlement de Bourgongne du 29 du dit mois, et depuis converty en prise de corps. Exploicts de saisies et annotations de leurs biens faites en conséquence, interrogatoire presté pardevant le dit commissaire par le nommé Espry, l'un des accusez, du 6 juillet, aux dits procès verbaux de contrainte faite contre le dit Colle par les dits Briois, Treuvé et Lequeux des premier juillet et 6 octobre audit an. Acte de plainte faite par ledit Colle de la violence des dits huissiers au préjudice des défenses et arrests du conseil pardevant le Bague, sergent, du dit jour premier juillet. Autres informations faites à la requeste des dits huissiers de l'ordonnance du dit Parlement de Bourgongne par Charière, huissier d'iceluy, les deux et trois aoust. Procèz verbal de récollement fait par le dit sieur Milliere des tesmoings ouys en la dite information et par ampliation sur le procez verbal du 6 octobre, de la plainte du dit Lequeux, le 6 novembre en suivant. Exploits de proclamation à trois briefs jours contre le dit Colle, du dit jour 6 octobre au dit an. Conclusions préparatoires du dit procureur général, sur lesquelles a esté decerné le decret de prise de corps contre le dit Colle, le dit arrest de condamnation de mort du premier décembre dernier intervenu à l'encontre de luy, par lequel il est déclaré deuement atteint et convaincu des exceds et rebellions commises ausdits huissiers, et pour réparation condamné à estre pendu et estranglé au champ du Morimont de la ville de Dijon, et que pour son absence l'exécution en seroit faite en figure, en mil livres d'amende envers le roy, trois cens livres d'interest partageables egalement entre les dits huissiers et aux despens des procédures, le surplus de ses biens confisquez à qui il appartiendra, en fin duquel est le procez verbal de l'exécution d'iceluy. Acte de comparution personnelle faite au greffe du conseil par le dit Colle, pour ester à droict et justifier son innocence sur la cassation par lui requise du dit arrest, et procédures extraordinaires du dit Parlement de Bourgongne, le dit appointement de reglement rendu entre les parties le 18 fevrier dernier. Arrest du conseil du 4 mars ensuivant, portant que le dit réglement sera exécuté et que les parties y satisferont dans les délais portez par iceluy. Autre appointement, du 2 avril, par lequel le dit réglement est déclaré commun avec les dits Guilleminot, Briois, Lequeux et Treuvé; requeste présentée par les dits Maire et eschevins, afin de rapport des arrests des 14 aoust et 10 novembre 1643, sur laquelle est ordonné qu'en jugeant seroit fait droict, signifiée le 3 du présent mois de juin. Autre requeste des dits Guilleminot et fermiers de l'octroy, afin d'estre deschargez des assignations à eux données en vertu de l'arrest du cinquiesme janvier, sur laquelle est l'ordonnance du conseil qu'en jugeant seroit fait droict, signifiée le dit jour troisiesme du dit mois. Requeste des dits Maire et eschevins, pour adjouster à leur production les pièces y mentionnées, sur laquelle est ordonné soient les pièces reçues et communiquées et sur le surplus en jugeant sans retardation du premier du dit mois, signifiée le trois. Autre requeste des dits Maire et eschevins, d'employ de contredits contre la production du dit Colle et consors, et pour adjouster à leur production; autre pièce y mentionnée, sur laquelle est mis, soit la pièce reçue et communiquée sans retardation du 14 du présent mois. Requeste des dits Colle et consorts, servant d'employ de contredits contre la production des dits Maire et eschevins, et pièces adjoustées à leur production, ensemble de responses aux autres requestes des dits Maire et eschevins, Guilleminot et fermiers de l'octroy, sur laquelle est ordonné, ayent acte de l'employ et offres y contenues et sur le surplus en jugeant sera fait droict, du dit jour et an, signifiée le 16 du dit mois. Autre requeste du dit Colle et consorts, servant de salvation contre les contredits des défendeurs et pièce mentionnée par iceux, sur laquelle est ordonné acte et mise au sac pour en jugeant du....... du dit mois. Requeste du dit Briois, Lequeux et Trouvé, huissiers, à ce que le dit Colle soit tenu se mettre en estat pendant le jugement de l'instance, sur laquelle est ordonné, en jugeant sera fait droict, signifié le 21 du dit présent mois. Escritures, productions des parties, et tout ce que par elles a esté mis par devers le sieur Le Lièvre, conseiller du roy en ses conseils, maistre des requestes ordinaire de son hostel, commissaire à ce député, qui a communiqué de l'instance aux sieurs Aubery et Favier, conseillers ordinaires de Sa Majesté en ses conseils d'Estat et privé, et Tubeuf, intendant des finances, suivant l'ordonnance du conseil du quatriesme du dit présent mois et an, ouy son rapport et tout considéré.

Le Roy en son conseil, faisant droict sur le tout, sans avoir égard à la procédure criminelle faite au dit Parlement de Bourgongne, contre le dit Colle, en conséquence des dits procèz verbaux de rébellion, arrest de condamnation de mort rendu contre luy par deffauts et contumaces, procès verbal d'exécution, et tout ce qui s'en est ensuivy, l'a deschargé et descharge des condamnations portées par iceluy, l'a renvoyé en l'exercice de sa charge. Ordonne que les émolumens luy en seront rendus et restituez, mesme luy a fait pleine et entière main levée des dites saisies et annotations de ses biens, à la restitution des quels les gardiens et commissaires seront contraints, comme dépositaires de biens de justice, et ce faisant les a bien et valablement deschargez. Et pour ce qui concerne l'eslection des Maire et eschevins du dit Montbar, ordonne qu'il y sera procédé, si fait n'a esté, suivant les réglements et usages de la Province. Et en cas de contestation renvoyer les parties au Parlement de Bourgongne. Ordonne Sa Majesté que les dits Maire et eschevins seront tenus rendre compte des deniers communs pardevant le sieur de Machault, intendant de justice en la dite Province ; et sur la requeste affin de révocation du dit octroy, ensemble sur la procédure extraordinaire faicte à l'encontre du dit Colle et autres, en conséquence de la plainte au dit Parlement de Bourgongne, le deuxiesme de juin 1643, a mis et met les parties hors de cour et de procèz, et déclare le présent arrest commun avec le sieur procureur général, le tout sans despens, dommages et interests. Faict au conseil d'Estat du roy, tenu à Paris, le deuxiesme jour de juillet mil six cens quarante quatre. BOUER, *greffier au conseil*.

Imprimé du temps. Archives de la ville de Montbard, *Priviléges et franchises de la Commune*.

CCCXXIV

Arrêt du Parlement de Dijon, qui ordonne que, nonobstant l'absence du Maire, il sera procédé à l'élection des échevins.

1646 (17 novembre).

Extrait des registres du Parlement.

Sur la requeste de maistre André Taphinon, notaire royal à Montbart, en qualité de procureur sindicq de ladite ville, à ce qu'atendu que par arrest du deuxiesme d'aoust dernier, donné en audience sur l'appellation par luy émise du procédé de maitre Jacques Monchinet, garde des Evangiles, audit lieu à l'élection des eschevins de ladite ville, ayant esté ordonné en réformant qu'en un seul jour il seroit procédé à l'élection desdits eschevins suivant la forme prescrite par les précédents arrests, il n'y auroit peu estre satisfaict à cause de la maladie du sieur Vaussin, Mayre d'icelle ville et esleu du Tiers estat du pays. Et comme d'ailleurs ledit Vaussin estant journellement occupé aux affaires dudict pays en cette ville de Dijon, il ne pouvoit faire séjour audit Montbart, ny par conséquent vacquer à ladicte élection, par la retardation de laquelle les affaires demeuroient au grand interest d'icelle, requeroit ledit Taphinon qu'il pleust à la cour ordonner qu'il seroit procedé à ladite élection conformément audit arrest, par devant M. Jacques Rayard, premier eschevin dudit lieu. Veu ledit arrest la cour a ordonné et ordonne qu'il sera procédé incessamment audit arrest par devant maistre Jacques Ravard, premier eschevin dudit lieu, conformément audit arrest à la diligence du dit procureur syndic par devant ledit maistre Jacques Ravard, premier eschevin de la dite ville en absence du Mayre. Faict en Parlement à Dijon, le dix septiesme novembre mil six cens quarante six. SAUMAISE.

ECHEVRONNE ET CHANGEY

Cette paroisse, aujourd'hui commune du canton de Nuits, dépendait avant la Révolution du bailliage de Beaune, de la prévôté de Bouilland et de la châtellenie de Vergy. Entrée dans le domaine ducal, par suite du mariage d'Alix, fille de Hugues, baron de Vergy, avec le duc Eudes III, elle en sortit vers 1640 pour former une seigneurie particulière qui, en 1789, était possédée par M. Guyard de Changey, commandant du château de Dijon.

CCCXXV

Charte de reconnaissance des franchises des habitants d'Echevronne, par Alix, duchesse de Bourgogne.

1231 (octobre).

1. Ego Aalydis ducissa Burgundie (1), omnibus notum facio, quod ego, de voluntate decani et capituli Eduensis (2), feci inquiri et quid juris haberet dominus Vergeii in villa de Eschevrone (3), et tandem diligenti facta inquisitione per

---

(1) Alix de Vergy, veuve de Eudes III, duc de Bourgogne, mère et tutrice du duc Hugues IV.
(2) Le Chapitre de Saint-Nazaire d'Autun possédait un domaine à Echevronne, et, comme ses tenanciers jouissaient des mêmes droits que ceux du Duc, son acquiescement était indispensable pour leur assurer l'effet de ces franchises.
(3) Bien que le nom de Changey ne soit point exprimé dans la charte, il ressort de tous les documents postérieurs que ce hameau fit toujours corps avec Echevronne. Le terrier de la châtellenie de Vergy, dressé en 1443, en donne en ces termes le témoignage positif : « Jaçois ce que les dites lettres ne font mention fors « de la ville d'Eschevronne, laquelle est plus renommée que Changey, à cause de l'église parrochial qui est « en ycelle, néanmoins le tour et réception des gélines (prestation énoncée dans la charte) se fait sur les « habitans des deux villes, car elles sont contigues, d'une mesme parroisse, d'une mesme seignorie, et n'ont « que ung mesme finaige et une mesme communauté et usaige, sans aucune division ou séparation. »

juramenta seniorum et fide dignorum inveni ipsum dominum habere magnam justiciam et parvam in eadem villa, si clamor venerit ad prepositum suum (1) et albergariam (2) semel in anno, que recipi debet communiter ab omnibus totius ville, et percursum (3) in quolibet manso usque ad tres quartellos avene ad mensuram currentem apud Belnam (4), si facultas aderit ; sin autem, minus.

2. Quando vero recipientur albergaria et avena, eligentur quatuor a communitate ville de ipsa communitate, preposito tamen presente Vergeii; qui jurati dicent quantum poterit unusquisque solvere absque venditione vel invenditione hereditatis sue (5), tam de albergaria quam de avena.

3. Habet etiam in mansis ejusdem ville costumas statutas (6), mansos vero qui non fuerint albergati, postquam dominus mansi requisitus voluerit albergare, prepositus domini Vergeii poterit albergare, salvo jure domini mansi.

4. Habet etiam tempore carnium privium (7) decem galinas in eadem villa, sicut ego ipsa abonavi, que ita recipientur incipiendo a capite ville successive usque ad finem, ut ubi dimittitur receptio in anno presenti, incipiatur in sequenti (8).

5. Item prepositus requisitus ab hominibus ville custodiet nemora, ita quod nec ipse, nec homines poterunt extrahere vel vendere nisi de consensu communitatis ville (9).

6. Item dominus Vergeii poterit ducere homines predicte ville, vel mittere in

---

(1) « La justice et seignorie, haulte, moyenne et basse, compète et appartient à mon dit seigneur le Duc, seul et pour le tout en et sur les hommes et femmes, manans et habitans esdites villes d'Eschevronne et Changey, et en et sur tous les meix et héritaiges quelxconques des dites villes ; et en icelle justice gouvernée et exercée pour et en nom de mon dit seigneur par son chastellain de Vergy en et sur certains meix, et aussi par le prevost de mon dit seigneur en sa prevosté de Boillans sur certains autres. » (Terrier de 1443, f° 189.)

(2) *Albergaria*, redevance due pour la garde et la protection que le Duc accordait dans certaines circonstances aux hommes francs qui s'établissaient dans ses domaines, soit pour repeupler d'anciens villages, soit pour constituer ces nouveaux centres d'habitations dont plusieurs ont conservé le nom d'abergement, *albergamentum*.

(3) *Percursus*, droit de parcours des bestiaux sur tout le territoire. La redevance, pour cette faculté concédée aux habitants, se cumulait à Echevronne avec l'abergéage.

(4) « L'émine, qui est la plus grant mesure de Beaune, vault deux bichos ou deux sextiers, et le bichot deux quartaulx, le quartaul trois boisseaulx, et le boisseaul deux mesures. Et se mesure l'avoine au rey. » (Terrier de 1443.) A cette époque la redevance variait de trois à 5 bichets.

(5) « Le gied (répartition) des avennes est une redevance perpétuelle ainsi appellée et se fait chacun an par certains prudhommes nommés et esleuz par les dits habitans et par serement presté es mains du chastelain de Vergy ou son lieutenant, de bien et loyaulment gecter et imposer la dicte avenne sur chacun des dicts habitans, selon sa faculté. » (Terrier de 1443.)

(6) Coutumes établies, parmi lesquelles la taille fixée à 20 sols dijonnais, dont la répartition se faisait par des prudhommes élus par les habitants, et les cens en argent affectés sur les héritages.

(7) Temps de Carême, Caresmentrant.

(8) « Les habitans doivent à mon dit seigneur au terme de Caresmentant dix gélines par an, à payer chacun au dit terme, en commençant au chief de la dite ville et continuant jusques au nombre de dix feux et dix gélines pour une année, et là où aura fini le dit payement inclusivement au premier feu après commencera le paiement de l'année suivante, et ainsi de suite. »

(9) Cf. le titre XXIV des *Anciennes coutumes de Bourgogne* (Bouhier, I, 165).

chevauchiam pro suo proprio negotio, ita quod cum usque ad chevauchiam venerint, non poterunt ibi ultra quindecim dies detineri (1). Similiter prepositus poterit eos ducere sequendo clamorem castellanie, quando alii communiter ibunt (2).

Ille vero qui pro tempore prepositus erit Vergeii, antequam aliquid recipiatur in villa, tenetur jurare publice in ecclesia coram hominibus dicte ville et etiam dominis, si presentes fuerint, quod omnia supra dicta bona fide pacifice servabit; nec ultra hec exactionem aliquam faciet in villa in dictis hominibus, nec eos mutabit ad chevauchiam vel clamorem occasione lucri vel emende nisi necessitate imminente; quod si, quod absit, contra juramentum suum aliquid ultra predicta extorqueret vel injuriam faceret, si per dominum Vergeii super hoc requisitum infra quindecim dies non emendaretur, prepositus sine offensa domini tam de dampnis quam de capitali coram suo ecclesiastico judice posset conveniri, et in ipsum usque ad condignam satisfactionem justicia ecclesiastica exerceri (3).

Hiis exceptis nichil habet dominus Vergeii in eadem villa, et propter hoc debet eam bona fide defensare et custodire. In cujus rei testimonium presentem litteram feci sigillo meo sigillari. Actum est hoc anno Domini millesimo ducentesimo trigesimo primo, mense octobris.

Archives de la Côte-d'Or. Chambre des Comptes de Dijon. Grand cartulaire féodal, B 10423, f° 121. — *Vidimus* donné sous le sceau de Guy, évêque d'Autun (septembre 1275). Affaires des communes, B 11475. — Imprimé dans Pérard, p. 475; *Ordonnances des Rois de France*, IV, 221.

---

(1) Les villes de Dijon, Beaune, Montbard, devaient ce service pendant quarante jours seulement; aucun terme n'était exprimé dans les chartes de Châtillon, Saint-Jean-de-Losne et Salives. Echevronne, dont le temps de service pour la chevauchée était fixé à quinze jours, se trouvait sous ce rapport mieux partagée que des localités plus importantes.

(2) C'était la levée en masse quand il s'agissait de faire exécuter un mandement de justice ou de repousser l'invasion des ennemis.

(3) Ces garanties, stipulées par les habitants contre les entreprises du prévôt, témoignent qu'ils jouissaient déjà de certaines libertés, relativement assez étendues. Du reste, ces suppositions sont justifiées par la clause remarquable qui termine la charte.

CCCXXVI

Confirmation de la charte d'Echevronne par Hugues IV, duc de Bourgogne, et Jean, roi de France.

1265 (mars), 1362 (octobre).

Johannes, Dei gratia Francorum rex, notum facimus universis presentibus quam futuris, nos vidisse litteras Hugonis quondam ducis Burgundie, predecessoris nostri, formam que sequitur continentes.

Nos Hugo, dux Burgundie, universis presentes inspecturis notum facimus quod nos vidimus et diligenter inspeximus litteras non cancellatas, non abolitas, nec in aliqna parte sui viciatas, quarum tenor est talis :

Nos Aalaydis, ducissa Burgundie. (*Voir* n° CCCXXV.)

Nos autem predictus Hugo, dux Burgundie, hanc inquisitionem ratam, firmam habemus et acceptam et predictam inquisitionem quantum ad nos pertinet confirmamus prout a predicta Aalyde, matre nostra, invenimus et vidimus per ipsius litteras confectam. In cujus rei testimonium sigillum nostrum presentibus litteris duximus apponendum. Actum anno Domini millesimo ducentesimo sexagesimo quinto, mense martio.

Igitur visis et diligenter inspectis litteris supra scriptis, non cancellatis, non viciatis, non abolitis, nec in aliqua parte sui corruptis, sed omni vitio et suspicione carentibus, ipsas et omnia et singula contenta in eadem rata et grata habemus, eas volumus, laudamus et approbamus, et quathenus usi sunt de eisdem de gratia speciali confirmamus. Mandantes tenore presentium universis justiciariis regni nost i aut eorum loca tenentibus, presentibus pariter et futuris, ac cuilibet eorumdem, prout ad eum pertinuerit, quatinus habitantes memoratos nostra presenti gratia uti pacifice faciant et gaudere, ipsos contra tenorem ejusdem nullatenus molestando, impediendo aut perturbando, sed quicquid in contrarium foret attemptatum, ad statum pristinum et debitum reducant reduci ve faciant indilate. Quod ut firmum et stabile perpetue perserveret, litteras presentes sigilli nostri munimine duximus roborandas, salvo in aliis jure nostro et in omnibus quolibet alieno. Actum Cabiloni anno Domini millesimo trecentesimo sexagesimo secundo, mense octobris. Sic signata :

    Per regem ad relationem consilii.   FERRICUS.

Archives de la Côte-d'Or. Chambre des Comptes de Dijon. B 1359. Terrier de la châtellenie de Vergy, folio 187. — Imprimé : *Ordonnances des Rois de France*, IV, 221.

NOYERS (YONNE)

Cette petite ville fut dès le principe le chef-lieu d'une baronnie de franc-aleu relevant du roi de France, mais qui, par traité passé en 1295, fut déclarée, du consentement du seigneur, mouvoir du duché de Bourgogne et ressortir au bailliage d'Auxois. Acquise en 1419 par la duchesse Marguerite de Bavière, cette terre demeura dans la maison de Bourgogne jusqu'en 1508, qu'elle échut par représailles à la duchesse de Longueville, dont les descendants la portèrent par alliance à la maison de Bourbon, et enfin à celle des Luynes. Un bailliage fut constitué à Noyers au XVe siècle, et les franchises et les libertés dont la commune jouissait depuis 1231 et 1232, lui valurent d'être admise au nombre de celles des villes qui députaient aux Etats du Duché.

Par une charte datée du mois de septembre 1231, Miles IV, seigneur de Noyers, affranchit les habitants du droit de mainmorte (1), sous la condition expresse et sans réserve de ne point abandonner ses domaines. Son fils, Miles V, compléta l'année suivante ces priviléges. Il s'engagea à ne point exiger plus de 10 sols, de quatre bichettes d'avoine, de cens annuel du plus aisé bourgeois de Noyers.—Il se réserva le droit de mouture, le banvin, le cens, la prévôté, l'éminage, les corvées de charrue (2), les coutumes, les tierces, le four et le pressoir banal.— Les habitants furent tenus à l'entretien d'une partie des fortifications, sauf des ponts, au service de l'host et de la chevauchée, au guet et garde de nuit, le seigneur se réservant celle des portes durant le jour.—Il promit de ne point détenir en prison un habitant qui pourrait fournir caution, à moins qu'il ne fût poursuivi pour vol, meurtre, rapt ou autre crime; comme aussi de poursuivre la liberté et d'indemniser ceux qui seraient emprisonnés pour ses dettes.—Tout forfait commis par les habitants dans le ressort de la seigneurie fut passible d'une amende de 60 sols, qu'on pouvait réduire à 5 sols.—Le seigneur se réserva le droit d'indire dans ces trois cas : le mariage de sa fille, le voyage en Terre-Sainte, et sa rançon. Il promit de ne point exiger plus de 500 livres de Provins pour chacun de ces trois cas, en dehors desquels les habitants ne furent tenus à rien, si ce n'est de leur volonté. Le seigneur leur confirma les droits d'usage et de pâturage qu'ils avaient dans la forêt du Fretoy, et l'abandon de la mainmorte fait par son père. Milo jura la conservation de ces priviléges, et, à sa prière, cinq chevaliers, ses cousins ou féaux, s'engagèrent, en cas de violation des articles, à se constituer en otage à Vézelay ou à Auxerre et à n'en quitter que lorsqu'il aurait donné pleine satisfaction à ses hommes.

(1) Il existe encore dans le pays de Noyers une légende des plus touchantes sur les circonstances de cet affranchissement. La voici, telle que je la tiens d'un habitant de Noyers, feu M. Boyer, qui avait recueilli une foule de traditions précieuses sur les origines et l'histoire de son pays :
Les habitants de Noyers, courbés sous le plus dur servage, ayant imploré de leur dame un allégement à leurs maux, celle-ci, qui, dit la tradition, était aussi bonne que belle, intercéda pour eux auprès de son mari. Non seulement celui-ci se montra insensible, mais, comme elle insistait, il voulut lui ôter tout espoir de réussite en mettant à son consentement la condition la plus brutale et la plus insurmontable qu'il pouvait imposer à une femme jeune, jolie et modeste. La baronne, seulement vêtue de ses cheveux, devait paraître sur le seuil du château, et là, en présence de toute l'assistance, lancer une boule dans la campagne. Les deux côtés de l'espace parcouru par le projectile devaient être convertis en rue franche. Il faut croire que le sort de ces pauvres serfs fût bien digne de pitié, puisque, surmontant le cri de sa pudeur, la baronne eut le courage d'exécuter jusqu'au bout sa généreuse entreprise.

(2) En 1299, Miles VI leur remit ces corvées de charrue, ainsi que le guet et garde de nuit, sauf en temps de

BOURGOGNE (DUCHÉ DE)

CCCXXVII

Déclaration du duc Hugues IV, qui fait connaître à quelle condition les hommes taillables pouvaient quitter la terre de leurs seigneurs.

1232 (novembre).

Ego Hugo, dux Burgundie, omnibus presentes litteras inspecturis notum facimus quod cum consuetudo et usus sit in tota Burgundia quod quandocumque homines tailliabiles, ubicumque sint et cujuscumque sint, recedunt de justicia et dominio eorum qui ab ipsis recipiunt talliam, hoc quidem predicti homines possunt facere. Mansi vero et res que in ipsis in dominio et justicia predictorum dominorum remanent ipsis dominis, et de ipsis mansis rebus, et possunt suam omnino facere voluntatem, exceptis illis rebus quas ab aliis dominis tenent. Nos vero attendentes quod sic utatur per totam Burgundiam et terram nostram, presentes litteras sigillatas tradidimus abbati et ecclesie Flavigniacensis, volentes et concedentes ut de predictis hominibus predicto modo et de mansis et rebus eorum possint facere et gaudere. Et nos quidem bona fide promisimus dictum abbatem et ecclesiam suam super premissis contra omnes homines garantire. In cujus rei testimonium presentes litteras sigilli nostri munimine fecimus roborari. Actum anno Domini M° CC° XXX° II° mense novembri.

Original ; Archives de la Côte-d'Or, H. Clergé régulier. Fonds de l'abbaye de Flavigny. Titres concernant la ville de Flavigny.

guerre, la pêche dans la rivière ; il confirma leurs droits d'usage et de pâturage dans les bois, moyennant l'abandon pendant vingt ans de la coupe du bois de Fretoy. En 1317, il leur confirma les droits d'usage et de pâturage dans les mêmes bois, leurs droits de pêche et de chasse, créa pour l'entretien de sa chapelle de Saint-Nicolas un droit d'habitantage sur ceux qui voudraient devenir bourgeois de Noyers, leur remit le droit d'indire et leur accorda toute liberté de succession sous la condition d'en payer la bourgeoisie.

LA ROCHE POT

Cette commune du canton de Nolay et de l'arrondissement de Beaune, dépendait avant 1790 du bailliage de Beaune et du diocèse d'Autun. Elle doit son origine au château, dont les ruines pittoresques couronnent la montagne qui domine la vallée au fond de laquelle elle est assise. Ses premiers seigneurs, du nom de La Roche, apparaissent à la fin du XIIe siècle parmi les plus notables du Duché. Un siècle plus tard leur domaine passait à la maison de Ploto, puis à celle de Beaujeu par les Frolois et les Thil, pour tomber vers 1374 en celle de Regnier Pot, qui substitua son nom de Pot à celui de Nolay par lequel elle avait été longtemps désignée.

CCCXXVIII

Charte de franchise accordée par Hugues, seigneur de La Roche, aux habitants de La Roche Pot.

1233 (avril).

In nomine sancte et individue Trinitatis, amen. Anno Verbi incarnati millesimo ducentesimo tricesimo tercio, mense aprilis, regnante Ludovico Dei gratia illustri rege regni Francorum (1), Hugone duce Burgundie existante (2).

1. Ego Hugo, dominus Roiche (3), ego Hamyela, uxor ipsius Hugonis, et ego Guido, filius dicti Hugonis, et dicta Hamyela, notum facimus et certifficamus presentibus et futuris quod nos homines nostros et mulieres de Rocha, de consensu et peticione ipsorum, manumittimus omnibus juribus, usibus et bonis consuetudinibus que prius fuerant in illa villa de Rocha integre conservatis, ipsos eciam hujusmodi libertatibus perpetuo condonantes (4), quod nos auctoritate, vel nomine nostro, infra subscriptos terminos vel alibi quemcunque hominem vel mulierem hujus libertatis non capiemus nec capi faciemus, nisi tale quid commiserit vel taliter deliquerit, supra quo non possit fidejussores dare nec pro pecunia possit vel debeat liberari (5) : videlicet ab egressu Baubigneii (6), versus

---

(1) Saint Louis, roi de France.
(2) Hugues IV, duc de Bourgogne.
(3) Hugues était le fils de Hugues de la Roche, qui souscrivit la charte de commune de Dijon (I, 14, 19).
(4) Ce paragraphe, emprunté comme toute la charte aux franchises de Chagny, témoigne que les habitants de La Roche Pot jouissaient déjà de certaines libertés, dont ces lettres ne furent que la confirmation.
(5) Les hommes de La Roche Pot, de même que ceux de Chagny, avaient ainsi le privilége d'éviter la prison en fournissant caution, lorsque le fait pour lequel ils étaient poursuivis ne pouvait entraîner qu'une amende ou une peine pécuniaire appelée composition.
(6) Baubigny, qui relevait de la baronnie et plus tard châtellenie ducale de Saint-Romain, est située au nord de La Roche Pot.

Rocham, usque ad ulmum de Flaigny (1), et a cruce de Rochulam (2), versus Rocham usque ad ulmum de Gergu circiter et internis comprehensos. Omnes sub protectione vel dominio nostro qui infra dictos terminos moram, mansionem seu estagium (3) suum habent vel habebunt in futurum, tam adventicios et advenientes quam alios, supra scriptas et subter scribendas libertatibus perpetuo mancipamus, res jura, et possessiones ipsorum, ubicumque fuerint, pro posse nostro conservaturi et deffensuri contra omnes, exceptis omnibus nostris quos habemus et habebimus extra dictam villam de Rocha et dictos terminos, et exceptis illis qui de feodis vel casamentis nostris (4) movent (5). Et si aliquem hominem vel mulierem hujus libertatis, infra dictos terminos vel alibi, captum fuisse contigerit, ipsos tenemus et debemus bona fide repetere et pro posse nostro liberari facere (6).

2. Et si forte aliquis vel aliqua de libertate nostra exierit, et alibi voluerit facere mansionem, omnia illa que a nobis tenebit, in eodem statu in quo erunt, nobis remanebunt. Omnia vero alia sua a loco in quo manserit libere tenebit (7).

3. Et sciendum est quod nos, de singulis focis hominum hujus libertatis infra dictos terminos morancium vel habitancium, habebimus viginti solidos in vigitlia Sancti Remigii vel in die annuatim persolvendos, et duas corveias, scilicet unam ex venison (8), unam ex tremys (9), quas tamen debemus repeti annuatim et habere (9). Et si aliquis vel aliqua, paupertate vel penurie causa, non sufficeret rationabiliter viginti solidos persolvere, prepositus vel serviens noster, duobus probis hominibus adhibitis, sub estimatione legitima, minus accipiet. Con—

---

(1) Flaigny, hameau qui dépend de La Roche Pot, est situé au nord.

(2) La croix de la Rochette borne le finage de La Roche Pot du côté de l'est, et l'orme de Gergey du côté opposé.

(3) *Casamentum* se distingue du *feodum*, en ce sens que celui-ci se transmettait par héritage, tandis que *casamentum* n'était qu'une concession précaire et viagère, dont on trouve beaucoup d'exemples en Bourgogne.

(4) Cette phrase est, en d'autres termes, la répétition du *Salvis juribus que habent ecclesie et milites in hominibus suis*, des chartes de Dijon, de Beaune et de Montbard; c'est-à-dire que le suzerain ne se reconnaissait pas le droit de rien changer à la condition des hommes appartenant aux églises ou aux vassaux qui relevaient de lui.

(5) Ce § est la reproduction du même article de la charte de Chagny. (Voir p. 94.)

(6) On comprend que le seigneur de La Roche Pot, dont la charte avait été dictée moins dans une pensée d'émancipation que par la nécessité de fixer ses hommes dans sa terre, ne se souciait pas de voir ces hommes aller grossir le nombre des bourgeois des localités plus favorisées et devenir, de résidants, forains. Or, comme il importait que son fief fût servi et sa terre gardée, il mit pour condition à la jouissance de ces franchises l'habitation réelle. Cette renonciation entraînait l'abandon complet des biens meubles et immeubles possédés dans la seigneurie que l'on quittait, sans préjudice du droit de poursuite que le seigneur pouvait exercer en absence du désaveu, mais auquel, ici, le seigneur renonce formellement.

(7) *Venison* ou *benison*, semailles d'automne ou épies.

(8) Semailles de printemps ou carêmages.

(9) Le seigneur de La Roche Pot n'avait point donné à ses hommes, suivant l'exemple de ceux de Chagny, la faculté de convertir à leur gré cette corvée en argent d'une valeur fixe.

sideracio hujusmodi adhibenda est in recepcione vigenti solidorum, quos ad singulos adventiciorum pro intragio (1) debemus habere (2).

4. Et quadragenta dies de creancia (3), et si post factam nobis creanciam, quadraginta diebus completis, facta non fuerit pagamentum creditoribus, debent nobis permonstrare, et debemus illis garantagium suum facere (4), alioquin non tenentur nobis creanciam facere, nisi facto garantagio suo (5). Et si aliquis nobis vel mandato nostro res sua absconderet quas aliis in continenti tradere vellet, per legitimos testes convictus septem solidos daret pro emenda. Et si prepositus vel serviens noster factam nobis creanciam negaret, creditor, cum duobus legitimi testimonii viris juratis, contra ipsum probaret. Similiter prepositus vel serviens noster pagamentum factum creditoribus probaret, sine bello (6), sine duello (7).

5. Preterea supradicti homines debent nobis, in propriis expensis suis, exercitum et chevachium, tantum modo in negociis nostris et in deffencione ducatus Burgundie (8), et non in aliorum negociis et auxiliis, nisi de consensu et voluntate sua (9); et infra castellaniam de Rocha prepositum nostrum ejusdem ville tenentur in auxilium sequi cum expedierit (10); extra vero non tenentur nisi de voluntate sua. Et si aliquis, egretudine vel aliqua evidenti necessitate, cum exercitu et chevauchia nostra, vel, ut dictum est, cum preposito non posset ire, pro se receptibilem et competentem debet mittere, alioquin dare septem solidos pro emenda.

6. Possumus eciam in dicta villa super quatuor questam facere : De itinere Iherosolimitano peragendo : De capcione nostri corporis, quod absit domino protegente : De terra acquirenda ad baroniam pertinente : De filia maritanda. Supra quibus debent nobis auxilium, cum a nobis vel mandato nostro fuerent requisiti (11).

---

(1) C'est la première fois qu'apparaît le droit d'habitantage imposé aux étrangers venant résider dans une localité. On a vu plus haut que Hugues IV inscrivit cette prestation dans sa confirmation de la charte de Saint-Jean-de-Losne (p. 11).
(2) Imitation du second paragraphe de la charte de Chagny.
(3) Forme du mot *credentia*, crédit.
(4) Donner des gages en garantie.
(5) Imité du § 6 de la charte d'Auxonne (p. 29).
(6) C'est-à-dire que la preuve par champions ou par le duel n'était point admise.
(7) Les §§ 4, 5, 6 et 7 sont la reproduction à peu près identique des mêmes articles de la charte de Chagny.
(8) Voir la charte de Dijon (I, 12).
(9) Cette réserve du seigneur à l'endroit du service militaire obligatoire, apparaît ici pour la première fois.
(10) Probablement pour assurer l'exécution de la justice.
(11) C'est le droit d'indire consacré par la coutume du Duché (voir I, 32). La charte de La Roche Pot, moins libérale que celle de Chagny, ne reconnaissait point aux habitants le droit de se soustraire à cet impôt forcé.

7. Nos vero super dictas libertates et omnia suprascripta, sacro sanctis Evangeliis tactis, juravimus et promisimus inviolabiliter observare et nunquam contravenire. Volumus etiam, precipimus et concedimus dicte ville et hominibus et mulieribus jure perpetuo cedere hec omnia supradicta ab heredibus vel successoribus nostris, quibus dictam villam devolvi contingerit, interpositione juramenti firmiter et irrefragabiliter perpetuo conservari. Salvo tamen quod emendas nostras consuetas recipiemus, videlicet : pro clamore septem solidos quod persolvet proclamans, si in probando clamore suo defecerit, vel ille de eo clamor factus fuerit, si jus proclamantis convictus fuerit denegare. Pro ictu decem solidos. Pro sanguine sexagenta quinque solidos: Pro adulteratione ad usum Burgundie. De rapto et de furto in nostra miseracione et judicio erit (1).

8. Si vero nos, heredes vel successores nostri a supradictis resiliremus in aliquo, ad peticionem hominum dicte ville de Rocha vel, certi nuncii ipsorum, vel venerabilis patris Eduensis episcopi, tenemus et debemus satisfacere et restituere infra quadragenta dies, alioquin concedimus dicto episcopo Eduensi quod nos et totam terram nostram, excepta la Roche, supponeret interdicto (2).

In cujus rei testimonium et majorem firmitatem presentem cartam supra dictis hominibus de Rocha, venerabilis patri Guidonis, Eduensis episcopi, et illustrium virorum Odonis, domini Montisacuti, et Guidonis, domini de Colchis, sigillis tradimus roborandum.

Archives de la Côte-d'Or. *Vidimus* du 22 avril 1433. B 11476. Affaires des communes. — Imprimé dans les *Documents inédits pour servir à l'histoire de Bourgogne*, par M. Marcel Canat; Chalon, 1863, 1 vol. in-8°, page 13.

(1) Cf. pour le taux des amendes de ces crimes et délits, les chartes et coutumes de Beaune, de Châtillon, de Talant et de Saint-Jean-de-Losne.

(2) C'est la reproduction du même article de la charte de Chagny, sauf le nom de l'évêque d'Autun substitué à celui de Chalon; l'omission du recours au métropolitain de Lyon qui termine ce paragraphe dans celle de Chagny, et l'absence totale du § 9 contenant la garantie de la charte donnée par les parents et voisins du seigneur, ainsi que la clause relative au service militaire et à l'exemption.

(3) Eudes de Bourgogne, seigneur de Montagu, qui avait affranchi Chagny, et Guy, seigneur de Couches.

ARNAY-LE-DUC, SIVRY ET CHASSENAY

La ville d'Arnay-le-Duc était, avant 1789, un des siéges particuliers du bailliage d'Auxois. Elle fut sous la Révolution le chef-lieu d'un district; elle est aujourd'hui un chef-lieu de canton de l'arrondissement de Beaune. Arnay, placé sur le passage de la voie romaine d'Autun à Alise, est très ancien; certains auteurs y placent l'*Arbor* d'Ammien Marcelin. Au XIe siècle, il était au pouvoir de seigneurs particuliers, dont les descendants le vendirent par portions aux ducs Eudes III, Hugues IV, Robert II et Eudes IV. C'est à ce titre que le second de ces princes accorda des franchises aux habitants. Incorporé dès lors au domaine ducal, Arnay n'en sortit qu'en 1456, par le mariage de Marie, fille naturelle du duc Philippe-le-Bon, avec Pierre de Bauffremont, comte de Charny. Il demeura dans cette famille jusqu'en 1634, y rentra en 1675 par la cession qu'en fit le grand Condé, dont le père l'avait acquis. Un siècle plus tard il échut par aliénation à la maison royale de Saint-Cyr.

Sivry est un hameau du village de Saint-Prix, annexe d'Arnay, dont la portion qui dépendait de la châtellenie jouissait des mêmes priviléges que les habitants d'Arnay.

Chassenay est un hameau de la commune d'Arnay.

CCCXXIX

Charte de franchises octroyée par le duc Hugues aux habitants de la ville d'Arnay-le-Duc et des villages de Sivry et Chassenay.

1492 (24 avril).

Ego Hugo dux Burgundie, notum facio universis presentem cartam inspecturis, quod ego hominibus meis de Arneto et de Siveri et de Chasseni et de eisdem similiter qui in dictis locis sub dominio meo manserint, talem libertatem (1) dedi et in perpetuum concessi, quod ditior dictorum hominum pagabit tantummodo viginti solidos divionensis monete singulis annis infra festum beati Remigii.

Alii vero homines qui in predictis locis sub dominio meo manebunt qui pre—

---

(1) Cette franchise n'était, en définitive, qu'un abonnement à la taille accordé pour mettre un terme aux exactions du prévôt. Elle ne conférait aucun privilége aux hommes du Duc, qui, du reste, ne possédait encore directement qu'un tiers de la seigneurie (*). Néanmoins tout porte à croire que ces hommes jouissaient déjà de certaines libertés, parmi lesquelles l'affranchissement de la mainmorte, car, tandis que les documents postérieurs nous montrent Sivry et Chassenay comptées parmi les localités serves ou habitées par des serfs, Arnay figure au nombre de celles déclarées franches. (Rôles des feux du bailliage d'Auxois.)

(*) La seconde partie appartenait aux descendants des anciens seigneurs qui les aliénèrent aux ducs Robert II et Eudes IV en 1289, 1334 et 1342. La troisième, groupée autour du prieuré de Saint-Jacques fondé en 1080, fut affranchie, comme on le verra plus tard, en 1364.

dictam summam pagare poterunt, prepositus meus ejusdem loci qui pro tempore fuerit debet sub juramento ab ipso corporaliter prestito taxare et admensurare illos fideliter ; ita tamen, quod ipse tenetur relaxare de predicta summa annuatim quibus fuerit relaxandum, secundum quod viderit expedire (1). In cujus rei memoriam et testimonium, presentes litteras supra dictis hominibus tradidi sigilli mei munimine roboratas. Actum est anno Domini millesimo ducentesimo trigesimo tertio, mense maio.

Imprimé dans Pérard, page 426 ; — C. Lavirotte, *Annales de la ville d'Arnay-le-Duc* ; Autun, 1837, 1 vol. in-8°, page 16.

---

(1) « Des franchises dehues à mondit seigneur au terme de Saint-Remi, pour ses bourgeois, hommes et habitans d'Arnay, chacun an et d'avent. C'est assavoir le plus hault et puissant en chevance xx sols tournois, et les aultres en descendant chacun selon sa facultey ; mesmement, touz ceulx de ladicte ville qui ont maisons et tenemens de leur héritaige en la dicte ville d'Arnay, excepté les clers vivant clergealment, que de la dicte franchises ne payent aucune chose. Et les autres habitans du dict Arnay appellez *bourdelliers*, c'est assavoir qui louhent maisons d'atruil (autrui), devent au dit terme chacun xiv deniers parisis. Lesquelles franchises, le prevost, fermier ou gouverneur d'icelle prevosté font et geictent en ung roule, lequel roule ilz portent à M. le bailli d'Auxois ou son lieutenant, appellé par devant eulx quatre ou cinq des plus notables proudommes du dict Arnay, pour visiter et corriger ledit roule, se corrigier y a, et icellui roule corrigié et visité par les dessus diz est baillié au dit prevost pour lever et recevoir les dites franchises pour moudit seigneur le Duc. » (Compte de la prévôté d'Arnay de 1398. Archives de la Côte-d'Or, B 2271.)

En 1450, le prévôt d'Arnay s'étant plaint à la Chambre des Comptes de Dijon que ces prudhommes, nonobstant ses représentations, déchargeaient « à tort et sans cause plusieurs des contenus au rôle et qu'ils n'en vouloient faire qu'à leur plaisir, en quoy monseigneur le Duc avoit très grant dommaige ; » celle-ci délégua un de ses membres, Bernard Noiseux, pour faire une enquête, de concert avec Guillaume Du Bois, bailli d'Auxois. Arrivés à Arnay, ils convoquèrent les habitants dans la Halle, leur firent nommer six ou sept délégués munis de leurs pleins pouvoirs. Ceux-ci ayant comparu, ils les sommèrent de montrer leur charte de franchises ; à quoi ceux-ci répliquèrent qu'elle n'était point en leur possession, mais que les comptes précédents en justifiaient assez. C'est pourquoi, après maints pourparlers, il fut décidé qu'à l'avenir tout habitant possédant 100 fr. en maison et héritage serait taxé à 20 sols, excepté les clercs qui en seraient exempts ; que le rôle dressé par le châtelain, présenté au bailli, serait ensuite remis à quatre prudhommes jurés pour, suivant l'appointement exprimé plus haut, « corriger selon leur conscience ce qui leur semblerait excessivement imposé. » (Archives de la Côte-d'Or, B 11,504.)

Outre la taille abonnée, le Duc percevait encore sur ses hommes d'Arnay : 1° le banvin, depuis le lendemain de la Toussaint jusqu'à Noël, afin de permettre au châtelain de vendre en détail trente-deux muids de vin, mesure de Beaune ; toutefois les habitants ou les cabaretiers pouvaient racheter cette redevance en payant le jour même une somme de 32 fr. ; 2° les grandes ventes, c'est-à-dire la faculté donnée à chaque habitant de s'exempter, moyennant 12 fr., des droits de vente, issues et rouage qui se percevaient sur l'achat ou la vente des marchandises ; 3° l'étalage, les menues ventes, les issues et le rouage des marchandises amenées et exposées aux Halles durant les trois foires de la ville et les marchés ordinaires ; 4° le four banal ; 5° la messerie ; 6° la prévôté des Halles ; 7° des censes en argent et en nature. (Archives de la Côte-d'Or. Comptes de la Prévôté et de la Châtellenie, B 2271 à 2277.)

CCCXXX

Charte d'affranchissement des hommes du prieuré de Saint-Jacques d'Arnay, par l'abbé, le convent de Saint-Bénigne et le prieur du lieu.

1364 (19 octobre).

Universis presentes litteras inspecturis, nos frater Johannes (1), humilis abbas monasterii Sancti Benigni Divionensis, ordinis Sancti Benedicti Lingonensis [diocesis] totusque ejusdem loci conventus, et frater Odo de Nova Petra, prior prioratus Sancti Jacobi de Arneto (2), Eduensis diocesis membri dicti monasterii, notum facimus, quod consideratis predis, spoliis, cremacionibus, corporum captionibus, cruciatibus, reempcionibus indebitis, incarceratorum occisionibus et periculis multiplicibus que et quas occasione guerrarum inimicorum in Regno Francie publice vigencium (3), villa de dicto Arneto et habitantes in ea subierunt et sustinuerunt, quibus compatimus cordis intimis, cupientes eisdem habitatoribus, presertim hominibus ecclesie nostre et dicti prioratus suppicantibus nobis super hoc sibi de oportuno remedio prejuderi cunctis viribus subvenire. Nos, consulta et matura deliberatione prehabita in dicti monasterii capitulo generali in dicta villa presertim locus et juridicio dicti prioratus remaneant habitatoribus vacuati; sed ut optamus habitatoribus multipliciter repleantur pensata dicte ecclesie nostre et dicti prioratus ac rei pluribus causis et racionibus que ad id animum nostrum induxerunt, pluribus tractatibus supra hoc prehabitis in dicto capitulo nostro generali. Tandem anno Domini millesimo trecentesimo sexagesimo quarto, die post festum beati Luce evangeliste, nos abbas, et conventus et prior predicti ad sonum campane in dicto capitulo in monasterio nostro, hora capitulandi, proper hoc congregati, suppliacioni dictorum habitatorum, videlicet hominum nostrorum et dicti prioratus nobis facte, vise per nos cum matura deliberatione,

---

(1) Jean de Vaux, qui gouverna l'abbaye de l'année 1364 à l'année 1372.
(2) Ce prieuré de Bénédictins, fondé en 1088 par Girard, seigneur d'Arnay, dans un faubourg de la ville, fut soumis à l'abbaye de Saint-Bénigne de Dijon. Le prieur était seigneur de la partie du faubourg Saint-Jacques, sise au-delà du pont sur l'Arroux; il entrait aux Etats du Duché, et avait, entre autres priviléges, celui d'exercer seul la justice dans l.. ville, pendant quarante-huit heures, les jours de fête de Saint-Jacques et de Saint-Blaise.
(3) Ce document, inconnu jusqu'ici, témoigne qu'Arnay subit sa part de désastres lors de l'invasion de la Bourgogne par les Grandes-Compagnies.

ut dictum est, favorabiliter annuentes et volentes ipsius quantum possumus gratiam facere specialem eisdem hominibus nostris de Arneto presentibus et futuris concedimus et tenore presencium indulgemus pro nobis et successoribus nostris, ut ipsi homines et heredes eorumdem ab omni manus mortue specie, onere et servitute liberi sint perpetuo et exempti.

Et quatinus ipsi homines essent nostri taillabiles et explectabiles ad voluntatem manus que mortue, justiciabiles et subdicti dicti nostri prioratus; volumus et concedimus eisdem pro nobis et nostris successoribus ut ipsorum et eorum heredes sint ex nunc et remaneant quamdiu moram trahent, aut domum, seu mansum, seu aliqua alia hereditagia tenebunt in vico et in jurisdicione de dicto Sancto Jacobo de Arneto in perpetuum liberi condicionis et libertatis talium seu consimilium, sicuti sunt ceteri homines seu habitatores dicte ville de Arneto homines domini ducis Burgundie sint. Quod homines nostri predicti presentes et futuri et heredes eorumdem ab omni manus mortue specie et servitute liberi, quitti perpetuo penitus et exempti pro solvendo viginti solidos turonenses, grosso turonense argenti pro quindecim denariis computato anno quolibet in perpetuum, die festi beati Bartholomei apostoli, nobis priori predicto et successoribus nostris et prioratui sepe dicto, a quolibet eorumdem pro hujusmodi franchisia persolvendo.

Si dictos vigenti solidos dicte monete commode solvere valeant singulis annis in futuro, alioquin minorem summam usque ad summam quinque solidorum monete supra dicte prout juxta eorum facultates nobis priori predicto et successoribus nostris videbitur de racione tauxandum seu etiam ordinandum.

Promittentes, nos abbas, conventus et prior dicti sub voto religionis nostre, pro nobis et successoribus nostris et sub omnium honorum nostrorum et dicti prioratus obligatione, concessionem, gratiam et libertatem hujus modi tenere perpetuo firmiter et inviolabiliter observare et contra non venire nec contra venienti in aliquo consentire, omni exceptioni juris et facti in hoc facto renunciendo totaliter et expresse nos que successores nostros et predictum prioratum cum eorum et nostris bonis omnibus jurisdictione domini ducis Burgundie; quo ad hoc et quo ad omnia et singula premissa tenenda perpetuo infideliter observanda totaliter. Submittentes supplicantes tenore presentium reverendo in Christo patri ac domino Eduense episcopo, ut ipse suam in premissis auctoritatem interponere dignetur; pariter et decretum in robur et testimonium premissorum. Ut autem omnia et singula predicta firma sunt perpetuo et valida, sigilla nostra quibus in talibus uti consuevimus litteris presentibus in premissorum robur et testimonium duximus apponendum. Datum et actum in capitulo dicti monasterii anno et die supradictis (1).

Vidimus donné le 7 décembre 1380, sous le scel de l'official d'Autun. — Archives de la Côte-d'Or. H. Fonds du prieuré Saint-Jacques d'Arnay.

Confirmation, par Geoffroy, évêque d'Autun, de la charte d'affranchissement des hommes du prieuré de Saint-Jacques d'Arnay.

1375 (5 décembre).

Universis presentes litteras inspecturis, Gaufridus (2), permissione divina episcopus Eduensis, salutem in Domino. Notum facimus quod nos ad supplicacionem et requestam fratris Otthonini de Mimuris (3), prioris prioratus Sancti Jacobi de Arneto, ordinis Sancti Benedicti nostri diocesis Eduensis, et habitancium dicte ville hominum dicti prioratus, de et super contentis in litteris venerabilium et religiosorum virorum abbatis et conventus monasterii Sancti Benigni de Divione, dicti ordinis Lingonensis diocesis, ac dicti prioris, quibus hec nostre presentes sunt annexe, an videlicet cederent et facta fuerint ad utilitatem et commodum dicti prioratus per dilectum nostrum Bertholomeum Parvi de Poilleyo, clericum notarium et juratum curie nostre Eduensis, a nobis quo ad hoc litteratorie commissum informationem fieri fecimus diligentem (4). Et quia dicta informatione per nos visa et diligenter inspecta, considerantesque diligenter et attentis aliis que circa premissa erant attendenda, nobis legitime constitit atque constat contenta in dictis litteris cedere factaque fuisse et esse ad utilitatem et commodum prioris et prioratus predictorum, idcirco dictas litteras ac omnia et singula premissa in eis contenta tamque rite et legitime facta laudamus, ratifficamus, approbamus et tenore presentium auctoritate nostra ordinaria confirmamus, ac in eis omnibus et singulis interponimus auctoritem nostram pariter et decretum. In

---

(1) Le 28 octobre suivant, les procureurs des hommes du prieuré de Saint-Jacques s'étant présentés devant Barthélemy de Pouilly, clerc-coadjuteur du tabellion de l'official d'Autun, à Arnay, reconnurent qu'ils étaient hommes taillables, exploitables et de serve condition dudit prieuré. Ils déclarèrent que Eudes de Pierreneuve, prieur, accédant à leurs supplications, ayant bien voulu les affranchir de cette servitude, ils s'engageaient, sous l'obligation de tous leurs biens, à acquitter annuellement et perpétuellement la prestation de 20 sols au plus et 5 sols au moins, qui en était le prix. (Archives de la Côte-d'Or. Fonds du prieuré d'Arnay.)

(2) Geoffroy David ou Pauteix, élu en 1361, mort en 1377.

(3) Eudes de Mimeure.

(4) Par mandement donné le 20 novembre précédent, à Thoisy-la-Berchère. (Titres du prieuré d'Arnay.)

cujus rei testimonium sigillum nostrum presentibus litteris duximus apponendum. Datum et actum apud Thoisiacum castrum nostrum, die quinta decembris, anno Domini millesimo centesimo septuagesimo quinto.

Sic signatum per Dominum episcopum. RIVIERE.

Ratification, par l'abbé et le convent de Saint-Bénigne, de la charte d'affranchissement des hommes du prieuré d'Arnay.

1447 (octobre).

Universis presentes litteras inspecturis, nos frater Hugo (1), permissione divina humilis abbas monasterii Sancti Benigni de Divione, ordinis Sancti Benedicti Lingonensis diocesis totusque ejusdem monasterii conventus, salutem. Attendentes et considerantes nos prefati in capitulo nostro generali congregati requestam domini Hugonis Petitgati, Johanneti Bureti et Johanneti de Flaceleriis hominum prioratus nostri de Arneto ducis, rogancium quatinus declaremus eis ad votum eorum quamdam clausulam que in litteris quibus nec presentes nostre sunt infixe continetur, in quadam clausula sic scribitur indulgemus pro nobis et successoribus nostris, ut ipsi homines nostri et heredes eorum ab omni manus mortue specie, onere et servitute liberi sint perpetuo et exempti, etc.; et remaneant sic liberi quamdiu moram trahent aut domum seu mansum seu aliqua alia hereditagia tenebunt in vico et in juridicione de dicto Sancto Jacobo de Arneto, et quia dubitabant de hoc verbo : quamdiu moram trahent, etc., quod si alibi morarentur predictam libertatem uti non deberent, ea propter, ex speciali gracia illam clausulam sic eis declaramus et per presentes declaratam habere volumus ex nunc et in perpetuum, consenciente et etiam congregante fratre nostro domino Guidone de Bullenievilla, tunc prefati prioratus nostri priore asserente, utile fore predicto prioratui. Quod si predicti extra predictum vicum maneant eadem libertate gaudere consentimus ac si in eodem vico manerent. Proviso tamen quod priori ejusdem prioratus nostri jura solvent si heredetagia teneant ac si eodem vico manerent sine utriusque partis prejudicio. In quorum testimonium sigilla nostra presentibus duximus apponendum. Concessum et datum in prefato nostro monasterio, die sabbati proxima post festum Sancti Luce evange-

(1) Hugues de Montconis, élu en janvier 1438-39, mort le 24 février 1463-64.

liste, quo ad huc durabat presentem capitulum nostrum, anno Domini millesimo quadringentesimo quadragesimo septimo.

Sic signatum de mandato predictorum dominorum.   S. NOBLET.

Copie du XVe siècle. Archives de la Côte-d'Or, H. Fonds du prieuré Saint-Jacques d'Arnay.

CCCXXXI

Arrêt du Parlement de Dijon, qui prescrit l'exécution de ceux précédemment rendus, concernant l'élection des magistrats municipaux.

1633 (10 juin).

Extraict des registres du Parlement.

Veu la requeste d'Alain Fondard, d'Arnay-le-Duc, tant pour luy que ses consors desquels il avoit charge, tendant à ce qu'il fust pourveu aux abus quy s'y commetoient d'année à autre à l'élection des magistratz de ladite ville (1), au mespris et par une contravention manifeste aux arrestz du vingt uniesme juin mil six cens seize et dixneuviesme juin mil six cens vingt sept, par lesquels il estoit ordonné que lesditz magistratz ne pourroient estre continués esdites charges plus de trois ans, ny y rentrer que trois ans après, et que aulcuns comptables de la dite ville et aultres ayant des affaires importantes contre icelle n'y pourroient estre esleus ny recepvoir sufrage, à peyne de nullité, attendu que lesdits arrestz n'estant observez, il estoit facile à eulx que affectoient lesdites charges pour eulx ou leurs parens d'y entrer et oster par ce moyen la cognoissance de leur administration. La Cour a ordonné et ordoune que les arrestz concernant l'élection des magistratz de la dicte ville d'Arnay le Duc seront observez et exécutez de point en point selon leur forme et teneur. Enjoinct aux avocatz et procureur du Roy du bailliage du dict lieu, et à l'un en l'absence de l'autre, d'as-

---

(1) Tant que dura la seigneurie directe des Ducs de Bourgogne à Arnay, les habitants furent privés du droit de gérer eux-mêmes les affaires de leur communauté. Dans les grandes circonstances, le prévôt, puis après lui le bailli ou le châtelain, convoquait les habitants en assemblée générale, et si l'affaire qui y était soumise ne pouvait y être résolue, il leur faisait choisir des prudhommes autorisés à en poursuivre l'exécution; mais l'ingérence de plus en plus marquée du gouvernement dans les différentes branches du régime municipal, nécessita, pour une commune aussi importante qu'Arnay, la création d'une administration permanente. Ce furent vraisemblablement les Charny qui créèrent l'échevinage qui fonctionnait déjà en 1348 (Archives de la Côte-d'Or. B 11603) et que ne tarda point à remplacer la mairie, laquelle subsista jusqu'en 1789.

sister ausdictes eslections, faire lire et publier les dictz arrestz auparavant que de procéder à icelles, et tenir la main à l'exécution d'iceulx, à peine de respondre des contraventions en leurs propres et privés noms et d'estre procédé contre eulx ainsy qu'il apartiendra. Faict en Parlement, à Dijon, le dixiesme juin mil six cens trente trois.

JOLY et THORIDENET.

Original : Archives de la ville d'Arnay, *Priviléges et franchises de la Commune.*

VERDUN-SUR-LE-DOUBS (SAONE-ET-LOIRE)

La ville de Verdun, aujourd'hui chef-lieu de canton de l'arrondissement de Chalon-sur-Saône, est, comme l'indique son vieux nom celtique *Viridunum, Verdunum*, fort ancienne. Située au confluent de la Saône et du Doubs, à l'extrême frontière des Eduens et des Séquanais, cette heureuse position, au double point de vue stratégique et commercial, lui valut de devenir de très bonne heure un centre important d'habitation. La voie romaine de Chalon à Besançon passait sur son territoire. Au moyen âge, Verdun, qui faisait partie du diocèse de Chalon, passa, durant les troubles qui suivirent l'enfantement du système féodal, sous la domination des évêques, qui plus tard en constituèrent un fief relevant d'eux au profit de seigneurs particuliers, descendant, dit-on, des anciens comtes de Chalon. Guy V, l'un d'eux, accorda en septembre 1?~~ 4 les franchises que nous allons analyser, d'aprèsle seul document existant et qui, malheureus.....ent, est incomplet. Eudes, dernier seigneur du nom de Verdun, vendit la moitié de sa terre au duc Philippe-le-Hardi, en 1365. Philippe-le-Bon, son petit-fils, en disposa en faveur de Humbert de Luyrieux, descendant par les femmes de Jean de Verdun, frère d'Eudes, en le mariant avec Marie, sa fille naturelle. Des Luyrieux, la terre passa par les Maréchal et les La Chambre aux Gadagne d'Hostun et aux marquis de Pons, ses derniers possesseurs.

Verdun députait aux Etats d'Auxonne. Il entrait, après leur suppression, à ceux de Bourgogne parmi les villes de la Petite-Roue et concourait à la nomination des alcades.

1. Guy, seigneur de Vauvry et de Verdun, affranchit ses hommes de Verdun de toutes tailles, exactions et impôts, sauf ses sergents, son prévôt et sa famille, et en se réservant la justice et tous ses revenus. Toute amende ne pourra être levée sans jugement.

2. Tout habitant de Verdun possédant des biens meubles et immeubles d'une valeur de 100 livres estevenantes, paiera tous les ans, la veille de la Nativité de la Vierge, un marc d'argent ; celui qui n'en possédera que pour une valeur de 50, paiera un demi-marc, et ainsi de suite. Tout défaut de paiement sera passible d'une amende de 7 sols.

3. En cas de dissentiment au sujet de cette prestation, le seigneur et les habitants éliront chacun deux prudhommes. Ces délégués, rassemblés dans une des églises de la ville, n'en pourront sortir qu'après avoir prononcé sur le différend. Néanmoins il leur sera loisible de

s'adjoindre d'autres prudhommes, et les deux parties obligées de s'en rapporter à leur jugement.

4. Le seigneur de Verdun conserve son droit d'indire : pour le mariage de sa fille ; pour achat de terre ; pour voyage en Terre-Sainte ; pour sa nouvelle chevalerie ou celle de son fils ; pour faire la guerre et pour sa rançon.

5. Le seigneur se réserve un crédit de quarante jours pour tout ce qu'il pourra acheter à Verdun ; mais si, quinze jours après l'expiration du terme, il ne s'est point acquitté, on ne sera plus tenu à rien envers lui jusqu'à pleine satisfaction.

6. Les sergents du seigneur, son prévôt et ses serviteurs, ne seront astreints à aucune de ces charges, s'ils n'ont point un an et un jour d'habitantage à Verdun.

7. Les habitants s'engagent à servir, garder et défendre fidèlement leur seigneur, qui, de son côté, s'ils sont arrêtés pour ses dettes, doit les faire mettre en liberté.

8. Ils sont tenus de défendre sa terre et d'être pourvus d'armes en fer. Néanmoins le seigneur ne peut les obliger au guet et garde qu'en temps de guerre. La fortification du bourg, la construction des ponts, l'entretien des chaussées et les dépenses du guet et garde sont à leur charge.

9. Au premier cri d'alarme tous les hommes capables de porter les armes devront s'assembler, sous peine d'amende. Il n'y a d'exception que pour les enfants, les vieillards et les malades.

10. Ils doivent l'host et la chevauchée, et si le seigneur les emmène à un siége pour son service, ils demeureront avec lui à leurs frais, sauf au seigneur à licencier ou à tenir à ses dépens ceux qui seraient dans l'impossibilité de le faire.

11. S'il s'agissait du service d'un autre, au-delà d'un jour et d'une nuit les frais incomberont au seigneur ou à celui au profit duquel l'expédition sera faite.

12. Nulle personne ne pourra être arrêtée à Verdun, sinon pour un forfait, ni rachetable par la composition.

13. Le seigneur doit le sauf-conduit à tout étranger voulant quitter Verdun, à moins qu'il ne soit poursuivi pour vol, incendie, homicide ou crime capital.

14. Tout habitant pourra disposer librement de son bien en payant 20 deniers pour livre de lods au seigneur.

15. Quiconque possédant un meix ou un jardin à Verdun n'y bâtira point une maison dans l'an et jour, le seigneur, après qu'il l'en aura averti, pourra disposer de son fonds pour y établir une maison, à moins que le tenancier soit orphelin ou éloigné de Verdun pour une cause raisonnable. Cet héritage pourra, dans le premier cas, être transmis aux parents du possesseur, sauf le droit du seigneur du meix.

16. Le seigneur aura également la libre disposition des biens de ceux qui abandonneront la ville, l'an et jour écoulés. Les parents seront également préférés pour la rétrocession de ces biens. De même qu'en cas de mort sans héritier direct, les biens seront dévolus aux parents les plus proches.

17. Quiconque possédera à juste titre et de bonne foi pendant un an et un jour ne pourra être inquiété, à moins qu'il ne soit impubère, orphelin ou en tutelle.

Le reste de la charte est inconnu.

Archives de la Côte-d'Or. Chambre des Comptes de Dijon. Affaires des communes. B 11480.
Imprimé dans les *Documents inédits pour servir à l'histoire de Bourgogne*, par M. Marcel Canat ; Chalon, 1863, 1 vol. in-8°.

ARGILLY

Commune du canton de Nuits et de l'arrondissement de Beaune; ancien fisc royal devenu dans la suite le chef-lieu d'une des plus importantes châtellenies des ducs de Bourgogne. Elle dépendait du bailliage de Nuits, siége particulier du Dijonnais.

CCCXXXII

Charte de commune accordée par le duc Hugues IV aux habitants d'Argilly.

1234 (décembre).

Hugo, dux Burgundie, universis presentes litteras inspecturis, salutem. Noveritis, quod nos hominibus manentibus et mansuris in villa de Argilleyo, salvis redditibus nostris, talem franchisiam dedimus et concessimus.

1. Videlicet, quod quilibet hominum de villa illa de Argilleyo, tantummodo solvet annuatim, in festo beati Dionisii, quindecim solidos divionenses censuales (1). Et ille qui non solvet dicto die, vel in crastino, illos quindecim solidos, solvet de emenda septem solidos nobis, vel mandato nostro (2).

2. In dicta vero villa sunt viginti quinque homines, qui solvent de censia sua tantummodo annuatim, usque ad quinque solidos, et elapsis illis quinque annis, solvent nobis vel mandato nostro sicut et alii homines superius nominati.

3. Et sciendum est, quod homines de dicta villa, reddent nobis unam corveiam annuatim ad faciendum fena nostra, et in quolibet mense, usque ad quinque annos reddent nobis unam corveiam in telaria (3) nostra, et post illos quinque annos dicti homines sunt liberi et immunes de omnibus corveiis, preterquam de corveia fenorum.

(1) La perception de cette redevance était faite par les échevins, qui recevaient 20 gros pour leur salaire. (Terrier de la châtellenie d'Argilly, 1459.)

(2) Cet officier était le prévôt, officier ducal qui étendait sa juridiction sur Argilly, Bagnot, Broin, Auvillars, Glanon, Pouilly, Montmoyen, Ecuelles, Braguy, Chivres, Palleau, Marigny-les-Reullée, Corberon, Mazerotte, Perruey, Corgengoux, La Barre de Braguy, Proudevaulx, Villy-le-Moutier, Longvay, Villy-le-Brûlé, Cussigny, Quincey, Grosbois, Villebichot, Gerland et Balon. Les deux premières de ces localités ayant reçu des franchises, cet officier de justice n'eut plus d'action sur leurs habitants que par l'intermédiaire des échevins. Il tenait ses jours à Argilly, à Bagnot et au puits du Turc, situé sur le bord du grand chemin ferré à l'extrémité du finage de Villebichot, entre le bois de Champvarin et celui de la Béguine, qui appartenait à l'abbaye de Citeaux. Il connaissait de toutes actions personnelles; mais l'adjudication des amendes de 65 sols appartenait au bailli de Dijon, duquel il ressortissait et par-devant lequel les parties étaient renvoyées. Il était assisté d'un lieutenant et de deux sergents.

(3) Tuilerie.

4. Item in ipsa franchisia eligentur annuatim ad festum beati Johannis Baptiste, de communi assensu dicte ville, quatuor homines.

5. Et illi quatuor electi, jurabunt fidelitatem dicte ville et hominibus ejusdem ville (1).

6. Et illi quatuor electi poterunt mutari, et alii quatuor constitui annuatim ad festum beati Johannis Baptiste, de communi assensu dicte ville (2).

7. Homines omnes de franchisia illa se justiciabunt per illos quatuor electos : de clamore facto dictis electis persolvet duodecim denarios, ille super quem justicia reperietur, et illi duodecim denarii erunt quatuor electorum (3).

8. Quicumque vero de pugno vel de palma percusserit, si inde clamor exierit, quinque solidos persolvet de emenda nobis vel mandato nostro. Si clamor non exierit super hoc, nihil solvet.

9. Quicumque vero sanguinem fecerit, si clamor inde exierit, et probatus fuerit sanguis, persolvet nobis vel mandato nostro decem solidos de emenda (4). Si autem clamor supra hoc non exierit, nichil solvet (5).

10. Preterea de nemoribus nostris (6) concedimus habitatoribus dicte ville, quicquid opus fuerit eis ad edificandum in villa predicta, ad respectum quatuor electorum ; salvis tamen nostris Ayers (7) in quibus non volumus quod aliquid capiatur (8).

11. Illi quatuor electi requirent nemus illud a preposito a nobis constituto in villa predicta (9).

12. Et in nemoribus illis habebunt habitatores de Argilleyo, homines nostri, suum usagium ad nutrimentum propriorum porcorum suorum, sed solvent nobis de suis porcis justum pasnagium (10).

---

(1) Emprunté au § 1 de la charte de Talant. (I, 497.)
(2) Id.
(3) Reproduction du § 2 de la charte de Talant. — « Les habitants d'Argilly se doivent justicier et prendre jugement par devant les échevins comme juges ordinaires, et ont recongnoissance de tous cas et déliz fais en ladicte ville et banlieue d'icelle, excepté des trois cas de larrecin, adultère et homicide. » (Terrier de 1459.)
(4) « Sur lesquels les échevins percevront 1 sol à leur profit. » (Terrier de 1459.)
(5) Ce § et le suivant sont reproduits de l'article 3 de la charte de Talant.
(6) Il s'agit ici des bois domaniaux ; car, outre les droits spécifiés dans ce paragraphe, les habitants d'Argilly possédaient en commun d'autres bois contigus à ceux du Duc et dont ils disposaient à leur volonté, en se conformant aux usages prescrits par la coutume.
(7) Le bois des Hées.
(8) Par lettres patentes du 14 octobre 1447, le duc Philippe-le-Bon maintint les habitants d'Argilly en possession de ces droits. (Terrier de la châtellenie, 1459.)
(9) Cf. *Anciennes coutumes de Bourgogne*, tit. XXIV, Bouhier, I, 165.
(10) Dans la suite, le Duc ayant amodié la paissou de ses bois, l'entrée en demeura interdite aux porcs des habitants d'Argilly, et la commune n'en retira plus d'autres avantages que de payer deux deniers d'amende pour tout porc trouvé en mésus, au lieu des 65 sols infligés pour semblable cas aux autres localités. (Sentence du gruyer de Bourgogne, du 24 août 1437. Terrier de 1459.)

13. Preterea, si aliquis hominum dicte ville forsitan caperetur scindendo fagum vel quercum in dictis nemoribus, nisi concederetur ei a nobis vel a mandato nostro, costaret ei sexaginta quinque solidos ; sed bene licet eisdem hominibus colligere roortas (1), secundum quod opus fuerit eis ad carruas.

14. Item si animalia vel pecora in forefacto deprehensa fuerint, vel inventa, unumquodque animal persolvet sex denarios de emenda nobis vel mandato nostro (2), preter oves et minute bestie ; quarum queque duos denarios persolvet, et dampnum, ad considerationem quatuor electorum, illi cui factum fuerit, restituetur (3).

15. Sciendum est postea, quod nos justiciam latronis, adulterii, homicide (4), retinuimus nobis, eorum videlicet qui in dicta villa vel in Balliva (5) ejusdem probati fuerint vel convicti.

16. Et sciendum est, quod habitatores Argillei vendent libere panem et vinum (6) et alia, et etiam sine contradictione quatuor electi reddent per suum sacramentum nostro preposito Argilleii omnes emendas perceptas in ista Bailliva ; hoc salvo, quod ipsi habebunt duodecim denarios, sicut superius est expressum (7).

17. Nos vero retinuimus famulos nostros de Argilleio (8), quos non ponimus in ista franchisia excepto Henrico dou Tertre, quem concessimus esse de franchisia ista, ad requisitionem dictorum habitatorum.

18. Retinuimus etiam homines militum et famulorum nostrorum qui sunt in justicia nostra, quos nolumus esse de franchisia predicta (9).

---

(1) *Rootes*, liens de bois flexibles pour attacher la charrue. On les utilisait aussi pour lier les gerbes en temps de moisson.
(2) Le terrier de 1459 appelle cette amende *perchie;* c'est la même que celle dite *pargye, pergie.* (Voir I, 233 ; II, 30.)
(3) Le prévôt d'Argilly ayant prétendu lever une amende de 7 sols toutes les fois que le mésus avait motivé une plainte, les échevins et les habitants protestèrent contre cette violation de leurs priviléges et maintinrent qu'aux échevins seuls appartenait l'appréciation du dommage causé au plaignant et du montant de l'indemnité. En ce qui concernait le bétail étranger à la commune, ils le laissèrent librement exiger son amende. (Terrier de 1459.)
(4) Imité du dernier § de la charte de Talant.
(5) Traduit dans le terrier de 1459 par le mot *bâtiz.*
(6) Voir sur le commerce du pain et du vin le § 10 de la charte de Dijon (I, 7).
(7) Confirmé par le terrier de 1459.
(8) Parmi ces familiers ou serviteurs figuraient l'ancien maire, naguère chargé d'administrer le domaine seigneurial, de percevoir les tailles, les redevances et de gouverner les habitants. Cet officier subalterne jouissait à ce titre d'un petit fief héréditaire qu'on nommait la mairie, et dont chaque nouveau titulaire faisait hommage au duc de Bourgogne. Leur autorité, déjà bien restreinte par l'institution du prévôt qui, pour Argilly, remonte au XIe siècle, disparut tout-à-fait lors de la création de l'échevinage. Il n'en resta d'autre souvenir que la perception de 1 sol sur toutes les amendes de 7 sols adjugées par le prévôt.
(9) Le Duc, comme nous l'avons déjà dit, n'avait, malgré toute sa puissance, aucune action directe sur les hommes des seigneurs ou des églises.

19. Item dicti quatuor electi possunt retinere omnes venientes de foris in franchisiam istam, salvo jure alterius, et dabunt eis mansum idoneum, sine prejudicio alterius (1).

20. Preterea de unoquoque homine de foris veniente in illam franchisiam, habebit dictus prepositus tres solidos, et dicti electi duodecim denarios (2).

21. Et sciendum est, quod omnes habitatores predicti debent nobis chevauchias et exercitus, sicut communia Divionensis (3).

22. Preterea omnis querela placiti, que coram dictis electis, vel coram dicto preposito ventilabitur, infra annum quo orta fuerit, debet pace et judicio terminari (4).

23. Et pro istis constitutionibus volumus dictos homines nostros de franchisia ista, in bona pace liberos custodiri et morari.

Quod ut ratum sit, presentibus litteris sigillum nostrum apposuimus. Actum est hoc anno Domini millesimo ducentesimo tricesimo quarto, mense decembri.

Archives de la Côte-d'Or. Chambre des Comptes de Dijon. Grand cartulaire féodal, B 10423, f° 123. — Imprimé dans Pérard, page 436.

CCCXXXIII

Confirmation des privilèges d'Argilly par le roi François Ier.

1521 (juin).

François, par la grâce de Dieu, roy de France, scavoir faisons à tous présens et advenir, nous avoir receu l'humble supplication de nos chers et bien aymez les manans et habitans du lieu d'Argilly ou baillage de Dijon, siege et ressort de Nuys en nos pays et duchié de Bourgongne, contenant que de grant ancienneté et deux cens ans, a un autre long temps, par noz prédécesseurs ducz de Bourgongne, leur ont esté donnez plusieurs beaulx privileiges, usaiges, franchises et libertez, pour raison desquelx quant aucuns differands en sont survenuz, ilz en

---

(1) C'est le droit d'attrait proclamé dans toutes les chartes de comm... ou d'affranchissement des Ducs, mais moins explicite ici qu'à Talant, où l'on admettait quiconque n'était ni voleur ni homicide. (Voir I, 498.)
(2) En 1459, ces 4 sols valaient 6 gros vieux de la monnaie courante.
(3) Service de l'host et de la chevauchée. (Voir charte de Dijon, I, 7.)
(4) Cette obligation se trouve encore consacrée au terrier de 1459.

ont obtenu sentence à leur prouffit et tousjours en sont demourez joyssans et sont de présent, nous humblement requérans pour nostre première et nouvelle venue en nostre dit lieu d'Argilly, leur octroyer de leurs dits privileges, exemptions, franchises et libertez nos lettres de confirmacion et sur ce impartir notre grâce. Pourquoy nous ces choses considerées, inclinans à la supplication et requeste desdictz supplians, désirans iceulx et autres nos bons et loyaulx subjectz favorablement traicter; pour ces causes et autres à ce nous mouvans, tous et chacuns les privileiges, droiz, usaiges, franchises et libertez par nos dicts prédécesseurs à eulx donnez et octroyez, leur avons confirmez, louez, ratiffiez et approuvez, et par la teneur de ces présentes de notre grâce especial, plaine puissance et auctorite royal, louons, confermons, ratiffions et approuvons, pour en joyr et user par les dicts supplians et leurs successeurs à tousjours mais perpétuellement, plainement, paisiblement, tant et si avant que eulx et leurs prédécesseurs en ont par cy devant deuement et justement joy et usé et qu'ilz en joyssent et usent de présent. Si donnons en mandement par ces dictes présentes à noz amez et feaulx gens de noz Comptes à Dijon, bailly de Dijon ou son lieutenant au siege de Nuys, et à tous noz autres justiciers et officiers ou à leurs lieuxtenans présens et advenir et à chacun d'eulx si comme à luy appartiendra, que de noz présens grâce, confirmacion, ratification, approbation et de tout le coutenu en ces dictes présentes, ilz facent, seuffrent et laissent les dictz supplians et leurs successeurs joyr et user plainement et paisiblement, sans leur faire, mectre ou donner ne souffrir estre fait, mis ou donné, ores ne pour l'advenir, aucun trouble, destourbier ne empeschement au contraires; lequel si fait, mis ou donné leur avoit esté ou estoit, ilz le leur mectent ou facent mectre incontinant et sans delay à plaine délivrance. Car tel est nostre plaisir ; et afin que ce soit chose ferme et estable à tousjours, nous avons fait mectre nostre scel à ces dictes présentes, sauf en autres choses nostre droit et l'autruy en toutes. Donné à Argilly, ou mois de jung l'an de grâce mil cinq cens vingt et ung et de nostre regne le septiesme. Ainsi signé sur le reply par le roy à la relation du conseil : DESLANDES.

Visa. Contentor : DESLANDES.

Archives de la Côte-d'Or. Chambre des Comptes de Dijon. Enregistrement des édits et lettres patentes. B 72, f° 55.

BAGNOT

Ce village, qui dépend aujourd'hui du canton de Seurre et de l'arrondissement de Beaune, fut réuni à la châtellenie d'Argilly par l'acquisition qu'en fit le duc Hugues IV (1232, 1249) sur J. de Baumes et Henri, seigneur de Rye. En 1299, son fils Robert II compléta le domaine en achetant la portion d'Oudot, seigneur d'Auvillars. Le duc Hugues IV était à peine entré en possession de la moitié de cette terre, qu'il s'empressa de lui accorder des franchises semblables à celles dont il venait de gratifier les habitants d'Argilly. Après la réunion de la Bourgogne à la France, Bagnot fut démembré de la châtellenie et redevint une seigneurie particulière, possédée à l'époque de la Révolution par M. Berbis de Corcelles.

CCCXXXIV

Charte de commune octroyée par Hugues IV, duc de Bourgogne, aux habitants de Bagnot, et confirmée par son petit-fils, le duc Eudes IV.

1234 (février), 1320 (7 mai).

Nous, Eudes, duc de Bourgoigne, faisons savoir à tous que nous avons veues lectres scelliés du grant scel de bonne memoire le duc Hugues, nostre aeur, ouctroyez et données es hommes de Baignol, contenant la forme qui s'ensuit :

Hugo, dux Burgundie, universis presentes litteras inspecturis, salutem. Noveritis quod nos homines nostros de Baignoul (1), abonnamus ita quod ab instanti festo beati Dyonisii par quatuor annos reddent nobis singulis annis usque ad predictum terminum quadragintis libris divionensibus (2). Et per hos terminos erunt ab omnibus tailliis et aliis excercionibus immunes et commectes, hoc excepto quod usque ad prefatum terminum facient nobis semel in quolibet mense unam corveam et salvis redditibus nostris quos habemus ibidem.

Elapso autem termino supradicto, dicti homines de Baignoul erunt per omnia ad franchisiam de Argilleyo et in eadem franchisa dicti homines et ad presens ibidem muctantes et mansures manutenebimus et conservabimus secundum quod in quarta nostra quam dicti homines de Argilleyo habent super dicta franchisia plenius continetur (3).

(1) Ces priviléges s'étendaient aux Granges de Bagnot, qui dépendaient de la même paroisse et du même échevinage, comme l'atteste un acte formel dressé en 1530, à ce sujet, par le lieutenant-général du bailliage de Nuits.
(2) Voir, pour la livre dijonnaise, tome I, p. 2, en note.
(3) Voir, pour les éclaircissements, la charte de commune d'Argilly, n° CCCXXXII, et les notes qui l'accom-

In cujus rei testimonium presentes litteras sigilli nostri fecimus apensione muniri.

Actum anno Domini millesimo ducentesimo trecentesimo quarto mense februari.

Pour la vertu desquelles lectres, lesdiz hommes de Bagnoul disaient avoir droit d'user en noz bois d'Argilly (1). Et pour ce qu'ilz avoient usé esdiz bois de si longtemps qu'il n'estoit mémoire du contraire, ainsi que noz hommes d'Argilly y le font, nous disons au contraire et pour plusieurs raisons. A la fin, de grâce spéciale et pour deux cens bichoz d'avene à la mesure de Beaune qu'ilz nous ont donné, à payer à quatre années prouchain, venant chacun cinquante bichoz jusques à la fin de paye et pour dix livres de are payans à nous et es nostres perpétuellement, en nostre chastel d'Argilly, à la Toussains, nous leur eslargissions l'usaige en noz bois d'Argilly, en la manière et en la forme que noz diz hommes d'Argilly ly ont. Et voulons que de cy en avant ilz usent en noz diz bois sans empeschement en la manière que noz diz hommes d'Argilly y usent. Ou tesmoing de laquelle chose nous avons fait mectre nostre grant scel à ces présentes lettres, qui furent faictes et données à Argilly, le jour de la feste de l'Ascension nostre Seigneur, l'an de grâce mil trois cens et vint.

Archives de la Côte-d'Or. Chambre des Comptes de Dijon, B 473. Terriers de la châtellenie d'Argilly, de l'an 1459, folio 55 et 58.

pagnent. — Outre le service de l'host et de la chevauchée, les habitants de Bagnot, qui étaient retrayants du château d'Argilly, où ils avaient « chambre, » devaient en temps de guerre et d'éminent péril « envoyer à leur despens chascune une nuit deux hommes bien et souffisamment embastounés et hommes de deffence, et quatre dans les besoins urgents, pour faire guet et garde sur les murailles. »

(1) Les habitants de Bagnot qui, comme ceux d'Argilly, avaient des bois communaux, jouissaient aussi de droits d'usage assez étendus dans ceux du Duc.

MARIGNY-LE-CAHOUET

Commune du canton de Flavigny et de l'arrondissement de Semur. Elle est connue dès le IX° siècle. Au XIII°, ses seigneurs particuliers la cédèrent à Eudes de Montagu, seigneur de Chagny, qui accorda aux habitants les mêmes priviléges qu'à ceux de Chagny et constitua la baronnie qu'il transmit à ses descendants. Agnès de Montagu l'apporta en dot à Eudes de Villars, en 1361, d'où elle passa successivement aux La Baume-Montrevel, aux Avaugour, aux Châteauvilain, aux d'Orgemont, aux Jouvenel des Ursins, pour arriver aux Pibrac, qui la conservèrent jusqu'aux premières années du règne de Louis XV.

CCCXXXV

Charte de franchises des habitants de Marigny-le-Cahouet, par Eudes, sire de Montagu, et Elisabeth de Courtenay, sa femme. — Confirmation de cette charte par Odard de Montagu. — Confirmation de cette charte par Guillaume de Montagu, après transaction avec les habitants au sujet de l'assiette de la prestation des 5,000 sols exigée par la charte. — Autre confirmation par Pierre de La Baume, Marie de Beauvoir, dame de Ragny, et ses enfants mineurs, seigneurs en partie de Marigny, après transaction ayant pour but de soustraire les fiefs mouvants de la terre à cette même prestation (1).

1235, 1315 (juillet), 1353 (mai), 1444 (27 novembre).

Au nom de nostre Seigneur, Amen. L'an de l'Incarnation d'iceluy, courant mil quatre cens quarante quatre, le vingt septiesme jour du mois de novembre. Comme entre nous Pierre de la Baulme (2), chevalier, seigneur d'Illeins (3), de la Roche du Vanneault (4) et de Marigny le Chaouet, en partie, et Huges, sei-

---

(1) L'original de ces lettres, de même que ceux de la charte de franchise et des confirmations dont elle fut l'objet, existaient en 1789 aux archives de la commune. Mais en 1793, les habitants, imitateurs trop fidèles des grandes villes, ne pouvant disposer des archives du château pour alimenter les *auto-da-fé* révolutionnaires, y jetèrent stupidement les parchemins de la commune, sans se préoccuper si des intérêts graves pour eux-mêmes ne se trouveraient pas attachés à la conservation de ces pièces. Or, comme les archives du département n'en possédaient point de copies, M. Siraudin, président à la Cour d'Amiens et propriétaire de l'ancienne terre de Marigny, a bien voulu me communiquer un terrier de la seigneurie, dressé en 1610 par ordre de Michel du Faur, seigneur de Pibrac, baron de Marigny, en tête duquel j'ai découvert ces documents que l'on croyait à tout jamais perdus. Malheureusement les deux notaires qui les transcrivirent étaient plus forts en pratique qu'en langue latine et surtout en paléographie; car, après avoir transcrit tant bien que mal le texte latin des chartes de 1358, 1315 et 1235, en regard de la traduction, ils s'arrêtèrent net avant la fin du premier paragraphe de la charte de franchise, préférant au texte original une traduction qui laissait beaucoup à désirer aussi bien sous le rapport de l'intelligence que sous celui de la clarté.

(2) Troisième fils de Jean de la Baume, comte de Montrevel, maréchal de France, marié à Alix de Luyrieux, dont il eut sept enfants. (Anselme, VII, 46.)

(3) Seigneurie en Suisse, qui lui venait de sa mère Jeanne de la Tour.

(4) La Roche-Vanneau, commune limitrophe de Marigny et du même canton.

gneur de Vauldrey et de la Chasseigne, chevallier, prenant en main pour Alix de Chastellux, dame de Raigny (1), ma femme, ayant le bail et gouvernement des corps et biens de Claude (2), Oudot (3) et Marguerite de Raigny, ses enfans, seigneur en partie dudit Marigny, prenant en main, moy faisant fort pour la dicte dame Alix, ma femme et pour ses dictz enfans, promettant leur faire ratifier, consantir et appreuver les choses cy après escriptes touttes foys que requis en sera, d'une part. Et nous Teulet Jacqueault, Huguenin Cortot, Gerard Joignard, Odot Moreau, Jean Navarre, Odot Poilleney, Odot Guyet, Jean Chaudot, Germain Noiretat, Jean Quehullardet, Jean de Sainct Jueault, Jean Petit, Jean Conoble, Jean Chauvault, Perreau Seguin, Guillaume Bastenier, Gelot Bastenier, André Vauchellier, Guiot Gille, Germain Noiretat, Bertheault Noiretat, Jacob Courtois, Jean Mathey, Nicolas Braulde, Joachin de Corbail, Philibert Cappus, Guyot Bouchot, Jacob Charles, Jean Foullenay, Germain Pouret, Jean Bertheault, Odot le Vauprin Brachot, Jean Poillenay l'esné, Guillaume Carrey l'esné, Perrin Loberault, Jean Lasnier, Guyot Girault, Jean Bertheault, Jehan Bouhot, André Forneron, Guillaume Prost, Jean Luissau, Guillaume Briaude, Odot Boutacul, André Pigné, Girard Piard, Michel de Rodes, Perrenot Grappin et Oudot Bertheault, tous habitans dudit Marigny le Caouet, faisans en ceste partie et représentans la plus grande et seine partye des habitans dudit Marigny, et nous faisans fort et prenant en main pour tous les autres habitans dudit Marigny, présens et advenir, d'autre part. Soions et fussions esperés d'avoir plusieurs discords, plais et controverses, en et sur ce que nous lesdictz seigneurs requérions et heussions requis ausdictz habitans qu'ilz nous eussent recognoistre estre noz hommes et subjectz, selon les formes et teneur des lettres de franchises ausdictz habitans, leurs successeurs, conceddées, données et octroyées par les prédécesseurs de nous lesdictz seigneurs, et à faire et accomplir le contenu esdictez franchises.

Et que, iceux habitans recognoissent les héritages quelconques, pourveu qu'ilz ne fussent du fond de nous lesdictz seigneurs estre affectez, chargés et obligés et hipotéqués de l'abonnement de cinq mil solz tournois à nous deux chacun an par lesdictz habitans, ains fussent privillegiés, tellement que nonobs-

---

(1) Alix de Beauvoir-Chastellux, fille de Guillaume de Beauvoir et de Jeanne de Saint-Verain, sa seconde femme, fut mariée en 1412 à Pierre, seigneur de Ragny, fils d'Eudes de Ragny, chevalier, et de Jeanne de Germolles, dont elle eut Claude, Eudes ou Oudot, Marguerite, Marie et Jeanne ; ces deux dernières mortes avant 1445.
(2) Claude de Ragny mourut sans enfants.
(3) Oudot ou Eudes, seigneur de Ragny, continua la lignée ; il épousa Jeanne de Vienne.

tant touttes hipotecques ou charges que sur les dictz héritages des dictz habitans; lesdictz héritages sont ou ont esté et seront lesdictz cinq mil sols soient ou debvoient estre payés préalablement et avant tous autres créditeurs, esqu'ilz lesdictz habitans ont esté et seront tenus et obligés.

Que aussi lesdits habitans nous recongnoissent noz chassemens (1) et héritages et les chassemens et héritages de noz féaux vavasseurs, n'ont esté ny devoient estre chargés aucunement dudit abonnement. Et avec ce fut faict déclaration desdictz chassemens et héritages de nos dictz féaux et vavasseurs, affin que les héritages qui seullement doibvent et debvoient estre affectés ou chargés dudit abonnement en fussent et soyent chargés.

Et en outre que les héritages qui au temps passé, par les messiers dudit Marigny, ont été taxés à un blanc, ne fussent plus taxés à la dicte somme par lesditz messiers, ains feussent taxés, estimés par prudhommes, qui loyallement et justement les taxeront, tellement que le bien et justice de la chose publicque dudit Marigny y fussent gardés et observés.

Lesquelles choses, nous lesdictz habitans, avons doubté faire pour aucune cause à ce nous mouvans de recognoistre, confesser, consantir et à l'ocasion de ce ayons esté en voye d'avoir requis pled ou contredit, controverses envers nosdicts seigneurs. Et entre nous lesdictz habitans esdictz noms, voulons et désirons, de nostre possibilité obéir à nosdictz seigneurs et leur faire recognoissance et acomplir, tant par exibition de faict, comme par recognoissance verballes, tous les singuliers debvoirs et débitz, esquelles sommes et avons esté tenus à eux ; de noz certaines sommes en bons propos, recognoissons et confessons estre hommes francs, par vertu des dictes lettres de franchises de nosdictz seigneurs, selon les partages faictz entre nosdicts seigneurs, selon la forme et teneur desdictes lettres de franchises, pour la déclaration desquelz choses contenus et déclarés es dictes franchises ; et pour en apperoir et justiffier en suffisance tellement que doresnavant n'en soict contradiction et difficulté aucune, avons voulu et consenti, voulons et consantons lesdictes lettres de franchises estre transcriptes en ces présentes lettres pour valloir le vray original d'icelles franchises, dont la teneur s'ensuit :

(1) Voir la note 2 de la page 134.

In nomine Domini, Amen. Anno ab Incarnatione ejusdem millesimo trecentesimo quinquagesimo tercio, mense maii, nos Guillermus, Montis Acuti milles, dominus de Marigneio le Cahouet (1), omnibus presentibus et futuris notum facimus quod cum predecessores nostri dicti Marignei domini videlicet dominus Odo miles, Elisabeth ejus uxor, concesserunt olim et postea dominus Odo miles, successor eorum et predecessor noster, tunc dominus de dicto Marigneio, laudaverunt, ratificaverunt, approbaverunt et confirmaverunt hominibus et mulieribus tunc ipsorum [libertatem, franchisiam et] manumissionem, in modum qui sequitur et in formam :

In nomine sancte et individue Trinitatis anno [ab Incarnatione ejus Domini millesimo trecentesimo] decimo [quinto] mense julii, regnante [illustrissimo] Ludovico, rege Francorum, et illustri duce Burgundie existente, nos Odo, Montis Acquti, dominus de Marigneio le Cahoueo (2), notum facimus universis presentibus et futuris quod cum inclyte recordationis nobilis vir dominus Odo, dominus Montis Acuti et de Marigneio predicta que domina Elisabeth ejus uxor, predecessores nostri, olim concesserunt hominibus nunc nostris et mulieribus de Marigneio predicto, libertatem, franchisiam et manumissionen in modum qui sequitur perpetuo valituras :

Au nom de nostre Seigneur, Amen. L'an de l'Incarnation courant mil trois cens cinquante troys au mois de may, nous Guillaume de Montegu, chevalier, seigneur de Marigny le Cahouet (1), scavoir faisons, à tous présens et advenir, que comme il soit, ainsi que noz prédécesseurs, seigneurs de Marigny, assavoir : Messire Odot, chevalier, et damoiselle Elizabet, sa femme, au temps passé, et nous le dit Odot, successeur d'iceluy et noz prédécesseurs, seigneurs dudit Marigny, ayant loué, ratifié, approuvé et confirmé à tous les hommes et femmes dudict Marigny, alors leurs hommes, liberté, franchise et manumition en la forme et manière qui s'ensuit :

Au nom de la saincte et individue Trinité, Amen. L'an de l'Incarnation d'iceluy courant mil trois cens et quinze au mois de juillet, au reigne de super illustrissime Louys, roy de France et de Navarre, en la présence de très hault et puissant seigneur Odot, duc de Bourgongne, nous Odot de Montegu, chevalier, seigneur de Marigny le Cahouet (2), scavoir faisons à tous présens et advenir que, comme soict ainsi que noble homme Odot de Montegu, de bonne et saine recordation, seigneur dudit Marigny, et dame Elisabet, sa femme, noz prédécesseurs, ayant, au temps passé, donné et octroyé aux hommes et femmes dudict Marigny, et à présent les nostres, liberté, franchise et manumission pour leur

---

(1) Guillaume de Montagu, chevalier, seigneur de Marigny, second fils d'Alexandre de Montagu, seigneur de Sombernon et de Mâlain, marié à Jeanne de Dracy, dame de la Grange de Germolles. (Anselme, I, 555.)

(2) Eudes dit Odart, seigneur de Montagu, chevalier, marié à Jeanne, fille de Henri, sire de Sainte-Croix, chevalier. Il mourut vers 1331. (Anselme, VII, 554.)

In nomine sancte et individue Trinitatis, Amen. Anno Verbi incarnati millesimo ducentesimo trigesimo quinto, regnante illustri Ludovico, rege Francorum, Hugone duce Burgundie existente, ego Odo, dominus Montis Acuti, et Elisabeth uxor ejus a domino, notum facimus et certifficamus presentibus et futuris quod nos homines nostros et mulieres de Marigneio le Cahouet, de consensu et petitione ipsorum manumisimus omnibus juribus, usibus, consuetudinibus que prius fuerunt in ipsa villa de Marigneio integre conservatis. Ipsis etiam hujusmodi libertates perpetuo condonantes quod nos vel alius assensu, confidentia, auctoritate vel nomine nostro infra scriptos terminos vel alibi quemdam hominum vel mulierum hujus libertatis nos capimus nec capi facimus, nisi tale quid commiserit vel taliter deliquerit super quo non possit fidejussores dare nec pro pecunia possit aut debeat liberari. Videlicet a Petra Fiche usque ad chiminum de Bon Repos qui tendit de Sinemuro ad Vitellum, et ab illo chemino usque ad Cromont (3) et a Cromont usque ad domum Leprosorum (4) qui est inter Marigneum et Chasseium (5), et a domo Leprosorum usque ad Bordam Domini et a Borda Domini usque ad ulmum situm subtus

valloir et servir à tousjour mais en la manière qui s'ensuit :

Au nom de la saincte et individue Trinité, Amen. L'an de l'Incarnation d'iceluy courant mil deux cens trente cinq, règnant très hault, très puissant, très excellent prince Louis, roy de France, et en présence de Hugues de Bourgonne, nous Odot, seigneur de Montaigu (1), et Eslisabet (2), sa femme. de l'ordre d'iceluy, scavoir faisons à tous présens et advenir que en ensuivant le consantement de noz prédécesseurs, avons [manumis] et manumettons tous noz hommes et femmes dudict Marigny le Cahouet, de sorte que ne entendons ny ne voulons que par nous ny nostre consantement iceux nosdictz hommes et femmes dudict Marigny, soient par nous ou noz commis pris, si d'accès et fortune, ilz avoient commis ou perpétré telz cas et crime de sorte qui ne puisse estre deslivrez par pleges ou argent. Assavoir depuis la Pierre Fiche jusques au chemin de Bon Repos, qui tire de Semur à Vitteaux, et depuis ce chemin là jusques à Cromot (3), et de Cromot jusques à la maison des Ladres, qui est entre Marigny et Chassey, et depuis la maison des Ladres jusques à la Borde Monsieur, et de la Borde de Monsieur, à l'Orme soubz le moulin. Voulons et entendons en outre que tous ceux qui seront soubz nostre protection qui ont

---

(1) Eudes I, sire de Montagu et de Chagny, était petit-fils du duc Hugues III, par son père, Alexandre de Bourgogne.
(2) Elisabeth, fille de Pierre de Courtenay, empereur de Constantinople.
(3) Cromot, ferme du territoire de Marigny, qui, avant 1789, appartenait à l'abbaye d'Oiguy.
(4) Maladière détruite.
(5) Chassey, commune limitrophe de Marigny.

molendino, comprehensos omnes qui sub protectione vel dominio nostro infra dictos terminos moram, mansionem seu estagium suum habent vel habebunt in futurum (1). . . . .
. . . .
. . . .

ou aurons demeurance au finage et limitte dessus dictz, estrangiers que autres superscriptz, estre frans et manumis, et par ces présentes affranchissons et manumettons tous leurs possessions, promettans de leur garder et observer envers et contre tous, excepté contre noz hommes qui de présent ont et auront hors nos dictes ville de Marigny et limitte dessus dictes. Excepté aussi ceux qui sont mouvans de noz chassements et fiefz que les hommes vavasseurs qui de présent sont estrangers et ont maisonnement en ladicte ville, et s'il advenoit que aucuns de nos dictz hommes ou femmes ainsi affranchiz, fussent hors ou esdictes limittes susdictz, prins, nous sommes et seront tenus les demander, de nostre pouvoir les deslivrer ou faire deslivrer (1).

2. Et est à entendre que tous noz hommes dudit Marigny, à présent ayans maisonnement en icelle ville de Marigny, sont et seront tenuz de payer à nous et à noz héritiers, un chacun an, cinq mil solz monnoye courant (2), à deux termes, assavoir la moitié à la feste Monsieur Sainct Remy, et l'autre moitié à caresmentrant suivant; et est à entendre que la levature d'iceux deniers se doibz faire par le consentement des autres habitans de nostre ville dudit Marigny, qui seront tenus faire le sermant ez mains de nostre (3) serviteur (4).

3. Item, que [à] tous les estrangers pour le relevement (5) de nosdictz hommes dudit Marigny et à leurs requeste et supplication, avons donné de nostre grâce

---

(1) Ce premier article de la charte de franchise est la reproduction littérale, abstraction faite de ce qui est relatif au nom de Marigny et à son territoire, du premier paragraphe de la charte octroyée par les mêmes aux habitants de Chagny en 1223. (Voir p. 94 et la charte de La Roche Pot.)
(2) Redevance exorbitante, si on la compare à celle de Chagny (20 sols, une corvée de 12 deniers), ou de La Roche Pot (20 sols et deux corvées). Le terrier de 1610 l'estime 250 livres. Si le paiement n'en était fait aux époques déterminées, le bétail de la commune demeurait saisi *ipso facto*, et défense était faite de le « jeter aux champs, » sauf peine de 65 sols d'amende et du rejet de la récréance.
(3) Lisez sergent, le même officier qui s'appelait ailleurs prévôt.
(4) Ce deuxième paragraphe diffère essentiellement de ceux semblables de Chagny et de La Roche Pot.
(5) Soulagement.

spécialle perpétuel abonnement, sauf toutesfoys que d'iceux estrangers nous aurions outre lesquelz dès lors pour maintenant et des maintenant pour lors après avoir l'advis et estimation des gens de bien, demoureront noz hommes, en sorte et manière que d'iceux estrangers oultre la somme susdicte, aurons et prandrons l'accroissement d'iceux ; aussi avons à tous ceux qui ont et auront au temps advenir, maisons et maisonnement ez limittes dessus déclarées, remis et quitté la main morte que auparavant avions en la dicte ville de Marigny (1).

4. Est aussi asscavoir, qu'en nostre dicte ville de Marigny, avons recréance par quarante jours, et cy après la dicte créance faicte après lesdictz quarante jours expirés, le paiement n'est faict à nous créditeurs, iceux le nous doibvent remonstrer et sommes tenus iceux payer, autrement iceux ne sont plus tenuz de nous faire créance et sy aucun d'iceux icelles ces danrées qu'ilz auroient exposé en vente à autre et que à nostre mandement, ilz ne les voulussent vendre et qui se peuvent preuver par bons et suffisans tesmoings, iceux seront tenus de payer l'amande de sept solz tournois, sy d'aventure nostre prévost ou serviteur m'estoit en ny la créance à nous faicte et qu'iceluy créditeur par deux suffisans tesmoins preuve le contraire, semblablement nostredict prevost ou serviteur, ledict paiement avoir esté faict, iceux seront tenus d'en croire deux gens de bien, dignes de foy (2).

5. Et est assavoir, que touttes foys et quantes que nous ou noz commis viendront en nostre dicte ville de Marigny pour noz affaires, iceux habitans dudict Marigny sont et seront tenus de nous donner autant de poulles que nous en faudra pour quatre deniers la poulle (3).

6. Encores nous doibvent iceux habitans dudit Marigny, à leurs propres frais, missions et despens la chevauchée pour noz affaires et négoces seullement et pour la deffense du duché de Bourgongne, et non à autres affaires et négoces, sy non de leur bon voulloir et consantement. Et sy aucun d'iceux est constitué en maladie et autre évidente nécessité, qui ne puisse, comme dict est, aller avec nostre exercice (4) et chevauchée avec nostre dit prévost, iceluy sera tenu

---

(1) Article inconnu dans les deux chartes sus-mentionnées, inspiré par le désir du seigneur de diminuer la charge énorme qu'il faisait peser sur les habitants de Marigny, en accordant aux étrangers qui viendrai s'établir à Marigny les mêmes priviléges qu'aux autres habitants. Néanmoins cette clause n'était pas tellement claire qu'elle ne donnât lieu à une interprétation défavorable aux habitants, puisqu'il y eut à son sujet de longs débats avec le seigneur, débats auxquels mirent fin les transactions de 1358 et 1445.

(2) C'est la traduction littérale des § 4 des chartes de Chagny et La Roche Pot, sauf des mots *sine bello* et *sine duello*, qui n'y sont point rappelés.

(3) Cette mitigation de l'ancien droit de prise n'existe point dans les deux chartes précitées. Elle persista à Marigny dans l'obligation imposée aux habitants de ne rien mettre en vente, en fait de victuailles, avant de les avoir au préalable présentées au seigneur.

(4) De *exercitus*, armée, host.

d'envoyer pour lui homme capable et suffisant, autrement sera tenu payer sept solz d'amende, avec ce, iceluy sera tenu payer durant nostre dit exercice et chevauchée, les gaiges d'iceluy que nostre dit prévost y commettra, ayant l'advis et conseil de deux prudhommes d'icelle ville de Marigny (1).

7. Pouvons en outre, sur icelle ville, faire quatre questes, assavoir : pour le voiage de Hiérusalen, de la caption de nostre corps que Dieu par sa saincte grâce ne veuille, de nouvelle chevallerie et pour le mariage d'une fille seullement. Esquelz quatre cas y sont tenus nous aider, autrement ne les pouvons ou devons contraindre (2).

8. Promettans par noz sermens, pour ce par nous jurés et touchés aux sainctes esvangiles de Dieu, tenir, observer, garder les dictes libertez susdictes aux hommes et habitans de nostre dicte ville de Marigny et à nostre successeur à qui la dicte ville pourra advenir, sauf touttes fois nos emandes accoustumées que nous recepvrons, assavoir : sept solz pour le plaintif qui viendra à clameur et plainte de la bature à luy faicte, qu'il sera tenu payer, s'il ne peut preuver ladicte clameur et plaintif, et suffisamment preuver et qu'il en soit condampné pour iceluy coup il y aura seullement sept solz tournois, s'il y a sang, soixante et cinq solz, de rapt, feu, larcein et homicide, elle demeure en nostre miséricorde et justice (3).

9. Et si d'avanture, nous, nos héritiers ou noz successeurs voulons deffendre en aucune des choses susdictes, nous, à la requeste desdicts hommes de ladicte terre de Marigny, d'un certain messagier d'iceux, ou de révérend Père en Dieu Monsieur l'évesque de Châlon, sommes tenus, dans quarante jours, de leur satisfaire et restituer. Autrement avons donné audit Révérend de Chalon pouvoir, puissance d'interdire nous et nostre terre, excepté Marigny, par sentence de censure ecclésiastique, en sorte et manière que ne puissions estre absoubz ni relâché, sinon par le Révérend archevesque de Lyon jusques à ce que nous ayons faict satisfaction condigne (4).

10. Les choses susdictes et une chacune d'icelles jurer, affirmer, maintenir, garder et deffendre les cy après nommez, desquelz les noms s'ensuivent. Assavoir

---

(1) Reproduction des § 5 des chartes de Chagny et La Roche Pot. Comme conséquence, les habitants devaient faire guet et garde au château en temps d'éminent péril, et entretenir à leurs frais les ponts dormants, les faux murs, les parapets, les barbacanes, et curer la moitié des fossés. (Terrier de 1610.)
(2) Reproduction des § 6 des mêmes chartes.
(3) Reproduction des § 7 des mêmes chartes.
(4) Reproduction du § 8 de la charte de Chagny.

de Ferrus de Sisey (1), Bertrand Deschampt, Guy de Villy (2), Huges, Gérard de Fatans (3), chevallier ; Emery d'Abigny (4), Guillaume de Savigny (5), Collin Denis Chiffères, en sorte et manière que si noz héritiers, successeurs susdictz résilions et défaillions à la requeste d'iceux hommes dudit Marigny ou de leur messager, serons tenus de bailler hostage en lieu seur jusques à ce qu'ils soient entièrement satisfaitz (6).

10. Néanmoins touttes fois, voulons et entendons que qui conques soict nostre prévost et serviteur, à la requeste des dictz hommes de la dicte ville, soict tenu nouvellement prester le serment de observer et garder inviolablement les conventions susdictes, icelles faire garder et observer, que si faire ne vouloit, serions et sommes tenus de le faire observer et garder (7).

En tesmoing desquelz choses susdictes, nous avons fait mettre les scels tant dudit Révérend Père en Dieu, archevesque de Lyon, évesque de Challon, que les nostres à ces dictes présentes lettres.

Nous, Odot de Montegu, chevallier susdict, seigneur dudit Marigny, les dictes libertés, franchises et mannussions dessus dictes, louons, ratiffions et aprouvons, et par la teneur de ces dictes présentes, confirmons par nostre serment et soubz l'obligation de tous noz biens et ceux de noz successeurs héritiers, meubles et immeubles, présens et advenir quelconques, en quelque part qu'il soit assis ny scitués ; iceux maintenir, garder, deffendre et observer, sans jamais aller, venir, ne souffrir venir au contraire en quelque manière que ce soit. En tesmoing de ce, nous avons faict mettre à ces dictes présentes lettres le scel de très hault et très puissant prince Odot, duc de Bourgongne, avec le nostre. Faict et donné en l'an et mois susdictz.

En après, entre nous, ledit Guillaume d'une part, et nosdictz hommes de Marigny, d'autre part, procès, débat et question a esté nostées au fect et pour raisons de ce que disons à nosdictz hommes dudit Marigny, à cause de leurs personnes nous debvoir et à nos consortz ladicte somme de cinq mil solz, qu'ilz ne pouvoient imposer ny assigner sur les héritages et finage dudit Marigny, et qu'il ne leur estoit licitte ny permis du moings sans nostre licence ou de nos

---

(1) Probablement le même appelé Assericus (Ansericus) de Sessie dans la charte de Chagny.
(2) Guy de Villy-en-Auxois.
(3) Gerard de Fatans, Fatains, Fatin, près Montfort-les-Montbard.
(4) Aimery, seigneur d'Aubigny-les-Sombernon.
(5) Guillaume de Savigny-sous-Mâlain.
(6) Imité du § 9 de la charte de Chagny.
(7) Ce paragraphe, qui n'existe point dans la charte modèle, a été emprunté à la charte de franchise d'Echevronne. (Voir n° CCCXXVI.)

prédécesseurs, d'imposer icelle somme pécunière de cinq mil solz sur les héritages assis au finage dudit Marigny, estant tenuz en leurs personnes paier un chacun an à nous ou noz consortz la dicte somme de cinq mil solz dessus dicte.

En oultre, disons que tous hommes forains et estrangers, demeurans en nostre dicte ville de Marigny et es limittes dessus confinés, les quelles à cause d'icelle demeurance, demeurent noz hommes et qu'ilz y acquérent des héritages sur lesquelz est faicte la dicte imposition, n'estoient tenus de paier ne contribuer d'icelle somme de cinq mil solz.

Nosdicts hommes de Marigny disant au contraire, et que par bonne et mûre deslibération que la dicte composition fust faicte entre nosdicts prédécesseurs et iceulx nosdicts hommes et leurs prédécesseurs habitans d'icelle ville de Marigny, de la dicte somme de cinq mil solz. Combien qu'audit temps, il fut et estoit permis à tous forains et estrangers, en quelque part qu'ilz fussent demeurantz, de acquérir héritage audict finage dessusdict, du voulloir et consantement de nosdictz prédécesseurs et des prédécesseurs de nosdictz habitans.

Pour ce parvenir, et à ceste fin que nous ne soyons fraudés ny trompés de nosdictz droictz, icelle somme de cinq mil solz, et que au temps advenir iceux nosdictz hommes ne soient grevés, tous ceux qui tiennent et tiendront héritage audict finage et limittes susdictes de Marigny, et qui ne voudrons satisfaire au paiement d'iceux cinq mil solz, iceux lesdicts habitans de nosdicte ville de Marigny, du commandement de nosdictz prédécesseurs, en deschargeant la dicte somme, ont faict et imposés les héritages dessusdictz. Assavoir : chacun journal de terre à la somme de deux solz six deniers, s'il est bon et si de moindre valleur moins aussy des autres, jusques à la somme de cinq mil solz.

Disant en oultre, que doresnavant que quiconque, de quelque condition qu'il soit et en quelque lieu qu'il soit demeurant et résidant, qui tiendra et occuppera d'iceux héritages dessus dictz à l'insceu d'iceux, sera tenu de paier ladicte somme dessus dicte et inditte au soullagement et relèvement de nosdictz hommes en desduction d'icelle somme de cinq mil solz, et à celle fin que la [levée] d'icelle somme soit et demeure plus claire.

Disoient aussy iceux nosdictz hommes, que combien que icelle imposition n'ay esté faicte par nosdictz prédécesseurs, dessus lesdictz héritages, ilz en auroient jouy et usé au veu et sceu de nous, et de nosdictz prédécesseurs et leurs prédécesseurs habitans de la dicte ville de Marigny, paisiblement, sûrement et sans contredictz par l'espace de trente cinq ans, quarante ans et par si grant espace de temps, qu'il n'est mémoire du commencement, ny homme vivant du contraire, qu'ilz n'en ayent tousjours esté en possession continue, eux et leurs prédécesseurs de la dicte ville de Marigny.

Disoient aussi en ceste cause, que les impositions ainsi faictes et réservées sur les héritages que tiennent au finage les forains et estrangers, en quelque part qu'ilz soient demeurans, de ce qu'ilz tiennent, doibt choir et tomber en la déduction d'icelle somme de cinq mil solz et à l'acquittement d'iceux habitans et sy aucun ou aucungs tiennent d'iceux héritages, sont tenus payer ce qu'ilz tiennent, et qui moings tiennent, moings paient des dictes impositions, selon la valeur et estimation de ce qu'ilz tiennent. Laquelle imposition ilz sont tenus de payer en diminution du paiement d'icelle somme de cinq mil solz, à raison seullement des héritages qu'ilz tiendront.

Ouyes lesquelles choses ainsy d'une part proposées par nos conseillers, bien au long, et considéré qui estoit pour nostre évident proffict et celui de nos dictz hommes et habitans de nostre dicte ville de Marigny susdicte, et veu aussi les privillèges et libertés de nos dictz prédécesseurs, ausquelz nullement ne voulons ny n'entendons obvier, par l'advis des gens sages et expertz en droict par voye d'amiable composition, traicté et transaction, du voulloir et consantement de nous, de nos dictz hommes a esté traicté comme il s'ensuit.

Ascavoir : Comme dessus dict et allégué pour la part de nos dictz hommes, l'imposition des susdictes, faite sur tous les héritages a esté par eux bonnement faicte et perpétue, en sorte et manière que, iceux habitans, d'icelle ville de Marigny, en sont en temps de prescription suffisante. Voires que quiconque tient ou tiendra des dicts héritages de susdicts, en quelque part qu'ils soient demeurans, tant à présent qu'au temps advenir, seront tenus paier de la dicte imposition, selon la quantité des héritages qu'ilz tiendront, ainsy que par nos dictz hommes a été démonstré, la quelle somme tombera en déduction des dictz cinq mil solz, mesmement quant aux habitans dessus dictz.

Nous, Guillaume de Montagu, chevallier dessus dict, seigneur du dict Marigny, en tant que nous touche, peut et doibt toucher, tant nous que nos dictz successeurs héritiers; les dictes libertés, franchises, imposition des sommes sur les héritages dessus dictz, louons, ratifions, approuvons, et par la teneur de ces présentes, confirmons. Renonceant, quant à ce, par nostre serment, à toutes exceptions, déceptions, mesme au droit disant général, renonciation non valloir, si les spéciales ne précèdent, soubz l'obligation de tous noz biens et de nos dictz héritiers. Promettant, soubz la dicte obligation de nosdictz biens et par nosdictz serments, ne jamais, contre les choses susdictes, aller, venir, ne consantir venir, au contraire, tacitement ou en appert, ains les maintenir et deffendre envers et contre tous. En tesmoing de ce, nous avons faict mettre et apposer à ces dictes présentes lettres nostre scel. Faict et donné l'an que dessus, le septiesme jour du mois de may dessus dict.

En oultre, les susdits habitans recongnoissons et confessons que les chassemens et héritages de nos dictz seigneurs, ny des féaux et vavasseurs, ne sont, ne doibvent être chargés dudit abonnement en manière quelconque, mais que tant seullement nos héritages quelconques estant au finage dudit Marigny et les héritages qui ont les forains sont et doibvent estre et demeureront chargés dudit abonnement, sans ce que nos dictz seigneurs ou leurs dictz chassemens et héritages, mais leurs dictz féaux vavassaux pour les héritages et chassemens estant du fief de nosdictz seigneurs, sont tenus d'y contribuer aucunement. Lesquelz abbonnemens se doibvent payer, nous, lesdictz habitans sur nosdictz héritages et les héritages des dictz forains, avant tous autres debtz, esquelz, nous et les dictz forains pourront estre tenus à créditaire par obligation, hipotecques ou autrement dit, affin que au temps advenir les dictz chasements, héritages estant de notre dit fief ne soit chargés du dict abbonnement, et que tant seulement en demeurent chargés les héritages que de raison et selon les dictes lettres de franchises en sont et doibvent demeurer chargés.

Nous, les dictes partyes, avons voulu et consenti, voulons et consentons que tous chassemens et héritages que nous, lesdictz seigneurs, remonstreront par tiltres, lettres, ou par filiation et preuve suffisante estre de nostre fief, qui ne sont aucunement chargés dudit abonnement, et qui ce, au temps passé, en ont esté chargés, que pour le temps advenir en soient deschargés, et que les autres chassemens et héritages qui seront trouvés de fief de nous, lesdictz seigneurs, par serment de Guillaume et Jacques et de douze prudhommes dudict Marigny, qui seront esleuz par nous, les dictes partyes seront deschargées pour le temps advenir dudict abbonnement, et que tous demeurans des héritages estans au finage dudict Marigny, soict cultivés ou non cultivés dedans les limittes, demeurent à nous, les habitants, chargés dudit abonnement.

Et, en oultre, nous, les dictes parties, avons traictés et accordés, que par deux légistes ou coustumiers suffisants et par quatre prudhommes dudit Marigny, soict faict ordonnance sur les dictes années et sur les pertes et dommages audit finage, et que la dicte ordonnance, faicte sur ce que dict est, sera gardée et observée perpétuellement audit Marigny, et que tout le bon usage dont nous, les dictes et nos prédécesseurs avons jouy et usé les uns sur et envers les autres, outre les deslays de franchises, se garderont et observeront inviolablement pour ce qu'il n'est pas nécessaire de desroger ausdictz bons usages ni ausdictes choses confesséés cy dessus et contenues esdictes lettres de franchises.

Nous, lesdicts seigneurs, voulons comme bons et loyaux seigneurs lesdicts habitants garder et observer leurs franchises en libertés, comme raison, et jurons et promettons garder et observer inviolablement ausdictz habitants les dictes franchises, selon leurs formes et teneur d'icelles, et par ainsi, nous, les dictes parties, es dicts noms, nous sommes despartis et despartons de tous procès et sans despens. De touttes lesquelles choses, nous et chacun de nous, sommes et nous tenons pour bien contans. Promettans, nous, les dictes partyes es dictz noms que dessus, chascuns de nous en droict soict, ainsi que luy peu toucher, compéter et appartenir, en bonne foy, par nos sermans donnés corporellement aux saincts évangiles de Dieu et soubz l'expresse obligation de tous les biens de nos hoirs, meubles et immeubles, présens et advenir quelconques, lesquelz, quant à ce, nous soubzmettons à la juridiction et contraincte de Monsieur le duc de Bourgongne, et par icelle voulons être contrains, ainsi comme de propres choses congneues et adjugées, touttes et singulières les choses dessus dictes, escriptes et décidées, que d'icelles bien et loyallement faire, parfaire, observer, entretenir, entériner et accomplir, une partie à l'autre, tant par la forme et manière que dessus escripte et divisé tout et icelle et chacune d'icelle avoir et tenir ferme, stable et agréable à tousjours perpétuellement, sans jamais enfraindre, venir, dire, faire, souffrir, ne consantir, venir allencontre en aucune manière en jugement ny dehors, taisiblement ni en appert. Renonceans à ce faire, nous parties susdictes, nous et chacune de nous, par nos avant dicts sermens et à toutes singulières exceptions et déceptions, baratz, fraudes, cautelles, cavillations et allégations, et à toutes autres choses quelconques, que tant de faict, de droict que de coustume y pourront estre dictes, proposées et alléguées, au contraire de ces présentes lettres et des choses contenues en icelles. En tesmoing desquelles choses nous avons requis et obtenu le scel de Monsieur le duc de Bourgongne estre mis à ces présentes lettres triples de noz consantement. Lesquelz nous voulons estre faicts et refaictz une fois ou plusieurs, au dire et conseil des sages, la substance du protocolle d'iceluy non muée. C'est faict et passé en la présence de Guidot Gardeaul et de Guillaume Boudry, clercs, demeurans à Viteaux, notaires publicques, jurés d'icelle cour au tabellionage de Flavigny, pour mondit sieur le duc, présent noble homme Odot de Raigny, escuier, lequel a juré consantir, passer, accorder, approuver, observer et entretenir touttes et singulières les choses dessus dictes, tant par la forme et manière que dessus [sont] escriptes et divisées. Sont présens aussy, nobles hommes Denisot de Bion, escuyer, Arviet de Cherecey, escuyer, honorables hommes et sage maistre André Juiston, Jean Poillemy, Jean de Vandenesse, licentier ez loys, Girard Margotet, secrétaire de Monsieur le duc de Bourgongne; messire Guillaume Charles, prestre, curé dudit Marigny; frère Nicolas Jacques, jacobin; Guillaume Jacques, dudit Marigny; Guillaume Juliot et Guillaume Paulard, clercz, demeurans à Dijon, tesmoings à ce appelés et requis, les an, jour et lieu dessudictz, mil quatre cens quarante quatre, en l'hostel et domicille du curé dudit Marigny. Jean Lambert, Jean Brusley, Gérard Carrey, Jean Monin, Jean Briaulde, Jean Noiretat, Michel Ducloux, Perrin Nochault, Laurent Terrier, Jean de Bauchetat, barbier; Perrenot Juvenceau, Jean Arthault, Jacob Noiretat et André Bertheault, ont loué, consanti, ratiffié, émologué et appreuvé toutes et singulières les choses dessus dictes, à eux leues, exposées et déclarées, de mot à mot, et icelles et chacune d'icelles ont promis observer, entretenir et accomplir, tant par la forme et manière que devant escriptes et divisées. Sont présens les dictz Denisot de Bion, escuyer; messire Guillaume Charles, curé dudit Marigny; Estienne Goubelet, prestre, et Richard Bontemps, demeurans à Viteaux. Et ce vingt huitiesme jour de novembre l'an dessus dict. Jean Cottaire, Odot Le Mareschal et Germain Le Louatte, semblablement ont loué, rattifié, consanti, esmologué et appreuvé toutes les choses dessus dictes à eux leues, exposées et déclarées, de mot à mot, et chacune d'icelles ont promis observer, entretenir et accomplir, tant par la forme et manière que devant escripte et divisée. Sont présens les dictz Denisot Bion, escuyer; Richard Bontemps et Guillemin Doderot, demeurans audict Viteaux, tesmoings a ce appellez et requis les an, jour et lieu susdictz. L'original desdictz chartres, accordz et transactions demeuré ez mains desdictz procureurs sindicques.

Archives de M. Siraudin, président à la Cour impériale d'Amiens, propriétaire de la terre de Marigny. Terrier de la baronnie de Marigny, dressé en 1610 à la requête de Michel du Faur, gentilhomme ordinaire de la chambre du Roi, seigneur et baron de Pibrac, Marigny, Sainte-Colombe, Leugny, etc., par Quignard, notaire à Marigny, et Mathieu, notaire à Flavigny, f° 21.

BOURGOGNE (DUCHÉ DE)

CCCXXXVI

Déclaration de Hugues IV, duc de Bourgogne, au sujet des droits que prétendait l'abbaye de Saint-Bénigne sur les hommes qui quittaient ses domaines.

1235-36 (24 février).

Nos Hugo, dux Burgundie, notum facimus presentibus et futuris quod nos dedimus in mandatis venerabilibus viris et discretis Guidoni, abbati Castellionensi super Secanam, et magistro Frederico, decano Belnensi, quod ipsi fideliter et diligenter inquirerent si homines Sancti Benigni Divionensis ab ipsius ecclesie dominio recederent, se ad alterius dominium transferrentes, quid de mansis, terris et omnibus aliis tam mobilibus quam immobilibus predicte ecclesie debeat remanere et quid dicti homines de jure debeant detinere. Ipsi autem, inquisitione prout eis injunximus facta, diligenter et fideliter eam nobis per litteras suas patentes rettulerunt, quarum tenor talis est (1) :

Viro illustri Hugoni, duci Burgundie, Guido humilis abbas Sancte Marie de Castellione super Secanam, et magister Fredericus, decanus Belnensis, salutem et paratam ad obsequia voluntatem. Placuit dominationi vestre quod nos inquireremus si homines ecclesie Beati Benigni Divionensis ab ipsius ecclesie dominio recesserent, se ad alterius dominum transferentes, quid de mansis, terris et omnibus aliis quod predicti homines, dum in ipsius ecelesie dominio morabantur, detinebant dicte ecclesie debeat remanere et quid homines de jure debeant detinere. Ut quicquid inde nobis referremus sive per jus diceremus vos predicte

---

(1) Cette charte, qui est en quelque sorte la confirmation de celle inscrite plus haut sous le n° CCCXXXVII, contribua à fixer sur des bases plus certaines la coutume suivie jusque-là, en ce qui concernait le désaveu du seigneur par ses mainmortables. L'abbaye de Flavigny, comme on l'a vu, prétendait garder les biens meubles et immeubles des hommes qui l'abandonnaient. Celle de Saint-Bénigne, au contraire, exigeait au préalable le consentement du seigneur. Si la demande était agréée, le serf pouvait en toute sûreté quitter le domaine en emmenant ses biens meubles; s'il négligeait cette formalité, il était traité en serf fugitif, poursuivi et puni comme tel. Mais dans tous les cas les immeubles restaient au seigneur.

La coutume du Duché, dont les premiers styles remontent au règne de Hugues IV, reconnut et consacra le droit du mainmortable de s'affranchir à sa volonté; il l'entoura de toutes les garanties de la justice, mais il y mit pour condition l'abandon total des biens meubles ou immeubles. — Cf. *Coutumes anciennes*, Bouhier, I, 16.

ecclesie sigillaretis et fideliter in omnibus servaretis. Nos igitur de promissis veritate diligentius inquisita per juramenta multorum fide dignorum, invenimus sufficienter probatum hoc esse jus et consuetudinem ab antiquis temporibus approbatam in terra Sancti Benigni Divionensis, quod si homo Sancti Benigni de consciencia ejus qui preest loco in quo manet in terra Sancti Benigni transtulerit se ad aliud dominium, dominus qui sibi preerat debet eum conducere per terram suam bona fide pro posse suo cum omnibus mobilibus suis. Si vero absque consciencia sua domini sui transferat se de terra Sancti Benigni ad aliud dominium, omnia bona sua mobilia que inveniuntur in terra Sancti Benigni post recessum ejus remanent ecclesie Sancti Benigni. Corpus etiam talis hominis sic fugitivi cum omnibus bonis mobilibus quod portabit vel ducet in recessu suo poterunt capi sine injuria a mandato Sancti Benigni, et inde faciet ecclesia Sancti Benigni voluntatem suam. Sive autem de consciencia domini sui sive preter conscienciam recedat homo Sancti Benigni transferens se ad aliud dominum, omnia immobilia que movebant de Sancto Benigno quod tenebat homo ille dum morabatur, in dominio Sancti Benigni, remanent ecclesie Sancti Benigni. Et si contra hoc jus sive consuetudinem aliquis homo Sancti Benigni transferens se ad aliud dominium, immobilia que movebant de Sancto Benigno retinuit post recessum suum contra voluntatem abbatis et conventus Sancti Benigni, injuriam fecit ecclesie Sancti Benigni. Quare secure vobis per jus dicimus quod in terra Sancti Benigni Divionens jus sive consuetudo predicta observanda est. In premissorum autem testimonium, presentes litteras sigillorum nostrorum munimine duximus roborandas. Actum anno Domini M° CC° tricesimo quinto.

Nos autem de consilio bonorum virorum in utroque jure peritorum predictam inquisitionem scientes fideliter secundum dominum et jus esse factam, eam approbamus et jus et consuetudinem, prout in supra dicta inquisitione dictum est, dicte ecclesie confirmamus. Promittentes bona fide et statuentes predicta in perpetuum per totum dominium et posse nostrum irrefragabiliter observari tam a nobis quam heredibus nostris. Injungentes baillivis, prepositis et aliis servientibus nostris ut ipsi dictam ecclesiam de promissis non permittant ab aliquo molestari, sed predicta faciant inviolabiliter observari. Actum anno Domini M° CC° tricesimo quinto, mense februario, in die Beati Mathias apostoli.

Original : Archives de la Côte-d'Or. Fonds de l'abbaye de Saint-Bénigne de Dijon. Chartes des Ducs de Bourgogne.

FLAVIGNY

Flavigny, chef-lieu de canton de l'arrondissement de Semur, est une petite ville d'origine gallo-romaine, qui, plus heureuse qu'Alise-Sainte-Reine, sa voisine, échappa à une complète destruction, lors de la chute de l'empire romain, et devint le centre ecclésiastique du pays d'Auxois. Au commencement du VIII° siècle, Widrad, un des leudes de Charles-Martel, y fonda une abbaye célèbre, que les rois, dès l'origine, mirent sous leur protection ; ce qui n'empêcha point les évêques d'Autun et les ducs de Bourgogne de contester à l'abbé la plénitude des droits qu'il avait sur cette ville. L'évêque d'Autun, fort d'un diplôme de Charles-le-Chauve (877), confirmé par un concile, regardait l'abbé comme son vassal et Flavigny comme mouvant de son fief. De son côté, le Duc, héritier des droits régaliens en Bourgogne, prétendait avoir la garde de l'abbaye, commander par conséquent dans la ville, et ne laissait jamais échapper l'occasion d'affirmer son autorité. Ainsi, en 1157, Eudes II prit parti pour les habitants « ses amis, » dans leur querelle avec l'abbé, qui voulait les contraindre de contribuer aux fortifications de la ville. En 1181, l'abbé ayant refusé de reconnaître sa suzeraineté, le duc Hugues III ravagea les possessions du monastère et le contraignit à implorer l'intervention du pape Lucius III. Mais bien que, par un accord ménagé entre les parties, le Duc eût renoncé à ses prétentions, son fils Eudes III, ayant obtenu du roi Philippe-Auguste (1198) la cession de tous ses droits sur Flavigny, les fit revivre de plus belle et les transmit à son fils Hugues IV. Celui-ci, fidèle à la politique paternelle à l'endroit de l'émancipation des communes, et sympathique aux misères des habitants qui s'étaient toujours montrés dévoués à ses intérêts, usa de l'autorité que lui donnait auprès de l'abbé son titre de souverain, de gardien et aussi de créancier, pour le déterminer à les affranchir.

Constitués en corps de commune, les habitants ne tardèrent point à posséder aussi un échevinage, et ces divers priviléges valurent à Flavigny l'honneur de figurer parmi les villes qui députaient aux Etats de la province.

CCCXXXVII

Charte passée en présence de Guy, évêque d'Autun, par laquelle Nicolas, abbé, le prieur et les religieux de Flavigny, vendent aux habitants du lieu la mainmorte et le banvin qu'ils leur avaient déjà engagés, les prestations de bienvenue ou nouvel avénement, de voyage en cour de Rome, et la permission aux veuves de convoler en secondes noces (1).

1236 (mars).

Nos Guido, Dei gratia Eduensis episcopus (2), notum facimus omnibus presentibus et futuris quod cum Nicolaus abbas (3), Hugo prior, totus que conven-

---

(1) L'original de cette charte a disparu des archives municipales de Flavigny avec les anciens papiers de la commune, vraisemblablement par les mêmes causes que celles énoncées plus haut pour Marigny. Le texte que nous reproduisons est tiré d'une copie authentique faite au XVIe siècle, et provenant du fonds de l'Abbaye, déposé aux Archives du département.

(2) Guy de Vergy, oncle maternel du duc Eudes IV (voir I, 42, en note). La présence de l'évêque suzerain de l'abbaye était ici nécessaire pour la validation du contrat, parce que cette cession était considérée comme une diminution du fief.

(3) Nicolas, 44° abbé de Flavigny, succéda à l'abbé Milon de Frolois vers 1234, et gouverna jusqu'en 1240.

tus Flavigniacensis viderent quod monasterium suum Flavigniacensis tantis esse oppressum debitis quod non posset resurgere nisi aliquas possessionum suorum venderent, et homines eorum Flavigniacenses manum mortuam quam in ipsis habebant et sex septimanias bannorum (1) pro tanta summa pecunie detinerent a suis predecessoribus pignori obligatas. Videlicet, pro tresdecim viginti marchis argenti et quatercentum libris Pruvinensium (2) quas abbas Haymo (3) recepit, et pro mille ducentis libris Divionensibus (4) quas abbas Galterus (5) habuit, et pro duabus mille libris Divionensibus quas abbas Herveius (6) habuit, prout in dictorum abbatum litteris continetur (7). Et tale jus haberent in villa Flavigniacensi quod homines sui Flavigniacenses tenebantur solvere abbati quotiens de novo instituebatur in monasterio Flavigniacensi, benevenutam suam semel tantum, licet sub indeterminata quantitate (8), et expensas quas faciebat abbas quociens ibat ad curiam Romanam (9). Nec mulieres vidue Flavigniacenses possent contrahere nuptias, nisi prius requisito et obtento abbatis consensu (10).

Dicti abbas, prior et conventus vacantes pro posse suo utilitati et liberationi monasterii memorati, vendiderunt, quictaverunt et concesserunt simpliciter predictis hominibus et viduis predictam manum mortuam et quindecim dies de prenominatis sex bannorum ebdomadis et dictum jus quod habebant in viduis.

(1) Banvin.
(2) De Provins.
(3) Lisez Agano, 35ᵉ abbé, qui administra de 1130 à 1140.
(4) Livres dijonnaises. (Voir tome I, page 2, en note.)
(5) L'abbé Gauthier, 38ᵉ abbé, succéda à Guy I de Saucy, 1173-1185.
(6) L'abbé Hervé III, 41ᵉ abbé, 1214-1228.
(7) Ces lettres n'existent plus; dans tous les cas, l'énormité des sommes payées par les habitants, même en les supposant plus nombreux qu'ils ne furent dans les temps postérieurs, témoignent combien ces droits étaient écrasants, puisque, pour s'y soustraire, ils n'hésitaient point devant de tels sacrifices. Au reste, il faut croire que les dettes contractées par l'abbaye étaient bien considérables, puisque, nonobstant ces ressources, l'abbaye se trouva, en 1214, tellement pressée par ses créanciers pour une somme de 40,000 livres, qu'elle implora le secours du duc Eudes III. Ce prince consentit bien à la prendre sous son compte, mais, comme il exigeait le versement immédiat de 6,000 livres et l'engagement perpétuel de plusieurs terres, le marché n'eut pas lieu. Quinze ans plus tard, l'abbaye de Cluny lui prêtait 1,000 livres pour un an, et l'année suivante le duc Hugues IV prenait plusieurs terres en nantissement des 3,000 livres que l'abbaye lui empruntait.
(8) Bienvenue ou droit de nouvel avénement. C'est la même coutume qui existait à Bèze et que les religieux du lieu cédèrent aux habitants à beaux deniers comptants. (Voir I, 526, ch. nᵒ CCXLIII, et 533, ch. nᵒ CCCXLVII.) Par traité du 14 septembre 1371, qui a disparu des Archives, l'abbaye leur remit cette prestation moyennant une somme de 500 livres une fois payée.
(9) En reconnaissance des priviléges octroyés par les Papes à l'abbaye de Flavigny, tout nouvel abbé devait, dans l'année de son installation, visiter le Saint-Siége apostolique et acquitter une sorte de tribut. C'était une prestation analogue à celle pour le voyage en Terre-Sainte, que les seigneurs laïcs exigeaient de leurs vassaux en vertu du droit d'indire.
(10) La même défense existait à Bèze, où, comme à Flavigny, elle fut rachetée par les habitants. (Voir I, 531, ch. nᵒ CCXLVI.)

Concedentes eis ut possent contrahere libere, non requisito abbatis consensu, et expensas que debebantur abbati Flavigniacensi, quando ibat ad Sedem Apostolicam ab ipsis hominibus et eorum heredibus quicte et pacifice imperpetuum possidendo.

Taxaverunt itaque dicti abbas, prior et conventus ita benevenutam de voluntate sepedictorum hominum, et sua quod non poterit petere nomine benevenute abbas de novo institutus ultra centum marchas argenti, et illas centum marchas abbati tenentur reddere burgenses Flavigniacenses sine aliqua contradictione, infra annum adventus, aliis libertatibus et bonis consuetudinibus ville nichilominus in suo robore duraturis.

Vendiderunt autem, quictaverunt et concesserunt hec omnia sicut predicta sunt predictis hominibus pro quater mille libris (1) Divionensibus, de quibus eis pleniare est satisfactum. Quam pecuniam sepedicti abbas, prior et conventus in utilitatem et liberationem prefati monasterii converterunt, quittata pecunia pro qua erant manus mortua et banni in manu dictorum hominum obligati.

Sepedicti autem abbas, prior et conventus juraverunt quod contrahere de cetero non venient nec per se vel per alios, nec auctoritate propria nec auctoritate superioris. Supponentes se juridictioni nostre specialiter in hac parte quod ad has conventiones et constitutiones firmiter et inviolabiliter observandas sicut in presenti pagina continentur, nos vel successores nostri possimus eos compellere per censuram ecclesiaticam si forte, quod absit, abbas, vel prior, vel conventus, vel aliquis de conventu contra ista presumpserit aliquid attemptare.

Concesserunt etiam eisdem hominibus quod ipsi non teneantur solvere benevenitam abbati nec facere fidelitatem, donec abbas qui de novo institutur hoc idem fecerit juramentum (2), et concesserunt eis quod jurent inter se quod alterum alter deffendet si forte aliquis ipsorum contra ista contigerit aliquid attemptare (3).

De omnibus vero delictis et emendis pro quibus dicti homines eisdem abbati, priori vel conventui tenebantur vel illi sepedictis hominibus ante datam litterarum istarum se absolverunt ad invicem et penitus quittaverunt (4), renun-

---

(1) Remarquons en passant que cette somme de 4,000 livres représentait justement celle de 1,000 prêtée en 1229 par l'abbaye de Cluny sous la garantie du duc Hugues, et celle de 3,000 livres engagée par lui-même à l'abbaye; comme elle devait être entièrement employée à l'acquit des dettes du couvent, le duc du même coup remplissait sa bourse et augmentait son influence.

(2) C'est l'obligation ordinaire imposée à tout nouveau seigneur de jurer la conservation de la charte octroyée par ses prédécesseurs.

(3) Imitation ou plutôt souvenir des § 1 et 14 de la charte de Dijon. (Voir t. I, p. 5 et 8.)

(4) Cette abolition finale et réciproque des délits et des amendes antérieurs à cette charte témoigne des

ciantes omni exceptioni vel juri tam scripto quam non scripto, tam statuto quam statuendo, et omni privilegio impetrato et impetrando, quod eis posset competere in hac parte.

In cujus rei testimonium et munimen, ad instantiam sepedictorum abbatis, prioris et conventus et dictorum burgensium, presentem paginam sigilli nostri minimine dignum duximus roborandam. Actum in anno Domini millesimo ducentesimo tricesimo sexto, mense martio.

Archives de la Côte-d'Or. Fonds de l'abbaye de Flavigny. Pièces concernant la ville de Flavigny. Copie de l'année 1567, signée Bailly, clerc du greffe du Parlement, à Dijon.

CCCXXXVIII

Autorisation donnée par le pape Grégoire IX, aux abbé et convent de Flavigny, de vendre le droit de mainmorte aux habitants du lieu.

1241 (juin).

Gregorius episcopus, servus servorum Dei, dilectis filiis abbati et conventui monasterii Flavigniacensis (1), ordinis Sancti Benedicti, Eduensis diocesis, salutem et apostolicam benedictionem. Monasterio vestro quod gravatum eris onere alieni fere totum aburtum esse dicitur per voraginem usurarum; ita quod ejus substantia vix existat, paterna compatimur caritate ipsius inopie ad quam ex hoc devenisse dinoscitur condolentes. Cum igitur sicut petitio vestra nobis exhibita continebat, nos cupientes precavere indemnitati monasterii vestri ac periculis vestrorum hominum obviare, qui non nunquam occasione debitorum hujusmodi occiduntur et terra dicti monasterii prediis et incendio devastatur, ut possitis a creditorum instantia liberari, hominibus vestris de Flavignaco paratis in solutione debitorum ipsorum contribuere juxta proprias facultates proposueritis, diocesis et capituli ipsius intervenienti consensu, quamdam remittere

garanties, je n'ose dire des libertés, dont jouissaient déjà les habitants de Flavigny, que, comme je l'ai dit plus haut, le duc Eudes II, en 1157, appelait ses *amis*.

(1) Bien qu'autorisés par leur évêque et leur suzerain à vendre la mainmorte aux habitants de Flavigny, les religieux et sans doute aussi les habitants voulurent, pour éviter toute contestation à l'avenir, faire revêtir leur contrat de la sanction suprême du Saint-Père. La chancellerie romaine ne se départit point, à ce qu'il paraît, de la lenteur solennelle qu'elle apportait en toute circonstance, car ce fut seulement en 1241, cinq ans après la charte, que le bref reproduit ici autorisa cette aliénation.

servitutem que manus mortua vulgariter nuncupatur, nos humiliter supplicastis ut id faciendi nobis licenciam concedere curaremus. Nos igitur vestris supplicationibus inclinati, licentiam vobis concedimus postulatam. Datum Laterani, VI idus junii, pontificatus nostri anno quinto decimo.

Nos vero Pontius, humilis abbas Sancti Sequani (1), ordinis Sancti Benedicti, et Humbertus, humilis abbas Ungiaci, ordinis Sancti Augustini, supra dictas litteras vidimus et verbo ad verbum legimus et in testimonium huic earum transcripto sigilla nostra apposuimus. Actum anno Domini M° CC° quadragesimo primo, mense novembris.

Original de ce *vidimus* : Archives de la Côte-d'Or, H. Clergé régulier. Fonds de l'abbaye de Flavigny. Affaires concernant la ville de Flavigny.

CCCXXXIX

Ratification de la charte de l'abbé Nicolas, par Ansel, doyen, et le chapitre d'Autun.

1241 (décembre).

Nos Ansellus decanus et capitulum Eduense, notum facimus omnibus presentibus et futuris quod cum Nicolaus abbas, Hugo prior totus que conventus Flavigniacensis. (*Le reste absolument identique à la charte de l'évêque Guy, jusques et y compris le § commençant par le mot* Renunciantes.)

Nos vero supra dicti Ansellus decanus et capitulum Eduense, omnia supra dicta laudamus, approbamus ac etiam confirmamus. In cujus rei testimonium et munimen, ad instantiam sepedictorum abbatis, prioris et conventus predictorum burgensium presentem paginam sigilli nostri dignum duximus roborandam. Actum est hoc anno Domini M° CC° quadragesimo primo, mense decembris.

Archives de la Côte-d'Or. Fonds de l'abbaye de Flavigny. Pièces concernant la ville de Flavigny. Copie de l'année 1567, signée Joly, clerc au greffe du Parlement, à Dijon.

(1) Poncius, lisez Petrus, 19ᵉ abbé de Saint-Seine, 1240-1243.
(2) Humbert, 9ᵉ abbé d'Oigny. Ce *vidimus* recule jusqu'en 1241 les années de son gouvernement, circonscrites dans le *Gallia christiana* entre 1221 et 1230.

Ratification, par Aymery, archevêque de Lyon, des franchises et priviléges accordés aux habitants de Flavigny.

1241-42 (janvier).

Aymericus miseratione divina prime Lugdunensis ecclesie archiespiscopus (1), licet indignus, universis presentes litteras inspecturis, in Domino salutem. Noveritis universitas vestra quod cum Nicholaus abbas, Hugo prior totus que conventus Flavigniacensis. (*Le reste absolument semblable à la charte de Guy, évêque d'Autun, n° CCCXXXVII, jusques et y compris le § commençant par le mot* Renunciantes.)

Nos vero Aymericus, prime Lugdunensis ecclesie archiespiscopus, omnia supra dicta laudamus, approbamus ac etiam confirmamus. In cujus rei testimonium et munimen ad instanciam sepedictorum abbatis, prioris et conventus et dictorum burgensium, presentem paginam sigilli nostri munimine dignum duximus roborandam. Actum in hoc anno Domini M° CC° quadragesimo primo, mense januario.

Archives de la Côte-d'Or, H. Clergé régulier. Fonds de l'abbaye de Flavigny. Pièces concernant la ville de Flavigny. Copie de l'année 1567, signée Bailly, clerc du greffe du Parlement de Dijon.

CCCXL

Sentence de Hugues IV, duc de Bourgogne, qui, moyennant une nouvelle somme de 4,000 livres, maintient les habitants de Flavigny en possession des priviléges qui leur avaient été vendus par les abbé et convent de Flavigny.

1247 (janvier).

Nos Hugo, dux Burgundie, universis presentem paginam inspecturis, notum facimus quod cum vir religiosus Nicolaus abbas, Hugo prior, totus que conventus ecclesie Flavigniacensis, vendidissent et quittavissent in perpetuum burgensibus et hominibus suis de Flavigniaco et eorum heredibus, pro quatuor mille libris Divionensibus, manum mortuam quam habebant apud Flavigniacum et quindecim dies de sex septimanis bannorum quos habent singulis annis in predicta villa, et

---

(1) Aymery, 78° archevêque de Lyon, administra cette province ecclésiastique de 1236 à 1246.

jus quod habebant, ut dicebant, de viduis de Flavigniaco, videlicet quod non poterant contrahere secundas nuptias nisi requisito abbatis consensu, et expensas quas dicebant dicti abbas et conventus deberi cuilibet abbati Flavigniacensis quas faciebat quando Sedem Apostolicam visitabat. Taxata una quoque benevenuta cujuslibet abbatis de novo instituendi in centum marchis argenti ipsi abbati et prefatis burgensibus et hominibus suis de Flavigniaco, reddendis infra annum sui adventus, prius tamen a quolibet abbate de non instituto prestito juramento et a toto conventu renovato de predictis omnibus observandis. Cum que postmodum vir religiosus Milo (1), prior Sinemuri dictos burgenses et homines coram venerabili patre P. divina miseratione tituli sancti Marcelli presbytero cardinali partibus super a Sede Apostolice auditore concesso super revocatione predictorum traxisset in causam. Tandem dicti abbas et conventus et dictus Milo, prior Sinemuri, et dicti burgenses et homines Flavigniacenses in nostra presentia propter hoc constituti, in hoc prestitis juramentis, nobis mediantibus amicabiliter convenerunt quod dicti burgenses ac homines Flavigniacenses darent dictis abbati et conventui quatuor mille libras Divionenses ne posset eis obici vel imputari quod facta esset venditio rerum predictarum pro minori pretio quam deberet, et propter hoc Johannes, tunc abbas Flavigniacensis, totus que conventus ejusdem monasterii, et dictus Milo, prior Sinemuri, voluerunt et concesserunt ut dicte venditiones et taxationes rate haberentur et firme. Et quod ipsi dictas venditiones et taxationem inviolabiliter in perpetuum observabunt; prestitis super hoc juramentis prout in litteris dictorum Nicholai, tum abbatis et conventus Flavignacensis et dicti Milonis, priori Sinemuri. Nos et heredes nostri successive duces Burgundie dictis burgensibus ac homnibus Flavigniacensibus ac eorum heredibus universis et singulis obligamus ad garantiam eis et eorum heredibus super dictis venditionibus et taxatione legitime ponandam si abbas vel conventus vel alius pro ipse iret contra videlicet manus mortua et quindecim dierum de sex septimanis bannorum quas habent singulis annis et juris quam ipsi abbas et conventus dicebant se habere in viduis, et expensarum quas abbas Flavigniacensis faciebat quando Sedem Apostolicam visitabat et benevenute abbatis taxate in centum marchis argenti. Et dicti abbas et conventus nos et heredes nostros predictos super dicta garantia tenentur et promiserunt servare indemnes. In

---

(1) Milon, prieur de Semur, donnait ici la répétition de ce qui s'était passé dans les mêmes circonstances au bourg de Bèze, où les religieux, après avoir fixé un prix pour les droits qu'ils vendaient à leurs hommes, ratifié le contrat, l'avoir fait sanctionner par le Pape, prétendirent que l'évêque, leur mandataire, avait compromis leurs intérêts, et soulevèrent une contestation pour s'en faire donner le double. (Voir chartes de Bèze, I, 522, n° CCXXVIII, CCXXXIX, et 526, n° CCXLII.)

cujus rei testimonium, ad preces et instantiam dictorum abbatis et conventus, presentes litteras sigilli nostri munimine duximus roborari. Actum anno Domini M° CC° XL° septimo, mense januario.

Archives de la Côte-d'Or. Fonds de l'abbaye de Flavigny. Pièces concernant la ville de Flavigny. Copie de l'année 1567, signée Bailly, clerc du greffe du Parlement, à Dijon.

CCCXLI

Permission accordée par le duc Philippe-le-Hardi, aux habitants de Flavigny, de lever des octrois pour en employer le produit à restreindre l'enceinte fortifiée de la ville.

1367-08 (21 mars).

Phelippe, filz de roy de France, duc de Bourgoigne, lieutenant de Monseigneur le roy en la province de Lyon, à touz ceulx qui ces lettres verront, salut. Savoir faisons que, à la supplication de noz chiers et bien amez les bourgeois et habitans de la ville de Flavigny, disant que, par l'ourdenance et conseil des commissaires par nous deputez sur la visitacion des fourteresses du bailliage d'Auxois, et autres chevaliers et ecuyers en ce cougnoissans, et pour la seurté d'eux, de la dite ville et du païs, ont eu propos de restraindre la fourteresse de la dite ville, laquelle est à présent si grant que bonnement il ne la pourroient garder ne deffendre contre les compaignies ne autres grosses gens, senz gens d'armes autres que de la dicte ville (1), et que pour la dite restrinction y leur convient faire très grans frais et missions, lesquelx il ne pourroient bonnement sustenir senz nôtre ayde. Nous, aux diz bourgeois et habitans, avons outroyé et outroions, par la teneur de ces présentes lettres, de grâce spécial, et de l'autoritey dudit Monseigneur le roy, dont nous usons à présent, que, ou cas que la plus grant et seine partie des diz bourgeois et habitans sera ad ce assentans, il puissent

---

(1) En 1359, les Anglais s'étant emparés de Flavigny, dont l'enceinte trop étendue pour sa population rendait la défense difficile, et de là pillé tout l'Auxois, le duc Philippe de Rouvres résolut, après leur évacuation, de mettre Flavigny dans sa main, afin d'éviter le retour de semblables malheurs. Il échangea donc la terre de Lucenay avec tout ce que l'évêque d'Autun avait à Flavigny, et put dès lors y exercer directement tous les droits d'un suzerain, sans être exposé aux récriminations des religieux. Malheureusement une mort prématurée l'empêcha d'accomplir les desseins qu'il y avait formés, et auxquels on ne songea qu'en 1368, à la nouvelle du passage des routiers anglo-gascons, revenus d'Espagne. Bien que le moment fût mal choisi pour des travaux aussi considérables, le duc Philippe-le-Hardi, sur l'avis de ses visiteurs des forteresses, ne laissa point que de les prescrire et d'en assurer l'exécution au moyen d'un octroi.

jusques à trois ans, à compter de l'exécution de ces présentes lettres, apeticier (1) de la quarte partie les mesures à quoy on vent et vendra vin à détail en la dite ville de Flavigny et en la banlieue d'icelle. Et ce dont il apeticeront, comme dit est, les dites mesures lever et vendre par certaines convenables personnes, qui à ce seront esleues par eux et commises de par ledit Monseigneur le roy et de par nous, notre dit bailli d'Auxois ou son lieutenant, pour tourner et convertir en la restrinction et fortiffication de la dite fourteresse et non ailleurs. Pourveu que celui ou ceulx qui la dite quarte partie dont les dites mesures à vin seront apeticiées comme dit est et despenseront en rendront bon compte en la fin de chascun des diz trois ans aux diz bourgeois et habitans, présens notre dit bailly d'Auxois (2) ou son lieutenant, ou celui ou ceulx qu'il voudra à ce ourdonner et commettre. Et encore en emploiant (3) notre dite grâce, avons outroié et outroions, par la teneur de ces présentes lettres, au dessus diz bourgeois et habitans que, ou cas qu'icelle quarte partie ne suffiroit aux frais et mises (4) nécessaires pour la restrinction et fortiffication de ladite fourteresse, il et par le temps que dit est, puissent pranre et lever sur eulx mesmes et sur autres aïens héritaiges et possessions en la dite ville et en la banlieue d'icelle (5), et en quelxconques estat et condition qu'il soient, telx subsides et aides comme à notre bailly d'Auxois et à la plus saine partie desdiz bourgeois et habitans semblera bon, pour tourner et convertir en la restrinction et fortification de la dite fourteresse et non ailleurs, pourveu que à la fin de chascun an, bon compte en soit rendu par la mission que dit est, et que porté l'imposition de douze deniers par livre (6) entrant en ladite ville, ne soit en aucune manière amoindrie ou empeschiée. Si donnons en mandement et commettons, se mestier est, à nostre dit bailly d'Auxois ou son lieutenant, que de notre présent grâce, il face et laisse lesdiz bourgeois et habitans paisiblement joyr et user, et contre la teneur d'icelle ne les moleste ne empesche ou souffre estre molestez ou empeschiez en aucune manière. Et avec ce, nous donnons en mandement à touz les justiciers, subjecz dudit Monseigneur le roy, et de nous, que à notre dit bailli ou à son lieutenant et à leur députez, obéissent et entendent diligemment es chouses dessus dites et es

---

(1) Diminuer.
(2) En 1371, les religieux obtinrent du roi une commission pour contraindre les habitants à rendre compte de ces deniers d'octroi devant leurs officiers.
(3) Ampliant, augmentant.
(4) Mises, missions, dépenses.
(5) Impôt sur les forains, appelé *inquilin*.
(6) Votée par les Etats du Duché.

dépendances d'icelles, et leur prestent et baillent, et leurs diz deputez auxi, confort, conseil et aide, se mestier en ont et il en sont requis. En tesmoin de ce, nous avons fait mettre notre scel à ces lettres données à Semur, le xxix jour de mars, l'an de grâce mil trois cens sexente et sept.

Par Monseigneur le Duc.   J. BLANCHET.

Vidimus donné en juillet 1368 par Nicolas de Prangey, coadjuteur au tabellion de Flavigny. Archives de la Côte-d'Or. H. Abbaye des Bénédictins de Flavigny. Pièces concernant la ville.

CCCXLII

Arrêt du Parlement de Paris, qui déboute les habitants de Flavigny de leurs prétentions de continuer à s'avouer hommes du duc de Bourgogne, depuis la cession de sa part de seigneurie à l'abbaye de Flavigny.

1380 (1 septembre).

Carolus, Dei gratia Francorum rex, universis presentes litteras inspecturis, salutem. Notum facimus quod cum habitantes Flavigniaci nuper conquesti nobis fuissent super eo quod licet ab antiquo et a tanto tempore, de cujus contrario hominum memoria minime recordatur, tres domini fuerint in villa predicta: Videlicet carissimus germanus noster dux Burgundie et ejus predecessores Burgundie duces, nec non abbas et conventus dicti loci de Flavigniaco et decanus dicti monasterii, dicti que domini, et eorum quilibet judices suos habuerint pro eorum jurisdictione regenda, quam super eorum homines et subdites habere dicuntur in possessione in super et saisina, quod dicti habitantes et eorum quilibet quotiens sibi placet, possunt alterum dominorum predictorum coram ipsius judice advoare dicto domino, sic, ut predicitur, advoato, aut ejus judici, duodecim denarios turonenses solvendo, quo facto ipsius, quem sic advoaverunt officiuntur justiciabili et subditi in solidum, exempti a jurisdictione aliorum duorum dominorum quousque alterum nominatim advoaverent in dominum. De dictisque possessionibus et saisinis iidem habitantes usi fuerint et gavisi per tempus sufficiens ad possessiones et saisinas acquirendas et retinendas, absque eo quod dicti religiosi aliquod impedimentum apposuerint, seu apponere potuerint, aut debuerint in premissis. Nihilominus dicti religiosi sub pretextu cujusdam transporti per dictum germanum nostrum eisdem religiosis, ut dicitur facti, aut alias indebite dictos habitantes impediverunt et impediunt ne ipsi dictum germanum nostrum advoare possint in dominum (1). Et sunt ipsi habitantes coram predictis religiosis aut eorum judice conventi seu adjornati, jurisdictionem eorum declinare conantur, pretendentes se esse subditos et justiciabiles dicti germani nostri et eorum ipso seu ipsius judicibus debere respondere. Dicti religiosi aut eorum judex dictos habitantes ad hoc admittere recusant ipsos habitantes coram dictorum religiosorum judice per eorum corporum exceptionem et detentionem per mulctarum seu emendarum solutionem, per defectus concessionem respondere compellendo pluresque alias offensas et indebitas novitates contra dictos habitantes predicti religiosi facere satagebant contra precursus, libertates et usus antiquos dicte ville tenore veniendo, in ipsorumque prejudicium et jacturam, ac ipsos habitantes in eorum possessionibus et saisinis perturbando et impediendo indebite. Et de novo, ut dicebant, et ob hoc a nobis certas litteras obtinuerant quarum virtute, dicti religiosi, qui contra querimoniam dictorum conqueri se opposuerant, fuerant ad certam diem lapsam, in nostro presenti parlamento, nonobstante quod sedeat adjornati, prout hac et alia ex tenore dictarum nostrarum, et ex relatione certi servientis eorumdem litterarum executoris dicebantur latius apparere. Constitutis igitur propter hoc in dicta curia nostra partibus ante dictis, seu eorum procuratore; dicti habitantes concludebant quatenus ipsi manuterenentur et conservarentur in suis possessionibus et saisinis predictis, quodque impedimentum in premissis appositum amoveretur manu in super nostra in dictis rebus contentiosis apposita levaretur ad utilitatem habitantium predictorum. Et quod dicti religiosi in expensis hujus modi causa condemnarentur. Dictis religiosis ex adverso proponentibus et dicentibus, quod dudum episcopus Eduensis omne jus et dominum quod in dicta villa Flavigniaci habebat cum duce Burgundie qui tunc erat permutaverat, quodque dictus germanus noster predictum accordum in dicta curia nostra in nostro novissime preterito parlamento factum et transactum, omne jus quod ad causam dicti Episcopi in dicta villa habebat, in dictos religiosos transtulerat. Et attento quod dictus germanus noster nullum domanium in dicta villa habebat, ipsosque habitantes in suos burgenses minime receperat, dicti habitantes causam conquerendi non habebant, nec erant ad suam querimoniam predictam admittendi, et si erant

(1) La ville de Flavigny ayant été mise en bon état de défense, Philippe-le-Hardi, dont l'autorité s'étendait désormais sans contrôle sur tout le territoire du duché, ne s'était plus soucié d'en partager la seigneurie avec les religieux. Par un accord du 20 juin 1376, il leur avait rétrocédé ce qu'il avait échangé avec l'évêque d'Autun, y compris la garde de Pouillenay, moyennant une rente annuelle de 40 livres et 1,000 livres une fois payées.

admittendi apparebat, quod dicti religiosi manuteneri et conservari debebant in suis possessionibus et saisinis predictis impedimentumque in premissis appositum amoveri ac manus nostra in dictis rebus contentiosis apposita levari ad utilitatem religiosorum predictorum sic que dici et pronunciari petebant. Et quod dicti habitantes in expensis dictorum religiosorum condamnarentur pluribus aliis rationibus super hoc allegatis. A dictis habitantibus replicantibus et dicentibus, quod accordum inter germanum nostrum et religiosos predictos factum eisdem habitantibus prejudicare non debeat. Ex quibus et aliis per ipsos propositis apparere dicebant quod ipsi erant ad eorum querimoniam predictam et ad alia sua proposita admittendi. Et ad hoc et alia concludebant prout supra. Tandem auditis partibus antedictis in omnibus que arca premissa tam replicando quam replicando dicere et proponere voluerunt, visis in super querimonia et accordo predictis consideratisque et attentis diligenter omnibus circa hac attendentibus et que dictam curiam nostram in hac parte movere poterant et debebant, per arrestum ejusdem curia dictum fuit quod dicti habitantes non erant nec sunt ad eorum querimoniam predictam admittendi, et pro idem arrestum prefata curia dictus habitantes in expensis hujusmodi cause condemnavit et condemnat eorumdem expensarum taxatione ipsi curia reservata. In cujus rei testimonium presentibus litteris nostrum jussimus apponi sigillum. Datum Parisiis in parlamento nostro, die prima septembris, anno Domini millesimo trecentesimo octogesimo, et regni nostri decimo septimo. Sic signatum, per arrestum Curia. Jouvence cum parapho et sigillo.

<small>Copie informe du XVIe siècle. Archives de la Côte-d'Or. H. Fonds de l'abbaye des Bénédictins de Flavigny. Pièces concernant la ville de Flavigny.</small>

CCCXLIII

<small>Arrêt du Parlement qui règle le débat survenu entre l'abbé de Flavigny et les habitants du lieu, au sujet des élections municipales, de la tenue et de la présidence des assemblées.</small>

1572 (12 avril).

Extraict des registres du Parlement.

Entre messire Regnault Clutin, abbé commandataire (1) et seigneur de Flavigny, demandeur en exécution d'arrest du vingtiesme du mois de décembre mil

<small>(1) 68e abbé commendataire, 1555-1574.</small>

cinq cent soixante neuf d'une part, et les manans et habitans du dict Flavigny, deffendeurs d'aultre. Vu le dict arrest, procès verbal du commissaire à l'exécution d'iceluy, escriture des dicts défendeurs; ce qui a esté escript et produict par le dict demandeur; apointements de droict du neufviesme jour du mois de mars dernier, et ouy le rapport du commissaire. La Court a ordonné et ordonne que l'assemblée des dictz habitans, chacun un, pour l'élection des bourgeois et citoyens qui auront la charge et administration de la police d'icelle ville, sera faicte es jours et lieux acoustumez. Et quant aux assemblées des dictz citoyens éleus pour pourvoir à la dicte police, elles se feront chacunes sepmaines au jour de mardy, heure de midy, au lieu où on a accoustumé d'exercer la justice ordinaire dudict abbé, et en toutes les dictes assemblées assistera sy bon luy semble, le bailly du dict Flavigny ou son lieutenant, pour y présider, et le procureur d'office pour faire toutes réquisitions nécessaires (1); et ordonne la dicte Cour que tous cris et publications, tant pour procéder à la dicte élection que pour le faict d'icelle, police et justice ordinaire se feront par les sergens du dict abbé et en son nom, et condamne les dicts déffendeurs es despens, la taxe d'iceulx à la dicte Court réservée.

Fait à Dijon et prononcé à Magdelaine, procureur du dict Clutin, le douziesme avril mil cinq cent soixante dix.

JOLY (2).

Archives de la Côte-d'Or. H. Fonds de l'abbaye de Flavigny. Affaires concernant la ville de Flavigny.

(1) Un arrêt du Parlement de Dijon, rendu le 29 décembre 1569, avait déjà condamné les échevins de la ville de Flavigny à prêter serment entre les mains du bailli de l'abbaye et non d'autres; ordonné que tous les actes et délibérations de la police seraient passés pardevant le greffier ou commis du greffe de ladite abbaye, et que lesdits échevins et ministres de la police s'assembleraient une fois la semaine pardevant le bailli de l'abbaye.

(2) Cette décision ne mit point fin aux débats, car on voit que, le 8 juillet 1571, un nouvel arrêt du Parlement de Dijon condamna les nouveaux élus, échevins et procureur-syndic, à exercer leur charge suivant la sentence du bailli de Flavigny, dont ils avaient appelé, et ce, sans préjudice du droit prétendu par l'abbé du serment de fidélité entre les mains du juge de Flavigny, etc.

AISEY-LE-DUC ET CHEMIN-D'AISEY

Ces deux communes appartiennent au canton de Châtillon-sur-Seine. Avant la Révolution, Aisey était le chef-lieu d'une châtellenie royale, primitivement formée par le duc Hugues IV, qui, ayant acquis Aisey de ses seigneurs particuliers, s'était empressé d'en affranchir les habitants, ainsi que ceux du Chemin-d'Aisey, son annexe (1). Aisey était une des résidences favorites des ducs de Bourgogne. Au XVIe siècle, la châtellenie fut engagée à divers seigneurs, parmi lesquels on remarque les Montpensier, les Tenarre et les Saulx-Tavannes. Cette châtellenie ressortissait au bailliage de la Montagne.

CCCXLIV

Charte de commune octroyée par Hugues IV, duc de Bourgogne, aux habitants d'Aisey et Chemin d'Aisey.

1237 (octobre).

Hugo, dux Burgundie, universis presentes litteras inspecturis, salutem.

1. Noveritis quod nos hominibus nostris de Aiseyo et de Chemino talem franchisiam concessimus quod nulli prepositorum nostrorum (2) in aliquo respondebunt.

2. Imo quolibet anno, inter se Majorem eligent per quem se justiciabunt (3).

3. Ita tamen quod de emendis et clamoribus respondebunt mandato nostro ad usum et consuetudinem de Castellione (4).

4. Cuilibet hominum in dictis locis manentium, habens bestias trahentes, pro una quacumque bestia trahente (5) reddet nobis singulis annis tres moictron-

---

(1) Ces franchises furent étendues par la suite aux habitants de Nod et de Bremur qui dépendaient de cette châtellenie. (Voir le terrier de 1371 et les comptes de la châtellenie.)

(2) Le prévôt établi par le Duc à Aisey avait sous sa juridiction Aisey, le Chemin-d'Aisey, Nod, Coulmier-le-Sec, Chamesson, Semond et Voisins.

(3) Le Duc élève à la dignité de magistrat l'ancien Maire, qui n'était avant qu'officier subalterne, sans aucun caractère. Ce Maire avait la basse justice et la police. Plus tard on lui adjoignit des prudhommes. (Voir le terrier de 1371.) Tout habitant qui voulait vendre du vin à Aisey et au Chemin-d'Aisey devait, en ouvrant boutique, un sextier de huit pintes, dont le Maire prenait une « pour essanner » sa mesure et laissait le reste au prévôt.

(4) Voir la charte de Châtillon (I, 329, no CLXXVIII), qui elle-même avait été octroyée sur le modèle de celle de Talant.

(5) « Soient chevaux, buefs, asnes ou austres bestes traiens. » (Terrier de 1371.)

nos (1) frumenti et tres moictronnos avene ad mesuram Castellionis et tres solidos et unam gallinam. Ille vero qui bestiam trahentem non habuerit et laborabit cum fossorio (2), tantum reddet nostro quantum ille qui unicam bestiam trahentem habebit.

5. Omnes carruce de dictis locis reddent nobis conversam nostram ter in anno (3).

6. Et per hoc predicti homines erunt liberi et immunes ab omnibus aliis corveiis et tailliis et omnibus exactionibus (4), salvis calvachiis et exercitibus nostris (5).

In cujus rei testimonium presentes litteras sigilli nostri fecimus appositione muniri. Actum anno Domini millesimo CC tricesimo septimo, mense octobris.

Archives de la Côte-d'Or. Chambre des Comptes de Dijon. Terrier de la châtellenie de Châtillon, 1371, folio 13.

(1) Moictronnos, moiton, c'est-à-dire deux mesures; deux moitons faisaient le bichet, et deux bichets l'émine. (Voir Coutumes de Châtillon, I, 376.)
(2) Fessou, maille, pioche.
(3) « Chascune charrue doit à chascune des trois saisons un jornau, c'est assavoir au sombre (labourage des jachères), au vain (labourage d'automne), et au tremois (labourage de Carême). » — Le Duc devait « administrer vivres aux laboureurs ou leur bailler à chacun pour leur vivre 8 deniers tournois. » (Comptes de la Châtellenie.)
(4) La charte garde le silence sur les « mazaiges, » redevances en avoine perçues sur les meix et héritages, les censives en argent, les lods du sixième de la valeur des biens meubles ou immeubles vendus ou transmis, que l'acheteur devait « remercier, » c'est-à-dire acquitter dans la huitaine de son acquisition, sous peine de 60 sols d'amende. (Comptes de la châtellenie.)
(5) L'host et la chevauchée.

MARSANNAY-LA-COTE

Cette commune, qui dépend du canton ouest de Dijon, est fort ancienne. On la trouve mentionnée dès l'année 630. L'abbaye de Saint-Etienne de Dijon y possédait un prieuré assez richement doté; celle de Saint-Bénigne, le prieuré d'Epoisses et le duc de Bourgogne y avaient aussi des propriétés assez étendues ; mais au XIII° siècle la seigneurie appartenait aux Brancion, qui, après avoir affranchi le village, le vendirent au monastère de Saint-Bénigne, dans la mense abbatiale de laquelle Marsannay fut placé. Cette mense ayant dans la suite formé la dotation de l'évêque de Dijon, ce prélat devint jusqu'à la Révolution le seigneur de Marsannay.

CCTXLV

Charte de franchises octroyée aux habitants de Marsannay-la-Côte, par Jocerand, Gros seigneur de Brancion.

1238 (mai).

Nos magister Petrus, decanus Christianitatis Divionensis, notum facimus universis tam presentibus quam futuris, quod nos vidimus et de verbo ad verbum legimus quasdam litteras non abolitas, non cancellatas nec in aliqua parte sui viciatas, sigilli nobilis viri Jocerandi Grossi, domini Branciduni, et venerabilis patris Guillermi, Dei gratia Cabilonensis episcopi, sigillatas, sub hac forma :

1. In nomine sancte et invidue Trinitatis, amen. Anno Verbi incarnati m° cc° xxx° octavo, Hugone duce Burgundie existente, ego Jocerandus Grossus, dominus Branciduni (1), et ego [Margarita] (2), uxor ejus, certificamus et notum facimus presentibus et futuris, quod nos homines nostros et mulieres de Marcennayo, de consensu et voluntate et petitione ipsorum manumisimus omnibus juribus, usibus, bonis consuetudinibus que prius fuerant in ipsa villa de Marcennayo integre conservatis (3), ipsos etiam hujusmodi libertatibus perpetuo condonantes quod nos vel alius assensu, confidentia, auctoritate vel [nomine] nostro infra finagium ville Marcennaii vel alibi quemquam hominum vel mulierum hujus libertatis non capiemus nec capi faciemus nisi tale quid commiserit vel taliter

---

(1) Jocerand III, dit le Gros, seigneur de Brancion, le plus célèbre chevalier de son temps, tué en 1250, sous les yeux de saint Louis, à la bataille de la Massoure, en Egypte.
(2) Marguerite de Salins.
(3) Allusion aux priviléges antérieurs à cette charte dont jouissaient déjà les habitants de Marsannay.

deli.,^erit super quo non possit fidejussores dare nec pro pecunia possit vel debeat liberari. Omnes qui sub protectione nostra vel dominio nostro in dicta villa de Marcennayo mansionem seu estagium suum habent vel habebunt in futurum, tam adventitios et advenas quam alios, suprascriptis et subscribendis libertatibus perpetuo mancipamus, res, jura et possessiones ipsorum ubicumque fuerint, pro posse nostro conservaturi et defensuri contra omnes, exceptis hominibus alterius domini qui sunt vel erunt in dicta villa manentes. Et si aliquem hominem vel mulierem hujus libertatis infra dictam villam vel alibi captum fuisse contigerit, ipsos tenemur et debemus bona fide repetere et pro posse nostro liberare vel facere liberari (1).

2. Et sciendum quod nos de singulis focis singulorum hujus libertatis in dicta villa morantium vel habitantium habebimus triginta solidos divionenses annuatim nec amplius etiam a ditiori, nec poterit aliquis eorum minus persolvere quam decem solidos, quicumque sit ille vel illa qui causa paupertatis seu penurie dicat se non posse sufficere ad dictos triginta solidos persolvendos.

Et hoc debet cognoscere Major vel serviens noster qui in dicta villa pro nobis fuerit, adhibitis secum duobus probis hominibus de vico in quo pauper ille moraretur, sub quorum estimatione legitima minus triginta solidorum accipiet, ita tamen, ut dictum est, quod minus quam decem solidos non accipiet ab nullo. Et hec pecunia debet nobis annuatim vel mandato nostro persolvi in vigilia Sancti Remigii vel in die. Debemus etiam habere de unoquoque adventitio pro ejus intragio (2) viginti solidos Divionenses, et etiam de unoquoque foco omnium sub hac nostra libertate in dicta villa manentium unam corveiam duodecim denariorum in mense junii singulis annis persolvendam, que tamen debet per Majorem vel per alium mandatum nostrum acquiri (3).

(1) Reproduction exacte, sauf le changement du nom de lieu, du § 1 des chartes de Chagny et de La Roche Pot. (Voir page 133, n° CCCXXXIII.)
(2) L'an et jour révolus étaient le terme voulu pour exiger ce droit, qui se percevait aussi bien sur les étrangers que sur les anciens habitants, qui, après avoir quitté le lieu, revenaient y demeurer. (Mémoires du XVe siècle. Archives de Saint-Bénigne.)
(3) Imité des § 2 de la charte de Chagny et 3 de La Roche Pot, avec cette différence, d'une part, que dans cette charte, le Maire de Marsannay, ou le sergent, assisté de deux prud'hommes, remplit l'office attribué au prévôt ou sergent dans les deux autres localités; de l'autre, que la prestation de la corvée en valeur de 12 deniers est ici exprimée à la suite du droit d'habitantage levé sur les étrangers nouvellement domiciliés.
En 1258, l'abbaye de Saint-Bénigne de Dijon étant devenue propriétaire de la presque totalité de la terre de Marsannay, elle usa de toute son influence sur le maire Guyonnet, pour en obtenir la cession de la mairie perpétuelle, du four banal et des corvées, que Marguerite de Salins et Henri de Brancion, femme et fils de Jocerand, lui avaient donnés en récompense de ses services. Guyonnet fit abandon de tous ses droits, moyennant quoi l'abbaye le maintint en possession perpétuelle de la mairie, par ordre de primogéniture, exempta

3. Cranancia nobis debet fieri in dicta villa de victualibus per quadraginta dies, et si, completis quadraginta diebus, credita non reddiderimus nominatione tamen nobis prius vel mandato nostro super hoc facta, nichil amplius nobis credetur donec credita persolvantur. Si autem Major noster vel serviens negaret credita nobis facta, creditor per duos testes legittimos et juratos contra eum probaret, similiter Major noster aut serviens pagamentum factum creditoribus probaret sine duello vel bello. Et si aliquis nobis vel mandato nostro absconderet res suas quas aliis vellet in continenti venales tradere, per testes legittimos convictus, septem solidos persolveret pro emenda (1).

4. Sciendum preterea quod dicti homines nobis debent in suis expensis propriis exercitum et chevauchias in negociis nostris tantummodo et in defensione ducatus et non in aliorum negotiis seu auxilii nisi de consensu et voluntate eorum. Tenentur etiam sequi Majorem nostrum dicte ville cum opus fuerit infra tres leucas a dicta villa et non ulterius nisi de voluntate eorum. Si autem aliquis egritudine vel alia evidenti necessitate compulsus in exercitum nostrum aut chevauchiam nostram ire non potest, pro se debet mittere aliquem receptabilem et competentem si ei ad mittendum suppetant facultates. Quod si non miserit aut si per fraudem seu propter aliam occasionem remanserit, septem solidos persolvet pro emenda et etiam mercedem seu stipendia que Major vel serviens noster cum concilio duorum proborum hominum illius ville dabit alicui qui competenter vicem ipsius quamdiu exercitus duraverit adimplebit (2).

5. Item sciendum quod propter quatuor possumus questum facere in dicta villa; scilicet : pro itinere Jherosolimitano peragendo; pro captione corporis nostri, quod absit, Domino protegente; pro terra acquirenda ad baroniam pertinente et pro filia nostra maritanda; et super hiis nobis debent auxiliari si voluerint; si autem noluerint, cogere eos non possumus nec debemus (3).

le Maire de toute taille et exaction; l'astreignit aux mêmes obligations que les autres vassaux de l'abbaye; confondit les autres enfants du Maire parmi les habitants de Marsannay, sans autre immunité que celle de la prestation du vin et de l'avoine. Elle décida en outre qu'en sa qualité de Maire il percevrait 10 sols sur le montant du rôle des tailles; 5 sols sur chaque amende de 65 sols prononcées par lui; 12 deniers sur celle de 7 sols; 6 deniers sur celle de 3 sols, et 2 deniers sur celle de 12 deniers; que sur 12 corvées payées par les habitants, deux seraient à son profit, et qu'il jouirait, ainsi que sa femme, de l'exemption du droit de fournage du four banal. Enfin, le considérant comme un des féaux (fidèles) de l'abbaye, elle l'admit, lui et ses successeurs, à en faire hommage à l'abbé « manibus et oris osculo. » (Archives de la Côte-d'Or, série H. Abbaye de Saint-Bénigne de Dijon. Domaine de Marsannay-la-Côte.)

(1) Imité du § 4 des chartes de Chagny et de La Roche Pot.

(2) Imité également du § 5 des mêmes chartes, mais avec plus de détails en ce qui concerne le remplacement, dont le prix est réglé par le Maire, assisté de deux prud'hommes, et la fixation à trois lieues, du cercle dans lequel le Maire avait la faculté de les faire mouvoir pour la défense des droits du seigneur et assurer l'exécution de la justice.

(3) Reproduction du § 6 des mêmes chartes.

6. Nos vero supradictas libertates et omnia supradicta sacrosanctis Evangeliis tactis juravimus et promisimus inviolabiliter observare et nunquam contravenire. Volumus etiam, precipimus et concedimus hominibus nostris in dicta villa de Marcennayo sub hac nostra libertate morantibus, hec omnia supradicta jure perpetuo cedere ab heredibus et successoribus nostris quibus dictam villam devolvi contigerit, interpositione juramenti firmiter et irrefragabiliter perpetuo conservari, salvo tamen quod emendas nostras consuetas recipiemus, scilicet septem solidos pro clamore facto quos persolvet clamans si defecerit in probando clamorem suum vel ille de quo clamor factus fuerit, si jus proclamantis convictus fuefuerit denegasse, pro ictu septem solidos, pro sanguine sexaginta et quinque solidos. De rapto et furto in nostra miseratione et judicio erit (1).

7. Si vero a supradictis nos, heredes, vel successores nostri resiliremus in aliquo, ad petitionem hominum nostrorum dicte ville Marcennayo vel certi nuntii ipsorum vel venerabilis patris Cabilonensis episcopi tenemur eis et debemus satisfacere et restituere infra quadraginta dies, alioquin volumus et concedimus ut dictus episcopus terram nostram, excepta villa de Marcennayo, supponat interdicto et sententiam ab ipso latam, venerabilis pater Lugdunensis archiepiscopus confirmet, neutra usque condignam satisfacionem relaxanda (2).

8. Et ut hoc ratum et firmum habeatur imposterum, presentibus litteris sigillum nostrum apposuimus. Insuper nos Guillermus, Dei gratia Cabilonensis episcopus, ad majorem securitatem et certitudinem, ad requisitionem et preces dicti Jocerandi et uxoris ejus, presentes litteras fecimus sigilli nostri testimonio communiri. Actum est hoc anno incarnati Verbi M° CC° XXX° octavo, mense maii.

Et nos predictus decanus, ad preces et ad requisitionem certi mandati predictorum hominum de Marcennayo, sigillum nostrum presenti transcripto apposuimus in robur et testimonium veritatis omnium premissorum. Actum anno Domini millesimo ducentesimo nonagesimo tertio, mense junio.

Original en parchemin du *Vidimus*. Archives de la Côte-d'Or. Série H. Fonds de l'abbaye de Saint-Bénigne de Dijon. Domaine de Marsannay-la-Côte.

(1) Reproduction du § 7 des chartes de Chagny et La Roche Pot.
(2) Reproduction à peu près textuelle, sauf le nom de lieu, du § 8 de la charte de Chagny.
(3) Guillaume de La Tour, qui gouverna le diocèse de Chalon de 1294 à 1245.

DIGOINE (SAONE-ET-LOIRE)

Digoine, aujourd'hui hameau de la commune de Palinges, arrondissement de Charolles, était jadis l'une des quatre baronnies du comté de Charolais et la résidence d'une des plus anciennes familles du Duché, et dont deux branches se confondirent dans celle des Damas. Ce village doit ses franchises à Guillaume de Digoine et à Alix, sa femme. L'original de la charte a disparu. Il n'en reste qu'une traduction faite en 1540 par le notaire Denis Du Perche, et dont nous donnons ici l'analyse :

Guillaume de Digoine et Alix, sa femme, « considérant que les libertez sont trouvées contre les servitutes et permises aux seigneurs terriens, » affranchissent les habitants de la ville et du château de Digoine, demeurant dans la circonscription du territoire dont ils déterminent les limites.

Sur le mandement du prévôt, les habitants éliront quatre prudhommes qui imposeront la taille dite de la franchise à Carémentrant et la répartiront de façon à ce que le plus riche ne soit pas imposé à plus de 5 sols, et le plus pauvre à 1 sol.

Le seigneur quitte la mainmorte jusqu'au cousin germain, et au-delà jusqu'au 5e degré pour la moitié de la valeur qu'un étranger en donnerait de leur consentement. Il se réserve aussi 12 deniers censaux par an, payables par tous les habitants.

Il les quitte de toutes les corvées, excepté de ce qui sera nécessaire aux besoins de la ville. Ils devront en ce cas besogner un jour sur quinze, et une fois par semaine jusqu'à l'achèvement de l'œuvre, si le seigneur voulait fortifier la ville.

Ils devront le suivre à la guerre, sous peine de 15 sols d'amende pour ceux qui demeureraient sans cause raisonnable.

Les coups et blessures sont punis de l'amende de 60 sols. Le coup de poing, la maraude, le bris de clôture sont punis de l'amende de 7 sols ; l'adultère paie 60 sols, de même que l'injure faite à une femme.

Le seigneur promet à ses hommes de ne jamais les arrêter sans cause raisonnable.

Si un homme quitte la ville pour forfait ou délit, ses biens seront remis aux prudhommes qui les garderont un an et un jour, au bout desquels, s'il revient, ils lui seront rendus, sinon ils demeureront au seigneur.

Tout claim paiera 12 deniers d'amende. Le démenti devant le seigneur est puni de l'amende de 7 sols.

Si un habitant est arrêté par le seigneur, celui-ci ne pourra rien exiger de lui avant de l'avoir fait délivrer.

L'usage de fausse mesure est puni de l'amende de 60 sols.

Celui qui vendra pain, ne pourra gagner que 6 sols sur un bichet.

Nul ne pourra refuser de recevoir un gage de la valeur du tiers de ce qu'on lui doit.

Le seigneur aura pour lods le treizième de la valeur des objets mis en vente.

Chaque feu de la franchise enverra un homme pour aider à engranger le foin du seigneur.

En temps de guerre, les habitants devront le guet et garde devant le château.

Nul noble ne peut gager devant les murs du château.

Tout homme pourra, s'il lui plaît, quitter la seigneurie, en laissant au seigneur le cinquième des biens meubles. Si d'aventure un homme s'en va et qu'il revienne, il ne retournera en son héritage que du consentement du seigneur.

Le seigneur aura un mois de banvin ; la faculté d'acheter viandes à crédit en donnant des gages, qui, après un délai de quarante jours, seront payés des premiers deniers de la franchise.

Il a le droit d'indire aux trois cas : mariage de sa fille, voyage en Terre-Sainte, paiement de rançon. Les habitants doivent lui aider de la valeur du cinquième de leurs meubles.

Tout homme saisi vendant poisson, volailles ou venaison dans les limites de la franchise, ne pourra être accusé s'il n'a point été pris en flagrant délit.

Le seigneur et les siens promettront sur l'Evangile la conservation de ces franchises.

Archives de la Côte-d'Or. Chambre des Comptes de Dijon. Aff. des Communes, B 11475. — Imprimé dans les *Documents inédits pour servir à l'Histoire de Bourgogne*, par Marcel Canat.

MONTAIGU

Montaigu était un château considérable dont les ruines dominent le Bourgneuf et la commune de Touches, sur le territoire de laquelle elles sont situées. Ce château, chef-lieu d'une baronnie importante, après avoir eu des seigneurs particuliers, échut, au XIIe siècle, à la maison de Bourgogne, et forma l'apanage d'Alexandre, fils puîné du duc Hugues III ; Eudes, son fils, étendit aux habitants de sa résidence les priviléges qu'il avait accordés à ceux de Chagny et de Marigny. Sa charte, dont nous donnons ici l'analyse, est conçue dans des termes à peu près identiques.

Les hommes et les femmes du château et du bourg de Montaigu sont affranchis, sauf les droits, usages et bonnes coutumes qu'ils avaient avant. Le seigneur promet de ne faire arrêter aucun de ses habitants, si ce n'est pour un crime qui ne puisse être racheté par une composition. Il s'engage à tenir libres, eux et leurs biens, tous ceux qui demeureront ou viendront demeurer au château ou au bourg, sauf cependant les hommes établis au-delà des limites de la châtellenie, ses serviteurs et les hommes des fiefs qui relèvent de lui ; et il promet, en cas qu'un de ces hommes soit arrêté, de le réclamer et de le faire mettre en liberté.

Chaque habitant de Montaigu devra payer annuellement au seigneur, le jour de la Saint-Barthélemy, une somme qui ne pourra pas dépasser 20 sols ; s'il est dans l'impossibilité de l'acquitter, le prévôt et deux prudhommes jurés feront l'estimation de ses biens et diminueront sa cote. Il en sera de même pour les 20 sols d'habitantage qui se lèvera sur les étrangers.

Les hommes de Montaigu, sans exception, doivent au seigneur, deux fois par an, un charroi (quadrigacio) soit à Gergy, à Chalon ou à Chagny. Ceux n'ayant point de bêtes de trait, devront deux corvées en valeur de 6 sols chacune.

Le seigneur aura un banvin d'un mois en août.

Il jouira d'un crédit de quarante jours, à l'expiration desquels, s'il n'a point payé, on ne sera plus obligé, jusqu'à ce qu'il se soit acquitté, de lui faire crédit sur autre chose. — Si un habitant cache sa marchandise de peur de la donner en crédit au seigneur, il paiera 7 sols d'amende. — Si le sergent du seigneur nie qu'on lui ait fait crédit, celui qui prétend l'avoir fait, devra le prouver par témoins et réciproquement, *sine bello et duello*.

Le seigneur retient pour lui le marché et tous ses droits.

Les habitants doivent au seigneur l'host et la chevauchée tant pour ses propres affaires que pour la défense du duché de Bourgogne. Ils devront suivre le prévôt toutes les fois qu'il les mandera dans les limites de la châtellenie. — Tout habitant aura la faculté de se faire remplacer, sinon il paiera 7 sols d'amende. — Il devra, en outre, tant que durera la guerre et sur l'estimation qui en sera faite par le prévôt, assisté de deux prudhommes, payer l'indemnité ou les gages de celui qui sera appelé à le remplacer.

Le seigneur, résidant dans son château, aura la faculté de prendre chez les habitants les poules dont il aura besoin en les payant 4 deniers la pièce. — S'ils ne sont point payés au bout de 40 jours, les habitants pourront refuser tout nouveau crédit jusqu'à l'entier paiement de la somme.

Le seigneur renonce à l'établissement d'un four banal ; — il permet aux habitants d'avoir des pressoirs dans leurs maisons.

Il conserve son droit d'indire aux quatre cas : voyage en Terre-Sainte ; rançon ; agrandissement de la baronnie et mariage de sa fille ; hors ces cas les habitants ne pourront être contraints.

Il jure sur l'Evangile la conservation de ces priviléges et s'oblige envers les habitants à les faire jurer par ses héritiers et successeurs.

L'amende du claim est fixée à 7 sols payés par le plaignant, s'il ne justifie de sa plainte, ou par l'accusé s'il ne se disculpe ; celle du coup à 7 sols ; celle du sang à 65 sols. Les cas de rapt, de vol et d'adultère sont réservés au seigneur.

Cette charte est mise sous la sauvegarde de l'évêque de Chalon, qui, en cas d'infraction dénoncée de la part des habitants de Montaigu, devra sommer le seigneur de rétablir les choses dans le délai de quarante jours sous peine d'interdit.

Guillaume, évêque de Chalon, appose son sceau à la charte donnée la veille de la fête de sainte Marie-Madeleine, 1241.

Confirmation de cette charte par Guillaume de Montaigu, en 1291.

Archives de la Côte-d'Or. Chambre des Comptes de Dijon. Affaires des Communes, B 11476. — Imprimé dans les *Documents inédits pour servir à l'Histoire de Bourgogne*, par Marcel Canat.

AHUY

Cette commune du canton nord de Dijon, connue au IXe siècle, appartenait déjà à l'abbaye de Saint-Etienne, qui y avait tous droits de justice et de propriété. Néanmoins rien ne constate que la mainmorte y ait jamais régné ; seulement les habitants, outre les redevances en nature qu'ils devaient acquitter, étaient sujets à la taille haut et bas, et comme, pour se soustraire à ses exactions, beaucoup d'entre eux s'étaient retirés au château de Talant, sans pour cela renoncer à la propriété de leurs biens à Ahuy, l'abbaye qui, à l'exemple de celle de Saint-Bénigne (voir n° CCCXXXVI), se prétendait lésée, obtint du duc Hugues IV la charte qui suit et qui est une confirmation de la précédente.

CCCXLVI

Déclaration du duc Hugues IV, au sujet des habitants d'Ahuy et de Quetigny, et d'autres villages appartenant à l'abbaye de Saint-Etienne de Dijon, qui, retirés au château de Talant, prétendaient conserver les biens qu'ils avaient dans ces villages. -

1242 (25 mai).

Nos Hugo, dux Burgundie, notum facimus omnibus presentes litteras inspecturis, quod cum homines ecclesie Sancti Stephani Divionensis, tam de Aqueductu et de Cuntigneio quam de aliis villis ad eandem ecclesiam pertinentibus, a dictis villis et a dominio dicte ecclesie recessissent se in castro de Talant ad nostrum dominium transferentes domos suas et mansos de Aqueductu et de aliis villis, nec non et alia bona omnia, mobilia et immobilia que possidebant cum erant in dominio dicte ecclesie in dominio nostro commorantes, retinere contendebant, super quo vir religiosus Stephanus abbas (1) et conventus dicte ecclesie nobis gravem querimoniam deportaverunt, asserentes hoc esse contra jus et consuetudinem terre nostre, et in grave prejudicium, enormem injuriam ecclesie Sancti Stephani Divionensis predicte ab eisdem hominibus attemptari. Nos vero, jura predicte ecclesie conservare volentes tanto specialius quanto habundantius brachiis sincere dilectionis amplexamur, eandem que unicuique jus suum distribuere cupimus et etiam affectamus, a bonis viris magnis, providis ac fide dignis, tam nobilibus quam immobilibus, diligenter inquisivimus veritatem quod juris homines predicte ecclesie ab ipsius dominio recedentes et se ad nostrum aut ad aliud dominium se transferentes in domibus, mansis, terris, pratis, vineis et bonis aliis mobilibus et immobilibus que, sicut premissum est, predicti homines, dum in ipsius ecclesie dominio morabantur, possidebant, habere debeant vel quid juris eidem ecclesie debeat remanere; invenimus autem ex testimonio predictorum bonorum virorum hoc esse jus et consuetudinem ab antiquis temporibus approbatum in terra Sancti Stephani Divionensis : Quod si homo Sancti Stephani de consciencia abbatis qui preest transtulerit se ad aliud dominium, predictus abbas debet eum conducere per terram suam bona fide, pro posse suo, cum omnibus mobilibus suis. Si autem absque consciencia domini sui transfe-

---

(1) Etienne, dit Michotte, 20e abbé de Saint-Etienne, qu'il gouverna de 1241 à 1243. (*Histoire de l'abbaye*, p. 129.)

rat se ad aliud dominium, omnia bona sua mobilia que inveniuntur in terra Sancti Stephani post recessum ejus, remanent ecclesie Sancti Stephani prenotate; corpus etiam talis hominis sic fugitivi cum omnibus bonis mobilibus que portabit vel in recessu suo, poterunt capi sine injuria a mandato Sancti Stephani, et inde poterit facere ecclesie Sancti Stephani suam penitus voluntatem. Si autem de consciencia vel preter conscienciam domini sui recedat homo Sancti Stephani, transferens se ad nostrum vel ad aliud dominium, omnia immobilia que movebunt de Sancto Stephano que tenebat homo ille, dum morabatur in dominio Sancti Stephani, remanent quitte et libere ecclesie supradicte, nec post recessum suum, homo predictus in premissis quidam poterit reclamare; et si contra hoc jus sive consuetudinem aliquis homo Sancti Stephani se transferens ad nostrum vel ad aliud dominium, immobilia, que movebant de Sancto Stephano, retinuit post recessum suum contra voluntatem abbatis et conventus Sancti Stephani, injuriam fecit ecclesie prenotate. Nos autem, de consilio bonorum virorum nobilium et inuobilium in utroque jure peritorum, solùm Deum habentes pre oculis, jus predictum et consuetudinem approbamus predictam, et pro jure et consuetudine volumus et precipimus, de cetero ab omnibus observari et ecclesie Sancti Stephani predicte presenti pagina confirmamus (1). Promittentes bona fide et statuentes predicta in perpetuum per totum dominium in posse nostrum tam a nobis quam heredibus nostris irrefragabiliter observari; injungentes ballivis, prepositis et aliis servientibus nostris, ut ipsi dictam ecclesiam super predictis non permittant ab aliquo molestare, sed predicta faciant inviolabiliter observari. Si quis autem contra hoc venerit vel attemptare quicumque presumpserit, offensam nostram se noverit incursurum. Datum anno Domini millessimo CC° XLII, mense junio, dominica proxima post Ascensionem.

Original : Archives de la Côte-d'Or, série G. Fonds de l'abbaye de Saint-Etienne de Dijon. Seigneurie d'Ahuy. — Imprimé dans l'Histoire de cette abbaye, preuves, p. 128.

(1) C'est en vertu des principes posés par cette charte qu'au mois d'octobre 1262, Jacquet Rafeneaus, d'Ahuy, homme de l'église Saint-Etienne, reconnaît que, demeurant à Ahuy ou ailleurs, il ne lui est point loisible de rien posséder sur le finage d'Ahuy sans la permission de l'abbé, à moins d'y fixer sa demeure, et que ce dernier peut disposer de ses biens à sa volonté, sans recours devant aucun tribunal. (Archives de la Côte-d'Or. Fonds de Saint-Etienne. Ahuy. Original.)

Acte semblable fut renouvelé en 1304, par Meline, veuve de Gorlet d'Ahuy.

En 1453, l'abbaye inscrivait dans son terrier le droit qu'elle prétendait avoir de s'emparer des biens de ceux qui quittaient Ahuy, Hauteville ou Quetigny, pour aller demeurer ailleurs.

CCCXLVII

Arrêt du Parlement de Paris, qui homologue la transaction sur procès entre l'abbaye de Saint-Etienne de Dijon et les habitants d'Ahuy, au sujet des tailles, des redevances, de la justice et des droits seigneuriaux.

1331 (3 décembre), 1333 (29 mai).

Philippus, Dei gratia Francorum rex, universis presentes litteras inspecturis, salutem. Notum facimus quod cum lite dudum mota ac pendente in curia nostra super causa proprietatis inter religiosos viros abbatem et conventum Sancti Stephani de Divione ex parte una, ac habitatores Aqueductus ex altera. Prefati habitatores vellent in dicta causa procedere secundum statum dicte cause, predictis religiosis e contrario proponentibus, quam amplius in dicta causa non tenebantur procedere, nec supra ea audire debebant, habitatores ante dicti cum ipsi et eorum procuratores sufficienter quoad hoc fundati, prout per duo procuratoria quorum tenores inferius sicut incerti apparere dicebant, certum accordum seu transactionem (1) sigillo curie ducis Burgundie sigillatum fecissent, per quod quidem accordum recessum erat et fuerat a lite predicta, et quod dicta lis fracta erat et fuerat seu etiam sopita per accordum ante dictum, prout per

---

(1) Cette transaction mit fin à des débats qui duraient depuis plus de douze années et qui avaient épuisé tous les degrés de juridiction. Ils tiraient leur origine de l'opposition systématique apportée par l'abbaye de Saint-Etienne, hostile du reste, comme tout le clergé lui-même, à toute tentative de changement dans le régime de ses domaines, et ce, nonobstant, d'une part, l'exemple contraire que lui en donnaient les seigneurs laïques, et, de l'autre, pour Ahuy, le voisinage de communes aussi largement dotées que celles de Dijon et de Talant.

Ainsi, le 9 février 1323, l'abbaye et les habitants s'étaient présentés au plaid de Hugues de Châtillon, bailli de Châtillon. La première affirmait : Que, par la générale et notoire coutume de Bourgogne, tous les habitants d'Ahuy étant taillables haut et bas s'ils ne montraient titre de franchises au contraire, elle déclarait avoir été jusque-là en possession paisible de lever sur eux la taille à sa volonté ; qu'elle prélevait chaque année sur tout habitant tenant feu et lieu un bichet d'avoine appelé *sauvement* ; qu'elle percevait de chaque journal de terre, sauf ceux dits les Aleux, la redevance d'un demi quartaut de blé de rente, moitié conceau et avoine, appelée *rentere* ; c'est pourquoi elle sommait le bailli d'avoir à la maintenir en possession de ses droits.

Les habitants répondaient à l'abbaye : Que depuis longtemps ils avaient acquis droit de propriété, en saisine et en possession de disposer à leur gré de leurs héritages ; de marier leurs filles et de les doter de leurs héritages ; d'avoir leur parcours sur Dijon et les villages voisins ; de tenir leurs héritages franchement, même hors d'Ahuy, en payant le cens, la dîme, etc.; de demeurer franchement à Ahuy, en payant tous les ans aux religieux une taille de 100 livres dijonnaises, « jetées et hugalées » par quatre ou six prud'hommes élus par eux ; d'élire des messiers et des viguiers, lesquels étaient institués par les religieux ; de cueillir des *roortes* pour leurs charrettes et des liens pour leurs moissons dans les bois seigneuriaux, à cause des corvées qu'ils leur payaient ; d'être de la haute justice de Dijon et de la banlieue, de vivre et de jouir des privilèges de Dijon.

Après productions de titres et enquêtes de part et d'autre : le bailli, après avoir pris conseil de prudents

ipsum accordi tenorem poterat apparere, dictis habitatoribus plures raciones proponentibus ad finem quam predictum accordum nullum diceretur, nec ipsos ligare posset in aliquo et quod ipso nonobstante procederetur in causa predicta, dictis religiosis e contrario proponentibus quod viso accordo predicto et ipsius tenore ac eciam renunciacionibus per eorum fidem et juramentum contentis in eodem audire non debebant dicti habitatores, ad ea que preponebant contra accordum predictum, sed tenere debebat ac eciam in omnibus sui partibus observari, presertim contra procuratores qui dictum accordum fecerant et illis quos erant et fuerant procuratores sufficienter ad hoc fundati per eosdem, ac esset contra plures alios personas singulares que in dicto comprehenduntur accordo et que in earum personis dictum fecerant accordum. Et visis eciam litteris nostris dictis religiosis concessis, in quibus dilectis et fidelibus gentibus Parlamenti nostri mandatur ut dictum accordum teneri faciant et firmiter observari.

Tenor vero dicti accordi sequitur in hec verba :

En nom de notre seigneur. Amen. En l'an de l'Incarnation d'icelui mil CCC trente et un, ou mois de décembre. C'est à savoir, le mardi après la feste de saint Andrier, nous, frere Poinçar (1), humbles abbés de l'église de Saint Estienne de Dijon et touz li convanz de la dite église, de l'ordre de saint Augustin, de la dyocèse de Langres, au son de la cloiche, si comme il est de costume de l'ore de chapitre tenir, por ce especialement assemblez, appelez sollempnement touz ces qui sont à apeler, et présant touz ces qui y hont volu, péhu et déhu estre, d'une part. Et nous, Humbers diz Arconcex, et Richarz diz Conpoins, homes et habitanz de la ville d'Ahuit, procurours des autres homes et habitanz de la dite ville d'Ahuit, d'autre part. Façons savoir à tous ces qui verront ces presantes lectres, que nous, c'est à savoir, le diz abbés et covanz, en nom de nous et de nostre dite église. Et nous, le diz Humbers et Richarz, en nom de nous et en nom de pro-

---

et sages, ayant Dieu solennellement devant les yeux, au nom du Père, du Fils et du Saint-Esprit, avait maintenu l'abbaye : dans le droit de lever la taille haut et bas, à sa volonté, à la charge d'appeler des prud'hommes de la ville pour en faire la répartition ; de lever les redevances du sauvement et du rentere, en réservant le droit et la question de propriété ; et l'avait déchargée du surplus des demandes des habitants, sauf en ce qui concernait la nomination des messiers et vigniers, et le droit de prendre des roortes.

Cette sentence ayant été portée par appel devant les auditeurs des causes d'appeaulx du duché de Bourgogne, elle y fut confirmée par jugement du 30 octobre 1323, et confirmée de nouveau, le 25 juin 1328, par un arrêt du Parlement de Paris, qui ne mit point fin aux débats, puisque, de guerre lasse et nonobstant le gain de son procès, l'abbaye dut venir à composition et transiger avec ses vassaux.

(1) Poinsard de Courbeton, 25e abbé de Saint-Etienne, qu'il gouverna depuis l'année 1314 jusqu'à 1341. (*Histoire de l'abbaye de Saint-Etienne*, p. 155.)

curours, et comme procurours des autres homes et habitanz de la dite ville d'Ahuit et en nom d'aux et por aux, premerement hahu sur les chouses ci desouz escriptes, prevehue delibération et traitié diligent, vehu et considéré le profit évident de nous, lez diz abbés et covant et de nostre dite église, et auxi de nous, Humbers et Richarz devant diz, et des autres habitans de la dite ville d'Ahuit, sur les plaiz, descorz et controverses qui estient entre nous les dites parties acordons, pacifions et transigons en la manière qui s'ansuit.

Premerement, sur ce que nous, li diz abbes et covant, affermiens les diz homes et habitanz d'Ahuit et lor biens, la dite ville d'Ahuit et les heritaiges des diz homes et habitanz, assis ou finaige d'Ahuit, estre taillaubles et esploitaubles à nous et à nostre dite église de haut et de bas. Les homes et habitanz d'Ahuit disanz au contraire et affermanz que il estoient frans de toutes tailles por cent livres digenois, les quels il devoient chascun an à nous et à nostre église, por taille et non plus. Nous, les dites parties, es nom que dessus, pour bien de pais, voillons, accordons et estaublisons que nous, Humbers et Richarz et li autres habitanz d'Ahuit, que sont et seront por le tamps, paieront chascun an es diz abbés et covant de déans la feste de saint Remy, por taille et en nom de taille, sex vinz livres de bons digenois, fors en bons digenois ou autre monoie à la valour de bons digenois, selon le pois à la loy, en le cours que bons digenois furent faix et estaubliz (1), et plus ne porrons, nous, li dix abbés et covant, en nom de taille et por taille, lever des diz habitanz, et n'an porrons nuns frainchir, excepté tant solement celuy qui seray Maires et celuy qui seray sergenz de la dite ville d'Ahuit, li quex por le tamps qu'il seront ou servise de la marie et de la sergenterie d'Ahuit, ne contribueront es dites sex vinz livres, mas li paieront li autres habitanz de la dite ville d'Ahuit entièrement.

Et por les dites sex vinz livres de taille estre sauves à touz jours mais es diz abbés et covant et lour dite église, nous li diz procurours, en nom que desus,

---

(1) En 1339, les habitants d'Ahuy ayant prétendu payer en deniers noirs frappés par le roi à Dijon, un mandement du duc Eudes IV, du 10 avril, les contraignit à s'acquitter en monnaie forte de 120 livres dijonnaises.
Enfin, au commencement du XVIIe siècle, sous le gouvernement de l'abbé André Fremyot, qui devint archevêque de Bourges, un nouveau débat s'étant élevé entre l'abbaye et les habitants, sur ce que ceux-ci ayant refusé de comprendre dans le rôle des 120 livres les forains, qu'ils prétendaient ne point connaître (le rôle, qui devait monter à 120 livres, en avait à peine dépassé 18 à 20), et protesté que, si on voulait les contraindre au paiement du surplus, ils abandonneraient le lieu; l'abbé, par une transaction reçue Collot, notaire à Dijon, le 15 août 1603, déchargea les habitants de la taille de 120 livres, sans y comprendre les forains. De leur côté, les habitants promirent de fournir dans la quinzaine le rôle de ces forains, avec la cote de chacun d'eux; de plus, de payer à la Saint-Remi une taille annuelle de 5 sols par feu, comprenant les métayers et les « louagers, » taille garantie par l'universalité de leurs biens et d'en fournir le rôle aux officiers de l'abbaye. (Archives de la Côte-d'Or. Fonds de l'abbaye de Saint-Etienne. Seigneurie d'Ahuy.)

voillons, confissons, ordenons et estaublisons touz li biens mobles de nous et des diz habitanz, en queque leu et en queque partie qui soient, et touz les héritaiges que nous et li diz habitanz ou chascuns d'aux havons ou haurons, hont et hauront ou tamps à venir, en la ville et ou finaige d'Ahuit, estre et demorer taillaubles et obligiez es diz religioux et à lor successours et lor dite église, tanques à la somme des dites sex vinz livres digenois de taille por chascun anz. En tel meniere que quicunques tanray des diz héritaiges de queque luy et en queque leu qu'il soit ou demoroit, paiera por les diz héritaiges ce qui li seray getié et imposé de ladite taille, por quatre preudomes qui seront chascun an esliz de deans la feste saint Bartholomier. C'est à savoir doux de par nous, les diz religioux ou de nostre commandement, et doux de par les diz habitanz. Et, ou cas que nous, li diz religioux ou nos commandements, ou li diz habitanz n'auroient esliz les doux preudomes de deanz la dite feste de saint Bartholomier, la partie qui seray diligenz, les porray eslire touz quatre, quant à cette foiz, et controindrons nous, li diz abbés et ciz qui sera abbés de la dite église por le tamps, les diz eliz à panre la charge et à faire le giez de la dite taille, et feront, li diz quatre preudomes esliz en la main de nous, les diz religioux ou de nostre commandement, sairement de getier et de imposer la dite taille sur chascun léaument à lor avis.

Et de ce qui sera getiez por les dix quatre preudomes juriez acordeement, ne se porra nuns plaindre, et, ou cas qu'il y auroit descort, l'abbés de la dite église, qui sera por le tamps ou ses commandemens l'accordera raisonaublement à son avis.

Et sera getié la dite taille chascun anz à la dite feste de saint Bartholomier ou environ, et porrons nous, li diz religioux, dors à donc que la ditte taille sera getié, saisir les biens et les freuz de ces de cuy nous nous doterons qu'il ne les transportient autre part, mas nous n'amporterons nuns vendre ne exploitier jusques à la dite feste saint Remi.

Et seront tenuz faire recréance sans difficultei à ces qui ploigeront paier de deans la dite feste saint Remi, ce qui lour sera getiez et imposé de la dite taille.

Et si aucuns qui ne seront des diz habitanz d'Ahuit, tenient des diz héritaiges et ne paient dedans la dite feste saint Remi ce qui lor sera getié et imposé de la dite taille, il paieront sept souz d'amande. Et se il cessoient de paier jusques à la feste de la Chandelouse après en suigant, nous, li diz religioux, porront panre lour diz héritaiges et vendre ou loer à autre por la dite taille et por l'amande; liquelx d'en qui en avant paieront la dite taille, si comme desus est dit, sauf tant que ciz qui auray deffailli, si comme desus est dit, vient paier dedans cinc anz après les tailles et les amandes, il porrai recovrir son héritaige ensinc vuit de fruit, comme il l'aurai laissié.

Et tant comme ciz qui ne seront des diz habitanz tenanz des diz héritaiges paieront, ou autres por aux, ce qui lor serai imposé de la dite taille, dedanz le terme desus dit, por raison des diz héritaiges qu'il tenront, nous li diz religioux, ne porrons, ne devrons mettre la main por la cause desus dite.

De rechief, nous, li diz procurours, en nom que desus, confessons et acordons que nous, li diz habitanz qui sont à présent et qui seront ou tamps à avenir, et chascun d'aux qui tiendrai feu en la dite ville d'Ahuit, doit et est tenuz de paier esdiz religioux, chascun anz, à la feste de Touz Sainz, un bichot d'avoine d'annuel rante, que l'on appelle *sauvement*, et por chascun jornaul de terre assis ou dit finaige d'Ahuit, excepté ces que l'on appele les Aleux, demi quartaul de blef pormi conseaul et avoine, à la mesure de Dijon, de annuel rante, que l'on appale *rantere* et dou plus le plux et dou moins le moins, selonc la quantité de la terre, et à ce sont tenues et obligiez les dites terres esdiz religioux (1).

De rechief, nous, li diz procurours, en nom que dessus, quitons et remettons es diz religioux, pormi cest présent acort, le droit de panre liens, se point en hont li diz habitans es bois d'Ahuit, et nous, li diz religioux ou nostre commandement es diz habitans danrons et baillerons raortes tant comme mestiers lor serai por lour charrues.

Et est à savoir que, parmi cest acort, est sauf es diz habitanz, li elections des messiers et des vigniers dou finaige d'Ahuit, et touz lous usaiges, où il hont esté d'anciennetey.

Et sont sauve auxi à nous, les diz religioux, les corvées des charrues de la dite ville d'Ahuit et les corvées de sacler et de moissener, qui sont celles : c'est à savoir de chascune charrue des diz habitanz d'Ahuit chascun anz, un jornaul de sombre, un jornaul de vaain et un jornaul de tremis. Item, de moissener li hons et li femme mariez chies d'ostel et li non mariez qui tainent feu, de chascune personne une corvée. Item, dou sacler, de chascun feu une persone et es dites

---

(1) Par traité du 13 mars 1493-94, Richard Chambellan, abbé de Saint-Etienne, et son couvent, déchargèrent les habitants de cette redevance, moyennant la somme de 600 livres, qui fut employée aux réparations de l'église abbatiale, laquelle tombait en ruines. (Original : Archives de Saint-Etienne. Seigneurie d'Ahuy.)

facent, nous li diz religioux, devons doner esdiz habitanz facent les dites corvées dou pain doues fois le jour (1).

Et sauf encor à nous, li diz religioux, la cense des vignes, la justice, le droit que nostre sergenz doudit lieu hai acostumé de panre, quant aucuns acquiert maison, vigne ou terre en la dite ville et ou finaige d'Ahuit, ensamble toutes nous autres droitures.

Et parmi cest présant acort touz despans, missions et amandes sur le commun des diz habitanz, et sur nous, les diz religioux, ou tamps passey, seront quites d'une partie et d'autre, et ne porrons gemais, nous, li diz religioux, ne li diz habitanz faire querele, ne complainte au roy, ne au Duc, ne autre part, sauf à nous, les diz religioux, les arérages dou *sauvement* et de la *rantere* que li diz habitanz nous doivent par raison dou tamps passey.

Les quex acort, pacification et transaction et toutes les autres chouses dessus dites et chascune d'icelles por la menière que dessus sont dites et divisées, nous, li diz religioux, en nom de nous et de notre église, por nous et nous successeurs. Et nous, li diz procurours, en nom de nous et en nom de procurours et comme procurours des autres habitanz de la dite ville d'Ahuit, et en nom d'aux et por aux et lour hoirs et successours, et cels qui hont et auront cause de nous et d'aux, sur ce sumes tenuz et promettons. C'est à savoir, nous, li diz religioux, en bone foy et souz le vou de nostre religion, et sous l'obligation de touz les biens de nostre dite église. Et nous, li diz procurours, en nom que desus, por nos sairemanz donez corporelmant sur sainz evvangiles et souz l'obligation de touz les biens de nous et des autres habitants d'Ahuit desus diz, tant mobles cum non mobles, présanz et avenir. C'est à savoir chascune de nous les dites parties, por tant comme à li, es nom que dessus, toiche et appertient, tant conjoinctement comme divisément, et por stipulation ferme, léaul et solempnel, garder, tenir, faire et accomplir, et non contre venir, ne consantir que autres y vaine, en jugement ne deffors, taisiblement, ne expressement, par fait ou par parole, par droit et par costume, ou par autre menières quex quelle soit.

Et por plus grand fermetey et seurtey des chouses dessus dites, nous, Micheloz Cadoz, Monins le Ravex, Huges Grenole, Jaquoz Matoilloz, Michaux de Veranges, Humbers li Arconcex, Perrenot Costioz, Perrenot Arconsex, Marienot, qui fut femme Thevenot Aubertins, les fils Jaquoz li maistres, Huguenot fils Flurot, Molinote, qui fut femme Perrenin Tout le monde, Garniers l'Aulemanz, Jehannoz

---

(1) Le même traité, cité plus haut, commua ces diverses corvées en une seule, celle de la taille des vignes seigneuriales au mois de mars.

et Villemoz Aulmanz frères, Doonins, qui fut femme Jehannot Besançon, Raoux de la Borde, Aubers de la Borde, Jehanz Li Esviriez, Perrenoz Auxions, Jehanz filz Perreaul, Grenote Andriers et Jaquoz, enfanz au Vaillant, Bone, fille au moine Mathex, fils Durant, Juhannote, femme Humbeloz de la Borde, Estevenins filz au Peletey, Benaux Destaubles, Jaquoz Moichoz, Reynote le Baretée, Renaux de Gemeaux, Jaquoz Bouex, Monis Bouex, Aliote, femme Hugues Bover, Perrenote, qui fut femme Mathey dou Pouis, Jehannoz et Richarz, ses enfanz, Hugues Chivilloz, Marions, femme fu Garnier Noiroz, Jehanz Cadoz, Perrenoz li Buitheux, Humbers Gigoz, les genre Andrier Gigoz, ses genres, Reynote, qui fut fille Perrenoz Liachote et sa seurs, Arambours, qui fuit femme Tartillot, Michies li Plonez, Guioz Tartilloz, Jaquoz li Bouex, Aubers Rebillars, Monins Vintherans, Jehan Varnex, Rouse, sa suer, Mathelie, qui fut femme Raoul Mangeron, Mathoz et Demoinge, qui furent enfanz Perreaul Grillot, Jehanz Daurooul, Ysabeaux Dauteville, Michies et Mathex, ses enfanz, Jehannote, qui fut femme au Baulet, Jaquoz li Villerendez, Jehanz Charrelois, Hugues Moichoz, Aubrioz de Chaigneot, Monoz Moichoz, Estivenote, qui fut fille Martine, Adelinote, qui fut femme Bonvallot le tixerant, Garniez li Couex, Lambers de Poleingey, Jacote, nièce Moingole, Marienoz li Boullarde, Villemoz Humbers, Moingote, qui fut femme Gaichot, Robers de Nuiz, Jehanz Moreaux, Hugues Chaudeaux, Moingote, fille Matherot, Moingote, femme au Dain, Humberz li Coilliez, Jehannote, qui fut femme Cheurot, Parisoz, ses filz, Bertheaux, filz Robigant, Humbers, filz au Davi, Jehan Rincherans, Perrenot li Maires et sa femme, Beloz, fille Chaugey, Odoz et Guioz, Chaudeaux, Osannote, qui fut femme Odoz Lambin et Jehannote, sa fille, Jehanz Oudent, Jehan li Coifferez, Morisoz, fils au Coifferez, Guyole, fille au Coifferez, Jehannoz, filz au Bonon, Hugues Andriers, Andrioz, ses genres, Perreaux li Roux, Guioz li Cornuz, Lorote, qui fut femme Jaquoz Tout le monde, Andriers li Moniaz, Costenoz li Tateruz, Perrenot Oudenier, Jehanz Golioz, Sebile, qui fut femme Jehan Aloison, Marguerite, qui fut fille Gigot Raymont, Jaquoz et Arambours, enfanz Michelot Daumichiel, Villemoz, Moingeons, Andriers Denisoz, Bertheaux li Esviriez, Jaquoz li Cois, Doonins, qui fut femme au Futardit, Marions, fille Perreaul Michié, Villemos Rebillarz, Marions, qui fut femme Jaquot Berton, Juhannote, fille à Lallebant, Arvieres, filz à la Mugnere, Jehannoz de Sainz Thiébaut, Jehanz Cognons, Thiebaut Cognons, Andrier Barroz, Villemoz li Maistres, Guarniers li Bouex, Jehanz, filz à la Noire, Perrenoz li Miarlez et Perrenoz ses filz, Villemoz li Pichez, Perreaux li Pichez, Jehannote, sa suer, Jehannoz li tixerans et Humbeloz, ses filz, Doonoz li Rousse de Marcenay, tuit habitanz de la dite ville d'Ahuit, por ce nomtnémant d'us en us (1), ajornez et especialement assemblez, présens touz ces qui hont voluy, dehu et pehu estre devant l'église de la ville d'Ahuit, le diemange apres la Saint Nicholas d'iver, à l'ore de la messe parroichaule de la dite église, l'an et le mois dessus diz. C'est à savoir chascuns de nous desus nommez li uns apres l'autre, singulèrement appelez, et nous tuit ansamble en commun, nuns de nous dessus nommez contredisanz les diz acors, transactions et toutes les autres chouses dessus dites et chascune d'icelles en la menière et en la forme que desus sont escriptes et divisées, cognoissons estre faites por nous et en nostre nom, et volons, louons, aggréons, ratiffions et promettons, por nous et por nous hoirs et successours, et ces qui hont et auront sur ce cause de nous, par nos sairemanz donez corporelmant sus sainz evvangiles et sous l'obligation de touz nos biens mobles et non mobles, présens et à venir, faire tenir, garder et acomplir, sans corrompre et sans auler encontre, ne consentir que autre y vainent, en jugement ou dehors, por droit ou por costume, por fait ou por parole, ou por quelque autre menière que ce soit, taisiblement ou en appert. Et renunçons, nous, les diz réligioux et procurours, es noms que dessus, et nous, habitanz dessus nommez, por tant comme à un chacun de nous toiche et appertient, souz le vou et sairemant que dessus, de certaine science en ce fait, à toute lésion, déception, circonvention et errour, de fait et de droit, et à touz droit escript et non escript, statut et costume loiaul et généraul, et à toutes autres exceptions, raison et allégations de fait et de droit, por les quex nous ou aucuns de nous porriens ou porroit aler ou dire encontre la tenour de ces présentes lettres ou par quoi les chouses dessus dites, en tout ou en partie, porrient estre adnullées ou empeschiés par quelque menière que ce fust et espéciaulement au droit disant la généraul renunciation non valoir. Et volons estre constrainz, c'est à savoir, nous, li diz réligioux, nous et nous successours, et nous, li diz procurours, nous en nostre nom, et les autres habitanz d'Ahuit, por les quex nous sumes procurours, en lor hoirs et successours, et nous, li habitanz d'Ahuit, dessus nommez, nous et nos hoirs et successours, et ces qui hont et hauront cause de nous ou tamps à avenir, quant à tenir, garder et acomplir toutes les chouses dessus dites, et une chascune d'icelles, por tant comme à un chascun de nous appertient, auxi comme de chouse adjugié, por la court de Monss. le duc de Borgoigne, à la juridiction de la quele court, quant à ce, nous sozmettons. C'est à savoir, nous, li diz religioux, nous et nos

---

(1) Huis, porte.

successours, et nous, li diz procurours, et en nom que dessus, et nous, li habitanz dessus nommez, nous et nos hoirs et successours. En tesmoinaige de la quel chouse nous avons requis et supplié le seaul de la dite court estre mis en ces présentes lettres, et ensambles doublées por nous, les dites parties, ensambles les seaux de nous, abbé et covant, dessus dit, les quex nous avons mis es samblaubles de cestes doublées, par les diz procurours et habitanz. C'est fait en la présence de Jehanz li Curtelier, de Dijon, clerc juré de la dite court, coadjutour de Jehanz li Ratat, notaire de Dijon, l'an, le mois, es jours, hores et leux dessus diz; c'est à savoir dou conteant de nous, religioux et procurours dessus diz. Presens Maistre Guiz Vienere, Haymé de Dompierre et Jehanz de Breteniere, sages en droit, et dou conteant de nous habitanz dessus nommez. Présens Guienot li Chargerat, Odot et Thierri de Corbeton frères, es chouses dessus dites, tesmoins requis et appelez (1).

Item tenor primi procuratorii talis est : In nomine Domini, etc.

Item tenor alterius procuratorii sequitur in hec verba : In nomine Domini, etc.....

Auditis igitur predictis partibus et racionibus hinc inde propositis visis que accordo, procuratoriis, ac litteris nostris predictis per arrestum curie nostre dictum fuit quod dictum accordum seu transactio tenebit et valebit ac eciam servabitur inter dictos religiosos ex una parte ac procuratores habitatorum Aqueductus qui dictum accordum concordaverunt in quantum ipsos et illos qui ipsos constituerunt procuratores tangit ; nec non plures alias singulares personas que in dicto accordo comprehenduntur ac fuisse dicuntur in accordo predicto faciendo et eorum successores. Et quod amplius dicti religiosi contra personas predictas in dicta causa proprietates procedere non tenebuntur nec tenentur. In cujus rei testimonium presentibus litteris nostrum fecimus apponi sigillun. Datum Parisiis in Parlamento nostro die XXIX mai, anno Domini millesimo trecentesimo tricesimo tercio (2).

Per arrestum curie : Hangest.

Original : Archives de la Côte-d'Or. Série G. Fonds de l'abbaye de Saint-Etienne de Dijon. Seigneurie d'Ahuy.

(1) Le 8 du même mois, le même abbé, accédant à la demande des habitants, consentit, par acte reçu J. Curtiler, notaire à Dijon, à ce que le retrait lignager, qui de coutume s'exerçait à Ahuy dans le délai d'un an et un jour, fût réduit à un mois seulement. (Archives de Saint-Etienne. Domaine d'Ahuy.)

(2) En 1348, de nouveaux débats surgirent entre les habitants et l'abbaye, au sujet de la perception de ces redevances, la cause ayant été portée au Parlement de Beaune, un arrêt du mois d'août de cette année, confirmé l'année suivante, débouta les habitants, parce que leurs citations n'avaient point été signifiées en forme, et les condamna aux dépens.

CCCXLVIII

Transaction entre l'abbaye de Saint-Etienne de Dijon et les habitants d'Ahuy, au sujet
de la justice et du ban de vendanges.

1350 (14 mars et 11 avril).

Nous, frères Regnaus (1), humbles abbés dou monastère Saint Estienne de Dijon, et touz li convens de cest moisme lieu, au son de la cloiche, si comme il est de costume par an en nostre chapitre essemblez, d'une part; et nous, Demoingeoz, filz au Ravier, Micheloz de Sauciz, Jaques Mathoilloz, Jehannette, femme feu Humbert Larconcey, André Larconcey, Jehannote, femme feu Aubertin Tevenot, Jehanz et Humbers, enfenz furent Jacot au Maistre, Villemoz li Maistres, Huguenins, filz Mélinote de Marcennay, Peris, ses frères, Jehannoz Triffoneaulx, Estienes, filz Novale la Barbiere, Berthaulx et Jehanz, enfenz Jehannet Besançon, Villemoz li Picharz, Jehannoz Liefourez, Benois de Marcennay, Regnaux Chevraulx, Jacot Bone, Amioz Bone, Jehannoz dou Poiz, Huguenins Chevilloz, Jehanz et Robers, enfenz au Gaudelat, Oudete, fille au Buchoux, Angeloz, fille à la Noux, Perreaulx, filz Aubert Rebillot, Michielx li Plouciaz, Monins li Roicheranz, Jehanz Vanney, Belot, femme feu Demoingeot Grillot, Jehannoz Grilloz, Estienes, filz Bonvallot, Jehans Moreaulx, Huguenoz, filz Rolain, Jaquoz, filz Jehanz Humbert, Perrenoz, filz Lambert de Potangey, Jaquoz et Jehan, enfenz furent Monot Moichot, Jehans Oudenier, Oudoz Clindeaul, Monoz li Bonous, Aubers Moichot, Guioz li Courmiat, Jehanz, filz au Teteru, Humbeloz Moingeon, Jehanz, filz André Denisot, Perrenoz Pantin, Huguenins Chandeaul, Jacot Moichot, Perrins de Marcennay, Meline, femme au Lende, Perrenoz li Miallaz, Perreaulx li Bichat et Perrenoz Chontriot, homes des diz religioux et habitanz de la ville d'Ahuit, façons savoir à tous que, sur les discors, quereles et controverses qui estoient entre nous, les dites parties, sur ceu que, nous, les diz religioux, li Maire et les eschevis en la commune de Dyjon, d'un commun assentement et pour composicion (2) faitte entre nous, les diz religioux et les diz Mahour, escheviz et commune de Dyjon, havons mises et fait mettre bornes

---

(1) Renaud de Vaubusin, successeur de Poinsard de Courbeton, élu en octobre 1341, mort le 2 janvier 1352-53. (*Hist. de l'abbaye*, p. 156.)

(2) La transaction est du 20 février 1345-46. (Archives de l'abbaye. Cartulaires.)

entre les finaiges de Dyjon et d'Ahuit, afin de divisier les finaiges des dites villes et de la banleuhe de Dyjon.

Item, et sur ce que nous, li dit religioux, havons fait drecier unes fourches ou finaige d'Ahuit, à cause de ceu que parmi la dite composition, la aulte justice demore et appartient à nous les diz religioux ou finaige d'Ahuit, dois les bonnes divers Hahuit.

Desquelx chouses, nous, li dit habitanz d'Ahuit, nous doliens et empoichiens et contredisiens les dites bornes estre mises es lieux où mises estient, et auxi empoichiens et contredisiens les dites fourches estre dreciés ou dit finaige d'Ahuit, en disant, de par nous, les diz habitanz, que de tout temps et de si lonc temps qu'il n'est mémoire dou contraire, la dite ville estoit de la banleuhe de la ville de Dyjon, et aviens estey et estiens, nous, li dit habitanz de la ville d'Ahuit, des franchises, libertez et immunitez de la dite ville de Dyjon, et que, en touz cas de aulte justice, qui, ou temps passey, estient advenuz en la ville et ou finaige d'Ahuit, les persoues entre les queles estient advenuz le cas, havient esté justiciez et jugiez pour le Mahour et les escheviz de la ville de Dyjon.

Disiens encour et mainteniens, nous li dit habitanz d'Ahuit, que li dit religioux ne poient dire lour havoir droit de mettre, ne faire mettre les dites bornes, ne faire drecier les dites fourches es diz lieux pour composicion, qu'il haient hahue au Mahour, escheviz et commune de Dyjon, sur ce, pour ce que nous disiens que li Maires, escheviz et commune de Dyjon n'en pouhient faire composicion ni transport, se n'estoit de la volontey et consentement de nous, les diz habitanz d'Ahuit et nous d'elles; quar, si comme nous disiens et mainteniens ce nous appartenoit, tant par longue possession que nous haviens de user et joyr des franchises et libertez de la ville de Dyjon, et de estre justiciez, en cas de aulte justice, pour li Mahour et les escheviz de ladite ville de Dyjon, comme pour hun arrest donney à nous, en Pallemant, à Paris, contre les diz religioux, pour lequel arrest nous, li habitanz d'Ahuit, sumes quittés dou premier larrecin pour soixante et cinc soulx, ensint comme en sont quittes li habitanz de la ville de Dyjon.

Nous, li diz religioux, disans au contraire, et que s'il estoit ensint que li dit habitanz d'Ahuit fussient des franchises et libertez de la ville de Dyjon, et que la dite ville fust de la banleuhe de la dite ville de Dyjon, si puhient et bien hont pehu faire composicion es diz religioux, li dit Maire, escheviz et commune de Dyjon, de la dite justice, comme de lour droit, nonobstant li dit arrest, li quelx arrez ne comprant en aucune manière les diz Mahour, escheviz et commune de

Dyjon, et ne fut pas donnez contre aux, mas contre nous, les diz religioux, qui adoncques en faciens partie.

Sur ce plusours altercacions bahues entre nous, les dites parties. A la parfin, moenant prodons (1) hommes et saiges, accordez est et traitiez entre nous, les dites parties, en la manière qui s'ensuit :

C'est à savoir que les dites bornes demorront perpétuelmant es lieux où elles hont estey mises et auxi les dites fourches ou finaige d'Ahuit, et useront et hauront, li dit religioux, tout le profit de toute la justice en la ville et ou finaige d'Ahuit, sur les habitanz d'Ahuit et touz autres, selon la tenour de la composicion faite entre nous, les diz religioux, d'une part, et le Mahour, escheviz et commune de la ville de Dyjon d'autre. A la quele composicion nous, li dit habitanz d'Ahuit, nous consentons expressement, en tant comme il nous toiche et puet toichier. Saul tant que nous serons justiciez et exécutez pour les diz religioux, ou cas de aulte justice, quant au premier larrecin, ensuite et pour la manière que li Maires, escheviz et commune de Dyjon justicient ceux de la dite ville de Dyjon.

Cest acort et composicion nous, les dites parties, havons fait et façons, se il plait à nostre trèz chier et redoutey soignour, Monseigneur le duc de Bourgoigne, en commil li toiche et appartient, se en aucune chose li toiche ou appartient.

Item, pour ce que en la composicion faite entre nous, les diz religioux, et le Mahour, escheviz et commune de Dyjon, est contenuz que li dit Maires et escheviz mettront le ban de venoinges sur les habitanz de Dyjon, haient vignes ou finaige d'Ahuit, et que nous, li dit religioux, mettrons le ban sus noz hommes et touz autres hahens vignes ou finaige d'Ahuit, exceptey ceux de Dyjon. Acourdez est entre nous, les dites parties, que nous, li dit habitant d'Ahuit, volons et expressemont nous consentons que li dit religioux mettent li dit ban sus nous pour tel manière que li dit religioux ou le deputez de par aux à ce appelleront; doux, trois ou quatre des habitanz d'Ahuit, et panront le seremant d'aux que il consoilleront léaulmant quant il seray temps de venoingier. Et, par le consoil des diz prodommes à ce appelez, mettront li dit religioux, ou lour deputez à ce, li dit ban. Et tuit cilz de nous, les diz habitanz, et chascun de nous qui briseront li dit ban, toutes fois et quantes fois comme nous le briserons, chascun qui le briseray, par chascune fois, paiera es diz religioux douze deniers por amande et en lieu d'amande.

(1) Prud'hommes.

Item, est traitiez et acourdez entre nous, les dites parties, que, non obstant cest acort, touz droiz et franchises que nous, les diz habitanz de la ville d'Ahuit, havons, pouhons et devons havoir pour autres composicions jadis faites entre nous et les diz abbey et covenz, et pour hum arrest jaidis donnay en France, et par autre manière quel que elle soit. Et auxi que touz acors, composicions et traitiez jaidis faiz et donnez au profit de nous, les diz religioux, et toutes grâces, priviléges et libertez donées et octroyés à nous, tant de roy comme de duc, ou d'autre prélatz ou prince quel qu'il soit, sont et demeurent eu leur vertu, senz riens enfreindre, senz aucune novacion faire d'yceux ou d'ycelles, parmy cest présent acort.

Lequel cest présent acort et ceste présente composicion et toutes les choses dessus dites et chascune pour soy, nous, les dites parties, et chascune de nous sont tenues et promettons : C'est à savoir, nous, li dit religioux, en bonne foy, pour nous et pour noz successours, et nous, li diz habitanz, pour nous et noz hoirs et successours, par nos sairemanz donnez corporelment sur sains evvangiles de Dieu et souz l'obligacion de noz biens présens et à venir, tenir, garder et accomplir fermement et non venir encontre pour nous ou pour autre taisiblement ou en appert, ne soffrir que autres y veigne. Et renonçons en cest fait, de certaine science, sur la force et la vertu de noz foy et sairemanz, et de l'obligacion dessus dite, à toutes exceptions de maul, de barat, de paour, de fraude, de lésion, de circonvencion, de déception en aucune manière, à la dite composicion ou au dit acort, non mie estre faiz leaulmant, ne pour la manière que cy dessus sont escripz et spécifiez, à toutes costumes, usaiges, priviléges et statuz, à touz droiz et loys pour les quelx ou les queles les choses dessus dites pourrient en tout ou en partie estre rapellées ou amoindries, et à toutes autres exceptions, raisons et allégacions qui, tant de fait comme de droit, contre la tenour de ces lettres pourrient estre dites ou obiciés, et espéciaulmant au droit, disant généraul renonciacion non valoir se la espéciaul ne précède. Et à tenir, garder et acomplir les chouses dessus dites et chascune pour soy, nous, les dites parties, volons estre contrainctes auxi comme de chouse adjugée, par la court de Monsoigneur lu duc de Bourgoigne, à la juridition de la quele court, nous, li dit abbés et covenz, submettons nous, noz biens et nos successours; et nous, li dit habitanz, nous, noz biens et nos hoirs ou successours. En tesmoing desquelx choses, nous avons requis et obtenu le seaul de la dite court estre mis en ces présentes lettres et es semblaubles. C'est fait dou conteant de nous, les diz habitanz, le quatorzaime jour du mois de mars, l'an de grâce mil trois cens quarante et nuef, en présence de Monss. Jehan d'Accey, prestre, coadjutour de Huguenin Poissenot, notaire de Dyjon, pour Monsoigneur le Duc, de Vienin de Saulx, vigneron, et de Roubert de Flacelières, clerc, demeurant à Dyjon, tesmoins à ceu appelez et requis, l'an et le jour dessus diz. Dou conteant de nous, les diz abbey et convent, fait est le onzaime jour dou mois d'avril, l'an de grâce mil trois cens et cinquante, en présence du dit coadjutour, du notaire dessus dit, et Jehan de Ville souz Gevrey, clerc, et de Huguenin li Battaitat, dou dit lieu, demourant à Dyjon, tesmoinz à ce appelez et requis li dit onzaime jour d'avril, en l'an courant mil trois cens et cinquante, dessus dit.

Original : Archives de la Côte-d'Or. Série G. Archives de l'abbaye de Saint-Etienne de Dijon. Seigneurie d'Ahuy.

VILLE DE SEURRE

La ville de Seurre, située sur la rive gauche de la Saône, est un chef-lieu de canton de l'arrondissement de Beaune. Elle n'apparaît pour la première fois, dans les chartes, qu'à la fin du XIIe siècle. C'était alors un fief démembré du comté d'Auxonne et possédé par la famille d'Antigny, qu'on suppose assez généralement être descendue de la maison de Vienne. Quoi qu'il en soit, Hugues IV, seigneur de Pagny et de Seurre, héritier, avec Henri son frère, de Guillaume, comte de Vienne, en prit le nom et les armes, qu'il transmit à ses descendants. L'une d'elle, Marguerite, fille de Guillaume IV, porta cette terre en dot à Philippe de Hochberg, marquis de Rothelin. Leur fille la fit passer dans la maison de Longueville, d'où elle passa dans celles de Nemours, de Mercœur, de Bellegarde et de Condé, pour devenir, peu d'années avant la Révolution, la propriété d'un sieur de Francès, gentilhomme ordinaire de la chambre du Roi. Seurre reçut ses premières franchises de Hugues IV d'Antigny. Philippe, son fils, la constitua en commune, et ces priviléges importants lui valurent l'honneur de figurer parmi les villes de la Grande-Roue aux Etats de la province, où ses députés siégeaient entre ceux d'Auxonne et d'Auxerre. Seurre dépendait du diocèse de Besançon, du doyenné de Neublans, et du bailliage de Chalon.

CCCXLIX

Charte d'affranchissement concédée aux habitants de Seurre, par Hugues d'Antigny, seigneur de Pagny et de Seurre.

1245 (février).

En nom dou Pere et du Fil et dou Saint Esprit.

Ce est la franchise de la ville et des gens de Saurre.

1. Li Sire ne puet ne ne doit en la ville de Saurre, ne de fors, prandre home ne femme de Saurre, ne qui soit de lor franchise, ne les lor choses, ne consentir à la prison se il n'avoit fait meffait por quel on les deut prandre (1). Et se auqueuns les prenoit ou les lor choses ou destenoit, li sire de Saurre doit pourchacier (2) la délivrance ausi come de ses homs (3) en bonne fey (4). Et si les gens de Saurre vouloient destorber (5) la prise ou guerre et pourchacier la délivrance de ce qui seroit pris ou détenu, li sires de Saurre lor en est tenus de aidier en bonne fey; ne ne doit pais accorder, se non estoit par la volonté à ces de Saurre, à celui qui auroit fait ce fait, jusqu'à tant que ce qui saroit pris ou détenu fut quitté et delivré et li domaiges amendez, se n'estoit de guerre pris (6).

2. Se auqueuns de ces de Saurre muert sans hoir et sans testament faire, li plus prochiains de son lignaige, s'il est de Saurre ou vuet estre hons al seignor de la ville, ausi come cil qui mors est estoit doit avoir tos les biens moubles et non moubles que cil qui mors sara, avoit en la terre al (7) seignor (8).

3. Chesqueuns de ces de Saurre puet engagier et vandre et aliener, quant li plaira, totes les possessions que il ha en la terre al seignor de Saurre à ces de la ville ou ez homes al seignor et ne my autrui (9) sauve la dreture (10) al seignor

---

(1) Imité du § 1 de la charte de Chagny.
(2) Poursuivre.
(3) Homme.
(4) Imité du § 1 de la charte de Chagny.
(5) Repousser par la force.
(6) Reproduit à peu près suivant les mêmes termes dans la charte de 1278, § 35.
(7) *Al* pour au.
(8) Reproduit au § 40 de la charte de 1278.
(9) Ce § a du être emprunté à la charte de Mirebeau de 1228 (I, 581).
(10) Droit.

cui en (1) doit de los (2) sex deniers de la gaigere (3) et douze deniers la vandue de la livre (4).

4. Et saiche ben que le serjant de Saurre que l'en apele Major, qui est aprez le prevost, doivent et puient cil de la ville à lor volentez eslire et mestre et oster quant lor plaira; et come auqueuns se plaint de tort que l'en li face, cil serjant doit et puet avoir treize deniers de celui qui se plaint (5); et puet faire mettre pleige (6) à celui qui se plaint et à celui de qui en se plaint, de faire droit et ajorner ces devant le seignor ou devant son commandemant. Nul autre justise ne amande il ne n'y a, se li ne li done, ains est tote l'autre justise et les autres amandes al seignor.

5. Chesque uns de ces de Saurre s'an puet aller en autre seignorie franchemant et seguremant (7) quant lui plait (8).

6. Li juer (9) ne son pas de cette franchise.

7. D'autre part chesque une maisons de Saurre qui appartient al seignor, li doit chesque un an cinq sous d'estevenant (10) à payer li dimanche après la feire (11) de Saure en autumpne (12).

8. Aprez li home de Saurre doivent al seignor de la ville le houst et la chevauchie (13) es propres depens en telle manière que al repere (14) de l'ost et de la chevauchie, en ne doit vandre en la ville de Saurre viandes semblans à celes que cil de Saurre en auroit ramenez, tant que celes fussent vandue (15).

9. En la ville de Saurre ne puet ne doit auqueuns avoir maison ne tenemant

---

(1) A qui.
(2) Lods, droit de mutation.
(3) Gagerie, saisie.
(4) C'est-à-dire que, dans le premier cas, le seigneur percevait 6 deniers par livre du prix de la chose saisie et 12 deniers pour la vente.
(5) Imitation des treizaines des marcs de Dijon et de Beaune (I, 239, 243).
(6) Caution.
(7) Sûrement.
(8) La charte de Mirebeau, plus libérale, leur laissait la faculté de conserver les biens qu'ils avaient dans la seigneurie (I, 581).
(9) Les Juifs, d'après la coutume de Bourgogne, en quelque seigneurie qu'ils demeuraient, étaient justiciables du Duc, et après leur mort leurs biens lui advenaient. (Bouhier, I, 174.)
(10) Monnaie estevenante, particulière au comté de Bourgogne. (Voir page 28, en note.)
(11) Foire.
(12) Voir le § 37 de la charte de 1278.
(13) L'host et la chevauchée. (Voir charte de commune de Dijon, I, 11, en note.)
(14) Au retour. Le corps d'expédition ramenait des bestiaux pour sa part du butin. La viande de ces animaux devait être vendue avant toute autre. Cette prohibition est reproduite dans la charte de 1278.
(15) Ce § est reproduit au 36e article de la charte de 1278.

se il n'est estaigé (1) en la ville ou se il n'est home al seignor ou ce n'est par la volanté al seignor.

10. Se li sires de Saurre marie sa fille, ou s'il va outre mer pour Nostre Seignor (2) une feie (3) en sa vie et non plus, ou s'il achate terre qui costat cinq cent livres ou plus, cil de Saurre li doivent aidier avennament au dit des huet jurez de la ville en tel manière, que il ne sont tenu de faire tel aide en trois temps de une feie. Ne ne puet monter cel aide plus de cinq centz livres, ce tan n'en estoit que li sire achetast terre de dix mille livres ou de plus et lor aidier de mil livres (4).

11. Les daanreez qui sont à vandre à Saurre, li demorant à Saurre li doivent croire (5) et il doit paier quatre fei l'an ce en ne l'an donoit respit (6).

12. Quiconques est seignor de Saurre, il ne puet ne ne doit efforcier (7) ces de Saurre forsque dez devant dites choses et de ses rentes qu'il a en la ville, ce n'est pour le propre besoin de la ville, ne se il ne li veulent doner de leur grez (8).

13. Et saiche l'en que cil de Saurre tandemantierz (9) que il demoreront en la franchise de Saurre ne puient ne doivent faire seignor ne reclamer seignorie au domaige al seignor de Saurre.

14. Totes ces choses qui sunt dessus escrites, ge Hugues de Antaigne, sire de Paigne et de Saurre (10), a juré su sainte Evangile à bonne fey ferme à guarder et tenir.

15. Et quiconques sera sire de Saurre, totes ces chose il est tenu de garder et qu'il n'en ira ancontre et dedans les quarente jors qu'il sera sire de la

---

(1) Synonyme de l'*habergié* des chartes de Rouvres et d'Auxonne, signifie établi, domicilié. L'estage, *estagium*, figure aussi dans les chartes de Chagny, La Roche Pot, etc.

(2) C'est ce que la coutume de Bourgogne appelait le *droit d'indire*. Seulement la charte ne précise que trois des cas où cette taille extraordinaire était perçue : le mariage d'une fille, la croisade, l'achat d'une terre; elle omet la nouvelle chevalerie. (Voir t. I, p. 32, en note, et la charte de 1278, § 42.)

(3) Fois.

(4) Le chiffre est effacé sur l'original, mais il a été rétabli sur la charte de 1271, qui le reproduit sous le sceau de Philippe de Vienne.

(5) Vendre à crédit. — Cf. ce qui est exprimé à ce propos dans les chartes de Dijon (I, 5, 79), de Beaune (I, 208), d'Auxonne (II, 29).

(6) Voir § 41 de la charte de 1278.

(7) Contraindre.

(8) Voir § 39 de la charte de 1278.

(9) Pour tant que.

(10) Il était fils de Guillaume d'Antigny et d'Alix, fille de Guillaume, comte de Vienne et de Mâcon. Guillaume II, comte de Vienne, frère d'Alix, étant mort vers 1335 sans laisser de postérité, Hugues et Henri, son frère, recueillirent sa succession. Hugues retint pour lui le nom et le titre de comte de Vienne. Alix, sa femme, était fille de Humbert III, sire de Thoire et de Villars, et de Béatrix de Bourgogne. Hugues mourut vers 1271.

ville, se il puet avennament (1), il doit jurer sur sainte Evangile totes ces choses à bonne fey et fermemant garder et tenir (2).

16. Et li home de Saurre doivent jurer les devant dites choses garder à bonne fey et fermemant tant comme il saront en la franchise de Saurre.

17. Li homes de Saurre ne puient retenir en lor franchise home al seignor de Saurre, pour ce qu'ils saichent qu'il soit ses hons, se n'est pas la volantez al seignor et s'il en retenoient auqueuns qu'il ne sauseint (3) que fust ses hons et li sire ou ses commendemans le requerer dedantz an et jor (4), il doit ramenoir (5) al seignor et tot saroit sans accusson (6).

18. Quiconque sara sire de Saurre il doit baillier ez homes de Saurre lettres saalées de son sael de totes les choses qui sont devant dites.

Et por ce que totes ces choses sayent fermes et certaines à totjormeis, ge devant ditz Hugues de Antigne, sire de Paigne et de Saurre, a fait ce lettres saaler de mon sael : ce fut fait en l'an de l'ancarnation notre Seigneur Jhesu Christ mil et deux centz et qarante et cinc, ou meis de fevrier.

Original : Archives de la ville de Seurre, *Priviléges et franchises de la commune.* — Imprimé dans l'*Histoire de Seurre*, par M. Paul Guillemot.

CCCL

Confirmation des franchises de Seurre par Philippe de Vienne, seigneur de Pagny.

1271 (juin).

En non dou Père et dou Fil et dou Sainc Esperit.

Ce est la franchise de la ville et des genz de Saurre (*Voir la Charte de* 1245, n° CCCXLIX.)

---

(1) A son avénement.
(2) Voir § 49 de la charte de 1278.
(3) Savaient.
(4) Voir sur ce terme solennel, t. I, p. 29, en note.
(5) De *remanere*, demeurer, rester.
(6) Débat, contestation. — En somme, il résulte de ce paragraphe que le droit d'attrait demeurait interdit aux habitants de Seurre sur les autres hommes de leur seigneur; si cependant, par ignorance, ils en avaient admis un, et que le terme d'an et jour consacré par la coutume de Bourgogne se fût écoulé sans réclamation de la part du seigneur, sa revendication n'était plus admise. Ce § de la charte de 1245 a été reproduit en entier dans celle de 1278, § 32.

Totes ces choses qui sont desus escriptes, ge Phelipes de Vianne, sires de Mirabel, de Paigne et de Saurre (1), et ge Alays, contesse de Vianne et dame de Paigne et de Saurre, et mère dou dit Phelipe, avons juré sus saincte Evangile, à bone foy et foremant (2) à guerder et tenir. Et quicunques sera sires de Saurre... (*Le reste comme dans la charte de* 1245.)

Cet por ce que totes ces choses soient fermes et certaines à tot jor mais, ge diz Phelipes de Vianne, sires de Mirabel, de Paigne et de Sahurre, et ge dite Alays, contesse de Vianne et dame de Paigne et de Saurre, avons fait ces présentes letre saeler de noz saeaux et bailler es diz homes de Saurre en remenbrance de perdurable vérité. Ce fut fait et scelé l'an de l'incarnation nostre Seignor Jhesu Crist, mil et doux cenz et soixante et unze ou mois de joignet.

Scellé du grand sceau de Philippe de Vienne (brisé) en cire brune à lacs de soie jaune et rouge pendants.
Original : Archives de la ville de Seurre, *Priviléges et franchises de la Commune.*

CCCLI

Déclaration d'Alix, comtesse de Vienne, et de Philippe, son fils, au sujet d'un aide accordé par les habitants de Seurre.

1274 (septembre).

Nous Alay, contesse de Vihanne et dame de Paigne, et messires Phelippes, ses fils diz de Vihanne diz de Mirebel, facens savoir à toz ces qui verront et oiront cestes présantes letres que nos por bon apensemant (3) et por certain avisement (4) en guierdon (5) et en recompensacion des bontez, des servises et des cortoisies que nostre amé borjois de Saurre ont faites à nos et es notres par plousours fois et meismemant par le secors, par l'ayde et par le don que orendroit (6) nos font qui monte à 700 livres de Viannois, des queles nos nos tenons por paiez, voillons faire grâce à nos diz borjois de Saurre, pour le relèvement daux et de la dite

---

(1) Philippe était fils de Hugues d'Antigny, comte de Vienne, et d'Alix de Villars, cités plus haut ; il épousa en premières noces Agnès, fille de Huguenin, comte palatin de Bourgogne, et d'Agnès de Méranie. Il mourut en 1312.
(2) Fermement.
(3) Bonne pensée.
(4) Avis.
(5) Faveur, récompense.
(6) Naguère.

ville de Sahurre. Promettons par nor soiremanz doné corporelmant sus saint Evvangile à nos devant diz borjois por nos et por les notres et por nos hoirs, les quex nos obligons à ceste chose, que nos ne demanderens, ne requerrons, ne ferons requérir à aux, par don ne par promesse, por terre acheter et fille marier, ne por viage faire (1) qaunque il soit nulle chose se n'estoit de lor propre volunté, dois la saint Denis venant prochaignement en jusques à dix anz contigneulmant et acompliemant trespassez et les quitons et absollons de totes demandes et de totes exations, jusques à devant dit terme, sauve nos censes, rentes et amendes que havons acostumées à havoir et à prandre en notre dite ville de Saurre. Ou tesmoignage de la quel chose nous havons baillées et donées à nos diz borjois de Saurre cestes présantes lectres, saelées de nos seheaux, que furent faites et saelées en l'an de grâce mil CCLXXIIII, ou mois de septembre.

Scellées des sceaux brisés en cire brune d'Alix et de Philippe, à double queue de parchemin pendante.
Original : Archives de la ville de Seurre, *Priviléges et franchises de la commune.*

CCCLII

Charte de commune de la ville de Seurre, octroyée par Philippe de Vienne.

1278 (mai).

Ou nom de Sainct Trinité Deus l'outroit (2), l'an dez incarnation Jhesu Crist, mil dous cens septante et heut ou mois de may, je Phelippes dit de Vienne sires de Paigney et de Sahurre (3) faiz savoir à tous ceulx qui sont, que je, de mon grey, sens déception, sens bordie (4) et sans erreur, pourvéablement et saichamment (5), pour mon prouffit apparissant, par le loux (6) et par le consentement de noble dame et saige Alaiz dicte contesse de Vienne, dame de Poilley sur Soône, ma amée et redoubtée mère et de Agnel de Bourgoine (7), ma femme, et

(1) C'était les trois cas d'indire que le seigneur s'était réservés par le § 10 de la charte de 1245.
(2) Dieu l'octroie.
(3) Il était fils de Hugues IV, seigneur de Pagny, qui succéda au comté de Vienne à Guillaume, son oncle, et de Alix, fille de Humbert III, sire de Thoire et de Villars, et de Béatrix de Bourgogne.
(4) Bourde, feinte, mensonge.
(5) Sciemment.
(6) Louange, approbation.
(7) Agnès, fille de Huguenin, comte palatin de Bourgogne, et d'Agnès de Méranie.

de Huguenin, mon ainsné filz (1) ai vendu, baillé et délivré es homes de Sahurre à avoir commune et franchise à tousjours mais, ainsi comme il est contenu cy dessoubs en cest instrument et en ceste charte :

1. La commune de Sahure aura ung mayor et seps eschevis et seront esleus ly maire et li eschevis en telle manière :

La commune de Sahurre sera, chascun an, assemblée, la veille de l'an neuf (2), et eslira la dicte commune douze prodommes, liquels jureront seur sains Evvangiles, devant le commun, que de tous les hommes de la dicte commune des plus prodonmes et des plus proffitables (3), esliront les dicts sept eschevis, ou d'eux ou d'aultres, qui jureront qu'ilz esliront maïeur le meilleur et le plus proffitable homme de tous les hommes de la dicte commune. Lesquels maire et les sept eschevis jureront la feaulté, la franchise, les droictures, les raisons et toutes les choses de la dicte commune garder, maintenir et défendre; et si le dict jour, la dicte commune ou ly douze prodommes ou ly sept eschevis devant dicts ne se peuvent accorder, ou estoient empeschiez ou destourbés (4) pour aultre chose quilquelle soit ou par quelle manière de la dicte eslection ou des dites choses, ils peuvent faire la dicte eslection ou les dictes choses dans le mois de l'an nuef (5) : et convient que cils qui y est esleuz à maïeur ou à eschevis soit maire ou eschevis, vueille ou non (6).

2. La commune et la franchise de Sahurre s'estant et est partout Sahurre, partout le territoire et par toutes les appartenances, tant comme Sehurre, ly territoire et les appartenances durent (7).

3. Le maire et les eschevis de Sehure doivent cognoistre de tous cas, de toutes causes quels qu'ilz soient, qui adviendront en la ville de Sehure ou territoire et en la franchise, sau que de meurtre ou larrecin manifeste de cellui qui yert pris a fait présent (8) et de tout larrecins qui convient prouver, s'il est prouver au regard du maïeur et des eschevis : cil qui en sera prouvé sera en la volanté et en la disposition du seigneur de Sehure.

---

(1) Hugues de Vienne, V^e du nom, succéda en 1312 à son père.
(2) Le 31 décembre.
(3) Ces deux mots « prud'hommes et profitables » répondent à cette expression, qu'on trouve souvent dans les actes des XIVe et XVe siècles : sages, prudents et bien avisés.
(4) Empêchés par violence, troublés.
(5) C'est-à-dire en janvier.
(6) C'est la reproduction du *vetit, nolit* des chartes de Beauvais et de Soissons, importé à Dijon, et propagé par sa constitution dans toute la Bourgogne. Les fonctions municipales étaient donc obligatoires, et, comme dans l'ancienne curie romaine, nul ne pouvait s'y soustraire. (Voir I, 15, note 2.)
(7) S'étendent.
(8) Flagrant délit.

4. Et de ce que ly maire et les eschevys jugeront ou feront, s'ilz dient par leurs sermens que il ont faict en bonne foy, pour tant ils en seront quictes ; ne ly sires de Sehure, ne la dicte commune, ne aultres ne les en poura accuser, ne riens demandé saul au seigneur de Sehure des meffais et des crymes, ainsi comme il est ci dessolz contenu et devisé.

5. Des amendes des meffais et des crimes qui seront faiz à Sehure et dedans le territoire et les appartenances et la franchise de Sehure, est ainsi ordonné :

6. Du sang qui est fait cruelment, se clameur en est faicte, et il soit preuver au regard du maïeur et des eschevis, le sire de Sehure en aura d'amande soixante cinq sols (1).

7. De cellui qui aura fait le sang, ly navré (2) qui aura le sang, aura d'amende quinze sols et les costemens (3) de la garison de la playe, les despens, les dépars (4) et les domaiges que il fera ou aura pour ce, et par le regard du maïeur et des eschevis.

8. Se champ de bataille (5) est alramis (6) et pais ou accordé en soit faicte, devant le copt ou après le col, le sire de Sehure en aura d'amande soixante cinq sols : et se bataille est oultrée (7), le vaincu sera en volunté et en la disposition du seigneur de Seure (8).

9. Cilz qui sera pris à larrecin à Sehure et dedans les appartenances et le territoire de la franchise, ou sera prouvé de lerrecin par l'esgard du maïeur et des eschevis, sera en la volunté et en la disposition du seigneur de Sehure (9) ; et du meutrer y ert auxiement (10) comme il est dessus devisé (11).

10. Des meffais, des fruis, des cultilz (12), des vergiers, des vignes, des terres et des prex, se plainte en est au maïeur, et y soit prouvé par l'esgard du maïeur et des eschevis, cil qui le méffait aura fait, doit sept sols, se il est fait de jour ; et ce il est fait de nuyt, et il soit prouvé pardevant le maïeur et les eschevis, le sire de Sehure en aura soixante cinq sols (13).

---

(1) Imité du § 21 de la charte de commune de Dijon (I, 9), moins la quotité de l'amende.
(2) Blessé.
(3) Frais.
(4) Déboursés.
(5) Champ de bataille est ici synonyme de *juisium*, duel judiciaire. (Voir charte de commune de Dijon, I, 9.)
(6) C'est-à-dire autorisé par la justice. Vient du mot *adramitio*. (Voir charte de commune de Dijon, I, 5.)
(7) C'est-à-dire si le combat a lieu à outrance.
(8) Imité des § 22 et 23 de la charte de Dijon (I, 9).
(9) Emprunté au § 24 de la charte de Beaune (I, 210).
(10) Emprunté, sauf la fin, au § 25 de la même charte.
(11) Egalement.
(12) Jardins.
(13) Imité des § 27 des chartes de Dijon et de Beaune.

11. De crime d'estorcerie (1) d'omme ou de femme mariés, se plainte en est faicte au maïeur et ly fait soit prouvé par l'esgard du maïeur et des eschevis, le sire de Sehure en aura d'amende soixante cinq sols.

12. De femme efforcie (2) se plainte en est faicte à maïeur et le faict est prouvé au regard du maïeur et des eschevis, cil qui aura la femme efforcié, sera en la volanté et en la disposition au seigneur de Sehure (3).

13. Cilz qui vend à faulce mesure et qui en ouvre (4), s'il est trouver au regard du maïeur et des eschevis, il doibt au seigneur de Sehure soixante cinq sols (5).

14. De coutiaul (6), d'espée ou d'aultre glaive que l'on trait de gainne ou de furre (7) en noise, cil qui le traict se il n'en fiert (8), se plainte en est faicte au maïeur et li faict soit trouvé par l'esgard du maïeur et des eschevis, il doit au seigneur de Sehure d'amande six livres et dix sols; et s'il en fiert, sans col mortel (9), il doibt quinze livres d'amande et au féru (10) doibt quinze sols et les costemens de la garison et les despens, les dépers, les dommaiges que il fera ou aura par ce, au regard du maïeur et des échevis.

15. De ruer (11) pierre ou baston ou aultre chose irrement (12), de quoi grief, navreure (13) ou dommaige de corps peult estre faict à homme ou à femme, si la chose qui yert ruée ne fiert, ou se elle fiert, et ly cop est senz sang ou à tout sang, et plainte en soit faicte au maïeur, et li faict soit trouvé au regard du maïeur et des eschevis, cilz qui le ru aura faict, doit au seigneur de Sehure soixante cinq sols et au navré doit d'amende quinze sols et les costemens de la garison de la plaie, les despanses, les despers et les domaiges au regard du maïeur et des eschevis.

16. Cils qui emporte la vente et le péaige, sans le congé du vantier ou du péaigeur, et plainte en soit faicte et ce soit prouvé au regard du maïeur est des eschevys, il doit au seigneur de Sehure soixante cinq sols d'amende (14).

(1) Estorquer avec violence.
(2) Violée.
(3) Imité du § 28 de la charte de Dijon, moins la fin, relative au cri de la femme.
(4) Ouvre, travaille, fait commerce.
(5) Imité du § 30 de la charte de Dijon.
(6) Couteau.
(7) Fourreau.
(8) Frappe.
(9) Coup mortel.
(10) Blessé.
(11) Jeter.
(12) Par colère.
(13) Blessure.
(14) Imité du § 31 de la charte de Dijon (i, 11).

17. Ly maire et li eschevis jureront que nul homme pour amour ou pour hainne, il ne depporteront ne greveront, et que droit e léaul jugement, ils feront et la raison au seigneur de Sehure garderont à leurs esciant et à leurs ententions (1).

18. Tuit li hommes demourans ou habitans dedans Sehurre ou dedens les apandises et territoire de Sehure qui sont de la dicte commune jureront la dicte commune et la dicte franchise et toutes les choses qui sont et contiennent ès instrumens et es chartres de la dicte commune, garder, tenir et deffendre quant ilz en seront requis du maïeur et des escheviz; et cilz qui ne voudra fere le dict serement, par ceux qui auront faict le serment peult estre contrainct et povent faire justice de ses choses et de ses biens, au regard du maïeur et des eschevis (2).

19. De tous cas de quoy on se veult plaindre, on se doit plaindre au mayeur, et se plaincte en est faicte, le maire doit avoir de cellui qui se plaint treize deniers qui sont siens (3).

20. Cilz qui sont de ceste commune de tort ou de meffait que on leur ait fait ou que on leur faict, ne se plaindront se ils ne veullent; ne l'en ne les en doit contraindre.

21. Li maire et li eschevis de Sehure doivent desguier (4) les plaistres, les rues, les chemins et aultres choses dedans Sehure, et deffendre partout le territoire,

---

(1) Imité du § 13 de la charte de Dijon.
(2) Imité du § 14 de la charte de Dijon.
Voici quelles étaient, aux XIV° et XV° siècles, d'après les cartulaires, les obligations imposées aux habitants de Seurre et les priviléges de la bourgeoisie de cette ville :

« *Déclaracion des choses que doivent garder les bourgois de Seurre.*

« Premièrement, est tenu porchasser de son pouvoir, le bien, honneur et prouffict de la dicte ville, éviter le dommaige, et s'il est en lieu et place où il voye ne saiche quelque emprinse que soit au dommaige de la dite ville, est tenu incontinent le faire savoir à messieurs les Maïeur et eschevins de la dicte ville aux despens d'icelle ville.

« Item, est tenu de aider à ceulx de la dicte ville se aucun autre luy vouloit faire tort ou meffait.
« Item, est franc ledit bourgois au péaige de Chaselles.
« Item, est franc de toutes ventes en la ville et franchise du dit Seurre.
« Item, ne doit le dict bourgois que demy poix et demi bichenaige audit Seurre.
« Item, est franc du portal et passaige du dit Seurre, luy, son cheval et toute sa famille, réservé que si passe chers ou charrettes de ryve à aultre, y doit demy portal, et non plus.
« Item, que se ledit bourgois veult tenir ban de corduannier en l'aule du dit Seurre ou aultre, ses enffens masles ils ne payeront que demy banc qu'en la moitié de dix gros.
« Item, seront et joystront de la dicte bourgeoisie tous les enffens masles descendans de luy, de hors en hors, sans pour ce estre tenus de rien payer chascun an pour l'entretenement et garde des dites franchises, quelque procès que en peult mouvoir, sinom que icellui, ses dits enffens ou aultres, descendans de luy ou de ses dits euffens, demeurassent en la dicte ville, audit Seurre ou Baulne, ouquel cas ils seront tenus payer la taille qui leur seroit imposée, selon les aultres habitans de la dicte ville. » (Cartulaire de la ville de Seurre, folio 46.)

(3) Cf. le § 4 de la charte précédente.
(4) Désigner, c'est-à-dire en d'autres termes avoir la police de la voirie.

les appartenances et la franchise et faire et adresser les entreprises et les forfaits à leurs esgards, sans accuson du seigneur de Sehure.

22. Nulz ne peult ne ne doibt conduire (1) à Sehurre ou territoire ou es appartenances, homme qui ait fait à la commune un meffait, se il ne venoit pour emender le meffait, selon l'esgard du maïeur et des eschevis (2).

23. Se aucun fait tort ou meffait à homme de ceste commune et clameur en vienne ou maïeur, le sire de Sehurre est tenu en bonne foy de aider que le tort ou le meffait soit amendé à l'omme de la commune.

24. Cils de la commune aideront à bonne foy ly ung à l'autre et ne soufreront en nulle maniere à leur pouvoir que aulcuns autres toillent (3) riens ou facent tort ou meffait à aucunez d'eux (4).

25. Se aucun de la commune de Sehurre, ou aultre qui ne soit de la commune, fait tort ou meffait à Sehurre ou dedans le territoire, et il ne vuille amender par le maïeur et les eschevis, cilz de la commune sont tenus d'aider au maïeur et aux eschevis que li tort ou le meffait soit amender (5).

26. Se li maire et li eschevis veullent assembler la commune de Sehurre, cilz qui ne viendront, au cri et à cort cornant, au mostier Saint Martin de Sehurre, seront tenus en deux sols d'amende qui seront à la commune, se cilz n'ont léaul empeschement ou essoine (6).

27. Se li sires de Sehurre se plaint de la commune ou d'aucun de la commune, y conviendra que au mostier Saint Martin de Sehure preingne droit, par le maïeur et les eschevis selon leurs jugement, de celui qui tort lui fera ou de la commune; ne le sires de Sehurre ne les en puet mander, ne contraindre, ne traire en plaist (7), ne faire monstrer leurs chartes, feur que le transcript au mostier Sainct Martin de Sehurre et l'original à Citaulx se mestier est; et doit le sires de Sehure croire entièrement au transcript des dictes chartes, se il est séellé du séel l'arcevesque de Besancon ou du séel de la Court de son official (8).

28. Se aucun, que ne soit de la commune de Sehurre, ameinne ses choses à Sehurre pour cause de seurté, et descors meuve après, entre le seigneur de celui et les hommes de la commune, il aura quinze jours de loisir ses choses à

---

(1) Amener avec un sauf-conduit.
(2) Imité du § 8 de la charte de Dijon (I, 7).
(3) Enlèvent.
(4) Imité du § 1 de cette charte.
(5) Imitation adoucie des § 5 et 6 de cette charte.
(6) Excuse valable. — Imitation du § 16 de la charte de Dijon (I, 8).
(7) Jugement.
(8) Imitation du § 18 de la charte de Dijon.

Sehure, ou de hoster ou de porter fors là où se il n'a esté avec ceulx qui ont fait le meffait (1).

29. Aucuns de la commune ne vendra ses danrées, ne prestera, ne croira ses deniers ne son avoir, ne fera aide sachaimment es annemis de la commune, tant comme la guerre durera; et si le faisoit et il en estoit prouvé, justice seroit faicte de lui au regard du maïeur et des eschevis (2).

30. Se li hommes de la commune saillent aucune fois contre leurs ennemis, aucun de la commune ne parlera aux annemis de la commune, se n'est par l'outroy et le congié du maire et des eschevis (3); qui autrement y parleroit, il le doit amender au regard du maor et des eschevis.

31. Se li prevost de Sehurre prent aucunes choses des choses d'à l'omme de la commune, li prevost rendra ou recroira (4) les dictes choses, à la requeste du maïeur et des eschevis ou de son commandement ou rendra la valeur, tant comme li hons de la commune jurera, se li maire le tesmoingne pour féal.

32. Li maire et li eschevis de Sehure ne povent retenir à Sehure, ne en la franchise, homme au seigneur de Sehure deffeur de Sehure et des appartenances, pourquoy il saichent que il soit ses hons, ne s'est pas la volunté au seigneur; et si en retenoit aucun, et se li sires ou son commandement le requeroiz dedans an et jour, il doit remenoir au seigneur et tout ce seroit sans accuson (5);

33. Et cils qui veult et requiert estre reçeu, doit donner avenamment à la commune de ses biens au regard du maïeur et des eschevis, et doit li dons torner au prouffit de la commune (6).

34. Le sire de Sehurre, sa femme et ne ses enffens ne pevent, ne doivent avoir à Sehurre ou territoire ne es appartenances homme taillable ne coviant (7), sauf corssins prestans (8) et juif prestant ou non qui demeurent au seigneur (9).

35. Le sire de Seurre ne peult ne doibt panre homme qui soit de la commune et de la franchise de Sehure, ne leurs choses ne faire panre, ne commander, ne consantir la prison par son serement; et, se aucuns autres les vouloit prendre, et il le sceut, il le doit destorber; et se ung oultres quel qu'il soit les prenoit ou detenoit ou leurs chouses, li sires de Sehure les doit traire ou de-

(1) Reproduction du § 10 de la charte de Dijon.
(2)   Id.   § 11   id.
(3)   Id.   § 6   id.
(4) Baillera récréance, c'est-à-dire main-levée de la chose saisie.
(5) Voir § 17 de la charte de 1445, n° CCCXLIX.
(6) C'est le droit d'habitantage exigé dans plusieurs des chartes qui précèdent.
(7) Synonyme des *commendati homines* de la charte de Dijon, § 12.
(8) Corssins, caorsins, lombards, prêteurs sur gage. Il y en avait dès cette époque à Seurre.
(9) D'après les anciens styles de la coutume de Bourgogne, les Juifs appartenaient au suzerain.

livrer à son povoir, ne ne doit avoir paix ne accordé, se n'est par la volunté du maïeur, des eschevis, à celui qui aura faict le fait, jusques tant que cil qui seroit prins ou destenu ou les chouses prises et détenuées fut livrés et li dommaige amendé ; et se cilz hons ou ces choses estoit prins pour le seigneur de Sehure, par quelque manière que ce feust, li sire de Sehurre le doit délivrer tout quictes ou ses choses en bonne foy (1).

36. Se li sire de Sehurre semont la commune pour aller en son oust, en sa propre beisoigne (2), avec luy, la commune de Sehure y doit aler à ses propres despens, quinze jours, se mestier lui est, et ses corps y demeuroit tant ; et li sire de Sehurre leur doit faire savoir et les doit semondre huit jours devant la monte ; et peut li homs de la commune de Sehurre pour eulx et en lieu d'eulx en l'ost devant diz envoyer home recipiables (3) se ilz ont essoine (4), au regard du maïeur et des eschevis ; et au reparier (5) de l'ost, on ne doit vendre denrées à Sahure semblables à celles qui seroient ramenées de l'ost, tant que celles seroient vendues qui ramenées en seroient (6).

37. Tuit cilz qui ont ou auront, tiennent ou tiendront biens mobles ou héritaiges ou quelque chose que ce soient à Sehurre ou territoire es appartenances, en quelque lieu que ils soient ou demeureroient ou aient leur maison, soit à Sehurre ou aultre part, en quelque lieu ou quelque pays que ce soit, tiendront quietement et franchement les dicts biens et les dictes choses, saul au seigneur de Sehurre dix sols sansaulx de la monnoye courant communément à Serre ; les quelx dix sols, li sires de Seurre ay chascun an de cense sur une chacunne maison qui appartiennent au Seigneur, et qui aura yssue en rue communal à Sehurre ; lesquels dix sols, cils qui tiendront la maison doit payer, chacun an, le dimenche après les foires de Sehurre et de emptonne (7).

38. Et peult ung chacun vendre, engaigier, donner alienner, et faire toute sa volunté en toutes manières, tous ses biens et toutes ses choses, moubles et héritaiges qui y aura à Sehurre ou territoire ou aultre part, ou partie des dicts biens ou des dictes choses, tel con il vouldra, cui lui plaira, saul au seigneur de Sehurre douze deniers de la livre de la vendue en héritaiges des chouses de

---

(1) Reproduction à peu près identique du § 1 de la charte de 1245.
(2) En guerre, dans son intérêt propre.
(3) Recevables.
(4) Empêchement valable.
(5) Au retour du corps d'expédition.
(6) Voir cette même disposition au § 8 de la charte de 1245.
(7) Automne. Cette prestation de 5 sols dans la charte de 1245, § 7, est ici doublée, pour indemniser le seigneur des droits qu'il abandonnait à la commune.

Sehurre et des appartenances et de la seignorie, au seigneur de Seurre et six deniers de la livre de la gaigerie; et est assavoir que le plus prouchain du lignaige a la devanciere (1) des dictes choses vendues de déans an et jour (2) du terme de la vendue, se il la requiert, saves costes (3), missions (4) et chastel (5) rendant à l'acheteur.

39. Nulle aultre taille, courvée, servitude ou exaction aultre quelque ce soit ou pour quel que que elle soit, ou que ce soit dit et appelé, le sire de Sehure ne peult ne doit demander, ne chalongier (6), ne estordre (7) des hommes de la commune de Sehurre, du territoire et des appartenances.

40. Se aucuns qui aist biens moubles ou héritaiges ou quelque chouse que ce soit à Sehurre ou territoire ou aux appartenances, mouront sans hoirs de son corps et sans testament, le plus prochain de son lignaige aura l'eschoite des biens et des choses d'icellui (8).

41. Li demeurans à Sehurre revendeurs doivent croire (9) au seigneur de Sehurre les denrées, taillez de pain et de vin et toutes autres vitailles et denrées de poys on vend à détail; que ils ont pour vendre à l'us (10) du seigneur et de son hostel, et il les doit payer deux fois l'an (11), les demenches après les foires, et se il ne le façoit, ilz ne lui doivent plus croire, jusqu'à tant que de ce qu'ils lui auront creu, ilz seront tuit païéz entièrement (12).

42. Quiconque soit ou sera sire de Sehurre, entèrement après moy Philippe devant dict, se il va Oultremer pour Dieu servir, li hommes de la commune de Sehurre lui doivent ayder, une fois en sa vie et non plus, à l'esgard du maïeur et des eschevys, et celle aide ne doit ne ne peult monter à plus de mil livres de la monnoye courant adonc communément à Sehurre (13);

43. Li hommes de la commune de Sehurre et du territoire ont tousjours mais

---

(1) « Par la coustume du pays, retraitte (lignagère) ou *deventerie* est en Bourgogne. » (Bouhier, I, 158.)
(2) Autre application du terme d'an et jour appliqué à la possession.
(3) Coûts.
(4) Dépenses.
(5) Cheptel.
(6) Exiger en justice.
(7) Extorquer.
(8) Voir § 12 de la charte de 1245.
(9) Vendre à crédit.
(10) Usage.
(11) La charte de 1245, § 11, assignait quatre termes pour ce paiement.
(12) Imité du § 2 de la charte de commune de Dijon.
(13) La charte de 1245, § 19, n'admettait que trois cas du droit d'indire; celle-ci, plus libérale encore, le réduit au seul voyage d'outre-mer.

le vain pasturaige en la terre au seigneur de Sehurre, sil comme il avoient devant.

44. Aucuns nulle aultre nouvelletey, usaige ou costume ne doivent et ne pouvent faire ou mettre à Sehurre ou territoire ou es appartenances, se n'est par le commun accord du seigneur de Sehurre, du maire, des eschevys et de la commune de Seurre.

45. Li maire en commune mise ne mect riens (1).

46. Se aucuns rescout par force, gaiges (2), il doit sept sols, se plainte en est faicte et il soit prouvé au regard du maire et des eschevis.

47. Se li prévost de Sehurre fait tort et meffait contre la commnne ou contre aucuns homme de la commune comme privée personne, non mie en faisant office de prévost, et plainte en soit faite au maïeur, il en fera droit et amendera par le maïeur et par les eschevis.

48. Et assavoir que l'on ne peut retenir à Seurre ni es appartenances, tant comme la dicte franchise s'estent, les habitans d'Argilley (3), de Monmoyen (4), de Baignoulx (5), de Villey (6), de Sainct Reverin (7), des Bergement (8), d'Antilley (9), de La Chacelle (10), de Quincey (11), de Lonvé (12), de Corberon (13), d'Avillers (14), de Balon (15), ne de Cussigney (16) ; c'est assavoir ceulx qui auront demorer en ces dictes villes an et jour, feu ilec tenant (17).

49. Quiconque soit sire de Sehurre doit jurer, sur saincts Evangiles, ceste

---

(1) Le Maire ne contribue pas aux charges communales. Il en était de même à Dijon, Beaune, Montbard, etc.
(2) C'est-à-dire reprend avec violence une chose saisie.
(3) Argilly, canton de Nuits.
(4) Montmain, canton de Seurre.
(5) Bagnot, canton de Seurre.
(6) Villy-le-Brûlé, hameau dépendant de :
(7) Villy-le-Moutier, canton de Nuits, qui possédait une relique de saint Revérien.
(8) Labergement-le-Duc, canton de Seurre.
(9) Antilly, hameau dépendant d'Argilly.
(10) La Chocelle, hameau dépendant de Gerland, canton de Nuits.
(11) Quincey, canton de Nuits.
(12) Longvay, hameau dépendant de Villy.
(13) Corberon, canton de Seurre.
(14) Auvillars, id.
(15) Balon, hameau dépendant de Gerland.
(16) Cussigny, hameau dépendant de Corgoloin, canton de Nuits.
(17) L'article 6 du titre IX de la coutume porte : « L'homme franc, qui va demeurer en lieu de mainmorte et y tient feu par an et jour continuellement.... devient..... de la condition de mainmorte. » Ce paragraphe, addition du 32e, est une nouvelle restriction apportée au droit d'attrait de la commune de Seurre, très vraisemblablement pour complaire au duc Robert II, qui, sauf Auvillars, possédait en propre ou par fief toutes ces localités, et qui, bien qu'Argilly et Bagnot fussent déjà affranchis, ne se souciait nullement de voir ses hommes abandonner ses domaines pour jouir des avantages de la nouvelle commune.

commune et ceste franchise et toutes le choses qui sont et contiengnent en cest instrument, garder, tenir et deffendre perdurablement et que il ne ira ne consantira aler encontre expressément ou taisiblement, en appert ou en reçoi, dedans les quarante jours après ce que il en sera requis du maïeur ou des eschevis ou d'aultre homme de part la commune (1).

50. De tous cas qui ne sont contenuz en cest escript, il est cogneu par le maïeur et par les eschevis et doibt estre jugiez si comme il en a esté usé çay en errières, et les amendes sont au seigneur (2).

Toutes les chouses dessus dictes et toutes les chouses qui sont contenues en cest présent instrument et une chascune par soy, je Philippe, sires de Paigny et de Seurre devant diz, par le consentement et par l'ouctroy de madame Aalix, ma redoubtée et amée mère, de Aimée ma femme et de Huguenin mon annés filz, ay vendues, baillées, delivrées et quittées es homes de Sehurre dessus dicts pour le pris de quatre mil livres de la monnoie de Viennois (3), des quelles quatre mil livres j'ai receu plain parfait et enterin paiement des dicts hommes de Sehurre et m'en tient entièrement pour payer. Pourquoy de toutes les dictes choses contenues en cest instrument ou en ceste vendue, et d'une chacune par soy, je me suys devestus et en ay investuz les dicts hommes de Sehurre et promet par soulempnellement stipulant, et par mon serement donné et offert sur saincts Evvangiles corporelment, pour moy et pour mes hoirs et tous mes successeurs lesquels je oblige ad ce en toutes choses contenues en cest instrument ou en ceste vendue, et une chacune par soy les dits hommes de Sehurre, garder et tenir en paix quietement et paisiblement à tous jours mais, et toutes les choses contenues en cest instrument ou en ceste vendue et une chacune par soy, garentir et deffendre aux dicts hommes de Sehurre contre toutes gens, en tous lieulx et en toutes Cours, à mes propres despens et de mes hoirs et recuire, je et mes hoirs, le faict et la charge du plaist tantost et toutes les fois que je et mes hoirs en sairons requis et des dicts hommes de Sehurre rendre et rétablir tous les dommaiges que ils en auront ou aduront en ce maintenant en aultre manière ; se aulcuns demandeur, chailongeur (4), querelleur apparoissoit que jà ne soit ou que les dictes choses contenues en cest instrument ou aulcunes d'icelles fussent, avan-

(1) Voir § 15 de la charte de 1245.
(2) Imité du § 32 de la charte de commune de Dijon.
(3) La monnaie viennoise, dit Dom Grapin, *Recherches sur les anciennes monnoies du comté de Bourgogne*, était plus faible d'un quart que la monnaie de Tours, et inférieure d'un cinquième à la monnaie estevenante.
(4) *Cheilongeur*, plaideur, chicaneur.

cies, à aultrui pour droit en faire et donner, en général que l'on dict faire et donner en cause de éviction, et que par moy ou aultre, je ne viendrai ne consentirai venir mettre encontre les vendues et quictences dessus dictes ou contre ce present instrument ou contre les chouses ou aulcunes d'icelles qui sont contenues en cest instrument en reçoy (1) ou en appert et par ceste garantie pourter et par toutes les choses contenues en cest instrument tenir et garder, je en loors (2) et oblige es dicts hommes de Sehurre moy, mes hoirz, mes successeurs, tous mes biens et toutes mes choses moubles et non moubles, présens et advenir, en quelque lieu que ils soient ou seroient, ou peuvent ou povrront estre trouvés. Et renonceant par mon serement donné sur saincts Evvangilles, et baillé a l'exceptans de déception, doubte, la moitié de droit, pris à l'exception de erreur et de dissentement et de paccions et de convenances non gardées, de ygnoirance et de bordie et à toutes aultres exceptions et à toutes baires (3) et à tout droit de canon et de loy et de coustume, parquoy cest instrument peult être moindre (4) ou empirier en les choses qui y sont contenuez, et au droit qui dict que générale renonciation ne vaille.

Et nous Aalix devant dicte, Agne, femme dudit Philippe, seigneur de Paigney et de Sehurre, et je Huguenins (5), ainnés filz des dits Philippe et Agne, les dites vendues, les dites quictances et toutes les chouses qui sont et contiengnent en cest intrument, loons, voulons et octroyons et promettons par stipulation solempnel et par nos seremens donnez, offers et bailliez sur sains Esvangiles, que nous, pour nous ou pour aultrui, ne viendront, ne consentiront venir contre les vendues, les quictances dessus dites ou contre cest présent instrument ou contre les chouses ou au tenneur d'icelles, qui sont contenues en cest présent instrument en recoy ou en appert; et renunceant par nos seremens donnés et offers sur sains Esvangiles, à l'exception de déception, de bordie et de erreur de moindre aige, à tout bénéfice de restitucion en enterenement et au droit qui deffend douhaire aliener et à toutes aultres exceptions et à toutes baires et à tous droiz de canon et de loy et de costumes, par lesquelx instrument peult estre amoindri ou emperer ou les chouses qui il sont contenues et au droit qui dit que général renunciation ne vaille.

(1) *Recoy* pour recel, en cachette. — *En appert*, patemment.
(2) Louer.
(3) Barat.
(4) Amoindri.
(5) Huguenin, fils ainé de Philippe de Vienne, fut seigneur de Montmorot, de Saint-Aubin, de Delain et de Longvy. Il mourut en 1315.

Et je Philippe devant dict qu'il ne vuilz pas que par sursailie que l'on feist des choses contenues en cest instrument ou d'aucune d'icelles, la dicte chartre présente perde sa vigueur, pour quoy l'on repairoit es choses de quoy on auroit sursaillées (1), supplie et requier le noble prince, mon amé seigneur et redoubté Robert duc de Bourgoigne et à ses hoirs, que, se je ou mes hoirs ou quiconque seroit sire de Sehurre resaillans (2) des choses contenues en cest instrument ou d'aulcune d'icelles, ou les enfraingnent en quelque manière que ce fut ou vienens encontre, que ils le faicent amender à la commune en rendant chastel (3) et missions, selon le jugement de leur Court, dedant quarente jours, dois que clamentie (4) en seroit faicte à lour de part la dicte commune, et les dictes choses seront preuvées, cogneues pardevant lour, et que en toutes choses dessus dictes et une chacune par soy, nous contraignent comme par chose adjugée par leurs Cour, en la juridicion desquels je soubmet moy et mes hoirs et quicunque seroit sire de Sehurre. Et supplie encoure et requier, vuil et octroie a mon amé et redoubté père en Jhesu Crist, l'arcevesque de Besançon que ore (5) est ou qui il y ert pour le tems, que se je ou mes hoirs ou quiconunque seroit sire de Sehurre sorsaillans des choses dessus dictes ou de aucune d'icelles, ou les enfroingnent ou vienens encontre, dois que plainte en vendroit à lui, et il seroit prouvé par le maïeur de la dicte commune, ou par aultre qui seroit procureur du dict maïeur et par deux eschevis de la dicte commune, li arcevesques dessus diz, moy et mes hoirs ou le seigneur de Sehurre admonestoit que le sorsaillement ou l'enfrointe ou li venir encontre, nous nous admendions en rendant chastel, missions et despens, et se dedans quinze jours après la dicte monicion, nous n'aviens amendé ce, comme il est dessus dict, à la ditte commune, le dict sorsaillant ou la dicte frainte ou le venu encontre, le dict arcevesque de Besançon micte toute ma terre ou la terre de mes hoirs ou la terre de celui qui seroit sire de Sehurre en entredit et faire garder l'entredit jusques à ce que les chastels, les missions, les despens je ou my hoirs ou quicunque seroit sires de Sehurre eussions amendé et rendu à la dicte commune, fors mises tant seulement du dict entredit la dicte ville de Sehurre, et que encontre les chouses dessus dictes et en une chacune par soy, nous contraingnent comme de chouse ad-

(1) Eufreintes, auxquelles on aurait attenté ou porté préjudice.
(2) *Resaillants*, contrevenants.
(3) Chastel signifie ici les avances faites pour la défense de la cause.
(4) Clameur, plainte.
(5) *Ore*, présentement.

jugée par sa Court, en la juridicion duquel je submet, quant à ce, moy et mes hoirs et celui qui seroit sire de Sehurre;

Et nous Philippe, Aalix, Aigne et Huguenin dessus dicts supplions, voulons et octroïons Huedom (1), par la grâce de Dieu, arcevesque de Besançon, notre amé et redoubté père en Jhesu Crist, que il promecte es dits homes de Sehurre toutes les choses dessus dictes et une chascune par soy, garder, maintenir et deffendre entièrement et paisiblement, sans enfroindre et que en cest instrument mectre son seel, et supplions encore octroïons et requérons à notre dict amé et redoubté seigneur Robert, duc de Bourgoigne, de cuil fié Sehurre le territoire et les appartenances sont et meuvent, que ses vendues et ses convenances louoit, octroioit et baille et confirmoit et promecte en bonne foy, aus dicts hommes de Sehurre, garder, tenir toutes les dictes choses, et une chascune par soy, entièrement et paisiblement, sans enfraindre et que en cest instrument et en ceste chartre mecte son seel;

Et nous Hudes, par la grâce de Dieu, arcevesques de Besançon et nous Robert, duc de Bourgoigne, de cui fié de nous releve Sehurre, le territoire et les appartenances mouvent (2), à la requeste et à l'ouctroy des dicts Philippe, Aalix, Aigne et Huguenin les dictes vendues et toutes les convenance contenues en cest instrument, et une chacune par soy, octroïons, voulons et confermons, et encour nous Robert, duc de Bourgoigne dessus dict, octroïons es dicts hommes de Sehurre et volons que ils puissent aler et demourer, tant commil leur plaira, es villes dessus dictes et aultre part eu nostre terre et reperier (3) arrier franchement et demorer à Sehurre quand leur plaira, non nuisant à eux chose ne clause que soit dessus escripte. Ou tesmoingnage de vérité et en garnisement, et en la fermeté de ceste chartre et de cest instrument, nous Eudes, devant diz, par la grâce de Dieu arcevesques de Besançon, et nous Robert, duc de Bourgoigne, devant diz, à l'octroy et à la requeste des dicts Philippe, Angne et Huguenin, en cest instrument et en ceste chartre avons mis nos seaulx avec le seel du

---

(1) Eudes de Rougemont, qui, élu le 12 février 1269, mourut le 23 juin 1301.
(2) La ville de Seurre, faisant partie du comté d'Auxonne, qui appartenait au duc de Bourgogne, Philippe de Vienne ne pouvait, sans contrevenir à la loi féodale, rien changer dans sa seigneurie sans l'assentiment de son suzerain. Or, comme l'affranchissement d'une commune était censé amoindrir la valeur de l'arrière-fief et diminuer d'autant l'importance du fief principal, le suzerain pouvait exiger un dédommagement. Eudes III et Hugues IV ne le réclamèrent jamais en pareille circonstance, mais Robert II, moins sympathique aux franchises municipales, n'imita point leur désintéressement. Philippe tenait en fief du roi de France la seigneurie de Villey-sur-Saône (Bonnencontre). Robert mit à son consentement la condition que Philippe lui céderait ce fief, et que désormais la mouvance lui en appartiendrait. (Archives de la Côte-d'Or. Chambre des Comptes de Dijon. B 10481. — Imprimé dans Pérard, p. 545.)
(3) Habiter.

dict Philippe; et je Philippe, devant dict, en tesmoing et en garnisement et en la fermeté de perdurable vérité ay aussiment mis mon seel en cest présent instrument et en ceste présente chartres. Ce fut faict et donné l'an et le mois devant diz. Ainsi séellé de trois séals des dicts Hudes, arcevesque de Besançon, Robert, duc de Bourgoigne, et Philippe dict de Vienne, sire de Paigney et de Seurre.

Donné par copye au vray original, collation faite par moy le XIX de janvier [mil] v° et XVI.

PREVOST.

Cartulaire de la commune de Seurre, folio 1. Archives de la ville de Seurre, *Priviléges et franchises de la Commune*. — Imprimé dans l'*Histoire de Seurre*, par M. Paul Guillemot.

CCCLIII

Quittance donnée par Philippe de Vienne, seigneur de Seurre, aux habitants du lieu, des 4,000 livres, prix de la charte de commune.

1278 (24 septembre).

Nos Philippes diz de Vienne, chevaliers, sires de Paigny et de Sahurre, façons savoir à toz celx qui verront et orront cestes présentes lettres, que cum li home de la commune de Sahurre, nos dehussaint pour raison de la franchise de Sahurre que nos lor havons vendue quatre mil livres de Viennois, et li dit home par nostre commandement en haient paié pour nos et par nostre commandement à genz cuy nos les deviens en plusours lettres. A la parfin compe (1) loiaul et finaul fait entre nos et les diz homes de Sahurre, nos confessons et resjoissons non pas decéhuz ne contrains, que nos des dites quatre miles livres de Viennois avons hehu et recehu plenier paiement en loiaul argent nombré et nostre garanti enterain (2). Et porce, nos les diz homes de Sahure et toz lor hoirs et toz lor successeurs et la dite ville de Sahure des dites quatre mile livres de Viennois, quittons et assoillons (3) dou tot en tot à toz jors mais. Et promettons en bone foy et par stipulacion sollempnel et sor toz nos biens que quecunques il soient, la dite quittance et totes les choses dessus dittes et divisées et une chascune par soy tenir et garder à toz jors mais,

(1) Compte.
(2) Garantie entière.
(3) Absolvons.

senz aler encontre en jugement ou deffors, taisiblement ou expressément. Et à ce tenir et garder nos oblijons nos et nos hoirs, nos successours et toz nos biens. De rechief, cum nos aiens unes lettres des diz homes de Sahure, saelée dou seaul de la cort noble baron nostre amé seignour et redoté Monseignour Robert, duc de Borgoigne, es ques est contenu que li maire et li eschevins de Sahure et plusour autre de Sahurre nos doivent dous mile livres de Viennois pour raison de la vendue de la dite franchise, à paier quinze jors après nostre requeste, de coy messire Hugues Cordons, chevaliers, a donc bailliz de Sahurre et Odoz, Argiller sires de Auviller, nos sunt ploiges, et nos à présent n'aiens les dites lettres pour rendre par maintenant es diz homes. Nos volons et outroions que à celx moismes lettres et à totes autres faites sus li dette de totes les quatre mile livres de Viennois, de quelque tenour que eles fussaint, soit devoié foiz et créance, et que eles dois or en avent soient de negune (1) valour et de negune force. Et promettons en bone foy, que nos, à la requeste dou maire de Sahurre, procurerons et farons commant ces dites lettres soient rendues et delivrées es diz homes de Sahurre senz nul contrediz. Renunçant en cest fait, de certaine science, à la exception doudit paiement non pas fait loiaulment et non pas hahu et l'espérance de l'avoir et dou recevoir de déception, de barat et de maul, à tote aide et à tot benéfice de droit de canon et de lois, au benéfice de restitution en enterainnement, à toz husaiges et à totes costumes de lue (2) et de païs et à totes autres exceptions, raisons et allgéations de droit et de fait, que dois or en avent contre cest present escrit porroient estre dites et obiciés, et au droit que dit que generaux renonciations ne vaut. Ou tesmoignaige de la quel chose, nos havons baillié es diz homes de Sahurre cestes présentes lettres, saelées de nostre seaul qui furent faites, donés et saelées à Dole, le samedi après la feste Saint Mather, l'an de grâce, mil dous cens et septante et oit, le dit jor dou dit samedi.

Scellées du grand sceau en cire brune à lacs de parchemin pendants.
Original : Archives de la ville de Seurre, *Priviléges et franchises de la Commune*.

(1) Nulle.
(2) Lieu.

CCCLIV

Quittance de la somme de 300 livres donnée à la commune de Seurre, par Guillaume de Vienne, seigneur de Saint-Georges.

1330 (juin).

Au nom de Nostre Seigneur, Amen. En l'an de l'incarnation d'yceluy courant mil trois cent et trente, au mois de joing, nous, Guillaume de Vianne, chevalier, seigneur de Saint George (1), façons savoir à tous cels qui verront et oront ces présentes lectres et affermons que li commune de nostre ville de Sehurre, de pure grâce et de la libéralité, nos done trois cenz livres de la monoie courant pour les termes ci dessouz nommez, desquellez trois cens livres, li communaulx de la dicte ville entrera et se metra pour nous en la main des lombarz de Sehurre et seront appaier par ces termes, c'est assavoir, la moytié à la feste de Touz Sains pruchain venant et li autre moytié à la feste de Touz Sains pruchain ensigant. Et volons et outroyons et ensint le consentons que par ceste chose ensinc facent, préjudices ne soit fait es franchises, es libertez et es privileges ou es habitans de la dite ville, ne qu'il en soient en aucune chose corrompuz et empiriez. Et se ensinc estoit, que nos hehussions aucuns droit contre la ditte ville et les habitans pour cause de nostre novale chevalerie, de quoi nos les porsigviens, nos le lour quittons de grâce, quant à ceste foiz, de la chevalerie de nostre corps. Totes voies, nos retenons à nous et es nostres que par ces choses facent préjudice auxi ne nos soit faiz ne es notres, se ensinc est que nos hoirs en temps avenir haront ou doi- gent havoir contre les diz habitans aucun droit soit pour cause de novale cheva- lerie ou pour autre raison. Et nous, Perrenins de Montaigney, Guiot Li Vitons, Guiot Li Cherretons, Guillemos de Chamblans et Perreaulx de Chivres, escheviz à ce temps de la ditte ville de Sehurre, es choses dessus dictes, ensinc comme elles

---

(1) Guillaume de Vienne, seigneur de Longvy et de Saint-Georges, fils de Hugues de Vienne, seigneur de Montmorot et de Saint-Aubin, et de Gilles de Longvy, sa première femme, épousa Huguette, dame de Sainte-Croix et d'Antigny.

Le château de Saint-Georges, situé à côté de la ville de Seurre, au faubourg de ce nom, fut le noyau primitif de cette ville. C'est dans la chapelle de ce château, desservie par un prieuré d'Augustins, que fut instituée la confrérie de Saint-Georges, qui jouit d'une certaine réputation aux XIVe et XVe siècles. Le château de Saint-Georges fut démoli à la fin du XVIe siècle, pour en employer les matériaux aux fortifications de la ville, et le faubourg lui-même, qui était considérable, fut détruit et rasé durant les guerres de la Ligue.

sunt escriptes et divisées, nous consentons de tout en tout. Promettons, nos, Guillaume de Vienne dessus diz, pour noz et pour nos hoirs, et nos, maires et escheviz, dessus nommez, en non de nous et de la dicte ville pour nous et pour nos successours, par nos seremenz donez sur saint Evvangiles de Deu corporelment, et sur l'obligation de touz nos biens de nos hoirs et de nos successeurs et de la dicte ville, présenz et avenir, totes les choses dessus dites, li une des parties de nous à l'autre, attendre, tenir, accomplir et garder senz corrompre à touz jours mais, et non faire ni venir en contre, ne consentir à faire, ne venir en contre, de quelque menière que ce soit. En tesmoing de ce, nons avons requis et obtenu le seaul de la court Monseigneur le duc de Bourgogne, pour la quelle nous, Guillame de Vienne, volons nos et nos hoirs, et nos maires et escheviz, nos et nos successours, estre controint, ainsi comme de chose adjugié, à tenir et garder totes les choses dessus dites, estre mis en ces présentes lectres et es semblables, doublées dou consentement de nos parties dessous dites. Ce fut fait et ouctroyé en la présence de Perrot de Demigney, clerc coadjutour, de Estienne Le Verrier de Beaune, clerc gouvernent le tabellioue de Beaune pour Monseigneur le duc, de maistre Eude, Le Changeour de Beaune, de maistre Jehau de Laz, saiges en droit, maistre Estienne de Clarevaux, clerc, monseigneur le bailli de Dygenois, de Vincent Cuen de Bar et de Guillemin de Branges, bourgois de Sehurre, tesmoinz à ces choses appallez, l'an et le mois dessus diz.

Scellé du sceau en cire brune (brisé) de la cour de la chancellerie de Bourgogne, à double queue de parchemin pendante.

Original : Archives de la ville de Seurre, *Priviléges et franchises de la Commune.*

CCCLV

Confirmation des priviléges de Seurre, par Guillaume de Vienne, seigneur de Saint-Georges.

1341 (6 juin).

Nous, Guillaumes de Vienne, sires de Saint George, chevalier, faceons savoir à tous celx qui verront et ouront ces présentes lettres, que comme nos amez bourgois, li maires, li escheviz et li habitans de nostre ville de Sehurre, nous aient mostrey en complaignant aucuns griefz et aucuns novelletez qui lour hont esté faictes très acertes, si comme il dient, de noz gens, nos baillifz et noz pre-

— 230 —

vostz, noz maigniez (1), noz sergens et noz autres officiers, contre les libertez; les franchises et les priviléges, qui jadiz leur ont estey donnez, baillez et octroiez de nos devanciers, et après jurez de nos, dou garder et tenir formement, pourquoy il nous hont supplié humblement que nos lours vuilliens sur ce pourveoir de convenable remède, en gardant les dictes libertez et nostre dict sairement. Nous, qui voullons et désirrons l'amour, la pais et la tranquillitey de nos diz bourgois, et auxi garder formement les libertez données et octroiés à eulx de nos devanciers et jurés de nos. Considérant que les diz maires, escheviz et habitans, noz bourgeois de tout le temps passez, nous hont estey loiaulx et obéissans loiaulment et adroictement (2), paié les rantes et les services qu'il nous doivent, dou nous nos tenons mult a paiez et pour comptemps. Et encour que les libertez et les priviléges de la dicte ville, nous lour havons autre foiz promis à garder et à faire garder, sans venir encontre, pour la menière que dessus, vuillons et octroyons, pour nos et pour nos hoirs, es diz maires, escheviz et habitans, que lours franchises, lours libertez et lours priviléges, ensinc (3) comme il en sont seaullez (4) de nos devanciers, lour davent garder de nos, de nos hoirs, et de nos officiers quelx qu'il soient, deffendre et maintenuz contre touz. Et que en aucuns poinz ou articles d'iceaulx, se pour nous ou pour nos hoirs, ou nos gens hai estey aucune chose faicte de tout le temps passey encontre les dictes franchises, libertez et priviléges, ou contre les diz mahour, escheviz et habitans que pour ce point de droit en possession ou proprietey ne nos en soit acquis, ne es nostres, ne aucuns préjudices fait es diz mahour, escheviz et habitans ne à lours privilléges.

Et encour, pour ce que, ou temps à advenir, il ne soit mix ou revoquey en doute, de quel menoye se paieront les censes qu'il nous doivent chascun an de lours maisons de Sehurre, nous lour esclassissons et déclairons, en eusulgant le point de lours priviléges, que de ce pallé que ce soit de tel menoye comme il corray en la ville de Sehurre, au pain et au vin pour le temps et pour les termes que les dictes censes noz sont dehues.

Et ce contre ces chouses ou aucune d'icelles estoit faiz ou actempté, ou se facoit ou actemptoit ou temps à advenir que jay ne soit, touzjours voulons nos retorner et tenir es poinz des diz priviléges, sanz reclamer estait ou possession

(1) Serviteurs.
(2) Fidèlement.
(3) Ainsi.
(4) Scellés.
(5) Parler.

au contraire, les quelx privilléges, franchises et libertez, nous voulons touzjours que il demorient et soient en lour force et en lour vertuz pour la menière que il se contient esdiz privilléges, les libertez et franchises.

Toutes les chouses dessus dictes et une chascune par soy, nous promectons, pour nous et pour nos hoirs, pour nostre sairement doney sur sains Evvengiles de Dieu, corporellement esdiz maihour, escheviz et habitans, tenir, garder et maintenir et deffendre contre touz perdurablement, sans venir encontre, ne consentir que outre y veigne. Et renonceons en ycest fait pour nostre jadis sairement à toutes exceptions, barres, deffensions et allégations, tant de droit comme de fait, que à nous ou es nostres porrient aidier ou proffitier autrui contre les dictes franchises, libertez, et la teneur de ces présentes lettres, et esdiz maihour, escheviz et habitans, et à lour franchises et libertez nuire, et au droit que dit que generaulx renonciation ne vault. En tesmoignaige de la quel chose, nous havons mix nostre grand seaul de nostre chambre, pendant à ces présentes lettres en signe de perpétuel memoire. Faictes et données à Saint George, présents, nostre amey et féaul clerc maistre Jehan de Laiz, saiges en droit, Monss. Paris Charbonniers, doyen de Neublanc, et Vincent de Montmayen, clerc, tesmoings ad ce appelez, le maicredy après les huictaines de Penthecoste, l'an de grâce courant mil trois cens quarante et hum.

Copie et collation faites au propre original des dites lettre, par nous, Poussot et L. Morot, notaires.
Original : Archives de la ville de Seurre, *Priviléges et franchises de la commune.*

CCCLVI

Esclercissement fait despuis aux dicts habitans de Seurre par messires Guillaume de Viennes, chevalier, seigneur du dict Seurre, dont la teneur s'en suyt :

1341 (13 juin).

En nom de notre Seigneur Dex l'ouctroit, pour cest publique instrument appaire à tous evidemment que en l'an de notre Seigneur courant mil trois cens quarante et hung, le mercredy apres la feste Dieu, environ heure de pryme, en la neuvième indiction de pontiffical de Notre Sainct Pere en Jhesu-Crist l'outroit, nostre Seigneur Benoit, pour la pourvéance (1) de Dieu, papes douxiemes, ou septiesmes an, en la présence de moy Vincent de Montmoyen, clerc de l'auctoritey du sainct Empire de Rome, notaire publiques et des tesmoings sy dessoubs escripts, à ce appelléz, especialement et requis pour ce personnellement establis, nobles et puissans homs mes très chiers et redoubtés seigneurs messire Guillaumes de Viennes, chevalier, seigneur de sainct Georges, lequelx, de sa bonne et pure volonté, sans déception aulcune, afforme que, comme ly maïeur et ly eschevins de la ville de Seurre ly eussent humblement supplié et requis que aucuns griefs et aucunes novelletéz qui es dicts maïeur, eschevins et habitans de la ville de Seurre et contre leurs libertés et franchises leurs estoient faiz dou dit monseigneur Guillaume, de ses gens et de ses officiers; lesquelx ils luy avoient baillés pour escript, leur fuissent courrigiés et adrociez pour le dict monseigneur Guillaumes, en gardant son serement et que sur ce fussent pourvus de remede convenable en esclarsissent les dicts griefs et novelletés et de remettre en estat et point dehu. Il messires Guillaumes, de certaines sciences, les dicts griefs et novelletez pour la maniere que s'en suit desclaira et esclaircissa.

Premierement furent esclarcis et desclairés les griefz que le dict messire Guillaumes faisoit es dicts maïeur, eschevins et habitans qui ansinc ce commencent :

Premièrement fait panre (2) messire de Sainct-Georges, à Seurre, hommes et femmes, pour commission et sans commission donée de lui, et faire panre monnoyes et ceux qui les pourtent et les faict mener à Sainct-George, et adjourne et faict adjourner celx de Seurre à Sainct-George. Les quels griefs, ly dict messires Guillaumes a voulu et ouctroyé, pour lui et ses hoirs, veult et ouctroye es dicts maïeur et eschevins et habitans de la ville de Seurre que ores sont et que pour le tems seront, que de tous cas qu'ilz advieindront ou accideront (3) en la ville de Seurre et es appartenances, que li dit maïeur et eschevins de Seurre aïent la congnoissance première et en joyssent par la manière qui contient es franchises et libertés de la dicte ville de Seurre; et veult et ouctroye que y ne puisse et ne doive panre, ne luy ni ses hoirs, ne faire panre homme ou femme, ne consentir panre en la dicte ville de Seurre et es appartenances, mais que li maire et li eschevins dessus dicts aient du tout la congnoissance, se ce n'estoit au deffault des dicts maire et eschevins et qu'il ne puisse adjourner ne faire adjourner

(1) Providence.
(2) Prendre, appréhender, saisir.
(3) Arriveront par accident.

homme ou femme ou habitant de la dicte ville, fuers que pour devant les dicts maïeur et eschevins ou mostier Saint Martin de Seurre, pour ainsi comme il se contient es dictes libertés et franchises de la dicte ville, lesquelles il veult et ouctroye que ils demeurent tousjours en leur force et vertus, excepter le fait dou seeler ou de appeal, les quels li diz seigneur retient à ly et des quelx y doit congnoistre ou ses baillis sans moyen.

Item. Fuit esclairciz et desclairé li griefz, que li diz messires Guillaume leur faisoit de la monnoye panre des censes que li dis habitans lui doivent des freites (1) de lours maisons que dois oires en avant (2), il messires Guillaumes pour lui et pour les siens, hay voulu et ouctroyé, veult et ouctroye es dits maïeur et eschevins et habitans, que il païent à lui et à ses hoirs, au temps advenir, les dictes censes pour telle monnoye et en telle monnoye, comme il coura en la ville de Seurre et que l'on mectra en la dicte ville communalement au pain et au vin, au temps et au terme que l'on recevra les dictes censes, sans autre mennoye ne change de mennoye demander, estordre ne réquérir ès dits maïeur, eschevins et habitans de la dicte ville que oires y sont et pour le temps ysseront.

Item. Dou grief qui s'en commence, que le dict messires Guillaume fait cryer à Seurre sans consentement dou maïeur et des eschevins que l'on ne mecte monnoye à Seurre fuers (3) que estevenens ou gros tournois d'argent pour quinze deniers, et aultres crys fait faire : Fuit desclairiez et esclarciz pour le dict monsieur Guillaumes que il, pour luy et pour ses hoirs, hay volu et octroyer, veult et ouctroye, es dicts maïeur, eschevins et habitans que il ne ses hoirs ne puissent faire cryer ne faire cryer, au temps advenir, en la dicte ville de Seurre et appartenances, ce n'est dou consentement des dicts maïeur et eschevins que ores sont ou qui pour le tems seront, ce se n'estoit au deffaut de lour, en faire crye licite et dehue, et qui ne fuit contre les libertéz et franchises de la dicte ville.

Item. Dou grief qui se en commance, que li dict messire Guillaume fait desguier (4) les plaistres (5) de plusieurs gens de Seurre; Fuit esclairiez et desclairez pour le dict monseigneur Guillaumes que il veut et ouctroye, pour lui et pour

---

(1) Rente au seigneur d'un fief.
(2) *Dois* pour dès, *ores en avant* d'où provient le mot *dorénavant*.
(3) *Fuers* pour fors, excepté.
(4) Règle l'alignement, s'immisce dans les questions de voirie.
(5) *Plaistres*, places, devant les maisons.

les siens, que le diz maïeur et eschevins deguirient (1) et ayent le deguiement en la dicte ville de Seurre et par appartenances des plaistres, des maisons et des aultres choses pour la manière et forme que ce contient es dictes libertés et franchises de la dicte ville.

Item. Dou grief qui ce en commence, que li diz messires Guillaumes fait gaigier des cetiers en la dicte ville de Seurre, aucuns des taverniers qu'il ne vendent vin que pour la foire de Seurre et d'autompne. Fuit esclairciz et declairez pour le dict monseigneur Guillaumes que il veult et octroye pour lui et pour ses hoirs es dicts maïeur, eschevins et habitans que dois ores en avant les dicts taverniers qui ne vendroient vin pour la dicte foire, ne lui doivent point de cetier païer, ne es siens, et que il ne seront par lui, par ses hoirs ou pour ses officiers, travaillés ne molestés, se n'estoient cils que auroient vendu vin pour toute l'année, desquels ils leveront le setier, se il cessient à vendre pour la dicte foire.

Item. Dou griefz que se commence, que li dit messires Guillaumes fait panre les chevaulx à Seurre es tables et es champs. Il fuit esclairciz et desclairez pour le dict monseigneur Guillaumes que il, par lui et par les siens, veult et ouctroye es dits maïeur, eschevins et habitans, que il ne puisse ne doige panre ne faire panre les dicts chevaulx, ne consantir et se aucuns de ses gens en pregnent et il ne fuit du consantement des dicts maïeur et eschevins que cils, sur cui l'on les panroit, les rescouhe; de laquelle rescousse le dits messires Guillaumes ne aultres pour luy, ne puhent rien demander à cellui qui l'auroit faicte, ne à aultre.

Item. Dou griefz que se en commence, que li diz messire Guillaumes fait gaigier (2) des chambres de baquons salez (3). Fuit esclairciz et desclairez par le dit monseigneur Guillaumes, que il veult et ouctroye pour lui et pour ses hoirs es dictz maïeur, eschevins et habitans, que lls soient et demeurent pour lour et pour les lours, frans, quictes et délivrés des dites chambres de baquons salez qu'ilz font en lour hostel, sans payer à luy ne à aultre au nom de luy, aulcune chose ou redevance pour les dictes chambres.

Item. Dou grief qu'il se en commence, que le dict messire Guillaumes ou cilz qui tient la vente des curs (4) de Seurre se efforcent de lever la dicte vente des habitans de Seurre, de ceulx qui vendent, qui achetent cuers. Fuit esclairciz et

---

(1) Désigner l'alignement, connaître de la voirie. — Action de *déguier*.
(2) Gager, payer.
(3) Jambes de porc salé, jambons.
(4) Cuirs.

desclairé pour li dit monseigneur Guillaumes que il, pour lui et pour ses hoirs, veult et ouctroye es dits maïeur, eschevins et habitans, bourgeois de la dicte ville, soient et demeurent pour lour et pour lour hoirs, frans, quictes et delivréz de payer vente des cuers, soit en vendant ou en achetant, sans riens paier au dict monseigneur Guillaumes ne es siens, fuers que estrangiers personnes qui ne seroient des dicts bourgois, les quelx doivent payer la dicte vante.

Les quelx esclaircissementz et desclaracions et toutes les choses dessus dictes, et chacune pour soy, li diz messires Guillaumes hay promis, pour lui et pour ses hoirs, pour son serement donné sur saincts Evvangilles de Dieu, corporellement, touchant la main de moy, notaire publique dessus dict, stipulant et stipulacion recepvant au nom et au prouffit de tous celx à cuy il peult appartenir, icelles et chascunes pour soy, ensemble les libertéz et franchises de la dicte ville de Seurre, garder, tenir et maintenir perdurablement es dits maïeur, eschevins et habitans et à leurs hoirs et deffendre contre tous, sans jamais venir encontre ne consentir que aultre il viengne; et ay renoncier, le dit messire Guillaumes, pour lui et pour ses hoirs, par son jadis serment à toutes exceptions, baratz, descessions et allégations, tant de droit comme de fait, que à luy ne es siens, au temps advenir, pourroient ayder ou proffiter, amener contre la teneur de cest present publique instrument et es dicts maïeur, eschevins et habitans, ne es lour nuyre, et au droit quil dict que generale renonciation ne vault. En tesmoignaige de laquelle chose, je, Vincent, publique notaires, dessus dict, dou commandemant et de la volunté dou dict mon très chier seigneur monseigneur Guillaume, ay faict et inscript cest présent publique instrument et soigné de mon soigneu manuel accoustumé, ensemble le petit seaul secret de mon dict seigneur, le quel il y a mis en signe de plus grant fermeté. Et nous Guillaume de Vienne, seigneur de Saint-George dessus dict, toutes les choses dessus dictes, par la manière que esclarsies sont et escriptes avons faictes en gardant loyaulté et droicture et nostre serement et desclairiés en la présence du dict Vincent, publique notaire, et des temoingtz sy dessoubs escript et les avons promis par notre serement, en la présence du dict Vincent, et promettons tenir et garder par la manière dessus dicte et en signe de vérité, avons mis nostre petit seaul secret en cest présent publique instrument, fait par le dict Vincent de nostre commendement et soigner de son soignot (1).

Faict et donner à Sainct-George, présens maistre Jehans de Lais, clerc saiges

---

(1) *Soigné* pour signé; *soignot*, seing manuel, signature.

en drois, monsieur Paris Charbonnier, doyen de Neublens; Perrot de Demigney, clers notaires publiques, témoins à ce appelez et requis, l'an, le jour, indiction pontificalitez et lieux dessus dicts. Et ne est pas de la intencion de nous, Guillaume de Vienne dessus dict, que par cest présant publique instrument, les libertéz, privileges, franchises de la dicte ville de Seurre, soient de rien innovées, cassées, amoindrées, ne corrompues ne en aucuns pointz d'iceulx. En coys voulons pour nous et pour les nostres, par notre jaidis donné serement, que ils soient et demeuroient teus jours en lour force, vigour et vertu, par la manière et forme que se contient es dicts privilèges et franchises. Fait et donné comme dessus. Ainsi signé Vincent de Montmedio, de Seurre, clerc de l'auctorité l'empereur, notaires publiques dessus dicts, a toutes les choses dessus dictes et desclairées et faictes pour le dict monseigneur Guillaume, ensemble les tesmoings dessus dicts ay esté présent, et cest publique instrument, ay escript de ma propre main, dou commendement dou dict monseigneur Guillaume et soigner de mon soignet manuel accoustumé sur ce requis.

Donné pour copie au vray original, collation faite par moi l'an et le jour des priviléges cy devant (19 janvier 1516).

G. Prevost.

Cartulaire des priviléges de Seurre, folio 30. Archives de la ville, *Priviléges et franchises de la commune.*— Imprimé dans l'*Histoire de Seurre*, par M. Paul Guillemot.

CCCLVII

Lettres de sauvegarde accordées par le duc Philippe-le-Bon à la ville de Seurre, et signifiées à Hugues de Vienne (1).

1365 (1 juillet), 1378 (15 novembre).

In nomine Domini, amen. Ex tenore hujus presentis publici instrumenti, omnibus sit manifestum, quod anno ejusdem currente millesimo trecentecimo septuagesimo octavo, die quinta decima mensis novembris hora occasus solis ip-

---

(1) Hugues, fils de Hugues de Vienne, et d'Alix de Faucogney, devint seigneur de Seurre vers 1362, marié à Alix de Villars, veuve de Philippe de Savoie, seigneur de Vigon; il laissa en 1388 tous ses domaines à Guillaume, son frère.

sius diei vel cura apud Sorrogium Besuntinensis dyocesis, in domo Johannis de
Demigneyo de dicto Sorrogio, in mei Johannis Rolarii de Ligniaco castro, clerici,
coadjutoris domini Guidonis Rabby de Divione presbyteri notarii Belne pro illustrissimo principe domino duce Burgondie, Benedicti Ravigot de Gilleyo, Hugonini Reneverii Verduni commorantis et Johannis de Mura Sorrogii commorantis
clerici, testium ad infrascripta vocatorum specialiter et rogatorum presencia; personaliter constitutus, Johannes Serpillot Sancti Johannis de Verduno, serviens
Domini ducis Burgondie quandam servam gardiam pro villa, communitate, burgensibus et incolis de Sorrogio a predicto domino Duce emanatam, in suis manibus tenens, cujus tenor sequitur et est talis :

Phelippe, filz de Roy de France, dux de Bourgoigne, à nostre chastellain de
Chalon. Et au premier nostre sergent qui sur ce sera requis, salut. A la supplication des Maire, eschevis et commune de Sehurre, estans d'anciennetey en la
protection et sauvegarde spéciaul de nos prédécesseurs dux de Bourgoigne et à
présent en la nostre avec lours familes, chouses et biens estans soubz nous et en
noz destroicz et juridiction. Nous d'abondant lesdiz Maire, eschevis et commune, ensamble leurs dictes familes, chouses et biens, avons pris et mis, prenons et mettons, par ces présentes, en et soubz nostre dicte sauvegarde espécial,
à la conservation de lours drois tant seulement. Et vous mandons et commettons
et à chascun de vous, si comme à luy appartiendra, que vous les maintenez et
gardés ou lours justes possessions et saisines, droiz, usaiges, libertez et franchises, es queles vous les troverez estre et lours prédécessours avoir esté paisiblement et d'anciennetey, et les deffandés de toutes injures, violences, griefs,
oppressions, molestations, inquiétations de force d'armes de puissance de l'aiz
et de toutes novelletez indehues, lesqueles se vous les trovez estre ou avoir esté
faittes ou préjudice de nostre dicte sauvegarde et desdiz supplianz, si les faittes
remettre senz délay au premier estat et dehu et à nous et à partie pour ce faire
amendes convenables. Et se débat chiet entre lesdiz suplians ou aucun d'eulx,
et aucuns autres de lours adversaires, la chouse contencieuse et dou débat naitra
prise et mise en cas de novelletey en nostre main; donnez et assignez jour aux
parties certain et compétent par devant nostre bailli de Châlon, auquel la congnoissance en appartient pour poursuir pardevant ledit bailli leur ditte opposicion, si comme de raison sera, en certifiant sur ce souffisamment ycellui bailli
auquel nous mandons qui face sur ce aux parties, tant sur le principal comme
sur la recréance bon et brief accomplissement de justice. Et ou cas que yceulx
supplianz ou aucunz d'eulx voudront avoir d'aucuns essehurement, adjournez

ceulx dou y le requèrront avoir pardevant lours juges compétant, pour ycelluy adsehurement donner bon et loyaul selon la costume du pays. Et nostre présente sauvegarde publiés et signifiés es lieux et aux personnes ou y appartiendra, et en signe d'icelle mettés et assiés noz pannonceaulx en et sur les maisons et autres possessions desdiz supplians, afin que nulz ne la peust ignorer; en deffendant, de par nous à toutes les personnes don vous serez requis, soubz certaines peines appliquées à nous, que, aux diz supplians, à lours dictes familes ne à leurs biens ne meffacient ou facient meffaire en corps ou en biens en aucune menière. Toutevoie nostre entente n'est pas que tu sergenz, te entremettre de chouse qui requiere cognoissance de cause. Et nous donnons en mandement à tous noz justiciers et subges que à vous et à chascun de vous en ce facent et obéissent et entendent diligemment, et vous prestiens consoil, confort et aide, se mestiers en avez et en sont requis. Donnez à Dijon le premier jour de juillet l'an de grâce mil trois cenz soixante et cinq.

Par le consoil, J. BLANCHET.

Cujus quidem serve gardie superius transcripte veritate et auctoritate predictus serviens ad propriam personam, nobilis et potentis viri domini Hugonis de Vienna, domini Sorrogii et Sancte Crucis militis; nec non et ad requestam Perreneti Berbiz, Majoris ville et communitatis de Sorrogio sanioris que partis scabinorum dicte ville, ac Philiberti Gouherii de Sorrogio, clerici procuratoris et procuratorio nomine dicte ville et communitatis dicti loci Sorrogii personaliter accessit. Qui quidem serviens dicto domino Hugoni de Vienna, domino Sorrogii et Sancte Crucis dixit ostendendo eidem dictam servam gardiam verba que secuntur vel consimilia in effectu : Domine, virtute et auctoritate istius presentis serve gardie vobis ex parte domini ducis Burgondie significo et notiffico quod villa Sorrogii, burgenses et incole de Sorrogio bona que eorum et familie sunt in bona salva et speciali gardie domini ducis Burgondie. Quapropter virtute et auctoritate dicti salve gardie, vobis inhibeo et deffendo ex parte dicti domini Ducis et sub pena quingentarum marcarum auri boni et fini ipsi domino Duci applicandarum et per vos solvendarum si contrarium feceritis in prefatis ville de Sorrogio, burgensibus, incolis dicte ville, familiis eorum vel bonis ipsorum, decetero non attemptetis vel attemptari faciatis, in prejudicium dicte salve gardie et dictorum de Sorrogio. Quibus omnibus et singulis supradictis sic actis per dictum servientem, idem serviens ac prefatus Philibertus Gouherii procurator predicte ville Sorrogii pro et nominibus quibus supra pecierunt michi coadjutori supra et infra scripta, sibi dari et fieri publicum instrumentum unum vel plura quod et que eisdem concessi sub sigillo curie domini ducis Burgondie. In quorum premissorum testimonium sigillum dicte curie, ego dictus coadjutor ad preces et requisitionem dictorum servientis et procuratoris huic presenti publico instrumento rogavi et obtinui apponi. Et nos Nicolaus de Tholon, cautor Eduensis et cancelarius Burgondie, cum nobis constet de premissis per fidelem relacionem dicti Johannis Rotarii coadjutoris supra et infra scripti, qui nobis predictam sub signo suo manuali solito infra scripto retulit fore vera sigillum ad contractus curie predicte domini Ducis huic presenti publico instrumento diximus apponendum, in testimonium veritatis. Acta et data sunt hec anno, mense, die, loco et presentibus predictis.

Ita est : J. ROTARII.

Scellé du sceau (brisé) de la cour de la chancellerie du Duché, à double queue de parchemin pendante.
Original : Archives de la ville de Seurre, *Priviléges et franchises de la Commune.*

CCCLVIII

Protestation de la commune de Seurre contre la saisie de la mairie ordonnée par le duc de Bourgogne.

1381 (2 décembre).

En nom de Notre Seigneur, Amen. L'an de l'Incarnacion d'icellui courrant mil trois cens quatre vins et ung, le mardi après la saint Andrier, apostre, environ heure de tierce dudit jour, ou cimetere de Saint Martin, à Sehurre, en la présence de moy Oudin de Quingey, clerc, demeurant à Sehurre, notaire publique et jurey de la Court Mons. l'officiaul de Besancon, veint personelement Perrenet Beterel, de Sehure, lui disant procureur et en nom de procureur de Philibert Pecat, maire, des eschevis et commune de Sehurre, lequel a dit les paroles qui s'ensuigvent ou les semblables en effet. Qui avoit entendu une commission avoir esté donnée par noble homme et saige M. Jehan de Ville-sur-Arce, chevalier, sire de Toire, bailli et maistre des foires de Chalon, et à la requeste du procureur par nom de procureur de M. le Duc, establi audit bailliaige pour panre la maierie de Sehurre, le gouvernement d'icelle, et mettre à la main de Monseigneur le duc de Bourgoigne et dudit bailli, à tort et sans cas raisonnable indehuement et de novel, ou grant grief, préjudice et dommaige dudit maire, ville et commune de Sehurre, comme agravé de ladite commission, si comme il disoit en la présence de moy notaire dessus nommé et des tesmoins cy après escrips, appaley encontre ledit procureur en nom de procureur de M. le Duc establi oudit bailliaige de Chalon, à Messieurs les auditeurs des causes des appeaulx du duchié de Bourgoigne ou aultre part là ou droit le mectra. Desquelles paroles ainsinc dites et dudit appeaul ainsinc fait, ledit Perronet, procureur et en nom de procureur desdiz Maire, eschevis et commune de Sehurre, a quis et demandé à moy notaire dessus nommé et cy après escript à lui, estre fait présent publique instrument, soigné de mon propre soignet acostumé, lequel je li ay octroié. Et nous Officiaulx de la Court de Besançon, à la relacion dudit Oudin, notaire et juré de notre Court, ouquel, quant à ce et à plus grans choses, avons commis et commettons par ces présentes noz voies, lequel nous ha rappourtées les choses dessus escriptes avoir ainsinc este dictes, avons fait mettre en ces presentes latres le seel de nostre dite Court de Besancon. Faictes et données présens Aymonin d'Avoul, Jehan Chandelier de Chalon, et Paule Mutin dudit lieu, tesmoins à ce appallé et requis l'an, jour et lieux que dessus.

O. DE QUINGEYO.

Original : Archives de la ville de Seurre, *Priviléges et franchises de la commune.*

CCCLIX

Confirmation des priviléges de Seurre par Guillaume de Vienne, donataire de son frère Hugues, sire de Sainte-Croix.

1389 (10 avril).

Pierre Paris de La Jasse, doyens de Chaalons, conseillier de Monseigneur le duc de Bourgoigne, gouverneur de la Chancellerie de son duchié, en absence de Monseigneur son chancelier. Façons savoir à touz ceulx qui verront et ourront ces présentes lettres, que l'an de Nostre Seigneur courrant mil troiz cenz quatre vinz et nuef, le mardi, jour de la feste Saint Laurent, dixaime jour du mois d'aoust, environ hore de prime dudit jour, en la ville de Sehurre, en l'eglise de Saint Martin devant le grant altey, en la présence de nostre amey et féal messire Pierre

Gaston de Sehurre, preste, coadjuteur de discrète personne Amiot Arnalt de Dijon, notaire de Beaune pour ledit Monseigneur le Duc, et des tesmoins cy-après escriptz, furent présenz noble et puissant seigneur Monseigneur Guillaume de Vienne, sires de Saint Georges (1), chevalier, d'une part; Perrenot Le Morandet, maires de la ville et commune de Sehurre; Odot de Montmoyen; Jehan Quillot; Aymé du Bourg; Girart Bernard; Michiel Bratechart; Odot Berbiz et Guillot Chevalier, escheviz de la dite ville et commune de Sehure, et auxi toute la dicte commune, qui pour ce estoit assemblée, et appellée au son de la cloiche, au cors courney et au cry du sergent de la mairie de la dicte ville et commune de Sehurre, anxim com il est de coustume en la dite ville de Sehurre, d'autre part.

Liquelx Monseigneur Guillaume de Vienne, audit maires et escheviz et à la dicte commune exhiba et présenta unes lettres scellées du propre seel de noble et puissant signeur Monseigneur Hugues de Viennes, sires de Salleres (2), desquelles lettres la teneur s'ensuit :

Hugues de Vienne, sires de Salleres, au maires et es escheviz de la ville et commune de Sehurre et à chascun d'eulx sur ce requis, salut. Savoir vous façons que, pour certaines et justes causes en pour certains titres, nous, de certaine science et de propoux comme bien advisez, avons donney, baillé et transpourtey à nostre très chier et bien amey frère Monseigneur Guillaume de Vienne, signeur de Saint George, chevalier, nostre ville de Sehurre, les rentes et émolumenz, noblesses, jurisdictions, fiefz, rerefiez et toutes autres chouses appartenans à la dicte ville de Sehurre, pour lui et ses hoirs à touz jours mais perpétuellement. Si vous mandons et commandons et à chascun de vous par soy que vous et un chascun de vous en droit soy, tenez et recevez nosdit frère et ses hoirs en signeurs dudit lieu de Sehurre, ensamble les appartenances d'icelli quelconques et que senz delay vous entrez en sa foy et homaige de fait. C'est assavoir un chascun anzin com il estoient en la nostre, senz difficultey ne contredit aucun. Et en ce facent, nous vous quictons et un chascun de vous et voulons vous estre quictes et délivrés perpétuelment de touz homaiges, services, foy et autres chouses de servituz, don vous estes tenuz à nous à cause que dessus. En tesmoignaige de laquel chouse nous avons mis nostre seel en ces présentes

---

(1) Guillaume de Vienne, second fils de Hugues de Vienne et d'Alix de Faucogney, seigneur de Saint-Georges, de Sainte-Croix, de Seurre, etc., par l'abandon que son frère Hugues lui en fit en 1388. Marié à Louise de Villars, dame de Lanson, il n'en eut aucun enfant, et mourut après 1395.

(2) Hugues, sire de Scellières.

lettres, faites et données à Sainte Croix le mardi devant la Saint George, l'an mil troiz cenz quatre vinz et neuf, anxin soigné :

Par Monseigneur, P. C. DE PERRIERE.

Pourquoy ledit Monseigneur Guillaume de Vienne disoit et requéroit esdiz maires, escheviz et commune que il le voulessient tenir et recevoir, pour lui et pour ses hoirs, en signeur de la dicte ville de Sehurre, ensamble des appartenances d'icelle, toutes et singuleres quelconques, et que lesdiz maires, escheviz et ladicte commune, et chascun d'eulx en droit soy voullessient entrer en sa foy en homaige de fait, anxin que il estoient en la foy et homaige dudit Monseigneur Hugue, son frere. Vehues, actendues et considérées la péticion et requeste dudit Monseigneur Guillaume de Vienne et les lettres dessus dictes, par lui exhibées et presentées, comme dit est, monstrerent lesdiz maires et escheviz audit Monseigneur Guillaume de Vienne, présente la dicte commune, unes lettres scelées du seel de la Cour Monseigneur l'official de Besanceon, esquelles estoit incorporée la charte des privileges et franchises, qui jadix furent données et ouctroyées des devanciers dudit Monseigneur Guillaume de Vienne à la dicte ville et commune de Sehurre, si comme il apparessoit de la première face; et contenoient lesdictes lettres entre les autres chouses, que li signeurs que seront successivement signeurs de Sehurre davent jurer en la dicte yglise la franchises et les privileges dessus diz et croire au transcript ou *vidimus* des dictes chartres, quant il sera seelley du seel de la Court de Besanceon. Disoient encour lesdiz maires et escheviz que messire Hugues de Vienne, jadix sires de Sehurre, père dudit Monseigneur Guillaume de Vienne cuy Dieu pardoint, et messire Hugues de Vienne, son fils, freres dudit Monseigneur Guillaume, autres fois avoient agréhées, louhées, consenties et ratifiées lesdictes lettres, esquelles sont transcriptz lesdiz privileges, et adjoustée pleinement foy à ycelles auxi comme se li originalz fuissient présenz, et yceulx privileges avoient jurey tenir et garder fermement, sens corrumpre. Si requéroient lesdiz maires et escheviz, tant en nom d'eulx et pour eulx, comme pour et en nom de ladicte commune, à ce présent audit Monssigneur Guillaume de Vienne, que li pleust faire le sairement anxin et pour la forme et menière que si devanciers l'avoient fait, de garder et maintenir fermement les franchises et privileges de la dicte ville et commune de Sehurre, anxin comme il estoient contenuz es dictes lettres, et les diz maires et escheviz, pour et en nom que dessus estoient prestz de tenir et recevoir ledit Monseigneur Guillaume de Vienne en signeur de la dicte ville de Sehurre, ensamble des appartenances toutes et singuleres d'icelle ville de Sehurre et de entrer en sa foy et homaige.

Ces chouses auxin monstrées et requises de par les diz maires et escheviz, pour et en nom que dessus, li dit Monssigneur Guillaume de Vienne, de son bon grey et de sa pure, bonne et franche volontey, agréant et acceptant les dictes lettres et en adjoustant plenière foy à ycelles, en tant comme elles sont acordables es originalz don elles pallent en grant révérance sur l'aultey de Saint Martin dessus dit, jura devant lesdiz maires, escheviz et commune de tenir, garder et maintenir les franchises et les previleges de la dicte ville et commune de Sehurre, anxin comme elles se contiennent ou transcript et es lettres que monstrées li furent et que anxin se commancent.

Nous Officialz de la Cour de Besanceon, façons savoir à touz que nous avons vehu, de mot à mot diligemment lehu et esgarder unes lettres non rasées, non chancelées, non effacées, non corrumpues, non malmenées en aucune partie de lour, mais saines et entières en seel et en escripture, anxin commil apparessoit en la première face, desquelles la teneur est tel :

Au nom de la Saincte Trinitey, Dieu l'octroit. L'an de l'incarnation Jhesu Crist mil deux cenz septante et huit ou mois de may. Je Phelippes diz de Vienne, sires de Paigney et de Sehurre, etc., et anxin se fenissait : Ce fut fait et donney l'an et le mois devant diz.

Et nous Officialz de la Cour de Besanceon, dessus diz, en tesmoignaige de nostre vision et leccion avons mis le seei de la Court de Besanceon en cest transcript, trait et pris de mot à mot diligemment du vray original, faite premièrement collacion diligent. Donney à nostre vision le sambadi devant la feste Saint George, l'an de Nostre Seigneur mil troiz cenz et quinze ou mois d'avril. Et lesdiz maires et escheviz et toute ladite commune sur ce ledit Monseigneur Guillaume de Vienne ont rechu à lour signeur, saulf le droit d'autruy et saulf le droit de ladicte ville de Sehurre. Et li ont jurez, lesdiz maires et escheviz, pour et en nom que dessus, de garder son droit léalment, anxin comme faire le davent pour les poinz de la chartre de lour franchises et privileges. Et lesquelx soiremens desdiz maires et escheviz, pour et en nom que dessus, ledit Monseigneur Guillaume de Vienne a ehuz fermes, acceptables et agréable, comme en foy et homaige pour eulx et pour ladicte commune. Et esquelles chouses dessus dictes, toutes et singuleres, anxin comme elles furent faictes, traictiées, consenties et ouctroyées devant ledit coadjuteur, furent présens messires Eudes de La Faye, curé de Pontoulx, messire Guy Maceon, prestes, demorans à Sehurre; Thevenin d'Arconcey, escuyer; Perrenot de Massilley, demorant à Longepierre, et plusieurs autres ; si comme ledit coadjuteur auquel, quant à ce et en plus grant cas nous adjoustons plene foy, nous, à ces chouses rapourtées, anxin avoir estey faictes, dictes véritablement, et liquel coadjuteur, pour ce, fut especialment requis et appellez pour en donner instrument et lettres de tesmoignaige dessoubz le seel de la Court de Monseigneur le duc de Bourgogne du raport et à la relacion duquel coadjuteur, nous avons mis ledit seel en ces présentes lettres; lesquelles furent faictes et données en tesmoignaige de veritey, à la requeste desdiz maires et escheviz, pour et en nom que dessus, l'an, le jour, hore et lieu que dessus.

Ita est : P. GASTONIS.

Scellé du sceau de la cour de la chancellerie (brisé) en cire brune à double queue de parchemin pendante.
Original : Archives de la ville de Seurre, *Priviléges et franchises de la commune*.

CCCLX

Déclaration de Guillaume de Vienne, sire de Saint-Georges, sur les priviléges de la ville de Seurre.

1418-19 (31 mars).

Au nom de Nostre Seigneur, amen. Par la teneur de ce présent publique instrument, soit à tous chose notoire et apparesse evidemment, que l'an de Nostre Seigneur courrant mil quatre cent et dix huit, le vendredi derrenier du mois de mars avant Pasques charnel, les eschevins, bourgeois, habitans et la plus grant et sainne partie de la commune de Seurre, congregues et assemblés en l'eglise de Saint Martin dudit Seurre a cris solesnne et au son de la cloiche, sont venus en grant humilité pardevant noble et puissant seigneur Monseigneur Guillaume de Vienne, seigneur de Saint George et du dit Seurre (1), estant personnellement en ladicte eglise devant l'aulte de Saint Martin et lui ont dit et exposé que pour apaiser et mectre à fin et à bonne conclusion les débats et questions, méhus et esperer de movoir entre leur dit seigneur et eulx en plu-

(1) Guillaume de Vienne, seigneur de Saint-Georges, de Sainte-Croix et de Seurre, surnommé *le Sage*, conseiller et chambellan du roi et du duc, gouverneur du Dauphin, premier chevalier de la Toison-d'Or, fut l'un des seigneurs les plus distingués des cours de France et de Bourgogne. Louise, fille d'Amédée III, comte de Genève, sa première femme, étant morte sans enfants, il épousa en secondes noces Marie, dauphine d'Auvergne, dont il eut Guillaume, qui lui succéda. Il mourut en 1434.

sieurs jugemens tant ordinaires comme devant arbitres dont ilz estoient moult doulas et corrociés; désirans de tout leur cuert avoir bonne amour, paix et accort avecques leur dit seigneur, ilz lui ont appourté illecques les chartres, libertés et franchises de la dicte ville de Seurre, ainsi comme ordonné leur avoit leur dit seigneur, affin qu'il lui pleust de les veoir et visiter et lui ont requis très humblement que iceulx veus par lui et son conseil, il voulsist mectre les dis débas et questions à bonne fin et conclusion. Mais pour ce que par les poins desdites franchises, les dis eschevins, bourgeois et habitans dudit Seurre ne sont tenus de monstrer leurs dictes franchises et à leur dit seigneur ne à quecunz autre personne ailleurs que en l'abbaye de Citteaulx; ilz ont requis à leur dit seigneur que veu qu'ilz les lui ont appourtées et monstrées en ladicte eglise de Seurre par grant amour et obéissance en alant contre les poins d'icelles franchises par l'amour et faveur de leur dit seigneur; il ne voulsise que icelles franchises en feussent doresnavant cassiées, blessiées ou aucunement violées ou reprouchiée. Ausquelz eschevins, bourgeois et habitans, le dit seigneur monstrant l'amour et bonne affection qu'il a envers eulx, leur a respondu gracieusement et bénignement en la manière qui s'ensuit ou semblablement en effet : il ne me chault ou vous les me monstriés, ou à Bezencon ou à Montbéliart où la ou vous vouldrez, car, se Dieu plaist, je ne iray jour de ma vie à l'encontre d'icelles franchises, ains les garderay et observay de ma puissance, et si je les trouvoye en my les champs, se je vous les garderoye et appourteroye sans les dommaigier aucunement, et ne vuel point quelles soient blessées ne cassées par l'obtancion et exibicion que vous me faictes cy présentement. De laquelle gracieuse et bénigne responce à eulx faite par leur dit seigneur, iceulx eschevins, bourgeois et habitans ont requis et demandé à eulx estre fait instrument par nous Jehan de Perroul, clerc coadjuteur du tabellion de Chalon, et Guy Proudon, de Saint Jehan de Losne, prebtre, tabellion, fermier dudit lieu pour Monseigneur le duc de Bourguingne, lequel nous leurs avons octroyé soubz le seel de la chancellerie du duchié de Bourgoigne. Cy mis l'an et jour que dessus par maistre Andry Bernard, docteur en théologie; messire Jehan d'Annore, prebtre, chanoine et tresorier de Besancon et curé de Seurre; et messire Pierre Gascon, prebtre, notaire publique et vicaire de l'eglise dudit Seurre, tesmoings à ce présens.

   Ainsi a esté dit en ma présence : J. DE PERREUL,
   Et en ma présence : G. PROUDON.

Original : Archives de la ville de Seurre, *Priviléges et franchises de la commune.*

CCCLXI

Mainlevée, par Guillaume de Vienne, seigneur de Saint-Georges, de la saisie de la mairie et de la justice de Seurre.

1419 (23 août).

Guillaume de Vienne, seigneur de Saint George et de Sainte Croix. A notre amé maistre Jehan Goulx, gouverneur de nostre bailliage, salut. Comme à la requeste de nostre procureur et par mandement donné de vous, nostre main ait esté et encour soit mise en la mairie et justice première de nostre ville de Seurre, pour les causes contenues en vostre dit mandement. Nous, pour autres considérations que ad ce nous nous meuvent, nostre dicte main et touz empeschemens mis en la dicte mairie et justice première, avons levée et ostée, levons et ostons par ces présentes. Si vous mandons que la nostre dicte main vous ayez et tenez pour levée et ostée, et d'icelle mairie et justice première, laissiez et soffriez joir et user noz bourgeois et habitans de nostre dite ville de Seurre comme raison veult et n'y ait faulte, car ainsi nous plaît estre fait et à nos dicts bourgeois et habitans l'avons octroyés et octroyons par ces présentes. Donné au dit lieu de Saint George, le xxIII° jour du mois d'aost, l'an mil quatre cens et dix neuf.

PLAISANCE.

Scellé du scel en cire rouge du sire de Saint-Georges, à simple queue de parchemin pendante.
Original : Archives de la ville de Seurre, *Priviléges et franchises de la commune.*

CCCLXII

Lettres de nouvelleté obtenues du duc Philippe-le-Bon, par les habitants de Seurre, contre les entreprises de leur seigneur et de ses officiers contre les priviléges et la justice de la ville.

1435-36 (16 février).

Phelippe, par la grâce de Dieu, duc de Bourgoingne, de Lothier, de Brabant et de Lembourg, comte de Flandres, d'Artois, de Bourgoingne, palatin de Haynnau, de Holande, de Zellande, de Namur, marquis du Saint Empire, seigneur de Frise, de Salins et de Malines, au premier nostre sergent, qui sur ce sera requis, salut : De la partie de noz amez les maire, eschevins, bourgeois et habitans de la ville et commune de Seurre, nous a esté exposé en complaingnant. Disans que comme certain et juste tiltre et mesmement par leurs priviléges, libertez, chartes et franchises, à eulx et très longtemps données et ottroyées par feu Phelippe de Vienne, lors seigneur de Paigney et dudit Seurre, et depuis souffisamment et solempnellement confirmez par noz prédécesseurs, dont Dieu ait les âmes, jurez et confirmez par nostre cousin messire Guillaume de Vienne, seigneur de Saint George(1), et ses prédécesseurs successeurs dudit Philippe de Vienne et par certains moïens à déclarer plus à plain, se mestier est. Ilz aient et à eulx appartiengne seulx et pour le tout, la congnoissance, puguicion et correction de tous cas, de toutes causes quelxconques qu'ils soient, mesmement sur et entre les subgez de la dicte communaulté et autres en leur territoire et jurisdiction, dont ilz ont la court et le renvoy que avenir ou escheoir pevent en la ville dudit Seurre, finage et territoire d'icelle, en telle maniere que les seigneurs ou seigneur d'illec ne pevent ne doivent prandre, saisir, arrester ou empescher, ne commender ou consentir la prison, arrest ou empeschement es personnes de la dicte ville ne d'aultres en icelle ville, sans le sceu, vouloir et consentement desdictz exposans, ne aussi faire introduire, ne mettre sus par eulx ne par aultres aucuns nouveaulx status, usaiges ou coustume mesmement à la charge desdictz exposans et sans leur consentement et de toutes aultres choses plus à plain contenues es chartres et priviléges d'iceulx exposans dient apparoir clairement, et en feront prompte foy en temps et en lieu. Et lesdictz tiltres doivent et ont ça en arrier, les dictz seigneur acoustumé jurer aux sains Evvangiles de Dieu garder, tenir et deffendre perdurablement. Et à cause desdictz tiltres et autrement devant, ont droit les dictz exposans es dictes causes, et soyent iceulx supplians en possession et saisine qu'il n'est licite mesmement à nostre dict cousin messire Guillaume de Vienne, seigneur de Saint George et dudict Seurre, et ses gens, officiers et serviteurs ne aultres quelxconques, de prandre, saisir ou arrester en ladicte ville de Seurre, finage et territoire d'icelle, aucun des habitans d'icelle ville, ne aultres estans en icelle ville, finaige et territoire d'icelle. Et en possession et sai-

---

(1) Moins de trois mois avant l'obtention de ces lettres (le 1er décembre), les habitants de Seurre lui avaient « de leur plain grey, consentement, franche et libérale volonté, » octroyé une somme de 300 francs, qui, à ce qu'il paraît, n'avait point été jugée suffisante pour mettre terme aux entreprises du seigneur. (Archives de Seurre, *Priviléges et franchises de la commune.*)

sine se, ledit seigneur, ses gens et officiers et aultres quelxconques, ont fait ou font le contraire, de contredire audit seigneur et à ses gens et aultres et les contraindre ou faire contraindre par justice à le réparer tout ce que ou préjudice de leur dicte possession et saisine a esté fait à eulx rendre et faire pleine délivrance des corps et personnes que, en ladicte ville, finaige et territoire prins, ont oultre le gré et voulenté desdictz exposans, iceulx seigneurs, leurs gens et officiers ou aultres. Et en possession et saisine de faire restituer et restablir par les dictz seigneurs, ses gens, officiers ou aultres, de tous troubles, empeschemens et prinse de leurs subgez habitans du lieu et aultres, prins, saisis et emmenez dehors, faites ou préjudice de leurs dictes franchises, possession et saisines et telement qu'ilz sont tousjours demeurez en leurs dictes possession et saisine. Et combien que, icelles possession et saisines et d'une chascunes d'icelles, les dictz exposans, tant pour eulx, comme pour leurs prédécesseurs, dont ilz ont eu et ont cause en ceste partie aient joy et usé paisiblement, tant par eulx comme par leurs prédécesseurs et officiers, par tel et si long temps qu'il n'est mémoire du commencement ne du contraire, au veu et sceu dudict seigneur de Saint George, ses gens et officiers et d'aultres que l'ont voulu veoir et savoir paisiblement et sans contredit et par les derrenieres années et derreniers explois. Néantmoins, puis deux moys ou six sepmaines en ça, ung nommé Guillaume Boichot, dit de Pollans, soubz umbre de certaine admodiation qu'il dit à lui estre faite par les gens et officiers dudit seigneur de Saint Georges de la vente du marchié des chevaulx, qui se vendent audit Seurre chacun mardy et autres jours, si a voulu maintenir tous acheteurs et vendeurs de chevaulx mesmement de trait audict lieu de Seurre, à iceulx mettre en trait ou en limon, estre tenu de essaier en ses charrettes et à ses bourreaulx et harnois seulement, comme en tel cas est acoustumé faire, pour veoir et savoir s'ilz sont bons de trait ou non, et pour ce avoir droit de lever et percevoir par chacun cheval, ainsi essaié et esprouvé, certaine somme d'argent, en deffendant, à tout le moins empeschant toutes gens, mesmement les diz exposans et autres habitans de la dicte ville et à leurs charrettes ou harnois ne aultres quelxconques, fors à celle ou celles d'icelui admodiateur, ilz ne essaient ou esprouvent aucuns chevaulx et sans le paier dudit essay, contre toute justice, raison et bonne équité. Et car Gautier Bussot, demourant audict Seurre, sentant que en faisant icelle deffence, le dit Guillaume estoit privée personne non aiant puissance ne auctorité de faire aucune deffence ou inhibition à aucuns de la dicte ville mesmement en icelle ville, sans l'auctorité, commandement et mandement espécial desdictz exposans, n'a voulu obtemperer auxdictes deffenses du dict admodiateur.

Depuis le premier jour de l'an dernier passé Guillaume Clément, receveur dudict seigneur, acompagné de Girart Michot, soy disant sergent d'icelui seigneur et de plusieurs en la dicte ville, ont prinse deux charrettes ensemble les borreaulx et harnois appartenant audict Gauthier et les ont gastés et destruites ou emmenées où bon leur a semblé. Et depuis et derrierement, c'est assavoir le mardi septiesme jour de ce présent mois de fevrier, pour ce que de rechief, ledict Gauthier, en la place où se vendent audict Seurre les chevaulx, avoit amenée et mise une charrette pour la prester ou louer à cui bon lui sembleroit, comme lui et toutes personnes, mesmement dudit Seurre, avoient et ont acoustumé de faire et leur est licite de droit commun, paisiblement et sans contredit, Guillaume Seignerot et Jacques Defalconier, ung autre, dit Milot et plusieurs autres, eulx disans serviteurs dudict seigneur, à grant violance, embastonnez d'espées et garnis de cugnyes (1), publiquement, à l'eure de marchié, despecièrent et mirent en pieces la dite charrette, nonobstant que la femme dudit Gauthier, illec présente, par plusieurs fois leur signiffia son dit mary soy et leurs biens estre en notre espéciale saulvegarde, lors deuement publiée et signiffiée par voix de crye, telement que nule ygnorance n'en pourroient prétendre; ou très grant contempt et mesprisement de laquelle, le dit Guillaume Seignerot et ses diz complices ne vouloient surcéoir d'icelle charrette despécier et tout ce en la présence d'icelui seigneur et autres officiers illec présens, à tout le moins non contredisans. Mais qui plus est, assez tost après, se transportèrent à la personne dudit Gauthier, habitant dudit Seurre et par ce subget en toute justice desditz exposans et icelui prindrent et enmenèrent tout prisonnier hors de la dicte ville et le frappant et battant en plain marché du plat de leurs espées. Jaçoit que icelui Gauthier leur signiffiast tousjours nostre dicte garde et tousjours en appelloit et tout sans le sceu des diz exposans, et en plusieurs aultres manières, l'ont vilené et encorres le détiennent prisonnier ou chastel de Saint George, comme l'on dit. Laquelle chose à esté et est ou très grant grief, préjudice et dommaige des diz exposans et en les troublant et empeschant en leurs dictes possession et saisine, à tort, sans cause raisonnable, indeuement et de nouvel et aussi en enfreignant nostre dicte garde, si comme dient les dictz supplians, lesquels nous ont requis leur estre sur ce pourveu de nostre gracieuse provision. Pourquoy nous, ces choses considérées et que désirons ung chacun estre gardé et maintenu en ses drois, possession et saisine, te mandons très expressément, commandons et commettons par ces présentes que, à la

(1) Cognées.

requeste des dictz exposans, tu te transporte audict lieu de Seurre, et appelez pardevant toy le dit seigneur de Saint Georges, ses gens et officiers, pour et ou nom de luy, Guillaume Clément son receveur, Guillaume Seignerot, Girart Michot, Jacques le Faulconnier et leurs complices et aultres, qui pour ce seront à appeler ou lieu dudit marchié des chevaulx dudit Seurre, pour tous les autres lieux contempcieux garde et maintieng, de par nous, les dictz exposans ou leur procureur pour et en nom d'eulx, et à cesser dores en avant les diz troubles et empeschemens nouveaulx par toutes autres voies et manières de contraincte deues et raisonnables, et en cas d'opposition, refus ou délay, la chose contempcieuse en cas de nouvelleté prinse et mise en notre main comme souveraine, la nouvelleté faicte et deffaicte et testablement fait premièrement et avant tout, comme ainsi qu'il appartiendra, donner et assigner jour certain et compétant aux opposans, refusans ou dellaïans pardevant nostre bailly de Chalon ou son lieutenant au siege de Saint Laurent, pour dire les causes de leur opposition, reffus ou delay, respondre sur ce aux dictz exposans et à nostre procureur sur l'infraction de nostre dicte garde, se partie se veult faire procès et aler avant en oultre selon raison, en certiffiant souffisamment audit jour nostre dit bailly de Chalon ou son lieutenant de ton exploit, et de ce fait auras en ceste partie auquel nous mandons et commettons par ces présentes outre les dictes parties icelles ouyes, face, administre sommairement et de plain et sans long procès, bon et brief droit et accomplissement de justice, en pugnissant par nostre dit bailly ou son lieutenant, ceulx qu'il trouvera coupables de la dicte infraction de garde, appelé nostre procureur ainsi qu'il appartiendra par raison. De cestes te donnons povoir, mandons et commandons à tous en ce faisant et les deppendences estre entendues et veues diligemment. Donné en nostre ville d'Ostun, le xvi° jour de février, l'an de grâce mil CCCC trente cinq.

Par Monseigneur le Duc, à la relation du Conseil. BOUESSEAU.

Original : Archives de la ville de Seurre, *Priviléges et franchises de la Commune.*

CCCLXIII

Confirmation des priviléges de Seurre, par Guillaume de Vienne, seigneur de Saint-Georges.

1437-38 (21 janvier).

L'an mil quatre cens trente sept, le vint et ungième jour du mois de janvier, noble et puissant seigneur messire Guillaume de Vienne, seigneur de Sehurre, Saint Georges et de Saincte Croix et fils de feu noble et puissant seigneur messire Guillaume de Vienne, seigneur desdiz lieux, procréé ou corps de feue noble et puissante dame Marie Dauphine d'Auverne, jadis dame desdiz lieux (1), promet et jure en l'église parrochial Saint Martin dudit Sehurre sur le carré du missaul de la chapelle de la Conception N.D. et sur le grant haultey de ladite église, à honorable homme Perrot Berbis, maire de la ville dudit Sehurre, Perrenot Berbis, J. Millet, P. Morandet, Guiot Landroul, Perrenot de Chilley, Huguenin Moirel et Andrey Calier, eschevins, et à la plus grant et saint partie des habitans de ladicte ville commune dudit Sehurre, pour ce illecques assemblés en la manière acoustumée, les franchises et libertez de ladite ville de Sehurre, maintenir et garder envers et contre tous aucun, et par la manière comme ont fait ou temps passés messeigneurs ses prédécesseurs et tout aucun et par la manière qu'il est contenus es lettres desdites franchises, sans jamais venir par lui ne par aultres, consentir venir à l'encontre d'icelles franchises. Et ad ce faire estoient présens noble escuier Jehan de Vienne, monsieur son fils (2), Jehan, seigneur de la Faye, Guillaume de Sabertier, Anthoine de Bussy, Claude Berbier Michellet, de Remilly, Jehan et Guillaume de la Tournelle, frères, messire Guillemin, prestre curé de Chastel Regnalt, Pierre du Cloux, de Chastoillon en Montaige, messire Hugues Bon, fils, de Charobians, prestre vicaire de ladicte église, moy et plusieurs autres.

Vidimus du protocole de J. Tixerandet, clerc notaire de la cour du Due à Seurre, donné par P. de Condé, notaire de la même cour, le 31 mars 1438.
Archives de la ville de Seurre, *Priviléges et franchises de la Commune.*

---

(1) Marié à Alix, fille de Jean de Chalon, prince d'Orange. Il mourut en 1456.
(2) Jean de Vienne, qui mourut sans alliance.

CCCLXIV

Mandement du duc Philippe-le-Bon, qui prescrit une enquête dans la cause entre son procureur et la commune de Seurre, au sujet de l'exercice de la justice municipale.

1448-49 (26 janvier).

Phelippe, par la grâce de Dieu, duc de Bourgoingne, de Lothier, de Brabant et de Lembourg, conte de Flandres, d'Artois, de Bourgoinge, palatin de Haynnau, de Hollande, de Zellande et de Namur, marquis du Saint Empire, seigneur de Frise, de Salins et de Malines. A noz amez et féaulx conseillers maistres, Amé Bonfféaul, Estienne de Goux et Guillaume Bourrellier, salut et dilection. Receue avons l'umble supplication des maïeur et eschevins de la ville et commune de Seurre, contenant que à eulx compete et appartient en la dite ville de Seurre toute justice haute, moyenne et basse et l'exercice d'icelle, de toute ancienneté, et laquelle ilz dient avoir bien gouvernée et administrée sans y faire faulte ou commettre aucun abbus; pourquoy on leur deust empescher en leur justice et exercice d'icelle. Néantmoins, sans les oyr ne appeler à l'occasion de certaine information secrète, faite par nostre procureur en nostre bailliage de Chalon, par laquelle on dit apparoir iceulx supplians avoir commis certains abus et négligences de non avoir administré justice, nous avons mandé par noz lectres patentes à nostre bailly de Chalon, mectre en nostre main la mairie, eschevinaige et justice du dict lieu de Seurre, et ainsi a esté fait par nostre chastellain de Saint Laurent, commis de nostre dit bailly de Chalon, à exécuter noz dictes lectre, lequel ainsi la fait en déffendant aux dictz suppliants, qu'ilz ne s'entremissent plus de exercer la dicte justice, à quoy s'opposèrent les dictz supplians, mais à ce ne furent aucunement receuz par le dict chastellain; pourquoy ce dict empeschement à eulx fait et mis en icelle justice et des commandemens, inhibitions et déffences à eulx faites, ilz en appelèrent en nostre parlement de Saint Laurent et ont relevé et exécuté deuement et fait faire les inhibicions contenues en leur mandement en cas d'appel, dont n'a tenu compte nostre dit chastellain de Saint Laurens, mais en attemptant à la dite appellacion et fait plusieurs abbus, troubles et molestes aux dictz supplians; dont, en adhérant à leur dit premier appel, ilz ont appellé par plusieurs fois, pourquoy nous eussent supplié à eulx estre pourveu de remède convenable. Et il soit ainsi que à leur requeste par autres noz lectres patentes vous ayons commis et députez à congnoistre des dictes causes d'appeaulx et aussi de la matière principale et instruire les procès jusque en définitive exclusivement, et combien que à ung certain jour les parties par vous oyes eussent esté appoinctées en fait continuées et en enquestes et que les enquestes se feroient par les deux de vous, de quoy les parties eussent esté contentes, toutesvoies le lendemain vous appointattes que les dictes enquestes se feroient par vous trois ensemble, appellé avec vous ung notaire pour scribe, laquelle chose seroit charge insupportable aux dictz supplians, attendu mesmement que vous trois estes demeurans en lieux bien longtains et distens les ungs des autres et seroit aux dictz supplians chose très difficile et somptueuse de vous assembler tous trois en ung lieu pour faire icelles enquestes, par quoy et qu'ilz n'auroient de quoy furnir si grands frais, ilz pourroient estre grandement préjudiciez en leur bon droit, qu'ilz se dient avoir en ceste partie, se par nous ne leur estoit sur ce pourveu de remede convenable si comme ilz dient, requérant humblement iceluy. Pourquoy nous, ces choses considérées et que désirons les dictz supplians relever de frais, missions et despens, vous mandons et commettons par ces présentes que l'ung de vous seulement, sur ce requis par les dictes parties et chascune d'icelle appelé avec lui ung notaire pour scribbe non suspect et icelles parties, à faire et parfaire les dites enquestes et informer ausi plus les ditz procès jusques en définitive exclusivement, lesquels procès ainsi instruiz et en point de juger, rapporter ou renvoier féablement cloz et scellez en nostre prochain parlement de Saint Laurent, pour y estre jugez et deffiniz ainsi qu'il appartiendra, et quant à la provision pendant le procès, dont en noz dites autres lettres est fait mention, voulons y estre procédé par vous trois ensemble, ainsi qu'il appartiendra et selon le contenu de nos dites autres lettres à vous adressez, de ce faire vous donnons povoir, mandons et commandons à vous et à chascun de vous appellé avec vous pour scribbe ung notaire non suspect comme dit est en vacquant es dites enquestes et à instruire les dits procès et au surplus touchant la provision à vous trois ensemble et à voz commis et députez en ce faisant et les dépendences estre entendu et obey diligemment, et tout ce que par vous sera ainsi fait et besongné en ceste matière, voulons estre valable. Car ainsi nous plaist il estre fait et aux ditz suppliants l'avons octroyé et octroions de grace espécial par ces présentes, nonobstant quelzconques lettres subreptices impétrées ou à impétrer à ce contraires. Donné en nostre ville de Lille, le xxvie jour de janvier, l'an de grâce mil quatre cent quarante et huit.

Par Monseigneur le Duc, à la relation du Conseil.   LE BOURGUIGNON.

Original : Archives de la ville de Seurre, *Priviléges et franchises de la Commune.*

CCCLXV

Lettres du roi Charles VIII, qui maintient les habitants de Seurre dans l'exercice de leurs droits de justice.

1484 (16 juillet).

Philippe Baudot, licencier en lois et en droict, conseiller, maistre des requestes et ordonnance de l'ostel du Roy nostre sire et gouverneur de la chancellerie de son duché de Bourgongne, Hugues de Villelume, escuyer, seigneur de Monbardon, conseiller et chambellan du Roy nostre sire, son bailly et maistre des foires de Chalon, commissaires d'iceluy seigneur en ceste partie, à tous les justiciers, officiers, subgectz et sergens du Roy nostre seigneur et sire, et à chacun d'eulx en droit soy sur ce requis, salut. Vehue par nous et avec révérance dehue, receues les lectres patentes du Roy nostre dict seigneur, scellées de son scel à double quehue pendant à nous présentées de la partie des maire, eschevins, bourgeois, manans et habitans de la ville de Seurre, impétrans d'icelles, seinnes et entières comme nous a apparu de première face, desquelles la teneur sensuit et est telle :

Charles, par la grâce de Dieu, Roy de France, à tous ceulx qui ces présentes lettres verront, salut. Reçeu avons l'umble supplication de noz biens amez les maire, eschevins, bourgeois, manans et habitans de la ville de Seurre, contenant que d'ancienneté par privileige à eulx donné et conferme par lez feuz ducs de Bourgoingne, ilz ont en la dite ville de Seurre ung maire et certain nombre d'eschevins, lesquels ont toute juridiction et cognoissance des causes et procès qui surviennent en la dite ville et banlieue d'icelle, ainsi que ont les maire et eschevins des villes de Dijon, Beaulne, Auxonne et aultres villes du dit pays ayant mairie, et n'est leu ne permis par le dit privileige à aulcung sergent ou aultres noz officiers faire aulcun exploit ou exécution en la dite ville, en vertu de quelques lectres ou mandemens que ce soient, sans ad ce appeller le dit maire ou ses officiers tout ainsi qu'il est accoustumé faire es aultres villes dessus dites. Ce néantmoings, aulcungs sergens se sont efforcez et efforcent y faire plusieurs exploits et exécutions, sans appeller ne aulcunement le nottiffier au dit maire, en quoy ils font et commectent de jour en jour plusieurs grand abuz ou grand préjudice et dommage de la dite ville et des dictz supplians, lesquels à ceste cause nous ont humblement supplié et requis qu'il nous plaise leur impartir sur ce nostre grâce et convenable provision. Pourquoy nous les choses dessus dictes et considérées et la bonne loyaulté que les dicts supplians ont tousjours monstrés avoir envers nostre très cher seigneur et père, que Dieu absoille, et la couronne de France; désirant par ce favorablement les traicter et entretenir en leurs privileiges, franchises et libertez. Pour ces causes et considéraisons et aultres ad ce nous mouvans, et par l'advis du conseil et délibération de plusieurs des princes et seigneurs de nostre sang et lignaige et des gens de nostre conseil, avons voulu, ordonné et consenty, voulons, ordonnons et consentons de grâce espécial par ces présentes, que tous exploitz que se feront deoresenavant en la dite ville et banlieue de Seurre, soit par vertu de noz lectres et mandements, émanez de nostre chancellerie, de noz bailliz, seneschaulx et aultres noz officiers, soyent faicz en la forme et manière que d'anciennetté l'on a usé es dites villes de Dijon, Beaulne et Auxonne, et que les lectres et mandemens soyent addressés au maire d'icelle ville de Seurre ou ses lieustenans. Si donnons en mandement au gouverneur de la chancellerie du dit pays de Bourgoingne, bailly de Chalon et à tous nos aultres justiciers et officiers ou à leurs lieutenants ou commis, présens ou advenir et à chascun d'eulx, si comme à luy appartiendra, que noz présentes voulunté, ordonnance et consentement, ils gardent, entretiennent et observent et facent garder, entretenir et observer de point en point sans enfraindre ne tenir au contraire en aulcune manière, et à ce faire et souffrir contraingnent ou facent contraindre tous ceulx qui pour ce seront à contraindre, par toutes voyes et manières de contrainctes dehues et raisonnables; et pour ce que de ces présentes on pourra avoir à besoingner en plusieurs et divers lieux, nous voulons que au *vidimus* d'icelles fait soubz scel royal, foy soit adjoustée comme à ce présent original. Car tel est notre plaisir. En tesmoing de ce, nous avons fait mectre nostre scel à ces dite présentes. Donné au bois de Vincennes, le seiziesme jour de juillet mil quatre cent quatre vins quatre, et de nostre règne le premier. Ainsi signé par le Roy en son conseil, ou quel les comtes de Clermont et de Dunoys, vous les evesques d'Alby et de Périgueux, les sires de Gyé, de Torcy, de Bauldricourt, Du Lau d'Argenton et de Lisle, les gens des finances et aultres estoient.

A. Brinon.

Par vertu et auctorité desquelles lectres dessus transcriptes et pour accomplir le contenu d'icelles, nous vous mandons et commectons se mestier est par ces présentes, que nostre voulunté, ordonnance et consantement contenus et declairez es dictes lectres, tout le contenu d'icelles vous et chascun de vous en droit soy et si comme à luy appartiendra, gardez, entretenez et observez et faictes entretenir, garder et observer de poinct en poinct, sans enfraindre ne venir au contraire et aulcune manière et à ce faire souffrir, contraignez et faictes contraindre tous ceulx et celles qui pour ce seront à contraindre, par toutes voyes et manières de contrainte dehue et raisonnables, selon la forme et teneur des dictes lectres, que le Roy nostre dit seigneur le veult et mande estre faict par icelles et ny ait faulte. Donné le unziesme jour d'aoust, l'an mil quatre cent quatre vint et quatre.

J. PRIEUR et C. CARBILLOT.

Coppie extraicte au vray original : DU PUYS.

Archives de la ville de Seurre. Cartulaire des priviléges, f° 80.

CCCLXVI

Confirmation des priviléges de la ville de Seurre, par le roi François Ier.

1518 (14 avril).

François, par la grâce de Dieu, Roy de France, à tous ceulx qui ces présentes lettres verront, salut. Receu avons l'umble supplication de noz chers et bien amez les maire, eschevins, bourgeois, manans et habitans de la ville de Seurre, ntenant que feu nostre très cher seigneur et cousin le Roy Charles huitiesme, vo.. lant entretenir la dicte ville de Seurre qui est en frontière de nostre royaume en bon ordre de justice et obvier à tous abbus en icelle, leur octroya à l'imitacion et ainsi qu'il estoit et est usé es villes de Dijon, Baune, Auxonne et autres du païs, que aucuns sergens ne officiers n'eussent à faire aucuns exploits par vertu de quelques lectres ou mandemens en la dicte ville, sans appeler les maire et officiers d'icelle, ainsi qu'il est contenu es dictes lecttres de veriffication d'icelles cy attachées, soubz le contre scel de nostre chancellerie; le contenu esquelles a esté gardé et observé, nous humblement requérant par nostre advénement à la couronne les leur confirmer et sur ce impartir nostre grâce. Pourquoy nous, ces choses considérées, mesmement la bonne loyaulté et vraye obéissance en laquelle les dictz supplians se sont maintenus envers nous, nos prédécesseurs et la couronne de France, désirant en ceste cause les maintenir en bon ordre et justice, les dictes lecttres de nostre dict feu seigneur et cousin cy attachées comme dit est, et tout le contenu en icelles leur avons louées, confirmées, ratiffiées et approuvées, et par la teneur de ces présentes de nostre grâce espéciale, plaine puissance et auctorité royale, louons, confirmons, ratiffions et approuvons, pour en joyr et user par les dictz supplians et leurs successeurs, tant et si avant qu'ilz en ont par cidevant deuement et justement joy et usé et qu'ilz en joyssent et usent de présent. Si donnons en mandement par ces dictes présentes au gouverneur de la chancellerie de Bourgongne, bailly de Chaslon et à tous noz autres justiciers et officiers ou à leurs lieutenants et à chascun d'eulx susnommés et luy appartiendra, que de noz présentes grâce, confirmation, ratiffication et approbation, ils facent, souffrent et laissent les dictz supplians et leurs successeurs joyr et user plainement et paisiblement, sans leur faire, mectre ou donner, ne souffrir estre faict, mis ou donné aucun trouble, destourbier ne empeschement au contraire. Lequel si faict, mis ou donné leur avoit esté ou estoit, ilz le leur mectent ou facent mectre incontinant et sans délay à plaine délivrance. En tesmoing de ce nous avons faict mectre nostre scel à ces dictes présentes. Donné à Amboise, le XIIII° jour de avril, l'an de grâce mil cinq cent et dix huit, et de nostre règne le quatryesme.

Par le Roy, à la relation du Conseil. DESLANDES.

Scellé du grand sceau en cire jaune à double queue de parchemin pendante.
Original : Archives de la ville de Seurre, *Priviléges et franchises de la commune*.

CCCLXVII

Lettres du roi Henri III, qui rétablit la justice municipale de Seurre supprimée par l'ordonnance de Moulins.

1575 (mai).

Henry, par la grâce de Dieu, Roy de France et de Polongne, à tous présens et à venir, salut. Noz chers et bien amez les maire, eschevins, manans et habitans de la ville de Seurre en nostre pays et duché de Bourgoigne, nous ont faict remonstrer que les feuz Roys noz prédécesseurs, considerans la dicte ville estre frontière de nostre royaulme et contigue au conté de Bourgoigne, possédé par les roys d'Espaigne, pour entretenir les habitans d'icelle en bon ordre de justice à l'imitation des villes de Dijon, Beaulne, Auxonne et aultres de nostre dict duché et pour aultres bonnes causes et considérations, leur auroient concédé plusieurs beaux privileges, droictz, auctoritez, franchises, libertez et exemptions, et en aultres choses, donné permission, puissance et auctorité d'exercer ou faire exercer tant la justice civile et criminelle de la dicte ville, que police d'icelle, iceux priviléges confirmez par le feu Roy François second, nostre très cher seigneur et frère, que Dieu absolve, par ses lettres en forme de chartres, données à Bloys, au moys de mars mil cinq cens cinquante neuf, cy, avec aultres pièces et confirmations précédentes, attachées soubz nostre contre scel ; en vertu desquelles les diz exposans auroient tousjours jouy des diz privileges et pouvoirs, mesme exercé la dicte justice civile et criminelle et de la police en la dicte ville, sans aucun trouble ou empeschement, sinon depuis l'année mil cinq cens soixante six, qu'ayant le feu Roy Charles dernier décédé, nostre très honoré seigneur et frère, que Dieu absolve, en l'assemblée des Estatz tenuz en la ville de Molins, interdict la congnoissance et jurisdiction des dictes causes civiles, aux maires, eschevins, consulz et capitoux des villes de ce royaulme ; les diz exposans se seroient abstenuz de l'exercice de la dicte justice civile, comme au semblable auroient faict, les maire et eschevins de Dijon, Beaune et Tallant, villes du dict pays de Bourgoigne, qui touteffoys auroient depuis esté par nous exceptez des dictes ordonnances, remis et restituez en leurs droictz et auctoritez et en l'exercice de la dicte justice civile, comme auparavant, et d'autant que les diz habitans de Seurre, ont anciennement achepté la dicte justice civile, qui partant auroit esté depuis le dict temps par eux tenue à tiltre onéreux et qu'il ne seroit raisonnable qu'ilz en fussent spoliez et faictz de pire condition que ceulx dudict Dijon, Beaune et Talent ; considéré mesmes que ladicte ville est de petite estendue, en laquelle y a pluralité d'eschevins qui peuvent facilement entendre à la police avec l'exercice de la dicte justice civile et criminelle au soulagement et moindre foulle du peuple, lesquelz si la seulle police leur restoit à exercer que ne les pourroyt occuper que ung jour ou deux la sepmaine au plus, ilz demeureroient le reste du temps inutilz et sans occupation et exercice. Nous suppliant très humblement, attendu ce que dessus, leur vouloir confirmer leurs anciens privileges, franchises, pouvoirs, exemptions et immunitez ; et en ce faisant les remectre et restituer en l'exercice des dictes justices civiles et criminelles et de la police, pour en jouyr ainsi que cy devant eux et leurs prédécesseurs ont faict jusques à l'intervention dudict Edict de Molins, et sur le tout leur octroyer noz lettres de provision et confirmation requises et nécessaires. Scavoir faisons que nous, ces choses considérées, après avoir faict veoir en nostre conseil les précédentes confirmations, faictes par noz prédécesseurs Roys aux ditz supplians de leurs diz priviléges, en suivant les coppyes des lettres obtenues par ceulx de Dijon, Beaune et Tallent, pour la restitution de leurs dictes justices civiles, le tout cy comme dict est attaché : de l'advis d'iceulx et de noz grâce spécial, plaine puissance et auctorité royal pour les mesmes considérations qui ont meu nosdiz prédécesseurs à leur octroyer et confirmer les diz privileges et aultres causes cy dessus déclarées, leur avons iceulx privileges, droictz, auctoritez, franchises, libertez et exemptions, continuez, confirmez et approuvez, continuons, confirmons et approuvons par ces présentes. Voulons et nous plaist qu'ilz, leurs successeurs jouissent et usent d'iceux entièrement mesmes des dictes justices civiles et criminelles et de la police, tant et si avant et par la forme et manière que eulx et leurs prédécesseurs en ont cy devant bien, deuement et paisiblement joy et usé, jouissoient et usoient par avant et lors dudit edict de Molins et jouissent encores de présent. Si donnons en mandement à noz amez et feaulx les gens tenans nostre cour de Parlement à Dijon et à tous aultres noz justiciers et officiers qu'il appartiendra, que de noz présens grâce, confirmation, approbation et de tout l'effect et contenu cy dessus, ilz facent, souffrent et laissent les diz maire, eschevins, manans et habitans dudict Seurre joyr et user plainement, paisiblement et perpétuellement, mesmes de l'exercice de la dicte justice civile avec la criminelle et de la police ; cessant et faisant cesser tous troubles et empeschemens qui à l'occasion dudict edict de Molins leur pourroyt estre en ce faict, mis ou donné, duquel pour l'effect des présentes, de noz grâce et auctorité que dessus, les avons exceptez et réservez, exceptons et réservons et à iceulx en tant que besoin est ou seroit, sans y préjudicier en aultre chose, ne tirer à conséquence, dérogé et dérogeons par ces dictes présentes, auxquelles, affin que ce soyt chose ferme et stable à tousjours, nous avons faict mectre nostre scel. Donné à Paris, ou moys de may, l'an de grâce mil cinq cens soixante et quinze, et de nostre règne le premier.

Par le Roy, DE LA LUCE.   Visa, contentor, GONTHERY.

Archives du greffe de la Cour impériale de Dijon. Parlement. Enregistrement des édits, lettres-patentes, etc. Registre IX, folio 109.

SAULX-LE-DUC ET POISEUIL

Saulx-le-Duc, aujourd'hui simple commune du canton d'Is-sur-Tille, fut, dès la fin du X° siècle, possédée par une illustre famille à laquelle il donna son nom. Elle tenait ce fief de l'évêque de Langres. La branche directe de cette maison finit en Isabelle, femme de Philippe de Chauvirey, qui, en 1299, vendit cette terre au roi Philippe-le-Bel, qui la rétrocéda en 1303 au duc Hugues V, lequel la constitua en châtellenie. Cédée par engagement, en 1586, au comte de Chabot-Charny, la terre de Saulx passa dans plusieurs maisons sans cesser d'appartenir au domaine. Elle était, avant la Révolution, possédée par la famille de Courtivron.

CCCLXVIII

Charte des franchises accordées aux habitants de Saulx-le-Duc, par Jacques, sire de Saulx, accrues et étendues aux habitants de Poiseul par Guillaume, son fils, confirmées et augmentées par Eudes IV, duc de Bourgogne, Jean, roi de France, et Philippe-le-Hardi, duc de Bourgogne.

1246 (avril), 1285 (octobre), 1315 (10 novembre), 1363 (juin), 1371 (décembre).

Phelippe, fils de Roy de France, duc de Bourgogne, savoir faisons à tous présens et à venir, nous avoir veuës unes lettres de nostre très chier seigneur et pere le Roy Jehan, que Dieux absoille, saines et entières du scel et de escripture, contenant la forme qui s'en suit :

Johannes Dei gratia Francorum Rex, notum facimus universis tam presentibus quam futuris, nos infra scriptas vidisse litteras, tenores qui sequuntur continentes :

Je, Jacques, sire de Saulx (1), faiz savoir à tous ceulz qui ces lettres verront, que je ay estably franchise en mon bourc à Saulx, et ou franc bourc (2).

1. C'est assavoir, que cil qui seront en la franchise du bourc et du franc bourc, paiera chascun [an] quinze sols de la monnoie qui court en ma ville, par ter-

---

(1) Jacques, sire de Saulx, marié à Marie de Mont-Saint-Jean, dont il eut Guillaume, qui fut le dernier mâle de sa branche. Il mourut après 1249.
(2) Partie du village située hors de la forteresse.

mines (1) devisés; c'est à savoir, lendemain des Bordes (2), sept sols, et le lundi après la Saint Remy, huit sols; et cils qui ne paieroit à terme devisé, sa cense doubleroit; et s'il pooit monstrer essoine (3) loial, il paieroit la cense après les sept nuis de ce qu'il seroit fors de l'essoine, et pourtant seroit quittes.

2. Et cil qui chiet en l'amende au seigneur, il paiera l'amende au seigneur, se li sires veult, c'est assavoir du poin, ou de la paume sept solz, se plainte en meut devant seigneur, ou devant son commandement (4), se li sires n'y est.

3. Qui de jour sera pris es fruiz des bleds, des vingnes, des arbres, des prez de faux chemins faire (5), et es deffois des bois (6), il payera troiz sols d'amende: et s'il est priz de nuiz, soixante cinq solz au seigneur paiera, se li sires veult; fors que du chemin, de quoy il ne paiera que trois sols, soit de nuiz soit de jour.

4. Et si li ungs clame (7) l'autre larron ou murtrier, il paie troiz solz d'amende, se il veult jurer sur sains que il ne l'ait dit que par ire (8), et se il ne le jure ou preuve, il paie soixante cinq solz d'amende; et de la femme aussi, qui la à clayme mauvaise femme (9).

5. Cil qui faict sang d'armes esmolue (10), il paie soixante cinq solz au seigneur, et à cellui qui l'aura feru, ses amendes, ainsi comme il y affiert (11), et de pierre, et de baston aussi.

6. Et du sanc du poing ou de la paume, ou d'egrafeneure (12), sept sols au seigneur, et à cellui cui l'en la faict sept sols.

7. De gaige rescorre (13) troiz solz, se le debte est congneuë, d'esconterie (14) prouvée soixante cinq sols.

8. Li hons au seigneur ne puet vendre son héritage à homme d'autre seignorie et li uns le puet faire à l'autre senz parler au seigneur (15).

(1) Termes.
(2) Le jour des Bordes était le premier dimanche de Carême.
(3) Excuse.
(4) Officier qui le représente.
(5) Pratiquer des chemins ou sentiers à travers champs.
(6) Bois mis en ban.
(7) Clame, proclame, accuse.
(8) Colère.
(9) Cf. les § 44 et 142 des coutumes de Châtillon (I, 364, 398).
(10) Cf. les § 45 et 140 des mêmes coutumes (I, 365, 398).
(11) Appartient.
(12) Egratignures.
(13) Reprendre avec violence les gages saisis par un officier de justice.
(14) Escroquerie.
(15) Cf. les § 1 à 4 de la charte de Mirebeau (I, 580.)

9. Quant li hons est mors sans hoirs, sa terre, sa maison et tuit ses autres biens revaingnent au plus prochain qu'il est dedans l'an; si li prochains tient l'eschoitte (1) du bourc. Li eschoite qui est fors du bourc est au seigneur (2).

10. Se cil de la franchise sont prins pour la debte au seigneur, le sire les doibt délivrer dedans les quarante jours par son serment, à bone foy (3), se li sires est ou païs ou en la terre.

11. Li hons qui est de la franchise, s'il s'en va, il doit prenre congié, et en puet mener son meuble, et est conduiz à bone foy; et s'il s'en va de nuiz, il est en la merci au seigneur (4).

12. Se li hons estrangers vient en la franchise, il n'est pas en la franchise, jusque tant que li sires ou ses commandemens l'ait receu.

13. Et toutes ces choses je ay jurées à tenir et à garder, et l'ont juré unze, que chevalier, que damoisel de mez chasez (5), à tenir et à garder, et ont encore juré qu'ils le tesmoigneront jusques à une journée de Saulx, se li faire en me faisoit de ces choses devisées (6).

14. Li hons qui se départ de la franchise, et va en autre seignourie, il ne puet rien réclamer en nul héritage, qui demeure en la terre au seigneur de Saulx (7).

15. Et li sires ne doibt mettre main en homme de la franchise, se n'est pour meurtre ou par larrecin, ou pour jugement (8).

16. Il doivent aller au cri (9) de la terre au seigneur, et cil qui n'iroit, pour que il le sauroit, il paieroit cinq solz d'amende.

17. Se aulcuns de la franchise veult aler fors de la ville pour son afaire, il et sa mesnie (10) pevent aler faire leur afaire, dès la saint Jehan, jusques à la voille de la Saint Remy, et la voille, il et sa mesnie doibvent revenir pour le droit de la franchise.

18. Li sires ne puet avoir ban de vin vendre, ne mais que six sepmaines chacun an.

---

(1) Echûte.
(2) Cf. le § 9 de la charte de Buxy (I, 314), et le § 16 de celle de Verdun (II, 145).
(3) Cf. les § 5 de la charte de Mirebeau (I, 581), 2 de celle de Saulieu (II, 2), et 7 de celle d'Auxonne (II, 29).
(4) Cf. les chartes CCCXXVII, CCCXXXVI et CCCXXXIX.
(5) *Casati*, vassaux.
(6) Cf. les chartes de Dijon, Beaune, Montbard, Chagny, Noyers et Marigny, qui renferment une obligation semblable imposée aux vassaux de la seigneurie.
(7) Cf. les chartes CCCXXVII, CCCXXXVI et CCCXXXIX.
(8) Cf. les § 1 de la charte de Chagny (II, 94), 1 de celle de La Roche Pot (II, 132), 12 de celle de Verdun (II, 145), 1 de celle de Marigny (II, 157).
(9) Voir l'host et la chevauchée dans ces mêmes chartes.
(10) Famille.

19. Et est assavoir que ceste franchise ont jurée par ma requeste, messires Fourques de Migno (1), messsires Gauthiers de Courtivron (2), messires Jehan de Crecé (3), messires Eudes de Crecé, messires Hugues Corneaus, messires Poinz d'Echelo (4), Jehan, ses frères, messires Jehan d'Avellanges (5), Bertholomex, de Villeconte (6), messires Robert de Bere (7) et messires Jehan de Broingnon (8). Et cil qui tenroient les fiez du chasez qui cy dessus sont nommés, il referont le serement, ainsi comme s'il qui devant sont nommé. Et se je forfalloie (9) de ces chouses dessus nommées, li prodonne de la franchise esliroient des chevaliers jusqu'à quatre, lesquels que ils voudroient des chasez qui ont juré, et par ceulz que ils esliroient, je lour dois adrecier (10) le tort fait, se je lour faicz par mon serement; et se ne lor voloi adrecier par ceulz, je pri et requier le doyen de Saux (11), qui que il soit, que il cessoit en la ville de Saux, jusque tant que li sires eust adrecié le tort que il feroit à ceulz de la franchise par les diz chasez qui l'ont juré.

20. Et que toutes ces choses soient fermes et estables, je ay prié et requis, et faict mettre en ces lettres en tesmoignage le seel Monsieur Bertholomy, dean (12) de Saux, et le seel Monsieur Jehan, seigneur de Trichastel (13), et le seel Monsieur Guillaume, seigneur de Pontelier (14). Et quand je serai chevalier et je aurai seel, je baillerai, et promet à bailler à ceulz de la franchise, touttes les convenances dessus dites, escriptes et scellées de mon seel (15). Ce est faict l'an de l'Incarnation Nostre Seigneur mil deux cent et quarante et six, au mois d'avril.

Item, je, Guillaume, sires de Saulx (16), damoisaulx, fois savoir à tous ceulz qui verront ces présentes lettres et orront, que comme li nobles hons saiges et ho-

---

(1) Minot, commune du canton d'Aignay, arrondissement de Châtillon.
(2) Courtivron, canton d'Is-sur-Tille.
(3) Crecey-sur-Tille, même canton.
(4) Echalot, canton d'Aignay.
(5) Avelanges, canton d'Is-sur-Tille.
(6) Villecomte, même canton.
(7) Beire-le-Châtel, canton de Mirebeau.
(8) Brognon, canton de Dijon (est).
(9) J'enfreignais.
(10) Redresser.
(11) Le chapitre de N.-D. de Saulx avait été érigé en 1197, au château, par Guy de Saulx; il se composait de six chanoines et d'un doyen.
(12) Doyen.
(13) Jean, seigneur de Tilchâtel, le même auquel Hugues de Rochecorbon, évêque de Langres, accompagnant saint Louis à la croisade, confia l'administration du temporel de son diocèse.
(14) Guillaume de Champlitte, chevalier, seigneur de Pontailler.
(15) Voir la promesse semblable faite en 1228 par le duc Hugues IV à la commune de Dijon (I, 38).
(16) Guillaume de Saulx, fils de Jacques, épousa Marguerite, fille de Hugues, comte de Vienne et seigneur de Pagny. Avec Jacques, son fils, mort sans postérité, s'éteignit la branche aînée de la famille.

norez messires Jaques, mes peres, qui fut sires de Saulx, dont Dieu ait l'ame, ait eue, establie et donée au temps que il vivoit, franchise au bourc de Saux et au franc bourc, telle come elle est cy après divisée en ces présentes lettres :

1. Ce est à savoir, que cil qui auront en la franchise du bourc devant dit, et du franc bourc, paieront et devra paier uns chascuns de lour, chascun an, quinze solz de la monoye courant à Saux, par les termines cy après divisées : ce assavoir, le lendemain des Bordes, sept solz, et le lundi après la Saint Remi, ouct solz, et ci assavoir que cil ne paieroit aux termines cy dessus divisiez ladite somme d'argent, sa cense doubleroit et lui cousteroit li deniers deux, s'il ne pouroit monstrer essoine léal, et s'il povoit monstrer essoine léal, il paieroit sa dite cense après les sept nuiz de ce qu'il seroit fors de l'essoine, et pourtant seroit quittes et responsables.

2. Et cil qui chiet en l'amende au seigneur, il la doit paier, se li sires l'en veult lever, telle come elle est cy après divisée. Ce est assavoir, qui fiert, ou a feru du poing ou de la paume, sept sols se plainte en vient devant le seigneur ou devant son commandement, si li sires n'y est.

3. Et cil qui de jour sera prins aux fruiz des bleds, des vingnes, des arbres, des prez, et en faux chemins faire, et au deffois des bois, il paiera trois solz d'amende : et se il est prins de nuiz, il en paiera soixante et cinq solz, jaçoit ce que il y soit prins de nuiz ou de jours.

4. Et si li un claime l'autre larron ou murtrier, il paie trois sols d'amende tant seulement, s'il veut jurer sur sains Evangiles, qu'il ne l'a dit que par irour (1); et s'il ne le veult jurer ou prouver, il doit paier soixante et cinq solz d amende, et tout ainssint est il de la femme, quant l'on la claime mauvaise femme.

5. Et cil qui faict sanc d'armes esmolues, il paie et doit paier au seigneur soixante et cinq solz d'amende, et à celuy qui il aura féru, ses amendes, telles comme raison requiert, et comme elles se affièrent ; et tout ainsi est il de cellui qui fiert ou de pierres ou de baston, et telle amende doit au seigneur, et à cellui qui a feru.

6. Et cil qui fait sanc de poing, ou de la paume, ou d'esgrafenure, il doit paier au seigneur sept solz d'amende, et à cellui cui il a faict le sanc, sept solz.

7. Et cil qui rescout son gaige, se le debte est congneu, doibt trois sols d'amende au seigneur, se plainte en est faite devant luy, ou devant son commandement, et d'esconterie prouvée, soixante et cinq solz.

(1) Ire, colère.

8. Li hons au seigneur ne puest pas vendre son héritaige à home d'aultre seignorie, mais li uns le puet vendre à l'autre sans parler au seigneur.

9. Quant li hons est mors sans hoirs de son corps, sa terre, sa maison, et tuit si autre bien remainent au plus prochain qu'il ait dedans l'an. Si li prochains tient l'eschoite du bourc, li eschoite qui est fors du bourc est au seigneur.

10. Se cil de la franchise sont prinz pour la debte au seigneur, li sires les doibt délivrer de dans les quarante jours par son serement en bonne foy, s'il est au pays en la terre.

11. Li hons qui est de la franchise, s'il s'en va, il doibt pranre congié, il en puest mener son meuble tout, et est conduiz en bonne foy, et s'il s'en va de nuiz il est en la merci du seigneur.

12. Se li hons estrange vient en la franchise, il n'est pas en la franchise, jusqu'à tant que li sires ou ses commandemens l'ait receu.

13. Li hons qui se départ de la franchise, et va en autre seignorie, il ne puet rien réclamer en nul héritage qui demeure en la terre au seigneur de Saux.

14. Et li sires ne doit mettre main à home de la franchise, se n'est par murtre, ou par larrecin, ou pour jugement.

15. Il doivent aler au cry de la terre au seigneur de Saux, et cil qui n'iroit, puis qu'il le sauroit, il paieroit cinq solz d'amende.

16. Se aucuns de la franchise veult aler fors de la ville pour son affaire, il et sa mesnie pevent aler faire leur affaire dès la Saint Jehan, jusques à la voille de la Saint Remy, et la voille, il et sa mesnie doivent revenir pour le droit de la franchise.

17. Li sires ne peut avoir ban de vin vendre, mas que (1) six sepmaines chascun an.

18. Et toutes ces choses donna messires Jaques, mes peres dessus diz, et jura ceste franchise à tenir et à garder tousjours, et s'il le jurèrent avec lui pour sa requeste, et por son commandement, unze que chevalier que damoisel de ses chasez, à tenir et à garder ceste dite franchise. Et si jurèrent encores qu'ils tesmoigneroient jusques à une journée de Saux toutes ces choses cy dessus divisées, se li sires en meffaisoit de riens. C'est assavoir cil qui jurèrent ceste dite franchise, messires Fourques, de Minou, messires Gauthiers, de Courtivron, messires Jehans, de Crecey, messires Huedes, de Crecey, messires Eudes de Corniaux, messires Poins d'Eschalons, Jehan, ses frères, messires Jehan d'Avallanges, mes-

(1) Si ce n'est durant.

sires Barthelomis de Villeconte, messires Robert de Bere, et messires Jehans de Broignon ; en tele manière, que cil qui tanrient les fiez des chasez dessus nommez, il refereent le serement de garder ladite franchise, ainsi comme cil le firent qui sont dessus nommez ; sur tel condition, que se mes peres dessus diz forfailloit de ces choses dessus nommées, li prodommes de la franchise esliroient des chevaliers jusqu'à quatre, lesquels que il voudroient, des chasez qui ont juré ; et pour ceulz qu'il esliroient, il leur devoit adrecier le tort fait, qui fait lour seroit par son serement ; et se il ne lour vouloit adrecier par ceulz, il pria et requist que li doyen de Saux, quelx qu'il fust, cesses (1) en la ville de Saux, jusqu'à tant qu'il auroit adrecié le tort fait que il feroit à ceulz de la franchise par les diz chasez qui juré l'ont.

19. Je, Guillaume, sires de Saux devant dit, vuil, octroy et conferme toutes les devant dites franchises données et octroyées de mon devant dit père, et toutes les convenances qui sont dessus dites, et par la vaillance de ces présentes lettres les conferme et amendes encores, et accroy leur franchise, en tel manière ; car je pour le loyal service de mes hons, lequel service j'ay eu de eulz et receu, pour le grant proffit de ma terre, et pour le proffit de mes hoirs présens et à venir, et pour le mien grant profit apparaissant, donne et octroie, et ay octroyé à tous mes homes demeurans à Saux, ou és finages de Saux, et à un chascun, pour luy et à lours hoirs présens et à venir, tant comme siecles durra, et és hoirs Menardot du Poinseul, et à leurs hoirs présens et à venir à tousjours, demourans au Poiseul, ou au finage ou à Saux, ou as finages, toute la mainmorte que je ou mi hoir avons et povons avoir, et debvons à tousjoursmais, en eulz, et en leurs hoirs, et à leurs choses, en quelque lieu que elles soient, ou puissent estre, et en temps d'or en droit (2), et ou temps advenir.

20. Et je veüil et octroy, que se aucun de eulz ou de leurs hoirs muerent des ors en avant sans hoirs de son propre corps, que tous li héritaiges, quelque part qu'il soit, et tous les meubles du mort, et tuit li autre bien, en quelque lieu qu'il soient, demeurent et soient au plus prochain hoir dudit mort, et ainsins d'oir en hoir.

21. Après, je veuil et octroy, que my homes devant diz et leur mesnie, et leur hoir, puissent à tousjoursmais, et toutes celles fois que il vorront, tant comme il seront my home, ou hommes de mi hoirs seigneurs de Saux, aller faire lour be-

(1) Suspendit l'exercice du culte.
(2) Temps présent.

songnes et lour affaire ainsinc comme il voudront mielx, en quelque lieu qu'il voudront, en tel manière qu'il ou d'une chascune mesnie de leur, uns demeure à Saux, ou ès finage de Saux, qui tiengne le maisnaige (1); sauve la franchise devant dite à eulz de mon père donnée.

22. Et en tel manière, que se je, ou my hoir seigneur de Saux, avons guerre ouverte, de laquelle il convenist nous et nostre compaignie chevauchier armez, que d'un chascun hostel où il auroit personne masle qui peut porter armes, celle dite personne d'un chacun hostel de Saux et des finaiges, et des devant diz hoirs Menardot du Poiseul aussi, une chacune nuit, tant comme nostre guerre durroit, et nous chevaucherions armés, seroit tenue de gésir au bourc de Saux, et un chacun jour pourroit aller faire sa besongne là où il voudroit. Et li hostel où il n'auroit hoir masle tel, seroit quites de cest giste (2).

23. Et toutes ces choses dessus dites, et une chascune chose por li, je promet et ay promis par mon serment donné sur sains Evvangiles, pardevant Symons, notaire de la court de Langres, tenir, et garder et accomplir fermement et permanablement à tousjours, et contre ne venir par moy, ne par autre; et si ay prié et requis mamée (3) femme madame Marguerite, dame de Saux, que elle vüeille et troye, et ait fermes et estables ces choses dessus dites toutes et une chascune icelles.

Et je, Marguerite, devant dite, de ma bonne, propre volenté, et sur ce pourveue, veul, loüe et octroye toutes ces chouses devant dites, et une chascune d'icelles, pour moy et pour mes hoirs, et par mon serment donné sur sains Evvangiles, pardevant Symons, notaire de la court de Lengres, à la requeste dudit Guillaume, et senz nulle traction, les promet à avoir fermes et stables à tousjours mais; et renonce à tous privileges et à tous assignement de douhaire.

Et quant à ces dictes choses, et une chascune d'icelles tenir, acomplir et perpetuellement à garder, nous Guillaume et Marguerite devant diz, mettons nous et nos hoirs en la juridiction de la court de Lengres, sans reclamance d'autre court, ne d'autre seignorie et avons prié et requis au devant dit Symons, notaire, que il ces présentes lettres fasse sceller par l'official de Lengres, du seel de la court de Lengres, avec le seel de moy devant dit Guillaume. Et je devant dit

---

(1) Adoucissement de la clause 17 de la charte de Jacques, qui obligeait les bourgeois de Saulx à ne point demeurer un an absents hors de la seigneurie.
(2) Aggravation de l'art. 16 de la même charte, qui astreignait seulement les bourgeois à suivre le seigneur à la guerre, tandis que celui-ci les oblige de plus au service de guet et garde au château durant la guerre. — Imitation de ce qui était arrivé aux bourgeois de Saint-Jean-de-Losne exemptés du service actif par la duchesse Alix, et y étant assujettis ensuite par son fils, le duc Hugues IV.
(3) Contraction du mot *mon aimée*.

Guillaumes, pour moy, et à la requeste de madame Marguerite ma femme, ay mis mon seel en ces présentes lettres, avec le scel de la dite court de Lengres, par tesmoignage de vérité.

Et nos officialis Lingonensis predictus, ad requisitionem predicti Symonis notarii curie Lingonensis, mandati nostri jurati ad predicta omnia a dictis Guillelmo et Margareta loco nostri audienda, nobis specialiter destinati, qui Symon predicta omnia et eorum singula a dictis Guillelmo et Margarita, in ipsius Symonis presentia, prout superius expressa sunt et divisa, facta, recognita et promissa fuisse nobis retulit; cui fidem super his adhibemus plenariam, et cui quantum ad promissa loco nostri audienda commisimus vices nostras, presentibus litteris sigillum curie Lingonensis, una cum sigillo predicti Guillelmi, duximus apponendum in testimonium veritatis. Datum et actum anno Domini millesimo ducentesimo octogesimo quinto, mense octobris.

Item. Nous Eudes, dux de Bourgoingne, faisons savoir à tous, que comme li homme et li habitant de nostre chastel de Saux eussient esté plaintiz à nostre chier seigneur et frère le duc Hugue (1), cui Dieu ait l'âme; disans que ou temps passé, avant ce que Saux fust en la main de nos devanciers dux de Bourgoigne, li diz habitans ne paioient pour claim et pour ny que trois sols, et non plus, et que Huguenin d'Ostun, qui premiers gouverna au dit lieu de Saux pour les dux de Bourgoingne noz devanciers, les efforça premiers à plus grande amende paier, pour claim et pour ny (2), que il ne faisoient devant. Si requéroient en suppliant, que ils fussent remis en lour ancien estat, à ce qu'ils ne fussent contraint à paier plus de trois sols pour claim et pour ny. Nous et nostre conseil avons veu diligemment une enqueste sur ce faitte par nostre bailly de la Montaigne : pour quoy nous disons et prononçons par arrest de nostre court, que ledit habitant seront mis et ramenés en leur ancien estat, que il ne paieront pour claim et pour ny que trois sols d'amende, si comme ils souloient anciennement. Donné à nos jours généraux de Beaune, qui commencèrent lendemain de l'octave feste de Toussains, l'an de grâce mil trois cent et quinze, dessoubs le scel és causes de nostre court.

Nos autem litteras super scriptas omnia que et singula in eisdem contenta rata habentes, et grata, ea volumus, laudamus, approbamus, ratificamus ac de nostra speciali gratia et auctoritate regia, tenore presentium, confirmamus, nostro in aliis et alieno in omnibus jure salvo. Datum et actum in castro nostro de Talento prope

---

(1) Hugues V, mort en 1315.
(2) Déni.

Divionem, anno Domini millesimo trecentesimo sexagesimo tertio, mense junii.

Lesquelles lettres dessus transcriptes estoient ainsi signées : Per Regem ad relationem Consilii,   DOUHEM.

Collatio facta est cum litteris originalibus his presentibus insertis per me,
                                                                                               DOUHEM.

Et comme Jehan Valée, à présent nostre gruier de Bourgoingne, se soit entremis, et ait voulu savoir en son nouvel advenement au gouvernement de nostre gruerie, les libertez et franchises et usaiges que aucuns nos subgetz ont en noz forez de Bourgoingne, et se de celles il usoient deument en la manière que il devoient ; et il ait treuvé les habitans de Saux et de Poiseul abusans en aucune manière contre la teneur des libertez et franchises données à iceulz en noz forez, par noz prédécesseurs seigneurs de Saux et conferméés par notre dit seigneur et père, dont Dieux ait l'âme. Quant aux habitans de Saux et autres, si comme plus à plain est contenu en ces lettres cy dessus transcriptes, et pour ce ait faict mettre, et mis de fait en nostre main les dites franchises, libertez et usaiges, et enjoint aux habitans des dites villes, que il ne usassent d'icelles jusques à tant que nous eussions sur ce ordoné ce qui en devroit estre fait de raison ; et les dits habitants des dites villes de Saux et du Poiseul se soient traiz par devers nous, et nous aient supplié humblement, que l'empeschement que nostre dit gruier avoit mis en lours dites libertez, franchises et usaiges, nous voulsissions oster et faire oster, et lever à plain nostre main. Nous, eu délibération et avis sur ce à plusieurs de nostre conseil, avons voulu et octroyé, et encores voulons et octroyons par la teneur de ces présentes, de grâce espécial et certaine science, que l'empeschement qui mis avoit esté en lours dittes franchises et usaiges soit osté du tout ; et nous dès maintenant les ostons et voulons nostre main estre levée tout à plain, et que doresnavant, eux, leurs hoirs et successeurs demourans es dites villes, en joïssent en la manière que ilz faisoient paravant l'empeschement mis, ainsi comme il est contenu es dites lettres de nostre dit seigneur et père, et ainsi par telle manière voulons joïr et user des dites franchises, libertez et usaiges, Jehan fils Odot Gosseteste et de Marguerite sa femme, fille de Robillart de Tarsu, et ses hoirs et successeurs, nonobstant qu'il ne soit des habitans des dites villes, en la manière que ses prédécesseurs en ont usé, si comme il nous est apparu par lettres instruments.

Et en outre, d'abondant, et en ampliant nostre dite grâce et octroy, volons, consentons, et nous plaist, que tous les habitans des dites villes de Saux et du Poiseul, et lours hoirs et successeurs demeurans es dites villes, et ledit Jehan et ses hoirs et successeurs, puissent et doient joïr et user à tousjoursmais perpétuelement en noz dites forez dessus dites, des franchises, libertez et usaiges cy après contenus; c'est assavoir, premièrement, que se aucuns des diz habitans et ledit Jehan, et lours hoirs et successeurs, sont prins és deffois de nos bois de Saux et du Poiseul, copant bois, excepté pomiers ou poiriers, ou chargeant chars, charrettes, ou à son col, que il en puisse mener ou porter leurs charges en lours hostels tant seulement, pour trois sols d'amende payant, sans autre poursuitte, et non plus.

Item li diz habitans, et le dit Jehan, et lours hoirs et successeurs ayent lour usage en tous les diz bois, de prenre tous bois mors et secs, et mener à chars, charrette, ou porter ou col en leurs hostels, ou là où bon leur semblera, pour user tant seulement, senz amende.

Item que ou cas qu'il y auroit aucuns des dessus diz ou de leurs hoirs et successeurs qui apporteroient à leurs cols dudit bois mort, que il puissent pranre et copper es diz bois la roorte (1) pour loier leur faiz senz amende.

Item, que les dessus diz et leurs hoirs et successeurs puissent chacun an cueillir ou faire cueillir es dits bois, en moissons, des liens pour loier lours blez, avoines et autres grains, sans amende, ainsi comme ils en ont usé de tout temps.

Item, que les dessus diz et leurs hoirs et successeurs puissent prenre et copper es diz bois des espines pour clorre leurs champs es bois plus prochains des diz champs, pour cause des bestes sauvaiges, qui chascun an leur gastent lours blez.

Item, que les dessus diz et leurs hoirs et successeurs puissent pasturer et faire pasturer en nos bois dessus diz, toutes lours bestes grosses et menues, excepté chievres en touz temps senz amende, sauf tant que se elles sont prinses de jour en revenues, non agiez (2), que li troppeaux des dittes bestes grosses ou menuës, ensemble lours pasteurs paieront l'amende due selon la coustume générale de Bourgoingne (3). Et se elles sont prinses sans garde, par nuit, ou par jour, ou par nuit à garde, ceux à qui les bestes seront, paieront l'amende acoustumée.

Item, que les dessus diz et leurs hoirs et successeurs, puissent pasturer et faire pasturer tous leurs pors en nos diz bois en tout temps en paissons, et hors paissons, que il auront de lour nourriege (4) sans aucune redevance ou amende paier à nous, ainsi comme joy et usé en ont de tout temps.

---

(1) Liens pour attacher les fagots et les gerbes.
(2) C'est-à-dire ayant moins de la quatrième feuille. (Cf. la coutume de Bourgogne.)
(3) Titre XIIIe, et Anciens styles, tit. XXIV, ap. Bouhier, I, 166.
(4) Nourrissage.

Item, comme les habitans de la ville de Poiseul aient certains héritaiges, charmes et autres chétives terres assises ou finaige dudit Poiseul, dès ladite ville, tendant à la grand'comme de la Charme de Poiseul, ainsi comme li chemins l'emporte, et de l'autre part tendant à la forez de Saux et au finaige d'Avallange, jusques au sentier qui va du Poiseul es bois du Rez, envers le finaige de Bargeon (1) et d'Avoul (2), esquels héritages l'on ne labeure ne cultive pas de quarante journaulx un, pour ce qu'ils sont tiersables à nous, c'est assavoir de douze gerbes les deux, et pour ce que paine n'y pourroit estre sauvée (3) par ceulz qui les labouroient, elles demeurent en ruyne, et vont les diz habitans plus de la moitié labourer et cultiver d'autres terres és finages des villes d'Avallenge, de Tarsu et de Courtivron, pour ce que elles ne doibvent que disme, c'est assavoir de douze gerbes une. Nous voulons et nous plaist, que doresnavant la dite tierce cesse et que ils ne paient que douze gerbes une. Esquelles lettres de nostre dit seigneur et père, que Dieu absoille, cy dessus transcriptes, et le contenu en ycelles, avec les libertez, franchises et usaiges dessus dits, que à présent leur donnons et octroyons aux dessus diz et à leurs hoirs et successeurs, nous loüons, gréons et approuvons, et de certaine science et grâce espéciale, confermons et les volons demorer en lour force et vertu à tousjours mais perpétuelement. Et promettons en bonne foy, pour nous, nos hoirs et successeurs, aux diz habitans de nostre dite ville de Saux et du Poiseul, et au dit Jehan et à lours hoirs et successeurs, à avoir fermes et agréables toutes les chouses dessus dites, ne contre la teneur d'icelles ne voulons estre faict aucune chouse ou temps advenir; et que ce soit ferme chose et estable à tousjours, nous avons fait mettre nostre scel à ces lettres, sauf en autre chouses nostre droit et l'autrui en toutes.

Ce fu faict à Dijon, l'an de grâce mil trois cent soixante onze, au mois de décembre.

    Par Monseigneur le Duc,   Chapelles.

Collation faites avec les lettres originauls dessus transcriptes par moy,

                       Chapelles.

Original : Archives de la commune de Saulx-le-Duc. — Imprimé dans Pérard, p. 460.

---

(1) Barjon, canton de Grancey.
(2) Avot,   id.
(3) Rémunérée.

VILLE DE VITTEAUX

Cette petite ville, aujourd'hui chef-lieu de canton de l'arrondissement de Semur, dépendait avant la Révolution du bailliage d'Auxois et de l'évêché d'Autun. Elle apparaît pour la première fois en 994, à l'occasion de la donation que Gauthier, évêque d'Autun, fit de son église à l'abbaye de Flavigny. On la trouve à la fin du XII° siècle en la possession des comtes de Nevers, d'où elle passa par partie au duc de Bourgogne Hugues IV, qui, en 1243, reconstitua la seigneurie en acquérant le surplus de Alain Vavrin, sénéchal de Flandres (1). Ce prince ne se montra pas moins généreux envers les habitants de Vitteaux qu'envers les autres sujets de la plupart de ses châtellenies. En 1250, il leur octroya des franchises dont la charte a malheureusement disparu, mais qui, à en juger par des documents postérieurs, devait participer plutôt de celle de Chagny que de celle de Montbard, en ce sens qu'elle leur refusait le droit de justice et d'administration.

Ces franchises donnaient aux hommes de Vitteaux la liberté et le droit de disposer librement de tous les biens qu'ils pouvaient posséder sur la terre du seigneur (2). — Elles limitaient à sept semaines le droit de banvin (3). — Elles remettaient aux prud'hommes du lieu le soin de nommer les messiers et les vigniers, sauf l'institution réservée au seigneur (4). — Elles fixaient le taux des amendes encourues pour les délits et les crimes (5). Et, bien que les documents gardent le silence, elle devait nécessairement conserver les réserves ordinaires touchant le crédit accordé au seigneur, l'host et la chevauchée, et le droit d'indire.

Les habitants s'engagèrent, pour prix de ces libertés, à payer tous les ans au duc une taille de 300 livres dijonnaises en deux termes, Saint-Remi et carême prenant (6). — Le duc se réserve en outre la justice haute, moyenne et basse (7), le four banal (8), le péage, l'étalage, le droit de vente, l'éminage (9), etc.

(1) Archives de la Côte-d'Or. B 1533.
(2) Terrier de 1473.
(3) A commencer du jour du dimanche où l'on chante *Cantate Domino* (4° après Pâques). (Terrier de 1473.)
(4) Terrier de 1473.
(5) Le terrier de 1473 en donne ainsi le tarif ; Pour ajournement et défaut, 13 deniers ; pour défaut et sentence, 7 sols ; pour condamnation sur preuve, 7 sols, et 13 deniers pour le claim de la cause. — Toute condamnation à mort ou au bannissement entraîne la confiscation. — La batture et la mutilation sont punis de l'amende arbitraire. — La batture à sang, la garde enfreinte, la rescousse des gages, la rébellion, le rupt des scellés, les « bonnes passées » (anticipations), et les bêtes en délit, sont passibles de l'amende de 65 sols. — Les bêtes prises en délit par abandon payeront 7 sols d'amende. Celles prises en délit par échappée payent une amende qui, depuis le cheval, 13 deniers, descend jusqu'à l'oie ou le canard, taxés une maille.
(6) Comptes de la châtellenie. Archives de la Côte-d'Or. B 6669 ter. — « A défaut de paye, dit le terrier, le seigneur ou son receveur a droit de faire saisir et arrester es estables les vaiches des habitans jusques au payement, et quiconque, du moment où le receveur auroit fait crier la défence sur les murs du chastel, sans autre signification getteroit ses vaiches hors des estables, il payeroit 65 sols d'amende. »
(7) Terrier de 1473. Cette justice s'administrait par un prévôt, remplacé plus tard par le châtelain, auquel on adjoignit un bailli et un greffier. Ces officiers avaient pour les assister des sergents, des forestiers et un crieur, qui devait toujours commencer ses publications par cette formule : « Oez, oez, l'on fait scavoir à tous, de par Monseigneur de Chalon. »
(8) Les habitants de Vitteaux avaient seulement la licence d'avoir dans leurs maisons des petits fours construits dans l'épaisseur d'un mur de deux pieds et demi, pour y faire cuire des pâtés et des flans. (Terrier de 1473.) En 1347, le four était amodié 89 livres 10 sols.
(9) Le seigneur percevait un droit de vente et d'étalage aux foires, qui se tenaient le 21 septembre, le

En 1299, Robert II, duc de Bourgogne, céda la terre de Vitteaux à J. de Chalon, sire d'Arlay, en échange de celle de Montréal. La seigneurie de Vitteaux demeura dans cette maison jusqu'à Charles de Chalon, comte de Joigny, signataire de la transaction qui suit. Sa fille unique, Charlotte, la porta en dot à François d'Aligre, grand-maître des eaux et forêts de France. Anne, leur fille, ayant épousé Antoine du Prat de Nantouillet, prévôt de Paris, la baronnie de Vitteaux resta jusqu'à la Révolution la propriété de cette famille; l'un de ses membres, Guillaume, se rendit célèbre par ses déprédations durant les guerres de la Ligue.

Vitteaux, dont l'échevinage fut institué en 1474 et la mairie en 1692, députait aux Etats de Bourgogne parmi les villes de la Petite-Roue. Elle y occupait le onzième rang et concourait à la nomination des alcades.

CCCLXIX

Jugement de Charles, duc de Bourgogne, qui homologue la transaction conclue entre Charles de Chalon, comte de Joigny, seigneur de Vitteaux, et les habitants, au sujet de leurs droits réciproques.

1474 (25 août).

Charles, par la grâce de Dieu, duc de Bourgoingne, de Lothier, de Brabant, de Lambourg, de Luxembourg et de Gueldres, conte de Flandres, d'Artois, de Bourgoingne, palatin de Haynnault, de Hollande, de Zellande, de Namur et de Zuytphen, marquis du Saint Empire, seigneur de Frise, de Salins et de Malines, à tous ceulx qui ces présentes lectres verront, salut. Comme aujourd'huy date de cestes, se soient présentez et comparuz pardevant nous, nostre amé et féal cousin messire Charles de Chalon (1), conte de Joigny et seigneur de Viteaulx, en sa personne d'une part; et Guillaume Languet (2) et François Estiennot, comme procureurs et par noms de procureurs souffisament fondéz de lectres de procuracion, lesquelles sont cy après incorporées, des bourgeois, manans, habitans et communaulté dudit Viteaulx, subgectz de nostre dict cousin d'autre; disans que pour appaisier les procès et différans mehus et apparans de mouvoir entre les dicts conte de Joigny notre cousin et ses dicts subgectz, manans, habitans et communaulté dudict Viteaulx, touchant certains mésuz qu'il maintenoit estre

30 octobre et le jeudi gras; au marché du jeudi, et, sous le titre de droit de musage ou franchise, 1 niquet sur tout individu qui venait vendre à Vitteaux un mois avant et un mois après Noël, ce qui l'affranchissait de tout droit de vente durant le reste de l'année.

(1) Charles de Chalon, seigneur de Vitteaux et de l'Isle-sous-Montréal, fils de Jean de Chalon et de Jeanne de La Trémouille, hérita du comté de Joigny par la mort de Louis de La Trémouille, frère de sa mère. Marié à Jeanne de Bainquetun, il n'en eut qu'une fille, qui porta ses seigneuries en dot à la maison d'Aligre. (Anselme, VIII, 424.)

(2) Ancêtre du célèbre Hubert Languet.

fait par les dessus diz bourgeois, manans, habitans et communaulté sur et à l'encontre de la haulteur et seignourie dudict Viteaulx et en dyminucion de ses droits et prérogatives d'icelle sa seignourie dudit Viteaulx. Ils mesmement les dis Guillaume Languet et François Estiennot es noms et comme procureurs que dessus, ont fait, conclut et passé entre eulx certain traictier et accord, escript en une feuille de papier, qu'ilz, en la présence l'ung de l'autre, nous ont baillié et délivré en nostre main, dont de mot à mot la teneur sensuit :

Pour appaisier le différant d'entre hault et puissant seigneur messire Charles de Chalon, comte de Joigny et seigneur de Viteaulx, d'une part; et les bourgeois, manans, habitans et communaulté de la dicte ville de Viteaulx ses subgectz, d'autre, à cause de certains mésuz et entreprinses, maintenuz par mondit seigneur de Viteaulx par les dicts bourgeois, manans, habitans et communaulté ses subgectz, sus et à l'encontre de sa haulteur d'icelle sa seignourie dudict Viteaulx : afin que iceulx dudict Viteaulx puissent parvenir à sa bonne grâce, les ambedeux parties, assavoir mondit seigneur de Viteaulx en sa personne, et les dis bourgeois, manans, habitans et communaulté par leurs procureurs souffisamment fondéz par lectres de procuracion, se sont submises au moyen d'aucuns leurs bons amis et bienveillans de sur ledit différant au dit et ordonnance amiable de hault et puissant seigneur messire Guy de Brimeu, seigneur de Humbercourt (1), conte de Maghen, palatin, etc., lequel de leur bon gré et consentement à leur très instante prière et requeste les a appoinctéz de et sur icelluy différant en la manière qui sensuit :

Et premièrement touchant l'assemblée et son de la cloiche a esté accordé que les diz habitans se pourront assembler et faire sonner la cloiche une fois l'an au jour de Saint Jehan Baptiste et non plus que cette fois chacun an au cymetière de Saint Germain pour leurs affaires et ou quel jour ils esliront six eschevins, les quelz seront présentés audit seigneur ou à ses officiers en son absence, et en la présence dudit seigneur ou de ses officiers, feront serment solemnel de garder les drois, honneurs et seignouries dudit seigneur et riens entreprandre sur icellui, aussi garder et deffendre les drois et privileges de ladicte ville et qu'ilz imposeront les tailles, aydes, fouaiges et autres choses nécessaires loyalement et selon la faculté de chacun et ne feront le contraire pour amour, pour haynne, pour paour, pour don ne prouffit ne autres choses quelxconques ; sans au surplus en

(1) Le même qui fut décapité par les Gantois en 1477, en compagnie du chancelier Hugonet, seigneur de Saillans.

mesler ne entremectre ou povoir mesler ou entremectre de quelque acte de justice ou juridicion.

Laquelle communaulté eslira ce dit jour ung receveur, pour recevoir les dictes tailles, fouaiges et impôts, lequel sera tenu de rendre compte chacun an devant les dis six eschevins et communaulté, et s'il deffailloit de le faire, ledit seigneur à la requeste des diz manans et habitans ly pourroit contraindre, et se à cause dudit compte survenoit aucun débat ou question, ledit seigneur en auroit la congnoissance ou ses officiers pour lui.

Pourra aussi ladicte communaulté ordonner cedit jour ung procureur ayant povoir de substituer et passer procuracion devant notaires pour tous les affaires de ladicte ville et communaulté, et ne pourront les dis subgectz manans et habitans ne les six eschevins, assembler la communaulté ne sonner la cloiche à aultre jour que oudit jour de Saint Jehan Baptiste, sans l'exprès congié et ordonnance dudit seigneur ou des officiers pour lui.

Touchant la maladerie, les diz six eschevins pourront eslire un bon homme ydoyne et souffisant à ce pour régir et gouverner ladicte maladerie, ainsi qu'il appartient, lequel ainsi esleu sera présenté audit seigneur qui sera tenu de l'instituer, et après ladicte institucion faicte, sera tenu de faire le serement en la présence dudit seigneur ou de ses diz officiers et des dis eschevins, de bien et loyalement gouverner ladicte maladerie et malades et rendre compte et paier le reliqua, lequel compte il sera tenu de faire chacun an devant les diz eschevins; et se à cause dudit compte sourdoit débat ou question, la congnoissance en appartiendra à icellui seigneur ou à ses officiers pour lui.

Et ne se pourront les dis eschevins plus avant entremectre es affaires de ladicte seigneurie en quelque manière que ce soit.

Quant à l'arrest des vaiches, ledit seigneur en joyra comme lui et ses prédécesseurs ont tousjours fait (1).

Quant au fait du péaige les dis manans et habitans n'en paieront aucune chose, mais pourront voiturer et charrier pour eulx et aultres toutes voitures que bon leur semblera, sans paier aucung droit de péaige audit seigneur.

Et pour les fraiz et despens que ledit seigneur pourroit avoir euz, à cause des questions précédentes, pour obtenir sa bonne grâce, les dis manans et habitans ses subgectz, lui donront la somme de cinq cens escuz de vint deux solz parisis piece, à paier en cinq années prouchainement venant.

(1) Voir, page 272, la note 6 de la notice.

Et en tant que touche les autres drois, haulteur et seignourie de mondit seigneur, aussi les drois, privileges, franchises et libertez desdicts subgectz, manans et habitans, dont ilz ont dehuement usé, chascun en demeure en son entier.

Et quant à la nouvelle chevalerie que mondit seigneur de Joigny demandoit et prétendoit à lui estre dehue par les dits subgects, icellui seigneur à la prière et requeste de monseigneur de Humbercourt leur a quicté et quicte de grâce espéciale (1).

(Suit la teneur des lettres de procuration des procureurs de la communauté.)

Et nous aient les dessus dictes parties supplié et requis très humblement que pour leur plus grant seurté, il nous plaise icelles parties condempner à l'entretenement et accomplissement du devant dit traictier et accord et sur ce leur oultroyer et faire expédier noz lettres patentes en tel cas pertinent. Savoir faisons, que nous, ces choses considérées, inclinans à ladicte supplicacion des devant dits conte de Joigny, bourgeois, mannans, habitans et communaulté dudit Viteaulx supplians, avons iceulx et chacun d'eulx de leur bon gré et consentement et à leur requeste, assavoir ledit conte de Joigny à sa personne et les diz bourgeois, manans, habitans et communaulté dudict Viteaulx aux personnes de leurs dicts procureurs, condempné et condempnons par ces présentes, à fournir, entretenir et accomplir l'ung à l'autre chacun de sa part et pourtant qu'il luy touche, peult et pourra touchier ores et ou temps advenir, tous les poins, articles et choses contenues es traictié et accort cy devant incorporéz ; en tesmoing de ce, nous avons fait mectre nostre scel à ces présentes.

Donné en nostre siege devant la ville de Nuiz, le xxve jour d'aoust, l'an de grace mil quatre cens soixante quatorze.

Par Monseigneur le Duc,   J. BARREDOT.

Archives de la Côte-d'Or. Série E. Féodalité. Terrier de Vitteaux, 1473-1474.

---

(1) On peut supposer, en absence de la charte de franchise, que les habitants refusaient de souscrire aux demandes du seigneur, par la raison que ce cas d'indire ne se trouvait pas compris parmi ceux que s'était réservés le duc Hugues IV. (Voir plus haut la charte de La Roche Pot, p. 135, § 6.)

COUCHEY

Cette commune du canton de Gevrey figure parmi les plus anciennes de la Côte-d'Or. En 630, le duc Amalgaire dota l'abbaye de Bèze d'un domaine qu'il y possédait. Au XIII° siècle, c'était une seigneurie laïque, en franc-aleu pour les trois quarts, qui appartenait à Alix, vicomtesse de Latrecey, laquelle l'apporta en dot à Hubert Pitois, chevalier, seigneur de Monthelon. Ce seigneur accorda aux habitants la charte insérée ci-après. En 1394, ses descendants partagèrent le fief, qui, jusqu'à la fin du XVIII° siècle qu'il fut reconstitué par les Rémond, forma plusieurs seigneuries successivement possédées par les Saulx-Courtivron, les Bauffremont-Charny, les Bonféal, les Breunot, les Mesgrigny, les Morelet, les Cléron, les Valon de Mimeure, etc. En 1789, la seigneurie était advenue aux Fevret de Saint-Mesmin.

CCCLXX

Vidimus et confirmation, par le duc Hugues IV, des promesses d'affranchissement et de la permission d'élire deux prud'hommes pour la gestion des affaires de l'église et de la commune, accordées par Humbert Le Pitois, à ses hommes de Couchey.

1252 (mars), 1253 (janvier).

Ego Hugo dux Burgundie, notum facio presentibus et futuris, quod ego vidi et laudavi quasdam litteras sigillatas sigillo curie nostre, sanas et integras, michi oblatas per dilectum et fidelem meum Hubertum le Pitois, militem, factas inter eum et suos homines ville de Coicheio sub hoc tenore :

In nomine Domini, amen. Anno Incarnationis ejusdem millesimo ducentesimo quinquagesimo secundo mense martio, nos Hubertus le Pitois, miles, dominus de Monthelone (1), de Coicheio et Patriniaco (2), et Alaidis uxor mea, domina de dicto Coicheio (3), universis presentes litteras inspecturis notum facimus, querelam que vertebatur inter nos ex una parte et homines nostros de dicto Coicheio ex altera (4), in presentia et de consilio venerabilium virorum domini Stephani

---

(1) Montbelon ou Montholon, au bailliage d'Autun, aujourd'hui du canton et de l'arrondissement d'Autun (Saône-et-Loire).
(2) Perrigny-les-Dijon.
(3) Alix, vicomtesse de Latrecey et dame de Couchey, qu'elle avait apporté en dot à son mari.
(4) Ces débats eurent vraisemblablement pour origine le désir des habitants de Couchey, voisins immé_ diats de ceux de Marsannay, affranchis depuis 1238, de jouir des mêmes franchises. Seulement Hubert Le Pitois, moins libéral que Josserand de Brancion, et d'ailleurs conseillé par deux prélats hostiles à ces nou-

abbatis Divionensis (1) et Domini Amedei abbatis Sancti Stephani (2) de Divione, in hunc modum sedatam et sopitam :

1. Siquidem, dicti homines, de sua voluntate et unanimi consensu, libere confessi sunt et recognoverunt dictum Hubertum dominum suum, una cum domina Alaide uxore sua, habere plenam justiciam, alte, medie et basse, merum et mixtum imperium, omne feodum et allodium in villa et in finagio et tota terra de Coicheio et pertinentiis eorumdem, in cunctis hominibus, hommagiis, castellis, domibus, mansis, coloniis (3), maneriis (4), mancipiis utriusque sexus (5) desuper commorantibus, viis, semitis, plateis, agris, terris, pratis, vineis, silvis, nemoribus, pascuis majoris et minoris peculii, stagnis, aquis, et aquarum decursibus, in bosco, et in plano, ponderibus, mensuris, exactionibus, missis (6), censivis, redditibus, coustumiis, tertiis, laudimiis (7), et aliis quibuscumque juribus ad dictam terram et casamentum spectantibus.

2. Insuper confessi sunt predicti homines, se servos esse omnes, de conditione mansata (8) et de manu mortua, et de potestate (9) et fisco (10) dictorum dominorum suorum Huberti et Alaidis, in quibus possunt facere voluntatem suam ; videlicet in tailliis, exactionibus, missis, corveis et rebus aliis, et quod eis prestare debent singuli, singulis annis, in festum Nativitatis Domini, unam galinam et quinque solidos, pro singulis fastigiis domorum (11), et etiam pro focis (12), tam in villa commorantium quam forestariorum (13), et sex denarios pro singulis animalibus arantibus et aliis pro pasturis eorundem, et unam quar-

---

veautés, eut l'adresse de faire reconnaître et constater l'universalité de tous ses droits par ses hommes, en échange de l'ombre d'un droit de commune, sans garantie, sans avantage, et, ce qu'il y a de plus fort, sans même la liberté, qui partout ailleurs était la première condition insérée dans la charte.
(1) Etienne, abbé de Saint-Bénigne de Dijon, qu'il gouverna de 1241 à 1253.
(2) Amédée, 22e abbé de Saint-Etienne de Dijon, élu en 1248, mort en 1276.
(3) Colonats.
(4) Manoirs.
(5) Serfs. Ce mot, employé ici pour désigner des hommes plus ou moins engagés dans les liens de la servitude, de même que cette longue nomenclature des redevances et des biens qui formaient la terre de Couchey, et parmi lesquels on parle de cours d'eau et d'étangs qui n'existèrent jamais, sembleraient indiquer que le rédacteur de la charte emprunta le paragraphe tout entier à un document antérieur d'au moins deux siècles.
(6) *Missa, missio, impensa.*
(7) Lods, droit de mutation.
(8) *Servus de conditione mansata*, désigne l'homme qui, par son habitation sur une terre, en avait accepté toutes les conditions.
(9) *Potestas*, poeté.
(10) C'est-à-dire sujets à toutes les redevances.
(11) *Fastigium domus*, le même que le frestage des maisons d'Auxonne. (Voir p. 28, note 6.) Redevance analogue, du reste, à la perche des maisons de Talant et de Saint-Jean-de-Losne.
(12) Feu.
(13) Pour forains.

tronchiam (1) frumenti et unam avene pro singulis jornaliis terre arabilis, et duas pintas (2) vini puri et mercabilis, ad mensuram divionensem, pro singulis operatis (3) vinee sitis et contentis in universo territorio et pago de Cocheio, in festo Sancti Remigii pro censu annuo recto persolvendas, sub pena commissi (4) et amende.

3. Preter decimas tam vini, bladi, ordei, avene et aliorum fructuum, secundum consuetudinem dicte ville ad feodum dictorum dominorum pertinentes.

4. Bannum trullorum (5), furnorum, vinorum, nemorum, vendemiarum, franc-vinis (6), mercatus, districtus (7), estalagia (8), pedagia, ventas, esse de feodo, domino, et de potestate dictorum dominorum, ad quorum placitum (9) et mandatum (10) tenentur dicti homines se conducere, et in furno de duodecim panibus grossis et parvis et de placentis, et de pitanciis, unam prestare, et in trullis, pro pressura suarum uvarum, de singulis modiis (11) vini, sextorium dimidium (12), in dicta die sancti Remigii reddere debent.

5. Alioquin, qui aliter fecerit, casatus (13) et gagiatus (14), per clamorem et justiciam majoris sui, aut ejus qui vicem aget, dicti domini implacitare et forefactum amendare facient in sexaginta quinque solidos, preter damnum.

6. Que omnia, et si que alia hic non expressa et comprehensa, juraverunt dicti homines, pro se et suis heredibus, et futuris hominibus de Cocheio, fideliter perpetuum observanda, et in nullo contra ire, sed in omnibus ad preceptum dictorum dominorum obedire promittentes. Dicti autem Hubertus et Alaidis uxor ejus, ad preces et petitionem dictorum suorum hominum de Coicheio, pro reverentia et gratia dictorum venerabilium duorum abbatum Sancti Benigni, et Sancti Stephani Divionensis, presentium et requirentium pro predictis hominibus pre-

---

(1) La quarteranche ou le seizième de l'émine de Dijon valait en mesure actuelle 26 litres 716 centilitres.
(2) La pinte valait en mesure actuelle 1 litre 615 centilitres.
(3) L'ouvrée était le huitième du grand journal de Bourgogne, qui valait en mesure actuelle 34 ares 28 centiares 36 fractions décimales.
(4) Commise.
(5) *Trullium*, treuil, pressoir.
(6) Le même que *bannum vini*.
(7) *Districtus*, droit de justice et de police dans la circonscription du fief.
(8) L'étalage, droit perçu sur les marchandises mises en vente.
(9) Le plait, jugement, droit de rendre la justice.
(10) Commandement.
(11) Le muid, tonneau ou poinçon, contenait 2 feuillettes; chaque feuillette 9 setiers, et le setier 8 pintes; en tout 144 pintes.
(12) C'est-à-dire quatre pintes.
(13) Ce mot n'a plus ici l'acception de vassal que nous lui avons donné plus haut; il sert à désigner l'habitant du lieu, par opposition au :
(14) *Gagiatus*, non l'homme saisi ou auquel on a pris un gage, mais le mercenaire, l'ouvrier, le forain.

sentibus, sponte et in bona pace concesserunt et dederunt communiam in perpetuum habendam et talem libertatem, ut eligant duos de eisdem hominibus supra dictam terram perpetuo commorantibus, qui jurent fidelitatem intra manus supradicti majoris dictorum dominorum, pro cura quam habere debent de negotiis ecclesie et communie, qui poterunt mutari per singulos annos in festo sancti Remigii, et alii constitui, et laude et assensu dictorum dominorum; salvis nichilominus omnino, eisdem et posteris suis, juribus quibuscumque suis supradictis, et aliis, licet in hac carta non expressis; et quod etiam dicti homines semper remaneant de potestate et dispositione eorundem dominorum.

7. Sciendum etiam, quod, pro respectu hujus pacificationis, dicti domini suos supradictos homines, quanto cito poterunt, sub beneplacito domini Ducis (1) et rationalibus conditionibus, et bona fide manu mittendos et affranchissandos promiserunt et juraverunt super sancta Evangelia corporaliter, ecclesiam et supradictam communiam manutenendam, secundum posse suum; supponentes se, dicti Hubertus et Alaidis uxor sua, sicut et dicti homines de Cocheio, inde se, suos heredes omnes et successores et causam habentes, et omnia bona, quo ad hoc curie domini ducis Burgundie. In cujus rei testimonium, sigillum dicte curie rogaverunt apponi. Hujus concordie et concessionis testes sunt dominus Stephanus abbas Divionensis, et dominus Amedeus abbas Sancti Stephani de dicta Divione, Walterus de Culleyo (2), miles, Aymo de Pontescisso (3), Ferricus de Ulmis (4), Willelmus de Arcellis (5), domicelli.

Actum in presentia Beneti, notarii publici Divionensis, anno et mense supra dictis.

Quod ut ratum et firmum in perpetuum habeatur, ego Hugo, dux Burgundie, ad preces dictorum Huberti et Alaidis, et suorum hominum de Cocheio, presentes litteras sigillo meo confirmavi et roboravi. Actum est hoc anno Domini millesimo ducentesimo quinquagesimo tertio, mense junario.

Copie délivrée en 1654 par la Chambre des Comptes, « sur l'original conservé au Trésor, en la liasse des amortissements. » — Archives de la Côte-d'Or. Série E. Féodalité. Seigneurie de Couchey. Imprimé dans Pérard, p. 476.

(1) Cette charte, si peu libérale qu'elle fût, étant censée modifier l'état ancien du fief, sa ratification par le suzerain et la permission d'en étendre les effets était indispensable.
(2) Vautier de Curley.
(3) Aymon de Pontailler.
(4) Ferry des Ormes.
(5) Guillaume d'Arcelot.

CCCLXXI

Transaction entre J. de Montigny, seigneur de Couchey, Alix, sa femme, et les habitants du lieu, au sujet de leurs droits respectifs.

1270 (20 juin).

Saichent tuit cilz qui sont et qui advenir sont. qui ces présentes lettres verront et orront, que comme descort fust entre Jehan de Montigne, seigneur de Coichey et dame Aalipz, sa fanme, dame de Coichey (1) d'autre part, et la communaulté des hommes de Coichey pour leur et pour l'eglise de Coichey d'autre, sur mettre messiers, forestiers et vigniers et des amendes des bois et des vignes et de mettre le ban des vignes et d'autres choses en la ville et es terreins de Coichey, et sur plusieurs autres articles cy dessoubz contenuz (2). En la fin paix est venue amiablement entre les parties par bonnes gens et par l'assentement de religieux et honnorable preudomme mons. Amée, abbé de Saint Estienne de Dijon (3), cui li eglise de Coichey est (4).

C'est assavoir que li communs (5) de la ville de Coichey eslira chacun an deux preudommes qui sont appellez corniers (6), qui doivent pourveoir le proffit de la communaulté à bonne foy, et le puet ly communaulté, si lui plait, remuer (7) chascun an. Cilz deux corniers avec la dite communaulté esliront chacun an les forestiers des bois de la communaulté de Coichey et les messiers, et recevrons li maires au seigneur de Coichey et li deux corniers, le serement des messiers et des forestiers que ilz garderont en bonne foy, léaulment, les biens aux preudommes dehors et dedans, et le droit au seigneur, la raison de l'église du lieu et tous les gaiges des amendes de sept solx et de moins, des estranges gens qui seront

---

(1) Jean de Montigny-sur-Aube et Alix, sa femme, veuve de Hubert Le Pitois, avaient reçu quatre ans auparavant, en accroissement de fief, du duc Hugues IV, « la grant justise » sur toute la ville de Couchey, sauf sur ce qui appartenait à Jean de Saulon. Ils avaient déclaré en même temps leur fort maison de Couchey jurable, rendable au duc, devant tous, contre tous et à toujours.
En 1280, le duc Robert inféoda un autre domaine à Couchey à Hugues et Pierre, damoiseaux, fils d'Humbert, seigneur de Curley, chevalier. (Grand cartul. de la Chambre des Comptes, folios 55 et 95.)
(2) Les habitants de Couchey avaient été affranchis de la mainmorte, suivant la promesse formelle contenue dans la charte précédente, et il est très probable que cette charte, qui a disparu, conférait, avec la manumission, certains droits au profit des habitants, dont les deux époux contestaient l'étendue ou la portée.
(3) Le même qui figure dans la charte de 1252.
(4) L'église de Couchey avait été donnée en 891 à l'abbaye de Saint-Etienne, par Betto, évêque de Langres.
(5) Pour la commune.
(6) Vraisemblablement parce qu'ils avaient charge d'assembler la commune à cor et à cri.
(7) Changer.

prins au bois de la communaulté de Coichey, ilz délivreront aux corniers et telles amendes seront d'église de Coichey (1).

Et se l'en y prant gaiges dont les amendes montoient à soixante et cinq solx ou au plus de sept solx, li messiers et li forestiers doivent délivrer telz gaiges au maieur ou au seigneur, en telle manière que li corniers en recevrons sept solx pour l'église (2). Li forestiers ne li messiers, ne li maires ne peuvent gaigier les hommes de Coichey es bois de la communaulté, mais se ilz treuvent homme de la ville en domaige, ilz le doivent faire savoir es corniers, liquelx en auront à leur volenté, et se ilz en lievent amende, elle est à l'église quelle quelle soit, et de ces choses faire loyalement et de bonne foy, li messiers et li forestiers doivent mettre ploige es mains du maïeur au seigneur et des corniers,

Après li corniers et li communaulté de Coichey esliront chacun an deux vigniers à leur volenté, pour garder les vignes des terreins de Coichey, fors que du terreins de Sampaigny ; et li sire de Coichey ou ses maires doivent nommer au cornier et à la communaulté de Coichey, trois hommes desquelx li corniers et li communaulté doivent pranre ung qu'il doit estre vignier, avec les deux que li corniers et li communaulté auront esleuz, et de ce ces trois vigniers doivent li maires au seigneur de Coichey et li corniers, pranre le serement et les ploiges que ilz le feront bien et léaulment, à bonne foy et garderont le droit au seigneur de Coichey et es preudommes, et se ilz prennent amendes, elle est au seigneur de Coichey, quelle quelle soit.

Après li homes des meix de Sampaigny (3) demourant à Coichey, doivent eslire deux vigniers pour garder le finage de Sampaigney, et li corniers doivent recevoir de celx deux vigniers le serement et les ploiges, sens le commendement au seigneur de Coichey (4), et doivent celz vigniers par leurs seremens délivrer aux corniers tous les gaiges de toutes les amendes de trois solz et doivent estre à l'église.

Et est assavoir que, après la venoinge, li maire peut mettre chacun an son sergent pour garder les paisseaus et les biens aux preudommes; et se cil sergent prant

---

(1) En conférant un droit de justice si minime qu'il fût, la charte de Couchey se montrait sous ce seul rapport plus libérale que celle de Marsannay, qui n'admettait les prud'hommes élus par les habitants que pour la répartition de l'impôt. — On remarquera, du reste, qu'à Couchey, comme en bien d'autres localités, les biens de la fabrique et de la commune étaient confondus. Quant à la cure, elle avait sa prébende séparée.
(2) Imitation de la charte d'Argilly (n° CCCXXXII, p. 146), qui donnait aussi une part de l'amende aux échevins.
(3) Ces hommes des Meix de Sampaigny étaient des francs hommes du duc de Bourgogne, dont son fils inféoda les tenures avec d'autres biens à Couchey aux fils d'Humbert de Curley.
(4) Parce que le territoire de Sampaigny n'appartenait pas à sa justice.

riens ou il ait amende, elle est au seigneur, et doit jurer devant la paroiche en la main au maïeur, que il le fera bien et léaulment et qu'il n'en culpera (1) nulz à tort.

Et tantost comme cilz vigniers seront mis, li povoir au seigneur cesse et lui maire peut aler tout le temps partout et se il prant riens où il ait amende, cette amende est au seigneur; et se l'en remue (2) les deux corniers, li deux doivent au maïeur au seigneur, ung couroy (3) de cinq solz, et se l'en n'en remue que ung, il ne doit riens.

Li censes des maisons sises en la communaulté sont à l'église, et li noyers qui sont en la communaulté et seront, sont à l'église.

Et est assavoir que, quant li preudommes verront que sera temps de mettre le ban de venoinge, le maire et ilz le mettront ou cymetière à l'issue de la messe; et se lui maire n'y vouloit ou ne pouvoit estre, pour ce ne lairoient (4) pas li preudommes à mettre ledit ban; et se il y avoit discort entre les preudommes de mettre ledit ban, ce que la plus grant partie des preudommes en accorderoit, seroit tenu.

Li ban au seigneur dure dès la Chamete (5) Grand Oiselor jusques à la Charriere de la Soiche, et le peut tenir deux jours après le ban es preudommes et au tier jour, l'en y peut venoinger sans acuison (6), ne li communaulté n'est pas tenue de porter garantie au seigneur du ban du terrein du Gros Royal.

Et se aucun fait maison ou celier ou escraigne (7), il peut mettre sans acuison sa pierre ou son merrier ou la terre, ou son fiens ou chemin, en telle manière qu'il n'encombroit pas pour ce la voie et le doit oster plus tost que il pourra souffisamment.

Ne ne peut le sire de Coichey donner ne vendre ne aliener des communaultés de la ville, se n'est par les preudommes.

Et quant le ban sera mis chacun an, li maire sanz li corniers, ne li corniers

---

(1) Inculpera.
(2) Change, remplace.
(3) Courroie, ceinture.
(4) Laisseraient.
(5) Pour charmette.
(6) Encourir l'amende.
(7) Hutte, étable, écurie, appentis. On appelait aussi de ce nom les cabanes en paille et torchis que les gens du peuple, à Dijon, construisaient aux approches de l'hiver dans leurs quartiers, et où leurs femmes se réunissaient pour faire les veillées. La Monnoye prétend que ce nom est tiré du mot *screona*, employé pour *cases* au titre IV, § 1er, de la loi salique. Ne tirerait-il pas plutôt son origine du mot *escrain*, qui signifiait *paille*?

sans li maire ne pourront pranre, corner pour venoinger ; et se ilz en prannent, la moitié sera à l'église et l'autre moitié au seigneur, sauf le ban au seigneur ou quel l'église n'a riens.

Et est assavoir que li communaulté peut vendre pour le profit de l'église des bois de la communaulté toutes les fois qu'il lui plaira ; en laquelle vendue le sire a de chascune livre douze deniers, sans que li remenans puisse soffire au soingner (1) le four de la ville de Coichey et pour chief de ce qu'il a en ladite vendue, quant faire sera le vintiesme il ne peut demander partie es dis bois, ne ou treffons, maisques, ainsi comme li aultres de la communaulté (2), sauve sa justice et la soingne au four de la ville.

Et se il y a descort entre les preudommes de Coichey, ilz pourront débonner leurs terres, leurs préz, leurs vignes, leurs mex et leurs maisons sans le seigneur et sans acuison ; les pasquers, les chemins communs et les places communes de la ville, ciz ne pevent débonner, se li sire ou son commandement n'y est (3) ; et ce que li preudommes que seront esleuz à débonner débonneront, li sires ne peut aler encontre, ainz le doit faire tenir.

Et se aucuns de la ville désiroit (4) les pasquiers ou les chemins communs ou les communes places de la ville pour croistre, ou son champ, il est en l'amende au seigneur.

Et est assavoir que le courtil tiennent point de ban (5).

Et se li corniers se plaignent au seigneur pour le commun, ilz ne doivent point de claim (6).

Tuit li hommes de la ville se sont cogneuz pour justiciables au seigneur, fors ce que li hommes des mex frans ne si congnoissent pas.

Et pevent li corniers et la communaulté mettre des bois de la communaulté en ban toutes les fois qu'il leur plaira, en telle manière que li four de la ville ne perde sa soingne (7).

Et est assavoir que ceste lettre ne donne, ne ne tost (8), ne ne greve, ne ne aide es mex frans, ne es hommes cui ilz sont, ne es seigneurs cui ilz sont hom-

---

(1) Alimentation, fourniture.
(2) Le seigneur, étant considéré comme le premier habitant du village, avait droit à la première part de l'affouage communal.
(3) Les pâquiers, les chemins, les rues, les places et les eaux appartenaient au domaine public.
(4) Déchirait, usurpait, anticipait.
(5) C'est-à-dire que toute propriété close n'était point soumise au ban.
(6) Toute plainte non justifiée était selon la coutume passible d'une amende.
(7) Ban, détenu. — Soingne, affouage.
(8) Ote, enlève.

mes, ne es seigneurs de Coichey. Toutes ces choses dessus dites, je, Jehan de Montigny, sire de Coichey, et Aalipz de Coichey, sa femme, et nous li communaulté des hommes de Coichey, congnoissons et affermons estre faites par nostre volenté et les loons, voions, octroyons et approuvons, et promettons à tenir à tousjours mais, sens aler encontre, par nous ne par aultres, par noz seremens, faiz et donnez corporelment sur sains Evvangilles de Dieu, et au tenir et au garder à tousjours mais fermement et entièrement nous en loions (1) noz hoirs, présens et advenir, et pour ce qu'elles soient fermes et estables à tousjours mais, nous avons prié et requis et fait mettre à ces présentes lettres les scelx de honnorables preudomes monss. Pierre, doïen de la chappelle le Duc, et maistre Aubery, doien de la Crestienté de Dijon. Ce fut fait en l'an de grâce mil CC et soixante et dix, ou mois de juing, le venredi devant la feste de Nativité Saint Jehan Baptiste.

Vidimus délivré le 24 juin 1414 par Jacquin du Solier, notaire et coadjuteur du tabellionage d'Autun. — Archives de la Côte-d'Or, E. Féodalité. Seigneurie de Couchey.]

CCCLXXII

Arrêt du Conseil ducal qui, nonobstant leur charte de commune, condamne les habitants de Couchey à l'entière exécution des droits et redevances exigées par leurs seigneurs.

1386 (13 juin).

Phelippe, filz de roy de France, duc de Bourgoingne, conte de Flandres, d'Artois et de Bourgoigne, palatin, sire de Salins, conte de Rethel et seigneur de Malines. A touz ceulx qui ces lettres verront, salut. Comme nostre bien amé et féal Jehan le Pitois, escuier, tant pour luy que pour et ou nom de Simon le Pitois, son frère, escuier, seigneurs de Montholon, de Parrigney et de Coichey, por indivis, aye fait appeler pardevant nostre amé et féal chancellier et les autres gens de nostre grant consoil à Dijon (2), les hommes de la communaulté d'iceulx hom-

(1) Lions.
(2) Les Pitois, ruinés par les guerres, cherchaient à se défaire de leur terre de Couchey, et c'est autant pour le maintien de leurs droits que pour augmenter encore la valeur du fief, qu'ils poursuivirent les habitants avec tant d'âpreté devant le conseil ducal. En toute autre circonstance, la politique des ducs eût commandé des ménagements, mais, par malheur pour leurs hommes, les Pitois avaient trouvé dans le sein du conseil un soutien énergique dans Jean de Saulx, conseiller du roi et du duc, mari d'Aloyse, leur sœur, dont

mes ou dit Coichey, et ou ditz hommes comparantz, tant pour leurs que pour
l'yglise ou dit lieu par leurs corniers, fait demandé, en recongnoissance et accomplissement de certains leurs droitures et redevances seignouriales, si comme
il a dit et qu'est ascavoir, que ouditz les Pitois, frères, competent lez seignourie
et plainissime justice, haulte, moyenne et basse, mère et mixte, impère des ville,
destroit, finaige et territoire universel dudit Coichey, fiefz, rerefiefz, hommaiges
et toute poëssance et aucthorité féodalle et de supérioreté, tous honneurs, debvoirs, servis, fruiz, proufitz, revenus, émolumens, obventions, subventions, aydes, escheoites, espaives, biens vaccans, confiscations, prouvisions, institutions,
destitutions dez juges, maire, procureur, prevost, scribes, fourestiers, seorgens
et tous aultres oufficiers que besoing font pour lez gouvernements, exercice et
mannution d'iceulx (1). Et toutes amendes et exploiz de justice, de claim, de
gaiges, de mésus et aultres quelxconques, et tous autres droictz que de droit et
de costume soulent (2) et doient à seigneurs haultz justiciers appartenir; si puent
tenir leur cour, leurs plaidz, leur jours quante fois bon leur sanne (3), et sont
tenus leurs avant ditz homes se eulx y trouver et prester ayde et confort, quant
mestier est, et en tous leurs besoings (4), si comme les ditz hommes, pour raison
et la loy de l'establissement de leur communaulté et pour celz de leur franchise
et manumission de main morte à yceulx ouctroiez par lez antécesseurs dez ditz
seigneurs, sont demourés gens de poeté et subgectz faire leur commandement en
touttes choses, de manière que ne puent par eulx, leurs corniers ne aultres, faire
assembleez, getz, impostz ne collectes sur eulx, ne passier procuracions, ne trait-
tier d'aultres leurs besoignes et négoces, ne anparre actes publiqz en manière et
façon, et pour quelle cause que soit, ne eslire corniers, prodeshommes, vigniers,
messiers, fourestiers pour soingner et garder leurs biens communs, pour viseter
leurs héritaiges, leurs fruitz, leurs terres, leurs moissons, leurs bois, leurs cou-

---

la dot avait été assignée sur la terre de Couchey, et qui, on le comprend, n'oublia rien pour faire triompher
des intérêts qui étaient devenus les siens. Aussi, l'arrêt qui réduisait les anciennes franchises à leur plus
simple expression fut-il rédigé en termes si précis et prêtant si peu à l'équivoque, que quand, en 1722, c'est-
à-dire trois cent quarante-deux ans après, les habitants eurent la velléité de tenter de nouveau la fortune,
une sentence des requêtes du Palais du 6 septembre 1732, confirmée par arrêt solennel du Parlement, du
1er avril 1733, fit revivre et consacra, même en les aggravant, tous les paragraphes de cette transaction.

(1) Ainsi l'article 1er de la sentence et de l'arrêt maintint le seigneur de Couchey en possession de toute la
terre et seigneurie directe et universelle, de la justice haute, moyenne et basse sur le village, détroit, finage
et territoire, avec tous les honneurs, droits, préséances, devoirs, fruits, proffits, revenus, émoluments qui en
proviennent, avec droit d'instituer ou destituer à volonté tous officiers nécessaires pour rendre et administrer
la justice.

(2) *Solent*, ont coutume.

(3) Sanne, semble.

(4) Ces jours se tenaient à la halle du four banal. Voir la sentence confirmée de 1732, qui maintient de
plus l'obligation aux habitants d'assister à tous les jugements qui y sont rendus.

pis, leurs vignes, lez venoinges en et partout le territoire et les meix et les terrains, ne rendre leurs comptes sans la licence et congié ouditz seigneurs, leurs oufficiers présentz, ou ceulx que par yceulx seigneurs deputiez seront ad ce, ou quelx délivrés seront les doubles des dictz comptes, pour oster lez abbus et recevoir le serement d'iceulx prodeshommes et corniers en tel cas pertinent.

Si que (1) ouz ditz seigneurs soubz (2) appartient mettre tous bans et en espécial cilz en venoinges et en ordoner à leur bon plaisir et commandement ; et l'en puent tenir deux jours francs, durant lez quelx à nul loise venoinger soubz peine de l'amender en LXV solz et confiscation de la venoinge par lou claim et justice ou maire ouz ditz seigneurs (3), et se devent yceulx corniers, prodeshommes, vigniers, messiers et fourestiers, faire lou serment et bailler pleiges ez mains oudit maire de bien et léaulment y besoigner et gardier lou demaine, lou biens, la chose et lou droict ouz ditz seigneurs et pourchassier leur proufit et lou commun proufit et ne enculper nul à tort, mas que s'entre mettre en leurs diz estatz. Et de tous mésus et demaiges sont tenus lez ditz hommes de la communaulté porter la gairentie ouz ditz seigneurs et de touttes choses que à yceulx touche.

Les bans vins sont ouz ditz seigneurs, et durent trois mois de l'an à leurs choix, si lez font corner à son de trompe par leurs sorgens présentz, lour maire et les corniers, pendant lequelz temps à nul n'affiert (4) vendre vin sans la licence ouz ditz seigneurs, ne en aultre soison du cours de l'an, sauf lour droit du sextier de vin quant l'on commence, et la pinte quant l'en a cessié par vingt quatre houres et l'en voult recommancier à vendre deubz ouz seigneurs (5).

Et si ne puent lez ditz hommes ne estroinges gens, bouttre avant (6) bouchon ne ensoigne pour vendre vin ne tenir taverne, ne hostaux (7), sans lou congié et pormi poiant lou droit ouz ditz seigneurs à leur voulenté (8), ausquelz appartient

---

(1) De même que.
(2) Seuls.
(3) Maintenu par l'art. 7 et 8 de la sentence et de l'arrêt de 1733. En 1768, il y eut une transaction sur arrêt qui réduisit ces deux jours à un seul, qui précédait celui fixé pour les habitants, avec cette réserve que le seigneur aurait toujours un jour de beau temps franc avant les habitants, que, s'il faisait mauvais et qu'il ne pût vendanger le jour fixé, il lui serait loisible d'attendre le beau temps, en sorte qu'il aurait toujours un jour franc pour vendanger avant les habitants. Néanmoins, il fut convenu que si le seigneur avait commencé de vendanger le jour qu'il aurait pris, il n'aurait plus la faculté de choisir un autre jour.
(4) Appartient.
(5) Maintenu par l'art. 10 de la sentence et de l'arrêt de 1732 et 1733, mais réduit à six semaines, à choisir dans le trimestre de mai à juin, par la transaction du 3 décembre 1768.
(6) Mettre en avant.
(7) Hôtels.
(8) Maintenu par l'art. 23 de la sentence et arrêt de 1732 et 1733, qui défend d'ouvrir un cabaret pendant la durée du banvin et même en dehors de ce temps, sans permission du seigneur, sous peine de 3 livres 5 sols d'amende.

toutte poulice, droit et pouvoir, de par eulx ou leurs officiers, reiglier et mettre lou taux et prix ou pain, ou vin (1), ouz chars (2), ouz œuvres, besoignes et aultres victuailles, danreez et merceries que se font et débite rière icelle terre. Les crys, déffences, publications, les poidz, lez mesures, lez mairques (3), peaiges, rouaiges, champartz, pasturaiges, vente de danréez, exactions, visetations et langues dez bestes que l'en tue en toutte soison et parmission, de la débite des chars (4), lou droit de vignerie, daixmerie de fouaige et d'entrée de nouvel adveu d'habitans (5) sont dou fief, dou fisque et demaine ouz ditz seigneurs.

Item, se aulcun est treuvé vendant à faux poids ou mesures, le délinquant est amandable envers lez ditz seigneurs en LXV solz et sont lez ditz poidz et mesures acquises et confisquées en vers yceulx.

Item, n'est licite ouz diz hommes faire sonner tabourin, ne jouer d'aultres instrumens pour faire assemblées, ne tenir menestrez (6) or pour dansier, soit pour leurs festes ou pour les advens de Noel (7), ne mener d'aultres jeux et esbatz, sans la licence expresse ouz ditz seigneurs (8).

Les plaices, les rues, lez voyes, chemins, sentiers, pasquiers, lez halles, estaux, bancs, marchiez et aultres lieux communs, les eaux de cours d'eaux sont ouz ditz seigneurs, aux quelx puent faire leur voulenté (9) ; les pressouers et fourgs bannaulx ouz ditz seigneurs.

Sy estre à la charge d'yceulx hommes de la commune de fornir, coupper, charroyer et livrer lou bois en place au devant le dit fourg ; pourveoir et soingner ou chauffer, enfourner et gouverner icellui et à tout ce que fait besoing à cueire lou pain et paste et pictance et faire poier et rendre pour les fournaige et ceuison (10) lou droits oux seigneurs ou qui ad ce est deputé et commis d'yceulx, de douze part do leur pain, paste et pictance de chascun que en y ceuit, ainsi que

---

(1) Maintenu par l'art. 11 de la même sentence.
(2) D'après l'art. 13 de la même sentence, les habitants ne pouvaient tuer aucun animal, pour en débiter la viande, qu'après qu'elle aurait été visitée par les officiers. Toute contravention était punie de 3 livres 5 sols d'amende et de confiscation. Ces formalités étaient sans frais.
(3) L'art. 11 de la sentence de 1732 et de l'arrêt de 1733 confirmait le droit au seigneur de faire marquer à ses armes les poids, mesures et jauges dont on se servait à Couchey, sous peine d'amende et de confiscation Il lui était ordonné d'avoir près le greffe de la justice des étalons de ces mesures égandillés sur celles de Dijon.
(4) L'art. 14 des sentence et arrêt ci-dessus relatés confirma au seigneur le droit de percevoir ces langues.
(5) L'art. 6 des mêmes sentence et arrêt les astreignait à un droit de 6 livres, que le seigneur et l'église se partageaient.
(6) Ménétriers.
(7) C'était au moyen âge la coutume en Bourgogne que, durant les soirées de l'Avent, des ménétriers parcourussent les rues en jouant des instruments. On appelait cela à Dijon *corner le Duraulot*.
(8) L'art. 17 des sentence et arrêt précités punissait ce délit de 3 livres 5 sols d'amende.
(9) Maintenu par l'art. 16 de la même sentence.
(10) Cuisson.

tenus sont et non ailleurs, une part et ou pressoures lou droit accostumé (1).

Les bois, foretz, garenes, les preys ouz diz seigneurs, les chaisses en et partout la dite terre tiennent ban à touttes gens tout le long de l'an (2).

Tous et singuliers les meix, maisons, menoirs, tenemens, cultis, preys, terres, vignes, bois et aultres héritaiges quelxconques, assis en dedans lez ville, finaige et territoire ou dit Coichey, tiennent et movent dou fied et directe seignourie, cesine et imphitéose ouz ditz seigneurs, si leur doibvent por raison de ce lou cens annuel, les costumes, tierces, les loudz au feur de doux solz le franc (3), les vantes, retenues, remuaiges, amendes et commise, quant y escheoit.

Si ne puet aulcun ne tenir chose en icelle terre, sans pormi poier lou droit cens, ouz ditz seigneurs et leur chastel, soit en pécune, vin, bled, avene, cire, ouille, selon leurs especes et dou fondz cui y provient. Si pour ce doivent les tenanciers livrer por le menu leurs déclarations de ce que en tiennent et exhiber leurs tiltres, quand plait ouz ditz seigneurs.

Si ne puent yceulx hommes de Coichey, ne la dite commune, ne leurs ditz corniers, vendre ne aliener, ne engaigier leurs biens communs, ne leurs biens privés, ne à d'autres gens que la dicte seigneurie et de leur condition, senz les loix et aucthorité ouz ditz seigneurs, ouz quelz en appartiennent les loudz, retenues et aultres droitz. Ne auxi exartier, ne coupper, ne vendre de leurs bois, si leur congié et commandement ny est et sauf les droitz et les lodz et la partie ouz ditz seigneurs; et sauf que le remanant puet souffir ou chaufaige de leurs hostelz et de leurs fourgs bannaulx de la dite ville (4).

(1) Les Pitois étaient si jaloux de ce droit, qu'en 1395, Jacquot de Saulx, leur coseigneur, ayant fait établir un four dans sa maison-forte, ils exigèrent de lui une déclaration portant que ce n'était qu'une tolérance; et quand plus tard (1425) ce four vint à être démoli, J. Pitois obtint des lettres faisant défense à son coseigneur P. de Bauffremont, mari d'Anne de Saulx, de le relever, et aux habitants du château d'y cuire leurs pâtes. — Il va sans dire que ce droit fut maintenu par l'article 20 de la sentence et de l'arrêt. Mais en 1768, le seigneur y renonça complètement et permit aux habitants d'en établir dans leurs maisons.

(2) L'article 18 des mêmes sentence et arrêt, mettait en ban perpétuel les bois, forêts et garennes; défendait toute espèce de chasse, comme aussi de pratiquer de nouveaux sentiers dans les bois et dans les prés.

(3) L'article 4 des mêmes, avait maintenu la prestation de la poule de coutume et des deux corvées de bras qui furent supprimées par l'arrêt de 1768.

Il en fut de même pour le cens universel qui frappait toutes les propriétés du territoire, et qui, maintenu par l'article 23 de la sentence de 1733, fut aboli, sauf le droit de lods, par l'arrêt de 1768.

(4) L'arrêt de 1733, confirmé en 1768, avait encore aggravé ces droits en proclamant 1º que le seigneur, en sa qualité de premier habitant, prélèverait, tous les ans, sur chaque ordinaire de l'affouage communal, la coupe de deux journaux de 360 perches chacun. De plus, il demeurait interdit aux habitants d'en faire sans la permission du seigneur, qui du reste ne pouvait la leur refuser sans cause légitime; 2º que soit qu'il s'agît du fond ou de la superficie, le seigneur percevrait à son profit le vingtième du prix; 3º que l'assiette de la coupe serait réglée par les juges du lieu et que le partage se ferait entre les habitants, sans qu'il fût besoin de requérir la permission du seigneur.

Ce même arrêt de 1723 (art. 3) avait maintenu la perception au profit de l'Eglise des amendes prononcées pour les délits commis par les habitants dans les bois communaux, et de 7 sols seulement sur celles prononcées par les officiers de justice sur les étrangers et dont le surplus appartenait au seigneur.

Et quante foiz le vouloir ouz ditz seigneurs est pour lor aisances eschangier en contre les ditz hommes leurs meix, maisons, cultils, terres, preys, vignes, bois et aultres héritaiges communs ou privés d'yceulx hommes, si le puent en leur rendant en contrechainge héritaiges de poreille valeur, lez quelx seront chargiez dez charges, servitudes et droiz, cens ou lieu et plaice de ceulx eschoingiez auz ditz seigneurs, que en sont quittes tant et si longuement que en lor mains tenront.

Et les contrevenantz, en touttes les choses, cy comme dessus, sont en l'amende de LXV solz ouz ditz seigneurs, pour une chascune foiz et chascun cas, sauf plus grande amende et confiscation de la chose, si le cas lou requiert.

Tous lez hommes et lez femmes tenans feu et lieu en et dedans lez ville, territoire et appartenances ou dit Coichey, sont justiciables en toutte justice, taillables hault et bas, et courvéables à voulenté ouz ditz seigneurs, laquelle voulenté croist et descroit (1).

Si leur doivent un chascun une géline ou jour de la Nativité Nostre Seigneur touz les ans (2) et lou plait de nopces quant se marient (3), et lez langues des bestes que l'on tue, que tenus sont appourtier en leur hostel, à poine de l'amende de LXV solz (4).

Et quante fois se plaignent à leur justice, si poient lou claim et l'amende.

Et sont subjectz yceulx ditz hommes et leur commune, chascun an, faire gardier léalment, labourer et seumer lez terres ou demaine ouz ditz seigneurs, ceuillier leurs grains, les mener charroier en leurs maisons seigneuriales, lez mettre en leurs groinges (5), lez battre, vanner et livrer lou grains dans leurs greniers, labourer et cultiver leurs vignes, bien et léaulment de tous lez coustz et besoignez, faiçons, fournitures, administration de vignes et en saison deube chascun an et lez maintenir en estast, tel comme il appartient ou dit et regart de gens et prodeshommes ayans en ce congnoissance, lez venoingier, appourtier, charroier lez fruictz, faire lou vin en leurs cuves, thines et pressours, lou mettre ouz vaisseaux, rangier dans leurs celliers à leur commandement et plaisir; et touttes lez dessus dites choses, sont tenus les dites communes et lez ditz habitans, pourveoir et exécutier à leurs frais, missions et despendz, pormi ce que demourent la moitié

---

(1) L'article 27 de la sentence de 1722 maintint au seigneur le droit d'imposer une taille seigneuriale de 55 livres, payable le jour de la Saint-Barthélemi.
(2) Les habitants furent déchargés des corvées et de la poule de coutume par l'arrêt de 1768.
(3) En 1723, cette prestation se composait d'un plat de trois sortes de mets, un pot et un pot de vin (art. 15 de l'arrêt).
(4) Confirmé par l'article 14 de l'arrêt de 1723.
(5) Granges.

des fruictz des dites terres et vignes ou profit d'icelle commune, des corniers et dez hommes que par yceulx commis convient estre souffisans ad ce faire, et en doibt la commune pourtier la gairentie ouz ditz seigneurs, si devent encoire lez ditz hommes soyer les preys ouz ditz seigneurs, lez feiner en bon temps et aulbergier les foings en leur dite maison ; comme auxy coupper les bois pour lor chauffaige et de leur hostel, et les charroier en leur basse court à leur mandement (1).

Item, ne puent lez ditz hommes faire chemin par les pryes, terres et bois ouz ditz seigneurs, ne passier ou charroier par yceulx, ne ceuillir ou coupper bois, soit mort ne vif, ne y faire pasturer bestiaux quelxconques en aucune soison, à poine de l'amende de LXV solz et poier lou cheteil et demaige (2). Touttes amendes de simples mésus sont de sept solz, et quant y a brandon ou requisition de partie ou deffenses espéciales ou recousse de gaiges, elles redoublent.

Item, de touttes plaintes, clameurs, oppositions, contestations de plaidz par escript et simple deffault, y a amende de sept solz ou prouffit ouz ditz seigneurs.

Item, des baptures faictes à sang, se plaintif est fait, l'amende est de LXV solz, sauf plus grande amende, selon l'énormité du cas.

Item, n'est mestier faire plaintif ne requisition es terres ou domaine ouz ditz seigneurs, si que tous mésusans que sont pris par aulcun que fut de jour, sont en l'amende de sept solz, et si est de nuit ou à garde faite, de LXV solz et lou demaige. Les amendes de corvées, tailles, costumes, poules et cens, les unes doublent la redevance, les aucunes sont de sept solz pour demoure de poier ouz termes.

Et de touttes et singulières ces choses, ainsint comme sont cy dessus deviséez, sans oster ne nuire, ne préjudicier aux aultres debvoirs, droitures et redevances que de droit et de costume sont acquis ouz ditz soigneurs, ainchois que (3) en ceste partie mie ne en sont recordz ne mention.

Et lez ditz corniers pour les hommes de la communaulté ou dit Coichey et por l'yglise d'ylleus, si comme ilz disoient, alléguoient et proposoient, que lorz intentions ne alloit à mouvoir débat ne querelle contre les droitures de leurs ditz seigneurs et se congnoissent ou temps jadis estre estiez de serve condition si que

---

(1) Toutes ces diverses prescriptions furent abrogées par l'arrêt de 1768, à l'exception de la réparation du pont dormant du château, de l'entretien des fossés et des menus emparements, comme aussi de faire guet et garde au château en temps de guerre ou d'éminent péril. De son côté le seigneur s'obligea à maintenir son château en état de défense.
(2) Ces défenses, confirmées par la sentence de 1722, ont été rappelées à la note 24.
(3) Bien que.

comme ainsy que por les lettres d'icelle manumission et franchise, ilz ont estiez absoubz de servitude de main morte, que à eulx estoit chose moult dure et griefve, ouz charges, conditions et suigant les loix comme dessus sont dites, si ne en vouloient ne puent reclaimer ne aller encontre, et se en tenoient de leur bon gré et en tous aultres droitz et raisons que appartiennent ouz ditz seigneurs à cause de leur dite seigneurie, mais que pormi tenissent lor privileiges tant seulement ; c'est à savoir à mettre prodes hommes, messiers, vigniers et fourestiers, à enborner leurs héritaiges privés, à coupper et vendre la tondue dez bois d'icelle commune et dez nouyers et dez amendes ouz ditz bois, et lou droit et raison à l'yglise ; si comme en avoient chairtres et privileges des encestres desdictz seigneurs contenues en unes lettres de convenances accordez par Jehan de Montigny, chevalier, ou nom de madame Aalix, sa femme, dame dou dit Coichey, quant visquoit (1).

Ad ce ledit Jehan Pitois redarguoit (2), si comme à son dit frère et à luy appartient tant à tiltre de lettres que de droit et de costume et bon usaige, toute poessance féodale, justice, superiorité, commandement et seigneurie, toutte cour, jurisdiction et poulice sur tous les hommes et femmes qui demeurent et remanent en et par et ou dedans la dite ville et sur touttes et chascune leurs choses et sur tout le territoire pour en faire à sa volenté et de son dit frère, sans discors ne emprise d'aulcuns, et se ont en lor chastel pour maïrque de ce, ceps (3) et prisons et carquant et pilloury au devant de leur fourg bannal et lour sigue patibulaire ou grand chemin (4), et les cors à tromper (5) et autres marques de plaine et totoille justice pour corrigier et chastier les délinquans et malfaiteurs, dont et tout ce que dessus sont en bonne et paisible possession, saisine et jouissance de si longtemps que n'est mémoire du contraire ; que leurs ditz hommes sont et ont estiez déliez de servitude de mainmorte et affranchis en et par cette manière et ouz charges et subgections comme avant est dit, mas que certains meix remanes de serve condition, ce que aultrement fait estiez n'aroit ; si comme lez ditz hommes l'ont congneu et confessé présentement et ne en sont contredisans, à quoy ne à leurs aultres droitures ne puent nuire ne grever, ne ostiez les prétendus priviléges d'yceulx hommes, ainçois que ne allouez, ne approuvez, ne consentus par

---

(1) La sentence de 1722, art. 9, reconnaissait aux habitants le droit d'élire les procureurs de la communauté, mais les obligeait à prêter serment lors de la tenue des jours entre les mains des officiers du seigneur, sous peine de trois livres 5 sols d'amende. — Toutes publications devaient être faites au nom du seigneur.
(2) Répliqua.
(3) Entraves.
(4) Maintenu par l'art. 3 de la sentence de 1722.
(5) Faire les publications.

Hugues le Pitois, jadis damoisel, filz de ladite dame Aalix et leur ayoul cui lou
fait touchoit, ne oncques depuis, confirmés de par leur desditz seigneurs, moins
par eulx por doubtance d'abus ou mespris de leur authorité et que ne en tourne
ou temps présent ne ou temps que advenir, sont ou grand préjudice, demaige et
détriment d'eulx, de leurs hoirs et successeurs, ains que répugnans à leur plaine
et droite justice et totelle seignourie, requérant et concluant que lez ditz homs et
les corniers fussent ouz ditz noms condampnez et contrains à recognoistre, accomplir et se eulx acquittier envers luy et son dit frère, hoirs et successeurs, dez
debvoirs, charges et subgections en et par tel manière que cy dessus ont estez articulez, et à iceulx tenir et gardier perdurablement à touzjous mais, dez oires et
ou temps que advenir sont avec les despens faiz en ceste cause, sauf en autre
chose la raison à l'yglise, cui sont patrons laiyz, en tant, toutes voies, que ne en
deprise, ne en blesse, ne diminue leur plain droit de justice et seigneurie, en
pointz quelxconques; offrant à prouver ce que des choses dessus dites soffira à
leur intention, et lez ditz hommes par leurs ditz corniers, après ce que pardevant
noz dites gens ont prétendu plusieurs allégations et deffeuses, et après ce que
noz dites gens les ont sur touttes et unes chascune de ces choses interroguez par
serement, se soient soubzmis de touttes les choses dessus dites à la volenté et ordenance dudit Jehan le Pitois leur seigneur yllens présent, et consenti que noz
dites gens sceussent ou dit le Pitois par sa leaulté et conscience la vérité d'icelle
chose et que promptement ycelles sceue en ordonnassent. Savoir faisons que veues
par noz dites gens doux lettres de vidimus dez tiltres desditz le Pitois, unes de la
commune octroié ouz diz hommes de Coichey par Hubert le Pitois, chevalier, et
Aalix, sa femme, jadis sire et dame dudit Coichey, ou mois de mars de l'an mil
doux cens cinquante doux; et l'aultre de l'affranchissement de mainmorte, dont
estoient liez et chargiez lez ditz hommes et leurs biens, ouz quelles lettres lez
choses et lez droitz, ainsin que par ledit le Pitois ont estiez devisez, sont à plain
et ou long contenues et réservées, lez originaulx desquelles offroit de monstrer,
qui n'ont point estiez débatus par lez ditz hommes ; et unes lettres de vidimus de
certains accordz et convenances exhibez par yceulx hommes et corniers de ladite
communaulté, si comme et ainsin que disoient estre lor priviléges à iceulx contrediz ja piéça par la dame Aalix, doiz l'an mil CC LXX ou mois de juin ; et oy
le dit le Pitois qui en sa conscience et léaulté a affirmé que son dit frère et lui et
leurs devanciers, ou temps passiez comme ou présent, ont touz jours jouy paisiblement, sans contredit, réclamation ne entremise d'aucuns que fuet, et sans ré-
servation d'aucuns pointz, des droitures, debvoirs, servis, subgectures et rede-

vances seigneuriales sur touz les ditz hommes et la communaulté d'yceulx hommes et sur touz leurs biens et leurs choses à la ville et la terre doudit Coichey, ansin et en cilz manière que par lui ont estiez exprimez par cy dessus et suigant que à noz dites gens à apparu par la teneur de ses dites lettres, nonobstant les prétendus priviléges d'yceulx hommes, ont condampnez et condampnons par ces présentes les dessus ditz hommes de la communaulté dudit Coichey et lez ditz corniers, ouz noms dessus ditz et leurs successeurs, à effectuer, accomplir, acquittier, parfournir et entretenir touttes unes chascunes, les droitures, redevances et debvoirs seigneuriaulx et choses dessus dites, en ploin droit de justice, oux et selon lez charges, clauses et conditions à icelx affectez envers lez ditz Jehan et Simon le Pitois, frères, escuiers, seigneurs en toutte justice de la dite terre de Coichey, leurs hoirs et successeurs à touzjours mais, suigant et en la forme et manière que ont estiez articulez, justifiez, cogneus et confessiez par les cy dessus, sauf en autre chose la raison en l'yglise ou dit Coichey que est ou patronaige et tution d'yceulx lez Pitois, se tant que ne griefve, ne torne à préjudice, lezion et diminution de leurs droitz ; et sont les déspens faiz en ceste cause, pardevant noz dites gens, compensez et pour cause. En tesmoings de ce, nous avons fait mettre nostre scel à ces lettres. Donné à Dijon, le XIII° jour de juing, l'an de grâce mil CCC IIII^{xx} et six.

Par le Conseil ouquel vous esties, HUE.

Original : Archives de la Cote-d'Or. E. Féodalité. Seigneurie de Couchey.

CCCLXXIII

Lettres par lesquelles Jehan Le Pitois, écuyer, et Jean de Saulx, chevalier, co-seigneurs de Couchey, accordent aux habitants du lieu, le droit d'acquérir des biens pour la dotation de l'église, et de pouvoir, en cas d'absence du seigneur et des officiers, s'assembler pour délibérer de leurs affaires sans être obligé d'attendre leur permission.

1415 (12 juin).

A tous ceulx qui ces présentes lettres verront et ourront, Jehan le Pitois, escuyer, seigneur de Montholon et de Coichey, en partie, et Jean Bernart, maire de la ville dudit Coichey pour les seigneurs d'illuec et en ceste partie, ou nom et comme procureur et ayant charge et mandement especial ainsin qu'à dez ay fait apparoir de messire Jehan de Saulx, chevalier, seigneur de Courtivron et dudit Coichey (1), en l'autre partie, salut. Faisons savoir que le douzieme jour du mois de juin l'an mil quatre cens et quinze, se sont traitz et présentéz par devers nous oudit lieu de Coichey, Villot Briffault et Thevenin Levoiet, corniers de la commune des hommes dudit Coichey, assistés de la grigneure, majeure et plus seure partie des habitans d'icelle ville, lesquelz pour ce, de noz licences, ont esté aissemblez en la manière et ou lieu accoustumez. Lesquelz nous ont fait remonstrer par la voix et organe desdiz corniers, pour et ou nom de tous les diz habitans cy présenz et pour celz qu'absens sont, si comme il soit ont dit et unanimement confessé et recongneu que tiennent de la libérale concession et munificence de noz prédécesseurs, leur franchise, leurs commune et tous leurs aultres biens et choses dont joyssent jusques à oires, si nous requèrent et supplient très humblement que noz bons vouloirs et plaisirs soient leur confiermer et allouer, non seulement icelz grâces et bienfaitz, mais amplier en accroissance et advancement de la chose à l'yglise d'illec, en ouctroiant puissance et faculté ouzditz corniers et à ladite commune d'iceulx habitans d'acquérir, tenir et posséder, pour et ou nom et proffit d'icelle yglise, héritaiges, cences, rentes et aultres biens et revenus rière le finaige et distroict de nostre dite ville et terre de Coichey, frainchement et quittement de toute indemnité, et sans pour ce estre contrains à les mettre hors leurs mains, en nous faisant et renouvelant les diz corniers ousdiz noms et la commune d'iceulx hommes de Coichey, tant pour eulx que leurs successeurs, comme font dès maintenant comme pour lors et des lors comme pour mantenant, lez debvoirs, hommaiges, prestations et recongnoissances à nous dehues et solites ; qu'est ascavoir que tous les biens qu'ilz ont de présent, auront et acquerront ou temps qu'advenir sont de quelque nature et qualité que soient, movent et dépendent de nostre droicte et universelle seigneurie et plaine justice, en tous droitz et uz et loix appartenantz à icelle, ainsin que sont subgectz tous aultres biens assis dans les metes de nostre dite terre ; si nous ont encoyres requis les diz hommes par leurs diz corniers, qu'à nous plaise leur accorder et permettre que, ou cas et pour cause d'absences de nostre dite ville de Coichey de nous et de noz commis ou dit lieu, se eux adrecier aux officiers de nostre dite justice, affin d'obtenir la licence que sont tenus de nous avoir pour se eulx aissembler, quante fois mestier est, ce que aultrement faire ne povent saus noz aucthoritez, pour délibérer en présence de noz diz officiers sur les besoignes et négoces d'i-

(1) Il était aussi chancelier de Bourgogne.

celle commune et sur celz de la dite yglise. Inclinans ouzquelles suppliques et requestes de noz diz hommes et subgetz dudit Coichey, et désirans libéralement leur subvenir en ceste partie et en suigant l'exemple de noz prédécesseurs advancier le bien de la dite yglise, la chose et le commun proffit, je, ledit Jehan le Pitois, en mon nom propre et qualité que dessus et de patron laiyz et especial d'icelle yglise et je, ledit Jean Bernart, pour et ou nom de procureur que dit est dudit messire Jehan de Saulx, avons, de noz plains griez et frainches voulentés, en faveur et en contemplation d'ycelle yglise, donné et concedé oudiz corniers ouz diz noms et à la dite commune des habitans dudit Coichey, congié, licence et faculté de tenir et posséder héritaiges, cences, rentes et aultres biens que par eulx acquis seront, pour et ou nom et proffit d'icelle yglise, riere nostre dite terre, frainchement et quittement de toute indemnité, laquelle, en faveur que dessus, nous leur avons remise, de grâce espécial, par ces présentes, tant pour le temps passé que pour les tempz advenir sont; confiermons et allouons toutes celz que par iceulx hommes ouz diz noms ont esté cy devant acquis, à condition de nous délivrer ou nostre certain commandement, ainsin que faire sont tenus tous tenanciers d'héritaiges en nostre dite terre, les déclarations en forme dehue d'iceulx biens, censes, rentes et de celz que doresenavant acquerront, parmy faisant et à nous rendant les debvoirs, prestations et recongnoissances à nous appartenantz à cause de notre dite droite et universelle seigneurie et plaine justice, d'où movent iceulx biens, comme tous autres assis en la dite terre, si comme les dits corniers et les diz hommes de la dite commune l'ont déclairé et confessé présentement, laquelle présente recongnoissance, en celle manière que dessus est faite, acceptons, voulons et consentons icelle vailloir et servir pour l'advenir, en tant que besoing et que iceulx hommes n'en seroient de nouvel requis par noz successeurs ou ayans de nous cause en ceste partie, sans préjudice toutes voies ne diminution des droitz affectz à nostre dite et universelle et droicte seigneurie et aultres que à nous competent en icelle terre. Si avons en oultre accordé et permis ausdiz corniers et à noz diz hommes de Coichey pour raison et ou cas de absences de nous hors nostre dite ville de Coichey et de noz commis et receveurs sur les lieux, se eulx pourveoir aux officiers de nostre dite justice pour la licence que sont subgectz impétrer de nous pour faire aissembler les hommes de la dite commune quant mestier est, pour délibérer sur leurs négoces et sur celz d'icelle yglise, pardevant et en présence et soubz l'aucthorité de noz diz officiers et non aultrement et suigant la forme et manière ancienne et accoustumée. Les actes desquelles délibérations seront inserez et inscripts tout au long par le scribe juré de la dite justice ou papier et registre d'icelle. Et affin que ce soit chose ferme et estable à tousjours mais, je, ledit Jehan le Pitois, à la réquisition des diz corniers et hommes dudit Coichey, ay fait mettre et apposer mon scel à ces présentes lettres avec les seings manuels dudit Jehan Bernart en la susdite qualité, et de Philippe Tallemet dudit Coichey, clerc, coadjuteur de Philippe Mugnier dit Josquin, tabellion de Dijon pour Monseigneur le Duc. Donné oudit Coichey en la présence de messire Jehan Chevalier, prestre, Estienne d'Essoyes, clerc, gouverneur de la justice dudit Coichey pour les diz seigneurs, demourant à Dijon, Guillaume Lauron, bourgeois dudit Dijon, Huguenin Froichot, de Nuits, Villot Coichier, *alias* Maulpoy, de Marcenay en Montaigne, et Jacot Rebilliart, dudit lieu, tesmoins ad ce appellez en espécial et requis, l'an et jour dessus diz.

J. BERNARD.   S. TALEMETI.

Original : Archives de la Côte-d'Or. Série E. Féodalité. Seigneurie de Couchey.

VILLE DE CHALON

La cité gallo-romaine de Chalon, qui avait conservé sous la suzeraineté de ses évêques une partie de ses antiques immunités, se trouvait, depuis le mouvement d'émancipation communale, bien en arrière des villes de Dijon, de Beaune, de Châtillon et de beaucoup d'autres localités moins importantes. Elle était alors partagée entre trois seigneuries rivales, qui s'y disputaient le pouvoir et la justice, savoir : l'évêque suzerain de la ville et d'une partie du diocèse; le comte de Chalon et le duc de Bourgogne qui y possédaient chacun un quartier. Un accord ménagé en 1221 mit pour un moment une trève à ces débats, mais le duc Hugues IV, ayant en 1225 augmenté son domaine de ce que le Dauphin son frère avait acquis; il s'empressa, par une charte de 1234, d'accorder à ses hommes l'exemption de toutes tailles et exactions, moyennant une prestation annuelle dont la cote individuelle ne dépassait pas 15 sols dijonnais. Il les confirma de plus dans leurs anciennes coutumes. En 1237, ayant échangé avec Jean de Chalon la seigneurie de Salins contre ce comté, son influence devint encore plus prépondérante. De concert avec l'évêque, il conféra à l'universalité des habitants de la cité, le droit de s'administrer eux-mêmes. La charte du mois de décembre 1256 autorisa les habitants à élire chaque année, le jour de la Saint-Jean, quatre prud'hommes ou échevins, deux parmi les hommes de l'évêque, deux parmi ceux du duc. Ces quatre échevins avaient l'administration de la justice sous la présidence du châtelain. En cas de mort d'un des échevins, dans l'exercice de ses fonctions, un conseil de huit prud'hommes choisis comme les eschevins, devait pourvoir à son remplacement.

Le duc défendit l'incarcération pour dettes, en présence de biens suffisants pour le paiement.

Il admit la liberté sous caution pour des crimes qui n'entraînaient point la peine capitale.

Il déclara exempte d'amende la poursuite des créanciers contre leurs débiteurs.

Il ne rendit la plainte obligatoire, qu'en cas seulement de crime capital.

La franchise fut étendue aux bourgs de Saint-Laurent, de Chevennes et de Saint-Jean-de-Maisel, sauf pour tous les priviléges de la foire.

Enfin il confirma les anciennes coutumes, promit d'observer cette charte et obligea ses successeurs à en jurer la conservation.

L'échevinage, dont les membres eurent depuis 1422 la faculté d'être continués pendant trois ans, fut remplacé en 1564, par une mairie ayant juridiction politique, civile et criminelle en première instance.

Chalon était la quatrième ville qui députait aux Etats de la province, et la cinquième qui nommait l'élu du Tiers-Etat.

La charte de 1256, insérée au cartulaire du péage de Chalon, archives de la Côte-d'Or, Chambre des Comptes de Dijon, B 11388, a été imprimée page 34 des *Priviléges octroyez aux maire, eschevins, bourgeois et habitans de la ville et cité de Chalon-sur-Saône*, par Durand, et page 69 de l'*Histoire de Chalon*, par Perry.

PONTAILLER

Cette petite ville, d'origine gallo-romaine, offre cette particularité, qu'ayant son territoire traversé par la Saône, qui jusqu'au traité de Nimègue fut la frontière de France, les deux parties dont elle se composait eurent des souverains différents. Ainsi l'île et la portion du territoire située sur la rive gauche, après avoir été la limite des Séquanes (diocèse de Besançon) et des Lingons (diocèse de Langres), devinrent en 840 terre d'Empire, sous l'autorité des comtes de Bourgogne qui l'inféodèrent; tandis que la rive droite, demeurée française et attribuée au duché de Bourgogne, fut donnée en 1216 par le duc Eudes III, à son beau-père Hugues de Vergy, avec la baronnie de Mirebeau. Ce dernier ou ses fils inféodèrent à leur tour leur part de la seigneurie de Pontailler, de telle sorte qu'en 1257, époque à laquelle Guillaume, petit-fils du célèbre Guillaume de Champlitte, marié à Marguerite de Choix, dame de Pontailler, affranchit les habitants; sa terre relevait du duc, du comte de Bourgogne et du seigneur de Mirebeau. Mais Pontailler qui avec Auxonne, Saint-Jean-de-Losne et Seurre, commandait le passage de la Saône, était un point stratégique trop important pour que les ducs, qui s'immisçaient de plus en plus dans les affaires du Comté, le laissassent longtemps au pouvoir d'un simple seigneur. Dès 1285, Robert II l'acquit par portions des héritiers de Guillaume, fit ratifier ses acquisitions par le comte Othon, et en obtint, en 1302, la mouvance complète du roi Philippe le Bel. Il la réunit alors au comté d'Auxonne, et grâce à ses franchises, Pontailler eut le droit d'envoyer des députés aux Etats particuliers de ce comté. Il perdit ce privilége lors de la réunion de ces Etats à ceux du duché.

CCCLXXIV

Charte de commune octroyée aux habitants de Pontailler par Guillaume de Champlitte, vicomte de Dijon, sire du lieu, et approuvée par Guillaume, son fils, Hugues IV, duc de Bourgogne, l'archevêque de Besançon, l'évêque de Langres, Hugues et Alix, comte et comtesse de Bourgogne, et Guy de Vergy, sire de Mirebeau, sénéchal de Bourgogne.

1257 (avril).

1. En nom du Père et dou Fils et dou Saint Esprit. Amen. Je, Guillaume de Chanlite, vicuens de Digeon et sires de Pontoillier (1), fais savoir à tous ceux qu'il verront cette lettre, que ge, pour lou prou (2), pour l'onour de moy, et de mes hoirs et pour le salut de m'ame (3), et de mes hoirs, ay franchy et franchy à tousjoursmais mon chastel de Pontoillier, la rue Saint Jehan, Voinges (4) et les habitans qui habiteront en celz leux, qui mi homme sont et seront, et lor maisnies (5), et lor més (6), et lor prey, et lor terres, et lor vignes et tous lor héritaiges, qu'ils tiennent et tenront dedans les finaiges de la parroche Saint Jehan, et de parroche Saint Moris de Pontaillier (7), en ce que ils ont dessoubs moy au jour que ces lettres sont faites; en tel menière, que chacun de celz devant diz, ceux qui mainie tenront, paeront et rendront chacun an, à moy ou à mes hors, ou à nostre commandement, censanment (8), dix livres d'Estevenans à la fete Saint Remy ou dedans l'uitaive (9(de la devant ditte feste ; et se aucun en deffailloit, qui ne poist (10) ou ne voulsist (11) payer, ge pourroy etenir ou bailler à autre lor héritaiges, tant que ils aussient payé les dits dix sols.

2. Et pour ces disains (12) sols, ge veuil et otroy por moy, et pour mes hors, que tuit mi hommes qu'il habite ou habiteront en iceux trois leus, soient frans

(1) Guillaume de Champlitte, chevalier, vicomte de Dijon, seigneur de Pontailler, était fils aîné d'Eudes de Champlitte, seigneur de La Marche. Il mourut vers 1285.
(2) Bénéfice, avantage.
(3) Contraction des mots mon âme.
(4) Commune de la paroisse et du canton de Pontailler. Distante de 2 kilomètres.
(5) Ménages, familles.
(6) Meix.
(7) La ville de Pontailler dépendait, avant la Révolution, de deux diocèses. La paroisse Saint-Maurice, qui comprenait le château et l'île, relevait de celui de Besançon, doyenné de Gray, tandis que la paroisse Saint-Jean, sise sur la rive droite de la Saône, appartenait, ainsi que Vonges, au doyenné de Mirebeau, diocèse de Langres.
(8) Par forme d'accensement, de cens.
(9) Octave.
(10) Pût.
(11) Voulût.
(12) Dix.

et quittes de toute taille, de toute tole (1), de toute mise (2), de toute exaction et courvée, de tous agrevemens, et de main morte, et de toutes males (3) costumes; sauf lou droit as yglises de Saint Moris et de Saint Jehan, et l'autruy raison et ma justice.

3. Et vuil et octroy accensissement (4), que cil qui fors venront habiter en celx leux, ayent celle mesme franchise, et soient quittes de dix sols jusques à un an et un jour, pour l'antrée que il feront et payeront, qui sera au communal pour la ville clorre (5).

4. Et vuil et octroy à tousjoursmais, que ils puissent conquarre (6) et acheter l'un des autres, quant il voudront et pourront, par tous cels leux, fors que en mes fiés, en que il ne poent riens conquester, ce n'est par ma voulenté (7).

5. Et pourront quant que il auront et acquesteront dessoubs moy en cels leux tenir franchement, de quelque leu que il voudront, pour les dix sols payant, mais il ne povent, ne doivent réclamer autre senior que moy ou mes hoirs, tant comme il seront à hostage (8) dedans les finaiges de cels dies parroiches.

6. Et il me doivent croire (9) par tel home qui payer les poist dou suen (10), se ge ne poie pain et vin et autres viandes, jusques à trois semaines; et se adonc ge ne paie, il ne me doivent plus rien croire, tant que ge eusse paié (11).

7. Et vuil et octroy, que quatre prodommes soient esleus chacun an, jour de feste de Nativité Saint Jehan, par lor communal, qui jureront que mon droit garderont, et lou droit de la ville, et que nul, ne pour amour, ne pour haine, déporteront ne garderont (12), et que droit jugement feront selon lour san (13), et tuit luy autre octroieront que lou jugement, que cil feront, seuffreront, croieront et mentenront à lor poir (14).

---

(1) Tôte, imposition.
(2) *Missio*, dépense.
(3) *Mala*, mauvaise.
(4) Pour également.
(5) C'est le droit d'habitantage qui figure aux chartes de Saint-Jean-de-Losne (I, 11), Chagny (II, 94), Noyers (II, 182), La Roche Pot (II, 135), Verdun (II, 145), et Argilly (II, 149).
(6) Acquérir.
(7) C'est-à-dire qu'il interdisait aux habitants la faculté de vendre ou acquérir dans celles de ses terres situées hors du territoire de la commune.
(8) Hostage, *estagium*, demeure (Voir les chartes de Chagny et La Roche Pot).
(9) *Credere*, faire crédit.
(10) Sien.
(11) Imité du § 2 de la charte de Dijon (I, 5), de Beaune (I, 208), mais avec une semaine de plus.
(12) Imitation des élections dijonnaises.
(13) Sens.
(14) Povoir; ce paragraphe est reproduit du § 13 de la charte de Dijon (I, 7).

— 304 —

8. Et vuil et octroy que il aient commune entraux (1), et doibvent jurer, tant cil qui seront et habiteront dedans les finaiges de cels dies parroches, qu'ils garderont mon droit, et lou droit de la ville de la commune, et qu'il jurer ne lou voudroit, li autres pranroient justice de son mouble et de son héritaige (2).

9. Et tuit doivent faire droit par mon prevost, au regard et au jugement des dits quatre prodommes (3).

10. Et se descors venoit d'aucun cas que ne fut escrit en cestes chartres, li juré s'en conseilleront là où leur plairoit, sans meffaire vers moy (4). Et se il ne se pooient accorder, il me raporteroient lor descort, et ge lour en rendroit lou droit.

11. De ma cour, de ma justice, et de mes forfaits, est ainsi establi :

De sanc efforciés, se clamors en est faite, et il est provez, sept soulz et lui navray sept sols et ses coust et ses despens, et de journées selon son mestier au dict des quatre jurés (5).

S'il est d'armes amoluës, soixante et cinq sols.

Se pais est faite de bataille, sans murtre et sans larrecin, devant cop, ou après cop, ge en airay trente et dou sols et demy. Se bataille est vaincuë, ge en auray soixante et cinq sols, li vaincuz de murtre ou de larrecin, en ma voulenté (6).

Se aucuns homs, ou aucune femme de celz trois leuz est pris à larrecin et prevez, se autrefois n'a faict autre larrecin, ge en auray soixante et cinq sols, et cil est prové d'autre larrecin, c'est à ma voulenté ; et se li lerre (7) est d'autre part que cels trois leus, il sera à ma voulenté (8).

De murtre, il get à ma voulenté (9).

Des fruis, des curtilz, des vergiers et des bleds, trois sols de jour, et de nuit soixante et cinq sols (10).

De l'effort de taverne (11), sept sols.

---

(1) Entre eux.
(2) Reproduit du § 14 de la charte de Dijon (I, 8).
(3) Imité du § 15 (I, 8), avec la différence qu'à Dijon cette justice était administrée par les jurés seuls, tandis qu'à Pontailler ils assistaient le prévôt. Les jours se tenaient aux halles.
(4) Cette première partie du paragraphe a été empruntée à l'article 20 de la commune de Dijon (I, 9), mais sans désigner, comme dans cette charte, la commune qui devait être consultée.
(5) Reproduit du § 21 de la même charte (I, 9).
(6) Imité du § 22 de la même charte (I, 9).
(7) Larron.
(8) Imité du § 23 de la même charte (I, 10).
(9) Imité de la première partie du § 24 de la même charte (I, 10).
(10) Imité du § 27 de la même charte (I, 10).
(11) Tumulte dans un lieu public.

Qui fiert de poing, trois sols ; de paulme, trois sols (1).

De femme afforcié, à ma voulenté et à mon jugement, se li femme crie tant que prodomme la puisse oïr, qui soit de croire, ou se elle l'on puet préver (2).

Li faits du chemin, soixante et cinq sols (3).

Li faulce mesure, sept sols ; et jurera cellui qui en y est repris, qu'il ne savoit que elle fust faulce, et se il ne lou veul jurer, soixante et cinq sols (4).

De vente et de péaige, qui l'emporte sans lou seu et san la volonté du vantour et du péageour, et il en yert reprins, à soixente et cinq sols (5).

12. Et me doibvent l'ost et la chevauchie, quatorze jors en l'an (6).

13. Et se aucuns de mes hommes de cels leus, où ses choses estoient prises et encombrées (7) pour ma debte cogneue, ge lou doibt par mon sarement délivrer ; et se ge ne lou delivrois, li juré le rembroient (8) du mien selon leur pooir, à celuy qui pris seroit (9).

14. Et lor octroy et quitteroy franchement les communaux, en tel franchises comme les autres choses, sauves mes amandes (10).

15. Et nul ne puet, ne doibt pranre homs dedans celz leus, mais que par le jugement des quatre prodomes, se n'est par crime de corps (11).

16. Et qui met main sus aucun desdits quatre prodommes, il me doibt soixante et cinq sols d'amende (12).

17. Et est assavoir, que mes marchiés yert conduiz (13) lou jour tout le jour, et landemain jusque au midy et que l'on ne puit home gaigier por son seignor, ne por sa debte, sele est cognue (14).

18. Touttes cels convenances dessus nommées, ge ay juré et promis, par moy

---

(1) Imité du § 5 de la charte de Talant (I, 498).
(2) Reproduit du § 28 de la charte de Dijon (I, 10).
(3) Reproduit du § 29, id.
(4) Reproduit du § 30, id.
(5) Reproduit du § 31, id. (I, 11).
(6) La charte de Pontailler est ici plus libérale que celle de Dijon en ce qu'elle limite à un jour de moins l'obligation du service militaire (cf. § 33 de cette charte, I, 11). D'après le terrier de 1530, les habitants de Pontailler étaient en temps d'éminent péril, spécialement chargés de la garde des deux portes. Tout défaillant était passible de 3 sols tournois d'amende au profit du capitaine.
(7) Mis dans l'embarras.
(8) Indemniseraient.
(9) Imité du § 43 de la charte de Dijon (I, 13).
(10) Ce paragraphe est intéressant eu ce sens qu'il établit une propriété reconnue commune à tous les habitants et antérieure aux franchises.
(11) Crime de corps, entraînant la peine capitale. Ce paragraphe a été emprunté à la charte de Chagny, reproduit au § 1 de celle de La Roche Pot (I, 133).
(12) Imité du § 146 des coutumes de Châtillon (I, 399) et du § 10 de la charte d'Auxonne (II, 31).
(13) C'est-à-dire libre et franc.
(14) Reproduit du § 13 de la charte d'Auxonne (II, 31).

et pour hoirs, par mon sairement à maintenir à tousjoursmais, et cil qui seront seignors de Pontaillier, après moy, de hoir en hoir, lou doivent jurer avant que li homes de ce leus lor fassent féauté, et avant que il li rendent lou donjon de Pontailler.

19. Et est assavoir que il doivent double cens, toutes les fois que ge, ou li sires seront chevaliers nouveaux (1).

20. Et ge prie et requert mon très chier seignor, noble baron Hugues, dux de Bourgogne (2), que il tesmoignoit par ses lettres ceste commune, et cels franchises, et vuil à bonne foy queles soient maintenues.

21. Après ce, ge prie et requiert humblement redoutable et honorable père, monseigneur l'arcevesque de Besançon, et monseigneur l'avesque de Lengres, qui que ils soient en temps, que se ge, ou my hors, aliens contre les establissemens dessus divisé, ou contre aucun d'uls, que il, à la requeste d'un des quatre jurés de Pontoillier, mettent en moy, ou en mes hors, qua encontre yront, sentence d'excommuniement, et en ma terre que en lor diocese sentence d'entredit, fors que en Pontoillier : et celle sentence d'excommuniement et d'entredit gardoient entièrement et agravoieroient, selon ce que ordre de droit jugeroit, jusques à tant que li establissement, et les franchises dessus devisées soient ramenées en bon estat, et fassent satisfaction entière.

22. Après ce, ge prie et requiert noble baron monseigneur Hugon, par la grâce de Dieu, comte de Borgoigne, palazin (3), et noble dame Aaliz (4), par la grâce de Dieu, comtesse de Borgoigne, palazine, et monseignor Henry de Vergey (5), seignor de Mirebeal, seneschal de Borgoigne, dou fiez asquels Hugon Comte, et Henry, li chastiaux qui est en la paroche Saint Moriz est, que il ceste commune et cels franchises tesmoignent et maintiennent à bonne foy qu'elles soient maintenues.

23. Et prie et requert lou Duc, l'Archevesque, l'Avesque, lou Comte, la Comtesse et monseignor Henry, qui nommés sont dessus, que en ceste présente char-

---

(1) Le droit d'indire est ici réservé pour le seul cas de nouvelle chevalerie.
(2) Hugues IV, duc de Bourgogne.
(3) Hugues de Chalon, fils de Jean de Chalon l'antique, devint comte de Bourgogne par son mariage avec Alix de Bourgogne. Il mourut en 1266 et fut enterré en l'abbaye de Cherlieu.
(4) Alix de Bourgogne, sœur d'Othon IV, comte de Bourgogne, lui succéda en 1248. Après la mort d'Hugues, son premier mari, elle se remaria avec Philippe, comte de Savoie, qui lui survécut. Elle mourut au mois de février 1279.
(5) Henri de Vergy, fils de Guillaume de Vergy, sénéchal de Bourgogne, seigneur de Mirebeau, d'Autrey, de Fouvent et de Champlitte, et de Clémence de Fouvent, succéda en 1240 à tous les fiefs et toutes les charges de son père. Il épousa Elisabeth de Ray et mourut en 1258.

tre mettent lor seals en tesmoing et en garnissement de totes cels choses dessus dites.

Et ge premièrement j'ay mis mon seaul, et ge, Guillaume (1), chevalier, fils au vicuens dessus dit, touttes les franchises et les convenances dessus devisées, ay juré et promis, et promet par mon serement à tenir et maintenir, et garder entièrement, par moy et pour mes hors, et en tesmoing de ce, ge ay mis mon seal en ces présentes lettres.

Et nos, Hugues, duc de Borgoigne, par la prière au vicuens dessus nommé, tesmoignons ceste commune et cels franchise et voulons, à bonne foy, qu'elles soient gardées et maintenues ; et ou tesmoignage de ce, nous avons mis nostre seal.

Et nous Guillaume (2), par la grâce de Deu, arcevesque de Besançon, par la prière, et par la requeste au vicuens dessus dit, promettons en bonne foy, por nos et por cels qui après nos seront arcevesques de Besançon, toutes les franchises et les establissemans dessus dits entretenir, en tele manière, que si li vicuens, ou si li hor aloient en contre en aucune chose, nos, ou quiconque sera après nos arcevesques de Besançon, mettrons en els, à la requeste d'un des quatre jurés de Pontaillier, après avenant monition, sentence d'excommuniement, et en la terre, qui sera en nostre diocèse, sentence d'entredit, fors que en Pontoillier ; et celle sentence d'excommuniement et d'entredit garderons entièrement, et agraverons, selon ce que ordre de droit esgardera, jusques à tant que li establissement, et les convenances dessus nommées soient ramenées en bon estat, et face satisfaction entière ; et au tesmoignage de ce, nous avons mis nostre seal en ces lettres.

Et nos, Guy (3), par la grâce de Deu, avesque de Langres, par la prière au vicuens devant dit, promettons à bonne foy, pour nous et pour cels qui après nous seront avesques de Langres, touttes les franchises et les establissemens dessus diz à maintenir; en tel manière, que se li vicuens ou si hoir en alloient encontre en aucune chose, nos, ou quiconques seroit après nous évesques de Langres, mettrons en els, à la requeste d'un desdis quatre jurés de Pontaillier, après avenant monition, sentence d'excommuniement, et en lor terre qui seroit en nostre diocèse, sentence d'entredit, fors que en Pontoillier. Et cels sentence d'excommuniement et d'antredit, garderons et agraverons selon ce que droit esgardera,

---

(1) Guillaume de Champlitte, chevalier, seigneur de Pontailler, fils de Guillaume, qui octroya la charte, et de Marguerite de Rans. Il épousa Alix de Mailli.
(2) Guillaume de la Cour administra le diocèse de Besançon du 20 mars 1245 au 20 avril 1268.
(3) Guy de Rochefort, évêque de Langres de l'an 1252 au 18 juin 1266.

jusques à tant que li establissemènt et les franchises dessus dittes soient ramenées en bon estat, et face satisfaction entière; et ou tesmoing de ces choses, nous avons mis nostre seal à ces lettres.

Et nous, Hugues, par la grâce de Deu, cuens de Borgoigne, palazin, dou fiez avec monseignor Henry de Vergey dessus dit, li chastiau qui est en la parroiche Saint Mauris est : et nos, Aaliz, par la grâce de Deu, comtesse de Borgoigne, palazine, fame dou devant dit conte, par la prière au viscuens avant dit, ceste commune, et cels franchises voulons et octroyons, et les tesmoignons par l'auctorité de nos seaulx, que nous avons mis en ces présentes lettres.

Et ge, Henry de Vergey, sire de Mirebeaul et seneschaulx de Borgoigne devant dit, li chastiau qui est en la parroiche Saint Morris est, par la prière au vicuens avant dit, ceste commune, et cels franchises leur octroy; en tesmoing de ce, ge a mis mon séal en ces présentes lettres.

Ce est faict en l'an de l'Incarnation Nostre Seigneur, mil deux cent et cinquante et sept, ou mois d'avril.

Archives de la Côte-d'Or. Chambre des Comptes de Dijon. B 1279. Châtellenie de Pontailler. *Vidimus* reçu Joly, notaire à Pontailler, le 1er octobre 1548. — Imprimé dans Pérard, page 486.

CCCLXXV

Confirmation des priviléges des habitants de Pontailler, par le roi François Ier.

1517-18 (février).

François, par la grâce de Dieu, roy de France, scavoir faisons à tous présens et advenir, nous avons receu l'umble supplication de nos très chers et bien amez les manans et habitans de nostre ville de Pontailler en nostre pays et duché de Bourgoigne, contenant que dès longtemps, par nous prédécesseurs roys et ducz de Bourgoigne, leur ont esté donnez, ouctroyez et concedez plusieurs beaulx, privilleges, libertez, franchises, droiz et exemptions, lesquelz auroient despuys confirmez et d'iceulx les ditz supplians auroient joys et usés par cy devant plainement et paisiblement et sont encoire de présent; néantmoings ilz doubtent que à l'advenir, on leur voulsist en la jouyssance d'iceulx donner aulcungs destourbier ou empeschement, sy ne leur estoient par nous confirmez, requérant sur ce leur pourveoir. Pour ce est il que nous, ce considéré, inclinant libérallement à la supplication et requeste des dits supplians, à iceulx pour ces causes et aultres considéracions à ce nous mouvans, avons confirmé, ratiffié et approuvé, confir- mons, ratiffions et approuvons, de nostre grâce espéciale, plaine puissance et auctorité royale, par ces présentes lettres tous et chascuns les dits previlleiges, libertez, franchises, droitz et exemptions quelzconques, pour par eulx et leurs successeurs en joyr et user plainement et paisiblement tout ainsin et par la forme et manière qu'ilz ont par cy devant deuement et justement joy et usé, joyssent et usent de présent. Sy donnons en mandement par les mesmes présentes, à noz amez et féaulx gens de noz Comptes à Dijon et à tous nous aultres justiciers et officyers ou leurs lieutenans et à chascun d'eulx présens et advenir et comme à luy appartiendra, que de noz présentes grâce, confirmacion, ratiffication, appro- bation et de tout l'effect contenu en ces dites présentes, ilz facent, souffrent et laissent les dits supplyans et leurs successeurs, joyr et user plainement et paisi- blement par la manière et tout ainsin que dessus est dit, sans leur faire mectre ou donner, ne souffrir estre fait, mis ou donné ores ne pour le temps advenir aul- cung destourbier ou empeschement en aulcune manière; lesquels sy faicts, mis ou donnés leur estoit, ilz mectent ou facent mectre incontinant et sans delay au pre- mier estat et dehu ; car ainsin nous plaict il estre faict. Et affin que ce soit chose ferme et estable à tousjours mais, nous avons fait mectre nostre scel à ces dites présentes, saufz en aultres choses nostre droit et l'authruy en toutes. Donné à Amboise, au mois de febvrier, l'an de grâce mil cinq cens et dix sept, et de nos- tre règne le quatriesme.

Ainsin signé sur le repli des dictes lettres : Par le Roy, à la rélacion du conseil et de son secrétaire,   J. MARCHANT.

Visa. Contentor : DESLANDES.

Archives de la Côte-d'Or. Chambre des Comptes de Dijon, B 1279. Châtellenie de Pon- tailler. Copie collationnée le 1er octobre 1548, par E. Joly.

CCCLXXVI

Confirmation des priviléges de la ville de Pontailler, par le roi Charles IX.

1562 (juillet).

Charles, par la grâce de Dieu, roy de France, à tous présens et advenir, salut. Receu avons l'humble supplication de noz chers et bien amez les manans et habitans de nostre ville de Pontailler, en nostre pays de Bourgogne, contenant que dez longtemps par noz prédécesseurs roys et ducz de Bourgogne, leur ont esté donnez et octroyez plusieurs beaulx, previlléges, libertez, franchises, pasturaiges, droitz et exemptions, ausdiz habitans appertenans, comme appert par les pièces cy attachées soubz nostre contre seel, desquelz ilz ont tousjours jouy; toutteffois, doubtant que à l'advenir on les voulsist, en la jouyssance d'iceulx donner quelque destorbier ou empeschement, s'il ne leur estoient par nous confirmez, nous requérans sur ce leur pourveoir. Pour ce est il que nous, ce considéré, inclinans libéralement à la supplication et requeste desdiz supplians, à iceulx, pour ces causes et autres à ce nous mouvans, avons continué et confirmé, continuons et confirmons par ces présentes, tous et chascuns lesdiz previlléges de pasturaiges, libertez, franchises, droitz et exemptions quelconques en la chastellenie dudit Pontaillier, pour, par eulx et leurs successeurs, en joyr et user tant et si avant et par la forme et manière qu'ilz en ont cy devant bien deuement et justement joy et usé, jouyssent et usent encores de présent. Si donnons en mandement, par ces mesmes présentes, à noz amez et féaulx les gens de noz Comptes à Dijon, et à tous noz autres justiciers et officiers qu'il appartiendra, que de noz présens grâce, continuation et confirmation, ilz facent et souffrent les diz supplians joyr et user plainement et paisiblement, sans en ce leur faire, mectre ou donner, ne souffrir leur estre faict, mis ou donné, ores ne pour le temps advenir, aucun trouble, destourbier ou empeschement au contraire, lequel si faict, mis ou donné leur avoit esté ou estoit, l'ostent et mectent ou facent oster et mectre incontinant et sans délay à plaine entière délivrance, et au premier estat et deu. Car tel est nostre plaisir. Et affin que ce soit chose ferme et estable à tousjours, nous avons faict mectre nostre scel à ces dictes présentes, sauf en autres choses nostre droict et l'autruy en toutes. Donné au bois de Vincennes, ou mois de juillet, l'an de grâce mil cinq cens soixante deux, et de nostre règne le deuxiesme.

Signées : DUMENIL;

Et sur le reply des dites lettres : par le Roy, DANES;

Encores sur ledit reply est escript : Visa. Contentor : COIGNET.

Archives de la Côte-d'Or. Chambre des Comptes de Dijon. Enregistrement des édits et lettres patentes. Registre B 21, p. 345.

MOLÊME

Cette commune, du canton de Laignes, arrondissement de Châtillon, dépendait avant la Révolution du comté et de l'élection de Tonnerre, province de Champagne. Ce n'était dans le principe qu'un petit fief de la paroisse de Poilly, située non loin de là, quand, en 1075, saint Robert vint y fonder un monastère de l'ordre de saint Benoit, autour duquel les habitants de Poilly, abandonnant leur village, vinrent bâtir un nouvel établissement fortifié, ayant foires, marchés, et dont l'importance devint bientôt telle qu'il lui valut de devenir le chef-lieu d'un des doyennés de l'archidiaconé de Tonnerre, au diocèse de Langres. Vers le milieu du XIIIe siècle, les habitants qui jouissaient déjà de quelques libertés (1), ne voulurent pas rester en arrière de ceux de Châtillon, de Tonnerre, de Bar-sur-Seine, avec lesquels ils avaient des rapports constants; ils sollicitèrent des religieux des franchises plus étendues et plus certaines. Après maints débats, grâce à l'intervention de Guy de Rochefort, évêque de Langres, ils en obtinrent la charte qui suit :

CCCLXXVII

Charte d'affranchissement accordée aux habitants de Molême par l'abbé, et ratifiée par Guy, évêque de Langres.

1260 (septembre).

Nos, Guis, par la grâce de Dei, avesque de Laingres (2), faisons savoir à toz ces qui verront ces présentes lestres, que l'abbés et li covant de Moloimes, an nostre présence establi, on recogneu devant nos que il ont fait tel acordemant vers lor

(1) Entre autres, de celle de formariage, dans toutes les possessions du comté de Champagne, accordée en 1109 à l'abbaye pour ses hommes, par Thibaut, comte de Troyes.
(2) Guy de Rochefort, 68e évêque de Langres, élu en 1252, mort le 18 juin 1266.

homes et vers lor fames de Moloimes si com il est cotenu an ces présantes lestres et si com il est ci ansigant (1).

Nos, Guillaumes, abbés de Moloimes (2) et toz li covanz de ce meimes leu, faisons savoir à toz ces qui verront ces présantes lestres, que nos, por lou conseil de bones genz, avons fait vers noz homes et vers noz fames de Moloimes tel acordemant.

1. C'est à savoir que nos leur avons quicté la main morte an tel merière que se hons ou fammes de Moloimes muert sanz hoir de son propre cors, l'eschoite venra au plus pruichien hoir, qui sera hons ou fammes de l'église Moloimes quelque part que il soit.

2. Et se il avenoit que aucuns hons ou famme venist en la ville de Moloimes par mariaige qui venist de autre seignorie que de l'église de Moloimes, et il moroit sanz hoir de son propre cors, li muebles et li héritaiges qu'il i auroit pour sa partie eschoiroit au plus pruichien hoir qu'il auroit an tote la terre de l'eglise de Moloimes, qui seroit hons ou fame de l'église de Moloimes, an quelque leu qu'il fust, soit clerz soit lais. Ne nos ne nule qui fust fors de la terre de l'église de Moloimes ne porroit riens réclamer ne avoir as eschoites à ces qui morrunt. Tot soit ce qu'il taigne au mort ausi près ou plus près, et se il avenoit chose que li mort ou la morte n'aust hoir an tote la terre de l'église de Moloimes, li plus pruichiens an portera l'eschoite an quelque leu que il soit ; et se li mort ou la morte tenoit héritaige fors de la seignorie de l'église de Moloimes au jor qu'il morroit, il escherroit à son plus pruichien hoir quelque part qu'il fust, mais il ne porroit rien réclamer ne avoir ou mueble tant comme l'an porroit trover hoir an tote la terre de l'église de Moloimes, je soit ce qui li traigsit (3) de plus loin (4).

3. Li home et les fames paierunt tel abouemant chacun an au landemain dou concile de Moloimes (5), c'est à savoir que cil qui aura vaillant x livres ou plus

---

(1) Ensuivant.
(2) Guillaume, 22ᵉ abbé de Molème, fut d'abord chambrier du monastère. Il gouverna l'abbaye depuis 1253 jusqu'au 22 avril 1270, date de sa mort.
(3) Une copie de la charte, faite au XVᵉ siècle, traduit ce mot par *attaignist*.
(4) Cette libre disposition de leurs biens laissée aux habitants de Molème, ils la perdaient s'ils quittaient les terres de l'abbaye pour aller demeurer ailleurs. Ainsi, six ans après l'octroi de cette charte, Garnier Durant le Roussiau ayant abandonné Molème pour la franchise de Sens, les religieux, usant « de la géneraul coustume de Borgoigne, » mirent sous leur main les trois maisons qu'il y possédait, et le contraignirent à reconnaître devant le bailli de Sens, qui avait été saisi de l'affaire, la justice de leur droit.
(5) Par concile on entendait le chapitre général qui se tenait chaque année, le lundi de la Passion, à Molème, et auquel étaient tenus d'assister les prieurs et les bénéficiers de l'abbaye. Une foire avait lieu le même jour. Suivant transaction du 10 décembre 1662, cette prestation, fixée à 12 sols par feu, fut payée en deux termes, le lundi de la Passion et le 1ᵉʳ octobre. Les veuves n'en payèrent plus que la moitié.

paiera vi solz; cil qui aura vaillant c sols, paiera iv sols, li plus poure paiera ii sols; et nos ne lor porrons plus riens demander pour raison d'abonemant.

4. Cil qui achetera héritaige an la justise de Moloimes, soit fors de la ville soit anz (1), il paiera dou sost (2) i denier. Cil qui eschangera héritaige à héritaige ne paiera riens et se il i a sotes il paiera dou sost i denier et se nos volons nos aurons lou serement des eschangeors qu'il ne font pas l'eschange pour nous nos boisier (3) de noz vantes.

5. Il paierunt pour raison de ruis (4) xxx livres de tornois an toz les cas qu'il doivent ou il ont acotumé à paier ruis. C'est à savoir, se l'abbés vait à Rome (5), se les officines (6) en nostre maison ardoient, ou se li covant estoit aggraverez de famine (7) ou se l'abbés achate terre (8), et c'est à savoir que l'abbés ne porra demander ruis aus homes ne aus fames de Moloimes pour raison d'achat, se il n'achate la vaillance de iie livres en héritaige; mais quant l'abbés mettra iie livres an héritaiges pour raison d'achat ou ansamble ou par parties an un an, il paierunt l'abbé xxx livres por raison de ruis.

6. Li home et les fames de Moloimes paierunt chacun an xx livres de tornois au sergent lou roi qui sera à Moloimes (9). et se il avenoit chose que aucuns des homes ou des fames de Moloimes ou lor chate (10) fusient pris ou retenu an quel-

---

(1) Dedans.
(2) Soulte.
(3) Frustrer.
(4) Synonyme du droit d'indire exprimé dans les chartes d'origine laïque.
(5) Une prestation semblable était exigée des habitants de Flavigny. (Voir plus haut, p. 169.)
(6) Edifices de l'abbaye autres que l'église et les bâtiments claustraux.
(7) Lisez : dettes.
(8) Ce cas du droit d'indire figure dans les chartes de Châtillon (I, 332), de Chagny (II, 94), de La Roche Pot (II, 135), de Verdun (II, 145), de Marsannay (II, 186), de Montaigu (II, 190), et de Seurre (II, 209).
(9) Vers 1254, le pape Alexandre IV ayant, à la prière des religieux de Molême, intercédé auprès du roi saint Louis pour qu'il les prit sous sa protection et les défendît contre les entreprises des seigneurs du voisinage, le roi y mit à demeure un sergent spécial « par manière de gardien, » avec mission « de garder et conserver les religieux en leurs droiz, libertez et franchises, de les garder de tort et de force, de les faire payer de leurs debtes, et faire tous exploits de justice que tels gardiens ont accoustumé de faire. »
Pour la perception des 20 livres, qui avait lieu chaque année le jour de la Saint-André, le sergent du roi faisait ajourner les habitants devant le chambrier de l'abbaye, gardien de la justice du lieu. Ceux-ci, rassemblés, élisaient de quatre à six prud'hommes, qui prêtaient serment devant le juge de répartir la somme « le plus également et raisonnablement qu'ils pourroient; » le rôle arrêté, ils en adjugeaient, le dimanche suivant, la collecte aux meilleures conditions possibles, et en remettaient le montant au gardien.
Cette prestation ayant été vraisemblablement interrompue durant la première période de la guerre des Anglais, Durand Carole, nommé gardien, voulut la faire revivre en 1406; mais les habitants et surtout les clercs mariés, arguant de leurs franchises et libertés, s'y refusèrent absolument et engagèrent avec l'abbaye un procès qui, porté par appel au Parlement de Paris, dura jusqu'au 5 juin 1459, et finit par une transaction homologuée par la Cour le 17 janvier suivant. L'abbaye renonça à ses prétentions, mais elle les fit payer de l'abandon par la commune du pré de la Patouillère, sis près de la rivière, et d'une somme de 60 livres, payable en trois annuités.
(10) Bétail.

que leu que ce fust, l'abbés ou ses commandemens est tenu au requerre et se il ne les poeit avoir, il doit maintenant anvoier lou sergent lou roi pour lou requerre et fere à avoir (1), et se il sunt pris por nos, nos les devons porchacier an nostre et garder de domaige (2).

7. Li homes et les fames de Moloimes paieront de lor vins et de lor menuz dimes lou douzoime pour raison de dimes (3).

8. Si aucun vant blef, il paiera lou minaige (4) totes foiz qu'il sera livrez.

9. L'abbé metra son ban quant il vodra, por vandre ses propres vins por III termines (5) an l'an, chacuns termines durra III semeignes. Li obédiencier (6) fors lou chamberier (7) ne porront vandre lor vin à broiche (8) por lou ban, ne l'abbé ne porra vandre son ban et nus ne porra vandre ne acheter vin, tant comme cil termine durrunt, à broiche; si aucuns de fors achate vin an gros, tant de muis com il achetera, autant de setiers il achetera dou vin bannal l'abbé; si aucuns vant vin à broiche, tant com li bans l'abbé durra, et il puet estre prové por lou sergent juré et por une autre bone personne, il le doit amander et cil qui achetera perdra lou pot et le vin.

10. Quant il i a abbé novel, li home de Moloimes doivent jurer la forest (9) à la requeste l'abbé; et se aucuns a mitier (10) de morrun (11) de la forest, l'an lan doit doner por lou chamberier et pour IIII prodomes jurez (12), et se li chamberier en a mestier il en pranra pour IIII prodomes. Li chamberiers ne puet doner de la forest sanz les IIII prodomes, ne li IIII prodomes n'an puent doner sanz lou chamberier, et il ne puent doner plus de VI jarrons (13) à une foiz.

---

(1) Imité des clauses semblables contenues dans les chartes de Chagny (II, 94), Marigny (II, 158), Marsannay (II, 184), Montaigu (II, 189), Seurre (II, 207).
(2) Imité des chartes de Dijon (I, 13, 59), Beaune (I, 212), Mirebeau (I, 581), Saulieu (II, 2), Auxonne (II, 29), Montbard (II, 101), Noyers (II, 131), Verdun (II, 145).
(3) Dans la déclaration des droits seigneuriaux de 1662, cette dîme est réduite à raison de vingt l'un.
(4) Minage, éminage, droit qu'on percevait sur l'acheteur et le vendeur, en mesurant la quantité de grains vendue. La transaction de 1662 en exempte les habitants qui vendaient leurs grains.
(5) Termes. La transaction de 1662 porte que ces trois termes devaient coïncider avec la tenue des foires, du concile, de la Notre-Dame et de Saint-Mammés.
(6) C'était, outre le chambrier, le cellérier, le pitancier, l'aumônier, le sacristain, l'infirmier, le chantre, le forestier et le portier, tous offices claustraux qui plus tard, lors de la commende, furent prébendés.
(7) Titulaire de l'office claustral de l'abbaye, ayant pour mission l'intendance et le gouvernement des biens du monastère.
(8) Broche, robinet, vente au broc et en détail appelée en Bourgogne *vente au pot renversé*.
(9) C'est-à-dire d'observer les défenses faites au sujet des usages exercés dans les bois.
(10) Besoin.
(11) Merrain, bois de service.
(12) Les prud'hommes jurés, appelés plus tard procureurs syndics de la communauté, étaient chargés de la répartition des impôts, de la gestion des biens communaux. Leur élection avait lieu en janvier.
(13) Pieds de chêne.

11. Les amendes seront tex : plaine amande xii deniers. Cox (1) sans cuir percier (2) v solz; sans de cuir percié (3) xx sols; mesatandue (4), et resquousse (5), et despiz de seignor (6) vii sols; et se nostre home de Moloimes qui sunt abonés forment bataille champel (7) pardevant nos, s'il font paiz, chascuns doit v sols d'amande. Li vaincu est en nostre volanté (8), et se aucuns trait son cotel sus autre, il paiera xx sols d'amande, se il an fiert, il paiera xx livres ou le poin (9), senet sus son cors deffendant (10). Se aucuns appelle un autre larron ou murtrier ou traitre et la fame putain ou larronausse, il paiera xii deniers et l'escondit (11). Se une bergerie (12) est prise au forfait elle doit v sols et le domaige randre ; la grosse beste (13) v deniers ; bandons et garde faicte (14) v sols et le domaige randre. Se aucuns est prist au domaige de jorz, il paiera v sols et le domaige randant ; se il est prist de nuit, lx sols. La prise de la forest jurée (15) xii deniers et dou haie (16) lx sols.

12. Li sergent jurez ne puet arester nul qui vaigne dou bois ou chemin original s'il ne li voit départir dou bois (17).

13. L'an ne metra pas home an crot (18) senet por feit un il doive perdre cors ou mambre, se il puet ostaigier (19).

14. Se aucuns vant son estelaige, nos laurons por lou fuer se hoirs ne si met (20).

15. Nos devons maintenir la hale.

(1) Coup.
(2) Entamer la peau.
(3) Sang provenant de blessure.
(4) Rixe, dispute.
(5) Rescousse. Action de reprendre par violence un gage saisi par autorité de justice.
(6) Injure faite au seigneur, démenti donné en sa présence. La charte de Digoine offre une clause semblable (II, 188).
(7) En latin *bellum campestre*, duel judiciaire.
(8) Imité de la charte de Dijon (1, 9).
(9) Ou il aura le poing coupé.
(10) Si ce n'est à son corps défendant.
(11) Opposition.
(12) Troupeau de moutons.
(13) Bétail rouge, chevaux, mulets, ânes.
(14) C'est-à-dire les troupeaux ou bêtes prises en délit, soit qu'ils aient été abandonnés, soit qu'ils aient été gardés.
(15) Délits commis dans la forêt mise en ban ou défense.
(16) Hallier, garenne.
(17) La charte de Digoine renferme une disposition semblable, à l'égard du gibier et du poisson (II, 188).
(18) Prison.
(19) Ostaiger, fournir caution. Ce paragraphe a été vraisemblablement emprunté aux chartes de Chagny et des communes qui en dérivent, à celles de Noyers et de Seurre (II, 94, 131, 133, 145, 157, 184, 189, 207).
(20) La copie de la charte faite au XVe siècle traduit ainsi ce passage : « Si aucun vend son estalage, nous l'aurons pour le prix, si les hoirs ne s'y mettent. » Etalage n'a point ici le sens de marchandises mises en vente, mais d'héritage. C'est un synonyme d'*estagium*.

16. Se aucuns divers cas avient qui ne soit ci esclairciz, le chamberiers (1) le juigera par lou consoil des prodomes de la ville aus hus et aus cotumes dou païs.

17. Se aucuns descharge ses gerbes au meissons sanz terragier (2), il paiera de jorz v sols, de nuiz et à portes closes de jorz LX sols.

18. Nos ne pouns noz homes ne noz fames de Moloimes traire por plait pardevant nos, fors dou ban de Moloimes (3).

19. Ne nos ne pouns traire noz homes fors de Moloimes, se net por nostre besoin ou por lou besoin de la ville, et ne girront (4) que une nuit fors se nos les antrenins (5).

20. Quant li chamberiers metra les sergenz (6), il lor fera feire lou serement pardevant les prodomes.

21. Et ces choses qui sont ci sus escrites paierunt nostre home et noz fames de Moloimes, sauf noz forz (7) ou l'an cuira XX pains por un, et sans nos molins (8), noz corvées et noz autres rantes que il nos paierunt si comme il ont acotumé à paier.

22. Et quand il i aura abbé novel li home le doivent fere fealté (9).

23. Et cil dit abbés et covanz se sont somis à notre juridiciun, an tel menière que nos et nostre successor avesque de Laingres les puissien escomunier se il de ses covenances et de ce devant dit acordement resailloit ne aloient an contre; et an tesmoignaige de ces choses devant dites, nos avons saellées de nostre seal ces présentes lettres, à la requeste des deux parties, et ce fut fait an l'an de grâce mil IIe et LX ou mois de septembre.

Original : Archives de la Côte-d'Or. Série H. Fonds de l'abbaye des Bénédictins de Molême. Seigneurie de Molême.

(1) Le chambrier était le grand justicier de Molême.
(2) C'est-à-dire appeler le dixmeur pour compter les gerbes et prélever les droits.
(3) C'est-à-dire les traduire devant un autre tribunal que celui de Molême.
(4) Gîteront, coucheront.
(5) Entraînons. C'est le service de l'host, de la chevauchée et au sujet de l'exécution des jugements criminels.
(6) Messiers et vigniers.
(7) Indépendamment du four banal, dans lequel tous les habitants étaient tenus de cuire leurs pâtes, il y avait dès le XVe siècle, au village de Molême, des boulangers qui, moyennant un cens annuel de 10 livres, pouvaient librement exercer leur profession, en se conformant aux ordonnances de police. La banalité du four fut abolie par la transaction de 1662.
(8) D'après la déclaration des droits seigneuriaux faite en 1662, les habitants de Molême étaient obligés de faire moudre leurs grains « privativement » aux forains au moulin banal, sous peine d'amende et de confiscation en cas de récidive. Toutefois, s'ils étaient empêchés de moudre par les forains, ou si leurs grains demeuraient plus de vingt-quatre heures sans être moulus, ils avaient le droit de les porter ailleurs.
(9) Rendre hommage.

CHAUSSIN (SAONE-ET-LOIRE)

Le marquisat de Chaussin, érigé en 1573, était, avant la Révolution, une enclave du Dijonnais, dans la Franche-Comté, au diocèse de Besançon. Ce fut primitivement un arrière-fief du comté d'Auxonne, appartenant aux sires de Sainte-Croix, vassaux des ducs de Bourgogne, qui, après avoir eu ses seigneurs particuliers, fut acquis par les Ducs et forma dans la suite le douaire des duchesses Marguerite de Flandres, Isabelle de Portugal et Marguerite d'York. Rendu comme bien patrimonial aux héritiers de la princesse Marie, il fut cédé par l'archiduc Philippe le Beau à la duchesse de Longueville, dont la fille, Charlotte d'Orléans, le porta en dot au duc de Nemours, d'où il passa par alliance, aux Lorraine-Mercœur et aux Vendôme; Roger de Bellegarde l'acquit en 1620 et le céda à la maison de Condé qui le posséda jusqu'en 1765, époque à laquelle il fut vendu à M. de Saint-Thibeau Poly.

Ce bourg fut redevable à Simon de la Marche, issu de la maison de Champlitte-Pontailler, des franchises très libérales qu'il lui accorda au mois de septembre 1260, et qu'il étendit aux habitants de Beauvoisin, de Chalonge, d'Asnans, de Montalegre, d'Echevanne, de Chêne-Bernard, de Saint-Barain et de Servotte. Ces franchises furent empruntées en grande partie aux chartes de Dijon, Saint-Jean-de-Losne, Auxonne, Chagny et Seurre.

En voici l'analyse :

1. Le seigneur renonce au droit d'arrêter aucun de ses hommes, à moins qu'il ne se soit rendu coupable d'un crime entraînant la pendaison. Il doit même pourchasser la délivrance de ceux qui auraient été arrêtés et même seconder les efforts à main armée que feraient ceux de Chaussins, pour les enlever de leur prison, et de n'avoir paix avec les agresseurs qu'autant que le prisonnier ait été rendu et le dommage acquitté.

2. Si des hommes du seigneur sont arrêtés pour ses dettes reconnues, il doit les acquitter; s'il ne le peut, les habitants se porteront caution et se rembourseront sur la cense qui lui est due.

3. Si un homme se réfugie dans la châtellenie, le seigneur ne peut le prendre à moins qu'il n'ait commis un crime capital.

4. En cas de mort d'un habitant de la châtellenie, tous ses biens adviendront au plus proche héritier.

5. Les habitants de la franchise auront la libre disposition de leurs biens en acquittant au seigneur ses droits de lods et vente fixés à 12 s. de la livre.

6. Ils pourront élire chaque année un maire et quatre échevins.

7. Ces jurés devront recevoir toutes les plaintes des habitants; ils recevront pour cela 6 deniers, feront gager les parties et les ajourneront devant le seigneur ou son délégué, dans la huitaine, sous peine de 60 s. d'amende.

8. Le seigneur se réserve tous ses droits de justice.

9. Quiconque voudra quitter la seigneurie devra demander congé au seigneur, qui devra le conduire en bonne foi, durant un jour et une nuit, lui et ses biens, là où il voudra se rendre. Dans le cas contraire, lui et ses biens seront à la merci du seigneur

10. Les juifs sont exceptés de la franchise, de même que les hommes des églises et des gentilshommes qui n'auraient point avoué le sire de Chaussin.

11. Nul ne peut posséder à Chaussin ni dans la châtellenie, s'il n'est habitant ou homme des églises ou des gentilshommes.

12. Chaque freste de maison paie cinq sols de cense, sans les celliers, si on ne les habite point; en outre chaque ménage, même quand il y en aurait plusieurs vivant sous le même toit et à un seul feu, cinq sols pour le freste.

13. Tout journal de terre paie 3 sols de cense, la soiture de pré autant, et le journal de terre herbue 2 sols. Cette cense est payable en deux termes.

14. Toutes les contenances seront vérifiées par les échevins et quatre prud'hommes délégués par le seigneur.

15. Les habitants ne peuvent engager leurs biens qu'à des hommes ou des gentilshommes demeurant dans la châtellenie. Le détenteur acquittera la cense et paiera la moitié du lods, l'autre restant à la charge du vendeur.

16. Tout nouvel habitant paiera 5 sols d'entrage et 5 sols tous les ans.

17. Le seigneur se réserve le droit d'indire pour le mariage de sa fille, pour achat de terre et pour voyage d'outre-mer.

18 Nul ne peut être maire ou échevin, s'il n'habite Chaussin.

19. Les hommes de la franchise doivent l'ost et la chevauchée. Au retour de l'expédition, les viandes qui auront été ramenées devront être mises en vente à l'exception de toutes autres. Si le seigneur voulait les mener en l'host pour autrui, ils devront l'accompagner durant sept jours « sans plus. »

20. Le seigneur aura crédit pendant quarante jours pour toutes les denrées qu'il achètera; passé ce délai, il lui sera refusé s'il ne s'acquitte.

21. Il conserve ses droits d'éminage, de vente et de louage aux foires et marchés.

22. La police de la pêche lui appartient; les habitants sont maintenus dans leur droit de pêche.

23. Les habitants sont tenus de charroyer les foins, bleds, vins et autres provisions du seigneur.

24. Item, de lui fournir deux charrettes à deux ou trois chevaux lors de ses chevauchées; — de faire guet et écharguet sur les murailles en temps de guerre; — de réparer les barrières, les fossés, la fermeté et les ponts, et de prendre à cet effet tout le bois nécessaire dans les forêts du seigneur.

25. Les habitants ont droit d'usage dans les bois, réservé le chêne et le foyard; la glandée est également réservée de même que les halliers. Ils ont la faculté de prendre des roortes pour leurs charrues ou des liens pour leur laine en demandant la permission. Si le seigneur venait à diviser sa terre, les habitants ne conserveraient ces droits que dans les bois de celui qui deviendrait leur seigneur.

26. Les chevaux de ceux qui visiteront le seigneur seront hébergés par les habitants à raison de 1 sol pour un jour et une nuit. Les fournitures de literie seront louées 2 deniers par soir.

27. Le seigneur se réserve la faculté de pouvoir acheter, par l'entremise du maire, une poule pour 4 deniers, un poussin pour 1 s. et 2 s. « pour le grand poulastre. »

28. Item, son ban de vin de trois semaines au mois d'août.

29. Il aura son prévôt, son crieur et des messiers; ces derniers seront nommés de concert avec les échevins. Ils prélèvent pour leur salaire une gerbe de froment et une d'avoine sur toute terre cultivée à la pioche, et deux sur celles cultivées à la charrue. Le prévôt aura 5 sols et le crieur son droit accoutumé.

30. Tout nouvel habitant qui voudra bâtir une maison pourra acquérir terre par échange ou par argent, selon l'estimation des échevins.

31. Il est interdit aux habitants de tendre des piéges pour prendre le gibier, à l'exception du loup.

32. Les habitants ont droit de pâturage dans toute la terre du seigneur.

33. Ils ne doivent reconnaître d'autre seigneur que celui de Chaussin et ne rien faire à son préjudice.

34. Quiconque se retire de la franchise ne peut rien revendiquer pour lui ni pour autrui, qui soit au préjudice du seigneur.

35. Les habitants de Chaussin et de la châtellenie ne peuvent retenir en leur franchise aucun des hommes de leur seigneur sans sa volonté, et s'ils le font et que le seigneur ou ses officiers le réclament avant an et jour, il devra retourner à sa condition première.

36. Le seigneur s'interdit de rien exiger des habitants en dehors de cette charte, si ce n'est dans l'intérêt de Chaussin et de leur bon gré.

37. Simon et sa femme jurent sur l'Evangile de conserver ces franchises et obligent leurs successeurs à les jurer également dans le délai de quarante jours.

38. Tout nouvel admis dans la franchise doit prêter serment sur l'Evangile de garder ces convenances.

Donné au mois de septembre 1260.

Ces franchises furent confirmées en 1330, par Henri de Montbéliart, chevalier, seigneur de Montfaucon et de Chaussin, et en 1346 par le duc Eudes IV et Jeanne, sa femme.

Archives de la Côte-d'Or. Chambre des Comptes de Dijon. Terrier de la châtellenie. B 993, f° 129.

VILLY-EN-AUXOIS

Ce village de l'ancien bailliage d'Auxois est connu depuis l'année 851. C'était, au milieu du XIII° siècle, une seigneurie laïque que se partageaient Jean, sire de Châteauvilain, et Alain de Vawrin, sénéchal de Flandres. Ce dernier la comprit dans la terre de Vitteaux, qu'il aliéna en 1243 au duc Hugues IV, qui détermina bientôt le sire de Châteauvilain à émanciper les habitants et à leur accorder ces franchises, dont il fut toute sa vie un ardent propagateur. Robert II, son successeur, acquit en 1302 le surplus de la seigneurie de Guy, fils de Jean, et son fils Eudes IV réunit le tout à la châtellenie de Salmaise aussitôt qu'il en fut devenu possesseur. Salmaise ayant été cédé par Louis XI au maréchal de Hochberg, Villy en fut démembré et redevint une seigneurie particulière possédée en 1789 par la famille de Macheco.

Villy est aujourd'hui une commune qui dépend du canton de Vitteaux, arrondissement de Semur.

fit de ma ville de Saumaise et des borgeois demorant en ladite ville de Saumaise dedeanz les Croiz (1), fait savoir à tous ceaux qui verront ces présentes letres, que comme la mainmorte soit orandroit (2) en la ville de Saumaise, je, Estienes de Mont Saint Jehan, sires de Saumaise, quitois, delivrois et laissois es diz borgeois de Saumaise et à leurs hoirs, ladite mainmorte por touz leus (3).

2. Et ai doné et octroyé esdiz borgeois de Saumaise et à leurs hoirs, tel franchise et tex convenances, que tuit cil et uns chascuns seront quite et franc chascun an por seze soz et huit deniers de la monoie de Digenois ou de tel monoie comme il corra (4) por Bergoine au tens (5) con paierai la frenchise à paier chascun an à moi ou à mes hoirs, landemain de la feste de Tous Sainz, et por ces devant dit seze soz et huit deniers, li diz borgeois de Saumaise et leur hoir seront quite et franc perpétuement chascun an de toutes tailles, de toutes corvées, de toutes mises et de toutes choses, s'il ne font forfait de quoi il deveint amande, laquelle amande serai moi (6) et à mes hoirs.

3. Et povent lidit borgeois de Saumaise et lour hoir metre lour maire et lour escheviz, jusque à quatre escheviz sens congié de moi et de mes hoirs et povent mettre leur messiers et leur vigniers sens congié de moi et de mes hoirs, et li maires pout metre son sergent sanz congié de moi et des borgeois.

4. Et povent lidit borgeois de Saumaise et leur hoir chascun an changier et remuer, lou jor de la Saint Jehan Baptiste, lou maior et les escheviz si vuellent sanz congié de moi et de mes hoirs.

5. Et quicques (7) soit maires en la ville de Saumaise, il est tenuz par son sairement à garder mon droit et à mes hoirs et les droiz de la franchise et de garder mes amandes seles i escheent.

6. Et ce sunt les amandes jugées: Dou sanc quenou (8), se clains en est faiz sexante et cinc soz : De férir ou de batre sanz sanc, se clains en est faiz set soz. De despitier lou maior ou son sergent set soz (9): De fau clain (10) set soz: De mesatan-

---

(1) Limites du territoire déterminées par les croix plantées sur les chemins.
(2) A présent.
(3) Lieux.
(4) Aura cours.
(5) Temps.
(6) Mienne.
(7) Quiconque.
(8) Connu, constaté, répandu.
(9) Voir les coutumes de Châtillon (I, 399), la charte de Noyers (II, 31).
(10) Plainte fausse.

due de jor (1): De essoine (2) ni ai, set soz: De faux ne (3) set soz: De domaige confait à esciant (4), set soz : De villenie ou il afert escondit, set soz : Se li borgeois ou leur hoir sunt pris au bois deffendu (5), set soz; dedanz leur usaige.

Et sil escheoit en ladite freinchise de Saumaise, amande qui ne soit continuée (6) en ceste letre, ele serai jugié es us des costumes de Vieteaul (7).

7. Et tuit li clain des borgeois et de leur hoirs doivent venir devant lou maior, et li maires doit avoir de chascun clain treze deniers touz quites suens (8).

8. Et se li maire ou li eschevi meffacient de riens vers moi ou vers mes hoirs, il sunt tenu de l'amander à moi et à mes hoirs, es us et es costumes de Vieteaul.

9. Et est à savoir que je ne mi hoir ne povons ne ne devons effacier lesdiz borgeois de Saumaise ne lour hoirs de nulle chose ne prendre dou leur fors que ces devant diz seze soz huit deniers de la monoie desus nommée, et fors que les amandes jugiés, enfin comme eles sont contenues en ceste lettre.

10. Adcertes (9), je ai doné et quité et octroié perpétuement es diz borgeois de Saumaise et à lour hoirs l'usaige à tout le bois mort partout mes bois fors de forêt Vaudry et fors du bois devers Vulle (10) et fors de mon parc. Ce est à savoir à tout lou bois fors que au foul (11) et au chaine et au pommier et au parier (12) et au fraine estanz pour faire toutes leurs vouluntez en ladite freinchise, sanz vandre et sanz doner de feors les croiz, et au fraine ont li dit borgeois et leur hoir, leur usaige pour faire bouz (13) et chevilles es chars, es charetes et es charrues, et pour cecles (14) es cues (15) et es tonneaux. Et si ont lour usaige li dit borgeois et lour hoir, au pommier et au parier araichier pour anter (16) pour tous mes bois où ils

---

(1) Mésaventure, accident.
(2) Excuse légitime.
(3) Faux témoignage.
(4) En connaissance de cause.
(5) Mis en ban ou déclaré en défense.
(6) Contenues.
(7) Ce renvoi aux usages et coutumes de Vitteaux, plusieurs fois répété dans la charte, témoigne que Etienne de Mont-Saint-Jean, au lieu de donner à ses hommes de Salmaise une nouvelle édition de la charte de Vézelay, octroyée par son père aux habitants de Mont-Saint-Jean et que Hugues de Saint-Beury allait imposer à Saint-Thibaut, emprunta ses principales dispositions à la charte de Vitteaux, promulguée quinze ans auparavant par le duc Hugues IV.
(8) A l'exemple des maires de Beaune (I, 239, 243), de Seurre (II, 208, 216).
(9) En outre.
(10) Villy-en-Auxois, commune limitrophe de Salmaise.
(11) Foyard, hêtre.
(12) Poirier.
(13) Bouts.
(14) Cercles.
(15) Cuves.
(16) Enter, greffer.

ont leur autre usaige et dedanz les Comes (1) n'ont point d'usaige, lidit borgeois ne leur hoir à la Codre (2), et se je ou mi hoir voliens faire estan ou édifiement ou creitre (3), mon parc dedanz les bois où ils ont lour usaige, li dit borgeois ne leur hoir ne povent de riens aler encontre pour usaige qu'il aient es bois.

11. Et leur ai doné et octroié l'usaige por touz mes bois à tout lou fruit dou bois, et si veulent envoier leur pors de leur propres ostes en la paisson, il les i povent envoier tout l'an, chascun porc pour quatre deniers de la monoie desus nommée, ensin lou petit con lou grant. En sorquetout (4), je ai doné et octroié es diz borgeois de Saumaise et à lour hoirs l'usaige es reortes (5) de charrues por touz mes bois, à prendre chascun an ou mois de mars, ce est à savoir à chascun aploit (6) dous faix de reortes et à chascune charete (7) un fois et les doit l'en prandre por lou commandement de mon foretier, et leur ai doné et otroié l'usaige es liens des gerbes par tous leus et en bois et en rivière.

12. Et ai doné et otroié esdiz borgeois de Saumaise et à leur hoirs la peicherie dès lou molin dou Reinbert (8) en sus, save (9) ma peicherie et sauf lou droit autrui.

13. Et est à savoir que lidit borgeois de Saumaise et lour hoir sunt et seront quite et franc, en tel menière qu'il povent et porront demorer en quelque leu qu'il voldront en autre seignorie que en la moie, et porront avoir et tenir toutes les lour choses, mobles, non mobles, présenz et à venir en quelque leu qu'il soient, quitement et freinchement por les devant diz seze soz et huit deniers paians chascun an à moi ou à mes hoirs ou à notre certein commandement, au terme desus nommé; et povent et porront vandre et acheter li uns de l'autre de quelcunque gent que il vodront dedans les Croiz : et povent et porront faire lour voluntez de toutes lour choses, sauf ce qu'il remaine ou mex d'un chascun tant solement, que je ou mi hoir puissons avoir chascun an les devant diz seze soz huit deniers de la monoie desus nommée, sauf mes cens, mes costumes, mes tierces et mes loux (10) que je ne leur ai ne quité, ne doné; lesquels cens, costumes, tierces et loux, il

---

(1) Nom de climat.
(2) Id.
(3) Accrottre.
(4) En outre.
(5) Liens de bois pour la charrue.
(6) Coupe.
(7) Char, charrette.
(8) Ce moulin existe encore sur le territoire de la commune.
(9) Sauve.
(10) Lods.

me doivent por les mes (1), por les terres et por les autres choses qu'il tiennent de moi en la ville de Saumaise et en la chastelerie; et les terres de quoi il me doivent les tierces, je ne mi hoirs ne les povons ne ne devons torner en nostre charruaige (2) ne en nostre demeneure (3).

14. Et quicunques homs ou fammes vodrai entrer dans la dite freinchise de Saumaise, il demorerai en ladite ville de Saumaise por moi et por mes hoirs et por notre commandement et por lou consoil et por lou loux (4) des borgeois de Saumaise et derai estre receuz en ladite freinchise por seze soz et huit deniers chascun an à paier à moi ou à mes hoirs, enfin comme il est desus nommé.

15. Adcertes je ne mi hoir, ne povons, ne devons prandre nuns (5) des devant diz borgeois ne de leur hoir, ne nuns de ceaux qui demoreront en la dite freinchise de Saumaise, andemantiers (6) qu'il araient de herietaige en ladite ville de Saumaise que je ou li mien en porriens i qui lever notre amande jugée segon lou forfait qu'il arient fait, fors ceau qui ferient lou rat (7) ; cil qui serient pris au rat serient en amande de sexante cinc soz (8).

16. Adecertes ly devant dit borgeois de Samaise et leur hoir doivent segre (9) moi et mes hoirs en ost, en chevoichie au leur (10) un jor et une nuit ; et se je ou mi hoir le voliens tenir plus d'un jor et d'une nuit, il seroient danqui en avant (11) à noz soz et à noz deniers et dou tout à notre despans.

17. Et se je ou quicunques serai sires de Saumaise au tens delor, voliens estre chevalier, ou fille marier, ou aler outre mer, ou terre acheter jusque à cent livrées (12) de terre ou à plus, à une paumée (13) de la monoie qui corroit au tens delor, li dit borgeois de Saumaise et lour hoir serient tenu de nos aidier rainaublement (14).

18. Adecertes je, Estienes de Mont Saint Jehan, sire de Saumaise, ai juré sus

---

(1) Meix.
(2) Charruage, partie du domaine seigneurial cultivée directement par lui ou ses fermiers.
(3) Domaine, l'ancienne *terra indominicata*.
(4) Aveu, consentement.
(5) Nuls.
(6) Tant que.
(7) Rapt s'entend ici de tout crime pouvant entraîner une peine capitale.
(8) Imité des chartes de Cnagny, Noyers, La Roche Pot, Verdun, Marigny, Marsannay et Seurre (II, 94, 131, 133, 145, 157, 184, 207).
(9) Suivre.
(10) A leurs dépens.
(11) A partir de ce moment.
(12) Quantité de terre produisant le revenu d'une livre.
(13) Ce que pouvait contenir la paume de la main.
(14) Raisonnablement.

sainte Evangille por moi et por mes hoirs à garder et à tenir perpétuemant, paisiblemant et quitemant, sanz corrompre ladite freinchise et les dites covenances et toutes ces choses desus dites et la tenor de ceste letre esdiz borgeois de Saumaise et à leur hoirs et que je n'irai gemais encontre, ne ferai à aler des or en avant ne por moi ne por autrui, ne por parole, ne por fait, ne par consentement, ne por autre menière que quele soit, et ai promis esdiz borgeois de Saumaise et à leur hoirs par mon sairement devant doné tantost, con que je serai chevalier et que je airai autre seaul, je lou metrai en ces présentes letres (1) ensemble les seaux qui or issunt (2). Et s'il avenoit chose que jà ne soit, que je ou li mien aliens de nulle chose encontre ladite freinchise ou encontre les covenances desus dites, ou encontre aucune des covenances, je, met moi et mes hoirs présens et à venir en la juridicion de l'ennorauble (3) père et seignor Girar, par la grâce de Dieu, evesque d'Osteum (4) et de tous les avesques d'Osteum qni après lui seront, por tel condicion, que à la requeste desdiz borgeois de Saumaise ou de leur hoirs ou de leur certein commandement qui porteroit avec lui lou tancrit (5) de ceste présente letre, scelée dou seaul d'un preudome; i cil Girarz, par la grâce de Deu, evesques d'Osteum ou autre qui seroit evesque d'Osteum au tens delor, aient povoir de nos escomenier et de constreindre par la justise de sainte Eglise et de metre toute nostre terre en escomeniement, fors tant seulement la ville de Saumaise, jusque à ce que je ou mi hoir ariens acordé et fait satisffacion esdiz borgeois et lour hoirs de ce que je ou mi hoir ou autres por nos, ariens à l'encontre ladite freinchise et contre les covenances desus dites, ou encontre aucune des covenances.

En tesmoingnaige et en remembrance de laquel chose et por que ce soit ferme chose et estauble à touzjours, je les seaux de l'ennorauble père monseignor Girar, par la grâce de Dieu, evesques d'Osteum et de l'abbé de Flavigne (6), de monseignor Guillaume de Montagus (7), de monseignor Henri d'Anteigne, seignor de Sainte Croix (8), de monseignor Jehan d'Ancy (9), ai fait metre en ces

---

(1) Voir la même clause dans la confirmation des priviléges de Dijon par le duc Hugues IV, en 1221 (I, 38).
(2) Y sont.
(3) Honorable.
(4) Girard de la Roche ou de Beauvoir, 58ᵉ évêque d'Autun, 1253-1276.
(5) Transcrit.
(6) Guillaume du Fossé, élu abbé en 1263, mourut vers 1276.
(7) Guillaume, seigneur de Montagu, de Sombernon et de Mâlain, arrière-petit-fils du duc Hugues III, mourut vers 1282.
(8) Henri d'Antigny, sire de Sainte-Croix, frère puîné de Hugues d'Antigny, seigneur de Pagny et de Seurre, ayant hérité tous deux du comté de Vienne, ils en prirent le nom et les armes.
(9) Jean, seigneur d'Ancy-le-Franc.

présentes letres. Ce fut fait en l'an de l'Incarnation Nostre Seignor, mil et dous cenz et sexante et cinc, ou mois de may.

Original : Archives de la commune de Salmaise.

CCCLXXX

Confirmation de la charte de Salmaise, par Eudes IV, duc de Bourgogne.

1318 (14 octobre).

Nous, Eudes, dux de Bourgoigne, faisons savoir à tous que la franchise que Estiene de Mont Saint Jehan, sire de Saulmaise, ay donée es hommes de la ville de Saulmaise meurans de déans les Croiz, enfin comme il est contenuz plus à plain en unes lettres scellées des seaulx de révérend père en Jhesu Christ, monseignor Girart, par la grâce de Dieu evesque d'Ostun, l'abbé de Flavigny, de messire Guillaume de Montagu, de messire Hanry d'Antigny, seigneur de Sainte Croix, et de messire Jehan d'Ancy, lesquelles lettres ce commencent en la première ligne.

« En nom du Père et du Fils et du Saint Esprit, amen. Je, Estiene de Mont Saint
« Jean, sire de Saulmaise, attendant à l'édiffiement et au profit de ma ville de
« Saulmaise, » et enfin ce fenissent : « En tesmoignaige et en remenbrance de
« laquelle chouse, et pour ce que s'en soit ferme chouse et estauble à tousjours, je,
« les seaulx de l'ennorable père messire Girard, par la grâce de Dieu evesque
« d'Ostun, et de l'abbé de Flavigny, et de messire Guillaume de Montagu, et de
« messire Henry d'Antigny, seigneur de Sainte Croix, et de messire Jehan d'Anxy,
« ay fait mettre en ces présentes lettres. Ce fut fait en l'an de l'Incarnation Nostre
« Seigneur, mil IIe LXV ou mois de may. »

Nous, ladite franchise pour ce que les diz hommes nous doivent chacun an xxv livres de cire, à rendre en nostre chastel de Talant le jour de Saint Remy, et pour soixante livres que ilz nous ont douées pour une foiz (1),

---

(1) Le 1er juin 1318, Huguenin, dit Portenex, maire de Salmaise, suivi de tous les habitants, s'était présenté devant Regnaud de Mercueil, clerc et tabellion de Barthélemy de Pommard, archidiacre de Flavigny, et s'était engagé au nom de la commune, envers le duc Eudes IV, à lui payer la somme de soixante livres en trois annuités, sous la promesse que celui-ci leur avait faite de ratifier la charte octroyée par Etienne de Mout-Saint-Jean. J. d'Arc, prieur du prieuré fondé au XIe siècle à Salmaise, fut un des témoins de cet acte. (Original : Archives de la Côte-d'Or. Chambre des Comptes de Dijon. B 11479.)

louons, confermons, comme sires dou fief, en tant comme il nous touche, sauf l'autruy droit. En tesmoing de laquel chouse nous avons fait mettre nostre grant séaul en ces présentes lettres, faites et données à Champmorant, près de Talant, le samedi après la Saint Denis, l'an de grâce mil CCC dix huit.

Archives de la Côte-d'Or. Chambre des Comptes de Dijon. Affaires des communes. Salmaise. B 11479. Copie du XVe siècle.

SAINT-THIBAULT

Ce village, appelé primitivement Fontaine, fut dans l'origine un fief de la seigneurie de Saint-Beury, appartenant à la puissante maison de Thil-en-Auxois, Il relevait de la baronnie de Mont-Saint-Jean. Hugues ou Huguenin de Thil, qui le possédait en 1265, cédant aux sollicitations du duc Hugues IV (sa présence à la charte en est la preuve), affranchit ses hommes de Saint-Thibault du joug de la mainmorte et leur accorda les mêmes privilèges qu'aux habitants de Mont-Saint-Jean, qui étaient calqués sur ceux de Vézelay. Cinq ans après, il lui engagea cette terre pour mille livres viennoises, et, comme il ne put se libérer, les ducs Hugues IV et Robert II en disposèrent à leur gré. Ce dernier dota le prieuré qui y était institué, fonda la belle église qui subsiste encore aujourd'hui, et dont le chœur seul a été terminé. Néanmoins, en 1310, Jean, fils de Huguenin, ayant reconnu son château de Thil jurable et rendable au duc Hugues V, celui-ci lui rétrocéda tous ses droits sur Saint-Beury et Saint-Thibault. Réunis sous le même seigneur jusqu'à la fin du XVe siècle, les deux villages furent tantôt réunis, tantôt divisés, jusqu'en 1720, que cette séparation devint définitive. La famille de Champeaux possédait cette seigneurie en 1789. C'est aujourd'hui une commune du canton de Vitteaux, arrondissement de Semur.

CCCLXXXI

Charte de franchises octroyée par Huguenin de Thil, seigneur de Saint-Beury, aux habitants de Saint-Thibault.

1265 (1 novembre).

In nomine sancte individue Trinitatis, amen.

1. Nos, Hugo, dux Burgundie (1), notum facimus universis presentibus et futuris, quod Hugo de Tylu en Aussois dominus Sancti Burisii (2), in nostra constitutus

---

(1) Hugues IV, duc de Bourgogne.
(2) Huguenin de Thil, seigneur de Saint-Beury, d'une branche collatérale de la maison de Thil-en-Auxois. En 1269, il ratifia la vente de la terre de Montigny-sur-Serain et de Lucenay faite par Poinsard, son frère

presentia dedit et concessit hominibus suis de sancto Theobaldo bonos usus, consuetudines et libertates quas homines et burgenses de Verziliaco inter se tenent et habent, salvis bonis usibus, consuetudinibus et libertatibus, de Sancto Theobaldo (1).

2. Et sic compositum est inter dictum Hugonem et dictos homines de Sancto Theobaldo quod dictus Hugo quittat et demittit dictis hominibus de Sancto Theobaldo consuetudinem illam que vocatur manus mortua vel caducum. Et pro hac dimissa consuetudine et sicut dictus Hugo poterit tailliare dictos homines ad voluntatem suam, non tailliabit eos, nisi usque ad quindecim solidos divionensis monete currentis in Burgundie in festo beati Remigii per solvendos annuatim et inde habuit dictus Hugo duodecim centum libras turonenses (2).

3. De torcularibus est concordatum quod jam dicti homines pro singulis saccis dabunt octo denarios monete supra dicte et unum sextarium vini, et dictus Hugo debet adaptare ad bonum et ad mensuram ita ut jam dicti homines inde non perdant affacere (3).

4. Item concordatum quod dictus Hugo nec alius pro ipso non capiet nec capi faciet nec consentiet dictos homines neque res eorumdem dum tantum habeant hereditatis in villa jam dicta ubi dictus Hugo suum possit levare forisfactum. Exceptis his qui in maauria vel in adultero, vel in homicidio, vel in furto deprehensi fuerint. Hi capientur quousque dent fidejussores tenende justicie (4).

5. Et sciendum est quod in dictis hominibus nullam insecutionem habet sed quodcumque voluerint de rebus suis possunt vendere et discedere (5), hoc excepto quod non possunt vendere religiosis nec hominibus nec mandatis eorumdem (6). Et excepto quod non possunt facere ne reclamare majorem dominum quam dictum Hugonem vel quam nos, nec vendere sub majore dominio quam dominio dicti Hugonis sive nostro (7). Et excepto quod dicti homines infra Cruces (8) sive metas constructas occasione libertatis alium dominum quam dictum Hugonem do-

aîné, sire d'Olligny, et l'année suivante, lui-même et sa femme Marguerite engagèrent Saint-Thibault au duc Hugues, pour la somme de 1,000 livres.
(1) Imité du § 1 de la charte de Mont-Saint-Jean (I, 576).
(2) Imité du § 2 de la même charte.
(3) Reproduction presque identique du § 3 de la même charte.
(4) Imité du § 5 de la même charte.
(5) Imité du § 6 de la même charte.
(6) Les aliénations faites au clergé entraînant toujours l'amortissement des fonds vendus, les revenus du fief en étaient d'autant amoindris. De là l'opposition des seigneurs aux acquisitions des gens d'église.
(7) C'était une précaution prise par le duc et le seigneur de Saint-Beury contre les bourgeoisies du roi, le droit qu'elles donnaient aux officiers royaux de s'immiscer dans les affaires des prélats et des barons.
(8) Les croix qui servaient de limites aux territoires.

minum Sancti Burisii reclamare, avoare non possunt neque debent. Et si aliqui de predictis hominibus vel de eorum heredibus extra Cruces, sive metas supra dictas remanentiam et estagium facerent in finagio de Sancto Theobaldo, dictus Hugo et ejus heredes ad voluntatem suam illos talliarent.

6. Item, concordatum est quod dictus Hugo non debet devestire hominem ab aliquo quo fit investitus, nisi jure et judicio (1).

7. De his autem qui nummulariorum tabulas conducent, concordatum est quod scambient ut debent et ut Verziliacenses scambuerunt in tempore Alberici et Pontii quondam abbatum Verziliacensium (2).

8. Bonos autem usus, consuetudines et libertates prout superius est expressum et divisum dedit et concessit dictus Hugo dictis hominibus de Sancto Theobaldo, Margarete uxore sua, concedente et laudante. Promiserunt insuper dicti Hugo et Margareta per juramentum suum corporaliter prestitum coram nobis pro se et pro successoribus suis in perpetuum tenere presentium tenorem litterarum, et infragabiliter observare.

9. Et sciendum est quod dictus Hugo trossas pratorum dictis hominibus in perpetuum quitavit et dimisit (3).

10. Voluit autem dictus Hugo pro se et pro successoribus suis, quod si ipse vel successores sui resilirent de predictis, quod nos et successores nostri compelleremus ipsos ad tenenda supra dicta et servanda. In cujus rei testimonium ad preces et testimonium jam dictorum Hugonis et Margarite sigillum nostrum presentibus litteris facimus apponi.

Et ego supra dictus Hugo dominus Sancti Burisii sigillum meum presentibus litteris apposui una cum sigillo illustris viri Hugonis ducis Burgundie supra dicti. Actum est anno gratie millesimo ducentesimo sexagesimo quinto, in festo Omnium Sanctorum.

<small>Archives de la Côte-d'Or. Chambre des Comptes de Dijon. Affaires des communes, B 11479. Copie produite le 23 mai 1585 devant les commissaires des francs-fiefs.</small>

<small>(1) Reproduction presque identique du § 7 de la charte de Mont-Saint-Jean.
(2) Reproduction littérale du § 8 de la même charte.
(3) Imité du § 4 de la même charte.</small>

SAGY (SAONE-ET-LOIRE)

Sagy-en-Revermont, au diocèse de Besançon, était au XIIIe siècle en la possession des sires de Bagé. Sybille, héritière de Guy, dernier mâle de sa race, ayant épousé Amédée de Savoie, qui devint comte de Savoie en 1285, sous le nom d'Amédée V, les deux époux accordèrent en 1266 des franchises aux habitants de Sagy. Vingt-trois ans plus tard (1289), ils échangèrent cette terre et celles de Cuisery et de Savigny contre ce que Robert II, duc de Bourgogne, possédait en Bresse, de l'autre côté du Revermont. Sagy, annexé au bailliage de Chalon, fut dès lors élevé au rang de châtellenie ducale, qu'il conserva jusqu'à la mort du duc Charles-le-Guerrier. En 1479, Louis XI en gratifia Guilbert de Matafelon, cession qui dura peu, car, rentré au domaine, il fut engagé en 1596 à Roger, duc de Bellegarde, et en 1622 à la comtesse de Soissons.

Voici le sommaire de la charte de franchises :

Amédée de Savoie, comte de Bagé, et Sybille, sa femme, dame de Sagy, déclarent que, pour l'utilité et l'avantage de leur terre, et de l'avis de leur conseil, ils ont affranchi et donné à leurs hommes de Sagy des libertés, à la réserve de la seigneurie, des droits, usages, coutumes, exprimés ci-après :

1. Amé et Sybille conservent le droit d'établir des moulins, des fours et un marché, sauf le droit de possession des habitants du lieu.
2. Celui de percevoir les langues des bestiaux tués à la boucherie.
3. Item, quatre deniers viennois de cens annuel, payables le jour de la Saint-Michel, sur chaque toise de largeur de façade des maisons. Si cette maison regardait plusieurs rues, elle n'en paierait pas davantage.
4. Ils pourront, lorsqu'il s'agira de soutenir leurs droits ou défendre leur terre, convoquer les hommes de Sagy à leur host. Ceux-ci sont tenus de les servir fidèlement durant trois jours à leurs frais. Ils pourront se faire remplacer. Au-delà de ce terme, ils ne pourront rien exiger d'eux.
5. Celui qui frappera du poing paiera 3 sols viennois d'amende au seigneur ; et de la paume, 3 sols.
6. Quiconque lancera une pierre par ruse ou par malice, si la pierre dépasse celui contre lequel elle aura été jetée, même sans le blesser, il sera puni d'une amende arbitraire. Si, au contraire, elle n'est point parvenue à destination, il en sera quitte.
7. Quiconque en frappera un autre du bâton, ce qui constitue une grave injure, il paiera 60 sols d'amende. S'il a frappé par accident, il en sera quitte pour 7 sols.
8. L'adultère est puni d'une amende de 60 sols, à moins que les deux coupables ne préfèrent courir nus à travers la ville.
9. L'emploi et l'usage de faux poids et mesures est passible de la même amende.
10. De même que la vente de la chair de verrat pour du porc et de viandes corrompues.
11. Tout délit de maraude commis de jour dans les champs et les clôtures est passible de 7 sols ; de nuit il est puni de l'amende arbitraire.
12. Quiconque menacera de l'épée ou de la dague paiera 60 sols. S'il frappe, il demeurera en la volonté du seigneur.
13. Tout coup de bâton ou de poing, tout soufflet ou autre coup occasionnant une effusion de sang, sera passible de 60 sols, sauf les cas où la punition demeurera au seigneur.

14. Toute plainte déposée devant les officiers du seigneur, et non justifiée, est punie d'une amende de 3 sols.

15. Quiconque accusera un autre d'un crime et n'obtiendra pas gain de cause, subira lui-même la peine qu'il sollicitait contre l'accusé.

16. Le parjure et le faux témoignage sont punis de 60 livres d'amende.

17. Il demeure entendu qu'en tout ce qui concerne l'injure ou le dommage, satisfaction devra être donnée à la partie lésée.

18. Tout individu (excepté de la maison du seigneur) trouvé la nuit dans les rues de Sagy avec d'autres armes que son couteau, paiera 7 sols d'amende.

19. Tout défaillant au service du guet et garde, paiera 3 sols d'amende.

20. Les habitants sont exemptés de la leyde et du péage. Ils sont seulement astreints à payer le coponage (1) du grain qu'ils achètent au marché. Si le lendemain de ce jour ils n'en ont point acquitté les droits, ils sont passibles de 60 sols d'amende.

21. Le seigneur se réserve le droit d'indire : pour le voyage en Terre-Sainte; pour le mariage de sa fille ou de ses filles; pour sa nouvelle chevalerie, et pour l'agrandissement de la baronnie. Mais cet aide ne sera point imposé arbitrairement aux habitants, il sera réglé selon le taux des autres prestations, et en présence d'un officier du seigneur.

22. Si un habitant veut quitter la ville pour aller demeurer ailleurs, le seigneur doit lui fournir un sauf-conduit et des hommes pour l'accompagner, lui et ses meubles, durant un jour et une nuit. Il conserve néanmoins la libre disposition des biens meubles et immeubles qu'il aura laissés à Sagy, soit qu'il veuille les donner, les vendre ou les échanger, en se conformant aux us et coutumes du lieu.

23. Le seigneur se réserve un droit de lods sur tout héritage acheté ou vendu à Sagy, excepté sur les terres grevées de cens et servis.

24. Il se réserve également un jour de banvin par an.

25. Tout nouveau venu qui voudra demeurer à Sagy pourra, après avoir prêté serment devant le seigneur, jouir des franchises du lieu.

26. Si les boulangers mettaient en vente des pains d'un poids inférieur, et que, le cas dénoncé au prône, ils continuassent, ils seront passibles de 3 sols d'amende, leur pain rompu par les officiers de justice et distribué aux pauvres.

27. Tout dommage sera jugé par des arbitres, et le condamné paiera 4 deniers.

28. Si des hommes des seigneurs et des vassaux viennent s'établir à Sagy, et que les seigneurs s'en plaignent, le comte et la comtesse se réservent de leur faire droit, en se conformant à la coutume de la ville.

29. Tout gage donné par le seigneur pour la garantie d'une dette, devra être conservé durant quinze jours par le créancier; ceux donnés par d'autres pourront être vendus au bout d'une semaine.

30. Fixation des limites de la franchise de Sagy.

31. Amédée et sa femme jurent sur l'Evangile la conservation de ces franchises, renoncent à toutes exemptions de droit et de fait, et prient l'official de la cour de Lyon de sceller la charte de son sceau.

Par une charte donnée au mois de juillet 1280, Amédée et Sybille accordèrent aux bourgeois demeurant dans la franchise de Sagy, des droits d'usage et d'affouage dans les bois de

---

(1) La coupe étant dans toute la Bresse l'unité des mesures à grains, on appelait Coponage le droit perçu par le seigneur sur le vendeur et l'acheteur de grains au marché public.

la châtellenie, à l'exception des arbres fruitiers et des bois de Bezuchaut, de Boteney et de Beurey, sous la condition de payer chaque année 9 deniers viennois de servis par chaque feu.

Ils les exemptèrent en outre de payer le coponage exigé pour le marché, à l'article 20 de la charte précédente.

Archives de la Côte-d'Or. Chambre des Comptes de Dijon. B 1307. Terrier de la châtellenie de Sagy, folio 147, verso. — Imprimé dans Pérard, page 509.

FRESNES

Ce village du canton de Montbard, arrondissement de Semur, fut donné en 1218 à l'abbaye de Fontenay, qui en est limitrophe, par Guy, seigneur d'Allerey, et Pagan de Frêne, tous deux co-seigneurs du lieu. On ignore les motifs qui déterminèrent les religieux de Fontenay à gratifier les habitants du lieu d'un privilége dont, si restreint qu'il fût, ils n'offrirent malheureusement que trop peu d'exemples.

Après la division des biens de l'abbaye, faite en 1710 entre l'abbé et les religieux, Fresnes échut à la mense abbatiale qui, en 1789, faisait partie de la dotation de l'évêque de Dijon.

CCCLXXXII

Charte d'affranchissement accordée par l'abbaye de Fontenay aux habitants de Fresnes.

1272.

1. Nos, Girarz, par la grâce de Dieu, evesques d'Ostun (1), façons savoir à touz cels qui verront ces présentes lettres, que li religieus hom l'abbés et li convenz de Fontenoy, de nostre dioceze, hont quitié à lor homes de lor ville de Fraine la mainmorte que il avoient en la dite ville, en tel manière que l'eschaoite (2) de celui qui trespassera de cest siegle (3) sanz hoir de son cors, sera es plus prochiens de son linaige (4), demorant en la dite ville de Fraine, se il n'avoit fait chose par quoi la dite eschaoite deust venir au diz religieus comme à justise, ou

---

(1) Girard de la Roche ou de Beauvoir, 1263-1276.
(2) Echoite, échute.
(3) Siècle.
(4) Lignage.

se il n'avoit en la ville de Fraine parenté, ou ne fust de mariage, la dite eschoite venroit es diz religieus, et en telle manière que li home ne les femes de la dite ville ne pourront marier (1) des héritages que il hont ou auront en la dite ville ou ez finaiges de Fraine, ne des granges es dez religieus, que il lor hont bailliez ou bailleront aus ni lors enfans fors dessus l'iglise de Fontenoy, mais que en la dite ville.

2. Et se aucuns des homes ou des femes façoient autre seignorie, ou reclamoient autre seignor que Deu et l'iglise de Fontenoy, ils n'an porroient porter ne tenir moble ne héritage de desus les diz religieus, ne de leur pooir, dès lou jor que il les auroient defui et laissié en avant, hains seroient li héritaige au plus prochiens de son linaige demoranz en ladite ville de Fraine (2).

3. Et se aucuns des homes de la dite ville prenoit feme d'autre seignorie, et li diz hons trépassast de ceste siegle sanz hoir de son cors, et la dite feme san alast de la seignorie ez diz religieus, ele porra tenir son doaire, c'est à savoir la moitié des biens à son mari dès là ou ele sera, por la taille et la costume paiant es diz religieus en la dite ville, ainsinc comme se ele i estoit demoranz; et après son défenissement (3), les choses qu'ele tenroit por son doaire seront es plus prochiens dou linaige de son devant dit mari demoranz en la dite ville de Fraine; et se la feme ne définissoit sanz hoir de son cors, ceu qui seroit trovez de son mariage retorneroit la dom il seroit venuz, en moblez ou en deniers.

4. Et por cette quitance facent, sont tenu dès or en avant, cil de la dite ville de Fraine qui n'auront cheval, de chascun feu une personne soffisant, de aler un jor en fenoisons et en moissons, un jor chascun an, en la corvée es diz religieus, à la requeste de lor sergenz, là ou mestiers lor sera.

5. Et sont tenuz li home et les femes de la dite ville de Fraine de baillier es diz religieus toutes lor charrues hernoichies, garnies de bestes, es trois saisons chascun an, à la requeste dou commandement es diz religieus, un jor à chacun saison, en telle manière que la charrue qui n'auroit home an seguant, que li dit religieus seroient tenu dou metre et de soigner les boviers, ainsinc comme ils soignent celx qui sont en lor corves de lor ville de Saint Remi (4).

(1) Donner en mariage.
(2) Les conséquences de ce dernier paragraphe, appliqué constamment et dans toute sa rigueur par les moines de Fontenay, furent telles que, jusqu'à la Révolution française, tout habitant de Fresnes qui quittait le village sans avoir fait signifier son désaveu aux religieux, courait le risque, même à une époque où cette prescription humiliante était tombée en désuétude, d'être poursuivi pour tailles à miséricorde dans sa nouvelle résidence, ou bien de voir à son lit de mort son héritage disputé à ses parents. (Archives de l'abbaye de Fontenay. Titres du domaine de Fresnes.)
(3) Sa fin, mort, décès.
(4) M. Canat, qui a publié cette charte dans ses *Documents inédits sur l'histoire de Bourgogne*, émet l'opi-

6. Et quand li dit religieus vodront venoinger, il auront lor ban de venoingier trois jorz en l'an, es que trois jorz cil de Fraine lor aideront à venoingier de chascun feu une personne souffisant, et de lor chevauz, et de lor charroi, et ne porront nul autre venoingier en ces trois jorz, mas que les diz religieus, es vignobles de la dite ville de Fraine, ne dou finaige, se n'estoit pas les diz religieus; et dès les trois jors en avant porront cil de Fraine venoinger sans contredit.

7. Ne les bestes es diz religieus ne les autrui ne doivent antrer ez vignes jusque tant que tous li costaux soient venoingiez, et les chievres ne doivent pasturer ne entrer jamais en vigne, ne en sauciz (1).

8. Et est à savoir que li home et les femes de la dite ville de Fraine remainnent (2) taillauble aut et bas à la dite église de Fontenoy.

9. Et se li sergenz, que li dit religieus metront à Fraine por garder lor choses et celes de la dite ville yver et esté continuemant, prent en tans d'yver en vignes, en sauciz, en cloisons et en autres choses, aucuns qui domaige facent, cil qui sera pris paiera trois solz d'amande et randra lou domaige; desquels trois solz aura li diz sergenz douze deniers, et li deu solz seront es diz religieus. Et se aucuns i estoit pris de nuys, il paieroit sept solz et randroit lou domaige, et en auroit li diz sergenz douze deniers.

10. Et quant saison sera de metre les messiers por les biens garder, li messiers que li preudome (3) de la dite ville metront, avec lou sergent ez diz religieus, fera lou sairemant, se ilz voient que il soit soffisanz, et il dui garderont tout en moissons ou en venoinges, et lou gayn que il feront, tant cum il seront compaignons en pargier (4) et en autre choses, partiront de par moitié en bonne foi; laquel pargie monte à cinc deniers de la grosse beste, et des menues bestes que li sergent diront que il auront trovées en domaige, li dit religieux leveront la pargie à lor volenté et feront joir lou sergent avigniamant (5) des dites prises, selon que il cuideront (6) que raisons soit. Toutes les ques bestes ne doivent par-

---

nion que Saint-Remi pouvait avoir été affranchi avant Fresnes. C'est une erreur, l'affranchissement de Saint-Remi, qui figurera dans ce recueil à son rang, est de 1713, et d'ailleurs la phrase en question dit simplement que les hommes de Fresnes mandés aux corvées seront traités comme ceux qui travaillaient aux corvées du village de Saint-Remi.

(1) Saussaie, pépinière, jeune plante.
(2) Remainnent, demeurent.
(3) C'étaient les prud'hommes qui existaient déjà avant la charte, et étaient chargés de la répartition des charges et de la gestion des biens communaux.
(4) Partageront. C'est-à-dire qu'ils auront la moitié du produit des amendes encourues pour les délits commis par les animaux.
(5) Convenablement.
(6) Croiront, penseront.

gies se eles ne sont prises des sergenz jurés, ou si li preudons ne preuve, par lui ou par autre, que il les ha prises droitemant en son domaige; li quel sergent doivent estre creu, chascuns par son sairement, des prises que ils feront dez or en avant.

11. Et ont ancor doné li diz religieus es genz de la dite ville de Fraine, en communauté et en aasance (1) de la dite ville, tout lor bois des Maux por lou forestaige de sex deniers paiant chacun an, lou jor de la Marcoinche (2) de chascun fin de la dite ville, sauve l'amande du domaige et des prises qui seront faites ou dis bois, qui monte à cinc sols de la monoie corant en Burgoine, desques li dui solz seront esdiz religieus, et li dui solz à la ville, et li douze deniers ez sergenz, et sauve la grant justice et la grant amande (3) que li dit religieus retenent en toutes les choses ci desus nommées et escrites, se eles i afferoient (4) et cesseront les bestes des diz religieus d'antrer ou dit bois tant com les bestes de la dite ville se n'antreront (5).

12. Et la maisnie des diz religieux qui bestes y metroient, ou tens que la pasture seroit de garde, sera tenu de paier l'amande, ansinc comme li autre, et les controindriens de paier de lor luiers (6).

Et por ceu que toutes ces choses dessus dites soient fermes et estables à touz jorz, avons nos fait metre notre seal en ces présentes lettres, à la requeste des parties. Ce fut fait en l'an de grâce mil deus cenz sexante et douze.

Original en parchemin : Archives de la Côte-d'Or. Série H. Fonds de l'abbaye de Fontenay. Domaine de Fresnes. — Imprimé dans les *Documents pour servir à l'histoire de Bourgogne*, par M. Canat, t. I, p. 121.

(1) Usances, usages.
(2) L'Annonciation Notre-Dame, dite la Notre-Dame de Mars.
(3) Celle de 65 sols.
(4) C'est-à-dire si elles devenaient nécessaires.
(5) C'est-à-dire tant que le bois ne sera pas reconnu défensable.
(6) Propres deniers.

CHANCEAUX

Ce village du canton de Flavigny est connu dès 841. Il fut donné en 1004 par Aymon, comte d'Auxois, aux religieux de l'abbaye de Flavigny, qui y fondèrent un prieuré sous le vocable de Saint-Anthime. Sous le règne du duc Hugues IV, les religieux, pressés d'argent, l'engagèrent à ce prince, des mains duquel ils le reprirent en 1268, en rachetant deux ans après une portion de cette même terre, constituée en fief au profit d'un seigneur laïque. Les habitants, qui jouissaient déjà de quelques libertés, notamment de l'exemption de la mainmorte, contestèrent aux religieux le droit de leur imposer certaines prestations, et portèrent le débat devant le duc Hugues IV, sous la main duquel ils avaient longtemps vécu ; celui-ci pacifia le différend, ainsi qu'il suit :

CCCLXXXIII

Transaction passée devant Hugues IV, duc de Bourgogne, entre l'abbé et le couvent de Flavigny et les habitants de Chanceaux, au sujet de leurs droits et de leurs priviléges.

1272 (octobre).

Nos, Hugues, duc de Borgoigne (1), façons savoir à tos ceux qui verront ces présentes lettres que comme discorz fust entre religios homes Guillaume (2), abbé de Flavigne et lou convent dou cel moismes lieu d'une part, et la communaulté (3) les hommes et femmes de Chanceau d'autre part ; sur conque le dit abbé et le convent demandoient à la dicte communaulté trois gites (4) que li abbé et li convent auroient achepté de monseigneur Huedon, chevalier, fil monseigneur Guillaume Loubefort (5) ; lesquelz gites, la dicte communaultés devoit audict Huedon et lequel gites estoient dou fié de l'église de Flavigne, et comme la dicte communaulté deust la bien venue à l'abbé quant il estoit nouveau abbé hault et bas à sa volunté sans penrre cors de hommes et aussy quant il alloit à Rome (6).

1. Accordé est, entre les dittes partyes par devant nos, en telle manière que le dict abbé et le convent quittent perpétuellement la dicte communaulté des devant dictes choses que ilz lou demandoient et chacuns hommes et femmes qui tanra

---

(1) Hugues IV, duc de Bourgogne.
(2) Guillaume du Fossé, 44ᵉ abbé, administra le monastère de 1263 à 1276.
(3) Il résulte de ce texte et de documents postérieurs que les habitants de Chanceaux n'étaient déjà plus soumis à la mainmorte.
(4) C'est-à-dire le droit de loger trois fois par an à Chanceaux, aux frais des habitants, lesquels devaient lui fournir le logement et la nourriture pour lui et sa suite, et quinze chevaux. L'abbaye avait racheté ce fief moyennant 400 livres, deux ans auparavant. (Chron. man. de Flavigny.)
(5) Eudes, chevalier, fils de Guiot Lou Befort de Chaseuil.
(6) Les mêmes prestations existaient pour les habitants de Flavigny.

feu et leu en la dicte ville ou qui sera partye et dévis (1) et chacune femme aussy paiera au dit abbé et au convent chacun an, lendemain de la feste de la Tossainct, cinq sols de tornois pour totes ces choses devant dittes; et portant payant chacun an la dicte communaulté demore quitte perpétuellement des devant dittes choses, et de toutes autres choses, sauves au dit abbé et au convent les cens, les tierces, les dixmes, les masaiges (2), et totes corvées et de chairues et de porter lou bled du dixme ou grenier l'abbé et au convent et dou brant (3), et lou forestaige, les coutumes, les rentes de bois fors banaux, totes rentes de marchiez et justice, se l'abbé et le convent pourchassoit qu'il heust marchié en la dicte ville et totes autres rentes et sauves la justice de la dicte ville et des appartenances qui demeure ou dit abbé et au convent.

2. Et est acordé pardevant nos des amandes de ceux qui forferont, que cil qu fera four en la ville par lou que il doive amande de soixante cinq sols par l'usaige de Borgoigne, il seront quitte pert vingt sols de la monnoye courante par Borgoigne, et de l'amande qui monteroit à sept sols, il sera quitte pour trois solz de la dite monnoye et le clamoit quitte pour doze deniers, et cil qui feroit feu porquoy il debvroit plus de soixante et cinq solz d'amande; et se amande seroit jugée ou dict abbé ou de son commandement et paié selon l'usaige de Borgoigne ou justice faicte et sil qui ne payeroit chacun an lendemain de feste de Tossainct les cinq solz des susditz, il payeroit sept sol d'amande, la monnoye de Borgoigne.

3. Le dict abbé et le convent ny lou servans (4) ne pueent penrre homme de la ditte ville pourquoy ilz se veuillent plonger d'ester à droict donnant le dict abbé et lou convent, se la faiz n'estoit teix, porquoy avoir ne peust eschapper lou corps et s'il ne voloit ploigier, il lou pouroit penrre (5).

4. Se descorz estoit des homes de la dite ville de fondement de terre ou de ses héritaiges qui fussent en sa justice de la dicte ville nuz (6) n'en peut connoistre ne jugier que l'abbé ou ses commis.

5. Si aucuns de ceux qui tenrront feu et leu en la dicte ville ou qui seroit partis et devis ne povoit payer les dits cinq solz au dit jour et l'an ne lou trovast de quoy gaiger celuy jor, la dicte communaulté les debvroit payer audit et outre

---
(1) C'est-à-dire habitant la même maison, ayant le même feu, mais ayant leurs biens séparés.
(2) Voir page 188, note 4.
(3) Redevance en farine.
(4) Sergents.
(5) Imitation de la charte de Chagny (II, 94), de La Roche Pot (II, 133), de Marigny (II, 157), de Marsannay (II, 184).
(6) Nul.

l'uitave de la feste de Tossainct par ceux qui nauroient payé par chacun jor qu'il défauroient audict payement, doibt la communaulté sept solz d'amànde de la monnoye de Borgoigne et est à savoir par tos les deffaillans por une amande tos les dits jors.

6. Se l'abbé ou ses commandemens fassoient jugement des homes de la communaulté de quoy la vie des partyes se tinstes pour grevés, et les porroit apporter par devant nos et se nos regardiens que les jugemens fussent bons, cil qui auroit appellé repareroit (1) devant le dict abbé et en payeroit l'amande audict abbé, c'est assavoir cent solz de monnoye sans nulle rebattue, et si lou jugement estoit mauvais, il demouroit en nostre cort et nos li firiens droict de la querelle.

7. Sy lesdits abbés deffailloit à aucuns desdits homes de faire droict et l'abbé en fust requis trois fois huit jors passés ; après lors qu'il auroit requis les trois fois, de quoy l'une des fois fusse ou chapitre de Flavigné, se cil qui se plaindroit y pouroit entrer, il en pouroit venir à nos sans amande et nos li feriens droict.

8. Et cil qui nous feroit en la manière dessus dites, et l'abbé ne fust trouvé en deffault, et cil qui s'en plaindroit à nos, payeroit au dit abbé d'amande soixante et cinq sols.

9. Et ledict homme puent venir à nos sans amande, que il se plaindroit d'aucuns qui soit de fors de la ville, fors que des justiciables, l'abbé et au couvent et nos lon en ferions droict comme à ceux qui sont en nostre garde.

10. Lesditz abbés ou ses commandemens doibvent lever chacun an lendemain de la Tossainct vingt livres de tornoy de la communaulté de la dicte ville, et les homes et les femmes de la dicte communaulté se sont obligés à payer sur tos los biens les dites vingt livres de tournois chacun an, sy commil est dessusdict, desquelz vingt livres l'abbé et le convent sont tenus à nos à l'uitaive de la feste de Tossainct (2) et s'ilz n'estoient payés lendemain de la feste de Tossainct, les ditz homes et les dites femmes de la dite communaulté payeroient audit abbé et à son commandement par nos de payer par chacun jour qu'il défauroient ou payement des dites vingt livres, vingt solz de la monnoye de Borgoigne.

11. Et li dits mares de la dicte ville demorrent en tel estat commil estoient devant la confection de ces présentes lettres, quatre prudhommes seront esleus pardevant l'abbé ou son commandement lou jor de la feste Sainct Jean Baptiste

---

(1) Ferait réparation.
(2) Vraisemblablement pour le garde du prieuré de Saint-Anthime.

qui se porvairont (1) de ceux qui ne seront penables (2) des dits cinq sol et de tel partage commil devront des dites vingt livres, et feront saisir lor biens en temps des moissons par lou sergent audict abbé, demeurant à Chanceau.

12. Et sy deffault y avoit par lou faict desdits quatre prudhommes, cil quatre et la communaulté de la dicte ville seront tenus dou restorer.

13. Si la communaulté ne se pouroit accorder de la dicte eslection, l'abbé ou ses commandemens les y peust mettre et doibt appeler quatre prudhommes de la ville, et recepvoir le serment s'il le veulent faire, s'il ne lou veullent faire, et ou il ny vuillent estre, l'abbé lou peut faire sans autre.

14. Totes les dites choses dessusdites ont promis les dites partyes pardevant nos tenir fermement et garder à tout jamais et se sont obligés et consustés (3) lor biens qui les controignissient s'ilz en estoient défaillans.

En tesmoing de laquelle chose, nos, Hugues, duc de Borgoigne et dessusdict, avons fait mettre nostre séal en ces présentes lettres, par la prière et par la requeste des partyes, con fust faict en l'an de l'Incarnation Jesus Crist, qui coroit per mil dous cens soixante douze, au mois d'octobre.

Copie délivrée par la chancellerie de Semur le 18 septembre 1664. Archives de la Côte-d'Or, H. Fonds de l'abbaye de Flavigny. Titres du prieuré de Chanceaux.

AMPILLY-LE-SEC.

Ce village qui, en 1005, appartenait à Eudes, vicomte de Beaune, et dont le roi Robert confirma la donation au prieuré de Saint-Etienne de cette ville, ne tarda point à redevenir un fief laïque. Au XIII° siècle, il appartenait à la famille de Joinville, dont l'un des membres, Geoffroy, frère du célèbre biographe de saint Louis, accorda aux habitants des priviléges fort étendus. Des Joinville la seigneurie passa aux Landuras, puis aux Berruyer et aux Pommard. Au XV° siècle, elle fut divisée en deux parties, appartenant aux Rochefort, aux Chandio, aux Pontailler et aux Lantage, qui la vendirent aux d'Esbarres et aux d'Anglure. Ceux-ci réunirent en 1577 les deux portions de la terre et l'aliénèrent à René de Sommièvre, dont les descendants l'ont possédée jusqu'à la Révolution.

Ampilly est une commune dépendant du canton de Châtillon-sur-Seine.

(1) Enquerront.
(2) Redevables.
(3) Engagés.

CCCLXXXIV

Charte de franchises accordée aux habitants d'Ampilly-le-Sec, par Geoffroy de Joinville.

1274 (avril).

Au nom de notre Seigneur. Amen. L'an de l'Incarnation d'icellui, mil deux cent soixante quatorze ou mois d'avril, nous, Morel dit Guidons, Maître Guillaume, charpentier, Pierre dit Sault de Bois, Guillaume dit Fauchos, Jean dit Challope, Constant dit Baudrans, Martin dit Barbe, Jehan Clerc, fils de feu Constant dit Rogot, Viennot dit Arambours, Odinet dit Ferfans, procureurs de la communauté des hommes de la ville d'Ampilly ; si comme icelle communauté expressément la reconnu pardevant Guyot, notaire publique de Châtillon sur Seine, scavoir faisons à tous ceulx qui ces présentes lettres verront, que nous pour notre utilité, de nous, nos hoirs et successeurs sans force, paour, fraude ou circonvention aucune, mais par bonne et meure délibération, volens aussi éviter la maiviolence et procès de noble homme Goffroy de Joinville, chevalier, seigneur de Seantholiot, et notre seigneur temporel, de noble dame Mabile sa femme et de noble damoisel Gauchis, fils de la dessus dite Mabile (1), du consentement et concorde desdits nobles, et de nous ou nom de procureurs de la communauté des hommes de la dite ville, pour nous et nos hoirs présens et advenir, et pour les hommes de la dite ville, leurs hoirs et successeurs, lesquels, quant à ce, avons obligés et obligeons perpétuellement, avons concordé avec les dits nobles, leurs hoirs et successeurs présens et advenir, en la manière qui s'ensuit :

1. C'est assavoir que les hommes de la dite ville payeront au seigneur qui pour le tems sera en la dite ville, chacun an, pour chacune bête traihant (2) à la charrüe, de cui qu'elle soit, pourvu qu'elle traihe à la charue ou finaige de la dite ville, trois sous, monnoye courant pour le tems par Bourgogne, et un bichot blef léal et marchand, mesure de Chatillon sur Seine (3), et une fois en l'an, par moitié fromment et par moitié avene.

---

(1) Tous ces noms ont été mal lus et mal traduits par les notaires. Geoffroy de Joinville, seigneur de Seantholiot, est Geoffroy, frère de l'illustre Jean, sire de Joinville, sénéchal de Champagne, fils comme lui de Simon, sire de Joinville et de Vaucouleurs, et de Blanche, fille d'Etienne, comte d'Auxonne. Seantholiot est le nom estropié de Vaucouleurs, qu'il eut en héritage et qu'il transmit à son fils.—Mabile est Mahaut de Lucy, d'origine anglaise ; et Gauchis, leur fils, est Gautier, seigneur de Vaucouleurs, qui fut tué à la bataille de Mons-en-Puelle (août 1304).

(2) Tirant.

(3) Le bichet valait 4 mesures, dont chacune contenait 2 décalitres 8 litres 978.

2. Item, payeront les hommes de la dite ville, au seigneur qui pour le temps sera en la dite ville, pour chacun cheval et mulet traihant à la charue, ou finaige de la dite ville, à cui qu'ils soient, six sols monnoye courant pour le tems par Bourgogne, et une mine (1) de bon blef et marchand, à la dite mesure, par moitié fromment et par moitié avenne.

3. Item, pourront vendre et acheter, les hommes de la dite ville, leurs biens, meubles et immeubles, dedans et dehors la dite ville, taint ainsin qu'ils ont accoutumé de vendre et acheter, devant la confection de ces présentes lettres (2).

4. Item, les hommes de la dite ville pourront réclamer et entrer la liberté telle qu'ils voudront, se eulx ou leurs biens étoient prins d'aucuns, par le deffaut de leur seigneur qui pour le tems sera, ou pour icelluy seigneur ou pour ses debtes, lors seulement pour iceulx requérir, sauf toutes fois à icelluy seigneur les revenus et amendes contenues en ces présentes lettres; en outre le seigneur qui pour le temps sera en la dite ville, sera tenu de bien et loyalement deffendre les hommes de la dite ville, contre tous ainsin que bon et loïal seigneur est tenu de faire (3).

5. La femme veuve qui ne semera point ou fera semer en terre, demeurant en la dite ville, payra trois sols de la monnoye qui pour le tems courra par Bourgogne, une fois en l'an; et ung bichot de blef dite mesure, par moitié avenne et par moitié froment.

6. Item, le varlet non marié et la fille de la dite ville, demeurant en icelle, qui semeront ou feront semer en terres, payeront ung chacun, au seigneur qui pour le tems sera en la dite ville, trois sols monnoye courant par le tems par Bourgogne, et ung bichot de blef à la dite mesure, par moitié froment et par moitié avenne; et s'ils ne sement ou font semer en terre, ils ne paieront riens.

7. Item, les hommes de la dite ville peullent marier leurs enfans dedans et dehors la dite ville, et leur donner de leurs biens, meubles et immeubles, ainsin que bon leur semblera, excepté les hommes de l'abbé de Notre Dame de Chatillon, résidans en la dite ville (4).

8. Item, le seigneur qui pour le tems sera en la dite ville, pourra mettre son

---

(1) L'émine valait deux des bichets précédents.
(2) Imitation du § 13 de la charte de Salmaise.
(3) Réunion en un seul article de paragraphes qui, dans les chartes de Dijon, Beaune, Mirebeau (I, 13, 59, 242, 581), Saulieu, Auxonne, Chagny, Verdun, Noyers, Marigny, Marsannay, Montaigu et Seurre (II, 2, 29, 94, 131, 145, 158, 184, 189, 207), sont toujours séparés.
(4) Les hommes de l'abbaye étant serfs, et par conséquent d'une condition inférieure à ceux du seigneur, il ne pouvait y avoir entre eux de partage, parce que, d'après la coutume, la pire condition emportait la bonne.

forestier trois fois en l'an ; et s'il n'est souffisant, pour son insouffisance, les hommes de la dite ville le porront hoster, et s'ils advient qu'il soit hoté par les hommes de la dite ville, le seigneur y en mettra ung autre, secondement et tiercement, jusques à la fin de l'an; et les dits hommes de la dite ville y mettront le leur s'il leur plait, trois fois en l'an; et fault que tous les deux soient natifs de la ville d'Ampilly.

9. Item, les hommes de la dite ville sont du tout en tout quittes et déchargez de toutes les tailles, exactions et courvées, et qu'ils devoient devant la confection ces présentes lettres.

10. Toutes les revenues contenues en ces présentes lettres se paieront par les hommes de la dite ville perpétuellement et par leurs hoirs et successeurs, toutes allégations, raisons et déffences et exceptions cessant et arrière mises, au seigneur qui pour le temps sera en la dite ville, en l'interval des fêtes de Saint Remy et de Toussains; et ceux ou celles qui ne satisferont desdits revenues dedans le dit interval, la fête de Toussains passées, payeront chacun cinq sols d'amende, monnoye courant pour le temps par Bourgogne, et après seront tenus sans interruption es revenus desus dits.

11. Item, les septiers (1) d'avenne, ainsain qu'ils sont dus par l'usaige et coustumes de la dite ville, se payeront par les hommes de la dite ville, en l'intervale des fêtes Saint Remy et de la Nativité Notre seigneur, et la Circoncision Notre Seigneur passée, celui qui devra et n'aura payé, payera cinq sols pour l'amende au seigneur qui pour le temps sera en la dite ville, monnoye courant pour le tems par Bourgogne; et après sans interruption seront tenus à payer les dits septiers.

12. Item, chacun feu de la dite ville doit chacun an au seigneur qui pour le temps sera en la dite ville, un pain à la Nativité Notre Seigneur et une géline à carême prenant.

13. Item, pour chacune amande maindre (2), et pour sang fait de main, de pied, ou en boutant (3) l'un et l'autre, ou de petites verges, se clameur en est faicte, ou se les combattans sont prins par le sergent de la ville ou par le maire, les coulpables payeront cinq sols, monnoye courant pour le tems par Bourgogne, au seigneur qui pour le temps sera en la dite ville; se sang est fait de gros bâton, ou d'une épée ou d'un glaive (4), ou d'un coustel, ou d'autre armeure ferrée,

(1) Le setier était le douzième du muid et valait deux émines.
(2) Ce que l'on appelait ailleurs l'amende des petits claims.
(3) Luttant.
(4) Lance, épieu.

celui qui le fera, payera au seigneur qui pour le tems sera en la dite ville, soixante cinq sols, monnoye courant pour le temps par Bourgogne.

14. Item, le seigneur qui pour le temps sera en la dite ville, retient toujours à lui les homicides, larrons et fausses mesures, aux us et coutumes du chastel et chastellenie dudit Chatillon.

15. Item, le seigneur qui sera pour le tems, sera tenu de jurer la teneur de ces présentes lettres, et après le serment par lui fait, les hommes de la dite ville seront tenus à luy perpetrer fidélité.

16. Item, les hommes de la dite ville seront tenus, une fois seulement, de aider le seigneur qui pour le tems sera en la dite ville, de la somme de quatre vingt livres tournois, s'il veut aler outre mer, et de la somme de quatre vingt livres tournois les dits hommes, quant il est fait chevalier, pourvu que ces choses n'adviennent point en ung an, et outre les sommes dessus dites, le dit seigneur qui pour le tems sera en la dite ville ne pourra aucune chose extorquer les dits hommes contre leur volunté.

17. Item, aucun bois de la dite ville ne se poura vendre, ou de la communauté des hommes d'icelle ville, ou porter vendre, fors que le bois mort, et se le coupeur est trouvé coupant bois droit, celui ou ceux qui seront trouvez paieront chacun cinq sols pour l'amende, monnoye courant pour le tems par Bourgogne.

18. Item, nous tous procureurs de la dite ville, confessons que nous, du consentement et assentement de tous les hommes de la communauté de la dite ville, pour nous, nos hoirs et successeurs des hommes de la dite ville, leurs hoirs et successeurs, avons donné, quitté et ouctroyé en l'héritaige perpétuel au seigneur qui pour le tems sera en la dite ville, que tous les bois appellé forêt Gaucher, sans en riens retenir, exceptés rourtes por carrutis (1) ; et le pasturaige des bêtes des hommes de la dite ville, sauf audit seigneur qui pour le tems sera en la dite ville, que s'il plaisoit vendre et copper le dit bois, les dites bêtes ne pastureroient point en icellui, par l'espace de cinq ans, et les dits cinq passez, les dites bêtes pastureroient au dit bois comme paravant (2).

Et des autres bois, les dits hommes de la dite ville pourront faire leur volunté, ainsain que bon leur semblera.

(1) Liens pour charrues.
(2) « Nuls, dit l'art. CCCXXVI de l'ancienne coutume, ne peut mener pasturer beste en bois de revenue jusques qu'il ait la quinte feuille passée, se ce n'est par la licence de celui à qui est le bois. Revenue de bois de seigneur se doit garder jusques à la sixième feuille, et la revenue de bois de communauté jusques à la cinquième. » (Bouhier, I, 165.)

Ces présentes convenances et pactions ainsi que ci dessus sont exprimées et divisées, nous, les dits procureurs esleus quant à ce, de tous les hommes de la dite ville d'Ampilly, pour nous et les dits hommes de la dite communaulté, leurs hoirs, successeurs et les nôtres, voulons, louhons, approuvons, et de nôtre volenté et des hommes de la communaulté de la dite ville, confessons être du tout en tout efficaces et ouctroyées. Et nous, Goffroy, Mabile, sa femme, et Gauthier fils de la dite Mabile, consentons esdites convenances et pactions, et icelles approuvons pour nous, nos hoirs et successeurs présens et advenir; promettons nous tous les dits procureurs, Mabile sa femme, et Gauthier fils de la dite Mabile, chacun de nous en droit soy, memement nous lesdits procureurs pour nous, nos hoirs et successeurs, et pour les dits hommes, leurs hoirs et successeurs; et nous, Goffroy, Mabile et Gauthier, pour nous, nos hoirs et successeurs ; et tous ensemble sous l'obligation de tous nos biens, meubles et immeubles, présens et advenir quelconques et en quelque lieu qu'ils seront trouvés, par nos sermens pour ce donnés corporellement, pour nous et nos hoirs, lesquels, quant à ce, nous obligeons sur les saintes Evangiles, toutes les choses dessus dites, cy dessus exprimées et divisées, tenir perpétuellement et inviolablement observer, et semblablement sous l'obligation de nos biens, de nos hoirs et successeurs, que contre la teneur de cest présent instrument, par nous ou par autres, par parole, par fait ou consentement, taisiblement ou en appert, en aucune manière ne ferons ou dirons aucune chose, ne procurerons être fait ou dit, ne ne consentirons être fait dit ou procuré, mais de tout nostre pouvoir observerons ou ferons observer toute la teneur de cest présent instrument, inviolablement. Renonçons en ce fait de notre certaine science par nos sermens, nous lesdits procureurs en nos noms, de nos hoirs et successeurs, et de toute la communauté des hommes de la dite ville, leurs hoirs et successeurs, et nous, Goffroy, Mabile et Gauthier, pour nous, hoirs et successeurs, à l'exception de dol, de mal, de circonvention, de lésion de chose non faite, à tout privilége, à toute action en cause et sans cause, ou pour injuste cause ou moins souffisante cause, à tous statuts, coutumes et usaiges de pays ; à l'exception de mandement d'eaige, de toute tutelle et curatelle, à toutes grâces ouctroyées et à ouctroyer, de la croisée de toutes supplications et impétrations d'offices de seigneurs et de juges quelconques, à tout aide de droit canon et civile, à toutes allégations, raisons, deffenses et exceptions que l'on pourroit dire ou objecter contre ce présent instrument, au bénéfice et aide d'usaige velleyan, à tout droit fait et introduit en faveur des femmes. Et voulons et ouctroyons, nous tous procureurs pour nous et pour la communauté des hommes dudit Ampilly, les hoirs et successeurs de nous et desdits hommes; et nous, Goffroy, Mabile et Gauthier, que nous soyons contraints à tenir les choses dessus dites comme de chose adjugée par la cour de monsieur le duc de Bourgogne, à la juridiction de laquelle, quant à ce, nous subzmettons nous et nos hoirs. En tesmoing desquelles choses nous avons supplié et obtenu le scel de M° Pierre de Luxey, et les nostres de nous lesdits Goffroy être mis à ces présentes lettres, lequel M° Pierre est doïen du dit Chastillon. Fait l'an et mois dessus dits.

Donnée par coppie translatée de latin et français. Collation faite à l'original par moi, Jehan Turbilot, clerc, notaire juré de la cour de la chancellerie du roy de France, nostre sire, en son duché de Bourgogne, le dixiesme jour de novembre, l'an mil quatre cent quatre vingt et ung, ainsi signé J. Turbilot, avec paraphe.

Collationné par nous, notaires soussignés, sur la copie en parchemin, collationnée sur l'original de la chartre déposée entre les mains de M° Verdin, l'un de nous les dits notaires, et ladite pièce rendue à madame de Sommyevre, la présente copie délivrée aux habitans sur leur réquisition, ce jourd'huy dix sept juillet mil sept cent quatre vingt dix.

Signé : VIAUDEY et VERDIN, notaires royaux.

AMPILLY-LES-BORDES

On trouve dès l'année 1097 l'abbaye de Flavigny en possession de cette terre, qu'elle engagea, avec Chanceaux, Saint-Germain et Poiseul, au duc Hugues IV, pour la reprendre en 1268. Ce dépôt entre les mains d'un prince naturellement enclin à favoriser l'essor des libertés publiques, influa d'une manière avantageuse sur la situation de ces villages. Chanceaux, comme on l'a vu, affirma et compléta ses franchises. Ampilly, moins bien favorisé, y gagna un notable adoucissement à ses charges, mais il dut attendre jusqu'en 1599 pour être affranchi de la mainmorte, et encore ne l'obtint-il que sur la menace des habitants d'abandonner le lieu.

Ampilly, qui relevait du bailliage de la Montagne, fut échangé en 1572, par l'abbaye, à Mlle Dortan, baronne d'Orvain, contre un domaine à Boux. En 1789, il appartenait au marquis de Foucault. C'est aujourd'hui une commune du canton de Baigneux, arrondissement de Châtillon-sur-Seine.

CCCLXXXV

Engagement souscrit par les habitants d'Ampilly-les-Bordes, envers l'abbaye de Flavigny, d'acquitter les obligations qui leur ont été imposées pour l'abonnement de la taille, la suppression du droit de gite et le désaveu.

1265 (mai).

1. In nomine Domini, amen. Anno incarnationis ejusdem millesimo ducentesimo septuagesimo quinto, mense septembri. Nos, Joannes Gemmary et Moninnus Tarpey de Ampilleio, procuratores pro communia ejusdem ville, tota que communia de Ampilleio, in facie ecclesie Ampilleii et hostiatim super his inferius annotatis requisitis (1). Notum facimus omnibus presentibus et futuris quod cum frater Guillermus abbas humilis (2), totus que conventus Flavigniacensis nos ad nostram requisitionem aboniaverint et nos ab omni taillia et exactione quittaverunt pro viginti quinque libris monete currentis per Burgundiam.

2. Item, cum ipsi abbas et conventus gistum suum (3) in villa de Ampilleio habuerint, ipsum gistum de voluntate nostra pro quindecim libris monete superius nominate taxaverint. Illas predictas utique summas viginti quinque libras videlicet et quindecim pro gisto annis singulis ad quindenam Sancti Remigii camerario Flaviniacensi (4), solvere promittimus et tenemur, ita tamen quod si dictam monetam deteriorari vel miniorari contigeret, nos omnes dominii sui de Ampilleio, in equivalentiam talem et eandem solvere tenemur, ut quindecim denarii pro decem monete currentis duodecim valeant turonensem. Et si in solutione dicte pecunie annis singulis in dicto Remigio, quod absit, cessavimus, voluimus et concessimus quod camerarius qui pro tempore erit nomine pene pro qualibet ebdomade cessatione predictis et elapso termino supradicto viginti solidos a nobis habeat, si habere voluerit et levare. Si vero dictam monetam contigeret augmentari, voluimus, concessimus et concedimus quod dicte crescentie vel augmentationis sit camerario utilitas vel commoditas, et ut predicta cum incremento de eadem moneta recipiat et percipiat.

3. Item, cum predicta pecunia summa pro dicto gisto, quilibet masculus et

---

(1) Convoqués de porte en porte.
(2) Guillaume du Fossé, cité dans la charte de Chanceaux, n° CCCLXXXIII.
(3) Voir le préambule de la charte de Chanceaux.
(4) Plus tard, lors de la division des biens de l'abbaye entre l'abbé et les religieux, la terre d'Ampilly échut à l'office du chambrier.

mulier habens per se focum et locum in villa de Ampilleio, unum bichetum avene ad mensuram de Eygneyo camerario persolvere tenetur.

4. Preterea cum predicti abbas et conventus in villa de Ampilleio remiserunt et omnino in perpetuum quandiu homines sui de Ampilleio exire contigerent, concessimus et concedimus quod omnes res mobiles et immobiles in dominio suo existentes sint remanent camerario pacifici et quieti pro dicta manu mortua quittatione nullatenus super hoc existente (1).

Hoc adjecto de consensu nostro quod homines alterius dominii nobis de Ampilleio non succedant quamvis consanguinei nostri sint et cognati.

Pro quibus ut supra dictum est, ipsi abbas et conventus predicti nos omnes dominii sui de Ampilleio, ab omni taillia et exactione quittaverint, salvis et ecclesie sue Flavigniacensi justicie et jurisdictione tam magna quam parva et emendis suis; salvis que preterea corveiis, coustumis, censis et censibus sibi et ecclesie sui debitis de antiqua consuetudine predicte ville de Ampilleio diutius observata. Hec autem omnia predicta nos procuratores predicti et communia predicta de Ampilleio, pro nobis nostris que heredibus quod ad hec specialiter obligamus super sancta Dei evangelia tenere juravimus ac etiam in perpetuum inviolabiliter observare. Volentes et concedentes nos de Ampilleio ad predicta omnia et singula tenenda tanquam ex re adjudicata compelli et constringi per curiam domini ducis Burgundie, ejus juridictioni quod ad hec supponimus nos et nostros heredes et omnia bona nostra. In quorum omnium testimonium litteris istis sigillum predicte curie suplices voluimus optavimus apponi. Actum est hoc in presentia Stephani notarii, predicte curie apud... domini Joannis curati de Jors, domini Andre curati de Duismo et Renaudi majoris de Ampilleio. Anno et mense predictis.

Archives de la Côte-d'Or, série H. Fonds de l'abbaye de Saint-Pierre de Flavigny. Domaine d'Ampilly-les-Bordes. Copie informe.

(1) Comparer, pour cette clause si rigoureuse, les conditions bien autrement libérales des chartes d'Auxonne (II, 31), de La Roche Pot (II, 134), de Saux-le-Duc (II, 262), de Salmaise (II, 318), de Sagy (II, 328), émanées pourtant de seigneurs féodaux.

CCCLXXXVI

Contrat d'affranchissement des habitants d'Ampilly-les-Bordes, par André Millotet, chambrier de l'abbaye de Flavigny.

1599 (7 novembre).

L'an mil cinq cens quatre vingtz et dix neufz le septiesme jour du mois de novembre après midy devant le portal de l'esglise du village d'Ampilly les Bourdes, nous, religieuse personne frère André Millotet, chambrier en l'abbaye Saint Pierre de Flavigny, et à cause dudict office, seigneur dudict Ampilly, savoir faisons à tous présens et advenir, que comme il soit que les habitans dudict Ampilly les Bourdes tant du village bas que celluy de la Rue plus haulte et finage d'illec nous compete et appartient en droit et toute justice haulte, moïenne et basse, et les dictz habitans nous subgectz de condition de mainmorte, lesquelz nous ayant prié et requis par plusieurs fois, mesme par l'acte rapporté au registre de ceste justice, du dix septiesme décembre dernier et présentement après plusieurs remontrances par eulx faictes, que pendant les guerres ils avoient assez couruz, tant en leurs personnes, bestiaulx que aultres comoditéz, ne leurs restant plus que le souffle, estant grandemant engagés des sommes de deniers envers plusieurs particuliers et de deux mil sept cent escuz, tant principal que arrérages, par le moïen desquelz debtz de jour à autre sont constituez prisonniers, leurs meubles prins, ce pandant leurs besoingnes soufroyent, telles qu'ilz sont contrainctz habandonner le village, comme plusieurs ont ja faict et en consequance noz droitz perduz et alterez et ny auroit aultre moien pour les remettre que de les affranchir et mettre hors de condition de mainmorte, en quoy faisant treuveront moien d'eulx acquiter déans quelque temps. Inclinant à laquelle requeste mise en délibération que leur exposé est véritable, que perdrons nous subjectz qui pourront aller demeurer en la justice d'aultruy, délaissant la nostre ; pour ces causes avons, mheu de pitié, pour nous et noz successeurs chambriers d'icelle abbaie Saint Pierre de Flavigny, seigneurs dudict Ampilly, affranchis et manunis, affranchissons et manumectons les habitans dudict Ampilly les Bourdes, Rue d'en d'enbas et Rue d'enhault, noz subjectz comparantz par honnorable homme Edme de la Vie, Mathieu Moquard, maire, Claude Siredey l'esney, Edme Mathieu, Pierre Mathieu, Jehan Siredey, Noël Noirot, Cathelin Siredey, Jude Garnier, Francoys

Blaisot, et tant pour eulx que les aultres habitans dudict lieu absens, ausquelz quant requis en seront, ont promis faire ratiffier ceste et ou il y auroit quelqu'un des dictz habitans forains et tennemantiers des héritages audict lieu qui ne voudroient rattifier les présentes et contribuer aux choses cy après déclarées déans un moys prochain, ilz demeureront escluz du fruict et effect du présent contrat et au contraire de mesme condition mainmortable eux et les dictz héritaiges comme cy est tous lesquelz habitans sus nommez et aultres qui ratiffieront le présent contrat leurs hoirs et descendans de eulx en ligne pour succeder tant en ligne directe que collatérale les ungz aux aultres conformément à la coustume de ce païs et duché de Bourgongne, et touz et chacuns leurs meubles et héritaiges présens et advenir quelconques et tous leurs héritaiges assiz en ces dictz finaiges, avons manumis, affranchiz et quictez, affranchissons, manumectons et quictons perpétuellement pour nous et nos dictz successeurs de la dicte servitude et condition de mainmorte par la teneur de ces présentes. Lequel présent affranchissement et manumission avons faict et faisons ausditz habitans dudict lieu d'Ampilly, leurs hoirs et ayans cause perpétuellement, en considération des choses sus dictes comme aussi moyennant la somme de six vingtz escuz par eulx paiez et emploiés aux réparations de nostre maison dudict Ampilly, et oultre ce les dictz habitans, leurs dictz enffans et hoirs descendants de ligne en ligne et aïans cause perpétuellement comme aussy les dictz forains et les leurs seront tenuz paier à noz et noz successeurs chambriers chacun an, au lieu de quarante frans qu'ilz paioient cy dessus, la somme de soixante frans de taille, à la manière et au jour accoustumé aulx peines portées par le terrier et conformément à iceluy et que chacun tenant feu audict lieu d'Ampilly et y ayant maison au lieu quilz nous paioient deux mesures d'aveynes pour le droit de giste, nous paieront deux mesures et demye chacun par chacun an pour le dit droit de giste au jour et peyne acoustumés, et nous paieront aussy pour le droit de fornage de nostre fourg de dix huict ung au lieu quilz ne nous paioient que de vingt et ung.

Les forains ayans héritages audict finaige paieront déans huit jours prochains après quilz en seront requis pour chacun jornel qu'ilz y auront la somme de dix sept solz, la moitié à nous et l'aultre ausditz habitans, pour partie du rambourcemant des six vingtz escuz cy devant rapportez suyvant leurs offres et leurs jugemens sur ce randuz, les dictz dix sept solz païables pour ceste fois seullement, en quoy ne seront comprins ne tenuz ceulx qui ont acquis héritages de la communaulté, d'aultant que les ditz habitans l'ont ainsy promis;

Nous réservant et à nos ditz successseurs tous droitz de haulte justice, moïenne et basse, et aultres droitz seigneuriaulx, rentes, censes et debtz dheuz sur ces héritaiges, maisons, granches et aultres biens desdictz habitans et desquelz ils sont affectez et chargez, et ceulx desdictz forains. Dont et duquel affranchissement, manumission et choses sus dictes, nous, ledit Millotet, chambrier et seigneur dudict Ampilly, comme aussy les dictz habitans, sommes et nous tenons pour bien contans à l'entretennement de quoy avons submis et obligéz, savoir nous ledict seigneur d'Ampilly, nos bienz temporels et les dictz habitans leurs biens, ceux de leurs hoirs et ayant cause, le tout par la court de la chancellerie du duché de Bourgongne. Renonceans quant à ce à toutes choses à ces présentes contraires. Faict et passé par devant Phelipes Aubry, notaire royal résidant à Flavigny, présent à ce, noble Claude Valon, seigneur de Barain, capitaine audict Flavigny, maistre Anthoine Gogot, notaire royal et pourveu d'office en la justice dudit Ampilly, résidant à Baigneux, et honnorable homme François Prieur, marchant demeurant à Jours, tesmoings à ce appelés et requis, en la présence desquelz, nous, ledit chambrier, avons promis faire ratiffier le présent contrat par les sieurs abbé et couvent de la dite abbaie Saint Pierre de Flavigny et esmologuer par la court sy besoingt fait pour la validité d'iceulx et leur rendre tous tiltres servant audit affranchissement fait comme et en présence que dessus; lesquelz tesmoingz se sont soubsignez avec les ditz sieurs chambrier Edme Mathieu, Pierre Mathieu et Jehan Siredey, avec nous le dit notaire, et quant ausdits de la Vie, Moquard, Claude Siredey l'esné, Noirot, Cathelin, Siredey, Garnier et Blaisot n'ont sceu signer, de ce enquis. — Signé : MILLOTET, VALON, GOGOT, FERRIÈRE, MATHIEU, J. SIREDEY, P. MATHIEU, AUBRY.

Ratification du contrat par les religieux du monastère.

L'an mil six cents, le cinquiesme jour du mois de janvier, avant midy, furent présens en leurs personnes nobles et religieuses personnes frère Claude de Vingles, doien, Charles Dufresne, secretain, Oudot Guichard, Petit, prévost, Guillaume Mittier, aumônier, Benigne Virot, prieur de Grignon, François Millotet, chantre, Vallon, nous tous de l'abbaye de Saint Pierre de Flavigny, estans en icelle abbaye, capitulairement assemblés au son de la cloche, comme ilz ont accoutumé de faire pour traiter de leur négoce et affaire dudit chapitre, lesquels après que, sur la réquisition de noble religieux frère André Millotet, chambrier en la dite abbaye, lecture a esté faicte à haute et intelligible voix, de mot à autre, par le notaire royal soubscrit, du contrat d'affranchissement faict par le dit Millotet, chambrier, aux habitans d'Ampilly les Bordes, tant du village bas que celuy de la rue plus haulte et finage d'icelle, pardevant le dit notaire soubscrit, le septième de novembre dernier passé, ayant ledit Millotet, chambrier en icelle abbaye, et pour les causes y contenues, rattiffiant iceluy contrat et affranchissement, pour le bien, utilité et évident proffit d'iceluy et de ses successeurs chambriers d'icelle abbaye et pour les causes y contenues, ratiffiantz icelluy contrat et affranchissement, ont dict et déclaré qu'ilz consentent et accordent qu'il sorte son plain et entier effect en tous ses poinctz. Promettantz par foy et sermentz, sous le vœux de la dicte religion, avoir à jamais pour bien agréable iceluy, sans nullement y contrevenir ; pour seurté de quoy, ilz ont soumis et obligé tous et chacuns leur biens par la cour de la chancellerie de Bourgogne. Renonceants quant à ce à toutes choses contraires. Faict et passé pardevant Philipe Aubry, notaire royal audit Flavigny, présents à ce noble François Brigandet, advocat en Parlement, demeurant à Chanceaux, honorable homme Gerard Fortier, praticien, et Me Claude, praticien dudit Flavigny, témoins requis qui, et les dicts sieurs religieux, nous et Millotet ont signé avec moy le dit notaire en la minutte de cette.

Approbation du contrat par l'abbé de Flavigny.

Et le douziesme jour d'octobre, avant midy, mil six cents, fut présent en sa personne révérend Père en Dieu, messire Guillaume du Montet (1), abbé commandataire de l'abbaye Saint Pierre de Flavigny, lequel, lecture à luy faicte, de mot à autre, à haulte et intelligible voix, du contrat d'affranchissement d'autre part escrit, faict par le frère André Millotet, chambrier en la dicte abbaye, aux habitans d'Ampilly les Bordes, tant de celuy du village bas, que celuy de la rue haulte, finage et territoire d'icelles, pardevant le notaire soubscrit, le septiesme de novembre dernier, rattiffiantz iceluy, a dict et déclaré qu'en tant qu'il luy touche, il consent et accorde que le contenu en iceluy contract sorte son plain et entier effect, dont il est comptant. Pour surté a soumis et obligé ses biens temporelz d'icelle abbaye par la cour de la chancellerie du duché de Bourgogne. Renonçant quant à ce à toutes choses a ce contraires. Faict audit Flavigny, au logis d'honorable homme Claude Fortier, pardevant Philipe Aubry, notaire royal

---

(1) Guillaume du Montet, serviteur de Marcilly-Cypierre, succéda en 1598 à J. Alix, pourvu de l'abbaye par le duc de Mayenne. Guillaume du Montet ne fut qu'un prête-nom, à l'aide duquel son ancien maître Marcilly-Cypierre, auquel Henri IV avait donné ce bénéfice, qu'il ne pouvait garder étant marié, continua de toucher les revenus de la manse abbatiale. Il mourut en 1614.

audit lieu. Présens à ce M° Phelipe Lemulier l'esné, greffier, Gérard Fortier, praticien dudit Flavigny, témoins requis, qui avec le dit sieur abbé ont signé en la minutte de ceste, avec moy le dit notaire.

Archives de la Côte-d'Or, série H. Abbaye de Flavigny. Domaine d'Ampilly. — Copie informe du XVII° siècle.

TART

Cette seigneurie, qui remplaça dans le principe l'ancienne *finis Taruensis* des chartes du IX° siècle, appartenait au commencement du XII° à Arnoul Cornu, qui y fonda une abbaye de femmes, qui devint chef d'ordre des religieuses de Citeaux. Sybille, fille de Hugues le Roux, frère du duc Hugues II, l'apporta en dot à Anséric de Montréal, et elle échut en partage à Jean, leur second fils, qui affranchit les habitants. Jean, son fils, la vendit en 1283 au duc Robert, lequel y joignit en 1287 une portion de la même terre, provenant de J. de Blessey. Eudes IV, son fils, la réunit à la terre de Longecourt, qu'il donna à Marie, sa sœur, femme du duc de Bar. A partir de cette époque, la seigneurie de Tart fut divisée en deux, trois, quatre portions et même davantage, qui appartinrent concurremment aux familles de Saulx-Vantoux, de Pontailler, de Magny-sur-Tille, de Fribourg, de Saint-Seine, de Molain, de Plaine, de Chissey, de Nagu, de Grandmont, qui les transmirent par alliance ou plutôt les vendirent aux Bastier, aux Gros, aux Berbisey, aux Le Marlet, aux de Souvert, aux Lesecq, aux Depringles, et, en dernier lieu, aux Bernard, aux Malteste et aux Thésut, lesquels réunirent et reconstituèrent l'ancienne seigneurie, qui, en 1714, passa par alliance dans la famille de Berbis, qui la possédait encore en 1789.

Les trois Tart dépendent du canton de Genlis, arrondissement de Dijon.

CCCLXXXVII

Confirmation, par Jean, seigneur de Tart, en présence de Robert, duc de Bourgogne, de la charte de franchise octroyée par Jean de Montréal, son père, aux habitants de Tart-la-Ville (le Haut) et Tart-le-Château (le Bas).

1275 (mars).

A tous ceulx qui ces présentes lettres verront et ourront, salut. Nous Anthoine de Baissey, seigneur de Longecourt, conseiller chambellan du roy, nostre sire, et son bailly de Dijon, scavoir faisons que nous avons veues, leues et tenues une lettres du duc Robert de Bourgogne, scellée de son scel en cire blanche à double queue de parchemin pendant, saynes et entières en scel et escripture, desquelles la teneur s'en suit :

En nom de Nostre Seigneur Jesus Crist, en l'an de l'Incarnation de celuy mesme mil deux cens soixante et quinze, au mois de mars, nous Robert, duc de Bourgoigne (1), faisons savoir à tous ceulx qui ourront ces présentes lettres, que en nostre présence expressément establis pour ce nostre amé et nostre féaul Jean, seigneur de Tard, chevalier, ay recogneu pardevant nous que messire Jean de Montréal, çai en arrier son père (2) que mors est en bonne et saine mémoire, à sa vie asseveissay (3) les hommes de Tart la Ville et de Tart le Chasteau et leur a donné et octroyé, à tousjourmais à eulx et à leurs hoirs, franchise, comme il est contenu expressément en ses présentes lettres cy après.

1. Chacun qui tient meix à Tard la Ville, doibt chascun an au seigneur de Tard, pour la rente de son meix et des aules (4) de son meix, trois bichetz (5) d'avoyne à la mesure de Dijon et demy cartault pour la chauche (6), à payer chacun an au seigneur de Tard dans la feste de Toussainct et une fois, et une géline ou pris de vingt et un deniers de la monnoye courant par Bourgoigne (7). De cette rente sont exceptez vingt six meix qui ne doibvent pas tant. C'est assavoir : le meix d'André Costurier, le meix Vienot Frère, le meix Perrenot, au Tisserand, le meix de Nicolas, le meix Oudot Chevalier, le meix Huguenot Aulidat, le meix Viennot Maligny, le meix de Lambert, le meix Boutequin, et o Borgne, son frère, le meix Oudot, au Moissenot, le meix Belin, au Moissenot, le meix Emonot, au Musardet, le meix au Grand Serjan, le meix Viard, son frère, le meix Perrenot Nemacelis, le meix Dauderon, le meix Jeannot Noise, le meix au Francois, le meix Arbequin, le meix Perrenin Roulot, le meix au Gibodet, le meix Viard Deniot, le meix au Coisin, le meix Bertrand, le meix Estevenin, au Fildan et le meix Cheurot. Ceux qui tiennent ceux meix doibvent chacun, por la rente de son meix et

(1) Robert II, fils et successeur du duc Hugues IV.
(2) Jean, second fils d'Ansério V, sire de Montréal, et de Sybille de Bourgogne, eut en partage une partie de la terre de l'Isle, ainsi que les seigneuries de Tart, Neuilly et Fauverney, qui lui venaient de sa mère. Il eut de Nicole, sa femme, un fils, Jean, qui prit le nom de Tart, et trois filles. Il mourut vers 1240. Sa tombe était conservée dans l'église de Tart.
(3) Affranchit de toute servitude. Cette charte primitive ayant été perdue, son fils la remplaça par celle-ci, que pour plus de sûreté, et du reste ainsi que le voulait la loi féodale, il fit ratifier par le duc Robert, son suzerain.
(4) Halles, bâtiments d'habitation et d'exploitation.
(5) L'émine de Dijon contenait 2 bichets, le bichet 2 quartaux, et le quartal 4 carteranches.
(6) L'avoine se mesurait d'ordinaire au comble, mais on la mesurait à rez à Tart; le demi-quartaut était censé représenter la chauche, c'est-à-dire la quantité de grains suffisante pour remplir à comble les trois bichets.
(7) Expression usitée dans la charte d'Ampilly.

des aules, une esmine d'avoyne et demy cartault pour la chaulche, à payer chacun an au seigneur de Tard dans la feste de Toussainctz une foace (1) et une geline ainsy que les autres dessus dictz.

2. Encores chacun qui tient meix à Tart-la-Ville, doibt chacun an por la cense son meix, cinq solz et par chacune beste trahant qu'il aura chez lui, cinq solz, à payer au seigneur de Tart censament (2), le jour et feste Saint Remy, sauf le meix Huguenot au Loichet dessus dit, qui ne doit pas les cinq solz par le meix, ne la foace, ne la geline, et celui qui ne payeroit la cense des années dessus dictes, chacun an, dans la feste de Toussainctz, et les cinq solz par son meix et par les bestes trahans ensemble comme il est dessus dict le jour de feste Saint Remy, ils debvront landemain du terme dessus dit au seigneur de Tart sept solz d'admande, desquelz il lui pourront gaiger quant il vouldront et de l'aveine et de la cense et ce il ne pourroit treuver ne avoir les gaiges ce faisans à ce, il peult tourner le meix de celuy en son demoine (3) et retenir cestuy et le meix et les aules du meix ou aberger ung aultre.

3. Li admande, qui est taxée à soixante cinq solz, ceulx de Tart la Ville en sont quictes par trente et deux solz et doibvent les admandes qui ne montent plus hault de sept solz ne son admoindées (4) de rien.

4. Chacun qui tient meix ou feu à Tart le Chasteau doibt au seigneur de Tard, chacun an censament, cinq solz et ung quartault d'aveyne à payer le jour de feste Saint Remy, et s'il ne payoit ce jour, il debvroient le landemain trois solz et demy d'amande.

5. Les hommes de Tart la Ville et du Chasteau doibvent mettre chacun an les messiers; et les auront mis, il les doibvent présenter au seigneur de Tard, et il doibt recevoir leurs sermens et maintenant ils sont messiers par luy.

Chacune beste que li messier treuveroit en dommage doibt par chacune fois qu'elle y sera treuvée, six deniers au seigneur de Tard, de perchie (5) et ung denier au messier et le dommage rendre. Dès la feste Saint George jusques à la feste de la Nativité Saint Jean Baptiste, et dès la feste Saint Jean en avant, le dommage sans plus les admendez qui sont taxés à ceulx de Tard la Ville, sont à la moitié moings à ceulx du Chasteau.

(1) Pain cuit sous la cendre, gâteau grossier.
(2) A titre de cens.
(3) Littéralement : confisquer.
(4) Diminuées.
(5) D'amende encourue pour délit.

7. Le sire de Tard peult faire prendre à Tard touttes les fois qu'il vouldra, gélines à Tard la Ville, six deniers payant par la geline (1).

8. Le sire de Tard doibt avoir chacun an toutes les charrues de Tard la Ville et du Chasteau trois fois en l'an, c'est assavoir aux semades (2) et au guarenier (3) les fromens et au guaregner les avoynes (4).

9. Chacun qui tient feu à Tard la Ville et au Chasteau, doibt chacun an au seigneur de Tard, la courvée cinq jours, c'est assavoir, ung jour pour faire ses foings et les charrettes pour le charrier, et ung jour pour moissonner ses bledz et les charrettes aussy, et ung jour pour faire plaissez (5) autour son chasteau, et ung jour pour la roure (6), et ung jour pour curer les biez de ses molins de paule et de fessoir (7), et le doibvent encores communément les charrettes et harnois chacun an la veille de Nativitté pour amener bois en sa maison au chasteau, et prendront le bois en ses bois de Tard qu'il vouldra, et celuy qui deffauldra de faire ses courvées dessus dictes, quant ilz en seront requis de par le seigneur, celuy de Tard la Ville en sera à sa vollenté de sept solz d'admande, et celuy du Chasteau, de trois solz et demy.

10. Les hommes de Tard la Ville et du Chasteau ont communément leurs usages et leurs cours au bois de Tile, dez le molin Michée en aval, à toutte manière de bois, sans vendre et sans donner; et aussy leur usage et leurs cours au bois de Broisse, sans abattre fou (8) et chesne. Celui de Tart la Ville qui sera treuvé forfassant (9) en haye, c'est assavoir, en la haye dessus Tard, dez la Noe (10) de Monin jusques à Chantevelle et au Vernot dessus le molin de Nouot et en l'Oyotte (11) d'Eschigé, et en l'haye de Largille, et au Tarillot et en l'haye de Benarres, doibt au seigneur de Tart, deux solz et demy d'admande et celuy du Chasteau sept solz et trois deniers s'il est treuvé en dictes deffences; celuy de Tart la Ville en doibt sept solz et celuy du Chasteau trois solz et demy.

11. Les bestes ausdiz hommes ont leur usaige à la vaine pasture par tout le finage de Tard et par tous les bois au seigneur, sauf que s'il faict vendre de ses

---

(1) Imité de la charte de Marigny (II, 159).
(2) Semailles.
(3) Labourer.
(4) Imité de la charte de Noyers (II, 131).
(5) Planter des palissades.
(6) Faire rouir le chanvre.
(7) De pelle et pioche.
(8) Foyard.
(9) Commettant un délit.
(10) Rivière morte.
(11) Hayotte, petite haie.

hayes ou de ses deffens (1), doit ny doibvent user jusques à la quarte fuille, et la beste qui y seroit treuvée seroit en l'admande, celle de Tard la Ville de sept solz et celle du Chasteau de trois solz et demy ou la beste perdue.

12. Les hommes de Tart la Ville doibvent tousjours au seigneur de Tard ung homme suffisant et celuy du Chasteau ung autre pour garantir son chasteau (2).

13. Chacun qui tient meix à Tard la Ville, doibt chacun an une gerbe de froment à son portier.

14. Les hoteliers qui demeurent à Tart la Ville debvront chacun an censament chacun cinq solz et ung quartault d'avoyne, le jour de feste Saint Remy, et par chacune beste trahant qu'il aura chez luy, cinq solz; et les hosteliers qui demeurront au Chateau (3) aussy chacun cinq solz et un quartault d'avoyne au seigneur de Tard, et seront les hosteliers de Tart la Ville et du Chasteau des admendes ainsy comme cil des autres et auront leurs usages aussy comme cil des autres.

15. Les hommes de Tart la Ville et du Chasteau ne pevent tenir en autre seigneur leur meix de Tard ne les aules donner, mais que tant comme il demeurront à Tard la Ville ou Tard le Chasteau, es hommess et sy aulcungs s'en aloient de chez luy demeurer en une autre seigneurie, il (4) peult prendre touttes les choses qu'il trouvera en meix, mobles ou non mobles, et peult tourner en son domaine les meix et les aules du maistre, ainsy garny et vestu, ce il seroient pour faire sa volenté, comme de la susdicte chose.

16. Du pescher dou chasteau, doivent par leurs serrements aporter ades (6) au pont du gouet (7) du chasteau, les poissons qu'ilz vouldront vendre et ne les doibvent vendre fors quelques ungs, et s'il ne les pevent enquis vendre (8), ilz les peuvent porter vendre là où ilz vouldront fors du chasteau, et doibvent mouvoir dèz le dit pont et celui qui ne le feroit seroit en l'admande au seigneur de seize solz trois deniers.

17. La rivière est bannaulx au seigneur de Tard dèz le molin de Torrenois, jusques à son molin du chasteau et jusques à ses vannes qui orendroit (9) sont ou

---

(1) Bois mis en défense.
(2) C'est-à-dire y faire guet et garde.
(3) Ces hôteliers étaient des hommes admis à résider dans la seigneurie, antérieurement à la charte de franchise, à des conditions meilleures que les autres habitants du lieu, et que cette charte mit bientôt sur le même pied d'égalité. Ces *hospites* sont les mêmes que les *commendati homines* ou les *albergati* qui figurent dans les précédentes chartes.
(4) Tart-le-Haut.
(5) Le seigneur.
(6) Sans retard, de suite.
(7) Guet.
(8) C'est-à-dire si on refuse de les leur acheter.
(9) A présent.

remenant, ont leur usage communément les hommes desdictes villes par les autres rivières sans escloire (1), ainsy comme devant; et celuy qui sera treuvé peschant au deffault au seigneur de Tard dessus dit, il seroit en grand admande (2).

18. Les hommes de Tard la Ville et du Chasteau peuvent prendre sans ocusson (3), par tous les bois au seigneur, chacun an, les lieures (4) en moissons et les redelles (5), et les bornes de leur charrettes et les fourches et les rateaux une fois en l'an ; c'est assavoir, en fenaisons ou en moissons, et peuvent prendre les roues de leurs charrettes et les aigullons toutes les fois qu'ilz en auront mestier.

19. Les bouviers de Tard la Ville et du Chasteau peuvent faire le feu en champ et prendre le bois par tous les bois au seigneur, sans abattre bois à guey ou à congnée et d'aucune chose (6).

20. Le sire de Tard ne peut ne ne doibt efforcer les hommes de Tard la Ville et du Chasteau s'il ne font le forfaict par quoy ils doibvent perdre un membre ou héritage (7) sauf son cry (8) et son ost et sa chevallée (9) quant il en aura mestier.

21. Touttes ces choses ainsy conclues sont dessus dictes et divisées, Jean, sire de Tard, dessus nommé, ay juré devant nous à tenir à tousjours mais, féablement et en loux son héritage et ses hoirs qui jureront qu'ilz entiendront à tousjours mais fermement la dicte franchise et touttes les choses dessus dictes, encores que les hommes de Tard et du Chasteau leur facent homage et feaulté, et encores qu'il leur paient nulles rentes.

22. Et nous, Robert, duc de Bourgoigne, dessus nommé, à la prière et requeste du devant dict Jean, seigneur de Tard, avons voulu, loé et octroyé, sauf nostre fief et comme droict, l'asseurement à la franchise dessus dicte et à la teneur des présentes lettres. En tesmoingnage et en confirmation de laquelle chose, nous avons mis nostre sel à ces présentes lettres. Ce fut faict en l'an et au mois devant ditz.

En tesmoing de quoy nostre vision, nous avons faict mettre à ces présentes lettres de vidimus ou transcript, le grand seel de la cour dudict bailliage de Dijon,

---

(1) Elever des barrages.
(2) Frappé de l'amende de 65 sols.
(3) *Ocquison, acuson*, délit, contravention.
(4) Liens.
(5) Ridelles.
(6) C'est-à-dire sans couper ni sans arracher le bois. — Guey, goy, signifie pioche.
(7) Imité des chartes de Chagny, La Roche Pot, Marigny, Marsannay, Seurre.
(8) Cri, ban.
(9) Chevauchée, service militaire.

et icelles faict signer de saing manuel de Pierre Prevost, scribbe juré d'icelle, le vingt sixiesme jour du mois de mars avant Pasques, l'an mil quatre cens vingt deux. Signé par le reply : P. PREVOST.

Vidimus donné le 24 septembre 1565 par Belin, notaire à Longecourt. Archives de la Côte-d'Or. Chambre des Comptes de Dijon. Affaires des communes. Tart.

VILLE DE SEMUR

La Vie de saint Jean de Réome, qui fonda au Ve siècle l'abbaye de Moutier-Saint-Jean, est le premier document qui mentionne le *Castrum Sinemuri*. Donné vers le même temps à l'abbaye de Saint-Maurice-d'Agaune, qui y établit un prieuré, repris plus tard et offert en 879 par le roi Bozon à l'évêque d'Autun, Semur, qui était devenu le chef-lieu du comté d'Auxois, avait une importance militaire trop grande pour que les ducs de Bourgogne ne s'en assurassent point la possession. Robert Ier y fonda la belle église qui subsiste aujourd'hui et dota richement le prieuré qu'il y institua ; Hugues IV agrandit le domaine, et y établit le siége du bailliage qui succéda au comté. Malheureusement il laissa à son fils Robert II le soin de mettre les anciennes franchises des habitants en harmonie avec les immunités nouvelles des autres villes du duché. Celui-ci, peu sympathique aux libertés communales, accomplit bien le vœu de son père en octroyant aux Semuriens une charte calquée sur celle de Dijon, mais en se réservant le choix du maire, c'est-à-dire en plaçant à la tête de la commune un de ses officiers. Semur, seule entre les villes de Bourgogne, subit cette condition désavantageuse jusqu'au règne de Louis XIII, qui, pour récompenser la fidélité déployée par les habitants durant les guerres de la Ligue, la supprima et les investit du droit de nommer leur premier magistrat.

Semur était la septième ville qui députait aux Etats de la province et la sixième qui nommait l'Elu du tiers-état.

CCCLXXXVIII

Charte de commune octroyée aux habitants de Semur par Robert II, duc de Bourgogne.

1276 (7 mai).

1. In nomine sancte et individue Trinitatis, amen. Noverint universi presentes et futuri, quod ego Robertus, dux Burgundie, dedi et concessi hominibus meis de Sinemuro, communiam et libertatem habendam in perpetuum, ad formam

communie et libertatis Dyvionensis, salvis suis bonis usibus (1) et salvo hoc a me retempto, quod ego ponam in villa Sinemuri majorem, et emende pertinentes ad majoritatem erunt mee.

2. In die festi Nativitatis beati Johannis Baptiste, ponet et eliget communia Sinemuri sex scabinos, et electis et positis, ego ponam in villa Sinemuri majorem meum.

3. Quam cito erit major positus seu missus in villa Sinemuri, ad requisitionem scabinorum et in eorum presentia, jurabit super sancta Dei Evangelia, quod contra libertatem, seu contra communiam, secundum posse suum, vel secundum intentionem suam, aliquam injuriam non faciet seu facere consentiet, et quod jus meum et communie supradicte fideliter observabit, major vero aliquod judicium sine scabinis non faciet.

4. De preposito meo Sinemuri (2) facere non possum majorem, quamdiu prepositus erit de Sinemuro, nec de majore prepositum, quamdiu major erit de Sinemuro.

5. Major et scabini ponent messarios vinearum custodes, quotiescumque sib viderint expedire, et servabunt scabini cartam ipsam (3).

6. Alter alteri istius communie recte secundum suam opinionem auxiliabitur, et nullatenus patietur quod aliquis alicui eorum auferat aliquid, vel de rebus suis aliquid capiat (4).

7. Credicio de pane et vino, et aliis victualibus, fiet michi Sinemuri undecim

---

(1) Reproduit du préambule de la charte de Dijon, à l'exception de la phrase : *Salva libertate quam prius habebant*, remplacée par celle-ci, beaucoup moins caractéristique.

(2) A Semur, comme à Dijon, l'érection de la commune porta le dernier coup à l'autorité du prévôt, déjà bien amoindrie depuis la création des baillis d'Auxois. Le prévôt de Semur ne fut bientôt plus qu'un fermier chargé de percevoir les amendes adjugées par la mairie, les droits de ventes aux foires et marchés, ceux de rouage, de péage, et d'assurer l'exécution des criminels.

(3) Voici en quels termes le terrier de la châtellenie de Semur, dressé en 1502, parle de ces institutions, en vigueur depuis 229 ans :

« Le Roy nostre sire est seigneur en toute justice, haute, moyenne et basse, de la ville de Semur, chastel, dongeon, forsbourgs et de tout le finaige et banlieue de cette ville. Et y a ledit seigneur son mayeur fermier, lequel après que la ferme de ladicte mayerie luy a esté délivrée, laquelle se aye chascun an avec les autres fermes du bailliage d'Auxois, le dimanche avant la Saint-Remi. Ledit mayeur fermier fait le serement es mains du bailly d'Auxois, ou son lieutenant, qui gardera bien et loyaulment le droit du Roy et la coustume d'icelle ville, es présence des échevins qui sont en nombre de six, avec ung procureur d'icelle ville, que iceulx habitans eslisent chascun an le jour de feste de Nativité de Saint Jehan Baptiste. Auquel jour icelluy mayeur reçoit le serement desdits eschevins, en présence desdits habitans et commune de Semur, qu'ils garderont bien et loyaulment le droit dudit seigneur et la coustume d'icelle ville, et iceulx seremens ainsi faiz, lesdits mayeur et eschevins ont dès lors l'administration et gouvernement de toute la justice de ladite ville et banlieue, tant civille que criminelle, et faire tous édits, statuts, ordonnances et assemblées entre eulx, tant à son de cloche que autrement. »

(4) Reproduit de l'art. 1 de la charte de Dijon (I, 5).

diebus; et si infra predictum terminum credita non reddidero, nichil amplius michi credent donec credita persolvantur.

8. Si quis sacramentum alicui facere debuerit, et ante adramitionem sacramenti, se in negotium suum iturum esse dixerit, propter illud faciendum de itinere suo non remanebit, nec ideo incidet, sed postquam redierit, si convenienter submonitus fuerit, sacramentum faciet (1).

9. Si quis aliquam injuriam fecerit homini qui hanc communiam juraverit, et clamor ad juratos inde venerit, si ipsum hominem qui injuriam fecerit capere poterunt, de corpore suo vindictam capient; nisi forefactum emendaverit illi cui illatum fuerit, secundum judicium illorum qui communiam custodierint (2).

10. Et si ille qui forefactum fecerit ad aliquod receptaculum perrexerit, et homines communie ad receptaculum transmiserint et domino receptaculi, vel primatibus ipsius loci questionem fecerint, ut de eorum inimico faciant eis rectitudinem. Et si facere voluerint rectitudinem, capient; quod si facere noluerint, homines communie, auxiliatores erunt faciendi vindictam de corpore, et de pecunia ipsius qui forefactum fecerit et hominum illius receptaculi (3).

11. Si mercator in ipsam villam ad mercandum venerit, et aliquis ei aliquod injurie infra villam Sinemuri, si jurati inde clamorem audierint et mercator in villa ipsa eum invenerit, homines communie ad vindictam faciendam super hoc recte secundum opinionem suam auxilium prestabunt, nisi mercator ille de hostibus dicte communie fuerit. Et si ad aliquod receptaculum ille adversarius perrexerit, si mercator vel jurati ad eum miserint, et ille satisfecerit mercatori secundum judicium mercatorum communie, vel probare vel ostendere poterit se illud forefactum non fecisse, communie sufficiet. Quod si facere noluerit, si postmodum infra villam Sinemuri capi poterit, de eo vindictam facient jurati (4).

12. Nemo preter me et senescallum meum, poterit conducere in villam Sinemuri hominem qui forefactum fecit homini qui hanc communiam juravit, nisi

---

(1) Reproduction identique des art. 2 et 3 de la charte de Dijon.
(2) Reproduction de l'art. 5. En observant que l'art. 4, relatif à la juridiction du doyen, a été omis, comme si la justice du duc n'acceptait plus la connaissance des affaires civiles en partage avec la juridiction ecclésiastique.
(3) Reproduction littérale du § 6 de la même charte, sauf les mots : *ubi inimicus eorum erit*, qui ont été oubliés.
(4) Reproduction du § 7, avec la remarque que le droit qui s'étend à Dijon dans toute la banlieue est restreint ici au seul territoire de la ville.

forefactum emendare venerit secundum judicium illorum qui communiam servant (1).

13. Pecuniam illam quam homines crediderunt qui sunt de communia antequam communiam jurassent, si rehabere non poterunt, postquam inde justum clamorem fecerint, querant quoquomodo possint quod creditam pecuniam rehabeant. Pro illa vero pecunia quam crediderunt postquam hanc communiam juraverunt, nullum hominem capient, nisi sit debitor vel fidejussor.

14. Si extraneus homo panem suum vel vinum in villam Sinemuri causa securitatis adduxerit, si postea inter dominum ejus et homines communie discordia emerserit, quindecim dies habebit vendendi panem et vinum in dicta villa, et deferendi nummos et aliam pecuniam suam, preter panem et vinum; nisi ipse forefactum fecerit, vel fuerit cum illis qui forefactum fecerunt.

15. Nemo de villa predicta qui hanc communiam juraverit, credet pecuniam suam, vel commodabit hostibus communie quamdiu guerra durabit, et si quis probatus fuerit aliquid credidisse hostibus communie, justicia de eo fiet ad judicium juratorum communie.

16. Si aliquando homines communie contra hostes suos exierint, nullus de communia loquetur cum hostibus communie, nisi licentia custodum communie.

17. Ad hoc homines statuti jurabunt, quod neminem, propter amorem, seu propter odium deportabunt vel gravabunt et quod rectum judicium facient, secundum suam estimationem; omnes vero alii jurabunt, quod idem judicium quod predicti super eos facient, et patientur et concedent, quod idem judicium quod predicti super eos facient, et patientur et concedent, nisi probare poterunt quod de censu proprio persolvere nequeunt.

18. Universi homines mei Sinemuri communiam jurabunt; qui vero jurare noluerint, illi qui juraverint de domo ipsius et de pecunia ejus justiciam facient (2).

19. Si quis autem de communia aliquid forefecerit et per juratos emendare noluerit, homines communie exinde facient justiciam (3).

20. Si quis ad sonum factum pro communia congreganda non venerit, duodecim denarios emendabit.

---

(1) Ce §, ainsi que les § 13, 14, 15, 16 et 17, sont calqués sur les § 8, 9, 10, 11, 12 et 13 de la charte de Dijon (I, 7).
(2) Est une imitation du § 14.
(3) Ce § et le suivant sont la reproduction des § 15 et 16 de la charte de Dijon.

21. Nullus intra villam Sinemuri aliquem potest capere, nisi major et jurati, quamdiu de eo justiciam facere voluerint (1).

22. Si quis de communia, vel ipsa communia in aliquid forefecerit, oportebit quod in prioratum Beate Marie Sinemuri (2) veniat, et ego per majorem communie, ad judicium juratorum, de eo vel de ea justiciam capiam, nec nos extra predictum prioratum vel placitare, vel cartam monstrare compellere potero (3).

23. Si aliquis fregerit bannum vindemiarum, emendatio erit super majorem, et super juratos, et illa emendatio erit mea (4).

24. Si autem dissentio aliqua postmodum emerxerit, scilicet de judicio vel de aliquo quod non sit in hac carta prenotatum, secundum cognitionem et testimonium juratorum communie Dyvionensis emendabitur, nec perinde in me forefecisse reputabitur (5); et si de aliquo judicio inter se judicare nequeant, apud Dyvionem eant de illo inquirendo major et unus scabinorum, ad expensas ville Sinemuri.

25. De justicia vero et forefactis meis ita statutum est, scilicet : de sanguine violenter facto, si clamor inde fiat et probatio, septem solidos emendabitur, et vulneratus habebit quindecim solidos (6).

26. Si compositio de duello ante ictum vel post ictum fiat, sexaginta quinque solidos et sex denarios habebo. Si duellum victum fuerit, in dispositione mea erit (7).

27. De juisio fiet sicut de duello (8).

28. Si homo de communia deprehensus in furto et comprobatus fuerit, in dispositione mea erit de eo (9).

---

(1) Reproduit du § 17. — « En la ville, faubourgs, chastel et banlieue de Semur, nul, dit le terrier de 1502, de quelqu'estat qu'il soit, n'a prinse ne droit de prendre prisonnier aulcun habitant de ladite ville, ne aultres estrangiers, synon lesdits mayeur et eschevins, ou le sergent de ladite mayerie, lequel est institué de par le Roy audit office, et tous lesquels prisonniers doivent estre mis es prisons de la ville, sans les mectre en autres prisons, et compètent et appartiennent audit sergent les droiz du geôlage comme garde desdis prisonniers. Et doit et est tenu ledit sergent de servir lesdis mayeur et eschevins au fait de ladite justice, fournir et livrer prisons en ladite ville à ses despens, et est le droit de geôlaige tel qu'il prend des habitans 12 deniers tournois d'entrée et 12 deniers tournois de sortie, et semblablement des estrangiers. »

(2) Prieuré de Notre-Dame de Semur, ancienne *cella* de l'abbaye de Flavigny, converti en 1729 en chapitre, et dont le prieur devint le doyen.

(3) Imité du § 18 de la charte de Dijon (I, 8).

(4) Reproduction du § 19 de la charte de Beaune (I, 210).

(5) Id. du § 20 de la même charte.

(6) Id. du § 21 de la charte de Dijon (I, 9).

(7) Id. du § 22 de la charte de Beaune, qui, moins libérale que celle de Dijon, n'admettait point de différence dans le taux de la composition, qu'elle précédât ou suivît le combat (I, 210).

(8) Reproduction du § 23 de la charte de Dijon (I, 9).

(9) Reproduction du § 24 de la charte de Beaune, dont les habitants, moins favorisés que ceux de Dijon, pouvaient être absous d'un premier vol en payant une amende de 65 sols (I, 9, 210).

29. De multro in dispositione mea erit, et qui multrum fecerit, preposito meo tradetur, si major inde posse habuit, nec de cetero recipietur de communia, nisi assensu juratorum (1).

30. Infractio castri sexaginta quinque solidos emendabitur (2).

31. De raptu in dispositione mea erit, si mulier tantum clamaverit quod a legitimis hominibus audita fuerit et hoc probare possit.

32. De forefacto fructuum in dispositione majoris et juratorum erit, nisi de nocte fiat : et cum probatum fuerit quod de nocte fiat, sexaginta quinque solidos emendabitur.

33. Infractio cheminii sexaginta quinque solidis emendabitur.

34. Falsa mensura sexaginta quinque solidis emendabitur (3).

35. Si aliquis pedagium vel ventas extra villam Sinemuri absque consensu pedagiarii vel ventarii portaverit, sexaginta quinque solidis emendabit, si tamen comprobatus fuerit (4).

36. Sciendum vero quod omnia ab hiis que in hac carta continentur in dispositione majoris et juratorum sunt.

37. Si ego communiam pro exercitu meo commovero, mecum ibunt, vel cum senescallo meo, et cum conestabulario meo, infra regnum Francie, secundum posse suum rationabiliter, quadraginta diebus. Si vero aliquod castrum infra ducatum meum obsedero, tunc mecu erunt per voluntatem meam. Sciendum quod homines communie ejus receptibiles famulos in exercitum meum pro ipsis mittere possunt.

38. Communia potest retinere homines, cujuscumque territorii sint, in villa Sinemuri, secundum consuetudines et usagium patris mei et predecessorum meorum (5).

---

(1) Reproduction du § 25 de la charte de Dijon. — « Après que les criminels, porte le terrier de 1502, sont condempnez et jugez estre mis au derrenier supplice, lesdits mayeur et eschevins sont tenus les rendre au prévost de Semur sur le bout du pont du dongeon devers la ville, pour iceulx faire mettre à exécution. »

(2) Les § 30, 31, 32, 33, sont la reproduction à peu près littérale des § 26, 27, 28 et 29 de la charte de Dijon (I, 10).

(3) Le § de l'amende pour la fausse mesure n'admet pas, comme à Beaune et à Dijon, l'excuse d'une erreur commise de bonne foi (voir I, 10, 211). — Les maire et eschevins ont droit de esgandiller et essamer de toutes mesures, pois et aulnayges, et en forfaicture d'iceulx, l'amende est de 65 sols tournois, que ledict prévost fermier prent et lève parmi son amodiation. » (Terrier de 1502).

(4) Les § 35, 36 et 37 sont reproduits des § 31, 22 et 33 de la charte de Dijon (I, 11), en ajoutant au dernier que le terrier de 1502 reconnaissait aux habitants de Semur le droit de nommer en temps de guerre un capitaine, qui jurait entre leurs mains de bien et loyalement garder la ville. Les mêmes habitants s'obligeaient à l'entretien de leurs murailles, celles du château étaient à la charge du roi.

(5) Les § 38, 39, 40, 41, sont également la reproduction des § 35, 37, 38 et 39 de ceux de Dijon (I, 11 et 12). On remarquera aussi l'omission du § 36, par lequel le duc s'obligeait à ne rien changer à la valeur de la monnaie de Dijon, et la réserve qui termine le § 40 au sujet des hommes taillables ou recommandés.

39. Preterea rex Francie, ad petitionem meam hanc communiam manutenendam promisit, ita quod si ab institutis hujus communie resilierim, emendari communie faciet, reddendo capitale secundum judicium curie sue, infra quadraginta dies ex quo clamor ad eum inde pervenerit.

40. Archiepiscopus vero Lugdunensis, Eduensis, Lingonensis, Cabilonensis episcopi, hanc cartam et hanc communiam ad petitionem meam manutenendam promiserunt, taliter, quod si ego, vel alius de quo posse habeam, instituta communie que in presenti carta continentur infrigerimus, ex quo exinde clamor ad eos pervenerit, ipsa quoque infractio per majorem communie vel per alium loco majoris, si major secure ire non poterit, et per duos alios de juratis communie quos major juramento affirmaverit esse legitimos fuerit comprobata, archiepiscopus et episcopi, ut ipsam infractionem emendam reddendo capitale, per se vel per nuncios suos infra regnum Francie me submonebunt. Si vero post monitionem factam, ipsam infractionem infra quindecim dies non emendavero, totam terram meam in interdicto supponent preter Sinemurum, et usque ad satisfactionem facient emendari.

41. Et sciendum, quod ego, vel uxor mea, vel heredes mei, commendatos vel taillabilem hominem infra Sinemurum habere non possumus, preterquam familias seu heredes quondam Theobaldi, prepositi patris mei, et Girardi dicti Viche, filiastri sui.

42. Preterea, si homo de communia pro debito meo bene et fideliter cognito captus fuerit, vel aliquid admiserit de meis redditibus Sinemuri, vel de censa mea, si redditus non sufficient, redimetur, vel quod admiserit restituetur (1).

43. Concessi etiam, quod si prepositus Sinemuri aliquid occupet de rebus hominum communie, reddet sine placito quantum homo ille probaverit, si legitimus a majore communie testificatus fuerit.

44. Item concessi eisdem, quod ipsam majoritatem Sinemuri dare, tradere, vel etiam obligare ad vitam hominis non possum (2).

45. Sciendum etiam est, quod pro promissione hujus communie, quolibet anno, post electionem scabinorum, jurabunt major et scabini quod facient michi valere villam Sinemuri annuatim quantum poterunt, per juramenta sua corporaliter super Sancta Dei Ewangelia data; levando tantummodo a ditiori unam

---

(1) Imité, ainsi que le suivant, des § 43 et 44 de la charte de Dijon.
(2) Clause consacrée par le terrier de 1502 en ces termes : « Le roy a accoustumé de bailler la ferme de la maierie chascun an au plus offrant; mais il ne la peult ne doit bailler à vie d'homme. »

marcham argenti, talis argenti quale mercatores in nundinis dabunt inter se et recipient, et de aliis sufficienter per sacramenta sua, secundum quod habent vel habebunt, et reddent et solvent michi vel mandato meo seu preposito homines mei de hanc communia summam totam quam habebunt et levabunt ab hominibus meis de Sinemuro apud Sinemurum, die Martis ante Ramos palmarum, vel in sabbato magno Pasche apud Barrum; si vero tum non reddiderint, deinceps possum vadiare : credetur siquidem eis majori et scabinis super summam quam levabunt, per sua juramenta, nec ultra hoc a me poterunt super hoc in aliquo molestari (1).

46. Supranominatis itaque constitutionibus omnes homines meos, quicumque in predicta communia fuerint, quittos et immunes a taillia in perpetuum esse concedo (2).

47. Concessi etiam meis hominibus de Sinemuro, totum attractum hominum venientium in dicta villa Sinemuri, salvo quidem jure meo, et ecclesiarum, et militum, et salvis homnibus iis que habebant ecclesie et milites in omnibus suis, in tempore patris mei et ante communiam que in predicta villa aliquid juris habent (3).

48. Hanc autem communiam et libertatem, et has pactiones predictas pro me et heredibus meis, ac etiam successoribus juravi tenendas et irrefragabiliter observandas et sigilli mei impositione muniri (4).

Actum et datum die Jovis post festum beatorum apostolorum Philippi et Jacobi, anno Domini millesimo ducentesimo septuagesimo sexto.

Original : Archives de la ville de Semur, *Priviléges et franchises de la commune.*—Imprimé dans Pérard, p. 529.

(1) Ce § a été emprunté aux § 39, 40 et 41 de la charte de Montbard (II, 101), octroyée également sur le modèle de celle de Dijon. — « Les maire et eschevins, rapporte le terrier de 1502, imposent les marcs de la ville chascun an sur les habitants, dont le plus riche non clerc paye le marc qu'est de 6 livres 13 sols tournois, et le surplus en leur conscience. Ces marcs valent ordinairement de 87 ou 88 fr., dont 80 sont versés annuellement au chambrier de l'abbaye de Moutier-Saint-Jean en acquit d'une rente. Le compte en est reçu par le receveur du bailliage. »
(2) Reproduction du § 46 de la charte de Dijon.
(3) Emprunté au § 44 de la charte de Montbard (II, 102), mais en restreignant strictement le droit d'attrait dans les limites fixées par son père et en maintenant les droits des seigneurs et des églises antérieurs à la commune.
(4) Imité du § 47 de la charte de Dijon (I, 13).

CCCLXXXIX

Charte d'affranchissement des hommes du prieuré de Notre-Dame de Semur, par le prieur Hervier, et reconnaissance en forme donnée par ces hommes.

1262 (août et octobre).

A tous cels qui verront cels présentes lettres, nos, Estienes, arcediacre de Flavigne (1) et Pierres, priours de Saint Jean de Semur (2), facons scavoir que nos avons veu et esgardé curieusement et diligemment une lettres contenus cy dessous, scellées des sceaus de bonne mémoire Jehan (3), qui fut abbez de Flavigne et dou convant de ce meismes leu, enseurquetout dou séal Hervier (4), priour de Nostre Dame de Semur (5), lequelles lettres ne sunt corrompues ne chancellées ne maumises en nulle part, mais bonnes et saines et les avons lues mot-à-mot; desquex li tenour est tex :

1. Nos, Hervier, prious de Nostre Dame de Semur, facons scavoir à tous cels qui verront cels lettres que nos attendans l'enour (6) de notre eglise et lou profit de nos et de nos hommes de Semur, se Deu plaist, avons donné et quitté par l'otroy de notre convent à nos hommes de Semur et à nos sergens (7) de ce mesme leu la mainmorte que nous avions sur els, sauve la justice que nous avions sur els (8) et sauf ce que nous avons retenu Gillot Baretier et ses heoirs en tel état, comme ils ont été jusque aujourd'huy.

2. Ladite mainmorte nous avons donné et quité, si comme dessus il est devisé en tele manière, que uns chacuns de nos hommes sera tenu de payer chacun an

---

(1) L'archidiaconé de Flavigny, dont dépendait l'archiprêtré de Semur, était un des quatre du diocèse d'Autun.

(2) Pierre, prieur du prieuré de Saint-Jean de Semur, qui relevait de l'abbaye de Saint-Maurice d'Agaune, à laquelle il avait été donné par Sigismond, roi de Burgundie.

(3) Jean, 43e abbé de Flavigny, administra ce monastère de l'an 1242 à 1262. Cet acte, auquel il apposa son sceau, est un des derniers de sa vie.

(4) Hervier avait succédé à Milon, qui fit une si vive opposition à l'affranchissement des habitants de Flavigny. (Voir plus haut, no CCXL, p. 174.)

(5) Le prieuré de Notre-Dame de Semur était dans le principe une simple *cella* de l'abbaye de Flavigny, élevée au rang de prieuré par suite de dotation du duc Robert Ier, qui bâtit l'église. Le prieuré de Semur fut converti en chapitre en 1739.

(6) L'honneur ou plutôt l'avantage.

(7) Ces sergents étaient le prévôt et le maire, chargés de gouverner le « communal » des hommes du prieur.

(8) Indépendamment des droits de justice qu'il exerçait directement sur ses hommes, le prieur avait la justice le jour des foires qui se tenaient dans l'enceinte du couvent et dans toute la ville, depuis les deux heures et demie de la veille de l'Assomption jusqu'à deux heures du lendemain.

à nos, un fuor (1) d'argent ainsi comme il sera accordé selon l'aisement des personnes en nom d'abonnement de celz qui seront à moins de dix sols, de cels qui or y sont et qui y seront d'ici en avant, pourront un chacun d'elz être mené et tauxé jusques aux dits dix solz, se Deu leur en donne le pooir et la faculté qui sera seue et connue par dous sergenz oudit priouré et par prudhommes, dous aussy dou communas des abonnéz qui lou jureront à faire aussy léaument ainsint.

3. Et si li communaus ne lou vouloit faire, li priours li pourroit faire par ses sergens jurez dedans huit jours, puisqu'il leur auroit dit.

4. Et ainsy uns chacuns de cels qui de lor en avant de cet an de Notre Seigneur, mil dous cent soixante et dous, au mois d'aoust, verra sus nos (2) ainsi de fors comme dedans la ville de Semur, noz lou rentenrons (3) au fuor des autres et ne lou porront admettre à plus de vingt sols de Digenois, tels comme ils corront et croistra adès la somme de l'abonnement de cels que sus nos viendront de lor en avant.

5. Et se il advenoit que li enfant de notre homme abonné partissant (4) dou père et de la mère ou de l'un d'els dou, uns chacuus des enfans seront tenus de payer son abonnement por autant comme si l'abonnement dou père et de la mère monteroit, puisqu'il auroit devis ou partaige ou li usaige de la terre le portast et aussy dou seul enfant, se li seul enfant s'en partoit (5).

6. Et si il advenoit que nostre hons abonnez s'en allast en aultre seignorie que en la nostre, contre nostre volonté ou par nostre velonté, il ou ses héritaiges ou ses mobles, se ly héritaiges ny étoit, seroit tenu de payer l'abonnement qui sus seroit mis et tauxez ; et porront prendre et saisir l'héritaige ou les mobles sans méfaire et sans clain de court, pour avoir notre abonnement adès chacun an qui sus lui seroit mis.

7. Et se nos n'avions notre abonnement dedans l'an que nous aurions pris l'héritaige ou lou moble, le terme de l'abonnement trépassé, nos prendriens et tentriens (6) l'héritaige ou lou moble jusques à tant que nostres abonnemens nos seroit rendus et delivrey de chacun an, où ils n'auroient esté payés.

(1) *Fuer*, valeur, taux, estimation.
(2) C'est-à-dire : viendra s'établir dans nos domaines.
(3) Retiendrons, taxerons.
(4) Partageant.
(5) C'est-à-dire que la cote affectée à chacun des enfants ne pourra point dépasser, pour la totalité, le montant de ce que payaient leurs parents.
(6) Détiendrions.

8. Et nos sera rendus li abonnement et levez chacun an, lou jor de feste Saint Remy et payer le jor meismes en notre eglise.

9. Et est asscavoir que cil abonnement sera adès levez de notre preost ou de nostre majour ou de nostre autre commandement et sera payé au jour et au lieu dessus nomez.

10. Et voulons estre etably que se il advenoit, dont Dex nos gart, que feux nos feist domaige, si comme Dex lou souffre, à la fois à la perte de cent livres de Digenois et tels comme il corront en tems ou de plus à une arsure (1); ou que nos feissiens, à l'ayde de Deu, aucun achat d'éritaiges de cent livres de ladite monoye ou de plus; chacuns de nos hommes abonnez nos aideroit à restaurer lou domaige de l'arsure de dous tant comme ces abonnemens monteroit : c'est à scavoir, qui seroit à vint sols de quarante de ladite monoye, et cils de dix sols de vingt sols; et d'autant il nos referoient ayde de notre achat, si nos lou faisiens; et ne los porrions rien demander diqui en avant pour raison d'achat jusques aux quatre ans exprès passez l'achat (2).

11. Et nos, Jehans, abbés et li convenz de Flavigne, toutes cels choses loons, voulons et confermons, et en cels présentes lettres avons mis nos seals en témoignage et en fermeté des dites choses, et nos, Herviers, prious de Notre Dame de Semur, dessus nommez, por la volonté de monseignor l'abbé et dou convent de Flavigne devant dit, et par l'ottroi de notre convent, avons mis notre séal en ces lettres. Ce est fait en l'an de grâce mil dous cens sexante et dous, au mois d'aoust.

Et por ce, nos, devant dit Etienes, arcediacres de Flavigne, et Pierres, priours de Saint Jehan de Semur, façons scavoir à tous cels qui sont et qui seront que le devant dits hommes abonnez, tous et chascuns pour soy établi devant nos, ont reconnu, voulu et ottroié, et consenti de bonne volonté toutes cels choses dessus dites et ordenées, et les ont jurée à tenir et garder toujours mais; et à ce tenir ils ont obligié par lor sarremens ils et lor hoirs, aussy comme il et lor abonnement sont écrit et noté cy dessous, et ont promis par lor sarremens qu'ils en bailleront au jadis priour, lor seingnor, les lettres monseingnor l'avêque d'Ostun, et por ce faire ils en ont obligié en la main dudit priour pleiges et faisecours. Guare Malebouche Fourcaut, Arbert, Gayne et Guillemin de Chastignes.

(1) Incendie.
(2) C'était le droit d'indire emprunté à la charte de Flavigny, mais qui, au lieu de s'appliquer à la bienvenue de l'abbé et à son voyage à Rome, était réservé pour les cas d'incendie ou d'achat de terre.

Et se sont li abonné et li abonnement Huon li Furnilletes por cinc sols, Perreaus Lougras, pour sept sols, Lorans Huguenan, por sept solz, Coossins (1) Huguenans, por sept sols, Martin Huguenans, por cinc sols, Briteon Boians, por huit sols, Chrestians Boians, por cinc sols, Gilars Gelers, por sept sols, Jaques, ses fils por dix sols, Stevenin Latore, por quinze sols, Parizot Gayne, por dix sols, Chotars, pour trois sols, li fils Germain lou Mateun, por cinc sols, la fille Germain lou Mateun, por cinc sols, Melez Cornille, pour cinc sols, Gauterons li Gou, pour huit sols, Isabaus Hussiere, pour trois solz, li Arbeletier, por sept sols, Huguenins Avoine, pour dix sols, Androos de Charigney, por cinc sols, Durand Vrez, por cinc sols, Giraus, por cinc sols, li fils de la Juire, pour cinc sols, Thibaus de Chareigney, por cinc sols, Jacques de Charigney, pour cinc sols, Morant de Charigney, pour cinc sols, Martins Doura, por cinc sols, Jaques le Ras, por cinc sols, Isabeaus Borans, por trois sols, Agnelos Baesat, por cinc sols. Martins Chardasne, por dix sols, Blondelot, por douze deniers, Robelins Partye, por cinc sols, Oudot Partye, por huit sols, Grace Porchie, por douze deniers, Chabroux, por treize sols, Lorans Rebours, por cinc sols, Caiche Moisson, por cinc sols, li Rousseau de Four, por trois sols, Adam li Raz, por cinc sols, Perreaus de Pons, por dix sols, Michelot le Mutiers, por trois sols, la fille Oudot l'aisnée, por trois sols, li femme Noire Peaul, por trois sols, li famme Bertet Archambaut, por cinc sols, Bernard Borerul, por cinc sols, Alayne Boraul, por dous sols, Girard Guyne, por vint sols, Jacquelins, por cinc sols, Girard Malebouche, por vint sols.

Et ce sont cel à recept (2) Forquet une livre de poivre et une de cire, Perrenos sergens, une livre de poivre, Perrenos Laisnex, dous livres de poivre, Bustis, une livre de poivre, Oudot, une livre de poivre, Jehannotte Guinans, une livre de poivre et une de cire, Agneloz, une livre de poivre, Marie li Roidote, une livre de poivre, Renauus Afichez, treie paires de chauces, Guillemin de Charingney, vint sols ou son recept, Droez Maubailles, vint sols ou son recept, Arbert de Charingney, vint sols ou son recept, Perrins Guyne, vint sols ou son recept, Arbert Guyne, vint sols ou son recept, Laniere, vingt sols ou son recept, Adam Galimars, vint sols ou son recept, Renans Longin, dix sols ou son demy recept (3).

(1) Prêteur sur gages, banquier.
(2) C'est-à-dire ceux des hommes sur lesquels le prieur avait droit de gîte, et qui se trouvaient par là dans une condition inférieure aux précédents, lesquels en étaient exempts.
(3) Forts du § 46 de la charte de commune, qui réservait en leur entier les droits des seigneurs et des églises sur ceux de leurs hommes qui habitaient Semur avant l'érection de la commune, les moines veillèrent avec soin à ce que leur troupeau, nonobstant le droit d'attrait qui en éclaircissait les rangs, ne se confondît point avec les nouveaux bourgeois. Dans l'impossibilité d'empêcher les mariages mixtes, ils montrèrent, pour en partager les enfants, la même avarice et la même absence de sentiments évangéliques dont ils devaient

Ou tesmoignage de laquelle chouse, à la prière et à la requête de tous les devant nommez, avons mis nos séauls en cels lettres. Ce fut fait en l'an Nostre Seigneur, mil dous cens et sexante et dous, ou mois d'ottovre.

Archives de la Côte-d'Or. Série G. Chapitre de Notre-Dame de Semur. Grosse délivrée le 28 septembre 1728 par Rémond et Seguin, notaires à Semur.

CCCXC

Injonction du duc Eudes IV au maire de Semur, de jurer la conservation des priviléges de la commune, lors de son entrée en charge.

1331 (18 juin).

Eudes, dux de Borgoigne, quiens d'Artois et de Borgoigne, palazins et sires de Salins, à notre maiour de Semur, salut. Li eschavil (1) de Semur nous hont doney antandre que quant nous envoions notre maire gouverner notre marie de Semur, il jure en lour main ou Vergey dou priorey de Notre Dame de Semur qui garderay notre honour et notre droit et l'onour et lou droit de ladite ville, et moimmemant jure, si con il dient, chascun an lou jour de la Saint Jehan Baptistre an la main des eschaviz après ceu qui sont esleu de la commune par la menere que dessus est dit. Et dient que nostre maiour, jaidiz votre devancier, l'ont ainsinc juré et gardé ou temps passey, et qu'il est contenu en lour previlleges, laquel chouse vous n'avez pas fait lou sairemant par la menere acostumée, mas l'avez recau (2) an votre main. Si vous mandons que sainsint (3) est qui soit contenu en lour diz previlleges et que notre maiour votre devancier l'aient ainsinc jurey et gardez, vous lou jurey et gardez sans contredit par la menere que votre devancier l'ont jurey et gardey. Donné à Pouloiney (4), nostre chasteau, lou

---

donner la preuve à propos des droits curiaux. Ainsi, en 1336, ils sollicitèrent avec ardeur du duc Eudes IV le partage du produit de dix-sept mariages mixtes, qui remontaient déjà à plus d'une génération. Eudes IV mit trois ans pour s'exécuter; aussi ce partage fut-il le dernier. L'usage plus répandu du désaveu, l'omnipotence ducale sans cesse croissante, anéantirent bientôt les droits personnels des religieux sur leurs hommes, et ceux-ci, désormais confondus avec les autres habitants, ne furent tenus qu'aux prestations attachées à leurs tenures. (Archives de la Côte-d'Or. Série G. Fonds du chapitre de Notre-Dame de Semur.)

(1) Echevins.
(2) Gardé.
(3) Contraction des deux mots : si ainsi.
(4) Pouillenay, canton de Flavigny.

mardi devant la Saint Jehan Baptistre, l'am de grâce mil trois cens trante et hun.

Passey par lou Duc à la relacion maistre Jehan Auberiot (1). Doné comme dessus.

Original : Archives de la ville de Semur, *Priviléges et franchises de la Commune.*

CCCXCI

Confirmation des priviléges des habitants de Semur, par le duc Eudes IV.

1334 (21 septembre).

Nous, Eudes, dux de Bourgoigne, conte d'Artois et de Bourgoigne, palazins et sires de Salins, faisons savoir à touz que pour les bonz et agréaubles services que nous ont faiz notre amez notre borgeois et la commune de notre ville de Semur en Auxois, et pour cincenz livres tournois qu'il nous hont données pour une foiz, pour le fait du roy de Navarre (1), lesquelles nous havons heues d'auls, don nous nous tenous pour bien paiez, touz les previleges, libertez et franchises qui leur hont esté donney de touz nos devantiers et de nous, nous de certainne science, volons, louons, ratiffions, agréons, confermons, approvons selon leur teneur et nous y consentons. Et promectons en bone foy, pour nous et pour noz hoirs ou cilz qui haurient ou pourient havoir cause de nous et soubz l'obligation de touz noz biens, les diz previlleges, libertez et frainchises tenir, garder et acomplir selon leur teneur. Sauf et retenu à nous et es notres touz noz droiz que notre devantier et nous y havons acquis ou temps passey et porrions acquérir ou temps avenir à juste cause. En tesmoingnage de laquel chose nous avons fait mectre notre séaul à ces présentes lettres. Faites et données à Viloignes (2), le xxi° jour du mois de septembre, l'an de grâce mil ccc trante et quatre.

Original : Archives de la ville de Semur, *Priviléges et franchises de la commune.*

(1) Jean Aubriot, chanoine de Beaune, archidiacre du Dijonnais, conseiller-secrétaire du duc en 1331, chancelier de Bourgogne en 1335. Il fut nommé évêque de Chalon en 1346, et mourut en 1351.
(2) Philippe d'Evreux, petit-fils du roi Philippe-le-Hardi, marié en 1317 à Jeanne, fille du roi Louis-le-Hutin, héritière du royaume de Navarre. Jeanne était la nièce du duc Eudes IV, frère de sa mère la reine Marguerite de Bourgogne. Ce subside lui avait probablement été envoyé par le duc lors de la guerre qu'il fit aux Maures, de concert avec le roi de Castille, et dans laquelle il mourut.
(3) Villaines-en-Duesmois, résidence ducale.

CCCXCII

Déclaration de Nicolas de Toulon, chancelier de Bourgogne, portant que la justice exercée par lui hors des limites du donjon de Semur, ne pourra préjudicier en rien aux priviléges de la commune.

1385 (27 juillet).

Nicolas de Toulon, chantre d'Ostun, chancelier du duchié de Bourgoigne, faisons savoir à tous que combien par le temps passey, par le temps que nous avons gouverné la chancellerie de Bourgoigne, nous ou notre lieutenant à Semur aiens tenuz (1) les jours de ladite chancellerie en la ville de Semur en plusieurs lieux et fors les destrois (2) du dongeon dudit lieu, de laquelle chose se tiennent agrevez les maïeur, escheviz et commune de Semur, disant que an autre lieu que oudit dongeon ou destroit d'icelli ne povons séoir ou cognoistre d'aucunes causes, deffinir ou terminer icelles. Laquelle chouse ay esté faite en leur grant préjudice et de leurs libertez et previleges si comme il dient. Nous pour les causes dessus dites et qui avons sis (3), et notre dy lieutenant et cognues de plusieurs causes et terminées icelles en ladite ville de Semur et fors desdiz dongeon et destroit, ne voulons ne entendons faire ou avoir fait aucun préjudice es diz de Semur ne à leurs libertez et privileges, ne pour le temps avenir, ne voulons estre fait par nous ou noz lieutenans en notre dit siege de Semur, et voulons que leurs diz previleges, franchises et immunitez leur soient saulz quant es choses dessus dites. Donné en noz jours de Semur, qui furent tenuz par nous en l'ostel du grand Regnaut oudit lieu de Semur, le jeudi après la feste de la Magdelenne, l'an de grâce mil ccc quatre vingt et cinq.

G. Benoite.

Original : Archives de la ville de Semur, *Priviléges et franchises de la Commune.*

---

(1) Le chancelier et ses lieutenants avaient la connaissance, privativement à tous autres juges, des causes ayant pour origine les actes passés devant les tabellions de la cour du duc, ou l'interprétation de ces actes. A ce titre, ils devaient juger, non dans la ville, mais dans le château ou doujon où se trouvait déjà l'auditoire du bailliage. Or, la tenue de leurs jours en dehors de ces limites constituait une infraction à la charte et pouvait préjudicier aux priviléges de la commune.
(2) Limites.
(3) Siégé.

CCCXCIII

Confirmation des priviléges de la ville de Semur, par le roi François Ier.

1517-18 (février).

Françoys, par la grâce de Dieu, roy de France, savoir faisons à tous présens et avenir, que nous inclinans à la supplicacion et requeste de noz chiers et bien amez les manans et habitans de Semur en l'Auxois, le contenu es lettres de feu Robert, en son vivant duc de Bourgongne, cy attachée soubs le contre scel de notre chancellerie, leur avons loué, confermé, ratiffié et appreuvé, et par la teneur de ces présentes de notre grâce espécial, plaine puissance et auctorité royal, louons, confermons, ratiffions et approuvons pour en joyr et user par lesdits supplians et leurs successeurs tant et si avant qu'ilz en ont deuement et justement joy et usé et qu'ilz en joyssent et usent de présent. Excepté toutesfois en tant que touchent les articles faisant mencion de duelle, submissions des arcevesques de Lyon, evesques d'Ostun, Langres et Chalon et autres submissions ecclésiastiques, exemptions et affranchissements de tailles que ne voulons avoir lieu et sortir effect (1). Sy donnons en mandement, par ces dites présentes, au bailly d'Auxoys ou à son lieutenant et à tous noz autres justiciers et officiers ou à leurs lieuxtenans présens et advenir et à chacun d'eulx, sy comme à luy appartiendra, que de noz présens grâce, confirmacion, ratificacion et approbacion, les articles dessus dicts exceptez et non comprins, vous faictes, souffrez et laissez lesdits supplians et leurs dits successeurs joïr et user plainement et paisiblement perpétuellement, sans leur mettre ou donner ne souffrir estre faict, mis ou donné, ores ne pour l'avenir, aucun trouble, destourbier ne empeschement au contraire. Lequel se faict, mis ou donné leur avoit esté ou estoit, ils le mectent ou facent mectre incontinant et sans délay à pleine délivrance. Et affin que ce soit chose ferme et estable à tousjours, nous avons fait mettre notre scel à ces dites présentes, sauf en autres choses notre droict et l'autruy en toutes. Donné à

---

(1) Ces réserves à l'endroit du duel, de l'intervention des prélats et de l'exemption des tailles, témoignent du degré d'abaissement où en étaient arrivées les franchises municipales. Néanmoins, elles offrent ceci de remarquable, qu'elles figurent uniquement dans ces lettres. Celles octroyées dans le même temps aux villes de Dijon, Beaune, Montbard, en sont exemptes.

Amboyse ou moiz de fevrier, l'an de grâce mil cinq cens et dix sept et de notre regne le quatryesme.

Par le Roy à la relation du Conseil, Garbot.

Visa. Contentor, Duboys.

Original : Archives de la ville de Semur, *Priviléges et franchises de la Commune.*

CCCXCIV

Edit du roi François Ier, contenant création et érection en office de la mairie de Semur, qui était auparavant annuelle.

1543 (août).

François, par la grâce de Dieu, roy de France, à tous présens et advenir, salut. Comme en nostre ville de Semeure qui est le siegle principal de nostre bailliage d'Auxois, lequel est l'ung des plus beaulx de nostre duché de Bourgoingne, y ait accoustumé d'avoir ung maire avec six eschevins pour le gouvernement et administration des affaires communs et publiques de ladicte ville et police d'icelle, lequel maire a la superintendance en ceste charge et conduite avec justice et juridiction pour pourvéoir et donner ordre à touttes choses requises et nécessaires en cest endroict ; et d'aultant que par chacun an d'ancienneté, la dicte mayerye a esté cryée et proclamée, baillée et délivrée au plus offrant et dernier enchérisseur comme noz aultres fermes dudit bailliage, il s'est ensuyvy que plusieurs par une ambition d'honneur et d'auctorité, et les autres par une affection et volunté de commander à leurs semblables ou aulcune fois à leurs supérieurs, exercer une vincdicte à l'encontre d'eulx et abuser de leurs dite auctorité, se sont ingerez d'enchérir et mettre à prix icelle mairie et pour satisfaire à leur dite affection, sans avoir égard ne considération à leur incapacité et insuffisance de tenir, exercer et administrer tel estat et charge, ont tant faict qu'elle leur a esté adjugée comme plus offrant et dernier enchérisseur, dont sont provenuz et proviennent infiniz erreurs, abbuz et malversacions de très maulvaise, pernicieuse et dommageable conséquence à la chose publique. Or est il que pour telles et semblables occasions, nous avons par cy devant en quelques aultres villes de nostre royaulme faict et créés perpétuelles et à vye en chef et tiltres d'offices formez les mairies d'icelles qui estoient annuelles comme est celle du dict Semeur, laquelle il nous a semblé et semble pour éviter aux dicts abbuz, erreurs, malversations et inconvéniens dessus dictz, estre très à propoz, requis et nécessaire réduire en ceste mesme qualité d'office, pour y estre pourveu de personnage suffisant et capable au bien de la justice politique, repoz et soulagement des subjetz, manans et habitans de la dite ville. Scavoir faisons que nous, ayant mis ceste matière en délibération avec les gens de nostre conseil privé, avons par leur advis, pour les causes dessus dites et aultres bonnes et justes considérations à ce nous mouvans, de nos certaine science, plaine puissance et auctorité royal, crée, érigé et establi et par édit perpétuel et irrévocable créons, érigeons et establissons en chef et tiltre d'office formé et à vye icelle mairie de Semeur qui souloit estre annuelle; pour ledit estat et office de maire estre tenu et exercé par celluy que présentement et par cy après vacation advenant par mort, résignation ou aultrement en pourvoirons, aux honneurs, auctoritez, previleges, prérogatives, prééminences, pouvoirs, puissances et facultez, franchises, libertez, gaiges, droitz, prouffictz et émolumens qui y apartiennent et dont par cy devant ont ordinairement jouy et usé les maires annuelz de la dicte ville durant leur administration. Sy donnons en mandement par ces mesmes présentes à noz amez et féaux les gens de nostre court du Parlement en Bourgoingne séant à Dijon, maistres des requestes ordinaires de nostre hostel au bailly d'Auxois ou son lieutenant et à tous noz aultres justiciers et officiers qu'il appartiendra, que noz présents édict, création et érection ilz entretiennent, gardent et observent, facent inviolablement de point en point entretenir, garder et observer, lire, publier et enrégistrer, et d'iceulx ensembles dudict estat et office de maire jouir et user celluy qui en sera présentement et par cy après vacation, advenant ainsi que dit est pourveu plainement et paisiblement, cessans et faisans cesser tous troubles et empeschement au contraire, et ad ce faire et souffrir contraignent ou fassent contraindre tous ceulx qu'il appartiendra et qui pour ce seront à contraindre par touttes voyes et manière deues, raisonnables et en tel cas requises, nonobstant opposition ou appellation quelconques et sans préjudice d'iceulx, pour lesquelles ne voulons estre différé. Car tel est nostre plaisir, nonobstant aussi les privilleges de la dicte ville où il est dict que le dict maire sera institué par chacun an et quelzconques aultres édictz, statuz, ordonnances, déclarations, restrinctions, mandemens ou deffenses à ce contraires ausquels pour ceste fois nous avons desrogiés et desrogions par ces présentes de nostre dite science, puissance et auctorité. Et affin que ce soit chose ferme et estable à tousjours, nous avons fait mectre nostre scel à ces dites présentes, sauf en aultres choses nostre droit et l'autruy en touttes. Donné à Avenay au mois de aost l'an de grâce mil cinq cens quarante trois et de nostre règne le vingt neufiesme.

Ainsi signé, sur le reply. Par le Roy en son conseil, ROBERTET, et scellées du grand scel en cire verte à double latz de soye rouge et verte pendant.

Et oultre sur le dict reply est escript : Leu, publié et enrégistré en la grande chambre du conseil de la court de Parlement de Dijon, les genz du Roy sur ce ouyz, le septiesme jour de septembre mil cinq cens quarante trois.

Signé : DE MOISSEY.

Archives du greffe de la Cour impériale de Dijon. Parlement. Enregistrement des édits et lettres patentes. Registre III, folio 82.

CCCXCV

Confirmation des priviléges de la ville de Semur, par Henri II, roi de France.

1548 (mars).

Henry, par la grâce de Dieu, roy de France, scavoir faisons à tous présens et advenir, salut ; que nous inclinans liberallement à la supplication et requeste de noz chers et bien amez les maïeur, eschevins, procureur, manans et habitans de la ville et commune de Semur en Auxois, désirans, suivant le voulloir de noz prédécesseurs roys, les traicter favorablement et les entretenir en leurs previlleiges, libertez et franchises à iceulx, pour certaines bonnes considérations à ce nous mouvans, tous et chascuns les previlleiges à eulx cy devant donnez et concedez et octroyez par nos diz prédécesseurs, et desquelz il fera apparoir quant besoing sera, leur avons continuez et confirmez, continuons et confirmons de noz certaines science, plaine puissance et auctorité royal, par ces présentes, pour en joïr et user par eulx et leurs successeurs, perpétuellement, tant et si avant et

---

(1) C'est le seul et unique exemple en Bourgogne d'un système caressé depuis longtemps par la monarchie absolue; que François Ier n'osa toutefois point appliquer aux mairies électives, mais qu'il était réservé à Louis XIV de faire triompher, pour la ruine complète de toutes les libertés municipales. La mairie de Semur étant affermée tous les ans comme domaniale, sa conversion en office, qui cependant était en opposition flagrante avec le § 43 de leur charte, ne parut point préoccuper les habitants. Ils laissèrent sans protester Miles Bourgeois, un des leurs, acquérir le nouvel office, et ne se décidèrent qu'après sa mort à le réunir au corps de ville.

par la forme et manière qu'ilz en ont cy devant deuement et justement joy et usé, et joïssent encores de présent. Sy donnons en mandement, par ces dites présentes, à noz amez et feaulx les gens tenans nostre court de Parlement de Bourgongne, séant à Dijon, gens de noz Comptes audit lieu, bailly d'Auxois et à tous noz autres justiciers et à leurs lieutenans, et à chascun d'eulx, présens et advenir, si comme à luy appartiendra, que de noz présens continuation et confirmation ilz facent, seuffrent et laissent les diz supplians et leurs diz successeurs, joïr et user plainement et paisiblement, sans, en ce, leur faire, mectre ou donner, ne souffrir estre faict, mis, ou donné, ores ne pour le temps advenir aucun empeschement, et lequel, si faict, mis ou donné leur avoit esté ou estoit, ilz réparent et remectent incontinant et sans délay au premier estat et deu. Car tel est nostre plaisir. Et afin que ce soit chose ferme et stable à tousjours, nous avons fait mectre nostre seel à ces dites présentes, sauf en autres choses nostre droict en l'autruy en toutes. Donné à Fontainebleau ou mois de mars, l'an de grâce mil cinq cens quarante huict et de nostre regne le deuxieme.

   Par le roy, LEPICART.   Visa. Contentor : COEFIER.

Arrêt d'enregistrement par le Parlement de Dijon, rendu le 19 février 1553.
Original : Archives de la ville de Semur, *Priviléges et franchises de la commune.*

CCCXCVI

Confirmation des priviléges de la ville, par le roi Charles IX.

1561 (juin).

Charles, par la grâce de Dieu, roy de France, scavoir faisons, à tous présens et advenir, nous avoir receu l'humble supplication de noz chers et bien amez les manans et habitans de la ville et faulxbourgs de Semur en Auxois, en noz païs et duché de Bourgongne, contenant que par noz prédécesseurs roys de France et ducz dudit païs de Bourgongne, leur ont esté donnez, concedez et octroiez plusieurs beaulx privilleiges, franchises, libertez, exemptions, immunitez desquelz suivant iceulx et confirmation qu'ilz en auroient obtenue conséqutivement de noz diz prédécesseurs roys de France, ils auroient tousjours joy et usé plainement et paisiblement jusques à présent; mais, au moyen des décez et trespas des feuz roys Henry, nostre très honoré seigneur et père, et François, nostre très cher seigneur et frère, derniers décéddez, que Dieu absolve, et pour n'avoir obtenu confirmation de nostre dit feu frère, au moyen de son décez, nagueres intervenu et du peu de temps qu'il a vescu après son advenement à la couronne, iceulx doubtent estre troublez et empeschez en la joyssance de leurs diz previlleiges, s'ilz n'avoient sur ce noz lettres de confirmation, nous requérant humblement leur impartir noz grâce et libéralité. Pour ce est il, que nous inclinans libéralement à la supplication et requeste desdiz supplians, les voullans entretenir en tous et chascuns leur diz previlleiges, franchises et libertez y attachez, iceulx leur avons continuez et confirmez, et de nostre certaine science, plaine puissance et auctorité royal, voullons et nous plaist qu'ilz et leurs successeurs en joyssent et usent doresnavant, tant et si avant, et par la forme et manière qu'ilz en ont cy devant deuement et justement joy et usé, joyssent et usent encores de présent. Si donnons en mandement, par ces mesmes présentes, au bailly d'Auxois ou son lieutenant, et à tous noz autres justiciers, officiers et subgectz, et chascun d'eulx en droict soy et si comme à luy appartiendra, que de noz présens grâce, continuation et confirmation, ensemble de tout le contenu cy dessus, ilz facent, seuffrent et laissent les diz supplians joïr et user, plainement, paisiblement et perpétuellement, sans en ce leur faire, mectre ou donner, ne souffrir estre faict, mis ou donné aucun trouble, destourbier ou empeschement au contraire; lequel, si faict, mis ou donné leur avoit esté ou estoit, l'ostent, remectent, et facent oster et mectre incontinant et sans délay, à plaine et entière délivrance et au premier estat et deu. Car tel est nostre plaisir. Et afin que ce soict chose ferme et stable à tousjours, nous avons faict mectre nostre seel à ces dites présentes, sauf en autres choses nostre droict et l'autruy en toutes. Donné à Sainct Germain des Prez les Paris, ou mois de juing, l'an de grâce mil cinq cens soixante ung, et de nostre règne le premier.

DUMESNIL.

Par le roy, DE LOMENIE.   Visa. Contentor : MORIN.

Original : Archives de la ville de Semur, *Priviléges et franchises de la commune.*

CCCXCVII

Arrêt d'homologation, par le Parlement de Dijon, du règlement arrêté par les magistrats municipaux de Semur pour l'élection du maire.

1575 (23 janvier, 5 mars et 17 décembre).

Reglement pour l'election du mayeur de la ville et commune de Semur en Auxois, conclud et arresté en la chambre de la dite ville, suyvant la délibération et résolution faite en l'assemblée publicq, au son de la cloche et lieu accoustumé, le vingt troisiesme janvier mil cinq cens soixante quinze (1) et advis particulier de tous les estatz et mestiers d'icelle ville.

Que par cy après, le premier jour du mois de janvier, les habitans de la dite ville seront convocquez au son de la dite cloche et audit lieu accoustumé pour procéder à la dite élection.

Et sera nommé et eleu la dite première année mil cinq cens soixante seize ung gradué, assavoir ung advocat, médecin ou enquesteur, gradué ou non gradué, homme de bien et catholicque.

L'année subsécutive, mil cinq cens soixante dix sept, ung praticien, assavoir ung procureur ou praticien, suyvant et exerceant la praticque aux jurisdictions royalles ou inférieures, notaires, sergens ou autres de l'estat de la plume et praticque, homme de bien et catholicque.

La troisiesme, mil v^e soixante et dix huit, ung marchant, assavoir grenetier, controlleur au magazin ou autres marchant pour lesquelz l'on entend ceulx qui vendent velours, soye ou autres marchandises en gros ou en détail grossiers; appoticaires, chirurgiens, tanneurs, tainturiers, chaussetiers, potiers d'estain et aultres personnes qui traficquent en admodiations, marchandises honnestes et qui vivent de leurs biens et revenu, bourgeois et tous aultres de ladite ville de quelque mestier honneste que ce soit, capables et suffisans de porter ledict estat et charge.

(1) En 1570, après la mort de Bourgeois, acquéreur de la mairie, l'office ayant été remis en vente par le domaine, la commune de Semur s'en rendit adjudicataire pour 1,235 livres, et le réunit au corps de ville. Le 12 mars 1575, les commissaires du domaine lui en passèrent une nouvelle adjudication, et c'est pour mettre en harmonie la nouvelle charge avec les anciennes, et surtout pour couper court aux « brigues et monopolles excessives » dont ces élections étaient partout la cause, qu'intervint ce règlement, auquel le Parlement du duché donna sa sanction.

Et la dicte troisiesme année finyie, sera renouvellé le tour de la manière susdicte, recommenceant ausdiz graduez, medecins et enquesteurs, et finissant ausdiz marchans, lequel continuera ainsi à jamais, sans pouvoir estre changé ou perverty pour quelque cause que ce soyt.

Le dict mayeur ne pourra estre continué pour cause quelconque, mais finira sa charge au bout de l'an de sa dicte election premier de janvier. Et néantmoins, affin que celluy qui luy succedera en icelle charge soit suffisamment informé des affaires de la ville, le dict mayeur anticque entrera en la chambre de la ville l'année suyvante pour informer des affaires de la dicte ville, sans pour ce neantmoins prétendre aucuns droictz, exemptions ny voye délibérative.

Le mayeur usera de toute doulceur de bon magistrat envers les diz habitans et ne prendra aulcune chose des personnes pauvres, indigentes et nécessiteuses.

Les clains et deffaulx de justice demeurent à la ville.

Et ne pourra le dict mayeur juger pour le fait de la police et justice, synon du consentement et par l'advis des eschevins, ausquelz les auctoritez demeureront, conformément à leurs previleiges, honneurs et auctoritez anciennes.

Et afin que plusieurs se ressentent des honneurs et peines qui concernent le dict estat, et pour retrancher touttes ambitions et brigues, le mayeur eleu n'y pourra parvenir que le tour de trois ans n'ayt passé par deux foys, qui est de six ans, à commencer à l'année de son élection.

Par laquelle élection seront au dict jour et en ladicte Chambre nommez et éleuz par serment et à la pluralité de voix de chacun estatz et mestiers cy après nommez, deux personnes que ceulx dudict estat ou mestier nommeront, assavoir : les graduez médecins ou enquesteurs deux de leur rang ; les praticiens deux du leur ; les marchans deux d'entre eulx, gens de bien et catholicques, comme dessus est dict, et ainsy consécutivement des aultres. Et ou aucuns des susdiz ne se treuveroient à la dicte assemblée, sera passé oultre par les présens et oires qu'il y eust petit nombre à la dicte élection.

Par lesquelz eleuz à pluralité de voix et en mesme instant, sans divertir à aultres actes ny communiquer à personne, sera nommé et eleu ledit mayeur qui ne pourra estre nommé d'aultre estat et qualité que celluy qui sera en son tour, selon la forme susdicte, sans neantmoins que les diz eleuz soient excluz d'estre nommez maire.

Seront tenuz les électeurs de nommer et choisir ung habitant d'icelle ville, marié ou veuf, domicilié par l'espace de cinq ans ou originel d'icelle, homme de bien, catholique et de bonnë réputation, non convaincu d'acte portant nothe d'infamie et qui soit cottisé aux tailles et impostz de la dite ville.

Lesquelz mestiers et estatz pour faire la dicte élection sont ceux qui s'ensuyvent :

Premierement les graduez, advocatz, médecins et enquesteurs graduez ou non graduez.

En après, les praticiens, assavoir les procureurs ou praticiens suyvans et exerceans la praticque, soit aux jurisdictions royalles ou inférieures, notaires, sergens royaulx et aultres de l'estat de la plume et praticque.

En troisiesme rang, grenetiers, controoleur au magazin et marchand, assavoir ceulx qui vendent velours, soye et aultre marchandise en gros ou détail; bourgeois grossiers, tanneurs, drappiers, appoticaires, chirurgiens, tainturiers, potiers d'estain et aultres traficquans en admodiations et marchandises honnestes ou qui vivent de leur bien et revenu.

En quatrieme, les bouchers, boulangers, patissiers, muniers, cordonniers, carreleurs et corroyeurs.

En cinquieme, tailleurs, cousturiers, brodeurs, peletiers, parcheminiers, selliers, mareschaulx, serruriers, magniens (1), ferretiers, artillers (2), couvreurs et plombiers.

En sixiesme, drappiers, tixiers de draptz et de thoilles, folleniers (3), retondeurs, pigneurs et cardeurs.

En septiesme et dernier rang, tous vignerons, tonneliers, gens labourans la terre, travaillant aux champs à leur journée, et tous aultres artisans non specifiez cy dessus.

Tous lesquelz estatz et mestiers, le dict jour premier de janvier, après la cloche sonnée, seront tenuz de se retreuver audict lieu accoustumé pour faire la dicte élection, à peine d'ung sol d'amende contre chacun défaillant et de privation de bailler sa voye pour la dicte année, ny pouvoir estre eleu mayeur.

Sauf, quant à la dicte charge de mayeur, que l'absent à cause de maladyes ou affaires publiques, pourra estre éleu mayeur à la dicte assemblée.

Et seront, par le greffier de la dicte mairye en icelle assemblée, appellés au tour du roole cy dessus déclaré chacun desdiz estatz et par serment que ung chacun prestera entre les mains du mayeur anticque, nommera deux personnes

---

(1) Chaudronniers.
(2) Armuriers, couteliers, fabricants d'outils.
(3) Foulonniers.

pour élire et choisir le mayeur, et ou ne se treuveroient que deux ou une personne de l'ung desdiz estatz, demeureront neantmoins eleuz pour la nomination dudict mayeur, selon que cy dessus est dict.

Les deux de chacun estat et mestier qui auront le plus de voix de ceulx de leur dict rang se retireront devers le dict mayeur anticque et eschevins sans communiquer à personne, aussytost qu'ilz auront esté declarez éleuz comme ayans la pluralité des voix.

Laquelle élection desdiz éleuz parachevée, qui consistera en tout en quatorze personnes, assavoir deux de chacun estat et mestier, iceulx éleuz presteront le serment entre les mains dudict antique mayeur, moyennant lequel chacun d'eulx nommera le personnage qu'il estimera en conscience mériter l'office de mayeur, et sera tenu le nommer de la qualité qu'il sera en son tour d'eslection.

Celluy qui aura la pluralité des dictes voix, oires qu'elle n'excéderoit que d'une, sera prononcé et salué mayeur, et prestera le serment accoustumé entre les mains dudict antique, mesmement de ne riens entreprendre, dire, faire, conseiller ne procurer, soit en jugement ou ailleurs, qui soit contre les privileges, franchises et libertez de la dicte ville, à peine que le contrevenant audict serment sera décheu à jamais de pouvoir estre éleu mayeur. Le semblable s'observera pour le regard des eschevins et procureur scindicq quant au dict serment.

Que sy lesdictes voix estoient partyes et égalles, les eschevins, par serment qu'ilz presteront entre les mains dudict antique, bailleront leurs voix à l'ung de ceulx qui auroient esté nommez par les diz éleuz, et celluy qui aura la pluralité sera receu en la dicte charge.

Ne pourra estre éleu mayeur celluy qui sera en charge d'eschevin ou procureur scindicq, mais pourra estre du nombre des esleuz.

Si le mayeur décede pendant sa charge, ny sera pourveu que au dict premier de janvier suivant, et dèslors dudict décès le premier eschevin fera ladicte charge et fonction.

Ne sera reçeu aucun à donner voye, s'il n'est domicilié et habitant audict Semur, marié ou veuf, cothisé aux impostz, homme de bien, et qu'il ne soit convaincu d'aucun acte portant nothe d'infamye.

Et pour obvier à tous altercas, différendz et procès qui pourroient cy après survenir, personne ne sera recepvable à proposer insuffisance contre quelcun pour empescher sa voye et eslection, s'il ne la propose sur le champt et avant que la dicte assemblée soit separée. Auquel cas il sera tenu promptement d'en faire apparoir par acte suffisant de prévention, accusation ou condamnation, autrement on ny aura aucun esgard.

Lequel reiglement les diz mayeur, eschevins, procureur scindicq et habitans, supplient humblement et en toute révérence estre homologué par noz seigneurs de la souveraine Cour, affin que perpétuellement et inviolablement il soyt observé par eulx et leurs successeurs. Fait audict Semur, en la dicte Chambre de ville, le cinquiesme mars mil v^e soixante et quinze. Signé Vernot, P. Espiard, Symon, Claude Blondet, Le Loup, Cassard, Lemulier et Fevrier.

Sur la requeste des mayeur, eschevins, procureur scindic et habitans de la ville de Semur, tendant à ce que les articles contenans le règlement pour l'élection du mayeur de la dicte ville fussent autorisez et homologuez. Veu ladicte requeste, les diz articles et reglement fait et arrestez le cinquiesme de mars dernier, advis des advocatz et procureurs dudict Semur sur la forme de la dicte élection, ce qu'a esté dit et remonstré par les officiers du Roy audict lieu, conclusions du procureur général. Et tout considéré, la Cour a homologué et auctorisé, homologue et auctorise les diz articles et règlement, ordonne qu'ilz seront gardez et observez, et que l'éleu maire sera présenté le jour de son élection par l'anticque mayeur aux officiers du Roy au bailliage d'Auxois, siege dudict Semur, et prestera le serment entre leurs mains de garder les diz articles en ce qui concerne la dicte charge de mayeur, de bien et soigneusement user en l'administration d'icelluy et maintenir et conserver la dicte ville en l'obéissance et fidélité du Roy.

Fait en la Tornelle, à Dijon, et prononcé le xviie jour de décembre mil v^e soixante et quinze.

Archives du greffe de la Cour impériale de Dijon. Parlement de Bourgogne. Enregistrement des édits, lettres patentes, etc. Registre IX, folio 120.

CCCXCVIII

Homologation, par le Parlement, de l'aliénation viagère de la mairie de Semur
faite par la commune au sieur Charles Blanot.

1574 (14 août).

Extraict des registres du Parlement.

Sur la requeste du procureur syndic de la ville et commune de Semur, tendant à ce qu'il fut procédé à la confirmation et auctorisation de la vendition faite par les habitans dudict Semur, de l'estat et office de mayeur de la dicte ville, à M⁰ Charles Blanot, advocat au dict lieu. Veu la dicte requeste, contract du septiesme janvier mil cinq cens soixante et dix, contenant l'aliénation faicte de la mayerie dudict Semur, aux manans et habitans dudict lieu, par les commissaires depputés à l'aliénation du domaine du roy en ce païs de Bourguongne, moyenant la somme de douze cens trente cinq livres tournois, pour jouyr par les dictz habitans de la dicte maierie en domaine à faculté de reachapt perpétuel, aux droictz, honneurs, auctoritez, prééminences, exercice de la jurisdiction civile, cryminelle et politique, et autres droictz, selon que en avoit jouy auparavant M⁰ Mile Bourgeois, et que le roy en jouyroit s'il la tenoit en sa main. Autre contract du douziesme mars mil cinq cens soixante et quinze, par lequel, après plusieurs proclamations, les depputez à l'aliénation dudict domaine auroient de nouveau faict aliénation et adjudication de la dicte maierie ausdictz manans et habitans, à la dicte faculté de réachapt, moyennant la dicte somme de douze cens trente cinq livres payée pour le dict premier achapt, et six cens cinquante livres d'enchère, quictance du paiement des dictes sommes, procès verbal de l'assemblée des ditz manans et habitans, faicte en corps de ville les premier et sixiesme janvier dernier (1), contenant l'adjudication et délivrance le dict jour sixieme de

---

(1) Le 1ᵉʳ janvier 1577, les habitants étant réunis en assemblée générale au cloître du prieuré de Notre-Dame, à l'effet d'élire un mayeur en remplacement de Guy David, qui sortait de charge et devait remettre les clefs des portes de la ville à son remplaçant. La chambre de ville proposa d'abord de procéder à l'élection du nouveau mayeur, lequel, conformément au réglement inséré plus haut, devait être choisi parmi les procureurs ; puis elle fit connaître que la ville étant obérée, tant d'anciennes dettes que de celles contractées à l'occasion du rachat de l'office de mayeur, de notables personnages lui avaient fait offre d'amodier cet office à titre viager, moyennant une somme de 1,200 à 1,500 livres. Elle adjura donc l'assemblée d'avoir à se prononcer sur la question de savoir si on élirait un nouveau mayeur, conformément au réglement, ou bien si on donnerait suite aux propositions faites à la chambre. Sur les quatre-vingts personnes présentes à

janvier, faicte dudict estat et office de maïeur au dict M⁰ Charles Blanot, pour en jouyr et le tenir sa vie naturelle, durant tant seulement pour la somme de deux mil livres tournois, aux charges et conditions mentionnées audict procès-verbal, opposition formée à la dicte adjudication et délivrance par M⁰ Jean Lemulier et Jaques Cassard, appointement du vingtiesme may dernier, par lequel les dictz Lemulier et Cassard, se seroient départys de leur dicte opposition et consenty que la dicte adjudication sortist effect, consentement des officiers du roy au bailliage d'Auxois, siege dudict Semur, conclusions du procureur général du roy, et tout considéré, la court a auctorisé et esmologué, auctorise et esmologue la dicte adjudication et délivrance faicte dudict estat et office de maieur de Semeur, audict Charles Blanot, selon sa forme et teneur, pour en jouyr par luy à la dicte faculté de réachapt perpétuel, sa dicte vie naturelle durant seullement, aux charges et conditions contenues audict procès verbal et qu'il sera tenu prester chascun an en jugement pardevant le bailly d'Auxois ou son lieutenant audict Semur, le premier jour plaidoiable après la Nativité Sainct Jean Baptiste, le serment de bien et deuement exercer le dict office et conserver les droictz du roy et des dictz habitans dudict Semur. Faict à Dijon, en Parlement, le quatorziesme jour du mois d'aost, mil cinq cens soixante et dix sept.

Collationné. Signé : PERARD.

Original : Archives de la ville de Semur, *Priviléges et franchises de la commune.*

l'assemblée, soixante-quinze ayant opté pour l'aliénation, il fut décidé qu'une nouvelle assemblée aurait lieu le dimanche 6 janvier, et qu'on arrêtait définitivement la mesure proposée.

Cette assemblée, qui était encore plus nombreuse que la précédente, ayant, nonobstant l'opposition des cinq, adopté la mesure proposée, on mit l'office aux enchères. Cl. Mazoyer, avocat du roi au bailliage, offrit 1,800 livres et Claude Blanot, 2,000. David, l'ancien maire, ayant alors déposé les clefs et remercié la commune, les échevins divisèrent l'assemblée en sept groupes, qui devaient chacun choisir parmi eux deux délégués. Ces quatorze délégués, réunis à la chambre, ayant décidé l'adjudication définitive de la mairie, de nouvelles enchères furent ouvertes sur celle de M. Blanot, et, personne n'ayant surdit, la chambre, assistée des délégués, « trancha délivrance dudit estat de mayeur au sieur Charles Blanot, pour en jouir aux honneurs,
« autorité, prérogatives, exemptions et droits accoustumés, tels qu'en ont jouy les aultres antiques mayeurs,
« sa vie naturelle durant seullement et non plus, à la charge de par luy de faire toutes les submissions né-
« cessaires ; ce qu'il a promis de tout son pouvoir à jamais, durant sa vie, faire tout deu et debvoir à ladite
« charge, faire et procurer le bien, proffit et utilité d'icelle ville, et soulagement des habitans d'icelle, sous
« l'obéissance du roy, et dès lors tous iceulx habitans l'ont salué comme mayeur de ladite ville et promis
« d'obéir à tous ses commandements. Ez mains duquel sieur Blanot ont esté mises les clefs d'icelle ville
« rendues par ledit David, *anticque.* »

CCCXCIX

Confirmation, par le roi Henri III, de l'aliénation de la mairie faite au sieur Blanot.

1578 (12 février).

Henry, par la grâce de Dieu, roi de France et de Pologne, à tous ceulx qui ces présentes verront, salut. Nostre bien amé Charles Blanot, advocat au bailliage d'Auxois, siege de Semur, nous a, en nostre conseil, fait entendre que la mairie dudit Semur faisant portion de nostre domaine, estoit cy devant baillée à ferme, avec les autres membres de nostre dit domaine, et au vivant du feu roy, nostre très honoré seigneur et père, M° Miles Bourgeois en auroit esté pourveu en titre d'office et joy d'iceluy sa vie durant, et après son décès ledit office auroit esté réuny à nos dit domaine, jusques en l'an V° LXX qu'il auroit esté de nouveau aliéné aux habitans dudit Semur, pour en joyr par eulx et leurs successeurs et faire exercer la jurisdiction civile, criminelle et politique, par celuy qu'ilz commettroient, à faculté touteffois de réachapt perpétuel. En l'an mil V° LXXVII procédant à autre aliénation de nostre dit domaine, la dite maierie auroit encore esté aliénée et de nouvel adjugée aus diz habitans, sur l'enchère de vi° livres qui y auroit esté mise, outre le prix de leur première adjudication, et aux charges contenues au contract sur ce passé. Lesquelz habitans, au mois de janvier mil V° XXVII, assemblez pour élire ung d'entre eulx pour l'exercice dudit estat de maire, comme ilz avoient fait chacun an depuis le décès dudit Bourgeois, sur les remonstrances à eulx faites par aucuns d'entre eulx, que leur ville estoit chargée de debtes, tant à cause de la dite acquisition de mairie qu'autres charges qu'ilz avoient supporté es années précédentes, et estre expédient faire pourvoir de persone capable pour l'administration et exercice d'icelle, auquel on en feroit délivrance pour en joyr sa vie durant, en la manière que en avoit joy ledit Bourgeois, et soubz les conditions par eulx proposées, auroient advisé par commune délibération de la plus grand part d'entre eulx que convocation générale desdiz habitans seroit faite au lieu et ainsi qu'il est acoustumé pour plus amplement conférer sur ce fait et faire délivrance dudit estat à persone de la qualité requise, qui feroit la condition de la dite ville meilleure, ce qu'auroit esté fait et la délivrance dudit estat esté faite en la dite assemblée audit exposant, aux charges portées par icelle, pour en joyr sa vie durant, ainsi que les maires de la dite ville en ont joy moiennant II^c livres que les diz habitans auroient ordonné estre employez à l'acquit des debtes de la dite ville; aucuns desquelz habitans s'estans opposez à la dite délivrance auroient esté assignez à la requête du procureur scindic de la dite ville, en nostre court de Parlement de Bourgongne, pour déduire les moïens de l'opposition, de laquelle, par arrest d'icelle, ilz auroient esté déboutez et ordonné que la délivrance faite audit Blanot, de la dite mairie tiendroit, pour en joyr par le dit exposant sa vie durant, suivant son contract, lequel nostre dit auroit émologué et confirmez; ce que, pour plus grande aprobation, il nous supplie vouloir faire et semblablement ordonner qu'il joïra dudit estat de maire aux droictz et prérogatives qui y appartiennent et avec pouvoir de faire l'exercice de la dite jurisdition civille, criminelle et politique, conformément à la vente faite ausdiz habitans par lesdiz commissaires. Pour ces causes, après avoir fait veoir lesdiz contractz d'aliénation de la dite mairie, faite ausdiz habitans de Semur es années V^c XX et LXXV et la délivrance qui en a esté faite audit Blanot le vi^e janvier V^c XXVII, ensemble le dit arrest; ayans agréable le contenu, avons la dite délivrance, en tant que à nous est d'abondant, loué, confirmé et approuvé, confirmons et approuvons, de nostre plaine puissance et autorité royale, voulons et nous plaist qu'elle sorte effect tout ainsi que si elle avoit esté faite en nostre Conseil. Si donnons en mandement à noz amez et féaux les gens tenans nostre court de Parlement à Dijon, bailly d'Auxois et autres noz juges et officiers qu'il appartiendra, que de ces présentes noz lettres de confirmation, ilz vérifient et facent enregistrer et mettre ledit Blanot en possession de la mairie, l'en faisant et laissant joyr plainement et paisiblement sa vie durant, aux charges contenues au procès verbal de la délivrance, sans permettre qu'aucun empeschement ni soit mis ny donné au contraire, lequel si mis ou donné luy estoit, ostent ou facent oster et mettre incontinant à plaine délivrance et au premier estat. Car tel est nostre plaisir, nonobstant quelzconques ordonnances, mandemens, deffenses et lettres à ce contraire. En tesmoin de ce, nous avons fait mettre nostre scel à ces dites présentes. Donné à Paris, le xiie jour de fevrier, l'an de grâce mil cinq cens soixante dix huit, et de nostre règne le quatriesme.

Par le Roy, en son Conseil.

Sentence d'entérinement des dites lettres au bailliage de Semur le 6 juin 1578.
Original : Archives de la ville de Semur, *Priviléges et franchises de la Commune.*

CCCC

Ordonnance du roi Louis XIII, qui réunit la mairie de Semur au corps et communauté de cette ville.

1623 (décembre).

Louis, par la grâce de Dieu, roy de France et de Navarre, à tous présens et advenir salut, nous avons esté bien informés qu'entre toutes les villes de nostre province de Bourgogne, qui se sont généreusement et fidellement portées au service du feu roy dernier décedé, nostre très honnoré seigneur et père, que Dieu absolve, lors des rébellions qui troubloient son règne, nostre ville de Semeur en Auxois a mérité les souvenirs particuliers de son zèle et de son debvoir; car bien qu'elle fust des moindres fortifications, sy est ce que la valeur et le courage des habitans d'icelle la rendirent une demeure très assurée et la firent juger digne de la séance de nostre court de Parlement ausdit pays, qui y continua l'exercice de la justice en toute seureté et fust par ce moyen l'une des causes principalles de la ruyne de ceux qui ne tendoient qu'à la perdre et diviser la dite province; et encorres que ces bonnes actions ayent estées faictes et appuyées de l'ordre estably d'ancienneté en la dite ville, régie et gouvernée par un magistrat qualiffié maire, qui s'élit annuellement ainsy qu'aux autres villes du dit pays, en toutes lesquelles ceste charge avec la juridiction leur est patrimoniable et n'a jamais esté subjecte aux ventes et aliénations de nostre domaine, toutesfois lesditz habitans ayans de bonne foy exhibé quelques tiltres pardevant les commissaires par nous députés pour la revente de nostre dit domaine en Bourgogne, aux quelz il aparissoit que la dite mairie leur avoit esté aliénée en l'année mil cinq cens soixante dix, pour douze cent trente cinq livres; elle auroit esté comprise en la dite revente par les ditz commissaires avec les greffes, tierces du Trembloy, bang vin d'aost, et foires dudit Semeur, de sorte que pour n'en estre déposseddés, ils avoient estés contraintz de s'en rendre adjudicataires (1) et payer le prix, voyans

---

(1) L'aliénation faite par la mairie à Blanot et à ses successeurs n'avait pas dégagé la commune de ses obligations envers le domaine, qui la considérait toujours comme engagiste. Aussi, pour ne point être dépossédée, avait-elle, le 3 février 1622, soumissionné et obtenu des commissaires royaux délégués pour l'engagement du domaine, une nouvelle concession de la mairie et avec elle de tous les autres revenus du fisc dans la ville, moyennant la finance de 15,000 livres, plus 898 livres 7 sols pour les 2 sols pour livre, 8,983 livres 10 sols pour les revenus du domaine, outre le prix des anciens engagements, qui était de 6,016 livres.
C'est donc pour se soustraire à ces conditions exorbitantes, et pour donner à leur maire le relief qu'il

que ce qu'ilz avoient remonstré aus ditz commissaires n'arrestoit poinct leur procédure, scavoir que par terrier de notre domaine en la dicte province, de l'an mil deux cent soixante douze, confirmé par le duc Robert, il estoit porté que la dite maierie ne seroit point vendue à vie d'homme et ne seroit poinct laissée en main perpétuelle; que la dite ville ayant les mesmes privilèges que les autres du dit pays, elle debvroit avoir pareil traitement, qu'il importoit à nostre service que telle maierie ne fust point perpétuelle, en la puissance d'un seul, y aians à ce subjet divers arrestz donnés en nostre dit Parlement, contenant que les maires des villes du dit pays ne pourront demeurer en ceste charge que deux années, et que pour ces raisons ils avoient estés renvoyés de ceste revente par jugement des commissaires générаulx qui y procédoient au chateau du Louvre, du vingt troizieme janvier M. VIe XVIII, ce que debvoit estre pezé avec le peu d'utilité qui nous en revenoit et finallement les signallés services des ditz habitans, lesquels nous obligent d'avoir agréable la suplication qu'ilz nous ont faicte de distraire en tant que besoing est ou seroit de nostre domaine la dicte maierie seullement, et statuer qu'elle ne sera plus sujecte à revente, ains de la fondation des autres de nostre dicte province, leur octroyant à cest effet nos lettres sur ce nécessaires. A ces causes, scavoir faisons que voullant donner occasion aus ditz habitans de nostre ville de Semeur de persévérer envers nous en leur affection et debvoir, et leur laisser quelques marques particullières de celuy qu'ilz ont rendu par le passé, affin que nos autres subjetz imitant leur vertus soient assurés de mesmes grâces; après avoir faict véoir en nostre conseil les contratz des premières alliénations, le jugement de nos diz commissaires généraux, le contract de la dite revente faicte par nos commissaires particuliers ausdit Dijon, du dixième mars mil six cent vingt et deux, avec la certiffication du douzième juillet dernier, contenant qu'il ne s'est faict revente quelconques des dites mairies de nostre dit pays que de celle de nostre dite ville de Semeur, le tout attaché soubz le contre scel de nostre chancellerie; de l'advis d'iceulx et de nostre plaine puissance et aucthorité royalle, nous avons par ces présentes signées de nostre main désuny, distraict et séparé, désunissons, distrayons et séparons, ores et pour l'advenir, de nostre domaine en nostre dite province de Bourgogne, la dite mairie de nostre ville de Semeur, sans que pour quelque cause et prétexte que ce soit, elle y puisse estre

n'avait point vis-à vis de ses collègues élus des villes de la province, que les habitants sollicitèrent du roi, comme une récompense de leur fidélité, l'abrogation du paragraphe de la charte du duc Robert. Louis XIII, il faut lui rendre cette justice, ne leur marchanda pas leurs services. Il accueillit leur demande et la fit ressortir en termes aussi honorables pour celui qui l'accorda que pour ceux qui l'obtinrent.

réunye ny subjecte à réachapt et revente par nous et nos successeurs roys. Ordonnons, statuons et la déclairons de la condition des autres de nostre dit pays de Bourgogne, et voulons que les ditz habitans de Semeur en jouissent ainsy et en la mesme forme que ceux des villes d'icelluy pays; imposant sur ce silence perpétuel à nos procureurs généraux, leurs substituds et à tous autres, fors pour les autres domaines à eulx allienéz par les ditz commissaires, dont ilz jouiront suivant leurs contratz. Si donnons en mandement à noz amez et féaux les gens tenant nostre cour de Parlement, chambre de nos Comptes, trésoriers généraux de France, à Dijon, et autres noz officiers qu'il apartiendra, que ces présentes ilz ayent à faire enregistrer et du contenu en icelles jouir et user plainement, paisiblement et perpétuellement, les habitans de nostre dite ville de Semeur, cessant et fesant cesser tous troubles et empeschement au contraire, nonobstant les contratz de revente, édict, ordonnances et lettres quelxconques, ausquelles et aux dérogations des dérogatoires, nous avons pour ce regard seulement desrogé et desrogeons par ces dites présentes. Et affin que ce soit chose ferme et stable à tousjours, nous y avons faict mettre nostre scel. Donné à Paris, au mois de décembre, l'an de grâce mil six cent vingt trois, et de nostre règne le quatorzième.

Louis.

Par le Roy, POTIER.   Contentor : PETIT.

Enregistré au Parlement le 29 janvier 1624.

Archives du greffe de la Cour impériale de Dijon. Parlement. Enregistrement des édits et lettres patentes. Registre XXI, folio 85.

VILLARGOIX

Ce village dépendait avant 1789 de l'évêché d'Autun et du bailliage de Saulieu, siége particulier de l'Auxois. Il est très ancien, puisque son territoire est couvert de substructions galloromaines; néanmoins son nom n'apparaît dans les chartes qu'en 1279, époque à laquelle Hugues, seigneur de Mimeure, affranchit une partie des habitants. C'était alors un fief relevant pour une partie de la baronnie de Mont-Saint-Jean, et de l'autre de la seigneurie de Thoisy-la-Berchère, qui appartenait à l'évêque d'Autun.

Après les Mimeure, on trouve les Sivry comme seigneurs de Villargoix. Antoinette de La Plume, veuve de Guy de Sivry, acquit en 1621, du chapitre de la Sainte-Chapelle de Dijon, une portion de la terre de Villargoix, vendue par décret sur Philibert de Pontailler, seigneur de la Motte-Ternant, et reconstitua la seigneurie. Elle la laissa en 1663 à son petit-fils Roger, fils d'Edme de Balathier-Lantage, et d'Antoinette, sa fille. Leurs descendants possèdent encore cette terre.

Guy de Sivry, dont on vient de parler, étendit en 1614, et non en 1603 comme le dit Courtépée, à la généralité des habitants de Villargoix, les franchises accordées trois cent vingt-quatre ans auparavant par Hugues de Mimeure. Le contrat suit immédiatement la charte de ce dernier.

Villargoix est une commune du canton de Saulieu.

CCCCI

Charte d'affranchissement d'une partie du village de Villargoix, par Hugues de Mimeure, écuyer.

1279 (août).

1. Je Hugues, dict de Memeures, escuyer, filz Raou de Memeures, mort ça en arrières, chevalier (1), fais assavoir à tous ceulx que ores sont et qui sont à advenir que orront et verront ces présentes lettres, que je, sans force, sans barat, sans paour, ains de mon bon gré, pourveu de conseil et pour mon grand proffict évident, du loux et de l'assentement et de la volonté monseignor Estienne, seignor de Mont Sainct Jehan, chevalier (2), dou mi fiefs je congnois mouvoir toutes les choses dessoubs nommées. C'est assavoir le meix Belin, dict Gruart, le meix Raou, dict Flandine, le meix Huguenin, dict Machin de Lorme, le meix Huguenot, dict Lambert, le meix qui fust Odot, dict Belien, le meix qui fust dict Ousemon, dicte la Gruie, et le meix qui fut Costans, dict Dabore, avec toutes les appendises, les appartenences et tous les tenemens de tous les meix

---
(1) Ces deux personnages figurent parmi les bienfaiteurs de l'abbaye de Flavigny.
(2) Voir la charte de Salmaise, page 318.

dessus nommés. Desquels meix, appendises, partinences et tenemens les devant dicts Belins, Raoux, Huguenins, Huguenot, Odes, Hosenon et Constans furent oncques en saisine et possession ou temps trespassé. Et lesquels meix, appendises, partenances et tenemens sont assis en la ville et en la paroisse de Villargoix. Toutes celles choses dessus nommées ay données, ouctroiées, quictées et délivrées à tousjours mais, en don, octroy quicté et délivré en héritaige perpétuel à Huguenin, Regnault, Girardot, Odot, Humbart, Estienne, Jehan, Pierre Marion et Marguerite freres, enffans Mathieu, le filz Parisot de Villargoix, Geliotte, sa femme, et à chacung d'eulx et à leurs hoirs et es hoirs de ung chacung et es hoirs de leurs hoirs, ainsi comme ilz adviendront et descendront de hoir en hoir à tousjours mais, por quarente solz de tournois, payans et rendans à moy et à mes hoirs chacun an au lendemain de Sainct Thomas, à Villargoix, desdiz enffans ou de l'ung d'eulx ou de leurs hoirs ou des hoirs de l'ung d'eulx, sauf et reservé à moy et à mes hoirs justice et seignorie, grande et petite, mes cens, mes coustumes de bled et de argent, mes tierces de terres tiercables et ma messerye et saufz à moi que les dictz enffans, ne leurs hoirs, ne leurs successeurs, ne les hoirs de l'ung d'iceulx ou le successeurs ne se peuvent croistre en ma terre ou sous moy ou sous mes hoirs se ce n'estoit pour ma volonté (1). Et pour ses ditz quarente solz de tournois payez et renderez à moy et à mes hoirs des ditz enffans ou de leurs hoirs ou de leurs successeurs, ainsi comme ilz viendront de hoir en hoir ou de l'ung d'iceulx, ou de ses hoirs ou de ses successeurs.

2. Je quicte et franchis et metz hors de toute mainmorte les devant dictz meix, les appendises, les appartenances, les tenemens de tous iceulx meix, saulves à moy et à mes hoirs les devant dictes choses, justice, seignorie, et généralement toutes coustumes, tierces et messerie. Et que je réserve les ungs d'iceulx, ne leurs hoirs, ne les hoirs de l'ung d'iceulx, ne leurs successeurs ne se peuvent croistre sous moy, ne sous mes hoirs, ainsi qu'il est dessus dict.

3. Et saufz à moy et à mes hoirs que ledict franc, ne leurs hoirs ne se peuvent plaindre de moy en aultre court que en la court Monseigneur de Mont Sainct Jehan, se je leur faisoye ou mes hoirs jusques à tant que Messeigneurs de Mont Sainct Jehan le fussent deffaillans de droit quant il auroit vehues ces lettres.

---

(1) C'est-à-dire que les successeurs des meix affranchis ne pourront augmenter leur tenure, qui était franche comme eux, sans la permission du seigneur. En effet, les tenures serviles étant taillables et chargées de prestations à la volonté du seigneur, leur réunion aux tenures affranchies pouvait à la longue diminuer les revenus du domaine.

4. De rechef je quicte et franchis et metz fors de toute mainmorte les devant dictes personnes et leurs hoirs et les hoirs de leurs hoirs, ainsinques comme ilz viendront de hoir en hoir, et chacune d'icelles et leurs successeurs, de toutes tailles, de toutes corvées, de toutes mainmortes, de toutes servitutes quelzconquis elles soient et comment que elles soient appellées, et de toutes exemptions que sires terriens peuvent sur son homme.

5. Et ez devant dictes personnes ne à leurs hoirs, ne à leurs successeurs ou à l'une d'icelles, ou à ses hoirs ou à ses successeurs je ne, ni mon hoir, ny pouvons plus demander fors que les dictz quarante solz, pour raison de famine, de voyaige d'oultre mer, par acquestz, par enffans mariez ne par aultre raison quel que elle soit, sauf advenoit il que elles ou leurs hoirs fassent plusieurs mangiers (1), se ne soient elles tenues que es ditz quarante solz de tournois chacune à sa partie desdictz quarante solz.

6. De rechef je leur donne et octroye que toutes esmendes et tout forfaict seront jugés es uz et es coustumes de Saulieu.

7. Après leur donne et octroie telle franchise à tous ensemble et à leurs hoirs et à chacun d'iceulx et à ses hoirs et à leurs successeurs que ilz ayent uz et usaige telz comme mes hommes de Villargois taillables ont et ont eu ça en arrieres en toutes pastures en bois et en aultres choses sur moy, et que je ne my hoir ne puissent tiercer en notre dite chatellenie toutes les terres tierceables dessus dictes par la coustume de Bourgongne.

8. Ade certes, je et my hoir summes tenuz de délivrer à nostre [povoir] les devant dictes personnes ou leurs hoirs et leurs successeurs, se elles ou leurs hoirs, ou l'une d'elle ou son hoir estient pris en rege (2) par mon debte ou par le debte de mes hoirs (3).

9. Et toutes ces choses dessus dictes de une et chascune par soy tous les articles dessus nommés et ung chacung par soy comme ils sont divisés; je prometz par moy et par mes hoirs, tenir et garder perpétuellement et mesmement toutes les choses qui appartiennent es franchises dessus dictes, par mon serment donné corporellement sur Sainctes Evangilles par moy et par mes hoirs et que je, les convenances dessus dictes, ne les franchises, ne les articles par le dict serment ne corrumpray ne essayrai à corrumpre, ne consentiray par moy ne par aultruy, par parolle ne par faict, ne par aulcune manière, quelle qu'elle soit. Ains les

(1) Feux, ménages.
(2) Arrêté, conduit en prison.
(3) Imitation de la charte de Saulieu (II, 2).

devant dictes choses données, la devant dicte franchise et les articles, je, par le devant dict serment, garantiray et deffendray vers et contre toutes gens, en jugement et dehors. Et quant à toutes ces choses dessus dictes et une chascune par soy, tenir et garder, sans corrumpre; je, par le devant dict serment, oblige ausdictes personnes et à leurs hoirs et à chacune, et à ses hoirs et à leurs successeurs, moy et mes hoirs et mes successeurs et tous mes biens et les biens de mes hoirs, meubles et non meubles quelx qu'ilz soient et en quelque lieu qu'ilz soient. Et quant à toutes ces choses dessus nommées et une chacune par soy, tenir et garder, je, par mon serment devant donné corporellement sur Sainctes Evvangilles, mesmement à la juridiction de la Court noble homme Estienne de Mont Sainct Jehan dou qui fied toutes les choses dessus nommées meuvent. Et toutes ces choses dessus faictes et divisées; je, de certaine science renunce ayde de droict de canon et de loix, à tous privileges de croix prise et à prendre, à exception de borde, de circonvention, de lésion, de déception, à toutes coustumes d'ung chacung païs et d'une chacune ville, généralement et espécialement à tous establissemens de ung chacung lieu et de ung chacung païs, au droict qui dit que généralle renonciation ne vault; à toutes barres, à toutes raisons, à toutes allégations, à toutes feinctes, à toutes exceptions de faict et de droict, que pourroient estre dictes ou obiciées contre la teneur de ces lettres en tout ou partie et par lesquelles ces présentes lettres fussent anéanties en tout ou partie. Especiallement je renunce ad ce que je ne puisse demander aultre Court que celuy que ay dessus nommée quant à garder toutes ces choses. Et en tesmoignaige de toutes ces choses dessus dictes et escriptes et en perdurable mémoire; je, Huguenins devant dict, ay prié et requis le devant dict homme noble Estienne, seigneur de Mont Sainct Jehan, chevalier, monseignor, que il en ces présentes lettres mecte son seaul avec le mien, et il à ma prière et ma requeste ly a mis.

Et nous Estienne, sire de Mont Sainct Jehan, chevalier, faisons assavoir à tous ceux qui verront et [orront] ces présentes lettres que nous, toutes lès convenances dessus dictes et escriptes, les articles et la franchise avons fermes, estables et aggréables, et les confermons et les louons, pourveu que les choses ne..... Et promectons en bonne foi que nous, par nous ne par aultruy, ne viendrons au contraire ne essayerons à venir, sauf tant seulement à nous que si lesdictz Huguenins de Memeures ou sy hoir ne facent leur debvoir vers nous ou vers noz hoirs des choses dessus dictes et des aultres choses que il tient de nous à Villargoix, nous tornerions à nostre demoine les dictz quarente solz et les aultres rentes dessus nommées et garderient les convenances et la franchise dessus dictes aus dictes personnes et à leurs hoirs et ou tesmoignage de ces choses dessus dictes et escriptes, que nous avons confirmées et louées. Et en tesmoignaige dou faict dudict Huguenin, pour ce que il nous en a prié et requis, nous avons mis nostre scel à ces présentes lettres avec le scel dudit Huguenin. Ce fut faict et donné en l'an de grâce mil deux cens soixante dix neuf, ou mois de aost.

Copie informe d'un *vidimus* du 12 février 1456-57, par le bailli de l'évêque d'Autun à Saulieu. Archives de M. le marquis de Balathier-Lantage, à Villargoix.

CCCCII

Contrat d'affranchissement des habitants de Villargoix, par Guy de Sivry, seigneur du lieu.

1614 (10 février).

L'an mil six cent quatorze, le dixième jour du moys de feuvrier, au village de Villargoix, maison seigneurialle dudit lieu, fut présent en sa personne messire Guy de Sivry, écuyer, seigneur dudit Villargoix, d'une part; et les dénommés cy bas d'autre. Premièrement, Sebastien Nevers, en personne, Gabriel Rougeot, présent, Mathurin Cayot, présent, Michel Fumeux, présent, Pierre Corbier, présent, Dimanche Corbier, présent, Jean Annelot, présent, Mathieux Nevers, présent, Urbin Léger, présent, Nicolas Croissard, présent, Jean Bellotte, en personne, Lazare Léger, présent, Francois Léger, en personne, Jean Croissart, présent, Philibert de la Cour, présent, Jean Feuchot, présent, Noël Voisin, présent, Eme Billiot, présent, Estienne Maillet, présent, Moingeot Nevers, présent, Philibert Marion, présent, Moingeot Dupin, présent, Eme Dupin, en personne, Pierre Proteau, présent, Gilbert Proteau, présent, Moingeot Remoncheval, présent, Emilland Billiotte, présent, la veuve Jean Proteau, en personne, Moingeot Coillard, présent, Jean Paupart, présent, Etienne Michot, présent, Jean Rigaut, présent, Gabriel Sautreau, présent, Gille Sautreau, présent, Etienne Girardot, présent, Nicolas Reoliet, présent, et Hugues Riollet, présent; et autres forins assistants et tous habitans dudit Villargoix, les quelx, pour eux, leurs hoirs et ayant cause perpétuellement, se sont assemblés pour traiter le différend, tant mu qu'à mouvoir entre ledit sieur de Sivry et eux pour le droit de mainmorte ; et encore celuy d'usage dans les bois d'usage, prétendu par les dits habitans, dont ledit sieur de Sivry, à la sentence rendue au bailliage de Semeur en Auxois, le six may mil six cent treize, qui maintient ledit sieur de Sivry dans sa demande le droit et condamne lesdits habitans en tous les despens et frais dont ils espéroient interjetter appel.

Il est que cejourdhuy, pour couper racine au procès, ledit sieur de Sivry déclare et leur accorde le droit de franchise et se départ de celuy de la mainmorte qu'il a sur eux, comme aussi il leur accorde la continuation du droit d'usage dans le bois de Mouille et autres buissons de la Rixe qu'ils prétendent et dont ils ont joui cy devant ; leur permet d'y faire pasturer leurs bestiaux et couper pour leur chauffage et s'en servir en ce qu'ils auront besoing, à la réserve des harbres fruitiers, et du tiers desdits bois, desquels le dit sieur de Sivry s'en servira et fera ce qu'il jugera à propos, toutes et quant fois qu'il luy plaira.

Moyennant quoy qu'ils entendent et promettent ensemblement, pour eux, leurs hoirs et ayants cause, à perpétuité, de payer audit sieur de Sivry ce qui suit :

Premièrement, le droit de tierce de treize gerbes l'une, dans toutes les terres qui seront emblavées, comme il en a joui cy devant, à la réserve de celles qui payent les charges portées par les reconnaissances faites sur le terrier de la ditte seigneurie dudit sieur de Sivry, et encore feront à l'avenir, outre la corvée de moisson, portée par le dit terrier, une de fauchaison tous les ans. Les deux susdittes corvées à peine de trois livres cinq sols d'amende, après qu'elles auront été demandées, et aussi feront trois jours de labourage, scavoir, ceux qui ont des charrues de bœufs ou chevaux, une de sombre, une de benisson à faire les bleds et une de caraime à semer les avoines, et au cas de refus, à même peine que dessus, après qu'elles auront aussy été demandées.

Ont reconnu les habitants audit seigneur de Villargoix lui compete et appartient le droit d'alods (1) de vingt deniers pour livre de tous les héritages, biens, meix, maisons qui se vendent et acheptent sur la ditte terre et seigneurie dudit Villargoix, comme il est dit par les reconnaissances dudit terrier ; au paiement desquelles charges, redevances, ainsy reconnues par lesdits habitans, ils ont obligé solidairement, pour eux, leurs hoirs et ayant cause, leurs biens par la cour de la chancellerie du duché de Bourgogne. Renoncent, etc... Fait, lu et passé,

---

(1) Lods.

présence desdits habitans dénommés au présent acte, qui ont déclaré ne scavoir signer, de ce enquis, fors lesdits Jean Billotte et Sébastien Nevers, qui se sont soussignés.

Signé : J. BILLIOTTE, S. NEVERS, MOREAU, notaire, et DONET, aussy notaire royal.

Copie collationnée le 33 octobre 1744, par Marcural, notaire royal à Saulieu. Archives de M. le marquis de Balathier-Lantage, au château de Villargoix.

LABERGEMENT-LE-DUC

Ce beau village du canton de Seurre a été créé par les ducs de la première race, qui, au commencement du XIII° siècle, le peuplèrent de colons attirés par un régime qui, sans être la liberté, était cependant plus doux que celui qui régnait généralement dans les campagnes. En 1285, ses habitants, placés entre leurs voisins de Seurre, d'Argilly et de Bagnot, qui jouissaient des plus grandes franchises, ne voulurent pas rester vis-à-vis d'eux dans une condition inférieure. Ils implorèrent le duc Robert II, qui, moins libéral que son père Hugues IV, consentit bien à les affranchir, mais leur refusa le droit de s'administrer par des magistrats élus.

La prévôté de Labergement, unie à la châtellenie d'Argilly, suivit toutes les vicissitudes de celle-ci; elle fut engagée avec elle. Tombée en la possession de la maison de Condé, le comte de La Marche l'en détacha et la vendit en 1750 à Louis de Beaumont de Repaire.

CCCCIII

Charte de franchise accordée par Robert II, duc de Bourgogne, aux habitants de Labergement.

1285 (avril).

Nos, Robers, dux de Burgoigne, façons savoir à tous ces qui verront et orront ces présentes lectres que nos havons doné et ouctroyé à nos homes de Labergement devant Seurre, franchise permounablement (1), laquelle est telz :

---

(1) Robert II ayant, comme nous venons de le dire, refusé aux habitants le droit d'élire des magistrats, ils demeurèrent, comme par le passé, soumis à l'autorité du prévôt.

Cet officier qui, au XV° siècle, n'était plus qu'un fermier, devait, aux termes du terrier de la châtellenie d'Argilly de 1459, aussitôt après sa réception, élire un lieutenant et un sergent, et les présenter au lieutenant du bailli de Dijon résidant à Nuits. Il était juge ordinaire du lieu, pouvait connaître des actions personnelles, mais devait renvoyer les actions réelles devant la cour du bailliage; ou s'il s'agissait d'interprétation de contrat devant le lieutenant de la chancellerie à Beaune. Il tenait ses jours ordinaires devant le four banal; néanmoins il avait la faculté de les tenir partout ailleurs, sur le finage, en prenant la précaution de les annoncer. Tout nouveau prévôt fermier devait, à son arrivée, vérifier les mesures des taverniers. Toute fausse

1. Premièrement, nos voulons et ouctroyons que ledit homme soient quicte de toute taille pour quinze souz que chascuns feus paerai chascun an à nos ou à nostre commandement le jour de la feste Saint Denis ou lendemain et entendons ce de ces qui hont les partaige devis, quar nos ne voulons pas que à ung feu se puisse mectre plusors maignies ; ce est à entendre qui chacons party et devis paerai les quinze souz, jà soit ce que ils soient plusors à ung feu, ou ce non cilz qui ne paeront à tel jour devront l'amende dou deffaut, c'est assavoir sept souz (1).

2. Item, voulons que doiz ores en avant li amende de soixante et cinq souz soit ameindrié à trante et doux souz et demi et li amende de sept souz à trois souz et demi, fors que li amende de sept sous que l'en devroit por le deffaut dou paement dez quinze souz à payer, si comme il est dessus dit, en cel manière que les parchies (2) demeurent en tel estat comme eles sont (3).

3. Et pour ceste française desus dite lidit home de Labergement qni s'entremectront soyer (4) en la saison par eux ou par autruy, nos paeront une corvée chascun an, un jour au soir (5) de noz prez que nos avons orendroit et le remenant qui demorera à soyer desdiz prez seraz soiez à noz despens, et tel manière toute voie que lidit homme feront et feneront (6) le fein de noz preiz et ameneront à leurs despens en nostre grange. Ou tesmoing de laquel chouse nos havons

---

mesure était punie d'une amende de 32 sols 1/2. Les taverniers étaient en outre obligés de présenter à nouveau leurs mesures au prévôt le jour de l'Assomption de la Vierge, patronne du village, et de lui offrir une pinte de vin.

Les amendes étaient ainsi fixées : Tout défaut de comparution aux jours du prévôt, 3 sols et demi ; — défaut d'exemption d'un jugement, 3 sols et demi ; — coup ayant amené une effusion de sang autre que par le nez, 32 sols et demi ; — coup donné « malicieusement » sans effusion de sang, 3 sols et demi ; — anticipation de champ borné, 32 sols et demi ; d'une propriété commune, 3 sols et demi ; — délits de nuit commis par des bestiaux gardés, 32 sols et demi ; sans garde, 3 sols et demi.

Les habitants eurent seulement le droit d'élire, le jour de la Madeleine, non pas, comme l'avance Courtépée, deux echevins, mais deux messiers (gardiens des récoltes) qu'ils présentaient au prévôt, lequel les instituait et recevait leurs rapports tous les samedis. — Le mésus commis par une personne était passible d'une amende de 3 sols et demi. — Tout attelage traversant un héritage, payait 12 deniers ; le cheval ou la jument en délit, 6 deniers ; le bœuf, 4 deniers ; la vache, deux ; le porc ou la truie, une pougeoise (obole) ; un troupeau de moutons, une pougeoise par tête, si on pouvait les nombrer, et dans le cas contraire, 3 sols et demi pour le troupeau ; le taureau banal, rien. — La bête trouvée « vain pasturant » payait 65 sols ; une « beste estrange, » 7 sols.

— Tout prudhomme et femme de bonne renommée, s'ils trouvaient une bête dans leur héritage, pouvaient amener l'animal devant la maison du prévôt et réclamer le dommage. — La bête saisie par le sergent devait 3 sols et demi d'amende.

Les habitants étaient tenus de faire guet et garde au château d'Argilly, en temps de guerre et d'éminent péril.

Les épaves appartenaient au prévôt, qui seul avait encore le droit d'autoriser les jeux de billes (bâtons), d'indiquer le terrain où ils se tiendraient et de donner les prix.

(1) Terrier de 1459.
(2) Délits ruraux qui entraînaient, outre l'amende fixée, le dédommagement de la partie lésée.
(3) Terrier de 1459.
(4) Faucher.
(5) Fauchaison.
(6) Faneront.

mis nostre séaul en ces présentes lectres, en tesmoing de perpétuel vérité des chouses de sux dites. C'est fait et donné à Rouvre, en l'an de Nostre Seigneur mil dous cent quatre vinz cinq, ou mois de avril.

Archives de la Côte-d'Or. Chambre des Comptes de Dijon. B 471, folio 278, et B 472, folio 301. Terriers de la châtellenie d'Argilly de 1459.

LEFFOND (HAUTE-MARNE)

Leffond dépendait, avant 1789, de la baronnie d'Arc en Barrois, qui relevait du bailliage de Châtillon, et qui dès le XIIIe siècle appartenait aux Chateauvilain. Le territoire de Leffond, situé à proximité de la commanderie du temple de Mormant, étant entré au moins pour une bonne partie dans la dotation de cette maison, Simon, fils aîné du sire de Chateauvillain, suzerain du lieu, et le prieur de Mormant, résolurent d'y fonder un village, et pour y attirer des habitants, ils publièrent, en mai 1285, la charte dont voici l'analyse.

Simon, fils aîné du sire de Chateauvilain, et Guillaume, prieur de Mormant, font savoir qu'ils affranchissent tous les étrangers qui viendront demeurer dans leur ville de Leffond, sous la condition :

De payer 6 deniers d'entrée et 1 au maieur ; — 12 deniers par bête de trait, ou à défaut 12 deniers de service. — Toute maison est taxée à 12 deniers et un moiton d'avoine à la mesure de Gyé pour l'emplastre.

La tierce et la dîme sur les terres se perçoivent ensemble sur le pied de 1 gerbe pour 14. Elles doivent être amenées en la ville et déchargées en présence des sergents, à moins qu'ils ne soient absents, auquel cas ils les doivent appeler trois fois, de façon à être entendus des voisins.

Les habitants sont tenus d'aller moudre leurs grains au moulin du seigneur. Si dans le délai d'un jour et d'une nuit ce blé n'est pas moulu, ils peuvent aller le faire moudre ailleurs sans amende. Dans le cas contraire, ils en paieraient une de 12 deniers et 1 au maire. Le droit de mouture est fixé à 1 bichet pour 30 bichets de farine blanche, et de 1 pour 24 bichets de farine ordinaire.

Ils doivent au fournier, 1 pain sur 24. Celui-ci doit s'approvisionner aux bois communaux.

Si dans l'an et jour les habitants auxquels on aura donné emplacement ou terres pour bâtir et défricher ne les ont point utilisés, les seigneurs pourront les reprendre.

Tout claim pour fait d'héritage est puni de 5 sols d'amende, 1 denier au maieur. Le faux claim de 6 deniers, 1 au maieur. — Le coup avec sang, 10 sols, 3 deniers au maieur. Le coup d'arme émolue, 30 sols, 6 deniers au maieur, et les dépens du blessé. — Toute mutilation de membre, comme le meurtre, à la volonté du seigneur. — Toute accusation de coup sans sang non prouvée est passible de 2 sols et 2 deniers au maieur. — Le démenti en justice 6 deniers, 1 au maieur.

L'échoite par mort appartiendra au plus proche parent selon la ligne, qu'il soit habitant ou non. Mais si l'étranger prend congé du seigneur et ne veut pas rester son sujet, l'héritage passe au plus prochain hoir. Les biens en deshérence adviendront au seigneur.

Tout homme qui assaillera l'autre en sa maison, soit de jour ou de nuit, sera en la merci du seigneur.

Les pargies sont ainsi fixées : le cheval, 4 deniers ; les ânes, les bœufs, 2 deniers, les brebis, les porcs, les chèvres et les oies, chacun 1 denier.

Quiconque ne paiera les rentes au jour nommé sera passible d'une amende de 5 sols, à moins qu'il ne soit si pauvre qu'il lui faille s'absenter. En ce cas, il devra 2 deniers au maieur, et s'il revient au commencement de l'année, il pourra acquitter la rente, et rentrer en possession.

Les droits de lods sont fixés à 2 sols sur 20 sols de la livre, et 1 denier au maieur.

Les habitants de Leffond sont francs d'host et de chevauchie, à moins qu'il ne s'agisse de défendre la châtellenie d'Arc. Ils doivent suivre le seigneur pendant quatre jours et non plus, si ce n'est de leur volonté.

Quiconque voudra aller demeurer en autre seigneurie, devra prendre congé du seigneur, vendre ce qui lui appartient aux gens du seigneur et se retirer avec un sauf-conduit.

En cas de champ de bataille et de gages jetés, si les champions s'accordaient devant qu'ils fussent ploigés, ils devront 2 sols 6 deniers et 1 denier au maieur, fors le meurtre et le larcin. S'ils sont ploiges et qu'ils s'accordent avant d'être venus au champ, ils devront 7 sols 6 deniers et 2 deniers au maieur, et si la bataille est ferrée et outrée et sauf meurtre ou larcin, le vaincu doit 110 sols tournois, et 12 deniers au maieur.

LA MARCHE-SUR-SAONE ET MERCEY

Le nom de ce village apparaît pour la première fois en 1219, parmi les possessions de la célèbre maison de Champlitte, de laquelle il passa, vers la seconde moitié du XIVe siècle, aux Montbéliard, aux Vergy, et, par le mariage de Marguerite de Vergy avec Jacques de Grantson, seigneur de Pesmes, à celle des Grantson. Sortie de cette famille vers 1480, par le mariage de Jeanne de Grantson avec Louis Allemand, cette seigneurie revint à Bénigne, fille de Hélion de Grantson, qui l'apporta en dot, vers 1505, à François de Vienne-Listenois. Leur fille Françoise, seconde femme de Jean de la Baume, comte de Montrevel, fut la mère de Françoise de la Baume, qui, mariée en 1546 à Gaspard de Saulx-Tavannes, lui apporta cette part de son héritage. La Marche demeura propriété de cette famille jusqu'en 1747, que Louis-Henri de Saulx, marquis de Mirebel, en disposa en faveur de son oncle Emery de Durfort, marquis de Civrac. Le petit-fils de ce dernier en jouissait encore en 1776.

La Marche dépend du canton de Pontailler, arrondissement de Dijon.

CCCCIV

Charte de commune octroyée aux habitants de La Marche-sur-Saône, par Simon, sire de La Marche et de Chaussin, du consentement du duc de Bourgogne, et sous la garantie des évêques de Langres et de Chalon.

1286 (mai).

1. Au nom du Père, du Fils et du Saint Esprit, amen. Je, Simon, sire de La Marche et de Chaussin (1), chevalier, faict scavoir à tous ceux qui verront et auront ces présentes lettres, que je, de ma propre et libéralle volunté, sans circonvention, pour le salut de mon ame, de mes prédécesseurs et pour le bien et honneur de moy et de mes hoirs et de ceux qui abitteront es villes de La Marche et de Mercey (2) et es finages d'icelles, les ay affranchis pour moi et pour mes hoirs perpétuellement, les villes de La Marche et de Mercey et ceux qui y habitent et leurs hoirs, leurs megnées, leurs preys, leurs meix, leurs terres, leurs bois, leur argent, leurs cens, leurs rentes, héritages et tous leurs biens, meubles et immeubles qu'ils tiennent et tiendront es dittes villes et finages d'icelles et dedans les bones et le finage de la paroisse Saint Barthelemy, de La Marche et de Saint Jean de Pontaillier (3), et chacun de ceux qui habitent et habiteront en es devant dits lieux, qui feu et ménage tiendront, payeront chacun an à moy et à mes hoirs, ou à notre commandement, douze solz tournois censeaux ou la valeur, es termes cy dessous contenus et divisés; c'est à scavoir, six sols de la dite monnoye es Bordes (4), et les autres six sols à la Saint Barthélemy; et celui qui ne payera dans l'octave deuvera à moy et à mes hoirs, cinq sols de Viennois d'amende; et je me tiendray à celuy qui ne payera de la cens et de l'amende (5).

2. Et chacun des devant dits habitans qui scaura faucher, fauchera en mes preys de La Marche un jour en fauchaison; et les autres qui ne sauront faucher envoyront un ouvrier ou ouvrière un jour pour mes preys; le charroye des dittes villes me doit charrier le foin que j'auray à La Marche en mes maisons de la ditte ville.

3. Et chacun des devants dits, doit envoyer un ouvrier à moissonner mes bleds

---

(1) C'est le même qui affranchit le bourg de Chaussin. (Voir t. II, p. 314.
(2) Hameau dépendant de La Marche, connu dès 1154, et qui a aujourd'hui disparu.
(3) La Marchote, autre hameau, et Mercey dépendaient de la paroisse Saint-Jean de Pontaillier.
(4) Premier dimanche de Carême.
(5) C'est-à-dire que le seigneur pourra contraindre les refusants.

de la ditte ville ou du finage; le charroye de La Marche et de Mercey me doit charrier ma moisson; le jour qu'ils font leurs corvées je leur doit donner du pain (1).

4. Les charrettes de La Marche et de Mercey me doivent une voiture à charrier mes vins de Brochons (2) jusqu'à La Marche.

5. Et chacuns des devant dit me doit une poule par chacun an; et celuy qui n'a point de poule, il me doit six deniers de la monnoye de Viennois.

6. Les charrues de La Marche et de Mercey doivent labourer en mes terres de La Marche et du finage trois fois l'an, c'est-à-dire es trois saisons (3).

7. Lesdits habitans à La Marche et à Mercey et des finages d'icelles entretiendront les ponts; et la cloison de la ville de liées (4) à leurs dépens de mes bois que je leur donneray à leur requête quand besoin sera.

8. Et veux et octroye que les valets et servantes et les femmes qui vivent de leurs quenouilles, qui n'ont meix ny héritages, soient exemptes et hors mises des susdites missions quand à moy et à mes hoirs.

9. Et je donne et octroye aux prud'hommes de la ditte ville, et qu'ils puissent lever d'elle raisonnablement et mettre au proffit de la ville, ou au relevement de ceux qui seront trop grevés ou chargés de mises.

10. Et de cette franchise j'ôte et retiens à moy et à mes hoirs Bartholomot dit la Quarte, Simonot dit Thiéçon, et Minenart de Mercey, et leurs maigniés, desquels je veux faire ma volonté en taillant ou affranchissant.

11. Et veux et octroye, pour moy et pour mes hoirs, que pour ces dessus dit douze sols payant chacun an et pour les choses dessus dites, tous ceux qui habitent et habiteront es devant dits lieux soient francs et quittes de touttes tailles, mises, exécutions, corvées, de mainmorte, de touttes mauvaises coutumes et de tous autres griefs, sauf le droit des églises de Saint Barthelemy, de La Marche et de Saint Jean de Poutailler, et autres raisons de mes justices, et mes amandes, lesquelles amandes sont cy après déclarées et spécifiées.

Qui frape d'armes emolues, il me doit trente deux sols six deniers de Viennois, et au maire de la ditte ville de La Marche douze deniers de la ditte monnoye de

---

(1) La coutume générale en Bourgogne était que les corvéables fussent nourris par le seigneur.
(2) Village de la Côte, près de Gevrey. Le domaine qu'y possédait le seigneur de La Marche entra plus tard dans la dotation du couvent des Chartreux de Dijon.
(3) Sombres, épies et carémages.
(4) Palissades. Ce § est imité du § 25 de la charte de Chaussin (II, 315).

Viennois, et au navré rendre les dommages au dire de quatre prud'hommes jurés, et payer le médecin (1).

Et de tirer arme émolue, autant s'il fait le mal.

De frapper sans armes émolues, huit sols et sept deniers d'amende, de quoy j'auray les huit sols, le maire aura les sept deniers, et le navré trois sols de son coup; et celuy qui frappe doit payer le médecin et les dommages du frappé au dire des quatres prud'hommes.

De la main étendue (2), cinq sols, et le frappé trois sols.

Du poing, dix huit deniers, de quoy les douze deniers seront miens, et les six deniers seront audit maire, et le frappé en aura trois sols (3).

Du pied, trente deux sols et demys, que je dois avoir, et le maire douze deniers, et le frappé trois sols (4).

De tous coups sans sang, dix huit deniers, de quoy je recevray douze deniers et le maire six deniers, et le frappé trois sols.

De sang coulé, dix huit deniers, de quoy je recevray douze deniers et le maire six, et le frappé trois sols (5).

De prendre à autruy terre ou preys, huit sols sept deniers, de quoy les sept deniers seront audit maire, et rendre le dommage.

De rompre les hayes huit sols et sept deniers, de quoy les sept deniers seront audit maire.

Qui champoye à son escient, une charrue de bœuf au dommage d'autruy, trois sols d'amande de jour, et de nuit trente deux sols et demys, le maire en aura douze deniers.

Des fruits des jardins, des arbres, des bleds, des vignes et des preys, trois sols de jour, et de nuit trente deux sols et demys, et le maire en aura douze deniers.

De faux chemins (6), trois sols; de garder à escient bestes, ou auquel gardés à escient à autruy dommage, trois sols, et le dommage au dire des quatre prud'hommes (7), et le maire six deniers.

Des plus grosses amandes qui soient établies à La Marche, trente deux sols et

---

(1) Imité du § 5 de la charte de Saulx-le-Duc (II, 261), et du § 13 de celle d'Ampilly-le-Sec (II, 337).
(2) Soufflet.
(3) Imité du § 6 de la charte de Saulx.
(4) Cette amende a été reproduite par le roi Jean dans sa confirmation des priviléges d'Auxonne (II, 36).
(5) En général, les peines des délits de coups et blessures qui figurent dans ces chartes, ont toutes été empruntées à la charte de Dijon.
(6) Sentiers pratiqués dans les héritages.
(7) C'est l'amende du délit appelé ordinairement *pargie*.

demys, si celuy qui paye l'amande est de La Marche ou de Mercey, fors et excepté de femme forcée et de larcin, du premier en aura le dit maire douze deniers.

12. Les sujets de La Marche et de Mercey ont leur usage deça Saune (1) à tous bois par tous les finages de La Marche en Arrans et où ils ont usés fort qu'au Fay, en Chevaudeban, en La Fraignois, au bois d'Haute Soille, en Rauvandan, au Deffant et en la Charmoye.

13. Des dépens des journées entamées pardevant la justice, trois sols, et en doivent jurer ceux qui les ont portées si ce n'est de champ fermé (2).

14. De l'effort de taverne (3), huit sols et sept deniers, et en aura le dit maire les sept deniers.

15. De fausse mesure, trente deux sols et demys, et le maire en aura douze deniers.

16. Ceux de La Marche et de Mercey doivent à moy et à mes hoirs, trois fois pendant nos vies et non plus, l'une est si nous marions fille, l'autre si nous allons outre mer, et l'autre si nous achetions terre de laquelle on nous deut aider, les dits habitans nous aideroient raisonnablement (4).

17. Et veux et octroy, pour moy et mes hoirs, que ceux qui habiteront es devant dits lieux puissent pescher à pied en mes eaux courantes que j'ay au finage de Lamarche et de Mercey (5), et qu'ils puissent aplaner les preys et couper et prendre les sausses et les épines outre Saône, sans accusations, sauf les Deffants et le Charmoye qui sont mes bannaux et les autres bois que j'ay accoustumé à vendre, que je retiens à moy pour faire ma volonté, et d'autre part de la Saône; je retiens mes bois bannaux, c'est à scavoir de Deffant, Rauvandan, les bois de Long Champ, la Fraignois, Chevaudeban et le Fay et es autres bois, c'est à scavoir en Arrans, Sesaigues et es communaux, puissent prendre et couper tous bois, sans accusations, ceux qui sont des dits lieux.

18. Et les dits habitans pourront acheter et acquérir les uns sur les autres, et ce qu'ils auront ou acquéreront en ces dits lieux, ils le tiendront franchement (6) pour les douze sols et les autres choses dessus dittes payant, mais ils ne pourront faire et avoir autre seigneur que moy et mes hoirs, et s'ils faisoient autre

---

(1) La Saône.
(2) C'est-à-dire s'il ne s'agit point de duel judiciaire.
(3) Tapage fait au cabaret.
(4) Imité du § 17 de la charte de Chaussin.
(5) Imité du § 22 de la même charte.
(6) Imité du § 6 de la même charte.

seigneur pour moy ou mes hoirs, ou s'ils ne nous payoient et rendoient choses devant dit chacun an, nous pourrions tourner en domaine toutes les choses qu'ils auroient dessous nous es devant dits lieux (1).

Et qui s'en va par pauvreté, il ne perd ce qui est sien jusqu'à trois ans, mais elle demeure en ma main ou en la main des echevins s'ils veulent payer la cense.

19. Et veux et octroye que les communautés des dits lieux élisent chacun an, le jour de la Nativité Saint Jean Baptiste, un maire et quatre prud'hommes (2), qui jureront devant mon prévôt que j'auray à La Marche, qu'ils garderont mon droit et celui de la ville, et que ny pour amour, ny par haine, ne greveront ny ne feront tort à aucuns.

20. Et les dits maire et quatre prud'hommes et élus desdites communautés mettront les messiers es finages des dittes villes, et les messiers jureront devant mon prévôt à ce appelé du maire et des prud'hommes, qu'ils garderont mon droit et mes amendes et les feront scavoir à mon prévôt.

Le maire de La Marche entendra les complaignants et adjournera ou fera adjourner pardevant mon prévôt de La Marche en la ditte ville, et fera scavoir à mon dit prévôt les dits complaignants dans huit jours; et s'il le recéloit outre les huit jours, il me devroit soixante sols d'amande (3).

21. Et seront les devant dits maire et quatre prud'hommes avec mon prévôt à juger les amandes, et l'amande qui a été jusqu'à ce temps de treize deniers sera à dix huit deniers, dont le prévôt aura les douze et le maire les six; et autres amandes qui sont de sept sols et de plus, le maire aura douze deniers (4) de celuy contre qui sera fait droit; et les amandes à mon prévôt ne se changeront et seront jugées mes amandes, ou à mon prévôt ainsy que l'on a usé du tems de madame ma mère et du mien.

22. Et est à savoir que toutes grandes amendes sont partagées par la moitié et ne doit on lever que la moitié (5), si celuy qui paye l'amende est de La Marche ou de Mercey ou du finage, sinon de femme forcée et de larcin, de quoy il me doit soixante cinq sols.

---

(1) Le § 36 de la charte de Chaussin, moins absolu, se contentait de retirer au déserteur les avantages que lui procurait la franchise.
(2) Imité du § 7 de la charte de Chaussin, moins la faculté de les changer, s'ils ne remplissent pas leur mandat.
(3) Imité du § 8 de la même charte.
(4) Cette part des amendes attribuée au maire était une imitation des treizaines que percevait le maire de Dijon.
(5) De semblables réductions sur le taux des amendes avaient déjà été accordées aux habitants de Chanceaux (II, 335), de Tart (II, 352), et de Labergement (II, 396).

23. Mes forestiers qui garderont mes bois bannaux, pourront suivre ceux qui auront coupés et chargés en mes bois bannaux, jusqu'à l'entrée de La Marche et non plus; et s'ils peuvent retronquer le bois coupé (1), celuy qui l'aura coupé payera l'amende à la manière accoutumée.

24. Ceux de La Marche et de Mercey et des finages des dits lieux doivent aller moudre à mon moulin et doivent attendre le moulin un jour et une nuit, c'est à scavoir depuis le matin jusqu'à l'autre du jour en suivant de vespres à autres et ainsy d'une heure à autres du jour en suivant, et après avoir attendu ce tems là, ils peuvent aller moudre à tel moulin qu'il leur plaira, sans crainte d'estre à l'amande et le moulant sera creu de l'attendue par son serment s'il est croyable.

25. Et veux et octroye que ceux qui habiteront es dits lieux soient communs es treiges, et les maires et quatre prud'hommes doivent par leur serment garder et procurer mon droit et le droit de la ville; et tous les autres doivent tenir, maintenir et garder leurs ordonnances (2).

26. Et si les maire et quatre prud'hommes faisoient dépens ou mission pour le proffit de la ville ou pour la nécessité d'aucun de la communauté, la ville le payeroit.

27. Et si aucuns de la ville se discordoient de l'ordonnance du maire et des quatre prud'hommes, ils seroient à l'amande telle que jugeroient les dits maire et quatre prud'hommes (3).

28. Et si discorde arrivoit de quelque cas qui n'est écrit en cette charte, les maire et quatre prud'hommes ne pouvant accorder les partyes, se conseilleront où il leur plaira et s'ils ne treuvent bon conseil, ils me rapporteront le discord, et je leur en rendray bon et loyal droit (4).

29. Et si aucuns des habitans des dits lieux ou choses à eux appartenans étoient prises ou arrêtées pour moy ou pour ma dette, je les dois délivrer à mes dépens par mon serment; et si je ne les délivrois, le maire et les jurés le rembourseroient du mieux, selon qu'ils verroient pour le miex et ce qu'ils leur couroit et me rabatteroient de ma cense (5).

30. Et si aucuns des habitans des dits lieux étoit pris ou arresté ou les choses d'iceluy pour son fait et pour sa dotte, je les dois ayder et délivrer par mon ser-

---

(1) C'est-à-dire constater le délit par le rapprochement de la branche et du tronc, ou du tronc de la souche. C'est l'opération qu'on appelle encore dans l'administration des forêts : *rapatronner, resoucheter*.
(2) Lointaine imitation des § 13 et 14 de la charte de Dijon (I, 8).
(3)   Id.   du § 15 de la même charte.
(4)   Id.   du § 20 (I, 9), à l'exception de la connaissance en dernier ressort que le seigneur se réserve.
(5) Imité du § 3 de la charte de Chaussin.

ment, selon mon pouvoir et il doit payer les dépens et sa dette ; et si je ne pourchasse et procure à le délivrer, les maire et les prud'hommes doivent procurer jusqu'à ce qu'il soit délivré et doivent retenir de ma cense, ce qu'il aura couté à délivrer. (1).

31. Et octroye esdits habitans franchement, pour les choses devant dites, leurs communaux et leurs choses es devant dits lieux, en telle manière que qui que ce soit ne peut prendre ny gaiger hommes es devants dits lieux, si ce n'est par le jugement et volonté du maire et des quatre prud'hommes, si ce n'étoit pas de corps; en ce cas, si les maire et les prud'hommes n'y mettoient la main, ou si mes prévosts y venoient premiers et que ce fut chaude mêlée (2), ils prendroient les malfaisans.

32. Et si aucun met main ou pied sur le maire ou sur aucun des quatre prud'hommes, il me doit soixante sols d'amande, et l'amande du frappé sera jugée par les maire et les quatre prud'hommes (3).

33. Et affin que cette franchise et touttes ses convenances soient mieux tenues et gardées, je, le dit Simon, sire de La Marche et de Chaussin, ay juré sur les Saintes Evangilles corporellement, et promis par mon serment pour moy et pour mes hoirs, de garder, maintenir et déffendre de mon pouvoir, envers et contre tous, la ditte franchise et toutes les convenances dessus-dittes et pour je n'iray à l'encontre tacitement ny expressément ; et oblige mes hoirs qui après moy viendront, à garder touttes les convenances dessus dites ; et veux et octroye que ceux qui tiendront après moy La Marche et Mercey et les apartenances, jurent de hoirs en hoirs, au cas qu'ils prennent quelque chose de la ditte cense ou des autres sortans de la terre qu'ils garderont la ditte franchise et toutes les convenances dessus dites et renouvelleront cette présente chartre à la réquisition du maire et des quatre prud'hommes dessus dits.

34. Et surtout, je veux et octroye qu'honnorable père en Nostre Seigneur, messire Guiz, par la grâce de Dieu, évesques de Langres (4), et messire Guillaume, par la grâce de Dieu, évesque de Châlon (5), ou ceux qui seront cy après évesques de Langres ou de Châlon (6), puissent mettre, interdire et excommu-

---

(1) Imité du § 2 de la charte de Chaussin.
(2) Rixe, bataille.
(3) Imité du § 10 de la charte d'Auxonne (II, 31).
(4) Guy de Genève, élu vers 1267, mort vers 1292.
(5) Guillaume du Blé, qui gouverna le diocèse de mai 1273 à l'année 1294.
(6) La présence simultanée de ces deux prélats à la charte était indispensable, attendu que la baronnie s'étendait sur deux diocèses; la paroisse Saint-Jean de Pontailler dépendait de celui de Langres, et celle de La Marche proprement dit, de celui de Châlon.

nier toute ma terre, si ainsy étoit que moy ou mes hoirs, ce que Dieu ne veuille, vinssions à l'encontre de la dite franchise, et touttes les convenances dessus dites.

En témoin de quoy, j'ay supplié et requis mettre en ces présentes lettres le scel de monseigneur Robert, duc de Borgoigne (1) devant dit, les sceaux des dessus dits évesques de Langres et de Châlon.

Et nous, Robert, duc de Borgoigne, Guis et Guillaume, évesques de Langres et de Châlon dessus dits, que la devant dite chartre promettons faire tenir, maintenir et garder au dit Simon, seigneur de La Marche et de Chaussin et à ses hoirs à toujours mais, à la prière et requête du dit Simon, seigneur de La Marche et de Chaussin, avons mis nos sceaux à ces présentes lettres.

Et pour plus grande seurté, je, Simon, sire de La Marche dessus dit, avec les sceaux dessus nommés, j'ay mis mon scel en ces présentes lettres. Et ce, fait et donné l'an mil deux cent quatre vingt et six, au mois de may.

Archives de la commune de La Marche-sur-Saône. Cartulaire rédigé en 1788, devant Lardillon et Lecomte, notaire, folio 1.

CCCCV

Confirmation des privilèges de La Marche, par Hélion de Grantson.

1441 (1 septembre).

A tous ceulx qui verront et orront ces présentes lettres, je, Elion de Grantson (2), écuyer, seigneur de La Marche et de Marcey sur Saonne, filz de feu noble et puissant seigneur de Pesme (3) et des lieux dessusdits, engendré au corps de noble et puissante dame, madame Jehanne de Vienne, ma mère, sa femme (4), fait scavoir que comme les habitans des dittes villes de La Marche et de Mercey, mes hommes me ont supliés et requis que les teinx en estat et confermer leurs libertés et franchises qui furent et ont été données par feu messire Simon, jadis seigneur des dits lieux de La Marche et de Marcey, et confermée de très haut et

---

(1) Robert II, duc de Bourgogne.
(2) Hélion de Grantson, marié à Ennoye de Neuchâtel, mourut en 1505.
(3) Guillaume de Grantson, dit le Grand.
(4) Fille de Jean de Vienne, seigneur de Pourlans (le défenseur de Calais), et de Catherine de Jonvelle, dame de Chauvirey. (Anselme, VIII, 806.)

puissant prince, monseigneur le duc (Robert) de Bourgoingne, qui Dieux pardonne, et aussy par mesire Loys de Neuf Chastel, chevalier, et dame Jehanne de Montfaucon, sa femme, jadis seigneur et dame des dits lieux de La Marche et de Marcey, devanciers de mon très honoré seigneur messire Guillaume de Vergy, et de ma très honorée dame, madame Agnès de Durnet, jadis dame des dits lieux de la ditte Marche et de Marcey, et depuis confermée par feu noble et puissant seigneur messire Jacques de Grantson, chevalier, jadis seigneur de Pesme, de La Marche et de Marcey sur Saonne, et par noble et puissante dame, madame Marguerite de Vergy, jadis femme de messire Jacques, dame des dits lieux; ces susdits père et mère de feu monseigneur mon père, messire Guillaume de Grantson, dont Dieu ait l'âme : Moy veullant ensuivre la voulenté et ordonnance du dit feu messire Simon et des autres seigneurs de La Marche et de Marchey, mes prédécesseurs, plaigne délibération et ordonnance sur ce eue et pour les bons et agréables et prouffitables services que les dits habitans m'ont fait et encore font incessamment, je, Elion de Grantson dessusdit, les libertés et franchises de feu messire Simon, devancier, et confermées des seigneurs et dames dessus nommés, comme dit est, de certaine sience et propre volonté, veut, loue, ratifie, agrée, ratifié et confermé, et dès maintenant apreuve, veut et consent estre regardé à tousjoursmais, immémorable, et ainsy le promet en bonne foi, et à ce m'oblige, moi et mes hoirs, successeurs. En tesmoingniage de laquelle chose et en signe de vérité, je, à la requête des dits habitans, ai signé ces présentes, que j'ay voulu estre inscrite ez lettres original des dittes libertés et franchises, de mon seing manuel et icelles scellées de mon propre scel armoyé de mes armes. Cy mis le premier de septembre, l'an mil quatre cent quarante ung. Présent noble escuyer Henry de Courban, Viénot, fils de Jehan de Gret de Varenne, et Jean Mougin de Dullry à ce appelés et requis, l'an et jour dessus dit.

Elion de Grantson.

Archives de La Marche. Cartulaire, page 10.

CCCCVI

Confirmation des priviléges de La Marche, par Louis Allemand et Jeanne de Grantson, sa femme.

1486 (6 avril).

Nous Loys Allemant, chevalier, seigneur d'Arbant, de La Marche et de Gouhemans, et Jehanne de Grantson, sa femme, dame des dits lieux, fille de feu noble et puissant seigneur, monseigneur Hélion de Grantson, à son vivant chevalier, seigneur de La Marche, du dit Gouhemans, jadis mon seigneur et père, que Dieu absoille, du corps de noble dame, dame Jehanne du Chastelet, madame et mère mesmement, je, la dite Jehanne de Grantson, des los, licence, congié et auctorité de mon dit seigneur et mary ad ce présent, et moy auctorisant, scavoir faisons à tous présens et advenir qui verrons et ourons ces présentes lettres, que ce jourd'huy, date de ceste, à la prière, suplication et requeste des maire, eschevins et habitans de noz villes de la dite Marche et Marcey noz hommes, avons confermés, louhés, ratifflées et approuvées, et par ces présentes lettres, confermons, louhons, ratiffions et approuvons les lettres de franchises, chartres et libertez des habitans de La Marche et de Marcey, à eulx donnés, ouctroyés et accordés par feu de bonne mémoire Simon, jadis sire de la dite Marche et de Chaussin, en l'an de grâce mil deux cent quatre vingt six, au mois de may, ensemble tous et singuliers les poins et articles, escripts et contenus en icelle lettres de franchise, chartres et libertés en tant que mestier est et faire le devons, ainsy et par la forme et manière que les ont par cy devant confermées, louhées, ratifflées et approuvées mes seigneurs noz prédécesseurs, seigneurs de la ditte Marche et de Marcey, et avons promis et promettons en bonnes fois, mesmement, je, la ditte dame, de l'autorité que dessus, les dittes lettres de franchises, chartres et liberté, ensemble tout le contenu en icelle, avoir et tenir ferme, estables et agréables, sans contrevenir, ne consentir contrevenir en quelque manière que ce soit, taisiblement ou en appert, directement ou par oblique. En tesmoing des quelles choses et en signe de vérité, nous le dit chevalier, seigneur d'Arbant, de la ditte Marche et de Gouhemans dessus nommés, avons mis nostre seing manuel, ensemble nostre scel armoyé à noz armes en queuhe pendante à ces présentes lettres, faicttes et données en nostre chastel de la ditte Marche, le sixiesme jour du mois d'avril, mil quatre cent quatre vingt six, après Pasques.

Loys Allemant.

Archives de La Marche. Cartulaire, page 15.

CCCCVII

Confirmation des priviléges des habitants de La Marche et de Mercey, par Jacques de Chalant et sa femme, seigneurs du lieu.

1497 (29 juin).

A tous ceulx qui ces présentes lettres verront et orront, soit chouse notoire et manifeste que en l'an courant mil quatre cens quatre vingt dix sept, le vingt neufiesme jour du mois de juing, pardevant et en présence des notaires et témoings soubscriptz. Nous, Jacques de Chalant, chevalier, seigneur de Varez, d'Arban et de La Marche, nous faisant fort en ceste partie pour dame Philiberte Allemant, nostre femme, héritière de feu noble et puissant seigneur messire Louis Allemant, chevalier à son vivant, seigneur des dits Arban et La Marche, personnellement constituez pardevant l'église dudit lieu de La Marche au diocèse de Chalon, de nos certainne science et bonne volunté, désirant de tous nos pouvoirs entretenir et faire comme ont fait par cy devant noz prédécesseurs seigneurs du dit lieu de La Marche et seigneurie d'icelle, avons confermé, ratiffié et approuvé et par ces dittez présentes confermons, ratiffions et approuvons de poinct en poinct le sarment fait par noble homme Guillaume de la Forest, escuyer, seigneur de Rougemont en Savoie, nostre procureur ad ce espéciallement et en nos noms es mains des maire et échevins dudit lieu de La Marche. Assavoir de maintenir et entretenir les habitans de la seignorie de la ditte Marche, Mercey et La Marchotte, en leurs libertés et franchises selon qu'elles sont anciennement escriptes et observées; et avons promis et promettons leurs administrer gens idoinnes et souffisans pour gouverner et régir la justice et les habitans ainsy que bon seigneur doit faire et y est tenu, et lequel sarment dessus fait par nostre dit procureur et de rechief, et d'abundant, nous promettons avoir pour agréable et non jamais venir à l'encontre moyennant les sarmens que les dits habitans présentement nous ont fait et promis, en levant leurs mains droites en haut, de nous estre bons et vrais obéissants, d'ors en ce n'avant, procurer nostre prouffit et éviter nostre domaige de tous leurs pouvoirs, envers et contre tous, de faire en outre aussy et payer envers nous ce en quoy sont tenus selon les points et articles contenus et spéciffiez es dittes franchises, comme bon et vraiz subjetcz doivent faire à leur seigneur et tenus y sont. En tesmoing des quelles chouses des susdittes, et vérification d'icelle nous avons ordonnés ces dittes présentes estre signées des seingz manuels des notaires cy dessous soubscrits, présent noble et puissant seigneur messire Jehan de Pontaillier, chevalier, seigneur de Thalemet, honorable homme maistre Jacques Brouthechoulx, licencié es loix et en droit, et autres tesmoings ad ce appellés et requis, les an, lieu et jour que dessus.

Mairot et Régulier.

Archives de La Marche. Cartulaire, page 25.

CCCCVIII

Confirmation des priviléges de La Marche, par François de Vienne, seigneur du lieu.

1506 (15 octobre).

En nom de Nostre Seigneur, amen. L'an de l'Incarnation d'iceluy courant mil cinq cens et six, le quinziesme jour du mois d'octobre, nous, François de Vienne, seigneur de Listenois, de Vaulle, Chevigny, Souset, Le Cret, de La Marche et Mercey, Durne, du Vau Saint Juillien et de Gouhenois, baron des baronnies de Montégu, de Château le Don, de Montgilbert, du Breuil et du Donjon, conseiller et chambellan du roy nostre sire, et de damoiselle Benigne de Grantson, sa femme, dame des dits lieux, fille de feu noble et puissant seigneur Elion de Grantson, à son vivant seigneur de la ditte Marche et Marcey, du corps de feu damoiselle Ennoye de Neuchastel, sa femme et compaigne, que Dieu absoille, mesmement, je, la ditte Bénigne de Grantson, des loix, licence, congié et autorité de mon dit seigneur et mary ad ce présent, et moy autorisant quant à ce, scavoir faisons à tous présens et advenir qui verront et orront ces présentes lettres, que ce jourd'huy, daste de cestes, à la première supplication et requeste des maire et échevins, prud'hommes et habitans de nos villes, terres et seigneuries de La Marche et de Marcey, nos hommes, avons confermés, louhéz, ratiffiez et apreuvés, et par ces présentes lettres, confermons, louhons, ratiffions et aprouvons leurs lettres et chartres de franchise et de liberté des dits habitans de Lamarche et de Marcey, à eux données, ouctroyées et accordées par feu de bonne mémoire Simon, jeydis sire de la ditte Marche et de Chaussins, en l'an de grâce mil deux cent quatre vingt six, au mois de may. Ensemble tous et singuliers les poins, articles escripts et contenus en icelle lettre de franchise, chartres et libertés, en tant que mestier est et faire le debvons aussy, et par la forme et manière qu'elles ont par cy devant confermées, louhées, ratiffiées et approuvées par messieurs nos prédécesseurs seigneurs de la ditte Marche et Marcey, et avons promis et promettons en bonne foi, mesmement je, la ditte demoiselle, de l'autorité que dessus, les dittes lettres de franchise, chartres et libertés, ensemble tout le contenu en icelle, avoir et tenir perpétuellement ferme, estable et agréable, sans contrevenir ne consentir en quelque manière que ce soit, taisiblement ou en appert, directement ou par oblique. En tesmoing des quelles chouses et en signe de vérité, nous, les dits seigneurs et dame de la ditte Marche et Marcey dessus nommés, avons mis nos saings manuels ensemble nostre scel armoyé de nous armes en queue pendant à ces présentes lettres, faites et données en nostre chastel et maison forte de Bonneuxcatre, les ans et jour que dessus.

DE VIENNE.   BENIGNE DE GRANTSON.

Archives de La Marche. Cartulaire, page 26.

CCCCIX

Confirmation des priviléges des habitants de La Marche et de Mercey, par François de Vienne, baron du lieu.

1534 (26 mars).

François de Vienne, seigneur de Listenois, de Vaulce, Chevigny, Lozette et Marilmont, et baron des baronnies de Montagu sur Billon, Chasteldon, Montgilebert, Le Breuil, le Donjon, La Ferté, Chaudron, Victry, d'Arc en Barois et de La Marche, scavoir faisons à tous présens et advenir que à la prière, supplication et requeste des maire et eschevins, prud'hommes et habitans de Lamarche et de Marcey, nos hommes, avons confermées, louhées, ratiffiez et approuvez, et par ces présentes lettres ratiffions, confermons, louhons et approuvons leurs lettres et chartres de franchises et libertéz à eulx donnés, ouctroyés et acourdés par feu de bonne mémoire Simon de Grantson, jadis seigneur de la ditte Marche, en l'an de grâce mil deux cent quatre vingt et six, au mois de may, ensemble tous et singuliers les poinctz, articles, escripts et contenus en icelle lettre de franchise, chartres et libertés en tant que mestier est et faire le debvons, aussy et par la forme et manière que les ont par cy devant confermés et louhéz, ratiffiez et approuvez messieurs nos prédécesseurs seigneurs de la ditte Marche et Mercey, et avons promis et promettons en bonne foi les dittes lettres de franchises, chartres et libertés, ensemble tout le contenu en ycelles, avoir et tenir perpétuellement ferme et estable et agréable, sans contrevenir ni consentir contrevenir en quelque manière que ce soit, taisiblement ou en appert, directement ou par oblique, pourvu que les dits habitans ne contreviendront en aucune manière au contenu d'icelle chartre en ce que concerne nos droits et debvoirs.

Fait en nostre chastel de La Marche, soubs nostre nom et scel, le vingt sixiesme jour de mars, mil cinq cent trente quatre, avant Pasques.

DE VIENNE.

Archives de La Marche. Cartulaire, page 34.

LAIGNES

Laignes qui, avant la Révolution, dépendait de l'élection de Tonnerre, province de Champagne, fit toujours partie du Tonnerrois. Il y est mentionné dès 632. Seulement, ce bourg, de même que Cruzy et Griselles, mouvait du duché de Bourgogne. En 1291, Marguerite de Bourgogne, comtesse de Tonnerre, veuve de Charles d'Anjou, roi de Sicile, accorda à ce bourg des franchises, dont la charte originale aussi bien que des copies n'ont pu être retrouvées ni aux archives de la commune, ni dans celles des départements de la Côte-d'Or et de l'Yonne. L'année qui suivit cette concession, la reine remit son comté à Guillaume de Chalon, comte d'Auxerre, et fils de sa sœur.

Celui-ci ne voulut point laisser incomplète l'œuvre si bien commencée par sa tante. En 1293, il céda aux religieux de Saint-Germain d'Auxerre des droits d'usage, dans le bois du Grand-Fretoy, pour leur prieuré de Griselles, et en obtint en échange les hommes qu'ils avaient à Griselles et à Laignes, et confondit ces derniers parmi ceux qui jouissaient déjà de la franchise. Au XIVe siècle, plusieurs petits fiefs furent constitués à Laignes. Leurs possesseurs faisaient hommage au comte de Tonnerre, vassal lui-même, comme nous l'avons dit, du duc de Bourgogne.

CHAIGNAY

Une partie de ce village fut d'abord donnée à l'abbaye de Saint-Bénigne de Dijon en l'an 1012 ; mais, comme cette possession avait été peu après usurpée par les seigneurs du voisinage, l'abbé Jarenton, secondé par l'évêque de Langres, parvint vers 1100, non seulement à recouvrer ce que son monastère avait perdu, mais à déterminer les détenteurs du restant de la seigneurie à en faire hommage à Saint-Bénigne (1). L'année suivante, le duc Hugues Ier, en prenant la croix, affirma la propriété de l'abbaye en exemptant les habitants de Chaignay des droits de péage qu'ils payaient à Dijon (2). Plus d'un siècle après, le monastère de Saint-Bénigne, se trouvant dans l'impossibilité d'acquitter ses dettes avec ses ressources ordinaires, l'abbé Adam proposa de remettre à perpétuité toutes les tailles à ceux des hommes de Saint-Bénigne qui abandonneraient aussitôt au monastère la moitié de leurs biens meubles, ainsi que la moitié de leur première récolte en grains et en vin. Il s'engagea en outre à tenir quittes de la redevance des oublies tous ceux qui continueraient à résider sur ses terres. Seulement, tout en réservant les cens, les dîmes et les tierces, il exigeait par chaque bête de trait ou de labour une prestation annuelle de 2 sols dijonnais, d'un quartaut de forment et d'un autre d'avoine, et de celui qui en était dépourvu le paiement en deniers et en blé de la quantité qu'une bête pouvait faire rapporter (3). Le duc de Bourgogne Eudes III et Robert de Châtillon s'étant portés garants de ces promesses (4), les habitants de Chaignay, considérant que, si lourdes que fussent encore ces conditions, elles avaient l'avantage de les soustraire à l'arbitraire, les acceptèrent. Quatre-vingts ans plus tard, ils firent un nouveau sacrifice pour obtenir leur liberté, et ils la payèrent, comme on va le voir, d'une redevance sur le laitage et de la cession de la meilleure partie de leurs biens communaux.

Chaignay demeura jusqu'à la Révolution une propriété de l'abbaye de Saint-Bénigne. Il appartenait à la manse abbatiale dont on forma la dotation de l'évêque de Dijon. C'est aujourd'hui une commune du canton d'Is-sur-Tille.

CCCCX

Charte d'affranchissement des habitants de Chaignay, par Hugues, abbé de Saint-Bénigne de Dijon.

1291-92 (février).

Nos, frères Hugues, par la pacience de Deu, humbles abbés (5) et li convanz de Saint Bénigne de Dygon, façons savoir à toulz cels qui verront et orront ces

---

(1) Chronique de l'abbaye de Saint-Bénigne.
(2) Pérard, page 200.
(3) Charte originale conservée aux archives de la Chambre des Comptes de Dijon, B 11637.
(4) *Vidimus* sur les originaux produits par les habitants de Chaignay. (Archives de la Côte-d'Or, série H. Fonds de l'abbaye de Saint-Bénigne. Domaine de Chaignay.)
(5) Hugues d'Arc-sur-Tille, élu en 1272, mort en 1300. C'est lui qui rebâtit l'église actuelle de Saint-Bénigne.

présentes lettres, que nos, consideranz de faire le profit de nos et de nostre yglise et l'escroissement de nos hommes et des habitanz de nostre vile de Chaigne, quictons et outroions por nos et por nos successours à nos diz hommes et es habitanz de nostre dite vile et à lour hoirs à touz jorz mais, la mainmorte que nos aviens de longe main sur nos diz hommes, sur lour hoirs et sur les habitans de la dite vile, et lour outroons à touz jourz mais le laitaige de lor berbiz (1) et de lor chievres que nos aviens sur lour chacun venredi, dois le premier jour de may jusques à la Saint Remi ensuigant. Ce est à savoir le laitaige de chacune chievre qui aura lait por quatre deniers digenois et le laitaige de chacune berbiz por doux deniers de la dite monoie, à randre et à payer à nos ou à nostre commandement chacun an le jour de la Saint Remi ; et se ausint estoit que aucuns ne tenist des dites bestes tout le termine desus dit, il ne payeroit dou dit prex; mais que tant comil efferroit au termine que il hauroit tenu des dites bestes (2).

Et por la quictance de la dite morte main et l'outroi dou laitaige pour le prex desus dit, que nos facons à noz diz hommes, nos, de la velonté et dou consentement d'aux, retenons en nostre main à touz jorz mais, por nos et por nos successeurs et por nostre yglise, touz les bois qui sunt dès la charrière des Anjoz et dès la charrière dou Teil Corbe, josques à la fin d'Apeigné en sinc cum les bones les divisent. Et nos ont quictey li dit nostre homme tout lour droit se point en i avoient esdiz bois ou povoient havoir heu dou tans trespassé jusques à la confection de ces présentes lettres, sanz faire reclam à nul jour mais (3).

Et nos outroins à nos diz hommes et es habitans de la nostre dite ville et à lour hoirs à touz jourz mais, tous noz bois qui sunt dès la charrière des Anjoz et dès la charrière de Teil Corbe josques à la fin de Varnon et josques es bois de Vileconte, et josques à la fin de Champfouchard por lou effcer (4) en la dite nostre ville et por estre bateiz (5) et commun à touz les habitanz de la dite vile, et ne les porront essarter sanz nostre congié, et se ensinc estoit que nos lour donissiens le congié de l'essarter, nos i retenons nostre dyme et nostre tierce (6) si cum nos l'avons

(1) On levait à Chaignay la dîme sur les agneaux.
(2) C'est-à-dire qu'ils ne paieraient rien au-delà du temps qu'ils auraient cessé de nourrir.
(3) Nouvelle preuve, du moins en Bourgogne, de la possession immémoriale de leurs bois par les communes.
(4) Affouage.
(5) Bois communal.
(6) La charte de 1208 ayant, comme on l'a dit plus haut, réservé les censes, les dîmes et les tierces, les deux dernières notamment, continuèrent à se prélever sur le pied de deux gerbes sur treize ; mais, dès les premières années du XIVe siècle, les habitants de Chaignay, qui avaient planté en vignes une partie du territoire, ne s'étant pas crus obligés envers Saint-Bénigne à lui payer davantage les prémisses d'un terrain dont ils avaient changé la culture, l'abbaye était intervenue, en menaçant de faire arracher les vignes. L'af-

sur totes lour terres; et volons que ils puissient le dit bateiz metre en deffans enlour touz ensemble, se il lour plait. Et se aucuns de la dite vile trépasse le deffans (1), il payera trois souz de Digenois por amande, lesqueles amandes seront à l'yglise de la dite vile por faire tout le commun profit de la dite yglise. Et se hons estraanges estoit pris esdiz bateiz, li emande seroit nostre. Et se aucuns de lour ou hons estraanges i faccient bataille ou autre forefait, li emande seroit nostre.

Et volons que li dit nostre homme puissint metre esdiz bateiz lour forestier por garder lesdiz bateiz en tel menière que il lou présentoient à nos ou à nostre commandement chascun an le jour de Saint Jehan Baptiste; et liquelx forestiers fira lou sairement en la main de nos ou de nostre commandement, que bien et léaument garder à nostre droict, ensemble lesdiz bateiz. Et totes ces choses desus dites, nos prometons por nos et por nos successours, en bone foi à nos devant diz hommes et à touz les habitans de la devant dite vile et à lour hoirs, tenir et garder perpétuelement, sans riens corrumpre de ci en avant, sauf à nos et à nos successours et à nostre yglise totes nos soigneries, justises granz et petites et totes nos autres droitures et costumes que nos havons et poons et devons avoir ou que nos havons escostumey à avoir sur lesdiz nos hommes, sur les habitanz, sur lour hoirs (2), sur touz les finaiges et sur totes les appartenances de la devant dite nostre ville de Chanay. Ou tesmoinaige de laquel chose nos avons mis nos seels en ces présentes lettres. Donées l'an de grâce mil CC quatre vinz et unze ou mois de fevrier (3).

Original : Archives de la Côte-d'Or. H. Clergé régulier. Fonds de l'abbaye de Saint-Bénigne. Chaignay.

faire, soumise à l'arbitrage de J. de Bretenière, «sage eu droit,» il fut décidé qu'on ne ferait pas de nouvelles plantations sans le congé des religieux, et que la dîme se lèverait sur le vin récolté, sur le pied d'un muid par treize, plus une censive de 6 deniers par journal pour la tierce. En 1565, une nouvelle transaction réduisit à une gerbe sur dix la dîme sur les céréales. En 1564, à la suite d'un long procès, une sentence du bailliage de Dijon maintint l'abbaye en possession du droit de percevoir au jour de Saint-Remy, sur tous les habitants non clercs et « bigames, » un bichot par moitié froment et avoine, valant quatre carteranches de froment et huit boisseaux d'avoine, mesure de Dijon, et 2 sols dijonnais. « Permettant, moyennant ce, à tous habitans, de pouvoir tenir une bête trayant en son hostel, » à charge d'en payer le double s'il en avait deux, le triple s'il en avait trois.

(1) Viole la défense.
(2) Si les moines de Saint-Bénigne s'étaient décidés pour la première fois à affranchir une de leurs terres, ils n'entendirent jamais que cette liberté, pourtant si chèrement vendue, profitât à d'autres qu'à ceux vivant sur leurs domaines. Quand donc un habitant de Chaignay délaissait le lieu sans leur aveu, ils le considéraient comme déchu de la franchise, saisissaient ses biens, et si le déserteur ne réintégrait point la seigneurie, sa tenure passait en d'autres mains, à moins qu'usant d'indulgence, ou lorsqu'il s'agissait de mariage, ils consentissent à la lui restituer, sous la condition de payer une indemnité et d'acquitter les prestations dont la tenure était chargée. (Transaction de 1414. Archives de Saint-Bénigne. Domaine de Chaignay.)
(3) A la réception de cette charte, Clément Perrel, Noirot Clerc, Oblet Godard, Hugonin le Popelard, Hu-

VÉRONNES-LES-GRANDES ET VÉRONNES-LES-PETITES

Véronnes, connu en 630, se trouve, dès 1180, divisé comme aujourd'hui en Véronnes-les-Grandes et Véronnes-les-Petites, deux seigneuries dont l'une, qui mouvait directement de la terre de Champagne ou plutôt de l'évêché de Langres, fut réunie à la châtellenie de Saulx lors de l'abandon qu'en fit le roi Philippe-le-Bel au duc Robert II en 1302. L'autre, considérée comme partie intégrante de la baronnie de Tilchâtel, passa avec elle de l'ancienne famille de Til aux Rougemont, aux Baissey, aux du Châtelet, pour devenir en 1661 la propriété de Claude du Housset, qui y réunit en 1668 la baronnie de Lux et avec elle une portion de la seigneurie de Véronnes, détachée avant 1300 en faveur d'Isabelle de Rougemont, mariée à Guillaume de Grancey, et céda le tout à sa nièce Catherine-Marie d'Aguesseau, en la mariant en 1683 avec Charles-Marie de Saulx, marquis de Tavannes. Leurs descendants étant rentrés en possession, par engagement, de l'ancienne châtellenie de Saulx, les Véronnes n'eurent plus qu'un seul seigneur jusqu'à l'an 1726 et 1738, que le comte de Tavannes les aliéna en deux portions, réunies en 1789 par la famille Mairetet.

Les deux Véronnes dépendent du canton de Selongey.

CCCCXI

Charte d'affranchissement accordée par Guillaume de Tilchâtel, seigneur de Bourbonne, aux habitants des Véronnes.

1294 (juillet).

1. A touz ces qui verront et orront ces présentes lettres, je, Guillaume de Trichastel (1), sires de Borbone en partie, salut. Saichent tuit que je ay donnée tele franchise en la ville de Varannes davant Trichastel et à tous les habitans de la dite ville en compaignie de nostre signor lou Roi, en laquelle ville on ne puet ne ne doit retenir nuns de mes hommes ne des hommes nostre signor lou Roy qui doivent morte main ne fors mariaige ne qui sont de serve condicion (2).

2. A touz les hommes qui en la dite ville demorront sus nos et en nostre jus-

---

gonin Le Duchez, Perronin li Morelez, Odin Marsannite, Odet Pacquaud, Humbelet Le Gravas, et Simonin Le Blanchard, procureurs des habitants de Chaignay, se transportèrent à Dijon pardevant Hugues de Chalon, notaire, et s'engagèrent solennellement, au nom de toute la communauté, à en remplir et exécuter ponctuellement toutes les conditions. (Original : Archives de Saint-Bénigne.)

(1) Guillaume, seigneur de Tilchâtel et de Bourbonne, marié à Isabelle de Rochefort. Il était fils de Jean, seigneur de Tilchâtel, et avait pour sœur Isabelle, mariée à Guillaume, seigneur de Grancey.

(2) C'est-à-dire que le seigneur interdisait l'attrait, à Véronnes, de tous ceux de ses hommes et de ceux du roi, étrangers à la localité, qui étaient mainmortables ou de serve condition.

tice, nous les retenons par tele frainchise que chaque borjois qui demorrai en cel dit lieu, nous paierai chascun an au jor de la Saint Remei ou chief d'octambre (1) pour son mes (2) et por sa maison une geline, et chascuns borjois de cel dit lieu payerai chascun an à la Sainct Remei cinc solz de tournois petiz et seront quictes, cil dit borjois, de toutes tailles et de toutes actions, et de toutes cotes.

3. Et ce nous faisions fors (3) ou molins en cele dite ville et ou finaige, cil dit borjois i morront (4) et curont (5) par tel coustume comme on mot et cuit es fours et es molins dou païs.

4. Et rendront forfaiz et amendes ausi comme l'on ai accostumé çai en ariers, c'est à savoir, de la plaine amende, trois souls; lou coul plain (6), cinc solz; lou sanc, quinze solz; lou jour du marchié, sexante solz (7).

5. Liquex marchiéz doit estre au mardi francs et conduz (8) un jor d'avant et un jour après, et doit avoir en cele dicte ville doues foires chascun an, frainches et condutes un jour d'avant et un après; ce est assavoir lou jour de la my aoust l'une desdites foires et lou jour de la feste Sainct Hylaire es vint jors de Noël l'autre foire.

6. Et qui ferrai (9) d'arme esmolue ou ferai murtre ou rat (10) ou larrecin ou mectrai feu, il serai à nostre volenté.

7. Qui formerai champ (11), se il font pais, chacuns doit cinc solz; se il sont armés et fait li grand sairement, chacuns doit quinze solz; li vaincuz en bataille chasques paie sexante sols, se ceu n'est murtres ou homicides ou raz ou incendiaires ou larrecins ou traïsons, que lors seroit il à nostre volenté.

8. Et cil dit homme iront en nostre ost et en nostre chevauchie, laquelle chevauchie ou liquelz ost doit estre annonciez par lou prévost commun dou leu.

9. Et cil prevost doit estre mis par lou commun acort de nostre seignor lou Roi et de nos.

10. Et qui n'iroit ou envoieroit, il paieroit dex sols d'amande qui seront parti

---

(1) Chef d'octambre, commencement d'octobre.
(2) Meix.
(3) Fours.
(4) Moudront.
(5) Cuiront.
(6) Coup plein, coup de poing.
(7) C'est-à-dire si le délit est commis un jour de marché.
(8) Franches, exemptes de droit avec garantie et sauf-conduit.
(9) De *ferire*, frapper.
(10) Rapt, violence.
(11) Duel judiciaire. — Tout ce § est imité de celui de la charte de Dijon.

entre nostre seigneur lou Roi et nos (1), et toutes menières d'issues de cel dit leu (2).

11. Et nuns de ces dis borjois ne doit estre mis en prison ne retenuz se il peut doner soffisans plaiges por droit faisant se il n'est pris por murtre ou por larrecin ou por rat ou por tel fait de que il doit perdre vie ou membre (3).

12. Et ne seront menéz nul de ces diz borjois fors la dite ville de Varannes, ainz respondront au qui de ceu qui apartient à cort laie (4).

13. Et chasquns de ces diz borjois puet vendre et acheter héritaiges chascuns à chascun, selonc ce a que il ont acostumei çai en ariers au lieu.

14. Et quant aucuns de ces diz borjois aurai vendui son héritaige, il s'en puet aler frainchement, se il n'est méffait, pourquoi il doie perdre vie ou membre et puet revenir quant il li plairai (5).

15. Li borjois du leu feront garder lor bois, lor blez, lor prez, lor vignes et lor autres biens, ansi que il l'ont fait çai en arriers.

16. Et chasquns qui venrai demorer en cele dite ville, jurerai à la bone foi à garder les cors des signors et les droitures de la dite ville et des apartenances (6).

17. Toutes les foiz que nous mectrons ou remuerons nostre prevost, il jurrai toutes les choses desus dites à garder et tenir en bone foi (7).

18. Et je, lediz Guillaumes promet en bone foi et par mon sairement, tenir et garder fermement, senz aler encontre en tout ne en partie, toutes ces choses desus dites arsi com elles sont acordées, sauf lou droit d'autrui. En tesmoignaige de laquele chose pour ceu que elle soient ferme et estauble, je, Guillaumes de Trichastel, sires de Borbone en partie, ai mis mon scel en ces présentes lectres en tesmoignaige de vérité. Qui furent faites l'an de grâce mil deux cens quatre vingt et quatorze, au mois de jugnot.

Original : Archives de la Côte-d'Or. Chambre des Comptes de Dijon. Affaires des communes. Véronnes.

(1) Partagés. — Ce paragraphe s'applique à l'amende encourue par ceux qui ne se rendraient point au mandement du prévôt.
(2) C'est-à-dire que toutes les amendes et les profits de la justice seront partagés entre le roi et le seigneur.
(3) Imitation du § 1 de la charte de La Roche Pot (II, 133), calqué sur celui de Chagny.
(4) C'est-à-dire qu'aucun des bourgeois de Véronnes ne pourra être traduit en justice devant une cour ecclésiastique. C'était une réponse indirecte à l'adresse du concile provincial de Mâcon, tenu en 1286, qui prononçait une sentence d'excommunication contre les officiers de justice laïque qui défendaient à leurs justiciables de plaider devant une cour ecclésiastique.
(5) Article moins libéral que le § 3 de la charte de Saulx (II, 261), et surtout que le § 13 de celle de Salmaise (II, 321).
(6) Imitation des chartes de Dijon et de Seurre.
(7) Autre de celle d'Echevronne (II, 129), et de Marigny (II, 161).

CCCCXII

Charte d'affranchissement octroyée aux habitants des Véronnes, par Philippe-le-Bel, roi de France, et la reine Jeanne de Navarre, comtesse de Champagne.

1294-15 (janvier).

1. Philippe, par la grâce de Dieu, roy de France (1), à tous ceux qui verront et orront ces présentes lectres, salut. Saichent tuit que nous avons donné et octroyé à la ville de Varennes, assise devant Trischastel et à tous les habitans en la dicte ville les franchises que s'ensuigvent, sauf ce que, en la dicte ville, ne pourra nuz de noz hommes qui doient morte main ne for mariage, ne qui soient de serve condition, estre retenuz pour demourer ne pour avoir les franchises de la dicte ville.

2. Premièrement, tous les hommes qui en la dicte ville demourent soubz nous et en nostre justice, nous retenons par telle manière que chascung bourjois qui demourra en la dicte ville, nous payera chacung an au jour de la Sainct Remy, pour sa maison et pour son meix une géline de coustume, et en celuy jour meismes cinq soulz de tournois petis, et en ce païant li dit bourjois seront quictes et délivrés de toutes tailles, de toutes exactions et de toutes coustes.

3. Et ce nous fesions fours ou molins en la dicte ville et ou finaige, ledict bourjois y moldroient et auroient par telle coustume comme on cuit et meust es fours et es molins dou pays.

4. Et nous rendront fourfez et amendes, ainsi comme l'en a accoustumé jusques au temps dores; c'est assavoir, pour la plaine amende, trois soulz, pour le cop plain, cinq solz; pour le sanc, quinze solz; et à jour de marchiez, soixante soulz pour le sanc.

5. Liquel marchiez doibt estre au mardi frans et avoir conduit ung jour devant et ung jour après, et en cette ville doivent estre deux foires chacun an franches et conduittes ung jour devant et ung jour après; c'est assavoir, le jour de la my aoust, l'une des dictes foires et l'aultre le jour de la feste Sainct Ylaire, à vingtz jours de Noël.

---

(1) Philippe-le-Bel, roi de France, était seigneur de Véronnes, au droit de Jeanne, reine de Navarre, sa femme, qui lui avait apporté ce royaume et la Champagne en dot, et du fief direct de laquelle cette terre relevait. Cette lettre étant la répétition à peu près identique, quoique mieux rédigée, de la lettre précédente, nous y renvoyons pour l'explication.

6. Et qui fera d'arme molue ou fera murtre ou rapt ou larrecin ou mectre feug en maison, il sera en nostre volunté.

7. Qui fourmera champ, se il font pais, chascuns nous payera cinq solz; se il font arme et ont faict le grant sairement, chascuns payera quinze solz ; li vaincuz en bataille, chascuns payera soixante soulz ce ce n'est multres, homicides, rapz ou incendaires ou larrecins ou traïsons, de quoy il sera lors à nostre volenté.

8. Et li dit bourjeois iront en nostre ost et en nostre chevaulchiée, laquelle chevauchiée ou les quelz oz doibt estre dénoncyez par le prevost commung de la dicte ville.

9. Liquel prévost doit estre mis par le commun acort de nous et de Guy, seigneur de Trichastel.

10. Et qui n'ira ou envoyera, il payera dix soulz d'emende qui seront parti entre nous et le dict Guy, et toutes manières d'yssues de la dite ville.

11. Et nuz de ces diz borjois ne pourra estre mis en prison ne retenus se il puet donner sufisant pleige par droit faisant, se il n'est pris pour multre ou pour larrecin ou pour rapt ou pour tel faict pourquoy il doibt perdre vie ou membre.

12. Et ne seront menés nus de ces diz bourjois pour plait hors de la ville de Varennes, ains répondront en la ville de ce qui appartiendra à court laye.

13. Et chascuns de ces diz bourjois pourra vendre et acheter héritaiges chascuns à chascun, selon ce que il ont acoustumé jusques à ce temps dores en la dicte ville.

14. Et quant aucuns des diz bourjois aura vendu son héritaige, il s'en puet aler franchement s'il n'a meffaict par quoi il doit perdre vie ou membre, et peut revenir quant il li plaira.

15. Li bourjois de la dicte ville feront garder leur bois, leur bledz, leur preys, leur vignes, leur jardins et leur autres biens aux champs, ainsi comme ilz ont usé tousjours.

16. Et chascuns qui viendra demourer en ceste dicte ville jurera en bonne foy à garder]le cors des seigneurs et les droictures de la dicte ville et des appartenances.

17. Et toutes les foiz que nous mectrons ou remuerons (1) nostre prévost, il jurera toutes les choses dessus dictes à tenir et à garder en bonne foy.

18. Et promectons que le droit qui nous appartient en la dite ville nous ne vendrons ne ne dourons ne aliénerons ne ne mectrons en autrui main que cil ne

(1) Changeront.

la teigne que sera cuens de Champaigne, et toutes ces choses dessus dictes, promectons nous à garder et à tenir fermement sans aler en contre en tout ou en partie à tousjoursmais. En tesmoing de laquelle chose, nous avons fait faict mectre nostre séel à ces présentes lectres, sauf nostre droit et le droit d'autrui. Et nous, Jehanne, par la grâce de Dieu, royne de France et de Navarre, et contesse paladine de Brye et de Champaigne (1), toutes les choses si comme elles sont dictes et expressées, voulons, loons, gréons, et approuvons tant comme en nous est, et à la plus grant sehurté de ces choses, nous avons fait mectre nostre séel en ces présentes lectres, avec le séel nostre très cher seigneur dessus dict. Ce fust faict et donné l'an de grâce mil deux cens quatre vingtz et quatorze, au mois de janvier.

Copie donnée le 29 novembre 1525 par P. Brugnot, clerc au greffe du bailliage de Dijon.— Archives de la Côte-d'Or. B. Chambre des Comptes de Dijon. Affaires des communes. Véronnes.

FORLÉANS

Forléans, aujourd'hui commune du canton de Semur, dépendait avant la Révolution de la baronnie de Bourbilly, fief relevant du marquisat d'Epoisses (2). La charte de franchises qui suit, premier témoignage de l'existence de Forléans, fut octroyée par le duc Robert II, non point à l'universalité des habitants du lieu, mais aux hommes de la portion de seigneurie qu'il y possédait, et qui depuis fut appelée *les Franchises* (3). Les Mello d'Epoisses et leurs successeurs, maîtres de l'autre portion, n'ayant pas cru devoir imiter le duc de Bourgogne, leur terre demeura serve, au moins jusqu'en 1461, ainsi que l'attestent les rôles des feux du bailliage d'Auxois de 1397, 1442 et 1461 (4). Cependant, en absence de tout document positif, on suppose que les Rabutin, qui en 1467 en devinrent seigneurs, et qui acquirent plus tard les Franchises par engagement du domaine (5), étendirent à leurs propres vassaux les avantages de la charte de Robert II, car, en 1585, la communauté entière des habitants obtint, moyennant taxe, l'homologation de sa franchise par la Chambre des Comptes (6).

---

(1) Jeanne, fille et héritière de Henri, roi de Navarre, comte de Champagne et de Brie, et de Blanche d'Artois, mariée le 16 août 1284, morte le 2 avril 1304, âgée de 33 ans. (Anselme, I, 90.) Sa ratification était indispensable pour valider l'octroi des franchises.
(2) Archives de la Côte-d'Or. Chambre des Comptes de Dijon. Fiefs.
(3)   Id.   Bureau des finances.
(4)   Id.   Chambre des Comptes. Affaires des communes, B 11,513, 11,515, 11,517.
(5)   Id.   Bureau des finances.
(6)   Id.   Chambre des Comptes. Affaires des communes. B 11,475.

CCCCXIII

Charte d'affranchissement d'une partie des habitants de Forléans, par Robert II, duc de Bourgogne.

1297 (avril).

Nous, Robert, duc de Bourgongne, faisons savoir à tous céaus qui verront et orront ces présentes lectres, que nous, pour nous et pour noz hoirs, francissons (1) à tousjours mais Parisset de Felliens, et Hodat, qui fut femme Jehan de Felliens, noz hommes et tous leurs enffans et tous leurs hoirs, et leur donnons franchisse en us et en coustumes de la franchisse de noz hommes et de noz bourgeois de nostre chasteaul d'Avalon (2), et la dicte franchisse leur promectons à tenir et garder perpétuellement, et voulons encor et octroions à noz diz hommes de Felliens, que nous ny nostre hoir ne les puissions oster de noz mains, en manière que ilz ne soient tousjours hommes à celluy qui sera dux de Bourgongne. Ou tesmoing de laquelle chose, nous havons fait ces présentes lectres seaullées de nostre séaul. Doné à Juigny (3), le jeudi après le mois de Pasques, en l'an de grâce mil deux cens quatre vingtz et dix sept. Et sont scellées à double queuhe de parchemin pendant. Ou sel il y a une stature d'ung homme armé, ayant à son col les armes du Duchié de Bourgoingne.

Archives de la Côte-d'Or. Chambre des Comptes de Dijon. Châtellenie de Semur-en-Auxois. Terrier de l'an 1602. B 1385, folio 292.

(1) Affranchissons.
(2) Les franchises d'Avallon avaient été empruntées à celles de Vézelay.
(3) Jugny, ancienne maison de chasse des ducs, sur le territoire de Billy, canton de Baigneux.

IS-SUR-TILLE

Cette petite ville est connue dans les chartes depuis 723, et dès le IXe siècle l'abbaye de Saint-Bénigne y possédait, sous le nom de Ville-Charles, un domaine important. Néanmoins Is-sur-Tille fut toujours une seigneurie laïque qui, primitivement de la suzeraineté de l'évêque de Langres, était passée sous celle des sires de Vignory, et auxquels par conséquent les sires de Tilchâtel et les détenteurs de certains petits fiefs à Is-sur-Tille faisaient hommage. Mais quand, en 1303, le duc Robert fut mis en possession de la châtellenie de Saulx, il s'empressa, dès l'année suivante, d'échanger, avec Etienne de Chalon, sire de Vignory, quelques terres contre la mouvance d'Is-sur-Tille; de telle sorte qu'après le débat survenu pour la garde entre lui et les habitants, Is-sur-Tille et son territoire furent rattachés à la châtellenie de Saulx et incorporés dans le duché.

Humbert de Rougemont, sire de Tilchâtel par sa femme, et les enfants de celle-ci, reconnurent en 1310, plutôt qu'ils n'octroyèrent, les franchises fort étendues dont les habitants jouissaient déjà, et qui, bien qu'il n'en existe dans les archives aucune confirmation, se maintinrent aussi longtemps que celles des communes les mieux favorisées. L'échevinage fut reconstitué en 1692, et un maire fut placé à sa tête. Il exerçait la police et la basse justice.

CCCCXIV

Confirmation et reconnaissance des priviléges et franchises de la ville d'Is-sur-Tille, octroyée par Humbert, sire de Rougemont et de Tilchâtel; Isabelle de Rochefort, sa femme; Thibaut, leur fils; Jeannette, femme de Thibaut, et Isabelle sa sœur, fille de Guy, sire de Tilchâtel, et de ladite Isabelle de Rochefort.

1310 (février).

A touz ces qui verrunt et ourrunt ces présentes lectres. Nous, Humberz, sires de Roigemont et de Trichastel, Ysabes de Roychefort, femme doudit Humberz, dame de ces leurs. Nous, Thiebauz, escuieirs, fiz doudit Humbert; Jehaimde, femme doudit Thiebaut; et je, Ysabes, seurs de la dite Jehaimde, filles jadis de noble homme Monseigneur Guy, jadis signor de Trichastel et de la devant dite Ysabel de Roychefort, notre bein amée et redoutée dame et mère (1), façons savoir que, comme li hommes et li habitans de la vile de Ys, vers Trichastel, nous eusseins requis et supplié lonctemps à que nous enqueressons de leur communauté des libertez, bons usaiges, costumes en franchises de la dite ville et des

(1) Après la mort de Guy, sire de Tilchâtel, sa femme Isabelle de Rochefort, restée veuve avec deux filles, Jeannette et Isabelle, convola avec Humbert de Rougemont, et maria sa fille aînée avec Thibaut, fils de celui-ci. Jean, leur fils, seigneur de Tilchâtel, donna en 1372 dénombrement, au duc de Bourgogne, de de ce qu'il possédait à Is-sur-Tille, Spoy, Lux, etc.

habitans en y celle, et y ces leur déclairessons et comfermissons. Nous avons treuvez par léel et sollempnel enquest fait suis les dites chouses et suis celles qui s'en dépendent. Appelez ces qui faccent à appeler :

1. Que li hommes et li habitans de la vile de Ys ont usé et acostumé de eslire quatre prodommes de la dite vile, toutes fois et tantes fois comme il leur plait et bon leur semble, pour gouverner les beins, les faiz, les droits, les usaiges, les costumes et les franchises de leur dite communauté, et de faire oster et mettre ces ou autres quand il leur plait et bon leur semble.

2. Et ont acostumé de metre messeirs, vineirs, forestiers, guardes et sergens au touz les beins de leur finaige, les quex ils paient des beins de la dite communaulté de la dite vile, et recevront les sairements des diz quatre prodommes et des diz sergens. Et seront creu li dit sergens et les dites gardes, par leur diz sairemens, en touz leurs offices, sanz contredit de nul.

3. Et ont acostumé de mettre en deffans (1) seul et sanz compaignie (2) ce qu'il leur plait des finaiges de la dite vile. Et ont acostumé de vandre, doner et habandonner, an tout ou en partie, à ces de la dite ville et à ces qui droit panroient, quand il leur plait, les chouses mises en deffans, qui appartienent à leur dite communauté.

4. Item, que li bois, les perrières, la ryveire, la pescherie, les croissances demoranz de la ryveire (3), li saucy (4), li prey et li pasquiz de la dite ville et dou finaige de Ys, sont de la communauté des hommes et des habitans en la dite vile de Yz.

5. Et ont acostumé de ordonner et tauxer poines et amendes et ycelles lever de ces qui seroient contre les ordenances ou les establissements faiz antre leur des chouses de leur communauté de suis dite et de ce qui s'an dépent, sans contredit de nul. Et serunt les dites poines et emendes, les rantes, les censes et li émolumens des dites choses et de ce qui s'an dépent, leur, pour fere leur volonté.

6. Et ont acostumé li dit ou quatre prodommes de comter (5) à la dite communauté des choses dessuis dites, quant il an serunt requis. Et sunt et ont esté li dit hommes ou habitans de ladite ville, seul, sanz compaignie et sanz requeste

---

(1) Défense.
(2) Sans être obligés d'eu demander l'autorisation au seigneur haut justicier.
(3) Les accrues.
(4) Saussayes.
(5) Rendre compte.

de nul autre des chouses desus dites....., tant et si longtemps qu'il n'est mémoire dou contreure.

7. Pour coi nous les devant dites choses et tout ce qui s'en dépent, déclarons, volons, louons, gréons, et confermons, an tant que il puet et doit touchier à nos hoirs et à nos successeurs, seigneurs de Trichastel, sauf le fey que nous louons et devons tenir dou duc de Bergoine (1) an la ville et ès finaige de Ys. Et sauve notre haute justice, sauf à..... ne et tous nos autres droiz que nous avons an la ville et au finaige de Ys, et saufz ce que li dit hommes et habitans de la dite ville de Ys ne puissint dire que nous, par la teneur de ces convenances....., que il aient université. Mas nous voulons et outroions pour nous, pour nos diz hoirs et suscesseurs, seigneurs de Trichastel, que il usint de toutes les choses desuis dites et de ce qui s'en dépent. De toutes leurs franchises en leurs usances que il ont et ont usé dou temps passé et en la melour meneire qu'il pourra estre à leur profit, sauf nostre droit et le droit de autruy.

8. Liquel hommes et habitans de la dite ville de Ys, quant aux chouses desus dites et à ce qui s'an dépent, et quant à touz leurs beins et leur droit que il ont en la ville et au finaige de Ys, sunt et ont esté de tant de temps qu'il n'est mémoire dou contraire de notre espécial et sauve guarde par rayson dou mes de Trichastel, et an tant comme il puet et doit appartenir à leur. Les an cognoit estre Robert de Ys, clerz, diz Garradius, procureurs de la dite communauté, à ce espécialement estaubliz de leur. Si comme il est contenu an lettres faites sur ce, scellées dou séel de la court de Lengres. Et nous les prennons et recevons de cy en avant haux (2) à tous leur beins an nostre sauvegarde de toutes les chouses desuis dites et de ce qui en dépent. Et les promectons par lees et solempnel stipulacion, faite entre nous et le dit Rouberz, procureur de la dite vile ou nom de la dite communauté, guarder léalment, deffendre et maintenir haux et tous leur beins, touz leur droiz, leur usaiges et toutes leur franchises à noz propres despens, vers touz et contre tous ces que par droit doivent estre segur, sauf ce que il pairoient les despens de leur procureur se pour haux eidier et deffendre estoit envoiez avec nos ou avec nos suscesseurs, seigneurs de Trichastel en..... Et pairoient la mitié dou salaire des advocaz se par ce estoit mestiers que nous en retenessons nus et nous l'autre mitié. Et nous sariens et somes tenus de haux bailler conseil....... que nous auriens avec nous de nostre conseil sanz rein paier.

(1) Depuis 1304, qu'Etienne, sire de Vignory, lui en avait cédé le fief.
(2) Eux.

9. Et se ensinc estoit que jà ne soit que nous, nostre hoir ou nostre suscesseur, seignors de Trechastel, feissent deffaut à haux guarder et deffendre leur beins en la meneire desuis dite; nous leur permetons par lees et sollempnel stipulation faite auxi come desuis antre nous et ledit Roberz, randre touy couz, missions despens et dommages que il auroient ancourruy par le deffaut de nostre guarde; et suis le deffaut de ladite guarde, des despans, costoinges, et missions, nous leur baillerons juge sans suspation (1) sil san..... qui an cognoisseint et termineroient de plain sans figure de jugement. Et nous et notre hoir et suscesseur seignour de Trechastel tanriens ce que il en ordonneroit et termineroit et obéirons et paierons sans juger sans nul delay et sans avoir nul recours à souverain es diz quatre prodommes ou au procureur de la dite communauté.

10. Et est à savoir que nous volons et outroions por nos et por noz diz hoirs et suscesseurs, seigneurs de Trichastel, que il seront [tenuz] au prover (2) leurs diz dommaiges, despans, costoinges (3) et missions par le serment de six preudommes de la vile de Yz esleuz de nous et de lours ou de lour; lesquex nous esliront...... este sanz nul delay. Et se il avenoit, que ja ne soit.... de leurs costumes, libertez ou franchises tant des [hommes] comme de la communauté an domaige ou an débat, il ou chascuns d'aux à cui il appartenroit pourroient preuver ce qui saroit au débat pardevant touz juges par le serement de six preudommes de la dite ville de Yz, esleuz de nous et de lour, ansinc comme il est dessus dit.

11. Item. Nous, par nous et par noz diz hoirs et suscesseurs, seignours de Trichastel, donons et outroions de grâce espécial à touz les hommes et les habitanz de la dite vile de Yz la vaine pasture por toutes leurs bestes, quex qu'elles soient par tout le finaige de Marcilly (4) à touz jours mais perpetuelment. Sauf ce que il ne puissint auler an noz revenues de noz bois, jusques au temps qui est acostumez au pays (5).

12. Et que il puissint acquérir par tout ledit finaige, par paient les rentes que cil de Marcilly an paient, et tant plus que tuit cil de la ville de Yz, qui ne saront de noz hommes qui y acquerrunt, nous paieront chascun an censalment, landemain de chascune Touz Sainz, pour lour ou par autre à nostre commandement

---

(1) Suspicion.
(2) Administrer la preuve.
(3) Coûts.
(4) Commune limitrophe d'Is-sur-Tille, qui dépendait directement du marquisat de Tilchâtel.
(5) C'est-à-dire avant la quatrième année.

de Marcilly un petit tournois ou la value par chascun journal de terre que il y cultureront.

13. Et saront quite li homme ou li bestes que saront prises ou pris an dommaige facent, par trois sous de amande à nous, et par le domaige rendant, estimé par le serement de preudhommes.

14. Et cil, qui ne paieront la dite cense au jour desuis nommé, seront quite par l'amende accostumée ou pays.

15. Et est asavoir que nous voulons et outroions, que nostre rantier de Marcilly aille querre noz tierces de cy en avant par les champs, si comme l'an fait le disme. Et se il avenoit que aucuns vousist charrier ses gerbes, et il ne pouist trouver le rantier, il par li ou par autre, le appeleroit ou feroit appeler à haute voix troiz fois, présenz deus de ses vesins, hommes ou femmes des plus près moysonant. Et se ledit rantier ne venoit, il pourroit comter ses gerbes; quant il auroit atanduz le dit rantier tant que il pouist estre venuz de la ville ou dou chief de la fin. Après ce que l'an l'auroit appeley, si comme il est dessus dit en laissent la tierce, présanz ces devant nommez et charrier les gerbes sans nulle raison. Et tout ainsin pourroient il fere se le dit rantier ne leur voloient comter leur gerbes, quant il an saroient requis devent bons tesmoings.

16. Et toutes ces covenances desuis dites et chascune par soi prometons nous par noz seremens donez corporelment sur Sains Ewangiles, pour nous et pour noz diz hoirs et suscesseurs, seigneurs de Trichastel, lesquex nous oblijons à ce tenir, guarder et maintenir fermement esdiz hommes et habitans de la dite ville de Yz et non venir en contre, an fait ne an parole, an jugemens ne de fors.

17. Et toutes ces chouses dessuis dictes et chascune par soy, avons nous fetes et promises es diz hommes et habitans de la ville de Yz et leur avons doné le devant dit pasturaige. Et ce que il puissent acquérir oudit finaige de Marcilly, en récompensation de dix livrées de terre que il nous ont donées et outroiées à doner par le dit Roubert, procureur de la dite communauté, ansinc comme il est dessus dit, d'annuel et perpétuel rante; ansemble une place suffisant en la Graveire de Yz et au plus près d'anqui se mestiers nous estoient, por fere haule à noz despans en la dicte communauté par tout marchié. Et serunt quite tuit cil de la vile de toutes redevances, et servitutes dou dit marchié (1), sauf à nous l'estaulaige (2) se point an y vouloient tenir. Et toutes les choses..... sarent

---

(1) C'est-à-dire de payer les droits de vente, d'éminage, de rouage, etc.
(2) Etalage. Droit perçu sur les marchandises mises en vente.

nostre quite et à ces qui auroient cause..... Et ledit marchié nous coudurons (1) en la meneure de celi de Trichastel et soingnerons (2) les forains et les habitans oudit marchié et an ladite vile. Est tour leur..... la meneire que leur dessus dite communauté. Lequel marchié nous estaublirons et ferons an m.....

18. Liquex chouses se desus dites et chascung par soy tenir fermement, garder et maintenir es diz hommes et habitans an ladite vile et oudit marchié par nous et por nos hoirs et suscessours, seigneurs de Trichastel, obligeons et avons obligié an la main dudit Roubert en nom que desuis, nous et noz hoirs et touz noz beins et les beins de noz diz hoirs en quelque leux que il peussent estre trovus pour nous et noz hoirs contreindre par justices à tenir sans nul deffaut, toutes les choses desuis dites et chascune par soy et tout ce qui s'en dépend par quelque puissance de seignerie qui meuz plaira es diz hommes et habitans de la dite vile de Yz, sans nule offence de droit. C'est à savoir par très nobles et excellenz princes le roi de France, l'avesque de Leingres, noz très bein amez et redoutez seignours, ou par l'evesque autre puissance de seignorie que meuz leur plaira, ansinc com de chouse cogneue et adjugié en la court de noz devent diz seignours. Et renonçans an cest fait à toutes exceptions de décision, de fraude, de barat, de circumvention, de donation sans cause et à toutes les causes de jugemenz qui sont en droit, par lesqueles adjudicacions des chouses donées se puint et doivent faire et à tout le droit, fet en l'eide des femmes, au droit qui dit que es femmes deçues, doit l'on [secours]; à l'exception de toute advouerie, tutele et de moindre aaige et au droit qui dit que generale renonciations ne vaul et à toutes autres barres, deffences, exception, allegations de droit, de fait ou de costume qui an cest fet nous pourroient eidier ou à noz hoirs. Et esdiz hommes et habitanz de la dite ville neuyre. En tesmoignaige, nous avons mis noz sées en ces dites lettres en conforment toutes les chouses dessuis dites et chascune par soy. Et fui fait et doné l'an de grâce mil trois cens et dix, ou mois de favrier.

Scellé de cinq sceaux, dont il ne reste que des fragments attachés à leur double queue de parchemin pendante.
Original : Archives de la ville d'Is-sur-Tille, *Priviléges et franchises de la commune.*

(1) Rendrons sûr, donnerons toute sécurité.
(2) Sauvegarderons.

CCCCXV

Ordonnance de Philippe-le-Bel, roi de France, qui, moyennant une cession de terrain, une part de la justice et des redevances, prend la commune d'Is-sur-Tille sous sa garde et y établit un tabellion et un marché.

1312-13 (janvier).

Philippus, Dei gratia, Francorum rex. Notum facimus universis tam presentibus quod futuris nos infrascriptas vidisse litteras formam que sequitur continentes.

A touz ceus qui ces présentes lettres verront et orront, Thomas de Marfontainnes, chevaliers le Roy, garde à ce temps de la baillie de Sens, salut. Comme pluseurs méffais, roberies et murtres soient fait et se facent de jour en jour en la terre et en la marche de Bergoingne devers la Sone et environ ou bailliage de Sens et ou ressort, de pluseurs malfaiteurs, voleurs, bannis et autres dou roïaume de France ou ailleurs si comme commune renommée est, et court ou païs dont justice n'est fait, pour ce que quant li malfaiteur sentent et sevent venir en la terre et ou païs, l'agent nostre sire le Roy, il se départent ou se destournent ou se transportent dou roïaume à l'empire, car li Roys n'a ou païs point de demoinne, ouquel sa gent puissent demorer et faire joustice, et ainsins joustice n'est faite ne gardée, si comme ele devroit et mestiers seroit estre faite par les justices et les seigneurs terriens estans et demourans ou royaume et en nostre dit bailliage et ou ressort et espécialment de la terre de Bergoingne et di qui environ. Jà soit ce que pluseurs fois en aient esté requis et amonesté de par nous et nos devantiers, et de par les propres sergens dou dit nostre sire le Roy, estans et demourans ou païs. Et à nous comme à baillis, ou nom dou Roy et pour le Roy, aucunes personnes singulières de la ville de Ys, et li procureurs de la dite ville, ou non de la dite ville pour la seurté de leur cors et de leurs biens, pour les causes dessus dites. Et pour ce que le Roys, nostre sire, n'avoit point de demoine ou païs, depuis que il mist le chastel de Saus hors de sa main (1)

---

(1) Voici les circonstances qui motivèrent ces lettres. L'acquisition de Saulx-le-Duc par le roi Philippe-le-Bel avait eu lieu moins pour agrandir le domaine que pour avoir aux portes de Dijon et dans le voisinage de la Franche-Comté, que le roi espérait rattacher définitivement à la France, un nouveau poste où il pût librement arborer ses pannonceaux; c'est-à-dire surveiller les actes du duc de Bourgogne, intervenir dans ses débats avec ses sujets et montrer aux populations qu'en lui seul résidait la suprême justice. Seulement Saulx-le-Duc, au lieu d'être un point isolé comme Chauvort, Couches, Saint-Gengoux, etc., se trouvait le chef-lieu d'une châtellenie importante, convoitée par le duc lui-même, qui l'avait vue passer entre les

qui estoit en son demoine et sont certain que plus grans ségurtés seroit pour eus, pour leurs successeurs et pour le païs environ eus demorer et estre en la garde et en la protection le Roy et à li subjes que à autre seigneur et que faire le pooient comme franches personnes et sans préjudice d'autrui, si comme ils disoient et dient et qu'il peuvent donner, vendre, aliéner leurs biens, meubles et héritaiges séans en la ville de Ys et ou finage, sanz préjudice d'aucun seigneur, si comme il dient. Et ansin les biens et les héritaiges appartenans à leur communauté eussent présenté et offert, donné, octroié, quitté et délaissé perpétuellement à touzjours, sanz nul rapel aucunes mannes (1) de hommes de franc aleuf, si comme ils disoient, places pour faire marchié, molin bateour et maison en yaue, douze deniers tournois de cens par an, sus chascune hostié estant en la dite ville de Ys et autres pluseurs choses ci-dessouz contenues et nous avoient requis et requeroient mout diligeament et à grant instance que nous, les choses dessus dites, voulsisiens recevoir le profit dou Roy nostre sire à nostre pooir, lequel nous véons clèrement pour les causes dessus dictes. Voulans savoir la vérité de toutes les choses dessus dites et se ce estoient personnes et gens que peussent faire de leurs biens et de leurs héritaiges leur volentez, par don, par vente ou par autre aliénation quelconque, sans préjudice d'aucun seigneur, à leur requeste nous informans sommerement et de plain par gens dignes de foy dou lieu et

mains du roi avec un déplaisir d'autant plus vif qu'il ne s'en dissimulait point le but. Robert II, tout dévoué qu'il se montrât envers Philippe-le-Bel, n'en était pas moins à ménager, surtout au lendemain de Courtrai et à la veille d'une lutte avec Boniface VIII. C'est ce que le roi comprit; aussi lui abandon~-t-il ce domaine en mai 1303, mais sans toutefois renoncer à ses projets.

Le duc, comme s'il en eût eu le pressentiment, avait proposé, dès l'année suivante, à Etienne de Chalon, sire de Vignory par sa femme Jeanne, héritière de Vignory, de lui céder le fief d'Is-sur-Tille, en échange d'un autre domaine. Etienne avait accepté, mais l'acte était demeuré secret; de telle sorte que quand, cinq ans après la mort du duc Robert, c'est-à-dire en 1310, Humbert de Rougemont et ses consorts, qui avaient la haute justice à Is-sur-Tille et relevaient d'Etienne, reconnurent les franchises des habitants du lieu, ils présentèrent leur charte à la ratification du roi et de l'évêque, leurs seuls suzerains avoués. C'est alors que le duc Hugues V en prit texte pour rendre public l'acte de 1304, sommer les consorts de Rougemont de reconnaître sa suzeraineté et recevoir l'hommage des co-seigneurs du lieu. Ces derniers, et notamment l'abbé de Saint-Bénigne, se prétendant lésés par la charte, se joignirent au duc pour en demander l'abrogation. Joignant les actes aux paroles, ils livrèrent les habitants aux vexations des hommes d'armes du château de Saulx et des villageois des environs, qui, excités par l'impunité, se livrèrent à de tels excès, que les habitants d'Is-sur-Tille, sachant le roi Philippe-le-Bel à Langres, lui envoyèrent demander sa protection. Celui-ci, comme on le comprend, se garda bien de laisser échapper une occasion aussi favorable à ses desseins; il accueillit gracieusement les délégués des gens d'Is-sur-Tille et manda sur le champ au bailli de Sens de les prendre sous sa sauvegarde et de les garantir contre toutes injures ou oppressions. Sans perte de temps un sergent royal y fut donc installé comme gardien. C'était un premier pas, qui allait bientôt être suivi d'un plus décisif, car les officiers royaux, désormais maîtres de la place, ayant fait luire aux yeux des habitants les avantages qui résulteraient pour eux d'être reconnus bourgeois du roi, ceux-ci accueillirent ces ouvertures avec empressement, et, se considérant comme franches personnes et par conséquent entièrement dégagées vis-à-vis de leurs anciens maîtres, ils se donnèrent au roi, qui voulut bien les accepter aux conditions exprimées dans ces lettres et ratifiées par une ordonnance.

(1) Ménages, feux.

autres, et mesmement que commune renommée en queure (1) ou païs et es lieus voisins, que ce sont franches personnes et que faire le pevent se il leur plaist, et que ce seroit li profis dou païs et des subjez nostre sire le Roy et son profit. Et l'information ainsi faite par nous, il nous requistrent que nous, en non du Roy et pour le Roy, voussisiens recevoir le don en la maniere que il le nous auffroient, lequel don nous ne vousimes mie recevoir sans le congié et licence de nostre sire le Roy ou de sa gent, et puis ces choses ainsi faictes, li procureur de la dite ville de Ys nous ont apporté unes lettres doudit nostre sire le Roy, lesqueles nous avons recues, contenant cette forme :

Philippus, Dei gratia, Francorum rex, ballivo Senonensi, salutem. Sicut ex vestro et plurimorum aliorum relatu didicimus in villa et territorio de Ys maleficia multa, roberie, violencie, occisiones et furta ob defectum justicie cum nulli prorsus partium illarum justiciarii resistere consueverint, immo malefactores ipsos sepe et sepius ire redire et conservari secum tollerent frequenter et notorie committuntur et quare nullum ibi domanium habere dicimur, vos et alie gentes nostre licet ad partes illas vos aliquociens transferentes remedium nequivistis hactenus adhibere super hiis nec posse dicimini opportunum et ob hoc ut in villa et territorio predictis, justicia auctoritate nostra exerceretur et fieret honori nostro ac potissime totius patrie deffensioni et tranquillitati perpetue plurimum expediret. Verum ex parte Guillermi de Ys prepositi et aliorum dicte ville aliqua videlicet certorum hominum quantitate de plateis pro domibus molendinis et batoriis et duodecim denariis super quolibet foco censualibus de quadam prestatione feni redditus et aliis ad perpetuum domanium nostrum nobis cum quadam parte justicie ibidem oblata fuerunt ut proinde super hoc prout regiminis nostri officio incombit ac fieri convenit curaremus, ideoque committimus et mandamus vobis quatenus ad partes illas personaliter accedentes informatione super hiis habita, diligenti oblata ipsa et que amplius ad hec necessaria inveneritis de quibus ad honorem nostrum ac patrie deffensionis et custodie securitatem melius et utilius expedire videritis recipere ea ordinare et ordinationes seu institutiones ibi ponere curetis, vestras super hoc patentes litteras concedentes nostra tamen in omnibus voluntate retenta nichilominus quicquid inde feceritis nobis ad dies Ballivie vestre proximi parlamenti fideliter relaturi. Datum Parisiis die xvi octobris anno domini millesimo trecentesimo duodecimo.

Lesqueles lettres de nostre dit seignour le Roy, receues, veues et resgardées

---

(1) Court.

diligiamment, nous, veillans et resgardans le profit doudit nostre sire le Roy, la pais et la segurté dou païs et des subgez, nous enformasmes des choses contenues esdites lettres, et jà en estiens enfourmé, si comme desseur est dit, dont nous nous teniens et tenons orendroit pour enfourmé tout à plain, avons receu et retenu, recevons et retenons, ou non dou Roy et pour lou Roy, des procureurs de la ville de Ys, par la vertu de leur procuration, laquele nous avons veue et en laquele il est bien contenu que il le pevent faire et liquel procureur d'abondant nous ont enfourmé par leur seremens que il le pevent faire, sanz préjudice d'aucun seignour, les choses et les héritages que ci après sanseignent en la fourme et en la manière que li héritage s'en doivent desduire et demener et que on a acoustumé si, comme il dient.

C'est assavoir huit maignies de homes, lequel sont de franc aleuf et ont touzjours esté.

Item. Une plaice pour faire maison en yaue, moulin et bateur ou ce que l'on y voudra faire, laquele place est appelée Mireville, joignant à la ville, devers le chief dessus.

Item. Douze deniers tournois à penre desore enavant à touzjours censuelment, sus chascun feu de la dite ville landemain de feste Touz sains.

Item. Toute la justice, que il dient que il avoient et ont sus lez forains qui sont ou seront contre les ordenances et les establissemens faiz par ceus de la dite ville de Ys, des choses qui appartiennent et pevent appartenir tant à leur communauté comme à leur basse justice.

Item. Dis charetées de fain de annuel et perpétuel rente, à pranre chascun an [en] leurs prez, assis antre la dite ville de Ys et Diénay.

Item. Une place assise dedans la dite ville de Ys sus la riviere, si comme ele s'estant, dès la maison au Roussel, jusques au grant pont, pour faire, ordener et establir marchié chascun mardi de la semainne à touzjours, et une foire l'an, qui commencera à touzjours le jour de feste Saint Remi ou chief d'octobre, laquele foire durra trois jours ensuivant. Et seront ou conduit le Roy, tuit li alant et venant à la dite foire et ou dit marchié, trois jours devant et trois jours après et leur bien meuble ansins.

Et nous Ballis dessus dis qui, pour les raisons desseur dites, avons reçeues les choses dessus dictes, ou non dou Roy et pour le Roy, pour la vertu doudit mandement, avons ordené et ordenons et establissons, dès maintenant en la dite ville, marchié et foire en la manière dessus dite, pour le temps et les jours que le Roy nostre sire pourroit tenir les choses dessus dites sans le préjudice des voisins.

Et ordenons encores et establissons desor en droit que il aura au lieu, propre séel et escripture, et voulons que cil qui sera establiz au lieu tabellions de par le Roy et de par nous, puisse recevoir et reçoive tous contraus, obligations, recongnoissances, bourgoisies et touz autres contraus de toutes personnes qui voudront venir les quier. Nous voulons et commandons estre séelées à la relacion dou tabellion, dou propre scel establi audit lieu de par le Roy, en la fourme et en la manière que il est accoustumé et que l'en use en la prévosté de Sens et en ladite baillie.

Et par telle condition avec, que tuit cil qui voudront et venront demorer au lieu continuement et faire résidence et bourgoisies en ladite ville sous le Roy, que ils soient et demeurent quitte de toute servitute et redevances, excepté les redevances des héritages et les debites que cil de la ville paieront à la communauté parmi cinc sols tournois petiz d'entrée et parmi cinc sols tournois petiz à paier au Roy ou à son commandement audit lieu et parmi douze deniers tournois à paier chascun an au lendemain de la Touzsains à celui qui sera establiz au lieu de par le Roy. Ainsins com li autre de la dite ville, si comme dessus est dit. Liquel cinc sols tournois petiz d'entrée dessus diz, pour ce que li dit bourgois seront participant avec les autres de la dite ville des biens de leur communauté tant comme il demourront au lieu, seront paiés es quatre preudommes de la ville à leur procureur, ou à l'un de eus establi de par la bonne gent de la dite ville de Ys à garder les drois de la communauté de la dite ville, et seront commis au profit commun de la dite ville. Et li douze deniers tournois seront paiés au Roy au jour et en la manière dessus dite, pour lesquex choses dessus dites, einsinc données à nous par le Roy et en son non et receues de nous pour le grant proufit le Roy et dou païs, si comme dessus est dit.

Nous, ou non dou Roy et pour le Roy, avons pris et mis, prenons et mettons, dès maintenant, touz les habitans de la dite ville de Ys et touz leurs biens et toutes les choses appartenans à leur communauté et à leur basse joustice, en l'especial et saulve garde nostre sire le Roy, sans faire à eus ne à leurs biens dessus dis nulle nouveleté indeue; et ont données au Roy, nostre sire, li procureur de la dite ville les choses dessus dites par telle condition que le Roy, nostre sire, ne les puisse oster de sa main par don, par eschange ne autrement que cil ne les taingne qui sera roys de France. Et nous les avons reçeues en la fourme, en la manière et par les conditions dessus dites et desorendroit nous mandons et commandons à touz nos subgez, et requérons à touz autres, que à lui ou à ceus qui seront establi, ou temps présent et ou temps à venir, à garder ledit marchié, foire, séel, justice et escriptures, et à recevoir toutes les rentes dessus dites et des choses qui en despendent ou despendront, comme le propre demoine du Roy, obéissent diligemment et entendent seur quanques il se pourroient meffaire et pevent envers nostre sire le Roy. Et mandons encor et commandons à toutes justices de nostre dit balliage et dou ressort et à leur lieutenans et requérons à touz autres et sus la poinne dessus dite, que il ledit marchié, foire et les autres choses facent crier, publier et savoir en leurs terres et en leurs justices, en la manière que dessus est dit, si tost comme il en seroit requis. Ou tesmoignage de ce et pour ce que ce soit ferme chose et estable, nous avons scelé ces présentes lettres du scel de la dite baillie de Sens, la volonté le Roy, nostre sire, retenue et sauf touz drois. Ce fu fait et donné le mescredi apres la Circoncision nostre Seigneur, l'an de grâce mil trois cens et douze (1).

Nos autem premissa omnia et singula in prescriptis contenta litteris rata habentes et grata eadem volumus, laudamus, approbamus et ex certa sciencia,

---

(1) Le duc de Bourgogne et ses co-seigneurs d'Is-sur-Tille, autres que les consorts de Rougemont qui en possédaient la plus forte partie, n'avaient point attendu jusque-là pour protester contre ce qu'ils appelaient la négation de leurs droits. Ils en avaient appelé au Parlement de France, et, nonobstant les pannonceaux royaux, continué leurs déprédations. Le duc soutenait que le roi n'avait point le droit d'acquérir sur sa baronnie sans son consentement; les autres, que les habitants d'Is-sur-Tille ayant été de tous temps leurs hommes taillables et exploitables, le sire de Tilchâtel n'avait point eu qualité, quoique seigneur haut justicier, pour leur conférer des droits nouveaux; que par conséquent ces hommes étant inhabiles pour disposer d'eux-mêmes, les lettres de sauvegarde devaient être annulées et les hommes ramenés à leur première condition. Ceux-ci, qui se sentaient soutenus et par le roi et par les Rougemont, ne se laissèrent point intimider par cet appareil de justice. Aux mémoires du duc, ils répondirent par d'autres mémoires, sans doute rédigés à Paris, où ils soutenaient, contrairement aux prétentions du duc, que la suzeraineté du roi de France avait précédé la sienne, qui était toute récente et ne pouvait ainsi prévaloir contre celle du roi, ou, à son défaut, contre celle de l'évêque de Langres, suzerain primitif, avec lequel ses prédécesseurs avaient fait un traité qui interdisait toute acquisition sur leurs baronnies respectives. Ils exposèrent la faculté reconnue par les divers seigneurs du lieu de retenir librement chacun dans ses domaines tous ceux qui viendraient y résider; — les droits reconnus à eux-mêmes de disposer librement de tous leurs biens meubles et immeubles à leur volonté, et, ce qu'il y a de plus fort, de transférer la seigneurie de leur bien, lorsqu'ils le vendaient ou le cédaient, en faveur du seigneur sous lequel vivait l'acquéreur ou le donataire de ce bien; — « celui enfin de quitter le païs pour aler demorer là où il leur plaist, paisiblement et sans suite du seigneur. » — Quant au droit de commune qu'on leur déniait, ils répondaient qu'ils étaient constitués en corps de communauté gouverné par quatre échevins élus, qui administraient les biens de la ville et exerçaient la police et la basse justice; — qu'ainsi ils avaient pu librement faire au roi les offres qu'ils avaient jugées nécessaires dans l'intérêt de leur sauvegarde et de leurs libertés.

Les choses en étaient là et tout semblait présager le succès de la cause des habitants d'Is-sur-Tille, lorsque la mort de Philippe-le-Bel vint tout remettre en question. La réaction féodale de 1314 aidant, le duc de Bourgogne vit triompher ses prétentions. Toutefois, généreux dans sa victoire et bien conseillé, il se contenta de substituer son action à celle du monarque, et laissa les habitants jouir en paix des priviléges qu'ils avaient conquis.

Is-sur-Tille, ainsi que je l'ai dit plus haut, soustrait comme Saulx-le-Duc à la mouvance de Langres, devint définitivement bourguignon.

nostra auctoritate regia tenore presentium confirmamus, salvo in aliis jure nostro et in omnibus quolibet alieno. Quod ut ratum et stabile permaneat in futurum presentibus litteris nostrum fecimus apponi sigillum. Actum Parisiis, anno Domini millesimo, trecentesimo duodecimo mense januarii.

Original : Archives de la ville d'Is-sur-Tille, *Priviléges et franchises de la Commune*.

CCCCXVI

Statuts municipaux de la ville d'Is-sur-Tille.

1369-1418.

C'est le cartulaire et terrier appartenant à la communaultey et fabrice de l'église parroichial de la ville d'Yz, pris et renouvelley sur ung viez cartulaire qui jay (1) fust renouvellés sur ung autre viez cartulaire pour cause de la mutation des gens et confins contenu audit cartulaire et mutation d'iceluy, lequel a esté renouvellé par Robellin Mortuet de Vulley, demourant à Yz, ou mois de may mil quatre cens dix et huit, commanciez lui estant eschevin avec Jehan de Bessincourt, Estiennot filz, Vuillaume Arnison et Andrier Perrigneaul dudit Yz.

Et premiers censuit l'ordonnance des eschevins et habitans dudit Yz, laquelle ilz ont acostumé du temps anxien contenu en partie en la fin dudit cartulaire qui fust renouvellés sur ung autre cartulaire par feus Guiardot Juhannin et Lamblot Lendet, leurs (2) eschevins de la dite communaultey en l'an mil trois cens soixante nuef.

1. Les habitans de la ville d'Yz ont acostumez de toute anxiennetey de mettre quatre prodommes eschevins et les eslire entre eulx de la plus saine partie des diz habitans (3), et celui qui ainssin sera eslit ne peult ou peullent reffusé et celluy qui reffuse ou reffusent par la costume anxienne, l'on les peult bangny et furcloure de tous les drois de la communaultey.

2. Les dis eschevins en leur exlection ycelle faicte, seront tenus de jurier aux

(1) Déjà.
(2) Lors.
(3) Art. 1er de la charte de 1310.

Sains Evvangiles de Nostre Seigneur, de bien, justement et léalment, de tout leur pouhoir, gouverner et garder tous les biens et drois de la dicte communaultey et de en rendre bon compte et léal, l'an revolu ou toutes fois que requis en seront, etc.

3. Lesdis eschevins, après leur dicte exlection et serement fait, ont acostumey entre eulx de eslire l'ung d'eulx pour recevoir, et ne le peult refuser, lequel est chargié pour tout l'an de la recepte de tous les biens appartenant à la dicte communaultey et de en rendre compte, et les autres esleuz ly doivent aidier et baillier conseil, confort et aide, toutes fois que y les en requiert.

4. Lesdis eschevins, après leur serement fait, ont accostumey de mettre ung sergent ou plusieurs, lesquelx sergens ont acostuméi de toute anxienneté de faire tous adjournemens, main mises et arrestz touchant le fait commul (1) et auxi de panre et arrester toutes manières de mésusans ou malfaicteurs, en toute la ville et finaige dudit Yz, et tant en bois, boissons, aiges (2), prés, terres, vignes, rivières, que autre part et tant tous lesdis habitans comme foriens (3), et sont creux les dis sergens et commis sur tous lesdis habitans de toutes leurs relations par leurs simples seremens.

5. Les dis sergens, commis et députés, en prenant un maulfaicteur tuichant le fait de la dicte communaultey, les peult mettre et faire prison en quelque hostel que ly plaît desdis habitans, sans ce que l'on ly puisse ou doive refusé, mais le sergent en na la garde es missious de ses maistres.

6. Tous mésusans et maulfaicteurs mésusant et meffant (4) es drois de la dicte communaltey, sont amundaubles et doivent l'amande.

7. L'amande acostumée de tout le temps anxien, à panre sur les dessus dis est de propre fort anxien à la somme de cinquante nuefz soulz unze deniers maille, se, par les dis eschevins, n'est ramenée, quictée ou diminuée.

8. Lesdis eschevins, leurs sergens, députés et commis, peullent (5) panre toutes bestes mésusans et malfaisant en toute la ville et finaige d'Yz, et tant es habitans des seigneurs que en tous autres, les emprisonner, en mettre en quelque hostel qui leur plait et de en lever et recevoir l'amande au proffit de la dicte

---

(1) Commun.
(2) Prés humides, marécageux.
(3) Forains.
(4) Me faisant.
(5) Peuvent.

fabrice, selon que le cas le déseire, et tant sur lesdis habitans que sur les estrangiers.

9. Lesdis eschevins peullent et ont acostumei de tout le temps anxien de faire toutes ordonnances, par le moien des juriez de la dicte ville et sur la dicte ordonnance, mettre penes, de la tenir telle comme y leur plait des LIX soulz XI deniers oboles en avaul (1) et en exécuter tous les habitans contredisans de la dicte pene.

10. Tous ceulx qui dient villonnie (2) ou tutoient les diz eschevins, habitans et manens en la dicte ville, sont amandables de la dicte somme de LIX s. XI den. oboles.

11. Lesdis eschevins peullent et ont acostumé de faire tous deffans en bois, en rivières, en vignes et en terres, tel comme y leur plaît, à telle amande comme bon leur semble et ad ce contraindre tous lesdis habitans.

12. Lesdis eschevins, leurs sergens es députés, peullent et ont acostumés de tout le temps anxien, panre tous mésusans en la dite ville de pois et mesures de quelconques estat qu'elle soient, les dictes mesures estre confisquées à la dicte fabrice, et tous les dis mésusans amandables de la dicte amande de LIX s. XI den. oboles, se par les dis eschevins ne leur est ramené et en contraindre lesdis mésusans au profit de la dicte fabrice.

13. Lesdis eschevins peullent et ont acostumés de panre en la rivière tous pêcheurs pêchant à fillet deffendu audit lieu et qui n'ont III dois de maille, c'est-à-dire que l'on y boutoit ses trois dois en chascune maille, le fillet perdu et ars (3) devant l'église, et les mésusans amandables à la dicte amande de LIX soulx XI deniers oboles.

14. Lesdis eschevins, laurs sergens et députés peullent et ont acostumés de panre toutes manières de fausses danrées et marchandises que en mettroit en vante en la dicte ville en fait de commul, les dictes danrées confisquées au proffit de la dicte communaultey et fabrice, et le dit faul marchant contraindre et exécuter de l'amande desdis LIX soulx XI deniers oboles, au proffit de la dicte fabrice, et tant sur le fait du pain, vin, char comme de toutes autres danrées et marchandises.

15. Tous les habitans de la dicte peullent et ont acostumés de paure et esu-

---

(1) En diminuant.
(2) Injure.
(3) Brûlé.

per (1) et appointer ou mettre en mains desdis eschevins toutes fauses mesures en tous lieux que y en trouvent mésusant et tant en taverne (2) comme autre part.

16. Lesdis eschevins peullent et ont acostumer de faire toutes ordonnances, asamblés, tant au son de la cloiche comme autrement, faire tailles, impôz, et toutes autres chouses touchant le fait commul, de eslire cui leur plait pour faire et départir les dictes tailles et impôz, et les reffusans contrainde à telle amande que y leur plait.

17. Lesdis eschevins peullent et ont acostumer de bailler, admodier à temps et à terme, tel comme bon leur semble, acensir, eschangier et permuer (3), par le conseil et advis des jurés de la dicte ville tous les biens appartenant à la dicte communaultey et de en faire ou faire faire lettres perpétuelles telle comme le cas appartient (4).

18. Lesdis eschevins peullent et ont acostumer de séoir et tenir jours toutes et quantes fois que y leur plait, jugier, congnoistre et santancier de tous cas touchant le fait commul, et selon leur santance, contraindre et condampner selon la dicte santance (5).

19. L'on a acostumer en la dicte ville que tous ceux qui sont déshobéissans ausdis eschevins, leurs sergens commis et députés, sont amandaubles au profit de la dicte fabrice, soit en jours (6) ou fuer jours (7); et ce c'est en jours ou qu'ils appellent de la santance des dis eschevins par la costume anxienne, l'on les peult priver de tous les drois de la dicte communaultey, tant comme yls seront contredisans et rebelles.

20. Toutes a...ndes touchant le fait commul, et tant en bois, terres, prés, vignes et rivières, comme autrement, sont toutes et appartiennent à la dicte fabrice et tant desdis habitans comme des estrangiers et tant auxi des habitans des seigneurs comme desdis habitans.

21. La garde de tous habitans appartenant et séant en la ville, finaige et territoire d'Yz, appartient ausdis eschevins, sergens, commis et députés, et toutes les amandes appartiennent à la fabrice de la dicte église.

---

(1) Egandiller, vérifier.
(2) Une ordonnance municipale de Dijon du 4 juillet 1410 autorisait les habitués des tavernes à s'assurer eux-mêmes si on leur donnait juste mesure.
(3) Permuter.
(4) Reproduction du § 3 de la charte de 1310.
(5) Ce § et les deux suivants sont la paraphrase de l'article 5 de la charte de 1310.
(6) Durant la tenue des jours.
(7) Hors la session des jours.

22. La garde de l'église et fortiffication dudit Yz compete et appartient ausdis eschevins et peullent et ont toujours mis, commis et gardé ung ou plusieurs, tel comme bon leur semble, pour garder la dicte place par jour et par nuit. Et sur la dicte garde par jour et nuit mettre gait et eschargait à la porte et sur les murs et y faire telles ou telles que bon leur semble de convenances et ordonnances et de les tenir telles poingnes (1) comme bon leur semble et en contraindre tous les habitans.

23. Les deffaulx fais devant les dis eschevins sont au proffit de la dicte fabrice et vaillent deux soulx. Un faut claim, II sols. Une simple déshobéissance faite par lesdis habitans desdis eschevins, leurs sergens commis et deputés, est de deux soulx. Et se le commandement est fait à pene (2), la déshobéissance vault la pene et ad ce doit estre caution le deshobéissant.

24. Tous mésusans à fait avisié es bois de la communaultey sans et feur vendue XX sols. En vendue sans licence de celluy à cui est livrés le bois, soit à plainte ou sans plainte, pour que y li soit pris LIX sols XI deniers oboles, se y n'est relachiés par lesdis eschevins.

25. Toutes bestes paissant en domaige doivent, qui ont IIII piez chascune beste IIII deniers. Et de fait advisier et garde fasent l'amande avant dicte de LIX sols XI deniers oboles se remise n'est par lesdis eschevins ou commis.

26. Tous bouchiers que es estaulx communs vandent fausse char, pouhant ou non convenable, doivent l'amande, se par les eschevins ne leur est pourveulx. Et ainsin qui vandroit en commul poisson mesauler et non convenable. Tous mésusans en pain et tant en pois, en bram (3) que autrement sont amandables et vault l'amande dix soulx.

27. Tous fasex (4) pourtant fais mésusant, doivent pour chascune fois XII deniers.

28. Toutes croissances en bois et en rivières, de quelconques estat que elles soient sont et appartiennent à la communaultey et au proffit de la dicte fabrice, et les peullent bailler les dis eschevins au profit de la dicte fabrice.

29. Les dis habitans peullent et ont acostumer de chassier en tout le finaige d'Yz sans contredit et pêcher en la rivière, dès la bonne de Marcilley jusques à

---

(1) Peines.
(2) Sous menace d'une peine.
(3) Farine.
(4) Porteur.

Mauloy (1), sans contredit. Et auxi de pêchier en la rivière de la Tille dès la Varainne Hugues Tremisot, jusques au Vex (2) de la Grauge Noire (3), sans contredit.

30. Les dis habitans ont leur vain pasturaige en la chastellenie de Trichastel (4) et jusques audict Mouloy et auxi à Chaingnay (5).

31. Les dis habitans se peullent acroistre (6) en tout le finaige de Marcilley parmi paiant ung tournois pour chascun journal (7), et se y doit la rante (8), et le rantier ne veult venir pour ranter, l'on le doit crier à haulte vois III fois, et après ledit cry estandre que y puisse venir de bout du finaige et se y ne vient l'on peult appeler II tesmoings et lui laisser son droit et emmener le demourant sans contredit et sans amande (9).

32. Tous les boissons (10), terres et appartenances séant audit lieu ou Angle Brenoire, ou Grant Clous ou Petit Clous, darrier le molin de Villechalle (11), contenant environ cinquante arpans, et auxi les boissons de Laigey, jusques au prey que messire Jean de Saulx a heu de la dicte communaultey, les boissons desoulx la ville jusque à la fin de Marcilley, sont appartenant à la dicte communaultey et tout le proffit appartenant à la dicte fabrice sans moien ne parsonniers de nuls (12).

33. Le prey Avissin, comme les quatre arpens l'empourtent, que à présent à messire Jehan de Saulx, séant darrier la tour, a esté baillié audit sieur par les eschevins de la dicte ville en exchange d'une place que maistre Guillaume avoit costé l'eglise, en laque place l'on a fait ung semetiere (13) dit le semetiere nuefz.

34. Les eschevins, sergens et commis ont acostumer de faire livrée par porciou de tous les bois (14) de la dicte communaultey pour paier x f. que l'on doit chascun an à messiers de Trichastel, pour certain traictier fait ausdiz seigneurs,

---

(1) Moloy, commune située à 16 kilomètres en amont d'Is-sur-Tille.
(2) Gué.
(3) Ferme située sur le finage d'Is-sur-Tille.
(4) Voir l'art. 11 de la charte de 1310.
(5) Chaignay, commune limitrophe d'Is-sur-Tille.
(6) Acquérir terre.
(7) Dîme, redevance en nature.
(8) Art. 15 de la charte de 1310.
(9) Reproduction du § 15 de la charte de 1310.
(10) Buissons.
(11) Moulin de Ville-Charles, seul reste d'un village contigu à Is-sur-Tille.
(12) Co-propriétaires.
(13) Cimetière.
(14) Prélèvement sur le prix de l'affouage.

ainsi que plus à plain cy apres contenu en la copie des lettres sur ce faictes. Et dit bois des Connes à la Famosse, ainssin comme elle se comportent dès le Chaingne Poillieus jusques es bois de Vulley (1) dit prey Rousel, et est tout le fons de la Combe appartenant es dictes Connes et dudit finaige Saint Ligier (2), jusques à ung mur en tirant une petite Combe au lon de la dicte communaultey dit Mouchemeut, lequel bois se admodie chascun an au profit de la dicte fabrice.

35. Tous les boissons dessus la rivière darriers la Grange Noire, dès la fin de Marcilley jusques à la fin et finaige de Eschevannes (3) et Trichastel son tous appartenant à la dicte communaultey.

36. Les boissons ouquel a plusieurs sauces (4), contenant environ deux arpans, séant dessus le Fousset dit le Pasquier Saint Legier, est appartenant à la dicte fabrice,

37. Tout l'éritaige qu'est dessuz la rivière de la Tille, dès le Vex de la Grange Noire jusques à la Varanne, de feu dit Gestraul de Vulley, en laquelle a une bonne que mépart les deux finaiges, est tout du finaige Saint Légier.

38. Lesdis eschevins, sergens et leurs commis peullent et ont acostumer laissier et admodier toutes les terres que sont ceulx de Vulley au proffit de la dicte fabrice, sans moien d'autre personne, sans nulles contradiction. Et paroillement à tous ceulx que font terres appartenant à la dicte communaultey et tant à Chaingnay comme autre part.

39. A la dite fabrice appartient une pece de terre contenant environ sept journaulx dit les Bas Saint Legier, séant desoulx la ville, coste messire Jehan de Saulx, d'une part, et.....

40. Toutes les parrieres blainches sont et appartiennent à la dicte communaultey en quelle lieu que elle soient oudit finaige et les ont acostumer les dis eschevins de les admodier à tel temps et terme que y leur plait au proffit de la dicte fabrice, sans moïen d'autre. Et paroillement toutes les autres parrieres et lavieres estant oudit finaige. Et paroillement seroit de mignere à faire fer que en ny trouveroit (5).

41. Il est contenu ou viez registre, folio xvii, commant Perrenin Li Pi-

(1) Villey-sur-Tille, commune limitrophe.
(2) Saint Léger était le patron d'Is-sur-Tille.
(3) Echevannes, commune limitrophe qui, avant la Révolution, dépendait du marquisat de Tilchâtel et de la province de Champagne.
(4) Saules.
(5) Voir le § 4 de la charte de 1310.

gnardes et Jehan Symot, comme eschevins, ont pris et ars devant l'eglise certaing fillez que estoit Oudot le Reaul et est par la costume du lieu et droit desdis eschevins.

42. Il est de costume en la dicte ville que hommes que maissonne se peult aidier des meix et cultis anviron sa maison, pour mettre pierres, terres et bois, le besoing fait et nécéssaire ly soit, pour luy aisier ou faisant sa dicte maison, parmy dommaige randu, lequel sera à la tauxe desdis eschevins ou de leur commis (1).

43. Ung procès fust entre le chappellain de la chapelle Saint Eloix et les habitans que le chappellain doit soigner et administrer à ses despens toutes chouses nécéssaires à son autel et ne puet cloure ne formé la dicte chappelle ains deux mambres de l'eglise, san ce que le dit chappellain y peusse faire occupation par lettres soignées à S.

Original : Archives de la Côte-d'Or. G. Clergé séculier. Terrier de la fabrique et communauté d'Is-sur-Tille, 1418, folio 9 et suivants.

SAINT-PHILIBERT-SOUS-GEVREY

Son premier nom fut Velle-sous-Gevrey. Il est connu dès le XIe siècle. En 1254, Hugues IV, duc de Bourgogne, le donna en échange à l'abbaye de Saint-Etienne. L'église était à la collation des Templiers, qui y avaient un hôpital et une maison, lesquelles, après la suppression de l'ordre, furent attribuées aux hospitaliers de Saint-Jean-de-Jérusalem. Lors de la mise de l'abbaye de Saint-Etienne en commende, le domaine de Saint-Philibert fit partie de la mense abbatiale qui, lors de l'érection du diocèse de Dijon, entra dans la dotation de l'évêque.

CCCCXVII

Transaction entre l'abbaye de Saint-Etienne de Dijon et ses hommes de Saint-Philibert, au sujet de la taille qui demeure abonnée et de l'usage dans les bois.

1314 (14 octobre).

In nomine Domini, amen. Anno incarnationis ejusdem M° CCC° XIIII°, mense octobris. Nos Guillermus Bollardeaux, Guillermus Perrons dictus Brenoz frater

---

(1) Voir un paragraphe à peu près semblable dans la transaction entre J. de Montigny et les habitants de Couchey en 1270 (II, 288).

suus, Henricus Beliarz, Aglantina li Quaille, Constantinus Broissoz, Henricus Baillioz, Henricus Broissoz, Guillermus Lijaiz, Perellus li Bicenoz, Johanninus Moquarz, Guillermus li Cordele, Osanna li Saine, Constantinus Valenez, Perellus li Ostelex, Jacobus li Violetes, Gileta filia dicti Moffloz, Hugonetus Fromaigoz, Alaiseta relicta dicti Richardot, Alaisina li Clope, Henricus Picherres, Henricus li Jusserez, Viennetus Chenevilliez, Guillermus li Renarz, Clemencius filius Gobillot, Alicta relicta Johannelli, Perrinus Carpentarius, Belinus Bolardeaux, Girardus li Garbillez, Stephanus Jussez, Alieta filia quondam Girardi Volant, Johanneta ejus soror, Mariona li Giroue, Nicolaus li Bataillez, Hugueta relicta Huocti, Julianneta filia dicti Girardeau, Alaidis et Guillemeta sorores sue, Robertus filius quondam Majoris et Guillermus ejus frater, Johanneta filia quondam dicti li Bataillez, Robertus li Nains, Richardus ejus frater, Michaël Perrins, Regnaudus Chardenaux, Radulfus de Bures, Hugo Barberius, Guillermus li Trinque, Guillermus Bergerius, Johannes Pintoz, Constantinus Gatebois, Johanneta li Rosse, Johannes filius Roolin, Perronetus Cameaux, Gelietus Gailloz, Perroneta'li Corberande, Stephanus filius quondam Martelli Mugnerii, Moninus Bolardeaux, Milotus, ejus frater, Marionna Bodanne, Peronetus Bouex, Stephanus Triboloz, Stephanus Valatre, Roolinus Morelli, Johaninus li Betenoz, Mariona ejus soror Regnaudus Astereaux, Perellus Gardechien, Johannes li Ribaux, Guiotus Astereaux, Hugoninus Moreaux, Girardus li Soctours, Peroneta relicta Andree, Margareta Polie, Beleta neptis sua, Margareta de Villa Bicheti, Bela li Vieille, Stephanus li Gerbillez, Perelluz Charbonex, Alaiseta relicta Grenerii, Johannes li Chardenaux, et Morellus li Beliez, homines et habitatores ville de Villa subtus Gevreium, notum facimus universis presentes litteras inspecturis, quod cum discordia verteretur inter religios viros, fratrem Hugonem (1) abbatem et conventum monasterii Sancti Stephani Divionensis, ordinis Sancti Augustini, Lingonensis dyocesis, karissimos dominos nostros, ex una parte, et nos omnes predictos homines et habitatores dicte ville, ex altera, super eo quod dicti domini nostri dicebant et asserebant nos esse ipsorum homines tailliabiles et explectabiles alte et basse (2), et quod nobis tailliam imponere poterant magnam vel par-

---

(1) Hugues d'Acey, 24e abbé de Saint-Etienne, gouverna ce monastère depuis l'année 1289 jusqu'à sa mort arrivée le 12 janvier 1317.

(2) Les habitants de Saint-Philibert n'étaient point mainmortables, mais seulement, aidables et exploitables à volonté. Toutefois, il leur était interdit de quitter le village, et quiconque voulait y posséder devait s'avouer homme de Saint-Etienne. Les titres de l'abbaye en citent deux exemples, que nous rapportons ici. En 1307, Perrot le Chapuis et ses enfants s'étant avoués hommes du duc en la franchise de Flagey, sans renoncer aux biens qu'il avait à Saint-Philibert, le bailli de Dijon, auquel les religieux exhibèrent une lettre du duc Hugues IV, probablement identique avec celle insérée plus haut (n° CCCXLVI, page 190), annula le désaveu

vam pro sue libito voluntatis. Item super eo quod predicti domini nostri quoddam nemus quod foresta vocatur, quod longo tempore ab ipsis tenemus pro duodecim eminis avene censualibus eisdem persolvendis, ad manum suam retrahere volebant, et nos ab eodem nemore totaliter repellere, cum non possimus docere quod dictum nemus fuissset nobis traditum in perpetuum pro censiva predicta. Nobis omnibus hominibus predictis in contrarium asserentibus et dicentibus quod a tempore a quo non extat memoria, fueramus in possessione libertatis solvendi solummodo predictis dominis nostris et aliis a quibus causam habuerunt quadraginta libras Dyvionenses pro taillia et nichil ultra unquam a nobis seu predecessoribus nostris exigerant seu levaverant toto tempore retro acto, et quod dictum nemus pro dicta censiva persolvenda tanto tempore tenueramus quod nobis sufficere debebat ad prescriptionem acquirendam, licet per litteras vel alia documenta docere non possemus quod dictum nemus nobis in perpetuum fuisset traditum pro dicta censiva persolvenda nec taillia abonnata. Tandem bonorum virorum freti consilio, cum predictis dominis nostris jure vel injuria nolentes contendere non coacti, non decepti, sed spontanea voluntate cum ipsis in modum qui sequitur duximus concordandum, videlicet :

Quod nos et omnes habitantes et habitaturi in futurum dicte ville homines tailliabiles predictorum dominorum nostrorum sumus et erimus, et eisdem, pro taillia et nomine taillie, quinquaginta libras turonenses ad terminos infrascriptos, videlicet : infra Bordas, viginti quinque libras, et alias viginti quinque libras infra festum beati Remigii, de cetero et nihil ultra pro taillia perpetuo persolvemus (1).

Que quidem taillia per servientem dictorum dominorum (2) nostrorum cum tribus vel quatuor probis hominibus dicte ville in quolibet termino eligendis equabitur et imponetur et per dictum servientem prout cuilibet imposita fuerit levabitur (3).

et leur rendit l'homme et sa tenure. Inutile d'ajouter que cette restitution de la personne ne fut qu'un mot, si, comme la coutume déjà en vigueur l'y obligeait, Perrot renouvela son désaveu en abandonnant ses biens aux religieux. — En 1316, une nommée Guillemotte la Champenoise, femme de l'abbaye, étant morte à Saint-Philibert « sans hoir de son propre corps, » J. Yver, homme franc, fils de sa sœur qui habitait Bouilland, se présenta pour recevoir son héritage ; mais l'abbé refusa de le lui délivrer, sous prétexte que « la chose li estant tailliauble, » il devait venir habiter Saint-Philibert pour la desservir comme faisait sa tante. Enfin, après maints débats, J. Yver, « du consòil de prodhomes, » renonça à la succession de sa tante, moyennant 60 tournois que l'abbé lui paya pour l'échûte.

(1) Cousacré par le terrier de l'abbaye de Saint-Etienne, année 1452, folio 120.
(2) Sergent chargé de l'exécution des jugements civils. (Terrier de 1452.)
(3) « ..... Et ont accoustumé les dicts habitans chascun an à la feste de Saint-Barthélemy ou environ, dé eslire entre eulx deux, trois ou quatre proudommes d'icelle ville, lesquels ils présentent à mes dicts seigneurs ou à leur commandement pour recepvoir d'eulx les seremens pertinens et accoustumez de faire en

Et si dictus serviens summam aliquibus impositam propter eorum paupertatem vel impotentiam levare non potuerit, deffectum recuperare poterit super alios potenciores ex dicte ville (1).

De nemore vero foreste ita concordatum est, quod predicti domini nostri ipsum nobis diviserunt et concesserunt in usagium perpetuum pro sexdecim eminis censualibus eisdem a nobis et ab omnibus qui in dicto nemore usum habere voluerint, annis singulis infra festum Omnium Sanctorum persolvendis (2).

Pro gratia vero quam predicti domini nostri nobis fecerunt de predicte taillie abonnatione et nemoris predicti accensatione, predictis dominis nostris quamdam portiunculam nemoris que vocatur nemus d'Aiges quod tenebamus in usum communem totius ville, quittavimus et concessimus eisdem pro sua voluntate de cetero perpetuo facienda.

Ita tamen quod si in dicto nemore aliqua animalia nostra pasturantia inventa fuerint sine gardia spontanea, scilicet casu fortuito, de quolibet animali sic invento poterunt levare dicti domini nostri sex denarios et non amplius pro emenda, nisi ex certa scientia pastores animalia sua in dicto nemore pasturando custodierint, in quo casu ad emendam communem patrie teneremur.

Concessimus etiam et ad hoc nos et nostros expresse obligavimus et obligamus, quod quilibet homo locum et focum tenens in dicta villa predictis dominis in vineis suis excolendis unam corveyam faciat, quam serviens dicti loci pro predictis dominis nostris exiget a Carni privio usque ad Pascham, quamcumques ibi placuerit et sibi viderit expedire, ita tamen quod cuilibet homini dictam corveyam reddenti serviens qui dictas corveyas exiget quatuor numeratas panis in opere ministrabit. Vidue vero et orfane liberum non habentes qui quintum deci-

---

tel cas et après ce que iceulx proudommes ont juré, ils imposent et gectent ladicte taille, tant sur les dicts habitans que sur tous autres ayans et tenans héritaiges audit lieu, ainsi que d'anciennété l'ont accoustumé de faire. Et ledit rôle ainsi fait, ils le baillent à mondit seigneur ou à son commandement, que le lièvent selon ledit giet, à leurs frais.

« Les habitants confessent que les religieux ne peullent affranchir aucun des héritages sujets à la taille, ni les habitans en bailler à autres francs de cette taille, car ainsi ils préjudicieraient à l'assignal et de la taille abonnée. » (Terrier de 1452, folio 121.)

Outre la répartition de la taille abonnée et de la maréchaussée, les prudhommes avaient encore le droit d'élire chaque année un messier, qu'ils présentaient à la justice du lieu, et qui, avec celui des religieux, avait la police des récoltes.

(1) Cette faculté lui fut retirée, car elle ne figure plus au terrier de 1452.

(2) D'après le terrier de 1452, cette redevance de 16 émines d'avoine, mesure de Saint Louis, était exigible non plus à la Toussaint, mais au jour des Brandons. Les prudhommes en faisaient également la répartition. On l'appelait taille d'avoine abonnée ou maréchaussée. Douze émines étaient assignées sur le bois de la Forêt qui chaque année se distribuait en affouage et quatre sur les héritages.

mum annum compleverit, ad dictam corveyam faciendam minime tenebuntur (1).

Et sciendum est quod, de communi consensu nostro, predicti domini nostri sibi retinuerunt in nobis [et] dicta villa omnimodam justiciam, magnam et parvam (2), census, costumas et alias redevencias suas et alia jura quecumque sint et quocumque nomine censeantur, nisi hoc solum quod dictam tailliam ultra summam expressam contra voluntatem nostram non poterunt agmentare (3).

Has autem pactiones omnes et singulas prout superius sunt expresse promittimus per juramenta nostra super Sancta Dei Evangelia corporaliter prestita et sub obligatione omnium bonorum nostrorum mobilium et immobilium presentium et futurorum firmiter tenere et observare et non contravenire per nos aut per alium in futurum. Et volumus nos compelli ad premissorum observantiam tanquam ex re adjudicata per curiam domini ducis Burgundie, cujus juridictioni quoad hoc nos et per nostros heredes supponimus.

In quorum testimonium litteris istis sigillum dicte curie supplicavimus et obtinuimus apponi.

Actum in presencia Guioneti, dicti Chargeret, de Dyvione, clerici coadjutoris Johannis Francisci de Dyvione, clerici, notarii dicti loci, fratris Petri, monachi et celerarii dicti Sancti Leodegarii, Hugonis de..... domicelli, Vieneti, dicti Maignot, de l'Espai, Humbeleti de Gevreyo, lathomi et Hugonis Nardot dicti loci, testium ad hoc vocatorum et rogatorum. Anno et mense predictis.

Original : Archives de la Côte-d'Or. Série G. Abbaye de Saint-Etienne de Dijon. Seigneurie de Saint-Philibert. — Cartulaire de la même abbaye, t. II, folio 80.

(1) Consacré par le terrier de 1452, folio 121.
(2) Le « gibet en forme de potence, » marque de la totale justice de l'abbaye de Saint-Etienne à Saint-Philibert, se dressait au lieu dit En-Champ-Evêque. (Terrier de 1452.)
(3) Deux siècles après la rédaction de ce terrier, c'est-à-dire le 13 janvier 1651, les habitants de Saint-Philibert, réduits à dix feux par suite des malheurs de l'invasion de 1636, se trouvèrent dans l'impossibilité d'acquitter la redevance de la maréchaussée. L'abbé de Saint-Etienne, qui était alors Jacques de Neuchèze, évêque de Chalon, les poursuivit devant les requêtes du Palais et obtint contre eux, le 18 février 1647, une sentence qui les condamnait au paiement intégral des redevances échues. A bout de moyens, ces malheureux offrirent au prélat de se reconnaître ses débiteurs des terriers échus seulement à partir de 1653, et en même temps la pleine propriété du bois communal de la Mange, dont on estimerait la valeur, pour en réduire d'autant celle de la redevance en avoine. Ces offres, on le devine, furent acceptées avec empressement; l'évaluation du fonds avec la redevance fut faite, et, par acte du 29 avril 1656, l'évêque réduisit la redevance de douze émines à trois seulement, à la mesure de Dijon, livrables à la Saint-Martin, sur les greniers de l'abbaye, indépendamment des quatre mesures de Saint-Louis dues chacun an par les forains.

LA TERRE DE SAINT-SEINE-L'ABBAYE

Le bourg de Saint-Seine au bailliage d'Auxois était encore avant la Révolution le centre des dix-sept paroisses, qui formaient l'antique dotation de l'abbaye bénédictine qui y fut fondée vers 534 par *Sequanus*, du pays de Mémont, disciple de Jean, fondateur de l'abbaye de Réome ou Moutier-Saint-Jean ; tous deux honorés comme saints par l'Eglise.

Au commencement du XIVe siècle, l'abbaye de Saint-Seine succombant sous le fardeau de dettes contractées à la suite de longs désordres, fut contrainte d'accepter les offres que lui firent les hommes de sa terre de les gratifierr de ces franchises dont nombre de communes qui les avoisinaient jouissaient déjà depuis longtemps. Les religieux leur vendirent donc pour une somme considérable l'affranchissement de la main-morte, la conversion de la taille à merci en taille abonnée, l'abolition des tierces, des corvées et du droit de bienvenue. Quant au droit de commune, non seulement l'abbaye de Saint-Seine ne se montra pas plus libérale que ses autres sœurs de Bourgogne, en le leur refusant ; mais, comme on le verra plus loin, elle interpréta d'une façon si absolue les réserves qu'elle avait faites dans la charte, que ce qui devait être un monument de paix, devint l'instrument d'une lutte qui dura plus de deux siècles et demi.

Saint-Seine est aujourd'hui un chef-lieu de canton de l'arrondissement de Dijon, formé de la plus grande partie des paroisses de l'ancienne terre, à l'exception des communes de Baulme-la-Roche qui dépend de celui de Sombernon, de Moloy, canton d'Is-sur-Tille, de Saint-Hélier et Saint-Mesmin, canton de Vitteaux.

CCCCXVIII

Charte d'affranchissement donnée par Jean de Jaucourt, abbé, et les religieux de Saint-Seine, aux habitants de la terre dite de Saint-Seine, comprenant les communes de Saint-Seine, Baulme-la-Roche, Bligny-le-Sec, Champagny, Francheville, Frenois, La Margelle, Léry, Moloy, Panges, Pellerey, Poncey, Saint-Hélier, Saint-Martin-du-Mont, Saint-Mesmin, Saint-Seine, Turcey, Vaux et Villotte.

1323-24 (17 mars).

In nomine Domini, amen. Anno incarnationis ejusdem millesimo trecentesimo vicesimo tercio, mense marcii. Nos frater Joannis de Janicuria (1), Dei et Sedis Apostolice gratia, abbas humilis monasterii Sancti Sequani, ordinis Sancti Benedicti, diocesis Lingonensis, totusque ejusdem loci conventus, prioris, officiarii, et administrationem in eodem monasterio et ejus membris habentes, ex

---

(1) Jean de Jaucourt, 24e abbé de Saint-Seine, succéda à l'abbé Hugues, mort en 1314. Il gouverna le monastère jusqu'à sa mort, arrivée en 1348.

una parte ; nosque Humbletus Gilleti de Belignevo Sicco (1), Vienetus Naauleti de Margella (2), Vienetus Chemars de Franchevilla (3), Joannes Gaudos de Bordis (4), Robertus, monasterii de Sancto Sequano, et Joannes dictus Cayans de Frigida Villa (5), homines et habitatores dicti monasterii Sancti Sequani, ac procuratores aliorum habitancium dicte terre (6), clericorum et laycorum, et altera. Notum facimus tam presentibus quam futuris, ad perpetuam rei noticiam.

Videlicet, nos abbas, conventus, priores, officiarii, et administratores predicti, quod cum homines nostri habitantes terre monasterii Sancti Sequani predicti, prioratum, officiorum, et omnium membrorum dicto monasterio subjectorum, ac eorum possessiones et tenementa essent, et esse consuevissent ab antiquo, multi, astricti omnibus subsequentium servitutum ; scilicet quod licebat nobis abbati et conventui dicti monasterii, prioribus, officiariis, seu aliis superioribus dictorum hominum, dictis hominibus, prout nobis subjiciebantur, talliam alte et basse imponere, bis in anno. Item, de aliquarum terrarum eorumdem hominum fructibus, in juridictione et districtu nostris existencium, certam partem, nomine tertie, exigere et levare. Item, dicebamus et asserebamus predictos habitantes esse conditionis manus mortue, et ad nos dictam manum mortuam pertinere. Item, quod licebat nobis, hominum predictorum, prout nobis subjecti erant, operas animalium, ipsorum hominum corveyas plures, in anno capere. Item, quod in quolibet adventu cujuslibet abbatis, de novo creati in monasterio predicto, subventionem facere, exigere, et levare, secundum ipsius abbatis beneplacitum, et predictorum hominum facultates (7).

Nobis abbate, conventu, et religiosis monasterii ejusdem membrorum, officium et administrationem habentibus, et omnibus quorum interest et interesse potest, die decima septima mensis predicti, in capitulo monasterii Sancti Sequani, hora capitulandi, et ad capitulandum propter hoc more solito congre-

---

(1) Bligny-le-Sec, appelé Belent en 886. Commune du canton de Saint-Seine.
(2) La Margelle, *Margella* en 1187. Commune du même canton.
(3) Francheville, *Nova Villa Francorum* en 886. Commune du même canton.
(4) Les Bordes Bricard et les Bordes Pillot, hameaux de la commune de Saint-Martin-du-Mont. Même canton.
(5) Froideville, hameau de la commune de Saint-Martin-du-Mont.
(6) La terre de Saint-Seine comprenait à cette époque, et dans un seul bloc, les territoires de Saint-Seine, de Baulme-la-Roche, de Bligny-le-Sec, de Champagny, de Francheville et Prairay, de Frenois, de La Murgelle, de Léry, de Moloy et Labergement, de Panges, de Pellerey, de Poncey, de Saint-Hélier, de Saint-Martin-du-Mont, les Bordes Bricard, les Bordes Pillot, Froideville, Fromenteau en partie et Sètre, de Saint-Mesmin, Bonidau et Godan, de Turcey et La Rochotte, de Vauxsaules, Cheneroilles, Cinqfonds et Villotte, c'est-à-dire une superficie de 28,956 hectares, 2,488 en moins de celle du canton actuel, qui en contient 31,424.
(7) Prestation semblable à celle dont les abbayes de Bèze et de Flavigny déchargèrent leurs sujets. (Voir t. I, 526, 533, 549, et t. II. 169.)

gatis presentibus omnibus, et nullis contradicentibus, diligentibus pluribus et fréquentibus tractatibus super hiis habitis, considerata magna utilitate dicti monasterii, et in multis communi omnium voluntate et consensu expresso (1).

In perpetuum quictamus et irrevocabiliter remictimus, omnes et singuli, nomine monasterii, nostro, et successorum nostrorum, altum et bassum taillie solummodo, pro taillia inferius moderata, omnibus et singulis hominibus utriusque sexus, presentibus, et eorum successoribus in perpetuum, tocius terre nostre, sive sint homines dicti monasterii, sive prioratuum quorumcumque, vel alterius religiosi dicti monasteri, vel a nobis vel altero nostrum causam habentis, et quod eisdem altum et bassum taillie de cetero non imponemus, nec imponi faciemus, nec levabimus, vel exigemus, vel levari, vel exigi permittemus. Item, illo anno quo continget novum abbatem creari in dicto monasterio, habitantes terre Sancti Sequani clerici et layci, seu alia qualicumque libertate fruentes (2), solvent illo anno, tantum quantum solvent ratione taillie abonate, una cum dicta taillia, et si qui sint forsitan, qui dictam tailliam abonatam, ratione alicujus libertatis, sibi a nobis concesse seu concedende, solvere minime teneantur, nichilominus solvent, illo anno quo novus abbas in dicto monasterio fuerit procreatus, tantum quantum solvent pro dicta taillia abonata, quatenus si nullis hujusmodi libertatibus uterentur, nec aliquid aliud poterimus exigi vel levari a dictis habitantibus, ratione predicta.

Item, remictimus eisdem, nomine quo supra, jus percipiende portionis seu exigende, fructuum aliquarum terrarum suarum quam habebamus et percipie-

---

(1) On comprend qu'une charte arrachée plutôt qu'octroyée, pour dégager un temporel compromis par des désordres intérieurs, dont nos archives ont gardé le pitoyable tableau, ne fut jamais sympathique à des religieux préoccupés par-dessus tout d'intérêts matériels. Aussi, comme sa teneur avait laissé plus d'un point obscur, ils en prirent texte pour essayer de regagner d'une façon, ce qu'ils avaient perdu de l'autre.
De leur côté, les habitants de la terre de Saint-Seine, qui prétendaient avoir payé assez cher les libertés qu'on leur avaient vendues, interprétaient aussi ces mêmes articles à leur avantage, d'où naquirent presque aussitôt d'interminables débats devant toutes les juridictions. Enfin, après cent soixante-dix ans de luttes, les deux parties convinrent de s'en remettre à un arbitrage. Il fut choisi dans le sein du Parlement et composé de deux laïques, Philibert de La Ferté, président, Jean de Genlis, seigneur de Montille, conseiller; de Jean Charvot, doyen de l'église d'Autun, et Antoine de Salins, doyen de Beaune, tous deux conseillers-clercs. Saisis de l'affaire le 1er décembre 1495, ils étudièrent à fonds la charte de grâce, comme on appelait la charte de 1323, et après divers mémoires et comparutions des parties, ils rendirent, le 21 décembre de l'année suivante, une sentence qui, portée par appel au Parlement de la part des habitants, y fut confirmée, et, après maintes hésitations de ces derniers, reçut son exécution définitive le 16 juin 1502. La teneur de ces trois actes, ne contenant pas moins de 143 pages in-4° du volume intitulé : *Recueil de différentes pièces concernant les droits de l'abbaye de Saint-Seine sur les habitants de la terre dudit lieu*, nous avons dû nous borner à en rapporter les principales dispositions, en regard de chacun des paragraphes de la charte qu'elles concernaient.

(2) C'est-à-dire se trouvant dans quelque condition que ce soit.

— 450 —

bamus, nomine tertie seu terragii, et non decime ; quoniam nobis decimam rectam (1), solvi nobis ab ipsis consuetam, retinemus.

Item, omnem manum mortuam, quocumque nomine censeatur, quam in dictis hominibus, vel eorum bonis, habebamus vel habemus modo quo supra remictimus et quictamus, et a predictis liberamus ; volentes quod si aliquis hominum nostrorum, ubicumque degat, vel habitantium terre Sancti Sequani, cujuscumque sexus, cujuscumque etatis, decedat vel moriatur, quod successor eorum in perpetuum, proximior in genere, succedat et succedere debeat et valeat, secundum consuetudinem inter liberos homines observatam, nec in bonis seu hereditate talis decedentis, seu ejus persona (2), de cetero poterimus aliquid reclamare, vel impedimentum ponere, ratione manus mortue. Sed si aliquis habitantium terre Sancti Sequani decedat, nullos liberos, agnatos vel cognatos, aut heredes habens in tota terra Sancti Sequani, sed extra dictam terram habeat ; ad illum quem, vel illos quos habebit extra terram Sancti Sequani, hominis terre Sancti Sequani defuncti successio devolvetur. Ita tamen, quod infra annum et diem continuos bona, immobilia, existentia in terra Sancti Sequani, extra manum suam ponere tenebitur, in hominem dicte terre ; alias nisi ponet extra manum suam, infra annum et diem, in hominem dicte terre, dicta bona nobis caderent et cadent in commissum ; et eodem modo fiet, si deffunctus dicte terre habeat heredes, partim in terra Sancti Sequani, partim extra ; ut ille qui, extra dictam terram existens, succedit, portionem hereditatis se contingentem in hominem dicte terre, infra annum et diem, extra manum suam ponere teneatur ; alias, dicta pars, ut supra, incidit nobis in commissum. Sed si homo terre

---

(1) Outre la dîme directe sur les blés et le vin, qui leur appartenait comme curés primitifs des églises de leur terre et qui se percevait de treize l'un, les religieux de Saint-Seine exigeaient encore des habitants la dîme de chanvre, celle des laines et des agneaux. Ceux-ci, interceptant à leur avantage le silence de la charte sur la nature de la dîme directe, s'y refusaient, et, nonobstant qu'ils y eussent été contraints par diverses sentences, obtenues, disaient-ils par surprise de justice et fausses enquêtes, ils persistaient dans leur refus, préférant se laisser condamner à l'amende. De leur côté, les religieux protestaient de la bonté d'un droit exercé de tout temps, aussi bien à Saint-Seine que dans les pays voisins, « voires même en toute la Crestienté, » et maintenaient la justice de leurs prétentions. La sentence de 1496 (art. 3 et 29) reconnut donc à ces derniers le droit de lever « dedans » le jour de la Pentecôte la dîme des laines et agneaux, sur le pied de dix toisons l'un et de dix agneaux l'un. (A Villotte il fut de onze, de treize à La Margelle, Léry et Turcey.) Celle de chanvre fut fixée à treize « meneveaux » l'un à Saint-Seine, dix à Saint-Mesmin ; lesquels devaient être perçus avant l'enlèvement de la récolte, sauf à Panges, où les exacteurs avaient le droit d'exercer dans les maisons.

En ce qui concerne la perception générale de la dîme, il fut interdit aux habitants d'enlever leurs récoltes avant le soleil levé ou après le soleil couché et avant qu'elles n'eussent été dîmées par le commis ou dîmeur des religieux, lequel devait être appelé à haute voix et à trois reprises de trois fois chacune, ce qui faisait neuf. (Article 8 de la sentence.)

(2) La mainmorte était réelle et personnelle sur la terre de Saint-Seine, c'est-à-dire qu'elle frappait aussi bien l'homme que ses biens.

Sancti Sequani decedat sine liberis, agnatis, vel cognatis, vel aliis heredibus, tunc nos succedemus, sicut fiscus (1).

Item, remictimus, modo quo supra, corveyas, quas poteramus habere vel exigere a dictis hominibus, tam ratione animalium eorum quam personarum dictorum habitancium, ita quod a dictis hominibus seu personis eorum, nec ab eorum animalibus, seu ratione dictorum animalium, aliquas corveyas, operas, seu servitutem aliquam corveye, non petemus nec imponemus.

Et nos, predicti procuratores habitancium terre Sancti Sequani, tam clericorum quam laycorum, in recompensationem predictorum, et pro predictis nobis impensis, nomine procuratorum dictorum habitancium et nostro, dictos nostros habitatores, clericos et laycos, qui nos constituerunt procuratores solvere redditus infra scriptos promittimus.

Scilicet, quod quilibet habitancium, clericorum et laycorum, terre Sancti Sequani, habens, in bonis mobilibus et immobilibus, valorem quatuor vigenti librarum dyvionensium (2), vel ultra quantumcumque, solvet monasterio, et solvere tenebitur, quolibet anno, nomine abonate taillie, et pro taillia solum, quatuor libras bonorum et forcium dyvionensium : habentes vero minus quatuor vigenti librarum dyvionensium, plus tamen sexagenta solidorum, solvent pro qualibet libra, duodecim denarios dicte monete : alii autem qui sexagenta solidos, vel minus, habent vel habebunt, in bonis mobilibus et immobilibus, tres solidos dicte monete, et nichil plus, eadem ratione ; et fiet extimacio valoris predictorum bonorum, per sacramentum cujuslibet ; si autem sit aliqua presumptio contra jurantem, per vicinos jurantes, melioris fame, sine licte, inquiretur de valore, et solvet secundum quod inventum fuerit per vicinos eosdem ; nec propter hoc jurans, qui plus solvet, aliquam solvet emendam ; nec aliquid amplius, nomine abonamenti, seu taillie abonate, ab hominibus seu habitantibus terre Sancti Sequani, vel eorum successoribus, clericis et laycis, poterit exigi vel levari, nisi in primo jocundo adventu cujuslidet abbatis de novo creati ; quo casu, dicti habitantes solvent illo anno, sive sint clerici vel layci, seu alia qua-

---

(1) Comparer cette application étroite et rigoureuse de la coutume par les religieux de Saint-Seine avec le paragraphe de la charte de Salmaise, qui règle le droit de succession et de propriété dans la châtellenie.

(2) L'usage de plus en plus répandu de la monnaie tournoise en Bourgogne ayant peu à peu fait abandonner celui de la monnaie dijonnaise, les habitants de la terre de Saint-Seine acquittèrent leur taille en cette première monnaie, qui était d'un quart moins forte que la seconde. Cette différence, sur laquelle la cour elle-même n'était pas toujours d'accord, puisque les deux parties arguaient d'arrêts contradictoires, était pour elles une cause incessante de récriminations, auxquelles la sentence de 1496 mit fin en déclarant que désormais le sol dijonnais vaudrait 18 deniers tournois, et qu'ainsi 3 deniers dijonnais équivaudraient à 4 deniers tournois, 3 sols à 4 sols, et 3 livres à 4 livres.

licumque libertate, fruentes, tantum quantum solvent ratione taillie abonate, una cum dicta taillia; et si qui sint forsitan, qui dictam tailliam abonatam, ratione alicujus libertatis, sibi a dictis dominis nostris abbate et conventu vel altero eorum concesse seu concedende, solvere non teneantur, nichilominus solvent, illo anno quo novus abbas in dicto monasterio fuerit procreatus, tantum quantum solvent pro dicta taillia abonata, quatenus si nullis hujusmodi libertatibus seu hominibus a dictis Dominis nostris poterit imponi, exigi, vel levari, eadem ratione (1).

(1) La taille jurée était le premier article de la charte et le plus important; aussi donna-t-il lieu dès le début à des contestations incessantes, que de nombreux arrêts ne pacifièrent jamais. Ainsi, les religieux alléguaient que cette taille indispensable « pour » s'entretenir et continuer le divin service, « souloit valoir 900 à 1,000 livres, » et n'en rendait plus que 350 en 1495, depuis qu'à la suite des « parjurements » et des tergiversations des habitants, la cour l'avait, par provision, réduite à ce chiffre. Ils offraient de prouver par enquête que les facultés des habitants leur permettaient grandement de dépasser ce chiffre. — De leur côté, ces derniers, s'en remettant aux arrêts rendus sur la matière, repoussaient énergiquement l'accusation de parjure, déclaraient que si cette taille ne produisait plus autant, la faute en devait être imputée aux religieux, qui les avaient ruinés en leur faisant dépenser, tant pour cette charte que pour les arrêts et appointements, une somme de 10,000 livres, et qu'en définitive, en supposant qu'on voulût toucher aux arrêts, ils préféraient plutôt être taxés suivant leurs facultés que de payer une taille, ne fût-elle que de 200 livres, avec l'obligation de supporter les frais et les mauvaises payes.

Après plusieurs considérations « touchant ce grand différend et en regard à la charte, aux arrêts et sentences, les arbitres (art. 42 de la sentence), pour bien de paix et y mettre ordre, déclarèrent que les abbé et religieux ou leurs commis imposeraient la taille sur les habitants qui y seraient sujets, chacun an, le jour de la fête de Saint-Seine, au mois de septembre. Ceux « ayant vaillant en tous biens 80 livres tournois, furent taxés à 4 livres dijonnais, estimées 5 livres tournois, monnoie courante. Ceux ayant vaillant de 80 à 60 livres, 12 deniers par livre; ceux de 60 livres et au-dessous, 3 sols dijonnais ou 4 sols tournois. » Obligation fut imposée aux religieux « d'indire et assurer la taille en présence des habitants, » et de faire à chacun d'eux la cote « à quoy ils auront esté imposés et assistés. »

Ceux qui se trouveront trop imposés jureront sur l'Evangile de déclarer la « vraye valeur » de leurs biens, et, selon qu'ils le jugeront, les abbés, religieux ou leurs commis les asséeront, « ainsi qu'il est dit plus haut. »

Si la déclaration semble suspecte aux religieux, ils choisiront deux « prudhommes de bonne fame » voisins, ou des voisins des jurants ou du jurant, qui, après avoir prêté serment, enquerront, assistés d'un notaire et d'un délégué des religieux. « Ils pourront entrer es maisons des jurants et les taxeront suivant l'estimation qui en sera faite de tous ses biens. »

D'un autre côté, les arbitres donnèrent aux habitants un délai de six ans pour choisir entre ce mode de paiement ou de son remplacement par une somme de 500 livres tournois payable chacun an, à leurs frais, le 9 novembre, en l'hôtel abbatial, avec la faculté aux religieux, en cas de non-paiement, d'imposer eux-mêmes cette somme dès le lendemain et d'en contraindre les habitants. En outre ceux-ci devront, le jour de Saint-Seine, demander licence aux religieux de s'assembler pour choisir parmi eux huit délégués, lesquels jureront, sur l'Evangile, « es mains des religieux, de bien et loyallement egaler à imposer, le fort portant le foible, sans imposer ung particulier plus haut que 100 sols tournois, quelque grande chevance qu'il puisse avoir, » et poursuivant les « délayants. » — Ils auront également la faculté de joindre une somme de 50 livres ou au-dessous pour les « maulvaises payes, » les frais de recette et leurs affaires.

Et enfin, « pour plusieurs grandes considérations, » les arbitres laissèrent à perpétuité aux habitants la faculté de réduire cette taille à 200 livres, en délivrant aux religieux une somme, rente ou cense de 300 livres en franc-aleu et amorties, sans charge aucune, à une distance moindre de huit lieues de l'abbaye. Toutefois, reconnaissant que ce serait « chose difficile à trouver en un lieu et en un temps, ils accordèrent que s'ils en fournissaient dans une même condition pour la somme de 50 francs ou au-dessus, on en déchargerait « d'autant la taille de 500 francs en diminuant les 300 livres rachetables. »

Les habitants choisirent le dernier mode comme le plus avantageux. Mais en 1766, l'abbaye, qui avait aliéné ses seigneuries de Villotte, de Saint-Mesmin, Godan et Bonidau, de Saint-Hélier, de Baume-la-Roche et

Item, quilibet habitancium, clericorum et laycorum predictorum, pro quolilibet fretagio seu freto principali (1), quod habebit vel tenebit in terra predicta, quinque solidos dicte monete, annuatim, pro censiva perpetua, et nomine censive perpetue, laudes et ventas importantes. Sed de parvis domibus et habitaculis, pro porcis, galinis, et anseribus, nichil solvent. Item, pro quolibet jornali terre arrabilis, quod habet vel habebit quilibet hominum predictorum, clericorum et laycorum, in terra Sancti Sequani, novem denarios, et pro qualibet sectura prati, decem et octo denarios dicte monete, annuatim, pro censiva, perpetua, et nomine censive perpetue predicte solvere tenebuntur (2).

Item, quilibet hominum predictorum, clericorum et laycorum, qui carrucam tres solidos dicte monete, et qui cadrigam unius equi vel jumenti aut plurium, et non asinorum, habebit, duodecim denarios, annuatim, conventui Sancti Sequani pro pietancia, feria quinta post quendenam Penthecostes, solvere tenebitur (3).

Item, damus et concedimus, tam nomine nostro quam procuratorum predictorum, dicto conventui, centum libras, ad faciendam, in monasterio Sancti Se-

---

de Panges, n'en continuait pas moins de percevoir la taille de 500 livres sur ce qui lui restait de la terre de Saint-Seine, lorsque les villages du vallon de l'Ignon et de Francheville, plus fortement imposés que ceux environnant l'abbaye, ouvrirent les yeux et réclamèrent avec énergie, non seulement contre cette perception frauduleuse, mais exigèrent des religieux le remboursement de ce qu'ils avaient perçu depuis l'aliénation de ces terres. L'affaire fut portée au Parlement qui, par arrêt du 29 mars 1768, réduisit la taille à 400 livres, maintint les bases de répartition établies par la sentence de 1495, accorda, par forme d'indemnité, la remise de quatre années aux communautés, mais maintint l'abbaye dans le droit d'exiger une double taille l'année de prise de possession d'un nouvel abbé.

L'article 36 de la sentence confirma de plus aux religieux la coutume de percevoir à Carême prenant une poule sur chaque contribuable de la jurée, excepté toutefois ceux de Saint-Seine et de Turcey.

(1) Le *frétage*, comme le droit de perche, dont nous avons parlé à l'occasion des chartes de Talant (I, 498), de Saint-Jean-de-Losne et d'Auxonne (II, 9, 28), se percevait ordinairement suivant l'importance de la façade de la maison regardant la voie publique. A Saint-Seine, au contraire, le droit était unique, et quelle que fût la grandeur du bâtiment isolé, invariablement fixé à 5 sols de cense perpétuelle. Il n'y avait d'excepté que les tecs à porcs et les gélinières. Néanmoins, les habitants ayant prétendu comprendre dans les « *parvis domibus et habitaculis* de la charte, les granges, les écuries et appentis isolés du corps principal, les religieux se prétendirent lésés et portèrent le débat devant les arbitres, qui, (article 9 de la sentence), les maintinrent dans le droit de percevoir 5 sols dijonnais, valant 6 sols 8 deniers tournois, sur chaque frestage de maison, et 2 sols et demi dijonnais, valant 3 sols 4 deniers tournois, sur chaque appentis, de cens annuel perpétuel, portant lods, vente, amende et remuage. De plus, l'article 9 de la même sentence obligea les habitants à déclarer et faire inscrire tous leurs biens au terrier comme héritages censaux, dans l'an et jour après qu'ils leur seraient advenus, sous peine de 65 sols d'amende.

(2) Les habitants de la terre de Saint-Seine, arguant du silence de la charte à l'endroit du droit de lods et ventes qui, selon les religieux, frappaient aussi bien les maisons que les terres et les prés, refusaient obstinément de les acquitter. Ce fut encore un point sur lequel les arbitres eurent à statuer, en donnant gain de cause aux religieux. Il fut décidé que les censes qui leur étaient dues en la terre emportaient lods et ventes. Les 9 deniers dijonnais de cense sur chaque journal de terre furent estimés 12 deniers tournois; les 18 sur chaque soiture de pré, 24 deniers tournois. Le droit de lods fut fixé à 12 deniers l'un, qui était de 24 sols tournois, 2 sols, outre les deux payés de tout temps aux maires des lieux pour leur droit, et les 4 sols réservés au prévôt (art. 11, 25 et 38 de la sentence).

(3) Le droit des religieux fut confirmé par le § 40 de la sentence arbitrale de 1496.

quani, quandam ymaginem Virginis gloriose. Et propter predicta, nos abbas et conventus predicti, damus, et ad hoc nos obligamus in perpetuum, pro dictis hominibus terre Sancti Sequani et eorum successoribus, quandam missam de Sancto Spiritu sollempniter a nobis dicto conventu quolibet anno, dicta quinta feria, celebrandam.

Solutio autem taillie abonate, et predictorum reddituum, fiet Dominis abbati et conventui et aliis superioribus, prout eis sujiciuntur, vel aliquibus a predictis constitutis vel constituendis, silicet taillia tota abonata predicta, in festo Sancti Sequani, mense septembris ; et alii residui redditus, in festo beati Andree apostoli (1).

Insuper, cum omnibus predictis, nos procuratores predicti, tam nomine nostro quam procuratorum predictorum, concedimus dicto abbati, ad convertendum in utilitate dicti monasterii, quod est enormiter depressum, pluribus creditoribus obligatum, in exoneratione debitorum, sex mille libras bonorum turonensium ; de quibus sex mille libris, et centum primis libris predictis, nos abbas et conventus tenemus nos plenarie pro pagatis et contentis ; asserentes, ex certa scientia, et bona fide dictam summam pecunie in usus utiles et necessarios nostros et dicti monasterii, et in exoneratione debitorum ejusdem, fore positam penitus et conversam (2).

Salvis et retentis, nobis abbati et conventui, prioribus, officiariis et administrationem habentibus predictis in monasterio seu in terra Sancti Sequani, in homines et habitatores terre Sancti Sequani, clericos et laycos, bona, tenementa ac pocessiones eorum in dicta terra existentia, mero mixto imperio, jurisdictione, justicia alta et bassa, magna et parva (3), foresturis (4), emen-

---

(1) Voir la note de la page 452.

(2) Au commencement du règne de Philippe de Valois, la livre tournois, dit M. Natalis de Wailly, dans ses savantes recherches sur le système monétaire de saint Louis, était fixée à 8 fr. 43 c. Si nous prenons ce chiffre pour base de l'évaluation des 6,000 livres demandées aux habitants de la terre de Saint-Seine pour prix de leurs franchises, on verra qu'ils les payèrent de la somme de 50,580 fr., monnaie actuelle, et non de 80,000 fr., comme le rapporte l'auteur du *Croquis historique sur l'abbaye de Saint-Seine*, inséré au tome II des *Mémoires de la Commission des Antiquités de la Côte-d'Or*, ou bien de 1,000,000, selon l'annaliste des principales fondations religieuses du bailliage de la Montagne, tome VI des *Mémoires* de la même Société.

(3) Les habitants de la terre de Saint-Seine ayant cru pouvoir appeler directement au bailli de la Montagne, dont ils ressortissaient, des causes des juges des lieux, les religieux prétendirent que c'était une grave atteinte à leur juridiction et en réclamèrent le redressement aux arbitres. Ceux-ci, par l'article 1er de leur sentence, les maintinrent en tous leurs droits de justice haute, moyenne et basse, et décidèrent que tous les appels des sentences des juges inférieurs seraient renvoyés devant le bailli de la terre.

(4) L'administration des forêts de l'abbaye de Saint-Seine, qui étaient considérables, fut confiée dans le principe à un religieux qui prenait le titre de forestier. Il était chargé d'amodier les terres et les prés enclavés dans les bois ; de recevoir les redevances en avoine dues par les usagers ; de mettre en défense les bois dans lesquels s'exerçait le vain pâturage ; de passer des marchés pour l'exploitation des coupes, de la cerclerie, du

dis (1), redditibus, proventibus, exitibus omnibus, personalibus, realibus, et mixtis, muneribus, angariis et per angariis, et aliis juribus omnibus que prius habebamus, et habere consueveramus, a predictis superius numeratis, hominibus predictis et eorum successoribus terre Sancti Sequani a nobis concessis et remissis ; que concessa a nobis, ipsis habitantibus volumus perpetuo fore salva : que predicta omnia et singula, nos predicti procuratores habitancium nominibus quibus supra, Dominis abbati, conventui et aliis officiariis ac administrationem habentibus predictis volumus, et expresse consentimus fore salva et retenta (2).

paisselage, du charbonnage, des bois de service, et d'en surveiller l'exécution; de veiller à l'affouage des fours banaux, etc., etc. Il avait la police et condamnait les délinquants à l'amende, dont le produit était inscrit au compte qu'il rendait chaque année de sa gestion. En 1347, le frère Guillaume, qui était revêtu de cette charge, ayant été institué prévôt ou prieur, la foresterie fut réunie à cet office claustral. Le prévôt était le grand juge de la terre de Saint-Seine. L'abbé l'avait investi du droit de justice moyenne et basse, en se réservant la moitié du produit des amendes, y compris celles de la foresterie, qui furent désormais jugées devant lui. En 1665, lors de la remise de l'abbaye à la congrégation de Saint-Maur, l'office de prieur fut supprimé et réuni à la mense conventuelle.

Néanmoins, malgré cette réserve expresse de la charte, les habitants, prétendant que la foresterie était comprise parmi les coutumes et libertés dont ils avaient joui et dans lesquelles ils étaient maintenus, refusèrent d'acquitter les droits auxquels ils demeuraient astreints, pour l'usage de prendre du bois mort dans les bois, assavoir un boisseau d'avoine pour la charge d'un cheval, et deux boisseaux, un sol et une géline pour la charge de deux chevaux et au-dessus. La sentence, bien entendu, ne leur donne point gain de cause. L'article 41 confirma le droit des religieux; seulement, pour couper court aux difficultés qui pouvaient naître entre les parties au sujet de la propriété de leurs cantons respectifs, les §§ 39 et 43 déterminèrent d'une manière précise les bois ou portions de bois appartenant à chacun des villages de la terre, et ceux où ils n'avaient que des droits d'usage ou de passage, dont au surplus elle régla le mode.

(1) Les habitants de la terre de Saint-Seine alléguant à ce sujet qu'à défaut de plainte de la partie lésée, les amendes de délits mésusants ne devaient point être poursuivies d'office, les arbitres devant lesquels l'affaire fut portée déclarèrent, par leur § 14, que tous les habitants étaient sujets aux peines et aux amendes prononcées en la justice de Saint-Seine, et par le 31e, qu'ils pouvaient être poursuivis pour tous mesfaits ou délits « jaçoit ce qu'il n'est plaintif de partie. »

(2) Si le rédacteur de la charte de 1323, au lieu d'inscrire en bloc, comme il le fit, les réserves réciproques des religieux et des habitants, les avait au contraire spécialisées, il leur eût évité pour l'avenir ces débats irritants qui devaient nécessairement naître de clauses qui prêtaient à l'équivoque. Aussi les jurisconsultes qui rédigèrent la sentence arbitrale de 1496, voulant au contraire couper court à toute discussion ultérieure, exigèrent que les droits de chacune des deux parties y fussent nettement et contradictoirement définis. Ayant donc sous les yeux la charte de 1323, les titres et les mémoires des deux parties, non seulement ils décidèrent, comme on l'a vu, les articles de la charte qui avaient donné matière à discussion, mais ils passèrent en revue et tranchèrent tous les différends, nés de l'interprétation que chacune des deux parties donnait à ses réserves.

Un droit auquel les habitants tenaient presque autant qu'à la taille jurée, et qu'ils prétendaient résulter pour eux de l'ensemble de la charte de 1323, c'était celui d'être considérés comme formant un corps de communauté, ayant la liberté de s'assembler, de voter l'impôt, de s'administrer sans la licence des religieux, qui, de leur côté, s'y opposaient avec une violence de langage sans pareille, les réputant gens de *poeté* trop heureux « d'estre seullement délivrés de la servitude de mainmorte, comparée à la mort, et d'avoir acquis franchise et liberté qu'est chose inextimable. » Hélas! les raisons alléguées par les premiers ne parurent pas concluantes, car, par l'article 2 de la sentence, il leur fut défendu de s'assembler, de faire gets et collectes sur eux, ni passer procuration sans l'autorité des religieux, auxquels ils devaient déclarer les matières qu'ils devaient y traiter. Seulement, en cas de refus de ceux-ci, ils pouvaient s'adresser aux officiers du Roi. L'article 17 leur déniait le droit de communauté, et l'article 27 les obligeait de présenter chaque année leurs messiers et blaviers à la justice de l'abbaye pour recevoir leur serment.

La crainte qu'avaient les moines de Saint-Seine de voir une communauté libre s'établir en face de la leur était telle qu'ils en redoutaient jusqu'au semblant de manifestation. Qui croirait, par exemple, que des

Salvis similiter et retentis nobis habitantibus seu hominibus terre Sancti Sequani, omnibus et singulis libertatibus, vanis pascuis, usagiis, consuetudinibus, franchisiis, et omnibus aliis juribus quibuscumque, que habemus, habuimus, et habere consuevimus, in terra Sancti Sequani : que omnia et singula predicta, nos abbas, conventus, priores, officiarii, et administrationem habentes, seu quicumque superiorum dictorum hominum, volumus esse salva dictis hominibus, prout nobis subjiciuntur, et retenta, preter supradictas obligationes, jura superius expressa, nobis abbati, et conventui a dictis habitatoribus concessa.

Et nos abbas, conventus, priores, officiarii, et administrationem habentes, ex una parte, bona fide, et sub voto expresso religionis nostre, ex pacto firmo, et per stipulationem sollepnem, nec non et sub expressa obligatione omnium et singulorum bonorum nostrorum temporalium et dicti monasterii, membrorum prioratuum, officiariorum et administrationem habencium. Et nos procuratores

religieux allèrent jusqu'à contester aux habitants de Saint-Seine le droit de prier Dieu aux heures qui leur convenaient le mieux, et de porter bannières aux processions tant générales que particulières auxquelles ils ne se faisaient pas faute de les convoquer, sous peine d'amende? Trois chefs de plaintes réciproques sur lesquelles les arbitres eurent encore à statuer, et, comme toujours, à l'avantage des religieux. L'article 4 défendit aux curé, vicaires et habitants de sonner les cloches de l'église paroissiale de Saint-Gilles le matin avant les matines de l'abbaye, la grand'messe avant l'heure de primes, et les vêpres avant ceux de l'abbaye. On leur permit par grâce de les mettre en branle pour les orages, les baptêmes, les mariages et les terrements, et aussi de sonner pour les basses messes en la manière accoutumée.

En ce qui concernait les bannières, l'article 5 maintint le droit des habitants en le subordonnant à la permission qu'ils en devaient demander à tout nouvel abbé dans les trois mois qui suivaient sa réception.

Quant aux processions, les religieux, prévoyant que des gens qu'ils sentaient de plus en plus désaffectionnés se dispenseraient, sous un prétexte ou sous un autre, d'assister à leurs processions générales, obtinrent que par l'article 7 les arbitres les maintinssent dans le droit d'obliger une personne de chaque « hostel » de la ville d'assister à ces cérémonies, sous peine de 7 sols d'amende. L'article 20 interdit de plus au curé et aux habitants la faculté de faire des processions ou des assemblées hors de l'église Saint-Gilles les jours des processions des religieux, et de venir en procession à l'abbaye sans le consentement des religieux.

Bien que des fours banaux existassent dans plusieurs des villages de la terre de Saint-Seine, beaucoup des habitants de ces localités, de toute ancienneté, avaient établi chez eux de petits fours pour la pâtisserie, au grand mécontentement des religieux, qui n'avaient pas attendu jusque-là pour protester contre cette atteinte à leurs revenus. Cependant les arbitres n'osèrent adopter leurs conclusions, car l'article 13 de leur sentence maintint le droit des habitants, en spécifiant que chaque four n'aurait pas plus d'une aulne de Provins de diamètre, et qu'on n'y cuirait jamais de pâte levée.

Ils obtinrent encore gain de cause dans une question qui n'intéressait pas moins la morale que la dignité de la religion, et cela contre les moines, qui défendaient à outrance des superstitions païennes, et ils ne l'ignoraient pas, jusque dans leur manifestation la plus impure. Voici en quelle circonstance. La religion chrétienne, en substituant au culte de *Sequana*, déesse de la santé et de la génération dans la contrée, celui de la Vierge mère de Dieu, n'avait pu abolir du même coup toutes les pratiques d'un ancien culte. Une surtout s'était perpétuée à Saint-Seine à travers les âges, et les religieux l'avaient convertie en prestation obligatoire. Le soir de leurs noces, les nouveaux mariés venaient déposer sur l'autel de Notre-Dame, dans l'église de l'abbaye, « une grant chandoille de cire en forme d'estrier. » C'était si bien la représentation du « phallus, » qu'en des circonstances semblables, leurs ancêtres appendaient au parvis du temple de la nymphe de la Seine, que les habitants l'appelaient en 1495 « une desrision inductive à pechié, laquelle devait estre plutôt poursuye par les religieux. enquérant ce qui estoit de Dieu, que de quereller de foles superstitions que vrais religieux devaient aborrer. » Ceux-ci, sans s'embarrasser de la question d'origine de la coutume, la qualifiaient audacieusement de vœu fait à Dieu par les prédécesseurs des habitants, « lequel, sans détriment du salut de l'âme, l'on ne pouvoit renier ni départir, et qu'en définitive cette offrande n'estoit chose deshon-

predicti dictorum habitancium, tam clericorum quam laycorum, ex parte altera, tam nostro quam procuratorum nomine eorumdem habitancium, pro quibus manu capimus et nos facimus fortes, per nostra sacramenta, ad Sancta Dei Evangelia corporaliter prestita, et sub expressa obligatione omnium bonorum nostrorum, et habitancium predictorum, ad successorum nostrorum, mobilium et immobilium, presentium et futurorum, ubicumque existencium; ex pacto firmo tenemur, et promictimus, omnia et singula, hinc inde ad invicem data, concessa, et promissa, penitus et perpetuo, pro nobis et aliis prenominatis; ita quod alia pars alteri tenere, aciendere, solvere, facere, adimplere, custodire, et sine licte irrevocabiliter et inviolabiliter observare, et facere, et prestare quidquid in ea evictionis debet fieri et prestari; et in nullo, de cetero, per nos, successores nostros, sive alium aut alios, contraire, vel contravenienti consentire, verbo, facto, vel consensu. Volentes, et expresse consencientes, quod omnibus contravenientibus omnis fides et audiencia penitus denegetur. Supplicantes hinc

nête. » Les arbitres furent, eux, d'un avis différent. Le § 15 donna aux nouveaux époux le choix entre cette chandelle et un demi-quarteron de cire qu'ils devaient payer à 9 heures du matin, le lendemain de leurs noces. Ceux de Bligny-le-Sec, qui poursuivaient également l'abolition du droit du maire des religieux, d'exiger de ceux qui s'épousaient depuis Pasques à la Saint-Remy un quartier de mouton, une pinte de vin et un pain, et de la Saint-Remy à Pasques un quartier de porc substitué au mouton, ne furent pas si heureux; l'article 6 de la sentence confirma la prétention des religieux.

L'article 16 interdit aux habitants d'acheter des œufs et des fromages au marché de Saint-Seine avant les 8 heures du matin, afin de donner le temps aux religieux de faire leurs provisions. L'article 30 leur imposa l'obligation de faire le guet, embastonnés, le jour de la foire de Saint-Gilles.

L'article 21 confirma aux religieux le droit et faculté de commettre « personnaiges idoines à leurs advis, pour raccorder et apprendre par manière d'escolle en toute la terre et seigneurie de Saint-Seine. »

Par l'article 35, le temps des banvins fut maintenu à Saint-Seine et à une lieue à la ronde, depuis Noël jusqu'au sixième jour après la Purification de Notre-Dame, avec défense de vendre vin sans la licence des religieux, sous peine de 65 sols d'amende et de confiscation, réservés les jours de la fête de Saint-Seine, 2 janvier, le jour des Rois et de la Purification. Les taverniers furent tenus par l'article 24 de jurer l'observation de ce règlement, et par l'article 22 de payer chaque année une pinte de vin aux religieux le jour de la Saint-Martin.

Les habitants de La Margelle, Léry et Prenois, qui prétendaient se soustraire à l'obligation de faire guet et garde au château de La Margelle et de contribuer aux menus emparements, y furent astreints de plus fort (art. 23).

L'article 28 confirma aux religieux le droit de lever une peau de corduan sur chaque tanneur de Saint-Seine, ou trois sols dijonnais, moyennant quoi il était exempt du guet de la foire de Saint-Gilles. Et comme ils prétendaient que nul en leur terre ne pouvait ouvrer du métier de rouherie (charronnage) sans leur licence, droit qu'ils s'étaient arrogé pour écouler plus facilement les bois de service de leurs forêts, les arbitres (art. 37) limitèrent la défense à l'exercice public du métier et donnèrent aux habitants la faculté de réparer eux-mêmes leurs attelages, sans demander aux religieux ni licence, ni composition.

Quant au denier parisis, dit denier de Croix, perçu chaque année au terme de Sainte-Croix sur chaque feu de la terre, l'article 29 le continua aux religieux.

L'article 32 maintint les habitants, contrairement aux prétentions des religieux, dans le droit d'extraire des laves et des pierres sur tout le territoire, pour leurs constructions seulement, et sans faire de nouveaux découverts, à moins que ce fût sur leurs propres héritages.

Ils furent moins heureux sur la question de la chasse, qu'ils prétendaient pouvoir faire à cor et à cri et de toutes manières. L'article 33 la leur interdit complètement, « fors celle des regnars et taissons » (blaireaux). On leur tolérait, par grâce, dans leurs maisons et jardins, la chasse des petits oiselets à la claye et à la glu.

et inde, Domino duce Burgundie, quatenus predicta omnia et singula velit ex certa sententia confirmare. Et volumus quod eadem confirmentur a personis omnibus quibuscumque. Renunciantes etiam ex certa sententia, et motu proprio, prout nostrum cuilibet competit in hoc facto, sub voto fide, juramentis, et obligationibus premissis, omni exceptioni doli mali, vis, metus, circonventionis et lesionis, rei modo predicto seu modo debito non geste, et ne possit dici aliud esse actum quam scriptum, et aliud scriptum quam sit actum; omni fraudis speciei et cautele dictarum pecuniarum summarum non habitarum, et in usus predictos non conversarum juri hoc jus porrectum; beneficio restitutionis in integrum; juri canonico, consuetudinario, et civili, in favorem totius clerici et religiosum, ac in favorem nobilium, liberorum hominum, et mulierum, et omnium et singularum personarum, que in istis casibus possent dici erronee vel decepte superfacto, introducto et introducendo; omnibusque privilegiis in favorem cleri et religiosum tam authoritate apostolica, regia, et Lingonensis ordinaria, seu quavis alia qualicumque, in contrarium predictorum datis, dandis, impetratis, impetrandis, concessis, concedendis, obtentis, et etiam obtinendis; juri per quod decepti ultra dimidium subvenitur; et omnibus juribus, seu consuetudinibus et statutis, per que posset imposterum dici omnia et singula predicta, vel aliqua eorum, forent dicta, data, concessa, facta, hinc inde, et obtenta, et sine justa causa, et non rite seu canonice acta, omnibusque privilegiis, indulgenciis, et graciis, in revelationem lesionis ecclesie, cleri, seu religiosorum, et eciam cruce Signatorum et cruce Signandorum, indultis et indulgendis; omnibusque aliis exceptionibus, allegationibus juris canonici et civilis, consuetudinibus et statutis loci et patrie, ac facti, que contra premissa vel eorum aliqua, possint objici seu dici: jurique dicenti generalem renunciationem non valere.

Ceterum, ut premissa majoris obtineant roboris firmitatem, volumus que nos abbas, conventus, priores, officiarii, et administrationem habentes, et nos procuratores predicti habitancium, nos et ipsos habitantes, ac successores nostros, nominibus quibus supra, compelli, per curias dominorum Excellentissimi Principis regis Francie, ducis Burgundie, et episcopi Lingonensis, tam conjunctim quam divisim, sepe et sepius, seu per quamlibet earumdem, vel aliam quamlibet, ecclesiasticam vel secularem, seu forum, quam pars nostrum altera duxerit eligendam, ad omnia et singula premissa firmiter, integre, perpetuo, et inviolabiliter observare, quasi ex re adjudicata, et in judicio confessa et deducta. Quarum curiarum, et cujuslibet earumdem, juste et merito ex certa sententia juridictioni et cohertioni, videlicet nos abbas et conventus monasterii, conventum, officia, prioratus, et administrationem habentes, et quosvis superiores ipsorum habitancium, bona nostra temporalia, mobilia et immobilia et ipsorum ac successorum nostrorum et presencia et futura, ubicumque existencia. Et nos predicti procuratores habitancium, nostro, et procuratorum nomine eorum, nos, personas nostras et corpora, ac bona nostra, et predictorum habitancium, mobilia et immobilia, presentia et futura, quecumque sint et ubicumque locorum fuerint, et heredes ac successores nostros et ipsorum, quoad hoc obligamus perpetuo, ad observanciam permissorum.

In quorum omnium et singulorum premissorum testimonium, litteris istis, quas per notarios infra scriptos scribi et duplicari requisivimus, et signis eorum signari, sigillum curie dicti Domini ducis Burgundie, una cum sigillis propriis, videlicet, nostri, abbatis et conventus predictorum, que ipsis litteris apposuimus, rogavimus et obtinuimus aponi in signum et testimonium veritatis. Has autem litteras, prout premicititur, duplicatas, volumus et requirimus, per notarios infra scriptos, una cum presentibus litteris duplicatis, iterato duplicari, triplicari, seu quadruplicari.

Actum in presencia Joannis Rateti de Belna, clerici, notarii curie dicti Domini ducis apud Dyvionem, notariorum que infra scriptorum; presentibus Domno Odone Rotarii de Dyvionne, presbytero, Hugoino de Verreryo, Guillelmo de Brione, Henrico de Claromonte...., Joanne Oudelarii, et Girardo de Croseyo, clericis, Lingonensis, Eduensis, et Cabilonensis dyocesis, testibus una cum predictis notariis vocatis specialiter et rogatis.

Et ego, Joannes Francisci de Dyvione, dicte Lingonensis dyocesis clericus, authoritate apostolica publicus notarius omnibus, et omnibus et singulis premissis, una cum predictis Dominis abbate et conventu, et prenominatis dictorum habitancium procuratoribus, notariis, et testibus predictis, presens interfui, eademque in formam publicam redigi feci, et ea publicavi, et una cum sigillis curie Domini ducis, et abbatis et conventus predictorum, nomen meum manu propria subscripsi, et signo meo solito et consueto, in signum veritatis, sub anno, mense et die predictis, signavi, rogatus.

Et ego, Petrus Joannes de Villario, dicte Lingonensis dyocesis clericus, Sacri Romani Imperii authoritate omnibus publicus notarius, premissis omnibus et singulis, una cum predictis Dominis abbate et conventu, et prenominatis dictorum habitancium procuratoribus, notariis, et testibus predictis, presens interfui, eademque in formam publicam redigi feci, et publicavi, et una cum sigillis curie Domini ducis Burgundie et abbatis et conventus predictorum nomen meum manu propria subscripsi, et signo meo solito et consueto, in signum veritatis, sub anno, mense et die predictis, signavi, rogatus.

Imprimé dans le *Recueil de différentes pièces, concernant les droits de l'abbaye de Saint-Seine sur les habitants de la terre du lieu.* Dijon, Defay, 1784, in-4°.

LARÇON, COMMUNE DE SALIVES

Ce hameau, qui appartint d'abord à l'abbaye de Saint-Seine, fut cédé par elle en 1240 au monastère d'Oigny, dont le territoire s'étendait jusque dans son voisinage. Celle-ci accorda, en 1331, aux habitants du lieu, la charte d'affranchissement qui suit, dont il n'existe plus que les principales dispositions aussi ristrictives de liberté que dans la charte précédente. Mais, chose singulière, par suite de circonstances dont les archives n'ont point gardé le souvenir, cette première charte, quoique remise aux habitants, puisqu'ils justifièrent de l'original en 1664, resta entre leurs mains comme une lettre morte, tellement qu'en 1390 et 1423, les élus des Etats du duché qui répartissaient les aides octroyés au duc, et qui avaient toujours grand soin d'inscrire en tête de chaque communauté la condition politique des habitants, rangèrent constamment Larçon parmi les localités du bailliage de la Montagne maintenues dans le servage. Il fallut, pour les en sortir, que Chrétien Godran, abbé d'Oigny, leur en octroyât une seconde, moins étendue, moins libérale, dont encore les habitants justifièrent également en 1664, mais qui, comme la précédente, a disparu.

CCCCXIX

Charte d'affranchissement des habitants de Larçon, par l'abbaye d'Oigny.

1330-31 (février).

De certain contract en parchemin en datte de l'an de grâce de Nostre Seigneur mil trois cens et trente, le lundy après la feste de Sainct Pierre-à-la-chaire, au mois de febvrier, passé entre frère Regnaud, abbé, et tout le convent de l'esglise Nostre Dame d'Oigny et leurs habitans de la ville de Larçon vers Salives, portant affranchissement du droict de mainmorte, accordé par les dictz abbé et religieux aus dictz habitans, a esté extraict ce qui ensuit :

1. C'est assçavoir que les dictz habitans et leurs, pour cause de la dicte mainmorte ainsy ostée sur eux, rendront et payeront chascun an à tousjours mais, de l'Ascension de Nostre Seigneur jusques à la Pentecoste en suivant, à nous et

à nos successeurs quatre livres de bons petis tournois, forte monnoye; laquelle imposition sera faicte chascun an au mois de may par deux des preudhommes de la dicte ville, lesquels ils esliront entre eux et nous ou nostre commandement, recevront les sermens des dicts deux preud'hommes que bien et loyaument feront la dicte imposition à chacun des dicts habitans des quatre livres dessus dicts; et la dicte imposition faicte du dict argent sur les dicts habitans, les escriptz seront baillés et dellivrez chascun an à nous ou à nostre commandement pour lever en nom de nous et par nous le dict argent.

2. Item avec ce nous et nos successeurs horons chascun an à tousjours mais, de chascun ménage tenant feu et lieu en la dite ville de Larçon, une corvée de fenaison, outre celle que nous accoustumé à avoir sur eux, tenant ce présent accord; et se ainsy estoit que deux ou trois ou plusieurs ménages demeurassent ensemble, nonobstant ce, nous payeroit chascun ménage la dicte corvée, ensemble tous autres corvées que les dicts habitans nous doivent d'autre part.

3. Item. Se aucuns des dicts habitans demeurans et tenans feu et lieu fors de la ville de Larçon meurt sans hoirs de son corps, nous et nos successeurs harons et prendront paisiblement tous les biens tels qu'ils soient de la succession ou de l'hoirie dudit mort estant insin demeurant fuers de la ville de Larçon et en iceux biens, nuls du lignage du mort ne pourra rien chalongier ne demander.

4. Item. Se aucun des habitans de la dicte ville trépasse de cette [vie] en l'autre et il n'est en la dicte ville aucun de son lignage résident et demeurant; nuls autres de fors de la dicte ville de Larçon du lignage du dict mort, ne peut ne doit venir à la succession ou escheote du dict mort, ce n'est tant qu'il y vaine por estre et demorer liges hommes ou femmes de nous et de nostre dicte esglise en la dicte ville et de celle servitude et condition comme sont en tout et partout nos hommes de la dicte ville de Larçon.

5. Item, accordé est encore entre nous et les dictz habitans, que nul d'eux ne leurs hoirs aussy ne peuvent louer héritages, vendre, eschanger, donner en mariage ne alliance à autruy pour quelque manière que ce soit pour défuir le lieu de nostre jurisdiction, pour estre homme ou femme à autre seigneur, ne leurs moubles emporter fuers de la dicte ville en avouant si c'est pour autre seigneur que nous; et ce autrement l'on fasoient, nous et nos successeurs prendront ou feront prendre par nos gens les propres corps et tous les biens d'iceux, comme les nostres, quelque part qu'ils fussent ou pourroient estre trouvez.

6. Item. Les dicts habitans et leurs hoirs peuvent marier leurs filles fuers dessus nous et de nostre jurisdiction toutesfois qu'ils leur viendront à point et

donner de leurs biens meubles selon ce qui leurs semblera que bon soit. Et leurs hoirs masle, ils ne peuvent marier feurs dessus nous, affin qu'ils leurs donnent ou que ils n'emportent rien de leur bien; et se il estoit trouvé par advanture que le dict hoir masle en eux mariant, emportassent aucuns biens tels qu'ils soient, nous ou nos successeurs prendront ou feront prendre tous ses biens de quelque part qu'ils fuissent comme les nostres propres commis et confisquez.

7. Et nonobstant cet accord et les ordonnances sont et demeurent tous les habitans de la dicte ville et leurs hoirs hommes de nous, de nos successeurs et de nostre dite esglise justiciables, taillables et exploictables haut et bas comme devant, excepté la dicte mainmorte, sauf et retenu trubles adès à nous et à nostre dicte esglise, nostre justice, nostre seignorie sur les dicts habitans et leurs hoirs, les tailles, dixmes, censives, corvées, gelignes et touttes autres censes, redevances, profficts et esmoluments, quels qu'ils soient, qu'ils nous doivent; et touttes ces convenances et conditions dessus dictes, ensemble une chacune pour soy nous abbé et convent dessus dict promectons d'entretenir.

Le contenu cy dessus a esté extrait et collationné sur l'original en parchemin pour ce représenté et à l'instant rendu par les nottaires gardenoltes du roy au Chatelet de Paris soubsignez, l'an mil six cens soixante trois le douziesme jour de may.

Signé : Ferret et Billart.

CCCCXX

Contrat d'affranchissement des habitants du hameau de Larçon, par l'abbé d'Oigny.

1522-23 (14 mars).

De certain contract en parchemin en datte du quatorziesme mars mil cinq cent vingt deux, signé sur le reply Giessé et scellé, passé entre Chrestien de Goudran, abbé, et les relligieux et convent du monastère de Notre Dame d'Oigny, d'une part, et les habitans de leur ville de Larçon, d'autre part, concernant l'affranchissement du droict et servitude de mainmorte, accordé par les dicts seigneur, abbé et relligieux, aus dicts habitans de Larçon, a esté extrait ce qui suit :

Pourquoy nous les dicts abbé et cnovent bien informez et asserciorez des choses dessus dictes et meus de pitié et pour entretenir nostre dicte terre et seigneurie de Larçon et quelle soit mieux peuplée et habitée, à iceux nos dicts hommes et aux absens, à leurs personnes, pour eux et leurs enffants et toutte leur postérité nez ou à naistre en descendants d'hoir en hoir présens et advenir quelconques, avons donné et octroyé, donnons et octroyons par ces présentes pure, franche liberté et franchise, selon les uz et coustumes de ce duché de Bourgogne et iceux dès maintenant à tousjours mais perpétuellement avons affranchy et manumis, affranchissons et manumettons de la servitude mainmorte en laquelle ils estoient par cy devant affectez et innodez, et les avons remis et remettons par cettes pour eux et leurs dits enfants et postérité à naistre en descendant d'hoir en hoir au premier droict et liberté de franchise en leur offrant et abolissant la dite mainmorte sans y réserver aucune tache d'icelle.

Et avec ce avons à iceulx nos dictz habitans de la dicte taille volontaire à nous deue chacun an, hault et bas au jour de feste Saint Remy, réduitte et abosnée à la somme de vingt cinq livres tournois et avons réservé et réservons à nous abbé que dessus tous anciens droicts seigneuriaux ou autres dont cy dessus n'est faite aucune mention et comme ils nous estoient deues avant ce présent affranchissement et abonnement.

Moyennant et parmy lesquels affranchissements, abonement, exemption et abonement, nos dicts hommes et subjets, leurs hoirs et ayans cause sont et demeureront tenus et ont promis et promettent par ces présentes rendre et payer chacun an perpétuellement au dit jour de feste Saint Remy à nous abbé que dessus à cause de nostre salle abbatial et à nos successeurs la dite somme de vingt-cinq livres tournois, laquelle somme ils exigeront et imposeront sur eux le fort portant le foible ou sur les créanciers détenteurs, possesseurs et locatifs des meix, maisons et aultres héritages du dict Larçon, et pour ce se pourront assembler iceux habitans chacun an, pour faire et refaire la dite taille quand bon leur semblera, pour icelle faire seullement et le roole de laquelle ils seront tenus mettre es mains du mayeur ou aultre habitant d'eux dudict lieu, huict jours avant la dicte feste Sainct Remy et en déffault de paie des dicts vingt cinq livres tournois, le dict terme escheu et passé chacun an, pourront estre prins et détenus de leurs personnes privées ou exécutez par arrest de leurs bestes et autrement deuement en déclarant et consentant par iceux habitans que nous le dict sieur abbé et nos successeurs abbez dudict Oigny pourront avoir action soit par exécution ou autrement contre tous les dictz habitans ou choisir les deux ou les trois que bon nous semblera pour lever les dictz vingt livres tournois tous les ans en réservant néantmoins l'action de celuy ou ceux qui seront choisis par nous contre tous les autres habitans deffaillants à payer le dict abonnement pour les desdommager, le tout soubz le bon voulloir et plaisir de révérend Père en Dieu, Monseigneur l'évesque, duc de Lengres, pair de France.

Dont et desquels affranchissement et abosnement, ensemble des choses dessus dictes, nous sommes et nous tenons pour bien contens.

Item, voullons, consentons et accordons les présentes lettres d'affranchissement et abonnement et aultres choses dessus dites estre faictes et refaictes une fois ou plusieurs en la meilleure forme et manière que faire se pourra au dict des sages, la substance gardée et non muée et promettons en bonne foy soubz les vœux de nostre religion et par nos serments pour ce faicts donnez et touchez corporellement es mains du nottaire soubscript et aux Sainctes Evangiles de Dieu nostre Seigneur, à nous, pour ce présentez et offertes par effect par le dict nottaire et soubz l'expresse hypotheque et obligation de tous nos biens temporels et ceux de nos dictz successeurs abbez, relligieux, abbé et couvent dudict Oigny, meubles et immeubles présents et advenir quelconques, lesquels, quant à ce, nous soubsmettons et obligeons à la jurisdiction et contrainte de la Cour de la chancellerie du duché de Bourgogne pour le Roy, nostre sire, et de toutes aultres courts tant d'esglise comme séculières, par lesquelles et chacune d'icelles nous voullons estre contraintz, compellez et exécutez comme de chose cogneue et adjugée en droict les présents affranchissement et abonnement ensemble toutes et chacunes les choses dessus dictes, avoir et tenir perpétuellement pour aggréables, fermes et stables et affranchissement et abosnement, entretenir, conduire, garantir et faire en paix tenir de point en point ausdicts manans et habitans dudict Larçon suppliants, nos dictz hommes et subjects à chascun d'eux leurs dicts hoirs et postérité à tousjours perpétuellement sans jamais y contrevenir en aucune manière, tacitement ou en apparence sur peine de leur rendre et restituer tous interests et dommages.....

Le contenu cy dessus a esté pris, extrait et collationné sur l'original en parchemin du contrat cy dessus mentionné pour ce représenté et à l'instant rendu par les nottaires gardenottes du Roy au Chastelet de Paris, soussignés le douziesme jour de may mil six cens soixante quatre.

Signé : FERRET et BILLART.

Archives de la Côte-d'Or. Fonds de l'abbaye d'Oigny. Terre de Larçon.

POURLANS (SAONE-ET-LOIRE)

La seigneurie de Pourlans, au bailliage de Chalon, dépendait au XIIIe siècle de la maison de Vienne. En 1294, Philippe, sire de Pagny et de Seurre, en fit hommage au duc Robert II et la transmit à son fils Jean, seigneur de Pagny, lequel la donna à Jean, son quatrième fils, le même qui défendit Calais contre Edouard III, roi d'Angleterre. La portion de cette seigneurie que sa fille Jeanne apporta en dot aux Grantson, fut rachetée en 1362 par les Saint-Hilaire, seigneurs d'Auvillars, héritiers de l'autre partie, et elle passa par alliance aux Courcelles, qui qui la vendirent, le 5 juin 1656, aux Jésuites de Dijon. — La seigneurie de Pourlans était un arrière-fief de Longvy, et avant de Saint-Georges.

Jean de Vienne donna en juillet 1332, du consentement de Catherine de Jonvelle, sa femme, de Vaulhier, son frère, de Marguerite et d'Archilande, ses sœurs, aux habitants de Pourlans, des franchises calquées sur celles que son aïeul Philippe avait octroyées aux bourgeois de Seurre. Ainsi les articles 1 à 37 des deux chartes sont identiques (voir page 212). L'article 38 en diffère en ce qu'il n'autorise pas la disposition des biens en faveur des étrangers à Pourlans. Les articles 39 à 42 sont identiques. A la fin du 43e, le seigneur de Pourlans a ajouté l'engagement de ne jamais diminuer l'étendue des pâturages; — la permission de chasser aux bêtes et aux oiseaux, sauf dans les bois de la seigneurie, et la pêche à tous instruments sur le territoire.

Les articles 44 à 47 sont absolument semblables.

L'article 48, relatif à l'attrait, accordé aux bourgeois de Seurre, est supprimé dans la charte de Pourlans.

L'article 50 est suivi de ces dispositions nouvelles: Le sire de Pourlans doit recueillir ses dîmes par les champs, suivant l'ancienne coutume.

Les habitants ont la liberté des fours et des moulins — Le banvin du seigneur dure pendant les mois de mai et d'août.—Le seigneur consent à ce que nulle prescription ne soit acquise contre toute atteinte d'ignorance ou de force faite à la charte; et s'il arrivait qu'elle soit altérée par le feu ou par l'eau, il sera tenu de la resceller à ses propres missions et croire au transcrit, qui sera scellé authentiquement.

Les habitants devront laisser la dîme aux champs, et ne jamais appeler à la cour du duc qu'à défaut de celle de M. de Saint-Georges.

Archives de la Côte-d'Or. Copie conforme du XVIIe siècle.

FLAGEY-LES-GILLY

Flagey figure pour la première fois en 1131 dans une transaction conclue entre l'abbaye de La Bussière et le chapitre Saint-Vivant de Vergy. Ce dernier y possédait déjà un domaine dû, comme celui de Vosne, à la munificence des sires de Vergy. La baronnie de Vergy étant entrée dans le domaine ducal par le mariage d'Alix avec Eudes III, Flagey devint une prévôté qui, par exception, conférait non seulement la liberté aux habitants du lieu, mais octroyait à tous ceux qui, sans changer de résidence, venaient s'y avouer bourgeois du duc, des immunités assez notables, parmi lesquelles celle qui les soustrayait à la juridiction de leur ancien seigneur, et moyennant une faible redevance, les plaçait sous la sauvegarde du prince. Eudes IV, ainsi qu'on va le voir, accrut et compléta ces priviléges. En 1553, la seigneurie de Vosne et Flagey fut engagée à Etienne Noblet, conseiller à la Chambre des comptes. Rentrée au domaine en 1621, elle fut aliénée peu après à Charles-Bénigne de Thésut, conseiller au Parlement, qui la vendit à J.-B. Legoux de la Berchère, conseiller d'Etat, dont les héritiers la possédaient encore en 1789.

Flagey est une commune du canton de Nuits et de l'arrondissement de Beaune.

CCCCXXI

Vidimus et confirmation, par le duc Philippe-le-Bon, de la charte de commune accordée par le duc Eudes IV aux habitants de Flagey.

1332-33 (1ᵉʳ janvier), 1436 (26 juin).

Phelippe, par la grâce de Dieu, duc de Bourgoingne, de Lothier, de Brabant et de Lembourg, conte de Flandres, d'Artois, de Bourgoingne, palatin de Hainnau, de Hollande, de Zélande et de Namur, marquis du Sainct Empire, seigneur de Frise, de Salins et de Malines, savoir faisons à tous présens et avenir, nous avoir receu l'umble supplicacion de nos bien amez les eschevins et habitans de la ville de Flaigez les Nuis, noz hommes lièges, sans moien d'autre uz (1), contenant que comme en l'an mil trois cens trente deux, le premier jour de janvier, feu de bonne némoire le duc Eudes, duc de Bourgoingne, conte d'Artois et de Bourgoingne, palatin et seigneur de Salins, notre prédécesseur, dont Dieu ait l'âme, eust donné et octroyé ausdiz habitans les franchises et libertéz teles et par la manière que contenu et declairé est es lettres de vidimus dont la teneur s'ensuit :

A tous ceulx qui verront et orront ces présentes lettres. Nous, Jean de Boux, clerc, tabellion, fermier de Beaune, et Andrié Chardon, clerc coadjuteur de Thevenin Demongeot, fermier de Nuys, pour Monseigneur le duc de Bourgoingne, faisons scavoir que nous avons veues, tenues et leues de mot en mot unes lettres saines et entières, scellées en fil de soye de cire blanche du seel si comme il appert par l'inspection d'icelui de feu bonne mémoire, noble, excellent et puissant prince monseigneur Eudes, jadiz duc de Bourgoingne, desquelles la teneur s'ensuit en ceste forme :

---

(1) C'est-à-dire relevant directement de lui, sans seigneur intermédiaire.

Nous Eudes (1), duc de Bourgoigne, conte d'Artois et de Bourgoigne, palatins et sire de Salins, faisons savoir à tous ces qui verront et ourront ces présentes lettres que pour ce que li mémoire des hommes est tost pressée et pour ce que les chouses qui sont faictes selon raison sont traités et ramenées en achoisons (2) des bailliz ne des prévosts (3), nous es devant dits habitans avons donné et octroyons, donnons et octroyons franchise et liberté qui est tielx (4).

1. Premièrement li dit habitans de notre ville de Flaigey pourront chacun an la veille de la Sainct Jehan ou le jour de la Sainct Jehan à tousjours mais, eslire quatre des prodommes de la ville qui soient eschevins et cilz quatre jureront garder et sauver notre raison, notre droit et l'autruy ensint encontre eulx comme contre tous autres. Et par ces quatre prodommes, tuit li autres habitans de la ville de Flaigey feront droit et se justiseront (5).

2. Et se clam vient au prévost de aucun desdis habitans; se li diz eschevins demandent la Court (6), li trois, li dui, ou li uns desdiz eschevins par soy li prévost la randra et congnoistront li eschevins du clam, quelque chose que ce soit. Fors tant seulement que de trois cas, lesquels li prévost congnoistra tous seuls les eschevins. C'est assavoir de larrecin, rapt et de murtre, desquels trois cas li prévost levera l'amande et fera la justice selon le méffait sans les échevins (7).

3. Et de nul autre cas li prévost ne peut jugier amende es hommes de la dicte ville. Mais se aucun cas de maléfice qui ne soit des trois cas dessus diz se fait en ladicte ville, ou finaige ou territoire d'icelle; li quatre eschevins en congnoisteront et jugeront les amendes à nous ou à notre prévost de Vohonne (8). C'est as-

---

(1) Eudes IV, qui régna de 1315 à 1349.
(2) Contestations en justice, accusations.
(3) Le prévôt de Vosne exerçait sa juridiction sur Vosne, Flagey et Vougeot. Quand l'office fut affermé, il fut tenu d'avoir un lieutenant et un sergent qui demeuraient à Flagey. Le prévôt était juge en première instance dans sa circonscription; ses appels étaient portés au lieutenant du bailli de Dijon à Nuits.
(4) Sans préjudice de celles dont ils jouissaient auparavant; car il résulte de documents plus anciens, dont nous parlerons à l'occasion du § 7, que, bien avant l'octroi de cette charte, Flagey, ainsi que Talant, était considéré comme lieu de franchises, ouvert à tous ceux qui aspiraient à une condition meilleure.
(5) « Les habitans de Flagey se assemblent ung chacun la voille ou le jour de la Nativité Saint Jehan Baptiste en l'église dudit lieu, au son de la cloche, et eslisent entre eulx quatre prudhommes qui leurs semblent estre ydoines et souffisans pour estre eschevins de ladicte ville durant ladicte année. — Après ladicte élection, les quatre eschevins de l'année précédente reçoivent des nouveaulx esleuz les seremens donnés aux sains Esvangiles de Dieu, de garder et sauver la raison de Mgr le Duc, son droit et l'autruy tant à l'encontre d'eulx mesmes comme contre tous aultres. — Par iceulx eschevins, les habitans font droict et preignent justice. — Ils sont juges ordinaires en la ville, peuvent instituer un sergent, dont ils reçoivent le serement et qui est chargé de faire tous exploits de justice. — Ils tiennent leurs jours de quinzaine en quinzaine en quelque lieu que ce soit du territoire. » (Terrier de la châtellenie d'Argilly, 1459, f° 122.)
(6) Réclament la connaissance du fait.
(7) Confirmé par le terrier de la châtellenie d'Argilly, f° 123.
(8) Vosne.

savoir par la manière qui s'ensuit. Se contans (1), bataille ou meslée est faite entre les habitans de la dicte ville de Flaigey, il paieront pour le coup sans sanc cinq sols, pour le sanc dix sols, pour tous autres cas de quoy l'on devroit paier soixante cinq sols d'amende, il en paieront quinze sols, et pour tous les autres cas de quoy l'on devroit payer sept sols, ils en paieront deux sols. Et en aura nostre dit prevost l'amande par la main de quatre eschevins et l'en feront jouir ne autrement ne les pourra contraindre li diz prévost ni gaigier, se n'estoit ou deffault desdits eschevins (2).

4. Et pourront accorder les parties de quelque cas ou fait qui soit entre eulx devant ce que le clain en viegne es eschevins, sans achoison d'amende et de nul cas ne pourra l'en demander amende esdis habitans, se clain n'en est fait esdiz eschevins (3).

5. De ce rechief nous voulons que lidiz eschevins levoient les perchies selon que ly prodommes de Flaigney ont acoustumé cay en arriere. C'est assavoir d'un chevaul six deniers, d'un buef quatre deniers, d'une vache deux deniers, et des autres menues bestes ung denier (4).

6. Et voulons que ceste franchise et libertéz s'estande ensint en la ville de Flaigey et defors, tant comme la messerie, la vignerie et la communaulté de Flaigey s'estant, sans celle de Vohonne (5).

7. De rechief voulons que li quatre eschevins puissent recevoir en leur franchise quelxconques personnes qu'ils voudront sans le prévost de Vohonne ne autre de par nous, se il tient feu et domicile en notre dicte ville de Flaigey, en tel manière que li diz eschevins de ung chacun que il recevront en leur franchise, rendront à nctre prévost de Vohonne cinq sols, et ly eschevins en auront douze deniers d'entraige (6). Et notre prévost de Vohonne recevra le bourgeois defforains (7) et en aura la rente acoustumée (8).

(1) Dispute, rixe.
(2) Confirmé par le terrier, f° 123.
(3) Id., f° 124.
(4) Le terrier, qui confirme également ce §, ajoute de plus que les échevins élisent chacun « environ Pasques, deux messiers, dont l'un est le sergent. Toute beste prise par en dommage hors lieu de clain et sans garde paie l'amende accoutumée ou perchie. Prise en lieu de clain, l'amende pour la beste est de deux sols payée au prévost. »
(5) C'est-à-dire que le duc n'étend pas au territoire de Vosne, chef-lieu de la prévôté, les franchises qu'il accorde à Flagey.
(6) Confirmé dans les mêmes termes au terrier de 1459, f° 124.
(7) Forains.
(8) Confirmé au terrier de 1459, f°s 124 et 125. — La franchise de Flagey conférait les mêmes priviléges, aussi bien à ceux qui venaient y fixer leur demeure qu'à ceux qui, s'étant avoués bourgeois du duc, ne l'habitaient pas. Pourtant, cette dernière règle n'était point sans exception, et les archives de l'abbaye de Saint-Etienne de Dijon nous en fournissent un curieux exemple. Le duc Hugues IV ayant, en 1254, échangé avec elle la terre de Saint-Philibert-sous-Gevrey contre d'autres propriétés, s'était formellement interdit la faculté

8. Se clain vient es eschevins et cilz qui se clamera est convaincuz, il paiera es eschevins douze deniers, et se il a droit, ly autre les paiera (1).

9. Encoire voulons nous que ly hommes habitans de la dicte ville de Flaigey soient franc et quittes de toutes corvées de leur bestes et de tout charroy se n'est de leur voulenté (2).

10. Et ne povons mener les dits hommes de Flaigey en ost ne en chevauchies an leur plus d'une journée loin de leur lieu (3).

11. Et ceste franchise ensint comme elle est dessus nommée pour nous, nos hoirs et successeurs, avons donné et octroyé, donnons et octroyons esdicts habitans de la dicte ville de Flaigey pour leur, pour leurs hoirs et successeurs habitans de la dicte ville de Flaigey perpétuelment. Saul toutevoies notre droit en toutes autres choses, les censies, rentes et les charges qu'ils nous doivent et le droit d'autruy. Et aussi saul reservé et retenu à nous et à nos hoirs sur la dicte ville, les habitans, le finaige et le territoire d'icelle, notre baronnie, notre ressort et notre souveraineté.

12. Et est assavoir que pour ceste franchise ainsint donnée et octroyée esdits habitans de Flaigey, nous confessons avoir eu et receu d'iceulx habitans douze vins livres de bons tournois et nous en tenons pour bien paiéz et en quictons pour nous et noz hoirs les diz habitans de Flaigey et leur hoirs; et de dix livres de garde que lidit habitans nous devoient chacun an, ils nous ont fait vint livres tournois, lesquelles recevront lesdiz eschevins ou leur commandement, cui il establiront à ce faire et icelles recues il les nous rendront et paieront chacun an à touzjoursmais ou à notre comandement à la feste de Toussains (9).

d'en retenir les hommes. Néanmoins, en 1307, un nommé Perrin le Chapuis, s'étant avoué homme du duc « en la vile et en la franchise de Flagé, » les religieux le réclamèrent charte en main au bailli de Dijon, qui fut bien forcé de le leur restituer. Toutefois, hâtons-nous de le dire, comme les religieux tenaient plus à la tenure de Perrin qu'à sa personne, si ce dernier, en s'avouant bourgeois du duc, avait, comme le voulait la coutume, renoncé du même coup aux biens qu'il tenait de Saint-Etienne, l'action en revendication des religieux n'eut point été reçue, parce qu'elle était en contradiction positive avec les styles suivis jusqu'alors.

Néanmoins l'office de prévôt de Flagey n'était point une sinécure aux XIVe et XVe siècles, car il lui fallait presque constamment tenir les champs, soit pour la perception du cens des bourgeois domiciliés hors de la prévôté, soit à la rescousse d'individus qui, le plus souvent saisis par les justices locales, se proclamaient bourgeois de Flagey, et, se réclamant du prévôt, échappaient ainsi parfois au châtiment qu'ils avaient mérité. (M. Jules Simonnet, conseiller à la Cour impériale de Dijon, en cite plusieurs exemdles dans ses *Documents pour servir à l'histoire des institutions et de la vie privée en Bourgogne*, p. 205 et suiv.) Malheureusement il arrivait souvent que cette franchise n'était qu'un sursis, car si le fait venait à la connaissance du bailli, il évoquait l'affaire comme tribunal supérieur, et, le crime avéré, faisait suspendre le nouveau bourgeois aux plus prochaines fourches patibulaires. (Comptes de la prévôté de Nuits, Vosne et Flagey. Archives de la Côte-d'Or. B 5,562-5,566.)

Chaque bourgeois forain payait 5 sols par an au prévôt, desquels il gardait 4 gros pour sa part.
(1) Confirmé au terrier, f° 125.
(2) Id.
(3) Id.
(4) Id. — Les 20 livres tournois sont estimées valoir 32 florins de 10 gros chacun, le gros compté

13. Toutes les choses dessus dites et chacune par soy nous promettons en bonne foy, pour nous et noz hoirs, avoir fermes et estables perpétuellement sans aler encontre par nous ne par autre ne souffrir que autre y viegne taisiblement ne en appert. Et quant à ce nous renonçons nous et nos hoirs à toutes exceptions, raisons, ou allégations quelz quelles soient, qui contre les franchises pourroient aidier à nous et à noz hoirs et es habitans leurs hoirs et leurs successeurs nuire ou temps avenir. Ou tesmoingnaige desquelles choses nous avons fait mectre notre grant seaul en ces présentes lettres, faictes et données à Villers (1) le premier jour de janvier l'an de grâce Notre Seigneur courant mil trois cent trente deux (2).

En tesmoingnage de laquelle notre vision, nous, à la requeste de Simon Payez, Jehan Bonnefoy, Perrenot Bonnefoy et Jehan Nicole l'ainsné, eschevins et de plusieurs habitans de ladicte ville de Flaigey, avons requis et obtenu le scel de la court de Monseigneur le duc de Bourgoingne estre mis à ces présentes faictes et données le xxviii° jour du mois d'octobre l'an mil CCCC et six. Ainsi signé A. Chardon et J. de Boix, et scellées du scel dont il est faite mention.

Et il soit ainsi que les diz supplians eussent les lettres de la dicte franchise mises en un coffre et icelui retrait en l'eglise dudit lieu. En laquelle eglise ils l'avoient tenu et gardé par longtemps, et du contenu d'icelles franchises eulx et leurs prédécesseurs aient paisiblement joy et usé depuis l'octroy desdictes lettres jusques à ores. Toutesvoies il y a environ deux ans et demy que une grande partie des Picars qui furent par deça en armes en notre service (3) furent loigiéz en la dicte ville de Flaigey et y firent tant de maulx, que pour doubte d'eulx pour les oppressions qu'ilz faisoient ne demeura en la dicte ville homme, femme ne enfant que tout ne s'en fuist, lesquelz Picars rompirent et brisèrent ladicte eglise, prindrent et fourraigèrent tout ce qu'ils y trouvèrent. Et entre les autres brisèrent le coffre ouquel estoient les dictes lettres de franchise, les déssirèrent, ardirent, et en firent ce que bon leur sembla, telement qu'elles furent et sont per-

---

pour 20 deniers tournois, qui valent à la monnaie courante 26 francs 8 gros. Ils étaient versés au prévôt, qui en justifiait dans le compte-rendu devant la chambre des Comptes. Les échevins devaient aussi lui remettre deux fois par an le rôle ou relevé des amendes adjugées par eux.

(1) Villiers-le-Duc, châtellenie près de Châtillon.
(2) Comme corrolaire à cette charte, les échevins déclarèrent au terrier qu'ils avaient le droit d'instituer un vignier assermenté pour la garde de leurs vignes. — Qu'eux et leur sergent pouvaient faire des prises et adjuger l'amende au profit du prévôt. — Egandiller les poids et mesures, vérifier celles de tout nouveau cabaretier, punir les délinquants; mais que le prévôt avait aussi une fois l'an « la visitation » desdites mesures.
(3) Ils faisaient partie de l'armée que le duc avait amenée des Flandres pour repousser les agressions du duc de Bourbon.

dues ne jamais ne furent trouvées, combien que lesdiz habitans supplians en ont fait toute diligence, qui est une grant pitié. Et à l'occasion de la perdition desdites lettres originaulx de leurs dites franchises et libertés pourroient estre cy après en iceulx troublés et empeschiés, se icelles libertés et franchises ne leur estoient par nous confermées. Dont, actendu la manière de l'advenue de la perdition desdites lettres, qui est par cas pitéable et avenu par fait de guerre, lesdiz supplians pour le bien, relievement et entretenement de notre dite ville qui par le fait des guerres et mortalités et par certain feu de meschief qui y a esté depuis environ demi an en ça dont bien le tiers de la dite ville a ésté ars et autres inconvéniens, est cheue en grant povreté et désolacion, ainsi qu'ils dient, ils nous ont très humblement supplié et requis. Pourquoy nous ces choses considérées et que désirons nos subgez maintenir, garder et préserver en leurs bons usaiges, franchises et libertés et le relievement et augmentacion de nostre dicte ville de Flaigey, sur ce eu l'advis et délibéracion des gens de notre conseil et de noz Comptes à Dijon. Lesquels gens de noz Comptes, par notre ordonnance et pour scavoir ce qu'ils pourroient desdictes libertés et franchises ont commis et visité pluseurs des comptes estans en icelle Chambre. Et ont trouvé que le vidimus cy dessus incorporé est transcript ou compte du gouvernement de la prevosté de Vohonne et de Flaigey l'an mil quatre cens et quatre (1), selon lequel transcript y sont randuz les exploicts dudict Flaigey. Et y a ung chapitre des amendes et procès meuz et pendant pardevant les eschevins de ladicte ville des clains et autres amandes, dont les diz eschevins ont la congnoissance qui se devoient adjuger par eulx. Et avec ce y a ung autre chappitre des accords des bourgeois qui se sont advouhéz de la bourgeoisie dudit Flaigey aux uz et coustume de la dicte prévosté et lesquels bourgois ainsi advouhez le prévost d'illec va recevoir en quelque prison qu'ilz soient. Et aussi ont trové que par ledit compte et par tous les autres comptes précédans et ensuivans de ladite prevosté sont rendus des habitans dudict Flaigey pour cause de leur franchise ou bourgoisie qu'ils nous doivent chacun an le jour de la feste de Toussains, tous ensemble sanz le recevoir par menues parties trente deux florins pour vint livre tournois que pour leur dicte franchise, ils accordèrent païer chacun an en accroissant ce que par avant ils ne paioient que diz livres tournois par an. Et eue considération à ce dessus est dit et que fame et renommée a tousjours ésté et est desdites franchises et libertés desdiz supplians, avons pour nous et nos hoirs, successeurs et ayans

(1) Archives de la Côte-d'Or. Chambre des comptes de Dijon. B 5,562.

cause, tous les poins et articles, previleges, franchises et libertés contenuz, déclairiés et exprimés esdites lettres de vidimus cy dessus transcriptes, loué, greé, ratiffié, consenti et approuvé, louons, gréons, ratiffions, consentons, approuvons, et à iceulx supplians pour eulx et leurs successeurs, bourgois et habitans dudit Flaigey si et en tant que eulx et leurs prédécesseurs en ont par cy devant deuement joy et usé, de notre certaine science, grâce espécial, auctorité et pleine puissance, les confirmons par ces mêmes présentes. Par lesquelles de notre dite grâce les relevons de la dite perdition desdites lettres originaulz de leurs dits previleiges, libertés et franchises dont cy dessus est faite mencion. Si donnons en mandement à notre bailli de Dijon et à tous noz bailliz, justiciers et officiers qui ce peut et pourra regarder, prions et requérons tous autres qu'il appartiendra que les diz supplians et leurs diz successeurs, bourgois et habitans de notre ville de Flaigey et chacun d'eulx facent, seuffrent et laissent de notre présente grâce et confirmation et tout le contenu de cestes selon la forme et teneur d'icelles joïr et user pleinement, paisiblement et perpétuellement sans leur faire ne donner ne souffrir estre fait ou donné à l'encontre comment que ce soit, en corps ne en biens, ne à aulcun d'eulx, ores ne par le temps avenir, quelconque arrest, molestation, destourbier ou empeschement. Mais aincois saucune chose estoit faicte ou innovée au contraire le réparent ou facent réparer chacun en droit soy et remettre au premier estat et deu. Car ainsi nous plaist il et le voulons estre fait. Et afin que ce soit chose ferme et estable à tousjours, nous avons fait mettre notre scel à ces présentes, sauf en autres choses notre droit et l'autruy en toutes. Donné à Gravelinghes le vint sixiesme jour du mois de juing l'an de grâce mil quatre cent trente et six.

Par monseigneur le Duc, BOUESSEAU.

Original : Archives municipales de Flagey. Insérées au terrier de la châtellenie d'Argilly de l'année 1459. Archives de la Côte-d'Or. Chambre des Comptes de Dijon. B 473.

CCCCXXII

Sentence du bailli de Dijon, qui maintient les échevins de Flagey dans l'exercice de leur justice contre les prétentions du prévôt de Vosne.

1456 (30 juin).

Phelippe de Courcelles, seigneur de Poullans et d'Auvillers, conseiller, escuier tranchant de Monseigneur le duc de Bourgoingne et son bailly de Dijon, savoir faisons à tous ceulx qui ces présentes lectres verront et orront, nous avoir receu la supplicacion et requeste des eschevins et habitans de Flaigey lez Nuys hommes et subgects sans moyen de notre dit seigneur, contenant que jà soit ce que par previllaiges exemps à eulx donnés jà pieça et octroiés par feu de très noble et excellant mémoire le duc Eude cui Dieu absoille et confermées par mon dit seigneur le Duc et dont ils ont depuis joy et usé paisiblement et notoirement sans contredit quelconque; iceulx supplians ayant toute justice et juridicion audit lieu de Flaigey et finaige et territoire d'ilec seulz et pour le tout, ensemble la prinse et congnoissance de toutes personnes ou bestes trouvées mésusant et délinquant audit Flaigey et ou finaige et territoire d'ilec et aussi la pugnicion et correcion d'iceulx, excepté de trois cas seulement; c'est assavoir de larrecin, de rap et de multre, sans ce que le prévost de Voone et dudit Flaigey ait aucun droit ne congnoissance ou adjudicacion quelsconques; néantmoings, le quatriesme jour de ce présent mois de janvier, Perrenot Dareaul de Nuys soy disant et pourtant prevost dudit Flaigey et de Voone pour mon dit seigneur, accompaigné de Guillaume Goudard, son lieutenant; Jean Oudart Vienot Champaigne, prevost de Nuys; Perreaul Paret; Odot Caronnes, sergent de mon dit seigneur, et de Millon Jehanneaul, sergent dudit prévost, de son auctorité et volonté indue, se transporta par nuyst en plusieurs lieux du finaige dudit Flaigey où il trouva plusieurs chevaulx appartenant à pluseurs des dits supplians qui pasturoyent et mésusoient es prez du finaige dudit Flaigey et sans requérir ne demander licence de ce faire es diz supplians comme faire le devoit, print unze des dits chevaulx des meilleurs qui y feussent et les emmena et fit emmener en hostaige au dit Nuys, ouquel lieu il les a détenu l'espace de quatre jours et plus, sans ce qu'il en ait faicte ou voulu faire ausdits supplians aucune rendue ou délivrance, jusques à ce qu'il ait une caucion des dits supplians, pour recouvrer sur eulx les amendes par lui prétendues en ceste partie, en entreprenant par ledit prévost de Voone

grandement contre les dits supplians et leur dicte justice et en désrogent et pré-
judiciant à leurs diz previleiges si commilz dient, requérant estre sur ce pourveu. Surquoy nous avons mandé et fait venir pardevant nous le dit prévost de
Voone pour en respondre, affin d'y pourvoir et ordonner en raison et justice
selon qu'il appartiendra. Et pour ceste cause se soient ce jourd'huy les dictes parties presentées pardevant nous, c'est assavoir lesdits supplians par eulx et leur
procureur d'une part, et le dit prévost de Voone et de Flaigey dessus nommé en
sa personne d'autre part. Lesquelles parties ainsi comparans et icelles par nous
oyes bien au lon d'une part et d'autre, avons ordonné et appoincté, ordonnons
et appoinctons par cestes de leur consentement que au regard de la prinse des
dits chevaulx, ilz seront renduz aus dits imppétrans sans despens et sans
amende, et sera la dicte prinse d'iceulx chevaulx faicte par le dict prévost de
Voone comme dit est pour non advenue, et en outre avons ordonné et appoinctié
comme dessus que le dit prévost de Voone et de Flaigey présent et advenir ne
pourra doresnavant prandre, ne faire prendre en tout le finaige et territoire de
Flaigey aucunes bestes quelles quelles soient y trouvées mésusans et faisans dommaige, sans premièrement aler pardevant les eschevins dudit Flaigey ou l'un
d'eulx leur requérir de prendre les dites bestes mésusans et se iceulx eschevins
ou cellui que requis en sera sont reffusans, le dit prevost pourra faire la dite
prinse des dites bestes mésusans, porveu qu'il ait avec lui deux tesmoings souf-
fizans dignes et de foy; icelles amenera et delivrera es dits eschevins pour par
eulx en adjuger les amendes audit prévost selon leurs dits previllaiges et avec ce
le dit prévost n'aura ne ne pourra avoir doresnavant en sa dite prevosté que
deux sergens, dont l'un sera et demeurra au dit Flaigey et l'autre audit Voone,
le tout sans préjudice de mon dit seigneur et des droits des dites parties d'une
part et d'autre, et aussi des previllaiges des dits de Flaigey, duquel notre appoinctement et ordonnance les dites parties ont este contentes. Donné soubz le
scel aux causes dudit bailliaige le dernier jour de juing l'an mil quatre cens cinquante et six.

Ainsi signé : SAPPEL.

Vidimus donné le 4 décembre 1466. Archives de la commune de Flagey. — Archives de la
Côte-d'Or. Chambre des Comptes de Dijon. B 473. Terrier de la châtellenie d'Argilly, 1459,
folio 136.

CCCCXXIII

Confirmation des priviléges du village de Flagey, par le roi Louis XIII.

1610 (juin).

Louis, par la grâce de Dieu, roy de France et de Navarre, à tous présens et advenir, salut. Noz chers et bien amez les manans et habitans du village de Flagey, dépendant de nostre chastellenye d'Argilly, nous ont faict dire et remonstrer qu'ilz ont de tout temps jouy de plusieurs privileiges à eux accordés par les ducz de Bourgongne, et en aultre de faire exercer la justice par quatre d'entre eux nommés et choisis sur tous les habitans du dict lieu, et aucuns déllinquans sur les terrouer et finaige d'iceluy avec modération des amandes et à la réserve des cas de larrecin, de rapt et de meurtre suyvant les lectres de commission et octroyés des dicts ducz de Bourgongne, confirmées par les roys nos prédécesseurs, moyennant finance qu'ils avoient pour ce payée, et encore à la charge d'une ordonnance particulière de vingt six livres par an, de laquelle ilz auroient toujours faict le paiement encore qu'ilz n'ayent jouy de la dicte justice depuis le feu roy Charles, que les officiers de la dicte chastellenye d'Argilly s'y seroient entremis par le désordre des guerres, au moyen de quoy les dictz exposans auroient esté contrains de recourir au feu roy Henry, dernier décédé, nostre très honoré seigneur et père que Dieu absolve, auquel ilz auroient présenté leur très humble requeste, à ce que attendu le payement annuel qu'ilz faisoient de la dite redevance de vingt six livres, ilz fussent restablis et confirmés en la jouissance de la dite justice ou deschargés d'icelle redevance. Sur quoy, après avoir eu l'advis des trésoriers généraux de France en Bourgongne, seroit intervenu arrest du conseil d'Estat du vingt neufieme jour de décembre mil six cent neuf, par lequel auroit esté ordonné que les dictz habitans de Flagey jouiroient de l'exercice de la dicte justice, tout ainsy qu'ilz ont cy devant faict, conformément aux lectres patentes des ducz Eudes et Phelippe, confirmées par les roys Henri deux et François second (1), à la charge de continuer le payement de la dicte redevance de vingt six livres au recepveur de la chastellenye dudict Argilly. Sur quoy faisant, nostre dict seigneur et père demeuroit deschargé de la non jouissance prétendue par les dictz supplians, depuis le temps qu'ilz ont esté desposo-

---

(1) Ces dernières lettres n'existent plus.

dés de la dicte justice. Suyvant quoy ilz nous ont très humblement supplyés leur voulloir octroyer noz lectres de confirmation nécéssaires. Scavoir faisons que nous inclinant liberallement à la supplication et requeste des dictz habitans, après avoir faict voir en nostre conseil le dict arrest, donné en notre conseil d'Estat le vingt neufviesme décembre dernier et lectres patentes expediées sur iceluy cy attachée soubz le contrescel de nostre chancellerie; de l'advis d'iceluy, avons iceux approuvés, continués et confirmés, approuvons, continuons et confirmons, pour en jouir, par eux et leurs successeurs, plainement et paisiblement, tout ainsy et en la mesme forme et manière qu'il est contenu et declaré par le dict arrest et lectres expediées sur iceluy et qu'ilz en ont bien et dehuement jouy et jouissent, sans qu'il leur soit besoing en poursuivre autre continuation de temps en temps, sy non après nostre decedz ou de noz successeurs roys, comme il est accoustumé faire de semblables previleiges perpétuels. Sy donnons en mandement à noz amez et féaux conseillers, les gens tenant nos cours de Parlement et Chambre des comptes à Dijon, Trésoriers généraux de France establis au dict lieu, le bailly du dict Dijon ou son lieutenant au siege de Nuys et tous autres, noz justiciers et officiers qu'il appartiendra, que le dict arrest de nostre conseil et lectres patentes expediées sur iceluy, ils facent registrer en leurs registres et de tout le contenu en iceux, souffrent et laissent les dictz habitans et leurs successeurs jouir et user plainement et paisiblement sans leur faire ne souffrir estre fait ores ne pour l'advenir, aucun troubles ny empeschement au contraire, lequel sy faict estoit, mettent ou fassent mectre incontinant et sans délay au premier estat et dehu, nonobstant et sans vous arrester à ce que par les dictes lectres ayt esté obmis d'en faire l'adresse à vous gens de nostre cour de Parlement et Chambre des comptes; vous en donnant en tant que besoing seroit, pouvoir, commission et mandement spécial par ces dictes présentes. Et affin que ce soit chose ferme et stable à toujours, nous avons faict mectre nostre scel à ces présentes. Car tel est nostre plaisir. Donné à Paris au moys de juin, l'an de grâce mil six cent dix et de nostre regne le premier.

Par le Roy en son conseil, Cugnoys.
Visa contentor. De Guenegaud.

Enregistré au Parlement par arrêt du 25 février 1615.
Archives du greffe de la Cour impériale de Dijon. Parlement de Bourgogne. Enregistrement des édits et lettres-patentes. Registre XVII bis, folio 17.

MEUVY ET BASSONCOURT (HAUTE-MARNE)

Ces deux villages, du canton de Clefmont et de l'arrondissement de Chaumont, formaient, avant la Révolution, une enclave du duché de Bourgogne au milieu du Bassigny. On les trouve dès le commencement du XIVe siècle en la possession des sires de Choiseul, qui se les transmirent jusqu'en 1675 ; que cette baronnie fut vendue par décret sur Claude de Choiseul, marquis de Francières, maréchal de France. Jean Dubois, lieutenant général au bailliage de Langres, l'un des acquéreurs, marié à Lazare Ancelle, fille d'un autre acquéreur, la donna en dot à Jeanne sa fille, femme de J. de Laval, qui en reprit de fief en 1685. Elle revint avant 1730 dans la famille de Choiseul ; car, à cette date, Charles-Marie, marquis de Choiseul, en fournit le dénombrement à la Chambre des comptes de Dijon, en qualité de donataire de sa mère, veuve d'Antoine Clériadus de Choiseul, mort lieutenant général des armées du Roi.

Meuvy et Bassoncourt durent les priviléges fort étendus dont ils jouissaient à Jean III, sire de Choiseul, qui, de concert avec son fils aîné, Gauthier, leur octroya au mois de juin 1333, la charte dont nous donnons ici l'analyse.

Jean, sire de Choiseul, et Gauthier, son fils, affranchissent leurs hommes de Meuvy et de Bassoncourt de toutes tailles, mainmortes, formariages et servitudes quelconques, sous les conditions suivantes : chaque chef d'hostel paiera par an, à la Saint-Remi, 5 sols de petits tournois, un bichet de froment et un d'avoine. — Chaque feu, 4 gélines ou 8 petits tournois. Plus, pour chaque bête de trait, un bichet de froment et un autre d'avoine.

Ils acquitteront quatre corvées de charrue de deux jours chacune aux quatre saisons, et herseront. Plus deux corvées de fauchaison ou de fenaison, et autant pour la moisson.

Ceux qui auront chars ou charrettes, charrieront durant deux jours aux récoltes de foins, de blés et de carémages, à moins qu'ils n'aillent chercher à Pommard vingt muids de vin pour les amener au château de Choiseul.

Chaque feu paiera 6 sols de petits tournois pour les guettes du château de Choiseul. Ceux de Bassoncourt en paieront 12, ensemble la gerberie et les pains des portiers, moyennant quoi ils seront quittes de vente et du tournage au château. — Le seigneur aura 12 deniers sur chaque muid de vin vendu en détail.

Les habitants de Meuvy et Bassoncourt devront défendre la terre de leur seigneur. Ils pourront s'armer comme il leur conviendra, sans être obligés d'en faire montre, ni d'aller en l'host hors la terre du seigneur. Mais ils devront venir au cri de leur seigneur pour la rescousse du feu et de l'eau.

Le seigneur perçoit 1 denier sur chaque grosse bête « non trayant. »

Les habitants ont le droit d'instituer leurs messiers, qu'ils présentent au seigneur. Ils paient, pour les pergies, une somme totale de 40 sols, dont 24 sont au seigneur.

Nul étranger n'y peut demeurer sans licence du seigneur. Ceux qui n'auront point de maison seront tenus en une prestation de 12 sols parisis.

Le seigneur percevra un mouton sur vingt moutons étrangers amenés pour pâturer sur le territoire durant une saison.

Les lods sont fixés à 12 deniers par 20 sols ; les actes seront présentés au scel du seigneur dans la quinzaine, sous peine de confiscation. — Les clercs sont soumis aux mêmes formalités.
— Nul ne peut posséder sur le territoire de ces deux villes, s'il n'en est habitant. — L'aban-

don de la terre entraîne la confiscation, de même que la peine de mort. Il en est de même du désaveu fait sans le consentement du seigneur.

Les prestations sont doublées à l'avénement d'un nouveau seigneur, à sa nouvelle chevalerie, au mariage de ses enfants. — L'échute du bâtard lui appartient, à moins qu'il ne laisse des enfants légitimes.

Tout habitant ayant moins de quatre journaux de terre est quitte de la redevance des bêtes trahant.

Toutes gardes ou bourgeoisies étrangères à la seigneurie sont interdites sous peine de forfait.

Le seigneur conserve la plénitude de ses droits de seigneurie et de justice sur ses hommes. Il institue dans chaque ville un maïeur et un sergent pour garder son droit et celui des habitants. L'appel de leurs jugements se portera au prévôt de Choiseul, puis au duc, et en dernier lieu au roi de France. Nul autre que ces officiers ne pourra instrumenter dans ces villages. Les amendes sont ainsi fixées : défaut de paie des prestations d'eschief et de bêtes, 5 sols et double prestation ; de gélines, 12 deniers ; de corvées, 3 sols ou 18 deniers, ou 6 deniers, selon la nature ; de chars et charrues, 6 sols ; de herses, 3 sols. Défaut de jour, 3 sols ; démenti en jugement, 5 sols ; désobéissance au maïeur ou au sergent, 5 sols. Défaut au cri du seigneur, 60 sols. Coup sans sang, 5 sols ; sang fait sans armes, 15 sols ; coup d'épée ou de bâton, 60 sols ; ban brisé, 30 sols ; fausses mesures, bornes arrachées, anticipation sur un chemin borné, 60 sols ; non borné, 5 sols ; chasse au filet, 60 sols ; sans filet, 20 sols ; le gibier pris par les chiens des laboureurs, sans chasser, doit être apporté au seigneur, sous peine de 5 sols par louve, et 60 sols par grosse bête.

Le seigneur a droit d'instituer un forestier et de le notifier aux habitants. Fixation des amendes encourues pour délits commis dans les bois. Le forestier pourra poursuivre les délinquants, mais seulement jusqu'au droit chemin trayant de ville à autre.

Les troupeaux arrêtés en délit dans les bois, à garde faite, paieront 60 sols, et sans garde, 13 deniers par tête. Ceux de moins de douze bêtes arrêtées en délits dans les champs du seigneur paieront 12 sols, au-dessus de 12 soixante sols.

Les habitants de Meuvy et Bassoncourt sont déclarés affranchis de toutes tailles, mainmortes et servitudes quelconques, sans revendication ni réclamation de la part du seigneur. Ils auront la libre disposition de leurs biens ; selon la coutume de Bourgogne, useront du droit lignager, à l'exclusion des étrangers, pourront marier et doter leurs enfants hors de la seigneurie, mais sans disposer de leurs immeubles en leur faveur. Les veuves emporteront douaire du tiers sur les biens de leur mari. Elles le perdront en cas de nouvelles noces.

Les seigneurs abandonnent aux habitants de Meuvy et Bassoncourt la pleine propriété des bois communaux, en ne se réservant que la justice, la pêche dans la Meuse, le droit de rouissage dans une morte eau. Ils les maintiennent en possession des héritages qu'ils ont acquis dans les villages voisins de la châtellenie et des droits de parcours et de pâturage qu'ils peuvent y exercer comme corps de communauté.

Cette charte fut confirmée au mois d'octobre 1337 par Eudes IV, duc de Bourgogne.

Archives de la Côte-d'Or. Chambre des Comptes de Dijon. Affaires des communes. B 11,476.

GRANCEY-LE-CHATEAU

Grancey était jadis une des plus anciennes baronnies du duché de Bourgogne. Après la cession du comté de Langres à l'évêque, elle cessa d'appartenir au duché pour entrer dans la mouvance du Roi de France, et fit partie de la province de Champagne. La maison de Grancey proprement dite, connue dès le XI° siècle, remplit les charges les plus considérables de la Cour des Ducs. Elle finit en Jeanne, fille de Eudes VI, qui épousa, vers 1370, Jean I de Thil, sire de Chateauvillain. Jean IV, leur arrière-petit-fils, étant mort en 1504, sans laisser d'enfants mâles. Anne, sa fille, veuve de Jacques de Dinteville, apporta, en 1508, la terre de Grancey à son second mari, Marc de la Baume, comte de Montrevel. Joachim, leur fils, la fit ériger en comté et la donna en dot à Anne, sa fille, mariée en secondes noces à Jean de Hautemer, père de Guillaume de Fervaques, maréchal de France. Après la mort de ce dernier, Grancey échut à Charlotte, sa seconde fille, mariée à P. Rouxel de Medavy, dont la postérité la conserva jusqu'en 1728, date de la mort du dernier mâle de cette famille. Le comté de Grancey passa alors en la possession du marquis de Tourny, allié des Medavy, qui en disposa en faveur des Mandat, ses propriétaires actuels.

Grancey-le-Château est un des chefs-lieux de canton de l'arrondissement de Dijon.

CCCCXXIV

Charte de franchise accordée par Eudes, sire de Grancey, aux habitants du lieu.

1340 (juillet).

1. Nous Éudes, sires de Grancey (1), chevaliers, facons savoir à toux présens et avenir que comme nostres hommes et fammes habitans en nostre chastel et ville de Grancey fuissient nostre taillauble à volentey doues fois l'am, c'est à savoir à la Saint Remey et à Quaroime prenant et il cil habitant nous haient supplié et requis que de ycelles tailles les vousesiens affranchir. Nous sur ce heue délibération et consoil regardans le profit de nous, de noz diz hommes et habitans de nostre dicte ville et chastel de Grancey, ladicte franchise desdictes tailles et de plusours autres choses ci desoz escriptes leur avons outroié perpétuelmant, pour nous et pour nos hoirs, à lour et à lour hoirs, pour cause de dix et huit cenz escuz d'or que nostre dit hommes et fammes et habitans doudit Grancey

---

(1) Eudes V, sire de Grancey, dit le Grand, épousa en premières noces, au mois de juin 1331, Mahaut, fille de Miles VI, sire de Noyers, maréchal, porte-oriflamme et grand-bouteiller de France, et de Jeanne de Flandres; et en secondes noces Béatrix de Bourbon, veuve de Jean de Luxembourg, roi de Bohême.

nous en hont donnez, baillez et delivrés et an nostre profit mis et convertiz et nous antenons pour bien paiez et pour plusours autres biens et profiz que il et lour devanciers nous hont fais et à nos devanciers ou temps passey. Par telle menière et sur telle condition que il et leur hoirs de ci en avant perpétuelmant sont et seront frant et quitte de toutes tailles, sens ce que nous ou nostre hoir ou cil qui de nous hauront cause de ci en avant puissiens contraindre ou lever des diz habitans de nostre dicte ville et chastel de Grancey aucunes tailles et pour ce paieront à nous et à nos hoirs ou à cels qui de nous ou de nos hoirs auroient cause chascun an, le jour des octaves de la feste de Touz Sainz.

2. Chascuns hons ou famme, chiez d'ostel, tenans feu ou haiens meiz ou maison ou héritaiges en la dicte ville et ou finaige cil des diz chiez d'ostel qui hauront vaillant cent livres ou plus tant en mobles comme en héritaiges dix soulz tournois, c'est à savoir un bon gros tournois d'argent de Saint Loys de bon pois pour quinze deniers ou autre monnoie à la valour, et se il avenoit que un gros tournois cours heut pour plus de quinze deniers, nous le panreinens pour le cours qu'il hauroit jusques à huit deniers. Et sil havoient cours de plus de vint deniers, nous ne le panriens que pour vint deniers ou toutes autres monnoiez à la valour, et cil ou celles des diz habitans qui hauront vaillant tant en mobles comme en héritaiges de vint livres en avant jusques à cent livres, paiera à nous ou à nos hoirs sept soulz de la dicte monnoie et au terme dessus dit, et cil ou celles qui hauront vaillant moins de vint livres, nous paiera trois soulz, si comme dessus est dit (1).

3. Et se aucuns d'autres villes venoit demourer audit Grancey et vousit user de la dicte franchise, nous li reciviriens parmi cinc soulz d'antrée, et danquienavant (2) seroit de la condition des autres habitans de la dicte ville de Grancey, exceptey les hommes et fammes de nostre autre terre, les quels nous ne recivriens pas s'il ne nous plaisoit (3). Et ou cas que li diz habitans ne paeroient à nous ou à nos hoirs ou à cels qui de nous ou de nos hoirs hauroient cause les sommes de deniers, esqueles un chascunz seroit tenuz à nous chascun am selonc son vaillant, en la menière desus acourdée au jour des octaves de la feste de Tous Sains, ils paieroient pour le deffaut de la paie trois soulz d'amande avec ce qui à nous seroit dehu sur aux dou principaul. Don que ensamble l'amende il seroient contraint par nos gens à ce commiz comme de leur propres debtes.

(1) Il ne faut point oublier que nous sommes au règne de Philippe de Valois.
(2) De ce moment-là.
(3) Exception dont les chartes qui précèdent nous ont donné plus d'un exemple.

4. Item volons et outroions que nostre dit hommes et fammes et habitant de nostre dit chastel et ville de Grancey puissient aquérir es lius et es villes ou il hont acoustumey à aquérir. Et sera sehu chascun am au terme dessus dit par un prodome de la ville de Grancey eslehu de par nous et par un autre prodome eslehu de par les diz habitans, nostre prevost ou mahour esiont avec leur. Liquelz des diz habitans devront paier les sommes dessus dictes, selonc leur vaillant en la menière dessus dicte. Et se il avenoit que li dit eslehu de par nous et de par les diz habitans, ansamble nostre prévost ou mahour, heussient aucun descort et choses dessus dites cilz ou cil don quel li descors seroit appelez par devant nostre prevost en la présance des dis heslehuz et jurroit de son vaillant et an sera crehuz, reservey à nous que se il estoit trovey qu'il heut fait malvais sairement, il seroit pugniz par nous ou nos genz et l'amanderoit selonc raison (1).

5. Item seront et demourront li diz habitans de nostre dit Chastel et ville de Grancey et leurs hoirs à touz jours mais, franc et quittes de toutes corvées de corps et de bestes, parmi paiant chascun am à nous ou à nos hoirs ou à celz qui de nous ou de nos hoirs hauroient cause chascuns chiez d'ostel, six deniers landemain de la Saint Jeham Baptiste, de la monnoie dessus dite, et cil qui deffaurient audit jour de paier les diz six deniers le dit jour passey, serient tenuz à nous ou à cels qui de nous hauroient cause à paier six deniers d'amande avec le principaul.

6. Et pour ce que nostre dit hommes et fammes habitant en nostre dicte ville et chastel de Grancey haient plus grant volentey et désirrance de demourer audit Grancey pour leur grand utilite et profit et pour les causes dessus dites ; nous leur avons outroié et outroions qu'ils soient et demorient perpétuelmant pour leur et pour hoirs franc et quitte d'estaulaiges, d'esminaiges et de toutes vantes des choses vandues et eschetées par leur en notre dit chastel et ville de Grancey. Et parmi ce notres dit hommes et fammes habitans seront tenuz de maintenir au leur les aules (2) dou dit Grancey. C'est à savoir la grande haule et la petite ou l'en vant les blez, sauf tant que nous leur devons livrer bois pour toutes le nécessitez qui y fauront en nos bois et fourez. Et toute fois que il auroit aucun débet (3) entre les marcheans des esteaux, li seroient bailliez et delivrez par notre vantier.

---

(1) Imité des chartes de La Roche Pot (II, 134), de Marigny (II, 155).
(2) Maintenir et entretenir à leurs frais les halles.
(3) Débat.

7. Item voulons et outroions que nostres dit hommes et fammes de nostre dit Chastel de Grancey et lour hoirs prenent à touz jours, mais en nos bois de Grancey, le bois sera chehu (1) sans paier amande.

8. Item voulons et outroions que notre dit homme et habitant de notre dit chastel et ville de Grancey et leurs hoirs puissent champoier et mener à touz jours mais, toutes leur bestez grosses et menues (2), exceptey chievres en touz nos bois et fourey de Grancey, la sisainme fuille passée, exceptey leur pors, lesquelz il ne pourront mener ou faire mener en nos bois, dès la Sainte Crois en septembre jusques huit jours après la Saint Andriel.

9. Item qu'il puissient planter vigne et edifier en toute la fin de Grancey es terres tiersaubles, en paiant le disme des vins en la menière qu'il est acoustumey de paier disme et ce leur havons nous outroié en tant comme il nous toiche.

10. Item ce nous ou nos hoirs haviens à faire pour fait de guerre pour notre propre fait, li communs sera tenuz à nous seuigre un jour tant seulemant à leur despans arcez (3) soffisamment, chacuns selonc sen etat et non pour autre fait que pour le notre.

11. Item se aucuns desdiz habitans est pris pour nostre fait, nous le devons pour chasser à notre (4).

12. Item toutes amandes qui seront faites en notre dite ville de Grancey et ou finaige se gouverneront par la menière acostumée cay en ariez. Exceptey que se notre hommes habitans de la ville de Grancey appeloient li uns l'autre de gaige de champ de baitaille, ils pourroient escorder li uns à l'autre se il leur plaisoit, parmi paiant à nous sexante et cinc soulz de celui qui seroit trovez en tort, et s'il antroient en champ sanz cop doner ou se li premiers cops etoient donez, il pourroient acorder parmi la dicte amande, em paient à nous ou à nos hoirs ou à cels qui de nous auroient cause les frais et missions que mises y auriehiens pour ceste cause depuis que li diz champs seroit fourniez fut par le fait de consoil ou autrement. Et se li champs estoit outrez, li voincuiz seroit à notre volentey de corps et de biens (5).

13. Item nous voulons et outroions que notre dit hommes et fammes et habitans puissient eslire doux messiers, liquel hauront poissance de garder les biens

---

(1) Chu, tombé.
(2) Sixième.
(3) Armés d'arcs.
(4) Risques et dépens. Cette disposition qui figure dans plusieurs chartes laïques précédentes.
(5) Imité de la charte de Dijon (I, 9).

desdiz habitans et seront esliz li diz messiers des diz habitans chascun am le jour de Nostre Dame en mars et feront le sairement en la main de nostre prévost que bien et léaulment garderont notre droit et le droit des prodomes.

14. Item voulons et outroions que totes fois que li dit habitant de notre dit chastel et ville de Grancey hauront mestier de faire procureours ou imposition et giet sus le commun pour deffandre et maintenir leur drois qu'il le puissent faire par notre licence, laquelle nous ne leur pourrehiens refuser em cas de besoin et de ce qu'il leverient, il ramdrient bon compte en la présence de nostre prévost et d'um des esliz de par les prodomes et sancune chose y avoit de remenant, il demourroit aux prodomes pour faire leur profit, et ou cas que nous ou cil qui de nous hauriehient cause, ne sariens au païs em ménière que il ne nous pehusient (1) requérir la dicte licence, nous voulons que cil qui pour le temps seroit notres bailliz ou prévoz de Grancey, leur puissent doner la dicte licence sans nous atendre.

15. Et havons promis et prometons à noz diz hommes et habitans ensint franchiz que leur ou aucuns de leur ou leur biens ne panront ne ferons panre sans cause évident et raisenauble et se en cas de necessitey estoit pris aucune chose de leur biens, nous leur prometons em bone foy à raindre ce qui en seroit pris sus nos premieres rantes et revenuez de notre dicte ville de Grancey (2).

16. Et prometons en bone foy et par notre sairement pour nous et pour nos hoirs et pour cels qui de nous hauroient cause à nos diz hommes et habitans ensint franchiz et à leur hoirs garder en ceste franchise et an toutes autres franchises et bons usaiges desquels ils hont usey ou temps passey et voulons et escourdons que notre hoir ou cil qui de nous hauront cause seigneurs de Grancey facent et soient tenuz à faire le sairement esdiz hommes et habitans ensint framchiz à garder et maintenir leur et lour hoirs en ceste présente franchise et an toutes les autres choses dessus escriptes senz aler encontre ou corrumpre en aucune menière. Et notre dit hommes et habitans franchiz et leur hoirs jurerunt à nous et à nos hoirs, seigneurs de Grancey ou à cels qui de nous hauront cause que il nous et nos diz hoirs tanront et hauront pour seigneurs et garderont léaulment nos droiz et eschiveront le dommaige de nous et de nos hoirs ou de nos successeurs, seigneurs de Grancey, de tout leur povhoir. Et se il avenoit que jay ne soit, que aucuns descors mehut entre nous et lesdiz habi-

(1) Puissent.
(2) Imité des chartes de La Roche Pot et de Marigny.

tans sus aucunes choses contenuez en cels dictes lettres pour quoy il les conveint mostrer et à apourter en jugement, il ne seront tenuz d'apourter l'originaul masque seulement la copie d'ycelles sous seel autantique, collation faite des dictes lettres par tabellion digne de foy, en facent foy de l'originaul suffisent et convenable (1). Et prometons en bone foy toutes les choses dessus dictes havoir fermes et estaubles perpétuelmant pour nous et pour nos hoirs, seigneurs de Grancey, à nosdiz hommes et habitants de Grancey et nom faire ne venir à contre panr nous ne par autre par quelconque menière que ce soit et renoncons en cest fait de certaine science par notre dit sairement pour nous et pour nos hoirs à toute aide de droit de canon et de loy, à toutes indulgences doneez et à doner, à toutes exceptions, déceptions et raisons de fait et de droit quelconques elles soient de qu'il fut mestiers de faire expresse mencions en ces présentes lettres et especiallement au droit qui dit generaul renunciations non valoir.

17. En tesmoing des choses dessus dictes, nous havons seelleez ces présantes lettres et baillez à nos diz hommes et habitans de Grancey et à plus grant segurtey des choses dessus dictes, nous avons priey et requis notre tres chier et très redoutauble seigneur et revérant père em Deu, Monseigneur l'evesque de Leingres, que il li plaise toutes les choses dessus dictes loier, conformer, consentir et agréer, et avec ce li plaise mettre son seel en ces présentes lettres avec le nostre em tesmoingnaige de veritey.

18. Et nous Guillaumes de Poitiers, par la grâce de Deu, avesque et dux de Leingres, à la prière et requeste de nostre amey et féaul cosin Eude, seigneur de Grancey, en conformant, ratifient, escourdent, outroient et agréant, toutes les choses dessus dictes, havons mis nostre seel en ces présentes lettres avec le sien seel en tesmoignage de veritey.

19. Et ancores nous Eudes, sire de Grancey dessus dit, supplions et humblement prions à très haut, noble, poissant et excellent prince nostre chier et redoutey seigneur nostre seigneur le roy de France, que il plaise à sa reaul majestey conformer, louier, ratifier, et agréer toutes les choses dessus dictes et faire et bailler esdiz habitans lettres de confirmation seelez de son grand seel.

20. Et est à savoir que pour ce qu'il ne se sunt obligié ci dessus à restenir à leur couz que la grant aule et l'aule ou l'en vent les bleis, il paieront des choses venduez et acheteez en nos autres aules et maisons vante et estaulaige en la menière acostumée, se il ne les vuellent maintenir ailleur.

---

(1) Imitation de la charte de Dijon.

Donney en l'am de grâce Nostre Seigneur mil trois cenz quarente et huit, le mescredi novaime jour du mois de julot.

Per dominos officialem et priorem Sancti Martini,   D. ANDREAS.

Original : Archives de la commune de Grancey-le-Château.

MAREY-SUR-TILLE

Ce village, déjà connu au XI° siècle, était un arrière-fief de la baronnie de Saulx-le-Duc, convertie depuis 1302 en châtellenie ducale. Vers 1312, le duc Hugues V le réunit à la baronnie de Grancey, en s'en réservant la mouvance. Marey était depuis longtemps en la possession d'une famille à laquelle il avait donné son nom ; mais, par suite d'aliénations ou de partage, le fief principal avait été morcelé dès cette époque en onze portions (seize en 1391), dont Eudes de Marey occupait la principale, et qu'il affranchit sans conditions, ainsi que le constate la charte qui suit. Guillaume de Marey-Fontaine, un de ses descendants, vendit en 1404 la dernière part que sa famille avait dans cette seigneurie. On voit figurer parmi les principaux seigneurs qui la possédèrent en tout ou en partie, avec les Marey, les de Charmes, les Longchamp, les d'Orain, les Dannemarie, les Torcenay, les de Saulx-Courtivron, les Mazilles. La plupart aliénèrent leur part au seigneur suzerain, qui en constitua un fief à part qu'il vendit vers 1492 aux Baudot, lesquels reconstituèrent le domaine que Jacqueline Baudot porta en dot à la famille de Rochechouart-Chandenier. Guillaume de la Collonge, avocat, mari de Françoise de Rochechouart, fille de Jacqueline, en devint ensuite possesseur, et le vendit définitivement en 1604 au maréchal de Fervaques, comte de Grancey, qui, sauf la mouvance, le réunit à ses domaines, dont il suivit dès lors la destinée. Voir Grancey. — Marey-sur-Tille dépend du canton de Selongey.

CCCCXXV

Charte d'affranchissement des habitants de Marey-sur-Tille, par Eudes de Marey, seigneur en partie du lieu ; confirmée par Yolande de Bar, dame de Grancey, Jeanne de Grancey, dame de Châteauvilain, sa fille, et Philippe-le-Bon, duc de Bourgogne.

1347 (13 mai), 1409 (10 avril), 1425 (mai).

Phelippe, duc de Bourgoingne, conte de Flandres, d'Artois et de Bourgoingne, palatin, seigneur de de Salins et de Malines. Savoir faisons à tous présens et advenir. Nous avoir fait veoir par aucuns des gens de nostre conseil les deux paires de lettres desquelles la teneur s'ensuit :

Je Heudes de Mairey sur Tille, chevalier (1), faiz savoir à tous ceulx qui verront et ourront ces présentes lettres, que comme je feusse en saisine et possession paisible de prandre et lever la mainmorte sur mes hommes et femmes habitans et résidans en la dicte ville de Mairey, touteffois et quanteffois que li cas y est advenuz. Et mi prédocesseur m'aient enchargié ou remede des ames de leur de hoster et quicter la dicte mainmorte à mesdiz hommes et femmes. Je, meu afin de acomplir la voulonté de mesdiz prédécesseurs quicte et octroye, pour moy et pour mes hoirs, la dicte mainmorte à mes diz hommes et femmes et à leurs hoirs, à tousjours, sans jamais venir au contraire, ne faire venir par moy ne par autre par quelque manière que ce soit, ou cas qui plaira à mon très chier et amé seigneur monseigneur de Grancey, ouquel la dicte mainmorte doit ou puet appartenir pour cause du fié, et à mon très chier et redoubté seigneur monseigneur le Duc de Bourgoingne, auquel ladicte mainmorte puet appartenir pour cause de rierfief. Et leur prie et supplie que il leur plaise les choses contenues en ces présentes lettres confermer. En tesmoing de laquelle chose. Je Heudes, dessus dit, ay mis mon séel à ces présentes lettres, faictes et données le dymanche après la feste de l'Ascension Nostre Seigneur, l'an de grâce mil trois cens quarante sept, présens monseigneur Horry de Leingres, curé de Mairé; monseigneur Aubert, vicaire dudit lieu; Robert Danon, escuyer; et Jehan, dit Petite de Villebarny, tesmoings à ce appellez et requis.

A tous ceulx que ces présentes lettres verront et ourront. Yoland de Bar, dame de Grancey, et Jehanne de Grancey, dame de Chastelvillain, fille de la dicte dame Yoland, et de feu noble mémoire son espoux, messire Heudes, jaidiz seigneur dudit Grancey (2), que Dieu pardoint, salut. Savoir faisons que nous, ladicte Yoland, dame douheresse dudit Grancey et terre d'ilec, et nous la dicte Jehanne, hoirs et heritiere de nostre dit feu père et dame perpetuelle dudit Grancey et terre dessus dicte (3), avons consenti et par ces présentes consentons et voulons que la mainmorte dont font mencion les lettres données de feu messire Heudes de Mairey, chevalier, seigneur dudit lieu en partie, seelées de son seel, avec lesquelles ces présentes sont annexiés, soubz noz seelz, soit quicté et deschargée au prouffit des nommez en icelles lettres et de leurs ayans cause. Et

---

(1) Eudes le Pys, chevalier, seigneur de Marey, était fils de Jean, seigneur de Marey, et d'Agnès, sa femme. Il mourut vers 1360.
(2) Eudes VI, fils de Eudes V dit le Grand, et de Mahaut de Noyers, sa première femme.
(3) Jeanne de Grancey, fille unique d'Eudes VI, porta la terre de Grancey en dot à Jean de Thil, seigneur de Châteauvilain.

tout ce que par le dit feu messire Heudes dudit Mairey en a esté fait et consenti par ses dictes lettres, louons, approuvons et confermons, en tant qu'il nous touche et que faire le povons. Toutesvoyes attendu s'il plaist à très hault et puissant prince, nostre très redoubté seigneur, monseigneur le Duc de Bourgoingne, duquel nous tenons en rerefief les choses contenues es lettres dudit feu messire Heudes de Mairey, et prions à nostre dit très redoubté seigneur, qu'il lui plaise confermer les choses dessus dictes et en icelles mectre son placet. En tesmoing de laquelle chose, nous Yoland et Jeanne dessus dictes, avons mis noz seels à ces présentes lettres, faictes et donnees audit Grancey, le dixieme jour du mois d'avril apres Pasques, l'an mil quatre cens et neuf.

                        Ainsi signé. J. Piat et H. Goudot.

Lesquelles lettres cy dessus transcriptes qui estoient et sont seelées comme il appartenoit de prime face des seaulx dont en icelles est faicte mention, ayans aggréables icelles et tout le contenu, à l'umble supplication des hommes et femmes dudit feu messire Heudes de Mairey sur Tille, audit lieu de Mairey sur Tille, qui sont de nostre rierfief, noz subgiez en ressort et souveraineté. Avons, par l'advis et délibération de noz amez et féaulx les gens de noz comptes à Dijon, de pluseurs autres de nostre conseil sur ce eu, louées, grées et confermé, ratiffiées et approuvées, louons, gréons, consentons, ratiffions, approuvons, et de nostre certainne science et grâce espécial, par ces présentes confermons, pour nous et noz successeurs, parmy et moyennant ce toutesvoyes que les diz hommes et femmes, pour et cause de nostre présente confirmation, seront tenuz de nous paier certainne finance et somme d'argent pour une fois, à l'arbitraige et taxation de nos dictes gens de noz comptes à Dijon. Lesquelx nous avons à ce commis et commettons par la teneur de cestes. Si donnons en mandement à iceulx gens de noz comptes, à nostre bailli de Dijon et à tous noz autres justiciers et officiers, présens et à venir, ou à leurs lieuxtenans et à chascun d'eulx en droit soy et si comme à lui appartiendra, que la dicte finance, tauxée et arbitrée par iceulx gens de noz comptes, et paier à nostre receveur qui ce regardera, lequel sera tenu d'en faire recepte et dispense à nostre prouffit. Ilz facent, seuffrent et laissent les diz hommes et femmes et leurs hoirs et successeurs joïr et user de nostre présente grâce et confirmation, plainement, paisiblement et perpétuellement, sans leur faire, ne souffrir estre fait, de là en avant, ne aucun d'eulx, aucune molestation, destourbier ou empeschement au contraire. Car ainsi nous plaist il estre fait. Et afin que ce soit ferme chose et estable à tousjours, nous avons fait meetre nostre séel à ces présentes. Sauf en autres choses nos droit et l'autruy en toutes. Donné en nostre ville de Dijon, ou mois de may, l'an de grâce mil quatre cens vint et cinq.

Ainsi signé. Par monseigneur le Duc à vostre relacion, BOUESSEAU.

Vidimus délivré le 16 mars 1425-26 par L. Des Champs, clerc de la Chambre des Comptes de Dijon. — Archives de la Côte-d'Or. Chambre des Comptes de Dijon. B 11476. Affaires des communes. Marey-sur-Tille.

POUILLY-EN-AUXOIS, BELLENOT ET VELARD

Ces trois localités, formaient, dans le principe, une ancienne terre ducale. Sortie du domaine par donation ou inféodation, elle fut rachetée portion par portion par les ducs Eudes III, Hugues IV, Robert II, Hugues V, Eudes IV et Philippe-le-Hardi. En 1434, Philippe-le-Bon en disposa, ainsi que de celle d'Arnay, pour former la dot de Marie, sa fille naturelle, mariée à Pierre de Bauffremont, comte de Charny. Leur fille la fit entrer dans la famille des Chabot; celles d'Harcourt, d'Armagnac et de Brionne la possédèrent ensuite jusqu'à son acquisition, à la fin du dernier siècle, par la maison royale de Saint-Cyr.

Courtépée dit positivement que Pouilly fut affranchi en 1419 par le duc Jean. Malheureusement la charte a disparu de nos archives, et cela est d'autant plus regrettable qu'il est très à croire que notre annaliste a pris la charte de confirmation pour celle de concession des privilèges. En effet, à partir de 1360, date du plus ancien des comptes de la châtellenie, déposé aux archives du département, B 5,720, on lit invariablement au premier article du chapitre de la recette en argent :

« Des franchises de Poilly et doit chascun de ladite ville à la Saint Remy, un florin un gros, excepté les femmes vesves qui ne doivent que un florin et a en ladite ville quarante trois feux, dont il y a si comme il appert par les menues parties xi femmes vesves. Monte tout à value à florins x gros pour un florin, 46 florins 2 gros.

« Des franchises de Villers qui se lievent au terme et par la manière que dessus et a en la dicte ville vi feux senz femmes vesves, si comme il appert par les menues parties pour le terme de la Saint Remi 6 florins 6 gros.

« Des franchises de Bellenot qui se lievent comme dessus et a en ladite ville 4 feux sens femmes vesves, si comme il appert par les menues parties 4 florins, 4 gros. »

Ces prestations, dont la formule employée dans le compte est identique à celle usitée ailleurs pour les communes dont nous possédons les chartes, sont une preuve évidente de l'ancienneté des privilèges des habitants de la châtellenie de Pouilly. Ce témoignage est confirmé par le rôle des feux du bailliage d'Auxois, de 1397, B 11,513, qui classe ces trois villages parmi les localités déclarées franches.

BUSSEAUT

Ce village, du canton d'Aıgnay-le-Duc, inconnu avant 1135, était une seigneurie laïque, relevant du bailliage de la Montagne, avant que le duc Eudes IV ne l'eût acquis, en 1315 et 1333, de Jean de Darnay et de Huguenin d'Esquoz, pour le réunir à sa châtellenie d'Aisey. Busseaut, village perdu dans l'arrière-vallée du Revinson, dut son affranchissement au hasard qui y amena le roi Jean, alors que, venant de prendre possession du duché après la mort de Philippe de Rouvres, il s'en retournait en France par la Champagne. Jean, qui avait confirmé les franchises des villes et villages du domaine qu'il avait traversés, ne fut point insensible aux doléances des malheureux serfs qu'il visitait; il compâtit à leurs misères, et leur octroya les lettres qui suivent :

CCCCXXVI

Lettres du roi Jean, qui accorde aux habitants de Busseaut une diminution des tailles et l'affranchissement de la mainmorte.

1361-62 (février).

Jehan, par la grâce de Dieu, roy de France. Savoir faisons à tous présens et avenir, nous avoir esté exposé par les habitans de nostre ville de Buxeaul en Bourgoine, que comme il soient taillable à nous de haut et de bas et à volonté, deux fois en l'an; c'est assavoir, à la Saint Remi et à la Quaresme prennant; et nous doient de leurs labourages, certainnes courvées et autres redevances; et il soit ainsi que les diz habitans soient amandris de la plus grant partie, pour cause de la pestilence de la mortalité, qui a esté és parties d'ilec : car paravant ycelle mortalité, il estoient en la dite ville de cinquante à soixante feux, et plus, qui ne sont à présent pas plus de dix ou environ. Néantmoins leur à l'en fait et veult l'en faire païer aussi grant taille comme il faisoient avant ladite mortalité : laquelle chose il ne poroient faire ne soustenir; mais les enconveroit fouyr et de partir du lieu, et devenir povres et mendians; dont ils nous ont humblement supplié que sur ces choses, leur veullons faire grâce; mesmement que par le fait des guerres, il ont esté pilliés et domagiés par nos ennemis; et telement que pou ou aussi comme nient, leur est demouré; parquoy aucuns desdits habitans se sont départis du lieu et départent de jour en jour. Et par ce, n'auroient povoir ceulx qui sont demourés, de païer lesdites tailles et autres redevances, se sur ce ne leur estoit pourveu de nostre dite grâce. Nous eu regard et considération aux choses dessus dictes, et que ladite ville est moult décheue, et grant partie des habitations tournées en ruine par deffaut des manans ou habitans ; et aussi afin que ceulx dudit lieu qui se sont absentés pour les grans charges des tailles et autres redevances dessus dictes, y puissent retourner pour y demourer et vivre desous nous, en nostre joyeux advenement en Bourgoigne, avons octroïé et octroïons auxdiz habitans, pour eulx, leurs hoirs et successeurs habitans en ladite ville, de certaine science, plenière puissance et grâce espécial, par ces présentes, que lesdittes deux tailles qui se païent chacun an, au terme de la Saint Remi et de Quaresme prennant, seront mises à une taille, laquele se paiera dores en avant au terme de la Saint Remi tant seulement ; et que lesdiz habitans ne seront tailliés fors selon leurs facultez qu'il ont ou auront par le temps qu'il seront tailliez ; non en regart aux taillies du temps passé, se leurs facultés ne s'y entendoient. Et en outre, en ampliant la nostre dite grâce, les avons franchis et franchissons à tousjours, et leurs hoirs et successeurs habitans de ladite ville, de la morte main que nous avons sur eulx et sur leur biens, en cas de main morte d'éritage quant il nous eschéent ; par païant toute vois les cens et redevances qu'il nous doivent chascun an. Si donnons en mandement par ces lettres, à nostre chastellain d'Aisy, et à tous les autres justiciers et officiers de nostre duchié de Bourgoigne, présens et avenir, ou à leurs lieutenans, et à chascun d'eulx, si comme il appartendra, que nostre présente ordenance, octroy et grâce, entérrinent, tiegnent et accomplissent ; et d'iceulx faicent, lessent et sueffrent joïr et user paisiblement dores en avant et à tousjours, les diz habitans, leurs hoirs et successeurs habitans d'icelle ; et toute la teneur de nostre dite ordenance, grâce et octroy, ne les empeschent, molestent ou contraignent ; ne saichent empeschier, molester ou contraindre par quelque manière que ce soit ; mais se aucune chose estoit fait au contraire, qu'il le remainent ou faicent ramener à estat deu, sans aucun delay. Et que ce soit ferme chose et estable à tousjours, nous avons fait mettre nostre séel à ces lettres. Ce fut fait en la dite ville de Buxeaul, l'an de grâce mil trois cens soixante et un, ou mois de fevrier.

Ainsi signée. Par le Roy, COLLORS.

Vidimus donné le 16 février 1361-62 par Robert de Lugny, chancelier de Bourgogne. — Archives de la Côte-d'Or. Chambre des Comptes de Dijon. B 11,473. Affaires des communes. Busseaut. — Imprimé dans les *Ordonnances des Rois de France*, IV, 402.

DUESME

Duesme, *Duesmum*, apparaît pour la première fois en 723 comme chef-lieu d'un *Pagus* particulier, détaché de l'*Alsensis*, ce qui suppose une certaine importance, affirmée de plus par l'archiprêtré relevant de l'archidiaconé de Flavigny, qu'il conserva jusqu'à la Révolution. Dans les troubles qui suivirent la conversion des bénéfices en fiefs, Duesme descendit au rang de simple seigneurie laïque et y resta jusqu'en 1300 et 1306, que le duc Robert l'acquit de Jean et d'Ancel de Duesme, pour en former l'apanage de Louis, prince de Morée, son troisième fils. A la mort de ce dernier, son frère, le duc Eudes IV, en disposa en faveur de sa sœur, mariée à Edouard de Savoie, exemple renouvelé par le duc Philippe-le-Bon vis-à-vis de sa sœur la comtesse de Richemont. Rentrée au domaine après la mort de cette princesse, la terre de Duesme en sortit en 1543, par engagement au seigneur de Vinnercat, médecin ordinaire du Roi; en 1572 à René de Birague, chancelier de France; et en 1595 à Madame la présidente de Vaugrenant, dont les héritiers la possédèrent jusqu'en 1714, qu'elle fut acquise par M. Morel de Corberon. En 1757 Duesme appartenait à M. Guenichon.

Robert II, qui avait trouvé les habitants soumis au régime de la mainmorte, ne fit rien pour améliorer leur condition; Philippe-le-Hardi se montra plus sympathique à leur misère, sans toutefois leur accorder la liberté; la charte qui suit réduisit seulement leurs tailles et leur accorda quelques avantages.

CCCCXXVII

Charte de Philippe-le-Hardi, duc de Bourgogne, qui fixe à 20 francs les tailles
dues par les habitants de Duesme.

1368-69 (janvier).

Phelipe, filz du roy de France, duc de Bourgongne. Scavoir faisons à tous présens et advenir. Que, comme nostre ville de Duesmes est assise en povre lieu et petitement fournye de labouraige, est fort chargée de cense et de rente argent et grayne, tant deue à nous comme à l'église. Comme ce que toutes les terres de la dicte ville et du finaige, nous doibvent censes d'argent ou tierces de douze gerbes l'une, et ce sont à nous taillables hault et bas une fois l'an au terme de Sainct Remy, sur ce, les habitans de la dicte ville nous ont supplié, car il ne pevent avoir leur vie senon très pouvrement. Nous, heu advis et délibération sur la requeste desdiz habitans, avons, de grâce espécialle et de nostre certaine science, à iceulx habitans mettons sans jamais plus avoir ne souffrir, les tailles qu'ilz s'ensuyvent de la somme de vingt francs d'argent, monnoye courant au coing du Roy, nostre sire. Premièrement, tailles de Gronay, sept livres ; tailles du Chasteaul, cinq livres ; taille de Ravières, six livres; tailles de Bauldot, carente solz (1), ainsin somme vingt francs et non plus. Et seront les dictes tailles rabassié par commune année, à la valleur que les héritaiges de la dicte ville et finaiges porteront fruictz pour norrir nous hommes et femmes et enffans, demourans soubz nous et es dessuz diz.

Et tous aultres que tienront héritaiges en la dicte ville et finaige et qui useront des communaulté de la ville, nous charrirons nous fruictz du Grant Gonot et du Petit en nostre maison nommée la Grange au Duc, assise en ladite ville. Et, en recompensation de ce, les diz habitans ont pour norrir leurs bestes berbis et le pasturaige des retrais de nostre estant, ainsin comme il se comporte, tenant au Petit Gonot. Il est la rivière d'une part et la chaulcie dudict estant d'autre part. Parmy ce que les dis habitans nous ont payé pour une fois présentement la somme de quinze francs. De laquelle somme nous les tenons quictes. Sy mandons au chastellain de Duesmes, présens et advenir, que de nostre présente grâce, il souffrent, face et laisse, par la manière que dit est, les diz habitans paisiblement joyr et user, sans les contraincdre, molester ou empescher, ou les souffrir estre contrains, molestez ou empeschez doresnavant au contraire. Et que ce soit ferme chose et estable à tousjours, Nous avons fait mectre à ces présentes le grant seel de nostre Court, en absence de nostre secret, [sauf] en aultre chouse nostre droict et [l']aultruy en toutes. Ce fut fait en nostre chasteaul de Rouvre le quinziesme jour du mois de janvier, l'an de grâce mil trois cens soixante et huit.

Ainsin signé sur le reply. Par Monseigneur le Duc en son conseil, A. POTHIER.

Scellé d'ung petit seel en cire verte bien vieille, fort rompuz et brisez tout à l'environ, et n'y a plus d'apparence, sinon que le corps d'un homme et avec quelque petite apparence d'harmoirie pendant à deux petiz laps de soie rouge et verte.

Archives de la Côte-d'Or. Chambre des Comptes de Dijon. B 1043. Terrier de la châtellenie de Duesme, folio 21.

---

(1) Noms des quatre portions du village. Cette dernière portion constitua plus tard un fief distinct, possédé par les seigneurs de Quemigny.

CCCCXXVIII

Confirmation de la charte précédente par le roi Charles VIII.

1487-88 (janvier).

Charles, par la grâce de Dieu, roy de France, scavoir faisons à tous présens et avenir. Nous, à l'humble supplication des manans et habitans de la ville de Duesme, en nostre pays et [duché] de Bourgoingne, avoir veu les lectres à eulx jadis octroyées par feu Phelippe, duc de Bourgoigne, contenant la forme qui s'ensuilt.

Phelippe, filz de roy de France, etc.

En nous suppliant et requérant très humblement que nous plaise les dictes lettres confermer et avoir pour aggréable, et sur ce leur impartir nostre grâce. Pourquoy, nous, ces choses considérées, inclinans favorablement à la supplication et requeste desdiz manans et habitans, ayant consideration à ce quelz sont povres gens de la dicte ville, assise et située en pays peu fertil et à la charges qu'ilz ont de censes et de rentes. Icelles lectres et tout leur contenu avons confermé, ratiffié et apreuvé, et par la teneur de ces présentes, de nostre grâce espécial, plaine puissance et auctorité royal, louons, confermons, ratiffions et approuvons. Sy en tant que les diz supplians et leurs successeurs en ont par cy devant joy et usé justement et raisonnablement. Sy donnons en mandement, par ces dictes présentes, aux bailly de la Montaigne et chastellain dudict Duesmes et tous noz aultres justiciers ou à leurs lieutenans, présens et à venir, et chacun d'eulx comme à lui appartiendra; que, de noz présens confermation, approbation et ratiffication, ilz facent, souffrent et laissent les diz supplians jouyr et user plainement et paisiblement, sans leur faire ou donner, ne souffrir estre fait, mis ou donné, ores ne pour le temps advenir aulcun destourbier ou empeschement au contraire. Et affin que ce soit chose ferme et estable à tousjours, nous avons faict mectre nostre seel à ces mesmes présentes. Sauf en aultres choses, nostre droit en l'autruy, en toutes.

Donné à Paris ou mois de janvier, l'an de grâce mil CCCC quatre vingtz et sept et de nostre regne le cinquiesme.

Et sur le reply desdictes lettres est escript : Par le Roy, à la relation du conseil. Signé VILLECHARTRE.

Au plus prest est escript ce qui s'ensuit : Collation est faicte. Et au dessoubz :

Expedita et registrata in camera compotorum Domini nostri regis Divioni, secundum formam presentium litterarum quarum copia retinetur et penes in loco ad hoc in dicta camera ordinato, die xiiiiª junii anno Domini millesimo CCCCº octuagesimo octavo. Renuet,

Et apres ce que dessus est denommé ce qui s'ensuit : Visa. Et au dessoubz, escript Contentor. Signé Isome.

Lesdictes lectres seellées du grant seel du Roy de cyre verte pendant à laps de soye rouge et vert ; ouquel seel est inculpé ung Roy assis en chaire, et au dos du petit seel, harmoierie du Roy de France sousteneu par deux anges, selon que dessus est dit.

Archives de la Côte-d'Or. Chambre des Comptes de Dijon. B 1043. Terrier de la châtellenie de Duesme, folio 22.

MARCILLY-LES-VITTEAUX

Ce village, dont le nom figure dès 766 au cartulaire de l'abbaye de Flavigny, entra dans le domaine ducal en 1243, par l'acquisition qu'en fit Hugues IV sur Alain de Wawrin, sénéchal de Flandres. Il en sortit vers 1540, par engagement à Chrétien de Macheco. Revendu ensuite à Renebert de Pardessus, il passa en 1614 dans la famille de Massol, puis, par Guillemette Massol, dans celle des Bernard de Trouhans, sur lesquels il fut vendu par décret en 1752 à Jacob Robelot, conseiller à la Cour des monnaies de Paris.

Marcilly, dont une partie des habitants étaient francs et qui jouissaient d'un abonnement de tailles, fut définitivement affranchi par le duc Philippe-le-Hardi. La charte qu'il leur octroya fut la seule et unique de ce genre durant tout son règne.

CCCCXXIX

Charte d'affranchissement octroyée par Philippe-le-Hardi, duc de Bourgogne, aux habitants de Marcilly-les-Vitteaux.

1384 (décembre).

Phelippe, filz de roy de France, duc de Bourgoingne, conte de Flandres, d'Artois et de Bourgoingne, palatin, seigneur de Salins, conte de Retel et seigneur de Malines. Savoir faisons à tous présens et advenir que, ouye la supplication des habitans de Marcilly emprès Viteau, contenant que comme ilz soient de noz mainmortables et justiciables, et avec ce nous doivent chascun an de taille par abonement la somme de soixante florins de Florence, dont ilz sont moult chargez. Comme ilz ne soient que environ vingt feux, excepté aucuns qui tiennent grant partie de la dicte ville qu'ilz sont noz hommes francz de mainmorte et de tailles. Lesquelz noz hommes de mainmorte dessus dictz ayent peu d'enfens et ne treuvent aucuns dehors de la dicte ville qui sy veulle venir loigier ne demeurer, pour cause de la dicte mainmorte. Et aussi que aucunes pouvres femmes qui y sont ne treuvent aucuns dehors de la dicte ville qui les vueille prandre à femme, pour doubte de furmariage et de la dicte mainmorte. Que il nous plaise à eulx quictier icelle mainmorte et croistre la dicte taille de dix florins par an. Nous, eu l'advis de nostre bailly d'Auxois et d'autres de nostre conseil, sur les choses dessus dictes, afin que la dicte ville puisse peupler et maintenir, avons de grâce espécial et de certaine science ausdictz supplians noz hommes de mainmorte dudit Marcilly, demeurans à présent audit lieu, remis et quictié, et par ces présentes remectons et quictons perpétuellement, pour eulx et leurs hoirs, et aux absens dudit lieu de la dicte condition qui retourneront demeurer audit Marcilly la dicte mainmorte. Parmy paiant doresnavant en lieu d'icelle mainmorte, à nous et noz successeurs ducz de Bourgoingne perpétuellement chascun an dix florins de taille la moitié à Pasques prouchainement venant, et l'autre moitié à la Toussainctz en suyvant. Et ainsi doresnavant avec les soixante florins qu'ilz nous doivent par avant que font soixante dix florins par an. Desquelz LXX florins tous les héritaiges. Lesquelz par avant ceste présente grâce estoient de la dicte mainmorte sont et demeuront chargez par quelque manière et par quelques personnes franches ou autres ilz soient acquis. Si donnons en mandement à noz aymez et féaulx les gens de nos Comptes à Dijon et à nostre dit bailly d'Auxois, présens et advenir, que de nostre présente grâce, par la manière dessus dicte, ilz facent et laissent doresnavant lesdictz supplians et leurs hoirs paisiblement joyr et user, sans les contraindre, molester ou empescher, ou les souffrir contraindre, molester ou empescher au contraire. Et que ce soit ferme chose et estable à tousjours. Nous avons fait mectre à ces présentes le grant seel de nostre Court, en l'absence du notre. Sauf en autres choses nostre droit et l'autruy en toutes. Ce fut fait à Beaune, ou mois de décembre l'an de grâce mil trois cens quatre vingtz et quatre. Ainsi signé sur le reply.

        Par monseigneur le Duc, J. POTHIER.

 Archives de la Côte-d'Or. Chambre des Comptes de Dijon. Châtellenie de Semur. B 1335. Terrier de 1502, folio 203.

MASSINGY-LES-SEMUR

Massingy est mentionné en 994 dans les *Preuves de l'histoire de Bourgogne* de Dom Plancher. On le trouve au XIVe siècle possédé par les Montagu de Couches, cadets des ducs de la première race. Philibert de Montagu, qui affranchit la commune, était l'aïeul de Ch. de Montagu, seigneur de Couches, tué en 1470 au combat de Buxy, et en qui finit la race. Claude de Blaisy, cousin de Claude, hérita de la terre de Massingy, que Suzanne, sa fille, porta en dot dans la famille de Rochechouart. Christophe, son fils, l'échangea en 1528 avec M. de Crecey, seigneur de Venarey. Dès lors, elle passa aux Villarnou, qui, en 1601, la vendirent à Bénigne Damas, dame de Mercey, qui la laissa en 1622 à Joachim Damas, seigneur du Rousset, son frère. Leur descendant, Jean de Senailly-Damas, l'aliéna en 1642 à F. Jacob, lieutenant général en la chancellerie de Semur, qui la rétrocéda aussitôt à Jacques de Chaugy, seigneur de Lantilly. Sa petite-fille, Marie de Chaugy, mariée en 1685 à François Du Faur de Pibrac, comte de Marigny, leur fille, Pierrette Radegonde, épousa en 1711 Pontus Joseph de Thiard Bragny. Ils laissèrent la terre à Gaspard Pontus, qui, en 1765, la vendit à Charles-Claude Damas de Crux.

Massingy est une commune du canton de Semur.

CCCCXXX

Charte d'affranchissement des habitants de Massingy-les-Semur, par Philibert de Montagu, seigneur de Couches et de Massingy.

1397 (août).

En nom de Nostre Seigneur, amen. L'an de l'Incarnation d'iceluy courrant mil trois cens quatre vingtz et dix sept, le mardi sixiesme jour du mois d'aost. Nous Philibert de Montagu, chevallier, seigneur de Couches et de Massingy, près Semeur, d'une part. Et Droin Pernot, Jean Crute, aultrement le Bourgeois, tant pour moy, comme prenant en main pour Huguenin, mon frère, Droin Lallemand, prenant en main pour Jehan Lalemand mon frère, Jehannot le Bault, Perrenot Foynot, Perreau le Bault, Jehan Thibault, Odot et Jacques Guiot le Clerc, Jehan Bernard, Jehannot Cassard, Jehan Guion, Guillaume Bardeau, Jehan et Jacques Perrin Leclerc, Guillemin Bornon, Jehan Perrin, Perrin Darveaul, Thiebault Gerard, Drouin le Bault, Jacob son fils. C'est assavoir. Je le dit

---

(1) Il était fils de Hugues de Montagu, seigneur de Couches et de Sainte-Pereuse, et de Jeanne de Saillenay. Il mourut après 1401, laissant de Jeanne de Vienne, sa femme, un fils et deux filles. (Anselme, I, 560).

Jacob, de l'authorité et consentement dudit Drouin, mon père, à ce présent et moy authorisant quant aux choses qui s'ensuivent passer et accorder, Regnauld Godard, Guiot le Bauld, Jehannot Maistre, Jehan Thibaut, Maitre Jehan, Jehannet Drouin, Maistre Jehan, tous hommes dudict Monsieur Philibert, habitans dudict Massingy, tant pour nous que pour les autres habitans d'icelle ville dudict Massingy, hommes dudict Monsieur de Couches, qui sont de présent en icelle ville de Massingy ou seront pour le temps advenir, d'autre part. Scavoir faisons à tous ceulx qui ces présentes lettres verront et ourront, que, comme jà pieça, nous habitans dessus nommez, pour nous et noz hoirs et pour les autres habitans d'icelle ville, hommes dudict Monsieur Philibert, qui seront pour le temps advenir, eussiens cuidié traicter avec le dict Monsieur Philibert dessus nommé, de oster toutes mainmortes d'icelle ville; c'est asscavoir des hommes de mon dict seigneur, tant en réalle que personnelle, de tailles, charuaiges, dont pour icelluy temps nous ne peusmes traicter ne avoir acord avec le dict Monsieur. Et tousjours avons requis ledit Monsieur, en luy humblement suppliant que comme il soit de toute ancienneté, par luy et par ses devanciers, sires dudit Massingy, en justice et en seignorie haulte, moïenne et basse et de franc alleufz especiaulment de nous habitans dessus nommez et de ceulx dont nous avons cause; il nous voulsist oster et remectre lesdictes mainmortes, tailles et charuages perpétuellement, pour nous et noz hoirs, parmy payant à luy du nostre ce que nous pourryons bonnement païer et supporter.

Et nous pour ce Philibert dessus dict, inclinant à la requeste des dessus nommez, et aussi pour l'amour que nous avons heue de tout temps à eulx et aussy les dessus nommez à nous et à noz devanciers, dont nous avons causes; et pour augmenter et accroistre de habitans nostre dicte ville pour le temps advenir, laquelle est de présent très petitement peuplée, pour cause de la dite mainmorte et charges de quoy ilz ont esté chargez ou temps passé, et par le conseil et délibération et advis de plusieurs sages pour ce assemblez; des consentemens de nous tous dessus nommez, avons traicté et accordé, et par ces présentes traictons et accordons sur le dict affranchissement et bourgeoisie en la manière qui s'ensuit.

1. Et premièrement. Nous Philibert dessus dict, de nostre bon grey et plenière volonté, sans contraincte aucune, mais de nostre bon propos et pour nostre profict évident, avons affranchy et affranchissons par ces présentes, pour nous et noz hoirs et les ayans cause de nous, perpétuellement, les dessus nommez et ung chascung d'eulx, pour eulx et leurs hoirs, et tous autres qui doresnavant

seront demeurant à la dicte ville dudit Massingy, se ilz n'estoient de noz hoirs de mainmorte de noz aultres terres, lesquelz se il advenoit que ilz y demourassent, ilz demoureroient de leur dite condition et mainmorte, nonobstant la dite demourance et ce présent affranchissement (1). Et seront et sont ceulx de Massingy francz, quictes et exemptz de toutes mainmortes réalles et personnelles (2), pour suitte d'icelles taille, indiction et exactions d'icelle, et de tous charuaiges (3) quelconques et ostons perpetuellement, pour nous, noz dits hoirs et aïans cause, toutes les servitutes dessus dictes et chascunes d'icelles, sans que nous et noz hoirs leur en puissions aucune chose demander, requérir, leur advouer ou exiger; mais voullons ceulx dessus nommez, leurs hoirs et ayans cause et tous aultres demourans en icelle ville et ailleurs de ceulx d'icelle ville, ou aultres noz hommes justiciables, estre et demeurer perpétuellement francz bourgeois de nous, nosdictz hoirs et des ayans cause de nous, à cause de la dicte ville dudict Massingy perpétuellement. Et les manumectons du tout en tout, de hoirs en hoirs en dessendant, tout par la forme et manière que sont les bourgeois de la ville de Semeur doresensus (4), parmy paiant à nous et à noz hoirs chascung an pour chascung feu estant en icelle ville, au terme de Sainct Remy, cinq solz monnoye royalle courrant, audit terme, de bourgeoisie. Et aultant payera le foible comme le fort.

2. Et est à entendre que tous ceulx qui tiennent ou tiendront héritages en nostre dicte ville et en nostre justice doresensus, jaceoit ce qu'ilz ne tiennent aucun feug en icelle ville et justice, et ilz soient des bourgeois dessus dictz, ilz seront tenuz de païer à nous et à nosdictz hoirs, chascung d'iceulx, les dictz cinq solz chascung an audict terme. Et tant comme ilz tiendront héritaiges en nostre dicte ville et justice, et non aultrement.

3. Et s'il advenoit que nous, habitans dessus nommez, ou aucungs de nous en dessendant ou les ayans cause de nous et aultres habitans qui seront pour le temps advenir audict lieu de Massingy, feissions aucung desadveu ou alissions demourer hors d'icelle ville de Massingy, se serons nous tousjours tenuz et demoureront chargés de païer à icellui Monsieur, à ses hoirs et ayans cause de luy, les dictz cinq solz, au terme de la dicte bourgeoisie au terme dessus dict, tant comme nous tiendrons et noz hoirs et successeurs, héritaiges en cette justice

---

(1) Les chartes précédentes nous ont fourni plus d'un exemple de cette exclusion des hommes d'un village de la même seigneurie des priviléges octroyés à un autre.
(2) C'était la condition la plus habituelle de la mainmorte en Bourgogne.
(3) Redevances sur les animaux.
(4) Désormais, à l'avenir.

dudit Massingy, et tousjours serons nous de noz tenemens et de noz hoirs et suc cesseurs estans audict Massingy, finage et territoire dudict lieu, justiciables d'iceluy Monsieur haultement, moyennement et bassement, nonobstant quelconques desaveu en bourgeoisies (1).

4. Saufz, reservé et retenu à nous Philibert dessus dict et à noz hoirs, trois muidz de bled qui nous sont deuz chascung an en icelle ville. C'est assavoir, ung muid de froment et deux muidz d'avoyne, mesure de Flavigny, à païer chascung an à nous, à noz hoirs et ayans cause de nous à la Sainct Martin d'hivert à la manière accoustumée, et aussy saufz et retenu à nous et à noz hoirs toutes tierces de bled, censives menues et grosses, allotz (2), quant les cas y escherront, rentes de vins, de bled que l'on doibt à nous Philibert dessus dicz annuellement en icelle ville de Massingy et appartenances. Lesquelles sommes seront tenuz païer à nous et à noz hoirs les tenuz ad ce ou à notre receveur dudict lieu perpétuellement aux termes accoustumez; et saulfz à nous et à noz hoirs perpétuellement tous noz héritaiges, tant maisons, preiz, vignes, orches (3), curtiz, saulées et autres héritages que nous avons en icelle ville et appartenances. Et saulfz et retenu avons et à nos dictz hoirs nostre justice haulte moyenne et basse que nous avons en icelle ville, finage et territoire d'illecq. Laquelle, nous et noz hoirs fairons gouverner à noz missions en la manière accoustumée, et lever les proffictz et esmolumens d'icelle tout par la forme et manière que bon nous semblera.

5. Et és présens traictez, accordz, bourgeoisies et conventions dessus dictz, nous Philibert dessus dict avons faictz, consentis et accordez aux dessus dictz, parmy la somme de quatorze vingtz livres tournois, ung franc d'or du coing du Roy, nostre sire et de bon poix, pièces comptées pour vingt solz tournois et aultres monnoyes roïalles, à la valeur ensamble dix livres tournois pour les chaulsses et vins (4) de nos conseillers tout pour une fois. Desquelles sommes nous nous tenons pour comptans. Promectans, nous, parties dessus dictes et chascunes de nous en droit soy, en tant comme à une chascune de nous touche et appartient, peult toucher et appartenir tant conjoinctement que divisément, par noz sermens pour ce donnez aux Sainctz Evangilles de Dieu et soubz l'expresse obligation de nous et de noz biens, de noz hoirs et de leurs biens, meu-

---

(1) Ces deux § paraissent avoir été empruntés à la charte de Salmaise.
(2) Droit de lods.
(3) Ouches, prés, pâquiers entourés d'une haie.
(4) Chausses et vins sont ici synonymes de ce qu'on a appelé plus tard : épingles et pots de vin.

bles et immeubles, présens et avenir quelconques, toutes les choses dessus dictes et chascunes d'icelles, tenir fermes, estables et aggréables, entretenir et accomplir, l'une de nous parties dessus dictes à l'autre, sans corrompre et contre icelles ne aucunes d'icelles non venir ne souffrir venir, en aucune manière, par nous ne par aultres, en jugement ou dehors, ou temps présent ou advenir, taisiblement ou en appert. Et par espécial, nous, ledict Philibert, la dicte bourgeoisie garantir, délivrer et deffendre à nos dictz bourgeois dessus nommez et à leurs hoirs, envers et contre tous, à noz propres missions et despens, nonobstant laps de temps. Et aussi nous les dictz bourgeois dessus nommez les dictes sommes d'argent de bourgeoisie, rendre et païer, par la mainière que dessus est dict et divisé. Renonceant en ce faict nous parties dessus dictes et chascunes de nous en droit soy par noz devant dictz foy et sermens à toutes exceptions, barres, cavillations, cautelles et allégations; à tout droit escrit et non escript, tant de canon civil comme de coustume; à toutes coustumes locaulx et généraulx et à toutes autres choses quelconques qui, contre la teneur de ces présentes lettres, pourroient estre dictes, proposées ou alleguées; et au droit disant géneralle renonciation non vailloir si l'especial ne precède. Et voullons ces présentes estre grossées, faictes et refaictes, une fois ou plusieurs la substance du fait non muée. Voullans, à l'observation de ces choses et de chascunes d'icelles estre contrainctz, chascunes de nous parties dessus dictes, en droict soy, ainsi comme de chose adjugée par la Court de monseigneur le Duc de Bourgongne, à la jurisdiction et cohertion de laquelle Court, quant à ce nous et chascunes de nous parties dessus dictes, en droit soy, submectons noz biens, noz hoirs et tous leurs biens. En tesmoing desquelles choses nous avons requis et obtenu le séel de la dicte Court estre mis à ces dictes présentes lettres et és semblables doubles de noz consentemens, les unes pour nous le dict Philibert et les autres pour nous les dictz habitans. Et nous le dict Philibert, avec le séel de monseigneur le Duc, avons mis nostre séel es lettres faisans au proffict des dictz habitans. Faictes et passées en la présence de Guiot de Villiers, clerc, demeurant à Semeur en Auxois, coadjuteur; Andrey Justot, clerc tabellion de Semeur, pour le dict monseigneur le Duc. Présens Jean de Labbaie, Odin Maignost, Jean Chemproy de Lantilly, Robert Pignot, Jean de Pesmes, Guiot Donisy, Estivey, messire Guy Jalley, prestre, et plusieurs autres tesmoings à ce appellez et requis, l'an et jour dessus dictz.

Copie du *vidimus* de cette charte du 12 juillet 1438, donnée le 25 août 1585 par le clerc de la Chambre des Comptes de Dijon. Archives de la Côte-d'Or. Chambres des Comptes de Dijon. B 11476. Affaires des communes. Massingy.

VELLEROT ET SAINT-PIERRE-EN-VAUX

Vellerot, aujourd'hui simple hameau de la commune de Saint-Pierre-en-Vaux, en était le chef-lieu seigneurial avant la Révolution. Il relevait, comme fief de la baronnie de Dracy-Saint-Loup, au bailliage d'Autun. Guy de Montbard, écuyer, le possédait en 1324, et Guillemette de Viécourt l'apporta en dot à J. Peaudoye, alias Loison, écuyer, qui tous deux affranchirent les habitants en 1399, et leur accordèrent les priviléges inscrits dans la charte qui suit. Vellerot demeura dans cette famille jusqu'à la mort de Jean, dernier mâle de sa race, arrivée avant 1507. Sa fille, Rose, le transféra dans la famille de Breschard, par son mariage avec Claude, qui prit le titre de seigneur de Vellerot. Des Breschard, la terre passa aux Damas, et de ces derniers aux Villers-la-Faye, ses possesseurs actuels.

Saint-Pierre-en-Vaux dépend du canton d'Arnay.

CCCCXXXI

Charte de franchises accordées aux habitants de Vellerot, par J. Peaudoye, écuyer, et Guillemette de Viécourt, sa femme.

1399 (décembre).

En nom de Nostre Seigneur, amen. L'an de l'Incarnation d'iceluy courant mil trois cens quatre vingtz et dix neuf, le vendredi après la feste de la Nativité Nostre Seigneur. Nous Jehan Peauldoye, escuyer, seigneur de Veulerot (1), et dame Guillemette de Vicoult (2), sa femme, dame dudit Veulerot. C'est assavoir je ladite damoiselle des autorité, congé, licence, volenté, consentement et demandement dudit escuyer mon mary et à la damoiselle ma femme, je ledit quant à faire, passer, consentir, traicter, garder, tenir, accorder, accomplir les choses qui s'ensuyvent, à damander, à passer ce qui s'ensuyt par ces présentes donne et octroie, à mesdites auctorité, consentement et mandement espécial. Et je la dite damoiselle les ay pris et receus en moy aggreable d'une part, avons songiez ou poinct que debvoient estre du temps passé. En la présence de Lazare de Beramdon, David Carrey, de Sainct Pierre en Vault, et Guillaume Andrey, Jehan Goisset et Jehan Breton, Jehan Gillot, Gaultheron Guilet, Gaultheron,

---

(1) Jean Peaudoye, *alias* Loison, seigneur de Vellerot, Lusigny, Ecutigny et Foissy, était fils de Guillaume chevalier, seigneur de Nantoux, fils lui-même de Jean, également chevalier, qui eut pour frère Ansel Peaudoye, damoiseau, secrétaire et conseil du duc Eudes IV, mort en 1348.

(2) Viécourt, seigneurie du bailliage d'Autun.

Pernaulx Gaultheron, Jehan Gougier, Huguenin Huguenot, Jehan Michelot, Bertheaulx Bernay, Jehan Bernay, tous habitans dudit Veulerot, tant pour nous et en nom de nous, et en nom de tous les aultres habitans renonssans à la dicte garde du Roy, nostre sire, et pour lesquelx choses qui s'ensuivent :

1. Nous parties dessus dictes, faisons [savoir] à tous ceulx qui verront ces présentes lettres, que comme plait, débats, discors soient mehus, ou en espérance de muer entre nous les dictes parties ; en ce que ledit escuyer, tant pour moy, comme pour mes hoirs en cause de damoiselle, femme dudit escuyer, disons, maintenons en toutes les choses dessus nommées les seigneurs dudit Vellerot que je en cause que dessus et par bon moïen, estoient en bonne, vraye et valable saisine et possession, ainsi et comme les diz habitans doibvent amener deux quehues de vin, du vin dudict escuyer, prins en ses maison de Monthelie et mener en sa court de Vullerot, et doibvent mener les diz habitans chascun an du vin audit escuyer deux quehues (1), parmy ce que le dit escuyer doibt seigner les boyers (2) de pain de froment, et les beufz de foing en faisant le voyage.

2. Item, le dit escuyer se tient pour content et sa damoiselle Guillemette et femme en est consentent, parmy ce que les diz habitans dudit Veulerot ont leurs usaiges en tous les bois dudit Veùlerot audit escuyer, excepté ses chaignes verts.

3. Item, les diz [habitans] peuvent pescher, esclore (3), peuvent prandre poisson en la ripviere dudit Veulerot sans contredict de nous.

4. Item, peuvent chasser à force de chiens et de arnoix par tout le finaige dudit Veulerot, sans contredict de nous.

5. Item, lesdiz habitans puest et ont leur pasturaige par tout le finaige, pour pasturer les grosses bestes et menues par les bois dudit Veulerot, avec les diz habitans la paisson dudit boys, parmi paiant IIII sols par chascun feug le lendemain de la Toussaints audit escuyer. Et paieront contant lesdiz habitans l'an qui vient, comme l'an qui n'y vient rien.

6. Item, pour amour et service que les dictz habitans ont faict audit escuyer et damoiselle Guillemette ma femme, dame dudict Veulerot, et espèrent de le faire de jour en jour, et pour ce ont advisé ledit escuyer avec ladicte damoiselle Guillemette, sa femme, que quant hun venant une personne de vie à trespassement, sa succession viegne au plus prochain parent et ames et que se il n'a-

---

(1) La charte de Meuvy contient une disposition semblable.
(2) Nourrir les bouviers.
(3) Faire des bâtardeaux, écluses.

voit amy, que sa succession, soit à son filleux ou à sa fillotte de paix et d'accord et par le moïen de plusieurs notables personnes et saiges, avons faict faire ce acord Jehan Peauldoye, escuyer, seigneur dudict Veulerot, et damoiselle Guillemette, femme dudit escuyer.

6. Item, ledit escuyer a juré sur sainctes Evvangilles de Dieu, par son serment sur tous ses biens, meubles et non meubles, présens et advenir acquis, toutes les choses dessus dictes, ausdictz habitans garentir envers et contre tous les dessus dictz habitans dès ce que dessus dicts à ses propres coustz et despens. Ledict escuyer et damoiselle Guillemette, sa femme, de leurs bonnes volentez ainsy entre eulx bien advisez. Et se submettent en jugement à la Court de monseigneur le Duc de Bourgoingne et obligent et en biens et en cours, ainsi comme de chose adjugée, à la jurisdiction de laquelle Court, quant d'icelle estre contrainctz à la court de monseigneur le Duc de Bourgoingne ou cas que seray désobeissant à l'encontre de ces présentes.

7. Item, ledict escuyer et la dicte damoiselle, sa femme, ne demanderont l'année courante sur les feulz du dit Veulerot.

En tesmoing de laquelle chose, j'ay requis et obtenu le séel de la dicte court monseigneur le Duc estre mis à ces présentes lettres, faictes et données en présence de Perrin Micault, clerc, notaire du tabellionnaige d'Ostun pour le dit monseigneur le Duc, et en présence de Guillaume Devaulx, Jehan Chiquart. Faictes en présence de Jehannot, Pierre Duchey, tesmoings à ce appellez et requis, l'an et jour dessus dictz par la maniere que dessus. Ainsi signé : P. Micault. Et ainsi signé à la fin d'icelles. J. Bornon.

Lesquelles lettres de franchise, ainsi par nous les sieur et dame dessus nommez, nouvellement faictes et passées ausdictz habitans dudit Veulerot, ainsi et par la forme et manière que cy dessus sont escriptes, narrées, spécifiées et declairées, nous voulons et consentons estre faictes et reffaictes, une fois ou plusieure, au dict et conseil de saiges gens, la substance du prothocolle non muée, mais icelle gardée et observée. Et ceste présente transaction, pacifification et accord, nous les dictz sieur et dame desditz lieux de Corbeton et Veulerot, avons faict et faisons ausdictz habitans, moïennant la quantité de quatre beufz de traictz, bons de pris, loyeaulx et marchands, à nous pour ce payez, baillez et delivrez réallement et de faict, en présence des notaire et tesmoings soubscriptz. Dont nous, les dictz sieur et dame, nous tenons pour contens, et en quictons perpétuellement les dictz habitans, leurs hoirs et ayant cause d'eulx au temps advenir, sans leur en jamais rien demander ne quereller. Promectans, nous les dictes parties et chacune de nous en droit soy, es noms et qualitez que dessus, en bonne foy, par nos sermens et soubz l'obligation et expresse ypothecque de tous et singuliers noz biens et de ceulx de nos dictz hoirs, meubles et immeubles présens et advenir quelzconques, lesquelz nous avons submis et obligez, submettons et obligeons, par ces présentes, à la jurisdiction, compulsion et contraincte de la Court de la chancellerie du duché de Bourgoingne pour le Roy, nostre sire, et par toutes aultres, tant d'église que séculières, l'une d'icelles cours non cessant pour l'aultre, sentence d'excommunication nonobstant, par lesquelles et une chacune d'icelles, nous, les dictes parties, et chascune de nous en droit soy voulons estre contrainctz et compellés, comme de chose cogneue et loiallement adjugée. toutes et singulières les choses dessus dictes, par la forme et manière qu'elles sont escriptes, narrées, spéciffiées et déclairées, avoir et tenir perpétuellement fermes, estables et aggréables, sans corrumpre et contre icelles ou la teneur de ces présentes non jamais venir, ne consentir venir en jugement ne dehors, taisiblement ou en appert, ne par quelques aultres voyes ou manière que ce soit. En renunceant, quant ad ce, à toutes et singulières actions, exceptions, déceptions, fraudes, baratz, cautelles, cavillations, objections, subterfuges et aultres causes et raisons que tant de fait comme de droit canon, civil ou coustumier à l'encontre de ces présentes pourroient estre dictes, alleguées, proposées que aucunement obyciées. Et mesmement au droit disant que genérale renunciation ne vault, se l'especiale ne précede. En tesmoing des quelles choses, nous, les dictes parties, avons requis et obtenu le seel de la Cour de la dicte chancellerie estre mis à ces présentes lettres, et au double d'icelles, faictes et passées en nostre chastel dudict Veulerot pardevant discretes personnes Gilles de Nailly et maistre Pascal de Beligny, bachelier en décret, notaires publiques et jurez de la dicte Court. Et présent discrete personne messire Claude Ligier, prestre, Arnolet Maigret, Moingeot Vallot, Perrenot de Busse et aultres tesmoings ad ce appellez et requis les an et jour dessus dictz.

Ainsi signé : P. BELIGNY et G. DE NEULLY.

Archives du château de Vellerot. Copie collationnée sur le *vidimus* desdites lettres, donné le 13 novembre 1436 par J. Courtin, lieutenant de la chancellerie du duché, et communiquée par M. le marquis de Villers-la-Faye.

CCCCXXXII

Confirmation de la charte de franchises de Vellerot, par Claude Peaudoye, écuyer, et Alix de Thoisy, sa femme; et ratification par Georges de La Trémouille-Jonvelle, seigneur de Dracy-Saint-Loup, seigneur suzerain.

1486-87 (12 février).

En nom de Nostre Seigneur, amen, l'an de l'incarnation d'iceluy mil quatre cens quatrevingtz et six, le douziesme jour du mois de febvrier. Nous Claude Peaudoye, chevalier de Courbeton et de Velerot (1), et Alix de Thoisy, sa femme (2). A scavoir je, la ditte Alix, sa femme, des loux, licence, authorité, consentement, bon plaisir et vouloir dudit chevalier, mon mary, à ce présent, à moy donnés et octroyés quant à faire, passer, consentir, ratiffier et appreuver les choses cy apres escriptes pour nous, d'une part. Et nous Jehan Belin, Michel Belin, frere Jehan Descombert le Jeune, Pierre Dupuys, Guillaume André, Odot Descombert, Jacob Barnay, Hugueniu Belin, Jean Montenat, Guillaume Serrigny, Claude Serrigny, Jean Serrigny, Jean Gotheron, alias Gerard, Guillaume Beutot et Pierre André, tous habitans et par noms de habitans de la terre et seigneurie dudit Velerot, et tant en nos noms comme pour et en nom et nous faisans fortz pour les aultres habitans dudit Velerot et desquelz nous affermons avoir charge expresse, et ausquels nous promettons faire consentir, ratiffier et approuver le contenu de ces présentes, tant conjoinctement comme divisement pour nous, d'aultre part.

Scavoir faisons à tous présens et advenir, qui ces présentes lettres verront et ourront que, comme procès, question et débats fussent en apparence d'estre meus entre nous les dictes partyes, de, et sur ce que nous les dits sieur et dame dudit Velerot disions, maintenions et prétendions, disons et prétendons lesdits habitans nos hommes estre à nous et en nostre seigneurie dudit Velerot, mainmortables et de serve condition, en fasson que toutes et quantesfois que aucuns d'eulx, présens et advenir, est allé ou iroit cy apres de vie à trespas sans hoirs légitimes demeurant avec luy en nostre ditte seigneurie en communion de biens, que tous et singuliers ses biens dudict ainsy trespassant nous competent et ap-

---

(1) Petit-fils de Jean Peaudoye, qui octroya la charte de 1399. Il fut le dernier de sa race et mourut vers 1505.

(2) Leur fille unique, Rose, épousa Claude de Breschard, seigneur de Vellerot. Ils vivaient encore en 1532.

partiennent à tiltre et à cause de mainmorte, et se aucuns natifz de par soy ou par ses prédécesseurs issus de nostre ditte seigneurie trespassant ou ayt des biens ailleurs en lieu franc, il nous loyt et appartient le droit de prendre tous ses biens et faire nous, et en lieu franc, selon la generalle coustume de ce duché de Bourgoingne et nous competent et appartiennent en et sur les dits habitans et biens quelconques, tous ce que par les coustumes dudit duché competent et appartiennent aux aultres seigneurs en et sur leurs lieux mainmortables.

Plus, disions et prétendions, disons et prétendons, nous les dits sieur et dame, que chacune charrue et chacun feu de nostre dite terre de Veullerot, ayant charrue entière de beufz ou de chevaux, est perpétuellement tenu à nous et à nos successeurs advenir dudit Velerot, à faire chascun an après vendange, toutes et quantesfois que requis en seront, une corvée de charroy d'une queuhe de vin, à prendre à Pommard, Monthelie ou Voulenay, et icelle rendre en nostre hostel et chastel dudit Velerot.

Item, plus disions et prétendions que la rivière courante audit Velerot, partant de l'estang de la Canche, est et doibt demeurer bannale à nous les dits sieur et dame, et en deffences telles, qu'il n'est loisible à aucuns d'iceulx habitans d'y paischer à quelque engin que ce soit, et pareillement la rivière de Vernusse, partant de nostre estang dudit lieu, despuis la chaulsée en hault, demeurant bannal à nous les dits sieur et dame, nos hoirs et ayant cause de nous, et aussi que la chasse à chiens et arnoix, est et doibt estre interditte et deffendue ausdits habitans, à quelques bestes que ce soit, sinon que en gardant leurs bestes de rencontre toute fois sans chasse entreprise, ils pourroient par leurs chiens faire courir après et prendre les dittes bestes, comme lièvres, chevraux, cerfz, biches ou aultres sauvagine, sans quelque danger d'amendes ou répréhension, et que desdis droits, nous les dis sieur et dame, tant par nous que par nos prédécesseurs en avons jouy et usé par tel et si longtemps qu'il n'est mémoire du commencement ne du contraire.

Et nous, les dits habitans, disions et prétendions, disons et prétendons au contraire. Assavoir que de tel et si longtemps qu'il n'est mémoire du commencement ne du contraire, nous, les dits habitans, avons jouy et usé de tous droits de franchise et liberté, franchement exempts de toutes charges et servitudes de mainmorte et aultres conditions serviles, sans que les dits sieur et dame, leurs prédécesseurs ne aultres y ayent jamais prins aucun droit de mainmorte sur les personnes ne sur leurs biens, de nos prédécesseurs habitans audit lieu de Velerot, et tout ainsy et par la forme et manière que en useut tous et singuliers les habitans et francs bourgeois de Beaulne, Dijon, ou citoïens d'Ostun. Et quant ausdites corvées de vin, rivière et chasse, jamais nous n'y fusmes abstraints, et que, ce nous, ou nos prédécesseurs, sommes par cy devant assis au dit charroy de vin, ce n'a esté que par gratuité et honneur des dits sieur et dame, et non pas pour choses que nous y fussions tenus. Et quant ausdites chasse et rivière, nous y avons chassé et pesché sans quelque dangier.

Finablement, pour bien de paix, et affin d'esvitter les inconvéniens que communément s'ensuyvent de procès, et par le conseil et advis de plusieurs notables gens, de et sur iceulx differends, leurs circonstances et deppendances, avons transigé, paciffié et accordé, et par ces présentes traittons, transigeons, pacifions et accordons en la manière qui s'ensuit :

1° Assavoir, quant à la ditte mainmorte, nous lesdits sieur et dame de Velerot, usant en ceste partye de bonne foy, mesmement pour ce qu'il nous a dehuement apparu, tant par tiltres anciens que par aultres dehus enseignemens de la franchise desdits habitans et du droit d'estre francs, quittes et deschargés d'icelle mainmorte en leurs corps et biens pour succéder les uns aux aultres soient commungs ou séparés de biens (1). A ceste cause et considération, nous, les dicts sieur et dame, cognoissons et confessons perpétuellement, pour nous et nos hoirs et ayant cause ausdits habitans, tant pour eux que pour les aultres et leurs successeurs habitans dudit lieu, présens et advenir dudit Velerot, perpétuellement, leurs hoirs et ayant cause que iceulx habitans, ensemble toute leur postérité, nés et à naistre, sont et demeurent perpétuellement francs, quittes et exempts de toutes charges et servitudes, de tous droits de mainmorte seullement, et les voulons et déclarons estre tenus et réputés perpétuellement francs, quittes et exempts de la ditte mainmorte ; seullement, pour aultant que la ditte franchise et exemption pourra servir et proffiter ausdits habitans, leur ditte postérité pour succéder les uns aux aultres, tout ainsy et par la forme et manière que font les cytoiens d'Ostun et habitans des aultres villes de ce duché de Bourgoingne, quant à la ditte condition mainmortables seullement. Mais en ce que ne pourra servir ausdits habitans, ledit tiltre ne sera point tenu, assavoir, saulcungs mainmortables d'aultre condition et lieu venoit demeurer audit Velerot, et y eust des biens au temps de son décèds, son seigneur originel n'en pourra venir prendre la mainmorte comme en lieu franc, mais audit cas, en déffault de parents, et en cas

---

(1) L'article 5 de la charte de 1399 ne laissait aucun doute à l'égard de l'affranchissement de la mainmorte.

de mainmorte, nous réservons à nous et nos successeurs sieurs dudit Velerot, le dit droit de mainmorte. Mais de tant que la ditte franchise pourra servir lesdits habitans, présens et advenir, qui ne seront mainmortables d'aultres seigneurs originels qu'ils puissent disposer de leurs biens envers les vifz ou par testament, ainsy que bon leur semblera, chargeant toutefois les héritages de leurs charges dehues et accoustumées de payer sur iceulx.

Item. Quant ausdittes corvées, tous lesdits habitans confessent debvoir icelle corvée de charroy de vin, assavoir chascune charrue une queuhe de vin, dois le Beaulnois et lieux avant nommés, jusques audit lieu de Velerot, toutesfois que requis en seront après les vendanges (1).

Item. Quant ausdittes chasses et pesches des rivières dessus déclarées, nous, lesdits habitans, confessons les dittes chasses et pesches nous estre interdites et deffendues, sans la licence et consentement desdits sieur et dame ou de leurs hoirs (2), reservé et excepté comme dessus, si d'adventure en gardant nos bestes, sans chasse entreprise, nos chiens levoient aucune beste la pourront poursuyvre et prendre sans quelque danger. Et au surplus, nous, les dits habitans payerons et supporterons, et promettons de payer ausdicts sieur et dame toutes charges anciennes et foncières à eux dehues, et aussy demeure à nous, les dits habitans, tous droits de pasturages, usages et aultres, dont avons usé par cy devant. Et semblablement ausdits sieurs et dame demeurent tous aultres droits seigneuriaux qu'ils ont en leur ditte terre et justice, et qu'ils ont acoustumé d'avoir sur leurs dits hommes, et dont ils ont jouy et usé par cy devant, et le tout soubz le bon vouloir et plaisir de hault et puissant seigneur George de la Trémouille, sieur de Jonvelle et de Dracy, du fief duquel est mouvant, et par nous lesdits sieur et dame tenu en fief nostre ditte terre de Velerot, du consentement duquel la teneur s'ensuyt et est telle.

En nom de Nostre Seigneur, amen. L'an de l'incarnation d'iceluy courant mil quatre cens quatre vingt et six, le unziesme jour du mois de febvrier, nous George de la Trimouille, sieur de Jonvelle, de Dracy-Saint-Loup et de Corcelle, grand maistre d'hostel et chambellan du Roy, nostre sire [et son lieutenant général], en ses pays et duché de Bourgongne (3). Scavoir faisons à tous présens et advenir, que, comme par les guerres et divisions qui ont régné en ce royaume et

---

(1) Cf. le § 1 de la charte de 1399.
(2) Cependant les § 3 et 4 de la charte de franchises leur concédait ces droits sans aucune réserve.
(3) C'était le frère de Louis de La Trémouille, dit le Chevalier sans peur et sans reproche, qui fut gouverneur de Bourgogne et périt à la bataille de Pavie.

audit duché de Bourgongne, la terre, chastel et seigneurie de Velerot estant mouvant de nostre fief (1) à cause de nostre chastel, terre et seigneurie dudit Dracy, appartenant à nostre cher et bien aymé messire Claude Peaudoye, chevalier, sieur de Corbeton et dudit Velerot, ayant esté bruslés et destruits en telle manière que la pluspart des hommes et habitans d'icelle terre et seigneurie dudit Velerot se soient absentés d'icelle et abandonné leurs meix, maisons et héritages, scitués et assis en icelle seigneurie, et que, à ceste cause, la ditte seigneurie de Velerot et les dits meix, maisons et héritages, situés et assis en icelle, soient envoie de demeurer en friche, ruyne et inhabitable, se pourvéhu n'y estoit par ledit messire Claude Peaudoye, chevalier, comme il nous a esté exposé et remonstré par ledit chevalier. Nous suppliant et requérant que, affin que plus facillement il puisse repeupler et remettre sus sa dite terre et seigneurie dudit Velerot et en icelle rappeller, ramener et réduire ses dits hommes un chacun en leurs meix, maisons et héritages, nostre plaisir fust, comme seigneur féodal d'icelle sa ditte terre et seigneurie dudit Velerot, nous, consentir à ce que iceluy chevalier affranchisse et puisse affranchir et mainmettre tous ses dits hommes d'icelle sa dite terre et seigneurie dudit Velerot, ses hommes serfz à mainmorte et de serve condition, selon la coustume dudit duché de Bourgongne, de la ditte servitude et mainmorte, ainsy comme ses dits hommes l'en avoient et l'ont supplié et requis, si comme nous a esté dit et exposé par le dit chevalier. Pour ce est-il que nous, les choses dessus dittes considérées, nous, suffisamment informé et adverti d'icelles ; à la prière et requeste dudit messire Claude Peaudoie, chevalier, sieur desdis lieux de Corbeton et Velerot, et, affin que comme dit est, icelle sa ditte terre et seigneurie dudit Velerot, mouvant de nostre dit fief, se puisse repeupler, réédiffier et remettre sus. Nous le dit sieur de Jouvelle, en cestui faict, saige et bien advisé, de nostre certaine science, ferme propos, pure et libéralle volenté, en faveur principallement d'iceluy chevalier, avons consenty et accordé, et par ces présentes voulons, consentons et accordons perpétuellement, pour nous, nos hoirs et successeurs, seigneurs à venir dudit Dracy, et pour les ayant cause de nous, que le dit messire Claude Peaudoye, chevalier, sieur dudit Corbeton et de Velerot, affranchisse de mainmorte perpétuellement, pour luy, ses hoirs et successeurs, seigneurs advenir dudit Velerot, mouvant

---

(1) La charte de 1399 n'ayant point été soumise au suzerain pour être ratifiée, suivant que le voulait la loi féodale, Claude prétendait, sans l'exprimer, qu'elle devait être considérée comme non avenue. De là, sans doute, le débat survenu entre lui et les habitants, et devant lesquels il dut céder, parce que ceux-ci le menaçèrent d'abandonner sa terre.

de nostre dit fief, et pour les ayant cause de luy, perpétuellement, tous ses dits hommes et habitans d'icelle sa ditte terre et seigneurie dudit Velerot, pour eux et leur postérité née et à naistre de la ditte mainmorte et servitude, en telle manière que iceulx ses dits hommes et habitans dudit Velerot et leur ditte postérité née et à naistre, soient et demeurent doresnavant francs, quittes et exempts de toutes charges et servitude de tous droicts de mainmorte seulement. Lesquels ses dits hommes et habitans dudit Vellerot, nous voulons, consentons et déclarons, entant que en nous est, estre tenus et reputés francs, quittes et exempts de la ditte mainmorte et servitude, seullement pour aultant que icelle franchise et exemption de la ditte mainmorte et servitude pourra servir et proffiter à iceulx ses dits hommes et leur postérité, née et à naistre, pour succéder les uns aux aultres, tout ainsy et par la forme et manière que font les habitans d'Ostun et habitans des aultres villes dudit duché de Bourgoingne, quant à la ditte mainmorte seullement. Pour, parce affranchis le dit lieu, terre et seigneurie dudit Velerot pour neuls aultres personnes mainmortables, d'aultre condition et lieu, qui viendroient cy apres demeurer en icelle seigneurie de Velerot et y eussent des biens au temps de leur décedz, en manière que leur seigneur originel puisse cy après venir prendre en icelle seigneurie dudit Velerot la mainmorte comme en lieu franc, mais audit cas et en déffault de parens et en cas de la ditte mainmorte sera et demeurera, sauf et reservé le dit droit de mainmorte audit chevalier et à ses dits hoirs et successeurs, seigneurs à venir dudit Velerot, selon que le contient et ordonne la ditte coustume dudit duchié de Bourgoingne, voulant aussy et consentant, nous le dit sieur de Jonvelle, comme seigneur féodal d'icelle terre et seigneurie dudit Velerot, pour nous et pour nos dits hoirs et successeurs, seigneur à venir dudit Dracy-Saint-Loup, que iceluy messire Claude Peaudoye, chevalier, passe et consente à iceulx ses dits hommes d'icelle sa ditte terre et seigneurie dudit Velerot, toutes telles lettres d'affranchissement et manumission que besoing sera quant à la ditte mainmorte d'eulx et de leur ditte postérité née et à naistre tant seullement. Et lesquelles lettres d'affranchissement et manumission, doibt maintenant pour lors, et doibt lors pour maintenir, nous ledit sieur de Jonvelle, avons loué, ratifié, consenty, émologué et approuvé, et par ces dittes présentes, louons, consentons, émologuons et approuvons, soubs les formes et conditions dessus dittes, seullement sauf le droit d'autruy, et moyennant la somme de dix écus d'or au coing du Roy, nostre sire, à nous pour ce payés, baillés et delivrés, et dont nous sommes et nous tenons pour contens, et en quittons le dit chevalier et ses dits hommes perpétuellement, sans leur en jamais rien demander ne quereller. Promettant, nous, ledit sieur de Jouvelle, en bonne foy, par nostre serment pour ce donné corporellement aux saincts Evvangiles de Dieu, et soubz l'hypothecque et obligation de tous nos biens et des biens de nosdits hoirs, meubles et immeubles présens et à venir quelconques, lesquels nous submettons, obligeons et hypothecquons, quant à ce, par la juridiction, compulsion et contrainte de la Cour de la Chancellerie du duché de Bourgoingne, pource, quant aux choses dessus dittes et une chacune d'icelles, entretenir et accomplir, estre contraint et compelly ainsi comme de chose adjugée, en renonceant, quant à ce, expressement à toutes et singulières actions, exceptions, déceptions, barrats, déffenses, cautelles, cavillations, objections, alligations, subterfuges, et à toutes aultres choses que l'on pourroit dire alléguer ou proposer, tant de droit comme de fait, canon civil ou coustume contre les choses dessus dittes, aucunes d'icelles ou la teneur de ces dittes présentes, et mesmement au droit disant que généralle renonciation ne vault, si l'espécialle ne précede. En tesmoing desquelles choses dessus dittes, nous avons requis et obtenu le seel de la Cour de la ditte chancellerie dudit duché de Bourgongne, pour le Roy nostre dit sire, estre mis à ces présentes lettres. Fait et passé en nostre chastel dudit Dracy-Saint-Loup, pardevant nostre amé et féal Robert Brusley, cytoïen d'Ostun, clerc, notaire publique et coadjuteur du tabellion dudit Ostun, pour le Roy nostre sire et présents, Révérend père en Dieu, messire Henry Bacon, abbé de Saincte Marguerite et curé dudit Dracy-Saint-Loup, honorable homme et sage messire Nicolas Moireaul, licencié en lois, noble homme Denizot Doré, escuyer, seigneur de Millery, en partie, Mathurin de Beaulnois, clerc, procureur dudit Dracy, et autres tesmoings à ce appellés et requis, l'an et jour dessus dis.

Ainsy signé : R. Brulet.

Archives du château de Vellerot. *Vidimus* et copie collationnée. Communication de M. le marquis de Villers-la-Faye.

LES BORDES DE VERDUN (SAONE-ET-LOIRE)

Ce hameau qui, avant la Révolution, dépendait du comté et de la paroisse de Verdun, fut compris dans la portion de la seigneurie qu'Eudes, dernier sire du lieu, vendit, en 1364, au duc Philippe-le-Hardi. Eudes avait déjà affranchi ce hameau du consentement du duc; mais comme à défaut de justification de ces lettres de franchises, les châtelains de Verdun exigeaient tous les droits qu'elles avaient abolis, les habitants, « qui désiraient ce que toute humaine créature doit désirer et appeter, c'est à savoir franchise et liberté, » recoururent au duc Jean, lequel voulant aider au repeuplement du lieu et les dédommager des ravages auxquels les exposaient le voisinage de deux rivières, leur remit la mainmorte par lettres données à Courtray, au mois d'août 1408, sous la condition de ne point quitter le lieu, si ce n'est pour aller demeurer à Saunières ou à la Barre, et de payer chaque année une redevance de huit bichots d'avoine.

Archives de la Côte-d'Or. Chambre des Comptes de Dijon. Affaires des communes. B 11476.

SAUNIÈRES ET LA BARRE (SAONE-ET-LOIRE)

Ancienne paroisse du comté de Verdun, réunie à la châtellenie ducale par suite de la cession qu'en fit Eudes, dernier sire de Verdun. Il en fut séparé, au XVIe siècle, pour former une seigneurie particulière. Ces deux localités furent affranchies, ou plutôt leurs franchises reconnues, par lettres du duc Jean, données le même jour et sous la même forme que celles des Bordes, dont nous venons de donner l'analyse.

Archives de la Côte-d'Or. Chambre des Comptes de Dijon. Affaires des communes. B 11479.

VILLAINES-EN-DUESMOIS

Le nom de Villaines apparaît pour la première fois, en 1002, dans une charte d'Aymon, comte d'Auxois, en faveur de l'abbaye de Flavigny. Ce village eut d'abord des seigneurs particuliers. Marguerite, leur héritière, mariée à Robert, sire de Tanlay, vendit cette terre, en 1253, au duc Hugues IV, qui l'érigea en châtellenie et prévôté, et y fit son testament. C'était une des résidences favorites des ducs. Jean-sans-Peur lui octroya les franchises qui vont suivre. En 1477, Louis XI le donna à Philippe de Hochberg, avec Salmaise et Montbard. Sa famille le posséda jusqu'à la fin du XVIIe siècle, époque à laquelle la terre fit retour au domaine, et aliénée, en 1697, à J. Baudry, châtelain royal, maire héréditaire de Villaines. J. B. Bauldry de Marigny, conseiller-maître en la Chambre des Comptes de Paris, son arrière-petit-fils, en donna le dénombrement en 1774.

Villaines est une commune du canton de Baigneux.

CCCCXXXIII

Charte d'affranchissement octroyée par Jean-sans-Peur, duc de Bourgogne, aux habitants de Villaines-en-Duesmois.

1409 (mars).

Jehan, duc de Bourgoingne, conte de Flandres, d'Artois et de Bourgoingne, palatin, seigneur de Salins et de Malines, savoir faisons à tous présens et advenir, nous avoir receue l'humble supplication de noz hommes, femmes, enfans, manans et habitans en nostre ville de Villennes en Duysmois, contenant que come tant à cause du lieu, icelle nostre ville et de leurs héritaiges estans illec come de leurs antécesseurs et devanciers, ils soient noz mainmortables, par quoy leurs biens, honneurs et avancemens s'en deffuient et retardent en plusieurs et diverses manières. Et il soit ainsy que iceulz supplians, désirans ce que toute humaine créature peut et doit désirer et apétir; c'est assavoir franchise et liberté, nous aient très humblement fait remonstrer et informer, que pour la dite mainmorte et aussy qu'ilz sont si près parens qu'à peine pourroient eulx treuver mariaige de l'un à l'autre en nostre dite ville de présent à cent que varles et filles à marier, lesquelx ne treuvent environ d'eulx, nulz qui se vueillent marier en nostre dite ville, ne prendre les filles d'illec. En humblement suppliant qu'attendu que la plus grant partie des dits varles et filles à marier sont jà hommes et femmes parfaiz et deussent avoir grant lignée et qui plus est ne se osent séparer de leurs hostels où ilz sont plusieurs, pour aler d'autre part en notre dite ville tenir leurs mesnaiges come faire pourroient, ainçois se tiennent ensamble sans departir pour avoir la succession l'un de l'autre. Et que se la dite mainmorte estoit ostée, les mesnaiges pourroient se departir et diviser, dont icelle nostre ville se peupleroit et croistroit, et noz rentes en augmenteroient. Mesmement que chascun mesnaige nous doit rentes de blez, d'argent, de corvées et de gelines; c'est assavoir icelle nostre ville, chacun an à la Sainct Remy chief d'ottobre, un muy de froment et un muy d'avoine à la grant mesure de Chastillon(1).

---

(1) Le terrier de 1537 appelle cette redevance le *giste;* elle se levait sur tous les possesseurs des terres du finage, suivant la répartition de prudhommes élus, qui en remettaient le rôle au châtelain.
Il y avait aussi la *rente muable,* qui se percevait sur tous les feux et suivant la chevance des habitants par le lieutenant du châtelain, assisté d'un des procureurs des habitants.

Item, la rente que est de chacun feu qui le peut faire, quatre mesures de froment et quatre d'avoine (1). Item, chascun feu à Caresme prenant une geline (2). Item, chacun feu à la Sainct Remy deux solz pour leur franc marchié (3). Item, chacune charue de la dite ville trois corvées l'an (4). Item, de chacun feu une corvée de corps en moissons (5). Item, la prevosté du dit lieu (6). Item, les impositions et huityesme qui leur sont à très grant charge au regard des choses dessus dictes qui montent par an à cent livres ou plus et pourroient monter et augmenter, se nostre dite ville se repeuploit (7). Nous, afin que icelle nostre ville se peust peupler, noz foires et marchiés illec et les droiz et prouffiz que y prenons augmenter et acroistre, et les terres labourables qui de présent sont en ruine estre labourées; les voulsissions affranchir et mettre hors de ladite mainmorte, de laquelle eulx et chacun d'eulx sont affectez, tant à cause de leurs diz antécesseurs et devanciers de ce qu'ilz sont extraitz et natifz d'icelle nostre ville et des héritaiges qu'ilz y ont comme autrement.

Pour quoy nous eu regard aux choses dessus dénommées, veue l'informacion que sur icelles par nostre bailli de la Montaigne, Jehan de Foissy, par l'ordonnance de nos amez et féaulx les gens de noz comptes à Dijon, ausquelz par noz lettres closes mandé l'avons faire où faire faire, faite en a esté; oye la relation de noz dites gens des Comptes et d'icelluy nostre bailli de la Montagne. — Considérant aussi que plus grant prouffit nous sera de peupler icelle nostre ville, laquelle se la dite mainmorte en estoit ostée, se pourroit peupler et les dits varles et filles à marier eulx marier, en tant que plusieurs gens yroient y habiter, demourer et y marier leurs enfans et aussi leurs mesnaiges qui se treuvent ensemble, se pourroient séparer et diviser dont noz revenues dessus declarées et autres nostre demaine nous pourroient estre de plus grant prouffit, et noz successeurs

---

(1) Les habitants non clercs, dit le même terrier, et les femmes veuves qui ne possédaient pas deux chevaux ou deux bêtes de trait, étaient exempts de cette redevance.
(2) Les clercs en étaient quittes.
(3) Les habitants clercs et « chefs d'hostel payaient 2 sols, à cause de cette droiture vulgairement appelée bourgeoisie, aultrement les francs marchiés; » les autres habitants ayant deux chevaux, 3 sols, outre un bichet d'avoine, et le demeurant, 2 sols seulement. Les forains pouvaient acquérir ce droit. De plus, chaque chef d'hôtel payait indistinctement 1 denier tournois pour droit d'étalage.
(4) Aux trois saisons, savoir : des sombres, de la semaille dite *benison*, et de la semaille des avoines. La nourriture des hommes et des attelages était à la charge du prince.
(5) A l'exception des clercs.
(6) Sa circonscription embrassait seulement Villaines et Vaugimois.
(7) A toutes ces prestations, il convient d'ajouter : 1° l'obligation imposée à tous ceux qui se mariaient à Villaines d'apporter au prévôt et plus tard au seigneur « un gastel dou tiers d'un moiton, une haste de porc, une géline, un pintat de vin, accompagné du menestrier qui joue ausdites nopces, se aucungs en y a. » (Terriers de 1371 et de 1527.) — 2° Les lods et ventes, qui se percevaient sur le pied de 2 gros valant 3 sols 4 deniers tournois par franc.

qui n'ont esté ou temps passé que feroit au temps advenir la dite mainmorte ; et surtout eu grant et meure délibéracion avec plusieurs de nostre Conseil et autres noz officiers. Inclinant à la dite supplication, nos dessus diz hommes, femmes, enfans, manans et habitans en icelle nostre ville de Villenne, ensemble leurs hoirs procrées et à procréer de leurs propres corps et lignée et tous les autres qui pour le temps avenir y résideront et habiteront, et chacun d'eulx; avons de certaine science affranchis et affranchissons, par la teneur de ces présentes, de grâce espécial à tousjoursmais et perpétuelement de la devant dite mainmorte, en ostant, adnichillant et mettant du tout au néant ycelle dès maintenant des hommes, femmes et enfans habitant et qui habiteront en nostre dite ville, par ainsi que toutes et quanteffois qu'eulx ou aucuns d'eulx soient homes, femes ou enfans, se départiront d'icelle nostre ville pour aler demourer ou faire leur résidences autre part ; ilz, cellui ou ceulx qui ainsi seroient départiz ou alez, seront et demoureront tant qu'ilz seront et demoureront hors d'icelle nostre ville noz homes, femmes et enfans de mainmorte, ainsi et pareillement qu'ilz estoient par avant ce présent affranchissement.

Et parmi ce que les ditz habitans et autres qui pour le temps avenir demouront et habiteront en icelle nostre ville de Villennes, ensemble paieront et seront tenuz de payer chacun an perpétuelement pour et ou lieu de la dite mainmorte, à nous et à noz successeurs, ducs de Bourgoingne ou au chastellain de Villennes, pour et au nom de nous et de noz ditz successeurs, le jour de la feste de Toussainct, oultre et par dessus les dites rentes dessus declarées et autres choses par eulx chacun an à nous deues, la somme de vingt et sept franxs, huit gros, dix et neuf deniers et obole, et le septiesme d'une maille monnoie après, aïant cours come chose réelle dont le dit chastellain sera tenu de faire recepte et despans en ses comptes à compter et commencer le premier terme et paiement à la feste de Toussains prouchain venant. Si donnons en mandement à noz dites gens des Comptes à icellui nostre bailli de la Montaigne et à tous noz autres justiciers et officiers présens et avenir, leurs lieuxtenans et chacun d'eulx, si comme à lui appartiendra, que les devant diz hommes, femmes et enfans, à présent manans et habitans en nostre dite ville de Villennes, ensemble leurs hoirs procrées et à procréer de leurs propres corps et lignée et tous les autres qui pour le temps avenir résideront et habiteront, et chacun d'eulx de nostre présente grâce et

---

(1) Cette somme, porte le terrier, était répartie par des prudhommes élus, perçue par un collecteur de leur choix et remise au châtelain. On rappelle à cet article le § de la charte d'affranchissement qui annule l'effet de la franchise à l'endroit des habitants qui quitteront le lieu.

affranchissement, facent, souffrent et laissent à tousjours, perpétuelement, plainement et paisiblement joïr et user en et par la manière que dit est, sans les empescher ne molester ou souffrir estre empeschiez ne molestez aucunement au contraire. Et sur ce les diz supplians seront tenuz de bailler au garde de noz lettres et chartres à Dijon, pour et en nom de nous lettre de récépissé et obligation faiz et scellées du séel de nostre chancellerie de Bourgoingne, par lesquelles, ilz pour eulx et leurs ditz hoirs procréez et à procréer de leurs propres corps et lignée prometterons, s'obligeront de payer à nous et à noz diz successeurs chacun an, perpétuellement à icelle feste de Toussains, les diz vingt sept francs, huit gros, dix et neuf deniers obole, le septiesme d'une maille, monnoie déclarée, à cause de la dite mainmorte et come chose réelle, oultre et par dessus les dites rentes et aultres choses chacun an par eulx à nous deues comme dit est ou audit chastellain de Villennes pour et en nom de nous. Lesquelles lettres deuement scellées, voullons estre mises en garde et demourer à mémoire perpétuelle en nostre dit trésor avecque noz autres lettres et chartres. Et afin que ce soit ferme chose et estable à tousjours, nous avons fait mettre nostre scel à ces présentes, sauf en autres choses nostre droit et l'autruy en toutes. Donné à Paris ou mois de mars l'an de grâce mil quatre cent et neuf avant Pasques.

Par monseigneur le Duc. J. De Saulx.

Vidimus délivré le 28 juillet 1410, sous le seing de J. de Chancey, conseiller du duc. — Archives de la Côte-d'Or. Chambre des Comptes de Dijon. Affaires des communes. B 11480. Villaines-en-Duesmois.

VANDENESSE

Ce village, qui était dans le principe le chef-lieu paroissial de la baronnie de Chateauneuf, appartenait, dès le XIIe siècle, à cette seigneurie, dont il ne fut jamais séparé. Un quart du domaine relevait de la commanderie de Beaune, et c'est pour ce motif que les religieux hospitaliers figurent dans la charte d'affranchissement que Guy de Chateauneuf octroya à ses hommes, afin de les retenir sur ses terres, qu'ils menaçaient de déserter.

Vandenesse est une commune du canton de Pouilly.

CCCCXXXIV

Charte d'affranchissement des habitants de Vandenesse, accordée par Guy de Châteauneuf et le commandeur de Beaune, seigneurs du lieu, et confirmation de cette charte par Philippe-le-Bon, duc de Bourgogne.

1419 (31 mai), 1421-22 (mars).

Phelippe, duc de Bourgoingne, conte de Flandres, d'Artois et de Bourgoingne, palatin, seigneur de Salins et de Malines, savoir faisons à tous présens et advenir, nous avoir fait veoir par plusieurs gens de nostre conseil les lettres patentes de nostre amé et féal chevalier messire Guy, seigneur de Chastelneuf et de Briarre, seellées en double queue de son propre séel en cire verd, et escriptes soubz le ploy de la marge dessoubz de son nom et de sa main. Desquelles lettres, la teneur s'ensuit :

1. A tous ceulx qui verront et orront ces présentes lettres. Nous Guy, seigneur de Chasteaulneuf et de Briarre (1), savoir faisons, nous, aujoud'huy avoir receue l'umble supplicacion de noz hommes et femmes de la ville de Vandenesse, estans de mainmorte et serve condition et taillables à volenté deux fois en l'an de nous es trois pars, contenant en effect, que comme nos diz hommes et femmes nous aient ou temps passé paié plusieurs grandes et grosses charges de tailles et d'autres reddevances et servitudes à eulx par nous imposées, pour le moyen desquelles tailles, charges, mainmortes et autres reddevances et servitutes en quoy ilz ont esté et sont grevéz; et pour autres causes, plusieurs desdiz habitans d'icelle ville se soient et sont absentez du lieu et alez tenir leur résidence ailleurs que soubz nous, délaissiez leurs meix, maisons, tenemens et héritaiges en grande ruine et désolation. Et encores feroient plusieurs d'iceulx qui encores sont résidans de présent audit lieu, se, sur ce ne leur estoit et briefvement pourveu de remède convenable par nous et par les seigneurs de l'ospital de Saint Jehan de Jerusalem, à cause de leur commandise de Beaune, ausquelz compete et appartient la quarte partie de la ville dudit Vandenesse, rentes et

---

(1) Guy de Châteauneuf, chevalier banneret, fut le dernier mâle de sa maison. Catherine, l'une de ses trois filles, héritière de la terre, mariée à Jacques d'Haussonville, ayant empoisonné son mari, elle fut condamnée à mort, et la baronnie passa à Hugues Grasset, qui la transmit aux Pot, des mains desquels elle passa aux Montmorency.

revenues d'icelle (1), excepté en certains noz hommes et leurs tenemens qui sont noz hommes ligement; en nous requerrant très humblement que, attendues ces choses et considérées, il nous pleust, de nostre grâce les affranchir, libérer, quicter et manumiter, pour eulx, leurs hoirs et postérité, perpétuellement de la dite mainmorte, serve condicion et fuer mariages, et aussi les abonner de tailles, selon ce que bon nous sembleroit, et verrons estre expédient. Il est ainsi que nous attendues et considérées les choses dessus dictes à nous suppliées et requises par lesdiz habitans dudit Vandenesse; eu aussi regart au profit et utilité que nous et nos hoirs aurons et pourrons avoir ou temps advenir par le moyen desdiz affranchissement, et aussi pour éviter es arruynemens, désolacions et vacacions, en quoy pourroient cheoir et devenir noz tailles et autres reddevances dudit Vandenesse pour l'absentement de noz diz hommes. De nostre certaine science, pure et libérale volenté; et eu aussi sur ce advis et conseil avec plusieurs noz parens et amis, et gens de nostre conseil; et mesmement en la présence de religieuse et honneste personne, frère Jehan Robert Court, religieux dudit hospital, commandeur de Saint Amant en Champaigne et gouverneur de la dite commandise de Beaune, pour nostre très chier et très amé oncle frère Pierre de Bouffroymont, prieur en France et gouverneur de la dite commandise, à cause de la maison neuve de Navelan, pour les causes dessus dictes, et pour plusieurs autres, qui à ce nous meuvent. Avons aujourd'hui affranchis, liberez, quictez et manumitez, et par la teneur de ces présentes lettres, affranchissons, libérons, quictons et manumettons noz diz hommes et femmes de la dite ville de Vandenesse, leurs hoirs et postérité, perpétuelment, tant ceulx qui sont noz hommes communs comme noz autres hommes liges de la condicion, subgeccion et servitute de la dicte mainmorte et serve condicion et fuer mariage. Lesquelles mainmortes, serve condicion et servitutes d'icelle et fuer mariage nous ostons et déboutons du tout en tout d'eulx et de leurs hoirs et biens quelxconques, tout ainsi que s'ils estoient noz hommes francs et de franche liberté.

2. Et aussi avons abonées et abonons par ces présentes les tailles dudit Vandenesse en la manière qui s'ensuit. C'est assavoir que les diz habitans dudit Vandenesse qui avoient accoustumé de paier à nous et aux seigneurs dudit hospital, à cause de leur dicte maison neuve de Navelan (2), chacun an leurs tailles deux

---

(1) Joseph, seigneur de Châteauneuf, qui vivait au XIIe siècle, avait donné ce domaine aux Templiers, et son petit-fils avait ratifié ce don en 1237, à la suite d'un échange. Après la suppression de l'ordre du Temple, Vandenesse avait été attribué aux chevaliers de Saint-Jean-de-Jérusalem et réuni à la commanderie de Beaune.
(2) Sur le territoire de Paimblanc.

foiz l'an à volenté ne seront plus doresenavant imposez à taille volentaire, mais paieront à nous, pour ce, et ausdiz hospitaliers et à noz successeurs seigneurs dudit Vandenesse ce qui s'ensuit. C'est assavoir : pour chacune soiture de pré qu'ilz tiennent et tiendront audit lieu deux solz six deniers tournois monnoie courant. Et pour chacun journal de terre qu'ilz tiendront et auront soubz nous aussi deux solz six deniers tournois, monnoie que dessus, qu'ilz seront tenuz de paier chacun an aux termes qui s'ensuivent. C'est assavoir : à la feste Saint Barthelemi, vint deniers tournois, et à karesmentrant dix deniers tournois. Et commencera le premier paiement à la Saint Barthelemi qui sera l'an mil CCCC dix neuf. Esquelz II sols VI deniers, nous aurons les trois pars et les diz hospitaliers la quarte partie.

3. Et nos diz hommes liges paieront à nous les diz deux solz six deniers tournois pour chacun journal de terre et soiture de pré qu'ilz tiennent et tiendront de la Ligette aux termes dessus diz. Et avec ce, sont et seront tenuz les diz habitans et leurs hoirs paier chacun an à nous et ausdiz hospitaliers, par manière et signe de franchise trois solz tournois, monnoie que dessus, le jour de feste de Nostre Dame en mars. Et chacune femme vesve dudit lieu dix huit deniers tournois. Et sera le présent terme et paiement le jour de feste de Nostre Dame en mars prochain venant.

4. Et affin que la dicte ville de Vandenesse ne se discipe, ne diminue, comme dit est cy dessus, voulons et ordonnons que noz diz hommes et femmes dudit lieu demeurans audit Vandenesse et ailleurs qui auroient et ont héritaiges soubz nous, ou qui vouldroient venir à succession d'aucuns audit lieu, que ilz ne puissent et ne pourront vendre ne aliener de leurs héritaiges pour quelxconques nécessité qu'ilz auront, à autres gens que à noz diz hommes et subgiez dudit lieu de Vandenesse, sans la volenté et consentement de nous et de noz diz hoirs et des diz hospitaliers.

5. Et se aucunes ou aucuns s'estoient fuermariez ou temps passé ou alez demourer hors de la dicte ville de Vandenesse et tenir leur résidence pour la doubte desdictes charges et servitutes ou pour aultres causes avoient laissié la dicte ville : nous, par ces présentes lettres, voulons, consentons que eulx ou autres puissent retourner et revenir demourer audit lieu de Vandenesse, tenir, joir et posséder leurs héritaiges, et joir et user des franchissemens et libertez dessus dictes, tout ainsi et par la forme et manière que les autres hommes dudit lieu que toujours auront demourez audit lieu, et qu'ilz puissent venir et succeder à toutes successions directes et collateralx qui leur pourroient competer, succeder,

advenir et appartenir. Pourveu que chacun an ilz paieront la dicte franchise comme les autres aux termes dessus diz. Pourveu aussi que se noz diz hommes forains ou autres veulent venir à successions d'aucuns noz hommes et estre frans comme les autres noz hommes résidans en la dicte ville. Iceulx noz hommes forains seront tenuz de entrer en paiement de la dicte franchise dedeans la feste de Nostre Dame en mars, prochain venant, et commenceront de païer la dicte franchise en la manière dessus divisée, soient demourans audict lieu ou ailleurs; ou autrement, le dit terme passé, ilz demourront serfs comme par avant, de telle et semblable servitute et condicion comme ilz estoient avant la date de ces présentes, quelque part qu'ilz demeurent hors de nostre dicte ville.

6. Et au surplus, avons retenu et reservé, retenons et reservons à nous, pour nous et nosdiz hoirs toutes autres choses, comme rentes, censes, courvées, gélines, messeries, dismes, tierces, loux, ventes et toutes autres rentes et reddevances acoustumées de lever et recevoir d'ancienneté sur nos diz hommes et femmes qui seront paiez par eulx chacun an à nous et ausdiz hospitaliers par la forme et manière acoustumées d'ancienneté et avant ces présentes. Et aussi reservé à nous et retenu en la dicte ville, finage et territoire dudit Vendenesse et sur nosdiz hommes et femmes dudit lieu, tous droiz de seigneurie à nous appartenans, à cause de la justice haulte, moyenne et basse. Laquelle justice sera gouvernée et exercée par juge commis par nous et lesdiz hospitaliers en la manière acoustumée.

7. Et n'est nostre intencion de aucunement comprendre en ces présentes les meix et tenemens, qui de longtemps sont affranchis au lieu de Vendenesse par noz prédécesseurs. Esquelx nous ne voulons riens innover, mais iceulx voulons demourer en telle valeur qu'ilz pevent et doivent valoir.

8. En toutes lesquelles choses dessus dictes, nous avons retenu et reservé, retenons et réservons la volenté, bon plaisir et consentement de nostre très redoubté et souverain seigneur Monseigneur le duc de Bourgoingue, de cui feid est et muet nostre dicte terre de Vendenesse.

9. Et promettons, nous le dit chevalier, en bonne foy et soubz l'obligacion de tous noz biens, et des biens de noz hoirs, meubles et immeubles, présens et advenir, l'affranchissement, l'abonnement, quitance, liberté, manumité et toutes les autres choses cy dedans comprinses, par nous passées et consenties, accordées, ottroyées et narrées, avoir et tenir fermes, estables et aggréables à tousjours mais, sans rappel, contredit ou empeschement ancien. Et nous jamais venir ne consentir venir au contraire, par nous ne par autre, céleement ne en

appert. Toutes exceptions, déceptions, cautelles. subterfuges, cavillations et allégations de fait, de droit et de coustume, et tous droiz escripts et non escripts, introduiz en faveur de nobles et tous autres genéralment à ces lettres contraires, cessans du tout en tout et arriers mises et esquelx nous renonçons par ces présentes, et au droit disant générale renoñciation non valoir, se l'espécial ne précède. En tesmoing desquelles choses dessus dictes, nous avons mis nostre propre séel et saing manuel, avec le saing manuel de Huguenin de Reecourt, chevalier, demeurant à Sombernon, notaire publicq, à ces présentes lettres, qui furent faictes et données audit lieu de Vendenesse le derrier jour du mois de may, l'an de grâce courant mil CCCC et dix neuf. Présens religieuse personne frère Jehan de Robercourt, commandeur de Saint Amant, messire Thibault Peloux, messire Eudes des Bordes, prestre, et Estienne L'usurier, bourgeois d'Auxerre, tesmoings ad ce appelés et requis l'an et jour dessus diz. Ainsi signé G. DE CHASTELNEUF et H. REECOURT.

Lesquelles lettres dessus transcriptes et tout le contenu en icelles, nous qui les avons aggréables, à l'umble supplicacion de messire Guy, seigneur de Chastelneuf, et des habitans de la ville de Vendenesse, dont en ycelles lettres est faicte mention, avons louées, grées, ratiffiées et approuvées, et par la teneur de ces présentes, de nostre grâce espécial et certaine science, pour nous et noz successeurs ducs et duchesses de Bourgoingne, loons, gréons, ratiffions et approuvons. Et l'affranchissement et tout le declairié en icelles lettres, consentons et confermons, moyennant ce que pour nostre présente ratiffication, confirmation, consentement et grâce, les diz habitans de Vendenesse paieront pour une fois à nostre profit la somme de vingt cinq francs, monnoie de Monss. le Roy, à présent aiant cours, que pour toute la finance à nous deue pour icelle ratiffication, consentement et grâce avons tauxée et arbitrée, tauxons et arbitrons. Laquelle somme de vint frans les diz habitans bailleront et délivreront es mains de nostre amé et féal conseiller maistre Jehan de Saulx, qui en fera recepte pour nous et despense en certains édifices, ainsi que par noz autres lettres lui avons ordonné et commis. Si donnons en mandement par cestes mesmes à noz amez et féaulx les gens de nos Comptes à Dijon, et à tous noz baillis, justiciers et officiers de nostre duchié, présens et advenir, ou à leurs lieuxtenans et à chacun d'eulx si comme à lui appartiendra, que la dite somme de vint frans, pour nous ainsi arbitrée et tauxée, paiée pour nous audit maistre Jehan de Sauls, comme dit est, ilz facent, seuffrent et laissent de nostre présente ratiffication, confirmation, consentement et grâce lesdiz habitans de Vendenesse et leurs successeurs, plainement et paisiblement joïr et user, sanz leur mettre, faire mettre, ou souffrir estre mis aucun destourbier ou empeschement au contraire. Et lequel empeschement se fait estoit, lievent et réparent, ou facent plainement oster et réparer. Car ainsi nous plaist il que soit fait. Et afin que ce soit ferme et estable chose à tousjours, nous avons fait mettre nostre scel à ces présentes, sauf en autres choses nostre droit et l'autruy en toutes. Donné en nostre ville de Dijon, ou mois de mars l'an de grâce mil quatre cens vint et ung.

Par monseigneur le Duc à la relacion du conseil ouquel vous estiez.

HUBERT.

Original : Archives de la Côte-d'Or. Fonds de la commanderie de Beaune. Seigneurie de Vandenesse.

CIEL-LES-VERDUN ET SAINT-MAURICE-EN-RIVIÈRE

(SAONE-ET-LOIRE)

Ciel, célèbre par les foires qui s'y tenaient durant huit jours, est une commune qui, après avoir fait constamment partie du comté de Verdun, dépend aujourd'hui de ce chef-lieu de canton. Il en eut par conséquent les mêmes seigneurs et les mêmes destinées. En 1420, les habitants de Ciel et de Saint-Maurice, par lettres du 24 octobre, s'adressèrent à leur seigneur, Humbert de Luyrieux, seigneur de la Cueille (1). Ils lui représentèrent que la servitude de mainmorte dont ils étaient grevés les plaçait dans une condition inférieure à celle de leurs voisins; qu'elle empêchait le mariage de leurs enfants, et, partant, qu'elle amenait la dépopulation du lieu; ils lui demandèrent de retourner à pure liberté et ingénuité et franchise romaines, moyennant, bien entendu, augmentation du montant ordinaire des tailles. Humbert accueillit leur supplique, et, considérant que de droit naturel les hommes naissent francs, et de droit es gens servitude est trouvée et induite, il leur remit et quitta la mainmorte et les restitua eux et leur postérité « à pure ingénuité et franchise, comme frans citiens de Rome, sauf lui et à ses successeurs, tous obsèques, révérences et obéissance, que liberté doit prester et porter à son patron. »

La taille est abonnée à 58 francs, dont le cinquième appartiendra au Duc; et, enfin, les corvées de bras, de charrettes et de charrues sont maintenues, ainsi que la redevance d'une geline à carême prenant.

Cette charte fut confirmée par lettres patentes du duc Philippe-le-Bon, donnée à Dijon le 30 juin 1422.

Archives de la Côte-d'Or. Chambre des Comptes de Dijon. Affaires des communes. B 11474.

(1) Humbert de Luyrieux, fils de Guillaume de Luyrieux, chevalier, et de Jeanne de Sainte-Croix, fille d'Etienne de Sainte-Croix et d'Alix de Verdun. Le duc de Bourgogne, Philippe-le-Bon, qui possédait un cinquième de la baronnie de Verdun, le donna en dot à Catherine, sa bâtarde, en la mariant à Humbert, petit-fils d'Humbert.

CHAILLY

Chailly, au bailliage d'Arnay, connu dès 1180, était une seigneurie laïque, mouvant de la baronnie de Mont-Saint-Jean, et longtemps possédée par des seigneurs particuliers qui comptèrent parmi les bienfaiteurs de l'abbaye de La Bussière. En 1365, Pierre de Saint-Beury est déclaré vassal de Girard de la Tour, sire de Mont-Saint-Jean. Douze ans plus tard, Jacques de Cortiambles rétrocède la seigneurie à Jeanne de Mello, dame d'Epoisses. Paris de la Jaisse est dit, en 1403, seigneur en partie du lieu. Anne de Bourbon affranchit le village en 1421. La famille de Loges y apparaît dès 1425, et garde la seigneurie jusqu'en 1594, date de sa vente à Edme de Rochefort, bailli d'Autun. Fr. de Rochefort, marquis de la Boulouse, l'aliéna, en 1664, au profit de B.-P. Baudinet de Selorre, conseiller au Parlement de Paris, et de Pierre Lenet, marquis de Larrey, qui, l'année suivante, réunit toute la terre. Sa veuve la vendit sept ans après à J.-B. Brunet, secrétaire du roi, qui, en 1680, en reprit de fief après son érection en baronnie et la transmit à son fils, P. Brunet, président à la Chambre des Comptes de Paris. Charles du Tillet, comte de Serrigny, lui succéda en 1745.

La charte d'affranchissement octroyée, comme nous l'avons vu, en 1421, par Agnès de Bourbon, dame de Chailly, aux habitants du lieu, n'existe en original ni en copie, pas plus aux Archives du département que dans celles de la commune. Elle a jusqu'ici échappé à nos investigations, et nous le regrettons d'autant plus, qu'à en croire Courtépée, article Chailly, (tome IV, page 56 de la nouvelle édition), Agnès de Bourbon alléguait, parmi les motifs qui l'avaient déterminée à cet acte de libéralité, la crainte qu'elle et ses prédécesseurs n'eussent trop tiré de la mainmorte.

Chailly dépend du canton de Pouilly.

VAUROIS, COMMUNE DE BREMUR

Hameau de la commune de Bremur, qui, avant la Révolution, relevait de la châtellenie royale d'Aisey. On le connaît dès 1157. Au XIII⁰ siècle, Bremur et Vaurois appartenaient à la famille de Chateauvilain. Simon les engagea, en 1293, au duc Robert II; et Jean, son petit-fils, après avoir affranchi Bremur, du consentement du duc Eudes IV, lui céda la seigneurie en échange de celle de Belan. Ces deux villages furent alors réunis à la châtellenie ducale d'Aisey, à l'exception de quelques parties qui restèrent inféodées à la maison de Recey. En 1422, le hameau de Vaurois, dont les habitants mainmortables se trouvaient dans une condition inférieure à celle de leurs voisins d'Aisey, de Nod, du Chemin et de Bremur, leur paroisse, sollicitèrent du duc Philippe-le-Bon les mêmes franchises, et en obtinrent la charte dont la teneur suit. Après la réunion du duché à la France, Bremur, Vaurois et Rocheprise furent distraits de la châtellenie d'Aisey, et aliénés. En 1549, J. de Martigny, qui avait acquis partie de cette nouvelle seigneurie de Bernard et Laurent d'Handerson, la rétrocéda à Gérard, fils de Bernard, lequel ayant acquis l'autre partie de Jacquot de Neuilly, premier président de la Chambre des Comptes de Dijon, revendit le tout, en 1571, à Cl. de Martigny, écuyer. Elle échut à sa fille aînée, Eustache, mariée à Jean Pagey, capitaine de Saulx-le-Duc, dans le partage de la succession paternelle avec sa sœur Françoise. En 1645, ce domaine est possédé par Edme de Sommièvre, sire d'Ampilly; en 1679, par Erard du Châtelet, marquis de Mirebeau, donataire de Marguerite Le Bourgeois, sa femme. En 1687, Charles Le Grand, qui l'avait achetée, l'année précédente, de Catherine de Sommièvre, femme séparée de Charles de Favier, la rétrocéda à Félicien de Sommièvre, baron d'Ampilly, qui la vendit, en 1718, à François de Ligny, capitaine d'infanterie, du fils duquel Félicité Caudron de Cautin, camériste de la reine d'Espagne, l'acheta, en 1767, pour la revendre, en 1772, à P.-J. Hilaire de Brière, lieutenant général au bailliage de la Montagne.

CCCCXXXV

Charte d'affranchissement des habitants de Vaurois, par le duc Philippe-le-Bon.

1422 (juillet).

Phelippe, duc de Bourgoingne, conte de Flandres, d'Artois et de Bourgoingne, palatin, seigneur de Salins et de Malines. Savoir faisons à tous présens et avenir, Nous avoir receu l'umble supplication de noz poures hommes et subgez les manans et habitans de nostre ville de Varroix lez nostre ville de Bremur, en nostre chastellenie d'Aisey, contenant que, en toute la dicte ville, ilz ne sont que trois poures feux, lesquelz sont noz mainmortables et noz hommes et subgez de mainmorte. Et combien que nous soit d'aucun prouffit et ne nous en soit escheue aucune succession de mémoire de homme vivant. Les habitans du cintre et circuité dudit Bremur communement, sont leurs parens et sont afranchis de la dicte mainmorte, emportent leurs successions et eschoites quant le cas y eschiet. Toutesvoyes le bien, honneur et advancement desdiz poures habitans de Varroix se retardent en maintes manières, et mesmement ne treuvent aucuns que se y vuillent marier ne demourer, ne qui vuillent prandre par mariaige les valez et filles d'icelle ville, à l'occasion de la dicte mainmorte. Et pour ce sera la dicte ville où il y a si peu de feux dedans brief temps en totale ruyne et désolacion et demourra du tout inhabitée, se, de nostre grâce, ilz ne sont par nous afranchiz, si comme ilz dient. Donc eulx désirans ce que toute humaine créature peut et doit désirer et appetir, c'est assavoir franchise et liberté : nous ont très humblement supplié. Pourquoy nous, ces chouses considérées, et affin que nostre dicte ville de Varroix se puisse relever et repeupler, dont noz tailles et courvées que prenons sur eulx, pourroient estre par le temps avenir de grigneur prouffit, la dicte ville et territoire de Varroix et les diz supplians et leurs hoirs et successeurs, manans et habitans en icelle ville de Varroix. Par l'advis et délibération de noz amez et féaulx les gens de noz Comptes à Dijon, et d'autres de nostre conseil, avons pour nous et noz successeurs, afranchiz et afranchissons à tousjours, de nostre certaine science et grâce especial, par ces présentes, de la mainmorte que avons sur eulx et dont ilz sont envers nous tenuz et affectez. Et en icelle mainmorte du tout effaçant, abolissant et mectant au néant, les avons ramenez et ramenons à franchise et liberté. Et voulons que doires en avant ilz soient tenuz et reputez pour franches personnes et quictes et immunies de la dite mainmorte, tant qu'ilz demourront au lieu. Et se aucuns aloient autre part demourer et tenir feu et lieu, ilz seront et retourneront de la dicte condition de mainmorte, comme ilz estoient par avant l'octroy et concession de cestes (1). Pour et à cause duquel nostre présent affranchissement, lesdiz supplians et leurs diz hoirs et successeurs, oultre et pardessus les tailles, courvées et autres charges anciennes qu'ilz doivent de présent, seront tenuz de païer, en lieu de la dicte mainmorte, à nostre recepte de nostre dicte chastellenie d'Aisey, pour en estre faict recepte et dépense au prouffit de nous et de nos diz successeurs, d'une livre de cire seulement pour chacun feu doires en avant chacun an, au terme de la Saint Martin d'iver, dont la femme vefve ne sera comptée que pour demy feu et commencera le premier terme et paiement de la dicte demie livre de cire pour feu, laquelle peut valoir par communes années environ deux solz tournois, à la feste de la dicte Saint Martin d'iver prouchain venant. Si donnons en mandement à noz diz gens de noz Comptes à Dijon, à nostre bailli de la Montagne, à nostre chastellain d'Aisey et à tous noz autres justiciers et officiers, présens et avenir, ou à leurs lieuxtenans et à chascun d'eulx, si comme à lui appartiendra, que de nostre présente grâce et affranchissement de la dicte mainmorte, facent, seuffrent et laissent lesdiz supplians et leurs diz hoirs et successeurs, selon et par la manière que dit est, joyr et user, plainement, paisiblement et perpétuellement, sens leur faire, ne souffrir estre fait, oires ne pour le temps avenir, ne aucuns d'eulx quelconque molestacion, destourbier ou empeschement au contraire. Et affin que

---

(1) Ce § n'était pas considéré par le châtelain d'Aisey comme une vaine clause comminatoire, car, vers 1453, un habitant de Vaurois étant venu s'établir au Chemin-d'Aisey, pays franc et appartenant également au duc, et y étant mort ainsi que sa femme sans laisser d'enfants, le châtelain les considéra comme mainmortables, et, en vertu de la coutume, saisit leurs biens et les mit en vente, malgré l'opposition de leurs parents. Ceux-ci en appelèrent au bailli de Châtillon, qui donna gain de cause au châtelain. Battus de ce côté, les parents déterminèrent un de leurs cousins-germains habitant Bremur, à réclamer pour lui-même l'héritage, en erguant des lettres de franchise octroyées par J. de Châteauvilain et confirmées par le duc Eudes, qui donnaient aux habitants de Bremur la faculté d'hériter de leurs parents jusqu'au troisième degré ; mais le procureur du duc ayant prétendu que ce droit était borné aux limites du pays, le cousin fut débouté de sa demande.

ce soit ferme chouse et estable à tousjours, nous avons fait mectre nostre scel à ces présentes, saulx, en autres chouses, nostre droit et l'autruy en toutes. Donné en nostre ville de Dijon, ou mois de juillet l'an de grâce mil quatre cens vint et deux.

Ainsi signé. Par monseigneur le Duc, à votre relacion. T. Bouesseau.

Vidimus donné le 3 janvier 1424-25, par N. de Visen et J. d'Ancise, clercs de la Chambre des Comptes de Dijon. Archives de la Côte-d'Or. Chambre des Comptes de Dijon. Affaires des communes. B 11480.

PUITS

Les titres de l'abbaye de Flavigny mentionnent, dès le XIIe siècle, cet ancien village du bailliage d'Auxois. En 1313, le duc Hugues V donna cette seigneurie à Gérard de Châtillon, sire de la Roche de Milay. Il comprenait alors le fief du comte de la Roche et celui du sire de Ray. En 1379, le duc Philippe-le-Hardi, à qui cette terre était échue par confiscation, la céda à Guillaume de Grantson, sire de Pesmes, en échange de celle de Beaumont-en-Vaux. Guillaume de Grantson, son petit-fils, accorda aux habitants la charte qui suit. Au commencement du XVIe siècle, et vraisemblablement après la mort d'Hélion de Grantson, la terre de Puits fut acquise par Huguette, femme de Guillaume de Chastenay, sire de Villers; rétrocédée en 1522 à Cl. Le Marlet, avocat à Dijon, lequel la vendit, en 1536, à J. de Grantson, écuyer, Marguerite, sa fille, l'apporta en dot dans la maison de Choiseul, qui la possédait encore au temps de la Ligue. En 1629, elle est tenue par Hercule de Villers-la-Faye, gentilhomme ordinaire de la chambre du roi. Sa veuve, Anne de Chastenay, en disposa en faveur de Roland de Messay, dont la veuve, Madeleine de Villers-la-Faye, la vendit, en 1693, à Suzanne des Gentils, femme d'Hercule de Messay, laquelle ne tarda pas à la céder à Nicolas Brulart, premier président au Parlement de Dijon, d'où la terre passa, par alliance, en succession au marquis de Vichy.

Puits dépend aujourd'hui du canton de Laignes.

CCCCXXXVI

Charte d'affranchissement des habitants de Puits, par Guillaume de Grantson, et confirmation de cette charte par Philippe-le-Bon, duc de Bourgogne.

1423 (31 mars), 1428 (juillet).

Phelippe, duc de Bourgoingne, conte de Flandres, d'Artois et de Bourgoingne, palatin, seigneur de Salins et de Malines, savoir faisons à tous présens et advenir, nous avoir fait veoir par aucuns des gens de nostre conseil la copie des lettres de l'affranchissement fait par nostre amé et féaul cousin, messire Guillaume de Grantson, chevalier, seigneur de Pesmes, de La Marche et de Poix, à ses hommes et subjets, les manans et habitans du dit lieu de Poix, en la manière contenue en la dite coppie, de laquelle coppie la teneur s'ensuit :

1. Nous Guillaume de Grantson, chevalier, seigneur de Pesmes, de La Marche et de Poix, faisons savoir à tous présens et advenir, nous avoir reçeu l'umble supplicacion de nos hommes, femmes et enffens de nostre ville dudit Poix, contenant que tant à cause dudit Poix et de leurs héritaiges estans illecques, comme de leurs prédécesseurs et davenciers, ilz soient noz hommes et de mainmorte, par quoy leurs biens, honneurs et advencement s'en retardent et diminuent en plusieurs et diverses manières, et il soit que lesdis supplians désirans ce que toutes humaines créatures pevent et doivent désirer, c'est assavoir franchises et libertez, affin que nostre dite ville de Poix qui pour les mortalitez qui naguères y ont eu cours est très grandement despeuplée et diminuée et tellement qu'elle est en aventure de briefment demourer come inhabitable, se puisse repeupler et advencer; nous aient très humblement fait supplier que, attendu que les habitans des villes voisines qui sont franches gens et aultres redoutent et délaissent de aler habiter en icelle ville et y marier leurs enfans, pour cause de la dite vile condition d'icelle mainmorte, les voulsissions affranchir et mectre hors d'icelle mainmorte, de laquelle eulx et chacun d'eulx sont affectés, tant à cause de leurs dits prédécesseurs et davenciers, de ce qu'ilz sont estrais de nostre dite ville de Poix et des héritaiges qu'ilz ilz ont come autrement. Pourquoy nous eu regard aux choses dessus dictes et ausi que plus grant prouffit nous sera de peupler nostre dite ville, laquelle se la dite mainmorte estoit ostée se pourroit repeupler en tant que plus gens y yroient habiter et demourer, et il mariroient leurs enffens, dont nos rentes et autres notre demoine nous pouroit estre de plus granz prouffitz et à noz successeurs qu'ilz n'ont esté ou temps passé et ne seroient ou temps advenir et que n'a esté la dite mainmorte. Inclinant à la dite supplication, noz dessus ditz hommes et femes et enffans, manans et habitans en nostre dite ville de Poix, ensemble leurs hoirs procréés et à procréer de leurs propres corps et lignées et tous les autres qui pour le temps advenir il résideront et habiteront et chacun d'eulx de certaine science, avons afranchis et par la teneur de ces présentes de grâce espécial, affranchissons à tousjours mais et perpétuellement de la dicte mainmorte, en ostent, annihillant et mectant du tout au néant d'icelle dès maintenant des hommes, femmes et enffans, habitans et qui habiteront en icelle ville

de Poix, sauf et reservé en ce le consentement de nostre très redoubté prince et seigneur, Monseigneur le duc de Bourgoingne, duquel nous tenons la dite ville en fief et hommaige, auquel nous supplions très humblement que audit affranchissement lui plaise consentir et ycelluy confirmer et approuver.

2. Et n'est pas nostre entencion que par le moyen ou vertu dudit affranchissement, aucuns des dis habitans demourans et qu'il demoureront hors de la dite ville, puisse succéder ores ne pour le temps advenir, aucuns de noz hommes et femes pour le présent demourans et résidans en la dite ville de Poix, et qui pour le temps advenir se demoureront et résideront ne leurs héritaiges tant leur soient prouchaines en linaiges, se ce n'estoit qu'ilz veinssent demourer en nostre dite ville de Poix pour estre de la condition d'icelle, mais leur succéderont, venront succéder les hoirs plus prouchains des demourans et habitans en la dite ville; et ou cas qu'il n'y aroit aucuns demourans et résidans en icelle ville, l'éritaige vanra et demourera à nous ou à noz hoirs aïens cause.

3. Et aussi, il n'est pas de nostre entencion que ceulx qui demourent et demoureront en aucune mainmorte, puissent ne doivent sortir ce présent affranchissement, mais seront et demoureront noz mainmortables tant qu'ilz demoureront es lieux desdites mainmortes.

4. Et avons octroyé et octroyons à noz ditz hommes, femes et enffans et leurs successeurs, qu'ilz puissent et doyent aler quérir toutes eschoites et successions paternelles et maternelles et cellectéraulx qu'ilz escheuent de leurs parens, parentés, amis et autres hors de la dite ville jusqu'à dix lieues à la ronde de la dite ville et non oultre pour rapporter ycelles eschoites en nostre dite ville et ceulx qui escherront hors des mettes (1) desdiz dix lieues à la ronde d'icelle ville seront et demouront à nous, noz hoirs et successeurs comme noz mainmortables.

5. Sy donnons en mandement à notre gouverneur de la justice de la dite ville, et à tous noz autres officiers présens et advenir et à chacun d'eulx, sy comme à lui appartiendra, que les dessus nommés hommes, femmes et enffans à présent, manans et habitans en la dite ville de Poix, ensembles leurs hoirs procréés et à procréer de leurs propres corps et lignées et tous les autres qui pour le temps advenir y résideront et habiteront et chacun d'eulx de nostre présente grâce et affranchissement, faissent, souffrent et laissent à tousjours et perpétuellement, plainement et paisiblement joïr et user en et par la manière que dit est,

(1) Limites.

sans les empeschier ne molester, ne souffrir estre empeschiés ne molestez aucunnement au contraire. Et afin que ce soit ferme chose et estable à tousjours mais, nous avons en tesmoing de ce, fait mectre nostre scel en ces présentes, sauf en autres choses, notre droit et l'autruy. Donné en nostre chastel de La Marche, le samedy dernier jour du mois de mars, l'an de grâce courant mil quatre cens vingt et quatre, devant Pasques charnel, en la présence de noble homme Jaquot de Flamerans et Regnault de Coulons, escuiers, messire Eudes Tapicier, curé de La Marche, Jaquot Mordaille, Jehan de Myonnay et Vincent Cordier, demeurans audit lieu de La Marche, tesmoings à ce appellez et requis.

Donné par coppie soubz les sains manuelz de nous Guiot Girardot et Huguenin le Fevre, clercs demeurans à Dijon, jurés de la court de Monseigneur le duc de Bourgoingne. Collation premièrement et avant toute eure par nous faite au vray original cy mis le cinquiesme jour du mois de may, l'an mil quatre cent vingt et huit. Ainsi signé. C. GIRARDOT et H. LE FEVRE.

Lesquelles lettres d'affranchissement telles que cy dessus est transcript, avons aggréables, nous ycelles et tout le contenu à l'umble supplication desditz manans et habitans de la dite ville de Poix, et sur ce eu advis et délibération du conseil, avons loé, greé, consenty, ratiffié et approuvée, et de nostre certaine science et grâce espécial, pour nous et noz successeurs, louonz, gréons, consentons, ratiffions, approuvons et confirmons, par ces mesmes présentes, parmi et moïennant ce que les diz manans et habitans sont tenus de nous paier à nostre receveur général de Bourgogne, pour et ou nom de nous, la somme de quarante cinq francs, monnoye royale à présent courant, pour une fois, si laquelle par l'avis de noz amez et féaulx les gens de noz Comptes à Dijon qui se sont informés de la faculté desditz habitans, avons tauxée et arbitrée, tauxons et arbitrons, par la teneur de cestes, la finance qui nous est et peut estre deue à cause de nostre présent consentement et confirmation. Si donnons en mandement, à noz diz gens de noz Comptes à Dijon, à noz bailliz d'Auxois et de la Montagne et à tous nos autres justiciers, officiers, présens et advenir, ou à leurs lieuxtenans et à chacun d'eulx en droit soy, si comme à lui appartiendra, que de nostre présente grâce, consentement et confirmation, ladite somme de quarante premièrement paiée à notre dit receveur général de Bourgogne, lequel sera tenu d'en faire recepte et despense à nostre prouffit; ilz facent, souffrent et laissent lesdiz manans et habitans de Poix et leurs successeurs compris esdites lettres d'affranchissement jouir et user plainement, paisiblement et perpétuellement, sans leur faire ne souffrir estre fait, ne à aucuns d'eulx, ores ne pour le temps advenir aucuns destourbier ou empeschement à contraire, car ainsi nous plaist estre fait. Et affin que ce soit ferme chose et estable à tousjours, nous avons fait mectre nostre séel à ces présentes, sauf en autres choses notre droit et l'autruy en toute. Donné à la Leyde en Ollande ou mois de juillet, l'an de grâce mil quatre cens vingt et huit.

Ainsi signé. Par monseigneur le Duc à votre relacion. T. Bouesseau.

Vidimus donné le 20 août 1429, par Mareschal et Ratier, clercs de la Chambre des Comptes de Dijon.—Archives de la Côte-d'Or. B 11477. Chambre des Comptes de Dijon. Affaires des communes.

BLACY ET ANGELY (YONNE)

Ces deux villages, qui appartenaient jadis aux sires de Montréal, firent, jusqu'à la Révolution, partie de la châtellenie ducale, puis royale, de Montréal, au bailliage d'Avallon.

Au mois de mai 1431, les habitants adressèrent au duc Philippe-le-Bon, alors à Dijon, une supplique par laquelle, après lui avoir exposé comment, à la suite des vexations de ses receveurs pour le recouvrement des tailles, des rançonnements et pillages des ennemis, des extorsions de ses propres troupes, la majeure partie de leurs compatriotes avaient abandonné le lieu, de telle sorte que les 40 feux de Blacy se trouvaient réduits à 6, et les 8 d'Angely à 2; ils lui indiquèrent l'abolition de la mainmorte comme le seul remède à leur misère et le moyen le plus efficace pour rappeler les anciens habitants. Philippe, de l'avis du conseil, accueillit ces plaintes; il leur remit la servitude de mainmorte, sous la clause habituelle que cette franchise n'aurait d'effet que dans les lieux mêmes, et il les maintint taillables haut et bas et à volonté, sauf et réservées encore toutes les prestations accoutumées.

Archives de la Côte-d'Or. Chambre des Comptes de Dijon. Affaires des communes. B 11473.

NUITS-SOUS-RAVIÈRES (YONNE)

Nuits-sous-Ravières était, au XIIe siècle, un fief de la puissante maison de Montréal, dont les possessions confisquées sur Anséric, constituèrent sous le règne de Hugues IV, la châtellenie ducale de ce nom. De là l'origine de la maison de chasse que les Ducs avaient à Nuits, et qui plus tard fut convertie en fief. En 1420, André de Montréal, sire de Marmeaux, céda cette terre à Miles, sire de Noyers, de qui Jean de Marmeaux reprit en 1296. Au commencement du règne de Philippe-le-Bon, on trouve Nuits-sous-Ravières divisé en trois seigneuries, communes pour la justice, avec faculté aux habitants de s'avouer ou de quitter librement l'une ou l'autre de ces seigneuries. Mais l'un de ces seigneurs, Jean de Granges, ayant été exécuté pour ses démérites, son fief fut confisqué, réuni à la châtellenie de Montréal et administré par le châtelain, qui imposa aussitôt aux habitants des charges nouvelles. Ceux-ci, dans une supplique adressée au Duc, lui remontrèrent leur misère causée par la guerre, aggravée encore par les dettes qu'ils avaient contractées pour racheter le feu que ses ennemis voulaient « bouter » dans la ville, les ravages commis par les gens d'armes, et terminèrent en lui demandant une amélioration dans leur condition civile, seul moyen d'empêcher l'abandon total du lieu. Ces considérations touchèrent le duc Philippe. Par ses lettres données à Dijon au mois de mars 1431-2, il déclara recevoir ses habitants de Nuits en son aveu et comme ses francs bourgeois, à l'instar de ceux de Marcuil; il les prit sous sa sauvegarde, le tout moyennant la redevance annuelle de deux sols par feu, et mit le comble à ce bienfait en les affranchissant de la mainmorte et de toutes tailles et servitudes.

A partir de 1491, Nuits-sous-Ravières, qui continua toujours à former des seigneuries distinctes, fut possédé par les familles Rousselet, de Bourseval, de Verax Mathelin, Le Garennier, de Chenu, Morin, du Broc, Bargède, Lefèvre et par celle de Clugny, qui, en 1700, réunit toute la terre.

Archives de la Côte-d'Or. Chambre des Comptes de Dijon. Affaires des communes. B 11477.

SARRY ET SOULANGY (YONNE)

Sarry, paroisse du bailliage d'Avallon, et Soulangy, son hameau, dépendaient, avant la Révolution, de la châtellenie royale de Châtel-Gérard, ancien domaine de la maison de Montréal. Aussi, après les seigneurs de ce nom, les habitants du lieu n'eurent d'autres seigneurs que les Ducs, et les Rois après la réunion du duché à la couronne.

En 1431, au plus fort de la guerre des Anglais, les habitants de ces deux localités, sachant le Duc à Dijon, lui firent exposer, chacun de leur côté, qu'étant ses hommes taillables à volonté et mainmortables, leurs voisins les « deffuyaient » et refusaient de contracter alliance avec eux, tellement que plusieurs passaient leur jeunesse sans pouvoir se marier; que durant les guerres presque tous avaient été pris par les ennemis, pillés, rançonnés « jusques aux dents traire; » que, par le moyen du servage, n'étant pas maîtres de leurs héritages, ils ne pouvaient pas contracter d'emprunts, qu'ils étaient écrasés de tailles, et qu'enfin si remède n'était point apporté, les deux villages risquaient d'être abandonnés. Le Duc, accédant à ces supplications, abolit la mainmorte par deux lettres données à Dijon au mois de mars 1431 32, les en déclara affranchis sous la condition de ne pas quitter le lieu, et «ampliant» sa grâce, il déclara la taille abonnée dans les deux villages; en telle manière que le plus haut imposé ne devait payer que 20 sols, et les autres en descendant selon leur faculté jusqu'à 5 sols. Le Duc maintint toutes les autres redevances.

Archives de la Côte-d'Or. Chambre des Comptes de Dijon. Affaires des communes. B 11479.

MONTOT ET PERRIGNY

HAMEAUX DE LA COMMUNE D'ANNAY-LA-RIVIÈRE (YONNE)

Ces deux hameaux, qui dépendaient de la châtellenie de Montréal, et plus tard du comté de Noyers, n'avaient, au XV° siècle, d'autres seigneurs que les Ducs de Bourgogne. Toutes les deux étaient mainmortables et taillables à volonté. Or, comme en 1431 le châtelain de Montréal, ainsi que les receveurs des fouages, poursuivaient les habitants pour le paiement des fouages, les emprisonnaient « rigoureusement » et vendaient le peu de meubles qui avait échappé à la rapacité et au pillage des gens d'armes, amis et ennemis, qui couraient le pays, ceux-ci recoururent directement au Duc, et lui remontrèrent que s'il n'allégeait pas leur misère en abolissant la mainmorte et en diminuant les tierces, les deux hameaux, déjà bien abandonnés, deviendraient bientôt un désert. Philippe ne resta pas sourd à leur réclamation. Par des lettres données à Dijon au mois d'avril 1432, il abolit la mainmorte, toujours sous la condition aux habitants de ne point quitter le pays; mais il maintint la taille à volonté et les autres redevances.

Archives de la Côte-d'Or. Chambre des Comptes de Dijon. Affaires des communes. B 11476.

VILLIERS-LES-HAUTS (YONNE)

Paroisse annexe de Fulvy (Champagne), au diocèse de Langres. Elle dépendait du bailliage de Semur ou de celui d'Avallon, au choix des parties, et pour un quart de la châtellenie ducale de Châtel-Gérard. C'est à ce titre que le châtelain délégué du prince venait y rendre la justice commune au nom des autres seigneurs, parmi lesquels figurait l'abbé de Moutier-Saint-Jean.

En 1432, les habitants adressèrent au duc Philippe-le-Bon une supplique conçue dans les mêmes termes que celle des habitants de Sarry et de Soulangy, avec cette addition que les ennemis avaient pillé leurs biens déposés dans l'église et mis par trois fois le feu au village; ils l'adjurèrent, s'il ne voulait pas que la ville demeurât inhabitée, de les affranchir de la mainmorte et d'abonner leurs tailles. Le Duc, ces choses considérées, et de l'avis du conseil, leur accorda les mêmes grâces qu'aux habitants de Sarry et de Soulangy, et ses lettres, données à Dijon le 10 mai 1432, furent conçues dans les mêmes termes.

Archives de la Côte-d'Or. Chambre des Comptes de Dijon. Affaires des communes. B 11480.

LA VILLOTTE, HAMEAU DE SOMBERNON

Ce hameau, situé au pied du bourg de Sombernon, sur la source de la Brenne, fut, dès l'origine, compris par les sires de Sombernon dans la dotation du prieuré qu'ils fondèrent près de leur château, sous la dépendance de l'abbaye de Saint-Bénigne, à laquelle il fut réuni dans la suite.

CCCCXXXVII

Charte d'affranchissement des habitants du hameau de La Villotte-lez-Sombernon, par l'abbé et le monastère de Saint-Bénigne de Dijon.

1432-33 (25 mars).

A tous ceulx qui verront et ourront ces présentes lettres, nous, frère Estienne, par la grâce de Dieu, humble abbé du monastère de Saint-Bénigne de Dijon (1), et tout le convent dicelly monastère. Et je, frère Jacques de Jussey, moine et enfermier d'icelly monastère, assemblez au son de la cloche, en nostre chapitre, le jour de la date de ces présentes, à l'eure que nous avons acoustumé de nous assembler pour tenir notre dit chapitre et pour traicter des besoingnes et négoces de notre dit monastère, et des membres despendans d'icellui. Faisons savoir et meismement, je, le dit enfermier, du loux, autorité et consentement de mes diz seigneurs abbé et convent à moy donné quant ad ce es choses qui s'ensuivent, et nous les diz abbé et convent, avons donné et donnons par ces présentes au dit enfermier, en tant qu'il lui touche, autorité, licence et puissance de passer et consentir les choses cy après escriptes, et est assavoir que nous, les diz abbé et convent et enfermier, avons reçu la humble supplication de Huguenin Guiot, de nostre ville de la Villotte soubz Sombernon et demeurant en icelle, et de Jehan Guiot, son frère, natifs de la dite ville de Villote de présent dite comme dessus, demourans à Dijon, tant pour eulx deux, comme pour et en nom de leurs femmes et enffans, et aussi pour tous noz autres hommes, femmes et enffans, tant natifz que demourans en la dite ville de Villote, appartenant audit office de l'enfermerie, à cause de notre prieurté de Sombernon annexé audit office d'enfermerie ou ailleurs. Que comme ilz soient noz hommes et femmes,

(1) Il gouverna l'abbaye de 1427 à 1434.

taillables à la feste de la Sainct Berthelomier hault et bas selon leurs facultés et mainmortables et de condition de mainmorte ; que par occasion et craincte de la dite condicion de mainmorte envers gens, homes ou femmes qui veuillent venir demourer avec eulx ne traictier mariage avec eulx, ne leurs enffans masles et femelles ; dont ilz laissent à avoir leur avancement, tant pour mariage que autrement, car très envers gens non mainmortables viendroient demorer, ne traicteroient mariage avec eulx, doubtans et non sans cause qu'ilz n'encheussent en la dite servitute de mainmorte et toutes voyes traicteroient les dis supplians aisiement des gens franches qui viendroient demourer audit lieu et contraictier mariage avec eulx et leurs dis enflans, se par nous ilz estoient affranchiz et deschargez d'icelle servitute de mainmorte et qu'ilz acquieroient maisons et autres héritages et feroient des neufves maisons et seroient plus populez, dont grant prouffit pourroit venir à nous et à notre église et au dit office de l'enfermerie et ne seroient plus iceulx supplians déboutez ne reculez, ne leurs enffans de nulz estrangiers comme ils sont de présent, qui est à leur grant charges et domage et aussi du dit office d'enfermerie. Quérans très humblement sur ce leur estre pourveu de gracieux et convenable remède. Pourquoy, nous les diz abbé, convent et enfermier, et ung chacun de nous, en tant qu'il nous touche ou puet toucher et appartenir et meismement, je, le dit enfermier, des auctoritéz et licence des dis, tant pour nous que pour nos successeurs, inclinant gracieusement à leurs dictes supplicacions et requeste eu considération aux choses dessus dictes, et à nous exposées en leur dite requeste ou traictée et délibération meure à plusieurs assemblées par nous faictes, mesmement ledit jour de la date de ces présentes pour traicter des choses dessus dites, considérant aussi le prouffit de nous et de nostre église et meismement du bénéfice de l'enfermier, et avec ce des ditz supplians et de ceulx qui s'ensuigront d'eulx ; yceulx supplians, avons manumis et affranchis et par ces présentes manumittons, affranchissons et délivrons de la dite servitute de mainmorte, tant que ilz demourront et habiteront en icelle ville de la Villote, tant seulement parmi ce qu'ilz seront tenuz de paier à tousjours mais chacun an au prouffit du dit office de la dite enfermerie le jour de la feste Saint Martin d'iver, pour chascun feu deux boisseaulx d'avene à la mesure du dit Sombernon pour cause et renson du dit affranchissement de mainmorte.

Toutesvoyes, nous voulons que ceulx qui sont natifs de la dite ville de la Villote, qui en sont descenduz ou qui en descendront, qui de présent ne demorent pas en icelle Villote, ou qui s'en vouldront départir ou temps avenir pour aler demourer autre part, estre affranchis de la dite condition de mainmorte, parmi, payant pour chascune teste home ou femme qui vouldroit demorer dehors et joïr de la dite franchise, la somme de dix saluz d'or, pour une fois, qui valent de présent treize livres quinze sols tournois, revenant les huit livres tournoises à la valeur d'ung marc d'argent fin, la quelle finance et somme d'argent seront appliquées, paiez et bailliez la moitié au prouffit des vestemens de nostre dite église, et l'autre moitié au prouffit du dit enfermier qui est de présent ou ses successeurs.

Et autrement ne voulons le dit affranchissement, baillier aux dits supplians et descendans d'eulx, fors que par la manière dessus dite et saufz nos autres drois que nous avons acoustuméz d'avoir et parcevoir le temps passé en la dite ville de la Villote ou finage et sur les habitans d'icelle, tant en taille que autrement; les quelx habitans et ung chacun d'eulx et leurs hoirs en descendant d'oir en hoir qui iront demorer dehors du dit lieu parmi les choses dessus dites, voudront et pourront tenir leurs dis héritages qu'ils ont droit et ceulx qu'ilz acquerront ou temps à venir au dit lieu, finaige et territoire de la dite Villote; parmy payant au dit enfermier ou à ses successeurs, toutes les charges réelles et acoustumées de paier des tenans et possédans iceulx héritaiges, promettans conduire et garantir aux dis habitans et à tous les descendans d'iceulx d'oir en hoirs, la dite liberté, franchise et manumicion soub le veul de notre religion et soubz l'obligation de tous les biens temporelz du dit office d'enfermerie pour nous et noz successeurs envers et contre toutz, en jugement et dehors avant plait entamé ou ouvert et après à noz propres frais, missions et despens par la manière que dessus est jà dit. En tesmoing des quelles choses, nous avons fait mettre noz scelz ad ces présentes lettres, faites et donnees le jour de la feste Saint-Benoit nostre glorieux patron, vint et cinquième jour de mars l'an mil quatre cens trente et deux (1).

Vidimus donné le 20 juin 1433 par H. de Recourt, coadjuteur du tabellion de Vitteaux, notaire public à Sombernon. — Archives de la Côte-d'Or. Série H. Clergé régulier. Fonds de l'abbaye de Saint-Bénigne de Dijon. Seigneurie de La Villotte-lez-Sombernon.

(1) Le 17 avril suivant, les huit habitants de La Villotte ayant comparu devant le même notaire, ratifièrent l'engagement pris en leur nom par leurs délégués, et promirent solennellement d'observer les clauses du contrat d'affranchissement.

PERRIGNY-LEZ-DIJON

Le duc Amalgaire, qui vers 630 fonda l'abbaye de Bèze, lui donna des fonds dans ce village. Néanmoins, le patronage en appartint toujours à celle de Saint-Etienne de Dijon. Perrigny fut, jusqu'à l'année 1432, en la possession d'une famille à laquelle il donna son nom, et dont les derniers représentants, Agnès, femme d'Et. de Mailly, et Pierre de Perrigny, son frère, échangèrent cette terre contre celle de Boux, près de Sombernon, qui appartenait à leur oncle Jean de Bauffremont, seigneur de Mirebeau et de Bourbonne. Celui-ci la revendit trois jours après à J. Péluchot, conseiller du Duc, et à Mathieu Regnault, receveur général de Bourgogne.

Ce dernier, resté seul possesseur, octroya la charte qui fait l'objet de cet article, et céda vraisemblablement la seigneurie au chancelier Rolin, dont le fils aîné, Guillaume Rolin, sieur de Beauchamp, reprit de fief en 1474. En 1507, elle appartient à la famille Chambellan, d'où elle passe par mariage dans celle d'Epinac, puis de Pernes, sur laquelle Nicolas Gagne, trésorier général, l'acquiert par décret, en 1650, pour la transmettre à ses descendants, dont l'un d'eux, A.-J. Gagne de Perrigny, chevalier, obtint en 1768 son érection en comté.

Perrigny dépend du canton ouest de Dijon.

CCCCXXXVIII

Charte d'affranchissement accordée par Mathieu Regnault, seigneur de Perrigny-lez-Dijon, aux habitants de ce lieu, et approbation de cette charte par Philippe-le-Bon.

1433 (21 décembre), 1433-34 (janvier).

Phelippe, par la grâce de Dieu, duc de Bourgoingne, de Lothier, de Brabant et de Lembou' conte de Flandres, d'Artois, de Bourgoingne, palatin de Haynau, de Hollande, de Zéllande et de Namur, marquis du Saint Empire, seigneur de Frise, de Salins et de Malines. Scavoir faisons à tous présens et advenir. Nous avons fait veoir par aucuns des gens de nostre conseil les lettres patentes de nostre amé et féal conseiller Mathieu Regnault, seigneur de Perrigny en Montaigne, scellées de son scel en double quehue et cire vermeille. Desquelles la teneur s'ensuit :

Je Mathieu Regnault, seigneur de Perrigny en Montaigne, conseiller de Monseigneur le Duc, son receveur général de Bourgoingne et pardessus (1) des offices de sa saulnerie de Salins. Savoir faisons à tous présens et advenir que j'ay receue l'umble supplication de mes hommes, femmes et enfans, habitans

---

(1) Titre qui équivalait à celui de directeur général.

de ma dite ville de Perrigny en Montagne, contenant que comme les aucuns d'eulx, tant à cause de leur nativité advenue audit lieu, et leurs héritaiges estans illecques, comme aussi de leurs ancesseurs et devanciers et les autres par demourance par eulx faite au dit lieu par an et par jour ou plus, en recongnoissant et paiant toutes débites deues à moy et à mes prédécesseurs, dont j'ay cause; ilz soient mes hommes de plusieurs serves conditions, et entre les autres de mainmorte et de serve condition. Pourquoy leur bien, honneur et avancement s'en retardent et diffèrent en plusieurs et diverses manières. Pour obvier esquelles choses, les diz suplians, désirans ce que toute humaine créature puet, doit désirer et appeter: c'est assavoir franchise et liberté; et afin que la dite ville, qui, pour les mortalitez qui ont esté, et aussi à l'occasion d'icelle condition et servitute, est grandement despeuplée et diminuée, se puisse repeupler et augmenter, me aient très humblement fait supplier que, attendu que les habitans des villes et lieux voisins qui sont franches gens et autres redoubtent, craignent et délaissent de aler habiter et demourer en icelle ville et eulx y alier par demourance ou mariaige de eulx et de leurs enfans, pour cause de la dite serve condition du dit lieu; je, d'icelle condition de mainmorte, les voulsisse délivrer, manumiter, affranchir et mettre hors; de laquelle condition de mainmorte ilz et chascun d'eulx sont affectez, tant à cause de leurs ancesseurs et devanciers, comme de ce qu'ilz sont extraiz et natifz du lieu dessus dit et des héritaiges qu'ils y ont, et autrement comme dit est dessus. Pourquoy, je, le dit Mathieu Regnault, en regard aux choses dessus dites, et aussi pour relever plusieurs de mes héritaiges que j'ay ou finaige et territoire de la dite ville de Perrigny, et que plus grant prouffit me seroit de repeupler icelle ville, laquelle, se la dite mainmorte en estoit ostée, se pourroit repeupler, en tant que plusieurs gens y yroient habiter et demourer et y meneroient et marieroyent leurs enfans; dont mes tailles et autres droiz, debtes, prouffiz et demaine du dit lieu pourroient estre de plus grand prouffit et valeur à moy et à mes successeurs, que n'ont esté ou temps passé et que ne seroient ou temps advenir les prouffiz et revenus de la dite mainmorte. Inclinant à leur dite supplication : les dessus diz mes hommes et femmes, manans et habitans en est de ma dite ville de Perrigny, et chascun d'eulx, ensemble leurs hoirs créez et procréez de leurs corps et lignes, demourans au dit lieu et les autres qui, pour le temps avenir, demouront, résideront et habiteront en ma dite ville de Perrigny; ay, de ma certaine science et bon propos, affranchiz et par la teneur de ces présentes lettres, de grâce spéciale manumitez et affranchiz à tous jours perpétuellement de la dite condition de mainmorte, en adnullant, ostant et mectant du tout au néant icelle, pour et leurs successeurs dès maintenant des hommes, femmes, manans et habitans en ma dite ville de Perrigny, et qui, pour le temps advenir, y habiteront et demourront, réservé, en ce, le bon plaisir et consentement de mondit seigneur le Duc de Bourgoingne, du fied duquel la dite terre meut, sans vouloir comprandre, en ce présent affranchissement et manumition, aucuns de mes diz hommes et femmes, qui présentement demeurent, et qui pour le temps advenir pourroient demeurer ou demouront hors de la dite ville de Perrigny, ne que par ce soient en aucune manière affranchiz de la dite mainmorte ou comprins ou dit présent affranchissement, ne qu'ilz peussent succéder, ores ne pour le temps advenir à aucuns de mes hommes et femmes, habitans pour le présent, demourans et résidans en la dite ville, et qui, pour le temps advenir, y demouront, ne à leurs biens et héritaiges, tant leur soient prouchains de lignaige. Mais demeurent et demourront les diz hors habitans de la dite ville de Perrigny, tant ceulx que desjà y sont demourans, comme ceulx qui y yront demourer, ensemble leur postérité, jà nez et à naistre, d'icelle condition de morte main, tellement qu'ilz ne succéderont point à leurs parens, ne leurs parens à eulx ne qui faisoient avant ceste présente franchise et que dit sera cy-après. Mais leur succéderay et veueil succéder, comme leur seigneur et successeur en droit de morte main, et comme eusse peu faire avant ce présent affranchissement. Et, ou cas que des trespassez en icelle n'auroient aucuns hoirs demourans en ycelle ville, leurs biens meubles, debtes et héritaiges venront et devront venir à moy ou à mes hoirs ou ayans cause. Et semblablement ne pourront succéder aucuns de mesdiz hommes et femmes demourans en ma dite ville de Perrigny ou autres à mes hommes et femmes non résidans ne demourans en icelle ville à leurs biens demourez par leurs décès. Aincois seront et demeuront mes diz hommes et femmes non résidans ne demourans audit lieu de Perrigny de la condition et servitute de la dite mainmorte, comme par avant l'octroy de ces présentes ilz estoient. Aussi, par cest présent affranchissement, moyennant et parmi icellui aucuns de mes diz hommes et femmes demourans en madite ville de Perrigny ou autres mes hommes demourans hors d'icelle, ne pourront vendre, aliéner ou transporter à quelque personne que ce soit non demourans en icelle aucuns de leurs héritaiges scituez et assis en la dite ville ou au finaige et territoire dudit Perrigny, ne sur iceulx mettre aucune charge quelle quelle soit. Et s'ilz font le contraire ilz me seront acquis et de présent pour lors et dès lors pour maintenant me y retiens le droit de la dite acquisition. Et demeurent les diz habitans et leurs héritaiges chargiez par ce présent affranchissement de toutes autres servitutes et devoirs, dont ilz me sont tenuz chargiez et affectez, fors que de la dite mainmorte, sans riens diminuer d'iceulx mes droiz, mais en demourront chargiez, la dite mainmorte exceptée, selon et par la manière avant dite. Et avec ce moyenant et parmi ce présent affranchissement, seront tenuz chascun mariez ou non mariez, hors de puissance paternelle tenant feu ensemble ou séparément, demourans et résidans en la dite ville de moy, paier et rendre chascun an doresenavant le jour de feste Saint Remy, premier jour du mois d'octobre, pour homme et pour sa femme, et aussi les diz non mariez, hors de la dite puissance, tenant feu, comme dit est, deux solz tournois, en la valeur de la monnoie à présent courant. Si donne en mandement à mes maieur gouverneur ou gouverneurs de la justice et terre du dit lieu de Perrigny, et à tous mes autres justiciers et officiers, présens et à venir, et à chascun d'eulx, si comme à lui appartiendra, que les dessus nommez mes hommes et femmes et leurs enfans jà nez et à naistre, manans et habitans en ma dite ville de Perrigny, ensemble leurs hoirs de leurs corps et autres qu'il appartiendra, de ma présente grâce et affranchissement, selon et par la forme et manière que dessus est dit, facent, seuffrent et laissent joir et user plainement et paisiblement, sans les empeschier ne molester, ne souffrir estre empeschiez ou molestez en aucune manière au contraire. Et affin que ce soit ferme chose et stable, à tousjours. Je, le dit Mathieu Regnault, ay scellées ces présentes lettres de mon scel, sauf, en autres choses, mon droit et l'autruy, en toutes. Donné le xxie jour du mois de décembre l'an mil CCCC trente et trois.

Et lesquelles lettres, dessus transcriptes et tout le contenu en ycelles avons aggréables. Nous, à la requeste de nostre dit conseiller, et parmi ce que les diz habitans seront tenuz de nous paier finance pour une foiz, à l'arbitraige des gens de noz Comptes à Dijon, et aussi que moyennant l'octroy dessus dit, la dite ville de Perrigny, dont est faite mencion es dites lettres, laquelle ville est soubz nous et en nostre souveraineté et ressort, pourra mieulx valoir amélioration de nostre fied. Avons, pour nous et noz hoirs et successeurs ou ayans cause, tout le contenu esdites lettres d'affranchissement, loé, grée, ratiffié et approuvé, louons, gréons, ratiffions et approuvons, et de nostre grâce espéciale confermons, par la teneur de ces présentes lettres. Si donnons en mandement à noz amez et feaulx les gens de nos diz Comptes à Dijon, à nostre bailli du dit lieu, et à tous noz autres justiciers et officiers, présens et advenir, ou à leurs lieuxtenans et à chascun d'eulx en droit soy et si comme à lui appartiendra; que de nostre présente grâce de ratiffication, approbation et confirmation, fassent, seuffrent et laissent, nostre dit conseiller et ses hommes et femmes du dit Perrigny, et leurs successeurs ou ayans cause, plainement et paisiblement joir et user, sans y faire, ne souffrir estre fait aucune chose au contraire. Et affin que ce soit ferme chose et estable à tousjours, nous avons fait mectre nostre scel à ces présentes, sauf, en autres choses, nostre droit et l'autruy, en toutes. Donné en nostre ville de Dijon ou mois de janvier, l'an de grâce mil CCCC trente et trois.

Ainsi signé, par Monseigneur le Duc, vous présent : T. Bouesseau.

Et ou reply dessoubz et marge desquelles lettres est escript ce qui s'ensuit : Expedita in Camera Compotorum dicti domini ducis Burgundie, Divioni xvi die mensis decembris m° CCCC° tricesimo quarto, mediante financiam vigenti quinque librarum Turonensium solutarum Johanni de Visenco receptore, Divionensi, habita prius informatione super facultate dictorum habitancium. Que quidem informacio cum copia presencium et littera dicti receptoris super receptione dicte summo ponuntur in loco ad hoc in dicta camera ordinato. Scriptum in ipsa camera anno et die predictis.

Ainsi signé : J. Gueniot.

Vidimus inscrit dans l'acte du 21 novembre 1435, et reçu par Odot le Bediet et Antoine de Beaudieu, notaires publics à Dijon, contenant ratification par les vingt-trois délégués des habitanis de Perrigny dudit contrat d'affranchissement, et l'obligation qu'ils souscrivirent d'en observer scrupuleusement toutes les clauses. — Archives de la Côte-d'Or. Série E. Féodalité. Titres de la seigneurie.

ATHÉE

Il est question de ce village sous le nom d'*Attiviacum*, en 584, dans la Chronique de l'abbaye de Saint-Bénigne de Dijon. Ce monastère y conserva des biens jusqu'à sa suppression, ainsi que le patronage de l'église. Athée relevait au XIIIe siècle de la baronnie de Mirebeau pour une partie, et de la seigneurie de Villers-les-Pots pour une autre. Ce fief fut possédé par les familles de Saint-Seine, de Saint-Aubin et d'Arc-sur-Tille ; les héritiers d'Hugues d'Arc-sur-Tille vendirent le tiers de cette seigneurie au chapitre de la Sainte-Chapelle de Dijon, Huart et Jean de Bauffremont, qui en étaient les suzerains, y joignirent les droits qu'ils pouvaient y avoir. Le restant de la seigneurie, demeuré à Jeannotte d'Arceau, femme de Saudron de Guines, passa aux Moillerencourt, aux Saulx, aux Ferrand, aux Fourneret, aux Delacroix, au président de Migieu, à F. Dumontet, aux Saint-Belin, aux Suremain, aux Sennevoy, et en dernier lieu à Moussière, lieutenant-général au bailliage de Dijon.

CCCCXXXIX

Charte d'affranchissement des habitants d'Athée appartenant au chapitre de la Sainte-Chapelle de Dijon.

1436 (avril).

En nom de Nostre Seigneur, amen. L'an de l'Incarnation d'icelluy courant, mil quatre cens trente et six, le onziesme jour d'avril après Pasques. Nous, doyen (1) et chappitre de la chappelle de Monseigneur le duc de Bourgoingne à Dijon, d'une part. Et Jehan Marceret, Belin Laurent, Jehan Cheval, Jacot, filz de Huguenost Gelebert, Villemote, mère dudit Jacot, Villot Gelebert, Odote, femme fut dudit Huguenot Gelebert, Huguenin Gelebert, Humbert et Berthelemy, Gelebert freres, enfens de feu Vienot Gelebert, Prevote, femme fut dudit Vienot, Vuillemin Campeney, pour moy et moy faisant fort; et prenant en main quant ad ce pour Belin Girarde, et Vuillemote frere et seur, enfens et héritiers de feu Estienne Campeney, Odote, vesve de feu Jehan Dameron, Moinaux Dameron, Jelyot le Granderet, pour moy et prenant en main pour Vienot et Jehan, mes frères communs en biens, enfens de feu Vuillemot, Le Ganderet, Jehannot le Couvers et Symonot Rigart. Tous habitans de la ville d'Athées. Perrenot Vergier de Poncey et Perrenote, sa femme, tous hommes et subgiez de mesdis seigneurs les doyen et chappitre de la dite chappelle, d'autre part. Savoir faisons à tous présens et advenir, que nous les dites parties, et mesmement les dites femmes mariées, de l'autorité, congié et licence de nos diz maris, c'est assavoir, nous lesdiz doyen et chappitre, que nous avons reçeu la supplication et requeste de noz dis homes dessus nomméz, contenant que comme ilz soient à nous et à nostre église tailliables une fois l'an à volenté, de mainmorte et serve condition (1), par quoy plusieurs notables personnes doubtant à venir demourer en la dite ville d'Athées et aussy à marier leurs filles audit lieu soubz nous, pour

---

(1) Robert de Saulx, vidame de Reims, cubiculaire du pape, mort en 1449.
(2) Les habitants de la portion de la seigneurie d'Athée, appartenant alors à M. de Saint-Aubin, et ceux de Villers-les-Pots à M. de Bauffremont, étant seulement tailliables haut et bas, les hommes des chanoines de la Sainte-Chapelle se trouvaient vis-à-vis d'eux dans une condition bien inférieure; aussi préféraient-ils y échapper en s'avouant les hommes de l'un ou l'autre de ces deux seigneurs et en abandonnant les tenures du chapitre, qui, sous peine d'abandon total, dut bientôt consentir à affranchir ses sujets, mais sans leur rien accorder au-delà de ce dont jouissaient leurs voisins.

cause de la dite mainmorte, dont il est advenu le temps passé, que une grant partie de noz mex estans audit Athées, sont de présent inhabitables et les autres petitement peuplés, dont noz tailles, tierces et autres redevances à nous deues annelment par noz dis homes, nous sont de présent de petite revenue au regart qu'ilz seroient se la dite mainmorte en estoit ostée. Si nous ont supplié que d'icelle mainmorte voulsissions eulx et leur postérité et héritaiges, perpétuellement affranchir. Parmi ce que en récompensation de l'intérêt et domaige que nous et nostre dite église pourrions avoir à cause dudit affranchissement, ilz nous ont offert et offrent de nous constituer cense réalle sur tous leurs héritaiges, tant mex, prez, terres arables, comme quelxconques perpétuellement; c'est assavoir, sur chacun mex abergié ou non abergié ung petit blanc, sur chacune soipture de prey, un petit blanc, sur chacun journal de terre, ung denier monnoye courant, tant sur les héritaiges qu'ilz tiennent de présent soubs nous, comme sur ceulx qu'ilz tiendront ou temps advenir. Pourquoy nous sur ce en grant advis et meure délibération en nostre chappitre pour ce aujourd'hui assemblez en la manière acoustumée, considérant aussi l'évident prouffit et utilité de nostre dite église estre en ce. Avons tous nosdiz hommes et femmes dudit Athées dessus nommés, manumis et affranchiz, manumettons et affranchissons par ces présentes, pour eulx et leur postérité nez et à naistre perpétuellement, ensemble tous leurs héritaiges, qu'ilz ont et auront soubz nous ou temps advenir en la dite ville, finaige et territoire dudit Athées, de la mainmorte tant seulement, tellement que doresnavant ilz puissent succeder les parens plus prochains l'un à l'autre en tous degrés par testament et *ab intestat,* selon disposicion de droit escript et la coustume générale du duché de Bourgoingne, en tous meubles, héritaiges et droiz quelxconques, comme entre gens franches du dit duché ont acoustumé de si aider les ungs aux autres, parmi ce toutesvoyes que avec ce pardessus, les dites tailles hault et bas à voulenté et les autres redevances qu'ilz ont acoustumé payer ou temps passé, nos diz hommes dessus nommés soubz nous et en noz meix assis audit Athée qui sont de présent et autres qui seront pour le temps advenir. Et aussi tous ceulx qui tiennent et tiendront les mex, preys et terres cy après specifiez et déclarez quelque part qu'ilz demeurent, et aussi qui tiendront autres héritaiges, payeront chacun an perpétuellement au jour de la feste de la Nativité Saint Jehan Baptiste, à nous ou à nostre commis, receveur dudit Athées, pour chacun mex abergé ou non abergé, ung petit blanc; pour chascune soipture de prey, ung petit blanc, et pour chascun journal de terre, ung denier monnoye courant de cense réelle, annuelle et perpétuelle en lieu et récompensation de la dicte franchise. Laquelle cense ilz nous ont constitué et constituent, pour nous et nos successeurs, payer sur leurs diz héritaiges, présens et advenir, perpétuellement, et par ces présentes. Et ou cas que aucuns de nos diz hommes ou autres qui tiendront lesdiz héritaiges, présens et advenir, deffauldront entièrement de payer la dicte cense audit jour de la feste de la Nativité Saint Jehan Baptiste, à nous ou à nostre dit commis, comme dit est, chascun deffaillant pour chascune fois qu'il deffauldra, sera tenu de nous payer en lieu de peine et d'amende douze deniers tournois, et aussi chascun an qu'ilz deffauldront à payer ladicte cense audit terme.

Et s'ensuivent les diz mex, prez et terres qui sont à présent soubz nous en la dicte ville, finaige et territoire d'Athées, ensemble les tenementiers d'iceulx. Et entre icelles sont spécifiées et definées les terres qui nous doivent tierce. C'est assavoir, de treze gerbes une.

Premièrement Jehan Merceret, etc.

Item. Nous ont supplié nos diz hommes que, attendu que les dites tierces ne nous pevent revenir chascun an à plus de deux émines de grains pour ce que les amodiateurs ausquelx nous avons acoustumé de les amodier chacun an preignent que nous devoit appartenir, et neantmoins yceulx admodiateurs exigeront les dites tierces de nos diz hommes à toute rigueur, veuillons admodier et abonner les dictes tierces, et que en lieu d'icelles tierces ilz nous payent chascun, pour chascun journal qu'ilz ouront ensemencé es terres qui nous doivent tierce, ung boisseaul, mesure dudit lieu, de telle graine qui aura esté semée esdites terres pour l'année. Pourquoy, nous, voulans pourvèoir à l'utilité de nostre eglise et relever de charge noz diz hommes, attendu mesmement qu'il y a près de cent et quatre vins journaulx de terre qu'ilz nous doivent la dite tierce, dont l'en pourra labourer chascun an les deux pars qui pourront revenir à nous et à nos successeurs à cinq émines de grains de rente par communes années, en payant pour chascun journal ung boisseaul, comme dict est. Nous, par meure délibération, avons abonné et abonnons par ces présentes toutes les dictes terres qui nous doivent tierce, pour payant pour chascun journal, qui aura esté ensemencié pour l'année, ung boisseaul, mesure du lieu et de tel graine qu'il aura creu esdictes terres, au terme de la feste de Toussains, à nostre receveur ou commis audit Athées, à poine de sept solz tournois à appliquer à nous pour chascun qui déffauldra de payer entièrement ledit abonnement audit terme, parmy ce aussi, que chascun desdiz hommes qui aura ensemencié aucunes des dictes terres qui nous doivent tierce, sera tenu de venir recongnoistre par serment chascun an, le jour de feste de la Nativité Sainct Jehan Baptiste par devers nostre dit receveur ou commis, toutes les terres appartenans à nos dites tierces qu'il aura ensemencées pour la dite année, et de quelle graine, soubz peine ou amende de sept solz tournois, à appliquer à nous, que paier à cellui ou ceulx qui auront defailli à recongnoistre ce que dit est et qui auront recelé aucunes desdites terres ensemencées, afin que nostre dit receveur ou commis le puisse rédiger et mettre par escript pour recevoir entièrement lesdiz boisseaux, audit terme de Toussains, comme dit est.

Et nous lesdiz hommes d'Athées, dessus nommez, appartenans à nos diz seigneurs, doyen et chapitre de la dicte Chappelle, pour nostre grant prouffit et évident utilité de nous, noz hoirs et ayans cause, ou temps advenir. C'est assavoir, nous les dites femmes, de l'auctorité et licence que dessus, avons louhé, agrée, consenti et ottroyé, louhons, aggréons, consentons et ottroyons par ces présentes, toutes et singulières les choses dessus dictes. Et constituons à nos diz seigneurs, pour eulx et leurs successeurs, en perpétuité tous nos héritaiges dessus déclairez et autres que nous pourrons acquérir soubz eulx ou temps advenir, censables de cense réalle, pour payant les dites censes aux termes et peines dessus declairez. Et aussi pour chascun journal ung boisseaul de cense, tout par la forme et manière et soubz les peines dessus escriptes. Promectant, nous, les dites parties et chascune de nous, par tant qu'il lui touche, par noz sermens pour ce donnés corporellement aux sains Evangiles de Dieu et soubz l'obligation de tous et singuliers les biens temporelz de la dicte eglise de la Chapelle, et de tous les biens, meubles et immeubles de nous les diz hommes d'Athées, dessus nommez, présens et advenir quelxconques, les choses dessus dictes et chascunes d'icelles, en tant que à chascun de nous touche, avoir et tenir perpétuellement fermes, estables et aggréables, sans jamais contrevenir, faire, dire ou consentir venir à l'encontre, taisiblement ou en appert, en quelque manière que ce soit, en renonceant en ce fait par nous chascuns des dites parties, en tant que toucher lui peut, par nosdiz sermens et soubz l'obligation que dessus, à toutes exceptions, déceptions d'erreur, d'ignorance, malice, deçevance, de lésion, de circonventions et à toutes autres choses, tant de droit, comme de fait et de consentement ad ce contraires; mesmement au droit disant générale renonciation non valoir si l'espécial ne précede. Et à l'observance des choses dessus dites, nous, les dites parties, et chascune de nous en tant qu'il lui touche, voulons estre contrains et exécutées, ainsi comme de chose adjugée, par la Court de Monseigneur le duc de Bourgongne, à la juridiction et contrainte de laquelle

Court nous submettons; c'est assavoir, nous, lesdiz doyen et chapitre de la dite Chappelle, et nous les diz hommes d'Athées, dessus nommez, nous, noz hoirs et tous nosdiz biens. En tesmoing de ce nous avons requis et obtenu le seel de la Court de monseigneur le Duc, estre mis à ces présentes lettres, faites et passées pardevant Jehan Bernard, clerc, demourant à Dijon, coadjuteur du tabellion dudit lieu pour mondit seigneur. Présens Jehan Mugnier, messire Belin Mugnier de Poncey, prestre, Girard Le Moyne de Dijon, et Jehan Bouterouhet, ouvrier de monnoye, demourans audit Dijon, tesmoings à ce appellez et requis l'an et jour dessus diz.

BERNART.

Original : Archives de la Côte-d'Or. Série G. Clergé séculier. Fonds de la Sainte-Chapelle de Dijon. Seigneurie d'Athée.

BRASEY-EN-PLAINE, AISEREY ET SAINT-USAGE

Le nom de Brasey apparaît pour la première fois dans les chartes en 1110; celui d'Aiserey est contemporain de la fondation de l'abbaye de Bèze au VIIe siècle, et celui de Saint-Usage ne remonte pas au-delà de 1140. Tous les trois étaient compris dans la circonscription d'une ancienne châtellenie ducale, qui, à la date de la charte qui suit, embrassait Brazey, le chef-lieu, Saint-Usage, Echenon, la ville de Saint-Jean-de-Losne, et partie des villages d'Aiserey, Aubigny, Charrey, Esbarres et Magny. Si l'on en excepte Saint-Jean-de-Losne, qui, on l'a vu plus haut, jouissait de priviléges fort étendus, ces villages avaient acquis seulement la franchise, l'exemption de mainmorte et de corvées. Ils étaient astreints à un droit de lods d'un bichet d'avoine et de 5 sols pour chaque mutation; mais, par dessus tout, taillables à volonté deux fois, c'est-à-dire soumis sans recours aux vexations du châtelain ou des collecteurs des tailles, sans préjudice des pilleries et des rançonnements des gens de guerre. Aussi ces différentes causes avaient-elles tellement contribué au dépeuplement de ces villages, qu'un an juste après la conclusion du traité de paix d'Arras, le duc Philippe-le-Bon s'empressait, pour en empêcher l'abandon total, de leur accorder des lettres d'abonnement.

A la mort du duc Charles, la châtellenie fut donnée par Louis XI à son médecin Coictier. Réunie bientôt au domaine, elle fut aliénée en 1585 au comte de Chabot-Charny, en 1622 au sieur Champy, au duc d'Elbeuf, des mains duquel elle passa dans la maison Baillet.

CCCCXL

Conversion de la taille à volonté en abonnement fixe, accordée par Philippe-le-Bon, duc de Bourgogne, aux habitants de Brazey, Aiserey et Saint-Usage.

1436 (septembre et 25 novembre).

Phelippe, par la grâce de Dieu, duc de Bourgoingne, de Lothier, de Brabant et de Lembourg, conte de Flandres, d'Artois, de Bourgoingne, palatin de Haynau, de Hollande, de Zélande et de Namur, marquis du Saint Empire, seigneur de Frise, de Salins et de Malines. Savoir faisons, à tous présens et advenir, nous avoir receu l'umble supplication de noz pouvres subgez et hommes liges en toute justice, les habitans taillables de nostre ville de Brasey, de Brasiot, Vauroilles, Rue Neufve et Ennevans, qui sont touz d'une taille; des habitans d'Aiserey et de Saint Eusaige, qu'ilz sont chascun d'une taille, tous de nostre chatellenie dudit Brasey : contenant que comme tous noz diz hommes des diz lieux soient taillables à voulenté envers nous, chacun an deux foys; c'est assavoir à karesmentrant et à la mi-aoust; et il soit ainsi que les diz habitans supplians, qui ont grant charge à porter le temps passé desdictes tailles et par le fait des guerres et des loigis de gens d'armes qui moult durement les ont traveillez, et aussi pour plusieurs aydes et subventions qu'il leur a convenu payer, pour le fait et occasion des dictes guerres, soient moult apauvris et endebtés et tant que les pluseurs sont excommeniés, parce qu'ilz ne ont de quoy payer et acquictier leurs debtes, ne eulx faire mettre hors des sentences d'excommuntment; et que pour poureté et doubte des dictes charges, et mesmement des dictes tailles qui sont à voulenté, et que l'en ne les en voulsist ou temps advenir plus chargiez qu'ilz ne pourroient payer, aucuns en grant nombre ont jà du tout délaissiez les diz lieux et s'en sont alez demourer ailleurs soubz nos subgez où il n'a point de charge de tailles à voulenté, et s'en départiront encoire des autres en si grant nombre que lesdiz lieux demouront despeuplés, et les dictes tailles et nostre recepte de nostre chastellenie de Brasey moult admoindries et diminuées en nostre très grant préjudice et domaige, se, par nous ne leur est sur ce pourveu et qu'il nous plaise de nostre dicte grâce vouloir leur modérer et habonner an aucunes sommes raisonnables qu'ilz puissent payer, de la quelle modération attendu comme dit est, ilz nous ont très humblement supplié. Pourquoy nous, désirans de nostre pouvoir obvier à la dépopulation, admoindrissement et désolation des villes et lieux dessus diz, et remédier et pourveoir à l'entretenement et augmentation et afin qu'ilz se puissent repeupler et accroistre à l'utilité et prouffit de nous et de nos successeurs par le temps advenir et conservation et ampliation des rentes et revenus de nostre domaine; nous y avons les choses dessus dictes considerées et surtout pris l'advis de nostre chevalier et chancelier le seigneur d'Authume, en plain conseil par lui sur ce tenu, ouquel estoient révérends pères en Dieu noz amez et feaulx conseillers l'evesque de Nevers, l'abbé de Saint Bénigne de Dijon, le sire de Chastellus, maistres Richard de Chancey, Jehan Pelluchot, les gens de nos comptes à Dijon, c'est assavoir maistres Guillaume Courtot, Jehan Bonost, Jehan de Vaux et Jehan Gueniot, Jehan de Noidans, nostre bailli de Dijon, maistre Jehan Morel, gouverneur de nostre chancellerie du duché de Bourgoingne, Jacques le Hongre, nostre chastellain dudit Brasey, et autres noz conseillers. Eu l'advis et deliberation desdictes gens de nostre conseil et de noz Comptes et mesmement l'advis desdictes gens de nos Comptes et chastellain dudit Brasey qui pour ce ont veues pluseurs comptes de nostre dite chastellenie de Brasey vielz et nouveaulx, comme ilz ont dit et relaté. Et lesquelz gens de noz comptes et chastellain, en la présence de nos diz chancelier et conseiller, ont affermé que ce sera tenir nostre prouffit de nous et de noz diz successeurs d'abonner nos diz subgez taillables à voulenté aux sommes et par la manière que cy dessoubz sera declairée. Considéré, que ce pourra estre l'entretenement et l'augmentation des lieux où ilz sont demourans, où il a jà pluseurs meix vuis pour occasion des dites tailles à voulenté, comme l'en dit et que nos diz hommes qui n'avoient pour les dictes tailles à voulenté obligiez fors leurs meix seulement pour le payement des rentes de leur habonnement, obligeront eulx et leurs hoirs et successeurs tous leurs biens, meubles et immeubles de leurs diz hoirs et successeurs présens et advenir, tant en meix herbergiez, comme en meix vuis en nostre dicte chastellenie de Brasey, parquoy icelle taille habonnée sera à nous et à noz diz hoirs et successeurs d'illec en avant bien asseurée, et pour autres causes et raisons par les dictes gens de noz Comptes, déclairées plus à plain; aux dessus diz habitans noz hommes taillables à voulenté desdiz lieux de Brasey, Brasiot, Vauroilles, Rue Neufve et de Ennevans qu'ilz sont tous d'une taille et leurs successeurs, qui de cy en avant demouront esdiz lieux. Avons de certaine science, grâce espécial, auctorité et pleine puissance, pour nous et noz successeurs ducs et duchesses de Bourgoingne et seigneurs et dames dudit Brasey, habonnés et habonnons à tousjours et perpétuellement leurs dictes tailles à voulenté à la somme de six vins douze livres tournois, qu'ilz nous paieront chascun an ou à nostre chastellain de Brasey, que lors sera pour et en nom de nous. C'est assavoir à karesmentrant cinquante et deux livres tournois et à la mi-aoust quatre vins livres tournois. Et nos diz hommes tailliables d'Aiserey et leurs successeurs, que aussi sont d'une taille, habonnons semblablement leurs dites tailles à voulenté à la somme de vint livres tournois par an, dont ilz payeront chascun an à nostre dit chastellain de Brasey à karesmantrant six livres tournois, et à la mi-aoust quatorze livres tournois. Et paroillement habonnons à nos diz hommes taillables de Saint Eusaige et leurs successeurs qu'ils sont d'une autre taille leurs dites tailles à voulenté à la somme de dix huit livres tournois par an, dont ilz paieront chacun an audit chastellain de Brasey à karesmantrant six livres tournois, et à la mi-aoust douze livres tournois. De tous lesquelz habonnemens, le premier terme et paiement escherra à karesmentrant prouchain venant. Et moiennant lesdites tailles, ainsi habonnées, et le paiement d'icelle nos diz hommes taillables sont et demourront perpétuellement quictes et paisibles des dictes tailles à voulenté. Et seront et demourront icelles tailles à voulenté changées, muées et redduites en tailles certainnes et habonnées aux sommes et par la manière que cy devant est declairé, sans ce que icelles tailles l'en leur puisse doresnavant haulcer ne monter en aucune manière. Pourveu et parmi ce toutes voyes que les diz habitans noz hommes des lieux devant diz Brasey, Brasiot, Varoilles, la Rue Neufve et de Ennevans, et aussi ceux d'Aiserey et Saint Eusaige, seront tenuz de bailler bonnes et souffisans lettres obligatoires en la Chambre de nos diz Comptes à Dijon où seront ces présentes incorporées de mot à mot, nous voulons la copie et transcript estre retenue en icelle Chambre et l'original mis en garde ou trésor de noz chartres audit lieu de Dijon. Par lesquelles lettres les diz habitans desdiz lieux habonnés, pour eux et leurs hoirs et successeurs, obligeront eulx et leurs diz hoirs et successeurs et tous leurs mex tant herbergiez comme vins estant en nos dicte chastellenie. Et aussi tous leurs autres biens quelxconques, meubles et immeubles, présens et advenir, et de leurs diz hoirs et successeurs et chacun d'eulx pour le tout et pour tous ceulx de son habonnement, de payer chacun an à Karesmantrant icelluy habonnement aux termes et par la forme et manière que cy devant est déclairié. Si donnons en mandement à nos dictes gens de noz Comptes à Dijon, à nostre bailli de Dijon, à nostre receveur général de Bourgoingne, à nostre chastellain de nostre dicte chastellenie de Brasey, et à tous noz autres justiciers et officiers, présens et advenir, que ce peut et pourra regarder ou à leurs lieuxtenans et à chacun d'eulx en droit soy, que par iceulx gens de noz Comptes, receuz les dictes lettres obligatoires, ilz facent, souffrent et laissent du contenu de cestes les diz supplians et chacun d'eulx joïr et user pleinement, paisiblement et perpétuellement, sans leur faire ne donner ou souffrir estre fait ou donné ores ne ou temps advenir comment que ce soit aucun destourbier ou empeschement au contraire. Mais aincois se fait estoit, le réparent ou facent réparer et tout mectre à l'estat primeur et deu, car ainsi nous plaist il et le voulons estre fait. Et affin que ce soit chose ferme et estable à tousjours, nous avons fait mectre nostre seel à ces présentes, sauf en autres choses nostre droit et l'autruy, en toutes. Donné en nostre ville de Dijon ou moys de septembre l'an de grâce mil quatre cens trente six. Ainsi signé par monseigneur le Duc à la relation du conseil. T. Bouesseau.

Suit l'arrêt d'enregistrement par la Chambre des Comptes à la date du 24 avril 1437, suivi du mandement de cette Chambre au châtelain, en date du même jour.

Ainsi signé. V. Pahune.

Vidimus donné le 23 mai 1437, avec l'obligation souscrite par les habitants de la châtellenie d'accomplir le contenu des lettres patentes du duc, reçue par Rassy et Paltey, clercs de la Chambre des Comptes.— Archives de la Côte-d'Or. Chambre des Comptes. Affaires des communes. Brasey.

THOISY-LE-DÉSERT

Thoisy-le-Désert était, dès le commencement du XIIIe siècle, divisé en plusieurs seigneuries de mouvances diverses. Celle qui appartenait au grand-prieuré de Champagne, et qui était la plus considérable, dépendit primitivement de la baronnie de Mont-Saint-Jean. Elle eut pour origine la donation faite en 1202 aux templiers de la maison d'Uncey par Fromond de Villiers, seigneur du lieu. Le prieur du Fête en possédait une autre partie; enfin les fiefs dits de Mandelot, de Requeleyne et de Chaudenay se partageaient le reste du territoire. Le premier, qu'on trouve au XVe siècle en la possession des Mandelot, passa successivement aux Drée, aux La Palud-Bouligneux, aux Du Bouchet, aux Commeau, et en 1704 aux Champeaux. Celui de Chaudenay, arrière fief de la baronnie de Chaudenay, qui relevait de la baronnie d'Antigny, fut, avec celui de Requeleyne, possédé par les Saulx-Vantoux, les Roussillon, les Julien, les Damas, les Villers-la-Faye, les Baudinet, les Lenet, les Brunet, et en dernier lieu les du Tillet, du Parlement de Paris.

Après la paix d'Arras, Hugues d'Arcy, commandeur de Bure, et en cette qualité seigneur de Thoisy, affranchit ses hommes de la mainmorte, afin d'empêcher la dépopulation du lieu.

Mais les autres sections de la paroisse demeurèrent serves. Ce fut seulement en l'année 1778, c'est-à-dire onze ans avant la prise de la Bastille, que M. du Tillet se détermina à accorder à ses hommes les mêmes droits dont jouissaient les vassaux du grand-prieuré de Champagne, et cela par un contrat qui n'existe aujourd'hui ni aux archives de la commune, ni dans celles du département.

Thoisy dépend du canton de Pouilly.

CCCCXLI

Charte d'affranchissement des habitants de Thoisy-le-Désert, vassaux du grand-prieur de Champagne, par Hugues d'Arcy, commandeur de Bure.

1439 (juillet).

A tous ceulx qui verront et orront ces présentes lettres, nous Frère Hugues d'Arcy de la Saincte Maison de l'Ospital Saint Jehan de Jherusalem, commandeur de Bures et les commanderes et frères estans ensemble au son de la cloiche comme de coustume est en notre provincial chappitre par nous tenu et célébré en nostre maison de Beaulne, le mecredi après les octaves de la feste Saint Pierre et Saint Paul, appostres, en l'an mil quatre cent trente et neuf, salut en Notre Seigneur. Savoir faisons que nous avons receue l'umble supplicacion de nos hommes et femmes de Thoisy le Désert, membre de nostre maison d'Uncey et de nostre commanderye de Bures, mainmortables à nostre Religion, contenant que puis certain temps en ça par fortune de feu, toutes leurs maisons et granges ou la plus grant partie qui estoient au dit Thoisy furent et ont este brulées, arses et destruictes, et tellement que causant la ditte orvalle et fortune de guerres, qui ont tousjours régné en ce roïaume, la dicte ville estoit demeurée et est comme inhabitable, et mesmement aussy pour la cause de la dicte mainmorte, nulz autres ne se veuillent habiter, demeurer ne faire résidance en la dicte ville es mex de notre dicte Religion, ains se sont touz soustraiz et alez demeurer ailleurs en lieu franc, hors de nostre dicte religion. Et despuis ayent supplié et requis à nostre dicte religion et mesmement à feurent nos prédécesseurs prieurs et frères de nostre dit prioré, que de grâce especial, leur pleust quicter et remectre à néant la dicte mainmorte et condicion de servitute et d'ycelle eulx affranchir, affin qu'ils peussent mieulx réedifiier leur dictes maisons et granges, repeupler la dicte ville de gens, et que ceulx qui s'en estoient alez, peussent retourner au lieu et illec faire cultiver et laborer leurs héritaiges, lesquels de grâce especial ainsi leur ouctroyèrent mesmement à ceulx qui feroient résidance et demeurance au dit lieu de Thoisy ; parmy ce toutes voies que chacun feu manant et résidant au dit Thoisy et en nos dits mex, nos dits hommes justiciables de nostre dicte religion paieroit et rendroit chacun an pour cause d'abonnement et affranchissement et en lieu de la condicion de la dicte mainmorte et en recoignoissance d'ycelle deux sols tournois au terme de la Résurection Notre Seigneur, avec les autres charges de censes, rentes, tailles, corvées, gélines et autres subsides que les dits noz hommes et femmes nous doivent chacun an (1), et d'anciennelé paiant iceulx habitans noz hommes et femmes à nous, noz successeurs, gouverneurs de nostre dicte maison de Thoisy au terme accoustumez comme de toutes ces choses et plusieurs autres nous a apparu par lettres à eulx sur ce faites par nos dicts prédécesseurs. Et plusieurs hommes et femmes noz subgectz du dit Thoisy, causans les orvalles et guerres dessus dictes sont allez demorer hors du dit Thoisy et de nostre seigneurie et se sont mariés les aulcungs en aultres lieux, dont plusieurs maisons et héritaiges appartenant à eulx au dict Thoisy sont demeurés en ruyne et destruccion totale, doubtant la cause de la dicte franchise faisant mention de ceulx qui sont résidans au lieu seulement, dont nostre dicte religion et maison du dict Thoisy supporte très grant dommaige et interest pour les grosses charges de grains et tailles qu'ils doivent à notre dicte maison, requérant que de notre grâce voulsissions octroyer et donner aux forains résidans au dit Thoisy telle et semblables franchises que aux manans et résidans au lieu en païant par eulx et chacun d'eulx la dicte somme de deux sols tournois pour la franchise au terme dessus dit et les autres charges et subsides que païent les dits manans et habitans à la dicte religion. Pourquoy nous ces chouses considerées et mesmement que en la dicte ville de Thoisy sont autres seignories avec la notre et affin que ung chacun se traye en nos dits mex et iceulx rediffie et laboure leurs dits héritaiges, avons louhé, consentie la dicte franchise, tant par là forme et manière contenue es lectres d'affranchissement de nos dicts prédécesseurs. En outre, de grâce espécial et d'abondance, donnons ausdis forains nos hommes et

---

(1) D'après le terrier de 1490, le grand-prieur de Champagne avait la justice haute, moyenne et basse, dans sa seigneurie, plus la justice commune avec les autres seigneurs du lieu, un signe patibulaire surmonté d'un pannonceau, le droit d'épaves, de confiscations et de biens vacants, celui de tenir jours et de s'appliquer le profit total des exploits arrivés dans sa terre et la moitié de ceux qui s'adjugeaient en justice commune.
Les lods lui étaient payés sur le pied d'un denier douze.
Le droit d'annexe perçu sur les habitans « aians veaul ou mouton de la première année, savoir, le masle, 1 denier, et la femelle, 1 obole, » était partagé entre le commandeur, qui en prenait le tiers ; le surplus entre le curé et les coseigneurs.
Les habitants étaient encore redevables de 2 sols pour la franchise, de 2 autres sols par feu, d'une pinte de vin, d'une géline à Carême entrant, plus de deux corvées de charrues en temps de tremis et de benisons, et d'une corvée de fenaison ou de moissons.

femmes dudict Thoisy non résidans au lieu, telle et semblable franchise que aux autres manans et résidans au dict lieu, et ostons du tout en tout à iceulx nos hommes et femmes dudit Thoisy, leurs hoirs à touzjours mais perpétuellement la dicte mainmorte et serve condition, si point en y a et de ce les affranchissons. Parmy ce toutes voyes que ilz sont et seront tenus et demeurent chargés pour eulx et leurs hoirs de payer chacun an perpétuellement à nous, noz successeurs ou gouverneurs au dit Thoisy, chacun les dits deux sols tournois avec les autres tailles, charges et subsides que doivent les dis habitans sur leurs dis héritaiges et que dorres en avant iceulx nos hommes et femmes du dit Thoisy joïssent paisiblement de la dite franchise, tiennent et possedent les héritaiges et viennent aux successions de leurs parens les ungs aux aultres en et par telle manière que font aultres de franche liberté. Et promectons en bonne foy les chouses dessus dictes et chacune d'icelles en la manière que dictes sont dessus avoir et tenir perpétuellement ferme, estable et aggréable, sans contrevenir en aucune manière, mais les entériner de point en point comme dites sont, en renunceant quant ad ce à toutes chouses ad ce contraires. En tesmoing des quelles chouses, nous avons fait mettre le scel de notre dit priouré à ces dictes présentes qui furent faites et données en nostre dit chappitre, comme dit est, le mercredi après les octaves de la feste de Saint Pierre et de Saint Paul, appostres, en l'an mil quatre cent trente neuf.

Ainsi signé. Par coppie, sigué CORDINI.

Archives de la Côte-d'Or. Série H. Grand-Prieuré de Champagne. Terrier de la seigneurie de Thoisy-le-Désert dressé en 1490, folio 7.

TROUHAUT

Ce village, dit Courtépée, est désigné, en 1119, dans un diplôme du roi Louis VII, à propos d'un prieuré dédié à saint Eutrope, qui y était fondé et qui relevait de l'abbaye de Cluny. Le prieur, seul seigneur du lieu, voyant, après la paix d'Arras, le village, déjà dépeuplé par les guerres et les mortalités, sur le point d'être abandonné du reste des habitants, qui s'établissaient en lieux francs ou s'avouaient bourgeois du Duc, leur accorda, pour les y maintenir, les droits qu'ils cherchaient ailleurs. Par une charte de l'année 1440, qui n'existe ni aux archives de la commune, ni dans celles du département, il les affranchit de la mainmorte et régularisa la perception des tailles.

NOYERS-LA-VILLE, COURS, JOUANCY,

ANNAY-LA-RIVIÈRE, PERRIGNY, ARTON, MOLAY ET FRESNE (YONNE).

Ces villages, situés dans la banlieue de Noyers, firent toujours partie de cette seigneurie, et advinrent à Marguerite de Bavière et à Philippe-le-Bon, son fils, lors de l'acquisition qu'ils en firent, en 1419, sur les derniers descendants des Miles. C'est à ce titre de propriétaire direct qu'en 1441, par charte donnée à Hesdin le 7 octobre, ce dernier, accueillant avec faveur la requête des habitants de ces divers villages, et, tant pour les mêmes causes indiquées à l'article qui précède que pour soustraire ses hommes aux impitoyables poursuites du receveur de la châtellenie, qui avait fait excommunier un grand nombre de débiteurs retardataires, ce prince, disons-nous, les affranchit de la servitude de mainmorte et de poursuite; les déclara, eux et leur postérité, francs bourgeois au même titre que ceux de Noyers, sous la condition de lui payer, selon la faculté de chacun, une prestation dont la quotité ne devait pas monter plus haut que dix sols et descendre à moins de douze deniers. Le Duc se réserva ses censives, ses coutumes et gélines ordinaires; il les exempta de la redevance pour le champoyage de l'étang de Molay converti en bois, mais il en garda la propriété et supprima le champoyage. Il fit remise aux habitants de la seigneurie de huit vingt quatorze livres dix-sept sols qu'ils lui devaient pour arrérages de tailles et redevances. Il reprit le droit de pêche, et déclara banal le tronçon de rivière abandonné jadis aux habitants de Cours, Noyers-la-Ville et Jouancy, en dédommagement des corvées de ferme qu'ils étaient tenus de faire et que leur petit nombre ne leur permettait plus d'accomplir. Enfin, comme les habitants d'Arton, Molay, Perrigny, Annay et Fresne « n'avaient de quoi vaillant, dont ils pouvaient faire profit au Duc, » Philippe les chargea d'un service annuel et perpétuel en l'église de Molay pour son salut et celui des futurs successeurs seigneurs de Noyers; et, après avoir spécifié que ces priviléges n'auraient d'effet que pour ceux des habitants demeurant dans la châtellenie, il les exempta, vu leur pauvreté, du droit d'affranchissement.

Archives de la Côte-d'Or. Chambre des Comptes de Dijon. B 11477. Affaires des communes.

SAINT-EUPHRONE

Ce village remonte au VIIIe siècle. Une portion dépendait de l'abbaye de Moutier-Saint-Jean, qui la céda au roi Henri III. On le trouve, dès les temps les plus reculés, en la possession directe des Ducs, qui en firent une petite châtellenie, annexe de celle de Semur. En 1596, elle fut engagée à Rose Brigandet, veuve du président de Montholon, et passa depuis aux familles Bourgeois, Sallier, de Thiard, Couthier de Souhey, etc. Saint-Euphrône demeura mainmortable jusqu'en 1442, époque à laquelle le duc Philippe, mu par les mêmes considérations que nous avons exposées plus haut, les affranchit dans les termes et suivant les conditions qui vont suivre.

CCCCXLII

Charte d'affranchissement octroyée par le duc Philippe-le-Bon aux habitants de Saint-Euphrône.

1442 (18 mai).

Phelippe, par la grâce de Dieu, duc de Bourgoingne, de Lothier, de Brabant, de Lembourg, conte de Flandres, d'Artois, de Bourgoingne, palatin de Haynnau, de Hollande, de Zélande, de Namur, marquis du Sainct Empire, seigneur de Frise, de Salins et de Malines. Savoir faisons, à tous présens et advenir, que nous avoir receue l'humble supplication des poures manans et habitans de nostre ville de Sainct Eufraigne en nostre chastellenie de Semur en Auxois, noz subgectz et mainmortables, contenant que, audit lieu de Sainct Eufraigne, sont environ sept ou huit feuz, pouvres gens et misérables qui sont noz taillables chascun au à volunté, selon leurs facultez, et mainmortables. Et par le fait de la guerre, qui longtemps a duré principalement depuis six ans en ça que les diz pouvres supplians ont esté et sont comme tous destruitz, tant par les logiz et rançonnemens des gens d'armes que l'on dit Escorcheux et autres gens de guerre, qui par maintes et diverses fois y ont prins leurs logiz et les ont pillez et rançonnez tellement que ne leur est demeuré aucuns biens meubles, ne bestial, plusieurs desdiz habitans ont laissé le lieu et sont allez autre part gaigner leur vie, et par ainsi ladite ville est demeurée comme inhabitée et en ruyne et est taillée de encoires plus estre à nostre grant grief, préjudice et dommaige, se, sur ce, n'estoit de nostre grâce, ausdiz supplians convenablement pourveu et qui nous pleust ladite mainmorte et serve condition au dit lieu de Sainct Eufraigne oster et abolir, en nous païant par chacun an par les dis supplians les dites tailles, selon leurs facultez aux termes acoustumez. Desquelles choses iceulx poures supplians nous ont humblement supplié. Pour ce est il que, nous, ces choses considérées et sur icelles eu l'advis de noz amez et féaulx les gens de noz Comptes à Dijon, désirans que icelle nostre ville de Sainct Eufraigne se puisse repeupler, par la délibération de nostre conseil : les dessus diz supplians, habitans de nostre ville de Sainct Eufraigne, noz hommes et subjectz mainmortables, demeurans en icelle ville et tant commilz y demeureront, ensemble leurs hoirs et postheritéz qui semblablement demeurent et demeureront en icelle ville : Avons, pour nous, noz hoirs, successeurs et aïans cause, affranchiz, exemptez et manumiz; de nostre certaine science et grâce espéciale, affranchissons, exemptons et manumictons, à tousjours, par la teneur de ces présentes, et les avons ostez et desliez, ostons et deslions de la dicte condition de mainmorte en quoy ilz sont et ont estez jusques à présent. Et icelle mainmorte abolissons, effaçons et adnullons. Voulans et octroyans que perpétuellement ilz en soient et demeurent francs, quictes et exemptz, tant et si longuement qu'ilz demeureront et habiteront audit lieu de Saint Eufraigne. Pourveu touteffois que se eulx ou aucun d'eulx se retraient ou vont demeurer ailleurs que soubz nous et en nostre justice et seigneurie dudit lieu de Sainct Eufraigne, comme habitans d'aucun autre lieu, tous ceulx et celles qui ainsi le feront, seront et demeureront de la dite mainmorte et serve condition, ainsi et par la manière qu'ilz estoient par avant l'octroy et concession de ces présentes, sans ce que ilz se puissent aucunement aider de ce présent affranchissement. Mais voulons et déclairons dès maintenant icelluy estre nul au regard de ceulx que ainsi se départeroient dudit lieu et yroient demeurer autre part, oires et pour le temps advenir. Iceulx habitans et leurs hoirs demeurans taillables à volunté et chargez des autres charges, coustumes d'avenne, de gélines, deniers de chiefz et menuz cens à nous deuz d'ancienneté quelz que ilz soient, autres que de la dicte mainmorte. Si donnons en mandement ausdiz gens de noz Comptes à Dijon, à noz bailly et recepveur d'Auxois, à nostre dit chastellain de Semur et à tous noz autres justiciers et officiers, présens et advenir, et à leurs lieuxtenans et à chacun d'eulx, si comme à lui appartiendra, que de nostre présente grâce, affranchissement et manumission, facent, seuffrent et laissent lesdiz supplians habitans de Sainct Eufraigne, noz hommes et subgectz et leurs hoirs et postherité de la condition dessus dicte, joyr et user plainement et paisiblement et perpétuellement et à tousjours, sans leur faire mectre ou donner, ne souffrir estre fait, mis ou donné, ne à aulcuns d'eulx, oires et pour le temps advenir quelque destourbier ou empeschement au contraire. Et afin que ce soit chose ferme et estable à tousjours, nous avons fait mectre nostre seel à ces présentes, saulf en autres choses nostre droit et l'autruy en toutes. Donné en nostre ville de Dijon le dixhuitiesme jour de may, l'an de grâce mil quatre cent quarante deux. Ainsi signé en marge, par Monseigneur le Duc, vous mareschal de Bourgoingne et le sieur de Ternant présens. J. Milet. Visa. Expedita in camera compotorum domini ducis Burgundie Divionensis et absque financia, vicesima prima februarii, anno Domini millesimo quatercentesimo quadragesimo secundo. J. Russy.

Archives de la Côte-d'Or. Chambre des Comptes de Dijon. Châtellenie de Semur. B 1335. Terrier de 1502, folio 159.

LUXEROIS, COMMUNE DE SAULX-LE-DUC

Ce hameau, qui fit toujours partie de la paroisse et de la châtellenie de Saulx-le-Duc, avait été excepté des franchises octroyées par Jacques, sire du lieu, en 1246 (p. 260). Aussi les charges qui pesaient sur les pauvres habitants, aggravées encore par les vicissitudes de la guerre des Anglais, étaient-elles devenues si lourdes, qu'ils se trouvaient réduits à trois feux. C'est alors que, pour éviter l'abandon total du hameau, Philippe-le-Bon octroya à ces malheureux la charte qui suit.

CCCCXLIII

Affranchissement des habitants de Luxerois, commune de Saulx-le-Duc, par Philippe-le-Bon, duc de Bourgogne.

1442 (6 juillet).

Phelippe, par la grâce de Dieu, duc de Bourgoingne, de Lothier, de Brabant et de Limbourg, comte de Flandres, d'Artois, de Bourgoingne, palatin de Haynault, de Hollande, de Zellande et de Namur, marquis du Sainct Empire, seigneur de Frise, de Salins et de Malines, savoir faisons à tous présens et advenir, nous avoir esté exposé de la partie des habitans de Loisserois, noz hommes de mainmorte et taillables à voulenté, que par le fait et à l'occasion des guerres qui longuement ont durées en ce royaulme, et aussi par l'infertilité de leurs héritaiges et stérilité du temps qui a esté en diverses années, ils ont esté contraintz depuis dix ou douze ans en ça eulx départir et abandonner le dit lieu, pour aler et demourer autre part en plusieurs et divers lieux loingtains et arrières d'aucunes garnisons de gens d'armes à nous contraires, qui estoient Grancey et à Lengres, et tellement que la dite ville de Loisserois est demourée inhabitée jusques et naguerres que aucuns sont retournés audit lieu où ilz sont à présent trois pouvres feux, en intention de remectre sus leurs héritaiges et maisons qui sont cheues et venues en ruines et en buissons, mais obstant ce que nostre chastellain de Saulx leur demande les arréraiges de dix années passées, à cause de leurs tailles qui montent environ cinquante francs et de cinq quintaulx qu'ils nous doivent chacun an pour aler mouldre où il leur plaist, montans à douze émines et demie de consel (1), et à cause de l'admodiation de nostre corvée du Rontbuisson (2) et des courvées de bras et de chevaulx y appartenanss que aucuns dudit

(1) Conceau, blé de deux grains.
(2) Métairie voisine de Luxerois.

lieu avoient admodié, avant ce que par la guerre en convinssent départir, de vingt cinq émines ou environ, moitié conseel et moitié tremi, qui sont choses à eux impossibles de fournir et payer, attendu leur estat, ilz sont en adventure de nouvel partir et habandonner le dit lieu, parce que ilz ne pourroient fournir, le temps passé et cellui advenir, et remectre sus leurs dictz héritaiges et avec ce avoir leurs pouvres vies et nécessité. Et tant par ces moyens comme aussy que lesditz pouvres habitans ne puent treuver femmes en mariaige, pour cause de la dite condition et servitude de mainmorte dont ilz sont, la dicte ville de Loisserois est en aventure de devenir du tout inhabitée, qui serait la totale destruction d'icelle et desditz habitans et notre très grant dommaige et préjudice, se sur ce n'estoit par nous pourveu de remede convenable, si comme dient les ditz exposans requérans humblement que pour repeupler la dite ville et les entretenir en icelle les vueillons de la dite mainmorte descharger et affranchir et leur quicter les ditz arréraiges et admodiation et les faire doresnavant imposer à taille chacun selon sa faculté, sans avoir regard aux tailles imposées en la dicte ville ou temps passé, ou que autrement vueillons sur ce pourvoir. Pour ce est-il que nous, considéré ce que dict est et eu sur ce l'advis de noz amez et féaulx les gens de noz Comptes à Dijon et de nostre chastellain de Saulx qui est à présent ; désirant l'accroissement de noz hommes et femmes au dit lieu de Loisserois, avons pour nous, noz hoirs et successeurs, noz ditz hommes et femmes dudit lieu de Loisserois, leurs hoirs et successeurs qui y sont à présent et qui y ont esté et y retourneront, et qui, pour le temps advenir, y seront, habiteront et demeureront, de grâce espécial, plaine puissance et auctorité, affranchiz et deschargé, affranchissons et deschargeons de la dite mainmorte perpétuellement et à tousjours et leur avons octroyé et octroyons de noz dites grâces que ilz succèdent les uns aux autres par proximité de lignaige, tout ainsi que si eulx et leurs prédécesseurs n'eussent onques de la dite mainmorte réservé à nous et à noz hoirs et successeurs, tous noz autres droits, redevances et seigneuries que nous et nos prédécesseurs avoir accoustumé avoir, prenre et percevoir en nostre dicte ville de Loisserois et sur noz hommes et femmes du dit lieu et pourvu que eulx et leurs hoirs, héritaiges seront et demeureront à tousjours envers nous taillables à voulenté et que se aucuns d'eulx ou de leurs successeurs ainsy affranchy se départent de la dicte ville pour aller demourer autre part, ilz retourneront, seront et demoureront audit cas de la dite condition et servitude de mainmorte, comme ilz estoient par avant en eussent esté, se ne fust ce présent affranchissement et nonobstant icellui. Et en oultre ausditz exposants, avons les diz arréraiges à nous deuz comme dit est tant à cause des dites tailles que des cinq quartaulx de conseel et aussi de la dicte admodiation escheus puis dix années passées, quicté et remis, quitons et remectons de noz dictes grâces, par ces présentes, voulons et leur octroyons que d'iceulx arréraiges escheuz, ilz soient et demeurent à tousjours envers nous quictes et deschargés. Si donnons en mandement à noz dicts gens des Comptes à Dijon, et à nostre chastellain de Saulx et autres noz officiers ou à leurs lieutenans présens et advenir et à chacun d'eulx, si comme à lui appartiendra, que les ditz habitans de Loisserois, noz hommes et femmes qui sont et seront pour le temps advenir, facent, souffrent et laissent de nostre présente grâce octroy et affranchissement, quictance et remission d'arréraiges, jouïr et user plainement et paisiblement, sans les contraindre, travailler, molester ou empeschement, ne souffrir pour le temps avenir contraindre travailler, molester et empescher aucunement au contraire. Et par rapportant ces présentes ou vidimus d'icelles, faict soubs scel authentique ou coppie collationnée en nostre dicte Chambre des Comptes pour une fois seulement et estre de recongnoissance des ditz habitans, qu'ils auront esté et seront tenus quictes et paisibles des dits arréraiges et admodiation pour le dit temps de dix ans passez, nostre dit chastellain de Saulx en sera et demeurera quicte et deschargé et seront iceux arréraiges et admodiation pour le dit temps en fesant d'iceulx recepte et despans, allouez en ses comptes et rabatus de sa recepte par nostre dite Cour des Comptes à Dijon, auxquels nous mandons que ainsi le facent sans aucuns contredit ou difficulté, nonobstant quelsconques mandement ou deffence à ce contraires. Et afin que ce soit ferme chose et estable à tousjours, nous avons faict mectre nostre seel à ces présentes, sauf en autres chose nostre droit et l'autruy en toutes. Donné en nostre ville de Dijon le sixiesme jour de juillet, l'an de grâce mil quatre cent quarante et deux. Ainsi signé. Par monseigneur le Duc, vous le sire de Charny et autres présens.

J. MILLET.

Vidimus donné le 19 février 1448-49 par les clercs de la Chambre des Comptes. — Archives de la Côte-d'Or. Chambre des Comptes de Dijon. B 11476. Affaires des communes. Luxerois.

FRANXAULT

Vers 1110, la terre de « Franceis » fut donnée en toute propriété à l'abbaye de Saint-Etienne de Dijon, par Savaric, seigneur de Vergy. Toutefois, par suite de circonstances restées inconnues, elle n'en conserva que la dîme et le patronage, puisqu'en 1222, Hugues IV, fils du duc Eudes III et d'Alix, descendante de Savaric, inféoda cette terre à Simon de Chaussin. En 1294, Philippe de Vienne aliéna une partie de son domaine de Franxault au duc Robert II, qui le réunit à la châtellenie de La Perrière, dont il partagea dans la suite toutes les destinées. Dès lors Franxault demeura divisé en deux seigneuries, dont l'une, relevant de La Perrière, ressortissait pour la justice directement au Parlement, tandis que l'autre, dépendant de la baronnie de Pagny, portait ses causes d'appel au bailliage de Saint-Jean-de-Losne. Quoi qu'il en soit, cette dualité de seigneurs dans le même village fut plus favorable que nuisible au développement des libertés des habitants, car Guillaume de Vienne, seigneur de Pagny et de Saint-Georges, fait prisonnier à la bataille d'Anthon, ayant été obligé, pour se libérer, d'aliéner plusieurs terres, en un mot, de battre monnaie, il affranchit ses hommes de Franxault de la mainmorte, et leur octroya vraisemblablement des avantages tels, que pour éviter que ses sujets n'avouassent le seigneur de Pagny, le Duc dut s'empresser de leur accorder des priviléges semblables. C'est ce qui résulte de la charte qui suit.

Franxault, comme La Perrière, dépend du canton de Saint-Jean-de-Losne.

CCCCXLIV

Charte d'affranchissement octroyée par Philippe-le-Bon, duc de Bourgogne, aux habitants de Franxault.

1442 (16 juillet).

Philippe, par la grâce de Dieu, duc de Bourgoingne, de Lothier, de Brabant et de Lembourg, comte de Flandres, d'Artois et de Bourgoingne, palatin de Haynnault, de Hollande, de Zellande et de Namur, marquis du Saint Empire, seigneur de Frise, de Salins et de Malines. Savoir faisons et à tous présens et advenir, nous avoir esté exposé de la partie des poures habitans et demourans en notre ville de Françot, près de Saint Jehan de Losne, noz hommes et subgez, que ils ne sont que dix huit feux en la dite ville tous destruitz et désers, tant pour cause de la cherté du temps qui a esté par cy devant, comme par les gens d'armes qui souvent ont esté logiez sur eulx et aussi que ilz sont noz hommes de servitute de mainmorte et ne succedent point les ungs aux autres; parquoy leurs enfants, quant ils sont en âge, se départent et vont marier autre part pour acquérir franchise et pour ces causes plusieurs de noz hommes dudit lieu et de la condition dessus dite, s'en sont alez demeurer en autre seigneuries, parquoy les meix et héritaiges demeurent vacquants et en désert, qui est en notre très grant préjudice et aussi des dits exposans, lesquels se ilz demeurent de la condition et servitude dessus dite, sont en adventure de diminuer chacun jour, attendu mesmement que les hommes de notre amé et féal cousin le seigneur de Paigney (1) qui estoient de semblable servitute et condition de mainmorte ont esté affranchiz puis aucun temps et mis hors de la dite servitute, qui sont multipliez et multiplient de jour en jour en la dicte ville de Françot et se comme dient iceulx exposans, requérant humblement que pour les entretenir et multiplier au dit lieu, les veuillons de notre grâce semblablement affranchir comme sont ceulx du dit seigneur de Paigney. Pour ce est il que nous ces choses considérées, désirant l'augmentation et accroissement de noz hommes et femmes de notre dite ville de Françot en nombre de personnes, chevance et considérans que pour cause de la dite mainmorte, plusieurs se sont departiz comme dit est et autres y laissent à venir demourer, par quoy le dit lieu est petitement peuplé de noz hommes et subgiez et se pourrons de plus en plus diminuer, se par nous n'y estoit pourveu. Et eu sur ces choses advis de noz amez et féaulx les gens de noz Comptes à Dijon, avons par la déliberacion de nostre conseil, pour nous nos hoirs et successeurs, noz diz hommes et femmes dudit lieu de Françot, leurs hoirs et successeurs, qui a présent y sont et qui y sont esté et retourneront et pour le temps advenir y seront, habiteront et demoureront, affranchiz et affranchissons de la dite mainmorte perpétuelement et à toujours et voulons et leur octroions de notre dite grâce, par ces présentes, que ils succedent les ungs aux autres par proximité de lignaige, tout ainsi que se eulx et leurs prédécesseurs n'eussent oncques esté de la dite mainmorte, moyennant et parmy ce que pour cause de ce présent affranchissement, ils nous seront tenus nous paier finance modérée pour une fois et à l'arbitraire des dictes gens de nos Comptes à Dijon que commectons à ce et sauf et réservé à nous et à nos hoirs et successeurs, tous noz autres droits, redevances et seignories que nous et noz prédécesseurs avons accoustumé avoir, prendre et percevoir en notre dite ville et terre de Françot et sur nos diz hommes et femmes du dit lieu, pourveu et y convient toutes voies, que se aucuns des habitaus ou de leurs hoirs ou successeurs noz hommes ou femmes du dit lieu se département et absentent pour aler ou temps advenir desmourer autre part que au dit lieu de Françot, en ce cas, ceulx qui ainsi s'en seront depàrtiz pour

---

(1) Cette partie du village de Franxault relevait de la baronnie de Pagny.

demourer ailleurs, seront et retourneront dans la dicte condicion, estat et servitude de mainmorte entre nous et nos successeurs, tout ainsi qu'ils estoient par avant l'octroy de ces présentes quelque part que ils voisent demourer hors de la dite ville de Françot. Si donnons en mandement à nos dites gens des Comptes, à notre bailly de Dijon, et à tous autres noz justiciers et officiers ou à leurs lieutenans présens et avenir et à chacun d'eulx, si comme à lui appartiendra que icelle finance taxée et arbitrée par iceulx gens de noz Comptes et paier pour et au nom de nous et notre receveur qui ce peut touchier, lequel sera tenu d'en faire recepte à notre prouffit en ses comptes, ils facent, seuffrent et laissent les diz exposans et autres habitans de la dite ville de Françot, noz hommes de la condicion dessus dite, leurs hoirs et successeurs joïr et user de notre présente grâce, octroy et affranchissement plainement, paisiblement, perpétuellement et à tousjours, sans leur faire, ne donner, ne souffrir estre fait ou donné ne à aucun d'eulx ores pour le temps advenir quelques destourbier ou empeschement au contraire. Et afin que ce soit ferme chose et estable à toujours, nous avons fait mectre notre seel à ces présentes, sauf en autres choses notre droit et l'autruy en toutes. Donné en notre ville de Dijon le seiziesme jour de juillet l'an de grâce mil quatre cent quarante deux. Ainsi signé par monseigneur le Duc, vous le sire de Charny et autres présens (1).

J. Milet.

Archives de la Côte-d'Or. Chambre des Comptes de Dijon. B 11476. Affaires des communes.

CESSEY-LES-VITTEAUX

Cessey, *Scitiacum*, dont l'église fut donnée en 992 à l'abbaye de Flavigny, appartenait, au milieu du XIIIe siècle, à l'abbaye d'Oigny et au duc Hugues IV, qui avait acquis sa portion d'Alain de Wavrin, sénéchal de Flandre. Hugues y avait institué une prévôté à laquelle ressortissaient presque toutes les communes qui dépendent aujourd'hui des cantons de Sombernon, de Flavigny et de Vitteaux. Le prévôt, comme celui de Flagey, avait la garde de ceux des hommes des seigneurs ou des églises de sa circonscription, qui, pour échapper aux vexations

(1) Le 15 mai 1443, les habitants de Franxault, assemblés devant J. Gavet, coadjuteur du tabellion de Beaune, s'engagèrent tous et solidairement à exécuter et remplir les conditions de la charte précédente.

de leurs maîtres, s'avouaient bourgeois du Duc, moyennant une prestation annuelle (1). Mais là s'arrêtait la comparaison entre les deux prévôtés, car, par une de ces anomalies dont le moyen âge offre de si fréquents exemples; tandis que Flagey offrait aux hommes qui venaient s'y réfugier l'aspect d'une petite commune libre, ceux au contraire qui, pour se conformer à la coutume locale, devaient, pour acquérir l'immunité, habiter Cessey pendant un an, étaient cantonnés dans une rue appelée la rue Franche, par opposition aux autres parties du village demeurées dans le servage. Il fallut, pour les en sortir, toutes les calamités de la guerre à laquelle mit fin le traité d'Arras, et la nécessité pour le duc Philippe-le-Bon d'arrêter la dépopulation d'un lieu qui de quarante feux se trouvait réduit à trois.

CCCCXLV

Charte d'affranchissement des habitants de Cessey-les-Vitteaux par Philippe-le-Bon, duc de Bourgogne.

1442 (16 juillet).

Phelippe, par la grâce de Dieu, duc de Bourgoingne, de Lothier, de Brabant et de Lembourg, conte de Flandres, d'Artois, de Bourgoingne, palatin de Haynnau, de Hollande et de Namur, marquis du Saint Empire, seigneur de Frise, de Salins et de Malines, savoir faisons à tous présens et avenir. Nous avoir esté exposé de la partie des poures habitans de Cecey emprez Viteaux en nostre bail-

---

(1) « Les bourgeois et habitants de Flavigny ont liberté d'eulx faire advouher bourgeois de mondit seigneur par ung de ses sergens, verbalement, quand bon leur semble, de telle et semblable bourgeoisie, comme sont les bourgeois de Monseigneur à Arnay-sous-Viteau, qui paient par chacun d'eulx 12 deniers par chacun an au terme de la Nativité de S. Jean-Baptiste. Et est la nature de ladite bourgeoisie telle, que se l'abbé dudit Flavigny ou ses officiers font aucuns griefs ou molestacions à ung ou plusieurs desdits habitans dudit Flavigny, iceulx habitans se puent faire et advouher bourgeois de mondit seigneur par ung des sergens de mondit seigneur, verbalement, et lui adresser audit abbé ou à sesdits officiers, juge, procureur et libellance de la cour dudit abbé, et leur puet icellui sergent notifier qu'ils se sont advoubés bourgeois dudit monseigneur le Duc, et lui faire defenses, à certaines et grosses peines, que eulx estans bourgeois de mondit seigneur ne s'entremectent aucunement d'avoir congnoissance d'eulx, de quelque cas qu'ils commecteront ou ont commis, leurs bourgeoisies durant. Et parmi iceulx bourgeois sont tenus de venir audit Arnay tenir bourgeoisie et faire résidence de leurs corps aux festes de la Nativité S. Jean-Baptiste, de la feste de Toussains, de la Nativité Notre-Dame, de la feste de Penthecoste, et y estre la veille desdites festes à heure de vespres et aussi y demeurer jusques au premier cop de vespres des jours desdites festes. Et avec ce puent renoncier à ladite bourgeoisie se bon leur semble, parmi paians les 12 deniers tournois audit terme, et advouher ledit abbé tant de fois que bon leur semblera. »

Les habitants de Vitteaux et des autres lieux de la prévôté pouvaient également se faire avouer à la personne du prévôt de Cessey, du châtelain de Semur ou de l'un des sergents; mais ils étaient tenus « incontinant qu'ils se estoient advoubés bourgeois du duc, de eulx départir et d'aler dehors dudit lieu et finage de Viteaux chacun jour à l'eure du soleil couchant, et aler gésir es villes du duc, c'est assavoir à Cessey, à Vesvres, à Marcilly et à Arnay, et ledit an passé de venir avec leurs familles tenir bourgeoisie à Cessey aux quatre festes solennelles, comme ceux de Flavigny. » Leur prestation était de 5 sols.

Archives de la Côte-d'Or. Chambre des Comptes de Dijon. Comptes de la châtellenie de Semur, 1456, 1457. B 6245.

liage d'Auxois, que ilz sont noz hommes de mainmorte et nous doivent par chacun an dix livres tournois de taille habonnée, outre vint livres tournois de taille qu'ilz doivent aussi à l'abbé d'Oigney, lesquelles dix livres de taille, nostre prévost, qui a le gouvernement de la justice dudit lieu de Cecey, a accoustumé de recevoir pour nous. Mais la chose est venue à ce que par guerres, mortalitez et famines qui ont esté es temps passez, les diz habitans qui souloient estre de trente ou quarante feux ne sont à présent que deux poures laboureurs et une femme vesve audit lieu de Cecey, ausquelz a esté depuis aucun temps en ça et est encores impossible de païer ladite taille de dix livres tournois et celle de vint livres qu'ilz doivent audit abbé comme dit est, lequel abbé, pour le petit nombre desdiz habitans et pour leur très grant poureté, les a plusieurs foiz quictez de sa dite taille pour deux ou pour trois frans ; et se ilz sont contrains de nous payer la dite taille de dix livres tournois qu'ilz nous doivent chacun an, il leur conviendra par nécessité délaissier le dit lieu et habandonner le pays, par quoy ledit lieu de Cecey demourra du tout inhabité ; mesmement que pour cause de ladite mainmorte aucuns se sont absentez et n'y vuellent eulx, ne autres demourer, qui est et pourra plus estre en nostre très grant domaige et préjudice, se sur ce, n'est par nous pourveu de nostre grâce, si comme dient lesdiz exposans, requérans humblement que, considéré que ladite mainmorte nous est de très petit prouffit, nous les vueillons d'icelle affranchir et des arrieraiges qu'ilz doivent à cause des dites dix livres de taille, les quicter et descharger, et icelle taille, pour le temps à venir, leur modérer, ou autrement leur pourveoir, de nostre grâce et remede convenable. Pour ce est il que nous, considéré ce que dit est, désirans que la dite ville se puist repeupler et accroistre en nombre de habitans, et que les diz exposans se puissent entretenir en icelle, après information faite et rapportée sur l'estat dudit lieu et des diz exposans et de leurs charges et facultez, ensemble des oppressions qu'ilz ont souffertes par fait de guerre et de gens d'armes, et eu sur leur supplication et sur la dite information, l'advis de noz amez et féaulx les gens de noz Comptes à Dijon, avons, pour nous, noz hoirs et successeurs, noz hommes et femmes dudit lieu de Cecey, leurs hoirs et successeurs qui y sont à présent et qui y ont esté et y retourneront, et qui, pour le temps avenir, y seront, habiteront et demourront, de grâce especial, plaine puissance et auctorité, affranchiz et deschargiez, affranchissons et deschargeons de la dite mainmorte, perpétuellement et à tousjours, et leur avons octroyé et octroyons, de nostre dite grâce, que ilz succedent les uns aux autres par proximité de lignaige, tout ainsi que se eulx et leurs prédécesseurs n'eussent oncques esté de la dite mainmorte.

Reservé à nous et à noz hoirs et successeurs touz noz autres droiz, redevances et seignorie, que nous et noz prédécesseurs avons accoustumé avoir, prenre et parcevoir audit lieu de Cecey et sur noz hommes et femmes d'icellui. Pourveu que se aucuns d'eulx ou de leurs successeurs ainsi affranchiz se départent de la dite ville pour aler demourer autre part, ilz retourneront, seront et demourront oudit cas de la dite condition et servitute de mainmorte, comme ilz estoient par avant ou eussent esté, se ne feust ce présent affranchissement et nonobstant icellui. Et en oultre avons auxdiz exposans les arrieraiges à nous deuz pour le temps passé, à cause de la dite taille de dix livres tournois, quictez et remis et iceulx, de nostre dite grâce, leur quictons et remettons et la dite taille de dix livres durans trois ans prouchains à venir, seulement leur avons modéré et modérons à trois francs pour chacun desdiz trois ans. Voulons et leur octroyons que les diz arrieraiges escheuz à cause de la dite taille et d'icelle taille en paiant par chacun an trois frans, de cy à trois ans prouchains à venir seulement, ilz soient et demeurent envers nous quictes et paisibles. Si donnons en mandement à noz diz gens des Comptes et à nostre prévost dudit lieu de Cecey, et autres noz officiers ou à leurs lieuxtenans présens et à venir et à chacun d'eulx, si comme à lui appartiendra que les diz habitans de Cecey, noz hommes et femmes, qui sont et seront pour le temps à venir, facent, seuffrent et laissent, de nostre présente grâce, octroy et affranchissement, quictance et modération, joïr et user plainement et paisiblement sans les contraindre, traveiller, molester ou empescher, ne souffrir, pour le temps à venir, contraindre, traveiller, molester ou empescher aucunement au contraire. Et par rapportant ces présentes ou vidimus d'icelles, fait soubz seel autentique ou copie collationnée en la Chambre de nos diz Comptes, avecques lettres de recongnoissance desdiz habitans qu'ilz avoient esté et seront tenuz quictes et paisibles des diz arrieraiges, pour une fois seulement et aussi lettres de recognoissance pour chacun des diz trois ans à venir, que ilz auront esté tenuz quictes de la dite taille de dix livres, en paiant pour chacun desdiz trois ans, trois frans monnoie royale, le dit prevost de Cecey ou autre nostre receveur cui ce peut et pourra touchier en faisant recepte entièrement en ses comptes desdites dix livres tournois de taille par chacun an, sera et demourra quictes et deschargiez du surplus que monteront les dites dix livres, oultre les diz trois frans monnoie royale pour chacun desdiz trois ans et sera icellui surplus alloué en ses comptes et rabatu de sa recepte par nosd. gens des Comptes à Dijon ausquelz nous mandons que ainsi le facent sans aucun contredit ou difficulté, nonobstant quelxconques mandemens ou déffenses à ce contraires. Et affin que ce soit ferme chose et estable à tousjours, nous avons fait mectre nostre seel à ces présentes, sauf en autres choses nostre droit et l'autruy en toutes. Donné en nostre ville de Dijon le xvi° jour de juillet l'an de grâce mil CCCC quarante et deux. Ainsi signé par monseigneur le Duc, nous et le sire de Charny présens.

J. MILET.

Vidimus donné le 25 novembre 1447 par Margotet et Gros, clercs de la Chambre des Comptes de Dijon. Archives de la Côte-d'Or. Chambre des Comptes de Dijon. B 11474. Affaires des communes. Cessey-les-Vitteaux.

PLUVAULT, PLUVET, LONGEAULT, BEIRE-LE-FORT
ET COLLONGES.

La portion du territoire de ces communes qui relevait de la châtellenie de Rouvres appartenait aux Ducs de Bourgogne, possesseurs de cet ancien fisc, dont Hugues IV, Robert II et Eudes IV augmentèrent encore l'étendue par leurs acquisitions. Ce dernier y réunit d'un bloc, en 1333, toute la terre de Longeault acquise sur les sires de Billey. A l'époque où fut promulguée cette charte, la famille de Rochefort possédait une partie de Pluvault, de Longeault et de Pluvet; l'abbaye de Saint-Bénigne de Dijon, partie de Beire, et Collonges dépendait des sires de Ruffey. En 1459, Jacques de Rochefort ayant produit un faux démembrement, sa terre fut confisquée et réunie à la châtellenie de Rouvres. Louis XI la rendit, en 1480, à Guillaume, son fils, chancelier de France, et trois ans plus tard il y joignit ce qui de ces possessions relevait de son domaine. Après la mort d'Edme de Rochefort, la baronnie passa à la famille de Chanlecy, puis dans celle de Choiseuil, et au moment de la Révolution dans celle des Gallet de Mondragon.

CCCCXLVI

Charte d'affranchissement de la mainmorte octroyée par Philippe-le-Bon, duc de Bourgogne, aux habitants de Longeault, Pluvault, Pluvet, Beire-le-Fort et Collonges, relevant de sa châtellenie de Rouvres.

1442 (5 décembre).

Phelippe, par la grâce de Dieu, duc de Bourgoingne, de Lothier, de Brabant et de Lembourg, conte de Flandres, d'Artois et de Bourgoingne, palatin de Haynnaut, de Hollande, de Zéllande et de Namur, marquis du Saint Empire, seigneur de Frise, de Salins et de Malines, scavoir faisons à tous présens et avenir, nous avoir été exposé de la partie des habitans de noz villes de Longeau, Plovot, Plovet, Bère et Quelonges, de nostre chastellenie de Rouvre, que ilz sont noz hommes et subgez sans moyen, de servitute de mainmorte, justiciables et les aucuns d'eulx taillables à volenté, hault et bas deux fois l'an, et nous doivent chascun an pluseurs courvées, gélines, censes, rentes et autres reddevances, pour cause desquelles et en espécial de ladite servitute de mortemain avec les grans oppressions et dommaiges que ilz ont soustenus et souffert pour le fait des guerres, les dites villes sont moult grandement despeuplées et diminuées de habitans et mesmement que à l'occasion de ladite mainmorte, plusieurs délaissent à aler demourer et habiter esdites villes et y marier leurs enffans et aussi pluseurs s'en sont déppartiz et alez demourer autre part et de jour en jour s'en vont et se deppartent des villes dessus dites, qui redonde à la très grant diminucion de notre demaine et autrement en notre très grant dommage et préjudice et plus sera se sur ce n'estoit par nous pourveu de remede convenable si comme dient les diz exposans, requérant humblement que actendu ce que dit est et que ladite notre mainmorte nous est de très petit prouffit et que les habitans des villes voisines à l'environ de nos dites villes sont francs et exemps de mortemain, dont ils reprouchent aucunes foiz les diz exposans, et à cette fin que les dites villes se puissent repeupler et estre plus grandement habitées à l'augmentation de notre demaine; nous les veuillons de ladite servitute de mainmorte deschargier et affranchir de notre grâce. Pour ce est il que nous aïans considération aux choses dessus dites et sur icelles eu l'advis de noz amés et féaulx les gens de la Chambre de noz Comptes à Dijon et de notre chastellain de Rouvre, avec bonne et meure déliberacion de conseil, voulans et désirans l'accroissement de noz hommes et femmes de nos dites villes, avons pour nous noz hoirs et successeurs, les diz exposans leurs hoirs et successeurs qui sont et seront noz hommes et femmes taillables à voulenté, hault et bas et demourans soubs nous en notre seigneurie desdites villes de Longeau, Plovot, Plovet, Bère et Quelonges, et ceulx de la condition dessus dite qui y ont esté et y retourneront et pour le temps advenir d'icelle condicion y seront, habiteront et demourront de notre grâce especial, plaine puissance et auctorité affranchiz, exemptéz et deschargiez, affranchissons, exemptons et deschargeons de ladite servitute de mainmorte perpétuelment et à touzjours et leur avons octroié et octroions de notre dite grâce, que ilz succedent les ungs aux autres par proximité de lignaige, tout ainsi que ce eulx et leurs prédécesseurs n'eussent oncques esté de ladite mainmorte, reservé à nous et à noz hoirs et successeurs, tous noz autres drois, reddevances et seigneuries, que nous et nos prédécesseurs avons accoustumé avoir et pranre et parcevoir en noz villes dessus nommées et sur noz hommes et femmes d'icelles. Et pourveu que se aucuns des comprins en ce présent affranchissement ou de leurs successeurs ainsi affranchiz, se deppartent desdites villes ou d'aucunes d'icelles et les délaissent pour aler demourer autre part, ilz retourneront, seront et demourront ou dit cas de la dite condicion et servitute de mainmorte comme ilz estoient par avant ou eussent ésté, se ne fust ce présent affranchissement et nonobstant icellui. Et avec ce ne pourront les diz habitans et leurs successeurs ainsy affranchiz, vendre, eschangier ne aliéner les héritaiges qu'ilz tiennent et tendront soubz nous et souhz nos successeurs et quelconque personne que ce soit hors desdites villes, fors que l'ung d'eulx à l'autre seulement ; ne iceulx leurs héritaiges ne pourront chargier d'autres charges quelxconques, mais demourront tousjours chargiez et affectz des tailles et reddevances qu'ilz doivent et devront à nous et à noz successeurs et de ce bailleront les diz exposans leurs lettres pour eulx et leurs successeurs en ladite Chambre de noz Comptes à Dijon pour mectre et demorer en notre trésor à perpétuel mémoire. Si donnons en mandement à nos dits gens des Comptes, à notre chastellain de Rouvre et autres noz officiers ou à leurs lieuxtenans présens et à venir et à chascun d'eulx, si comme à lui appartiendra, que les diz habitans de nos dites villes de Lougeaul, Plovot, Plovet, Bere et Quelonges et de chacune d'icelles, noz hommes et femmes de la condicion dessus dite, leurs hoirs et successeurs taillables hault et bas à volenté, comme dit est dessus, facent, souffrent et laissent joïr et user de notre présente grâce affranchissement et exemption plainement et paisiblement, perpétuelment et à tousjours, sans les souffrir traveillier, molester ou empeschier ores et pour le temps advenir aucunement au contraire. Et afin que ce soit ferme chose et estable à tousjours, nous avons fait mectre notre séel à ces présentes, sauf en autres choses notre droit et l'autruy en toutes. Donné en notre ville de Dijon le cinquiesme jour de décembre l'an de grâce mil quatre cens quarente deux. Ainsi signé. Par monseigneur le Duc, vous le syre de Charny présens.

J. Milet.

Vidimus du 15 février 1442-43, par Philibert Quenot, tabellion du duc à Rouvres. — Archives de la Côte-d'Or. Chambre des Comptes de Dijon. Affaires des communes. B 11477.

CCCCXLVII

Confirmation par le roi Charles VIII des lettres d'affranchissement accordées par Guillaume de Rochefort aux habitants de Pluvault, Pluvet, Longeault, Beire-le-Fort et Collonges.

1492 (juillet).

Charles, par la grâce de Dieu, roy de France, savoir faisons à tous présens et avenir. Nous avoir receu humble supplicacion des hommes, subgetz, manans et habitans des terres et seigneuries de Pluvost, Plouvet, Longeaul, Beres et Colonges, contenant que puis aucun temps, notre amé et feal chancellier Guillaume de Roichefort, chevalier, seigneur des dits lieux, mehu de pitié et pour l'onneur et révérence de Dieu et autres bonnes et justes considéracions a affranchy et deschargiez à perpétuité les dits supplians ses hommes et subgetz masles et femelles habitans es dites seigneuries avec leurs hoirs et postérité de la servitute et condicion de mainmorte en quoy ils estoient envers luy ainsi que plus à plain est contenu en ses lettres patentes sur ce octroiées (1) et au moïen desquelles les dictz supplians ont intencion joyr du dict affranchissement, toutesfois portant que les dictes terres dessus déclarées sont tenues de nous et que par ce moyen ou autrement par les ordonnances royaulx sur ce faictes on les pourroit prétendre estre tournez envers nous en telle servitude qu'ilz estoient envers nostre dict chancellier, parquoy noz officiers ou autres les pourroient cy après en ce donner empeschement; ilz nous ont très humblement supplié et requis qu'il nous plaise avoir agreable le dict affranchissement en les exemptant de nouvel de la dite servitude et sur ce leur impartir bénignement nostre grâce et libéralité. Pourquoy nous ces choses considérées et eu sur ce les remonstrances qui faictes nous ont esté de la part de nostre dict Chancelier, inclinant par ce libéralement à l'umble supplicacion et requeste des dicts supplians, ses dictz supplians, ses dictz hommes et subgectz, les dicts affranchissement et manumission ainsi à eulx octroiés, avons agrée et conferme, agréons et confermont par ces dictes présentes et iceulx supplians demourans es dictes terres et seigneuries dessus dictz, ensemble leurs dicts enffans et postérité née et à naistre, avons en tant que besoing est de nouvel et d'abundant affranchiz et manumiz, affranchis-

---

(1) Ces lettres, qui n'existent plus dans nos archives, étaient datées de l'année 1491.

sons et manumissons de grâce especial, plaine puissance et auctorité royal par ces présentes, et les avons délivré et délivrons de tous lyens de servitute, sans ce que à ceste occasion, ilz soient pour ce tenuz payer à nous, ne aux nostres aucune finance ou idempnité. Et laquelle finance qui pour ce nous pourroit estre deue à quelle somme quelle puisse monter, nous leur avons donnée et quictée, donnons et quictons par ces dictes présentes signées de nostre main. Si donnons en mandement, à noz amez et féaulx gens de nos Comptes à Dijon, général ayant la charge de toutes noz finances et pays de Bourgoingne, aux bailli de (Dijon) et à tous noz autres justiciers et officiers ou à leurs lieutenans et commis et à chascun d'eulx, si comme à lui appartiendra, que les dicts supplians et leurs dicts enffants et posterité, ilz facent, souffrent et laissent joyr et user de nostre présent grâce, confirmacion et chose dessus dictes, sans leur faire ne souffrir estre fait aucun destourbier ou empeschement au contraire, car ainsi nous plaist il estre fait, nonobstant les dictes ordonnances et autres quelzconques, mandemens ou desseins à ce contraires. Et afin que ce soit chose ferme et estable à tousjours, nous avons fait mectre notre seel à ces dictes présentes, sauf en autres choses nostre droit et l'autruy. Donné à Paris ou mois de juillet, l'an de grâce mil quatre cent quatre vingt et douze, et de nostre regne le neufiesme.

Ainsi signé : CHARLES.

Sur le reply des dictes lettres est escript : Par le Roy, le conte de Ligney, le sire de Grimault et autres présens. Signé : BOHYER.

Et au dessoubz est encoire escript sur le dit reply : Visa. Contentor. MENON.

Vidimus du 11 décembre 1490, par Regnault et Raviet, clercs de la Chambre des Comptes de Dijon. — Archives de la Côte-d'Or. Chambre des Comptes de Dijon. Affaires des communes. B 11477.

VERNOT

Vernot, *Vadarno villa*, mentionné en 1005 dans la chronique de Saint-Bénigne de Dijon, était un fief qui relevait pour la plus grande partie de la châtellenie ducale de Saulx-le-Duc. C'est à ce titre et comme seigneur direct qu'en 1442 le duc Philippe-le-Bon, mu par les mêmes considérations exposées plus haut, affranchit les habitants et leur octroya la charte qui suit. La portion domaniale de Vernot fut engagée, en 1543 à MM. de Gand; en 1567 au sire Morillon; en 1596 à Scipion Maréchal, des mains duquel il passa à Barthélemy Morisot, greffier de la Chambre des Comptes et érudit du temps. L'autre portion de la seigneurie, que l'on trouve possédée, en 1303 par Hugues de Neublans, en 1346 par Richard, seigneur de Fontaine, du chef de Philippe, sa femme ; par A. Rolin, sire d'Aymeries, Oudot et Jean de Champnite, en 1474; par Othenin de Cléron en 1499, fut vendue en 1548 par une de ses descendantes, Philippe de Mouy, dame de Saffres, à Nicolas Jachiet, qui la remit aussitôt à Claude de Rochefort. Zacharie Espiard, bailli de Saulieu, grossit, en 1655, l'héritage de sa femme, Marie Morisot, du fief de René de Bussière, et les laissa, en 1684, à son fils, Jacques-Auguste. Vers 1673, F. Folin, prieur commendataire de Moutier-en-Bresse, acquit de N. Folin, son frère, une autre partie de la seigneurie de Vernot, et la légua, en 1707, à son neveu, F. Folin, qui, en 1726, réunit toute la seigneurie par la cession que lui fit Jacques Espiard, écuyer. Vingt ans plus tard, elle était vendue par décret à J.-Philippe d'Anthès, écuyer, dont le fils, François, héritait en 1761.

CCCCXLVIII

Charte d'affranchissement octroyée par le duc Philippe-le-Bon aux habitants de Vernot.

1443 (11 août).

Phelippe, par la grâce de Dieu, duc de Bourgoingne, de Lothier, de Brabant et de Lembourg, conte de Flandres, d'Artois, de Bourgoingne, palatin de Haynnau, de Hollande, de Zellande et de Namur, marquis du Saint Empire, seigneur de Frise, de Salins et de Malines, savoir faisons à tous présens et aveuir, nous avoir esté exposé de la partie des pouvres habitans de nostre ville de Vernot, noz hommes et subjetz taillables et de mainmorte, que à l'occasion des güerres, mortalitez et famines, qui puis aucun temps en ça ont esté ou royaume de France et en noz païs de Bourgoingne, les diz exposans sont telement diminuez et venuz à si grant poureté en espécial du temps et depuis que les garnisons ont esté à Grancey et à Lengres, que ilz n'ont de quoy payer les tailles qu'ilz nous doivent par chacun an et qui plus est pour cause de la dicte mainmorte ne pevent marier leurz enfans, par quoy la dicte ville ou village de Vernot est en aventure de demourer inhabitée et que tant peu de hommes et de femmes qui y sont à présent ne se départent du dict lieu pour aler quérir leur vie autre part en lieux de franchise, qui seroit la totale destruction de la dicte ville et nostre très grant dommaige et préjudice, se sur ce n'estoit par nous pourveu de nostre grâce si comme dient iceulx exposans, requérans humblement que leur veuillions quicter lesdictes tailles à nous deues depuis le temps desdictes guerres et avecque ce les affranchir de la dicte mainmorte, à celle fin que les hommes et femmes dudit lieu se puissent plus ligierement marier et par ce moyen repeupler la dicte ville ou villaige de Vernot ou que autrement leur vueillions pourveoir. Pour ce est il que nous ces choses considérées, désirant l'accroissement et multiplication de noz hommes et femmes au dit lieu de Vernot et eu sur ce l'advis de noz amez et féaulx les gens de noz Comptes à Dijon, avons, par l'advis de nostre conseil, pour nous, noz hoirs et successeurs, noz diz hommes et femmes dudit lieu de Vernot, leurs hoirs et successeurs qui à présent y sont, qui y seront, ont esté et retourneront, et pour le temps avenir y seront, habiteront et demoureront affranchi, et de grâce especial affranchissons de la dite mainmorte perpetuelment et à tousjours, et voulons, et leur octroyons de nostre dicte grâce que ilz succedent les ungs aux autres par proximité de lignaige, tout ainsi que se eulx et leurs predécesseurs n'eussent oncques esté de la dicte mainmorte, moyennant et parmi ce que pour cause de ce présent affranchissement, ilz seront tenuz nous paier finance modérée à l'arbitraige de noz diz gens des Comptes à Dijon que comettons à ce et sauf et réservé à nous et à noz hoirs et successeurs tous noz autres droiz, redevances, tailles et seigneurie que nous et noz prédécesseurs avons acoustumé avoir, pranre et parcevoir en nostre dite ville et terre de Vernot et sur noz hommes et femmes dudit lieu, pourveu toutesvoies que se aucuns des habitans ou de leurs hoirs et successeurs noz hommes et femmes dudit lieu de Vernot se départent ou absentent pour aler ou temps avenir demourer autre part. En ce cas, ceulx qui ainsi seront departiz, retourneront et seront de la dite condicion estat et servitute de mainmorte, tout ainsi qu'ilz estoient par avant l'octroy de ces présentes quelque part qu'ilz voisent demourer hors de la dite ville de Vernot. Si donnons en mandement à noz dites gens des Comptes, à nostre bailli de Dijon, et à tous noz autres justiciers et officiers, ou à leurs lieutenans présens et avenir et à chacun d'eulx si comme à lui appartiendra, que la dicte finance tauxée et arbitrée par iceulx nos gens des Comptes eu regard aux facultez des ditz pouvres exposans et icelle paiée pour et ou nom de nous à nostre receveur cui en peut toucher, lequel sera tenu d'en faire recepte à nostre prouffit, en ses comptes, ilz facent, sueffrent et laissent les dits exposans et autres habitans dudit lieu de Vernot, noz hommes de la condicion dessus dite, leurs hoirs et successeurs, jouir et user de nostre présente grâce et affranchissement, plainement et paisiblement, perpetuellement et à tousjours, sans leur faire ne donner, ne souffrir estre faict ou donné ne à aucun d'eulx ores ne pour le temps avenir aucun destourbier ou empeschement au contraire. Et afin que ce soit ferme chose et estable à tousjours, nous avons faict mectre nostre seel à ces présentes, sauf en autres choses nostre droit et l'autruy en toutes. Donné en nostre ville de Dijon le xi° jour d'aoust, l'an de grâce mil quatre cens quarante et trois. Ainsi signé par monseigneur le Duc, vous et le sire de Croy présens.

J. MILET.

Vidimus donné le 22 juin 1458 par Ducret et de Lagrange, clercs de la Chambre des Comptes. — Archives de la Côte-d'Or. Chambre des Comptes de Dijon. B 11480. Affaires des communes. Vernot.

ANNOUX (YONNE)

Ce village, de l'ancien bailliage d'Avallon, appartenait au commencement du XIV° siècle à Eudes de Grancey, qui le céda à ses frères Jean et Pierre, lesquels le vendirent à la duchesse Agnès. Geoffroy de Tharot en était seigneur en 1323, Hugues des Granges en 1329, Geoffroy du Meix en 1391. Au milieu du XV° siècle on le trouve en la possession des Mandelot. Le 14 novembre 1446, c'est-à-dire au lendemain des ravages causés en Bourgogne par les Ecorcheurs, Robert de Mandelot, seigneur d'Argenteuil et d'Irouer; Jeanne de Sagy, dame de Crusy et de Fontaine-en-Duesmois, sa mère; Claude, écuyer, et Humbert Hugot, ses frères; et Jacot Hugot, son fils, tous seigneurs d'Annoux, considérant que la ville était assise en lieu stérile et maigre pays, que à l'occasion des guerres et mortalités, le pays était presque dépeuplé et que toutes les villes des environs étaient franches, accueillirent la requête de leurs hommes demeurés justiciables, de serve condition, taillables à volonté et mainmortables, ils les affranchirent de la mainmorte, et leur quittèrent la taille « à voulenté, » moyennant une prestation de 20 sols pour le plus riche, en descendant à 10 sols pour le plus pauvre, payable chaque année au terme de Saint-Remy, et sous la réserve de censes et redevances ordinaires.

Le 12 novembre 1482, Antoine de Vezon et Jeanne Fèvre, sa femme, fille d'Humbert Hugot, et, le 5 décembre suivant, Didier de Mandelot, seigneur de Sivery; Antoine de Mandelot, seigneur de Château-Girard; et Jean Bataille, tous coseigneurs d'Annoux, confirmèrent cette charte.

La postérité des Vezon se maintint à Annoux jusqu'en 1679, côte à côte avec les Hédouard, les Vesigneux, les Guelaud, les Dufresne, les Cariau, les Fretard, les de Senevoy. Les Baudenêt, arrivés en 1672, avaient réuni en 1777 les quatorze portions de la seigneurie, et des deux restantes, l'une appartenait à la famille Quesse de Valcour arrivée en 1680, et la dernière aux d'Avout, ancêtres du prince d'Ecmül, qu'on y voit établis dès 1724.

Archives de la Côte-d'Or. Chambre des Comptes de Dijon. B 11472. Affaires des communes.

ÉPOISSES,

ÉPOISOTTE, COROMBLES, TOUTRY, TORCY ET POULIGNY, MENETREUX, VIC-DE-CHASSENAY, CHASSENAY ET MONETOY.

La baronnie d'Epoisses, une des plus considérables du duché de Bourgogne, succéda à un ancien fisc des Mérovingiens désigné par Frédégaire, au VII° siècle, sous le nom de *Spinssia villa*. Au XII° siècle, Edwige, héritière des premiers sires du lieu, épousa Bernard de Montbard, et leur petite-fille Elvide porta Epoisses en dot dans la maison de Mello. Jeanne de Mello, sœur de Guillaume, dernier mâle des Mello, épousa Jean de Montagu, sire de Couches, et en eut Claude, tué en 1470. Sa succession étant tombée entre les mains de collatéraux, Epoisses fut divisé et acquis par portions entre Hugonet, chancelier de Bourgogne, et Philippe de Hochberg, marquis de Rothelin. La fin tragique du chancelier ayant mis fin aux débats survenus entre les deux possesseurs, Philippe de Hochberg demeura, par transaction, seul maître de la baronnie, qu'il transmit à ses descendants. Jacques de Savoie, duc de Nemours, auquel elle fut adjugée en 1547, la céda en 1561 à Imbert de la Platrière-Bourdillon, maréchal de France, qui la légua à Francine de la Platrière, sa nièce, femme de Louis d'Ancienville. Leur fils Louis, qui fit ériger la baronnie en marquisat, en disposa en faveur d'Achille de la Grange d'Arquien, comte de Maligny, mari de Louise, sa nièce. Leur fille unique, Madeleine de la Grange, mariée à Guillaume de Peichperoux-Comminges, comte de Guitaud, n'ayant point d'enfants, institua pour son héritier le grand Condé, lequel remit, en 1672, le marquisat au comte de Guitaud, son chambellan, dont la famille possède encore cette terre.

CCCCXLIX

Vidimus et confirmation, par Philippe-le-Bon, duc de Bourgogne, de la charte d'affranchissement accordée par Claude de Montagu, seigneur de Couches et d'Epoisses, aux habitants de la terre d'Epoisses, comprenant les villages d'Epoisses, Epoisotte, Corombles, Torcy, Pouligny, Menetreux, Monetoy, Chassenay et Vic-de-Chassenay.

1448 (7 juin), 1449 (21 octobre).

Phelippe par la grâce de Dieu, duc de Bourgoingne, de Lothier, de Brabant et de Lembourg, conte de Flandres, d'Artois, de Bourgoingne, palatin de Haynnau, de Hollande, de Zellande et de Namur, marquis du Saint Empire, seigneur de Frize, de Salins et de Malines. Savoir faisons à tous présens et advenir que vues par nous les lettres de nostre amé et féal cousin, conseillier et chambellan, Messire Claude de Montagu, seigneur de Coulches, d'Espoisses et de Vy de Chassenay, de l'affranchissement et manumission par lui faiz sur ses hommes et femmes de ses terres et chastellenies desdiz lieux d'Espoisses et de Vy de Chassenay. Desquelles lettres la teneur s'ensuit :

Nous, Claude de Montagu, chevalier, seigneur de Coulches, d'Espoisse et du Vy de Chassenay (1). Savoir faisons à tous ceulx qui ces présentes lettres verront et orront. Que, comme de toute ancienneté nous competent et appartiennent à cause de nos dictes terres et chastellenies d'Espoisse et dudit Vy de Chassenay, plusieurs beaulx drois, prérogatives et seignouries en toute justice et seignorie haulte, moienne et basse et mesmement de prendre et percevoir par chascun an sur noz hommes et femmes natifz en icelles, et autres tenans et possédans héritaiges assis et situez es dictes seigneurie d'Espoisse et dudit Vy, les redevances accoustumées à païer à noz prédécesseurs et à nous de toute ancienneté, par le bon plaisir de nous et de noz gens et depputez, hault et bas et à voulenté selon l'exigence, temps et faculté de nosdiz hommes. Combien que par aucun temps les dictes redevances ayent esté remises à certain taux par tollérance et de nostre grâce pour considération des guerres et énormes maulx, famines, tempestes, mortalitez et autres choses cy-après declairées. Ayons aussi semblablement droit de prendre les successions et appliquer à nostre prouffit de nos diz hommes et femmes qui vont de vie à trespassement sans héritiers conjoinctz en celle, et sur iceulx exploiter tous drois qui se pevent exploicter sur gens de mainmorte et de serve condition, pareillement que noz prédécesseurs, et nous en avons joy de toute ancienneté. Et il soit ainsi, que, depuis naguères, nosdiz hommes et femmes nous ont fait remonstrer que par le moïen d'icelle, plusieurs se soient departiz et absentez du pays, et tant à l'occasion des guerres, famines, mortalitez et autres inconvéniens advenuz en nosdictes terres et seignories d'Epoisse et de Vy se soient despeuplées et diminuées de peuple, obstant laquelle diminution leurs possessions, terres, vignes et autres héritaiges sont demourez et demourent par chascun jour en friche, ruyne et désert et tailliez de venir plus avant en une grande désertion, mesmement qu'ilz ne les pevent vendre, aliéner ne transporter ne autrement, sinon en hommes et femmes de pareille et telle condition qu'ilz sont. En nous supplians et requérant y mettre ou faire mettre prevision telle qu'ilz puissent résider et demourer soubz nous, avoir leurs nécessitez de quoy ilz puissent continuer à nous paier noz drois et redevances comme ilz fait ou temps passé.

(1) Il était fils unique de Jean de Montagu, seigneur de Couches, de Sainte-Pereuse, de Sully et de Marigny, et de Jeanne de Mello, héritière de la baronnie d'Epoisses. Il épousa Louise de La Tour d'Auvergne, fonda le chapitre de Couches, et fut tué en 1470 au combat de Buxy. Claude était le dernier mâle de la branche des ducs de la première race, issue d'Alexandre, fils du duc Hugues III.

1. Nous, le dit seigneur, deuement advertiz et souffisamment informez des grans oppressions et autres énormes dommaiges, mortalitez, famines et autres inconvénients advenuz par loigiz de gens d'armes et de feux boutez. Pour aucunement relever nosdiz hommes et femmes, et ad ce qu'ilz puissent demourer et résider soubz nous et secourir à leurs affaires, et nécessitez, païer noz drois et redevances, et ausquelx nosdiz hommes et femmes désirons complaire, mesmement que sur ce en avons esté requis et deprié par nostre très chière et bien amée compaigne Loyse de la Tour (1) et autres. Actendans aussi et considérans que noz drois en pourroient mieulx valoir en autre manière. Avons de nostre grâce espéciale, et par l'advis et délibération des saiges, de nostre certaine science et bon vouloir et sans aucune contraincte, ottroyé et par ces présentes ottroions à nosdiz hommes et femmes cy-après declairez et nommez en nostre ville d'Epoisse. C'est assavoir à Girard Monnerant, les hoirs Roillart, Guiot Le Roux, Lyonet Brenet, Guiot Morel, Droyn Guenard, alias Malsalé, Jehan Boyer, Thevenin Flaton, Pierre Morel, Huguenin Velin, Jehau Souhey, alias Ryote, Jehan de Saint-Bris, Guiot Huot, Clément Maulot, Adam Le Pyonnat, Jehan Angelin, Perrenot Huot, Marie Colas, Jacot Maulsalé, Jehan son frère, Alips leur mère, Jehan Malsalé, Jehannette, vesve de feu Jehan Le Roux, Marie, vesve de feu Jehan Guidoul.

Ou villaige de Corombles, Jehan Bourgois, Pierre Bourgois, son frère, Estienne Brequiet, Perrenot Goley, Drouyn Goley, Jehan Berchier, Jehan Carlan, Perrenote, fille de feu Jaquot Pepon, Gillot Piquart, Guiot Raffin, Marie, vesve de feu Guillemin Guillors, leurs enfants, Jehan Chaloignat et sa mère, Pierre Voillemin, Drouyn Guillaichon, Jehan Myais, Jehan Thevenin, Perrenot Jaquot, Jehan Feiot, son fillastre, Jehan Guichart, Jehan Durey, Jehan Cherot, Jehannette, vesve de feu Jehan Martin, Huguenin et Jehan, ses enfans, et enfans de feu Guillaume Botepain, son précédent mary, Messire Pierre Boué, Jehan Garnault, son neveu, Jehan Prevost, Jehan Caulot, Pierre Marcault, Jehan Guiot, Droyn Myais, Marguerite, vesve de feu Droyn Legerot, Pierre Goley, Guiot Golon, Perrenot Chaloignat, Jehan Jaquot, Andrier Lequeux, Droyn Lequeux, son frère, Guillaume Chère, Girard Jambeau, et Guillaume Garnon, commungs en biens, Perrenot Boquin, Perrenot Vaulchier, Jaquette, vesve de feu Perrenot Floichot, et Perrette, sa fille, Guiot Boquin, Jean Petit Loup, Guiot Guinefoy, alias Chevillart, Droyn Boquin, Jehan Galars, Droyn Larchier, Guillaume Marcaul, Guil-

---

(1) Louise, seconde fille de Bertrand IV, seigneur de La Tour, et de Marie, comtesse d'Auvergne et de Boulogne, morte le 14 juin 1472.

laume Guenin, Jaquot Larchier et Marguerite sa mère, Perrenot Paluat, Perrenot Guillot, Estienne Lequeux, alias Drouot, Droyn Guiard, Guiot Joliot, Bonnot Guignart, Perrenot Gueneaul et Loys, son frère, Guiot Seguin, Perrenot Robin, Perrin Miquart, alias Gaicherot, Jehan Guenin, Messire Pierre Guenin, Symon et Drouyn Guenin, frères, Laurent Perron, Perrenot Bert, Droyn Guenois, Perrin Quinart, Estienne Boisot, Messire Guillaume Guenois, prestre, Perrenot Guillot, Laurent Galais, Jehan Guillot, Perrenot Vaullier, Huguenin Boissen, Jaquot Convers, Perrenot Perion, Guillaume Loreaul, Perion Convers.

A Espoissotte, Jehan Gois, Guillemin Micheterne, Jehan Thibault, Jehan Loigney, Messire Jehan Patriat, prestre, et Guiot, son frère, Estienne Champuelle, Jehan Gey, Moreau Goley, Jehan Robin, Jehan Picart, son frère, et Jehan Flaton, tous dudit Espoissote.

A Toutrey, Pierre Grisot, Estienne Taupin, Jehan et Thevenin, ses enfans, Guiot Diguet, Jehan Perrot, son gendre, Jehan Guillemin, Jaquot Drouyn, son fillastre, Pierre Taupin, Guillaume Quarrey, Perrin Ragon, alias Quarreaul, Pierre Lermite, Jehan et Guillemin Gaigeot frères, et Guillemette leur mère, Pierre Gaigeot, Jehan Gaigeot, son frère, Perrenot Maillefer, Laurent Maillefer, Andrier et Jehan Rondeaul, frères et leurs deux seurs, Droyn Souhey, Jehan et Guienot Picard, frères, Jehan Gros et Guiennot Rondeaul, son gendre, Guillaume Leclerc, Messire Guillaume Peulot, prestre, Berthier du Ban, Jehan Peulot, Droyn Tirecuir, Laurent Maillefer.

A Torcey, Guiot Matherot et Perrenot Girard, commungs en biens, Huguenin Naulot, Guiot Naulot, Pierre Durey, Jehan Boléreaul, Perrin Symart, Jehan Lorier, Jehan Lendormy, alias Prieur, Messire Jehan Lendormy, Jehan Gaillart, Jehan Vaultheron, alias Marteaul et Jehan Chouleau, commungs en biens, Jehan Morolot, Thevenin Le Baul, Marguerite, sa femme, Vincent Lorier, autres hommes communs, demourans et résidans audit Torcey, sur lesquelx, nous ledit Claude de Montagu, seigneur de Coulches et des lieux dessusdiz. Avons et percevons chascun an la moitié de leurs rentes et reddevances le quart osté, Jaquot de Toisy escuyer l'autre moitié, le quart osté, qui est et meust de nostre fied. Les abbé et religieux de Fontenay ont ledit quart. Ausquelz hommes communs en tant qu'il touche nostre porcion tant seulement, nous faisons et traictons pareillement, comme avec noz autres hommes et femmes de nosdictes terres. C'est assavoir Messire Hugues Drouchot, prestre, et Jehan, son frère, Regnault Gaillart, Jehan Gaillart, Perrenot Guillaumeau, Perrenot Lebaul, Jehan Lebaul, Berthier Lebaul, Jehan Guillot, Colas Guenat.

A Poloigny, Jehan Perrier, alias Oudot, Jehan Jaquemart, Robin Mocon, Perrenot Guenois et Jehannette, sa femme, Perrin Boisson, Pierre Bridon, Jehan Bonier, Perrenot Durey, Thevenin Pillate, Ferry de Bar, alias Lancemont, commungs en biens, Jehannette, fille de feu Jehan Belin, alias de la Tour, autres hommes commungs comme à Torcey, demourans et résidans audit lieu de Poloigny. C'est assavoir, Guillaume Berthelot, Jehan Berthelot, alias Mathier, Perrin Berthelot, Jehan Berthelot, alias Guiot, Messire Pierre Berthelot, prestre, Jehan Berthier, alias Tixier, Messire Pierre Berthier, alias Tixier, son frère, prestre, Clément Rousseaul, Perrenot Rousseau, Anthoine Rousseau, son fils, Jehan Mercy, Jehan Drouot, alias Conin, Colas Drouot. Sur lesquelx, nous ledit seigneur, avons et percevons chascun an la moitié de leurs reddevances, le quart osté. Jaquot de Thoisy, escuier, l'autre moitié le quart osté, qui est et meust de nostre fied, les abbé et religieux de Fontenay ont le dit quart. Ausquelx hommes commungs, en tant qu'il touche nostre porcion tant seulement. Nous faisons et traictons pareillement comme avec noz autres hommes et femmes de nosdictes terres.

A Monestreul, Perrin Fey, Martin Veaul, Perron Brideaul, Jehannette, vesve de feu Jehan Guillemin, Jehan Guillemin, son fils, Pierre Lorchen, son gendre commungs en biens, Jehan Boisson, alias Minart, Guillaume Jacot, alias Raisson, Guiot Boguin, Guillaume Fay et Guillemette, sa mère, Gauthier Fey, Perrin, fils de feu Jehan Fey, alias Estienne, Jehan Jonin, Perrenot Marote et Perrenette sa femme, Jehan Bridon, Pierre Bridon, Guiot Guinesey, Huguenin Guinesey, Guillaume Guinesey, Jacot Guinesey, Huguenin Guinesey, Guillaume Guinesey, Jehan Guinesey et Perrin Guinesey, frères commungs en biens, Guillaume Greucaul, Guillaume et Estienne Jonin, frères.

A Monestoy, Pierre Martin et Clémence, sa femme, Jehan Gaulchot et Hugues Blanchart, son gendre commungs en biens, Guillaume Barbote, Anthoine et Jehannette Barbote, commungs en biens, Jaquot Gaulchot, Jehan Perrin, alias le Carme, Jehannette, relicte de feu Jaquot Gaulchot, Guillemin Bourgois et Jehannette, sa femme, commungs en biens, Jehan Armine et Katherine sa femme.

A Chassenay, Jehan Veneaul, Marguerite sa femme, commungs en biens, Jehan Voleaul, Jehan Gueneaul et Jacot, son frère, commungs en biens, Anthoine Le Clerc, Regnault Visien, Jaquot Gueneaul et Agnez sa mère, Alix, vesve de feu Perrenot Loriot et Marguerite, sa fille, commungs en biens, Drouyn Oudin, Monigeon, vesve de feu Oudot Boudier, Regnault Lendormy, son gendre, Marguerite, sa femme, commungs en biens.

Au Vy de Chassenay, Perrenot Clocheau, Jehan Richot, alias Guenin, Marguerite, vesve de feu Perrenot Copin, Jehan Copin, Perrenot Coppin, Jacot Coppin, Perrenette et Perronette leurs seurs, Jehannette, leur mère, diz les Nauldot commungs en biens, Guiot Baudin, Jacot et Jehan Baudin, frères, Katherine et Jaquette Baudin, leurs cousines, enfans de feurent Jehan et Laurent Baudin, commungs en biens, Guillaume Clément et Thibaut Clément, son neveu, commungs en biens, Oudot Coppin, alias Cousot, Phelizot Aulebriot, son gendre, Hugues Voillot, noz hommes, femmes et subgectz des dictes terres d'Epoisse et du Vy. Sur ce eu préalablement le placet, consentement et assentiment de nostre très redoubté seigneur, monseigneur le duc de Bourgoingne et autres qu'il appartiendra. Pour eulx et leurs posteritez, nez et à naistre, et pour leurs héritiers qu'ilz puissent succeder et venir aux eschoites et successions les ungs des autres, ainsi et par la manière que les autres francs du duché de Bourgoingne pevent et doivent faire. Et mesmement comme viennent ceulx de Semur et de Montbar à la succession de leurs parens et amis. Puissent aussi, nosdiz hommes et femmes, pour leurs affaires et nécessitez, vendre, transporter ou aliéner leurs possessions, terres et héritaiges et autrement à leur plaisir, chargiez de leurs charges réelles et anciennes, en payant les loux en la manière accoustumée, par iceulx acheteurs. En ostant et abolissant, quant ad ce, tous liens de servitute de mainmorte qui par le moïen d'icelle servitute nous y appartenoient par cy en arrier pourroit competer et appartenir de cy en avant, moyennant et parmy ce que les acheteurs estrangiers et autres que les demourans en nosdictes terres, seront tenuz de, sur ce, prendre nostre bon gré et consentement préalablement et avant toutes choses de païer les lods et de les venir loier dedans temps deu, en la manière accoustumée, d'eux inscripre et faire inscripre en noz terriers, et de paier chascun an toutes les charges que pourront devoir toutes les maisons et héritaiges qui sont ou seront acquis ou temps advenir à la descharge des vendeurs. Reservé aussi à nous et à noz héritiers, en ce cas, tout droit de retenir en noz mains iceulx héritaiges pour tel pris qu'ilz seront venduz, se bon nous semble, envers lesdiz estrangiers, non demeurans et résidans en nosdictes terres.

2. Leur baillons aussi droit, franchise et liberté de povoir venir à la succession de leurs parens et amis, le cas advenant, comme dit est.

3. Et en oultre, avons octroyé et octroions à noz diz hommes et femmes, que ilz et chascun d'eulx, puissent marier eulx et leurs posteritez ou enfans, nez ou

à naistre perpétuellement, à toutes manières de gens, telz que bon leur semblera, sans dengier de feur mariaige en manière quelconque.

4. Et aussi de tester et disposer de leurs biens et en ordonner par derrenière volenté, comme feroient et pourroient faire lesdictes franches gens du duché de Bourgoingne, et mesmement dudit Montbar et de Semur, sans préjudice de noz drois, prérogatives, seignories, reddevances et autres choses quelxconques.

5. Et quant es cas cy-dessus et devant exprimez, nous avons manumis, affranchiz, manumettons et affranchissons, par ces présentes noz diz hommes et femmes et toutes leurs posteritez nez et à naistre, estans et déppendans de nosdictes terres d'Espoisse et du Vy de Chassenay, en leur ottroiant pleniere liberté et franchise en tous les cas dessus desiguez et expriméz, comme dit est, pour eulx et leurs héritiers et ayans cause à toujours mais, perpétuellement, sauf et reservé à nous noz drois et reddevance, tant tailles, censes, coustumes, courvées comme autres choses quelxconques; posé que spéciffiées et déclairées ne soient en ces présentes et sans en faire aucune diminution, excepté que es choses dessus dictes et dont noz prédécesseurs et nous avons joy de toute ancienneté, pour en estre payé et contenté chascun an par noz diz hommes et femmes, tenans et possédans les dictes possessions, terres, prez, vignes, maisons et autres, par la manière que en avons esté jusques à présent, en quelque main que les dictes possessions soient dévolues par vendicion, aliénation ne autrement, et de quelque estal ou condition que soient les tenans et possédans lesdiz héritaiges, sans aucune diminution. Nonobstant ce présent traictié et grâce faiz à nos diz hommes et femmes, pour les causes dessus spéciffiées et declairées. Et desquelx drois et reddevances à nous deuz, par la manière dessus dicte, nous entendons demorer par entier pour nous et noz successeurs et ayans cause à tous jours mais, perpétuellement, sans en riens vouloir diminuer d'iceulx, si non seulement en ce qui par espécial leur avons ottroié et ottroions par ces présentes, nommément par la forme et manière dont mention est faite cy-dessus.

6. Et icelles franchises et autres choses cy dessus déclairées par nous données et ottroiées à noz diz hommes et femmes, nous leur conduirons de bonne foy soubz les conditions et en la manière que dit est, et icelles promettons, pour nous et noz heritiers et ayans cause, avoir et tenir perpétuellement fermes, estables, vaillables et aggreables, sans corrumpre, aler, venir, ne souffrir venir à l'encontre en jugement ou dehors, taisiblement ou en appert, directement ne par oblique. En renunçant à toutes et singulières actions, exceptions, déceptions, barres, cauthelles, subterfuges et cavillations que tant de droit, de fait comme

de coustume contre la teneur de ces présentes lettres pourroient estre dictes, proposées, obiciés ou alleguées. Et mesmement au droit disant que générale renonciation ne vault se l'espécial ne precede.

7. Et nous les diz habitans desdictes terres cy-dessus nommez, congnoissans et affirmans les choses dessus dictes estre vrayes et aïans aggreables les grâces et octrois à nous fais par nosdit seigneur à noz humbles supplications et requestes dont nous le remercions très humblement, pour nous et noz héritiers et successeurs. Promettons toutes et singulières les choses cy-dessus escriptes, avoir et tenir perpétuellement fermes, estables, aggréables, observer, tenir, entretenir, accomplir inviolablement sans corrumpre, aler, venir, ne souffrir venir à l'encontre en quelque manière que se soit. Et promettons aussi, pour nous et noz hoirs et aïans cause et soubs l'obligation de noz biens et des biens des noz hoirs et aïans cause, tant meubles que héritaiges présens et advenir, de paier toutes les rentes que nous devons et sont deues chascun an à la manière accoustumée et selon la coustume de Bourgoingne, tant par la forme et manière cy-dessus divisée, nonobstant toutes allégations, drois, usances, coustumes de païs, precours (1) et autres choses que l'on pourroit dire au contraire, ausquelx nous avons renoncé et renonçons par ces présentes. Et mesmement au droit disant que generale renunciation ne vault se l'especial ne précède.

8. Et nous le dit Claude de Montagu dessus nommé, voulons et consentons par exprès que nosdiz hommes cy-dessus déclarez, puissent prendre et avoir par villaige ung chascun villaige par soy ou par parroiche se bon lui semble, ung propre original de ces présentes lettres pour les garder et mettre par devers eulx à leur perpétuelle seurté, comme raison est, et que sur icelles leur puissions faire ung ou plusieurs vidimus, transumps, pour valoir et estre valable ainsi que de raison faire se devra. Voulons aussi et consentons que nosdiz hommes puissent faire mettre par coppie es messaulx (2) de leurs églises parroichiales le double de ces présentes, signées de main de notaires, pour eulx en aidier en temps et en lieu quant besoing sera.

9. Et nous lesdiz habitans dessus nommez, voulons aussi et consentons que nostre dit très honnoré et très redoublé seigneur, monseigneur de Coulches et d'Espoisse puisse faire transumpter, se bon lui semble une fois ou plusieurs ces présentes lettres, sans nous appeller ou faire appeller aucun de nous, pour lui

(1) Droit de parcours.
(2) Missels.

valoir et lui en aidier en tous lieux et jugemens, se besoing lui est tout ce que par raison lui pourra et devra valoir.

En tesmoing desquelles choses, nous ledit seigneur de Coulches, d'Epoisse et du Vy de Chassenay, et aussi nous lesdiz hommes dessus nommez, avons requis et obtenu le seel de la court de mondit seigneur le duc de Bourgoingne, estre mis à ces présentes et à celles que surce seront faictes en la manière devant déclairée avec le seel de nous ledit seigneur de Coulches et d'Epoisse cy mis en signe de perpétuelle mémoire. Faictes et données en nostre chastel d'Epoisse en la présence de messire Jacques Durey, prêtre, Regnaut Gaultherot, demourant à Chalon, Guiot Bonnette de Raigny, de Jehan Bouton, dit Fabry, demourant à Foux, notaires publiques, jurez de ladicte court. Présens aussi, nobles hommes, Oudot de Raigny, seigneur dudit lieu, Joffroy d'Aucerre, seigneur de Beauvoir, Josserand de Lugny, Denis de la Tournelle, Jehan de Villers, Gillot d'Ofeu, escuyers, messire Etienne Savereau, prestre, curé de Saint-Anday, messire Gilles Le Roux, curé de Cordais, messire Jehan Boquin, prestre, curé d'Espoisse, Jehan Moiran, l'ancien chastellain de Espoisse, Jehan Moiran le jesne, son fils, Guillaume Passard de la terre du Ban, Andrier Rondeau de la Ferté Chaudon. Fait et donné en nostre dit chastel d'Epoisse, le venredy avant la feste Saint Barnabé, appostre viie jour du mois de juing, l'an mil iiiie xlviii, environ dix heures avant midi.

Considerant que ledit seigneur de Coulches s'est pieça trait par devers nous, suppliant que voulsissions consentir et ottroier qu'il peust ses diz hommes et femmes de ses dictes terres et chastellenies d'Espoisse et du Vy de Chassenay, pour les causes contenues et déclairées es lettres dessus transcriptes, manumettre et affranchir, laquelle chose eu premièrement l'advis sur ce de noz amez et feaulx les gens de nostre Conseil et des Comptes en nostre ville de Dijon, dès le ixe jour de juillet, l'an mil quatre cens quarante et sept, lui avons ottroié et consenti, comme il nous est deuement apparu, et à la requeste dudit seigneur de Coulches à nous faite présentement pour la confirmation et ratification des dictes lettres et de l'affranchissement et manumission déclairés en icelles. Avons, par l'advis et déliberation de nostre Conseil, estant lez noms, icelles lettres dessus transcriptes de l'affranchissement et manumission des diz hommes et femmes des dictes terres et chastellenies d'Espoisse et du Vy de Chassenay, eu et avons aggréable et icelles, de nostre certaine science, auctorité et grâce especial, louons, ratiffions, approuvons et confirmons, par ces présentes et voulons, ottroions et consentons, de nostre dicte grâce, que les diz hommes et femmes des dictes terres et chastellenies d'Epoisse et du Vy de Chassenay, et leur posterité, ainsi que declairé est es dictes lettres dudit seigneur de Coulches, usent et joyssent des diz affranchissement et manumission et de ce qui en déppend, et soient et demeurent franches personnes, selon le contenu d'icelles lettres. Doresenavant, perpétuellement à tousjours, moyennant et parmy ce que ledit seigneur de Coulches sera tenu paier pour une fois, pour nous et à nostre prouffit la somme de cinq cens frans monnoie royale à nostre amé et féal conseiller et garde de nostre espargne, maistre Gauthier de la Mandre ou à son commis qui en fera recepte à nostre prouffit. Sy donnons en mandement à nosdit gens de noz Comptes à Dijon, et à tous noz justiciers et officiers ou a leurs lieuxtenans présens et advenir et à chascun d'eulx, si comme à lui appartiendra, que ladicte finance à nous païée comme dit est, lesdiz hommes et femmes des dictes terres et chastellenies d'Espoisse et du Vy de Chassenay et leur posterité, facent, souffrent et laissent joyr et user de ceste nostre présente confirmation, et par le moyen d'icelle de l'affranchissement et manumission dont dessus dessus est fait mencion, tout selon la forme et teneur des lettres dessus transcriptes, plainement et paisiblement perpétuellement et à tousjours, sans souffrir les travailler, molester ou empescher, ores ou pour le temps advenir aucunement au contraire. Et affin que ce soit ferme chose et estable à toujours, nous avons fait mettre nostre seel à ces présentes, sauf en autres choses nostre droit et l'autruy, en toutes. Donné en nostre ville de Bruges, le xxi° jour d'octobre, l'an de grâce mil quatre cens quarante neuf. Ainsi signé par monseigneur le duc, vous l'evesque de Tournay et le sire de Ternant, présens,   J. MILET.

Vidimus donné le 16 mai 1450 par les greffiers de la Chambre des Comptes de Dijon. — Archives de la Côte-d'Or, Chambre des Comptes de Dijon. B 11475. Affaires des communes. Epoisses.

CCCCL

Lettres de Jeanne de Hochberg, duchesse de Longueville, qui confirme la charte précédente, en étend l'effet à tous les habitants d'Epoisses indistinctement, abolit le droit d'affouage, et accorde le droit d'acquérir et de posséder dans toute sa terre.

1537 (27 novembre).

En nom de notre Seigneur, amen. L'an de l'incarnation d'iceluy mil cinq cent trente sept, le vingt septiesme jour du mois de novembre. Nous, Jeanne de Hochberg (1), duchesse de Longueville, marquise de Rupthelim, comtesse de Neufchatel, vicomtesse de Melun, dame de Seurre, Saint-Georges, Noyers, Epoisses, Montbard, Villeneuve, Saumaise, Montcenis, Chatel Chignon et autres. Scavoir faisons à tous présens et avenir que, comme il soit ainsy que de la part de nos manans, habitans et sujetz de notre ville et bourg dudit Epoisses ayt esté présenté humble requeste contenant, entre autres choses que drez piéça par nos prédécesseurs, seigneurs dudit Epoisses, avoient esté manumis, affranchis et ostés du lien de servitude de mainmorte et leur en avoient esté faits et passées lettres authentiques, pour eux, leur postérité nez et à naitre, masles et femelles, et les descendanz d'eux, drez le septieme jour du mois de juin, l'an mil quatre cenz quarante huit, esquelles lettres furent nommés et déclarés les noms et surnoms des habitans de toute la dite terre d'Epoisses, tant audit Epoisses que autres villages d'icelle terre et dudit droit de franchise, iceux et les descendanz d'eux avoient toujours jouy et usé, comme encore faisoient; mais ilz craignent et doutent qu'ilz ne fussent travaillés ou molestés par cy-après d'enseigner de leur origine au moyen que tous lesdits manans et habitans furent nommés esdites lettres de franchises. Aussy nous auroient remontré et exposé que le lieu dudit Epoisses estoit lieu de bruit et renom, fertile en accroissance de biens et que en iceluy avions foires et marchés; qu'ilz y avoient fait, puis naguères, ériger à leurs dépens; que y avions belle maison, chastel et place forte, donjon, basse cour et parc bien fermé de murailles, au moyen de quoy plusieurs notables personnages marchands et autres gens s'y retiraient volontiers; mais ilz craignent que, sous ombre que audit affranchissement et manumission sont nommés lesdits habitans

---

(1) Fille de Philippe de Hochberg, comte souverain de Neuchâtel, marquis de Rothelin, et de Marie de Savoie, mariée en 1504 à Louis d'Orléans, duc de Longueville. Elle mourut à Epoisses en 1543.

par cy-après, nous et nos successeurs, seigneurs dudit lieu, les voulsissions dire et maintenir estre mainmortables, au moyen de quoy cessent lesdites résidences de plusieurs qui auroient eu volonté résider audit Epoisses, à raison de quoy nous auroient tous les dits habitans, mananz et demeuranz en notre ville et bourg dudit Epoisses, pour eux et tous les autres manans, habitans et demeuranz audit lieu, présens et avenir quelconques, très humblement requise et suppliée les vouloir déclarer entièrement, ensemble la dite ville et bourg, meix, maisons, pourpris, héritages et biens quelconques, présens et avenir, assis audit Epoisses, finage et territoire d'illec, generallement francs, manumis et affranchis à toujours mais, perpétuellement du lien de servitude et de mainmorte, en quoy nous et nos dits successeurs les pourions dire estre. En quoy faisant seroit le grant et évident proffit de nous, en augmentation de notre dite seigneurie, pour autant que, audit lieu et finage, tenons et possédons grande quantité de preys et terres de notre domaine quasi autant comme tout le demeurant dudit bourg. Aussy qu'en iceluy nous competent et appartiennent les fourg bannal, banvin et minage qui pouroient grandement croistre et augmenter chacun an pour la grande multitude et affluence de gens qui audit lieu pouroient venir demeurer; nous offrant aussy pour chaque feu desdits habitans, manans et demeurans audit lieu, présens et avenir, nous payer perpétuellement quelques redevances raisonnables des bourgeoisies, outre nos autres redevances qu'ils ont accoustumé nous payer sur leurs héritages. Nous supliant et requérant très humblement leur aider et pourvoir de notre grâce.

Ouy laquelle suplication et requeste à nous faite et présentée de la part desditz habitants par François Rignat, Pierre Mugnier, Simphorien Courtois, Pierre Angely, Pierre Chamdaveine et Pierre Soliveau, procureurs spéciaux et généraux d'iceux habitans; icelle communiquée à notre Conseil, apres avoir ouy l'avis d'iceluy, pour ce assemblé, ayant en consideration le narré de leur dite requeste et suplication, laquelle est juste et raisonnable, aussy que nous désirons de tout notre pouvoir, nourir et entretenir nos sujez, mesmement les ditz supliants sous nous, en bonne paix, et pour éviter les procès et dissentions que par cy-après pouroient soudre entre nous ou nos ditz successeurs et sujez au moyen des choses dessus dites, et qu'en intérinant icelle, sera le bien et utilité de nous, augmentation de notre dite seigneurie et augmentation de biens et hommes audit Epoisses. Désirant par nous, estre cause et moyen d'icelle augmentation. Considérant aussy que jà, par nos ditz prédécesseurs, lesdits habitans ont esté manumis et affranchis, joint que avons espoir la pluspart du tems demeurer et résider audit Epoisses. Et pour et affin de donner occasion et moyen à plusieurs y demeurer et prendre alliance, et pour plusieurs autres justes et raisonnables causes, à ce nous mouvant, et que ainsy nous plait. Avons, de notre propre mouvement, grâce et libérale volonté, avons accordé et accordons ausdits manans et habitans d'Epoisses, leur dite requeste, et avons voulu, déclaré et consenti, voulons, déclarons et consentons le dit affranchissement, fait par nos dits prédécesseurs seigneurs de Couches et dudit Epoisses audit lieu et bourg d'Epoisses, estre bon et valable et tenir à perpétuité pour tous les habitans, manans et demeurans audit lieu et iceluy en tant que besoin et mestier est et pouroit estre, avons ratiffié, consenty et approuvé, ratiffions, consentons et approuvons, et d'habondant avons aussy, où metier et besoin seroit manumis et affranchis, manumettons et affranchissons, pour nous, nos hoirs successeurs et ayans cause perpétuellement, le dit bourg et ville d'Epoisses, finage et territoire du lieu, ensemble tous les manans et habitans demeurans audit Epoisses, tant présens que avenir quelconques, pour, par iceux habitans, présens et avenir quelconques, leurs hoirs et ayans cause perpétuellement succéder les uns aux autres, comme gens francs et libres, jouir et user de telles et semblables libertés et franchises que font les manans et habitans des villes de Dijon, Chaalons, Beaune, Semur, Avallon et autres villes franches de ce duché de Bourgogne. Et la présente s'estendre et valoir sur tous les manans et habitans et demeurans audit Epoisses, et à leurs meix et héritages présens et avenir quelconques, et iceux par ces présentes, déclarons manumis, affranchis et ostés, pour nous, nos dits hoirs, successeurs et ayans cause, seigneurs et dames dudit Epoisses, perpétuellement du lien de servitude de mainmorte, en quoy nous ou nosdits successeurs les eussions pu dire prétendre ou maintenir, et déclarons, voulons et entendons iceux manans et habitans d'Epoisses, présens et avenir quelconques, leurs hoirs et ayans cause perpétuellement drez maintenant pour toujours, sont et demeureront gens francs, libres et de franche condition, ensemble le dit bourg, meix, maisons, pourpris, héritages et biens, présens et avenir quelconques. A la charge de, par iceux manans et habitans dudit Epoisses, présens et avenir, tenant feu et lieu, nous payer et à notre seigneurie et nos successeurs seigneurs et dames dudit Epoisses, perpétuellement au jour et feste de saint Etienne, lendemain de Noël, douze deniers tournois, pour chacun feu. Les quelz douze deniers tournois seront appellés pour la bourgeoisie et franchise d'Epoisses, et commencera le premier paiement d'icelle bourgeoise de la dite feste prochainement venant en un an, et avec ce nous ont payé comptant réellement et de fait, en la présence des notaires et témoins souscripz la somme de quatre cenz livres tournois, employée à l'acquit de notre maison.

Outre, seront tenuz payer à nous et aux nôtres les charges seigneurialles par eux deues et accoutumées de payer sur leurs héritages, ensemble tous droiz de haute justice, moyenne et basse, qu'ilz nous demeurent sur lesdits manans et habitans dudit Epoisses et sur leurs dits meix et héritages.

Laquelle présente manumission et affranchissement, nous la dite dame n'entendons icelle pouvoir servir, ne s'estendre au proffit de nous autres sujetz mainmortables de nos autres villages et seigneuries et laquelle franchise et manumission, en la manière et charge que dit est, a esté regratiée à ma dite dame, stipulée et acceptée par les dits Rignat, Mugnier, Courtois, Angely, Champdaveine et Soliveau, pour eux et pour tous les autres manans et habitans dudit Epoisses, pour ledit bourg, meix et héritages, présens et avenir quelconques, comme procureurs spéciaux d'iceux et ayant charge et puissance de ce, comme ilz ont fait apparoir par lettres de procurations insérées à la fin des présentes, sans, par ces présentes déroger ou corrompre, où besoin seroit, tant à la dite franchise faite par nos dits prédecesseurs seigneurs de Montagu et d'Epoisses, nos dits sujetz d'Epoisses, que autres franchises et libertés particulières, que pouroient avoir les dits manans et habitans ou les aucuns d'iceux, lesquelz demeurent toujours en leur force et valleur, et ausquelles celles serviront pour plus ample déclaration.

Item, aussy nous, la dite dame, par la présente manumission et affranchissement, avons aboly, quitté et abolissons et quittons perpétuellement, pour nous et pour les nostres, le droit d'affouage que avions et nous estoit deu sur aucuns meix particuliers assis audit Epoisses. Moyennant laquelle abolition et acquit dudit droit, les tenanciers desdits meix, qui estoient sujets audit affouage, sont et seront tenuz nous payer chacun an pour chacun desdits meix cinq solz tournois de cense annuelle et perpétuelle, portant lods, vente, retenue et amende de cinq sols tournois au déffaut de payer chacun an ladite cense au jour Notre Dame en mars, outre la bourgeoisie comme les autres habitans dudit Epoisses. Lesquels tenanciers d'iceux meix, qui doivent affouages, seront tenuz eux inscrire en faire recognoissance de la dite cense au terrier de nous la dite dame, pour et au lieu dudit affouage.

Item. Avons aussy accordé et permis auxdits manans et habitans d'Epoisses, présens et avenir, leurs hoirs et ayans cause, de pouvoir tenir, acquérir et posséder meix, maisons et héritages par droit de parcours en toute notre terre et seigneurie d'Epoisses, villages et membres et dépendances de cette seigneurie, nonobstant leurs dites franchises et libertés, en payant les charges deues à nous et nos successeurs sur icelles.

Item. Voulons et consentons que ces présentes soient faites une fois ou plusieurs, en plusieurs originaux, soit en parchemin ou en papier, signés des notaires soubscriptz. Lesquelz chacuns desdits originaux, volons, consentons, valloir et foy y estre ajoutée, autant à l'un comme à l'autre. Dont et duquel affranchissement, ensemble tout le contenu cy-dessus, nous, les dites parties, sommes et nous tenons pour bien contentes. Promettons en bonne foy, par nos sermens, pour ce par nous devant nommés et chacun de nous touché corporellement aux Saints Evangiles de Dieu, en la main de nous notaires royaux soubscriptz et nous la dite dame en foy et parolle de princesse, et sous l'obligation de tous et chacun, nos biens et ceux de nos hoirs et ayans cause et desdits habitans, lesquel, quant à ce, nous avons soumis et obligé, soumettons et obligeons à la juridiction et contrainte de la cour de la Chancellerie du duché de Bourgogne, pour, par icelle, estre contraintz, compellys et exécutés, comme de chose comme et loyalement adjugée. La présente manumission, affranchissement, abolition et acquit dudit droit d'affouage, et tout le contenu en ces dites présentes, avoir et tenir perpétuellement ferme, stable et agréable, iceluy entretenir, garder, observer et accomplir de point en point, et lesdits habitans payer et satisfaire le dit droit de bourgeoisie, sans au contraire des choses avant dites ny aucunes d'icelles, par nous avant nommés, ny les nostres, chacun en tant qu'à nous touche et peut toucher, y contrevenir au contraire, en jugement ne dehors, conduire et garantir, déffendre et en paix faire tenir l'un à l'autre, et l'autre à l'autre, ce qui a esté promis, juré, consenty et accordé sur peine de tous cousts, frais, interests et despens. Et avons renoncé et renonçons à toutes exceptions, déceptions, fraudes, barats, cautelles, cavillations, droiz, usances ou coutumes et à toutes autres choses contraires ausdites présentes, mesmement au droit disant génératle renonciation non valoir sy le spécial ne précéde. Voulons, consentons et accordons que la présente manumission et affranchissement soit fait et refait une fois ou plusieurs par les dits notaires royaux, que voulons et entendons valloir, servir et ayder à chacun de nous comme l'original que dit est. En tesmoing desquelles choses susdites, afin que ce soit ferme, stable, avons à ces dites présentes et aux semblables doubles d'icelles, fait mettre et apposer le scel et contre scel des armes de nous la dite dame, et requis et obtenu le scel aux contraux de la cour de la dite Chancellerie estre mis aus dites présentes et aux semblables. Fait et passé audit chastel d'Epoisse à heure d'environ trois heures après midy, du jour sus dit, pardevant nous Jacques Pasquier et Jean Lenoir, notaires royaux jurés de la dite chancellerie, en présence de nobles seigneurs Jacques Aux-Epaules, seigneur de Pisy, maitre d'hostel, Georges de Vallières, ecuyer d'écurie, Pierre Moreau de Changy, chastelain dudit Epoisses, pour nous la dite dame, Claude de Cormaillon, seigneur dudit lieu, honnorables hommes et sages messires François Postellier, lieutenant de la Chancellerie, Jean Gueniot, l'esné, licencié es droiz, conseillers et avocats de nous la dite dame, Bénigne Josserand, Jean........., clercs dudit Semur, et autres tesmoins à ce requis, ledit vingt septieme jour dudit mois de novembre, l'an que dessus mil cinq cens trente sept, environ la dite heure de trois après midy (1).

Archives du château d'Époisses. Grosse délivrée le 5 novembre 1706 par Durey, notaire, à madame la comtesse de Guitaut.

PERRIGNY-SUR-L'OGNON

Perrigny était, dans la seconde moitié du XIII° siècle, un fief relevant des sires de Pontailler. Il fut acquis par moitié en 1292 et 1295, sur Guillaume de Pontailler et Poinçart de Rans, seigneur du Poupet, par le duc Robert II, et réuni à la châtellenie de Pontailler (2). Perrigny, de même que Soissons et Vielverges, ses voisins, n'était point lieu de mainmorte; de ses habitants, les uns, considérés comme francs, payaient chaque année au jour de l'Annonciation de Notre-Dame une prestation de cinq livres, tandis que les autres, déclarés taillables haut et bas, subissaient sans recours les impositions que le maire et quatre prud'hommes répartissaient sous l'autorité du prévôt (3). Perrigny, Soissons et Vielverges, bien que dépen-

---

(1) Par acte reçu Dignat et Durey, notaires à Epoisses, le 24 septembre 1616, et dont l'original a disparu des archives de la commune et du château d'Epoisses, « Messire Louis d'Anssienville-Bourdillon, chevalier des ordres du roi, marquis d'Epoisses, en confirmant, ratifiant et approuvant de nouveau les affranchissements donnés aux habitants d'Epoisses, savoir : par Claude de Montagu, seigneur de Couches et dudit Epoisses, le 7 juin 1448, et par Jeanne de Hochberg, duchesse de Longueville, dame dudit Epoisses, le 27 novembre 1537, affranchit pareillement ses hommes et sujets dudit Epoisses de toutes servitudes et liens de mainmorte, moyennant qu'ils continueront de payer par chaque feu, pour droit de bourgeoisie et franchise, douze deniers le jour de Saint-Etienne, lendemain de Noël; ensemble les cinq sols de cens pour la réduction des affouages, chacun an, le jour de Notre-Dame en mars, sur les meix particuliers, soit en argent, cire ou tartre, et ce conformément à l'acte d'affranchissement à eux donné par madame la duchesse de Longueville, sus daté. » — Analysé page 167 de l'inventaire des archives du château d'Epoisses, dressé en 1772 par Bridat, archiviste.

(2) Archives de la Côte-d'Or. Titres de la châtellenie de Pontailler.

(3) Id. Comptes de la châtellenie de Pontailler. Recherches des feux.

dant de la châtellenie de Pontailler, furent longtemps compris parmi les localités dites *terres de surséance*, c'est-à-dire dont l'empire et le royaume de France se disputaient la possession. Ils durent à cette situation le privilége, envié par les communes limitrophes, d'user librement du sel de Salins (1). Grâce à ces priviléges, à l'étendue des communaux, leur population se maintint toujours relativement nombreuse, surtout en ce qui concerne Perrigny, lorsque, pour donner un nouveau relief à cette localité, Philippe-le-Bon lui eut accordé, par les lettres qui vont suivre, le droit de substituer au maire et aux quatre prud'hommes, deux échevins élus chaque année par les habitants (2).

Perrigny, terre domaniale, suivit la destinée de Pontailler, son chef-lieu.

CCCCLI

Erection de l'échevinage de Perrigny-sur-l'Ognon, par Philippe-le-Bon, duc de Bourgogne.

1448 (7 septembre).

Phelippe, par la grâce de Dieu, duc de Bourgoingne, de Lothier, de Brabant et de Lembourg, conte de Flandres, d'Artois, de Bourgoingne, palatin de Haynnau, de Hollande, de Zéllande et de Namur, marquis du Saint Empire, seigneur de Frise, de Salins et de Malines. A tous ceulx qui ces présentes lettres verront salut, savoir faisons, nous avoir receu l'umble supplication des manans et habitans de nostre ville de Perrigny-sur-l'Oignon, contenant que, combien que iceulx supplians soient en assez grant et souffisant nombre d'abitans. Toutes voies ilz n'ont aucuns corps d'eschevinage et n'y a nulz desdiz habitans qui ait la charge, sollicitude et conduicte des besoingnes et affaire d'eulx et de nostre dite ville, comme ont les habitans de nostre ville de Pontailler et plusieurs autres, leurs voisins qui leur redonde à ung grant préjudice, et plus pourroit faire ou temps avenir, se, par nous, ne leur est sur ce pourveu, si comme ilz dient, en nous supplianz humblement qu'il nous plaise leur consentir et ouctroier que doresnavant ilz puissent chacun an, le jour de la feste saint Jehan Baptiste, eslire trois ou quatre personnes des plus notables, souffisans et preudommes d'entre eulx, par manière d'eschevinage, les quelz aient durant la dite année la charge, gouvernement et conduicte des affaires d'icelle nostre ville, et sur ce leur pourveoir de nostre grâce. Pour ce est-il, que nous, les choses dessus dites considérées, et sur icelles eu bon et meur advis et déliberation de Conseil,

---

(1) Ce privilége fut confirmé aux habitants de Perrigny par le duc Philippe-le-Bon en 1461, et par les rois Henri III et Henri IV en 1579 et 1601. (Archives de la commune de Perrigny.)

(2) Néanmoins les quatre prud'hommes continuèrent d'assister à la répartition des charges publiques. (Comptes de la châtellenie.)

et mesmement eu l'advis de notre bailli de Dijon, qui, par nostre ordonnance, s'est sur ce fait informer, pour savoir se aurions aucun intérest en cette partie : aux dessusdiz manans et habitans d'icelle nostre ville de Perrigny, supplians avons octroié et accordé, octroions, consentons et accordons, et de grâce espécial donnons congé et licence, que tant et si long temps qu'il nous plaira et jusques à nostre rappel, ilz puissent chacun an, le dit jour de feste saint Jehan Baptiste, eslire deux personnes des plus notables souffisans et preudhommes, d'entre eux par manière d'eschevinaige. Lesquelz durant le dit an, ayent la charge, conduite et gouvernement des besoingnes et affaires d'icelle nostre ville de Perrigny. Si donnons en mandement à nostre dit bailli de Dijon, et à tous nos autres justiciers et officiers ou à leurs lieuxtenans, présens et avenir et à chacun d'eulx en droit soy et si comme à lui appartiendra, que de nostre présente grâce, octroy, congié et licence, selon et par la manière que dit est, ilz facent, souffrent et laissent lesdiz supplians, pleinement et paisiblement joir et user, sans leur faire ou donner, ne souffrir estre fait ou donné quelconque destourbier ou empeschement au contraire. Car ainsi nous plaist il estre fait. En tesmoing de ce, nous avons fait mectre notre scel à ces présentes. Donné en nostre ville de Dijon, le vii° jour de septembre, l'an de grâce mil quatre cens quarante et huit.

Par Monseigneur le Duc à la relacion du Conseil, Gros.

Original : Archives de la commune de Perrigny-sur-l'Ognon.

CCCCLII

Confirmation, par le roi Henri II, des priviléges des habitants de Perrigny-sur-l'Ognon, Soissons et Vielverges.

1548 (avril).

Henry, par la grâce de Dieu, roy de France, scavoir faisons à tous présens et advenir. Nous avoir l'humble supplication de noz bien amez les mannans et habitans des villaiges de Perrigny, Vielzverges et Soissons à la chastellenye de Pontaillier sur Soosne, contenant que cy devant et dès long-temps, par les feuz ducs de Bourgongne leur ont estez octroyez et accordez plusieurs privilèges, franchises et exemptions, dont ilz ont jouys et usé paisiblement jusques à présent. Touteffois depuis le décez du feu Roy, nostre très honoré seigneur et père que Dieu absolve, et notre advénement à la couronne, ilz ont heu confirmation d'iceulx et doubtans à ce moyen y estre à l'advenir empeschez, nous ont très humblement faict supplier et requis leur impartir sur ce noz grâce et libéralité. Pour ce est il que nous, libéralement inclinant à la supplication et requeste desdits supplians, désirant iceux favorablement traicter et ce mesmement qu'ilz ayent occasion de persévérer en l'amour et fidelité qu'ilz portent à la couronne de France. Pour ces causes et autres considérations à ce nous mouvans, leur avons continué et confirmé, continuons et confirmons de noz certaine science plainne puissance et auctorité royal, par ces dictes présentes, tous et chacuns les dictz previlleiges, franchises et exemptions, à eulx comme dict est donnez et concedez et desquelz ilz seront apprix en temps et lieu quant besoing sera, pour en jouir et user, pour eulx et leurs successeurs, doresnavant perpétuellement, tant et si avant et par la forme et manière qu'ilz en ont cy devant deuement et justement jouy et usé et jouyssent encores de présent. Si donnons en mandement, par ces dites présentes, à noz amez et féaulx conseillers, les gens de nostre court de Parlement de Bourgongne et de noz Comptes à Dijon, bailli dudict Dijon, et à tous noz justiciers ou lieutenans présens et advenir, et à chacun d'eulx si comme à luy appartiendra, que de noz présentes continuation et confirmation, ilz facent, seuffrent et laissent lesdictz supplians jouyr et user plainement et paisiblement, sans en ce leur faire mectre ou donner ne souffrir estre faict mis ou donné ores ne pour le temps advenir aucung empeschement au contraire. Et le quel, si faict, mis ou donné leur avoit esté ou estoyent, ilz réparent et remectent, ou facent réparer et remectent incontinant et sans délay au premier estat et dehu. Car tel est nostre plaisir. Et affin que ce soit chose ferme et stable à tousjours, nous avons faict mectre nostre scel à ces dictes présentes, saufiz en autre choses, nostre droict et l'autruy en toutes. Donné à Nogent sur Seine, au mois d'avril, l'an de grâce mil v^e XLVIII, après Pasques, et de nostre règne le douziesme.

Par le roy, LE CHANDELLIER. Visa et scellez en laz de soye vert et rouge de cire verd pendant.

Copie du temps. Archives de la Côte-d'Or. Chambre des Comptes de Dijon. B 11477. Affaires des communes. Perrigny-sur-l'Ognon.

PREY-LES-MARCILLY-LES-AVALLON

COMMUNE DE PROVENCY (YONNE)

Prey ou la Tour du Prey dépendait, avant la Révolution, de la communauté de Marcilly, au bailliage d'Avallon en Bourgogne, et de la paroisse de Provency en Champagne. Marcilly et Prey formaient, en outre, deux seigneuries distinctes qui relevaient jadis de la baronnie de Noyers. En 1449-50, par lettre du 15 février, Jean d'Avout, chevalier, seigneur d'Avout, de Marcilly et de Prey, et son neveu, Jean d'Avout, fils d'Ythier, son frère, considérant la bonne affection de J. Gaigneau et de Marie, sa femme, « leurs hommes, serfs tailliables haut et bas de poursuite et de mainmorte, qui, nonobstant les guerres et mortalités, étaient restés sous eux en leur terre de Prey, sans la délaisser ni feurfuir, et leur avaient rendu plusieurs services, courtoisies et curvalités, » les affranchirent, eux et leur postérité, de toutes corvées, tailles et servitudes quelconques, avec faculté de pouvoir disposer de leurs biens et succéder au même titre que les bourgeois d'Avallon, le tout moyennant une prestation annuelle de quinze sols, une somme principale de trente livres, et encore sous la réserve des droits de justice, des censes et redevances accoutumées. Philippe-le-Bon, duc de Bourgogne, confirma, par charte donnée à Autun le 24 mars 1451, ces lettres qui, personnelles à la famille Gaigneau, s'étendirent, avec sa postérité, à toute la population du hameau, puisqu'en 1582 les commissaires pour la recherche des affranchissements et francs-fiefs en Bourgogne, auxquels les habitants de Prey les présentèrent, n'y firent aucune objection, et les taxèrent absolument comme si l'affranchissement primordial eût été collectif.

Archives de la Côte-d'Or. Chambre des Comptes de Dijon. Affaires des communes. B 11476.

IROUER (YONNE)

Irouer, fief et paroisse relevant de la châtellenie de Noyers, appartenait, en 1271, à Marie de Champolain, veuve de Pierre Bridene ; leur fils Guillaume en hérita, puis la terre passa des Chevillart aux sires d'Irouer, qui la possédèrent jusque dans les premières années du XVe siècle. Après le traité de paix d'Arras, Catherine de Serin et Robert de Mandelot, qui en étaient seigneurs, considérant « qu'à la suite des guerres, quasi tous les habitants avaient été prisonniers, ars, brûlés, et leurs maisons destruictes, tellement qu'il leur avait convenu délaisser le lieu, et qu'ils refusaient d'y revenir, à cause de la servitude de mainmorte, consentirent à leur affranchissement complet et abonnèrent la taille, c'est assavoir chacun feu des plus riches à cinquante sols tournois, et les autres au-dessous, selon leur faculté. » Philippe-le-Bon, par lettres données à Turemonde le 1er avril 1451, ratifia cette concession, à la charge par les habitants d'en payer la finance.

Lors des guerres qui signalèrent la réunion de la Bourgogne à la France, Irouer, placé sur la frontière des deux pays, subit une destruction totale ; il fut militairement occupé pendant quinze ans. A partir de 1550, cette seigneurie appartint successivement aux Santerre, aux Rochefort, aux Choiseul, aux Dyo de Montperroux, et, en dernier lieu, à Th. Maussion, conseiller à la Cour des Aides de Paris.

Archives de la Côte-d'Or. Chambre des Comptes de Dijon. Affaires des communes. B 11475.

FRESNE-SAINT-MAMMÈS (HAUTE-SAONE)

La terre de Fresne-Saint-Mammès, au comté de Bourgogne, fut acquise en 1313 par le duc Hugues V, à titre de gagerie, sur J. de Boyon, chevalier, et Jacquette de Grantson, sa femme. Hugues de Vienne, seigneur de Pagny, l'obtint au même titre du duc Eudes IV, et Philippe-le-Hardi, après l'avoir donnée à Guillaume de Grantson, la lui retira pour forfaiture et commise, et en constitua une châtellenie ducale. Les habitants de Fresne demeurèrent taillables à merci et mainmortables jusqu'à l'année 1434, que, par lettres données à Dijon le 29 avril, le duc Philippe-le-Bon, accédant à leurs supplications et vraisemblablement mu par les mêmes considérations exposées plus haut, les quitta, « manumit » et affranchit perpétuellement « des servage et condition de mainmorte, en quoy ils étaient affects envers lui. » Il réduisit la taille à volonté en une taille abonnée de 120 livres estevenant de 18 sols le franc, réserva toutes les rentes et redevances accoutumées ; mais il mit pour condition à son bienfait que si, pour quelconque guerre, logis de gens d'armes, orvale de feu ou toute autre cause, les habitants demandaient une diminution dans leurs charges, cette requête serait considérée comme une renonciation à leurs priviléges, et les habitants durent comprendre cette clause si rigoureuse dans l'obligation qu'ils souscrivirent pour garantie personnelle et solidaire des lettres du Duc, dont l'original a disparu de nos Archives. — D'après le terrier de 1527, les habitants de Fresne-Saint-Mammès avaient le droit d'élire annuellement deux échevins et deux ou quatre messiers, lesquels devaient être présentés au châtelain, qui les instituait.

Archives de la Côte-d'Or. Chambre des Comptes de Dijon. Terrier de la châtellenie. B 1071. — Affaires des communes. B 11475.

SOMBERNON

Sombernon, dont le premier seigneur apparaît en 1010, était une baronnie importante, qui, jusqu'au XVIIe siècle, fut toujours en la possession de familles puissantes du pays. Jacquette de Sombernon, héritière de sa maison, l'apporta en dot à Guillaume de Montagu-Bourgogne vers 1250. Jean de Montagu, mort le 6 juin 1391, n'ayant laissé que des filles, Catherine, l'aînée, femme de Guillaume de Villiers-Sexel, eut la baronnie pour sa part, et la transmit à Jeanne, sa fille aînée, en la mariant à Guillaume de Bauffremont, seigneur de Scey-sur-Saône. C'est à ces deux époux que les habitants de Sombernon durent les priviléges qui vont suivre. Des Bauffremont la terre passa aux Vienne, puis, à la fin du XVIe siècle, aux Brulart du Parlement de Dijon, et au XVIIIe siècle, par succession, à la maison de Vichy.

Sombernon est un chef-lieu de canton de l'arrondissement de Dijon.

CCCCLIII

Charte de franchises accordée par Guillaume, sire de Bauffremont, aux habitants de Sombernon, et confirmation, par le duc Philippe-le-Bon.

1454 (29 décembre), 1454-55 (28 janvier).

Phelippe, par la grâce de Dieu, duc de Bourgoingne, de Lothier, de Brabant et de Lembourg, conte de Flandre, d'Artois, de Bourgoingne, palatin de Haynnaut, de Hollande, de Zéllande et de Namur, marquis du Saint Empire, seigneur de Frise, de Salins et de Malines, à tous ceulx qui ces présentes lectres verront salut. Savoir faisons, nous avoir fait veoir et visiter en nostre conseil les lectres de affranchissement, faictes et données par nostre amé et féal cousin, messire Guillaume de Beffroymont, seigneur de Scey et de Sombernon (1), et dame Jehanne de Villerscessel, sa femme, dame des diz lieux, desquelles la teneur s'ensuit.

A tous ceulx qui ces présentes lectres verront. Guillaume de Beffroymont, seigneur de Scey et de Sombernon, chevallier, conseiller et chambellan de monseigneur le duc de Bourgoingne, et Jehanne de Villerscessel, dame des diz lieux sa femme (2). C'est à assavoir nous la dicte dame, des loux, licence, congié et auctorité du dict messire Guillaume, mon seigneur et mary; lesquelx loux, licence, congié et auctorité, nous avons prins et receuz, prenons et recevons en nous aggreablement, comme celle qui estoit désirant de faire et passer ce qui s'ensuit, salut. Savoir faisons que nous actendans et considérans que à l'occasion des guerres et mortalitez qui ont regné le temps passé es pays de Bourgoingne et de la course que dernièrement firent en nostre dicte ville de Sombernon certains gens de guerre, lors appelez escorcheurs, qui prindrent nostre chastel d'ilec, où les habitans d'icelle ville avoient retrait la plus part de leurs biens, pillèrent icellui chastel et toute la dicte ville, emportèrent tous les diz biens et emmenèrent toutes les bestes des diz habitans, sans leur laisser aucune chose vaillant, si non leurs maisons et héritaiges, qui leur sont de bien peu de prouffit, eu regard à la stérilité d'iceulx et à la situation du lieu qui est si pénable comme chascun

---

(1) Troisième fils de Henri de Bauffremont, seigneur de Scey, et de Marguerite de Vergy.
(2) Fille de Guillaume de Villersexel et de Catherine de Montagu, dame de Sombernon.

sect (1), et aussi que la plus grant partie de noz hommes et femmes du dit Sombernon et leurs héritaiges sont tailliables envers nous une fois l'an et chargiez et affectez de mainmorte, serve condition et de feurmariaige, les diz habitans et nostre dicte ville qui est sur grant chemin et trespas (2), et en laquelle avant les dictes guerres plusieurs marchands souloient converser et marchander et y faisoient leurs fournitures de lainnes et autres marchandises, soit tellement appouvris et les maisons et héritaiges, venuz à telle ruyne et désolacion, que de présent icelle nostre ville est comme inhabitée et n'y a demeure que ung petit nombre de misérables gens, qui n'ont de quoy vivre et soient à ceste cause noz rentes et revenus du dit lieu très fort diminuées et de très petis revenus, eu regart au temps passé et ne trouvons à cui baillier ne laisser plusieurs meix, terres et prez vacquans qui le temps passé souloient estre de très grant valeur et n'est pas apparent que se tost nostre dicte ville puist estre repeuplée ne mise sus. Oye aussi la supplication et requeste de noz hommes et femmes du dict Sombernon, par laquelle ilz nous ont remonstré que à cause de ce qu'ilz sont ainsi tailliables, mainmortables de condicion serve et de feurmariaige, ilz ne peuvent contracter mariaige de leurs enfans avec autre gens de lieu franc et ne pevent trouver femmes pour leurs diz enfants, qui ayent aucune chose vaillant, qui veullent venir demourer au dit Sombernon, obstant la dicte condicion de mainmorte qui leur tourne à grant préjudice. Nous requérans les vouloir manumiter et affranchir de la dicte mainmorte et condicion serve et abonner les dictes tailles et les descharger du dit feurmariaige, et avec ce leur donner licence et congié qu'ilz puissent eslire deux des plus notables de la dicte ville, qui soient nommez eschevins, qui ayent la charge du fait commun de leur église et des autres affaires qui pourroient survenir à la dicte ville.

1. Nous eu sur le tout adviz et meure délibération avec aucuns noz parens et amez et autres de noz officiers et de nostre conseil, et afin de mectre sus nostre dicte ville et que les estrangers soient plus enclins de y venir demourer et de prendre et accensir nos diz meix et héritaiges et aussi que d'iceulx noz hommes et femmes soient plus tenuz de prier Dieu pour nous. De noz certaines sciences, propres mouvemens, bon propos, pures, franches et libérales volontés, sans fraude ou décepcion quelconques pour les causes et considéracions dessus dictes, avons pour nous, noz hoirs et successeurs, seigneurs et dames du dit Sombernon,

---

(1) Pénible.— Sombernon est bâti sur l'arête d'une montagne, à 551 mètres au-dessus du niveau de la mer.
(2) Sombernon commandait les communications entre Dijon, l'Auxois et l'Autunois.

manumis, affranchiz, liberez, quictez et deschargiez, et du tout hors mis de toutes condicions serves, tous noz hommes et femmes du dit Sombernon, pour eulx leurs hoirs, successeurs et postérité, nés et à naistres, du lyen et servitude de mainmorte et de feurmariaige, en quoy ilz estoient chargiez et affectez envers nous, et par ces présentes les manumitons et affranchissons, libérons, quictons et deschargeons à toujours perpétuellement et entièrement de la dicte mainmorte et feurmariaige, et voulons et consentons pour nous et noz dictz successeurs qu'ilz soient tenuz et reputez pour gens de franchise et liberté.

2. Et avec ce de noz plus amples grâces les avons limitez et abonnez, limitons et abonnons par ces dictes présentes aux tailles, courvées et autres charges à nous deues et qui nous ont accoustumé de payer le temps passé, lesquels iceulx habitans et leurs successeurs, seront tenuz de payer à nous et à nos dictz successeurs seigneurs et dames du dict Sombernon, aux termes et en la manière accoustumez, sans ce que nous ou noz dictz successeurs les puissions jamais croistre ne haulcier; pourveu que se aucuns des dictz habitans vendent ou achetent aucuns héritaiges l'un à l'autre, ilz seront tenuz de nous en payer les loux et de réveler le dict vendaige à nous ou à noz officiers, à peine de l'amende accoustumée, pour faire l'égalacion du mex dont sera party le dict heritaige vendu et le chargier de la porcion de la taille deue sur le dict mex, selon qu'il appartiendra. Et semblablement de tous héritaiges qui auroient esté venduz le temps passé, qui n'auroient pas esté deuement chargiez de la charge du mex, dont ilz seroient partys.

3. Et en oultre en ampliant noz dictes grâces, avons donné, octroyé, consenti et accordé, donnons, octroyons, consentons et accordons aux dictz habitans et à leurs dictz successeurs, qu'ilz puissent chacun an eslire le jour de la feste de la Nativité saint Jehan Baptiste, par nostre consentement, deux des plus notables de nostre dicte ville, qui seront nommez eschevins; lesquels auront la charge du fait de leur égalité et des autres affaires communs, qui pourroient survenir pour le fait de la dicte ville lesquels seront tenuz d'en faire le serment es mains de nous ou de noz officiers et de noz successeurs seigneurs et dames du dict Sombernon.

4. Et ces présens affranchissement, manumission, abonnement et autres choses dessus dicts, nous avons faiz et faisons des auctoritez que dessus libéralement et franchement pour les causes et considérations avant dictes et autres justes et raisonnables à ce nous mouvans; sans pour ce nous payer aucune finance, et aussi parmy ce que les ditz habitans et leurs successeurs sont et seront tenus de payer chacun an doresnavant à nous et à noz dictz successeurs,

seigneurs et dames du dict Sombernon, au terme de feste saint Martin d'iver pour chacun feu qui y sont et seront ou temps advenir, deux boisseaulx par moitié froment et avene, mesure du dict Sombernon à cause de l'octroy de la dicte franchise, en oultre les dictes charges deues d'ancienneté, sauf et réserve en tout le bon plaisir et consentement de nostre très redoubté seigneur, monseigneur le Duc de Bourgoingne, duquel meut et tenons en fied la terre et chastellenie du dict Sombernon. Et promectons nous les dictz seigneur et dame du dict Sombernon des auctoritez que dessus en bonne foy et soubz l'obligacion et ypotheque de nous, noz biens meubles et héritaiges présens et advenir quelconques, que pour ce fait en obligeons à toutes cours, ces présens affranchissement, manumission, abonnement et tout le contenu de ces présentes lectres avoir et tenir perpétuellement fermes, estables et agréables, sans jamais venir, faire, dire ne consentir venir par nous, ne par autres en aucune manière au contraire taisiblement ne en appert; maiz iceulx entretenir tout par la forme et manière cy devant déclarez, touttes excepcions, décepcions, fraudes, cauthelles, cavillacions et autres choses contraires à ces présentes du tout cessans et arrières mises.

En tesmoing desquelles choses nous le dict seigneur avons signées ces présentes de nostre propre seing manuel, scellées des séaulx armoyez aux armes de nous les diz seigneur et dame, et avec ce nous les dessus diz seigneur et dame pour plus grant approbation, avons requis le seing manuel de messire Estienne Bombault, prebtre curé du dict Sombernon, notaire publique et juré de la court de mon dict seigneur le Duc estre mis à ces dictes présentes. Faictes et passées en nostre chastel du dict Sombernon, présent nobles hommes André Descréaulx, Anthoine Descréaulx, son nepveu, Guillaume Baron, Pierre de Navarre, Symon Odinet, escuier et Jehan Chevillon, alias Tissier, demeurant à Maulain, tesmoings ad ce appelez et requis, le dimanche après la Nativité Nostre Seigneur, vingt neuviesme jour du mois de décembre, l'an mil quatre cens cinquante et quatre. Ainsi signé, G. DE BEFFROYMONT et E. BOMBAULT.

Lesquelles lectres dessus transcriptes et toutes les choses contenues, comprises et déclairées en icelles à l'umble supplicacion des dictz seigneur et dame de Sombernon et de leurs hommes et femmes du dict Sombernon nommez es dictes lectres, et sur ce eu bon advis et meure délibération de conseil, avons louées, confirmées, ratiffiées et approuvées, louons, confirmons, ratiffions et approuvons et icelles voulons estre bonnes et valables et sortir leur effect à toujours au prouffit des dictz d. Sombernon et de leurs hoirs et ayant cause, sans ce que par nous ou noz successeurs soit jamais aló à l'encontre en aucune manière. Moyennant et parmy ce que pour et à cause de nostre présente confirmation, les dictz de Sombernon seront tenuz de payer pour et au nom de nous certaine finance et somme d'argent à nostre amé et féal conseiller et garde de nostre espargne maistre Gauthier de Lamandre ou en son absence au commis de par nous à recevoir les deniers de nostre dicte espargne en noz pays de Bourgoingne à l'arbitraige et tauxacion de noz amez et feaulx les gens de noz Comptes à Dijon que commectons à ce par ces présentes. Si donnons en mandement à iceulz gens de nos Comptes, à nostre bailly d'Auxois, et à tous noz autres justiciers et officiers présens et advenir quelconques, leurs lieuxtenants et à chacun d'eulx en droit soy et si comme à lui appartiendra, que la dicte finance et somme d'argent, tauxée et arbitrée à payer au dict garde de nostre espargnè ou au commis en son absence comme dict est, lequel sera tenu d'en faire recepte à nostre prouffit, ilz facent, seuffrent et laissent les diz de Sombernon et leurs hoirs et ayans cause, de nostre présente confirmation et du contenu en ces présentes, plainement et paisiblemens joyr et user, sans leur faire ou donner ne souffrir, estre faict ou donné quelconque destourbier ou empeschement au contraire. Car ainsi nous plaist il estre fait. En tesmoing de ce nous avons fait mectre nostre scel à ces présentes. Donné en nostre ville de Dijon, le xxvIII° jour du mois de janvier l'an de grâce mil quatre cens cinquante et quatre.

Par monseigneur le Duc, à la relacion du conseil, J. DE MOLESME.

Vidimus donné le 18 juin 1456 par G. Margotet et Monot, clercs de la Chambre des Comptes de Dijon. Archives de la Côte-d'Or. Chambre des Comptes de Dijon. B 11479. Affaires des communes. Sombernon.

VAROIS ET CHAIGNOT

Varois, commune du canton est de Dijon, est connue dès le VII° siècle. Elle dépendait déjà de l'abbaye de Saint-Bénigne de Dijon. Détruite par les Normands, elle fut, ainsi que son annexe Chaignot, repeuplée par l'abbé Jarenton, au XI° siècle. Plus tard, en 1456, à la suite de la guerre des Anglais, des mortalités et des ravages des Ecorcheurs, ces deux villages ne pouvant se relever de leurs ruines, les religieux de Saint-Bénigne ne trouvèrent d'autre moyen d'y rappeler les habitants qu'en leur offrant les franchises dont ils jouissaient dans les lieux où ils s'étaient réfugiés. De là l'octroi de cette charte.

Lors de la création du diocèse de Dijon, en 1731, Varois et Chaignot, qui appartenaient à la mense abbatiale, firent partie de la dotation de l'évêque.

CCCCLIV

Charte d'affranchissement des habitants de Varois et Chaignot, accordée par l'abbé et le convent de Saint-Bénigne de Dijon.

1456-57 (30 mars).

A tous ceulx qui ces présentes lettres verront et ourront, nous, frère Hugues de Monconis (1), par la permission divine, humble abbé du monastère de Saint Bénigne de Dijon, de l'ordre de Saint Benoit, au diocèse de Langres et tout le convent d'icelluy assemblez et congreguez en nostre chappitre au son de la cloiche et à l'eure accoustumée pour traictier et convenir des besoingnes et négoces de notre dit monastère. Savoir faisons que nous avons receu la supplicacion de noz hommes et subjects, les manans et habitans des villes de Varoyes et Chaignot, c'est assavoir de Jacob Liébault, Jacot Le Regnardet, Jehan Le Regnardet, Symonin Neullon, Perrenin Neullon, Huguenin Le Bugnon, Gauthier Le Regnardet, Perrin Moingin et Humbert Moingin, nos hommes de mainmorte de nostre ville de Varoyes et de Huguenin Drouhot, Jehan Bonnote, Guiénot Le Regnardet, Humbert Drouhot, Lambert Du Bois, Jehannin le Contet, Nicolas Contet, son frère et de Jehan Gillote, tous nos hommes de mainmorte de nostre ville du dit Chaignot, contenant en effect, que comme ils ayent estez et encoires présentement soient nos hommes et subjectz en toute justice haute, moyenne et basse et si sont de main morte et serve condiction courvéables à nous de courvées de bras et de charrues ; c'est assavoir ceulx qui ont charrue trois fois l'an, c'est assavoir en sombre, benison et caresme et si nous doivent plusieurs aultres charges et redevances, desquelles leurs héritaiges sont chargiés, affects et ypothéqués ; c'est assavoir chacun mex que les dessus nommez tiengnent es dicts lieux de Varoyes et Chaignot, nous doivent et sont chargiés de un bichot par moictier froment et avene, mesure de Dijon et deux sols tournois au terme de saint Bartholomy, trois blans de cense et ung blanc pain de froment en la valeur de quatre deniers tournois au jour de la Nativité Nostre Seigneur, que nos dixmeurs es dits lieux ont accoustumé de recepvoir. Et si nous doivent chacun mex desdits lieux de Varoyes et Chaignot, deux courvées de bras au temps de fenoison, de moisson. Et se sont les dites terres des dits lieux, finaiges

---

(1) Hugues de Montconis, élu le 2 janvier 1438, se démit de ses fonctions vers 1463, et mourut en 1467.

et territoires de Chaignot et Varoyes chargiés et affectz de dismes et tierces, c'est assavoir de treize gerbes, deux pour dixme et tierce. Et en y a audit finaige que les dessus nommez tiengnent, qui ne doivent que de douze gerbes une ; mais ils doivent pour chacun journault de terre cinq deniers tournois de cense, payant chacun an le jour de la Nativité de Notre Seigneur. Et quant aux preys que les dessus nommés habitans de Varoyes ont et tiengnent audit Varoyes et au finage d'icelluy, ils sont de très petit proffiz et quasi inutiles ausdicts de Varoyes, pour ce que l'eaue de nostre estang du dit Varoyes, est pour la plupart du temps esdits preys, jusques en my jambes d'ung homme. Et avec ce payent toutes aultres charges qui doivent et seront trouvées estre dehues d'ancienneté et de coustume, à nous et à nostre dit monastère. Disoyent en outre, que les choses dessus dictes, leur sont et tournent à grandes et grosses charges à eulx insupportables, considérée la situation des lieux et que au moyen et à l'occasion des dictes charges, plusieurs des habitans d'iceulx lieux, ont par cy devant absentez les dits lieux de Varoyes et Chaignot et absentent encoir de jour en jour, mesmement pour le grant desplaisir, qu'ilz ont pris le temps passés et preignent encoir de présent pour la charge de la servitude de main morte, estans sur les manans et demeurans es diz lieux ; et que à cause de ce, eulx ne leurs enffants ne se peulent adresser ne advencier par mariaige ne aultrement, mais les déboutent et diffuent les manans et habitans des villes voisines pour la cause de la charge de servitute de main morte, où ils ont esté par cy devant et sont encoir de présent, dont leurs enffans demeurent le plus souvent à marier et eulx avancier par mariaige et tellement que les dictes villes de Varoyes et de Chaignot sont en voye de venir du tout en ruyne, seront inhabitables, se sur ce ne leur estoit pourveu de nostre grâce, réquérant très humblement icelle. Nous toutes ses choses considérées et pour plusieurs autres considérations ad ce nous mouvans qui toichent le grant bien, prouffit et utilité de nous et de nostre dit monastère et à icelle fin que les dites villes se peussent se repeupler et remettre dessus ; mesmement qui sommes informez dehuement que nos prédécesseurs eussent de legier accorder la requeste des dits supplians. Heu aussi l'advis, conseil et délibération de tous les religieux de nostre dit convent et d'un commun accord ensemble. Et eu aussi le conseil et advis de plusieurs estant et assemblés, nostre chappitre avec nous pour traicter ceste besoingne et pour considération des utilités, proffits et aggréables services que nous ont fait le temps passé et que avons espérance que feront au temps advenir à nous et à notre dit monastère les dessus nommez de Varoyes et Chaignot. Et mesmement pour contemplation et rémugnération de ce que les dits de Varoyes et Chaignot pour convertir en la réparation de l'esglise du dit Sainc Bénigne, nous ont baillé et délivré la somme de cent livres tournois pour une fois, dont nous summes contens. Nous et un chascun de nous en tant qu'il nous touche, peust ou pourra touchier ou temps advenir, tant conjoinctement comme divisément et tant pour nous comme pour nos successeurs au dit monastère, les dits Jacot Liébault, Jehannot Liébault, Jacot Regnardet, Jehan le Regnardet, Symon Neullon, Perrenin Neullon, Huguenot Bugnon, Gauthier Le Regnardet, Perrin Mongin et Humbert Moingin, tous du dit Varoyes, et Huguenin Drouhot, Jehan Bonnote, Guienot, Le Regnardet, Humbert Drouhot, Lembert Du Bois, Jehannin Contet, Nicolas Contet, son frère et Jean Gilote, tous dudit Chaignot, présens acquérans, stipullans et acceptans pour eulx et pour toutes leurs lignées directes colectérans et aussi leurs enffans et subséquens d'eux, seront et demeureront franz, quittes et délivrez et par ces présentes lettres les avons affranchiz et affranchissons et leur avons cedé, quitté, délivré la dite charge et servitute de main morte, tant seulement et le lyen d'icelle en laquelle ils pouroient et peulent estre tenus, estraincts, obliguez, subjectz et affects envers nous et notre dit monastère à cause de leurs nativitez ou de leurs progéniteurs ou aultrement en quelque manière que ce soit et puisse estre. Voulons en oultre et consentons que icelles villes de Varoyes et de Chaignot, les finaiges et territoires et tous les hommes et femmes qui doresenavant viendront demeurer esdites villes, leurs hoirs et postérité soyent francs, quittes et délivrés du servaige de la dicte main morte, et qu'ils soient francs ainsin comme les dessus nommés et de leurs conditions et que eulx et les dessus nommez leurs diz enffens et subséquens, leur postérité nez ou à naistre de toute leurs biens tant meubles comme héritaiges, estant tant en nostre terre et jurisdiction ou puissance de nostre dit monastère comme aultre part en quelque lieu que ce soit à nous appartenant en puissent ordonner, joyr et user tant à vie comme à mort et puissent succéder les ungs es aultres par successions directes, collectéraulx et aultrement et faire un surplus comme personnes franches estans hors de dangier de toutes servitutes de main morte peuvent, doivent et leur est loisible de faire user et succéder. Sans toutes fois en ce présent affranchissement comprendre les aultres qui ne sont pas demeurans es dites villes de Varoyes et Chaignot, qui sont natifs et extraictz des dits lieux leurs hoirs et postérité, mais sont et demeurent en la servitute de main morte en quoy estoient tenus estraings, obliguez, subgetz et affects les dits de Varoyes et Chaignot avant la date de ces présentes. Au cas touteffois qui ne retourneroyent demeurer es dits lieux ; car en ce cas ils joystroient de la franchise des aultres et comme feroient gens estraingiers se luy venoient oires demeurer. Et moyennant ce aussi que tous mex vacquans sont et demeurent à nous ledit abbé pour en faire ce qui nous plaira, sans ce que les dits dessus nommez ne aucung d'eulx les puissent dire estre à eulx. Lesquels mex nous pourrons baillier et baillerons francs et délivrés de la dite charge de main morte à quelque persone qui nous plaira de franche condition qu'ils seront et demeuront de telle en semblable frainchise que les dessus nommez. Et en oultre ont promis et seront tenus les dessus nommés par ces présentes de bailler par déclaration toutes les terres qui dient et tiennent estre frainches de tierces, desquelles ils ne nous payent que douze gerbes et de ung blanc de cense et déans le jour de la Nativité saint Jehan Baptiste prochainement venant, comme de toutes ces choses et aultres appert par les lettres de recongoissance que nous ont faictes des droicts, avant qui nous doivent et confessent devoir et sont tenus de payer, ensemble tous aultres anciens accoustumez à nous et à nostre dit monastère. Dont et desquelles choses en la manière dessus dite nous summes et si nous tenons pour bien contens et promettons nous les dits abbé et convent et ung chascun de nous, en tant qui nous touche et pourra touchier, compecter et appartenir ou temps advenir, tant pour nous comme pour nos successeurs, abbé et couvent, par le veul de nostre religion et soubz l'expresse obligation de tous les biens temporels de nostre dit monastère, meubles et héritaiges présens et advenir quelxconques, ces présentes lettres et le contenu en icelles, tenir et avoir fermes establés, aggréables et vaillables perpétuellement et à tousjours, sans jamais faire, dire, venir ou consentir venir en contrainte en appert ou en requoy, en renonçant quand ad ce nous les dits abbé et convent à toutes et singulières excepcions, déceptions d'outre le moictier du juste prix, lésions, circonventions à toutes cauthelles, baratz, barres, fraudes, subterfuges, cavillacions; à tous rescripts tant de pape comme de prince temporel, contraires aux choses dessus dittes et especialement au droit disant, général renonciation non valoir se l'espécial ne précede. Et en voulons estre contrains comme de chose adjugée par la court de monseigneur le Duc de Bourgongne à la jurisdicion, cohersion et contrainte, de laquelle quant à ce nous soubzmettons et obligeons tous les dits biens meubles et immeubles de notre dit monastère. Et avec ce voulons et expressément consantons nous les dits abbé et convent que ces présentes lettres soyent faictes et refaictes se mestier est une fois ou plusieurs au proffit des dessus dits par la meilleur forme et manière que faire se pourra aux dicts et conseil de saiges, la substance du faict et contenu en icelle non muée. En tesmoing de ce, nous avons fait escrire par notre notaire et signé de son seing manuel ces dites présentes lectres et faict mectre noz seelz : icelles faictes et passées en notre dit chappitre, le marcredy penultième jour du mois de mars mil quatre cent cinquante et six, présens honorable homme et saige maistre Estienne Berbisey, licencié en lois (1), Odot Macon, Jacot Jeanniart, clers, et Adam Du Mont, pointre, demorans à Dijon, tesmoings ad ce appelez et especialement requis. Ainsi signé, Noblot.

Copie et collacion faite des lettres de franchises devant transcriptes par moy, signé, J. Garret.

Archives de la Côte-d'Or. Chambre des Comptes de Dijon. B 11480. Affaires des communes.

VIEUX-CHATEAU,

COURCELLES-FREMOY, MONTBERTAULT, FREMOY, CHAMPMORLAIN ET VALENEY

La châtellenie de Vieux-Château (*Vetus castrum*, 1140), au bailliage d'Auxois, ancienne possession des comtes de Vienne, aliénée par eux, en 1285, à des Lombards d'Asti, fut rachetée, quatre ans après, par le duc Robert II. En 1428, le duc Philippe-le-Bon, voulant récompenser les services de Bertrandon de la Broquière, son premier écuyer-tranchant, la lui céda à titre viager, moyennant la finance de 10,000 francs. A la suite de la paix d'Arras, le Duc, et, à son exemple, plusieurs seigneurs, ayant multiplié les affranchissements afin d'éviter la dépopulation totale de leurs domaines, Bertrandon fut bien forcé de se mettre à l'unisson, et de dégrever les hommes qui vivaient sous sa loi, des charges énormes qui les accablaient. Il leur octroya les franchises suivantes, que le Duc s'empressa de confirmer. Après sa mort, arrivée vers 1466, la châtellenie advint aux Chaugy. Réunie postérieurement au domaine, elle fut aliénée, en 1596, à Guy Blondeau, grand-maître des eaux et forêts; portée en dot par sa petite-fille dans la maison d'Aligre, Anne-Charlotte d'Aligre, veuve du président Saint-Fargeau, la vendit, en 1707, à Guy-Henri Sallier de la Roche, président à la Cour des Aides de Paris.

(1) Le même qui fut maire de Dijon de 1477 à 1485.

CCCCLV

Confirmation, par Philippe-le-Bon, duc de Bourgogne, de la charte d'affranchissement octroyée par Bertrandon de la Broquière, son chambellan et premier écuyer-tranchant, aux habitants de Vieux-Château, Courcelles-Fremoy, Montbertault, Fremoy, Champmorlain et Valeney.

1457 (15 août), 1458 (22 septembre).

Phelippe, par la grâce de Dieu, duc de Bourgoingne, de Lothier, de Brabant et de Lembourg, conte de Flandres, d'Artois et de Bourgoingne, palatin de Haynnaut, de Hollande, de Zellande et de Namur, marquis du Saint Empire, seigneur de Frise, de Salins et de Malines, savoir faisons à tous présens et avenir, nous avoir veuez les lectres de notre amé et féal, conseiller chambellan et premier escuier tranchant, Bertrandron de la Brouquière, seigneur de Viel chastel et d'Arquemes, seellées de son séel, armoyé de ses armes et signées de son seing manuel, avec le seing manuel de Charles du Crole, notaire et auditeur de monseigneur le Roy, et le nostre, comme de prime face il apparoit, donnnées le quinziesme jour d'aoust, mil quatre cent cinquante sept, de et sur certain affranchissement fait et octroyé par ledit seigneur de Vieschatel à ses hommes et femmes de mainmorte et de serve condicion, telle et semblable quelle court en notre duchié de Bourgoingne, des villes et villaiges dudit Vieschatel, Courcelles-Fresmoy, Montbertaut, Fresmoy, Champmollain et Valoney, situez et assiz en la terre et chastellenie dudit Vieschastel, des quelles lettres la teneur s'ensuit :

A tous ceulx qui ces présentes lettres verront ; nous, Bertrandon de la Brouquière, seigneur de Viezchastel et d'Arquemes, conseiller, chambellan et premier escuier tranchant de monseigneur le Duc de Bourgoingne, savoir faisons que nous avons receu l'umble supplicacion des manans et habitans hommes et femmes des villes et villaiges de Viezchastel, Courcelles Fresmoy, Montbertaut, Fresmoy, Champmollain et Valeney, assiz et scituez en notre terre et chastellenie dudit Viezchastel, contenant que comme les diz poures supplians et leurs prédécesseurs, dont ils ont cause, aient esté et encoires soient de présent iceulx supplians nos hommes et femmes de mainmorte et de serve condicion, telle et semblable quelle court ou duchié de Bourgoingne et aussi soient noz justiciables et tailliables hault et bas à notre voulenté et soient chargiez envers nous à cause de notre dicte chastellenie de plusieurs grans charges réelles, comme de coustume d'avene, de gélines et de menuz cens et autres redevances; que chacun an ilz sont tenuz nous païer à cause de leurs mex et autres héritaiges qu'ilz tiennent et possedent en notre dicte terre et chastellenie dudit Viezchastel et avec ce soient chargiez iceulx supplians de plusieurs courvées chacun an, comme de sept courvées de charrue pour chacune charrue de beufs labourant en notre dite terre et chastellenie et de six deniers tournois pour chacune courroye (1) des dicts beufs et de plusieurs autres courvées de fauchoisons et fenoisons en noz prez, assiz es finaiges des villes dessus dites, les quelz il leur convient chacun an faulchier, fener, charroyer et entasser en notre grange audit Viezchastel, qui sont grandes, énormes et excessives charges et n'a lieu en tout le pays d'entour ledit Vieschastel, ou il y ait nulles telles charges, ne si grandes et excessives, si comme ilz dient. Lesquelles choses sont à la grant charge, foule et destruction de notre dicte terre et desdiz pouvres supplians, pour ce que à l'occasion de ladicte mainmorte et des grandes et énormes charges dessus dictes, et aussi par le moïen des guerres et mortalitez qui longuement ont regné ou pais de Bourgoingne, mesmement es marches d'entour ledit Viezchastel, nul n'a vouloir de soy arrester et demourer en icelles villes, doubtant la mauvaise condicion d'icelle mainmorte, dont la dite terre est desolée et despeuplée de gens grandement. Et entre les autres villaiges dessus diz, oudit villaige de Fresmoy, sont mors puis deux ans en ça comme tous les chefz d'ostel, et n'y a demouré seulement que pupilles et moindres d'ans qui convient qu'ilz soient gouvernés par autruy en grant misère. Et au demourant desdites villes sont et demeurent les jeunes hommes et filles à marier, pour ce qu'ils sont tous parens et amis les ungs aux autres et n'a nulz des voisins et estrangiers d'icelles terres envie ne vouloir d'avoir alliance avec eulx, obstant ladicte mainmorte ; ains la pluspart des habitans desdictes villes qui anciennement en sont natifz, sont disposez de laissier tout le leur et eulx départir de notre dicte terre par désaveu ou autrement et aler demourer aultre part en lieu franc, qui seroit la totale destruction de notre dicte terre et la grande diminucion de noz rentes et revenues, en nous suppliant et requérant que de notre grâce voulsissions avoir regart et considéracion aux choses dessus dictes et entendre à l'affranchissement et manumission des corps et biens d'iceulx supplians. Pour ce est il que nous ledit seigneur de Viezchatel les choses dessus dictes et chacune d'icelles considérées, après ce que deuement nous nous sommes fait informer des choses dessus dictes, lesquelles avons trouvé véritables et notoires.

(1) Joug, attelage.

Sur ce aussi eu advis, conseil et délibération avec plusieurs notables conseillers et noz officiers audit lieu de Viezchastel. Actendu que mondit très redouté seigneur, monseigneur le Duc de Bourgoingne a affranchy et manumis plusieurs de ses hommes et femmes mainmortables voisins et demourans près de notre dicte terre et chastellenie de Viezchastel, tant en ses terres et chastellenies de Montréal, Semur et Auxois comme aultre part, semblablement messire Claude de Montagu, chevalier, seigneur de Coulches a affranchy ses hommes et femmes de sa terre et chastellenie d'Espoisse, qui sont prouchains voisins de notre dicte terre et plusieurs autres l'ont ainsy fait pour le bien et entretenement de leurs dictes terres. Pour les causes et autres justes et raisonnables qui à ce nous ont meu et meuvent et aussi pour ce qu'il nous plaist ainsy estre fait et passé. Tous lesdiz manans et habitans desditz lieux de Viezchastel, Courcelles Fresmoy, Monbertault, Fresmoy, Champmollain et Valleney, tous noz hommes et femmes pour eulx et pour toutes leurs posteritez et enfans nez et à naistre, en descendant d'hoir en hoir perpétuellement, avons affranchiz et manumiz et par ces présentes lettres affranchissons et manumectons pour eulx et leurs dictes posteritez et enfans nez et à naistre, en les ostant et mectant dès maintenant pour tousjours mais perpétuelment hors desdictes servitutes et condicions de mainmorte dont ils estoient par avant ces présentes affectez, chargez et lyez envers nous à cause que dessus, et iceulx nosdicts hommes et femmes desdicts villaiges dessus dicts pour eulx et leurs dictes posteritez et enffans nez et à naistre comme dit est, avons declairé et déclairons par ces présentes nos hommes francz et femmes franches, tellement que quand aucun d'eulx doresnavant yra de vie à trespas, que son prouchain héritier habille à succéder, luy succede, comme à personne franche, sans ce que par le moïen de ladite mainmorte, dont ils estoient paravant cestes lyés ; l'on leur puisse mectre ou faire mectre aucun empeschement. Ains que comme franches gens ils puissent doresnavant tester et faire testament et ordonner de leurs biens en mariaige et autrement en ordonner selon leur voulenté, pourveu qu'ils ne les puissent mectre en main de gens d'église au regart de leurs héritaiges, ne en gens affects et chargiez de condicion mainmortables envers autres, ne aussi en gens demorans hors dicelles noz terres.

Et en oultre avons abonnez et abonnons par ces dictes présentes noz tailles que chascun an nous estoient deues par nos dicts hommes et femmes dessus dicts noz tailliables à notre voulenté en la manière qui s'ensuit. C'est assavoir sur le plus riche et puissant de ladicte terre tenant feu et lieu en icelle, quarante solz tournois et sur les autres descendant jusques à cinq sols tournois selon la discrécion et tauxe qui se fera chacun an par nostre chastellain d'icelle notre terre dudit Viezchastel qui à présent est et sera ou temps advenir. Lesquelles tailles ainsy tauxées et gectées par notre dict chastellain, sont et seront tenuz perpétuelment nosdicts hommes et femmes pour eulx et leurs dictes posteritéz rendre et païer chacun an au terme de saint Remi, à nous ledit seigneur et à noz successeurs seigneurs dudict Viezchastel ou à nostre chastellain pour nous sans en faire difficulté ne mectre la chose en débat, ains se reffuz y a, veu ledit taux, seront les dictz hommes executéz précisément, nonobstant opposicions ou appellacions quelzconques.

Et aussi que des sept corvées qu'ils nous doivent de chacune charrue de beufs labourant en notre dite terre et de six deniers tournois pour chacune courroye de beufs les dictes charges avons ramenées et remises, ramenons et remectons par ces présentes à nosdicts hommes et femmes des lieux dessus dicts à quatre courvées par chacune charrue, labourant comme dessus pour chacun an perpétuelment qu'ilz seront tenuz de faire : c'est assavoir les deux à faire les avenes, l'autre à sombrer et la quarte et dernière courvée de charrue en benisons.

Et aussurplus sont et seront aussi tenuz noz ditz hommes et femmes pour eulx et leur dictes posteritéz à nous et à noz successeurs rendre et païer avec les charges dessus dictes chacun an perpétuelment aux termes accoustuméz toutes autres charges réelles, anciennes et accoustumées, comme les abonnemens, coustumes d'avene, de gélines, les courvées dessus dictes en fauchoisons et fenoisons tant de fauchier, fener, charroyer comme entasser en notre dicte grange nos dicts foings, comme autrement, censives et autres redevances annuelles et autres droiz, tant de demainnes comme aultres annuelz devoirs; pourveu toutes voies que se lesditz habitans ou aucun d'eulx vont demourer ailleurs que en ladicte terre et chastellenie de Viezchastel, mesmement hors des lieux dessus dicts et par la manière qu'ils estoient paravant l'octroy de ces présentes lettres, sans ce qu'ils se puissent aucunement aidier de ce présent affranchissement; mais voulons et déclairons ledit présent affranchissement oudit cas estre nul et de nulle valeur au regart de ceulx qui se départiront des lieux dessus dicts ou d'aucuns d'iceulx, sauf en ce réservé le bon vouloir et plaisir et consentement de notre très redoubté seigneur et prince, mondit seigneur le Duc de Bourgoingne, duquel nous tenons ladicte terre et chastellenie dudict Viezchastel en fief, auquel nous supplions que en faveur de nous, le contenu en ces présentes lettres il luy plaise, louer, aggréer, consentir, approuver et conferrer affin de perpétuelle mémoire. Dont et duquel affranchissement et autres choses dessus dictes, nous ledit seigueur sommes et nous tenons pour bien contens et avons promis et promectons nous ledit seigneur en bonne foy sur notre loyaulté et honneur et soubs l'obligacion de tous noz biens et de noz successeurs présens et advenir quelxconques, à avoir et tenir fermes, estables et agréables toutes et singulières les choses dessus dictes et unes et chacunes d'icelles, sans corrumpre en aucune manière, mais icelles, tenir, entretenir, entériner et accomplir tout par la forme et manière que cy dessus sont escriptes et devisées ; et contre ce présent affranchissement et teneur de ces présentes, non venir, faire ne consentir venir taisiblement ou en appert, en jugement ou dehors, toutes exceptions, déceptions ou autres choses quelxconques contraires à ces présentes lettres, cessant du tout et arrière mises. En tesmoing desquelles choses dessus dictes, nous ledit seigneur avons scellées ces présentes lectres d'affranchissement de notre séel armoyé à noz armes et signées de notre seing manuel, avec le seing manuel du notaire juré cy dessoubs escript. Cy mis le quinziesme jour du mois d'aoust l'an mil cccc cinquante sept.

En la marge d'embas des quelles lectres estoit escript ce qui s'ensuit :

Pardevant moy, Charles du Crole, notaire et auditeur du Roy, notre sire, et de mon très redoubté seigneur, monseigneur le Duc de Bourgoingne et de Brabant, noble et puissant, et mon très honoré seigneur Bertrandon de la Brouquière, seigneur de Viezchastel, denommé en ces présentes lectres, a confesé avoir fait et donné tout le contenu esdictes lettres et icelles avoir seellées de son seel et seing manuel et à sa requeste et par le commandement exprès de noble et puissant mon grant et doubté seigneur le bailly, par qui je suis et ay esté commis audit office d'auditeur, j'ay pour la grant approbation signé avec luy les dictes lettres le xxiiii⁰ jour de septembre l'an mil quatre cent cinquante et huit.

Nous, à la supplicacion dudit seigneur de Viezchastel, contenant que voulsissions louer, gréer, consentir, conferrer et approuver le contenu es lettres dessus transcriptes. Et premièrement sur ladicte supplicacion après informacion faicte par notre commandement et ordonnance du prouffit ou du dommaige que pourrions avoir à octroyer ce que ledit seigneur de Viezchastel requiert les adviz de noz officiers en notre bailliage d'Auxois et conséquemment de noz amez et féaulx les gens de la Chambre de noz Comptes à Dijon, par lesquelx nous est apparu, que en approuvant ledit affranchissement, selon ce que contenu est esdictes lectres cy dessus escriptes, nous ne autres qui sont ou pourroient estre seigneurs de la dicte terre de Viezchastel ny aurons pour le temps advenir aucung interest, icelles lectres d'affranchissement octroyées par notre dit couseiller et chambellan, seigneur dudit Viezchastel à ses hommes et femmes mainmortables et de la servitute dessus déclairées des villes, villaiges et lieux dessus nommés de ladicte terre et chastellenie de Viezchastel, avons de grâce espécial consenties, approuvées et confirmées, consentons, approuvons et confermons par ces présentes et la finance qui à ceste cause nous pourroit comme à seigneur direct et propriétaire de la dicte terre, chastellenie et seigneurie de Viezchastel competer et appartenir, avons de notre dite grâce en faveur de notre dict conseiller et chambellan aus diz hommes et femmes cy dessus affranchiz, donnée, remise et quictée, donnons, quictons et remectons par ces mesmes présentes; voulons et leur octroyons qu'ils en soient et demeurent quictes et paisibles. Si donnons en mandement à nosdiz gens des Comptes, à Dijon, à notre bailli d'Auxois et à tous autres nos justiciers et officiers ou à leurs lieuxtenans, présens et advenir, et à chacun d'eulx comme à lui appartiendra, que de notre présente grâce, approbation et confirmacion, ensemble dudit affranchissement, selon et par la forme et manière que les lectres dessus transcriptes le contiennent, facent, souffrent et laissent lesdiz hommes et femmes affranchiz et leur postérité nés et à naistre, joyr et user plainement et paisiblement sans les troubler, molester ou empeschier ne souffrir, troubler, molestier eu empeschier ores et pour le temps avenir aucunement au contraire. Et affin que ce soit chose ferme et estable à touzjours, nous avons fait mectre notre séel à ces présentes, sauf en aultres choses notre droict et l'autruy en toutes. Donné en notre ville de Lille le xxiie jour de septembre l'an de grâce mil cccc cinquante huit.

Ainsi signé au repply. Par monseigneur le Duc, l'evesque de Toul, le sire de Croy et autres présens, J. MILET.

Archives de la Côte-d'Or. Chambre des Comptes de Dijon. Domaine et châtellenie de Vieux-Château. B 11480. Affaires des communes.

TALMAY

Cette terre, donnée en 634 à l'abbaye de Bèze, était devenue, au commencement du XIIe siècle, un franc-aleu, qui, avec la terre de Champlitte, échut à Eudes, fils renié de Hugues Ier, comte de Champagne, et d'Elisabeth, petite-fille de Guillaume, comte de Bourgogne. Talmay, situé sur les limites du comté et du duché de Bourgogne, relevait pour une partie du comte de Champagne et de l'évêque de Langres, suzerain direct, auquel le seigneur faisait hommage, tandis que l'autre, plus rapprochée de Pontailler et du comté, mouvait du duc de Bourgogne. Néanmoins Talmay, au point de vue administratif, considéré comme enclave de l'élection de Langres, fit toujours partie de la Champagne, dont cette élection dépendait. La seigneurie de Talmay demeura en la possession de la maison de Champlitte-Pontailler jusqu'en 1664. Saisie sur Olivier Tolosani de la Cassaige, mari de Jeanne-Alexandrine de Marmier, fille et héritière de Clériadus de Marmier et de Claude-Renée de Pontailler, elle passa en d'autres mains, et échut par décret, en 1692, à P. Filjean, d'une famille parlementaire de Dijon, dont les héritiers en jouissaient encore en 1790.

On ignore la date précise de la charte de franchise, dont celle qui va suivre n'est que la reconnaissance. Cependant les pièces conservées aux Archives de la Côte-d'Or et les manuscrits Boudot mentionnent qu'en 1450 les habitants des ville et châtellenie de Talmay, « situés aux extrémités du royaume, près de la Franche-Comté, » obtinrent du roi Charles VII la confirmation des franchises, exemptions de tailles et usage de sel de Salins, qui leur avaient été accordés « depuis quarante ans en ça » pour les dédommager des grandes charges qu'ils avaient à supporter.

CCCCLVI

Transaction entre Guillaume de Pontailler, ceigneur de Talmay, et les habitants du lieu, au sujet de leurs droits réciproques.

1457-58 (18 février).

Guillaume de Pontaillier, seigneur de Thallemey et de Villeneufve (1), demandeur, d'une part ; Jehan Billy, Jehannin Boillard, Villemin Farnet le jeusne, tant en noz noms comme eschevins (2) et par nom de eschevins et habitans du dict lieu, messires Jehan Perrin, Jean Barbier, prestres ; Gillet Perrin, Jehan

---

(1) Guillaume de Pontailler, fils aîné de Guy de Pontailler, seigneur de Talmay, maréchal de Bourgogne, et de Marguerite de Cusance, sa seconde femme. Il épousa Guillemette, fille de Charles de Vergy, seigneur d'Autrey, et mourut vers 1476.

(2) De ces échevins, deux étaient à la nomination du seigneur et deux élus par les habitants. Leur institution remontait vraisemblablement à la première charte de franchise.

Courdier, Jehan Billotet, Perrenin Mignard, Guiot Billotet, Jehan Sambinet, Maingnard Sambinet, Jehan Lambelot, Jehan Menestrey, Jehan de Langres, Jehan Cubichon, alias Brabant, Michel Billotet, Perrenot Bernard, Ligier Tisserant, Guiot Brenyer, Jehan Symon, Perrenin Brenier, Duguenin Lambelot, Guiard Galois, Jehan Lambelot, Ligier Caubichon, Villemot Puddey, Guillaume Bernard, Guillemin Bernier, Jehan Migis l'esné, Michel Migis, Guiot Narpy, Lambert Bausscndet, Maxime Gervais, Jehan Ratet, Thiébault Poyrotet, Jehan Carrenet, Jehan Baignon, Jehan Giraudet l'aisné, Jehan Giraudet le jeusne, Jacob Laussonet et Huguenot Laussonet, tant en nous noms et en tant comme il nous touche, compéte et appartient, peult toucher, compéter et appartenir, et comme nous faisans fors de tous les aultres habitans dudit Thallemey, pour tant que à ung chascun d'eulx touche, peult et doit toucher, compéter et appartenir, deffendeurs d'autre part. Nous, les dictes parties et chascune de nous en droit soy, savoir faisans à tous présens et advenir, que pour bien de paix et pour fuyr tous débatz et rigueur de procès qui estoient mehus et en adventure de mouvoir plus grant entre nous les dictes parties de et sur les choses quy s'ensuyvent :

C'est assavoir de et sur ce que nous le dict Guillaume de Pontaillier disions et maintenions que de très long temps et bien grande ancienneté, les habitans frans du dict Thallemay, noz hommes (1) avoient acquis et acquéroient chascun jour les preys, terres et héritaiges de noz aultres hommes du dict Thallemey, à nous taillables à notre volunté deux fois l'an (2) lesquelz ils vouloient tenir frans de la dicte taille ; ce que ilz ne pouvoient ny devoient faire, sans nous en payer la dicte taille à notre volenté, deux fois l'an, par quelconques moyens que ilz les ayent heuz des dictz taillables soit en dot de mariage, acquisition ou aultrement.

---

(1) Le village de Talmay était habité par des hommes de condition différente, les hommes francs et les taillables. Les hommes francs tenaient leurs héritages en censives, et, moyennant l'acquit de leurs prestations, pouvaient en disposer librement. C'était, à l'époque où fut rédigée cette charte, le plus grand nombre et ceux-là seuls auxquels elle s'adressait.

(2) Les hommes taillables deux fois l'an étaient de véritables mainmortables, puisqu'ils ne pouvaient avoir pour héritiers que les enfants procréés de leur corps en loyal mariage et leurs descendants en droite ligne. Il leur était interdit de vendre sans licence du seigneur. Tout héritage franc ou censable qu'ils acquéraient ou qui leur advenait par don ou testament, devenait taillable entre leurs mains, de même que la dot d'une fille franche épousée par l'un d'eux.

Cette grande disproportion dans les droits civils de ces deux catégories des habitants de Talmay eut pour résultat qu'au milieu du XVe siècle la plus grande partie des taillables avaient abandonné le lieu. Le reste allait suivre l'exemple, lorsque, pour y mettre un terme, Guillaume de Pontaillier, le même qui souscrivit cette charte, considérant que les aliénations des tenures serviles faites par les taillables aux hommes francs étaient une source de procès contre ces derniers, qui refusaient d'en payer la taille ; que depuis trente ans sa ville était dépeuplée, ses tailles et revenus diminués, de même que les émoluments de sa justice, affranchit tous ceux qui lui en firent la demande, et les plaça dans la même condition que ses hommes francs d'origine.

Et que en oultre lez pluseurs d'iceulx habitans avoient aussy de très long temps et de bien grant anciennneté faictz plusieurs essartz es bois de la communautté du dict Thallemey, lesquelx ilz vouloient de leurs auctoritez approprier à eulx en héritaige perpétuel; ce que ilz ne pouvoient ni devoient aussi faire, sans nos vouloir et exprès consentement et que par ce de droit les dits essarts nous estoient commis (1) et acquis et les dicts habitans, qui ont faict iceulx, amandables envers nous.

Avons, par grande et mehure délibération de conseil et par l'advis de plusieurs des parens et amys de nous le dict seigneur de Thallemey, convenu, traicté, transiger et accorder, et par ces présentes lectres convenons, traictons, transigeons et accordons ensemble de et sur lesdictz débatz en la manière qu'il s'ensuyt :

1. C'est assavoir, que nous les dictz eschevins et habitans es noms et nous faisans fort comme dessuz, mesmement nous les dictz habitans hommes frans du dict seigneur de Thallemey, chascun de nous en droy soy et en tant que à chascun de nous touche, compete et appartient et que il sera trouvé qu'il nous pourra et debvra toucher, competer et appartenir en ce que nous tenons et possédons et pourrons tenir et posséder tant par acquetz, doctz de mariage, que par quelque cause, mesmement par quelconques laptz de temps que ce soit, des preys, terres et héritaiges que jadis tenoient et souloyent tenir les prédécesseurs de noz, les dictz hommes taillables dessus nommés; nous et les dicts aultres hommes taillables du dict Thallemey et leurs prédécesseurs au finaige, territoire et prayerie du dict Thallemey pour lesquels l'on payoit taille à mon dict seigneur de Thallemey à sa volonté deux fois l'an, sommes, serons et demeurrons tenuz à nos hoirs et ayans cause par ces présentes de payer, bailler et délivrer chacun an de cense annuelle et perpétuelle à mon dict seigneur de Thallemey ses hoirs et ayans cause en son chastel du dict Thallemey le jour de feste de Toussainctz, à peine de trois solz parisis d'emande pour chascun journal des dictes terres, ung solz parisis, et pour chacune faulx de prey, seize deniers parisis et commencera le premier terme et payement au jour de feste de Toussainctz prochainement, et d'illec en avant de terme en terme de Toussainctz perpétuellement et pour chascun journal d'essart trois gerbes telle grainne qu'il y viendra qui se lyent et dont l'on a accoustumé de faire gerbes bonnes gerbes et loyalles selon que de ancienneté l'on a accoustumé de faire au dict Thallemey; lesquelles se payeront ou champt.

(1) Tombés en commise, confisqués.

2. Et sommes et serons tenuz nous les dictz habitans qui leverons les dictz semitz, venans es dicts essartz, de appéller dans le dict champt trois fois à haulte voix intelligible le dismeur, pour avoir et prendre le dicte disme pour mon dict seigneur et de après ce, se le dict dismeur ne vient pendant que le dict semit se lyevera au dict champt, de laisser dans iceluy champt le dict disme.

3. Et au regard des graines qu'ilz se semeront esdictes terres des essarts dont l'on ne faict et dont l'on ne a point accoustumé de faire gerbes et qui ne se lyent point, comme pois, lantilles et aultres graines, nous les dicts habitans, nous hoirs et ayans cause payeront le disme à mon dict seigneur, ses hoirs et ayans cause trois gerbes d'aveine pour et au lieu des dictes grainnes qui ne se lyent point et dont l'on ne faict point de gerbes ; sans par ce vouloir n'y entendre que nous les dicts seigneurs, puissions prandre ne avoir disme en nulles des dictes terres d'essarts que une fois l'an, selon les pies de la saison (1).

4. Et ne pourrons, nous, les dicts habitans dessaisonner les deux pies qui escherront et qui seront establies a semer au préjudice de mon dict seigneur, ne pour le vouloir y cuyder, fraulder de son dict disme (2).

5. Et dèsmaintenant pour lors, nous les dictz habitans voulons et consentons que tout ce qui a esté faict, ce qui sera treuver par lectres ou tesmoings par les commissaires, que mon dict seigneur à commis à faire le terrier du dict Thallemey, et qui sera déclairé en icelluy par les dicts commissaires estre des dictes terres ou preys taillables ou des dictz essarts, acquitz ou advenuz comme dict est, demeure chargé des dictes censes ou gerbes envers nostre dict seigneur, chascun an comme devant est escript et soit vaillable au prouffict de nostre dict seigneur, comme se chascun de nous en avions faict la déclaration et recongnoissance à nostre dict seigneur et qu'il en fut sentencié et décidé par arrest du souverain parlement de France ou du souverain parlement de Dôle, ou l'ung d'eulx, aus queulx quand ad ce nous submettons.

6. Et ne pourrons plus acquérir nous les dictz habitans frans, des héritaiges des dictz hommes taillables, sans licence de nostre dict seigneur et son consentement exprez (3).

7. Et nous le dict seigneur avons promis et promectons par ces présentes avoir

---

(1) Les pies, lisez : les épies de la saison. Les terres étaient à cette époque soumises à l'assolement triennal ; on appelait épies les pièces de terre de telle ou telle saison du territoire emblavées de blé ou carêmage.
(2) L'assolement triennal était déjà devenu obligatoire, et il demeura tel jusqu'à la loi du 28 septembre 1791.
(3) Nonobstant cette déclaration des habitants, le seigneur, en accordant à ceux de ses hommes taillables qui voulurent revenir à Talmay les mêmes droits qu'aux hommes francs, rendit cette clause inutile, à l'avantage des deux parties.

et tenir ferme et estable perpétuellement toutes les franchises, droitz, usaiges et libertez des dictz habitans cy après escriptes.

8. Et premièrement, que les dictz habitans peuvent faire trois deffaulx (1) sans émande, et au quart doit l'on excuser celluy qui aura faict le dict deffault, ne l'excuse le faict, du quel l'on le poursuit est congneu et actaint.

9. Item eslissent les dictz habitans entre eulx ensemble ung messier et après la dicte eslection le doivent présenter à nostre chastellain ou autres noz officiers pour d'icelluy recepvoir le serment et le instituer au dict office (2).

10. Item, ont puissance les dictz habitans de tout temps ancien de peschier à tous engins que bon leur semble en la rivière du dict Thallemey, c'est assavoir des dessoubz les bohées (3) de nostre molin, qui est devant nostre chastel et jusques à la rivière de Saonne.

11. Item peuvent les dictz habitans, faire hayes en tous les bois du dict Thallemey et chasser en iceulx à fort et à foible, moyennant ce que si les dictz chasseurs abbatent aucune beste sauvaige, soit porcq, serf, biche, chevreuil ou aultre, ilz sont tenuz de amener la dicte beste devant nostre chastel pour d'icelle nous bailler et délivrer ou à noz gens et officiers la moitier et l'autre moitier délivrer es dictz chasseurs.

12. Item ont accoustumé de jouyr et user et doyvent joyr et user tous les dictz habitans du dict Thallemey de tous leurs boys communaulx d'icelluy lieu et des fruictz partans d'iceulx en faire leur plaisir et volunté, sans contredict au prouffict commung, sans pouvoir vendre d'iceulx boys et fruictz à nulz estrangiers, sans licence de nous le dict seigneur (4).

13. Item pouvons nous le dict seigneur mectre chacun an en ban tous noz preys au premier jour d'apvril et non devant (5).

14. Item que la proye (6) du dict Thallemey peult et doit aller pour tirer es preys de Marey par le chemin commun qui est entre nostre dict prey appelé le

---

(1) Aux sommations des échevins.
(2) Les revenus de la messerie étaient amodiés ordinairement pour des oies. Les rapports des messiers devaient être faits au châtelain, en présence des échevins. (Terrier de 1540.)
(3) Les coursiers des écluses.
(4) En 1540, Claude de Pontailler, seigneur de Talmay, ayant contesté aux habitants le droit de vendre la coupe de leurs bois et d'en amodier la paisson, ceux-ci produisirent la charte de 1457 et deux autres lettres de 1500 et de 1527, qui les y autorisaient. Néanmoins, comme ils avaient eu le tort de se passer, pour tous ces actes, du consentement du seigneur, ils consentirent à lui payer, par forme de dédommagement, une somme de 250 livres.
(5) La garde des prés appartenait au maire, qui, primitivement le chef du village, était devenu, depuis l'institution des échevins, une sorte de sergent-geôlier héréditaire, devant, dans son meix appelé la mairie, entretenir une prison pour les malfaiteurs et une étable pour les animaux trouvés en mésus. Le maire devait au seigneur une prestation annuelle d'une demi-livre de cire.
(6) La vacherie communale.

clotz et la rivière qui va au long de nostre dict jardin, tirant au vay (1) sainct Valier, sans toutes voyes faire aucung dommage en nos preys.

15. Item peust et doit aller icelle proye par la rivière dessus nostre molin, pour tirer es jontz de Marey sans nous dommager ny aultres aussy.

16. Item ont accoustumé iceulx habitans de eslire chascun an entre eulx ensemble deux eschevins, pour iceulx joindre avec les deux que nous y commettons, moiennant ce que iceulx habitans sont tenuz de présenter les dictz eschevins que, ilz eslissent, à nostre dict chastellain, pour d'iceulx recepvoir le serment (2).

17. Item est de coutume que les dictz eschevins doibvent estre presentz avec nostre dict chastelain et aultres noz officiers à ouyr le rapport de messiers, pour savoir s'ilz raportent bien ou non, et si les dictz eschevins diffèrent, le dict chastellain recepvra les dictz rapportz.

18. Item est de coustume au dict Thallemey que le fournyer admodiateur de nostre fourt, doit cuyre es dictz habitans du dict lieu, vingtz pains pour ung, seize pour ung et vingt quatre pour ung (3).

19. Item est de coustume au dict Thallemey que les dictz jurez doibvent faire faire crys par nos officiers et au nom de nous, pour contraindre les dictz habitans à reffaire et réparer tous emparemens, deffaulx, chemins estans dedans et alentour de la dicte ville de Thallemey ; mais si emende y eschiet, elle est à nous (4).

20. Item est de coustume au dict Thallemey que les habitans du dict Thallemey, peuvent getter et imposer taille et impostz pour le prouffict de la ville, sans

---

(1) Gué.

(2) Les élections avaient lieu chaque année le jour de la Saint-Jean-Baptiste. De ces quatre échevins, deux étaient à la nomination du seigneur, qui pouvait les continuer durant trois ans et les renommer après un intervalle de trois autres années. Les deux autres étaient élus par les habitants. On conservait encore aux archives de Talmay deux lettres closes du roi Louis XV, adressées en 1743 et 1747 aux habitants du lieu. La première, du 21 décembre, suspendait jusqu'à nouvel ordre l'élection des échevins, tandis que, par la seconde, il prescrivait cette élection au jour accoutumé. Le ministre Saint-Florentin accompagnait cette dernière dépêche d'une missive par laquelle il recommandait l'envoi immédiat du procès-verbal d'élection, et défendait d'installer les nouveaux élus avant de leur avoir fait connaître les intentions de Sa Majesté. (Manuscrits Boudot.)

(3) D'après les terriers de la seigneurie, les habitants ayant chars et chevaux étaient tenus d'amener, entre la Saint-Martin et Noël, une voiture de bois pour le chauffage du four banal. Cette prestation se nommait « éloigne. » Ceux qui n'avaient point d'attelage devaient, dans le même intervalle, payer au fournier une miche, à choisir par le fournier ou les amodiateurs entre celles qui seront sur le « taliron » (sole du four). Le four étant banal, les habitants n'avaient ni le droit de faire cuire leurs pâtes ailleurs, ni par conséquent celui d'avoir des fours privés. Toute infraction était punie de 65 sols d'amende. — Le fournier devait cuire les pains bien à point, sous peine de dommages-intérêts s'il y avait plainte. Il prélevait pour son droit, de 16, de 20 et de 24, un.

(4) Tout acte de justice était absolument interdit aux échevins, sans la participation du châtelain.

licence de noz gens et officiers, et pourveu aussi qu'il y ait cause nécessaire pour le faict de la communaulté et bien d'icelle et les deniers qu'ilz seront imposez et receuz, les dictz habitans sont tenuz d'en rendre compte et reliqua, ainsi qu'ilz ont accoustumé, en réservant à nous le dict Guillaume, seigneur de Thallemey et à noz successeurs, seigneurs du dict Thallemey, tous droitz seigneuriaulx et aultres, dont nous et noz prédécesseurs avons accoustumé jouyr et user de tout le temps passer :

21. Avons soubz les conditions que dessus iceulx droitz, coustumes, usances et libertez dessus déclarées, louhées, confirmées, ratifiées, agrées, consenties et appreuvées; et par ces présentes louhons, confirmons, ratiffions, agréons, consentons et approuvons de point en point. Lequel terrier faict et parfaict comme dit est, nous, les dictz habitans consentons et voulons dès maintenant pour lors estre bon et valoir tiltre auctentique et perpétuel, tant pour nostre dict seigneur ses hoirs et ayans cause que pour nous et nos successeurs habitans du dict Thallemey, de tous lesquelz privileiges tant d'essars que des taillables, nous les dicts habitans et chascun de nous en droict soy et partant que tenu y est et sera treuvez y estre tenu après la declaration sur ce faicte en la manière que dessus, sumes et demeurons tenuz de en venir faire recongnoissance et lectres de recongnoissances de ce que chascun de nous en tiendra et sera trouvé chargé tant par le dict terrier que aultrement, ainsi qu'il sera advisé par nostre dict seigneur pour sa grande seliureté et vraye déclaration nonobstant cestes, lesquelles se feront doubles une fois ou plusieurs se mestier est au dictée et conseil des saiges, la vraye substance cy dessus declairée non muée.

22. Et demeure par ceste nothe présente et prothocolles toutes aultres nothes et prothocoles faictes de ceste matière, signées par Guillot Mutin quelque part qu'elles soient nulles et de nulle valeur, et les révoquons nous les dictes parties par cestes présentes, nous les dictes parties et chascunes de nous en droy soy et en tant comme à une chacune de nous touche, compette et appartient et sera trouvé, toucher, compéter et appartenir. Mesmement nous les dictz eschevins et habitans, ès noms, qualitez et nous faisans fort que dessus, par noz sermens pour ce donnez corporellement aux sainctz evvangilles de Dieu et soubz hypothèque et expresse obligation de tous et singuliers noz biens et des biens de noz hoirs, meubles et immeubles, présens et advenir quelconques, ces présens traictez, transaction et accordz en la manière cy dessus declairée avoir et tenir perpétuellement fermes, estables et agréables, sans jamais aller, venir, faire, dire ou consentir venir au contraire par nous, ne par aultre en aucune manière taisible-

ment ou en appert, directement ou par oblicque. Mais iceulx traictez, transaction et accord cy dessus divisez et déclairez et ung chacun d'eulx de point en point et tout selon leur forme et teneur, garder, observer, entretenir et accomplir inviolablement et perpétuellement l'une de nous partie à l'autre et envers et contre tous, en jugement et dehors, avant plaict entamer ou après sans aultre interpellation faire, en renonceant, quant ad ce, nous les dictes parties et chascunes de nous en droy soy et pourtant que à une chacune de nous touche, compète et appartient et sera trouvé à chacun toucher, competer et appartenir; mesmement nous les dictz jurés, eschevins et habitans ès noms et qualitez et nous faisans fort que dessus par noz dictz sermens, de soubz l'obligation que dessus, à toutes et singulières exceptions, de déceptions, d'erreur, d'ignorance, malice, décevance de lésion, de reconvention, force, paour, barat, à l'exception de moings souffisante cause ou action ou faict de ces présentes, l'exception de diviser l'action ou de vouloir dire les choses dessus dictes ou aucunes d'icelles estre ou toucher du fondz dotaulx ou parafernaulx, à tous privileiges de Papes, d'Empereurs, de Roys, de Ducz, de Contes et de toutes aultres personnes d'Eglise ou séculières, impétrées ou à impétrer, à ce que nous ou noz hoirs ne puissions dire, alléguer ou proposer contre ces présentes lectres, leur effect et substance, mesmement au droit, disant que général renunciation ne vault, se l'espécial ne précède et que généralité est mère de obscurité. Et quant à l'observance, entérinement et accomplissement des choses dessus dictes et d'une chacune d'icelles, l'une de nous parties à l'aultre pour tant que à chacune de nous touche, compète et appartient et sera trouvé toucher, compéter et appartenir. Mesmement nous le dict Guillaume de Pontailler avons submis et obligé et enlié et par ces présentes lectres submectons et obligeons et en lyons nous, noz hoirs, nos biens et les biens de nos dictz hoirs à toutes cours et jurisdictions tant d'église comme séculières, pour y estre contrainctz et executez comme de chose adjugée, et l'une des cours non cessant pour l'aultre, en toute forme de droit. En tesmoing de ce, nous, le dict Guillaume de Pontaillier, pour la sehurté des dictz eschevins et habitans du dict Thalemey et de leurs hoirs et ayans cause présens et advenir et perpétuellement nous avons scellés ces présentes de nostre seel, armoyés de noz armes et signées de nostre seing, avec le seing manuel de Guillaume Mutin, clerc juré de la court de nostre très redoublé seigneur monseigneur le Duc de Bourgongne, y mis à nostre requeste, pour tousjours plus grand signe de vérité et sehureté pour les dictz habitans; lesquelles lectres furent faictes passées et accordées au dict Thallemey, le samedy dix huitième jour du mois de febvrier l'an de grâce mil quatre cens cinquante sept ; présens nobles hommes Thiebault des Roys, puis Humbert Saulgnier et Jehan de Montdorey, escuyers, tesmoings ad ce appelez et especiallement requis.

G. DE PONTAILLER et G. MUTIN.

La copie est signée : JACHIET.

Archives du château de Talmay. Terrier de la baronnie, reçu en 1451 par Jachiet, notaire, appartenant à M. le baron Thénard, folio 1.

CCCCLVII

Lettres par lesquelles Claude de Pontailler, seigneur de Talmay, autorise les habitants : 1° à élire chaque année un conseil de douze prud'hommes, pour assister les échevins dans l'administration des affaires communales ; 2° à mettre les bois communaux en ban, interdit la vente et le transport de ces bois, et concède une portion de terre pour le passage du bétail.

1547 (5 septembre).

En nom de notre Seigneur, amen. L'an de l'incarnation d'iceluy courant mil cinq cens quarante sept, le cinquième jour du mois de septembre, nous Claude de Pontailler (1), chevalier, seigneur de Talmay, Vaux et Chastillon en Baszois, scavoir faisons à tous présens et à venir, avoir receu humble supplication et requeste des manans et habitans du dict Tallemay, noz hommes et subjets, contenant qu'ils sont grand nombre et multitude de gens et habitans, lesquels, quand il est besoin, convocquer et amasser ensemble pour traicter et disposer des affaires communes de la dicte ville sont souventes fois mal accordans et pour la dicte multitude engendre dissentions et diverses opinions entre eux, au moïen de quoy les affaires publiques du dict lieu sont et demeurent aussi souventes fois en arrière et mal conduictes et gouvernées, et nos subjets grandement intéressés et s'il nous plaisoit leur permettre eslire entre eux douze hommes qui seroient, avec les quatre eschevins, représentant et faisant tout le corps de la dite ville, leurs dictes affaires se pourroient plus assurément et commodément conduire, régir et gouverner au soulagement dudict peuple et de la chose publique. Sem-

---

(1) Claude, fils de Jean de Pontailler, seigneur de Talmay, et d'Antoinette de Vergy, marié à Chrétienne de Chandio. (Anselme, VIII, 371.)

blablement que par les traités et ventes que journellement sont faites par plusieurs rouhiers (1) et autres gens ouvrant de bois, les bois communaux du dit Tallemay, sont grandement détériorez, abatus et ruinez; pour la conservation desquels était de besoin mectre en réserve et répargne quelques portions des dicts bois communaux, et que aucune licence ne fut ausdits rouhiers ou autres ouvrans de bois en tirer hors du dict Tallemay, et que ceux qui seront prins mésusans en iceux bois et en y couppans, fussent esmandables outre l'esmende ordinaire envers nous d'une livre de cire au proffit de la fabrique dudit Tallemay, et semblablement qu'il fut déffendu à nos admodiateurs du dit Tallemay de donner permission de tirer d'iceux bois hors le dict finage, selon qu'ils avaient accoustumé de faire; et que certaine piece de terre étant de leurs communauté, à présent tenue et possédée par messire Michard Cordier, assize au finage dudit Tallemay au lieu dit en Poirier Monjon, contenant environ un journal et demy emprès la voie commune qui tire ès joncs de Marey d'une part, et la rivière de Vingenne d'autre part, déclarée et reconnue par le dit Cordier en notre terrier au trois cent quatre vingt neufvieme feuillet, demeure en la dite communauté, attendu qu'elle leur seroit très nécessairement pour le passage de leur bestial, pour aller en la prairie des dicts preys appelés les Jon de Marey, en passant par devant nos moulins dudict Tallemay; et au surplus nous ont requis leur vouloir permettre et souffrir de mettre esdits bois communaux en paisson, la présente année, quelque quantité de porcs étrangers, afin de subvenir aux affaires et aux négoces qu'ils ont à présent; par considération que la paisson estant es dicts bois est bonne et plus que suffisante pour engraisser tant nos porcs que ceux dudit Tallemay et en outre supporter les porcs qu'ils mettroient en paisson en iceulx.

1. Ainsi est [il] que voulant gratiffier à nos subjets et iceulx relever de frais et éviter que pour les affaires communes de ladite ville, il ne soit plus de besoin assembler tous iceulx habitans ny leur faire perdre et délaisser leurs ouvrages et besoingnes; avons pour nous, nos hoirs et ayans cause seigneurs dudict Tallemay, permis, accordé et octroyé, et par ces présentes, permettons, accordons et octroyons ausdits habitans et leurs successeurs, honorables hommes : Didier Poygnier ; Claude Dumeix le jeune ; Claude de Langre et Didier Billy, eschevins ; Jean Guye dit Boistard ; Perrenin Billottet ; Denis Perrin ; Marc Fourneret ; Viennot Chapuys ; Guillaume Drouhin ; Denis Billy ; Thomas Lambelot ;.

(1) Charrons.

Simon Marotte; Denis Lambelot; Pierre Dumeix; Jean Marchandet; Jean Billotet, fils de Perrenin Billottet; Simon Paget; Simon Gauthier; Jean Perier; Jean Martinet; Florentin Chapuys; Jean Billotet-Maillot; Claude Lenoir; Anthoine Dumex le viel; Guillaume Chapuys; Didier Chevalier; Jean Chapuys dit Garnier; Thevenin Marote; Claude Buridon; George Fernet; Jean Choilard; Claude Bellenet dit Noblot; Jean Gouhaultet; Nicolas Menestrier dit Mauconnet; Bénigne Cordier, et Viennot Pourcherot, tous habitans du dict Tallemay, présens, stipulans et acceptans tant en leurs noms que des autres habitans du dit lieu, leurs hoirs et ayans cause : Que iceulx habitans puissent eslire une fois l'an, toutes et quantesfois que bon leur semblera, douze des dits habitans, prudhommes, idoines et suffisans, qu'ils choisiront entre eux, outre les quatre eschevins accoustumez estre au dict lieu; lesquels eschevins sont choisis, à scavoir deux par nous et deux par les dicts habitans; et les dictz douze pruedhommes, après leurs élections faites par les dicts habitans, nous seront présentés ou à notre procureur et d'iceulx, s'il n'y a cause raisonnable, seront prins par serment aux Sainctes Evangiles de Dieu par nous ou nostre dict procureur, et lesquels jureront de bien, justement et loyaument régir, garder et gouverner les affaires et droict d'icelle ville en leur loyauté et conscience et sous nostre seigneurie, authorité et justice de nos dictz hoirs et successeurs, sans crainte, amour ou faveur, et sans faire tort à personne quelconque; et les dictz prudhommes, ainsy receus et serment par eux prêtés avec les dictz quatre eschevins, représenteront tout le corps de la dicte ville, et lesquels douze prudhommes avec les dictz quatre eschevins pourront faire, procurer et exercer toutes choses utiles, pertinentes et nécessaires pour les affaires et négoce communes d'icelle ville et des dictz habitans seulement, tout ainsy et aussy valablement que pourroient faire tous les dictz habitans s'ilz estoient assemblés ensemble de nostre aucthoritez; et ce que sera par iceux douze prudhommes et quatre eschevins, conclud, arrestez et accordez pour les dictes affaires communes d'iceulx habitans, aura effect et vigueur comme si tous iceulx l'avoient fait et accordé par ensemble.

2. Item, toutesfois iceulx douze prudhommes et quatre eschevins ne pourront entreprendre procès à l'encontre de nous, noz dictz hoirs seigneurs dudict Tallemay, ny des choses concernant noz aucthorité, droicture, justice et seigneurie, sans le consentement du commun corps de la dicte ville ou saine partie d'iceulx.

3. Item n'auront iceulx douze prudhommes et quatre eschevins, aucune

jurisdiction, cours et connoissance de quelque cas que ce soit, et se feront les cris de nostre aucthorité et de par nous, et ne pourront appliquer aucune esmande à eulx ny au proffit de la dicte ville, si ne nous plaist.

4. Item à eslire lesquels douze prudhommes, nostre procureur sera appelé pour y estre présent s'il veut, semblablement se trouvera ès assemblées et congrégations des dictz douze prudhommes et eschevins toutes et quantes fois que bon luy semblera; toutes fois les dicts prudhommes et eschevins ne seront tenus l'appeler es dictes assemblées et congrégations, ains y ira et assistera si bon luy semble (1).

5. Item en outre avons permis et permettons aus dictz habitans de pouvoir mettre en ban et deffense des bois communaux dudict Tallemay telle porcion que bon lui semblera, et sera faicte deffense de par nous et les dictz eschevins à tous en général habitans dudict Tallemay de quelques état et condition qu'il soit de prendre et cueillir bois de chesne durant les dictes deffenses en iceux bois qui seront mis en banc à peine de l'amende de trois sols envers nous et d'une livre de cire à la fabrique dudict lieu et dureront les dictez deffenses autant qu'il nous plaira et aus dictz habitans, les dictes deffenses seront levées et les dictes parties au droict tel qu'ils estoient avant les dictes deffenses.

6. Item, avons encore accordé aus dictz habitans du dict Tallemay que la dicte pièce de terre, tenue par ledict messire Richard Cordier au dict lieu de Poirier Monjon, cidevant déclarée, fera et demeurera à la communauté d'iceulx habitans; révocquant par ceste le bail qui en avons faict au dict Cordier, moïennant qu'iceulx habitans seront tenus selon que par cestes ils on promis nous payer et à nos dits successeurs par chacun an, au jour de Sainct Michel, en l'hostel du dict Tallemay, cinq sols tournois, à peine de trois sols parisis d'esmande et de ce faire iceulx habitans se feront inscrire en nostre terrier au lieu dudict messire Richard Cordier, auxquels ils seront tenus satisfaire et payer ses interestz si aucuns s'en trouve.

7. Item ne pourront les rouhiers du dict lieu ny aultres faisant aissanne (2), pasles (3) et autres ouvrages de bois, comme au semblable, ne feront les aultres habitans du dict Tallemay prendre aucun bois des bois communaux du dict lieu,

---

(1) Cette institution d'un conseil d'échevinage, destiné à suppléer aux assemblées générales de la communauté, ne paraît pas avoir eu à Talmay une longue existence; les registres de justice de la seigneurie et ceux des délibérations de la commune, qui remontent au commencement du règne de Louis XIV, n'en font aucune mention.
(2) Bardeaux.
(3) Pelles, ustensiles.

ne iceulx vendre ne distraire à aucun estrengers, à peine de l'esmande sur ce indicte et cognue par les dicts habitans en faisant nostre dict terrier, qu'est de soixante cinq sols d'esmende envers nous pour chascune fois qu'ilz seront treuvés ou seue faisant le contraire, avec aussy de confiscation de l'ouvrage et bois d'iceulx, applicables iceulx confiscation au proffit du luminaire de la dicte église, en baillant par ces présentes, du consentement des ditz habitans, pouvoir, puissance à chacun de nos dictz subjets iceulx prendre et raporter aux prochains jours ordinaires, que par nostre dict chastelain seront tenus après les dictez prinses et pour par nostre dict chastelain ou son lieutenant faire droict sur les dictes esmandes, et confiscation comme de raison (1).

8. Et pour ce que nos forestiers et sergents ne peuvent approcher par les grandes eaux, ceux conduisans navois es dictz bois communaux; ordonnons du consentement des dictz habitans que doresnavant les dictz navois et bastaulx seront visités es lieux où nos dictz sergens et forestiers les pourront treuver et apprehender, soit es diz bois ou sur la rivière, et si en iceulx est trouvé aucun bois de chesne vert, celuy qui sera treuvé avoir fait tel mesuz, sera esmandable envers nous de trois sols et en demie livre de cire pour le chastel du dict bois; lequel bois néantmoins demeurera aus dictz mésusans. Toutesvoies, si celuy à qui sera le dict bois ou navois, jure qu'il ayt prins iceulx bois en autre bois que es nostres ou es bois communaux de ce dict lieu, il en sera creu par son serment.

Et ces choses nous avons octroyé et octroyons par les dictes présentes, à noz dictz subjetz. Promettons en bonne foy et sous l'obligation de nos biens et ceulx de noz dictz hoirs, que pour ce nous soumettons à la jurisdiction et contrainte de la cour de la chancellerie du duché de Bourgoingne pour, par iceulx et toutes aultres en estre contrains à exécuter comme de choses adjugées, notoires et manifestes, avoir et tenir perpétuellement, ferme, stable et agréable tout le contenu en ces dictes présentes, sans jamais y contrevenir par nous, nos dictz hoirs ou ayans cause, en renonçant à toutes choses quelconques à ces présentes contraires, mesmement au droict disant, générale renonciation non valoir, si l'espéciale ne précede. En tesmoing de ce nous avons requis et obtenu le scel de la dicte chancellerie estre mis à ces dictes présentes et de la nostre.

Faict et passé au dict Tallemay, pardevant Nicolas Jachiet, notaire royal de-

---

(1) La transaction de 1540, mentionnée dans la charte précédente, avait fixé à 65 sols toutes les amendes des délits commis dans les bois, sans préjudice des confiscations de cognées et des dommages-intérêts. Le sergent-rapporteur devait être cru pour tout ce qui avait plus d'un sol de valeur.

meurant à Dijon, juré de la dicte cour; présent honorable homme Chrestien de Vandenesse, bourgois du dict Dijon; Michel Belin de Gy, amodiateur de ce lieu, et Toussaint Parent, tesmoings à ce appelés et requis les ans et jour dessus dictz.

Signé : JACHIET. Comme tabellion : VIARD.

Archives de la commune de Talmay. Copie délivrée le 17 janvier 1708.

CCCCLVIII

Traité entre Jean-Louis de Pontailler, seigneur de Talmay, et les habitants du lieu, portant exemption du droit de *rut du bâton*, moyennant 300 écus, et à condition que chaque étranger qui voudra se fixer à Talmay paiera 3 écus.

1599 (10 janvier).

A tous ceux qui ces présentes lettres verront, salut. Scavoir faisons que pardevant et en la personne de François Darc, chastelain et garde scel, establi en la chastellenie de Thallemet, furent présens en leur personne les partyes cy après nommées. Comme il soit que procès fust prest à estre et émouvoir entre haut et puissant seigneur messire Jean Louys de Pontailler (1), chevallier, seigneur de Thallemet, et les manans et habitans du dit lieu, prétendant luy seigneur, qu'il avoit droit et pouvoit faire lever et prendre pour le plat de la cuisine toutes et quantes fois que bon luy sembloit et partout le village de Thallemet, des poulles en telles quantité et nombre qu'il luy plaisoit par ses serviteurs ou sergens, lorsque luy et messieurs ses enfants estoient au dit Thallemet, en payant seulement dix deniers pour chacune poulle (2); que dudit droit, il estoit en bonne possession et

___

(1) Il était le fils aîné de Louis de Pontailler et de Marguerite de Ray.

(2) Cette coutume avait son origine dans le droit de prise que les anciens seigneurs exerçaient pleinement sur toutes les denrées et marchandises de leurs vassaux. Le droit de *rupt du bâton* était assez commun en Bourgogne; on le trouve en usage à Is-sur-Tille, à Tilchâtel, à Tart, à Marcilly-les-Buxy, etc. Le terrier de Talmay de 1541 le définissait ainsi :

« Item, appartient au dit seigneur le droit appelé de rupt de bâton, que les dits habitants ont dit estre toutes et quantes fois il plaist au dit seigneur ou à messieurs ses enffans d'envoyer ses gens et sergens ou serviteurs prendre des poules par le village pour la cuisine du dit seigneur, faire le peuvent sans contredit, en payant par chacune poule 10 deniers tournois, et si les sergens du dit seigneur en prennent et les appliquent à leur profit ou les distribuent ailleurs que en la dite cuisine, ils payeront icelles à partie au feurg (prix) de 4 blancs pour les poules, et avec ce l'amendront envers le seigneur. »

Ce droit s'exerçait ainsi : à l'ordre donné, les valets du château, armés de bâtons, se répandaient dans les rues du village et abattaient toutes les poules qu'ils rencontraient; tuées ou seulement touchées, elles leur appartenaient.

jouissance ; que le dit seigneur dudit Thallemet, ses devanciers en ont jouy tousjours et usé comme il fait et paroissoit du dit droit par un article de son terrier. Au contraire les habitans de Thallemet disoient et soustenoient que telles servitudes et droits leur estoient insuportables et ne pouvoient s'assujétir à telles servitudes ; sy bien que sur telles contrariétés le dit seigneur et les dits habitans ses subjets estoient prests d'entrer en un grand procès, pour lequel eviter et pour la mesme qu'iceux habitans ne désirent rien tant que de l'éviter, en payant leurs seigneurs, ainsy qu'ils ont tousjours fait et lui rendre toute obéissance, que bons et loyaux subjets sont tenus et doivent faire à leur seigneur, auquel ils ont sans contredits payé de tout le passé, les rentes et redevances à quoy ils sont tenus. Néantmoins, pour terminer et assoupir touttes les difficultés concernant tous les dicts droits et servitudes, après que les dits seigneur et habitans en ont communiqué à leur conseil et le seigneur de Thallemet présent en sa personne et haute et puissante dame Anne de Vergy (1), sa femme et compagne, dame des dits lieux, présente et acceptante du voulloir et consentement du dit seigneur, l'autorisant quand ad ce, après qu'elle a eu renoncé au droit et à l'autentique : *Si qua mulier*..... à la loi *Julia*, et aux autres lois et droits faites en faveur des femmes, où est dit que femme ne se peut obliger pour son mary, ny vendre ou engager son bien dotal, sy elle ne renonce aux dits droits et loys, ainsy que les notaires soubsignés ont fait scavoir à la dite dame ; — et les dits manans et habitans, comparans par honorable Claude Chaipuis-Morisot, Denis Bizot, Mathieu Fourneret et Claude Laurent, eschevins au dit Thallemet, Antoine Fourneret, Claude Lucot, Didier Bouchier, Léonard du Meix, Benigne Chassot, Claude Chapuis-Garnier, Jean Ithier le jeune, Anthoine Menestrier, François Guye, Claude Billy, Florentin Thibaut, François Bizot, Philippe Galfinet, Pierre Remillet, Claude Martenet, Grégoire Gardot, Nicolas Gachot, Jean Bachet, Denis Chaussier, Bénigne de Langres, Humbert Montigny, Gaspard Lorme, Claude Notet, Jean Motet, Claude Echielley, Maistre François Grivault, François Préjean, Michel Leblaize, René Gapiot, Adrien Gemant, Forentin, Lodret, Claude Chapuis, Morisot le jeune, Claude Piéton, Jacques Billotet, Thiebault Bizot, Pierre Laurent, Claude Menestrier, Mignard Martin, Claude Compagnon, Nicolas Lucot, Michel Maugras, Guillemin Petitjean, Bénigne du Meix, Claude Charmoy, Nicolas Martenot, Claude Bataillon, Jean et Jeanne Remisot, et Mathieu Genot, représentant la plus grande et saine partie de la dite communauté, tant pour eux que pour tous les autres absens, auxquels ils promettent faire, ratifier le con-

---

1 Fille de François de Vergy, comte de Champlitte, et de Claudine de Pontailler.

tenu cy après declaré en, sy besoin fait à peine de tous despens, dommages et intérests d'autre part.

Lesquelles partyes ont transigé, traité, convenu et accordé du dit différent, ainsi qu'il ensuit ; c'est assavoir que les dits seigneur et dame dudit Thallemet, de leur bon gré, pure franche et libre volonté, tant pour eux que pour leurs hoirs, successeurs et ayant cause, seigneurs dudit Thallemet, présens et advenir, ont traité, remis et transporté, quittent, remettent, cedent et transportent perpétuellement aux dits habitans dudit lieu de Thallemet, leurs sujets présens, stipulant et acceptant tant pour eux que pour les autres habitans absens et qui sont et seront à l'advenir au dit lieu de Thallemet nés et à naistre, les droits de pouvoir prendre sur eux, par leurs serviteurs et sergens, aucunes poules, selon qu'ils disoient en avoir le droit, comme il est amplement déclaré ci devant, ains ont iceulx seigneur et dame dudit Thallemet, tant pour eux que pour leurs successeurs ou ayant cause, seigneurs dudit Thallemet, iceluy droit de servitude, quitté, remis et transporté aux dits habitans pour eux, leurs hoirs, successeurs et ayant cause, sans qu'ils en puissent cy après jouir ni user. Duquel droit les dits seigneurs et dame les ont deschargé et deschargent, consentent et veulent que la recongnoissance en faite par leur terrier demeure nulle, sans aucune force, vertu ny effet et sans qu'eux, leurs hoirs, successeurs et ayant cause, seigneur et dame dudit Thallemet s'en puissent servir à l'avenir, en quelque façon que ce soit; mais au contraire, ont consenti que le dit article du terrier soit sur iceluy biffé et rayé, ce qui a esté fait présentement par les soubsignés, en présence des parties et tesmoings au bas nommé et moyennant quoy, les dits habitans, présens et acceptans, ont payé comptant réellement et de fait aux dits seigneur et dame de Thallemet la somme de trois cens escus soleil, de laquelle somme les dits seigneur et dame se sont treuvés bien conteus et ont quitté et quittent les dits habitans leurs subjets, leurs hoirs et ayans cause, et pour sûreté et assurance de la dite cession, renonciation et transport dudit droit, les dits seigneur et dame en ont obligé et obligent tous et un chascun leurs biens présens et advenir, ceux de leurs hoirs, successeurs et ayans cause.

Et d'autant que cy après ils pourroient venir résider en ce lieu de Thallemet aucuns estrangers et autres qui voudroient, comme les dits habitans, estre exempts et francs du dit droit de servitude, jaçoit que les dits habitans s'estoient en tout incommodez et forcez pour faire le susdit paiement des dits trois cens écus. Il a esté convenu, traité et accordé, entre lesdits seigneur et dame de Thallemet et les dits habitans leurs sujets, que nul de tous ceux qui cy après pourroient venir résider et demeurer au dit Thallemet, de quelque pays ou climat que ce soyt, n'y seront reçus habitans, qu'y ne soient gens de bien, de bonne fame et renommée, dont ils feront preuve, et avec ce, seront tenus de payer la somme de trois escus, dont les dits seigneur et dame en prendront un éscu, et les autres deux appartiendront aux dits habitans, pour estre employés à la fabrique de leur eglise ou autres leurs affaires ou commodités : ce que les dites partyes ont arresté et accordé, promettant respectivement par leur serment et sous l'expresse obligation de tous et singuliers leurs biens présens et avenir, meubles et immeubles, génerallement quelconques, lesquels ils ont submis et obligés soubz la cour et chatellenie du dit Thallemet, pour par icelle et toutes autres y estre contraincts et exécutés comme de chose notoire et manifeste ; ce présent traité et accord, suivre et entretenir de poinct en poinct, selon la forme et teneur, à peine de tous despens, dommages intérests, iceluy tenir ferme et stable et agréable, sans aller ou venir directement ou indirectement, et renonçant à toutes fraudes, cavillations et déceptions, et à toutes autres à ce contraires, même au droit, disant que généralle renonciation ne vault, si la spéciale ne précède.

En tesmoing de quoy les dites parties ont requis, obtenu et fait mettre audites présentes le séel duquel l'on use au dit Thallemet, qui y furent faites et passées au chastel d'illecq, après midy, le dixiesme jour du mois de janvier l'an mil cinq cent quatre vingt dix neuf, en présence de Denis de Rigoullot, écuyer, maistre d'hostel dudit seigneur ; Estienne Leblanc, serviteur dudit seigneur, tesmoings requis et appelés.

La minute est signée : Louis de Pontailler, Anne de Vergy, de Rigoullot, Grivault, Menestrier, Bizot, Jean Ithier, Denis de Montigny, Chaussier, Mathieu, Fourneret, Grégoire Gardot, P. Remillet, Boulanger, F. Bizot, Bouchier, N. Bachet, C. Martenet.

DARC, notaire.

Copie collationnée le 19 novembre 1688. Archives municipales de Talmay.

PRISSEY

La chronique de l'abbaye de Saint-Bénigne le mentionne dès 1004. En 1258, Valon et Aymon de Lembreys frères, damoiseaux, abandonnèrent leur franc-aleu de Prissey à l'abbaye de Saint-Seine. On trouve parmi les possesseurs de l'autre partie de la terre, en 1270, Jeanne de Pommard, femme d'un Gaspard de Pontailler, selon Courtépée ; en 1320, Simonnet de Prissey, écuyer ; en 1380, Jeanne de Nesles ; en 1393, Jean de Blaisy, chevalier ; en 1474, Charles de Saulx, par sa femme Antoinette Pot, remariée à Charles de Bauffremont, seigneur de Sombernon, qui tous deux, mus par les mêmes considérations exprimées dans les chartes qui précèdent, accordèrent aux habitants l'affranchissement de la mainmorte. En 1525, la terre est en possession d'Aubert de Carmone, conseiller au Parlement de Dijon, qui la laissa à Guillemette, sa fille, mariée à Etienne Noblet, maître aux Comptes ; Charlotte Sayve, leur petite-fille, femme d'Antoine Duprat, baron de Vitteaux, en hérita. Après quoi, elle passa dans les familles de Montagu, d'Esbarres, de Champagne, de Villette et Poulletier de Perrigny.

Prissey dépend du canton de Nuits.

CCCCLIX

Contrat d'affranchissement des habitants de Prissey, par Charles de Bauffremont, Anne Pot, sa femme, et Loyse de Saulx, fille d'Anne Pot, et femme d'Etienne de Poiseuil.

1479 (10 octobre).

En nom de nostre Seigneur, amen. L'an de l'incarnation d'icellui courrant mil quatre cens soixante et dix neuf, le dixiesme jour du mois d'octobre. Nous Charles de Beffromont, chevalier, seigneur de Sombernon (1) et de Prissey, et Anthoine Pot, sa femme (2), dame desdiz lieux, tant en noz noms, partant commil nous touche, comme du vouloir et consantement de damoiselle Loyse de Saulx, fille de moy ladite Anthoine Pot, du corps de feu noble seigneur messire Charles de Saulx (3), jadis seigneur dudict Prissey, et femme de noble seigneur messire Estienne de Poiseul, seigneur d'Autherive et bailly de Mentes, absent, auquel elle a promis et promect se faire auctoriser et ratiffier le contenu en ces présentes, toutes et quantesfois que mestier sera et requise en seray dehuement. Mesmement, je, la dicte Anthoine, de l'auctorité, consantement et volenté du—

---

(1) Fils de Guillaume de Bauffremont, seigneur de Scey et de Sombernon.
(2) Fille de Jacques Pot, seigneur de La Roche.
(3) Troisième fils de Guillaume de Saulx, seigneur d'Arc-sur-Tille, et de Guyotte de Baudoncourt.

dict monss Charles, mon mari, ad ce présent et me auctorisant en ceste partie. Savoir faisons à tous présens et advenir qui ces présentes lettres verront et ourront. Que, comme les habitans dudit Prissey soient sers de mainmorte et de serve condition, et aussi taillables hault et bas, pour occasion de laquelle servitute et mainmorte, ledit village de Prissey est en voye de venir en ruyne et désolation, pour ce que nul ne se veult arrester ou demeurer, dont les tailles, rantes et revenus à nous appartenant oudit villaige de Prissey sont diminuées et sont en voye de plus dyminuer ou temps advenir se par nous n'y est sur ce pourveu et remedié. Et soit ainsi pour occasion des choses dessus dictes, les habitans dudit Prissey ou la pluspart d'iceulx, mesmement Jehan Bouchard, Jehan Chevance, Jehan Guiennot, Jehan Cautelet et Jehan Sergent, tous habitans dudit Prissey tant en leurs noms, partant comme il leur touche, comme pour et es noms de tous les habitans dudit Prissey, sont venuz par devers nous audit Somberon, et nous ont dit et exposé les choses dessus dictes; nous requérant très humblement que pour le bien de nous, de noz hoirs et successeurs, seigneurs et dames dudit Prissey, et aussi desdiz habitans dudit Prissey, les voulsissions du tout en tout manumettre, affranchir et oster de la dite servitute, mainmorte et serve condition et leur abosnier leurs tailles sans jamais les haulser. Ainsi est, que nous, lesdiz sieur et dame de Prissey, du vouloir, consantement et bon plaisir de la dite dame Loyse de Saulx, ad ce présente, vueillant, consantant, en tant que mestier fait et promectant ratiffier et faire ratiffier par son dit mary. Mesmement, je, ladite Anthoine Pot, de l'auctorité que dessus, oye la supplication et requeste des diz habitans de Prissey, comme juste et raisonnable. Considérans la bonne affection naturelle que avons esdiz habitans, et aussi pour l'entretenuement de nostre dite terre et seigniorie dudit villaige de Prissey, et aussi que chascune personne désire venir à franchise et liberté, et oster de servitute; de noz certaines sciences et bons propoux, sans force, contraincte ou induction aucune, mais pour ce que ainsi nous plaist de faire pour nostre grant et évident prouffit, avons manumis, affranchiz, et par ces présentes lettres manumectons et affranchissons iceulx habitans dudit Prissey, présens et advenir, perpétuellement, pour eulx et leurs hoirs et successeurs et pour toute leur postérité née et à naistre, et les avons ostez, ostons et mectons hors de toute mainmorte et servitute. Et vueillons et consantons expressément, pour nous, noz diz hoirs et successeurs, que les diz habitans dudit Prissey, leurs diz hoirs, successeurs, ayans cause et toute leur dite postérité, née et à naistre, et tous leurs biens, tant meix, maisons, héritaiges et biens meubles quelxconques, soient francz et de franche condition, comme sont les autres voisins de franche condition, en payant à nous et à noz diz hoirs doresnavant les tailles, droiz, revenues accoustumez, sans jamais haulser ne accroistre. Et avec ce iceulx habitans de Prissey et leurs diz hoirs et successeurs succéderont et pourront succéder les ungs es autres, ainsi que font gens de franche condicion, sans ce que jamais, nous, nos diz hoirs et successeurs y puissions aucun droit demander, requérir et pourchasser.

Et ceste présente franchise nous avons faicte et faisons esdiz habitans de Prissey, pour eulx, leurs diz hoirs et successeurs perpétuellement, tant pour les causes et considérations dessus dites, comme pour et parmy ce que iceulx habitans de Prissey nous ont renoncé et transpourté perpétuellement leur four bannal dudit Prissey, qui leur compétoit et appartenoit, pour icellui tenir et posséder doresnavant perpétuellement et lever les prouffiz et ésmolumens d'icellui à nostre seul et singulier prouffiz. Parmi et moyennant ce que nos diz hoirs aussi nous et nosdiz successeurs soignerons ausdiz habitans, fournier ydoine et souffisant pour cuyre, pour iceulx habitans chascun jour de samedy et autres jours à eulx nécessaires pour cuyre, et ainsi qu'il a esté accoustumé cy devant et tellement que pour faulte du fournier n'ayent aucune disecte de pain, en paiant le fournaige raisonnable accoustumé comme font ceulx de Nuyz. Et ne pourront iceulx habitans doresnavant faire aucungs fours en leurs hostez ou ailleurs, fors petiz fournetz pour cuyre seullement flans, pastez, flamusses et gasteaulx. Et aussi pour le pris et somme de cinquante frans que les diz habitans de Prissey nous ont paiez pour une foiz, dont nous sumes contens et les en quictons par ces présentes lettres. Et avec ce, nous ont faicte d'ung cop de fessoul nostre vigne dudit Prissey.

Et parmy cestes, avons reservez et réservons que, nonobstant la dite franchise et liberté, les diz habitans nous paieront et à nosdiz hoirs et successeurs, perpétuellement chascun an, les tailles, censes, rentes, courvées, loux, remuaiges et autres choses acoustumez de paier. Et mesmement paieront lesdites tailles au jour de Saint Barthelemy, chascun an, à peine de sept solz d'amende, sans faire autre exécution d'arrest de leurs bestes, ainsi que l'on souloit faire, et au deffault de payer, ne paieront que les diz sept solz tournois d'amende, ainsi que par cy devant, sans haulser, sur les meix, maisons et héritaiges dont iceulx habitans ont baillez déclaration desdites tailles en la manière que s'ensuit :

Premierement Jehan Guiennot et ses consors, etc., tous habitans dudit Prissey, en noz noms et procureurs des autres habitans dudit Prissey, souffissamment fondez de lettres de procuration. Sauf et reservé es choses dessus dictes, le bon vouloir et plaisir du seigneur du fied saucun en y a. Et avec ce, seront tenuz les diz habitans de maintenir leurs diz mex, maisons et héritaiges en bonne réparation, tellement qu'ils puissent valoir les dites charges.

Dont et desquelz traictiers, accords, manumissions, affranchissement et autres choses dessus dites, nous lesdiz sieurs et dame de Prissey, esdiz noms, sumes et nous tenons pour bien contens. Promectons, nous les diz seigneur et dame esdiz noms et chacun de nous pour le tout, mesmement, je, ladite dame, de l'auctorité que dessus, par noz sermens pour ce donnez corporellement aux Sains Ewangilles de Dieu, et soubz l'obligation de tous noz biens et des biens de nos diz hoirs et successeurs, tant meubles comme héritaiges, présens et advenir quelxconques, cest présent affranchissement, manumission et tout le contenu en ces présentes lettres, avoir et tenir perpétuellement ferme, estable et aggréable, sans contrevenir, faire, dire ne consantir venir par nous ne par autres en quelque manière que ce soit, en jugement ne dehors, mais icelle franchise et tout le contenu en ces présentes entretenir, garder et accomplir de point en point et tout selon le contenu en ces présentes lettres en la manière que dit est. En renonceant, en ce fait, nous les dits seigneur et dame, es diz noms à toutes et singuliéres exceptions, déceptions, fraudes, baratz, cautelles, cavillations et toutes autres choses tant de fait comme de droit et de constitutions à ces lettres contraires, cessans du tout et arrières mises, mesmement, je, la dite dame, à tous droiz et loyz à la faveur des femmes. Et à l'observance des choses dessus dictes, nous les diz seigneur et dame, vueillons, nous, nos diz hoirs, successeurs et ayans cause, estre contraings et executez ainsi comme de propre chose adjugée par la court de la chancellerie du duchié de Bourgoingne, à la juridiction et contraincte de laquelle court, quant à ce, nous submectons et obligeons nos diz hoirs et ayans cause et leurs diz biens. En tesmoing de ce nous avons requis et obtenu le séel de la court de la dite chancellerie estre mis à ces présentes lettres et es semblables d'icelles doublées de mot à mot, lesquelles nous veuillons et consantons estre faictes et reffaictes, une fois ou plusieurs au dictié et conseil de saiges la substance du fait non muée. Faictes et passées audit Sombernon, pardevant Guillaume Gondart, notaire publique et coadjuteur du tabellion fermier de Nuyz pour le Roy, nostre sire. — Présens discrete personne messire Jehan de Vergey, prestre, curé dudit Sombernon ; noble homme Charles de Saint Verain, escuyer ; noble homme Pierre, bastard de Beffromont ; Jehan Mengnard, alias Barbier, tous demeurans audit Sombernon, et autres tesmoings ad ce appellez et requis les an et jour dessus diz.

Ces présentes lettres ont estées grossées et expédiées après le trespas de feu le dit Guillaume Gondart, par moy Jehan Ocquidem, notaire publicque et coadjuteur du tabellion fermier de Nuyz pour le Roy nostre sire, par commission à moy donnée. Lequel feu Guillaume Gondard, par prévancion de sa mort ne les a peu grossir ne expédier. Fait quant à la dite expédition le premier jour du mois d'octobre, l'an mil CCCC quatre vings et six.

OCQUIDEM.

Grosse en parchemin. Archives de la Côte-d'Or. Série E. Féodalité. Titres de la seigneurie de Prissey.

ISLAND-LE-SAUSSOIS (YONNE)

C'était, avant la Révolution, une communauté du bailliage d'Avallon, qui, depuis le XVe siècle, relevait comme fief de la baronnie de Chastellux. Un écuyer, du nom de Soyer, le possédait en 1323. On la trouve, durant le XVe siècle, entre les mains de la famille de Ferrières; puis, à la fin du XVIe, aux mains des Montmorillon, des Longueville, auxquels succèdent les Thomas. Le 26 octobre 1479, Jean, seigneur de Ferrières, de Presles, de Beauvoir, de Champlenays et du Saulsois d'Island, considérant que les « manans et habitants » dudit Saulsois d'Island, ses hommes, serfs mainmortables, corvéables et taillables à volonté, lui avaient représenté plusieurs fois qu'à raison de ces servitudes, le village était grandement dépeuplé, comme aussi pour les guerres qui avaient longtemps duré et les mortalités, et que, s'il lui plaisait de les affranchir et les rendre hommes francs et bourgeois, jouissant de toutes franchises, sa terre « pourroit se repeupler, ceux qui s'en sont départis y revenant, et d'autres y faisant leur mansion perpétuelle.» C'est pourquoi, accueillant favorablement leur requête, et voulant les remercier de leurs bons, agréables services et courtoisies, pour l'amour de Dieu et pour son évident proût, il affranchit et quitte de toutes servitudes de mainmorte et autres les habitants d'Island, leur postérité, leurs meix, maisons et héritages; veut qu'ils jouissent des franchises comme les citoyens natifs de la cité de Rome; consent à ce qu'ils puissent succéder et « eschoitter » les uns aux autres, sans réclamation aucune de sa part, à l'exception toutefois des biens possédés par des mainmortables. Le tout moyennant une prestation annuelle de cinq sols par feu, outre les redevances accoutumées, plus un droit de cinq sols par nouveau feu qui s'établira, et une géline. Le droit de forestage arrêté par la transaction de 1448 est maintenu, et sous la réserve du consentement du suzerain. Jean, seigneur de Chastellux, vicomte d'Avallon et seigneur de Coulanges-la-Vineuse, ratifia ce contrat par lettres du 31 octobre 1480.

Archives de la Côte-d'Or. Chambre des Comptes de Dijon. B 11478. Affaires des communes.

ROUELLES (HAUTE-MARNE)

Enclave de Bourgogne dans la Champagne, la seigneurie de Rouelles était un fief qui relevait de la baronnie, puis marquisat d'Arc-en-Barrois. Gautier de Ruelles fut en 1219 un des bienfaiteurs de l'abbaye d'Auberive. On voit apparaître, en 1322, Poinsot de Chaudenay; en 1336, Jean de Blaisy; en 1357, Geoffroy de Blaisy, Simon de Blinviller; et en 1399, Guillaume de Cessey. A la fin du XVe siècle, elle est en la possession des Chauvirey, et passe ensuite en d'autres mains pour devenir, vers 1759, une manufacture de glaces.

Le 28 décembre 1479, Philippe de Chauvirey, écuyer, et Guillaume, son frère, voulant repeupler et « remectre sus » le village de Rouelles, qui était inhabité et détruit tant par les guerres et divisions que par la mortalité et la condition serve de mainmorte, affranchirent « à perpétuité, irrévocablement et sans rappel, leurs hommes dudit lieu, leurs successeurs nés et à naître, demourans et venus de nouvel audit Rouhelles en intention de ladite manumission. Ils leur abandonnèrent les successions et eschoites mobilières et immobilières de leurs parens.» Les censes, rentes, gélines, charrues, fours, moulins, corvées et toutes autres redevances furent maintenues. La charte est accordée moyennant une taille abonnée de 16 gros par feu et une géline, payables, les 16 gros, aux jours de la Saint Remy et de Carême prenant; la géline, au lendemain de Noël; et la rente habituelle de quatre bichots d'orge, pour l'accensement du Bouveret. Le seigneur leur donne la faculté de répartir eux-mêmes la prestation des 16 gros. — Il leur permet de mettre en culture les terres de Repoux (friches) de la seigneurie, sans charge nouvelle, et leur confirme des droits d'usage et de panage dans ses bois.

Archives de la Côte-d'Or. Chambre des Comptes de Dijon. Affaires des communes. B 11478.

RICHEBOURG

Ce village, qui, jusqu'à la Révolution, forma une dépendance de la baronnie, puis du marquisat d'Arc-en-Barrois, en eut les mêmes seigneurs. Après la mort du duc de Bourgogne Charles-le-Téméraire, dont le père avait confisqué cette terre sur le sire de Châteauvillain, Louis XI en gratifia Philippe de Hochberg, marquis de Rothelin et maréchal de Bourgogne. La baronnie d'Arc, située sur les frontières du duché, avait eu grandement à souffrir des invasions françaises; Richebourg, qui naguère comptait cinquante feux, était réduit à neuf, et encore ceux qui les habitaient, « tous poures gens, à grant paine pouvoient payer la taille. » Aussi exposèrent-ils à leur nouveau seigneur, que jamais la ville ne se « pourroit repeupler, ni venir à grant convalescence, s'il ne leur ostoit la servitude de mainmorte, » à l'occasion de laquelle les « estrangiers deffuyoient » le lieu, et leurs propres enfants s'en « départoient » pour aller s'établir en lieux francs. Ces raisons touchèrent le marquis, et mieux encore la certitude d'augmenter et d'assurer ses revenus; il accueillit la demande des Richebourgeois, et, moyennant une somme de 40 écus qu'il se fit délivrer, il abolit la mainmorte, en déclara les habitants et leurs biens affranchis, mais en se réservant la taille haut et bas une fois l'an, et les redevances accoutumées. — Les lettres en furent données à Arc le 16 mai 1483, et ratifiées le 2 janvier 1485-86, par Jean d'Amboise, évêque de Langres, lieutenant-général du Roi dans les deux Bourgognes.

Archives de la Côte-d'Or. Chambre des Comptes de Dijon. B 11478. Affaires des communes.

CHEVIGNY ET CHARANTOIS
COMMUNE DE MILLERY

Ces deux hameaux constituèrent, dans le principe, un fief distinct qui releva de la baronnie d'Epoisses jusqu'en l'année 1699, que, sur la demande de François de Choiseul, il en fut distrait pour être érigé en comté. Sous le règne du duc Charles, cette seigneurie était possédée par Thibaut du Plessis, chambellan de ce prince, qui, en 1479, maria Catherine, sa fille unique, à Pierre de Choiseul, fils de Pierre de Choiseul, seigneur d'Aigremont, qui fut la tige des branches de Praslin et de Stainville. Les considérations qui déterminèrent Thibaut du Plessis à affranchir ses hommes par cet acte qui a moins le caractère d'une concession que d'une transaction, sont les mêmes que celles exprimées dans les actes qui précèdent.

CCCCLX

Transaction entre Thibaut du Plessis, seigneur de Chevigny et Charantois, et les habitants desdits lieux, pour l'affranchissement de la mainmorte.

1484 (20 avril).

En nom de nostre Seigneur, amen. L'an de l'incarnation d'icelui courrant mil IIIIe quatrevingts et quatre, le vingtiesme jour du mois d'avril après Pasques charnelz. Nous les parties cy après escriptes : C'est assavoir je Thibault du Plessiz, chevalier, seigneur de Chevigny et de Charentois, pour moi, d'une part, et nous Antoine Millerant, Antoine et Jacob Poitrin frères, Perrenet Poitrin et Loys Moireaul, tous habitans et par nom d'abitans de Chevigny; tant en noz noms comme es noms nous faisans forts et prenant en main pour tous les autres habitans dudit lieu, hommes de la dite seigneurie dudit Chevigny, absens, ausquelz nous promectons, sous l'obligation de tous noz biens, faire ratiffier, consentir et approuver les choses cy apres escriptes, Pierre Creusot l'esney, Jehan Creusot l'esney,

Pierre Robinet, Guillemin Creusot, Oudot Guilleaul, Gauthier Guillamin, alias Thibaut, Jehan, son frère, discrete personne, messire Jehan Coigne, prestre, tant en mon nom comme ou nom de Guillemin Coigne, mon père, absent, auquel je prometz, soubz l'obligation de tous mes biens, faire ratiffier et consentir et approuver le contenu en ces présentes, touteffois que requis en seray, Jehan Poitrin, Perrenet Gillet, Jehan Creusot le jeune, Vincent Champenois, Jacot Chenusot et Jehan Guiot, tous habitans dudit Charentois, hommes de mainmorte et justiciables dudit chevalier, seigneur desdiz lieux de Chevigny et Charentois pour nous d'autre part. Que comme il soit ainsi que les diz dessus nommez noz hommes, es noms et qualitez que dessus, soient venus par devers moy le dit chevalier, seigneur desdiz Chevigny et Charentois, ce jourduy date de cestes, ou chastel dudit Chevigny, illec present avec moy noble homme Pierre de Choisel, seigneur de Doncourt, Fraigney et de Melize, mon gendre. Lesquelz m'ont très instamment prié et requis que je leur voulsisse oster et abolir la mainmorte, que je le dit chevalier, seigneur de Chevigny, avoye esdiz lieux de Chevigny et Charentois, finaige et territoire d'iceulx. Ausquelz lieux nous les diz habitans, au moyen de la dite mainmorte ne pouvyons plus bonnement vivre ne y demourer, ains estoient et sont les diz villaiges de Chevigny et Charentois, mesmement ce qui en appartient à mondit seigneur de Chevigny, en voye d'estre inhabitables et sans hommes et femmes qui eussent aucun bien, ne de quoy payer leurs debtes et devoirs à moy ledit chevalier, comme il appartient. Ainsi, comme desjà l'avons dit et exposé audit chevalier, seigneur de Chevigny, requérans ce que dit est, et que se feust son plaisir et vouloir de nous abolir et mectre au néant la dite mainmorte des diz lieux, tant pour nous, noz hoirs et posteritez nez et à naistre en descendant de hoirs en hoirs et de ligne en ligne ; en telle manière que nous et nosdiz hoirs et tous aultres demourans esdiz lieux de Chevigny et Charentois, finaige et territoire d'iceulx que y tiengnent et tiendront aucuns mex, maisons, préz, terres, vignes et autres héritaiges quelzconques quelz qu'ilz soient, soient quictes, francs et exempts de la dite mainmorte. Et semblablement que toutes autres gens, de quelque estat qu'ilz soient, qui ont ou auront aucuns biens meubles et héritaiges esdiz lieux de Chevigny et Charentois en la dite justice soient francs, quictes et exemptz de la dite mainmorte, en payant seulement tous devoirs de tailles, rentes, censes, courvées de beufz et de bras, de justice et autres telz et semblables devoirs que payons de présent audit chevalier, seigneur desdiz lieux, excepté seulement la dite mainmorte, telle qu'elle est de présent. Requérans pour nous estre abolie et mise au néant par ledit chevalier nostre dit seigneur, seigneur desdiz Chevigny et Charentois. Après lesquelles requestes, ainsi par nous faictes audit chevalier, seigneur des diz lieux.

Je, le dit chevalier, seigneur desdiz Chevigny et Charentois, mehu de pitié et compassion de mesdiz hommes des diz lieux, considérant leurs povretéz, indigences et nécessitez, et aussi que les diz lieux de ma dicte terre et seignorie sont en voye d'estre inhabitables se autrement ny estoit pourveu. Aussi en considération des grans services que m'ont faiz mesdiz hommes et femmes parcidevant, font chacun jour et espère que me feront cy après ou temps advenir. Pour ces causes et autres ad ce me mouvans et pour avoir et actraire hommes et femmes en nos dictes terres et seignories pour icelles augmenter et faire valoir. Savoir faiz à tous présens et advenir qui ces présentes lettres verront et orront : que je, le dit chevalier, de ma certainne science, pure, franche et libérale voulenté, sans force ou contraincte aucune ad ce me mouvant, mais pour mes besoingnes de bien en mieulx reconformer, en considération es choses dessus dictes ; après le bon vouloir et plaisir de très hault et puissant prince messire Philippe de Hogberch, chevalier, seigneur de Baudeville et d'Espoisse, mareschal de Bourgogne, seigneur du fied de mesdictes seignories de Chevigny et Charentois, à cause de sa seignorie dudit Espoisse, à la dicte priere et requeste de mesdiz hommes. Et après le bon vouloir et consentement et plaisir de mondit seigneur d'Espoisse, seigneur dudit fied et qu'il lui plaira. Je, le dit chevalier, seigneur desdiz lieux, à la condition que dessus, j'ay octroyé, par ces dictes présentes, à tous mesdiz hommes et femmes de Chevigny et Charentois, qui de présent y sont demourans, ont par cy devant demouré et demeureront cy après esdiz lieux ou ailleurs, de quelque estat qu'ilz soient, tant pour eux que pour leurs hoirs de la dicte mainmorte, en les affranchissant, quant ad ce, d'icelle mainmorte et lyen de servitude esdiz lieux de Chevigny et Charentois, finaige, territoire et justice d'iceulx droiz ce dit jourduy, date de cestes en avant perpétuelment; moyennant la somme de cent livres tournois en argent et vingt livres tournois que mesdiz hommes dudit Chevigny et Charentois ne feront en aydes de journées et charrois. Le tout pour convertir, fournir et aider, employer et parfaire une chappelle pour mon dit chevalier, seigneur desdiz lieux, ordonnée estre faicte en l'église parroichial de monseigneur Saint George de Millery, qui se fera selon qu'il est escript et déclairé en la clause de mon testament, receu par les notaires dessoubz inscriptz audit testament. Et d'icelles sommes desdictes cent livres tournois en argent et vingt livres tournois en ayde de journées et charrois, ensemble de tout le contenu en ces présentes lectres, je, le dit chevalier, seigneur desdiz lieux de Chevigny et Charentois, suis et me tiens pour bien content, en consentant, pour moy le dit chevalier, mesdiz hoirs et successeurs, seigneurs desdiz Chevigny et Charentois, tous mesdiz hommes, femmes et autres de quelque estat qu'ilz soient, ensemble leurs diz hoirs tenans ou qui tiendront doresnavant es dictes terres et seignories de Chevigny et Charentois aucuns biens meubles ou héritaiges, iceulx estre francs, quictes et exemptz desdictes mainmorte, lien et servitude dessus diz, les puissent et pourront, iceulx manans, habitans et autres tenementiers d'iceulx, tenir comme gens francs et hors des dictes servitutes de mainmorte et lien d'icelle, en payant leurs dictes tailles, devoirs et autres droiz seigneuriaulx, deuz à moy ledit chevalier, doresnavant chacun an au terme accoustumé et au pris qu'ilz en payent de présent qu'est la somme de trente quatre frans, monnoie à présent courrant, que iceulx habitans demeurans en ma dicte seignorie de Chevigny et Charentois ont accoustumé de payer ung chacun an de taille à moy le dit chevalier. Le tout par traictié et accord sur ce fait entre nous les dites parties. Dont et desquelles chouses dessus dictes, ensemble de tout le contenu en ces présentes lectres, nous les dictes parties et chascune de nous en droit soy es noms, qualitez et promectans comme dessus sumes et nous tenons pour bien contens. Promectans, nous les dictes parties dessus dictes, et chacune de nous en droit soy es noms, qualitez et promectans, comme dessus, en bonne foy, par noz sermens pour ce donnez corporellement aux Sains Evvangiles de Dieu et soubz l'expresse ypotheque, obligation de tous et singuliers noz biens et de ceulx de noz hoirs et successeurs, meubles et immeubles présens et advenir quelxconques. Lesquelx, quant ad ce, nous avons submis, obligez et ypothequez, et par ces présentes submectons, obligeons et hypothéquons, à la juridiction, cohercion et contraincte de la court de la chancellerie du duché de Bourgongne, et par toutes autres cours, tant d'église comme séculières, l'une non cessant pour l'autre, pour, par icelles cours et chascune d'icelles estre contrainctz et compellez ainsi comme de propre chose loyaulment congneue et adjugée, avoir et tenir perpetuellement par moy le dit chevalier, seigneur dudit Chevigny et Charentois, mesdiz hoirs et successeurs, seigneurs desdiz lieux, fermes, estables et aggréables, toutes les choses dessus dictes et chascune d'icelles, leurs circonstances et deppendances, et avec ce les faire tenir, entretenir et accomplir à mesdiz hommes, femmes; et autres, tenans et qui tiendront aucuns meix, maisons, prez, terres, vignes et autres choses queixconques esdictes seignories desdiz Chevigny et Charentois, francs, quictes et exempts perpétuellement de la dite mainmorte, servitute et lien d'icelle, et d'icelle franchise en faire joïr et user paisiblement mesdiz hommes, femmes et autres et leurs diz hoirs, plainement et paisiblement, sans aucun contredict ou difficulté quelconque, tout par la forme et manière que cy dessus est dit et déclairé. Le tout à la condicion que dessouz et soubz le bon plaisir et vouloir de mondit seigneur le mareschal, seigneur dudit Espoisse, seigneur du fied des dites seigneuries, à cause de la dite seigneurie dudit Espoisse. En renunceant quant aux choses dessus dictes, pour nous les dictes parties et chascune de nous en droit soy, es noms et qualitez que dessus, à toutes et singulières exceptions, de deception, fraudes, baratz, cautelles, cavillations, et à tout droit escript et non escript, canon, civil et de coustume. Et mesmement au droit disant que général renunciation non valoir, se l'especial ne précede. En tesmoing desquelles choses nous avons requis et obtenu le séel de la dicte court de la chancellerie estre mis et appendu à ces présentes lectres, faictes et passées au chastel de Chevigny pardevant honnorable homme Regnault Daguin et Christophe Binet, notaires jurez de la court de la dicte chancellerie et coadjuteurs du tabellion de Semur. Présens discrete personne, messire Nicolas Mulet, prestre, Bertrand Aubrun, bourgeois dudit Semur, Jehan Pansuot, Estienne Grauley, dudit Semur, Jacot du Champt, Oudot, Sainct-Poix, Thuillier, demeurant audit Chevigny, et autres tesmoings ad ce appellez et requis les an, jour et mois dessus diz.

Ainsi signé : H. Daguin et X. Bynet.

Vidimus donné le 3 décembre 1497, par P. Raviet, clerc de la Chambre des Comptes de Dijon. — Archives de la Côte-d'Or. Chambre des Comptes de Dijon. Affaires des communes. B 11474. Chevigny.

Ratification de la transaction précédente, par Philippe de Hochberg, seigneur d'Epoisses, dont relevait le fief de Chevigny.

1489 (24 août).

Phelippes, marquis de Hochberg, conte de Neufchastel, seigneur de Rupthelin, de Sainct George, Saincte Croix et d'Espoisse, mareschal de Bourgogne, à tous ceulx qui ces présentes lectres verront, salut. Savoir faisons que veues par nous les lectres d'affranchissement de mainmorte et servitute, faictes, données, passées et octroyées, en date du xxe jour d'avril après Pasques mil iiii^c iiii^{xx} et quatre, aux manans et habitans de Chevigny et Charentois, par messire Thibault du Plessis, chevalier, seigneur desdiz lieux, pour par lesdiz chevalier et habitans, ses hommes et leurs postéritez, nez et à naistre et que d'eulx auront cause par lignye, joyr du contenu esdictes lectres d'affranchissement actachées à noz dictes présentes. Requérans lesdiz chevalier et habitans sur ce noz lectres de consentement, comme seigneur féodal desdictes seignories de Chevigny et Charantoys, à cause dudit Epoisse. Ainsi est que pour l'amour que nous avons audit chevalier et aux syens, aussi ausdiz habitans, et pour les plaisirs, services et bienfaiz qu'ilz nous ont faiz et espérons qu'ilz feront. Consentons ausdictes lettres d'affranchissement en tant que à nous est, sauf nostre droit et l'autruy, le tout selon le contenu en icelles lectres d'affranchissement. Donné à Chalon le xxiiiie jour d'aoust l'an mil iiiie quatre vingt et neuf. Ainsi signé de Hochberg, et du sécretaire. Par monseigneur le Marquis, mareschal de Bourgongne, le seigneur de Poilly, le chastellain d'Espoisse et autres présens. RAVIET.

Vidimus donné le 3 décembre 1497, par P. Raviet, clerc de la Chambre des Comptes de Dijon. — Archives de la Côte-d'Or. Chambre des Comptes de Dijon. Affaires des communes. B 11474. Chevigny.

GRIGNON (RUE CREUSE DE)

Grignon, cité en l'an 1000 dans le cartulaire de l'abbaye de Flavigny, eut longtemps des seigneurs particuliers issus de la maison de Bourgogne. Mathilde, leur héritière, l'apporta en dot à Guy, comte de Nevers. Hervé de Donzy, comte de Nevers, par son mariage avec Mahaut de Courtenay, petite-fille de Mathilde, l'échangea en 1210 au duc de Bourgogne Eudes III; le duc Robert II en gratifia Robert, son dernier fils. Ce prince, marié à Jeanne de Chalon, comtesse de Tonnerre, étant mort sans lignée, Grignon fit retour au domaine ducal, d'où il sortit en 1381 par l'échange qu'en fit Philippe-le-Hardi avec le sire de La Trémouille contre la terre de Semur-en-Brionnais. Des La Trémouille il passa aux Chalon, puis aux Saint-Maur, aux Jaucourt-Dinteville, dont l'héritier, Joachim de Buxy, le vendit aux Clugny, qui, en 1701, le cédèrent aux Bretagne.

Grignon et les Granges, dont les chartes sont inconnues, étaient déclarés francs en grande partie dans les rôles d'impôt du XIVe siècle, et les Granges en totalité dans celui de 1442. La Rue creuse de Grignon dont il s'agit ici était sans doute un arrière-fief réuni au fief principal postérieurement aux franchises octroyées aux deux autres, peut-être celui qu'en 1370 le duc Philippe-le-Hardi saisit sur Jean de Mussy. Quoi qu'il en soit, ce fut pour mettre l'annexe au même niveau que son chef-lieu et faire cesser une situation qui menaçait de devenir préjudiciable à ses intérêts, que, le 11 juillet 1491, Bernard de Chalon conféra aux habitants de cette partie du village, les mêmes priviléges et les mêmes droits dont jouissaient ses autres vassaux.

CCCCLXI

Charte d'affranchissement des habitants de la Rue Creuse de Grignon, par Bernard de Chalon, seigneur de Grignon et de Seigny.

1491 (11 juillet).

En nom de nostre Seigneur, amen. L'an de l'incarnation d'icelui courrant mil iiii^c iiii^{xx} et unze, le unziesme jour du mois de juillet, nous Bernard de Chalon, chevalier, seigneur de Grignon et de Saigny (1), savoir faisons à tous présens et advenir qui ces presentes lettres verront et ourront. Que, comme messire Guillaume Ricard, prestre, curé de Pacques, et Clément Ricard frères, Gillet Chareaul, Guiot Ricard, Thiennot Sagnet, Georges Michot, Jehan Loigerot, Guillemin Ravault, Jehan Ravault, Jehan Droyn, Barthelemy Droyn, Jehan Morelot l'esné, Jehan Morelot le jeune, Loys Terrion, Marguerite, fille de Jehan Terrion, Nicolas Nauldot, Jaquot Nauldot, Huguenin Naudot, Guillaumes Nauldot, Jehan Moireaul, Jehan Coignat, Huguenin Loigerot, Colas, son fils, Henry Loigerot l'eysné, Henry Loigerot le jeune, Estienne Viennot, Perrin Loigerot, Denis Loigerot, Guillaume Droyn, Clement Droyn et Guillaume Droyn, Viennot Roignat, Henriote et Catherine Roignat, ses seurs, et Huguette, vesve de feu Jaquot Roignat, aient esté originalement, à cause de leur nativitez, et encores soient de présent hommes et femmes de mainmorte et de serve condition de nous le dit chevalier, à cause de nostre seigneurie dudit Grignon, taillables haut et bas et courvéables à voulenté et justiciables en tous cas de nous le dit chevalier, à cause d'icelle nostre dicte seigneurie dudit Grigon dont ilz sont partiz et yssuz. Assavoir de la rue de Creusot estant audit Grignon. Lesquelz nous aient remonstré et fait remonstrer que, à cause de la dicte mainmorte et servile condition dont ilz estoient affetez, liez et innodez (2), grans dommaiges leur estoient advenuz et advenoient journellement, et en estoient reboutez en alyances de mariaiges et autrement. Pourquoy ilz nous aient requis et fait requérir très instamment que leur voulsissions manuzmectre et affranchir et les dire et déclarer hommes

---

(1) Quatrième fils de Jean de Chalon, seigneur de Vitteaux, et de Jeanne de La Trémouille. La terre de Grignon lui était advenue du chef de sa mère. Il épousa Marie de Rougemont, dont il eut Thibaut, mort sans postérité en 1512. (Anselme, VIII, 424.)

(2) Noués.

francs et liberés personnes, comme sont noz autres hommes dudit Grignon et des Granges, affin que le villaige dudit Grignon en puisse estre mieulx peuplé et fructiffié. Il est ainsy que, nous, le dit chevalier, ayant regard es choses dessus dictes, inclinant à leurs pétitions et requestes, pour multiplier et accroistre les habitans dudit Grignon, meissemement de la dicte rue de Creusot, et affin qu'ilz aient meilleures causes et matière d'y demeurer et atrayre autres pour y demeurer, et pour autres causes et considérations, ad ce nous mouvans, de nostre certaine science et bon propoz, franche et libéralle voulenté, sans indiction ou séduction quelxconques, mais pour nostre cler et évident proffit et de nostre dicte terre et seigneurie dudit Grignon. Ayans regard et considération es aggréables services, curialitez et biensfaiz, à nous faiz par les dessus nommez, meissemement par le dit messire Guillaume Ricard et espérons qu'ilz feront ou temps advenir, et pour ce que ainsi nous plaist; de grâce especial les dessus nommez et chascun d'eulx en droit soy, avons manumiz et affranchiz, manumectons et affranchissons, par ces présentes, pour eulx, leurs hoirs et leur posterité, nez et à naistre, perpétuellement en leur ostant tous lyens de servitute et de mainmorte et leur donnant et ouctroyant par ces présentes plenière et entière liberté et franchise de povoir disposer et ordonner de leurs biens par testament et ordonnance de derriere voulenté et autrement, selon que peulent faire les habitans francs bourgois de la ville de Semur et de Montbar, soubz le bon vouloir et plaisir touteffois du Roy, nostre sire, du fied duquel est mouvant nostre dicte terre, seigneurie et chastellenie dudit Grignon, à cause de son duché de Bourgoingne. Et avons faicte et faisons, nous le dit chevalier, seigneur dudit Grignon, ceste présente franchise, manumission et affranchissement dessus diz à nosdiz hommes et femmes dudit Grignon et rue de Creusot dessusdiz, pour eulx, leurs hoirs et posteritez, nez et à naistre, perpétuellement, tant pour les causes que dessus, comme aussy moyennant et parmy ce que les dessus nommez seront tenuz et cnt promiz et promectent par ces présentes rendre et payer, fournir et faire chacun an au jour et feste de Sainct Bartholomier, à nous ledit chevalier, seigneur dudit Grignon et à noz successeurs, seigneurs dudit lieu, ou à nostre receveur dudit Grignon, la somme de vingt et une livres tournois monnoye courrant ou duché de Bourgongne de taille abonnée qui sera gectée et esgallée chacun an par prodommes qu'ilz se esliront et seront esleuz chacun an par les diz habitans de la dicte rue de Creusot. Lesquelz prodommes ainsy esleuz, ilz présenteront à nous ledit chevalier et à noz successeurs seigneurs dudit Grignon ou à noz juge et chastellain dudit lieu, pour d'iceulx prodommes esleuz recevoir le serment, en tel cas pertinent. Et laquelle somme de vingt et une livres de taille que dessus sera gectée, imposée et esgalée sur tous les biens, mex, maisons, prés, terres, vignes, curtilz, jardins que autres héritaiges quelxconques estans assiz et situés audit Grignon, finaige et territoire d'illecques, que sont et seront tenuz et possedés par les diz habitans dessus nommez, leurs hoirs et postérité nez et à naistre, manans et demeurans en la dicte rue de Creusot. Comme aussi moyennant la somme de deux cens livres tournois, monnoie avant dicte, que les diz habitans de la rue de Creusot, dessus nommez, nous ont pour ce donnés, baillés et delivré libéralement, dont nous sumes tenuz et tenons pour bien content, payez et satisfait entièrement, et en avons quicté et quictons perpétuellement les diz habitans.

Et en oultre, nous le dit chevalier, pour les causes dessus dictes, avons donné et octroyé, donnons et octroyons, par ces présentes ausdiz habitans de la dicte rue de Creusot, dessus nommez, pour eulx et leurs hoirs et postérité, nez et à naistre, povoir, faculté et auctorité de pescher et faire peschier à toutes manières d'engins et fillez, et tant de jour que de nuyt et au feug, en et partout la rivière bannal estant en nostre dicte terre et seigneurie dudit Grignon, ainsi qu'elle s'extend et comporte, de long et large en icelle nostre dicte terre et seigneurie dudit Grignon et de Saigny.

Et aussi de povoir chasser à toutes bestes saulvaiges, selon et par la forme et manière que font et peuvent faire les autres habitans dudit Grignon et des Granges. Au moyen de certain traictié qu'ilz ont naguères fait, accordé et passé entre nous, le dit chevalier, seigneur de Grignon et iceulx habitans dudit Grignon et des Granges nosdiz hommes, et non aultrement. Saulf et reservé en ce touteffois, à nous ledit chevalier, seigneur dudit Grignon, la justice haulte, moyenne et basse sur nosdiz hommes dudit Creusot. Et avec ce les rentes, censes, gélines, coustumes, courvées et autres droiz seignoriaulx, qu'ilz nous payeront et seront tenuz de payer et faire ainsi qu'ilz ont acoustumez d'ancienneté. Le tout par traicté et accord sur ce fait entre nous le dit chevalier, seigneur dudit Grignon, et les diz habitans de la dite ville dudit Creusot, noz diz hommes dessus nommez et soubz le bon vouloir et plaisir du Roy, nostre dit sire, du fied duquel est mouvant, comme dit est, nostre dicte terre, seigneurie et chastellenie dudit Grignon, auquel nous supplions le contenu en ces présentes avoir pour aggréable. Dont et desquelles choses dessus dictes et une chacune d'icelles, nous les dictes parties et chascune de nous en droit soy, nous sumes tenues et tenons pour bien contens. Promectans, nous, le dit chevalier, seigneur dudit Grignon, et les dessus nommez de la dicte rue de Creusot, et chascun de nous en droit soy, pour tant que à ung chascun de nous touche et peut toucher, conjoinctement ou divisément, par noz sermens, pour ce donnez corporellement aux Sains Evvangiles de Dieu, et sous l'expresse et ypothèque obligation de tous noz biens et des biens de noz hoirs et successeurs, meubles et immeubles, présens et advenir quelxconques, lesquelz, quant ad ce, nous et chascun de nous en droit soy, avons submis et obligez, submectons et obligeons à la jurisdiction et contraincte de la Court de la chancellerie du duchié de Bourgongne, et par icelle Court nous voulons estre contrains comme de chose adjugée : assavoir, nous ledit chevalier, seigneur dudit Grignon, à avoir et tenir perpétuellement, ferme, estable et aggreable ce présent affranchissement, manumission et tout le contenu en ces présentes, sans jamais aler ne venir, faire dire ou consentir venir en jugement ne dehors en aucune manière au contraire. Et nous lesdiz habitans de la dicte rue de Creusot, dessus nommez, pour nous et noz diz hoirs et autres manans et demeurans en la dicte rue de Creusot, présens et advenir quelxconques, rendre, payer, bailler, délivrer et faire valoir chascun an perpétuellement audit chevalier, seigneur dudit Grignon, nostre seigneur et à ses successeurs, seigneurs dudit lieu, la dicte somme de vingt et une livres tournois de taille abonnée audit jour et feste de Sainct Berthelomey, comme dit est cy dessus, ensemble tous coustz, fraiz, missions et despens raisonnables que ledit chevalier ou sesdiz successeurs pourroient avoir à soustenir à faulte de payé ce que dit est. En renonçans par nous les parties dessus dictes à toutes exceptions, déceptions et autres choses ad ce contraires, cessans et arrières mises. En tesmoing de ce nous avons requis et obtenu le séel de la Court de la dicte chancellerie estre mis à ces dictes présentes lettres, faictes et passées ou chastel dudit Grignon, pardevant Jehan Boulet de Semur, clerc, notaire publicque et tabellion du tabellionnage dudit Semur. Présens honorable homme et saige maistre Eme Poilleney, licencié en loix, chastellain dudit Grignon, noble homme Estienne de Thoulon, escuyer, discretes personnes messires Jehan Bideau, Guy Lalemant, prestres, Blaise Godot, clerc, demeurant audit Semur, et autres tesmoings ad ce appellez et requis les an et jour dessus diz.

Ainsi signé : J. Boulet.

Copie de l'année 1497. Archives de la Côte-d'Or. Chambre des Comptes de Dijon. Affaires des communes. B 11473. Grignon.

LANTHES

Lanthes et le Meix, qui, avant la Révolution, dépendaient de la Bresse chalonnaise, furent, jusqu'au milieu du XVI° siècle, une terre en franc-aleu, appartenant dès le XV° siècle à la famille de Rochefort. En 1491, Guillaume de Rochefort, chancelier de France, affranchit Lanthes par des lettres aujourd'hui disparues de nos dépôts publics, mais dont on retrouve des traces dans la déclaration des droits seigneuriaux placée en tête du terrier dressé en 1514, par ordre de Jean de Rochefort, seigneur de Pluvault, conseiller, chambellan du Roi et bailli de Dijon. Dans cet acte, les habitants reconnurent au seigneur ses droits de totale justice, celui d'instituer un châtelain, un procureur, un sergent, des messiers ou forestiers. — Ils se reconnurent également redevables envers le seigneur de 15 blancs et d'une géline par an et par feu; plus, de 3 blancs par journal de terre cultivé, outre les charges particulières à chaque héritage. Toute fausse déclaration était passible de 7 sols d'amende. — Les habitants de Lanthes élisaient chaque année deux messiers pour le jour de Pâques; ils les présentaient aux jours du châtelain, qui les instituait, recevait leur serment, et auquel ils devaient rapporter toutes leurs prises. — L'amende était de 7 sols, et le dommage estimé, s'il y avait lieu, par experts. — La maraude de nuit, le délit de vaine pâture étaient punis de 65 sols d'amende; le seigneur faisait « égandiller » les mesures, et percevait l'amende sur les mésusans. — Le seigneur avait le droit de lods, retenue et remuage. Toute déclaration de vente ou d'achat d'héritage devait être faite dans les quarante jours, sous peine de l'amende de 65 sols. Le droit était fixé à 20 deniers par franc. — Les habitants de Lanthes protestent qu'ils ont été affranchis; mais le procureur du seigneur, en leur en donnant acte, proteste à son tour que ceux du Meix sont encore de serve condition. — Les habitants des deux villages doivent au seigneur une géline de fouage au jour de Carêmentrant. — En cas de non paiement des censes et redevances de la part des habitants, le seigneur a le droit de leur défendre de sortir leurs « bestes armailles » hors des étables, jusqu'à ce qu'ils se soient excusés, le tout sous peine de 7 sols d'amende (1). — Le seigneur perçoit la dîme sur le pied de 15 gerbes l'une, dont les deux tiers de la totalité appartiennent au seigneur, et l'autre tiers au curé. — Les prises et l'amende des délits commis dans les bois appartiennent au seigneur. — L'amende du sang fait et prouvé est fixée à 65 sols.

En 1503, Lanthes est en la possession de François de Rye, seigneur de Senent. En 1514, il retourne aux Rochefort, dans la personne de Jean, bailli de Dijon. En 1685, Louis de Lorraine, comte d'Armagnac, l'aliéna à Marie Hannique, veuve d'André Lesecq, écuyer, seigneur de Tart, laquelle le céda cinq ans après à Philiberte Lhoste, veuve de Guy Bouquinet, bourgeois à Seurre. Le fils de cette dame, nommé Bonaventure, secrétaire du Roy, le partagea à Marie et à Philiberte, ses filles, en les mariant à Louis Quarré, depuis procureur général au Parlement, et à Philippe-Bénigne Bouhier. Ce dernier racheta, en 1752, la portion de sa belle-sœur, et céda plus tard le tout à M. de Grosbois.

(1) Imitation de ce qui se passait à Vitteaux en pareille circonstance. (V. page 272, note 6.)

ARCEAU

Cette commune, du canton de Mirebeau, était, avant la Révolution, une seigneurie relevant du marquisat de Mirebeau, qui, dès le XIe siècle, appartenait à la maison de Mailly. Au commencement du XIVe, une portion en était possédée par la maison de Montreuil, puis par les Perrigny, les Coublanc et les Alenay. Etienne de Mailly réunit toute la terre vers 1435, par son mariage avec Agnès de Perrigny; Claude, leur descendant, octroya, en 1494, à ses hommes d'Arceau, une charte d'affranchissement mentionnée dans l'inventaire de la Chambre des Comptes de Dijon (volume XVI, page 53), et qui a disparu de ce dépôt; Claude de Mailly, dernier du nom, légua Arceau, en 1553, à son neveu J. de Crux, seigneur de Trouhans. D'où il passa dans la famille de la Crouste, puis, en 1633, à Bernard Tisserand, dont la fille, Elisabeth, mariée à Alphonse de Gueribout, seigneur de Favry, obtint la création d'Arceau et d'Arcelot en marquisat. Leur fille épousa J.-L. de Massuau, conseiller au grand Conseil, et vendit, en 1701, la terre d'Arceau et d'Arcelot à Philippe Verchère, président du bureau des Finances; M. Verchère, marquis d'Arcelot, est encore en possession de ce domaine.

BUSSY-LE-GRAND

Ce village, de l'ancien bailliage de Châtillon, aujourd'hui commune du canton de Flavigny, avait, au XIIe siècle, des seigneurs particuliers qui comptèrent parmi les fondateurs de l'abbaye de Fontenay. En 1283, Mathieu de Chaussin, seigneur de Longvy, et Guillaume, sa femme, donnèrent cette terre en dot à Agnès, leur fille, mariée à Jean, seigneur de Châtillon-en-Bazois. En 1391, Agnès, héritière de cette maison, l'apporta dans celle de Rochefort-sur-Brevon, par son mariage avec Pierre, seigneur du lieu. Neuf fiefs en dépendaient alors. Sous le règne du duc Charles, elle était toujours en la possession des Rochefort-Chandio, sur lesquels François de Rabutin l'acquit par décret en 1604. Son fils, le célèbre Roger de Rabutin, comte de Bussy, mestre de camp général de la cavalerie française, en hérita en 1663, et la laissa à Nicolas-Amé, son fils aîné, après la mort duquel Michel Celse, abbé de Bussy, et Marie, veuve du marquis de Lespars, ses frère et sœur, la vendirent (1720) à Etienne Dagonneau de Marcilly, conseiller au Parlement. Sa veuve en jouissait encore en 1781.

Les habitants de Bussy furent affranchis par Antoine et Jean de Rochefort-Chandio frères, ainsi qu'il est exprimé dans la charte qui suit. Néanmoins les hommes des fiefs relevant de la seigneurie en furent exceptés; ce fut seulement de 1490 à 1574, lorsque les successeurs des deux frères eurent acquis et réunis ces arrière-fiefs à leur domaine, que leurs habitants furent admis à jouir des mêmes avantages que leurs compatriotes.

CCCCLXII

Charte d'affranchissement accordée aux habitants de Bussy-le-Grand, par Antoine de Rochefort, chevalier; Louise Gérard, sa femme; J. de Rochefort, écuyer, seigneur de Châtillon-en-Bazois, bailli de la Montagne, et Jeanne de Rochefort, sa femme.

1494 (19 novembre).

En nom de nostre Seigneur, amen. L'an de l'incarnation d'icellui courrant mil cccc iiii^{xx} et quatorze, le dix neufviesme jour du mois de novembre, nous, les parties cy après escriptes; assavoir Anthoine de Rochefort, chevalier, dame Loyse Girard, sa femme, Jehan de Rochefort, escuier, seigneur de Chastillon en Basaie, dudit Rochefort, de Bussi et de Vaulx, bailli de la Montaigne, et damoiselle Jehanne de Rochefort, sa femme. Meismement nous lesdites dame et damoiselle des loux, licence, congié, auctorité et consentement, assavoir je, la dite dame Loyse Girard dudit chevalier mondit mary, et je la dite damoiselle Jehanne dudit escuyer mondit mary, pour ce présens et nous auctorisans et receuz en nous aggréablement. Et lesquelz loux, licence, congié, auctorité et consentement, nous lesdiz chevalier et escuyer, confessons avoir donnéz et octroyez ausdites dame et damoiselle, noz femmes, quant à faire et passer les choses cy apres escriptes, d'une part. Et Jehan Planson, Lubin Boussard, Germain Laurent, Jehan Lequary, Guillemin Bouquin, Guillaume Chevillard, Jehan Frasey, sarrurier, tous habitans et par noms d'abitans dudit Buxy et procureurs especiaulx quant à faire et passer ce qui s'ensuit des dessoubz nommez habitans dudit Buxy. C'est assavoir discrete personne, messire Jehan Colombe, prêtre, curé dudit Buxy, Jehan Boussard, Vienot Paonot, messire Jehan Boussard, prêtre, Simon Coteby, Jehan Frasey, masson, Laurent Pertuisot, Guillaume Bobilley, Gillet du Rivault, Perrenot Martin, Antony Gaultereau, Oudot Lefevre, Marc Belland, Jehan Camus, Jehan Gogot, Jehan Lefevre, Laurent Bouyn, Guillaume de Lorme, Pierre Routy, Huguenin Boussard, Jehan Thevenot, Anthony Saichenot, Pierre Boussard, Mathieu Boussard, Bénigne Boussard, Simon Bouyn, Humbert Bouyn, Guiot Quarrelet, Oudot Quarrelet, Gillet Quarrelet, Aymé Quarrelet, Girard Fontenier, Perrenot des Mex, Jehan Fontenier, Thibault Folenier, Anthoine Milot, Huguenin Gaultereaul, Pierre Gaultereaul, Girard Parnay, Guillemin Gogot, Anthoine Vulquin, Aymé Vulquin, messire Regnault Laurent, prêtre, curé de Grésigny, Henry Vulquin, Anthony Bouquin,

Jehan Gautherot, Anthony La Bulle, Anthoine Frasey, Symon Chevillard, Guiot Chevillard, Denisot Ladey, Michiel Ladey, Vienot Lefoul, Gilot de Maison, Marc Langlois, Jehan Gautherot, Charles Gautherot, Guillaume Bouyn, Lambelot Bouyn, Anthony Bouyn, Jehan Chauderonnier, Guillaume Comparot, Jehan Olivier, Symon Olivier, Guillaume du Rivault, Guiot de Maison, Jehan de Pargnes, Oudot Chevillard, Jehan Chevillard, Anthony Chevillard, Oudot Chevillard, Jehan Chevillard, Anthoine Chevillard, Huguenin Chevillard, Jehan Picard, Guillaume Olivier, Nicolas Babiley, Pierre Comparot, Jehan Veruillier, Anthoine Olivier, Nicolas Lequary, Helyot Driot, Jehan Lequary, Colin Lequary, Jehan Coyet, Guiot Comparot, Colin Comparot, Jehan Bousseaul, Noel Bousseaul, Nicolas la Jogne, Jehan la Jogne, Perrenot la Jogne, Jehan la Baiche, Guiot la Baiche, Guiot Goussot, Regnault Goussot, Clement la Baiche, Guillaume Goussot, Jehan Vulquin, Olivier Pierre, Jehan Bardin, Aymé Bardin, Anthoine Guillier, Jehan Guenceau, Authoine Jovenot, Anthony Viremaistre, Perrenot Viremaistre, Estienne Viremaistre, Huguenin Viremaistre, Claude Gousselot, Barthelemy Theulet, Jean Frasey, rouyer, Anthoine Alée et Guiot Javelle, et prenans en main pour ces autres habitans absens, ausquelx ce présent traictié touche, peut toucher, compiler et appartenir. Dont la teneur de la dite procuration s'ensuyt.

En nom de nostre Seigneur, amen, l'an de l'incarnation d'icellui courant mil IIII^c IIII^{xx} et quatorze, le quatrieme jour de novembre, etc.

D'autre part, avons, nous les dictes parties dessus nommées, faiz les traictiers, transactions et appoinctemens que s'ensuyvent. C'est assavoir que, comme procès, différent et discord feust meu et plus avant esperé à mouvoir entre nous les parties dessus dites, à raison de ce que nous lesdiz seigneurs, dame et damoiselle disions et maintenions, disons et maintenons que tous les diz manans et habitans dudit Buxi estoient et sont noz hommes de mainmorte et serve condition, taillables à volonté une fois l'an, justiciables en toute justice, haulte, moyenne et basse et courvéables, et que, à ce moyen estoit en nous les diz seigneurs leur imposer telle taille que bon nous sembloit, sans touteffois vouloir exceder les termes de raison; et pour ce faire, nous les diz seigneurs avyons imposez les diz habitans, pour ceste année présente courrant mil IIII^c IIII^{xx} et quatorze à la somme de deux cens livres tournois, laquelle nous demandions ausdiz habitans, disans que l'année avoit esté bonne et fertile et que bien povoient porter icelle somme pour ceste année. Et nous, lesdiz habitans disans au contraire et que, jà soit que feussions hommes et subgectz desdiz seigneurs, taillables à volunté, courvéables et mainmortables, si n'estions nous tenuz à payer la dite taille, à raison de ce qu'elle est et estoit excessive eu regard de l'année, laquelle a esté et est fort stérille et passés sont dix huit ans que ne fusmes imposez à si hault pris, combien qu'il y ait eues de bonnes années et beaucoup meilleures que l'année présente. Pourquoy, nous, les diz habitans n'estions tenuz à icelle somme de deux cens livres à payer, actendu nostre poureté, aussi que les bonnes terres estans au finaige dudit Buxi, ne sont à nous les diz habitans, mais sont ausdiz seigneurs et aux église comme de Fontenoy, Oigny et autres. Pour ce est il que sur les différens de nous lesdiz seigneurs et habitans, si avons traictié, transigé et appoinctié en la maniere qui s'ensuit.

C'est assavoir que tous les manans et habitans dudit Buxi, Sauvoigny et la Rivière, hommes et femmes de nous les diz seigneurs, dame et damoiselle et toutes leurs postéritez nez et à naistre à jamais perpétuellement, sont, seront et demourront delivrés, manumis et affranchiz de toute servitute et condition de mainmorte, laquelle servitute, condition et mainmorte, nous lesdiz seigneurs, dame et damoiselle, avons quictée et ostée, ostons et quictons perpétuelment pour nous, noz hoirs et ayans cause, sans ce que jamais nous, ne nosdiz hoirs et ayans cause esdiz lieux sur aucun desdiz habitans y puissions demander, quereller ne réclamer aucun droit de mainmorte, condition ou servitute. Mais avons voulsu et voulons, nous les diz seigneurs, dame et damoiselle, des auctoritez que dessus, icellui villaige et tous les diz hommes et femmes et subgectz à nous appartenans dessus nommez, estre et demourer francs et exemptz de la dite mainmorte. Pourveu et parmy ce touteffois, que tous les diz hommes et subjectz des diz lieux seront et demourront justiciables à nous les diz seigneurs, dame et damoiselle et à noz diz hoirs, en toute justice haulte, moyenne et basse, ainsi qu'ilz ont accoustumé estre d'ancienneté, courvéables, censables et reddevables en la manière accoustumée, excepté de la dite mainmorte et abonnement de la dite taille. Et avec ce, seront tenuz les diz manans et habitans dudit villaige dessuz declairé, tous ensemble, de payer chacun an perpétuelment à nous les diz seigneurs, à nosdiz hoirs ou ayans cause, la somme de deux cens treize livres tournois, le franc compté pour vingt sols et le sol pour douze deniers tournois d'annuelle et perpétuelle taille abonnée à deux termes, assavoir la moictié au terme de Sainct Remy chief d'octobre, et l'autre moictié au premier jour de may. A laquelle somme, nous les diz seigneurs et habitans, d'un commun assentiment, avons tauxée icelle taille, réglée et abonnée, tauxons, reglons et abonnous perpétuellement, pour nous et noz hoirs. Et laquelle nous les diz habitans serons tenuz esgaler sur nous et icelle faire bonne et rendre ausdiz seigneurs à noz frais, missions et despens audit lieu de Buxy. Et joyrons, nous les diz manans et habitans de noz communaultez et autres droiz, privilleiges et prérogatives, ainsi que avons accoustumé par cy en arrières et d'ancienneté sans contredit ou empeschement quelxconques.

En ce présent traictié, non comprins les hommes de Sauvoigny, que tient de présent noble homme Jehan du Verne, seigneur de cuy, et les hommes de la Montaigne dudit Buxi, nommez les hommes du bastard de Chappes, que tient à présent noble homme Gerard du Sel, à cause de sa femme, que l'on n'entend point estre comprins en ce présent traictié et appoinctement (1), saufz touteffois, des choses dessus dites, le bon vouloir, plaisir et consentement du seigneur du fief, par lequel nous, les diz seigneurs, serons tenuz de faire ratiffier le contenu en ces présentes, aux fraiz desdiz habitans, saucuns en y mectons.

Dont et desquelles choses dessus dites, de toutes et d'une chacune d'icelles, nous, les dites parties et chacune de nous en droit soy, esdiz noms, qualitéz et faisans fors, comme dessus, sommes et nous tenons pour bien contentes, et le tout par traictié et accord sur ce fait. Et promectons, nous les dites parties et chacune de nous esdiz noms et meismement nous ledites dame et damoiselle, des auctoritez dessus dites, et nous lesdiz habitans, esdiz noms, qualitez et faisans fors, comme dit est, par noz sermens pour ce donnez corporellement aux Sains Evvangiles de Dieu et sous l'expresse et ypotheque obligation, assavoir, nous, lesdiz seigneurs, dame et damoiselle, de tous noz biens et de ceux de noz hoirs. Et nous, lesdiz habitans dessus nommez des biens desdiz habitans et communaulté et de nous et de ceulx de noz hoirs, meubles et immeubles présens et advenir quelxconques, lesquelz, quant à ce, nous submectons et obligeons à la juridiction de la court de la Chancellerie du duché de Bourgongne, et par icelle voulons estre contrainctz, comme de propre chose congneue et loyalment adjugée; toutes les choses dessus dictes et chacune d'icelles, tenir, entretenir et avoir aggréables, fermes et estables, l'une partie à l'autre et l'autre à l'autre, par la forme et manière que cy dessus sont escriptes, narrées et divisées, sans corrompre, aler ou consentir venir contre en jugement et dehors, tacitement ou en

---

(1) Dans le dénombrement fourni en 1574, à la Chambre des Comptes de Dijon, par Claude de Chandio, chevalier de l'Ordre du roi, gentilhomme ordinaire de sa chambre, il fut déclaré que, outre la prestation due par les habitants de Bussy affranchis par Antoine de Rochefort-Chandio, les hommes acquis du bâtard de Chappes, et ceux de Sauvigny acquis par Jeanne de Rochefort sur Jean et Bernard de Ravières, avaient été affranchis et payaient une taille abonnée. (Archives de la Côte-d'Or. Chambre des Comptes de Dijon. Féodalité. B 10667.)

appert; maiz nous lesdiz seigneurs, dame et damoiselle, les conduire, garantir et en paix, faire tenir ausdiz habitans et à leurs diz hoirs, envers et contre tous, de tous troubles et empeschemens quelxconques. Et nous, lesdiz habitans dessus nommez, esdiz noms et qualitez que dessus, payer et rendre ladite taille abonnée ausdiz seigneurs, dame et damoiselle, par chacun an ausdiz jours et termes, perpétuelment par la manière que dit est, à noz fraiz, missions et despens. En renonçant expressement, quant ad ce, à toutes exceptions, déceptions, cautelles, cavillations et à tout droit escript et non escript, et à tout uz et coustume de pays et à toutes autres choses quelxconques, que l'on pourroit dire, proposer ou alléguer contre ces présentes lettres et leur teneur. Meismement au droit disant que générale renunciation ne vault, se l'espécial ne précede. En tesmoing desquelles choses, nous avons requis et obtenu le seel de la Court de la dite chancellerie estre mis à ces présentes lettres et aux semblables doubles d'icelles, qui furent faictes et passées audit lieu de Roichefort sur Breuvon pardevant honorable homme Jehan Fillote, clerc, notaire juré d'icelle Court et coadjuteur du tabellion de la Montagne. Présens discrete personne messire Anthoine Gaulchier, prêtre, Laurent, bastard de Rochefort, Estienne Petit et Jacquinot Converset de Montmoyen, tesmoings ad ce requis et appellez les an et jour dessus diz.

Ainsi signé J. FILOT, et tabellionnée TURBILOT.

Archives de la Côte-d'Or. Chambre des Comptes de Dijon. Affaires des communes. B 11473. Bussy-le-Grand.

CCCCLXIII

Confirmation de la charte d'affranchissement de Bussy, par le roi Charles VIII.

1495 (avril).

Charles, par la grâce de Dieu, roi de France, de Jérusalem et Sicille. Savoir faisons à tous présens et advenir. Nous avoir receue l'umble supplication de noz chers et bien amez les manans et habitans de Bussy lez Flavigny en Bourgongne, contenant que, de toute enciennété, eulx et leurs prédécesseurs ont esté hommes sers et taillables de leur seigneur, et à présent de nostre amé et féal conseiller et maistre d'ostel ordinaire, Jehan de Rochefort dit de Chandio, seigneur de Chastillon en Bazois, de Rochefort, dudit Buxy et de Vaulx, bailli de la Montaigne, et de Jeanne de Roichefort, damoiselle, sa femme, et de leurs prédécesseurs à cause d'elle, jusques à puisnaguères que notre dit conseiller et maistre d'ostel et sa dite femme pour aucunes justes causes qui à ce les ont meu, les ont manumis et affranchis de la dite servitute et droit de taille, ensemble leur postérité et lignée, née et à naistre en loyal mariage, moyennant certaine somme de deniers que les diz supplians et les leurs en seront tenuz payer par chacun an à nostre dit maistre d'ostel et aux siens, comme plus à plain est contenu es lettres de ce faictes et passées, ausquelles ces présentes sont actachées soubz nostre contreseel; du contenu esquelles lettres les diz supplians ont entencion eulx en ayder et joyr. Toutes voyes pour ce que aucuns veulent dire que par noz ordonnances toutes manières de gens de nostre royaume qui sont serves et de serve condition envers quelques personnes que ce soient, après ce qu'ilz ont esté manumiz et affranchiz par le seigneur de qui ilz sont serfs et taillables, retournent et demeurent envers nous en telle servitude et lien de subgestion qu'ilz estoient envers leur dit seigneur, lesdiz supplians doubtent que noz officiers ou autres leur veuillent cy après sur ce donner aucun empeschement, si le dit affranchissement, ainsi à eulx octroyé par nostre dit conseiller ne leur estoit par nous confermé et approuvé ; en nous humblement requérant, nostre grâce et liberalité leur estre sur ce eslargie. Pourquoy, nous, les choses dessus dites considérées, voulans de nostre part user de libéralité envers lesdiz supplians, en l'onneur et contemplacion de nostre Seigneur Jesus Crist, rachapteur et rédempteur de créature humaine, par la grâce de sa divinité, voulant souffrir passion pour rompre les liens de la chetiveté et servitude où nous estions par le péché de nostre premier père Adam et nous restituer à nostre première franchise et liberté. Pour ces causes et autres à ce nous mouvans et en inclinant très voulentiers à la supplication et requeste d'icellui nostre conseiller suppliant, qui pour eulx nous a très instamment prié et requiz, ledit manumissement et affranchissement, ainsi octroyé ausdiz supplians, avec les accords sur ce faiz et passés, comme dit est. Avons aggrée, confermé et approuvé, aggréons, confermons et approuvons, de nostre grâce espécial, plaine puissance et auctorité royal par ces présentes, et en tant que besoing est et que par les causes dessus dites ilz seroient cheuz envers nous en aucune servitude, nous les en avons de nouvel et d'abondant, ensemble leur dite posterité et lignée, nez et à naistre en loyal mariage, affranchiz et délivrez, affranchissons et délivrons, de nostre plus ample grâce par ces dites présentes, sans ce que aucun empeschement leur soit, en ce, mis, ne qu'ilz soient tenuz payer à nous, ne aux nostres aucune finance ou indempnité. Et laquelle finance, qui pour ce nous pourroit estre dehue, nous leur avons, en faveur d'icellui nostre conseillier, donnée et quictée, donnons et quictons par ces dites présentes signées de nostre main. Si donnons en mandement à noz amez et féaulx gens de noz Comptes à Dijon, au bailly de la Montagne et à tous noz autres justiciers ou à leurs lieuxtenans ou commis, présens et avenir et à chascun d'eulx, si comme à luy appartiendra; que de noz présens grâce et confirmation, manumission, affranchissement, don, quittance et choses dessus dites, ilz facent, seuffrent et laissent les diz supplians, leurs enffans, nez et à naistre en loyal mariaige, joyr et user pleinement, paisiblement et perpétuellement, soubz les conditions et ainsi que dessus est dit, sans leur faire, ne souffrir estre fait aucun destourbier ou empeschement au contraire. Car tel est nostre plaisir, nonobstant que la finance qui sur ce nous pourroit estre dehue, ne soit cy spéciffiée ne declairée que descharge n'en soit levée. Et quelxconques autres ordonnances, restrinctions, mandemens ou deffenses à ce contraires. Et affin que ce soit chose ferme et estable à tousjours, nous avons fait mectre nostre seel à ces dites présentes, sauf en autres choses nostre droit et l'autruy en toutes. Donné à Naples ou mois d'avril, l'an de grâce mil iiiie iiii^{xx} et quinze et de noz règnes de France le xiie et Sicilles le premier.

Ainsi signé du nom du Roy, CHARLES, et sur le reply desdictes lettres, par le Roy, DU BOIS.

Lettres de surannation accordées par le roi Charles VIII, pour l'enregistrement des lettres et charte précédentes.

1496-97 (17 janvier).

Charles, par la grâce de Dieu, roy de France, à noz amez et feaulx gens de noz Comptes à Dijon et bailly de la Montaigne et à tous noz autres justiciers et officiers ou à leurs lieuxtenans ou commis et à chacun d'eulx, si comme à lui appartiendra, salut. L'umble supplication de noz bien amez les manans et habitans de Bussy lez Flavigny en Bourgongne, avons receue, contenant que, ou mois d'avril mil cccc^e iiii^{xx} et quinze, ilz obtindrent de nous certaines noz lettres de don, confirmation, manumission et affranchissement, seellées en laz de soie et cire vert, pour raison de ce qu'ilz estoient hommes serfs, taillables à leur seigneur et à présent de nostre amé et féal conseillier maistre d'ostel ordinaire Jehan de Rochefort dit Chandio, seigneur de Chastillon en Bazois, et ainsi que plus à plain est contenu et declairé en noz dites lettres de don, confirmation, manumission et affranchissement, ausquelles ces présentes sont actachées, soubz le contreseel de nostre chancellerie. Lesquelles lettres lesdiz supplians ne vous ont peu présenter, ne requérir l'enterinement, obstant ce que iceluy nostre dit conseiller, qui estoit en nostre service, avoit lesdites lettres par devers luy. Et à ceste cause ilz doubtent que s'ilz vous présentoient les dites lettres qu'on leur voulsist obicer les dites lettres de surrepcion et obrepcion, obstant ce qu'elles sont surannées. Requérant surce nostre provision et remede de justice. Pourquoy, nous, ces choses considérées, voulans nosdites lettres sortir le plain et entier effect, vous mandons et pour ce que noz dites lettres sont à vous adressans, commectons par ces présentes que appellez ceulx qui pour ce seront à appeller, recevez lesdiz supplians, et lesquelx, de par grâce especial, par ces présentes, voulons par vous estre receuz à requérir et demander l'entérinement des dites lettres de don, confirmation, manumission et affranchissement, tout ainsi et par la forme et manière qu'ilz eussent fait et peu faire dedans l'an et jour de l'impétration d'icelles. En faisant et admmestrant, en cas de débat, aux parties oyes raison et justice. Car ainsi nous plaist il estre fait, non obstant que les dites lettres de don, confirmation, manumission et affranchissement soient surannées d'un an ou environ, que ne voulons ausditz supplians, ou cas dessus dit, nuyre ne préjudicier en aucune manière et quelxconques lettres surreptices à ce contraires. Mandons et commandons à tous nos justiciers, officiers et subgectz, que à vous et à chacun de vous, voz commis et depputez, en ce faisant et l'enterinement de ces présentes obéissent et entendent diligemment. Donné à Lyon le xvi° jour de janvier, l'an de grâce mil IIII^c IIII^{xx} et seize et de nostre regne le quatorziesme.

   Ainsi signé. Par le Roy, à la relation du Conseil, VILLEBRENIE.

Arrêt d'entérinement par la Chambre des Comptes, à la date du 16 juin 1497.
Archives de la Côte-d'Or. Chambre des Comptes de Dijon. Affaires des communes. B 11473, Bussy-le-Grand.

BARONNIE DE COUCHES (SAONE-ET-LOIRE)

Le bourg de Couches, de l'ancien bailliage d'Autun, est connu, dès le XIe siècle, par un monastère qui y fut fondé et qui, tombé en décadence, fut réuni en 1017 à l'abbaye de Flavigny. La garde en appartenait au roi de France, qui y réunit la seigneurie et les transmit toutes deux, en 1291, au duc Robert II, au grand mécontentement des habitants.

Couches avait des seigneurs particuliers, qui apparaissent dès le commencement du XIIe siècle. Marie de Bauffremont l'apporta dans la maison de Bourgogne-Montagu par son mariage avec Etienne de Montagu, seigneur de Sombernon. Philibert, leur second fils, forma la branche dite de Couches, qui finit, en 1470, dans la personne de Claude, tué au combat de Buxy. Après sa mort, la terre échut à Claude de Blaisy et Jean, seigneur d'Aumont, ses plus proches parents, qui se la partagèrent. Mais, à cette occasion, les habitants ayant contesté aux héritiers la plénitude des droits qu'ils prétendaient sur eux, notamment en ce qui concerne les mainmortes, il y eut, pour bien de paix entre les parties, une transaction acceptée le 30 avril 1496, par laquelle les deux seigneurs reconnurent la franchise des habitants de la baronnie et de leur postérité, leur droit de succéder les uns aux autres par testament ou *ab intestat*, de disposer de leurs héritages comme bon leur semblait, de marier leurs enfants comme gens de franche et libre condition avaient droit de le faire, mais sous la réserve de tous les autres droits, censes et redevances des seigneurs; en outre, de payer une somme annuelle et perpétuelle de 5 sols par feu, payable au jour de la Saint-Remy, garantie sur l'universalité de tous leurs biens, et une autre somme de 1,000 fr. une fois payée.

Archives de la Côte-d'Or. Chambre des Comptes de Dijon. Affaires des communes. B 11474. Couches.

FIN DU DEUXIÈME VOLUME

DIJON, IMPRIMERIE J.-E. RABUTÔT, PLACE SAINT-JEAN.

CORRECTIONS ET ADDITIONS

P. 2, ligne 8,	au lieu de	die dominice, lisez : die dominica.
2, — 9,	—	solvendo, lisez : solvenda.
3, — 2,	—	Sedeloco, lisez : Sedeloco.
3, — 21,	—	gratiam eam, lisez : gratam.
4, — 9,	—	tunc diacono, lisez : decano.
5, — 9,	—	Eduense, lisez : Eduensi.
5, — 27,	après	Thoseyum, enlevez la virgule.
6, — 11,	au lieu de	supra dicte, lisez : supra dicta.
7, — 16,	—	créalion, lisez : création.
11, — 15,	—	chivalchia nostro, lisez : nostra.
11, — 23,	—	confirmitet, lisez : confirmet.
13, — 1,	—	plenitudine potestates, lisez : potestatis.
32, — 3,	—	congré, lisez : congié.
46, — 23,	—	Trochières, lisez : Crochières.
91, — 5,	—	de Royer, lisez : de Voyer.
97, en note,	—	Montsat, lisez : Montfort.
100, ligne 4,	—	ad hiis, lisez : ab hiis.
103, — 14,	enlevez l'accent de gratia.	
103, — 23,	au lieu de	interdicti, lisez : interdicto.
104, — 13,	—	—
132, — 14,	—	Flavigniacensis, lisez : Flavigniacensi.
134, — 5,	—	suprascriptas et subter scribendas libertatibus, lisez: suprascriptis et super scribendis.

134. Dix notes accompagnent le texte compris dans cette page; mais la note 3, relative à estagium, qui signifie ici résidence, domicile, ayant été omise, on a inscrit par erreur la note 4 sous le n° 3, et ainsi de suite jusqu'au n° 9, qui, par suite de la réintégration de la note 3, doit recevoir le n° 10.

135, ligne 14, au lieu de chevachium, lisez : chevachiam.
136, — 18, — venerabilis patri, lisez : patris.
139, — 8, — dicti monasterii, lisez : monasterii.
139, — 14, — suppicantibus, lisez : supplicantibus.

P. 139, ligne 15, au lieu de prejuderi, lisez : provideri.
139, — 24, — supplicacioni, lisez : supplicacioni.
140, — 1, — ipsius, lisez : ipsis.
140, — 31, — perpetuo infideliter, lisez : et fideliter.
140, — 35, — firma sunt, lisez : firma sint.
142, — 14, — quibus nec, lisez : quibus hec.
142, — 24, — etiam congregante, lisez requirente.
145, — 22, substituez Catherine à Marie.
151, — 18, au lieu de quadragentis libris divionensibus, lisez : quadragintas libras divionenses.
151, — 21. Aux mots comectes ou comectis, très lisiblement écrits dans les deux terriers de la châtellenie d'Argilly, d'où nous avons extrait la charte de Bagnot, et qui n'ont aucun sens, il convient de substituer, comme le sens de la phrase l'indique, le mot remissos, qui a été certainement mal lu par le tabellion ducal.
151, — 26, au lieu de mansures, lisez : mansuros.
153, au sommaire de Marigny, substituez Alix à Marie.
169, en note, au lieu de oncle maternel du duc Eudes IV, lisez : du duc Hugues IV.
170, ligne 2, — esse oppressum, lisez : esset.
175, — 11, — super a sede, lisez : super hoc a sede, et après concesso, mettez une virgule.
175, — 20, — et firme. Et quod ipsi, lisez : Et firme, et quod ipsi.
180, — 11, — arca premissa, lisez : circa premissa.
180, — 15, — ejusdem curia, lisez : curie.
180, — 16, — et pro idem, lisez : et per idem.
180, — 17, — dictus habitantes, lisez : dictos.

P. 180, ligne 22, *au lieu de* curia, *lisez :* curie.
183, note 1, — moiton, *lisez :* moitons.
189, ligne 11, *ajoutez :* Donné au mois de juillet 1328.
191, — 20, *au lieu de* quam immobilibus, *lisez :* innobilibus.
193, — 14, — sicut incerte, *lisez :* sunt inserte.
194, — 6, — ad ea que preponebant, *lisez :* proponebant.
194, — 8, — in omnibus sui, *lisez :* in omnibus suis.
194, — 11, — plures alios personas, *lisez :* alias.
200, av.-dern. l. — die xxix mai, *lisez :* maii.
237, ligne 2, — rolarii, *lisez :* rotarii.
239, — 8, — diximus, *lisez :* duximus.
260, — 5, — Hugues V, *lisez :* Robert II.
279, — 4, — annuo recto, *lisez :* recte.
304, en note, — Guillaume de la Cour, *lisez :* de la Tour.
345, ligne 2, — Eygneyo, *lisez :* Aigneio.
345, — 4, *après* homines de Ampilleio, *lisez :* erimus et in dominis suo manebimus quietaverint, ita tamen quod si aliquem de dominio suo Ampillei.

P. 360, ligne 5, *au lieu de* nec nos, *lisez :* nec non.
398, — 19, *après* deniers au maieur, *ajoutez à la ligne :* Archives de la Côte-d'Or. Chambre des Comptes de Dijon. B 11476. Affaires des communes.
406, — 16, *au lieu de* notaire, *lisez :* notaires.
423, — 25, — Jehaimde, *lisez :* Jehannete.
444, — 5, — docere quod, *lisez :* dicere.
445, — 3, — dicte ville, *lisez :* dicta villa.
445, — 22, — quamcumques ibi, *lisez :* quamcumque.
446, — 7, — agmentare, *lisez :* augmentare.
455, note 2, ligne 19, *au lieu de* aunée, *lisez :* année.
457, en note, — 18, — Preuois, *lisez :* Frénois.
496, ligne 3, *au lieu de* Ch. de Montagu, *lisez :* Cl. de Montagu.
504, — 25, — Nailly, *lisez :* Neully.
572, — 3, — Ecmül, *lisez :* Eckmülh.
592, — 9, — curvalitez, *lisez :* curialités.
604, — 11, 16, 18, *au lieu de* Vielchastel, Vieschatel, *lisez :* Viezchastel.
623, — 9, *au lieu de* voudra, *lisez :* viendra.
644, — 18, — Guillaume, sa femme, *lisez :* Guillemette.

www.ingramcontent.com/pod-product-compliance
Lightning Source LLC
Chambersburg PA
CBHW050105230426
43664CB00010B/1443